CB120770

REVISÃO FINAL TRT-BA

Com base no Edital 1/2022, de 06.05.2022

• Revisão ponto a ponto •

Analista Judiciário - Área Judiciária

abdr
ASSOCIAÇÃO BRASILEIRA DE DIREITOS REPROGRÁFICOS
Respeite o direito autoral

REVISÃO FINAL TRT-BA

Com base no Edital 1/2022
• Revisão ponto a ponto •

Analista Judiciário - Área Judiciária

COORDENAÇÃO
Henrique Correia

AUTORES
Danilo da Cunha Sousa, Duda Nogueira, Élisson Miessa, Henrique Correia, Leandro Bortoleto, Luciano Alves Rossato, Marcelo Sbicca, Paulo Lépore, Plínio Moura

2023

EDITORA *Jus*PODIVM
www.editorajuspodivm.com.br

EDITORA
*Jus*PODIVM
www.editorajuspodivm.com.br

Rua Canuto Saraiva, 131 – Mooca – CEP: 03113-010 – São Paulo – São Paulo
Tel: (11) 3582.5757
• Contato: https://www.editorajuspodivm.com.br/central-de-relacionamento

Copyright: Edições *Jus*PODIVM

Diagramação: Ana Paula Lopes Corrêa *(aninha_lopescorrea@hotmail.com)*

Capa: Ana Caquetti

R454 Revisão Final – Analista do Judiciário – TRT-BA 5ª Região / Organizador Henrique Correia – São Paulo: Editora Juspodivm, 2023.
928 p. Revisão Final – Analista do Judiciário – TRT-BA 5ª Região / Organizador Henrique Correia.

Vários autores
Inclui bibliografia
978-85-442-4017-5

1. Concursos. 2. Provas de seleção. I. Correia, Henrique. II. Título.

CDD 341.33312

Todos os direitos desta edição reservados a Edições *Jus*PODIVM.

É terminantemente proibida a reprodução total ou parcial desta obra, por qualquer meio ou processo, sem a expressa autorização do autor e das Edições *Jus*PODIVM. A violação dos direitos autorais caracteriza crime descrito na legislação em vigor, sem prejuízo das sanções civis cabíveis.

Apresentação da Coleção

A *Coleção* ***REVISÃO FINAL*** tem o propósito de preparar o concurseiro para provas de concursos públicos. Seu diferencial é a organização e a estruturação do conteúdo com base nos temas especificados no edital. É uma verdadeira revisão do conteúdo, ponto a ponto.

São diversos concursos, em cada um deles o edital é detalhadamente analisado e o conteúdo elaborado por autores especializados na preparação para provas. Essa preparação direcionada garante a otimização do estudo e a revisão completa das matérias, com **destaques aos pontos mais relevantes** que costumam ser cobrados nos certames.

Os conteúdos são apresentados por meio de recursos diferenciados para facilitar a assimilação e consolidação da matéria estudada, como **dicas, esquemas e quadrinhos**. Assim, é possível aprofundar o conhecimento nos assuntos exigidos ao mesmo tempo em que se oferece um rápido panorama sobre temas complementares ao programa do edital.

Os autores também são responsáveis pela elaboração de **dicas**, pensadas de acordo com o que tem sido exigido com mais frequência **nas últimas provas** realizadas.

Tudo isso para oferecer uma revisão de qualidade, que facilitará muito o planejamento e o percurso rumo à sua aprovação.

Ricardo Didier

Editora Juspodivm

Apresentação do Revisão Final – Analista Judiciário – TRT/5ª Região

Caro concurseiro, tudo bem? Como você já sabe, esse material é especialmente elaborado para o concurso de ***ANALISTA JUDICIÁRIO – ÁREA JUDICIÁRIA do TRT*** *da 5ª Região. Dessa forma, tentamos sempre personalizar o material às exigências do edital para que você tenha uma preparação rápida, estratégica e completa.*

Diante disso, em atenção à Observação introdutória do Anexo II – Conteúdo Programático do Edital 01/2022[1], notamos que se considera a legislação vigente, incluindo legislações complementares, súmulas, jurisprudências e/ou orientações jurisprudenciais (OJ), até a data da publicação do Edital.

O Edital foi publicado no dia 08/09/2022, sendo que, nos meses anteriores, houve intensa produção normativa que poderá ser objeto de questionamento no seu concurso. A título de exemplo, em agosto e setembro de 2022, o Congresso Nacional aprovou as Medidas Provisórias nº 1.107 (convertida na Lei nº 14.438, de 24 de agosto de 2022), 1.108 (convertida na Lei nº 14.442, de 2 de setembro de 2022), 1.109 (convertida na Lei nº 14.437, de 15 de agosto de 2022) e 1.116 (na data de publicação do edital, aguardava sanção ou veto do Presidente), que impactarão profundamente o Direito do Trabalho. Levando em conta a intensa produção legislativa afeta à área dos concursos trabalhistas nos últimos anos, principalmente em tempos de pandemia, já elaboramos as dicas levado em consideração essas mudanças.

Fique atento às novidades!!

Bons estudos!

Henrique Correia

1 *Disponível em: https://www.concursosfcc.com.br/concursos/trt5r122/edital_de_abertura_trt5_versao_final_ok.pdf*

Sobre os Autores

DUDA NOGUEIRA

Professora de Língua Portuguesa para concursos públicos. Autora de vários livros das Coleções Tribunais e MPU, Revisaço, Revisão Final, Carreiras Policiais, Sinopses Carreiras Fiscais, Como se Preparar, Simulaço, Ligadaço. Coordenadora Editorial Juspodivm. Pós-graduada em Linguística e Graduada em Letras.

Telegram – t.me/DudaProfe; Twitter e Instagram – @DudaProfe; Facebook - ProfeDudaNogueira

Contato – professoraduda@gmail.com

ÉLISSON MIESSA

Procurador do Trabalho.

Mestre em Direito pela USP – Campus Ribeirão Preto/SP.

Professor de Direito Processual do Trabalho.

Autor e coordenador de livros publicados pela Editora Juspodivm.

www.elissonmiessa.com.br

Facebook: elisson.miessa | Twitter: @ElissonMiessa

Instagram: @elissonmiessa

HENRIQUE CORREIA

Procurador do Trabalho

Professor de Direito do Trabalho para concursos do TRT

Autor e coordenador de diversos livros para concursos do TRT pela Editora Juspodivm

Comunidade 100% Trabalhista

Site: https://www.henriquecorreia.com.br

Podcast: Carreiras Trabalhistas

Instagram: Prof_correia

Youtube: Henrique Correia

Facebook: Grupo Analista TRT: concursoanalistatrt2013

Carreiras Trabalhistas: carreirastrabalhistascomelissonehenrique

LEANDRO BORTOLETO

Mestre e bacharel em direito pela Universidade Estadual Paulista – UNESP. Analista Judiciário (OJAF) na Justiça Federal. Autor e coordenador de livros jurídicos na Editora Juspodivm. Coordenador no curso de especialização em Direito Público da Escola Superior de Direito – ESD, em Ribeirão Preto. Professor convidado no curso de especialização em Direito Administrativo na USP/FDRP/FADEP. Professor na especialização em Direito Constitucional e Administrativo e no curso preparatório para carreira jurídica no curso Ênfase. Professor no curso de pós-graduação em Auditoria Interna e Controle Governamental, nos cursos de extensão e no curso preparatório para carreira jurídica no Curso Verbo Jurídico. Professor no Jus Aulas na Editora Juspodivm. Ex-oficial de justiça no TJ SP.

@profbortoleto

LUCIANO ALVES ROSSATO

Procurador do Estado. Doutor em Direito pela PUC/SP. Professor de cursos preparatórios para concursos e de pós-graduação. Autor de livros e de artigos jurídicos.

MARCELO SBICCA

Auditor Fiscal da Receita do Estado de São Paulo. Graduado em Administração de Empresas com especializações em Marketing e Auditoria em Organizações do Setor Público. Professor em cursos preparatórios para concursos públicos nas disciplinas: Matemática, Raciocínio Lógico e Estatística. Coautor de várias obras publicadas pela Editora Juspodivm.

PAULO LÉPORE

Pós-doutor em Direito pela UFSC. Autor e coordenador de livros. Sócio e Diretor do Curso Ênfase.

PLÍNIO MOURA

Advogado concursado do Banco do Nordeste do Brasil S.A. Especialista em Direito Civil e em Direito Processual Civil e Mestre em Direitos Humanos. Professor de cursos de Graduação e Pós-Graduação há 14 anos. Professor de cursos para concursos há 13 anos. Coautor em vários livros da Coleção REVISÃO FINAL e da Coleção REVISAÇO, pela editora JusPodivm.

E-mail: pliniormoura@yahoo.com.br e plinio.rmoura79@gmail.com

Sumário

3. CLASSES GRAMATICAIS INVARIÁVEIS

3. CONCORDÂNCIA

4. REGÊNCIA

5. CRASE

6. PONTUAÇÃO

PARTE IV – COESÃO, COERÊNCIA E REESCRITA DE FRASES

1. COESÃO, COERÊNCIA E REESCRITA DE FRASES

LEGISLAÇÃO

Danilo da Cunha Sousa

CONHECIMENTOS ESPECÍFICOS

Analista Judiciário – Área Judiciária

DIREITO CONSTITUCIONAL

Paulo Lépore

DIREITO ADMINISTRATIVO

Leandro Bortoleto

DIREITO DO TRABALHO

Henrique Correia

DIREITO PROCESSUAL DO TRABALHO

Élisson Miessa

DIREITO CIVIL

Plínio Moura

EDITAL SISTEMATIZADO (Nº 01/2022 – TRT5/BA, PUBLICADO EM 16.09.22) – BANCA FCC:

DIREITO PROCESSUAL CIVIL

Luciano Alves Rossato

LÍNGUA PORTUGUESA

Duda Nogueira

EDITAL SISTEMATIZADO

CARGO: ANALISTA JUDICIÁRIO – ÁREA JUDICIÁRIA

No edital	No livro
Domínio da ortografia oficial	Ortografia e semântica Parte I - Capítulos 1 e 3
Emprego da acentuação gráfica	Acentuação Parte I - Capítulo 2
Emprego dos sinais de pontuação	Pontuação Parte III - Capítulo 6
Emprego do sinal indicativo de crase	Crase Parte III - Capítulo 5
Flexão nominal e verbal	Substantivo, adjetivo e verbo Concordância nominal e verbal Parte II - 2.1, 2.2, 2.6 Parte III - 3
Pronomes: emprego, formas de tratamento e colocação	Pronome Parte II - 5
Domínio dos mecanismos de coesão e coerência textual	Coesão, coerência e reescrita de frases Parte IV - Capítulo 1 Análise sintática PARTE III - 1 Período composto PARTE III - 2
Emprego de tempos e modos verbais	Verbo Parte III - 2.6
Vozes do verbo	Verbo Parte III - 2.6
Concordância nominal e verbal	Concordância Parte III - Capítulo 3
Regência nominal e verbal	Regência Parte III - Capítulo 4
Morfossintaxe	Morfologia e sintaxe Parte II - capítulos 2 e 3 Parte III - 1

Redação (confronto e reconhecimento de frases corretas e incorretas)	Coesão, coerência e reescrita de frases Parte IV - Capítulo 1
Compreensão e interpretação de textos de gêneros variados	Interpretação e compreensão textual Parte V - Capítulo 1
Reconhecimento de tipos e gêneros textuais	Interpretação e compreensão textual Parte V - Capítulo 1
Figuras de linguagem	Figuras de linguagem Parte VI - Capítulo 1
Discurso direto, indireto e indireto livre	Interpretação e compreensão textual Parte V - Capítulo 1
Adequação da linguagem ao tipo de documento	Coesão, coerência e reescrita de frases Parte IV - Capítulo 1

Observações:

1. Os assuntos mais exigidos pela banca FCC estão em negrito;
2. Este capítulo é de revisão, ou seja, está sintetizado para que você possa relembrar o que é mais importante.

Recomendações:

1. Siga o sumário do livro, não a ordem do edital;
2. Estude a teoria e, em seguida, resolva questões recentes de cada assunto para fixar – seguindo o que foi destacado no edital sistematizado.

Como estudaremos a língua que falamos, veja com olhar mais afável. É possível fazer uma ótima prova.

PARTE I – FONOLOGIA E SEMÂNTICA

1. ORTOGRAFIA

1. INTRODUÇÃO

Denomina-se ortografia a parte da gramática que estuda a exata figuração dos sons, ou seja, a correta escrita dos vocábulos. Nela se estudam: os sistemas ortográficos, as notações léxicas, a partição dos vocábulos, o emprego das maiúsculas e as abreviaturas.[1]

2. EM CONCURSOS

2.1. Emprego dos porquês

	Regras	Exemplos
Por que	equivale a **pelo qual**	Este é o caminho **por que** passo.
	vem acompanhado pela palavra **razão**(*-mesmo que subentendida)*	**Por que** você foi embora logo?
Porque	é uma explicação, equivale a **pois.**	Fui embora logo **porque** estava muito cansado.
Porquê	é um substantivo, ou seja, nomeia.	Não sei o **porquê** de sua demora.
	Admite PLURAL	O estudo da palavra **porquê**.
Por quê	Segue a regra da palavra **que**: quando utilizada no fim de uma frase, será sempre acentuada.	Ele faltou, mas não sei **por quê.**

Em concursos: Faltou ontem e não sabemos **por quê.** Regra: final de frase.

Faltou ontem e não sabemos o **porquê**. Regra: admite plural = não sabemos **os porquês**.

2.2. Mal e mau

	Regras	Exemplos
Mal	**substantivo** (nomeia)	O **mal** que a televisão me fez.
	advérbio (indica circunstância)	Dormi **mal** a semana toda.
Mau	é um **adjetivo** (qualifica)	Ele é um **mau** aluno.

1. ALMEIDA, Napoleão Mendes de. *Gramática metódica da língua portuguesa.* 27 ed. São Paulo: Saraiva, 1978. p. 68.

Facilitando: em provas fáceis, pode pensar na antiga dica de antônimos.

Mal	x	Bem
Mau	x	Bom

2.3. Viagem e viajem

	Regras	Exemplos
Viagem	**substantivo** (nomeia)	A **viagem** que farão.
Viajem	**verbo** (pode ser conjugado)	Que eles **viajem** bem.

2.4. Cessão, sessão e seção (ou secção)

	Regras	Exemplos
Cessão	Ato de **ceder**	A **cessão** de terras não será feita pelo governo.
Sessão	reunião	A **sessão** de cinema começará às oito horas.
Seção ou secção	parte, divisão	Li a notícia na **seção** (ou **secção**) de esportes.

2.5. Onde e aonde

	Regras	Exemplos
Onde	Significa **no lugar** e equivale a em que, no(a) qual	O bairro **onde** fica a editora. = A editora fica **no** bairro.
Aonde	Significa **ao lugar**	A casa **aonde** iremos. = Iremos a casa.

2.6. Se não e senão

	Regras	Exemplos
Se não	Equivale a **caso não, quando não** ou no caso de o **se** ser conjunção integrante.	**Se não** fossem meus amigos, não seria quem sou. Perguntei aos alunos **se não** gostariam de estudar.
Senão	Equivale a **caso contrário, do contrário, de outro modo, a não ser, mas sim**	Estude bastante, **senão** não conseguirá aprender o suficiente.

2.7. Tão pouco e tampouco

	Regras	Exemplos
Tão pouco	muito pouco, curto, pouca coisa, algo pequeno, escasso	Estudei **tão pouco** que nem vou fazer a prova.
Tampouco	**também não** ou **nem**	Não estudou, **tampouco** trabalhou.

2.8. De encontro a e ao encontro de

	Regras	Exemplos
De encontro a	contra, em oposição a, para chocar-se com	A decisão foi **de encontro a** nossos ideais.
Ao encontro de	estar de acordo com, em direção a, favorável a, para junto de	Minha nota veio **ao encontro do** que desejava.

2.9. Em vez de e ao invés de

	Regras	Exemplos
Em vez de	Em lugar de	**Em vez de** estudar, foi ao cinema.
Ao invés de	**Ao contrário de, lado oposto**. Utilizada para indicar ideias opostas, ideias contrárias.	**Ao invés de** rir, chorou muito.

2.10. Acerca de, a cerca de e há cerca de

	Regras	Exemplos
Acerca de	**a respeito de** ou **sobre**	**Acerca do** fato, não darei minha opinião.
A cerca de	perto de, aproximadamente, próximo de	O mar fica **a cerca de** 50 metros da pousada.
Há cerca de	tempo decorrido	**Há cerca de** 10 anos, foi aprovado.

2.11. Mas e mais

	Regras	Exemplos
Mas	• **substantivo comum** = um defeito, um senão • **conjunção** = adversativa tem sentido de uma oposição ou limitação, podendo ser substituído por porém, todavia, contudo • **advérbio** = enfatiza uma afirmação	• Nem **mas** nem meio mas, faça já o que mandaram. • Não estudou, **mas** foi aprovado. • Ele é bom aluno, **mas** tão bom aluno que tem sempre nota máxima nas provas.
Mais	Pode ser **substantivo, conjunção, advérbio de intensidade, preposição, pronome indefinido** indicando noção de maior quantidade ou intensidade. Significa também **ainda os outros, os demais, os restantes**.	• Ela é a menina **mais** inteligente da turma. • Dois **mais** dois são quatro. • Isto é o **mais** que ele consegue fazer. • Não faço **mais** nada do que pensar. • Vou embora, os **mais** que se decidam.

2.12. A fim e afim

	Regras	Exemplos
A fim	Locução de finalidade, equivale a **para**	Estudou **a fim de** ter salário fixo.
Afim	**Semelhante**, que tem afinidade	Nossos valores sempre foram **afins**.

2.13. Se quer e sequer

	Regras	Exemplos
Se quer	Conjunção **se** + verbo **querer** = se desejar	**Se quer** ter sucesso, trabalhe.
Sequer	Ao menos = advérbio	Estava doente e **sequer** tinha remédio em casa.

3. SUGESTÃO

É viável relembrar o emprego do hífen após a Reforma Ortográfica de 2009.

Site sugerido – Brasil Escola: https://brasilescola.uol.com.br/gramatica/emprego-do-hifen.htm

2. ACENTUAÇÃO

1. INTRODUÇÃO

Entende-se por acento a maior força expiratória com que uma sílaba se opõe às que lhe ficam contíguas no corpo dos vocábulos.[2]

1.1. Vogal e semivogal

Vogal é o fonema sonoro produzido por uma corrente de ar que passa livremente pela boca. São elas: a, e, i, o, u.

Em toda sílaba, há uma vogal. Isso significa que o número de sílaba é o mesmo que o número de vogal: país = duas vogais (a,i) = duas sílabas (pa-ís). As vogais são pronunciadas fortemente.

Semivogal são os sons de /i/ e /u/ pronunciados fracamente. Estará sempre acompanhada por uma vogal.

As letras "e" e "o" podem ser semivogais de possuírem som de /i/ e /u/: mã**e**, pã**o**.

1.2. Ditongo crescente, decrescente e hiato

Ditongo crescente: formado por semivogal + vogal na mesma sílaba = glór**ia**.

Ditongo decrescente: formado por vogal + semivogal na mesma sílaba = p**ai**.

Hiato: ocorre quando uma sílaba termina com vogal e a outra sílaba inicia-se também com vogal = p**a**-**í**s, h**i**-**a**-to.

2. LIMA, Rocha. *Gramática normativa da língua portuguesa.* 15 ed. Rio de Janeiro: J. Olympio, 1972. p.24.

2. REGRAS DE ACENTUAÇÃO GRÁFICA

2.1. Proparoxítonas: a sílaba tônica é a antepenúltima

Regra: todas as proparoxítonas são acentuadas. Exemplos: **trá**-gi-co; pa-**té**-ti-co, **ár**-vo-re.

Para facilitar, insira os vocábulos na tabela. A última sílaba deverá estar sempre na última coluna.

	Proparoxítona	Paroxítona	Oxítona
	trá	gi	co
pa	**té**	ti	co
	ár	vo	re

2.1.1. Proparoxítona eventual ou acidental

As palavras paroxítonas terminadas em ditongo oral crescente (semivogal + vogal) podem ser consideradas **proparoxítonas eventuais** ou **relativas** ou **acidentais.**

paroxítona terminada em ditongo crescente	re	si	dên	**cia**	
proparoxítona eventual	re	si	dên	**ci**	**a**

paroxítona terminada em ditongo crescente	me	mó	**ria**	
proparoxítona eventual	me	mó	**ri**	**a**

2.2. Paroxítonas: a sílaba tônica é a penúltima

Acentuam-se as PAROXÍTONAS terminadas em	Exemplos
l	**fá**cil
n	**pó**len
r	ca**dá**ver
ps	**bí**ceps
x	**tó**rax
us	**ví**rus
i, is	**jú**ri, **lá**pis
om, ons	**iân**dom, **í**ons
um, uns	**ál**bum, **ál**buns
ã(s), ão(s)	**ór**fã, **ór**fãs, **ór**fão, **ór**fãos
ditongo oral (seguido ou não de s)	**jó**quei, **tú**neis

Observações:

a. As paroxítonas terminadas em **n** são acentuadas (hífen), mas as que terminam em **ens**, não: **hifens**.

b. Não são acentuados os prefixos terminados em **i** e **r**: semi, super.

Acentuam-se as paroxítonas terminadas em ditongos crescentes: **ea(s), oa(s), eo(s), ua(s), ia(s), ue(s), ie(s), uo(s), io(s)**: mágoa, óleo, régua, férias, tênue, cárie, ingênuo, início.

2.3. Oxítonas: a sílaba tônica é a última

Acentuam-se as OXÍTONAS terminadas em	Exemplos
a(s)	sof**á**, sof**ás**
e(s)	jacar**é**, voc**ês**
o(s)	palet**ó**, av**ós**
em, ens	ningu**ém**, armaz**éns**

2.4. Monossílabas

São palavras que possuem apenas uma sílaba, ou seja, uma vogal. Acentuam-se as monossílabas tônicas – com autonomia fonética.

Acentuam-se os MONOSSÍLABOS terminados em	Exemplos
a(s)	lá, cá
e(s)	pé, mês
o(s)	só, pó, nós, pôs

3. ACENTUAÇÃO DOS HIATOS

REGRA	Exemplos
Acentuam-se o **i** e **u** tônicos quando formam hiato com a vogal anterior, estando eles sozinhos na sílaba ou acompanhados apenas de **"s"**, desde que não sejam seguidos por **-nh.**	sa – **í** – da e – go – **ís** –mo sa – **ú** – de
Não se acentuam, portanto, hiatos como os das palavras seguintes.	ju –**iz**, ra – **iz**, ru – **im**, ca – **ir**
Motivo: **–i** ou **–u** não estão sozinhos nem acompanhados de **–s** na sílaba.	

Observação: cabe esclarecer que existem hiatos acentuados não por serem hiatos, mas por outras razões: po-é-ti-co = proparoxítona; bo-ê-mio = paroxítona terminada em ditongo crescente; ja-ó = oxítona terminada em "o".

4. ACENTOS DIFERENCIAIS

Os acentos diferenciais servem para diferenciar as palavras. Sofreram alterações com a Reforma Ortográfica de 2009, por isso é importante relembrar.

Não se usa mais o **acento diferencial** nos "pares": pára – para, péla(s) – pela(s), pêlo(s) – pelo(s), pólo(s) – polo(s) e pêra – pera.	Ele não **para** de falar. Foram **para** Londres
Permanece o acento diferencial em **pôde** e **pode.**	Ontem, ele não **pôde** sair mais cedo, mas hoje ele **pode**.
Permanece o acento diferencial em **pôr** (verbo) e **por** (preposição).	Vou **pôr** o livro na estante que foi feita **por** mim.
Permanecem os acentos que diferenciam o singular do plural dos verbos **ter** e **vir**, assim como de seus derivados (manter, deter, reter, conter, convir, intervir, advir etc.).	Ele **tem** - Eles **têm;** Ele **vem** - Eles **vêm;** Ele **mantém** - Eles **mantêm;** Ele **convém** - Eles **convêm.**
Acento facultativo – o uso do acento circunflexo para diferenciar as palavras **forma** e **fôrma**. Em alguns casos, o uso do acento deixa a frase mais clara.	Qual é a **forma** da **fôrma** do bolo?

5. REGRAS ESPECIAIS

Os ditongos **éi, éu** e **ói**, sempre que tiverem pronúncia aberta em palavras **oxítonas** (éi e não êi), são acentuados.	**éi (s):**an**éi**s, fi**éi**s, pap**éi**s **éu (s):**trof**éu**, c**éu**s **ói (s):** her**ói,** constr**ói**, caub**ói**s
Os ditongos abertos ocorridos em palavras paroxítonas NÃO são acentuados.	assembleia, boia, colmeia, Coreia, estreia, heroico, ideia, jiboia, joia, paranoia, plateia, etc.
Nos verbos compostos de **ter** e **vir**, o acento ocorre obrigatoriamente, mesmo no singular. Distingue-se o plural do singular mudando o acento de agudo para circunflexo.	ele detém –eles detêm ele advém –eles advêm

Observação: a palavra **destróier** é acentuada por ser uma paroxítona terminada em "r" (e não por possuir ditongo aberto **oi).**

6. MUDANÇAS NAS REGRAS[3]

O que mudou	Exemplos	Exceções
Não se usa mais o acento dos **ditongos abertos éi** e **ói** das palavras paroxítonas (palavras que têm acento tônico na penúltima sílaba).	alcaloide, alcateia, androide, apoia (verbo apoiar), apoio (verbo apoiar), asteroide, boia, celuloide, claraboia, colmeia, Coreia	Essa regra é válida somente para palavras paroxítonas. Continuam a ser acentuadas as palavras oxítonas e os monossílabos tônicos terminados em **éis** e **ói(s)**: papéis, herói, heróis, dói (verbo doer), sóis.

3. TUFANO, Douglas. *Guia prático da nova ortografia.* São Paulo: Melhoramentos, 2009.

O que mudou	Exemplos	Exceções
Nas palavras **paroxítonas**, não se usa mais o acento no **i** e no **u** tônicos quando vierem depois de um ditongo.	baiuca, bocaiuva (tipo de palmeira), cauila (avarento).	1. se a palavra for oxítona e o **i** ou o **u** estiverem em posição final (ou seguidos de **s**), o acento permanece: tuiuiú, tuiuiús, Piauí. 2. se o **i** ou o **u** forem precedidos de ditongo crescente, o acento permanece: guaíba, Guaíra.
Não se usa mais o acento das palavras terminadas em **eem** e **oo(s)**.	abençoo, creem, deem, doo, enjoo.	
Não se usa mais o acento agudo no **u** tônico das formas (tu) arguis, (ele) argui, (eles) arguem, do presente do indicativo dos verbos **arguir** e **redarguir**.	João argui Pedro sobre sua ausência na reunião. Pedro redargui: Por acaso isso te interessa?	

3. SEMÂNTICA

1. INTRODUÇÃO

Semântica é a parte da gramática que estuda o significado das palavras. É subdividida em sinônimos, antônimos, parônimos e homônimos.[4]

2. SINÔNIMO E ANTÔNIMO

2.1. Sinônimo

É o vocábulo que apresenta **sentido igual ou semelhante**; relação semântica de sinonímia quer dizer aproximação de sentido.

Cômico: burlesco, comediante, engraçado. Economizar: poupar, amealhar, forrar.

2.2. Antônimo

É o vocábulo que apresente **sentido oposto**; relação semântica de antonímia implica oposição de sentido.

Cômico: grave, trágico, sério. Mal: bem. Mau: bom.

3. HOMÔNIMO E PARÔNIMO

3.1. Homônimo

É o vocábulo que possui **a mesma grafia, a mesma pronúncia** ou as duas iguais. Subdivide-se em:

4. GRAMÁTICA.NET.BR, *Semântica.* Disponível em <https://www.gramatica.net.br/semantica/>. Acesso em: 16 dez. 2021.

Homófono apresenta a **mesma pronúncia**, mas a grafia diferente.

Sessão = reunião; seção = divisão; cessão = doação.

Homógrafo apresenta a **mesma grafia**, mas a pronúncia diferente.

Governo (ê) = substantivo; governo (é) = verbo / olho (ô) = substantivo; olho (ó) = verbo.

Homônimo perfeito possui a **mesma grafia e** a **mesma pronúncia**, mas o sentido é diferente.

Caminho (substantivo); caminho (verbo) / livre (adjetivo); livre (verbo).

3.2. Parônimo

Parônimo é o **vocábulo parecido** tanto na grafia quanto na pronúncia.

Ratificar = confirmar; retificar = corrigir / Intemerato = puro, íntegro; intimorato = intrépido, resoluto.

4. POLISSEMIA

É a propriedade que uma mesma palavra tem de apresentar **vários significados**.

Ele ocupa um alto **posto** na empresa. Abasteci meu carro no **posto** da esquina.

5. HIPONÍMIA E HIPERONÍMIA[5]

5.1. Hiponímia

Representa cada parte, cada item de um todo.

Maçã, goiaba, melão, morango, banana = hipônimas de frutas (o todo).

5.2. Hiperonímia

Possui a ideia de um todo.

Frutas é hiperonímia de maçã, goiaba, melão, morango, banana (partes).

6. DENOTAÇÃO E CONOTAÇÃO

6.1. Denotação

É o uso da palavra com o seu **sentido original**.

Pedra é um corpo duro e sólido, da natureza das rochas. A construção de um muro de **pedras**.

6.2. Conotação

É o uso da palavra com um significado diferente do original, criado pelo contexto. Esse sentido é usado comumente em poesias e textos literários.

Você tem um coração de **pedra**.

---

5. MUNDO EDUAÇÃO, *Hiperonímia e Hiponímia*. Disponível em <https://mundoeducacao.bol.uol.com.br/gramatica/hiperonimia-hiponimia.htm>. Acesso em 17 dez. 2021.

7. AMBIGUIDADE

É a qualidade ou estado do que é ambíguo, ou seja, aquilo que pode ter mais do que um sentido ou significado. Pode apresentar a sensação de indecisão, hesitação, imprecisão, incerteza e indeterminação. Ambiguidade é obscuridade; dúvida.[6]

Casos	Exemplos	Ambiguidade	Eliminando a ambiguidade
Má colocação do Adjunto Adverbial	Crianças que recebem leite materno frequentemente são mais sadias.	As crianças são mais sadias porque recebem leite frequentemente ou são frequentemente mais sadias porque recebem leite?	Crianças que **recebem frequentemente** leite materno são mais sadias. Crianças que recebem leite materno **são frequentemente** mais sadias.
Uso Incorreto do Pronome Relativo	Gabriela pegou o estojo vazio da aliança de diamantes que estava sobre a cama.	O que estava sobre a cama: o estojo vazio ou a aliança de diamantes?	Gabriela pegou o estojo vazio da **aliança** de diamantes **a qual** estava sobre a cama. Gabriela pegou **o estojo** vazio da aliança de diamantes **o qual** estava sobre a cama.
Má Colocação de Pronomes, Termos, Orações ou Frases	Aquela velha senhora encontrou o garotinho em seu quarto.	O garotinho estava no quarto dele ou da senhora?	Aquela **velha** senhora encontrou o garotinho no quarto **dela**. Aquela velha senhora encontrou o **garotinho** no quarto **dele**.
	Sentado na varanda, o menino avistou um mendigo.	Quem estava sentado na varanda: o menino ou o mendigo?	O menino avistou um **mendigo** que estava **sentado** na varanda. O **menino** que estava **sentado** na varanda avistou o mendigo.[7]

6. BUENO, Francisco da Silveira. *Minidicionário da Língua Portuguesa*. Edição atualizada. São Paulo: FTD S.A. p. 46.

7. AMBIGUIDADE GERAL. Disponível em <http://ambiguidade-geral.blogspot.com/2014/04/ambiguidade.html>. Acesso em: 16 dez. 2021. (adaptado)

PARTE II – MORFOLOGIA

1. PROCESSOS DE FORMAÇÃO DAS PALAVRAS

1. DERIVAÇÃO

É o processo de formação de novas palavras através da adição ou subtração de itens a uma palavra primitiva, ou seja, deriva de outra. Possui um radical.

Derivação Prefixal: ocorre quando a palavra nova é obtida por acréscimo de prefixo.

expor- **ex** + por; impor- **im** + por; percorrer – **per** + correr.

Derivação Sufixal: ocorre quando a palavra nova é obtida por acréscimo de sufixo.

dentista – dent + **ista**; amoroso – amor + **oso**.

Derivação Prefixal e Sufixal: ocorre quando a palavra nova é obtida por acréscimo de prefixo e sufixo.

Observação: o prefixo ou o sufixo pode ser retirado e uma nova palavra será formada.

	prefixo	radical	sufixo	novas palavras
deslealdade	des	leal	dade	desleal, lealdade
infelizmente	in	feliz	mente	infeliz, felizmente
Inutilizar	in	util	izar	inútil, utilizar

Derivação Parassintética: ocorre quando a palavra nova é obtida pelo acréscimo simultâneo de prefixo e sufixo. Por parassíntese formam-se, principalmente, verbos.

Observação: o prefixo ou o sufixo **não** pode ser retirado.

<table>
<tr><th></th><th>prefixo</th><th>radical</th><th>sufixo</th><th rowspan="4">não há novas palavras</th></tr>
<tr><td>entristecer</td><td>en</td><td>trist</td><td>ecer</td></tr>
<tr><td>entardecer</td><td>en</td><td>tard</td><td>ecer</td></tr>
<tr><td>esquentar</td><td>es</td><td>quent</td><td>ar</td></tr>
</table>

Derivação Regressiva: a palavra reduz, ou seja, diminui.

botequim – **boteco**; português – **portuga**; barracão – **barraco**; sarampão – **sarampo**

Derivação Imprópria: ocorre mudança na classe gramatical, por isso o nome **imprópria**.

O **jantar**: substantivo derivado do verbo *jantar.* / Mulher **aranha**: adjetivo derivado do substantivo.

2. COMPOSIÇÃO

É o processo que forma palavras compostas, a partir da junção de dois ou mais radicais.

Composição por justaposição

Ao unirmos os radicais, **não** ocorre alteração fonética, ou seja, o som não muda.

Passatempo = passa + tempo; varapau = vara + pau; obra-prima = obra + prima.

Composição por aglutinação

Ao unirmos dois ou mais vocábulos ou radicais, **ocorre supressão** de um ou mais de seus elementos fonéticos.

Aguardente = água + ardente; planalto = plano + alto; embora = em + boa + hora.

3. HIBRIDISMO

Palavra formada por elementos de línguas distintas.

burocracia	buro: francês	cracia: grego
automóvel	auto: grego	móvel: latim
monocultura	mono: grego	cultura: latim
sambódromo	samba: português	dromo: grego

4. ONOMATOPEIA

São vocábulos que reproduzem aproximadamente os sons e as vozes dos seres.

Tique-taque, pingue-pongue, mugir, miar, piar, rosnar, latir, bumm!

5. NEOLOGISMOS E GÍRIAS

Os **neologismos** podem ser criados a partir de palavras da própria língua do país (como as palavras "presidenciável" e "carreata", por exemplo) ou a partir de palavras estrangeiras ("roqueiro" e "deletar", por exemplo). No processo de criação de palavras novas, merecem destaque as gírias, que surgem num determinado grupo social e, por sua expressividade, acabam sendo incorporadas à linguagem coloquial de outras camadas sociais.

A **gíria** é um fenômeno de linguagem especial que consiste no uso de uma palavra não convencional para designar outras palavras formais da língua. Pode ser empregada no intuito de fazer segredo, humor ou distinguir o grupo que a adota dos demais, muitas vezes criando um jargão próprio. Assim, como uma expressão idiomática, é uma palavra que se caracteriza por não permitir a identificação do seu significado através de seu sentido literal. Por essa razão, também não é possível traduzi-la para outra língua de modo literal. As gírias geralmente se originam de acordo com a cultura e peculiaridades de cada região. As gírias podem comprometer a clareza, bem como a permanência do texto escrito, gerando complicações.

Gíria	Explicação
13 ou 22	Cara louco, doido, maluco.
38 (lê-se trinta-e-oito ou três-oitão)	Arma de fogo bastante comum no Brasil, principalmente de forma ilegal.
171 (lê-se um-sete-um)	Estelionatário. Refere-se ao artigo número 171, que versa sobre estelionato.
Abraçar jacaré	Dar-se mal, encontrar-se em situação controversa.
Alcaguete ou Alcagueta	Pessoa dedo-duro, delatora.
Animal	Muito legal, radical.[8]

2. CLASSES GRAMATICAIS VARIÁVEIS – FLEXÃO NOMINAL

1. SUBSTANTIVO

1.1. Definição

Substantivo é toda a palavra que especifica substância, ou seja, coisa que possua existência ou animada (homem, cachorro, laranjeira) ou inanimada (casa, lápis, pedra), quer real (sol, automóvel), quer imaginária (Júpiter, sereia), quer concreta (casa), quer abstrata (pureza).[9]

1.2. Flexão de número

Número é o acidente gramatical que indica se o ser nomeado é um ou mais de um. São dois números: o singular, que se refere a um ente ou grupo de entes, como – a criança, o peixe, o rebanho; o plural, que denota mais de um ente ou grupo de entes: as crianças, os peixes, os rebanhos.[10]

---

8. SÓ PORTUGUÊS. Disponível em <https://www.soportugues.com.br/secoes/girias/>. Acesso em: 16 dez. 2021. (com adaptações)
9. ALMEIDA, Napoleão Mendes de. *Gramática metódica da língua portuguesa.* 27 ed. São Paulo: Saraiva, 1978. p.80.
10. LIMA, Rocha. *Gramática normativa da língua portuguesa.* 15 ed. Rio de Janeiro: J. Olympio, 1972. p. 73.

1.2.1. *Plural dos substantivos simples*

<table>
<tr><td rowspan="14">Os substantivos terminados em</td><td>vogal, ditongo oral e n fazem o plural pelo acréscimo de s.</td><td colspan="2">pai – pais / ímã – ímãs
hífen – hifens (sem acento, no plural)
Exceção: cânon – cânones.</td></tr>
<tr><td>m fazem o plural em ns.</td><td colspan="2">homem – homens</td></tr>
<tr><td>r e z fazem o plural pelo acréscimo de es.</td><td colspan="2">revólver – revólveres / raiz – raízes
Atenção: O plural de caráter é caracteres.</td></tr>
<tr><td>al, el, ol, ul flexionam-se no plural, trocando o l por is.</td><td colspan="2">quintal – quintais / caracol – caracóis / hotel – hotéis
Exceções: mal e males, cônsul e cônsules.</td></tr>
<tr><td rowspan="3">il fazem o plural de duas maneiras:</td><td>Quando oxítonos, em is.</td><td>canil – canis</td></tr>
<tr><td>Quando paroxítonos, em eis.</td><td>míssil – mísseis.</td></tr>
<tr><td colspan="2">Obs.: a palavra réptil pode formar seu plural de duas maneiras: répteis ou reptis (pouco usada).</td></tr>
<tr><td rowspan="2">s fazem o plural de duas maneiras:</td><td>Quando monossilábicos ou oxítonos, mediante o acréscimo de es.</td><td>ás – ases
retrós – retroses</td></tr>
<tr><td>Quando paroxítonos ou proparoxítonos, ficam invariáveis.</td><td>o lápis – os lápis
o ônibus – os ônibus.</td></tr>
<tr><td rowspan="3">ão fazem o plural de três maneiras:</td><td>substituindo o -ão por –ões</td><td>ação – ações</td></tr>
<tr><td>substituindo o -ão por –ães</td><td>cão – cães</td></tr>
<tr><td>substituindo o -ão por –ãos</td><td>grão – grãos</td></tr>
<tr><td>x ficam invariáveis.</td><td colspan="2">o látex – os látex.</td></tr>
</table>

1.2.2. *Plural dos substantivos compostos*

A formação do plural dos substantivos compostos depende da forma como são grafados, do tipo de palavras que formam o composto e da relação que estabelecem entre si. Aqueles que são grafados sem hífen comportam-se como os substantivos simples.

aguardente aguardentes	pontapé pontapés	girassol girassóis	malmequer malmequeres

O plural dos substantivos compostos cujos elementos são ligados por hífen costuma provocar muitas dúvidas e discussões. Vamos a elas.

<table>
<tr><td rowspan="4">Flexionam-se os dois elementos, quando formados de</td><td>substantivo + substantivo</td><td>couve-flor e couves-flores</td></tr>
<tr><td>substantivo + adjetivo</td><td>amor-perfeito e amores-perfeitos</td></tr>
<tr><td>adjetivo + substantivo</td><td>gentil-homem e gentis-homens</td></tr>
<tr><td>numeral + substantivo</td><td>quinta-feira e quintas-feiras</td></tr>
</table>

Flexiona-se somente o segundo elemento, quando formados de	verbo + substantivo	guarda-roupa e guarda-roupa**s**
	palavra invariável + palavra variável	alto-falante e alto-falante**s**
	palavras repetidas ou imitativas	reco-reco e reco-reco**s**
Flexiona-se somente o primeiro elemento, quando formados de	substantivo + preposição clara + substantivo	água-de-colônia e águas-de-colônia
	substantivo + preposição oculta + substantivo	cavalo-vapor e cavalo**s**-vapor
	substantivo + substantivo que funciona como determinante do primeiro, ou seja, especifica a função ou o tipo do termo anterior.	palavra-chave – palavras-chave bomba-relógio – bombas-relógio notícia-bomba – notícias-bomba homem-rã – homens-rã peixe-espada – peixes-espada
Permanecem invariáveis, quando formados de	verbo + advérbio	o bota-fora e os bota-fora
	verbo + substantivo no plural	o saca-rolhas e os saca-rolhas
Casos Especiais	o louva-a-deus e os louva-a-deus o bem-te-vi e os bem-te-vis o bem-me-quer e os bem-me-queres o joão-ninguém e os joões-ninguém[11]	

2. ADJETIVO

2.1. Definição

Adjetivo é a palavra que expressa qualidade ou propriedade ou estado do ser. Dividem-se em: **adjetivo explicativo**, que diz qualidade essencial do ser (pedra **dura**, gelo **frio**, leite **branco**) e **adjetivo restritivo**, que expressa qualidade, propriedade ou estado acidental do ser (pedra **preciosa**, gelo **útil**, leite **caro**, livro **velho**, **bela** casa, **alto** muro).[12]

2.1.1. Locução adjetiva

Locução é o conjunto de duas ou mais palavras que portam significado distinto daquele que advém da consideração das palavras isoladamente, isto é, locução adjetiva é mais de uma palavra com valor de adjetivo. Normalmente é formada por preposição + substantivo:

11. SÓ PORTUGUÊS. Disponível em <https://www.soportugues.com.br/secoes/morf/morf28.php>. Acesso em: 30 março 2014.

12. ANDRÉ, Hildebrando Afonso de. *Gramática ilustrada*. 2 ed. São Paulo: Moderna, 1978. p. 122.

de águia = aquilino; de esmeralda = esmeraldino; de orelha = auricular; de ano = anual; de farinha = farináceo.

2.2. Flexão de número

2.2.1. Plural dos Adjetivos Simples

Os adjetivos simples flexionam-se no plural de acordo com as regras estabelecidas para a flexão numérica dos substantivos simples.

mau	feliz	ruim	boa
maus	felizes	ruins	boas

Observação: caso o adjetivo seja uma palavra que também exerça função de substantivo, ficará invariável, ou seja, se a palavra que estiver qualificando um elemento for, originalmente, um substantivo, ela manterá sua forma primitiva.

A palavra **violeta** é um substantivo, porém, se estiver qualificando um elemento, funcionará como adjetivo. Ficará invariável. Exemplo: camisas **violeta**, ternos **violeta**.

2.2.2. Plural dos Adjetivos Compostos

Adjetivo composto é formado por dois ou mais elementos. Normalmente, esses elementos são ligados por hífen.

Regra: apenas o último elemento concorda com o substantivo a que se refere; os demais ficam na forma masculina, singular.	camisas **verde-claras**

Observações:

- Caso o adjetivo seja uma palavra que também exerça função de substantivo, ficará invariável. Facilitando: se a palavra que qualifica um elemento for, originalmente, um substantivo, ela manterá sua forma primitiva (singular).

As palavras **ouro e café** são originalmente substantivos, porém, se estiverem qualificando um elemento, funcionarão como adjetivos. Caso se ligue a outra palavra por hífen, formará um adjetivo composto; como é um substantivo adjetivado, o adjetivo composto inteiro ficará invariável. Exemplos: camisas **amarelo-ouro,** telhados **marrom-café.**

- **Azul-marinho, azul-celeste, ultravioleta e qualquer adjetivo composto iniciado por cor-de-**... são sempre invariáveis: blusas **azul-marinho**, blusas **azul-celeste**, blusas **cor-de-rosa**.
- Os adjetivos compostos **surdo-mudo e pele-vermelha** têm os dois elementos flexionados: meninos **surdos-mudos**, crianças **peles-vermelhas.**

2.3. Sugestão

Raramente os graus do adjetivo são exigidos. Caso queira relembrar, segue o link: www.todamateria.com.br/flexao-dos-adjetivos/

3. ARTIGO

3.1. Definição

Artigo é a palavra que antepomos ao substantivo para determiná-lo. Ao mesmo tempo, o artigo indica o gênero e o número do substantivo ao qual se antepõe.[13]

3.2. Classificação

3.2.1. Artigos definidos

Determinam o substantivo de modo particular e preciso. São eles: o, a, os, as.

3.2.2. Artigos indefinidos

Determinam o substantivo de modo vago, geral. São eles: um, uma, uns, umas.

3.3. Emprego do artigo

3.3.1. Não se usa o artigo definido

Em **provérbios e comparações.**	Cão que ladra não morde. Amor com amor se paga. Amor e tosse não dá para esconder.
Depois de ***cujo*** e o substantivo imediato.	Era o homem cujo pai procurávamos. Há animais cujo pelo é liso.
Antes de palavras que designam **matérias de estudo**, usadas com os verbos ensinar, aprender, estudar e equivalentes.	Estudava Literatura. Lecionava Português. Já não se estuda Latim nas escolas.
Antes de **nomes de sentido generalizado** – antes de substantivos usados de uma maneira geral.	Amor é sacrifício. Avareza não é economia. Escrever certo é difícil. Sal, pimenta e açúcar devem ser usados em quantidades moderadas.
Antes de palavras que se referem à **mesma pessoa**.	Diretor da empresa e funcionário público.
Antes de **pronomes tratamento**.	Sua Alteza casou com Dona Teresa Cristina. Espero não ter interrompido Vossa Excelência.
EXCEÇÃO: senhor, senhora e senhorita admitem artigo.	Falei com a senhorita Ana. O senhor João morreu ontem.
Atenção! Não quando nos dirigimos à própria pessoa.	Adeus, senhor Antônio.
Antes dos adjetivos **São, Santo e Santa**, quando acompanhados de nome próprio, assim como Nosso Senhor e Nossa Senhora.	Santo Antônio é seu padroeiro e confidente

13. ANDRÉ, Hildebrando Afonso de. *Gramática ilustrada.* 2 ed. São Paulo: Moderna, 1978. p. 216.

Antes de **pronome possessivo** usado em expressões com o valor de alguns.	Quem não tem suas (algumas) dificuldades?
Com **nomes próprios de pessoas** usados por inteiro.	João Figueiredo pediu para ser esquecido.
Observações: Com nomes de pessoas, geralmente, não se usa artigo	Rita não compareceu à cerimônia.
Atenção! Na linguagem coloquial de alguns Estados brasileiros, é frequente a anteposição de artigo a nomes de pessoas, a fim de indicar afetividade ou familiaridade	O Édson é meu irmão. A Sandra não quis sair comigo.
Antes das palavras **Casa e Terra,** quando não especificadas.	Eles estavam em casa. Voltou para casa mais tarde do que de hábito. Os marinheiros permaneciam em terra.
Atenção! Usa-se artigo antes das palavras **Casa e Terra**, quando especificadas.	Ele estava na casa do amigo. Voltou para a casa dos pais. Os marinheiros permaneceram na terra dos anões.
Antes de **outro** em sentido indeterminado.	Uns estavam atentos, outros não. Um entrou no banco, outro no carro.
Com **ambos (ambas)** é obrigatório o emprego do artigo definido. Coloque-o entre o numeral ambos e o substantivo a que se refere.	O juiz solicitou a presença de ambos os cônjuges. Ambas as partes chegaram a um acordo.
Com **cujo** (e flexões) não usamos artigo.	Este é o homem cujo amigo desapareceu. Este é o autor cuja obra conheço.
Não se combina com preposição o artigo que faz parte do nome de revistas, jornais e obras literárias.	Li a notícia em O Estado de São Paulo. A notícia foi publicada em O Globo.[14]

3.3.2. Usa-se o artigo definido

Nomes próprios geográficos. Dica: use **voltei do, da** = com artigo.	A Bahia = voltei da O Rio de Janeiro = voltei do A Amazônia = voltei da
Qualificando o lugar, haverá também o artigo.	O velho Portugal = voltei do A Atenas de Péricles = voltei da A antiga Grécia = voltei da
Voltei de = sem artigo	Portugal = voltei de Roma = voltei de Atenas = voltei de Curitiba = voltei de São Paulo = voltei de Paris = voltei de
Uso facultativo antes de pronomes possessivos.	Foi rápida a sua entrevista. Foi rápida sua entrevista.

14. RECANTO DAS LETRAS, *Emprego do artigo.* Disponível em <http://www.recantodasletras.com.br/gramatica/1408194>. Acesso em 15 dez. 2021.

3.3.3. *Emprego do artigo indefinido*

Transmite ao substantivo grande força expressiva.	*Estou com* **uma sede**! O artigo indefinido denota a grande intensidade da sede que o emissor da frase sente.
Antepõe-se ao numeral quando não se pode precisá-lo.	*Ela deve ter* **uns 15** *anos*.
Antes de nomes próprios para acentuar a semelhança de alguém com um personagem célebre. Nesse caso o nome próprio passa a ser um nome comum.	*Revelou-se* **um Pavarotti**. (um grande cantor)

4. NUMERAL

4.1. Definição

Numeral é a palavra que designa uma quantidade determinada de seres ou um ser em determinada ordem, ou ainda fração ou múltiplo.[15]

4.2. Classificação

De acordo com suas funções, os numerais são classificados em:

4.2.1. *Cardinais*

Indicam uma quantidade determinada de seres: um, dois, três etc.

4.2.2. *Ordinais*

Indicam a ordem que o ser ocupa numa série: primeiro, segundo, terceiro etc.

4.2.3. *Multiplicativos*

Expressam a ideia de que um número é multiplicativo de outro: duplo, triplo etc.

4.2.4. *Fracionários*

Indicam que um número representa fração de outro: meio, terço, quarto etc.

4.2.5. *Coletivos*

Referem-se aos numerais que, no singular, se referem ao conjunto de algo, indicando o número exato de seres que compõem esse conjunto. Não são flexionados em gênero, mas são flexionados em número: uma dúzia, quatro dúzias, uma novena.[16]

---

15. ANDRÉ, Hildebrando Afonso de. *Gramática ilustrada*. 2 ed. São Paulo: Moderna, 1978. p. 220.
16. NETO, Pasquale Cipro & INFANTE, Ulisses. *Gramática da Língua Portuguesa*. 1 ed. São Paulo: Scipione, 1999. p. 308.

4.3. Leitura dos numerais

Separando os números em centenas, de trás para frente, obtêm-se conjuntos numéricos, em forma de centenas e, no início, também de dezenas ou unidades. Entre esses conjuntos usa-se vírgula; as unidades ligam-se pela conjunção **e**.

1.203.726	um milhão, duzentos **e** três mil, setecentos **e** vinte **e** seis.
45.520	quarenta **e** cinco mil, quinhentos **e** vinte.[17]

4.3.1. Emprego dos numerais

<table>
<tr><td>Não se deve usar o numeral um antes de mil.</td><td colspan="2">Ganhei mil reais.</td></tr>
<tr><td>Em relação ao primeiro dia do mês.</td><td colspan="2">Fortaleza, 1º de dezembro de 2022.
Com relação ao primeiro dia, há gramáticos respeitados, como Evanildo Bechara, que defendem tanto o uso do ordinal como do cardinal. O emprego do ordinal, todavia, parece ter maior aceitação e, portanto, deve receber prioridade.</td></tr>
<tr><td>Com relação às datas
– Uso de AOS, A e EM</td><td>É facultativo.
Assim, posso empregar qualquer uma das três opções.</td><td>– Aos 18 dias de março foi prolatada a sentença.
– A 18 de março foi prolatada a sentença.
– Em 18 de março foi prolatada a sentença.
– No dia 23 de março foi prolatada a sentença.</td></tr>
<tr><td>Os numerais milhares, milhões e bilhões exigem o artigo no masculino.</td><td colspan="2">– Os milhares de mulheres compareceram à passeata.
– Os três milhões de árvores plantadas cresceram devagar.
– Não há oferta de trabalho para os dois bilhões de pessoas ociosas.</td></tr>
<tr><td>Na designação de artigos, capítulos e parágrafos, usam-se os ordinais de um a nove e os cardinais de dez em diante.</td><td colspan="2">– Capítulo VII (sétimo)
– Capítulo X (dez)
– Artigo IX (nono)
– Artigo X (dez)
– Parágrafo X (dez)
– Parágrafo XI (onze)</td></tr>
<tr><td rowspan="2">Na designação de papas, séculos e reis, usam-se os ordinais de um a dez e os cardinais de onze em diante.</td><td colspan="2">– Oficialmente o fim do Império Romano se deu no século V. (século quinto)
– A Reforma Protestante e a Contrarreforma ocorreram no século XVI. (século dezesseis)
– Pio X e Pio XII foram dois papas da Igreja Católica.
– Pio décimo e Pio doze.
– Dom Pedro II era maçom. (Pedro Segundo)</td></tr>
<tr><td>Observação:
usar-se-ão, todavia, os ordinais em frases como:</td><td>No décimo quarto século depois do fim do Império Romano nasceu Nietzsche, o filósofo que mais perseguiu o cristianismo.</td></tr>
</table>

17. SÓ PORTUGUÊS, *Classificação dos Numerais, Leitura dos Numerais*. Tecnologia da Informação, 2007-2018. Disponível em <*https://www.soportugues.com.br/secoes/morf/morf40_2.php*>. Acesso em: 9 ago. 2018.

<table>
<tr><td rowspan="2">Na designação de páginas de um livro e nos endereços de apartamentos e casas de uma vila usam-se os cardinais.</td><td colspan="2">Carla abriu o livro na página 5. (cinco)
Carla mora no apartamento 203. Casa 3. (três)</td></tr>
<tr><td>Observação:
Se o numeral anteceder o substantivo, o ordinal deve ser usado.</td><td>– Carla abriu o livro na 5ª página. (quinta)
– Carla abriu o livro na quinta página.</td></tr>
<tr><td rowspan="2">Não se usa o ponto entre os numerais, quando estes designam datas.</td><td colspan="2">Hoje é dia 18 de dezembro de 2021.</td></tr>
<tr><td>Observação:
Nos demais casos, o ponto deve ser colocado entre as centenas e milhares.</td><td>– Ele ganhou R$ 1.250.350,18 de prêmio.
– O juiz de Direito fez menção ao art. 1.184 do Código de Processo Civil.</td></tr>
<tr><td>Uso de sinais gráficos entre as datas: três opções, sendo a primeira mais aceita.</td><td colspan="2">– / 12 / 2013
– .12.2013
– – 12 – 2013</td></tr>
<tr><td>Quantidade de dígitos em relação aos dias, meses e anos.</td><td colspan="2">– Escrita: 18/01/2014
– No preenchimento de campos, seja em papéis, seja nos meios eletrônicos: 18/01/2014 ou 18/01/14
– no computador: O fato aconteceu a 20 de dezembro de 2013.
– O fato aconteceu a 20/12/2013.
– Ribeirão Preto, 26 de janeiro de 2014. (por causa do nome geográfico, no caso Ribeirão Preto)</td></tr>
<tr><td>Uso de sinais gráficos entre a data, o nome geográfico e entre este e a sigla correspondente ao estado ou país.</td><td colspan="2">– Mococa, SP, 16 de dezembro de 2021.
– Mococa-SP, 16 de dezembro de 2021.
– Mococa (SP), 16 de dezembro de 2021.[18]</td></tr>
</table>

5. PRONOME

5.1. Definição

Pronome é a palavra que denota o ente ou a ele se refere, considerando-o apenas como pessoa do discurso. [19]

Pessoas do discurso se chamam o indivíduo que fala, o indivíduo com quem se fala e o indivíduo ou a coisa de que se fala.[20]

Em provas: os mais exigidos em provas são **os pessoais, os relativos e os demonstrativos.** Atente-se também às regras de **colocação pronominal,** incluindo nas locuções verbais, e à **coesão textual – pronomes** que retomam ou que se referem a outros termos, expressões ou ideias.

---

18. PORTUGUÊS UOL. *O emprego que se atribui aos numerais.* Disponível em <http://portugues.uol.com.br/gramatica/o-emprego-que-se-atribui-aos-numerais.html>. Acesso em: 8 de jun. 2016. (com adaptações).
19. SAID, Ali. *Gramática Secundária da Língua Portuguesa.* 1 ed. São Paulo: Melhoramentos, 1964.
20. LIMA, Rocha. *Gramática normativa da língua portuguesa.* 15 ed. Rio de Janeiro: J. Olympio, 1972.

5.2. Classificação dos pronomes

5.2.1. Pronome pessoal

Substitui os substantivos, indicando diretamente as pessoas do discurso. O emissor (quem fala ou escreve) assume os pronomes **eu** ou **nós**, usam-se os pronomes **tu, vós, você** ou **vocês** para designar o receptor (a quem se dirige) e **ele, ela, eles** ou **elas** para designar o referente (pessoa(s) ou coisa(s) de que(m) fala).

5.2.1.1. Emprego dos Pronomes Pessoais

Pronomes	Funções	Exemplos	Perguntas	Respostas
Retos	sujeito	**Nós** viajaremos no fim de semana.	quem?	Nós
		Eles estudaram para a prova.	quem?	Eles

Pronomes	Funções	Quando é usado	Dica	São eles
Oblíquos	Objeto Direto	vem após um verbo transitivo direto, ou seja, **não** pede preposição.	**sem** preposição	o, a, os, as
	Objeto Indireto	vem após verbo transitivo indireto, ou seja, pede preposição.	**com** preposição	lhe, lhes

- **Uso de MIM e EU**

Usa-se EU apenas quando o pronome possuir função de **sujeito**. Para que isso aconteça, é necessário haver um verbo posposto ao pronome:

Este exercício é para EU resolver.

quem irá resolver? Eu ***é*** o sujeito do verbo posposto. Assim sendo, usamos a forma reta.

Este exercício é para MIM.

Não houve intrigas entre MIM e TI (você, ele, ela).

É difícil para mim acreditar no Brasil.

Temos aqui um caso típico de inversão e uma grande "pegadinha" de concurso.

Oração iniciada por VERBO SER (ou qualquer verbo de ligação) + ________ + PARA = MIM.

- **Uso de SE, SI, CONSIGO**

Usamos em voz reflexiva, ou seja, quando o sujeito praticar e sofrer a ação. Exemplos:

Ele feriu-se com a faca.

O aluno trouxe o livro consigo.

Dica: pense em **ele mesmo, ele próprio**.

5.2.2. *Pronomes de tratamento*

Chamados também de segunda pessoa indireta. O pronome de tratamento faz parte da divisão dos pronomes pessoais por fazerem referência a pessoas que são consideradas como autoridades. São usados para o Poder Executivo, Legislativo, Judiciário e em outros casos. Os mais pedidos são estes:

Pronome	Abreviaturas		Utilização
	Singular	**Plural**	
Senhor(es) e Senhora(s)	sr. e sra.	srs. e sras.	Tratamento formal.
Você(s)	v.	v.	Tratamento informal.
Vossa(s) Alteza(s)	V.A.	VV. AA.	Príncipes e princesas, duques e duquesas.
Vossa(s) Eminência(s)	V. Ema., V. Em.a ou V. Em.a	V. Emas., V. Em.as ou V. Em.as	Cardeais.
Vossa(s) Excelência(s)	V. Ex.a ou V. Ex.a	V. Ex.as ou V. Ex.as	Altas autoridades: Presidente da República, ministros, deputados, embaixadores.
Vossa Excelentíssima Reverendíssima	V. Ex.a Rev.ma	V. Ex.as Rev.mas	Bispos e arcebispos.
Vossa(s) Magnificência(s)	V. Mag.a. ou V. Mag.a	V. Mag.as ou V. Mag.as	Reitores de universidades.
Vossa(s)Majestade(s)	V. M.	VV. MM.	Reis e rainhas, imperadores e imperatrizes.
Vossa Reverência	V. Rev.a	V. Rev.as	Sacerdotes e outras autoridades religiosas do mesmo nível.
Vossa(s) Reverendíssima(s)	V. Revma., V. Rev.ma ou V. Rev.ma	V. Revma., V. Rev.mas ou Rev.mas	Sacerdotes e outras autoridades religiosas do mesmo nível.
Vossa Santidade	V. S.	-	Papa.
Vossa(s) Senhoria(s)	V. S.a ou V.S.a	V. S.as ou V.S.as	Oficiais, funcionários graduados e tratamento comercial.

5.2.2.1. Em concursos

O senhor, a senhora e você, vocês são pronomes de tratamento. "O senhor" e **"a senhora"** são empregados no tratamento cerimonioso; **"você"** e **"vocês"**, no tratamento familiar. **Você** e **vocês** são empregados no português do Brasil; em algumas regiões, a forma **tu** é de uso frequente, em outras, é muito pouco empregada. Já a forma **vós** tem uso restrito à linguagem litúrgica ou literária.

Vossa Excelência e **Sua Excelência:** os pronomes de tratamento que possuem "Vossa (s)" são empregados em relação à pessoa **a quem** nos dirigimos**.**

3ª pessoa: a concordância deve ser feita com a 3ª pessoa. Assim, os verbos, os pronomes possessivos e os pronomes oblíquos empregados em relação a eles devem ficar na 3ª pessoa.

Uniformidade de Tratamento: quando escrevemos ou nos dirigimos a alguém, não é permitido mudar, ao longo do texto, a pessoa do tratamento escolhida inicialmente. Se usa a terceira pessoa (você), não pode usar oblíquos **te**, **ti, contigo**, nem os possessivos **teu, tua**, por exemplo.

5.2.3. Pronome possessivo

Indica posse das pessoas do discurso.

Pessoa	Número	Pronome
Primeira	singular	meu(s), minha(s)
	plural	nosso(s), nossa(s)
Segunda	singular	teu(s), tua(s)
	plural	vosso(a), vossos(as)
Terceira	singular	seu(s), sua(s)
	plural	seu(s), sua(s)

5.2.3.1. Em Concursos

Pronomes possessivos que possuem outros valores	Afetividade	Não faça assim, **minha** criança.
	Proximidade	Ele tem **seus** quarenta anos.
	Hábito	Vai começar com **sua** tosse?
	Desprezo	Ela está namorando **aquilo**?
	Surpresa	Esta é **aquela**?
	Intensidade	Aonde você vai com **essa** pose?
Não é pronome possessivo quando possui sentido de Senhor	Obrigada, **Seu** Jorge. = Obrigada, Senhor Jorge.	
Em frases com pronome de tratamento, o pronome possessivo concorda com a terceira pessoa.	Vossa Excelência leu todo o **seu** livro?	
Pronomes pessoais oblíquos podem assumir valor de posse.	Ajeitou-**lhe** a coberta. = Ajeitou **sua** coberta.	

5.2.4. Pronome demonstrativo

O pronome demonstrativo é utilizado em três situações. Pode se referir a espaço, ideias ou elementos. São eles:

Pessoa	Variáveis	Invariáveis
primeira	este, esta, estes, estas	isto
segunda	esse, essa, esses, essas	isso
terceira	aquele, aquela, aqueles, aquelas	aquilo

5.2.4.1. *Emprego do Pronome Demonstrativo*

Para demonstrar no espaço		
pronome	**usado para**	**dica**
Este(s), esta(s), isto	o que está próximo a mim	AQUI
Esse(s), essa(s), isso	o que está próximo a você	AÍ
Aquele(s), aquela(s), aquilo	o que está distante	LÁ

Este livro em minhas mãos foi escrito por **aquele** autor sentado na sexta fileira.

Essa aliança é de qual casamento seu?

Para retomar elementos (pessoas ou coisas)	
pronome	**usado para**
Este(s), esta(s)	retomar o elemento mais próximo do pronome
Aquele(s), aquela(s)	retomar o elemento mais distante do pronome

Matemática e **literatura** me agradam: **esta** desenvolve a sensibilidade; **aquela**, o raciocínio.

Observação: para retomar três elementos, usam-se os numerais ordinais. A banca FGV segue essa regra. FCC também poderá exigir.

Para ideias		
pronome	**usado para**	**dica**
Esse (a), isso	para retomar ideia	anáfora
Este (a), isto	para citar ideia	catáfora

Espero sinceramente **isto**: que se procedam as reformas.

Que as reformas sejam efetuadas logo; é **isso** que desejo.

Pronomes	Tempo
Este(s), esta(s) e isto	indicam o tempo presente em relação à pessoa que fala.
Esse(s), essa(s) e isso	indicam o tempo passado próximo ao momento da fala.
Aquele(s), aquela(s) e aquilo	indicam um afastamento no tempo, tempo remoto.

5.2.5. *Pronome relativo*

Representa nomes já mencionados anteriormente e com os quais se relaciona. Inicia as orações subordinadas adjetivas. São eles:

Variáveis	Invariáveis
o qual, a qual, os quais, as quais	que
cujo, cuja, cujos, cujas	quem
quanto, quanta, quantos, quantas	onde

Observações importantes:

- Os vocábulos **como** e **quanto**, quando retomam termos anteriormente mencionados, possuem função de pronome relativo.
- Para evitar erros, ao aparecer a palavra **que**, tente substituí-la por **o qual, a qual, os quais, as quais**.

5.2.5.1. Emprego do Pronome Relativo

Um dos assuntos mais pedidos em concursos por fazer, também, de regência. Muitas teorias não valem a pena ser mencionadas porque as instituições pedem o emprego da mesma forma.

Atenção, em primeiro lugar, ao quadro-resumo a seguir.

Quem	Cujo	Onde
usado apenas para pessoas.	concorda com o termo posterior e indica posse da anterior e não admite artigo, apenas preposição.	usado para retomar lugar e pode ser substituído por **em que, na qual, no qual, nas quais, nos quais**.

Siga o passo a passo:

1) Encontre o pronome relativo;
2) Veja a qual termo o pronome relativo se refere;
3) Construa outra oração com os termos posteriores ao pronome relativo e encaixe o vocábulo que o relativo retoma.

Sempre mantenha a informação, atente-se aos exemplos a seguir.

- **Não conheço o lugar onde você mora.**

1) Onde	2) Retoma **lugar**	3) Você mora **no** lugar

*Quem mora, mora **em** algum lugar.*

A preposição **em *é pedida.***

Assim, teremos:

Não conheço o lugar **em que** você mora.

Não conheço o lugar **no qual** você mora.

- **Conheço a garota de quem você falou.**

1) Quem	2) Retoma **garota**	3) Você falou **da** garota

Quem fala, fala **de** alguém.

A preposição **de *é pedida.***

Assim, teremos:

Conheço a garota **da qual** você falou.

Conheço a garota **de que** você falou.

- **Este é o autor a cuja obra me referi.**

1) Cuja	2) Refere-se a **autor**	3) Eu me referi à obra do autor (posse do anterior)

Quem se refere, refere-se **a** algo.

A preposição **a** foi pedida.

Atenção: não existem as formas "cujo o", "cuja a" e "o cujo", mas **a cujo(a)** existe = preposição e não artigo.

5.2.6. Pronome indefinido

Designa o referente, isto é, a terceira pessoa do discurso e possui sentido vago.

Classificam-se em:

Pronomes Indefinidos Substantivos: assumem o lugar do ser ou da quantidade aproximada de seres na frase. São eles: **algo, alguém, fulano, sicrano, beltrano, nada, ninguém, outrem, quem, tudo.**

Pronomes Indefinidos Adjetivos: qualificam um ser expresso na frase, conferindo-lhe a noção de quantidade aproximada. São eles: **cada, certo(s), certa(s).**

VARIÁVEIS				INVARIÁVEIS
SINGULAR		PLURAL		
MASCULINO	FEMININO	MASCULINO	FEMININO	
algum nenhum todo muito pouco vário tanto outro quanto	alguma nenhuma toda muita pouca vária tanta outra quanta	alguns nenhuns todos muitos poucos vários tantos outros quantos	algumas nenhumas todas muitas poucas várias tantas outras quantas	alguém ninguém outrem tudo nada algo cada
qualquer		quaisquer		

Locuções pronominais indefinidas: cada qual, cada um, qualquer um, quantos quer(-que), quem quer(que), seja quem for, seja qual for, todo aquele(que), tal qual (= certo), tal e qual, tal ou qual, um ou outro, uma ou outra etc.

5.2.7. Pronome interrogativo

Os pronomes **que, quem, qual e quanto**, na teoria indefinidos, são classificados particularmente como interrogativos porque são empregados para formular interrogações diretas ou indiretas:

Que *foi isso? Quero saber* **que** *foi isso.* **Quem** *é esse rapaz?*

5.3. Colocação pronominal

Os pronomes oblíquos átonos (**o, a, os, as, lhe, lhes, me, te, se, nos, vos**) podem ocupar três posições diferentes em relação ao verbo: **próclise, mesóclise e ênclise**.

Dica: a fonética (a sonoridade) ajuda a resolver as questões. Pronuncie e perceba se a dicção está perfeita. Em casos de colocação errada, a fala soa mal.

5.3.1. Próclise

O pronome oblíquo surge **antes do verbo**, isto é, **proclítico**. Ocorre em orações nas quais antes do verbo haja:

Palavra ou expressão de **valor negativo**.	**Nunca me** revelaram os motivos. **Não me** conte seus problemas.
Advérbios e pronomes indefinidos, sem que haja pontuação.	**Tudo se** acaba um dia. **Assim se** resolveram as questões. Havendo pontuação, ocorrerá ênclise: Assim, **resolvem-se** os problemas.
Pronomes e advérbios interrogativos.	**Quem te** chamou aqui? **Por que a** avisaram apenas agora?
Orações exclamativas e optativas (indicam desejo).	**Deus te** abençoe. **Como a** admiro!
Conjunções subordinativas.	**É necessário que se** faça a reforma. Comprei o livro **que me** será útil.
Gerúndio + em (preposição)	**Em se tratando** de provas, é melhor fazer muitos exercícios.
Advérbio só e conjunção coordenada alternativa.	**Só me** lembrou disso hoje. = só: somente **Ou se** afaste, **ou me** ame.
Pronome relativo	Foi o seu irmão **que me** ensinou a matéria.

5.3.2. Mesóclise

O pronome oblíquo surge **no meio do verbo**, ou seja, **mesoclítico**. É empregada, exclusivamente na linguagem culta ou literária. Ocorrências:

Verbo no futuro do presente ou futuro do pretérito do indicativo.	**Convidar-me-ão** para a festa. **Convidar-te-ia** para a reunião.
NÃO OCORRERÁ se houver justificativa para próclise, como estudamos no tópico anterior:	**Amanhã o** convidarão para a festa. **Todos te** convidariam para a reunião.

5.3.3. Ênclise

O pronome oblíquo surge **depois do verbo**, isto é, **enclítico**. É a colocação básica do pronome, a mais utilizada e ocorre quando não há palavras que atraem o oblíquo. Utilizada em:

Verbo no início da frase.	Comenta-se que ele foi aprovado.
Verbo no imperativo afirmativo.	Alunos, apressem-se.
Verbo no gerúndio.	Mudou o texto, acrescentando-lhe explicação.
Verbo no infinitivo impessoal.	Leia os testes antes de resolvê-los.

5.3.4. Em locuções verbais

Verbo principal no infinitivo ou gerúndio	Pronome **depois do verbo auxiliar ou do verbo principal**	**Quero-lhe** apresentar a meus amigos. Quero **apresentar-lhe** a meus amigos. **Ia-lhe** dizendo o gabarito inteiro. Ia **dizendo-lhe** o gabarito inteiro.
	Com palavra que exija próclise: **pronome antes do verbo auxiliar ou depois do principal**	**Não lhe quero** apresentar a meus amigos. Não quero **apresentar-lhe** a meus amigos. **Alguém lhe** ia dizendo o gabarito. Alguém ia **dizendo-lhe** o gabarito.
	Preposição entre o verbo auxiliar e o infinitivo: duas formas.	Seu artigo há de **encontrar-se** no jornal de ontem. Seu artigo há **de se encontrar** no jornal de ontem.
	Preposição **a** e o pronome oblíquo **o** = pronome depois do infinitivo.	Voltou a **cumprimentá-los** pela aprovação.
Verbo Principal no Particípio	O pronome oblíquo átono **não** poderá vir depois dele.	Os poemas **tinham-se** perdido no vazio do tempo.
	Havendo fator que justifique a próclise, o pronome ficará antes da locução.	**Não me** haviam consultado sobre a data da prova.

5.3.5. Pegadinhas das bancas

- Quando há verbo no **infinitivo** pessoal regido de preposição, exceto "a", **a colocação pronominal é facultativa**, podendo ocorrer tanto ênclise quanto próclise:

  Estava para ***lhe*** *dizer a verdade.* (próclise)

  Estava para ***dizer-lhe*** *a verdade.* (ênclise)

- Nas locuções verbais, caso não haja palavra atrativa que exija a próclise, **o pronome oblíquo** deverá ficar depois do verbo auxiliar, **nunca depois do verbo principal no particípio**: Haviam-me convidado.

- **Próclise facultativa**: nas situações em que não existe uma palavra atrativa que obrigue ao adiantamento do pronome ou em que não haja a proibição do adiantamento do pronome, o uso da próclise se torna facultativo:

  O antigo juiz **me ligou** ontem.

O antigo juiz **ligou-me** ontem.

A Luna **se esqueceu** do encontro?

A Luna **esqueceu-se** do encontro?

- É **facultativo** o uso da **próclise** ou da **ênclise**, caso o verbo não se encontre no início da frase, nem haja situações que justifiquem o uso específico de uma forma de colocação pronominal.

6. VERBO

6.1. Definição

Verbo é palavra variável que indica ação (caminhar), estado (ser), fenômeno da natureza (amanhecer), processos naturais (morrer), processos mentais (estudar) etc.

Em provas: tempos e modos, correlação dos tempos verbais e vozes verbais.

6.2. Modo verbal

Modo são as formas assumidas pelo verbo na expressão de um fato. Há três:

Indicativo	certeza	estudo, estudei, estudarei.
Subjuntivo	dúvida, hipótese	que eu estude, se ele estudasse, quando você estudar.
Imperativo	ordem, desejo	estuda tu, estude você, estudemos nós, estudai vós, estudem vocês.

6.2.1. Formas Nominais

São formas que não possuem noção de tempo, mas sim de nomes – substantivo, adjetivo e advérbio.

Infinitivo	exprime a significação do verbo de modo vago e indefinido, podendo ter valor e função de **substantivo**.	cantar, fazer, partir
Gerúndio	o gerúndio pode funcionar como adjetivo ou **advérbio**.	**Saindo** da escola, encontrei alguns amigos. (função de advérbio) No parque, havia crianças **vendendo** doces. (função adjetivo)
Particípio	se não for empregado na formação dos tempos compostos, o particípio indicará ação terminada.	cantado, feito, partido

6.3. Tempos verbais

6.3.1. Presente

- **do indicativo**: indica ação que acontece no momento da fala; hábito.

  Ele estuda de manhã e trabalha à tarde.

  Canto, cantas, canta, cantamos, cantais, cantam

- **do subjuntivo**: indica hipótese, dúvida.

  Que nós estudemos todas as manhãs.

  Que eu cante, cantes, cante, cantemos, canteis, cantem

6.3.2. Futuro

- **do presente do indicativo**: ação futura certa (amanhã)

  Estarei no local marcado à tarde.

  Cantarei, cantarás, cantará, cantaremos, cantareis, cantarão

- **do pretérito do indicativo**: tempo condicional

  Nós *cantaríamos* se houvesse público.

  Cantaria, cantarias, cantaria, cantaríamos, cantaríeis, cantariam

- **do subjuntivo**: ação futura duvidosa

  Quando *fizer* o trabalho, darei os parabéns.

  (quando/se) eu cantar, cantares, cantar, cantarmos, cantardes, cantarem

6.3.3. Pretérito

- **Perfeito do indicativo**: ação concluída (ontem)

  Fizemos tudo certo naquele dia.

  Cantei, cantaste, cantou, cantamos, cantastes, cantaram

- **Imperfeito do indicativo**: ação prolongada, contínua

  Passeava de moto quando o guarda o multou.

  Cantava, cantavas, cantava, cantávamos, cantáveis, cantavam

- **Mais-que-perfeito do indicativo**: ação passada em relação a outra ação também passada.

  Fez os exercícios e **aprendera** toda a matéria.

  Cantara, cantaras, cantara, cantáramos, cantáreis, cantaram

  Perceba que para ter o mais-que-perfeito é necessário o perfeito.

- **Imperfeito do subjuntivo**: tempo condicional

  Se fizesse todas as tarefas, poderia viajar.

  Se cantasse, cantasses, cantasse, cantássemos, cantásseis, cantassem

  Normalmente usado junto com o futuro do pretérito para enfatizar a condição.

6.3.4. Imperativo

Imperativo Afirmativo

Tira-se do presente do indicativo a 2ª pessoa do singular (tu) e a segunda pessoa do plural (vós) eliminando-se o "S" final. As demais pessoas são retiradas, sem alteração, do presente do subjuntivo.

Presente do Indicativo	Imperativo Afirmativo	Presente do Subjuntivo
Eu canto	–	Que eu cante
Tu cantas	**CantA tu**	Que tu cantes
Ele canta	Cante você	Que ele cante
Nós cantamos	Cantemos nós	Que nós cantemos
Vós cantais	**CantAI vós**	Que vós canteis
Eles cantam	Cantem vocês	Que eles cantem

Imperativo Negativo

Forma-se o imperativo negativo, inserindo a negação às formas do presente do subjuntivo. Muito simples.

Presente do Subjuntivo	Imperativo Negativo
Que eu cante	–
Que tu cantes	Não cantes tu
Que ele cante	Não cante você
Que nós cantemos	Não cantemos nós
Que vós canteis	Não canteis vós
Que eles cantem	Não cantem eles

Importante:

O verbo SER, no imperativo (segundas pessoas) = sê (tu), sede (vós).

6.3.5. Tempos compostos

Composto por haver mais de um verbo. Os tempos compostos são formados por locuções verbais: verbo auxiliar **ter** ou **haver + verbo principal** (particípio). Vamos, agora, aos tempos.

Tempo	formação	exemplo	valor
Pretérito Perfeito Composto do Indicativo	auxiliar **ter** ou **haver** no Presente do Indicativo e o principal no particípio,	tenho estudado	indica uma ação repetida que tem ocorrido no passado, prolongando-se até ao presente.
Pretérito Perfeito Composto do Subjuntivo	auxiliar **ter** ou **haver** no **Presente do Subjuntivo** e o principal no particípio	tenha estudado	indica uma ação anterior já concluída, podendo se referir a um fato passado ou futuro.
Pretérito Mais-que-perfeito Composto do Indicativo	auxiliar **ter** ou **haver** no **Pretérito Imperfeito do Indicativo** e o principal no particípio	tinha estudado	indica uma ação que ocorreu antes de outra ação passada. Pode indicar também um acontecimento situado de forma incerta no passado.

Tempo	formação	exemplo	valor
Pretérito Mais-que--perfeito Composto do Subjuntivo	auxiliar **ter** ou **haver** no **Pretérito Imperfeito do Subjuntivo** e o principal no particípio	tivesse estudado	indica um fato anterior a outro fato passado. Pode se referir também a acontecimentos irreais do passado.
Futuro do Presente Composto do Indicativo	auxiliar **ter** ou **haver** no **Futuro do Presente simples do Indicativo** e o principal no particípio	terei estudado	refere-se a um fato futuro que estará terminado antes de outro fato futuro. Pode expressar tanto certeza como incerteza.
Futuro do Pretérito Composto do Indicativo	auxiliar **ter** ou **haver** no **Futuro do Pretérito simples do Indicativo** e o principal no particípio	teria estudado	indica uma ação que poderia ter acontecido posteriormente a uma situação passada, encontrando-se condicionada. Indica também a possibilidade de uma ação passada e transmite incerteza, surpresa e indignação.
Futuro Composto do Subjuntivo	auxiliar **ter** ou **haver** no **Futuro do Subjuntivo simples** e o principal no particípio	tiver estudado	ação futura que estará terminada antes de outra ação futura.
Infinitivo Pessoal Composto	auxiliar **ter** ou **haver** no **Infinitivo Pessoal simples** e o principal no particípio	ter estudado	fato passado já concluído.

6.4. Correlação de tempos verbais

Por ser um assunto comum em várias provas, segue a lista das correlações mais exigidas.

Presente do indicativo + Presente do subjuntivo
Pretérito perfeito do indicativo + Pretérito imperfeito do subjuntivo
Presente do indicativo + Pretérito perfeito composto do subjuntivo
Pretérito imperfeito do indicativo + Mais-que-perfeito composto do subjuntivo
Futuro do subjuntivo + Futuro do presente do indicativo
Pretérito imperfeito do subjuntivo + Futuro do pretérito do indicativo
Pretérito mais-que-perfeito composto do subjuntivo + Futuro do pretérito composto do indicativo
Futuro do subjuntivo + Futuro do presente do indicativo
Futuro do subjuntivo + Futuro do presente composto do indicativo

6.5. Voz verbal

Refere-se à forma como o agente e o paciente de uma oração são enquadrados nas funções gramaticais – sujeito e complementos verbais (especialmente o objeto direto).

Há duas vozes verbais principais, **voz ativa** e **voz passiva**. A diferença principal é que o sujeito da voz passiva tem o mesmo papel em relação ao verbo principal que o objeto da voz ativa. Há algumas variantes dessas duas vozes principais, como a **voz (ativa) reflexiva**

(Eles se prepararam) e a **voz passiva sintética**. Há ainda uma outra voz na Língua Portuguesa, a **voz reflexiva**, na qual o sujeito sofre e efetua a ação ao mesmo tempo.

6.5.1. Voz ativa

O sujeito pratica a ação. Exemplo:

V.A. =	**Todos os alunos**	ouviram	aquela música
	sujeito	*V.T.D.*	*objeto direto*

Para passar uma oração da voz ativa para a passiva, o objeto direto é obrigatório.

6.5.2. Voz passiva

o sujeito sofre a ação.

Há dois tipos de voz passiva:

6.5.2.1. Passiva analítica – ser + particípio

V.P. =	**Aquela música**	**foi ouvida**	**por todos os alunos**
	sujeito paciente	*ser + particípio*	*agente da passiva*

6.5.2.2. Passiva sintética – V.T.D.(I.) + SE = V.P. (sujeito)

Verbo transitivo direto ou transitivo direto e indireto + se = voz passiva e possui sujeito. O **se** é pronome aPASSIVAdor.

Vende- se livro. = V.P. sintética

V.T.D. + se = VP sujeito		
Entregou-se	**o prêmio ao vencedor.**	**= V.P. sintética**
V.T.D.I. + se = VP sujeito O.I.		

Equivalem a:

- Livro é vendido. = V.P. analítica
- O prêmio foi entregue ao vencedor. = V.P. analítica

Por isso, as formas corretas são:

- Vendem- se livros. Entregaram-se os prêmios aos vencedores.

  Dica 1: Sujeito no plural = verbo no plural

  Dica 2: Atente-se ao número de verbo.

Voz Ativa	**Voz Passiva = + SER**		**Voz Passiva**	**Voz Ativa = - SER**
1 verbo	1 verbo + SER = 2 verbos		2 verbos	2 verbos – SER = 1 verbos
2 verbos	2 verbos + SER = 3 verbos		3 verbos	3 verbos – SER = 2 verbos

3. CLASSES GRAMATICAIS INVARIÁVEIS

1. ADVÉRBIO

1.1. Definição

Advérbio é a palavra que modifica o verbo, o adjetivo ou o próprio advérbio, exprimindo circunstância.[21]

Exemplos: ali, ontem, sempre, jamais, certamente, felizmente.

1.2. Locuções adverbiais

As locuções adverbiais são duas ou mais palavras que possuem valor de advérbio. Normalmente, são formadas por preposição e substantivo ou por preposição e advérbio.

Exemplos: sem dúvida, de modo algum, em excesso, além disso, de repente, às vezes.

Observação: aprofundaremos o estudo em análise sintática – adjunto adverbial.

1.2.1. Lista dos principais Advérbios, Locuções Adverbiais e Palavras Denotativas

Como pedido nas últimas provas, houve acréscimo das **palavras denotativas** (palavras que, embora, em alguns aspectos (ser invariável, por exemplo), assemelhem-se a advérbios, não possuem, segundo a Nomenclatura Gramatical Brasileira, classificação especial. Do ponto de vista sintático, são expletivas, isto é, não assumem nenhuma função; do ponto de vista morfológico, são invariáveis (muitas delas vindas de outras classes gramaticais); do ponto de vista semântico, são inegavelmente importantes no contexto em que se encontram) à lista.

Modo	Bem, mal, assim, adrede, melhor, pior, depressa, acinte, debalde, devagar, ás pressas, às claras, às cegas, à toa, à vontade, às escondas, aos poucos, desse jeito, desse modo, dessa maneira, em geral, frente a frente, lado a lado, a pé, de cor, em vão e a maior parte dos que terminam em –mente: calmamente, tristemente, propositadamente, pacientemente, amorosamente, docemente, escandalosamente, bondosamente, generosamente.
Intensidade	Muito, demais, pouco, tão, menos, em excesso, bastante, pouco, mais, menos, demasiado, quanto, quão, tanto, assaz, que (equivale a quão), tudo, nada, todo, quase, de todo, de muito, por completo, bem (quando aplicado a propriedades graduáveis).
Tempo	Hoje, logo, primeiro, ontem, tarde outrora, amanhã, cedo, dantes, depois, ainda, antigamente, antes, doravante, nunca, então, ora, jamais, agora, sempre, já, enfim, afinal, amiúde, breve, constantemente, entrementes, imediatamente, primeiramente, provisoriamente, sucessivamente, às vezes, à tarde, à noite, de manhã, de repente, de vez em quando, de quando em quando, a qualquer momento, de tempos em tempos, em breve, hoje em dia.

21. ANDRÉ, Hildebrando Afonso de. *Gramática ilustrada*. 2 ed. São Paulo: Moderna, 1978. p. 225.

Lugar	Aqui, antes, dentro, ali, adiante, fora, acolá, atrás, além, lá, detrás, aquém, cá, acima, onde, perto, aí, abaixo, aonde, longe, debaixo, algures, defronte, nenhures, adentro, afora, alhures, nenhures, aquém, embaixo, externamente, a distancia, à distancia de, de longe, de perto, em cima, à direita, à esquerda, ao lado, em volta.
Negação	Não, nem, nunca, jamais, de modo algum, de forma nenhuma, tampouco, de jeito nenhum.
Dúvida	Acaso, porventura, possivelmente, provavelmente, quiçá, talvez, casualmente, por certo, quem sabe.
Afirmação	Sim, certamente, realmente, decerto, efetivamente, certo, decididamente, realmente, deveras, indubitavelmente.
Exclusão	apesar, somente, só, salvo, unicamente, exclusive, exceto, senão, sequer, apenas etc.
Inclusão	Ainda, até, mesmo, inclusivamente, também.
Ordem	Depois, primeiramente, ultimamente.
Designação	Eis.
Afastamento	Embora.
Adição	ainda, além disso etc.
Afetividade	ainda bem, felizmente, infelizmente
Aproximação	quase, lá por, bem, uns, cerca de, por volta de etc.
Explicação	isto é, por exemplo, a saber etc.
Limitação	só, somente, unicamente, apenas etc.
Realce	é que, cá, lá, não, mas, é porque etc.
Retificação	aliás, isto é, ou melhor, ou antes etc.
Situação	então, mas, se, agora, afinal etc.

2. PREPOSIÇÃO

2.1. Definição

Preposições são palavras que subordinam um termo da frase a outro – o que vale dizer que tornam o segundo dependente do primeiro.

Livro **de** Pedro. Obediente **a** seus pais. Moro **em** São Paulo.

As palavras **de**, **a**, **em** ligam entre si os dois termos da frase, que vêm respectivamente antes delas. Essas palavras se denominam preposição. Os termos que precedem as preposições (livro, obediente, moro) chamam-se antecedentes; os que as seguem (Pedro, seus pais, São Paulo) chamam-se consequentes. A preposição mostra que entre o antecedente e o consequente há uma relação, de tal modo que o sentido do primeiro é explicado ou completado pelo segundo.[22]

---

22. LIMA, Rocha. *Gramática normativa da língua portuguesa*. 15 ed. Rio de Janeiro: J. Olympio, 1972. p. 157.

2.2. Classificação das preposições

Essenciais	desempenham apenas o papel de preposição	a, ante, após, até, com, contra, de, desde, em, entre, para, per, perante, por, sem, sob, sobre, trás
Acidentais	palavras de outras classes gramaticais que são usadas como preposição	• como (= na qualidade de), • conforme (= de acordo com), • segundo (= conforme), • consoante (= conforme), • durante, salvo, fora, mediante, tirante, exceto, senão, • visto (−por)

2.3. Relações das preposições

As preposições podem indicar relações. Faça, como no advérbio, a pergunta e encontre a relação.

Observação: se estiver ligada ao verbo, a relação da preposição será a mesma circunstância da locução adverbial. A diferença entre preposição e locução adverbial é o fato de poder haver preposição que não faça parte da locução adverbial.

Caneta **de** Maria	posse	de quem?
Ver **de** perto	lugar	de onde?
Mesa **de** trabalho	finalidade	para que a mesa?
Morreu **de** felicidade	causa	morreu de quê?
Falava **de** amor	assunto	falava de quê?
Saiu **com** os amigos	companhia	saiu com quem?
Sou **de** Ribeirão	lugar (origem)	de onde?
Bola **de** couro	matéria	de que é feita a bola?
A música é **de** Caetano Veloso	autoria	de quem?
A escolha será **por** sorteio	modo ou conformidade	como?
Andaremos **a** cavalo	meio	de quê?
Palmeiras jogou **contra** Corinthians	oposição	contra quem?
Tomei um copo **de** vinho	conteúdo	de quê?
Vendeu o livro **(a)por** R$ 50,00	preço	por quanto?
Formou-se **em** medicina	especialidade	em quê?
Olhe **para** frente sempre	destino ou direção	para onde?
Foi **até** o fim	limite	
Está **sem** paciência	ausência, falta	
Saiu do palco **sob** muitos aplausos	**lugar conotativo** (sentido figurado)	

3. CONJUNÇÃO

3.1. Definição

Conjunções são palavras que relacionam entre si: dois elementos da mesma natureza (substantivo + substantivo, adjetivo + adjetivo, advérbio + advérbio, oração + oração etc.); duas orações de natureza diversa, das quais a que começa pela conjunção completa a outra ou lhe junta uma determinação. As conjunções do primeiro tipo chamam-se **coordenativas**; as do segundo, **subordinativas**.[23]

3.2. Classificação

As conjunções podem ser coordenativas ou subordinativas. Coordenadas ligam orações independentes sintaticamente e subordinadas ligam orações que possuem dependência sintática.

3.3. Coordenativas

Ligam orações de sentido completo e independente ou termos da oração que têm a mesma função gramatical. São elas:

Aditivas	Relacionam pensamentos similares.	e, nem, mas também, como também, além de (disso, disto, aquilo), quanto (depois de tanto, bem como etc.
Adversativas	Relacionam pensamentos contrastantes.	mas, porém, todavia, entretanto, no entanto, senão, não obstante, contudo etc. Antes dos nexos adversativos a vírgula é obrigatória.
Alternativas	Relacionam pensamentos que se excluem.	ou...ou, ou, ora...ora, já...já, quer...quer etc.
Conclusivas	Relacionam pensamentos tais, que o segundo encerra a conclusão do enunciado no primeiro.	pois, logo, portanto, então, por isso, por conseguinte, por isto, assim etc.
Explicativas	Relacionam pensamentos em sequência justificativa, de tal forma que a segunda frase explica a razão de ser da primeira.	que, porque, porquanto, pois[24]

3.4. Subordinativas

Ligam orações que possuem dependência sintática.

3.4.1. Integrantes

Usa-se a conjunção **que** para afirmação certa, e **se** para a incerteza.

Indicam que a oração subordinada por elas introduzida completa ou integra o sentido da principal. Introduzem orações que equivalem a substantivos.

23. LIMA, Rocha. *Gramática normativa da língua portuguesa.* 15 ed. Rio de Janeiro: J. Olympio, 1972. p. 160.
24. LIMA, Rocha. *Gramática normativa da língua portuguesa.* 15 ed. Rio de Janeiro: J. Olympio, 1972. p. 160.

Facilitando: encaixe o pronome demonstrativo catafórico **isto** antes da conjunção para se certificar. Exemplo: Espero que seja convocado em breve = Espero isto – perceba que algo será mencionado.

3.4.2. Adverbiais

A oração subordinada por elas introduzida exerce a função de adjunto adverbial da principal, de acordo com a circunstância que expressam. São elas:

Causais	Indicam causa da oração principal. – Faz-se a pergunta **por quê**?	porque, que, como (= porque, no início da frase), pois que, visto que, uma vez que, porquanto, já que, desde que etc.
Concessivas	Indicam ideia contrária, ideia oposta. – Encaixar a conjunção **embora.**	embora, ainda que, apesar de que, se bem que, mesmo que, por mais que, posto que, conquanto etc.
Condicionais	Indicam hipótese, condição. – Encaixar a conjunção caso ou se.	se, caso, contanto que, salvo se, a não ser que, desde que, a menos que, sem que etc.
Conformativas	Indicam regra, conformidade. – Encaixar a conjunção **conforme.**	conforme, como (= conforme), segundo, consoante etc.
Finais	Expressam a finalidade ou o objetivo. – Faz-se a pergunta **para quê**?	para que, a fim de que, que, porque (= para que), que etc.
Proporcionais	Indicam proporção, ações simultâneas (acontecem ao mesmo tempo). – Encaixar: à medida que.	à medida que, à proporção que, ao passo que e as combinações quanto mais...(mais), quanto menos...(menos), quanto menos. ..(mais), quanto menos...(menos) etc.
Temporais	Indicam tempo. – Faz-se a pergunta **quando**?	quando, enquanto, antes que, depois que, logo que, todas as vezes que, desde que, sempre que, assim que, agora que, mal (= assim que) etc.
Comparativas	Ocorre comparação entre as orações. – Encaixar a conjunção **como.**	como, assim como, tal como, como se, (tão)...como, tanto como, tanto quanto, do que, quanto, tal, qual, tal qual, que nem, que (combinado com menos ou mais) etc.
Consecutivas	Indicam a consequência da oração principal, o efeito. – Encaixar a locução **de modo que**.	de sorte que, de modo que, sem que (= que não), de forma que, de jeito que, que (tendo como antecedente na oração principal uma palavra como tal, tão, cada, tanto, tamanho) etc.

3.4.3. Interjeição

3.4.3.1. Definição

Interjeição é a expressão que transmite emoções súbitas. O próprio tom da voz, ascendente ou descendente, com que são ditas as interjeições, revela as mais variadas emoções ou sentimentos. Exemplos: oh!, cuidado!, devagar!, sai!, calma![25]

---

25. ANDRÉ, Hildebrando Afonso de. *Gramática ilustrada*. 2 ed. São Paulo: Moderna, 1978. p. 241.

3.4.3.2. Locução interjetiva

É um grupo de palavras com valor de interjeição: ai de mim!, ó de casa!, bem feito!, ainda bem!, quem me dera!, valha-me Deus! etc.

3.4.3.3. Classificação

Podem indicar: advertência, afugentamento, alegria ou satisfação, alívio, animação ou estímulo, aplauso ou aprovação, concordância, repulsa ou desaprovação, desejo ou intenção, desculpa, dor ou tristeza, dúvida ou incredulidade, espanto ou admiração, impaciência ou contrariedade, pedido de auxílio, saudação, chamamento ou invocação, silêncio, terror ou medo, afetividade.

PARTE III – SINTAXE

1. ANÁLISE SINTÁTICA

1. FRASE, ORAÇÃO E PERÍODO

1.1. Frase

É a expressão verbal de um pensamento. Pode ser brevíssima, constituída às vezes por uma só palavra, ou longa e acidentada, englobando vários e complexos elementos. Às vezes, a simples situação em que é proferido um vocábulo faz que ele se torne uma frase. É o caso, por exemplo, da exclamação – Fogo!, pronunciada diante de um prédio em chamas; ou da advertência – Silêncio!, feita a alguém num corredor de hospital.[26]

As frases podem ser interrogativas, imperativas, exclamativas, declarativas ou optativas. Quanto à construção pode ser nominal (sem verbo) ou verbal (com verbo).

1.2. Oração

É a frase – ou membro da frase – que se biparte normalmente em sujeito e predicado. Em certo tipo de oração, pode, todavia, faltar o sujeito.[27]

1.3. Período

É o enunciado que se constitui de duas ou mais orações. Período simples é formado por uma só oração; a oração é denominada absoluta. O período propriamente dito possui duas ou mais orações; chamamos de período composto.[28]

2. TERMOS ESSENCIAIS DA ORAÇÃO

2.1. Sujeito

O sujeito é expresso por substantivo, ou equivalente de substantivo. Às vezes, um substantivo sozinho exprime o sujeito da oração: **Deus** é perfeito!

Casos há, no entanto, em que sentimos necessidade de precisar ou ampliar a significação do substantivo: **<u>Pombas</u> brancas castíssimas** voavam. O sujeito, neste exemplo,

---

26. LIMA, Rocha. *Gramática normativa da língua portuguesa.* 15 ed. Rio de Janeiro: J. Olympio, 1972. p. 203.
27. LIMA, Rocha. *Gramática normativa da língua portuguesa.* 15 ed. Rio de Janeiro: J. Olympio, 1972. p. 203.
28. ANDRÉ, Hildebrando Afonso de. *Gramática ilustrada.* 2 ed. São Paulo: Moderna, 1978. p. 243.

compõe- se de um substantivo acompanhado de outros elementos que lhe precisam ou ampliam o sentido fundamental. Diz-se, então, que o substantivo é o núcleo do sujeito.[29]

Para encontrar o sujeito, faz-se a pergunta **o quê?** (para coisa) e **quem?** (para pessoa). Classificam-se em:

<table>
<tr><td>Simples</td><td>um núcleo</td><td colspan="2">Muitos fatos estranhos ocorriam naquela situação.
= o que ocorriam?</td></tr>
<tr><td>Oracional</td><td>existe um verbo no sujeito, ou seja, o sujeito é uma oração.</td><td colspan="2">Convém que você entenda esta matéria.</td></tr>
<tr><td>Composto</td><td>mais de um núcleo</td><td colspan="2">Música e literatura fazem bem à alma.
= o que fazem bem?</td></tr>
<tr><td>Simples e implícito ou elíptico ou desinencial ou oculto</td><td>não está explícito na oração</td><td colspan="2">Fez o texto ontem.
= quem fez? Ele, mas o pronome não está explícito.</td></tr>
<tr><td>Indeterminado</td><td>não se sabe quem é o sujeito. Pode ocorrer em duas situações:</td><td>Verbo na terceira pessoa do plural;

2. Verbo na terceira pessoa do singular + se)índice de indeterminação do sujeito)</td><td>Fizeram ótima prova.
= quem fizeram? Não se sabe.
Necessita-se de silêncio.
= necessita de algo (V.T.I.) – de silêncio é O.I.</td></tr>
<tr><td>Oração sem sujeito</td><td>não há sujeito e pode ocorrer em três situações:</td><td>1. Verbo haver no sentido de existir ou ocorrer;

2. Verbos ser, estar e fazer indicando tempo ou fenômeno meteorológico;

3. Verbos que indicam fenômenos da natureza.</td><td>Havia pessoas.
= existiam

São duas horas.
= ser indicando tempo
Está muito calor.
= estar indicando fenômeno meteorológico
Faz três anos que não a vejo.
= fazer indicando tempo decorrido
Ontem choveu demais.
= fenômeno da natureza</td></tr>
</table>

29. LIMA, Rocha. *Gramática normativa da língua portuguesa.* 15 ed. Rio de Janeiro: J. Olympio, 1972. p. 205.

Observações:

1. sempre é muito pedida a diferença entre o **se** – índice de indeterminação do sujeito e pronome apassivador.

Índice de indeterminação do sujeito	Verbo no singular + se.	intransitivo, transitivo indireto e verbo de ligação.	Dormiu-se bem. Precisa-se de livros.
Pronome apassivador	Verbo no singular ou no plural + se. Admite plural porque possui sujeito.	transitivo direto + se ou transitivo direto e indireto + se	Encontrou-se o local da prova = encontraram-se os locais da prova. Dão-se aulas aos necessitados = aulas são dadas aos necessitados.

2. Indicam também que a oração não possui sujeito os verbos **bastar** e **chegar + de**: Basta de hipocrisia. Chega de fazer barulho!

3. Concordância do verbo **haver:**

ORAÇÃO SEM SUJEITO verbo no **singular**	**SUJEITO** verbo admite **plural**
Havia alunos.	**Existiam** alunos.
Devia haver alunos.	**Deviam** existir alunos.
Havia de haver alunos.	**Haviam** de existir alunos.
Alunos: **objeto direto**	Alunos: **sujeito** *Por isso o verbo admite plural

4. Concordância do verbo **fazer**: indicando tempos decorrido: singular. **Faz** dois anos. **Vai** fazer dois anos.

5. Em: **O dia amanheceu calmo**, embora o verbo indique fenômeno da natureza, **o dia** possui função de sujeito.

2.2. Predicado

É a parte da oração que contém a informação, a declaração a respeito do sujeito. Quando se classifica o predicado, quer-se verificar o que é essencial na informação relativa ao sujeito. Basicamente, pode-se informar a respeito do sujeito uma ideia de ação, praticada ou sofrida, ou uma ideia de estado.[30]

São classificados em **verbal, nominal e verbo-nominal.** Para classificá-los, é necessário estudarmos os termos que fazem parte do predicado. Siga o passo a passo para evitar erros.

30. NETO, Pasquale Cipro & INFANTE, Ulisses. *Gramática da Língua Portuguesa.* 1 ed. São Paulo: Scipione, 1999. p. 356.

2.2.1. Predicação verbal

Predicação é a classificação do verbo.

Classificação	Teoria	Exemplo	Dica
Intransitivo	o verbo não exige complemento, por isso o prefixo IN.	O vulto desapareceu na planície.	Nunca caberão as palavras algo e alguém após o intransitivo.
Transitivo direto	o verbo exige complemento SEM preposição.	"Tenho duas mãos e o sentimento do mundo."	quem tem tem **algo**
Transitivo indireto	o verbo exige complemento COM preposição.	Todos precisam de felicidade.	quem precisa precisa **DE algo**
Transitivo direto e indireto	o verbo exige dois complementos: com e sem preposição	Alguém ofereceu flor à Iemanjá.	quem oferece oferece **algo a alguém**
Verbo de ligação	liga o sujeito ao predicativo (termo que qualifica) e **não indica ação. Indica estado.**	Todos ficaram felizes.	Para haver verbo de ligação, é preciso haver **predicativo**.

- **Estados do verbo de ligação**

Por não indicar ação (movimento), o verbo de ligação pode expressar diferentes estados.

Estado	Verbo	Exemplo
permanente	ser, viver	Ele é alegre. Ele vive alegre.
transitório	estar, andar, achar-se, encontrar-se	Nós estamos felizes. Eles andam felizes.
mutatório	ficar, virar, tornar-se, fazer-se	Ficaram cansados. Tornaram-se exaustos.
continuidade de estado	continuar, permanecer	Todos continuam desconfiados. Alguém permanece desatento.
estado aparente	parecer	Ela parece satisfeita.

2.2.2. Predicativo

Predicativo é o termo que qualifica o sujeito ou o objeto.

2.3. Classificação do predicado

O predicado pode ser verbal, nominal ou verbo-nominal.

PREDICADO	Teoria	Exemplo	Dica
Verbal	o núcleo é o verbo.	Todos **CAMINHAVAM tranquilamente pela praia.**	menos o verbo de ligação
Nominal	o núcleo é o predicativo.	Alguns **estavam FELIZES.**	há verbo de ligação
Verbo-nominal	há dois núcleos: verbo e predicativo .	Todos **CAMINHAVAM FELIZES pela praia.**	verbo (+ verbo de ligação implícito) + predicativo
		Todos **CAMINHAVAM (e estavam) FELIZES pela praia.**	

Confira a tabela a seguir para não haver dúvida.

predicados	verbo significativo	verbo de ligação	predicativo
P.V.	sim	não	não
P.N.	não	sim	sim
P.V.N.	sim	não explícito	sim

Observação: verbos significativos são os intransitivos, transitivos diretos, transitivos indiretos, transitivos diretos e indiretos.

3. TERMOS INTEGRANTES DA ORAÇÃO

3.1. Objeto direto

Completa a significação de **verbos transitivos diretos** sem acompanhamento de preposição obrigatória. Dentro do objeto direto pode haver, também, o adjunto adnominal.

As mãos cálidas	encontram	**o estático olhar.**
sujeito	V.T.D.	**O.D.**

O estático olhar: objeto direto. / Núcleo: olhar (substantivo) / Adjuntos adnominais: o, estático.

3.1.1. Objeto direto preposicionado

Completa o sentido de um **verbo transitivo direto** (não exige preposição) e a preposição pode ser retirada sem que prejudique a estrutura. Pode ser preposicionado em algumas situações:

O pronome pessoal oblíquo tônico é objeto direto.	Ela amava **a si** mesma. Enganaram **a ti**.
Pronome relativo quem.	Era a moça **a quem** amava.
Evitar ambiguidade.	**Ao dono**, nenhum cão abandona.
Numeral ambos.	Aprovou **a ambos**.
Nomes próprios ou comuns.	Ele traiu **ao pai**.
Pronomes substantivos indefinidos ou demonstrativos.	Aprecio **a este**.
Reciprocidade.	Todos se odiavam uns **aos outros**.
Ênfase.	Pegou **da viola**. Bebeu **do vinho**. Comeu **do bolo**.

3.1.2. Objeto direto pleonástico

Ocorre repetição do objeto direto através de um pronome oblíquo átono. O pronome tem de se referir ao objeto direto.

Estes livros, já **os** li. A mim, ninguém **me** engana.

3.2. Objeto indireto

Completa a significação de verbos transitivos indiretos, com acompanhamento de preposição obrigatória. Dentro do objeto direto pode haver, também, o adjunto adnominal e, claro, a preposição que é obrigatória nesse caso.

Desobedeço	**a meus patrões.**
V.T.I.	**O.I.** a: preposição meus: adjunto adnominal

Desobedece **a** alguém.

Precisamos	**de silêncio**	para estudar.
V.T.I.	**O.I.**	

Precisamos **de** algo.

3.2.1. Objeto indireto pleonástico

Ocorre repetição do objeto indireto através de um pronome oblíquo átono. O pronome tem de se referir ao objeto indireto.

Aos pobres, nega-**lhes** tudo. Ao estudante relapso, nenhuma disciplina **lhe** interessa.

3.3. Complemento nominal

Complemento nominal é o termo que integra a significação transitiva do núcleo substantivo (e, às vezes, do adjetivo e do advérbio, os quais, então, se equiparam ao substantivo na sintaxe de regência). Para facilitar-lhe a identificação, convém ter presente a seguinte prática: tratando-se de adjetivo, ou de advérbio, não há a menor dúvida: o termo que a eles se liga por preposição é, sempre, complemento nominal.[31]

O novo projeto	é	acessível	**aos membros do grupo.**
sujeito	verbo de ligação	predicativo do sujeito	**C.N.**

Faz-se a pergunta ao nome (regência nominal): é acessível **a algo** = completa adjetivo acessível.

Alguns	tinham	medo	**do futuro.**
sujeito	verbo transitivo direto	objeto direto	**C.N.**

Quem tem medo, tem medo **de algo** = completa substantivo medo.

3.4. Agente da passiva

É o complemento que, na voz passiva com auxiliar (também chamada de voz passiva analítica), representa o ser que praticou a ação verbal. Sendo este complemento verdadeiro agente, ou seja, aquele que exerce a ação, podemos transformar a construção passiva em ativa, e, neste caso, ele figurará o sujeito.[32]

A prova	foi adiada	**pela banca.**
sujeito paciente	ser + particípio	**agente da passiva**

Note que o agente da passiva passa a ser sujeito na voz ativa e que o sujeito paciente passa a objeto direto:

A banca	adiou	a prova.
sujeito ativo	V.T.D.	O.D.

Por isso **é necessário o objeto direto para haver transposição da voz ativa** para a passiva.

Exemplo com três verbos:

Os gabaritos	tinham sido encontrados	no pátio da escola	**pelos candidatos.**
sujeito paciente	ser particípio	adj. adverbial de lugar	**agente da passiva**

Se na voz passiva há três verbos, na ativa haverá dois: retira-se o **ser**.

Os candidatos	tinham encontrado	no pátio da escola	os gabaritos.
sujeito	= encontraram: V.T.D.	adj. adverbial de lugar	O.D.

31. LIMA, Rocha. *Gramática normativa da língua portuguesa.* 15 ed. Rio de Janeiro: J. Olympio, 1972. p. 210.
32. LIMA, Rocha. *Gramática normativa da língua portuguesa.* 15 ed. Rio de Janeiro: J. Olympio, 1972. p. 223.

4. TERMOS ACESSÓRIOS DA ORAÇÃO

4.1. Adjunto adnominal

É o termo que **determina, especifica** ou **explica** um substantivo. Possui função adjetiva na oração, a qual pode ser desempenhada por adjetivos, locuções adjetivas, artigos, pronomes adjetivos enumerais adjetivos.

Agrupam-se ao redor dos substantivos dentro de qualquer termo da oração – essencial, integrante ou mesmo acessório (adjunto adverbial).

Aqueles dois rapazes **interessados**	estudaram	**toda a** matéria.
Sujeito. Núcleo: rapazes (substantivo)	V.T.D.	O.D. Núcleo: matéria (substantivo)
Aqueles, dois e interessados: adjunto adnominal		**Toda e a:** adjunto adnominal

4.2. Adjunto adverbial

É o termo que modifica o verbo, exprimindo as particularidades que cercam ou precisam o fato por este indicado.[33]

Pode intensificar um verbo, um adjetivo ou o advérbio. A classificação do adjunto adverbial depende basicamente da circunstância que expressa.

Exemplos:

Chegou **cedo**. = quando? Adjunto adverbial de tempo.

Leram o livro **na biblioteca**. = onde? Adjunto adverbial de lugar.

Ele estava **muito** atrasado. = Adjunto adverbial de intensidade – intensifica o adjetivo "atrasado".

Observação: atrasado é predicativo do sujeito, ou seja, é variável: eles **atrasados**, ela **atrasada**. Para ser predicativo, precisa-se do verbo de ligação (mesmo que implícito) e para ser adjunto adverbial, deve-se fazer pergunta ao verbo para saber a circunstância ou deve indicar intensidade do adjetivo ou advérbio.

predicativo	varia
adjunto adverbial	não varia

4.2.1. Classificação do adjunto adverbial

Circunstância	Exemplo	Dica
Acréscimo	**Além da alegria**, sentia cansaço.	+
Afirmação	**Certamente** será aprovado.	Não é necessário fazer pergunta.

33. LIMA, Rocha. *Gramática normativa da língua portuguesa*. 15 ed. Rio de Janeiro: J. Olympio, 1972. p. 227.

Circunstância	Exemplo	Dica
Assunto	Falávamos **sobre política**.	Sobre o quê?
Causa	**Com o frio**, os animais morreram.	Por quê?
Companhia	**Com quem** você saiu ontem?	Com quem?
Concessão	**Apesar do nervosismo**, fez boa prova.	Embora, apesar de.
Condição	**Sem a autorização do fiscal**, você não poderá sair.	Se, caso.
Conformidade	Fez tudo **conforme o combinado.**	Regra.
Dúvida	**Quiça** acertemos todas as questões.	Não é necessário fazer pergunta.
Fim, finalidade	Eles vivem **para estudar.**	Para quê?
Frequência	**Sempre** vêm aqui.	Quando?
Instrumento	Desenhava **a lápis**.	Com o quê?
Intensidade	Todos corriam **bastante.**	Não é necessário fazer pergunta.
Limite	Estudava **até cansar.**	Até.
Lugar	Nasceu **em Ribeirão Preto.**	Onde?
Matéria	Era feito **de ferro.**	De quê?
Meio	Foi **de avião.**	De quê?
Modo	Ficamos **à vontade.**	Como?
Negação	**Não** pode haver enganos.	Não é necessário fazer pergunta.
Preço	Os livros são vendidos **a preços baixos.**	Quanto?
Substituição ou troca	Abandonou os estudos **por trabalhos rentáveis.**	Por o quê?
Tempo	**Ontem à noite** saiu com amigos.	Quando?

4.3. Aposto

Aposto é um termo que amplia, explica, desenvolve ou resume o conteúdo de outro termo. O termo a que refere o aposto pode desempenhar qualquer função sintática. Sintaticamente, o aposto equivale ao termo com que relaciona.

Nossa terra, **o Brasil**, carece de políticas sociais sérias.

Nossa terra = sujeito

O Brasil = **aposto** do sujeito, pois amplia e especifica o conteúdo do termo a que se refere.

Para perceber como sintaticamente "o Brasil" é equivalente ao sujeito, basta eliminar "nossa terra".

O Brasil carece de políticas sociais sérias.

"O Brasil" passa a exercer a função de sujeito, antes exercida pelo termo do qual era aposto.

Recentemente, o mais pedido em provas é o aposto especificativo – não possui sinal de pontuação. Compare:

Carlos Drummond de Andrade	**, grande poeta mineiro,**	escrevia sobre a arte de escrever.
	Aposto explicativo = com pontuação	

O poeta **Carlos Drummond de Andrade**	escrevia sobre a arte de escrever.
Aposto especificativo = sem pontuação	

4.3.1. *Classificação do aposto*

Explicativo	Traduz, ou seja, dá significado a uma frase, geralmente vem entre vírgulas, dois pontos ou parênteses.	Foi aqui, **neste lugar tranquilo**, que o encontrei.
Enumerativo	É representado por dois pontos e estabelece uma sequência de elementos que são usados para complementar a ideia fundamental da frase.	À tarde, irei à casa de dois amigos: **Fernando e Júnior**.
Resumidor ou Recapitulativo	É representado por um pronome que resume tudo o que foi expresso anteriormente.	Henrique, Adilson, Sten, Paulo, **todos** foram aprovados.
Comparativo	É usado para comparar.	Seus olhos, **lindos oceanos**, fazem-me acreditar no amor.
Distributivo	Distribui as informações de termos separadamente.	Marcelo e Adriano são amigos. **Este** é um baiano divertido, **aquele**, carioca.
Aposto de Oração	Usado para resumir termos anteriores.	Ele tem um único desejo: **que todos os candidatos sejam aprovados no concurso.**
Especificativo	Individualiza um substantivo de sentido genérico.	A rua **Garibaldi** está muito longe do bairro **Irajá**.

5. VOCATIVO

Vocativo é o nome do termo sintático que serve para nomear um interlocutor a que se dirige a palavra. É um termo independente: não faz parte nem do sujeito nem do predicado.

Possui função de chamar ou interpelar o interlocutor (é com quem se fala). Vem, sempre, separado por sinal de pontuação.

Espera, **meu amor**, que estou chegando!

Venha, **amigo**, está na hora de partir.

Não estude com muita pressa, **criança**!

Ah, **Pedro**, pare de reclamar da vida!

2. PERÍODO COMPOSTO

1. COORDENAÇÃO

1.1. Assindéticas

As orações coordenadas assindéticas não possuem conjunção.

Importante: é preciso haver verbo em toda oração.

Acordou, estudou, viajou depois.

1.2. Sindéticas

Possuem conjunção e são classificadas em:

Aditivas	Expressam ideia de **adição, acrescentamento**.	e, nem, não só... mas também, não só... como, assim... como.	Não só cantou como também dançou. Nem comprei o livro, nem estudei.
Adversativas	Exprimem fatos ou conceitos que se opõem ao que se declara na oração coordenada anterior, estabelecendo **contraste** ou **compensação**.	mas, contudo, todavia, entretanto, porém, no entanto, ainda, assim, senão.	Ficou muito cansada, contudo se divertiu. Não comprei o estudei, mas trabalhei.
Alternativas	Expressam ideia de **alternância de fatos** ou **escolha**.	**ou... ou; ora...ora; quer...quer; seja... seja.**	Ou usa o protetor solar, ou usa o óleo bronzeador. Quer eu durma quer eu fique acordada, estarei no quarto.

Conclusivas	Exprimem **conclusão** ou **consequência** referentes à oração anterior.	logo, portanto, por fim, por conseguinte, consequentemente.	Passou no concurso, portanto irá comemorar. Tomou muito sol, consequentemente ficou adoentado.
Explicativas	Indicam uma **justificativa** ou uma **explicação** referente ao fato expresso na declaração anterior.	que, porque, pois, isto é, ou seja, a saber, na verdade.	Passei na prova porque me esforcei. Não fui à aula pois merecia uma folga à noite.

2. SUBORDINAÇÃO

As orações subordinadas possuem estrutura distinta das orações coordenadas assindética e sindética. Veja:

Todos sabem	que é necessário ter coragem.
Oração principal	*Oração subordinada*

A oração principal rege a oração subordinada (possui conjunção ou verbo na forma nominal).

As orações subordinadas são divididas em três tipos:

Tipos	Definição	Dica
Substantivas	Possuem valor de **substantivo** e vêm introduzidas por conjunção integrante.	Encaixa-se **isto** ou **disto** antes da conjunção.
Adjetivas	Possui valor e função de **adjetivo** e vêm introduzidas por pronome relativo.	Que = **o qual** Cujo
Adverbiais	Exercem função de **adjunto adverbial** do verbo da oração principal e exprimem circunstâncias. São introduzidas por conjunções subordinativas – exceto as integrantes.	Indicam circunstâncias.

2.1. Subordinada substantiva

A oração substantiva possui função de substantivo e dependendo da função sintática que exerce, classifica-se em:

Subjetiva	Exerce a função sintática de **sujeito** do verbo da oração principal.	
	É preciso	que o grupo estude.
	V.L. + predicativo	**sujeito**
	Oração principal	*oração subordinada substantiva subjetiva*
Objetiva Direta	Exerce função de objeto direto do verbo da oração principal – que termina com V.T.D.	
	Os candidatos pediram	**que a prova fosse adiada.**
	Sujeito + V.T.D	objeto direto
	Oração principal	*oração subordinada substantiva objetiva direta*

<table>
<tr><td rowspan="4">Objetiva Indireta</td><td colspan="2">É objeto indireto do verbo da oração principal e vem precedida de preposição.
– a oração principal termina em V.T.I.</td></tr>
<tr><td>O autor precisa</td><td>de que alguém a ajude.</td></tr>
<tr><td>Sujeito + V.T.I.</td><td>Objeto indireto</td></tr>
<tr><td>Oração principal</td><td>oração subordinada substantiva objetiva indireta</td></tr>
<tr><td rowspan="4">Completiva Nominal</td><td colspan="2">Completa um nome que pertence à oração principal e possui preposição.
– a oração principal termina em NOME.</td></tr>
<tr><td>Tenho vontade</td><td>de que aconteça algo inesperado.</td></tr>
<tr><td>(eu) + V.T.D. + O.D.</td><td>Complemento nominal</td></tr>
<tr><td>Oração principal</td><td>oração subordinada substantiva completiva nominal</td></tr>
<tr><td rowspan="4">Predicativa</td><td colspan="2">Exerce papel de predicativo do sujeito do verbo da oração principal.
– a oração principal termina em VERBO DE LIGAÇÃO.</td></tr>
<tr><td>A verdade é</td><td>que você não virá.</td></tr>
<tr><td>Sujeito + V.L.</td><td>Predicativo do sujeito</td></tr>
<tr><td>Oração principal</td><td>oração subordinada substantiva predicativa</td></tr>
<tr><td rowspan="3">Apositiva</td><td colspan="2">Exerce função de aposto de algum termo da oração principal.
– normalmente há dois-pontos.</td></tr>
<tr><td>Toda a turma tem o mesmo objetivo:</td><td>que ele seja aprovado.</td></tr>
<tr><td>Oração principal</td><td>oração subordinada substantiva apositiva</td></tr>
</table>

Em concursos

- Certifique-se de que a oração é subordinada substantiva apenas encaixando o pronome demonstrativo **isto**. A conjunção que liga as orações é **conjunção integrante**.
- Expressões na voz passiva na oração principal = oração subjetiva: **Sabe-se, Soube-se, Conta-se, Diz-se, Comenta-se, É sabido, Foi anunciado, Ficou provado.**

2.2. Subordinada adjetiva

As orações adjetivas exercem função sintática de adjunto adnominal do adjetivo. Relacionam-se a um nome da oração principal e são introduzidas por pronome relativo. Tópico muito exigido em questões de pontuação.

<table>
<tr><th>Conversei ontem com alunos</th><th>que estudam português.</th></tr>
<tr><td rowspan="3">Oração Principal</td><td>que = os quais</td></tr>
<tr><td>que estudam = estudiosos – adjetivo</td></tr>
<tr><td>oração subordinada adjetiva</td></tr>
</table>

Os escritores	que fizeram um ótimo trabalho	serão homenageados.
Oração Principal	que = os quais	Oração Principal
	oração subordinada adjetiva	

CLASSIFICAÇÃO DAS SUBORDINADAS ADJETIVAS

Classificação	Teoria	Dica
Explicativa	Explica, isto é, atribui característica própria e pode ser retirada do período sem que haja alteração no sentido.	Atente-se ao SENTIDO. Possui pontuação.
Restritiva	Restringe, ou seja, limita a significação do nome a que se refere e se retirada do período, altera o sentido, perde-se informação.	Atente-se ao SENTIDO. Não possui pontuação.

Explicativa	Capitu, **que é uma personagem de Machado de Assis,** tinha olhos de ressaca.	= a qual A informação generaliza (Capitu é personagem)e pode ser retirada, explica.
	O irmão dela, **que era advogado,** prestou **<u>serviços</u>** ao réu.	= o qual A informação generaliza (o irmão era advogado) e pode ser retirada, explica.
Restritiva	Você é um dos poucos autores **que conheço**.	= os quais Conheço alguns autores e não todos. Não se pode retirar a informação da oração adjetiva.
	Eles são um dos alunos **que falaram conosco ontem**.	= os quais Conversamos com alguns alunos e não com todos. Não se pode retirar a informação da oração adjetiva.

Em concursos

A pontuação, nas orações adjetivas explicativas, pode ser através de vírgula(s), travessão (final de frase) ou travessões (no meio da oração principal), ou parênteses.

2.2.1. Funções sintáticas do pronome relativo

Nas orações adjetivas, o pronome relativo desempenha função sintática. Vamos às dicas.

SUJEITO	Os políticos **que** representaram o Brasil. = **Os políticos** representaram o Brasil: sujeito
OBJETO DIRETO	Entreguei o material **que** você pediu. Você pediu **o material** = O.D. Fernanda, a **quem** admiro, influenciou-me na decisão. Admiro **Fernanda**: a preposição pode ser retirada = objeto direto preposicionado.

OBJETO INDIRETO	O livro de **que** necessito hoje é este. Necessito **do livro** = O.I.
COMPLEMENTO NOMINAL	Eis as informações de **que** tem necessidade. Tem necessidade **das informações**. = C.N.
PREDICATIVO DO SUJEITO	Ele é o funcionário público **que** a maioria quer ser. A maioria quer ser **funcionário público**. = predicativo
AGENTE DA PASSIVA	Ele é o diretor por **quem** fui criticado. Fui criticado **pelo diretor**. = agente da passiva
ADJUNTO ADVERBIAL	Os fatos aconteceram no mês em **que** fez aniversário. Fez aniversário **no mês**. = adj. adverbial de tempo
ADJUNTO ADNOMINAL	Apenas o relativo **cujo** e suas variações podem possuir função de adjunto adnominal. Ele não consegue conviver com chefes **cujas** aspirações sejam apenas materiais. = Não conseguem conviver com chefes = As aspirações dos chefes são apenas materiais.

2.3. Subordinada adverbial

A oração subordinada adverbial exerce a função de **adjunto adverbial** do verbo da oração principal. Indica circunstância.

CLASSIFICAÇÃO

Iniciam-se pelas conjunções subordinativas, exceto as integrantes, que fazem parte apenas das orações subordinadas substantivas. São elas:

	Definição	Conjunções	Exemplo	Dica
Causal	É a causa, o motivo da oração principal.	**porque, como, pois, pois que, já que, uma vez que, visto que.**	Ela foi aprovada **porque se dedicou aos estudos.**	Faz-se a pergunta **por quê?** À oração principal
Consecutiva	Indica a consequência da oração principal	**que, de forma que, de sorte que, tanto que** etc., e pelas estruturas **tão... que, tanto...que, tamanho...que.**	Fiz o trabalho tão concentrada **que nem percebi sua presença.**	Encaixa-se sempre a expressão **de modo que.**
Condicional	Algo que se impõe como necessário para a realização ou não de um fato.	**se, caso, contanto que, desde que, salvo se, exceto se, a não ser que, a menos que, sem que, uma vez que** – acompanhada de verbo no subjuntivo.	**Caso não se prepare com antecedência**, será difícil ser aprovado.	Substitua por **caso** e **se**.

	Definição	Conjunções	Exemplo	Dica
Concessiva	Indica concessão em relação à oração principal, contraste, ideias opostas.	embora, conquanto, ainda que, ainda quando, mesmo que, se bem que, posto que, apesar de que.	**Embora a prova estivesse difícílima**, fui aprovado e convocado.	Encaixe **embora** e **apesar de**.
Comparativa	É uma comparação.	**como, tão...como** (quanto), **mais** (do) **que, menos** (do) **que.**	Estudou **como um louco.**	Normalmente há verbo implícito. No exemplo citado: como um louco (estuda).
Conformativa	Indica conformidade, regra.	**conforme**, **como, consoante** e **segundo**	**Conforme foi previsto**, houve atraso na entrega dos documentos.	Encaixe **conforme.**
Final	Indica finalidade da oração principal.	**a fim de que**, **que, porque** (= para que) e **para que.**	Estudaram de manhã **para depois irem ao cinema.**	Pergunta: **para quê?**
Proporcional	Indica proporcionalidade, ações simultâneas, acontecem ao mesmo tempo.	à proporção que, **à medida que**, **ao passo que, quanto maior...**(maior), **quanto maior...** (menor), **quanto menor...**(maior), **quanto menor...** (menor), **quanto mais...**(mais), **quanto mais...** (menos), **quanto menos...**(mais), **quanto menos...** (menos).	À medida que estuda, aprende mais.	Encaixe: à medida que.
Temporal	Indica o tempo da oração principal.	**quando**, **enquanto, mal, assim que, logo que, todas as vezes que, antes que, depois que, sempre que, desde que,** etc.	"**Quando você foi embora**, fez-se noite em meu viver..."	Pergunta: **quando?**

2.4. Orações reduzidas

Orações reduzidas, como o próprio nome indica, são menores. Possuem duas características:

1. Apresentam o verbo em uma forma nominal.	gerúndio, particípio, infinitivo.
2. Não possuem conectivo.	conectivos: conjunções subordinativas ou pronomes relativas.

Classificação

1. Subordinada Reduzida de Infinitivo	2. Subordinada Reduzida de Gerúndio	3. Subordinada Reduzida de Particípio

ORAÇÕES REDUZIDAS		
1 INFINITIVO	É necessário **estudar todas as matérias.** = que estude todas as matérias.	**Oração subordinada substantiva** (isto) **subjetiva** (possui função de sujeito) **reduzida de infinitivo**
	Ele assegurou **serem de boa qualidade as máquinas.** = que eram de boa qualidade as máquinas.	**Oração subordinada substantiva** (isto) **objetiva direta reduzida de infinitivo**
2 GERÚNDIO	Encontrei Fernanda, **saindo do hotel**. = que saía do hotel – a qual saía.	**Oração subordinada adjetiva** (cabe pronome relativo) **explicativa** (com pontuação) **reduzida de gerúndio**
	Gosto de bichos **correndo pelo quintal**. = que correm pelo quinta.	**Oração subordinada adjetiva** (cabe pronome relativo) **restritiva** (sem pontuação) **reduzida de gerúndio**
3 PARTICÍPIO	Fiquei surpresa com a escultura, **pintada de amarelo**. = que pintaram de amarelo – a qual	**Oração subordinada adjetiva** (cabe pronome relativo) **explicativa** (com pontuação) **reduzida de particípio**
	Têm apenas um livro **comprado**. = que comprou – que comprou	**Oração subordinada adjetiva** (cabe pronome relativo) **restritiva** (sem pontuação) **reduzida de particípio**

3. CONCORDÂNCIA

1. CONCORDÂNCIA VERBAL

REGRA GERAL

O verbo concorda com o sujeito em número e pessoa.

"Você	me	faz	feliz."
sujeito		*verbo*	
pronome terceira pessoa singular		***verbo terceira pessoa singular***	

Música e literatura	fazem	bem à alma.
sujeito composto	*verbo*	
dois núcleos: terceira pessoa do plural	***verbo terceira pessoa plural***	

CASOS PARTICULARES

<table>
<tr><td rowspan="2">Expressão partitiva
= parte de, uma porção de, o grosso de, metade de, a maioria de, a maior parte de, grande parte de...
+ substantivo ou pronome no plural</td><td>o verbo pode ficar no singular ou no plural.</td><td>A maioria dos alunos aprovou (aprovaram) a equipe.</td></tr>
<tr><td colspan="2">Coletivos: Um bando de vândalos destruiu (destruíram) o jardim.</td></tr>
<tr><td rowspan="2">Expressão que indica quantidade aproximada
= cerca de, mais de, menos de, perto de...
+ numeral e substantivo</td><td>o verbo concorda com o substantivo.</td><td>Cerca de mil pessoas participaram da manifestação.</td></tr>
<tr><td colspan="2">mais de um + verbos que exprimem reciprocidade, o plural é obrigatório: Mais de um colega se abraçaram.</td></tr>
<tr><td>Nomes que só existem no plural, o artigo manda na concordância</td><td>Sem artigo: verbo no singular. Comartigo no plural: verbo no plural.</td><td>As Minas Gerais fazem sonhos.
Minas Gerais faz poesia e bons sons.</td></tr>
<tr><td rowspan="2">Pronome interrogativo ou indefinido plural
= quais, quantos, alguns, poucos, muitos, quaisquer, vários
+ de nós ou de vós</td><td>verbo concorda com o primeiro pronome –na terceira pessoa do plural– ou com o pronome pessoal.</td><td>Quais de vós são (sois) capazes?</td></tr>
<tr><td colspan="2">Interrogativo ou indefinido estiver no singular: verbo no singular: Qual de nós é capaz?</td></tr>
<tr><td rowspan="3">Expressão que indica porcentagem + substantivo</td><td>Sem modificador da porcentagem: facultativamente o verbo pode concordar com o substantivo ou com o número referente à porcentagem.</td><td>30% do orçamento da empresa deve (ou devem) destinar-se à Educação.
1% dos alunos faltaram (ou faltou) à prova.</td></tr>
<tr><td>Com modificador da porcentagem: o verbo concorda com o modificador que pode ser pronome demonstrativo, possessivo ou artigo.</td><td>Os 10% da classe estudam muito.
Este 1% dos alunos estuda mais.</td></tr>
<tr><td colspan="2">Expressão que indica porcentagem não é seguida de substantivo = verbo concorda com o número: 40% precisam de mudança.</td></tr>
<tr><td>Pronome relativo QUE</td><td>concordância em número e pessoa com o antecedente do pronome.</td><td>Fui eu que paguei o livro.
És tu que me fazes ver o sentido da vida.</td></tr>
<tr><td rowspan="2">Um dos que</td><td>verbo plural.</td><td>Você é um dos que admiram o livro.</td></tr>
<tr><td colspan="2">Ele foi um dos escritores que mais fez sucesso.
Ela é uma das alunas mais brilhante da sala.</td></tr>
<tr><td>Quem</td><td>verbo na terceira pessoa do singular ou concordando com o antecedente do pronome.</td><td>Fui eu quem pagou o livro. Fui eu quem paguei o livro.</td></tr>
</table>

<table>
<tr><td>Pronome de tratamento</td><td>verbo na 3ª pessoa do singular ou plural.</td><td>Vossa Excelência é casado?
Vossas Excelências vão escrever?</td></tr>
<tr><td rowspan="2">Bater, dar e soar</td><td>verbo concorda com o numeral.</td><td>Deu uma hora no relógio da sala.
Deram cinco horas no relógio da sala.</td></tr>
<tr><td colspan="2">sujeito da oração = relógio, sino, torre, etc., o verbo concorda com o sujeito: O tradicional relógio da praça matriz dá nove horas.</td></tr>
<tr><td>Verbos Impessoais:
Haver no sentido de existir;
Fazer indicando tempo;
Indicam fenômenos da natureza.</td><td>verbo na 3ª pessoa do singular</td><td>Havia muitos alunos na sala.
Faz três anos que não viajamos.
Chovia ontem à tarde.</td></tr>
</table>

SUJEITO COMPOSTO

Sujeito é composto e **anteposto** ao verbo	verbo **plural** **Pai e filho conversavam.**
Sujeitos compostos formados por **pessoas gramaticais diferentes**: a primeira pessoa do plural prevalece sobre a segunda pessoa, que por sua vez, prevalece sobre a terceira.	Teus irmãos, tu e eu **tomaremos** a decisão. = nós Tu e teus irmãos **tomareis (tomarão)** a decisão. = vós (ou vocês)* *sujeito é composto, formado por um elemento da segunda pessoa e um da terceira, é possível empregar o verbo na terceira pessoa do plural. Pais e filhos **precisam** respeitar-se. = eles
Sujeito composto **posposto** ao verbo: em vez de concordar no plural com a totalidade do sujeito, o verbo pode estabelecer concordância com o **núcleo do sujeito mais próximo**. É uma opção, e não uma obrigação.	**Faltaram coragem e competência.** **Faltou coragem** e competência.
Quando ocorre ideia de **reciprocidade**, no entanto, a concordância é feita obrigatoriamente no **plural**.	Abraçaram-**se** vencedor e vencido. **Ofenderam-se** o jogador e o árbitro.

CASOS PARTICULARES COM SUJEITO COMPOSTO

<table>
<tr><td>Sujeito composto por núcleos sinônimos ou quase sinônimos</td><td>verbo no plural ou no singular.</td><td>Descaso e desprezo marcam (marca) seu comportamento.</td></tr>
<tr><td>Sujeito composto por núcleos dispostos em gradação</td><td>verbo no plural ou concorda com o último núcleo do sujeito.</td><td>Com você, meu amor, uma hora, um minuto, um segundo me satisfazem (satisfaz).</td></tr>
<tr><td rowspan="2">Núcleos do sujeito composto são unidos por ou ou nem</td><td>verbo no plural se a declaração contida no predicado puder ser atribuída a todos os núcleos.</td><td>Drummond ou Bandeira representam a essência da poesia brasileira.
Nem o professor nem o aluno acertaram a resposta.</td></tr>
<tr><td>núcleos excludentes: verbo singular.</td><td>Roma ou Buenos Aires será a sede da próxima Olimpíada.
Você ou ele será escolhido.</td></tr>
</table>

Um e outro	verbo no singular ou no plural.	Um e outro **compareceu (compareceram)** à festa. Nem um nem outro **saiu (saíram)** do colégio.
Núcleos do sujeito são unidos por **com**	o verbo pode ficar no **plural:** com = e.	O pai **com** o filho **montaram** o brinquedo. O governador **com** o secretariado **traçaram** os planos para o próximo semestre.
Núcleos do sujeito são unidos por **expressões correlativas**: **não só...mas ainda, não somente...**, **não apenas...mas também**, **tanto...quanto**	verbo no **plural**.	**Não só** a seca, **mas também** o pouco caso **castigam** o Nordeste. **Tanto** a mãe **quanto** o filho **ficaram** surpresos com a notícia.
Elementos do sujeito composto resumidos por **aposto recapitulativo**	a concordância é feita com o termo resumidor.	Filmes, novelas, boas conversas, **nada** o **tirava** da apatia. Trabalho, diversão, descanso, **tudo é** muito importante na vida das pessoas.

Verbo + SE

Precisa-se de funcionários.

Alugam-se apartamentos à beira-mar.

Índice de indeterminação do sujeito	o **"se"** acompanha os verbos **intransitivos, transitivos indiretos** e de **ligação** = singular.	**Precisa-se** de governantes interessados em civilizar o país. **Confia-se** em teses absurdas. **Era-se** mais feliz no passado.
Pronome apassivador	acompanha verbos **transitivos diretos** e **indiretos** na formação da voz passiva sintética. O verbo deve concordar com o sujeito da oração.	**Construiu-se um posto** de saúde. **Construíram-se novos postos** de saúde. **Não se pouparam** esforços para despoluir o rio. **Não se devem poupar** esforços para despoluir o rio.

Verbo SER

O futuro	**é**	esperanças.
Sujeito	*Verbo **ser** concorda com o sujeito*	

O futuro	**são**	esperanças.
	*Verbo **ser** concorda com o predicativo do sujeito.*	*predicativo*

O VERBO SER CONCORDA COM O PREDICATIVO DO SUJEITO	
Sujeito representado pelos pronomes – isto, isso, aquilo, tudo, o – e o predicativo estiver no plural.	**Isso são lembranças** inesquecíveis. **Aquilo eram problemas** gravíssimos. **O** que eu admiro em você **são** os seus **cabelos** compridos.
Sujeito no singular – referindo-se a coisas – e o predicativo substantivo no plural.	**Nosso piquenique foram** só **guloseimas.** **Sua rotina eram só alegrias.**
Sujeito indicar pessoa, o verbo concorda com o sujeito.	Gustavo era só decepções. Minhas alegrias é esta criança. Admite-se a **concordância no singular** quando se deseja fazer prevalecer um elemento sobre o outro: **A vida é** ilusões.
Sujeito for pronome interrogativo que ou quem.	**Que são** esses papéis? **Quem são** aquelas crianças?
Impessoal na indicação de horas, dias e distâncias, o verbo ser concorda com o numeral.	**É uma** hora. **São três** da manhã. **Eram25** de julho quando partimos. Daqui até a padaria **são dois** quarteirões. Hoje **é dia** quatro de março. Hoje **são quatro** de março.
Sujeito indicando peso, medida, quantidade + pouco, muito, menos de, mais de, etc. = verbo ser no singular.	Cinco quilos de açúcar **é mais do** que preciso. Três metros de tecido **é pouco** para fazer seu vestido. Duas semanas de férias **é muito** para mim.
Sujeito ou predicativo for pronome pessoal do caso reto, com este concordará o verbo.	No meu setor, **eu sou** a única mulher. Aqui os adultos **somos nós**.
	Ambos os termos representados por pronomes pessoais = verbo concorda com o pronome sujeito: Eu não sou ela. Ela não é eu.
Sujeito com sentido partitivo ou coletivo e o predicativo no plural = verbo ser concorda com o predicativo.	A grande maioria no protesto **eram jovens**. O resto **foram atitudes** imaturas.

Verbo PARECER

Ocorre variação do verbo parecer e não se flexiona o infinitivo.	Alguns colegas **pareciam chorar** naquele momento.
A variação do verbo parecer não ocorre, o infinitivo sofre flexão.	Alguns colegas **parecia chorarem** naquele momento.

Haja vista

A expressão é invariável.	**Haja vista** as lições dadas por ele. = tendo em vista **Haja vista** aos fatos explicados por esta teoria. = tendo em vista
O verbo haver pode variar = se não seguido de preposição, considerando-se o termo posposto como sujeito.	**Hajam vista** os exemplos de sua dedicação. = vejam-se

2. CONCORDÂNCIA NOMINAL

<table>
<tr><th colspan="4">Regras gerais</th></tr>
<tr><td>O adjetivo concorda em gênero e número com o substantivo.</td><td colspan="3">As mãos trêmulas denunciavam o que sentia.</td></tr>
<tr><td rowspan="2">Adjetivo referindo-se a vários substantivos, a concordância varia</td><td rowspan="2">Adjetivo anteposto aos substantivos:</td><td>O adjetivo concorda em gênero e número com o substantivo mais próximo.</td><td>Encontramos caídas as roupas e os prendedores.
Encontramos caída a roupa e os prendedores.
Encontramos caído o prendedor e a roupa.</td></tr>
<tr><td>Substantivos como nomes próprios, adjetivo plural.</td><td>As adoráveis Fernanda e Cláudia vieram me visitar.
Encontrei os divertidos primos e primas na festa.</td></tr>
<tr><td rowspan="2">Adjetivo posposto aos substantivos</td><td colspan="2">O adjetivo concorda com o substantivo mais próximo ou com todos eles.</td><td>A indústria oferece localização e atendimento perfeito.
A indústria oferece atendimento e localização perfeita.
A indústria oferece atendimento e localização perfeitos.</td></tr>
<tr><td colspan="2">Substantivos possuindo mesmo gênero, adjetivo no singular ou plural.</td><td>A beleza e a inteligência feminina(s).
O carro e o iate novo(s).</td></tr>
<tr><td rowspan="2">Expressões formadas pelo verbo SER + adjetivo</td><td colspan="2">O adjetivo fica no masculino singular, se o substantivo não for acompanhado de nenhum modificador.</td><td>Água é bom para saúde.</td></tr>
<tr><td colspan="2">O adjetivo concorda com o substantivo, se este for modificado por um artigo ou qualquer outro determinativo.</td><td>Esta água é boa para saúde.</td></tr>
</table>

<table>
<tr><td>O adjetivo concorda em gênero e número com os pronomes pessoais a que se refere.</td><td colspan="2">Juliana as viu ontem muito felizes.</td></tr>
<tr><td>Nas expressões formadas por pronome indefinido neutro (nada, algo, muito, tanto, etc.) + preposição DE + adjetivo = adjetivo masculino singular.</td><td colspan="2">Os jovens tinham algo de misterioso.</td></tr>
<tr><td rowspan="2">A palavra só, quando equivale a "sozinho", tem função adjetiva e concorda com o nome a que se refere.</td><td colspan="2">Cristina saiu só.
Cristina e Débora saíram sós.</td></tr>
<tr><td colspan="2">só = somente ou apenas – função adverbial: invariável.
Eles só desejam uma palavra.</td></tr>
<tr><td rowspan="2">Um único substantivo modificado por dois ou mais adjetivos no singular</td><td>O substantivo permanece no singular e coloca-se o artigo antes do último adjetivo.</td><td>Admiro a cultura espanhola e a portuguesa.</td></tr>
<tr><td>O substantivo vai para o plural e o artigo antes do adjetivo é omitido.</td><td>Admiro as culturas espanhola e portuguesa.</td></tr>
</table>

CASOS PARTICULARES

<table>
<tr><th colspan="2">É proibido – É necessário – É bom – É preciso – É permitido</th></tr>
<tr><td>Formadas por verbo + adjetivo, ficam invariáveis se o substantivo a que se referem possuir sentido genérico (não vier precedido de artigo).</td><td>É proibido entrada de crianças.
Em certos momentos, é necessário atenção.
No verão, melancia é bom.
É preciso cidadania.
Não é permitido saída pelas portas laterais.</td></tr>
<tr><td>Sujeito dessas expressões estiver determinado por artigos, pronomes ou adjetivos, tanto o verbo como o adjetivo concordam com ele.</td><td>É proibida a entrada de crianças.
Esta salada é ótima.
A educação é necessária.
São precisas várias medidas na educação.</td></tr>
<tr><th colspan="2">Anexo – Obrigado – Mesmo – Próprio – Incluso – Quite</th></tr>
<tr><td>Concordam em gênero e número com o substantivo ou pronome a que se referem.

São expressões adjetivas.</td><td>Seguem anexas as documentações requeridas.
A menina agradeceu:
– Muito obrigada.
Muito obrigadas, disseram as senhoras, nós mesmas faremos isso.
Seguem inclusos os papéis solicitados.
Já lhe paguei o que estava devendo: estamos quites.</td></tr>
</table>

Bastante – Caro – Barato – Longe	
Invariáveis quando advérbios. **Concordam com o nome a que se referem quando funcionam como adjetivos, pronomes adjetivos, ou numerais.**	**As jogadoras estavam bastante cansadas. = advérbio** Há **bastantes** pessoas insatisfeitas com o trabalho. = pronome adjetivo (muitos) Nunca pensei que o estudo fosse tão **caro**. = advérbio As casas estão **caras**. = adjetivo Achei **barato** este casaco. = advérbio Hoje as frutas estão **baratas**. = adjetivo "Vais ficando **longe** de mim como o sono, nas alvoradas." (Cecília Meireles) = advérbio "Levai-me a esses **longes** verdes, cavalos de vento!" (Cecília Meireles) = adjetivo)
Meio – Meia	
Quando adjetivo (metade), concorda com o nome a que se refere.	Pedi **meia** cerveja e **meia** porção de polentas.
Quando advérbio (modificando um adjetivo, sentido de um pouco) permanece invariável.	A noiva está **meio** nervosa.
Alerta – Menos	
Essas palavras, normalmente, são advérbios e permanecem invariáveis.	Os escoteiros estão sempre **alerta**. Carolina tem **menos** bonecas que sua amiga.

4. REGÊNCIA

1. REGÊNCIA VERBAL

VERBOS QUE APRESENTAM USO POPULAR EM DESACORDO COM A NORMA CULTA

Verbo	Sentido	Regência	Exemplo
Custar	ser difícil	V.T.I.	Custou **a**o candidato aceitar a nota.
Implicar	acarretar	V.T.D.	Sua atitude implicará demissão.
Namorar	–	V.T.D.	Ela namora o advogado há alguns meses.
Obedecer e desobeceder	–	V.T.I.	Ele obedece **a**o patrão. Ela desobedece **a**o pai.
Admitem voz passiva, embora sejam transitivos indiretos: O patrão é obedecido por ele. O pai era desobedecido por ela.			
Pedir	–	V.T.D. (coisa) V.T.I. (pessoa)	Pediu licença e saiu. Pediu **a**o professor que lhe entregasse o gabarito.

Verbo	Sentido	Regência	Exemplo
Pede a preposição para quando subentendida a palavra licença		V.T.D.	Pediu (licença) para sair.
Preferir	–	V.T.D.I. (algo a algo)	Prefere cinema **a** teatro.
Responder	quando declaração da resposta	V.T.D.	Respondeu que não sabia o segredo.
	quando nomeia a coisa ou a pessoa a quem se dá a resposta	V.T.I.	Ele respondeu **a** todas as perguntas.
Simpatizar e antipatizar	–	V.T.I.	Simpatiza **com** ela.
Não admite o pronome oblíquo, por não ser pronominal.			

VERBOS QUE POSSUEM MAIS DE UMA REGÊNCIA

Verbo	Sentido	Regência	Exemplo
Aspirar	respirar, sorver (perfume, ar)	V.T.D.	Aspirou um ar venenoso.
	pretender/ desejar	V.T.I. (a)	Os candidatos aspiram **a** aprovações.
	O verbo aspirar **não aceita os pronomes lhe, lhes** como objeto indireto, por isso devemos substituí-los por a ele, a ela, a eles, a elas.		
Assistir	ver	V.T.I. (a)	Assistiu **a**o jogo.
	Usado nesse sentido, "assistir" não aceita lhe, lhes, como objeto indireto; por isso, quando necessário, deveremos trocá-lo por a ele, a ela, a eles, a elas.		
	socorrer, ajudar	V.T.D.	O amigo assistiu o doente.
	caber, pertencer	V.T.I. (a)	O poder de resolver assiste **a** ele apenas.
Chamar	mandar vir, solicitar a presença	V.T.D.	A professora chamou os alunos.
	chamar pelo nome, apelidar	há quatro constru-ções	Chamaram a menina de balão. Chamaram a menina balão. Chamaram à menina de balão. Chamaram à menina balão.
Esquecer e lembrar	não pronominais: sem preposição		Esqueceu o caderno.
	pronominais: com preposição (de)		Ele **se** esqueceu **do** caderno.
	Se a coisa esquecida possuir função de sujeito, sofre alteração: Esqueceu-me o ocorrido. Lembrou-me o assunto.		
Informar	Admite duas construções	V.T.D.I.	Informei a data **a**o aluno (algo a alguém). Informei o aluno **d**a data (alguém de algo).
Pagar e perdoar	Para coisa	V.T.D.	Paguei o DVD. Perdoei seus erros.
	Para pessoa	V.T.I.	Paguei **a** você. Perdoei **a** você.

Verbo	Sentido	Regência	Exemplo
Proceder	ter fundamento	I.	Os boatos não procediam.
	executar	V.T.I. (a)	Procederemos **a**o inquérito.
Querer	desejar	V.T.D.	"A gente quer dinheiro e felicidade."
	estimar	V.T.I. (a)	Quero **a** meus amigos.
Visar	mirar	V.T.D.	Visou o alvo.
	vistar	V.T.D.	Visou o cheque.
	ter em vista	V.T.I. (a)	Visam **a** aprovações.
	O verbo visar **não aceita os pronomes lhe, lhes** como objeto indireto, por isso devemos substituí-los por a ele, a ela, a eles, a elas.		

LISTA DE VERBOS NOTÁVEIS

Verbo	Sentido	Regência	Exemplo
Abraçar	cingir com os braços, *ocupar-se de*, seguir	V.T.D.	Muitos abraçam as ideias comunistas.
	adotar como sua	V.T.D.	Abraçou nossa causa.
Agradar	fazer agrados, *mimar*, acaricia	V.T.D.	Ele agrada seu cão.
	ser agradável, *contentar*, satisfazer, sendo o sujeito da oração nome de **coisa**.	V.T.I. (a)	A música agradou **a**o público.
	ser agradável, *contentar*, satisfazer, quando o sujeito é nome de **pessoa**.	V.T.D.	Ela não consegue agradar o chefe.
	ser agradável, *contentar*, satisfazer	I.	A apresentação não agradou.
	gostar: pronominal	V.T.I. (de)	Agradou-**se** muito **d**o rapaz.
Agradecer	objeto direto de coisa e indireto de pessoa	V.T.I. (a)	Agradeci o presente **a** meu pai.
Ajudar	transitivo direto ou indireto	V.T.D. ou V.T.I. (a)	Ajudei este homem nos seus estudos. Ajudei **a** este homem nos seus estudos.
	Seguido de infinitivo	V.T.D.I.	Ajudei este homem **a** estudar.
Atender	acolher ou receber alguém com atenção, responder a alguém que se dirige a nós, ouvir, conceder, deferir um pedido	V.T.D.	O diretor atendeu os alunos. Deus atendeu a súplica de seu servo.
	dar atenção a alguém, ouvir-lhe os conselhos, levar em consideração, atentar, prestar atenção a, satisfazer	V.T.I. (a)	A mãe não atendia **a**os apelos do filho. Atenderemos **a**o chamado do cliente.

Verbo	Sentido	Regência	Exemplo
Chegar	aparece modificado por adjunto adverbial de lugar (rege a preposição **a**)	I.	Chegamos **a** São Paulo pela manhã.
Ensinar	objeto direto de coisa e indireto de pessoa ou objeto direto de pessoa e indireto no infinitivo (rege a preposição **a**)	V.T.D.I.	Ensino a dança **a** João. Ensina-o a converter cada espinho em flor.
Residir	aparece modificado por adjunto. Rege a preposição **em**	I.	Reside **n**a rua Garibaldi.

2. REGÊNCIA NOMINAL

É a relação existente entre um **nome** (substantivo, adjetivo ou advérbio) e os termos regidos por esse nome. Essa relação é sempre intermediada por uma **preposição**.

– alheio **a, de**	– liberal **com**
– ambicioso **de**	– apto **a, para**
– análogo **a**	– grato **a**
– bacharel **em**	– indeciso **em**
– capacidade **de, para**	– natural **de**
– contemporâneo **a, de**	– nocivo **a**
– contíguo **a**	– paralelo **a**
– curioso **a, de**	– propício **a**
– falto **de**	– sensível **a**
– incompatível **com**	– próximo **a, de**
– inepto **para**	– satisfeito **com, de, em, por**
– misericordioso **com, para com**	– suspeito **de**
– preferível **a**	– longe **de**
– propenso **a, para**	– perto **de**
– hábil **em**	

5. CRASE

A palavra *crase* significa fusão, junção, mistura. Ocorre com vogais idênticas e o primeiro **a** sempre será uma preposição.

1. REGRA GERAL

Haverá crase quando o termo regente exigir a preposição **a** e o tremo regido admitir o artigo **a** ou **as.**

Referi-me	**à autora.**
Referi-me **a** (preposição)	+ **a** (artigo) = **à**

Ficou insensível	**à dor.**
Insensível **a** algo (preposição)	+ **a** (artigo) = **à**

Chegamos	**às sete horas.**
Chegamos **a** (preposição)	+ **as** (artigo) = **às**

Dica

Nos casos mencionados, basta trocar a o regido por um masculino correlato, ou seja, que pertença à mesma classe gramatical. Se obtiver a combinação **ao (preposição a + artigo o)**, haverá crase.

Referi-me	à autora. (substantivo feminino)
	ao autor. (substantivo masculino) = à

Ficou insensível	à dor. (substantivo feminino)
	ao sofrimento. (substantivo masculino) = à

Chegamos	à**s** sete horas. (numeral indicando hora)
	ao meio-dia. (substitua por meio-dia) = às

2. CASOS EM QUE SEMPRE HAVERÁ CRASE DIANTE DE PALAVRAS FEMININAS – SUBSTITUA SEMPRE POR UMA MASCULINA

• Sou grata **à** aluna. • Álcool é prejudicial **à** saúde. • Este texto é posterior **à** invenção do conto.	• Sou grata **ao aluno**. • Álcool é prejudicial **ao organismo**. • Este texto é posterior **ao problema** do conto.
Diante da palavra moda = à moda de (mesmo que a expressão *moda de* fique subentendida)	
• O jogador fez um gol **à** (moda de) Romarinho. • Usava sapatos **à** (moda de) Luís XV.	
Na indicação de horas	
• Acordamos **às** seis horas. = **ao** meio-dia • Elas chegaram **às** dez horas. = **ao** meio-dia • Foram dormir **à** meia-noite. = **ao** meio-dia	

Em locuções adverbiais, prepositivas e conjuntivas formadas por palavras femininas.
• à tarde, às ocultas, às pressas, à medida que, • à noite, às claras, às escondidas, à força, • à vontade, à beça, à larga, à escuta, às avessas, à revelia, à exceção de, à imitação de, à esquerda, às turras, às vezes, à chave, • à direita, à procura, à deriva, à toa, à luz, • à sombra de, à frente de, à proporção que, • à semelhança de, às ordens, à beira de

3. DIANTE DE NOMES DE LUGAR

Substitua o termo regente por um verbo que peça a preposição **de.**

Resultando na contração **da** significa que esse nome de lugar aceita o artigo e haverá crase.

- Vou **à** França. = Vim **da** França.
- Cheguei **à** Grécia. = Vim **da** Grécia.
- Retornarei **à** Itália. = Vim **da** Itália.

Observação: **Se especificar o nome do lugar, haverá crase**.

- Retornarei **à** São Paulo dos bandeirantes. = Vim **da** São Paulo dos bandeirantes.
- Irei **à** Salvador de Jorge Amado. = Vim **da** Salvador de Jorge Amado.

4. DIANTE DE PRONOME DEMONSTRATIVO

Haverá crase diante desses pronomes sempre que o termo regente exigir a preposição a.

Refiro-me	**a aquele**	livro
	Preposição a + pronome demonstrativo aquele = àquele	
Dediquei	**a aquele**	aluno o meu livro.

Dediquei algo	**a alguém**
	Preposição a + pronome demonstrativo aquele = à alguém

Não haverá crase	
Se o termo regente não pedir preposição	Aluguei aquele apartamento. = Aluguei algo

5. COM PRONOME RELATIVO

A QUAL	
Dependerá da regência do verbo – se exige ou não a preposição –, mas trabalharemos com dicas para que não ocorra erro.	A apostila **à qual** me referi. 1. O relativo retoma um substantivo feminino (apostila); 2. Substitua-o por um substantivo masculino: **O livro ao qual** me referi. Resultou em **ao**, há crase.
	A sessão à qual assisti foi muito rápida. 1. O relativo retoma um substantivo feminino (sessão); 2. Substitua-o por um substantivo masculino: **O filme ao qual** assisti. Resultou em ao, há crase.
Não resultando em **ao**, não há crase.	A propaganda **a qual** vi. = O filme **o qual** vi.

QUE	
Algumas gramáticas alegam não haver o acento indicativo de crase antes do **que**, mas há exceção e é pedido em concursos (comparação que está ligada ao pronome demonstrativo – estudaremos abaixo).	Sua caneta é igual à que comprei. 1. O relativo retoma um substantivo feminino (caneta); 2. Substitua-o por um substantivo masculino: Seu lápis é igual **ao que comprei**. Resultou em ao, há crase.

QUEM e CUJO	
Não há crase anteposta a quem e cujo por repelirem o artigo. Em caso de dúvida, substitua.	A mulher **a quem** obedeço. = O homem a quem obedeço. A autora **a cuja** obra me referi. = A autora a cujo livro me referi. *O **a** que acompanha o relativo *cujo* é preposição e não artigo: refiro-me à obra.

6. COM PRONOME DEMONSTRATIVO

Façamos, mais uma vez a substituição.

Sua ideia é ligada **à** de seus professores.	= Sua ideia é ligada àquela. = Seu dever é ligado **ao** de seus professores.

7. ANTES DA PALAVRA DISTÂNCIA

Se especificada, haverá crase.	A rua fica **à** distância de 50 Km daqui. Fiquem **à** distância de 100 metros do palco.	= Determina-se a distância. = A palavra distância está especificada.
Sem especificar = sem crase.	Ficaram a distância. Ensinou a distância. Foi reconhecido a distância.	
Observação: para evitar ambiguidade, pode-se usar a crase. Ensinou à distância. Ela o curou à distância.		

8. CRASE FACULTATIVA

Diante de nomes próprios femininos	Enviei o e-mail **a** Fernanda. Enviei o e-mail à Fernanda.	Facultativo porque o artigo pode ou não acompanhar o nome próprio.
Diante de pronome possessivo feminino	Referi-me **a** sua ideia. Referi-me à sua ideia.	Facultativo porque o artigo pode ou não acompanhar o pronome possessivo.
Após preposição até	Fui até **a** esquina. Fui até à esquina. O curso vai até **as** oito horas. O curso vai até à**s** oito horas.	

9. NÃO SE USA CRASE

Diante de substantivos masculinos	Fizeram o teste **a** lápis. Comprei o carro **a** prazo.
Diante de verbos	Estavam **a** estudar. Nada tem **a** dizer.
Diante de pronomes e das expressões de tratamento	Fez referência **a** Vossa Excelência. Peço **a** Vossa Senhoria que entenda.
	Exceção: diante de pronomes de tratamento que se referem à mulher: **senhora, dona, senhorita e madame**. Entregou o livro à senhorita (à madame) (à senhora) (à dona)
Diante de numerais cardinais	Chegou a cinquenta o número de aprovados. Daqui **a** duas semanas será a avaliação.
Singular + plural	Não vou **a** festas. Não se pode usar crase porque o **a** é apenas uma preposição.
Entre palavras repetidas dentro do adjunto adverbial	Ficaram frente **a** frente. Exceção: em palavras que façam parte de complemento verbal (objeto indireto) = Prefere guerra à guerra.

6. PONTUAÇÃO

São sinais gráficos da linguagem escrita que indicam a entoação da leitura. Servem para compor a coesão e a coerência textual além de ressaltar especificidades semânticas e pragmáticas.

1. VÍRGULA

A vírgula é empregada para separar termos de uma oração, ou orações de um período. É uma questão de sintaxe – período simples e período composto – e por esse motivo separaremos nosso estudo em dois tópicos: vírgula dentro da oração e vírgula entre as orações.

O poder da vírgula

"Se o homem soubesse o valor
que tem a mulher andaria
de quatro a sua procura"

Se você for mulher, certamente colocou
a vírgula depois de mulher.
Se for homem, certamente colocou
a vírgula depois de tem.

1.1. Vírgula no interior da oração

Iniciemos pela **ordem direta** da oração: **sujeito + verbo + complemento verbal + adjunto adverbial ou predicativo ou complemento nominal**.

Se a oração estiver na ordem apresentada, não se usa a vírgula.

Os poetas	escreveram	os textos	com entusiasmo.
sujeito	*V.T.D.*	*O.D.*	*adj. adv. modo*

A vírgula é usada para separar:

	Exemplo	Dica
Termos intercalados	Trabalharam muito, **logo,** merecem descansar.	Intercala conjunção
	Nossos alunos, **certamente,** serão aprovados.	Intercala adjunto adverbial
	Estudem, concurseiros, pois chegou a hora.	Intercala vocativo
	Mary, **aluna da turma top,** foi empossada.	Intercala aposto
	A música, **isto é,** o alimento da alma encanta a humanidade há séculos.	Intercala expressões explicativas: **isto é, a saber, por exemplo, ou melhor, ou antes, etc.**
Termos deslocados = normalmente, a oração não se inicia com o sujeito.	**Naquele dia,** muitos faltaram.	Adjunto adverbial anteposto. Em locução adverbial, a vírgula é obrigatória.
	Hoje, muitos faltaram.	Em advérbio anteposto, a vírgula é dispensável.
	Este assunto, já o li em uma revista.	Objeto direto pleonástico anteposto.
Palavras omitidas	A turma 1 estudou português e a turma 2, informática.	Zeugma ou elipse
Vocativo = a quem se dirige	**Alunos**, estudem mais. "**Deus! ó Deus!** onde estás que não respondes?" (Castro Alves)	Pode estar no início, meio ou final da frase.

	Exemplo	Dica
Termos coordenados ligados por e, ou, nem	E o namorado**, e** os amigos**, e** os irmãos magoaram-no. Não andou por montanhas**, ou** florestas**, ou** cavernas.	Repetindo a conjunção coordenada indica ênfase (polissíndeto).
Datas	**Ribeirão Preto,** 26 de janeiro de 2014.	Separa o local.
Advérbios sim ou não	– Você leu o livro? – **Sim,** inteiro.	Usados como resposta.
Saudação	Com muito amor, Respeitosamente,	Em correspondência comercial ou social.
Termos de mesma função sintática	Leu o livros**, a apostila, os contos** e as poesias.	Objeto direto
Elementos paralelos	Tal pai, tal filho.	Em provérbios.

Para **FGV**, a inversão só exigirá vírgula se houver três palavras ou mais na locução adverbial.

1.2. Vírgula entre as orações

As orações, compondo um período, podem possuir vírgula ou não. Estudemos os casos.

	Exemplo	Dica
Orações subordinadas adjetivas explicativas	O homem**, que é um ser racional,** aprende com os erros.	Sempre possuirão vírgula, ou travessão ou parênteses.
Orações subordinadas adjetivas restritivas	O aluno **que estuda** é aprovado.	Restringe (apenas o que estuda): sem pontuação.
	Observação: com verbos seguidos, pode-se inserir a vírgula. O homem que **fuma, adoece** rápido.	
Orações subordinadas adverbiais	**Quando entrou na sala de aula,** todos aplaudiram.	Oração deslocada: não se inicia com a oração principal.
Orações subordinadas substantivas	Espero **que me telefone logo**. O remédio era **esperar**.	Não se separa da principal, exceto a apositiva.
Orações coordenadas	**Chegou, ficou em silêncio, aguardou alguns minutos** e aplicou a prova.	Separam-se por vírgula. Exceto as aditivas.
	Os ignorantes falam muito**, e os sábios** se calam.	Sujeitos distintos: com vírgula.
	E estuda, e enlouquece**, e** fica bravo**, e** será aprovado.	Polissíndeto (a conjunção indica ênfase): com vírgula.
	Não estudou**, e foi aprovado.**	Conjunção **e** com valor adversativo: com vírgula.
Orações intercaladas	Eu**, disse o candidato,** preciso do voto de vocês.	Sempre serão separadas por vírgulas, travessões ou parênteses.

2. PONTO E VÍRGULA

É um sinal intermediário entre a vírgula e o ponto e não indica o término do período. Usa-se para separar:

- **Orações coordenadas não unidas por conjunção.**

  Ex.: Ele saiu tarde; chegou atrasado.

- **Orações coordenadas, quando pelo menos uma delas possui elementos separados por vírgula.**

  Ex.: O resultado foi: dois alunos foram a favor; quinze, contra.

- **Itens de uma enumeração.**

  Ex.: Considerando: 1) A alta taxa de desemprego; 2) A elevação da taxa de juros; 3) A recessão; solicitamos atenção.

- **Substituir a vírgula em conjunções adversativas.**

  Ex.: Gostaria de encontrar você hoje**;** todavia, a vida impede.

- **Orações coordenadas adversativas quando a conjunção aparecer no meio da oração**

  Ex.: Esperava receber todos os livros**;** recebi, porém, apenas dois.

3. DOIS-PONTOS

Introduzem algo importante. Utilizam-se:

para anunciar a fala de personagens nas histórias de ficção	"A porta abriu-se, um brado ressoou: - Até que enfim, meu rapaz!" (Eça de Queirós)
para anunciar uma citação	Assim escreveu Vinícius de Moraes**:** "Tristeza não tem fim, Felicidade sim."
para anunciar uma enumeração	Os alunos aprovados são**:** Júlia, Renata, Paulo e Marcos.
antes de orações apositivas	Só aceito com esta condição**:** *Irá casar comigo.*
para indicar um esclarecimento, resultado ou resumo do que se disse	Em síntese**:** estudou, foi aprovado e viajou em férias.
em invocação das correspondências	Prezados Senhores**:**

4. PONTO FINAL

Usado para fechar o período de frases declarativas e imperativas e em abreviaturas.

5. PONTO DE INTERROGAÇÃO

O ponto de interrogação é usado ao final de qualquer interrogação direta, ainda que a pergunta não exija resposta. Exemplos:

- Onde você comprou este curso**?**
- Quais seriam as causas de tantas discussões**?**

6. PONTO DE EXCLAMAÇÃO

O ponto de exclamação é utilizado após as interjeições, frases exclamativas e imperativas. Pode exprimir surpresa, espanto, susto, indignação, piedade, ordem, súplica, etc. Possui entoação descendente. Exemplos:

- "Como as mulheres são lindas**!**" (Manuel Bandeira)
- Pare, por favor**!**

7. RETICÊNCIAS

As reticências marcam uma interrupção da sequência lógica da frase. Podem ser usadas para:

indicar continuidade de uma ação ou fato	A vida passa...
indicar suspensão ou interrupção do pensamento	Acreditei que...
representar, na escrita, hesitações comuns na língua falada	Não vou estudar agora...porque...porque não consigo pensar.
realçar uma palavra ou expressão	Para que tanto...desespero?
realizar citações incompletas	"No meio do caminho tinha uma pedra, tinha..."
transmitir mais emoção e subjetividade para quem lê	(...) 'Stamos em pleno mar... Dois infinitos Ali se estreitam num abraço insano, Azuis, dourados, plácidos, sublimes... Qual dos dous é o céu? qual o oceano?... 'Stamos em pleno mar... Abrindo as velas Ao quente arfar das virações marinhas, Veleiro brigue corre à flor dos mares, Como roçam na vaga as andorinhas... (...) (Navio Negreiro – Castro Alves)

8. PARÊNTESES

Isolam explicações, indicações, orações de caráter explicativo, palavras ou comentários acessórios.

Podem ser substituídos por vírgulas ou travessões.

9. TRAVESSÃO

O travessão simples (–) serve para dar início à fala de um personagem; indicar mudança do interlocutor nos diálogos; unir grupos de palavras que indicam itinerário.

O duplo travessão (– –) pode substituir dupla vírgula ou parênteses.

10. ASPAS

Destacam uma parte do texto. São usadas:

antes e depois de citações ou transcrições textuais	para representar nomes de livros ou legendas	para assinalar estrangeirismos, neologismos, gírias, expressões populares, ironia	para realçar uma palavra ou expressão
"Ia viajar! Viajei. Trinta e quatro vezes, às pressas, bufando, com todo o sangue na face, desfiz e refiz a mala". *(O prazer de viajar – Eça de Queirós)*	*Machado escreveu "Dom Casmurro".*	*Conversando com meu superior, dei a ele um "feedback" do serviço a mim requerido.*	*Você foi o "esperto" que respondeu a questão?*

11. COLCHETES

Os colchetes, assim como os parênteses, isolam explicações, indicações, orações de caráter explicativo, palavras ou comentários acessórios. Seu uso normalmente se restringe aos escritos de cunho didático, filológico, científico.

12. ASTERISCO

O asterisco (*) é usado nas remissões a notas ou explicações contidas em pé de páginas ou ao final de capítulos e nas substituições de nomes próprios não mencionados.

PARTE IV – COESÃO, COERÊNCIA E REESCRITA DE FRASES

1. COESÃO, COERÊNCIA E REESCRITA DE FRASES

1. INTRODUÇÃO

Coesão relaciona-se com o microtexto, ou seja, com as palavras que estabelecem as ligações das ideias. É importante para estabelecer a coerência do texto.

Coerência textual é a relação lógica entre as ideias, pois essas devem se complementar, é o resultado da não contradição entre as partes do texto. Inclui fatores como o conhecimento que o produtor e o receptor têm do assunto abordado no texto, conhecimento de mundo, o conhecimento que esses têm da língua que usam e intertextualidade. Por isso, refere-se ao nível semântico e cognitivo, isto é, as informações de um texto possuem um fundo de verdade em relação ao próprio texto e em relação ao mundo real.

Em provas de FCC, ocorre junção de toda a teoria gramatical que até aqui estudamos mais noções das teorias a seguir. As questões exigem várias avalições. Fundamental saber as funções das palavras QUE, SE e COMO.

1.1. Tipos de coesão textual

1.1.1. Coesão referencial: cria um sistema de relações entre as palavras e expressões de um texto, permitindo ao leitor identificar os termos a que se referem. O termo referente é aquele que indica a entidade ou situação a que o falante se refere.

Os candidatos ao cargo *foram visitar o MP.* ***Eles*** *foram acompanhados pelos Promotores.*

1.1.2. Coesão sequencial: cria nos textos as condições para sua progressão. As diversas flexões de tempo e de modo dos verbos e as conjunções são os responsáveis pelo estabelecimento e manutenção da coesão sequencial nos textos. **Os** mecanismos de coesão sequencial **são utilizados para garantir a** articulação entre as partes do texto **e para estabelecer** relações entre as informações.

- Alguns termos responsáveis pela coesão sequencial:

Adição/inclusão	Oposição	Afirmação/igualdade	Exclusão
Além disso; também; vale lembrar; pois; outrossim; agora; de modo geral; por iguais razões; inclusive; até; é certo que; é inegável; em outras palavras; além desse fator...	Embora; não obstante; entretanto; mas; no entanto; porém; ao contrário; diferentemente; por outro lado...	Felizmente; infelizmente; obviamente; na verdade; realmente; de igual forma; do mesmo modo que; nesse sentido; semelhantemente...	Somente; só; sequer; senão; exceto; excluindo; tão somente; apenas...
Enumeração	**Explicação**	**Conclusão**	**Continuação**
Em primeiro lugar; a princípio...	Como se nota; com efeito; como vimos; portanto; pois; é óbvio que; isto é; por exemplo; a saber; de fato; aliás...	Em suma; por conseguinte; um última análise; por fim; concluindo; finalmente; por tudo isso; em síntese, posto isso; assim; consequentemente...	Em seguida; depois; no geral; em termos gerais; por sua vez; outrossim...

1.1.3. Coesão por substituição: são empregadas palavras e expressões que retomam termos já enunciados através da **anáfora.**

Os coordenadores *foram advertidos pelo* ***mau comportamento.*** *Caso isso volte a acontecer, eles serão demitidos.*

1.1.4. Coesão por elipse: ocorre por meio da omissão de uma ou mais palavras sem que isso comprometa a clareza de ideias da oração:

Luna *escreve o texto e ao mesmo tempo* ***conversa*** *com a amiga.*

1.1.5. Coesão por conjunção: possibilita relações entre os termos do texto através do emprego adequado de conjunções:

Como *não consegui ingressos, não fui ao espetáculo, contudo, consegui vê-lo pela televisão.*

1.1.6. Coesão lexical ocorre através de reiteração ou substituição lexical.

- **Reiteração:** repetição da mesma palavra ou expressão =

Elas *são quatro milhões, o dia nasce,* ***elas*** *acendem o lume.* ***Elas*** *cortam o pão e aquecem o café.* ***Elas*** *picam cebolas e descascam batatas.*[34]

- **Substituição:** substituição de uma unidade lexical por outras que com ela mantêm relações de sentido por **sinonímia**: substituição de palavras ou expressões por sinônimos:

34 Mundo Educação. Disponível em <Tipos de coesão. Estruturando o texto: Tipos de coesão – Mundo Educação (uol.com.br)>. Escrito por Luana Castro Alves Perez. Acesso em 7 julho 2022, com adaptações.

*O teu **gato** é bonito. Onde arranjaste o **felino**?*

· por **antonímia**: substituição de palavras ou expressões por antônimos:

*Carlos Cruz fala **verdade**? Ou terá optado pela **mentira**?*

· por **hiperonímia / hiponímia**:

*Quero os teus **brinquedos**, sobretudo o **palhaço** e **comboio**.*

(hiperônimo/hipônimo)

*Eu adoro **ovelhas** e **vacas**. Estes **herbívoros** são simpáticos.*

(hipônimo/hiperônimo)

· por **holonímia / meronímia**:

*A minha **casa** é fria. Os **quartos**, a **cozinha** e a **sala** não têm isolamento.*

1.1.7. Complemento – Entenda a diferença entre holonímia e meronímia.

✓ **Holonímia**: há uma relação entre palavras em que o significado de uma (holônimo) refere-se a um todo do qual a outra (merônimo) é parte constituinte = carro x parabrisa; casa x quarto.

✓ **Meronímia**: há uma relação entre termos em que o significado de um (merônimo) remete para uma parte constituinte de outro (holônimo) = parabrisa x carro, quarto x casa.

2. PARÁFRASE

A Paráfrase é um texto que procura tornar mais claro e objetivo aquilo que se disse em outro texto. Portanto, é sempre a reescritura de um texto já existente, uma espécie de *tradução* dentro da própria língua.

O autor da paráfrase deve demonstrar que entendeu claramente a ideia do texto. Além disso, são exigências de uma boa paráfrase:

1) Utilizar a mesma ordem de ideias que aparece no texto original.
2) Não omitir nenhuma informação essencial.
3) Não fazer qualquer comentário acerca do que se diz no texto original.
4) Utilizar construções que não sejam uma simples repetição daquelas que estão no original e, sempre que possível, um vocabulário também diferente.

3. PERÍFRASE

Trata-se de uma expressão que designa um ser através de alguma de suas características ou atributos, ou de um fato que o celebrizou.

Exemplo: A Cidade Maravilhosa (= Rio de Janeiro) continua atraindo visitantes do mundo todo.

Observação: quando a perífrase indica uma pessoa, recebe o nome de *antonomásia*. Exemplos:

- O Divino Mestre (= Jesus Cristo) passou a vida praticando o bem.
- O Poeta dos Escravos (= Castro Alves) morreu muito jovem.
- O Poeta da Vila (= Noel Rosa) compôs lindas canções.

4. TIPOS DE INCOERÊNCIA

Semântica	O significado das palavras não se completa.	"A televisão **transmite** lazer." O verbo transmitir significa "fazer passar de um lugar a outro, comunicar". Nesse sentido, o lazer não é algo que venha de um ponto para outro, mas algo que é "proporcionado".
Sintática	Não são utilizados corretamente os meios sintáticos para expressar a coerência semântica, ou seja, empregam-se conectivos, pronomes (etc.) inadequadamente.	Pessoas ricas procuram o ensino particular. **Onde** os métodos, equipamentos e professores são melhores.
Incoerência Estilística	Ocorre quando se misturam registros linguísticos.	Observe a mudança "de tom" no discurso que se segue: "Venho diante de vossa Magnificência manifestar meu repúdio ao fato de uma instituição pública querer subtrair da população um espaço de lazer. Francamente, achei *a* **maior sujeira, sacanagem, nada a ver**."
Pragmática	O sentido de uma sequência de atos de fala é quebrado.	A: "Achei difícil compreender o tópico dois do capítulo três." B: "**O céu está maravilhoso com as nuvens escuras de chuva**."

2. AS PALAVRAS QUE, SE E COMO

1. A PALAVRA QUE

Interjeição	exprime espanto, admiração, surpresa	**Quê!** Você ainda não está pronto?
Substantivo	equivale a **alguma coisa**	Ele tem certo **quê** misterioso.
Preposição	liga dois verbos de uma locução verbal em que o auxiliar é o verbo **ter**. Equivale a **de**	Tenho **que** sair agora. = Tenho de sair.
Partícula expletiva ou de realce	pode ser retirada da frase, sem prejuízo algum para o sentido.	Quase **que** não consigo chegar a tempo.
Advérbio	modifica um adjetivo ou um advérbio. Equivale a **quão**.	**Que** lindas flores!

<table>
<tr><td rowspan="4">Pronome</td><td>pronome relativo</td><td>retoma um termo e o qual e flexões.
Não encontramos as pessoas que saíram.</td></tr>
<tr><td>pronome indefinido</td><td>pode funcionar como pronome substantivo ou pronome adjetivo.</td></tr>
<tr><td>pronome substantivo</td><td>equivale a que coisa.
Que aconteceu com você?</td></tr>
<tr><td>pronome adjetivo</td><td>determina um substantivo
– função sintática: adjunto adnominal.
Que vida é essa?</td></tr>
<tr><td rowspan="2">Conjunção</td><td rowspan="2">relaciona entre si duas orações</td><td>Quando funciona como conjunção coordenativa ou subordinativa, a palavra que recebe o nome da oração que introduz.
Venha logo, que é tarde.
= conjunção coordenativa explicativa
Falou tanto que ficou rouco.
= conjunção subordinativa consecutiva</td></tr>
<tr><td>Quando inicia uma oração subordinada substantiva, a palavra que recebe o nome de conjunção subordinativa integrante.
Desejo que você venha logo.</td></tr>
</table>

2. A PALAVRA SE

<table>
<tr><td rowspan="3">Conjunção</td><td colspan="2">a conjunção relaciona entre si duas orações.</td></tr>
<tr><td>conjunção subordinativa integrante: inicia uma oração subordinada substantiva.</td><td>Perguntei se ele estava feliz.</td></tr>
<tr><td>conjunção subordinativa condicional: inicia uma oração adverbial condicional (equivale a caso).</td><td>Se todos tivessem estudado, as notas seriam boas.</td></tr>
<tr><td>Partícula expletiva ou de realce</td><td>pode ser retirada da frase sem prejuízo algum para o sentido.</td><td>Passavam-se os dias e nada acontecia.</td></tr>
<tr><td>Pronome apassivador</td><td>ligada a verbo que pede objeto direto, caracteriza as orações que estão na voz passiva sintética. É também chamada de pronome apassivador.</td><td>Vendem-se livros.
Aluga-se piano.</td></tr>
<tr><td>Índice de indeterminação do sujeito</td><td>vem ligando a um verbo que não é transitivo direto ou transitivo direto e indireto, tornando o sujeito indeterminado. O verbo deverá estar na terceira pessoa do singular.</td><td>Trabalha-se de dia.
Precisa-se se apoio.</td></tr>
</table>

<table>
<tr><td rowspan="4">Pronome reflexivo</td><td colspan="2">quando a palavra se é pronome pessoal, ela deverá estar sempre na mesma pessoa do sujeito da oração de que faz parte. Por isso o pronome oblíquo se sempre será reflexivo (equivalendo a a si mesmo), podendo assumir as seguintes funções sintáticas:</td></tr>
<tr><td>objeto direto</td><td>Ele cortou-se com o facão.</td></tr>
<tr><td>objeto indireto</td><td>Ele se atribui muito valor.</td></tr>
<tr><td>sujeito de um infinitivo</td><td>"Sofia deixou-se estar à janela."</td></tr>
</table>

3. A PALAVRA COMO

<table>
<tr><td>Substantivo</td><td>aparece antecedido de um determinante ou especificando outro termo.</td><td>Estamos analisando a palavra "como".</td></tr>
<tr><td>Interjeição</td><td>expressa um espanto ou admiração.</td><td>Como! Não sabia que iríamos viajar?!</td></tr>
<tr><td>Preposição</td><td>Ocorre quando houver a possibilidade de se subentender o gerúndio (sendo) depois do termo em estudo, ou ainda se puder ser substituído pela locução "na qualidade de".</td><td>Na maioria dos concursos, ele atua como fiscal.
= na qualidade de</td></tr>
<tr><td>Advérbio</td><td>Relaciona-se a um verbo ou a um adjetivo, exprimindo circunstância de intensidade ou modo.
Sintaticamente: adjunto adverbial de intensidade ou modo.</td><td>Como suporta conviver com essa angústia?</td></tr>
<tr><td rowspan="4">Conjunção</td><td colspan="2">introduz uma oração subordinada adverbial, levando-se em conta as respectivas circunstâncias expressas pelo fato verbal. Assim classificadas:</td></tr>
<tr><td>Causal – equivale-se a "porque", "já que", "uma vez que".</td><td>Como não tinha interesse, nem olhou a mercadoria.</td></tr>
<tr><td>Conformativa – apresenta-se passível de ser substituída por "conforme", "segundo".</td><td>Como já imaginávamos, não concluiu o trabalho.</td></tr>
<tr><td>Comparativa – pode ser substituída pela expressão "tal qual", representando o segundo elemento da comparação.</td><td>Dormia como um anjo. = tal qual um anjo</td></tr>
<tr><td>Pronome relativo</td><td>Assumindo tal função, aparece sempre antecedida de um substantivo, equivalendo-se a "com o(a) qual, pelo(a) qual" e demais variações. Nesse caso, exerce a função de adjunto adverbial de modo.</td><td>Esse foi o modo como fui recebido.
= pelo qual</td></tr>
</table>

PARTE V – INTERPRETAÇÃO E COMPREENSÃO TEXTUAL

1. INTERPRETAÇÃO E COMPREENSÃO TEXTUAL

Interpretar	consiste em saber a conclusão do que está escrito.	Nas questões: depreende-se/infere-se/conclui-se do texto; o texto permite deduzir; é possível subentender a partir do texto; qual a intenção do autor quando afirma; o texto possibilita o entendimento; com o apoio do texto, infere-se; o texto encaminha o leitor para; pretende o texto mostrar que o leitor...; o texto possibilita deduzir.
Compreender	consiste em analisar o que realmente está escrito, é necessário coletar dados do texto.	Nas questões: segundo o texto; o autor/narrador do texto diz; o texto informa; no texto; tendo em vista o texto; de acordo com o texto; o autor sugere; o autor afirma; na opinião do autor do texto.

Dica: **<u>IN</u>**terpretar = **<u>IN</u>**ferir.

Para obter domínio sobre a leitura, precisamos, esclarecer algumas definições.

Texto	É um **conjunto de palavras e frases** encadeadas que permitem interpretação e **transmitem uma mensagem**. É qualquer obra escrita em versão original e que constitui um livro ou um documento escrito. Um texto é uma unidade linguística de extensão superior à frase.
Contexto	É a relação entre o texto e a situação em que ele ocorre dentro do texto. É o conjunto de circunstâncias em que se produz a mensagem que se deseja emitir– lugar e tempo, cultura do emissor e do receptor etc. – e que permitem sua correta compreensão.
Intertexto	Os textos podem apresentar referências diretas ou indiretas a outros autores através de citações. É um texto dentro de outro texto.
Interpretação de texto	A primeira leitura deve ser feita cuidadosamente por ser o primeiro contato com o texto, extraindo-se informações e se preparando para a leitura interpretativa. Sublinhe palavras-chave e ideias importantes; encontre a ideia central de cada parágrafo. O segundo nível de leitura concentra-se nas perguntas e opções de respostas. Atente-se às palavras NÃO, EXCETO, RESPECTIVAMENTE, INCORRETO, SEMPRE, TODOS, NUNCA etc., pois fazem diferença na escolha adequada. Retorne ao texto sempre que necessário. Leia a frase anterior e posterior para ter ideia do sentido global proposto pelo autor. A banca nos oferece um texto completo e, nas questões, extrai uma parte do texto para pedir a análise. O segredo é voltar ao texto e ler as informações anteriores e posteriores à parte mencionada. Se fosse para analisar apenas o trecho, não haveria motivo para mencionar o texto completo. Aqui mora o grande segredo.

1. TIPOLOGIA TEXTUAL

TIPOS	DEFINIÇÃO	EXEMPLOS
Narração	Modalidade em que se conta um fato, fictício ou não, que ocorreu num determinado tempo e lugar, envolvendo certos personagens. Refere-se a objetos do mundo real. Há uma relação de anterioridade e posterioridade. **O tempo verbal predominante é o passado**.	Conto, fábula, crônica, romance, novela, depoimento, piada, relato etc.
Descrição	Um texto em que se faz um retrato por escrito de um lugar, uma pessoa, um animal ou um objeto. **A classe de palavras mais utilizada nessa produção é o adjetivo**, pela sua função caracterizadora. Numa abordagem mais abstrata, pode-se até descrever sensações ou sentimentos. Não há relação de anterioridade e posterioridade. Significa "criar" com palavras a imagem do objeto descrito. É fazer uma descrição minuciosa do objeto ou da personagem a que o texto se Pega. É um tipo textual que se agrega facilmente aos outros tipos em diversos gêneros textuais.	Cardápio, folheto turístico, anúncio classificado etc.
Dissertação	Dissertar é o mesmo que **desenvolver ou explicar um assunto**, discorrer sobre ele. Dependendo do objetivo do autor, pode ter caráter expositivo ou argumentativo.	
	Dissertação-Exposição: Apresenta um saber já construído e legitimado, ou um saber teórico. Apresenta informações sobre assuntos, expõe, reflete, explica e avalia ideias de modo objetivo. O texto expositivo apenas expõe ideias sobre um determinado assunto. A intenção é informar, esclarecer.	Aula, resumo, textos científicos, enciclopédia, textos expositivos de revistas e jornais, etc.
	Dissertação-Argumentação: Um texto dissertativo-argumentativo faz a defesa de ideias ou um ponto de vista do autor. O texto, além de explicar, também persuade o interlocutor, objetivando convencê-lo de algo. Caracteriza-se pela progressão lógica de ideias. Geralmente utiliza linguagem denotativa.	Sermão, ensaio, monografia, dissertação, tese, ensaio, manifesto, crítica, editorial de jornais e revistas.
Outros Tipos Textuais	Dialogal / Conversacional	Entrevista, conversa telefônica, chat etc.
	Injunção/Instrucional	Ordens; pedidos; súplica; desejo; manuais e instruções para montagem ou uso de aparelhos e instrumentos; textos com regras de comportamento; textos de orientação; receitas, cartões com votos e desejos.
	Predição	Previsões astrológicas, previsões meteorológicas, previsões escatológicas/apocalípticas.

2. GÊNEROS TEXTUAIS

Os gêneros textuais são as estruturas com que se compõem os textos, sejam orais ou escritos. Essas estruturas são muito parecidas, com características comuns, procuram atingir intenções comunicativas semelhantes e ocorrem em situações específicas. São variadas formas de linguagem que circulam na sociedade, formais ou informais. Cada gênero textual tem seu estilo próprio, podendo ser identificado e diferenciado dos demais através de suas características.

Notícia	Possui características narrativas: o fato ocorrido que se deu em um determinado momento e em um determinado lugar, envolvendo determinadas personagens. Características do lugar, bem como dos personagens envolvidos são, muitas vezes, minuciosamente descritos.
Reportagem	Gênero textual jornalístico de caráter dissertativo-expositivo. A reportagem tem, por objetivo, informar e levar os fatos ao leitor de uma maneira clara, com linguagem direta.
Carta ao leitor	Gênero dissertativo-argumentativo e possui linguagem pessoal e leve.
Propaganda	Gênero textual dissertativo-expositivo. Há o intuito de propagar informações sobre algo, buscando sempre atingir e influenciar o leitor apresentando, na maioria das vezes, mensagens que despertam as emoções e a sensibilidade do mesmo.
Bula de remédio	Gênero textual descritivo, dissertativo-expositivo e injuntivo. Fornece as informações necessárias para o correto uso do medicamento.
Receita	Gênero textual descritivo e injuntivo. Objetivo: informar a fórmula para preparar tal comida, descrevendo os ingredientes e o preparo destes, com verbos no imperativo, dado o sentido de ordem, para que o leitor siga corretamente as instruções.
Editorial	Gênero textual dissertativo-argumentativo. Expressa o posicionamento da empresa sobre determinado assunto, sem a obrigação da presença da objetividade.
Tutorial	Gênero injuntivo. É um guia que tem por finalidade explicar ao leitor, passo a passo e de maneira simplificada, como fazer algo.
Entrevista	Gênero textual dialogal e dissertativo-expositivo. Representado pela conversação de duas ou mais pessoas, o entrevistador e o(s) entrevistado(s), para obter informações sobre ou do entrevistado ou de algum outro assunto.
História em quadrinhos	Gênero narrativo. Consiste em enredos contados em pequenos quadros através de diálogos diretos entre seus personagens, gerando uma espécie de conversação.
Charge	Gênero textual narrativo onde se faz uma espécie de ilustração cômica, através de caricaturas, com o objetivo de realizar uma sátira, crítica ou comentário sobre algum acontecimento atual, em sua grande maioria.

3. ARGUMENTAÇÃO[35]

A argumentação é um recurso que tem o propósito de convencer alguém, alterando sua opinião ou seu comportamento.

35. CABRAL, Marina. Brasil Escola. Disponível em <http://brasilescola.uol.com.br/redacao/a-argumentacao.htm>. Com alterações. Acesso em 14 agosto 2017.

Os argumentos, na construção textual, são essenciais.

Há diferentes tipos de argumentos e a escolha certa consolida o texto.

3.1. Argumentação por citação

Sempre que queremos defender uma ideia, procuramos pessoas 'consagradas', que pensam como nós acerca do tema em evidência.

Apresentamos no corpo de nosso texto a menção de uma informação extraída de outra fonte.

A citação pode ser apresentada assim:

Assim parece ser porque, para Piaget, "toda moral consiste num sistema de regras e a essência de toda moralidade deve ser procurada no respeito que o indivíduo adquire por essas regras" (Piaget, 1994, p.11). A essência da moral é o respeito às regras. A capacidade intelectual de compreender que a regra expressa uma racionalidade em si mesma equilibrada.

O trecho citado deve estar de acordo com as ideias do texto, assim, tal estratégia poderá funcionar bem.

3.2. Argumentação por comprovação

A sustentação da argumentação se dará a partir das informações apresentadas (dados, estatísticas, percentuais) que a acompanham. Esse recurso é explorado quando o objetivo é contestar um ponto de vista equivocado.

O ministro da Educação, Cristovam Buarque, lança hoje o Mapa da Exclusão Educacional. O estudo do Inep, feito a partir de dados do IBGE e do Censo Educacional do Ministério da Educação, mostra o número de crianças de sete a catorze anos que estão fora das escolas em cada estado. Segundo o mapa, no Brasil, 1,4 milhão de crianças, ou 5,5 % da população nessa faixa etária (sete a catorze anos), para a qual o ensino é obrigatório, não frequentam as salas de aula. O pior índice é do Amazonas: 16,8% das crianças do estado, ou 92,8 mil, estão fora da escola. O melhor, o Distrito Federal, com apenas 2,3% (7 200) de crianças excluídas, seguido por Rio Grande do Sul, com 2,7% (39 mil) e São Paulo, com 3,2% (168,7 mil). (Mônica Bergamo. Folha de S. Paulo, 3.12.2003)

Nesse tipo de citação o autor precisa de dados que demonstrem sua tese.

3.3. Argumentação por raciocínio lógico

A criação de relações de causa e efeito é um recurso utilizado para demonstrar que uma conclusão (afirmada no texto) é necessária, e não fruto de uma interpretação pessoal que pode ser contestada.

"O fumo é o mais grave problema de saúde pública no Brasil. Assim como não admitimos que os comerciantes de maconha, crack ou heroína façam propaganda para os nossos filhos na TV, todas as formas de publicidade do cigarro deveriam ser proibidas terminantemente. Para os desobedientes, cadeia."

VARELLA, Drauzio. In: Folha de S. Paulo, 20 de maio de 2000.

Para a construção de um bom texto argumentativo faz-se necessário o conhecimento sobre a questão proposta, fundamentação para que seja realizado com sucesso.

4. PRESSUPOSTOS E SUBENTENDIDOS[36]

Pressupostos e subentendidos são informações implícitas num texto, não expressas formalmente, apenas sugeridas por marcas linguísticas ou pelo contexto. Cabe ao leitor, numa leitura proficiente, ir além da informação que se encontra explícita, identificando e compreendendo as informações implícitas, ou seja, lendo nas entrelinhas.

Os pressupostos são de mais fácil identificação, estando sugeridos no texto. Os subentendidos são deduzidos pelo leitor, sendo da sua responsabilidade.

Entenda melhor:

- Heloísa está cansada de ser professora.

  Pressuposto: Heloísa é professora.

  Subentendido: Talvez porque o salário é baixo ou há muita indisciplina.

- Infelizmente, meu marido continua trabalhando fora do país.

  Pressuposto: O marido está trabalhando fora do país e a mulher não está satisfeita com essa situação.

  Subentendido: Talvez por ter melhor salário fora do país ou por não encontrar trabalho no seu país.

4.1. Pressupostos

Os pressupostos são informações implícitas adicionais, facilmente compreendidas devido a palavras ou expressões presentes na frase que permitem ao leitor compreender essa informação implícita. O enunciado depende dessa pressuposição para que faça sentido. Assim, o pressuposto é verdadeiro e irrefutável.

Exemplos de pressupostos:

- Decidi deixar de comer carne.

  Pressuposto: A pessoa comia carne antes.

- Finalmente acabei minha monografia.

  Pressuposto: Demorou algum tempo para terminar a monografia.

36. NORMA CULTA. Disponível em <https://www.normaculta.com.br/pressuposto-e-subentendido/>. Acesso em 14 agosto 2017.

- Alunos que estudam de manhã costumam ter melhor rendimento.

  Pressuposto: Há alunos que não estudam de manhã.

- Desde que ela mudou de casa, nunca mais a vi.

  Pressuposto: Costumava vê-la antes dela mudar de casa.

  Marcas linguísticas que facilitam a identificação de pressupostos:

  Verbos que indicam fim, continuidade, mudança e implicações: começar, continuar, parar, deixar, acabar, conseguir, ...

  Advérbios: felizmente, finalmente, ainda, já, depois, antes, ...

  Pronome introdutório de orações subordinadas adjetivas: que

  Locuções que indicam circunstâncias: depois que, antes que, desde que, visto que, ...

4.2. Subentendidos

Os subentendidos são insinuações, informações escondidas, dependentes da interpretação do leitor. Não possuem marca linguística, sendo deduzidos através do contexto comunicacional e do conhecimento que os destinatários têm do mundo. Podem ser ou não verdadeiros e podem ser facilmente negados, visto serem unicamente da responsabilidade de quem interpreta a frase.

Exemplos de subentendidos:

- Quando sair de casa, não se esqueça de levar um casaco.

  Subentendido: Está frio lá fora.

- Já tenho a garganta seca de tanto falar.

  Subentendidos: Quero beber um copo de água ou quero parar de falar neste momento.

- Você vai a pé para casa agora?

  Subentendidos: Eu posso lhe dar uma carona ou é perigoso andar a pé na rua a estas horas.

5. DISCURSO DIRETO E INDIRETO[37]

Discurso direto é a transcrição exata da fala das personagens, sem participação do narrador.

Discurso indireto é a intervenção do narrador no discurso ao utilizar as suas próprias palavras para reproduzir as falas das personagens.

---

37. NORMA CULTA. Disponível em <https://www.normaculta.com.br/discurso-direto-e-indireto/>. Acesso em 14 agosto 2017.

Discurso indireto livre mescla o direto e o indireto. É a apresentação das falas exatas das personagens inseridas dentro do discurso do narrador.

Exemplo: *Cotejava o passado com o presente. Que era, há um ano? Professor. Que é agora? Capitalista.*

DICAS de transposição do discurso direto para o indireto

1. Mudança das pessoas do discurso:

Discurso direto	Discurso indireto
primeira pessoa	terceira pessoa
eu, me, mim, comigo	ele, ela, se, si, consigo, o, a, lhe
nós, nos, conosco	eles, elas, os, as, lhes
meu, meus, minha, minhas, nosso, nossos, nossa, nossas	seu, seus, sua e suas

2. Mudança de tempos verbais:

<table>
<tr><th>Discurso direto</th><th>Discurso indireto</th></tr>
<tr><td>Presente do indicativo</td><td>pretérito imperfeito do indicativo</td></tr>
<tr><td>Pretérito perfeito do indicativo</td><td>pretérito mais-que-perfeito do indicativo</td></tr>
<tr><td>Futuro do presente do indicativo</td><td>futuro do pretérito do indicativo</td></tr>
<tr><td>Presente do subjuntivo</td><td rowspan="3">pretérito imperfeito do subjuntivo</td></tr>
<tr><td>Futuro do subjuntivo</td></tr>
<tr><td>Imperativo</td></tr>
</table>

3. Mudança na pontuação das frases:

Discurso direto	Discurso indireto
Frases interrogativas, exclamativas e imperativas	*frases declarativas* (o emissor constata um fato – informa ou declara alguma coisa)

4. Mudança dos advérbios e adjuntos adverbiais:

Discurso direto	Discurso indireto
Ontem	*no dia anterior*
Hoje	*naquele dia e naquele momento*
Amanhã	*no dia seguinte*
Aqui, aí, cá	*ali e lá*
Este, esta e isto	*aquele, aquela, aquilo*

PARTE VI – FIGURAS DE LINGUAGEM

1. CLASSIFICAÇÃO

As figuras de linguagem são classificadas em:

Figuras de palavras (ou figuras semânticas)	usam o **sentido figurado** das palavras para criar efeitos no discurso.
Figuras de pensamento	combinam ideias e pensamentos diferentes para criar efeitos no discurso.
Figuras de sintaxe (ou figuras de construção)	usam a ordem das palavras no enunciado para criar efeitos, seja repetindo palavras, seja omitindo-as ou invertendo sua posição no enunciado.
Figuras de som (ou figuras de harmonia)	usam os sons das palavras para criar efeitos, repetindo-os ou omitindo-os.

1. FIGURAS DE PALAVRAS (OU FIGURAS SEMÂNTICAS)

Metáfora: é um tipo de comparação implícita, feita com base em uma característica em comum entre os elementos comparados.

Ele tem um coração de ouro.

Comparação: é a própria comparação feita de maneira explícita, usando palavras que tornam nítido que se trata de uma comparação.

Ele tem um coração tão valioso quanto ouro.

Metonímia: ocorre quando se usa um termo para substituir outro, sendo que o termo usado representa uma parte do que seria o termo completo (uma parte do corpo para representar o corpo todo, o artista para representar sua produção artística etc.).

Eles têm muitas cabeças de gado. (não apenas cabeças, mas bois).

Escuto muito Dani Black. (as músicas de Dani Black).

Catacrese: são palavras ou termos usados na falta de outros mais adequados para o contexto, ou seja, em casos em que não existe uma expressão apropriada, sendo tomadas outras de empréstimo.

Dente de alho, maçã do rosto, pele do tomate.

Antonomásia (ou **perífrase**)**:** é a substituição de um termo por outra expressão famosa que o identifique.

Rei da selva (leão), *país do samba* (Brasil).

Sinestesia: é o uso de expressões que misturam dois ou mais dos cinco sentidos do corpo humano.

Olhar frio, palavras ásperas, cheiro doce.

2. FIGURAS DE PENSAMENTO

Gradação: é o desenvolvimento de expressões e ideias que progridem de modo crescente (clímax) ou decrescente (anticlímax).

Sussurrei, mas ele não ouviu. Falei mais alto, mas ele ainda não ouviu. Então, gritei bem alto, e todo mundo ouviu.

Hipérbole: é o uso de expressões exageradas, feito de maneira proposital.

Estou morrendo de vontade de brincar na rua!

Eufemismo: é o uso de expressões que tornam o enunciado menos agressivo e mais suave, geralmente para falar algo muito chocante ou desconfortável.

Nosso cachorrinho está no céu agora.

Litote: também usada para suavizar uma ideia, a litote se caracteriza por fazer a negação do contrário.

Ele não é o melhor dos atletas. (sentido: alguém é um atleta ruim.)

Antítese: é o uso de palavras de sentidos opostos, estando próximas no enunciado.

A alegria e a tristeza fazem parte da vida.

Paradoxo: é a combinação de ideias que tenham sentidos opostos.

Aquele silêncio era ensurdecedor.

Ironia: ocorre quando se afirma algo querendo dizer o seu completo oposto.

Nossa, acho tão engraçado quando vocês fazem piadas sobre mim.

(sentido: as piadas não têm graça nenhuma.)

Personificação (ou prosopopeia): ocorre quando traços e características humanas são atribuídos a objetos, seres inanimados e animais irracionais.

Os brinquedos começaram a discutir quem era o preferido da garota.

Apóstrofe: é um vocativo, ou seja, quando se chama algo ou alguém, geralmente em uma exclamação que interrompe ou que inicia um enunciado.

Nossa! Você não sabe o que me aconteceu!

3. FIGURAS DE SINTAXE (OU FIGURAS DE CONSTRUÇÃO)

Elipse: é a omissão de uma palavra ou expressão que, embora omitida, é facilmente subentendida pelo contexto.

Em alguns domingos, fomos àquele lugar estranho. (**Nós** fomos.)

Zeugma: é a omissão de uma palavra ou expressão já usada no enunciado. O termo omitido costuma ser marcado por uma vírgula.

Eu vivo falando de filosofia e ele, de política. (...e ele **vive falando** de política.)

Assíndeto: é a omissão proposital de conectivos em contextos em que eles normalmente ocorreriam.

Corria, brincava, chorava, sem se importar com nada além da infância.

Polissíndeto: é a repetição proposital de conectivos em contextos em que eles normalmente não ocorreriam.

E corria, e brincava e chorava, sem se importar com nada além da infância.

Anáfora: é a repetição proposital de uma mesma palavra ou expressão na construção de um período.

Se vier hoje, eu lhe esperarei. Se vier amanhã, eu lhe esperarei. Se vier no próximo mês, eu lhe esperarei.

Pleonasmo: é um tipo de redundância feita de maneira proposital para enfatizar uma ideia.

O caçador vai caçar a sua caça.

Hipérbato (ou **inversão):** é a inversão na ordem dos elementos do enunciado, fugindo do esquema típico: sujeito – predicado – complemento.

Às quartas, usamos nós roupas cor-de-rosa.

Anacoluto: ocorre quando há uma quebra na estrutura do enunciado, que muda de modo repentino.

Ela, eu sei que era meio esquisita.

Silepse: ocorre quando algum termo concorda em gênero, número e pessoa com a ideia implícita, e não com os termos explícitos no enunciado.

Silepse de gênero: A Salvador que conhecemos é maravilhosa! (*A cidade de Salvador* que conhecemos é maravilhosa!)

Silepse de número: Era uma plateia imensa, e aplaudiram de pé. (Era uma plateia imensa, e *aplaudiu* de pé.)

Silepse de pessoa: Todos estamos estudando muito. (Todos *estão* estudando muito.)

4. FIGURAS DE SOM (OU FIGURAS DE HARMONIA)

Assonância: é a repetição proposital de sons vocálicos, ou seja, sons de uma mesma vogal no enunciado.

Ó o auê aí, ó!

Aliteração: é a repetição proposital de sons consonantais, ou seja, sons de uma mesma consoante no enunciado.

O vovô veio com a vela para ver o vazio.

Paronomásia: é o uso de palavras com som muito similar, gerando efeito sonoro no enunciado.

A aranha arranha o jarro, o jarro arranha a aranha.

Onomatopeia: é a escrita de palavras para tentar reproduzir sons e barulhos diversos.

Tique-taque, cabrum, tchibum.

REFERÊNCIAS

CONTEÚDO GRAMATICAL

ALI, M. Said. Gramática secundária da língua portuguesa. 7.ª ed. São Paulo: Editora Melhoramentos, 1966.

ALMEIDA, Napoleão Mendes de. Gramática metódica da língua portuguesa. 46.ª ed. revista. São Paulo: Saraiva, 2009.

BAGNO, Marcos. A norma oculta: língua e poder na sociedade brasileira. São Paulo: Parábola Editorial, 2003.

BECHARA, Evanildo. Moderna Gramática Portuguesa. 32ª edição, São Paulo, Companhia Editora Nacional, 1988.

BECHARA, Evanildo. Lições de Português pela Análise Sintática. Editora Lucema. Rio de Janeiro, RJ. 2001.

CARVALHO, José Augusto. Gramática superior da língua portuguesa. 2.ª ed. Brasília: Centro Editorial / Thesaurus, 2011.

CEGALLA, Domingos Paschoal. Novíssima Gramática da Língua Portuguesa. 48.ª ed. São Paulo: Companhia Editora Nacional, 2008.

CIPRO NETO, Pasquale e INFANTE, Ulisses. Gramática da Língua Portuguesa. Editora Scipione. São Paulo, SP. 2003.

CUNHA, Celso e CINTRA, Luiz F. Lingley. Nova Gramática do Português Contemporâneo. Editora Nova Fronteira. Rio de Janeiro, RJ. 2001.

FARACO&MOURA. Gramática Nova. São Paulo: Ática, 1993.

GARCIA, Othon M. Comunicação em prosa moderna: aprenda a escrever, aprendendo a pensar. 13ª edição, Rio de Janeiro, Ed. da Fundação Getúlio Vargas, 1986.

HENRIQUES, Claudio Cezar. Morfologia: usos, normas e exercícios com respostas. 2.ª ed. Rio de Janeiro: Elsevier, 2007 – 2.ª reimpressão.

HILDEBRANDO, André A de. Gramática ilustrada. 4. ed. São Paulo: Moderna, 1990.

INFANTE, Ulisses. Curso de gramática aplicadas aos textos. São Paulo: Ed. Scipione, 1997.

INFANTE, Ulisses; CIPRO Neto, Pasquale. Gramática da Língua Portuguesa. São Paulo: Ed. Scipione, 2010.

JORDÃO, Rose e OLIVEIRA, Clenir Bellezi de. Linguagens, estrutura e arte. São Paulo: Moderna, 1999.

KOCH, Ingedore G. V. A coesão textual. 2ª edição. São Paulo, Contexto, 1990.

KOCH, Ingedore G. V. e TRAVAGLIA, Luiz C. Texto e coerência. São Paulo, Cortex, 1989.

KURY, Adriano da Gama. Novas lições de análise sintática. 9.ª ed. São Paulo: Editora Ática, 2000.

LIMA, Carlos Henrique da Rocha. Gramática normativa da língua portuguesa. 42ª ed. Rio de Janeiro, José Olympio, 2002.

LUFT, Celso Pedro. Grande manual de ortografia globo. 5ª edição, São Paulo, Globo, 1997.

MOREIRA, A., ARAÚJO, D, 1977, *Português e Literatura – Visão Atual*, 2 ed., Record Cultural, Rio de Janeiro, RJ.

NOGUEIRA, Duda. Língua Portuguesa para concursos. 8ª.ed. Salvador, Editora Juspodivm, 2021.

PERINI, A. Mário. Sofrendo a gramática. São Paulo: Ática, 1997.

ROCHA LIMA, C. H., 1999, *Gramática Normativa da Língua Portuguesa*, 37 ed., José Olympio Editora, Rio de Janeiro, RJ.

TERRA, Ernani. Gramática de Hoje /Ernani&Nicola. São Paulo: Scipione, 1999.

TRAVAGLIA, Luiz Carlos. Gramática e interação: uma proposta para o ensino de gramática. 9.ª ed. revista. São Paulo: Cortez Editora, 2003.

TUFANO, Douglas. Estudos da Língua Portuguesa: Gramática – São Paulo: Moderna, 1995.

VASCONCELOS, Viveiros de. Verbos portugueses e rudimentos de análise léxica. 113ª ed. Rio de Janeiro: Editores e Distribuidores, 1994.

DICIONÁRIOS

FERREIRA, Aurélio Buarque de Holanda. Novo dicionário da língua portuguesa. 2ªed. Rio de Janeiro: Nova Fronteira, 1986.

HOLANDA, A. B., 1988, *Dicionário Aurélio Escolar da Língua Portuguesa*, 1 ed., Editora Nova Fronteira, Rio de Janeiro, RJ.

HOUAISS, Antônio. Dicionário Houaiss da língua portuguesa. Rio de Janeiro: Objetiva, 200l - 1ª edição.

NASCENTES, Antenor. Dicionário Etimológico da Língua Portuguesa. Rio de Janeiro, Francisco Alves, Acadêmicos, São José e Livros de Portugal, 1955.

SARAIVA, F. R. dos Santos. Novíssimo Dicionário Latino-Português. 10ª edição, Rio de Janeiro, Livraria Garnier, 1993.

SITES – TEORIA E DICIONÁRIO

Acessos: de janeiro de 2011 a outubro de 2022

BRASIL ESCOLA Exercício. Disponível em <http://exercicios.brasilescola.com>

BRASIL ESCOLA. Disponível em <http://www.brasilescola.com>

CASA CIVIL. Disponível em <http://www.casacivil.pr.gov.br/modules/conteudo>

DICIONÁRIO AULETE. Disponível em <http://aulete.uol.com.br>

EDUCAÇÃO UOL. Disponível em <http://educacao.uol.com.br>

FATIMA LP. Disponível em <http://fatimalp.blogspot.com.br>

INFO ESCOLA. Disponível em <http://www.infoescola.com>

NA LÍNGUA PORTUGUESA. Disponível em <http://nalinguaportuguesa.wordpress.com>

PORTAL 3. Disponível em <http://www.portal3.com.br>

RACIOCÍNIO LÓGICO-MATEMÁTICO

Marcelo Sbicca

Raciocínio Lógico-Matemático

Edital Sistematizado

Raciocínio lógico-matemático – Conhecimento gerais – Para todos os cargos		
Itens do edital	**No livro**	**Onde encontrar**
Números inteiros e racionais	**Números inteiros e racionais**	**1.**
Operações (adição, subtração, multiplicação, divisão, potenciação)	Operações numéricas	1.1.
Expressões numéricas	Expressões numéricas	1.2.
Múltiplos e divisores de números naturais	Múltiplos	1.3.
	Divisores	1.4.
Problemas	Problemas	1.5.
Frações e operações com frações	**Frações e operações com frações**	**2.**
	Frações	2.1.
	Operações com frações	2.2.
Números e grandezas proporcionais	**Números e grandezas proporcionais**	**3.**
Razões e proporções	Razão e proporção	3.1.
Divisão em partes proporcionais	Divisão proporcional	3.2.
Regra de três	Regra de três	3.3.
Porcentagem	Porcentagem	3.4.
Problemas envolvendo regra de três simples, cálculos de porcentagem, acréscimos e descontos	Problemas	3.5.
Estrutura lógica de relações arbitrárias entre pessoas, lugares, objetos ou eventos fictícios; deduzir novas informações das relações fornecidas e avaliar as condições usadas para estabelecer a estrutura daquelas relações.	**Lógica proposicional**	**4.**
	Proposições	4.1.
	Conectivos	4.2.
	Negação das proposições	4.3.
	Equivalência das Proposições compostas	4.4.
	Fórmulas proposicionais	4.5.

Raciocínio lógico-matemático – Conhecimento gerais – Para todos os cargos		
Itens do edital	**No livro**	**Onde encontrar**
Compreensão e elaboração da lógica das situações por meio de: raciocínio verbal, raciocínio matemático, raciocínio sequencial, orientação espacial e temporal, formação de conceitos, discriminação de elementos.	**Estruturas lógicas**	**5.**
	Argumento	5.1.
	Proposições categóricas	5.2.
	Estruturas lógicas	5.3.
	Raciocínio matemático	5.4.
	Raciocínio sequencial	5.5.
	Orientação espacial	5.6.
	Orientação temporal	5.7.
Compreensão do processo lógico que, a partir de um conjunto de hipóteses, conduz, de forma válida, a conclusões determinadas.	**Correlacionamento lógico**	**6.**
	Ordenação	6.1.
	Dedução	6.2.
	Hipóteses	6.3.
Noções de estatística	**Noções de estatística**	**7.**
Medidas de tendência central (moda, mediana, média aritmética simples e ponderada)	Medidas de posição	**7.1.**
Medidas de dispersão (desvio médio, amplitude, variância, desvio padrão)	Medidas de dispersão	**7.2.**
Leitura e interpretação de gráficos (histogramas, setores, infográficos) e tabelas	Apresentação de dados	**7.3.**

1. NÚMEROS INTEIROS E RACIONAIS

Os números podem ser segmentados por suas características formando, assim, os conjuntos. São eles: conjunto dos números naturais, inteiros, racionais, irracionais e reais.

Números Inteiros:

O conjunto dos números inteiros, que compreende os naturais, é representado pela letra Z e abrange todos os números inteiros, sejam eles positivos ou negativos.

Z = {..., -4, -3, -2, -1, 0, 1, 2, 3, 4, 5, ...}

Observe que o conjunto dos números naturais (N) faz parte do conjunto dos números inteiros e diferencia-se deste pela exclusão dos números negativos.

N = {0, 1, 2, 3, 4, 5, 6, ...}

Números Racionais:

Conjunto representado pela letra Q e composto pelos números inteiros, pelos números decimais finitos e pelos números decimais infinitos (dízimas periódicas).

- Número decimal finito: 4,7
- Número decimal infinito: 4,77777... (dízima periódica)

1.1. Operações numéricas

O conjunto dos números naturais possibilita a execução de apenas uma das operações numéricas: **Adição**.

A operação de **subtração** requer uma maior abrangência em relação aos conjuntos numéricos, uma vez que podemos encontrar operações que resultam em números negativos, ou seja, fora do conjunto dos números naturais.

O conjunto dos números inteiros (números positivos e negativos) comporta, além da **adição**, outras duas operações numéricas: **subtração** (retirada de uma quantidade de outra) e **multiplicação** (permite a soma de um mesmo número repetidas vezes).

Por fim, a divisão, operação contrária à multiplicação, significa fracionar um número em partes iguais.

LEMBRE-SE

Tanto na multiplicação como na divisão, quando os termos tiverem o mesmo sinal, o resultado será positivo. Quando os termos tiverem sinais diferentes, o resultado será negativo.

Sinais Iguais	Sinais Diferentes
$(+) \times (+) = +$	$(+) \times (-) = -$
$(+) \div (+) = +$	$(+) \div (-) = -$
$(-) \times (-) = +$	$(-) \times (+) = -$
$(-) \div (-) = +$	$(-) \div (+) = -$

Seguindo com as operações, a **divisão** pode resultar em número decimal finito ou infinito, o que nos remete ao conjunto dos números racionais.

IMPORTANTE!

A divisão é uma operação explorada em vários itens do edital (divisores de números naturais, frações, razão e proporção, regra de três e porcentagem) e é um tanto quanto traiçoeira.

Você tem certeza que domina a operação de divisão? Você sabe fazer divisão com números decimais e ou fracionários?

Se não tem convicção em responder afirmativamente, sugiro muito treino para que não perca pontos por conta de detalhes.

Vale destacar que não serão encontradas questões em provas de concursos públicos questionando o que é um número racional ou o que significa a operação de multiplicação, entretanto, em qualquer questão de raciocínio matemático estes itens estarão presentes.

Veja um exemplo cobrado pela FCC em 2018 para a prova de Analista Judiciário do TRT 15ª Região.

Um Tribunal Regional do Trabalho celebrou acordos conciliatórios no valor de R$ 1,210 milhão. Em 55 audiências independentes umas das outras, o percentual de audiências com acordo foi de 40%. (Adaptado de: http://portal.trt15.jus.br/ Acessado em: 30/03/18). Considerando apenas as audiências em que houve acordo, o valor médio dos acordos por audiência foi de

a) R$ 5.500,00.

b) R$ 55.000,00.

c) R$ 88.000,00.

d) R$ 8.800,00.

e) R$ 36.600,00.

Este é um exemplo de questão simples que requer do concursando atenção em relação à leitura, conhecimento de operações matemáticas básicas e, não menos importante, agilidade na resolução.

"Em 55 audiências independentes umas das outras, o percentual de audiências com acordo foi de 40%".	Acordo = 55 . 40% Acordo = 55 . 0,4 Acordo = 22
"Um Tribunal Regional do Trabalho celebrou acordos conciliatórios no valor de R$ 1,210 milhão". *"Considerando apenas as audiências em que houve acordo, o valor médio dos acordos por audiência foi de"*	Valor Médio = 1,210 / 22 Valor Médio = 0,055

O valor médio dos acordos por audiência foi de 0,055 milhão, ou R$ 55.000,00.

A conversão acima deu-se da seguinte forma:

Valor Médio = 0,055 milhão	Valor Médio = 0,055 . 1.000.000 Valor Médio = 55.000,00

A resposta correta é a alternativa B.

DICA

Exclua a calculadora no dia a dia até que atinja seu objetivo, ou seja, até o dia em que seu nome figure na lista dos aprovados. Pelo menos, não a utilize durante o tempo dedicado aos estudos.

Potenciação:

A última operação que analisaremos, essa com um maior detalhamento, é a potenciação.

Potenciação ou exponenciação implica multiplicar a base (número real) por ela mesma tantas vezes quanto for o valor da potência.

Vale lembrar:

- $x^1 = x$
- $x^0 = 1$ (desde que $x \neq 0$)
- $1^x = 1$

Multiplicação e divisão:

Nos casos de multiplicação e divisão, a potência do produto (ou quociente) é igual ao produto (ou quociente) das potências.

Ficou complicada a explicação? Então, segue o exemplo para facilitar o entendimento.

A potência do produto é igual ao produto das potências.	$(a.\ b)^x = a^x.\ b^x$
A potência do quociente é igual ao quociente das potências.	$(a\ /\ b)^x = a^x\ /\ b^x$

Propriedades da potenciação:

Propriedade	Regra	Exemplo
Multiplicação de potências com mesma base.	Manter a base e somar os expoentes.	$a^x.\ a^y = a^{(x+y)}$
Divisão de potências com mesma base.	Manter a base e subtrair os expoentes.	$a^x/\ a^y = a^{(x-y)}$
Potência da potência.	Manter a base e multiplicar os expoentes.	$(a^x)^y = a^{(x.\ y)}$

Observe a potenciação a seguir.

a^{x^y}	Não se trata de potência da potência. Nesse caso, primeiro calcula-se "x" elevado à potência "y" para, na sequência, calcular a potenciação da base "a".

Potenciação com base negativa:

O sinal negativo somente integra a operação de potenciação quando estiver delimitado por parênteses. Veja os exemplos:

$(-2)^3 = (-2).\ (-2).\ (-2) = -8$ $(-2)^4 = (-2).\ (-2).\ (-2).\ (-2) = 16$	**O sinal faz parte da base.**

Caso não haja parênteses indicando que o sinal negativo faz parte da operação, a potenciação inclui apenas o número.

$-2^4 = -(2.\ 2.\ 2.\ 2) = -16$	O sinal não faz parte da base.

Potenciação com expoente negativo:

O número da base deve ser invertido e o expoente passa de negativo para positivo.

Exemplos:	$2^{-3} = 1/2^3 = 1/8$ $(3/2)^{-2} = (2/3)^2 = 4/9$

Potenciação com expoente fracionário:

O expoente fracionário transforma-se em um radical.

MNEMÔNICO

"Aquele que está por cima está por dentro e aquele que está por baixo está por fora".

Exemplo:	$4^{\frac{3}{2}} = \sqrt[2]{4^3}$

O numerador do expoente fracionário, número 3, está "por cima", logo, encontra-se "por dentro" da raiz.

Já o número 2, denominador do expoente fracionário, está "por baixo" quando o referencial é a fração e, conforme o mnemônico, "por fora" em relação à raiz.

Potenciação da raiz:

Na potenciação do radical, o índice da potência (expoente) passa a ser o índice do radicando:

Exemplo:	$(\sqrt[3]{4})^2 = \sqrt[3]{4^2}$

Completo este subitem com um alerta a você, concursando, para que não deixe de lado o estudo de itens, diríamos, "fáceis", como as operações numéricas, para que não seja surpreendido na prova.

A importância do estudo não está simplesmente em aprender resolver questões, mas também em ganhar agilidade.

Veja uma questão cobrada pela Fundação Carlos Chagas no ano de 2012 acerca de operações numéricas.

(FCC – Analista Judiciário – TRT 6ª Região – 2012) Quando o usuário digita na tela um número positivo n, um programa de computador executa a seguinte sequência de operações:

I. Soma 0,71 ao número nº.

II. Extrai a raiz quadrada do resultado obtido em (I).

III. Multiplica o resultado obtido em (II) por 7,2.

IV. Escreve na tela o resultado obtido em (III).

Após digitar na tela um número positivo, um usuário observou que esse programa escreveu na tela o número 15,12. O número digitado por esse usuário foi

O programa de computador executa, automaticamente, as seguintes operações: soma, raiz quadrada e multiplicação, para, então, escrever o resultado.

A partir do momento que é conhecido o resultado e não o valor de entrada, basta efetivar o caminho inverso com as operações contrárias, ou seja, divisão, exponenciação e subtração.

Número escrito na tela (resultado)	15,12
Dividir por 7,2 (contrário à multiplicação)	15,12 / 7,2 = 2,1
Aplicar potência 2 (contrário à raiz quadrada)	2,12 = 4,41
Subtrair 0,71 (contrário à soma)	4,41 – 0,71 = 3,70

Resposta: O número digitado pelo usuário foi 3,70 ou, simplesmente, 3,7.

1.2. Expressões numéricas

Como dito no item anterior, é bem improvável questão de concurso apresentar uma expressão numérica e solicitar a sua resolução. Mesmo assim, dominar o assunto é importante, pois será a matéria prima para praticamente a totalidade das questões de raciocínio-matemático.

Em relação às expressões numéricas, vamos recordar a ordem em que as operações serão efetivadas.

Ordem das operações matemáticas.	Primeiro: Resolver potências e raízes. Segundo: Resolver produtos e quocientes. Terceiro: Resolver adições e subtrações.

A ordem das operações será alterada com a inclusão dos símbolos de operação, os quais também seguem determinada ordem:

Ordem dos símbolos de operações.	Primeiro: Operações entre parênteses ( ). Segundo: Operações entre colchetes [ ]. Terceiro: Operações entre chaves { }.

Ah! Professor Sbicca! Esse negócio de operações e expressões numéricas é muito fácil!

Sim, concordo com você! Entretanto, perceba que se não prestar atenção aos detalhes, como por exemplo, o uso dos parênteses, uma questão simples pode roubar-lhe pontos preciosos.

A FCC cobrou, em prova aplicada no ano de 2016 para Analista Judiciário do TRF – 3º Região, uma questão simples sobre esses assuntos.

> *"As letras da expressão $x - (w - y) - (z - h)$, representam números diferentes e serão substituídas, uma a uma e para efeito de cálculo, pelos números naturais 9; 12; 13; 15 e 17, não necessariamente nessa ordem. Opere apenas no conjunto dos números naturais. Para que o resultado da expressão seja 8, as letras w e h devem ser substituídas, respectivamente, por"*

Você identificou, na questão acima, apenas operações de subtração?

Se a resposta foi afirmativa, há indícios de possível problema na resolução!

O sinal negativo antes de cada conjunto de parênteses está indicando operação de multiplicação. Houve a supressão do elemento neutro da multiplicação: o número 1.

Neste caso, a expressão ficaria	$x - 1\,(w - y) - 1\,(z - h)$

A multiplicação pelo elemento neutro negativo (-1) faz com que os sinais das incógnitas que estão nos parênteses sejam alterados.

Aproveitamos para igualar a expressão a 8 conforme indica o enunciado da questão.	$x - (w - y) - (z - h) = 8$ $x - w + y - z + h = 8$

Podemos agrupar os números positivos e os negativos:

A soma dos três primeiros números menos a soma dos dois últimos é igual a 8.	$x - w + y - z + h = 8$ $x + y + h - w - z = 8$

DICA

Para expressões com vários números positivos e negativos, separe-os, faça o somatório dos positivos, o somatório dos negativos para, finalmente, fazer a subtração.

Esse procedimento facilita as operações e minimiza a possibilidade de cometer erros nas contas.

Retomando a resolução da questão, foram dados cinco números (9; 12; 13; 15 e 17) para substituir as incógnitas, cuja soma é igual a 66.

Tomando por base o total 66, dividindo por dois de modo que a diferença seja igual a 8, teremos um grupo de soma igual a 37 e outro de soma igual a 29:

Foram substituídas as incógnitas positivas (*x*, *y*, *h*) por 37 e as incógnitas negativas (*w*, *z*) por 29.	$x + y + h - w - z = 8$ $37 - 29 = 8$

Para chegar à soma 37 (x, y, h) foram usados os números: 9, 13 e 15.

Para chegar à soma 29 (w, z) foram usados os números: 12 e 17.

Concluímos que a incógnita "w" é igual a 12 ou 17 e que "h" é igual a 9 ou 13 ou 15.

Resposta: As letras "w" e "h" devem ser substituídas, respectivamente, por 17 e 9 (única opção possível entre as alternativas).

Eu sempre digo em sala de aula e também escrevo nos livros para concursos dos Tribunais Regionais que "é improvável uma questão apresentar expressão numérica para resolução direta", entretanto, só para contrariar, em 2017, para o concurso do TRT 11ª Região, a FCC assim o fez.

Apesar disso, juntamente com tal informação, sempre enfatizo que assuntos básicos, considerados "fáceis", não podem ser menosprezados. Portanto, não há justificativa para perder pontos em questões como esta:

> *(FCC – TRT 11ª Região – Técnico Judiciário – 2017) O valor que corresponde ao resultado correto da expressão numérica* $(13^2 - 11^2) \div (12^2 \div 3) \div (10^2 - 9^2 - 4^2)$ *é*
>
> *a) 3/4*
>
> *b) 1/5*
>
> *c) 1/3*
>
> *d) 2/5*
>
> *e) 1/4*

Obedecendo a ordem, iniciamos pelas potências.

Expressão Matemática
$(13^2 - 11^2) \div (12^2 \div 3) \div (10^2 - 9^2 - 4^2)$
$(169 - 121) \div (144 \div 3) \div (100 - 81 - 16)$
$(48) \div (48) \div (3)$
$1 \div (3)$
$1/3$

Observe que em determinado momento da resolução nos deparamos com duas operações de divisão "(48) ÷ (48) ÷ (3)", ou seja, mesma hierarquia. No caso, efetivamos os cálculos na ordem em que aparecem. Procedendo de outra forma o resultado seria alterado.

Resposta: alternativa "c".

Para fechar este item, veja outra possibilidade de questão formulada pela FCC, em 2018, TRT 15ª Região, para o cargo de Analista Judiciário.

O valor do equipamento A, adquirido por R$ 10.000,00, se deprecia 5% após o primeiro ano de uso e 6% após o segundo ano de uso. O valor do equipamento B, adquirido no mesmo dia em que A foi adquirido, se deprecia 7% após o primeiro ano de uso e 9% após o segundo ano de uso. Sabe-se que, após 2 anos da aquisição e uso dos dois equipamentos, seus valores, já depreciados, são iguais. Uma expressão numérica que, se resolvida corretamente em uma calculadora, fornecerá o valor de aquisição do equipamento B, em reais, é

a) $(950 \times 940) \div (0{,}93 \times 0{,}91)$.

b) $(105 \times 106) \div (1{,}07 \times 1{,}09)$.

c) $(95 \times 94) \div (0{,}93 \times 0{,}91)$.

d) $(9500 \times 9400) \div (0{,}93 \times 0{,}91)$.

e) $(1050 \times 1060) \div (1{,}07 \times 1{,}09)$.

O ponto de partida são os valores, já depreciados, após 2 anos.

A = 10.000,00 . 0,95 . 0,94	Produto do valor do equipamento A pelos fatores de desconto
B = X . 0,93 . 0,91	Produto do valor do equipamento B, ou seja X, pelos fatores de desconto

Como os valores são iguais (após dois anos), temos:

A = B	X . 0,93 . 0,91 = 10000 . 0,95 . 0,94 X = (10000 . 0,95 . 0,94) / (0,93 . 0,91) X = ((100 . 0,95) . (100 . 0,94)) / (0,93 . 0,91) X = (95 . 94) / (0,93 . 0,91)

A expressão numérica desejada é igual a "(95 . 94) / (0,93 . 0,91)" conforme disposto na alternativa C.

1.3. Múltiplos

O múltiplo de um número natural é o produto desse número por outro número natural qualquer.

A sequência de múltiplos de um número natural é infinita e forma uma progressão aritmética da qual sempre faz parte o número 0.

Exemplo: números múltiplos de 4.	M = {0, 4, 8, 12, 16, 20, 24, ...}

Inerente ao item "múltiplos de um número natural" existe o conceito de mínimo múltiplo comum, ou simplesmente MMC.

O mínimo múltiplo comum de dois ou mais números inteiros é o menor múltiplo comum a eles, diferente de zero e pode ser calculado através do produto dos fatores primos.

<table>
<tr><td rowspan="5">MMC entre os números 4, 9 e 12:</td><td>4, 9, 12</td><td>2</td></tr>
<tr><td>2, 9, 6</td><td>2</td></tr>
<tr><td>1, 9, 3</td><td>3</td></tr>
<tr><td>1, 3, 1</td><td>3</td></tr>
<tr><td>1, 1, 1</td><td>$2^2 . 3^2 = 36$</td></tr>
</table>

1.4. Divisores

Dizemos que um número é divisor de outro número natural se o resto da operação de divisão, entre eles, for igual a zero.

Vejam algumas regras de divisibilidade que eliminam a necessidade de testar, efetivamente, por meio da operação de divisão.

Divisor	Regra
2	Todos os números pares.
3	Quando a soma dos algarismos resultar em um número divisível por 3.
4	Quando terminados em "00" ou os dois últimos algarismos formarem um número divisível por 4.
5	Todos os números terminados em "0" ou "5".
6	Quando for simultaneamente divisível por 2 e 3.
8	Quando terminados em "000" ou os três últimos algarismos formarem um número divisível por 8.
9	Quando a soma dos algarismos resultar em um número divisível por 9.
10	Todos os números terminados em "0".
12	Quando for simultaneamente divisível por 3 e 4.
15	Quando for simultaneamente divisível por 3 e 5.

<u>Quantidade de divisores:</u>

O conjunto dos divisores de um número inteiro é finito e dele sempre estarão presentes o próprio número e o número 1.

Para determinar a quantidade de divisores que possui um número inteiro, faz-se o produto dos expoentes dos fatores primos acrescido, cada, de uma unidade:

600	2
300	2
150	2
75	3
25	5
5	5
1	$2^3 . 3 . 5^2$

Qde Divisores = (3 + 1). (1 + 1). (2 + 1)

Qde Divisores = 4. 2. 3

Qde Divisores = 24

O número 600 tem 24 números naturais que são seus divisores, entre eles, o próprio número 600 e o número 1.

<u>Máximo divisor comum:</u>

O máximo divisor comum de dois ou mais números inteiros é o maior divisor comum a eles.

Da mesma forma como o MMC, o MDC pode ser calculado com a decomposição dos números em seus fatores primos. Entretanto, no caso do MDC, faz-se o produto dos fatores que são comuns a todos os números.

MDC entre os números 48, 60 e 72:

48, 60, 72	(2)
24, 30, 36	(2)
12, 15, 18	2
6, 15, 9	2
3, 15, 9	(3)
1, 5, 3	3
1, 5, 1	5
1, 1, 1	$2^2 . 3 = 12$

Os fatores primos assinalados são aqueles que dividem os três números simultaneamente. O MDC é o produto apenas desses fatores.

O máximo divisor comum entre os números 48, 60 e 72 é igual a 12.

Caso este seja um dos assuntos cobrados em sua prova, a questão seguirá um mesmo padrão: Serão dados dois ou três itens com quantidades definidas as quais deverão ser divididas em partes iguais formando a menor quantidade possível de agrupamentos.

Veja a identidade do padrão acima em relação à questão seguinte.

> *(FCC – Analista Judiciário – TRT4 – 2022) Cento e oitenta bombons, sendo noventa e seis de chocolate meio amargo e oitenta e quatro de chocolate ao leite, devem ser colocados em caixas. As caixas devem ter o mesmo número de bombons, e cada caixa deve ter apenas bombons de um mesmo sabor. O menor número de caixas a serem compradas é:*

a) *10*

b) *9*

c) *12*

d) *18*

e) *15*

Repetiremos o que foi dito nas explicações com a inclusão dos dados da questão.

Serão dados dois ou três itens com quantidades definidas (*noventa e seis de chocolate meio amargo e oitenta e quatro de chocolate ao leite*) as quais deverão ser divididas em partes iguais (*devem ser colocados em caixas. As caixas devem ter o mesmo número de bombons*) formando a menor quantidade possível de agrupamentos (*O menor número de caixas a serem compradas*).

Então, basta calcular o máximo divisor comum, MMD, entre as quantidades 96 e 84 por meio da fatoração. Lembre-se de que no cálculo do MMD multiplica-se apenas os fatores aplicados concomitantemente para as duas quantidades.

MMD de 96 e 84	MMD = $2^2 . 3 = 12$

Serão 12 bombons em cada caixa.

Agora a quantidade de caixas.

Meio Amargo (MA)	MA = 96 / 12 = 8
Ao Leite (AL)	AL = 84 / 12 = 7

Resposta: Devem ser compradas 15 caixas, sendo 8 para bombons meio amargo e outras 7 para bombons ao leite. Alternativa E.

1.5. Problemas

Chegou a hora de verificar se o conteúdo apresentado até agora foi assimilado e aproveitar para praticar. Todavia, existe um fator importante a ser acrescentado: Interpretação de texto.

O examinador vai elaborar questões contextualizadas relativas aos assuntos abordados neste primeiro capítulo, ou seja, será criada uma breve história e nela estará inserido um conteúdo matemático a ser identificado.

Como trabalhar com as questões problema?

Em primeiro lugar, evite a perda de tempo com duas ou mais leituras do enunciado da questão.

DICA

Leia trechos do texto, marque os dados disponibilizados e faça a conversão daquilo que se leu em linguagem escrita para expressões matemáticas.

Veja, por exemplo, como tratar as "questões problema" propostas pela Fundação Carlos Chagas.

PROBLEMA 1:

(FCC – Oficial de Defensoria Pública do Estado de São Paulo – 2015) Ao efetuar a conta de multiplicação de 13 por um número natural de dois algarismos, ambos diferentes de zero, por engano Rafael inverteu a ordem dos dois algarismos desse número. Apenas com esses dados é correto afirmar que a maior diferença possível entre o resultado obtido por Rafael e o resultado que ele teria obtido se a conta tivesse sido feita com a ordem correta dos algarismos seria de.

Vejamos a resolução conforme proposto, trecho a trecho:

Trechos da questão	Expressão matemática	Observação
"Ao efetuar a conta de multiplicação de 13 por um número natural de dois algarismos..."	$x = 13 . ab$	Existe uma operação representada por x que equivale ao produto do número 13 por outro de dois algarismos (a e b).
"... ambos diferentes de zero..."	$a \neq 0$ $b \neq 0$	
"... por engano Rafael inverteu a ordem dos dois algarismos desse número..."	$x = 13 . ba$	O número de dois algarismos "ab" foi alterado por engano para "ba"

Estes foram os dados disponibilizados, a partir de então nos foi perguntado: "Apenas com esses dados é correto afirmar que a maior diferença possível entre o resultado obtido por Rafael e o resultado que ele teria obtido se a conta tivesse sido feita com a ordem correta dos algarismos seria de".

Precisamos descobrir a maior diferença possível entre a operação realizada e a que deveria ter sido realizada.

A maior diferença é o resultado da operação levando em consideração o menor e o maior número (número de dois algarismos). Excluído o algarismo zero, temos, então, os algarismos um e nove.

Utilizando os algarismos um e nove, o menor número é igual a 19.	$x = 13. ab$ $x = 13. 19$ $x = 247$
Utilizando os mesmos algarismos: um e nove, o maior número é igual a 91.	$x = 13. ba$ $x = 13. 91$ $x = 1183$
A diferença é igual a:	$D = 1183 - 247$ $D = 936$

Resposta: A maior diferença possível é igual a 936.

PROBLEMA 2:

(FCC – Analista Judiciário – TRT 6ª Região – 2012) Os Jogos Pan-americanos ocorrem de 4 em 4 anos, as eleições gerais na Índia ocorrem de 5 em 5 anos e o Congresso Internacional de Transportes a Cabo ocorre de 6 em 6 anos. Se esses eventos aconteceram em 1999, a próxima vez que os três voltarão a ocorrer num mesmo ano será em

O assunto também foi tratado neste capítulo e, de forma resumida, o que se tem a fazer é encontrar o próximo ano, depois de 1999, em que os eventos acontecem simultaneamente.

Para tanto, trabalhamos com os múltiplos de 4, 5 e 6, ou seja, mínimo múltiplo comum.

MMC entre 4, 5 e 6:	4, 5, 6 | 2 2, 5, 3 | 2 1, 5, 3 | 3 1, 5, 1 | 5 1, 1, 1 | $2^2 . 3 . 5 = 60$

Desta feita, passados 60 anos, após 1999, os três eventos voltarão a ocorrer no mesmo ano.

Resposta: Os eventos acontecerão, simultaneamente, no ano de 2059.

> **LEMBRE-SE**
>
> Para achar números maiores (múltiplos), lançamos mão do mínimo múltiplo comum – MMC. Para achar números menores (divisores), lançamos mão do máximo divisor comum – MDC.

PROBLEMA 3:

Para encerrar este primeiro item, vamos resolver uma questão de forma mais célere.

(FCC – TRT 24ª Região – Técnico Judiciário – 2017) Um funcionário arquivou certo número de processos ao longo dos cinco dias úteis de trabalho de uma semana. Na terça-feira ele arquivou 2/3 do número de processos que havia arquivado na segunda-feira. Na quarta-feira ele arquivou o dobro do que havia arquivado na terça-feira. Tanto na quinta-feira quanto na sexta-feira ele arquivou 5 processos a mais do que havia arquivado na terça-feira. Sabendo-se que esse funcionário arquivou 49 processos de segunda a sexta-feira dessa semana, a soma do número de processos arquivados por ele nos três dias da semana em que arquivou mais processos foi igual a

Foram dadas as seguintes informações:

Terça-feira	*Arquivou 2/3 do número de processos que havia arquivado na segunda-feira.*	Ter = 2/3 . Seg
Quarta-feira	*Arquivou o dobro do que havia arquivado na terça-feira.*	Qua = 2 . Ter
Quinta-feira	*Arquivou 5 processos a mais do que havia arquivado na terça-feira.*	Qui = 5 + Ter
Sexta-feira	*Arquivou 5 processos a mais do que havia arquivado na terça-feira.*	Sex = 5 + Ter
Total	*Arquivou 49 processos de segunda a sexta-feira.*	T = 49

Para segunda-feira, como nada foi mencionado, adotaremos a quantidade X. Então, ficamos com o quadro ajustado:

Segunda-feira	Seg = x
Terça-feira	Ter = 2/3 . x = 2x/3
Quarta-feira	Qua = 2 . 2x/3 = 4x/3
Quinta-feira	Qui = 5 + 2x/3
Sexta-feira	Sex = 5 + 2x/3
Total	T = 49

A partir deste ponto, passamos a trabalhar com a expressão do total de dias da semana:

$$T = Seg + Ter + Qua + Qui + Sex$$
$$T = x + 2x/3 + 4x/3 + 5 + 2x/3 + 5 + 2x/3$$
$$49 = x + 10x/3 + 10$$
$$49 - 10 = x + 10x/3$$
$$39 = (3x + 10x)/3$$
$$117 = 13x$$
$$x = 9$$

Conhecido o valor de X, retomamos o quadro anterior para calcular a quantidade de trabalho por dia:

Segunda-feira	Seg = x	Seg = 9
Terça-feira	Ter = 2x/3	Ter = 18/3 = 6
Quarta-feira	Qua = 4x/3	Qua = 36/3 = 12
Quinta-feira	Qui = 5 + 2x/3	Qui = 5 + 18/3 = 11
Sexta-feira	Sex = 5 + 2x/3	Sex = 5 + 18/3 = 11

Resposta: A soma do número de processos arquivados nos três dias da semana em que foram arquivados mais processos (Quarta = 12, quinta = 11 e sexta = 11) é igual a 34.

2. FRAÇÕES E OPERAÇÕES COM FRAÇÕES

2.1. Frações

Fração é a representação numérica de uma determinada quantidade de partes de um todo. Ainda, podemos dizer que é, simplesmente, uma divisão.

A fração $\frac{x}{y}$ significa a divisão de *x* por *y*, sendo *y* diferente de zero.

Propriedades:

O produto do numerador e do denominar por um mesmo número natural resulta em uma fração equivalente.	$\frac{5}{2} = \frac{5 . 3}{2 . 3} = \frac{15}{6}$
Quando for possível a divisão do numerador e do denominador por um mesmo número natural, o resultado será uma fração equivalente.	$\frac{20}{8} = \frac{20 : 4}{8 : 4} = \frac{5}{2}$

Fração própria, imprópria e mista:

As frações podem ser tratadas como próprias, impróprias e mistas.

- Fração própria: O numerador é menor que o denominador. Exemplo: $\frac{3}{4}$.
- Fração imprópria: O numerador é maior que o denominador. Exemplo: $\frac{4}{3}$.
- Fração mista: Possui uma parte inteira e outra fracionária. Exemplo: $2\frac{3}{5}$.

A fração imprópria pode ser convertida em fração mista com a divisão do numerador pelo denominador. O resultado da divisão (quociente) é a parte inteira e o resto da operação é o numerador da parte fracionária. O denominador permanece inalterado.

Exemplos:

$\frac{4}{3} = 1\frac{1}{3}$	A divisão de 4 por 3 tem resultado igual a 1 (parte inteira da fração mista) e o resto também igual a 1 (numerador da fração).
$\frac{13}{5} = 2\frac{3}{5}$	O quociente da divisão é igual a 2 (parte inteira da fração mista) e o resto é igual a 3 (numerador da fração). O denominador, 5, permanece inalterado.

2.2. Operações com frações

Adição e subtração:

Adição e subtração de frações com mesmos denominadores	
Manter o denominador e somar (ou subtrair) os numeradores.	$\frac{4}{7} + \frac{5}{7} - \frac{3}{7} = \frac{4+5-3}{7} = \frac{6}{7}$

Caso as frações apresentem diferentes denominadores, é necessário que elas sejam convertidas em suas equivalentes com denominadores iguais.

Adição e subtração de frações com diferentes denominadores	
As frações são convertidas em suas equivalentes, com a utilização do MMC, de modo que os denominadores fiquem iguais.	$\frac{1}{2} + \frac{6}{4} - \frac{5}{7} = \frac{(28:2.1)}{28} + \frac{(28:4.6)}{28} - \frac{(28:7.5)}{28}$
Resolver como frações de mesmo denominador.	$\frac{14}{28} + \frac{42}{28} - \frac{20}{28} = \frac{14+42-20}{28} = \frac{36}{28} = \frac{9}{7}$

Multiplicação de frações:

A multiplicação de números fracionários independe da igualdade dos denominadores.

Multiplicar os numeradores entre si e os denominadores entre si.	$\frac{9}{4} . \frac{3}{5} = \frac{9.3}{4.5} = \frac{27}{20}$

Divisão de frações:

Na divisão de números fracionários, o que encontramos, na realidade, é uma razão entre frações (fração de frações).

Para a resolução:

Manter o numerador, inverter a fração que se encontra no denominador e transformar a operação de divisão em multiplicação.	$\frac{9}{4} \Big/ \frac{3}{5} = \frac{9}{4} \cdot \frac{5}{3}$
Resolver a multiplicação.	$\frac{9}{4} \Big/ \frac{3}{5} = \frac{9 \cdot 5}{4 \cdot 3} = \frac{45}{12} = \frac{15}{4}$

3. NÚMEROS E GRANDEZAS PROPORCIONAIS

3.1. Razão e Proporção

Razão:

A razão é o quociente entre dois números que tem por finalidade a comparação relativa entre eles.

Ao fazer a divisão de uma grandeza por outra, na mesma unidade de medida, o resultado indica o quanto a primeira representa em relação a segunda. Exemplo: Uma adega tem 120 garrafas de vinho tinto e 80 de vinho branco. Podemos considerar as seguintes razões em relação às quantidades de vinho:

Razão de garrafas de vinho tinto em relação às garrafas de vinho branco.	$\frac{Tinto}{Branco} = \frac{120}{80} = 1{,}5$	Significa que existe a quantidade de 1,5 garrafa de vinho tinto para cada de vinho branco. Ainda, a quantidade de garrafas de vinho tinto representa 150% das de vinho branco.
Razão de garrafas de vinho branco em relação às garrafas de vinho tinto.	$\frac{Branco}{Tinto} = \frac{80}{120} = 0{,}667$	Significa que existe a quantidade de 0,667 garrafa de vinho branco para cada de vinho tinto. Ainda, a quantidade de garrafas de vinho branco representa 66,7% das de vinho tinto.

Proporção:

A igualdade entre duas frações é a chamada proporção.

$\frac{a}{b} = \frac{c}{d}$	A razão "a para b" é igual à razão "c para d", ou seja, as razões (frações) são proporcionais.

Propriedade da proporção:

O produto dos extremos é igual ao produto dos meios.	$a / b = c / d$ meios (b e c) extremos (a e d)

Temos que o produto dos extremos (a e d) é igual ao produto dos meios (b e c):

Exemplo numérico:	a/b = c/d a . d = b . c	1,5 / 4 = 6 / 16 1,5. 16 = 4. 6 24 = 24

3.2. Divisão proporcional

A divisão proporcional é uma aplicabilidade do que foi visto no item anterior, razão e proporção.

A melhor forma de abordarmos esse assunto é por meio da resolução de questões.

QUESTÃO:

(FCC – TRT 15ª Região – Analista Judiciário – 2018) André, Bruno, Carla e Daniela eram sócios em um negócio, sendo a participação de cada um, respectivamente, 10%, 20%, 20% e 50%. Bruno faleceu e, por não ter herdeiros naturais, estipulara, em testamento, que sua parte no negócio deveria ser distribuída entre seus sócios, de modo que as razões entre as participações dos três permanecessem inalteradas. Assim, após a partilha, a nova participação de André no negócio deve ser igual a

Situação inicial.

André	10%
Bruno	20%
Carla	20%
Daniela	50%

Após o falecimento de Bruno.

Sócios	Participação	A distribuir
André	10	A
Carla	20	C
Daniela	50	D
Total	**80**	**20**

Por meio da regra de três calculamos a parte que cabe a cada sócio mantendo as razões inalteradas, ou seja, faremos a divisão proporcional.

André	Carla	Daniela
80A = 10 . 20 A = 200/80 A = 2,5	80C = 20 . 20 C = 400/80 C = 5	80D = 50 . 20 D = 1000/80 D = 12,5

A nova participação de André no negócio é igual a 12,5% (10% inicial mais 2,5% que recebeu da parte de Bruno).

3.3. Regra de três

Regra de três simples:

A regra de três é uma importante ferramenta para resolução de questões que abordam grandezas proporcionais.

Usando um termo mais técnico, denominamos a regra de três por "quarta proporcional", onde são conhecidos três valores de uma sequência de quatro e, mantida a proporção, descobrimos o quarto valor.

Frações proporcionais	a / b = c / X

Para resolver e achar o valor de X, multiplica-se em cruz ou, como dito anteriormente, no item proporção, o produto dos extremos é igual ao produto dos meios.

Regra de três simples	a / b = c / X aX = bc X = bc / a

Como o estudo de raciocínio lógico-matemático requer mais prática que teoria, veja como a FCC abordou esse tópico na prova para Analista Judiciário do TRF da 3º Região, realizada em abril de 2016.

A bula de um suplemento alimentar indica que a dosagem correta não deve exceder semanalmente 2 onças de suplemento por cada 11 libras de massa do usuário. Adotando nos cálculos que 1 onça equivale a 28 g, e que 2,2 libras equivalem a 1 kg, se uma pessoa de 60 kg consumir a dosagem máxima semanal, distribuída em doses diárias iguais, ela irá ingerir diariamente uma quantidade de suplemento, em gramas, igual a.

Dosagem semanal	2 onças para cada 11 libras

Cálculo da quantidade de onças transformadas em gramas:

Proporção	1 onça = 28 g 2 onças = X g
Multiplicação cruzada	X = 28 . 2 X = 56 g

Cálculo da quantidade de libras transformadas em quilos:

Proporção	2,2 libras = 1 kg 11 libras = Y kg
Multiplicação cruzada	2,2Y = 11 Y = 5

Cálculo da dosagem de uma pessoa de 60 kg:

Dosagem semanal 56 g de suplemento para 5 kg de peso corporal
$56 \to 5$ $x \to 60$
$5x = 56.60$ $x = 672$ g

Dosagem diária
Dia = 672 / 7 Dia = 96 g

Resposta: Deverá ingerir diariamente uma quantidade de suplemento igual a 96 gramas.

Relação Diretamente Proporcional.

A proporção é dita "direta" quando são comparadas duas grandezas e a variação de uma provoca a variação proporcional da outra no mesmo sentido.

Por exemplo, para fazer uma receita de bolo usamos vários ingredientes, entre eles ovos e farinha de trigo. Se o desejo é fazer uma receita maior, aumentamos a quantidade de ovos e a quantidade de farinha. Por outro lado, para um bolo menor, ambos os ingredientes devem ser reduzidos, mantendo-se a mesma proporção.

É importante esta análise para a resolução da regra de três porque, apesar de não ter implicação alguma quando a relação é direta, a relação inversa exige que seja feito um procedimento antes de efetivamente resolvermos a regra de três.

Relação Inversamente Proporcional.

Diferente da proporção direta, na relação inversa há variação entre as grandezas comparadas em sentidos contrários.

Por exemplo, uma pessoa dedica meia hora por dia para fazer a leitura de determinado livro e, assim, a leitura estará concluída em 12 dias. Se essa mesma pessoa passar a dedicar três horas por dia, vai acabar a leitura do livro em um prazo menor. Assim, aumenta-se o tempo diário de leitura e o prazo para o término do livro reduz (aumenta uma grandeza enquanto a outra reduz).

Ao resolver problemas de regra de três em que a relação seja inversamente proporcional é necessário a alteração da posição dos valores de uma das grandezas. Aproveitando o exemplo citado temos:

Horas por dia	Tempo para a conclusão
1/2 ou 0,5	12
3	X

Como a relação é inversamente proporcional, faz-se a inversão das posições dos valores de uma das grandezas.

Horas por dia	Tempo para a conclusão
3	12
0,5	X

Após a alteração (Horas por dia), a resolução é feita normalmente com a multiplicação cruzada.	$3X = 0{,}5 \cdot 12$ $X = \frac{6}{3}$ $X = 2$

Conclui-se que, alterando o tempo de leitura diária de meia hora para três horas, o livro será lido em dois dias.

Para a prova de Analista do Tribunal Regional do Trabalho da 11ª Região, o examinador formulou uma questão bastante direta acerca do tema.

> *(FCC – TRT 11ª Região – Analista Judiciário – 2017) A altura máxima, em metros, que um guindaste é capaz de içar uma carga é inversamente proporcional ao peso dessa carga, em toneladas. Sabe-se que esse guindaste iça uma carga de 2,4 toneladas a uma altura máxima de 8,5 metros. Sendo assim, se a altura máxima que o guindaste consegue içar uma carga é de 12 metros, o peso máximo da carga, que pode ser içada a essa altura, é igual a 1 tonelada e*

A relação apresentada foi:

Toneladas	Metros
2,4	8,5
?	12

Como a questão menciona a proporcionalidade inversa: "*um guindaste é capaz de içar uma carga é inversamente proporcional ao peso dessa carga, em toneladas*", então, alteramos as posições de uma das grandezas.

Toneladas	Metros
2,4	12
X	8,5

Alterada as posições da altura máxima (metros), resolvemos com a multiplicação cruzada.

Cálculo	12X = 2,4 . 8,5 X = 20,4 / 12 X = 1,7

Resposta: O peso máximo da carga, que pode ser içada à altura de 12 metros é igual a 1 tonelada e 700 quilogramas

<u>Regra de três composta</u>:

Para a resolução dos problemas que apresentam mais de duas grandezas lança-se mão da regra de três composta cujo desenvolvimento obedece ao seguinte regramento:

- Posicionar as grandezas em linhas e colunas.
- Analisar se as relações são direta ou inversamente proporcionais.
- Alterar as posições das grandezas inversamente proporcionais.
- Isolar a coluna na qual se encontra a variável e fazer o produto das demais.
- Resolver como uma regra de três simples.

Vamos detalhar cada item da relação acima resolvendo uma questão do TRT 4ª Região.

(FCC – Analista Judiciário – Área Judiciária – TRT4 – 2022) Uma loja costuma contratar costureiras de acordo com as encomendas que recebe. O dono da loja sabe que, em 4 dias, 15 costureiras fazem 18 cortinas, trabalhando juntas e no mesmo ritmo. Ele recebeu uma encomenda de 120 cortinas para serem entregues em 16 dias. Para entregar essa encomenda no prazo estipulado, o número mínimo de costureiras que ele precisa contratar é

a) *18*

b) *22*

c) *25*

d) *24*

e) *30*

Resolução detalhada seguindo os 5 passos sugeridos.

➢ **Posicionar as grandezas em linhas e colunas.**

Dias	Costureiras	Cortinas
4	15	18
16	X	120

➢ **Analisar se as relações são direta ou inversamente proporcionais.**

A análise da proporcionalidade das grandezas é feita duas a duas. Compara-se aquela que contém a variável *X* com cada uma das demais.

"Dias" em relação a "Costureiras".

Quando comparamos duas grandezas, as demais são consideradas constantes, assim, na comparação de "Dias" e "Costureiras", a terceira deve ser ignorada (como se a quantidade de "Cortinas" permanecesse inalterada).

Imaginando o **aumento de "dias"** de trabalho, podemos **reduzir o número de "costureiras"** para produzir a mesma quantidade de cortinas. Nesse caso a relação é inversamente proporcional (aumento de "dias" e redução das "costureiras"), por isso flechas apontando em direções contrárias.

Dias	Costureiras	Cortinas
↑	↓	

"Costureiras" em relação a "Cortinas".

Agora, "Dias", que não faz parte da relação, deve ser considerada uma grandeza fixa.

Para **aumentar a quantidade de "cortinas"**, durante o mesmo período em dias, a quantidade de **"costureiras" deve proporcionalmente ser aumentada**. A relação entre "costureiras" e "cortinas" é diretamente proporcional, por isso flechas apontando para a mesma direção.

Dias	Costureiras	Cortinas
↑	↓	↓

➢ **Alterar as posições das grandezas inversamente proporcionais.**

No caso, altera-se a posição dos valores da grandeza "Dias" (seta invertida em relação as demais grandezas). O mesmo resultado será obtido caso a alteração das posições seja feita conjuntamente para "costureiras" e "cortinas".

Dias	Costureiras	Cortinas
16	15	18
4	X	120

➢ **Isolar a coluna na qual se encontra a variável e fazer o produto das demais.**

Costureiras	"Dias" * "Cortinas"
15	16 . 18
X	4. 120

➢ **Resolver como uma regra de três simples.**

Multiplicação cruzada.	(16 . 18) X = 15 (4 . 120) X = 7200 / 288 X = 25

A resolução da regra de três torna-se mais fácil fazendo as simplificações (mesma linha ou mesma coluna) antes de iniciar as operações.

Resposta: Serão necessárias 25 costureiras. Alternativa C.

IMPORTANTE

Tanto para a regra de três simples como para a composta, lembre-se de analisar se a relação entre as grandezas é direta ou inversamente proporcional.

3.4. Porcentagem

A porcentagem é uma razão, ou seja, é uma fração que tem como característica a base 100. Quando escrito de modo formal, o número é acompanhado pelo símbolo da porcentagem "%".

Como se trata de uma razão, é possível que seja efetuada a divisão e, nesse caso, a porcentagem é apresentada na forma de número decimal.

Representações da porcentagem:

Razão centesimal	Número decimal	Porcentagem
0,5/100	0,005	0,5%
1/100	0,01	1%
4,3/100	0,043	4,3%
25/100	0,25	25%
100/100	1	100%
650/100	6,5	650%
1200/100	12	1200%

Quando falamos em percentual, é muito importante entender sobre qual base será aplicado o índice. Por exemplo, imagine que estamos falando de lucro sobre determinado produto, então, há necessidade de identificar se o índice lucro (percentual a ser aplicado) será sobre o custo (valor de compra do produto) ou sobre o valor final (valor da venda).

Veja na prática.

> *(FCC – Analista Judiciário – Área Administrativa – TRT9 – 2022) Em 2018, um museu registrou um público de 10,2 milhões de visitantes. Relativamente ao ano de 2017, registrou-se um aumento de 25% no número de visitantes. O número de pessoas que visitaram esse museu no ano de 2017 foi*
>
> a) *7.966.000.*
>
> b) *8.160.000.*
>
> c) *7.860.000.*
>
> d) *7.960.000.*
>
> e) *8.166.000.*

Para ficar claro, vamos às informações conhecidas.

Ano	Público
2017	?
2018	10,2 milhões

Olhe a referência que o examinador aponta para aplicação do percentual: "*Relativamente ao ano de 2017, registrou-se um aumento de 25% no número de visitantes*". Daí entendemos que a base é o ano de 2017, portanto, nosso referencial (100%).

Para chegar ao público relativo ao ano de 2018 houve acréscimo de 25% sobre 2017, logo, temos em 2018 um percentual total de 125%.

Ano	Público	Percentual
2017	X	100%
2018	10,2 milhões	125%

Estruturando a questão neste formato, calculamos o público de 2017 simplesmente aplicando a regra de três simples.

Multiplicação cruzada.	$125\ X = 10{,}2 \cdot 100$ $X = 1020 / 125$ $X = 8{,}16$

Resposta: O museu recebeu, no ano de 2017, um público de 8,16 milhões de visitantes. Alternativa B.

Ainda para as provas de concursos, especificamente para as questões que tratam de aumento ou redução percentual, um recurso bastante interessante é o fator de multiplicação.

Fator de multiplicação:

O fator de multiplicação é um número decimal que permite o cálculo, de forma direta, do valor resultante de um acréscimo percentual ou desconto percentual.

IMPORTANTE

Fator de multiplicação para aumento percentual: FM = 1 + Porcentagem

Fator de multiplicação para desconto percentual: FM = 1 – Porcentagem

Onde:

FM = fator de multiplicação

A porcentagem é representada na forma "número decimal".

Veja alguns exemplos de fator de multiplicação.

Porcentagem	Número decimal	Fator para acréscimo (1 + Porcentagem)	Fator para desconto (1 – Porcentagem)
0,2%	0,002	1,002	0,998
5%	0,05	1,05	0,95
36%	0,36	1,36	0,64
89%	0,89	1,89	0,11

Uma questão de porcentagem.

Determinada mercadoria é classificada em dois tipos de categorias de acordo com o seu índice de impureza: médio (M) e baixo (B). A mercadoria do tipo M é vendida ao preço de "três por R$ 99,00", e a do tipo B ao preço de "duas por R$ 99,00". Em determinada época do ano o fabricante da mercadoria vendeu um lote, contendo a mesma quantidade de *mercadorias dos tipos M e B, ao preço de "cinco por R$ 198,00". Na venda desse lote o fabricante. (TRF 3ª R – FCC – 2016).*

Iniciamos com o levantamento dos dados dispostos no enunciado da questão.

Informações dadas	Valores unitários
M: 3 unidades por R$ 99,00 *B*: 2 unidades por R$ 99,00	$M = 99 / 3 = 33{,}00$ $B = 99 / 2 = 49{,}50$ $V = 198 / 5 = 39{,}60$
Venda (mesmas quantidades para *A* e *B*): 5 unidades por R$ 198,00	

O fabricante fez uma venda contendo as mesmas quantidades de mercadorias dos tipos *M* e *B,* motivo pelo qual faremos uma simulação de venda de duas unidades, assim, teremos quantidades iguais (uma de cada).

Você poderia, por hipótese, considerar a venda de 20 unidades, 10 do tipo *M* e outras 10 do tipo *B*.

Venda efetivada	Venda pelos valores corretos
$VE = 2 \times V$ $VE = 2 \times 39{,}60$ $VE = 79{,}20$	$VC = M + B$ $VC = 33{,}00 + 49{,}50$ $VC = 82{,}50$
VE: Venda Efetivada	*VC*: Venda Correta

Houve uma perda de R$ 3,30.

Calculo do % sobre a perda
$P = 3{,}30 / 82{,}50$ $P = 0{,}04$

O resultado está em número decimal, que corresponde a 4%.

Resposta: Na venda desse lote o fabricante perdeu 4%.

3.5. Problemas

O tema "problemas", conforme mencionado no item 1.5., aparece em questões contextualizadas e cobra todo o conteúdo, no caso, números e grandezas proporcionais.

Tão importante como o conhecimento do conteúdo matemático é a capacidade de interpretação e conversão da linguagem escrita em linguagem numérica para, na sequência, desenvolver e chegar à resposta para o problema.

DICA

A leitura do enunciado das questões de raciocínio lógico-matemático deve ser feita em partes e, concomitantemente, separando os dados disponibilizados e os transformando em expressões matemáticas.

Não há nada além disso, senão praticar e praticar!

A sentença é uma proposição composta que, na simbologia lógica, é representada por "p ∧ q", sendo:

p	∧	q
Carlos é engenheiro	e	Eliane não é secretária

p = Carlos é engenheiro.

q = Eliane não é secretária.

∧ = Conectivo "e".

Em se tratando de uma proposição composta conjuntiva, para que ela seja verdadeira, é necessário que as duas proposições simples, p e q, sejam verdadeiras (primeira linha da tabela verdade). Assim, basta que uma das informações (a respeito de Carlos ou a respeito de Eliana) seja falsa para que a proposição composta seja falsa também.

MEMORIZAR

A conjunção só será verdadeira quando ambas as proposições simples que a compõem tiverem valor lógico verdade. Será falsa nos demais casos.

4.2.2. Disjunção

A disjunção é o conectivo que constrói uma sentença com uma ideia de escolha, de opção. Basta que apenas uma das orações (proposição simples) seja verdadeira para que a sentença (proposição composta) também seja.

Na proposição composta disjuntiva está presente o conectivo "ou", cuja representação simbólica é o "V".

p	q	p V q
V	V	V
V	F	V
F	V	V
F	F	F

Reparem que, na tabela do "ou", o que se destaca é a única linha em que o resultado é falso (última linha), as demais são verdadeiras. Só estaremos diante de uma sentença falsa se ambas as proposições simples, separadamente, apresentarem valor lógico falso.

MEMORIZAR

A disjunção só será falsa quando ambas as proposições simples que a compõem forem falsas. Será verdadeira nos demais casos.

Exemplo: "Comprei frango ou não comprei farinha" (TCE-CE – FCC – 2015).

p	V	q
Comprei frango	ou	não comprei farinha

Na situação definida pela proposição composta disjuntiva (conectivo "ou"), se apenas uma das proposições simples for verdadeira, toda a informação será verdadeira também. Ou seja, se realmente eu "comprei frango", toda a sentença está correta, mesmo que a outra proposição simples "não comprei farinha" seja falsa.

4.2.3. Disjunção exclusiva

Também é uma disjunção, porém exclusiva, com pequena diferença se comparado com a proposição anterior.

Veja o exemplo: "Ou Bruno é médico, ou Carlos não é engenheiro" (TRF 3ª R – FCC – 2016).

A diferença é sutil, porém importante. O fato é que o termo "ou" que inicia a frase faz parte do conectivo e restringe a escolha em apenas uma das proposições simples.

No exemplo, se a primeira proposição simples for verdadeira, a segunda deve ser falsa, e vice versa.

Outro detalhe que a diferencia da disjunção é quanto ao símbolo. O sinal que representa o conectivo disjunção exclusiva é sublinhado: "$\underline{\vee}$".

	p	$\underline{\vee}$	q
ou	Bruno é médico	ou	Carlos não é engenheiro

Lembre-se, o primeiro termo "ou" faz parte do conectivo cuja leitura é: "ou... ou".

As proposições são mutuamente excludentes. Assim, apenas uma delas pode ser verdadeira, consequentemente, a outra será necessariamente falsa. Ambas nunca poderão ser, ao mesmo tempo, verdadeiras e nunca poderão ser, ao mesmo tempo, falsas.

A tabela verdade para a disjunção exclusiva é a seguinte:

p	q	$p \underline{\vee} q$
V	V	F
V	F	V
F	V	V
F	F	F

MEMORIZAR

A disjunção exclusiva será verdadeira quando as duas partes tiverem valores lógicos distintos, uma verdadeira e outra falsa. E será falsa quando ambas as proposições simples que a compõem forem verdadeiras ou ambas forem falsas.

4.2.4. Condicional

Condicional é a proposição composta mais cobrada em provas de concursos públicos, portanto a mais importante. Representada pela seta "$\rightarrow$", cuja leitura é "se... então...".

Exemplo: "Se Alberto for à festa, então Bernardo também irá" (DPE-RR – FCC – 2015).

É imprescindível que você saiba que a proposição composta condicional será falsa em apenas uma situação: quando a primeira proposição simples for verdadeira e a segunda proposição simples for falsa.

No exemplo, se é verdade a primeira parte, ou seja, Alberto realmente foi à festa, implica a verdade da segunda parte. Caso contrário, se a segunda parte for falsa, Bernardo não foi à festa, concluímos que a proposição composta é falsa.

MEMORIZAR

A condicional somente será falsa quando a primeira parte for verdadeira e a segunda for falsa. Para as outras três combinações, a proposição composta será verdadeira.

Os termos da condicional possuem ainda outra característica: são classificados como suficiente e necessário, o primeiro e o segundo termo, respectivamente.

Suficiente:

Aproveitando o exemplo, é correto dizer que: "Alberto ir à festa" é condição suficiente para "Bernardo também ir".

O primeiro termo da proposição composta condicional é condição suficiente para o segundo.

Necessária:

Por outro lado, "Bernardo ter ido à festa" é condição necessária para "Alberto também ter ido à festa".

O segundo termo da proposição composta condicional é condição necessária para o primeiro.

A representação do que foi explicado está sintetizada na tabela verdade da condicional:

p	q	$p \rightarrow q$
V	V	V
V	F	F
F	V	V
F	F	V

As seguintes expressões podem ser empregadas como equivalentes à condicional "se p, então q":

- Se p, q.
- q, se p.
- p é condição suficiente para q.
- q é condição necessária para p.
- Quando p, q.
- p implica q.

Então, podemos encontrar a mesma proposição escrita de diversas formas distintas. Veja as variações para a proposição condicional "Se Alberto for à festa, então Bernardo também irá".

Se p, q	Se Alberto for à festa, Bernardo também irá.
q, se p	Bernardo também irá, se Alberto for à festa.
p é condição suficiente para q	Alberto ir à festa é condição suficiente para Bernardo também ir.
q é condição necessária para p	Bernardo também ir é condição necessária para Alberto ir à festa.
Quando p, q	Quando Alberto for à festa, Bernardo também irá.
p implica q	Alberto ir à festa implica que Bernardo também irá.

4.2.5. Bicondicional

A bicondicional é formada a partir da proposição condicional cujos termos são, ao mesmo tempo, suficientes e necessários, ou seja, "p → q e q → p". Representada pelo conectivo "↔", lê-se "se, e somente se".

Exemplo: "Pedro gosta de comida japonesa se e somente se Raquel não gosta de comida italiana" (IF-BA – FUNRIO – 2016).

p	↔	q
Pedro gosta de comida japonesa	se e somente se	Raquel não gosta de comida italiana

A informação é equivalente a duas proposições condicionais simultâneas: "Se Pedro gosta de comida japonesa, então Raquel não gosta de comida italiana e se Raquel não gosta de comida italiana, então Pedro gosta de comida japonesa".

Conclusão, a proposição bicondicional "p se, e somente se, q" equivale à proposição composta: "se p então q e se q então p", ou seja, "p ↔ q" é equivalente à proposição "(p → q) ∧ (q → p)".

Tabela verdade:

p	q	p↔q
V	V	V
V	F	F
F	V	F
F	F	V

MEMORIZAR

A bicondicional será verdadeira quando os valores lógicos das duas proposições simples que a compõem forem iguais. Por outro lado, será falsa quando ambas as proposições simples forem diferentes, uma verdadeira e a outra falsa.

4.2.6. *Resumo esquematizado*

Podemos resumir as principais informações sobre os conectivos no seguinte quadro:

Conectivo	Estrutura lógica	A proposição composta é verdadeira quando:	A proposição composta é falsa quando:
Conjunção	$p \wedge q$	Ambas as proposições simples forem verdadeiras.	Pelo menos uma das proposições simples for falsa.
Disjunção	$p \vee q$	Pelo menos uma proposição simples for verdadeira.	Ambas as proposições simples forem falsas.
Disjunção exclusiva	$p \underline{\vee} q$	Os valores lógicos das proposições simples forem diferentes.	Os valores lógicos das proposições simples forem iguais.
Condicional	$p \rightarrow q$	Em todas as situações, exceto quando: o primeiro termo for verdadeiro e o segundo for falso.	O primeiro termo for verdadeiro e o segundo for falso.
Bicondicional	$p \leftrightarrow q$	Os valores lógicos das proposições simples forem iguais.	Os valores lógicos das proposições simples forem diferentes.

4.3. Negação das proposições

A negação da proposição simples faz-se com a inversão do valor lógico.

Proposição simples	Negação da proposição simples
p	~p
~p	p

Para as proposições compostas existem as seguintes regras:

<u>Conjunção</u>:

Fórmula lógica	Negação	Regra
$p \wedge q$	$\sim p \vee \sim q$	Negar ambas as proposições simples e alterar o conectivo para disjunção.

Na prova aplicada neste ano de 2022, a Fundação Carlos Chagas cobrou, de forma bastante direta, a negação da proposição composta conjuntiva.

(FCC – Analista Judiciário – Área Administrativa – TRT9 – 2022) A negação da afirmação: "não ficou doente e vai ficar em casa" é:

a) *Ficou doente ou vai ficar em casa.*

b) *Não ficou doente ou não vai ficar em casa.*

c) *Ficou doente e não vai ficar em casa.*

d) *Não ficou doente ou vai ficar em casa.*

e) *Ficou doente ou não vai ficar em casa.*

A questão não requer interpretação. Basta a aplicação da regra que acabamos de revisar.

Proposição dada	"Não ficou doente e vai ficar em casa"
Negar ambas as proposições simples	Ficou doente **não** vai ficar em casa
Alterar o conectivo conjunção "e" pela disjunção "ou"	Ficou doente **ou não** vai ficar em casa

Repare que para fazer a negação da primeira proposição simples "*não ficou doente*" retiramos a partícula "não".

Resposta: A afirmação que corresponde à negação da proposição dada é "Ficou doente ou não vai ficar em casa". Alternativa E.

Disjunção:

Fórmula lógica	Negação	Regra
$p \vee q$	$\sim p \wedge \sim q$	Negar ambas as proposições simples e alterar o conectivo para conjunção.

Condicional:

Fórmula lógica	Negação	Regra
$p \rightarrow q$	$p \wedge \sim q$	Manter o primeiro termo inalterado, negar o segundo termo e alterar o conectivo para conjunção.

Bicondicional:

Fórmula lógica	Negação	Regra
$p \leftrightarrow q$	$p \veebar q$	Alterar o conectivo de bicondicional para disjunção exclusiva.

A negação da bicondicional não é comumente solicitada, mesmo porque esta não é uma classificação adotada por todas as bancas.

As tabelas verdade da bicondicional e da disjunção exclusiva são uma o inverso da outra, por isso a associação de que uma é a "negação" da outra.

Exemplo:

Proposição composta bicondicional	Negação
Carlos é aprovado no concurso **se, e somente se**, estudar muito.	Carlos **ou** é aprovado no concurso **ou** estudou muito.

Na prática, trabalhamos assim com a negação das proposições:

Considere, abaixo, as afirmações e o valor lógico atribuído a cada uma delas entre parênteses.

– Ou Júlio é pintor, ou Bruno não é cozinheiro (afirmação FALSA).

– Se Carlos é marceneiro, então Júlio não é pintor (afirmação FALSA).

– Bruno é cozinheiro ou Antônio não é pedreiro (afirmação VERDADEIRA).

A partir dessas afirmações (TRF 3º R – FCC – 2016).

Dizer que uma afirmação é falsa significa que tal afirmação traz uma informação mentirosa.

Para a resolução de questões que trazem uma sequência de proposições (estrutura lógica), devemos trabalhar com informações verdadeiras.

Por isso, antes de iniciarmos a resolução propriamente dita, devemos fazer a negação das afirmações falsas, transformando-as em informações verdadeiras.

Vejamos na questão.

Proposição composta	Negação
Ou Júlio é pintor, ou Bruno não é cozinheiro.	Júlio é pintor se, e somente se, Bruno não é cozinheiro.

Acima, a negação da disjunção exclusiva (ou... ou) é sua transformação em bicondicional.

Proposição composta	Negação
Se Carlos é marceneiro, então Júlio não é pintor.	Carlos é marceneiro e Júlio é pintor.

Recordando, a negação da condicional faz-se com a manutenção do valor lógico do primeiro termo, alteração do valor lógico do segundo termo e substituição do conectivo pela conjunção "e".

Fizemos a negação, portanto, a informação que era falsa passa a ser verdadeira. Logo, concluímos que Carlos é marceneiro e Júlio é pintor.

Usamos essas informações na estrutura lógica abaixo, já com as negações das proposições compostas.

Estrutura apresentada	Estrutura a ser trabalhada Todas as afirmações são verdadeiras.
– Ou Júlio é pintor, ou Bruno não é cozinheiro (afirmação FALSA). – Se Carlos é marceneiro, então Júlio não é pintor (afirmação FALSA). – Bruno é cozinheiro ou Antônio não é pedreiro (afirmação VERDADEIRA).	– Júlio é pintor se, e somente se, Bruno não é cozinheiro (afirmação VERDADEIRA). – Carlos é marceneiro e Júlio é pintor (afirmação VERDADEIRA). – Bruno é cozinheiro ou Antônio não é pedreiro (afirmação VERDADEIRA).

Começamos definindo os valores lógicos das proposições simples (as verdadeiras sublinhadas e as falsas riscadas) considerando a segunda proposição composta acima porque, sendo ela uma conjunção, infere-se que ambos os termos são verdadeiros:

- Carlos é marceneiro
- José é pintor

<u>Júlio é pintor</u>	$\leftrightarrow$	Bruno não é cozinheiro
<u>Carlos é marceneiro</u>	$\wedge$	<u>Júlio é pintor</u>
Bruno é cozinheiro	V	Antônio não é pedreiro

Na primeira linha, como sabemos que na bicondicional os dois termos devem ter o mesmo valor lógico, logo, concluímos que Bruno não é cozinheiro.

Júlio é pintor	↔	Bruno não é cozinheiro
Carlos é marceneiro	∧	Júlio é pintor
~~*Bruno é cozinheiro*~~	V	*Antônio não é pedreiro*

Para encerrar, terceira linha, na disjunção, pelo menos um termo deve ser verdadeiro. Como o primeiro é falso, o segundo, obrigatoriamente, é verdadeiro.

Júlio é pintor	↔	Bruno não é cozinheiro
Carlos é marceneiro	∧	Júlio é pintor
~~*Bruno é cozinheiro*~~	V	Antônio não é pedreiro

Conclusão:

- Júlio é pintor;
- Bruno não é cozinheiro;
- Carlos é marceneiro;
- Antônio não é pedreiro.

Resposta: Carlos é marceneiro e Antônio não é pedreiro (conforme uma das alternativas dadas).

4.4. Equivalência das proposições compostas

São quatro as proposições que admitem a simples troca de posição das proposições simples sem a perda de informação: Conjunção, disjunção, disjunção exclusiva e bicondicional.

Fórmula lógica	Equivalência	Regra
$p \wedge q$	$q \wedge p$	A equivalência faz-se com a alteração das posições dos termos antecedente e consequente.
$p \vee q$	$q \vee p$	
$p \veebar q$	$q \veebar p$	
$p \leftrightarrow q$	$q \leftrightarrow p$	

O mais importante para sua prova são as seguintes regras, em especial a que trata da proposição composta condicional.

Bicondicional:

A equivalência da bicondicional, além da alteração das posições (como acabamos de ver), pode ser feita com a repetição de sua principal característica: duas vezes a condicional.

Fórmula lógica	Equivalência	Regra
$p \leftrightarrow q$	$(p \rightarrow q) \wedge (q \rightarrow p)$	A bicondicional transforma-se em duas condicionais (em uma delas altera-se a posição das proposições simples) ligadas pela conjunção "e".

Condicional:

São duas as equivalências da proposição condicional. Um dos itens mais cobrados em lógica proposicional.

Fórmula lógica	Equivalência	Regra
$p \rightarrow q$	$\sim p \vee q$	Negar o primeiro termo, alterar o conectivo para disjunção "ou" e manter o valor lógico do segundo termo.

Ou

Fórmula lógica	Equivalência	Regra
$p \rightarrow q$	$\sim q \rightarrow \sim p$	Alterar a posição dos termos, negar as duas proposições simples e manter o mesmo conectivo "se... então".

Outras equivalências:

Fórmula lógica	Equivalência
$(p \rightarrow r) \wedge (q \rightarrow r)$	$(p \vee q) \rightarrow r$
$(p \rightarrow r) \vee (q \rightarrow r)$	$(p \wedge q) \rightarrow r$

A equivalência, quando cobrada em prova, será, devido a maior dificuldade, em relação à proposição composta condicional. Portanto, vamos praticar resolvendo uma questão acerca do tema.

(FCC – TCE-SP – Agente de Fiscalização – 2017) Assinale a alternativa que apresenta uma afirmação equivalente à afirmação "Se comprei e paguei, então levei".

a) Se comprei e não paguei, então não levei.

b) Se não comprei e paguei, então não levei.

c) Se não levei, então não paguei ou não comprei.

d) Se comprei ou paguei, então não levei.

e) Se levei, então comprei e paguei.

Como estamos praticando, faremos as duas equivalências possíveis para a proposição composta condicional.

Equivalência 1:

Proposição dada	Se comprei e paguei, então levei.
Negar o primeiro termo	**Não** comprei **ou não** paguei...

Aqui cabe uma observação, veja que o primeiro termo é uma proposição composta conjuntiva (conectivo "e"), cujas proposições simples são:

- Comprei.
- Paguei.

Logo, a negação deve seguir as regras estudadas no item anterior.

Retomando a resolução, temos:

Proposição dada	Se comprei e paguei, então levei.
Negar o primeiro termo	**Não** comprei **ou não** paguei...
Alterar o conectivo "se, então" para a disjunção "ou"	Não comprei ou não paguei **ou**...
Manter inalterado o segundo termo	Não comprei ou não paguei ou levei.

A primeira forma de equivalência da proposição dada é:

- Não comprei ou não paguei ou levei.

Equivalência 2:

Proposição dada	Se comprei e paguei, então levei.
Inverter a posição dos termos	Levei... comprei e paguei.
Negar ambos os termos	**Não** levei... **não** comprei **ou não** paguei.
Manter o mesmo conectivo	**Se** não levei, **então** não comprei ou não paguei.

A segunda forma da equivalência da proposição dada é:

- Se não levei, então não comprei ou não paguei.

Ou, conforme apresenta a alternativa correta, "se não levei, então não paguei ou não comprei".

A alteração da ordem como se apresentou a disjunção, de "não comprei ou não paguei" por "não paguei ou não comprei", não tem implicação na interpretação daquilo que se lê, portanto, a forma como o examinador apresentou a alternativa está correta.

Gabarito: Alternativa C

5. ESTRUTURAS LÓGICAS

5.1. Argumento

Usamos a argumentação, baseada no raciocínio, para provocar o convencimento do outro.

O raciocínio envolve juízos existentes, objetivando chegar a conclusões adequadas. Já a argumentação faz uso de raciocínio baseado em lastros sólidos e argumentações aceitáveis.

Para o raciocínio lógico, objeto de concursos públicos, argumento é a relação entre um conjunto de proposições (sentenças declarativas) com uma proposição conclusiva. Nessa relação, denominam-se premissas as primeiras, que resultam em uma sentença declarativa denominada "conclusão".

A representação do argumento é:

Premissa 1 Premissa 2 Premissa 3 Premissa *n*
Conclusão

Silogismo:

O silogismo é uma construção especial de argumentação na qual estarão presentes duas, e somente duas, premissas e seguida da conclusão. Muito explorado em provas, principalmente com a inserção de proposições categóricas (próximo item).

Validade do argumento:

É importante não confundir valor lógico de cada uma das premissas (verdadeiro ou falso) com o valor lógico da argumentação (validade do argumento).

O argumento poderá ter premissas verdadeiras, conclusão verdadeira, mas a relação entre premissas e conclusão não foi o que garantiu a verdade da última. Então, estamos diante de um argumento inválido.

Ainda, encontraremos argumentação válida para uma conclusão com valor lógico falso. Ou seja, a estrutura está correta, porém a falsidade de uma das premissas resultou em uma conclusão falsa. Neste caso, o resultado foi totalmente deduzido das premissas, a estrutura está correta, portanto, o argumento é dito "válido".

ATENÇÃO

As premissas e a conclusão são classificadas por seus valores lógicos (verdadeiros e falsos). A estrutura ou argumentação é classificada como válida ou inválida. Será válida quando a conclusão estiver totalmente fundamentada nas premissas que a antecedem.

5.2. Proposições categóricas

Diagramas lógicos:

Os diagramas lógicos são representações gráficas a serem utilizados na resolução das questões de raciocínio lógico que envolvem proposições associadas aos termos: todo, algum e nenhum. São as denominadas "proposições categóricas".

A proposição categórica é composta por um quantificador (todo, algum ou nenhum) associado a uma oração (sujeito e predicado). Por exemplo:

"Algumas provas são difíceis".	Quantificador: algumas Sujeito: provas Predicado: são difíceis

Os conjuntos ou diagrama de *Venn* serão a base para o estudo dos diagramas lógicos.

Classificação das proposições:

Quanto à quantidade	**Universal**	Todo, nenhum
	Particular	Algum, este
	Singular	Sujeito unitário
	Indeterminada	Não há referências quanto ao sujeito
Quanto à qualidade	**Afirmativa**	Não existe partícula negativa
	Negativa	Não, nem, nenhum

Os quantificadores explorados nas provas são: todo, algum e nenhum.

Todo:

"Todo *A* é *B*".

São duas proposições simples ligadas pelo conectivo "todo". O conjunto A está contido no conjunto B (A é um subconjunto de B).	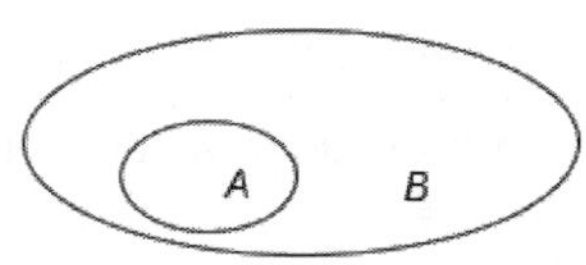

Algum:

"Algum *A* é *B*".

Para o quantificador "algum", podemos encontrar, alternativamente, a expressão "pelo menos um" ou simplesmente "existem".

Independente da forma como se apresenta na questão: "algum", "alguns", "existe", "existem" ou "pelo menos um", a interpretação é a mesma.	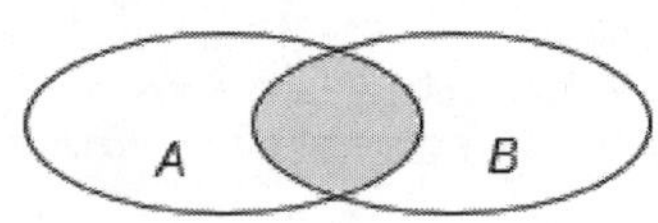

O termo que melhor explica essa situação é "pelo menos um", ou seja, pelo menos um elemento do conjunto *A* pertence ao conjunto *B*.

Esse mesmo diagrama também representa a proposição "algum A não é B".	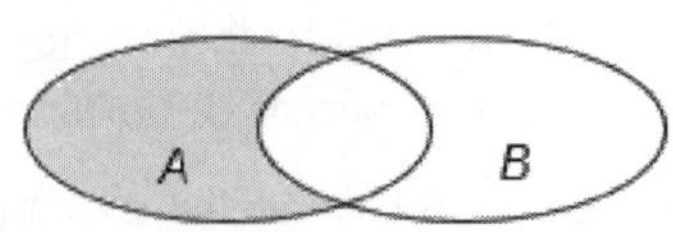

Nenhum:

Para a expressão "nenhum A é B" não há intersecção entre os conjuntos, pois os elementos do conjunto A são totalmente distintos dos elementos do conjunto B.	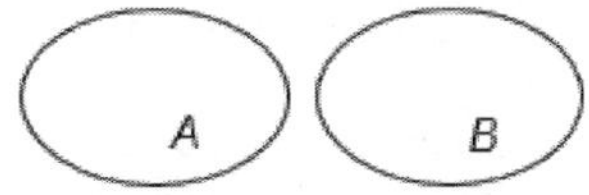

As representações gráficas, por meio dos diagramas de *Venn*, serão a ferramenta para a resolução de questões que trazem as proposições categóricas.

Veja o exemplo:

Se 'todo engenheiro é bom em matemática' e 'algum engenheiro é físico', conclui-se corretamente que: (TRF 3ª R – FCC – 2016).

Analisando as duas proposições, temos:

Todo engenheiro é bom em matemática.	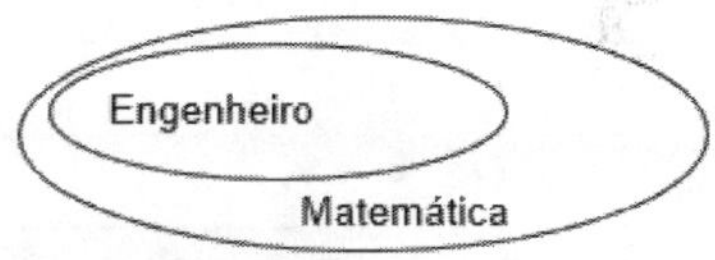

Algum engenheiro é físico.	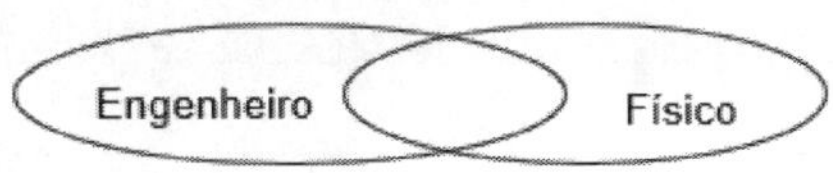

Considerando apenas as informações dadas, juntando as representações gráficas, ficamos com duas combinações possíveis:

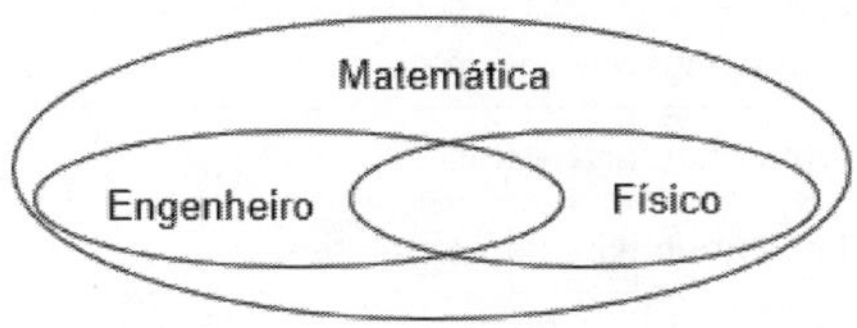	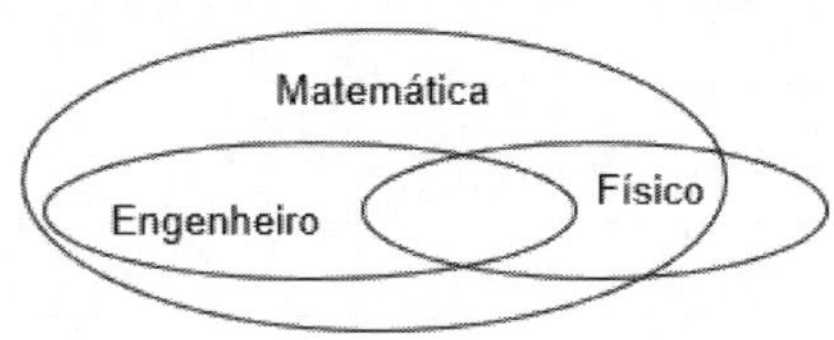

Não há informação suficiente para saber se os "físicos" são todos "bons em matemática" (quadro à esquerda) ou se alguns não são (quadro à direita).

Por essa razão, procuramos uma resposta entre as alternativas que não seja contrária a nenhum dos dois diagramas possíveis.

Resposta: Existem engenheiros bons em matemática que são físicos.

A garantia de que a resposta está correta é a área comum as duas possiblidades (parte mais escura do desenho).

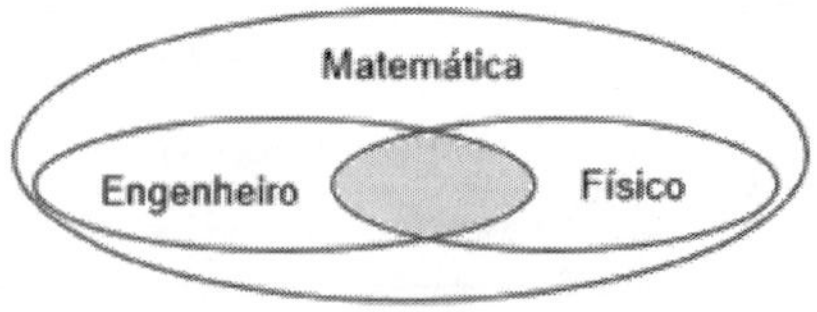

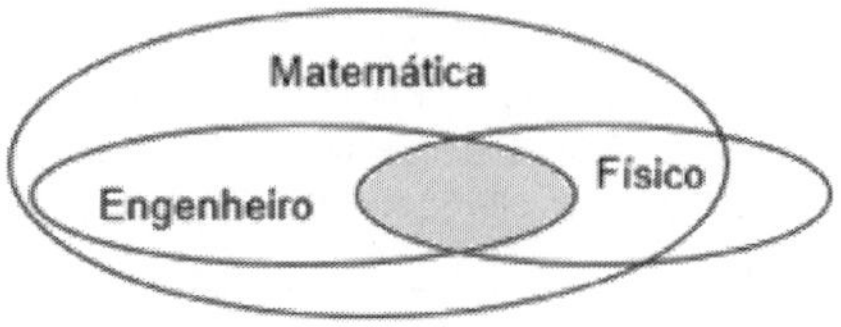

Equivalência das proposições categóricas:

Equivalência	
Todo *A* é *B*	Nenhum *A* não é *B*
Todo *A* não é *B*	Nenhum *A* é *B*

Exemplos	
Todo engenheiro é matemático	Nenhum engenheiro não é matemático
Todo engenheiro não é físico	Nenhum engenheiro é físico

Negação das proposições categóricas:

Negação	
Algum	Nenhum
Nenhum	Algum
Todos	Algum... não

Exemplos	
Algum engenheiro é matemático	Nenhum engenheiro é matemático
Nenhum engenheiro é físico	Algum engenheiro é físico
Todo engenheiro é arquiteto	Algum engenheiro não é arquiteto

Observe que a Fundação Carlos Chagas cobrou, em uma mesma questão, o conhecimento não só sobre a negação de proposições categóricas, que envolvem os quantificadores "todo" e "nenhum", bem como a negação da conjunção "e", cuja revisão fizemos em item anterior.

> *(FCC – TRT 24ª Região – Analista Judiciário – 2017) Uma afirmação que corresponda à negação lógica da afirmação: todos os programas foram limpos e nenhum vírus permaneceu, é:*
>
> *a) Se pelo menos um programa não foi limpo, então algum vírus não permaneceu.*
>
> *b) Existe um programa que não foi limpo ou pelo menos um vírus permaneceu.*
>
> *c) Nenhum programa foi limpo e todos os vírus permaneceram.*

d) Alguns programas foram limpos ou algum vírus não permaneceu.

e) Se algum vírus permaneceu, então nenhum programa foi limpo.

Para facilitar a compreensão, vejamos a proposição composta apresentada no enunciado transcrita na simbologia lógica.

Proposição	Conectivo	Proposição
A	$\wedge$	B

Onde:

A = Todos os programas foram limpos.

B = Nenhum vírus permaneceu.

$\wedge$ = Conectivo "e" (conjunção).

A regra para a negação da disjunção diz que ambos os termos devem ser negados e o conectivo alterado de conjunção "e" para a disjunção "ou".

Proposição	Conectivo	Proposição
~A	$\vee$	~B

Acontece que nas proposições A e B figuram os quantificadores "todo" e "nenhum", respectivamente. Nestes casos, a negação não é a simples inclusão da partícula negativa.

Negação do quantificador "todo".

Substituir o termo "todo" por "existe" (ou seus sinônimos "pelo menos um" e "algum") e negar o complemento.

Proposição	Negação
Todos os programas foram limpos.	**Existem** programas que **não** foram limpos.

Negação do quantificador "nenhum".

Simplesmente substituir o termo "nenhum" por "algum" (ou seus sinônimos "existe" e "pelo menos um").

Proposição	Negação
Nenhum vírus permaneceu.	**Algum** vírus permaneceu.

Pronto, já dispomos da negação das proposições A e B:

~A = Existem programas que não foram limpos.

~B = Algum vírus permaneceu.

Retomando a proposição original:

Proposição	Conectivo	Proposição
Todos os programas foram limpos.	e	Nenhum vírus permaneceu.

A negação faz-se com a negativa dos dois termos e a substituição do conectivo "e" por "ou".

Proposição	Conectivo	Proposição
Existem programas que não foram limpos.	ou	Algum vírus permaneceu.

Repare que na alternativa correta o examinador usou o primeiro termo singular e, no segundo termo, no lugar de "algum", o sinônimo "pelo menos um". Sem problemas, estas variações são aceitas nas provas de raciocínio lógico.

Resposta: A negação da afirmação dada é "existe um programa que não foi limpo ou pelo menos um vírus permaneceu".

Gabarito: Alternativa B

5.3. Estruturas lógicas

Os principais autores e professores de Raciocínio Lógico apresentam quatro ou cinco diferentes formas para resolver as questões de estrutura lógica. Inclusive, há aqueles que ensinam e deixam à disposição do concursando todas elas.

Optamos por um único caminho: Considerar todas as proposições verdadeiras.

Considerar todas as proposições verdadeiras:

A estrutura lógica é composta de premissas e conclusão, ou seja, uma sequência de proposições, sendo a maioria composta.

> **IMPORTANTE!**
> Na resolução da estrutura lógica, o objetivo é definir os valores lógicos de cada uma das proposições simples, de tal forma que as proposições compostas sejam todas verdadeiras.

Para as estruturas que têm entre as proposições uma que seja simples, basta considerar esta proposição verdadeira e, a partir dela, valorar as demais proposições simples.

Caso exista entre as proposições uma composta conjuntiva, basta considerar verdadeiras as proposições simples que a compõem e, a partir delas, valorar as demais proposições simples.

Para os demais casos, há autores que apresentam outros métodos. Porém, optamos por manter o mesmo. Assim, o concursando evita ter que memorizar outro item, entre tantos que são necessários para fazer uma prova de concurso público.

Um dos métodos utilizados, por exemplo, é considerar a conclusão falsa e testar a veracidade das premissas.

Mas, ficamos com o nosso único método.

Caso não exista uma proposição simples de que tenhamos a certeza de ser verdadeira, escolhemos uma (de preferência a que apareça mais vezes) e lhe atribuímos um valor lógico, verdadeiro ou falso.

Efetivamos o teste da veracidade de todas as proposições compostas.

Feito o teste, se não houver nenhuma incompatibilidade entre as proposições, assumimos os valores lógicos definidos. Caso contrário, se encontrarmos alguma contradição, retomamos a proposição simples inicial e testamos com o outro valor lógico.

Assim, resolvemos todas as questões de argumentação.

Difícil? Sim, eu concordo. Tem horas que somente a prática vai explicar a teoria.

QUESTÃO:

Considere verdadeiras as afirmações abaixo.

I. Ou Bruno é médico, ou Carlos não é engenheiro.

II. Se Durval é administrador, então Eliane não é secretária.

III. Se Bruno é médico, então Eliane é secretária.

IV. Carlos é engenheiro.

A partir dessas afirmações, pode-se concluir corretamente que (TRF 3ª R – FCC – 2016).

Dispomos de quatro proposições, sendo que a última delas é uma proposição simples. Como dito anteriormente, é por ela que começamos, pois sabemos que a informação é verdadeira.

Bruno é médico	$\veebar$	~~*Carlos não é engenheiro*~~
Durval é administrador	→	*Eliana não é secretária*
Bruno é médico	→	*Eliana é secretária*
Carlos é engenheiro		

O enunciado da questão nos diz que as afirmações são verdadeiras, logo, Carlos é engenheiro.

Por outro lado, na primeira linha, a informação de que Carlos não é engenheiro é uma proposição falsa.

Deixaremos as proposições verdadeiras sublinhadas e as proposições falsas riscadas.

Ainda na primeira linha, a disjunção exclusiva implica que uma, e apenas uma, das proposições simples que compõe a proposição composta seja verdadeira. Sabendo que uma delas é falsa, a outra, "Bruno é médico", deverá ser verdadeira.

A mesma informação repete-se na terceira linha.

Bruno é médico	V	~~Carlos não é engenheiro~~
Durval é administrador	→	Eliana não é secretária
Bruno é médico	→	Eliana é secretária
Carlos é engenheiro		

Na terceira linha, sabendo que a primeira parte da condicional é verdadeira, concluímos que a segunda parte também é, uma vez que a condicional será falsa somente quando apresenta o termo antecedente verdadeiro e o consequente falso.

Então, Eliana é secretária e a informação é verdadeira. Já, na segunda linha, quando diz que não é secretária, a informação é falsa.

Bruno é médico	V	~~Carlos não é engenheiro~~
Durval é administrador	→	~~Eliana não é secretária~~
Bruno é médico	→	Eliana é secretária
Carlos é engenheiro		

Finalmente, na segunda linha, a segunda parte da condicional é falsa, logo, a primeira parte também é falsa. Caso contrário, teríamos a condicional com primeiro termo verdadeiro e segundo termo falso (único caso em que a condicional é falsa).

Bruno é médico	V	~~Carlos não é engenheiro~~
~~Durval é administrador~~	→	~~Eliana não é secretária~~
Bruno é médico	→	Eliana é secretária
Carlos é engenheiro		

Conclusão:

- Bruno é médico;
- Carlos é engenheiro;
- Durval não é administrador;
- Eliana é secretária.

Resposta: Se Eliane não é secretária, então Bruno não é médico.

Observe que a parte mais difícil da questão foi localizar a resposta correta entre as alternativas. Isso aconteceu porque as alternativas também são proposições composta, portanto, devem ser analisada integralmente e não apenas as proposições simples de forma isolada.

Veja a resposta:

~~Eliana não é secretária~~	→	~~Bruno não é médico~~

Cada uma das proposições simples é falsa, entretanto, a proposição composta condicional é verdadeira. A condicional é verdadeira quando ambas as proposições simples que a compõem são falsas (ver tabela verdade – item 4.2.4.).

5.4. Raciocínio matemático

A banca vai explorar, relativo a este tema, os assuntos abordados no início do capítulo (itens 1, 2 e 3), porém, adicionando um conteúdo lógico.

Dificilmente haverá uma cobrança direta especificamente em relação a um item (números inteiros e racionais ou frações, por exemplo), mas sim, questões contextualizadas contemplando uma pluralidade do conteúdo lógico-matemático.

Veja um exemplo simples, mas inteligente, cobrado pela FGV em 2016 para Técnico do Ministério Público do Estado do Rio de Janeiro.

> *As somas de três números inteiros, dois a dois, são, respectivamente, 29, 63 e 68. O maior desses três números inteiros é:*

Segundo o enunciado, são três números os quais chamaremos X, Y e Z. Foram realizadas operações de soma entre eles, dois a dois, conforme segue.

Somas dois a dois	$X + Y = 29$ $X + Z = 63$ $Y + Z = 68$

Trabalhamos com as três expressões. Primeiro isolando Y e Z nas primeira e na segunda expressões, respectivamente.

Isolar Y e Z	$Y = 29 - X$ $Z = 63 - X$

Substituímos, na terceira expressão, os valores de Y e Z obtidos acima.

Substituir Y e Z	$Y + Z = 68$ $(29 - X) + (63 - X) = 68$ $29 - X + 63 - X = 68$ $2X = 24$ $X = 12$

A partir do valor de X, calculam-se os valores de Y e Z.

Calcular Y e Z	$Y = 29 - X$ $Y = 29 - 12$ $Y = 17$	$Z = 63 - X$ $Z = 63 - 12$ $Z = 51$

Resposta: O maior dos três números é igual a 51

Vejamos outra forma de trabalhar com números cobrada pela FCC.

> *Após combater um incêndio em uma fábrica, o corpo de bombeiros totalizou as seguintes informações sobre as pessoas que estavam no local durante o incêndio:*
>
> *– 28 sofreram apenas queimaduras;*
>
> *– 45 sofreram intoxicação;*
>
> *– 13 sofreram queimaduras e intoxicação;*
>
> *– 7 nada sofreram.*
>
> *Do total de pessoas que estavam no local durante os acidentes, sofreram apenas intoxicação (TRT 14º R – FCC – 2016).*

Continuamos nos apoiando nos desenhos ou diagramas:

<table>
<tr><td>28 sofreram apenas queimaduras
45 sofreram intoxicação</td><td>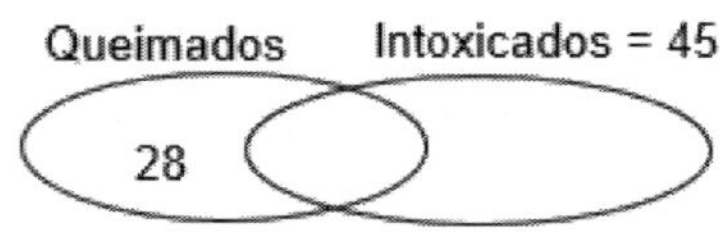
</td></tr>
</table>

Seguimos com as duas informações seguintes.

<table>
<tr><td>13 sofreram queimaduras e intoxicação
7 nada sofreram</td><td>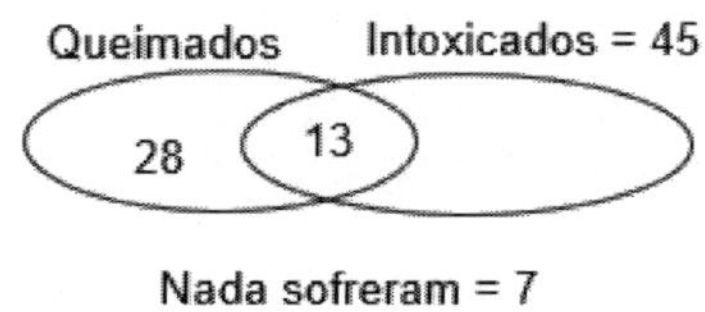
</td></tr>
</table>

A partir deste último desenho, identificamos a quantidade de pessoas que foram apenas intoxicadas e calculamos a porcentagem para resolver a questão.

<table>
<tr><td>Sofreram apenas intoxicação
(45 – 13 = 32)</td><td>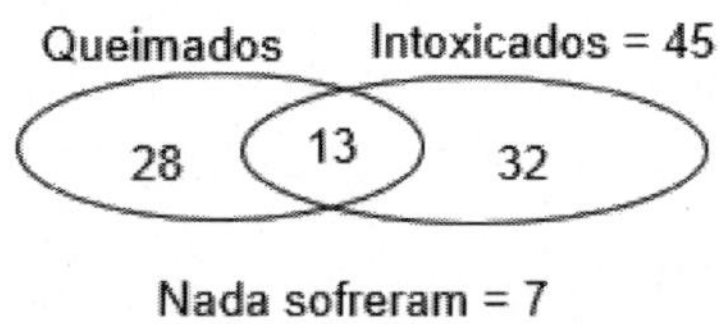
</td></tr>
</table>

O cálculo da porcentagem é feito por meio da razão entre a quantidade de interesse (apenas intoxicados = 32) pelo total de pessoal que estavam no local (28+13+32+7=80), ou seja, divisão de 32 por 80, igual a 0,4 ou 40%.

Resposta: Dentre o total de pessoas que estavam no local durante os acidentes, 40% sofreram apenas intoxicação.

5.5. Raciocínio sequencial

Outro tipo de questão bastante explorada pela FCC são as sequencias.

Neste caso, as bancas, inclusive a Carlos Chagas, abusam da criatividade e apresentam questões que não seguem um mesmo modelo.

Estamos falando de questões estruturadas a partir de uma determinada lógica, muitas vezes inédita, e que você, concursando, terá que identificar no momento em que estiver resolvendo a prova.

QUESTÃO:

Vejamos a prova para Analista Judiciário, TRF – 3ª Região, aplicada pela FCC no ano de 2016.

> *A diferença entre o 12° e o 13°, nessa ordem, termos da sequência lógica matemática (20; 20; 15; 30; 20; 60; 40; 160; 120; 600; 520;...)* é *igual a.*

A questão apresenta uma sequência numérica com onze números e solicita a diferença entre os dois números seguintes, 12º e 13º termos.

Não existe "a regra" para resolver a questão.

A solução passa pela análise da situação e pela identificação de qual foi a lógica que o examinador utilizou para, então, resolver a questão.

O interessante, quando trabalhamos com sequências, é observar as possíveis combinações, por exemplo: associar o primeiro com o último elemento, verificar a sequência na ordem inversa, analisar os elementos alternadamente, aplicar as operações aritméticas entre os elementos e assim por diante.

Voltando para a resolução da questão, temos:

Sequência dada:	*20; 20; 15; 30; 20; 60; 40; 160; 120; 600; 520;...*

Nesse caso, a lógica para a sequência está no agrupamento dos elementos dois a dois.

20 20	*15 30*	*20 60*	*40 160*	*120 600*	*520*
x1	x2	x3	x4	x5	

O próximo número da sequência é:

20 20	*15 30*	*20 60*	*40 160*	*120 600*	*520 3120*
x1	x2	x3	x4	x5	x6

Existe outra lógica nessa mesma sequência:

	-5		-10		-20		-40		-80		
20	*20*	*15*	*30*	*20*	*60*	*40*	*160*	*120*	*600*	*520*	*3120*
x1		x2		x3		x4		x5		x6	

Logo, o 13º elemento é o número:

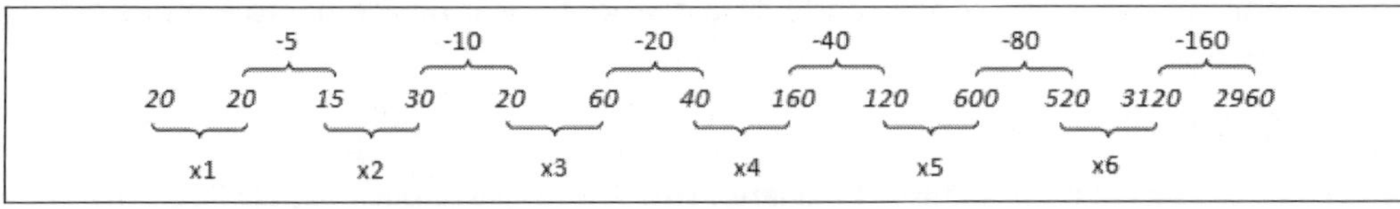

Resposta: A diferença entre o 12º e o 13º termos da sequência é igual a 160 (3120 – 2960 = 160).

DICA

Não gaste mais do que um minuto para identificar a lógica da questão. Após a leitura do enunciado, não fique debruçado sobre a mesma questão por vários minutos tentando adivinhar qual a lógica de uma sequência ou como estruturar a questão para poder resolvê-la. Descobriu a lógica, vá em frente e resolva a questão. Não descobriu a lógica, pule para a próxima questão e, depois de resolver as demais, retome a resolução desta que pulou.

5.6. Orientação espacial

A dica é a mesma que utilizamos nos itens anteriores.

Não existe uma receita ou caminho único para a resolução de questões acerca de orientação espacial. Vale a atenção do concursando e, sempre que possível, fazer desenhos ou esquematizações daquilo que se lê para facilitar o entendimento e, consequentemente, a resolução.

Vejamos uma questão para exemplificar.

(FGV – CODEBA – Analista Portuário – 2016) A figura mostra a planificação das faces de um cubo.

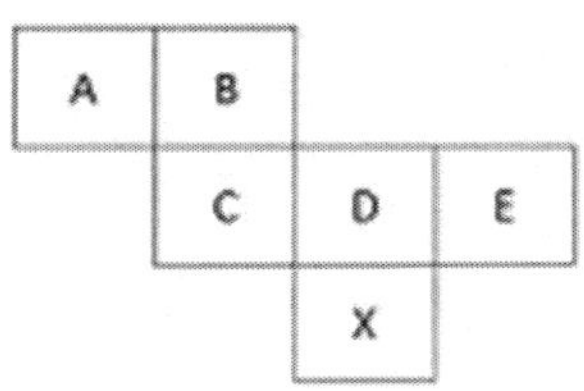

Nesse cubo, a face oposta à face X é

a) *A*

b) *B*

c) *C*

d) *D*

e) *E*

Sem uma regra específica para a resolução, partimos para a imaginação.

Por hipótese, fixa-se a face C na superfície a nossa frente. Fazendo uma primeira dobra à direita de C, teremos, neste lado, a face D. A partir da face D, uma nova dobra deixa a face X na parte inferior à base C.

Considerando que X está abaixo de C, o lado oposto, superior ao lado C, com apenas uma dobra, identifica-se a face B.

Resposta: Alternativa "b".

5.7. Orientação temporal

Helena acha que seu relógio está 3 minutos atrasado, quando na verdade ele está 12 minutos adiantado. Ontem Helena compareceu ao trabalho julgando que estava 8 minutos atrasada, porém, na realidade ela estava (TRF 3º R – FCC – 2016).

Quer saber de uma coisa?

Tem um recurso ótimo para resolver questões de raciocínio lógico, é o "formato desenho". Confesso, eu uso muito!

Pra que fazer contas se eu posso desenhar um relógio.

"Helena acha que seu relógio está 3 minutos atrasado, quando na verdade ele está 12 minutos adiantado".

Quando na verdade ele está 12 minutos adiantado.	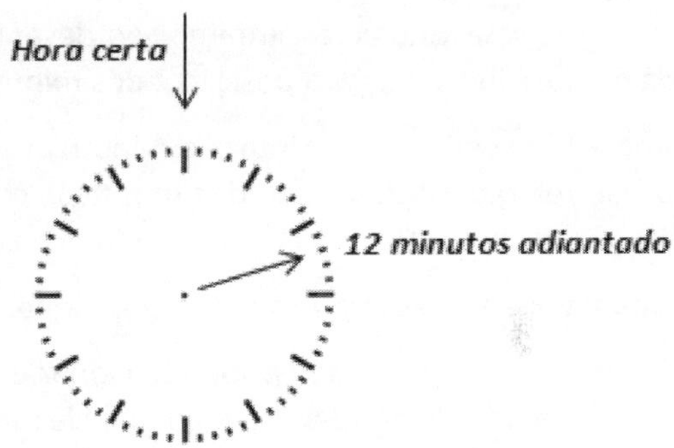

Considerando que estamos em uma hora fechada, o ponteiro dos minutos deveria apontar para o topo do relógio (Hora certa). Entretanto, a questão afirma que o relógio está 12 minutos adiantado, logo, o ponteiro dos minutos está apontando para essa quantidade de minutos.

Helena acha que seu relógio está 3 minutos atrasado.	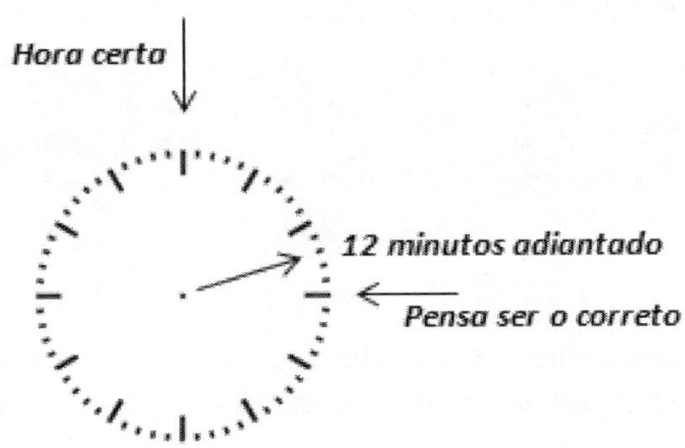

O ponteiro aponta para doze minutos, mas Helena acha que o relógio está 3 minutos atrasado. Por isso, Helena acredita que o ponteiro deveria apontar para 15 minutos (é o que ela acha).

Ontem Helena compareceu ao trabalho julgando que estava 8 minutos atrasada.	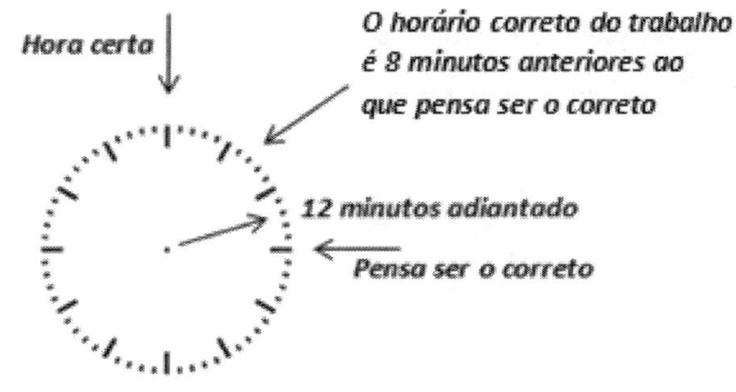

A informação parte daquilo que Helena julga ser o certo. Se ela acredita (pensa ser o correto) que está no minuto 15 e se acha que está 8 minutos atrasada, é porque deveria ter chegado ao trabalho 8 minutos antes.

Esta última seta, que acrescentamos ao desenho, indica qual é o minuto correto para entrada no trabalho, ou seja, a posição 7 dos minutos.

Como, a hora certa é a que indica o minuto atual e correto (está representada pela seta no topo do relógio, posição zero dos minutos), comparada com o horário de entrada no trabalho, significa que Helena chegou 7 minutos adiantada.

Resposta: Helena estava 7 minutos adiantada.

A Fundação Carlos Chagas pode relacionar a temporalidade com distância e cobrar questão acerca de velocidade. Isso foi o que ela fez em prova recente realizada em 2017.

> *(FCC – TRT 24ª Região – Técnico Judiciário – 2017) Uma avenida que possui 7 km de extensão teve o seu limite máximo de velocidade alterado de 50 km/h para 60 km/h. Levando-se em consideração apenas a extensão da avenida e veículos trafegando nas velocidades máximas permitidas, com a alteração do limite máximo permitido de velocidade, o tempo para percorrer a extensão total da avenida diminuiu em*

A fórmula para velocidade é essencial e suficiente para resolução dos problemas propostos pela FCC em relação ao tema.

DICA

Para nunca mais ficar em dúvida quanto à fórmula, lembre-se de que a própria expressão da velocidade a descreve. Por exemplo, "A **velocidade média** nas estradas **é** de 100 **quilómetros por hora**, algo que seria demonstrado assim: 100 Km/h".

Veja se a fórmula não é a repetição da expressão: V = Km/h

Considerando as velocidades da avenida, anterior de 50 km/h e atual de 60 km/h, bem como a distância percorrida, basta inseri-las na fórmula.

Tempo para a velocidade de 50 km/h	Tempo para a velocidade de 60 km/h
V = km / h 50 = 7 / h h = 7 / 50	V = km / h 60 = 7 / h h = 7 / 60

Aqui é importante uma pausa na resolução para um comentário sobre operações em relação a tempo.

No caso, números decimais são multiplicados por 60.	**Min = 0,14 . 60** **Min = 8,4**

Temos na parte inteira os minutos e ainda há número decimal.

Multiplicados novamente o valor decimal por 60.	**Seg = 0,4 . 60** **Seg = 24**

Pronto calculamos os segundos e temos o tempo gasto: 8 minutos e 24 segundos.

Repetimos a operação para 60 km/h:

Tempo para velocidade de 60 km/h	h = 7 / 60 h = 0,11667
Multiplicar a parte decimal para calcular os minutos	Min = 0,11667 . 60 Min = 7

Repare que esta última operação não seria necessária uma vez que estamos fazendo o cálculo inverso ao anterior (divisão por 60 e multiplicação por 60).

Portanto, o tempo gasto para o percurso que era de 8 minutos e 24 segundos passa a ser trilhado em 7 minutos.

Resposta: O tempo para percorrer a extensão total da avenida diminuiu em 1 minuto e 24 segundos.

6. CORRELACIONAMENTO LÓGICO

O correlacionamento lógico, que veremos neste item, é uma modalidade de argumentação na qual está presente a estrutura lógica.

A estrutura é composta de informações (aquelas definidas no enunciado da questão) e, a partir delas, buscamos determinada conclusão que servirá de resposta para a questão.

Classificações:

Não existe regra definida para a resolução de questões de correlacionamento. Será preciso muita atenção naquelas informações que o examinador está disponibilizando para poder esquematizá-las, geralmente com o auxílio de diagramas ou planilhas, na busca da conclusão lógica adequada.

Contudo, mesmo sem uma regra única, podemos classificar as questões de argumentação (ou correlacionamento lógico) para facilitar sua resolução.

Se partirmos das premissas, seja usando o processo de indução ou dedução, e chegarmos a uma conclusão, podemos então dizer que a argumentação é uma estruturação de informação que produz novas informações. É uma construção de conhecimento.

O processo de produção de novas informações, para as questões de raciocínio lógico em provas de concursos públicos, pode ser dividido em três classes de argumentação: ordenação, dedução e hipóteses.

6.1. Ordenação

A ordenação é o mecanismo de reestruturação do ordenamento das informações para, enfim, chegar à conclusão. Todas as informações são conhecidas, porém estão fora de ordem.

Esse tipo de questão apresenta informações relacionadas a uma situação de ordenamento sequencial, por exemplo: Pessoas na fila do caixa bancário, espectadores sentados lado a lado nas cadeiras do cinema, alunos em ordem de acordo com as notas das provas, fila organizada pela altura dos jogadores de basquete, ordem de emissoras de TV conforme pontos em pesquisa de audiência e assim por diante.

A resolução dessas questões, consideradas fáceis na maior parte das vezes, faz-se com a leitura atenta das informações e alocação dos elementos identificados na sequência correta, em conformidade com o que está sendo interpretado.

QUESTÃO:

Alice, Bianca, Clara, Débora e Érica *são amigas e sentam-se juntas e lado a lado no meio de uma fileira vazia do cinema com 15 lugares. Depois que todos se acomodam, verifica-se que:*

– Bianca não se senta ao lado de Débora, mas em cada um dos seus lados está sentada uma das suas amigas.

– Ao lado de Érica *há uma poltrona vazia.*

– Sentada, Clara está na terceira poltrona à esquerda da poltrona de Érica.

– Há apenas duas poltronas ocupadas entre Alice e uma poltrona vazia.

Nas condições descritas, é correto afirmar que (Eletrobras – FCC – 2016).

Sabemos que as amigas sentaram-se juntas e lado a lado numa fileira do cinema. Sabemos também:

- Bianca não se senta ao lado de Débora, mas em cada um dos seus lados está sentada uma das suas amigas.	~~D~~ B ~~D~~

Bianca está entre amigas que não a Débora.

- *Ao lado de Érica há uma poltrona vazia.*	E ___ ___ ___ E

Érica sentou-se em um desses dois lugares (na extremidade da direita ou da esquerda) entre os cinco lugares ocupados pelas amigas.

- *Sentada, Clara está na terceira poltrona à esquerda da poltrona de* Érica.	___ ___ C ___ ___ E ___

Analisando esta informação, em conjunto com a anterior, concluímos qual a cadeira que Érica ocupa e que a cadeira a sua direita está vazia. Ainda, que Clara está na terceira poltrona à esquerda de Érica.

- *Há apenas duas poltronas ocupadas entre Alice e uma poltrona vazia.*	___ ___ C A ___ E ___

Alice está na posição central, assim, são duas poltronas com amigas a sua direita e outras duas com amigas a sua esquerda.

Retomando a primeira informação, como Bianca está sentada entre duas amigas, ela ocupa a poltrona à direita de Alice.

E, claro, como só restou um lugar, Débora está mais à esquerda entre as amigas.

As amigas estão sentadas nessa ordem: Débora, Clara, Alice, Bianca e Érica.	___ D C A B E ___

Resposta: É correto afirmar que Alice está sentada ao lado de Clara.

6.2. Dedução

A análise das informações disponíveis serve de parâmetro para deduzirmos novas informações que são necessariamente consequências das existentes.

São os casos em que o examinador disponibiliza alguns dados relacionados a grandezas diferentes e que se relacionam entre si.

Por exemplo, a questão diz que três irmãs usam vestidos de cores diferentes. Então, são dadas algumas dicas iniciais e, finalmente, é solicitada qual a cor do vestido que cada uma das irmãs está usando.

O padrão para a resolução é com o auxílio de planilha fazendo cruzamentos entre linhas e colunas. As linhas são identificadas por uma das grandezas e as colunas são identificadas pela outra grandeza.

As células que representam o cruzamento de linha e coluna são preenchidas com "sim" e "não", considerando se a relação está correta ou errada, respectivamente.

Imagine que uma das informações da questão diz que, entre as irmãs, Maria veste casaco amarelo e outra informação diz que Silvia não veste casaco verde:

	Maria	Silvia	Raquel
Azul			
Verde		Não	
Amarelo	Sim		

Repete-se o processo para cada informação até que se conclua qual a cor do casaco de cada uma das irmãs.

Veja se não foi exatamente assim que a FCC cobrou para prova de Técnico Judiciário do TJ/SP no ano de 2021.

Adão, Beto e Celso são casados com Ana, Bella e Clara, e atuam como advogado, engenheiro e matemático, não necessariamente nas ordens mencionadas. Sabe-se que Beto não é casado com Ana; Adão não é matemático e é casado com Clara. Além disso, o advogado é casado com Bella. É correto afirmar que

a) Clara é casada com o advogado.

b) Ana é casada com o matemático.

c) Celso é casado com Bella.

d) Adão é advogado.

e) Beto é engenheiro.

Montar a planilha com a identificação das pessoas.

	Adão	Beto	Celso
Ana			
Bella			
Clara			

Vejamos quais as informações que a banca nos apresenta

- *Sabe-se que Beto não é casado com Ana.*

	Adão	Beto	Celso
Ana		**Não**	
Bella			
Clara			

- *Adão não é matemático e é casado com Clara.*

	Adão Matemático	Beto	Celso
Ana	Não	Não	
Bella	Não		
Clara	SIM	Não	Não

Para cada "sim" preencher o restante da linha e da coluna com "não".

- *Além disso, o advogado é casado com Bella.*

	Adão Matemático	Beto	Celso
Ana	Não	Não	
Bella Advogado	Não		
Clara	SIM	Não	Não

Passamos às deduções: a primeira delas é que Ana e Celso são casados, consequentemente, Bella e Adão formam o último casal.

	Adão Matemático	Beto	Celso
Ana	Não	Não	SIM
Bella Advogado	Não	SIM	Não
Clara	SIM	Não	Não

Em relação às profissões, sabendo que Bella é casada com o advogado, é certo que Beto tem esta profissão.

Ainda, como foi dito que Adão não é matemático, concluímos que este é engenheiro e Celso é matemático.

	Adão Engenheiro	Beto Advogado	Celso Matemático
Ana	Não	Não	SIM
Bella	Não	SIM	Não
Clara	SIM	Não	Não

Conclusões:

- Adão é engenheiro e casado com Clara.
- Beto é advogado e casado com Bella.
- Celso é matemático e casado com Ana.

A partir das conclusões encontramos nossa resposta, alternativa "b".

6.3. Hipóteses

Por fim, nos casos de questões que envolvam verdades e mentiras, as hipóteses serão utilizadas. O desenvolvimento e a resolução do problema passam pela criação de hipóteses, considerando situações ora verdadeiras, ora mentirosas.

O objetivo é testar cada uma das situações hipotéticas até chegar a uma conclusão sem que haja contradições entre premissas e conclusão.

Por exemplo: são dadas três afirmativas e a questão informa que duas delas são falsas e a outra é verdadeira, porém, não se sabe qual. Logo, é preciso formular as possíveis situações e testar cada uma delas:

	Hipótese 1	Hipótese 2	Hipótese 3
Afirmativa 1	Verdade	Falsa	Falsa
Afirmativa 2	Falsa	Verdade	Falsa
Afirmativa 3	Falsa	Falsa	Verdade

Então, para as informações falsas, faz-se a negação. Finalmente, identifica-se a hipótese que não apresenta contradição e dela se retira a resposta para a questão.

QUESTÃO:

Veja como a banca FCC cobrou esse assunto na prova Auditor Fiscal da Receita Estadual do Maranhão, aplicada em setembro de 2016.

Quatro meninos têm 5, 7, 9 e 11 carrinhos cada um. A respeito da quantidade de carrinhos que cada um tem, eles afirmaram:

– Antônio: Eu tenho 5 carrinhos;

– Bruno: Eu tenho 11 carrinhos;

– Cássio: Antônio tem 9 carrinhos;

– Danilo: Eu tenho 9 carrinhos.

Se apenas um deles mentiu, tendo os outros dito a verdade, então é correto concluir que a soma do número de carrinhos de Antônio, Bruno e Cássio é igual a

Conforme a teoria, faríamos o seguinte quadro com as hipóteses possíveis:

	Hipótese 1	Hipótese 2	Hipótese 3	Hipótese 4
Antônio tem 5 carrinhos	**Mentira**	Verdade	Verdade	Verdade
Bruno tem 11 carrinhos	Verdade	**Mentira**	Verdade	Verdade
Antônio tem 9 carrinhos	Verdade	Verdade	**Mentira**	Verdade
Danilo tem 9 carrinhos	Verdade	Verdade	Verdade	**Mentira**

Como o tempo é escasso para resolução das provas de concursos públicos, evite trabalhar com todas as hipóteses.

Procure informações contraditórias, pois uma será verdadeira e outra mentirosa. Isso pode eliminar alguma ou algumas das hipóteses.

Vamos lá!

Observe essas duas afirmações:

– Antônio: Eu tenho 5 carrinhos. *– Cássio: Antônio tem 9 carrinhos.*	Se fossem consideradas as duas afirmativas, Antônio teria 5 e 9 carrinhos, ou seja, uma das duas informações é mentirosa. Antônio ou Cássio mente.

Agora, ainda aproveitando o que afirmou Cássio, compare com a afirmativa do Danilo.

– Cássio: Antônio tem 9 carrinhos. *– Danilo: Eu tenho 9 carrinhos.*	De acordo com as informações, Antônio teria 9 carrinhos e Danilo também teria 9 carrinhos. O enunciado diz que cada um dos meninos tem uma quantidade diferente de carrinhos. Logo, um deles mente.

Como existe apenas um mentiroso, concluímos que é o menino Cássio (figura nas duas contradições apresentadas anteriormente). Portanto, Antônio não tem 9 carrinhos.

No quadro das hipóteses, no início da resolução da questão, a terceira delas (hipótese 3) é a correta em relação a quem mente.

Esse é o raciocínio para a resolução desse tipo de questão. A partir daí é possível saber qual a quantidade de carrinhos de cada um: Antônio tem 5 carrinhos, Bruno tem 11 carrinhos, Cássio tem 7 carrinhos e Danilo tem 9 carrinhos.

Resposta correta: a soma do número de carrinhos de Antônio, Bruno e Cássio é igual a 23.

DICA

Para iniciar a resolução de questões de verdade e mentira, procure as afirmativas contraditórias.

7. NOÇÕES DE ESTATÍSTICA

7.1. Medidas de Posição

O primeiro grupo a ser trabalhado são as medidas de localização do centro dos dados: Média, mediana e moda. Sempre com atenção ao detalhamento da apresentação dos dados, se são simples ou se são em intervalos de classes, e se é o caso de análise populacional ou de análise amostral.

7.1.1. *Média*

A média é o ponto de equilíbrio da distribuição.

Média para rol	Média para dados agrupados
$Me = \frac{X_1 + X_2 + \cdots + X_n}{n}$	$\overline{X} = \frac{X_1 . f_1 + X_2 . f_2 + \cdots + X_n . f_n}{f_1 + f_2 + \cdots + f_n}$

Fazendo uma analogia com a matemática, a média para rol e a média para dados agrupados assemelham-se, respectivamente, à média aritmética simples e à média aritmética ponderada.

7.1.2. *Mediana*

Mediana é o valor que se encontra exatamente no centro da série de observações dividindo-a em partes iguais (cada uma com o mesmo número de observações).

Mediana rol (n: ímpar)	Mediana rol (n: par)	Mediana dados agrupados
$Md = X_{\left(\frac{n+1}{2}\right)}$	$Md = X_{\left(\frac{n+1}{2}\right)}$	$Md = L_{inf} + \frac{(n/2) - F_a}{fi} . h$

Vamos simplificar:

- **Mediana para rol com número ímpar de observações**: Haverá uma única observação que divide o rol em duas partes iguais, por exemplo, para R = {1, 4, 5, 6, 6}, a mediana é igual a 5 (restam duas observações antes da observação "5" e outras duas após).
- **Mediana para rol com número par de observações**: Neste caso serão duas as observações centrais que dividem o rol em partes iguais, por exemplo, para R = {1, 3, 5, 7, 8, 10}, a mediana será a média entre as observações "5" e "7", ou seja, igual a 6.

Veja a aplicação das fórmulas nos exemplos dados:

Mediana rol (n: ímpar)	Mediana rol (n: par)
$Md = X_{\left(\frac{n+1}{2}\right)}$ $Md = X_{\left(\frac{5+1}{2}\right)}$ $Md = X_{(3)}$	$Md = \frac{X_{(n/2)} + X_{((n/2)+1)}}{2}$ $Md = \frac{X_{(6/2)} + X_{((6/2)+1)}}{2}$ $Md = \frac{X_{(3)} + X_{(4)}}{2}$
$Md = 5$	$Md = \frac{5 + 7}{2}$ $Md = 6$

No primeiro caso a mediana encontra-se na posição 3 e no segundo, média dos valores das posições 3 e 4.

Como a mediana é o elemento central, para os casos em que as observações estão dispostas em rol, a identificação é visual, portanto, a fórmula é desnecessária.

7.1.3. Moda

A moda corresponde ao valor da observação que aparece mais vezes. O detalhe é que não necessariamente haverá uma moda, existem casos em que haverá mais de uma moda ou mesmo nenhuma. Por exemplo, imagine os conjuntos abaixo:

Unimodal	A = {3, 6, 7, 7, 7, 9, 10, 11, 15}	Moda = 7
Bimodal	B = {3, 6, 7, 7, 8, 9, 9, 10, 11}	Moda = 7 e 9
Multimodal	C = {3, 6, 7, 7, 9, 9, 10, 11, 11}	Moda = 7, 9 e 11
Amodal	D = {3, 4, 6, 7, 8, 9, 10, 11, 15}	Moda = ∅

Adicionalmente, como foi explicado para mediana, precisaremos da fórmula para os casos de distribuição de frequência. Para moda, utilizaremos a fórmula de *Czuber* que é, de longe, a mais cobrada em provas de concursos públicos.

Moda de Czuber para dados agrupados	$\mathrm{Mo} = \mathrm{L_{inf}} + \left(\frac{\Delta a}{\Delta a + \Delta p}\right).\mathrm{h}$

Vamos importar uma questão da Área Fiscal, aplicada pela FCC, na qual passamos pelos cálculos de média, mediana e moda.

(FCC – Sefaz/BA – Auditor Fiscal – 2019) Os números de autos de infração lavrados pelos agentes de um setor de um órgão público, durante 10 meses, foram registrados mensalmente conforme a tabela abaixo.

Mês	*I*	*II*	*III*	*IV*	*V*	*VI*	*VII*	*VIII*	*IX*	*X*	***Total***
Número de Autos	*7*	*5*	*4*	*6*	*6*	*5*	*5*	*7*	*6*	*5*	***56***

Verifica-se que, nesse período, o valor da soma da média aritmética (número de autos por mês) com a mediana é igual ao valor da moda multiplicado por

a) *2,4*

b) *2,32*

c) *2,12*

d) *2,52*

e) *2,22*

Para responder a questão são necessários os valores da média, mediana e moda. Iniciamos pela moda porque, como se trata de rol, não demanda cálculos.

Moda: Número com maior quantidade de repetições (maior frequência). Verificamos que a moda, no rol da questão, é igual a **5**.

A média é o resultado da divisão da quantidade total de autos de infração pela quantidade de meses.

Média	Me = Total de Autos / Qde. Meses Me = 56/10 Me = 5,6

Para obtermos a mediana, uma vez que a quantidade de elementos é um número par, calculamos a média dos dois números centrais. Atenção: é necessário que o rol esteja em ordem para dar início aos cálculos estatísticos.

Número de Autos	4	5	5	5	5	6	6	6	7	7

As posições centrais, 5ª e 6ª, coincidentemente, correspondem aos elementos de números 5 e 6. A mediana será a média entre eles.

Mediana	Md = (5 + 6) / 2 Md = 5,5

Resta-nos a relação proposta pelo examinador.

O valor da soma da média aritmética (número de autos por mês) com a mediana é igual ao valor da moda multiplicado por:	Me + Md = Mo . x 5,6 + 5,5 = 5x x = 11,1 / 5 x = 2,22

Gabarito: E.

7.2. Medidas de Dispersão

7.2.1. Amplitude

A medida básica de dispersão é a amplitude total, diferença entre o maior e o menor valor de um determinado experimento, o que traz informação limitada, uma vez que não considera os valores intermediários, apenas os extremos.

Amplitude Total	h = Limite Superior – Limite Inferior

7.2.2. Desvio Médio

A diferença entre os valores observados em relação a uma medida de tendência central (média ou mediana) é conhecida como desvio. Se esta medida está relacionada com a média, ou seja, desvio médio, os valores são calculados em termos absolutos (diferença em módulo) para evitar que o somatório seja sempre igual a zero.

Desvio Médio	h = Limite Superior – Limite Inferior

7.2.3. *Variância*

A variância é uma medida que se baseia nos desvios quadrados do conjunto em relação à média.

Variância populacional	Variância amostral
$\sigma^2 = \frac{\sum(X_i - \mu)^2}{n}$	$S^2 = \frac{\sum(X_i - \overline{X})^2}{n-1}$

Nos casos de distribuição classificada por intervalos as fórmulas repetem-se incluindo o produto pela frequência de cada classe.

Variância populacional para intervalos de classes	Variância amostral para intervalos de classes
$\sigma^2 = \frac{\sum(X_i - \mu)^2 . fi}{n}$	$S^2 = \frac{\sum(X_i - \overline{X})^2 . fi}{n-1}$

Bem, são quatro fórmulas ou, pelo menos, quatro variações dela para o cálculo da mesma medida. E como fazer para memoriza-las?

> Para Fixar
>
> Em relação à variância guarde: "**Somatório dos quadrados das diferenças em torno da média**". Ou, em linguagem matemática: $\sum(x_1 - \mu)^2$

A partir desta base, basta verificar se os dados foram apresentados em rol ou separados por classe. Se por classes, multiplicar pela frequência (fi) da respectiva classe. Observar, também, se estamos falando de dados populacionais ou dados amostrais, se amostrais, subtrair uma unidade no denominador (n – 1).

Outro detalhe. Perceba que, nas variações da fórmula, ora a média estava representada pela letra grega mi "µ", ora por um X do nosso alfabeto normal (romano) com uma barra superior "$\overline{X}$". Trata-se de uma convenção que adota as representações por meio de letras gregas para cálculos sobre dados populacionais e as letras no nosso alfabeto para os cálculos sobre dados amostrais.

7.2.4. *Desvio Padrão*

O desvio padrão, em termos matemáticos, é a raiz quadrada da variância.

Relação entre Variância e Desvio Padrão	$\text{Desvio Padrão} = \sqrt{\text{Variância}}$ $\text{Variância} = \text{Desvio Padrão}^2$

Disto conclui-se que as fórmulas para o desvio padrão são semelhantes às da variância.

Desvio Padrão populacional	Desvio Padrão amostral
$\sigma = \sqrt{\frac{\sum(X_i - \mu)^2}{n}}$	$S = \sqrt{\frac{\sum(X_i - \overline{X})^2}{n-1}}$

Como a variância, o desvio padrão também é uma medida absoluta, porém, de mais fácil interpretação uma vez que mantém a mesma unidade de medida do conjunto (não quadrática como na variância).

Desvio Padrão populacional para intervalos de classes	Desvio Padrão amostral para intervalos de classes
$\sigma = \sqrt{\frac{\Sigma(X_i - \mu)^2 . fi}{n}}$	$S = \sqrt{\frac{\Sigma(X_i - \bar{X})^2 . fi}{n - 1}}$

Ainda, para memorizar vale a mesma regra descrita para a variância já que, para o desvio padrão, basta extrair a raiz quadrada.

7.3. Apresentação de Dados

7.3.1. Histograma

Definimos histograma como a forma de apresentar a distribuição de frequência de uma variável quando distribuída em classes.

O formato em intervalos de classes é ideal para apresentação de variáveis quantitativas contínuas, as quais mensuram altura, peso, largura, temperatura, entre outras.

Histograma	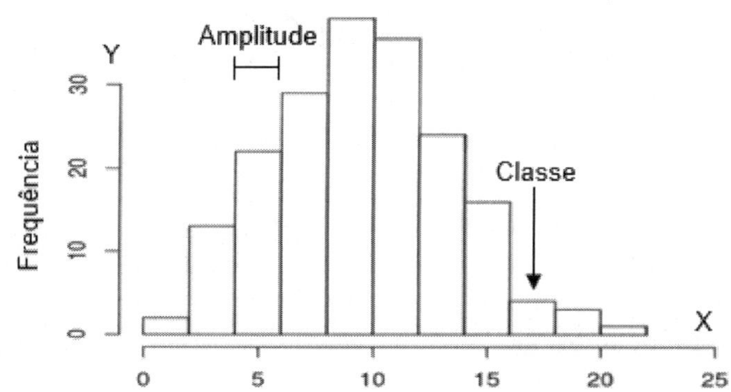

A base do histograma, eixo horizontal, apresenta a variável X que representa a variável, por exemplo, idade, preço, voltagem ou infinitas outras. Quando falamos em classes, a frequência (quantidade de repetições), eixo vertical Y, faz referência a um grupo e não uma medida única.

Olhando para o exemplo acima, a primeira classe vai de 0 a 2, a segunda de 2 a 4, a terceira de 4 a 6 e assim por diante, ou seja, cada retângulo é uma classe e o tamanho de cada classe é a amplitude.

A amplitude é dada pelo diferença entre o limite superior e o limite inferior. Ainda no histograma anterior, por exemplo, a terceira classe tem limite inferior igual a 4 e o superior igual a 6, logo a amplitude é igual a 2 (6 – 4 = 2). Poderíamos identificar a amplitude total da variável X, igual a 22, limite superior menos o limite inferior (22 – 0 = 22).

Resumindo, a base dos retângulos define os intervalos de classe e a altura a frequência do intervalo.

7.3.2. *Gráficos e Tabelas*

As tabelas e os gráficos são ferramentas que possibilitam a apresentar dados de forma a facilitar a visualização e interpretação.

Enfim, os dados estarão a sua disposição e, na grande maioria dos casos, a partir de então aplica-se os conhecimentos de matemática.

QUESTÃO:

(FCC – Analista Judiciário – TRT14 – 2018) A tabela de índices abaixo foi montada considerando o preço de custo unitário médio anual de determinado equipamento, em reais, em um período de 10 anos (entre 2008 e 2017). Foram considerados como índices os preços relativos, em porcentagens, adotando o preço de custo unitário médio anual do equipamento em 2010 como básico.

Ano	2008	2009	2010	2011	2012	2013	2014	2015	2016	2017
Preços relativos	75	90	100	105	105	110	115	120	125	128

Se o preço de custo unitário médio deste equipamento, em 2014, era de R$ 25,30, então o acréscimo desse preço de 2008 para 2017 foi, em R$, de

a) *6,16.*

b) *8,36.*

c) *11,66.*

d) *12,86.*

e) *5,06.*

Mesmo que fique alguma dúvida no entendimento dos termos técnicos cujo objetivo é dizer que a tabela apresenta os custos unitários representados em porcentagem, ainda assim daria pra resolver a questão. Para isso vamos trabalhar com a parte final do enunciado.

Ano	2008	2014	2017
Preços relativos	75	115	128
Valores em R$	X	25,30	Y

Os preços relativos mantêm proporcionalidade em relação aos valores em reais, logo, a aplicação da regra de três é suficiente para obtermos os custos médio para os anos de 2008 e 2017.

2008	115 X = 25,30 . 75 X = 16,50
2017	115 Y = 25,30 . 128 Y = 28,16

Por fim, a diferença

Diferença (D)	D = Y – X D = 28,16 – 16,50 D = 11,66

Resposta: O acréscimo do custo unitário médio de 2008 para 2017 foi de R$ 11,66. Alternativa C.

Legislação

Danilo da Cunha Sousa

Item do edital	Item da Revisão
Lei nº 8.112/1990 e alterações: Das Disposições Preliminares; Do Provimento, Da Vacância, Da Remoção, Da Redistribuição e Da Substituição; Dos Direitos e Vantagens: Do Vencimento e da Remuneração, Das Vantagens, Das Férias, Das Licenças e Dos Afastamentos; Do Regime Disciplinar: Dos Deveres, Das Proibições, Da Acumulação, Das Responsabilidades e Das Penalidades. Processo administrativo disciplinar.	1. LEI Nº 8.112/1990. 1.1. Disposições Preliminares 1.2. Do Provimento, Vacância, Remoção, Redistribuição e Substituição; 1.3. Dos Direitos e Vantagens: Do vencimento e da remuneração e das vantagens. 1.4. Das Férias, Licenças e dos Afastamentos 1.5. Do Regime disciplinar: Dos deveres, das proibições, da cumulação, das responsabilidades e das penalidades
Lei nº 9.784/1999.	2. Lei nº 9.784/1999.
Lei nº 8.429/1992 e Lei nº 14.230/2021.	3. Lei nº 8.429/1992 e Lei nº 14.230/2021.
Nova Lei de Licitações (Lei 14.133/2021).	4. Lei n. 14.133/2021
Lei n° 13.709/2018 (LGPD).	5. Lei n° 13.709/2018
Lei 13.146/2015 (Institui a Lei Brasileira de Inclusão da Pessoa com Deficiência).	6. Lei n. 13.146/2015
Regimento Interno do TRT da 5ª Região.	7. Regimento Interno do TRT/5ª Região (RI)
Resolução CNJ n° 400/2021 (Política de Sustentabilidade no âmbito do Poder Judiciário).	8. Resolução n. 400/2021 do CNJ.

1. LEI Nº 8.112/1990

Dispõe sobre o regime jurídico dos servidores públicos civis da União, das autarquias e das fundações públicas federais.

1.1. Disposições Preliminares

Classificação dos agentes públicos	a) **Agentes políticos:** têm função política, como Chefe do Poder Executivo, membros dos Poderes Judiciário e Legislativo e membros dos Ministérios Públicos; b) **Servidores Públicos:** são aqueles sujeitos ao regime estatutário da Lei n. 8.112/1990. c) **Empregados públicos**: sujeitos ao regime celetista, com a peculiaridades do regime público. d) **Contratados temporários**: sem ocupar função pública, exercem cargo público em caso de excepcional interesse público. e) **Particulares em colaboração com a Administração Pública**: exercem função pública, sem ocupar cargo público, como jurados e mesários das eleições.

- **Conceito de servidor público:** servidor é a pessoa legalmente investida em cargo público.

- **Conceito de cargo público:** é o conjunto de atribuições e responsabilidades previstas na estrutura organizacional que devem ser cometidas a um servidor.
- É **proibida** a prestação de serviços gratuitos, salvo os casos previstos em lei.

1.2. Do Provimento, Vacância, Remoção, Redistribuição e Substituição

Requisitos básicos para investidura no cargo público	I – a nacionalidade brasileira. Com a EC nº 19/98, é permitido o acesso a cargos públicos aos estrangeiros, nos termos de lei regulamentadora; II – o gozo dos direitos políticos; III – a quitação com as obrigações militares e eleitorais; IV – o nível de escolaridade exigido para o exercício do cargo; V – a idade mínima de dezoito anos; VI – aptidão física e mental; VII – outras aptidões compatíveis com o cargo público e previamente previstas em lei.

Formas de provimento	I – nomeação; II – promoção; III- readaptação; IV- reversão; V – aproveitamento; VI – reintegração; VII – recondução.

Nomeação: é a designação da pessoa para ocupar o cargo público.	a) **Nomeação em caráter efetivo:** quando se tratar de cargo isolado de provimento efetivo ou de carreira. Depende de **prévia aprovação em concurso público**. b) **Nomeação em comissão:** inclusive na condição de interino, para **cargos de confiança vagos.**

- **Prazo de validade do concurso público:** até 2 (dois) anos, podendo ser prorrogado uma única vez, por igual período.

Atenção: Momento da investidura: **POSSE**

- Só haverá **posse** nos casos de provimento de cargo por nomeação.
- É de quinze dias o prazo para o servidor empossado em cargo público entrar em exercício, contados da data da posse, sob pena de o servidor ser **exonerado** do cargo ou de ser tornado sem efeito o ato de sua designação para função de confiança.
- O candidato aprovado em concurso público **pode assumir cargo** que, segundo o edital, exige título de **Ensino Médio profissionalizante ou completo com curso técnico em área específica**, caso não seja portador desse título mas detenha **diploma de nível superior** na **mesma área profissional** (Tese 1094 dos Recursos Repetitivos do STJ).
- O servidor que deva ter exercício **em outro município** em razão de ter sido removido, redistribuído, requisitado, cedido ou posto em exercício provisó-

rio terá, **no mínimo, dez e, no máximo, trinta dias de prazo**, contados da publicação do ato, para a retomada do efetivo desempenho das atribuições do cargo, incluído nesse prazo o tempo necessário para o deslocamento para a nova sede.

- O servidor pode renunciar ao prazo acima.

ATENÇÃO:

Estágio probatório: período de vinte e quatro meses em que o servidor nomeado para cargo de provimento efetivo ficará sujeito ficará sob avaliação de desempenho (art. 20, Lei n. 8.112/1990).

São estáveis após três anos de efetivo exercício os servidores nomeados para cargo de provimento efetivo em virtude de concurso público **(art. 41, CF/88).**

Houve discussão se tempo para aquisição de estabilidade era o mesmo que o período de estágio probatório.

STJ: entende que sim, ou seja, o estágio probatório também é de três anos.

- O servidor não aprovado no estágio probatório será exonerado ou, se estável, reconduzido ao cargo anteriormente ocupado.

Hipóteses possíveis de concessão de licença ao servidor em estágio probatório	I – por motivo de doença em pessoa da família; II – por motivo de afastamento do cônjuge ou companheiro; III – para o serviço militar; IV – para atividade política;

- O servidor **habilitado** em concurso público e **empossado** em cargo de **provimento efetivo** adquirirá **estabilidade** no serviço público ao completar **três anos** de efetivo exercício e só **perderá o cargo** em virtude de **sentença judicial transitada em julgado** ou de **processo administrativo disciplinar** no qual lhe seja assegurada **ampla defesa**.
- **Readaptação** é a investidura do servidor em cargo de atribuições e responsabilidades **compatíveis com a limitação** que tenha sofrido em sua capacidade **física ou mental** verificada em inspeção médica.
- **Aposentadoria:** caso o servidor público seja declarado incapaz.

Reversão: é o retorno à atividade de servidor **aposentado**	I – por invalidez, quando junta médica oficial declarar insubsistentes os motivos da aposentadoria; ou II – no interesse da administração, desde que: a) tenha solicitado a reversão; b) a aposentadoria tenha sido voluntária; c) estável quando na atividade; d) a aposentadoria tenha ocorrido nos cinco anos anteriores à solicitação; e) haja cargo vago

- **Reintegração:** reinvestidura do **servidor estável** no cargo anteriormente ocupado, ou no cargo resultante de sua transformação, quando **invalidada a sua demissão por decisão administrativa ou judicial**, com ressarcimento de todas as vantagens.

Recondução é o retorno do servidor estável ao cargo anteriormente ocupado e decorrerá de	I – **inabilitação em estágio probatório** relativo a outro cargo; II – **reintegração** do servidor anterior ocupante.

Casos de vacância no cargo público	I – exoneração; II – demissão; III – promoção; IV – ascensão; V- transferência; VI – readaptação; VII – aposentadoria; VIII – posse em outro cargo inacumulável; IX – falecimento.

Exoneração: forma de vacância que ocorre por	a) Ato voluntário do servidor público (que "pede demissão" b) Ato de Ofício da Administração pública: b.1) quando não satisfeitas as condições do estágio probatório; b.2): quando, tendo tomado posse, o servidor não entrar em exercício no prazo estabelecido. c) cargo em comissão e a dispensa de função de confiança: c.1) a juízo da autoridade competente; c.2) a pedido do próprio servidor.

- **Remoção:** é o deslocamento do servidor, a pedido (a critério da Administração Pública) ou de ofício (de acordo com o interesse da Administração Pública), no âmbito do mesmo quadro, com ou sem mudança de sede.

Remoção independentemente do interesse da Administração Pública	a) para **acompanhar cônjuge ou companheiro, também servidor público civil ou militar**, de qualquer dos Poderes da União, dos Estados, do Distrito Federal e dos Municípios, que foi deslocado no interesse da Administração; b) por **motivo de saúde** do servidor, cônjuge, companheiro ou dependente que viva às suas expensas e conste do seu assentamento funcional, condicionada à comprovação por junta médica oficial; c) em virtude de **processo seletivo promovido**, na hipótese em que o número de interessados for superior ao número de vagas, de acordo com normas preestabelecidas pelo órgão ou entidade em que aqueles estejam lotados.

- **Redistribuição:** é o deslocamento de cargo de provimento efetivo, ocupado ou vago no âmbito do quadro geral de pessoal, para outro órgão ou entidade do mesmo Poder.
- O substituto assumirá **automática e cumulativamente**, sem prejuízo do cargo que ocupa, o exercício do **cargo ou função de direção ou chefia** e os de **Natureza Especial**, nos **afastamentos, impedimentos legais ou regulamentares do titular** e na **vacância** do cargo, hipóteses em que deverá **optar pela remuneração de um deles durante o respectivo período.**

1.3. Dos Direitos e Vantagens: Do vencimento e da remuneração e das vantagens

- **Vencimento** é a retribuição pecuniária pelo exercício de cargo público, com valor fixado em lei.

Remuneração = VENCIMENTO + vantagens pecuniárias permanentes estabelecidas em lei.

O SERVIDOR **PERDERÁ**	I – a remuneração do dia em que faltar ao serviço, sem motivo justificado; II – a parcela de remuneração diária, proporcional aos atrasos, ausências justificadas, ressalvadas as concessões de que trata o art. 97, e saídas antecipadas, salvo na hipótese de compensação de horário, até o mês subsequente ao da ocorrência, a ser estabelecida pela chefia imediata.

- O servidor em **débito com o erário**, que for demitido, exonerado ou que tiver sua aposentadoria ou disponibilidade cassada, terá o **prazo de sessenta dias para quitar o débito**.
- O vencimento, a remuneração e o provento não serão objeto de arresto, sequestro ou penhora, exceto nos casos de prestação de alimentos resultante de decisão judicial.

VANTAGENS	I – indenizações; II – gratificações; III – adicionais.

INDENIZAÇÕES	I – ajuda de custo: destina-se a compensar as despesas de instalação do servidor que, no interesse do serviço, passar a ter exercício em nova sede, com mudança de domicílio em caráter permanente, vedado o duplo pagamento de indenização, a qualquer tempo, no caso de o cônjuge ou companheiro que detenha também a condição de servidor, vier a ter exercício na mesma sede. II – diárias: destinadas a indenizar as parcelas de despesas extraordinária com pousada, alimentação e locomoção urbana, conforme dispuser em regulamento, ao servidor que, a serviço, afastar-se da sede em caráter eventual ou transitório para outro ponto do território nacional ou para o exterior III – transporte: despesas com a utilização de meio próprio de locomoção para a execução de serviços externos, por força das atribuições próprias do cargo, conforme se dispuser em regulamento IV – auxílio-moradia: ressarcimento das despesas comprovadamente realizadas pelo servidor com aluguel de moradia ou com meio de hospedagem administrado por empresa hoteleira, no prazo de um mês após a comprovação da despesa pelo servidor.

Retribuições, gratificações e adicionais	I – retribuição pelo exercício de função de direção, chefia e assessoramento; II – gratificação natalina; III – adicional pelo exercício de atividades insalubres, perigosas ou penosas; IV – adicional pela prestação de serviço extraordinário; V – adicional noturno; VI – adicional de férias; VII – outros, relativos ao local ou à natureza do trabalho. VIII – gratificação por encargo de curso ou concurso

1.4. Das Férias, Licenças e dos Afastamentos

- O servidor fará jus a **trinta dias de férias**, que podem ser **acumuladas**, até o **máximo de dois períodos**, no caso de **necessidade do serviço**, ressalvadas as hipóteses em que haja legislação específica.
- É **vedado** levar à conta de férias qualquer **falta ao serviço**.
- O **pagamento da remuneração** das férias será **efetuado até 2 (dois) dias antes** do início do respectivo período.

Licenças	I – por motivo de doença em pessoa da família; II – por motivo de afastamento do cônjuge ou companheiro; III – para o serviço militar; IV – para atividade política; V – prêmio por assiduidade; V – para capacitação; VI – para tratar de interesses particulares; VII – para desempenho de mandato classista.

- É **vedado o exercício de atividade remunerada** durante o período da licença por motivo de doença.
- Poderá ser concedida licença ao servidor por motivo de doença **do cônjuge ou companheiro, dos pais, dos filhos, do padrasto ou madrasta e enteado, ou dependente que viva a suas expensas** e conste do seu assentamento funcional, mediante comprovação por perícia médica oficial.
- A licença por motivo de afastamento do cônjuge será por **prazo indeterminado e sem remuneração.**
- O servidor terá direito a **licença, sem remuneração**, durante o período que mediar entre a sua escolha em convenção partidária, como candidato a cargo eletivo, e a véspera do registro de sua candidatura perante a Justiça Eleitoral.
- Após cada quinquênio de efetivo exercício, o servidor poderá, no interesse da Administração, afastar-se do exercício do cargo efetivo, com a respectiva remuneração, por até três meses, para participar de curso de capacitação profissional.
- A critério da Administração, poderão ser concedidas ao servidor ocupante de cargo efetivo, desde que não esteja em estágio probatório, licenças para o trato de **assuntos particulares pelo prazo de até três anos consecutivos, sem remuneração.**

Dos Afastamentos	para Servir a Outro Órgão ou Entidade Exercício de Mandato Eletivo Estudo ou Missão no Exterior Participação em Programa de Pós-Graduação Stricto Sensu no País

Concessões de ausência	I – por 1 (um) dia, para **doação de sangue**; II – por 2 (dois) dias, para se **alistar como eleitor**; II – pelo período comprovadamente necessário para **alistamento ou recadastramento eleitoral**, limitado, em qualquer caso, a 2 (dois) dias; III – por 8 (oito) dias consecutivos em razão de: a) **casamento**; b) **falecimento** do cônjuge, companheiro, pais, madrasta ou padrasto, filhos, enteados, menor sob guarda ou tutela e irmãos.

- Será concedido **horário especial ao servidor estudante**, quando comprovada a incompatibilidade entre o horário escolar e o da repartição, sem prejuízo do exercício do cargo.
- Será contado em **dobro o tempo de serviço prestado às Forças Armadas em operações de guerra.**

1.5. Do Regime disciplinar: Dos deveres, das proibições, da cumulação, das responsabilidades e das penalidades

- Entre os **deveres** do servidor público, está o de **representação contra ilegalidade, omissão ou abuso de poder** será encaminhada pela via hierárquica e apreciada pela autoridade superior àquela contra a qual é formulada, assegurando-se ao representando ampla defesa.
- Considera-se acumulação **proibida a percepção de vencimento de cargo ou emprego público efetivo com proventos da inatividade**, salvo quando os cargos de que decorram essas remunerações forem acumuláveis na atividade.
- Tratando-se de **dano causado a terceiros**, responderá o servidor perante a Fazenda Pública, em **ação regressiva**.
- As sanções civis, penais e administrativas **poderão cumular-se, sendo independentes entre si**.

Penalidades disciplinares	I – advertência; II – suspensão; III – demissão; IV – cassação de aposentadoria ou disponibilidade; V – destituição de cargo em comissão; VI – destituição de função comissionada.

- Na aplicação das penalidades serão consideradas a **natureza e a gravidade da infração cometida**, os **danos** que dela provierem para o serviço público, as **circunstâncias agravantes** ou **atenuantes** e os **antecedentes funcionais**.

Advertência: será dada por escrito	a) Nos casos de violação às seguintes proibições: b) de inobservância de dever funcional previsto em lei, regulamentação ou norma interna, que não justifique imposição de penalidade mais grave.	I – ausentar-se do serviço durante o expediente, sem prévia autorização do chefe imediato; II – retirar, sem prévia anuência da autoridade competente, qualquer documento ou objeto da repartição; III – recusar fé a documentos públicos; IV – opor resistência injustificada ao andamento de documento e processo ou execução de serviço; V – promover manifestação de apreço ou desapreço no recinto da repartição; VI – cometer a pessoa estranha à repartição, fora dos casos previstos em lei, o desempenho de atribuição que seja de sua responsabilidade ou de seu subordinado; VII – coagir ou aliciar subordinados no sentido de filiarem-se a associação profissional ou sindical, ou a partido político; VIII – manter sob sua chefia imediata, em cargo ou função de confiança, cônjuge, companheiro ou parente até o segundo grau civil; IX – recusar-se a atualizar seus dados cadastrais quando solicitado.

- A suspensão será aplicada em caso de **reincidência** das faltas punidas com advertência e de violação das demais proibições que **não tipifiquem infração sujeita a penalidade de demissão**, não podendo exceder de 90 (noventa) dias.
- A **advertência** e a **suspensão** terão seus registros **cancelados**, após o decurso de 3 (três) e 5 (cinco) anos de efetivo exercício, respectivamente, se o servidor não houver, nesse período, praticado nova infração disciplinar.

Causas de demissão	I – crime contra a administração pública; II – abandono de cargo; III – inassiduidade habitual; IV – improbidade administrativa; V – incontinência pública e conduta escandalosa, na repartição; VI – insubordinação grave em serviço; VII – ofensa física, em serviço, a servidor ou a particular, salvo em legítima defesa própria ou de outrem; VIII – aplicação irregular de dinheiros públicos; IX – revelação de segredo do qual se apropriou em razão do cargo; X – lesão aos cofres públicos e dilapidação do patrimônio nacional; XI – corrupção; XII – acumulação ilegal de cargos, empregos ou funções públicas; XIII – transgressão dos incisos IX a XVI do art. 117.

Art. 117, IX a XVI	IX – valer-se do cargo para lograr proveito pessoal ou de outrem, em detrimento da dignidade da função pública; X – participar de gerência ou administração de sociedade privada, personificada ou não personificada, exercer o comércio, exceto na qualidade de acionista, cotista ou comanditário; XI – atuar, como procurador ou intermediário, junto a repartições públicas, salvo quando se tratar de benefícios previdenciários ou assistenciais de parentes até o segundo grau, e de cônjuge ou companheiro; XII – receber propina, comissão, presente ou vantagem de qualquer espécie, em razão de suas atribuições; XIII – aceitar comissão, emprego ou pensão de estado estrangeiro; XIV – praticar usura sob qualquer de suas formas; XV – proceder de forma desidiosa; XVI – utilizar pessoal ou recursos materiais da repartição em serviços ou atividades particulares;

Causas de demissão que tornam incompatível a investidura em outro cargo público no prazo de **cinco anos**	I – valer-se do cargo para lograr proveito pessoal ou de outrem, em detrimento da dignidade da função pública; II – participar de gerência ou administração de sociedade privada, personificada ou não personificada, exercer o comércio, exceto na qualidade de acionista, cotista ou comanditário; III – atuar, como procurador ou intermediário, junto a repartições públicas, salvo quando se tratar de benefícios previdenciários ou assistenciais de parentes até o segundo grau, e de cônjuge ou companheiro;
Casos de demissão que tornam **proibido** o retorno do servidor a ocupar cargo público	I – crime contra a administração pública II – improbidade administrativa; III – aplicação irregular de dinheiros públicos; IV – lesão aos cofres públicos e dilapidação do patrimônio nacional; V – corrupção;

- Na ADI n. 2975, o STF entendeu que o art. 137, parágrafo único, da Lei n. 8.112/90 é inconstitucional, porque estabelece sanção de caráter perpétuo. Assim, a Corte decidiu notificar o Congresso Nacional para que, caso considere pertinente, delibere sobre o prazo de proibição de retorno ao serviço público.

Prazos prescricionais	I – em 5 (cinco) anos, quanto às infrações puníveis com demissão, cassação de aposentadoria ou disponibilidade e destituição de cargo em comissão; II – em 2 (dois) anos, quanto à suspensão; III – em 180 (cento e oitenta) dias, quanto à advertência. IV – Os prazos de prescrição previstos na lei penal aplicam-se às infrações disciplinares capituladas também como crime.

- A **abertura de sindicância ou a instauração de processo disciplinar interrompe** a prescrição, até a decisão final proferida por autoridade competente.

  Súmula 635, STJ: Os prazos prescricionais previstos no art. 142 da Lei n. 8.112/1990 iniciam-se na data em que a autoridade competente para a abertura do procedimento administrativo toma conhecimento do fato, interrompem-se com o primeiro ato de instauração válido – sindicância de caráter punitivo ou processo disciplinar – e voltam a fluir por inteiro, após decorridos 140 dias desde a interrupção (Súmula 635, STJ).

1.6. Do Processo Administrativo Disciplinar

- A autoridade que tiver ciência de irregularidade no serviço público é **obrigada** a promover a sua **apuração imediata**, mediante **sindicância ou processo administrativo disciplinar**, assegurada ao acusado **ampla defesa**
- As denúncias sobre irregularidades serão objeto de apuração, desde que contenham **a identificação e o endereço do denunciante** e sejam formuladas por **escrito,** confirmada a autenticidade.

Resultados possíveis da **sindicância**	I – arquivamento do processo; II – aplicação de penalidade de advertência ou suspensão de até 30 (trinta) dias; III – instauração de processo disciplinar.

Obrigatoriedade de processo administrativo disciplinar: **imposição de penalidade**	De suspensão por mais de 30 (trinta) dias, de demissão, de cassação de aposentadoria ou disponibilidade, de destituição de cargo em comissão

- **Afastamento preventivo:** medida cautelar que pode ser aplicada pelo período de sessenta dias, prorrogável por igual prazo, quando há necessidade ao bom andamento do procedimento. O servidor continua a receber **remuneração.**

Fases do procedimento disciplinar	I – instauração, com a publicação do ato que constituir a comissão; II – inquérito administrativo, que compreende instrução, defesa e relatório; III – julgamento.

- O **inquérito administrativo** obedecerá ao princípio do **contraditório**, assegurada ao acusado **ampla defesa**, com a utilização dos meios e recursos admitidos em direito.
- Tipificada a infração disciplinar, será formulada a indiciação do servidor, com a especificação dos fatos a ele imputados e das respectivas provas.
- O indiciado será citado por mandado expedido pelo presidente da comissão para apresentar defesa escrita, no prazo de 10 (dez) dias, assegurando-se lhe vista do processo na repartição.
- Apreciada a defesa, a comissão elaborará relatório minucioso, onde resumirá as peças principais dos autos e mencionará as provas em que se baseou para formar a sua convicção.
- O relatório será sempre conclusivo quanto à inocência ou à responsabilidade do servidor.
- Em regra, o julgador deve acatar o relatório do inquérito, salvo se este for contrário às provas dos Autos.

- No prazo de 20 (vinte) dias, contados do recebimento do processo, a autoridade julgadora proferirá a sua decisão. O julgamento fora do prazo legal não implica nulidade do processo.
- O processo disciplinar poderá **ser revisto, a qualquer tempo**, a pedido ou de ofício, quando se aduzirem **fatos novos ou circunstâncias suscetíveis de justificar a inocência do punido ou a inadequação da penalidade aplicada**.
- Da revisão do processo não poderá resultar agravamento de penalidade.

2. LEI Nº 9.784/1999

- Estabelece normas básicas sobre o **processo administrativo** no âmbito da **Administração Federal direta e indireta**, visando, em especial, à **proteção dos direitos dos administrados** e ao **melhor cumprimento dos fins da Administração.**
- Os preceitos desta Lei também se aplicam aos órgãos dos **Poderes Legislativo e Judiciário da União**, quando no desempenho de **função administrativa**.

Princípios do processo administrativo	legalidade, finalidade, motivação, razoabilidade, proporcionalidade, moralidade, ampla defesa, contraditório, segurança jurídica, interesse público e eficiência.

Direitos dos administrados	I – ser **tratado com respeito** pelas autoridades e servidores, que deverão facilitar o exercício de seus direitos e o cumprimento de suas obrigações; II – ter **ciência** da tramitação dos processos administrativos em que tenha a condição de interessado, ter **vista** dos autos, **obter cópias** de documentos neles contidos e conhecer as decisões proferidas; III – formular **alegações e apresentar documentos antes da decisão**, os quais serão objeto de consideração pelo órgão competente; IV – fazer-se **assistir, facultativamente, por advogado**, salvo quando obrigatória a representação, por força de lei.

Deveres dos administrados	I – expor os fatos conforme a **verdade**; II – proceder com **lealdade, urbanidade e boa-fé**; III – **não** agir de modo **temerário**; IV – **prestar as informações** que lhe forem solicitadas e colaborar para o esclarecimento dos fatos.

- **Início do processo administrativo:** de ofício (portaria) ou petição do interessado.
- A Administração **não pode recusar imotivadamente** de recebimento de documentos, devendo o servidor orientar o interessado quanto ao suprimento de eventuais falhas.
- O interessado poderá, mediante manifestação escrita, **desistir total ou parcialmente** do pedido formulado ou, ainda, **renunciar a direitos disponíveis**.
- A **desistência ou renúncia** do interessado, conforme o caso, **não prejudica** o prosseguimento do processo, se a Administração considerar que o **interesse público** assim o exige.
- A **competência** é **irrenunciável** e se exerce pelos órgãos administrativos a que foi atribuída como própria, salvo os casos de **delegação e avocação legalmente admitidos**.

Não podem ser objeto de delegação:	I – a edição de atos de caráter normativo; II – a decisão de recursos administrativos; III – as matérias de competência exclusiva do órgão ou autoridade.

Causas de impedimento	I – tenha interesse direto ou indireto na matéria; II – tenha participado ou venha a participar como perito, testemunha ou representante, ou se tais situações ocorrem quanto ao cônjuge, companheiro ou parente e afins até o terceiro grau; III – esteja litigando judicial ou administrativamente com o interessado ou respectivo cônjuge ou companheiro.

- A autoridade ou servidor que incorrer em **impedimento deve comunicar o fato** à autoridade competente, **abstendo-se de atuar**, sob pena de incidir em **falta grave**.
- Pode ser arguida a **suspeição** de autoridade ou servidor que tenha **amizade íntima** ou **inimizade notória** com algum dos **interessados** ou com os respectivos **cônjuges, companheiros, parentes e afins até o terceiro grau.**
- Os atos do processo administrativo **não dependem de forma** determinada senão quando a lei expressamente a exigir.
- Prazo para realização de ato no processo administrativo: **cinco dias**, salvo motivo de força maior. O prazo pode ser dilatado **até o dobro**, mediante **comprovada justificação**.
- O interessado deverá ser intimado com antecedência mínima de **três dias úteis** quanto à data de comparecimento.
- O **desatendimento** da intimação **não importa o reconhecimento da verdade** dos fatos, nem a **renúncia** a direito pelo administrado.
- **Iniciativa probatória:** de ofício ou mediante impulsão do órgão responsável pelo processo, sem prejuízo do direito dos interessados de propor atuações probatórias.
- **Audiência Pública:** pode ser realizada pela autoridade diante da relevância da questão antes do julgamento.

Se um parecer **obrigatório e vinculante** deixar de ser emitido no prazo fixado, o processo **não terá seguimento** até a respectiva apresentação, responsabilizando-se quem der causa ao atraso.	Se um parecer **obrigatório e não vinculante** deixar de ser emitido no prazo fixado, o processo **poderá ter prosseguimento e ser decidido com sua dispensa**, sem prejuízo da responsabilidade de quem se omitiu no atendimento.

- A Administração tem o **dever** de explicitamente **emitir decisão** nos processos administrativos e sobre solicitações ou reclamações, em matéria de sua competência.

ATENÇÃO: DECISÃO COORDENADA: novidade introduzida pela Lei n. 14.210/2021. Trata-se de forma **facultativa** que busca **simplificar** a tomada de decisões administrativas que exijam a participação de **3 (três) ou mais setores, órgãos ou entidades.**

Hipóteses de cabimento	I – for justificável pela **relevância da matéria**; e II – houver **discordância** que prejudique a celeridade do processo administrativo decisório.

Não se pode ter decisão coordenada nos processos	I – de licitação; II – relacionados ao poder sancionador; ou III – em que estejam envolvidas autoridades de Poderes distintos.

- **Cada órgão ou entidade** participante é **responsável pela elaboração de documento específico** sobre o tema atinente à **respectiva competência**, a fim de subsidiar os trabalhos e integrar o processo da decisão coordenada.
- Eventual **dissenso** na solução do objeto da decisão coordenada deverá ser manifestado durante as reuniões, de forma **fundamentada**, acompanhado das **propostas de solução** e de **alteração necessárias para a resolução da questão.**
- Em caso de consenso, elabora-se uma única decisão administrativa.

A Administração **deve anular** seus próprios atos, quando **eivados de vício de legalidade**, respeitado o direito adquirido.	A Administração **pode revogar** seus próprios atos por motivo de **conveniência ou oportunidade**, respeitado o direito adquirido.

- Os atos sanáveis podem ser **convalidados** pela Administração Pública desde que **não se evidencie prejuízo ao interesse público, nem prejuízo a terceiros.**
- O recurso administrativo é dirigido à Autoridade que proferiu a decisão administrativa, a qual poderá se retratar e, caso não o faça, no prazo de cinco dias, deve enviar ao superior.
- O recurso administrativo tramitará **no máximo por três instâncias administrativas**, salvo disposição legal diversa.
- Salvo disposição legal em contrário, o recurso **não tem efeito suspensivo**.
- Salvo disposição legal específica, é de **dez dias** o prazo para interposição de recurso administrativo, contado a partir da ciência ou divulgação oficial da decisão recorrida.

Não se conhece do recurso interposto	I – fora do prazo; II – perante órgão incompetente (nesse caso, a Administração Pública indica o órgão competente e reabre-se o prazo para interposição de novo recurso); III – por quem não seja legitimado; IV – após exaurida a esfera administrativa.

- O não conhecimento do recurso **não impede** a Administração de rever de ofício o ato ilegal, desde que não ocorrida preclusão administrativa.
- Os prazos começam a correr a partir da data da cientificação oficial, excluindo-se da contagem o dia do começo e incluindo-se o do vencimento.

Casos de prioridade na tramitação	I – pessoa com idade igual ou superior a 60 (sessenta) anos; II – pessoa portadora de deficiência, física ou mental; III – pessoa portadora de tuberculose ativa, esclerose múltipla, neoplasia maligna, hanseníase, paralisia irreversível e incapacitante, cardiopatia grave, doença de Parkinson, espondiloartrose anquilosante, nefropatia grave, hepatopatia grave, estados avançados da doença de Paget (osteíte deformante), contaminação por radiação, síndrome de imunodeficiência adquirida, ou outra doença grave, com base em conclusão da medicina especializada, mesmo que a doença tenha sido contraída após o início do processo.

3. LEI Nº 8.429/1992 E LEI Nº 14.230/2021.

- A Lei n. 8.429/1992 (Lei de Improbidade Administrativa – LIA) dispõe sobre atos de improbidade administrativa e suas respectivas sanções. A Lei nº 14.230/2021 provocou diversas alterações na citada Lei.
- A partir da Lei n. 14.230/2021, considera-se ato de improbidade administrativa as condutas tipificadas nos art. 9º, 10 e 11, da LIA, praticados de **forma dolosa, que violam a probidade da organização do Estado** e a **integridade do patrimônio público e social**.

ATENÇÃO: Quaisquer atos de improbidade administrativa tipificados na LIA e em leis especiais e a quaisquer outros tipos especiais de improbidade administrativa instituídos por lei **EXIGEM** na conduta funcional do agente público **o fim de obter proveito ou benefício indevido para si ou para outra pessoa ou entidade**.

- Não basta a mera voluntariedade (culpa) para configurar ato de improbidade administrativa.

Tutela-se	**o patrimônio público e social**	Poder Executivo, Poder Legislativo; Poder Judiciário; Administração direta e indireta, no âmbito da União, dos Estados, dos Municípios e do Distrito Federal.

Tutela-se	o patrimônio de	entidade privada que receba subvenção, benefício ou incentivo, fiscal ou creditício, de entes públicos ou governamentais de entidade privada, mesmo que não seja parte da administração indireta, para cuja criação ou custeio o erário haja concorrido ou concorra no seu patrimônio ou receita atual, limitado o ressarcimento de prejuízos, nesse caso, à repercussão do ilícito sobre a contribuição dos cofres públicos

Agente público para efeitos da LIA	o **agente político**, o **servidor público** e todo aquele que exerce, **ainda que transitoriamente ou sem remuneração**, por eleição, nomeação, designação, contratação ou qualquer outra forma de investidura ou vínculo, mandato, cargo, emprego ou função nas entidades acima arroladas

PARTICULAR RESPONDE POR ATO DE IMPROBIDADE ADMINISTRATIVA? SIM, DESE QUE ELE INDUZA OU CONCORRA *DOLOSAMENTE* PARA A PRÁTICA DO ATO DE IMPROBIDADE.

PESSOA JURÍDICA DE DIREITO PRIVADO RESPONDE POR ATO DE IMPROBIDADE ADMINISTRATIVA? SIM E OS SÓCIOS, OS COTISTAS, OS DIRETORES E OS COLABORADORES? SIM, DESDE QUE *COMPROVADAMENTE*, HOUVER PARTICIPAÇÃO E BENEFÍCIOS DIRETOS, CASO EM QUE RESPONDERÃO NOS LIMITES DA SUA PARTICIPAÇÃO.

ATENÇÃO: Não se aplicam as sanções da LIA à pessoa jurídica, se o ato de improbidade administrativa, estiver tipificado na Lei n. 12.846/2013.

Modalidade de ato de improbidade	Conceito	Sanções (art. 12)
Enriquecimento Ilícito (art. 9º)	Auferir, mediante a prática de **ato doloso**, qualquer tipo de **vantagem patrimonial indevida** em razão do exercício de cargo, de mandato, de função, de emprego ou de atividade nas entidades referidas no art. 1º da LIA, e **notadamente** pelas condutas do rol do art. 9º	**perda dos bens ou valores** acrescidos **ilicitamente** ao patrimônio; **perda da função pública**, **suspensão dos direitos políticos** até 14 (catorze) anos; pagamento de **multa civil** equivalente ao valor do acréscimo patrimonial e **proibição de contratar com o poder público** ou de **receber benefícios** ou **incentivos fiscais** ou **creditícios**, direta ou indiretamente, ainda que por intermédio de pessoa jurídica da qual seja sócio majoritário, pelo prazo não superior a **catorze** anos
Prejuízo ao erário (art. 10)	Qualquer **ação ou omissão dolosa**, que enseje, efetiva e comprovadamente, **perda patrimonial, desvio, apropriação, malbaratamento ou dilapidação** dos bens ou haveres das entidades referidas no art. 1º da LIA, e **notadamente** pelas condutas do rol do art. 10.	**perda dos bens ou valores acrescidos ilicitamente** ao patrimônio, se concorrer esta circunstância, **perda da função pública**, **suspensão dos direitos políticos** até 12 (doze) anos, **pagamento de multa civil** equivalente ao valor do dano e

Prejuízo ao erário (art. 10)		**proibição de contratar com o poder público** ou de **receber benefícios** ou **incentivos fiscais** ou **creditícios**, direta ou indiretamente, ainda que por intermédio de pessoa jurídica da qual seja sócio majoritário, pelo prazo não superior a **doze** anos
Atentam Contra os Princípios da Administração Pública (art. 11)	a ação ou omissão **dolosa** que viole os deveres de **honestidade, de imparcialidade e de legalidade**, caracterizada por uma das seguintes condutas do rol taxativo do art. 11, LIA.	pagamento de **multa civil** de até **vinte e quatro** vezes o valor da remuneração percebida pelo agente e **proibição de contratar com o poder público** ou de **receber benefícios** ou **incentivos fiscais** ou **creditícios**, direta ou indiretamente, ainda que por intermédio de pessoa jurídica da qual seja sócio majoritário, pelo prazo não superior a **quatro anos**

Algumas especificidades sobre sanções	podem ser aplicadas **isolada ou cumulativamente**, de acordo com a gravidade do fato; O **dano patrimonial**, se ocorrer, deve ser ressarcido **integralmente**; A sanção de **perda da função pública**, nas hipóteses de **enriquecimento ilícito ou prejuízo ao erário**, atinge **apenas o vínculo de mesma qualidade e natureza** que o agente público ou político detinha com o poder público na época do cometimento da infração, **podendo o magistrado**, na hipótese do **enriquecimento ilícito**, e em **caráter excepcional**, **estendê-la aos demais vínculos**, consideradas as circunstâncias do caso e a gravidade da infração. A **multa** pode ser aumentada **até o dobro**, se o juiz considerar que, em virtude da **situação econômica do réu**, o valor calculado na forma dos incisos I, II e III do caput do art. 12 da LIA é **ineficaz** para reprovação e prevenção do ato de improbidade. As sanções previstas neste artigo somente poderão ser executadas **após o trânsito em julgado da sentença condenatória.**

- Na ação por improbidade administrativa poderá ser formulado, **em caráter antecedente ou incidente**, pedido de **indisponibilidade de bens dos réus**, a fim de garantir **a integral recomposição do erário** ou do **acréscimo patrimonial resultante de enriquecimento ilícito.**
- A **indisponibilidade de bens de terceiro** dependerá da demonstração da sua **efetiva concorrência** para os atos ilícitos apurados ou, quando se tratar de **pessoa jurídica**, da instauração de **incidente de desconsideração da personalidade jurídica**, a ser processado na forma da lei processual.
- É **vedada** a decretação de **indisponibilidade do bem de família do réu**, salvo se comprovado que o imóvel seja **fruto de vantagem patrimonial indevida**, conforme descrito no art. 9º da LIA.

Atenção:

Julgamento da ADI n. 7043/DF – STF:

A) Restabeleceu a existência de **legitimidade ativa concorrente e disjuntiva** entre o **Ministério Público** e **as pessoas jurídicas interessadas** para a propositura da ação por ato de improbidade administrativa e para a celebração de acordos de não persecução civil;

B) **Não existe** "obrigatoriedade de defesa judicial"; havendo, porém, a **possibilidade dos órgãos da Advocacia Pública** autorizarem a realização dessa **representação judicial**, por parte da assessoria jurídica que emitiu o parecer atestando a legalidade prévia

Não se aplicam na ação de improbidade administrativa	I – a **presunção de veracidade** dos fatos alegados pelo autor em caso de **revelia**; II – a imposição de **ônus da prova ao** réu, na forma dos §§ 1º e 2º do art. 373 do CPC; III – o ajuizamento de mais de uma ação de improbidade administrativa pelo mesmo fato, competindo ao **Conselho Nacional do Ministério Público dirimir conflitos de atribuições entre membros de Ministérios Públicos distintos**; IV – o **reexame obrigatório da sentença de improcedência ou de extinção sem resolução de mérito**.

Acordo de não persecução civil	
Legitimidade para propor	Ministério Público
Requisitos cumulativos	I – da **oitiva do ente federativo lesado**, em momento anterior ou posterior à propositura da ação; II – de **aprovação**, no prazo de até 60 (sessenta) dias, pelo **órgão do Ministério Público competente para apreciar as promoções de arquivamento de inquéritos civis**, se anterior ao ajuizamento da ação; III – de **homologação judicial**, independentemente de o acordo ocorrer antes ou depois do ajuizamento da ação de improbidade administrativa.
Resultados MÍNIMOS exigidos	I – o **integral ressarcimento** do dano; II – a **reversão à pessoa jurídica lesada da vantagem indevida obtida**, ainda que oriunda de agentes privados.

- A ação para a aplicação das sanções previstas na LIA prescreve **em 8 (oito) anos**, contados a partir da ocorrência do fato ou, no caso de infrações permanentes, do dia em que cessou a permanência.
- **Interrompida a prescrição**, o prazo recomeça a correr do dia da interrupção e será de **quatro anos**.

Caso de **suspensão** do prazo prescricional	**Instauração de inquérito civil ou de processo administrativo** para apuração dos ilícitos referidos na LIA. **Prazo de suspensão**: por, **no máximo, cento e oitenta dias corridos**, recomeçando a correr após a sua conclusão ou, caso não concluído o processo, esgotado o prazo de suspensão.
Casos de **interrupção** do prazo prescricional	I – pelo **ajuizamento da ação de improbidade** administrativa; II – pela **publicação da sentença condenatória**;

Casos de **interrupção** do prazo prescricional	III – pela publicação de decisão ou **acórdão** de Tribunal de Justiça ou Tribunal Regional Federal que **confirma sentença condenatória ou que reforma sentença de improcedência** IV – pela publicação de decisão ou acórdão do **Superior Tribunal de Justiça** que confirma acórdão condenatório ou que reforma acórdão de improcedência; V – pela publicação de decisão ou acórdão do **Supremo Tribunal Federal** que confirma acórdão condenatório ou que reforma acórdão de improcedência.

Teses do STF com Repercussão Geral, fixadas no julgamento da ARE 843989 (Tema 1199):

1) É necessária a comprovação de responsabilidade subjetiva para a tipificação dos atos de improbidade administrativa, exigindo-se nos artigos 9º, 10 e 11 da LIA a presença do elemento subjetivo dolo;
2) A norma benéfica da Lei 14.230/2021 revogação da modalidade culposa do ato de improbidade administrativa, é irretroativa, em virtude do artigo 5º, inciso XXXVI, da Constituição Federal, não tendo incidência em relação à eficácia da coisa julgada; nem tampouco durante o processo de execução das penas e seus incidentes;
3) A nova Lei 14.230/2021 aplica-se aos atos de improbidade administrativa culposos praticados na vigência do texto anterior, porém sem condenação transitada em julgado, em virtude da revogação expressa do tipo culposo, devendo o juízo competente analisar eventual dolo por parte do agente.
4) O novo regime prescricional previsto na Lei 14.230/2021 é irretroativo, aplicando-se os novos marcos temporais a partir da publicação da lei.

4. LEI Nº 14.133/2021

- A Lei n. 14.133/2021 (LL) regula licitações e contratos administrativos.

Estão sujeitas à LL	A) Administrações Públicas **diretas, autárquicas e fundacionais** da União, dos Estados, do Distrito Federal e dos Municípios, e abrange: I – os órgãos dos **Poderes Legislativo** e **Judiciário** da União, dos Estados e do Distrito Federal e os órgãos do Poder Legislativo dos Municípios, quando no desempenho de **função administrativa**; II – os **fundos especiais** e as demais **entidades controladas direta ou indiretamente** pela Administração Pública.
Não estão sujeitas à LL	**empresas públicas**, as **sociedades de economia mista** e as **suas subsidiárias** Exceto: aplica-se as disposições da LL no que diz respeito aos crimes em licitações e contratos administrativos
Aplica-se a LL	I – alienação e concessão de direito real de uso de bens; II – compra, inclusive por encomenda; III – locação; IV – concessão e permissão de uso de bens públicos; V – prestação de serviços, inclusive os técnico-profissionais especializados; VI – obras e serviços de arquitetura e engenharia; VII – contratações de tecnologia da informação e de comunicação.
Não se aplica a LL	I – contratos que tenham por objeto operação de crédito, interno ou externo, e gestão de dívida pública, incluídas as contratações de agente financeiro e a concessão de garantia relacionadas a esses contratos; II – contratações sujeitas a normas previstas em legislação própria.

Modalidade de Licitação	Objeto	Critério
Concorrência	Contratação de bens e serviços especiais e de obras e serviços comuns e especiais de engenharia	a) menor preço; b) melhor técnica ou conteúdo artístico; c) técnica e preço; d) maior retorno econômico; e) maior desconto;
Concurso	Escolha de trabalho técnico, científico ou artístico para concessão de prêmio ou remuneração ao vencedor	de melhor técnica ou conteúdo artístico, e
Leilão	alienação de bens imóveis ou de bens móveis inservíveis ou legalmente apreendidos	Maior lance
Pregão	obrigatório para aquisição de bens e serviços comuns	o de menor preço ou o de maior desconto
Diálogo competitivo	contratação de obras, serviços e compras em que a Administração Pública realiza diálogos com licitantes previamente selecionados mediante critérios objetivos, com o intuito de desenvolver uma ou mais alternativas capazes de atender às suas necessidades, devendo os licitantes apresentar proposta final após o encerramento dos diálogos	a Administração definirá a proposta vencedora de acordo com critérios divulgados no início da fase competitiva, assegurada a contratação mais vantajosa como resultado

Requisitos para **agentes públicos** exercerem funções essenciais previstas na LL	I – sejam, **preferencialmente**, **servidor efetivo** ou **empregado público** dos quadros permanentes da Administração Pública; II – tenham **atribuições relacionadas a licitações e contratos** ou possuam **formação compatível ou qualificação** atestada por certificação profissional emitida por escola de governo criada e mantida pelo poder público; e III – **não** sejam cônjuge ou companheiro de licitantes ou contratados habituais da Administração nem tenham com eles vínculo de parentesco, colateral ou por afinidade, até o terceiro grau, ou de natureza técnica, comercial, econômica, financeira, trabalhista e civil.

Objetivos do processo licitatório	I – assegurar a seleção da proposta apta a gerar o resultado de contratação mais vantajoso para a Administração Pública, inclusive no que se refere ao ciclo de vida do objeto; II – assegurar tratamento isonômico entre os licitantes, bem como a justa competição; III – evitar contratações com sobrepreço ou com preços manifestamente inexequíveis e superfaturamento na execução dos contratos; IV – incentivar a inovação e o desenvolvimento nacional sustentável.

- A **publicidade é a regra** no procedimento licitatório, ressalvadas as hipóteses de informações cujo **sigilo seja imprescindível à segurança da sociedade e do Estado**, na forma da lei.

Hipóteses em que a **publicidade é diferida** (postergada; efetivada em um momento posterior)	I – quanto ao conteúdo das propostas, até a respectiva abertura; II – quanto ao orçamento da Administração, nos termos do art. 24 da LL (Desde que justificado, o orçamento estimado da contratação poderá ter caráter sigiloso, sem prejuízo da divulgação do detalhamento dos quantitativos e das demais informações necessárias para a elaboração das propostas).

Fases do processo licitatório	I – preparatória; II – de divulgação do edital de licitação; III – de apresentação de propostas e lances, quando for o caso; IV – de julgamento; V – de habilitação; VI – recursal; VII – de homologação.

ATENÇÃO: uma das principais inovações da nova lei de licitações foi a inversão da ordem. Assim, na antiga lei, a fase de habilitação antecedia a de concorrência. Agora, primeiro vem a concorrência (III e IV) e depois habilitação (V).

ATENÇÃO 2: a FASE DE HABILITAÇÃO poderá, mediante ato motivado com explicitação dos benefícios decorrentes, anteceder as fases de concorrência, desde que expressamente previsto no edital de licitação.

- A **fase preparatória** do processo licitatório é caracterizada pelo **planejamento** e deve compatibilizar-se com o **plano de contratações anual** do ente administrativo, sempre que elaborado, e com as **leis orçamentárias**, bem como abordar todas as **considerações técnicas, mercadológicas e de gestão** que podem interferir na contratação.
- A Administração poderá convocar, com **antecedência mínima de oito dias úteis**, **audiência pública**, presencial ou a distância, na forma eletrônica, sobre licitação que pretenda realizar, com disponibilização prévia de informações pertinentes, inclusive de estudo técnico preliminar e elementos do edital de licitação, e com possibilidade de manifestação de todos os interessados.
- O **edital deverá conter** o objeto da licitação e as regras relativas à convocação, ao julgamento, à habilitação, aos recursos e às penalidades da licitação, à fiscalização e à gestão do contrato, à entrega do objeto e às condições de pagamento.

O edital poderá prever a **responsabilidade** do contratado pela:	I – obtenção do licenciamento ambiental; II – realização da desapropriação autorizada pelo poder público.

- O **edital deverá conter** o objeto da licitação e as regras relativas à convocação, ao julgamento, à habilitação, aos recursos e às penalidades da licitação, à fiscalização e à gestão do contrato, à entrega do objeto e às condições de pagamento.

O **edital poderá**, na forma disposta em regulamento, exigir que **percentual mínimo da mão** de obra responsável pela execução do objeto da contratação seja constituído por:	I – **mulheres** vítimas de **violência doméstica**; II – oriundos ou egressos do **sistema prisional**.

É possível estabelecer **margem de preferência**	I – bens **manufaturados e serviços nacionais** que atendam a normas **técnicas brasileiras**; II – bens **reciclados, recicláveis ou biodegradáveis**, conforme regulamento.

Características dos critérios de julgamento	
menor preço ou maior desconto e, quando couber, por técnica e preço	considerará o **menor dispêndio** para a Administração, atendidos os parâmetros mínimos de qualidade definidos no edital de licitação.
melhor técnica ou conteúdo artístico	considerará **exclusivamente as propostas técnicas ou artísticas** apresentadas pelos licitantes, e o edital deverá definir o **prêmio** ou **a remuneração** que será atribuída aos vencedores.
técnica e preço	a **maior pontuação** obtida a partir da **ponderação**, segundo **fatores objetivos** previstos no edital, das notas atribuídas aos aspectos de técnica e de preço da proposta.
Maior lance	Utilizado no **leilão**
maior retorno econômico	utilizado **exclusivamente** para a celebração de **contrato de eficiência**, considerará a **maior economia** para a Administração, e **a remuneração** deverá ser fixada em **percentual** que incidirá de forma **proporcional à economia efetivamente obtida na execução do contrato**.

No caso de licitação que envolva o **fornecimento de bens**, a Administração poderá **excepcionalmente**:	I – **indicar uma ou mais marcas ou modelos**, desde que formalmente justificado, nas seguintes hipóteses: a) em decorrência da **necessidade de padronização** do objeto; b) em decorrência da **necessidade de manter a compatibilidade** com plataformas e padrões já adotados pela Administração; c) quando determinada marca ou modelo comercializados por mais de um fornecedor forem os **únicos capazes** de atender às **necessidades** do contratante; d) quando a descrição do objeto a ser licitado puder ser mais **bem compreendida** pela identificação de determinada marca ou determinado modelo aptos a servir apenas como referência; II – **exigir amostra ou prova de conceito do bem no procedimento de pré-qualificação permanente**, na fase de julgamento das propostas ou de lances, ou no período de vigência do contrato ou da ata de registro de preços, desde que previsto no edital da licitação e justificada a necessidade de sua apresentação; III – **vedar a contratação de marca ou produto,** quando, mediante processo administrativo, restar comprovado que produtos adquiridos e utilizados anteriormente pela Administração **não atendem a requisitos indispensáveis** ao pleno adimplemento da obrigação contratual; IV – **solicitar**, motivadamente, **carta de solidariedade emitida pelo fabricante**, que assegure a execução do contrato, no caso de licitante revendedor ou distribuidor.

- As contratações de soluções baseadas em **software** de uso disseminado serão disciplinadas em regulamento que defina processo de gestão estratégica das contratações desse tipo de solução.
- É **vedada** a realização de **obras e serviços de engenharia sem projeto executivo**, ressalvada a hipótese prevista no § 3º do art. 18 da LL.

<table>
<tr><td rowspan="2">Possibilidade de contratação de mais de uma empresa ou instituição para executar o mesmo serviço</td><td>Hipóteses:
I – o objeto da contratação puder ser executado de forma concorrente e simultânea por mais de um contratado; e
II – a múltipla execução for conveniente para atender à Administração.</td></tr>
<tr><td>Requisitos:
não implique perda de economia de escala
a Administração deverá manter o controle individualizado da execução do objeto contratual relativamente a cada um dos contratados.</td></tr>
</table>

- **Controle prévio de legalidade:** feito pelo **órgão de assessoramento jurídico da Administração,** mediante análise jurídica da contratação.

O **parecer jurídico** deve-se	I – apreciar o processo licitatório conforme **critérios objetivos** prévios de atribuição de prioridade; II – redigir sua manifestação em **linguagem simples e compreensível** e de **forma clara e objetiva**, com apreciação de todos os elementos indispensáveis à contratação e com exposição dos pressupostos de **fato e de direito** levados em consideração na análise jurídica;

O modo de disputa poderá ser, **isolada ou conjuntamente**:	I – aberto, hipótese em que os licitantes apresentarão suas propostas por meio de lances públicos e sucessivos, crescentes ou decrescentes; II – fechado, hipótese em que as propostas permanecerão em sigilo até a data e hora designadas para sua divulgação.

Casos de desclassificação das propostas	I – contiverem vícios insanáveis; II – não obedecerem às especificações técnicas pormenorizadas no edital; III – apresentarem preços inexequíveis ou permanecerem acima do orçamento estimado para a contratação; IV – não tiverem sua exequibilidade demonstrada, quando exigido pela Administração; V – apresentarem desconformidade com quaisquer outras exigências do edital, desde que insanável.

Critérios de desempate entre duas ou mais propostas	I – **disputa final**, hipótese em que os licitantes empatados poderão apresentar **nova proposta** em ato contínuo à classificação; II – **avaliação do desempenho contratual** prévio dos licitantes, para a qual deverão preferencialmente ser utilizados registros cadastrais para efeito de atesto de cumprimento de obrigações previstos na LL; III – desenvolvimento pelo licitante de **ações de equidade entre homens e mulheres no ambiente de trabalho**, conforme regulamento; IV – desenvolvimento pelo licitante de **programa de integridade**, conforme orientações dos órgãos de controle.

Em igualdade de condições, **permanecido o empate**, se dará **preferência**	I – empresas estabelecidas **no território** do Estado ou do Distrito Federal do órgão ou entidade da Administração Pública estadual ou distrital licitante ou, no caso de licitação realizada por órgão ou entidade de Município, no território do Estado em que este se localize; II – **empresas brasileiras;**

Em igualdade de condições, **permanecido o empate**, se dará **preferência**	III – empresas que invistam em **pesquisa e no desenvolvimento de tecnologia no País**; IV – empresas que comprovem a prática de **mitigação**, nos termos da Lei nº 12.187, de 29 de dezembro de 2009.

- A **habilitação** é a fase da licitação em que se verifica o conjunto de **informações** e **documentos necessários** e suficientes para demonstrar a **capacidade do licitante de realizar o objeto da licitação**.

Fases da habilitação	I – jurídica; II – técnica; III – fiscal, social e trabalhista; IV – econômico-financeira.

Habilitação fiscal, social e trabalhista3	I – a inscrição no Cadastro de Pessoas Físicas (**CPF**) ou no Cadastro Nacional da Pessoa Jurídica (**CNPJ**); II – a inscrição no cadastro de **contribuintes estadual e/ou municipal**, se houver, relativo ao domicílio ou sede do licitante, pertinente ao seu **ramo de atividade e compatível com o objeto contratual**; III – a **regularidade perante a Fazenda** federal, estadual e/ou municipal do domicílio ou sede do licitante, ou outra equivalente, na forma da lei; IV – a regularidade relativa à **Seguridade Social e ao FGTS**, que demonstre cumprimento dos encargos sociais instituídos por lei; V – a regularidade perante a **Justiça do Trabalho**; VI – o cumprimento do disposto **art. 7º, XXXIII, CF/88** (proibição de trabalho noturno, perigoso ou insalubre a menores de dezoito e de qualquer trabalho a menores de dezesseis anos, salvo na condição de aprendiz, a partir de quatorze anos)

Depois das fases de julgamento e habilitação, a autoridade competente poderá	I – determinar o retorno dos autos para **saneamento** de irregularidades; II – **revogar** a licitação por motivo de **conveniência e oportunidade,** em razão de fato **superveniente devidamente comprovado.** ; III – proceder à **anulação da licitação**, de **ofício ou mediante provocação de terceiros**, sempre que presente ilegalidade insanável; IV – **adjudicar** o objeto e homologar a licitação.

Contratação direta: depende de prévio procedimento para demonstrar a hipótese de **dispensa ou inexigibilidade** da licitação	É **inexigível** a licitação quando **inviável** a competição, o que se aufere pela presença de um dos fatos enumerados em rol exemplificativo do art. 74, LL
	É **dispensável** a licitação, quando se é **possível** fazer a competição, mas, por juízo de **conveniência e oportunidade**, ela não é feita, por fato previsto no rol **taxativo** do art. 75, LL.

- A **alienação de bens** da Administração Pública**,** subordinada à existência de **interesse público** devidamente justificado**, será precedida de avaliação.**

Procedimentos auxiliares à licitação e contratação	I – credenciamento; II – pré-qualificação; III – procedimento de manifestação de interesse; IV – sistema de registro de preços; V – registro cadastral.

Fontes dos contratos administrativos	a) **Primárias:** **a.1) cláusulas do contrato pelos** **a.2) preceitos de direito público**
	b) **Secundárias ou suplementares: b.1) princípios da teoria geral dos contratos e;** **b.2) as disposições de direito privado.**

- A **critério** da autoridade competente, **em cada caso**, **poderá** ser exigida, mediante **previsão no edital**, prestação de **garantia** nas contratações de **obras, serviços e fornecimentos**.

Modalidades de garantia (a autoridade poderá optar por uma delas)	I – **caução** em dinheiro ou em títulos da dívida pública emitidos sob a forma escritural, mediante registro em sistema centralizado de liquidação e de custódia autorizado pelo Banco Central do Brasil, e avaliados por seus valores econômicos, conforme definido pelo Ministério da Economia; II – **seguro-garantia**; III – **fiança bancária** emitida por banco ou instituição financeira devidamente autorizada a operar no País pelo Banco Central do Brasil.

- O contrato poderá identificar os **riscos contratuais** previstos e presumíveis e prever **matriz de alocação de riscos**, alocando-os entre contratante e contratado, mediante indicação daqueles a serem assumidos **pelo setor público ou pelo setor privado ou daqueles a serem compartilhados**.

Prerrogativas da Administração Pública nos contratos administrativos	I – modificá-los, **unilateralmente**, para melhor adequação às finalidades de **interesse público, respeitados os direitos do contratado**; II – **extingui-los, unilateralmente**, nos casos especificados na LL; III – **fiscalizar** sua execução; IV – aplicar sanções motivadas pela inexecução total ou parcial do ajuste; V – **ocupar provisoriamente bens móveis e imóveis e utilizar pessoal e serviços** vinculados ao objeto do contrato nas hipóteses de: a) risco à prestação de serviços essenciais; b) necessidade de acautelar apuração administrativa de faltas contratuais pelo contratado, inclusive após extinção do contrato.

- As cláusulas **econômico-financeiras e monetárias** dos contratos **não poderão** ser alteradas **sem prévia concordância do contratado**.
- A Administração poderá celebrar contratos com prazo de até **5 (cinco) anos** nas hipóteses de **serviços e fornecimentos contínuos**.
- É proibido à Administração **retardar imotivadamente a execução de obra ou serviço**, ou de suas parcelas, inclusive na hipótese de posse do respectivo chefe do Poder Executivo ou de novo titular no órgão ou entidade contratante.

Causas de modificação do contrato	I) De forma **unilateral pela Administração:** a) quando houver modificação do projeto ou das especificações, para melhor adequação técnica a seus objetivos; b) quando for necessária a modificação do valor contratual em decorrência de acréscimo ou diminuição quantitativa de seu objeto, nos limites permitidos por esta Lei;
Causas de modificação do contrato	II) por **acordo** entre as partes: a) quando conveniente a substituição da garantia de execução; b) quando necessária a modificação do regime de execução da obra ou do serviço, bem como do modo de fornecimento, em face de verificação técnica da inaplicabilidade dos termos contratuais originários; c) quando necessária a modificação da forma de pagamento por imposição de circunstâncias supervenientes, mantido o valor inicial atualizado e vedada a antecipação do pagamento em relação ao cronograma financeiro fixado sem a correspondente contraprestação de fornecimento de bens ou execução de obra ou serviço; d) para restabelecer o equilíbrio econômico-financeiro inicial do contrato em caso de força maior, caso fortuito ou fato do príncipe ou em decorrência de fatos imprevisíveis ou previsíveis de consequências incalculáveis, que inviabilizem a execução do contrato tal como pactuado, respeitada, em qualquer caso, a repartição objetiva de risco estabelecida no contrato.

- A extinção do contrato deve ser precedida de prévio procedimento administrativo, garantida a ampla defesa e o contraditório, ante os casos previstos no art. 137, LL.

O **contratado** terá direito à **extinção** do contrato nas seguintes hipóteses	I – supressão, por parte da Administração, de obras, serviços ou compras que acarrete modificação do valor inicial do contrato além do limite permitido no art. 125 desta Lei; II – suspensão de execução do contrato, por ordem escrita da Administração, por prazo superior a 3 (três) meses; III – repetidas suspensões que totalizem 90 (noventa) dias úteis, independentemente do pagamento obrigatório de indenização pelas sucessivas e contratualmente imprevistas desmobilizações e mobilizações e outras previstas; IV – atraso superior a 2 (dois) meses, contado da emissão da nota fiscal, dos pagamentos ou de parcelas de pagamentos devidos pela Administração por despesas de obras, serviços ou fornecimentos; V – não liberação pela Administração, nos prazos contratuais, de área, local ou objeto, para execução de obra, serviço ou fornecimento, e de fontes de materiais naturais especificadas no projeto, inclusive devido a atraso ou descumprimento das obrigações atribuídas pelo contrato à Administração relacionadas a desapropriação, a desocupação de áreas públicas ou a licenciamento ambiental.

Modos de **extinção do contrato**	I – determinada por **ato unilateral e escrito da Administração**, exceto no caso de descumprimento decorrente de sua própria conduta; II – **consensual**, por acordo entre as partes, por conciliação, por mediação ou por comitê de resolução de disputas, desde que haja interesse da Administração; III – determinada por **decisão arbitral**, em decorrência de cláusula compromissória ou compromisso arbitral, ou por **decisão judicial**.

- Para pagamento do objeto do contrato, a Administração deve observar **ordem cronológica** para cada fonte diferenciada de recursos.

Sanções previstas ao particular na LL	I – advertência; II – multa; III – impedimento de licitar e contratar; IV – declaração de inidoneidade para licitar ou contratar.

É admitida a **reabilitação** do licitante ou contratado perante a **própria autoridade** que aplicou a penalidade, exigidos, **cumulativamente**:	I – **reparação integral do dano** causado à Administração Pública; II – **pagamento da multa**; III – transcurso do prazo mínimo de **um ano** da aplicação da penalidade, no caso de impedimento de licitar e contratar, ou de **três anos** da aplicação da penalidade, no caso de declaração de inidoneidade; IV – cumprimento das **condições de reabilitação** definidas no ato punitivo; V – **análise jurídica prévia**, com posicionamento conclusivo quanto ao cumprimento dos requisitos definidos neste artigo.

5. LEI Nº 13.709/2018

- Trata-se da Lei Geral de Proteção de Dados Pessoais (**LGPD**).
- Tutelam-se dados pessoais de pessoas naturais e jurídicas, de direito público ou privado.

Objetivo: PROTEGER	direitos fundamentais de **liberdade**; de **privacidade** e o livre **desenvolvimento da personalidade da pessoa natural**.

- a LGPD se aplica a **qualquer operação de tratamento** realizada por pessoa **natural ou por pessoa jurídica** de direito público ou privado, **independentemente do meio**, do **país** de sua **sede** ou do **país onde estejam localizados os dados**.

A LGPD **não** se aplica ao tratamento de dados pessoais:	I – realizado por pessoa natural para fins **exclusivamente particulares e não econômicos**; II – realizado para fins **exclusivamente**: a) **jornalístico e artísticos**; ou b) **acadêmicos**, aplicando-se a esta hipótese os arts. 7º e 11 da LGPD; III – realizado para fins **exclusivos** de: a) **segurança pública**; b) **defesa nacional**; c) **segurança do Estado**; ou d) atividades de **investigação e repressão de infrações penais**; ou IV – provenientes de **fora do território nacional** e que não **sejam objeto de comunicação, uso compartilhado de dados** com agentes de tratamento brasileiros ou objeto de transferência internacional de dados com outro país que não o de proveniência, desde que o país de proveniência proporcione grau de proteção de dados pessoais adequado ao previsto na LGPD.

- O **tratamento** de dados pessoais poderá ser realizado mediante **consentimento** do titular, por **escrito** ou por **outro meio** que demonstre a **manifestação de vontade do titular**.
- O consentimento pode ser **revogado** a qualquer momento mediante manifestação expressa do titular, por procedimento gratuito e facilitado, ratificados os tratamentos realizados sob amparo do consentimento anteriormente manifestado enquanto não houver requerimento de eliminação.
- Na realização de **estudos em saúde pública**, os **órgãos de pesquisa** poderão ter acesso a **bases de dados pessoais**, que serão tratados **exclusivamente** dentro do órgão e **estritamente** para a **finalidade de realização de estudos e pesquisas** e mantidos em ambiente **controlado e seguro**, conforme práticas de segurança previstas em regulamento específico e que incluam, **sempre que possível**, a **anonimização ou pseudonimização** dos dados, bem como considerem os devidos padrões éticos relacionados a estudos e pesquisas.
- O tratamento de dados pessoais de **crianças** deverá ser realizado com o **consentimento específico e em destaque** dado por pelo **menos um dos pais** ou pelo **responsável legal**.
- A defesa dos interesses e dos direitos dos titulares de dados poderá ser exercida em juízo, individual ou coletivamente, na forma do disposto na legislação pertinente, acerca dos instrumentos de **tutela individual e coletiva**.

<table>
<tr><td>É vedado ao Poder Público transferir a entidades privadas dados pessoais constantes de bases de dados a que tenha acesso, exceto</td><td>I – em casos de execução descentralizada de atividade pública que exija a transferência, exclusivamente para esse fim específico e determinado, observado o disposto na Lei de Acesso à Informação);

II – nos casos em que os dados forem acessíveis publicamente, observadas as disposições da LGPD.

III – quando houver previsão legal ou a transferência for respaldada em contratos, convênios ou instrumentos congêneres; ou

IV – na hipótese de a transferência dos dados objetivar exclusivamente a prevenção de fraudes e irregularidades, ou proteger e resguardar a segurança e a integridade do titular dos dados, desde que vedado o tratamento para outras finalidades.</td></tr>
</table>

- O **controlador ou o operador** que, em razão do exercício de atividade de tratamento de dados pessoais, causar a outrem dano **patrimonial, moral, individual ou coletivo**, em violação à legislação de proteção de dados pessoais, é obrigado a **repará-lo**.
- O **juiz**, no processo civil, poderá **inverter o ônus da prova a favor do titular dos dados** quando, a seu juízo, for **verossímil** a alegação, houver **hipossuficiência** para fins de **produção de prova** ou quando a produção de prova pelo titular resultar-lhe **excessivamente onerosa**.

<table>
<tr><td>Causas excludentes da responsabilidade dos agentes de tratamento</td><td>I – que não realizaram o tratamento de dados pessoais que lhes é atribuído;

II – que, embora tenham realizado o tratamento de dados pessoais que lhes é atribuído, não houve violação à legislação de proteção de dados; ou

III – que o dano é decorrente de culpa exclusiva do titular dos dados ou de terceiro.</td></tr>
</table>

- O **tratamento de dados** pessoais será **irregular** quando **deixar de observar** a **legislação** ou quando **não fornecer a segurança** que o titular dele pode esperar.

Circunstâncias relevantes para apurar o tratamento de dados foi irregular	I – o modo pelo qual é realizado; II – o resultado e os riscos que razoavelmente dele se esperam; III – as técnicas de tratamento de dados pessoais disponíveis à época em que foi realizado.

- O **tratamento de dados** pessoais será **irregular** quando **deixar de observar** a **legislação** ou quando **não fornecer a segurança** que o titular dele pode esperar.

Sanções administrativas aplicáveis pela autoridade nacional	I – **advertência**, com indicação de prazo para adoção de medidas corretivas; II – **multa simples**, de até 2% (dois por cento) do faturamento da pessoa jurídica de direito privado, grupo ou conglomerado no Brasil no seu último exercício, excluídos os tributos, limitada, no total, a R$ 50.000.000,00 (cinquenta milhões de reais) por infração; III – **multa diária**, observado o limite total a que se refere o inciso II; IV – **publicização da infração** após devidamente apurada e confirmada a sua ocorrência; V – **bloqueio dos dados pessoais** a que se refere a infração até a sua regularização; VI – **eliminação dos dados pessoais** a que se refere a infração; VII – **suspensão parcial do funcionamento do banco de dados** a que se refere a infração pelo período máximo de 6 (seis) meses, prorrogável por igual período, até a regularização da atividade de tratamento pelo controlador; VIII – **suspensão do exercício da atividade de tratamento dos dados pessoais** a que se refere a infração pelo período máximo de 6 (seis) meses, prorrogável por igual período; IX – **proibição parcial ou total do exercício de atividades** relacionadas a tratamento de dados.

Composição da Autoridade Nacional de Proteção de Dados (ANPD), órgão da administração pública federal, integrante da **Presidência da República.**	I – **Conselho Diretor**, órgão máximo de direção; II – **Conselho Nacional de Proteção de Dados Pessoais e da Privacidade**; III – **Corregedoria**; IV – **Ouvidoria**; V – **órgão de assessoramento jurídico próprio**; e VI – **unidades administrativas** e **unidades especializadas** necessárias à aplicação do disposto na LGPD.

6. LEI Nº 13.146/2015

- Institui a Lei Brasileira de Inclusão da **Pessoa com Deficiência** (Estatuto da Pessoa com Deficiência), destinada a **assegurar e a promover**, em condições de **igualdade**, o **exercício dos direitos e das liberdades fundamentais** por pessoa com deficiência, visando à sua **inclusão social e cidadania**.

- **Pessoa com deficiência:** aquela que tem **impedimento de longo prazo** de natureza **física, mental, intelectual ou sensorial**, o qual, em interação com uma ou mais barreiras, **pode obstruir sua participação plena e efetiva** na sociedade em **igualdade** de condições com as demais pessoas.

- A **avaliação da deficiência**, quando necessária, será **biopsicossocial**, realizada por equipe **multiprofissional e interdisciplinar.**

A deficiência **não afeta a plena capacidade civil** da pessoa, inclusive para:	I - **casar-se** e constituir **união estável**; II - exercer **direitos sexuais e reprodutivos**; III - exercer o direito de decidir sobre o **número de filhos** e de ter **acesso a informações** adequadas sobre reprodução e planejamento familiar; IV - conservar sua **fertilidade**, sendo vedada a esterilização compulsória; V - exercer o **direito à família** e à **convivência familiar e comunitária**; VI - exercer o **direito à guarda, à tutela, à curatela e à adoção**, como adotante ou adotando, em igualdade de oportunidades com as demais pessoas.

- A pessoa com deficiência tem direito a receber **atendimento prioritário**, sobretudo com a finalidade de, entre outros: atendimento em todas as instituições e serviços de **atendimento ao público** e **tramitação processual e procedimentos judiciais** e administrativos em que for parte ou interessada, em todos os atos e diligências.
- Os direitos de atendimento preferencial são **extensivos ao acompanhante** da pessoa com deficiência ou ao seu **atendente pessoal**, **exceto** quanto a recebimento de **restituição de imposto de renda** e **tramitação processual e procedimentos judiciais** e administrativos em que for parte ou interessada, em todos os atos e diligências.
- A pessoa com deficiência **somente** será atendida **sem seu consentimento prévio, livre e esclarecido** em casos de **risco de morte e de emergência** em saúde, resguardado seu superior interesse e adotadas as salvaguardas legais cabíveis.
- O processo de **habilitação e de reabilitação é um direito** da pessoa com deficiência e tem por objetivo o **desenvolvimento** de potencialidades, talentos, habilidades e aptidões físicas, cognitivas, sensoriais, psicossociais, atitudinais, profissionais e artísticas que contribuam para a **conquista da autonomia** da pessoa com deficiência e de sua **participação social em igualdade de condições e oportunidades** com as demais pessoas.
- Quando **esgotados os meios de atenção à saúde** da pessoa com deficiência no local de **residência**, será prestado **atendimento fora de domicílio**, para fins de diagnóstico e de tratamento, **garantidos o transporte e a acomodação da pessoa com deficiência e de seu acompanhante.**
- **A educação** constitui **direito** da pessoa com deficiência, assegurados **sistema educacional inclusivo** em todos os níveis e aprendizado ao longo de toda a vida, de forma a alcançar o **máximo desenvolvimento possível** de seus talentos e habilidades físicas, sensoriais, intelectuais e sociais, segundo suas características, interesses e necessidades de aprendizagem.

- A pessoa com deficiência tem direito ao **trabalho de sua livre escolha e aceitação**, em **ambiente acessível e inclusivo**, em **igualdade** de oportunidades com as demais pessoas.
- A pessoa com deficiência tem direito, em **igualdade de oportunidades** com as demais pessoas, a **condições justas e favoráveis de trabalho**, incluindo **igual remuneração** por trabalho de **igual valor**.
- A **habilitação profissional** pode ocorrer em **empresas** por meio de **prévia formalização do contrato de emprego da pessoa com deficiência**, que será considerada para o cumprimento da **reserva de vagas** prevista em lei, desde que **por tempo determinado** e concomitante com a **inclusão profissional na empresa**, observado o disposto em regulamento.
- Constitui modo de **inclusão da pessoa** com deficiência no trabalho a colocação **competitiva**, em **igualdade de oportunidades** com as demais pessoas, nos termos da **legislação trabalhista e previdenciária**, na qual devem ser atendidas as regras de **acessibilidade**, o **fornecimento de recursos de tecnologia assistiva** e a **adaptação razoável** no ambiente de trabalho.

Premissas básicas das ações de acessibilidade	I – eleição de prioridades, elaboração de cronograma e reserva de recursos para implementação das ações; e II – planejamento contínuo e articulado entre os setores envolvidos.

- A pessoa com deficiência tem garantido o **acesso ao conteúdo** de todos os atos processuais de seu interesse, inclusive no **exercício da advocacia**.

Características da **curatela** no Estatuto da Pessoa com Deficiência	a) Será adotada quando **necessária**; b) constitui **medida protetiva** extraordinária, proporcional às necessidades e às circunstâncias de cada caso, e durará o **menor tempo possível**. c) curadores são obrigados a prestar, anualmente, **contas** de sua administração ao juiz, apresentando o balanço do respectivo ano. d) afetará **tão somente** os atos relacionados aos direitos de natureza **patrimonial e negocial**. e) **não** alcança o direito ao próprio corpo, à sexualidade, ao matrimônio, à privacidade, à educação, à saúde, ao trabalho e ao voto; f) devem constar da sentença as **razões e motivações** de sua definição, preservados os interesses do curatelado; g) No caso de pessoa em situação de **institucionalização**, ao nomear curador, o juiz deve dar **preferência** a pessoa que tenha **vínculo de natureza familiar, afetiva ou comunitária** com o curatelado

Tomada de decisão apoiada	a) Trata-se de **faculdade** da pessoa com deficiência; b) a pessoa com deficiência elege **pelo menos duas pessoas** idôneas, com as quais mantenha **vínculos** e que gozem de sua **confiança**, c) Objeto: **atos da vida civil;**

Tomada de decisão apoiada	d) Deve haver termo em que constem os **limites** do apoio a ser oferecido e os **compromissos dos apoiadores**, inclusive o **prazo de vigência** do acordo e o respeito à **vontade, aos direitos e aos interesses** da pessoa que devem apoiar; e) Será **requerido pela pessoa a ser apoiada**, com indicação expressa das pessoas aptas a prestarem o apoio. f) o **juiz**, assistido por equipe multidisciplinar, após oitiva do Ministério Público, **ouvirá pessoalmente o requerente e as pessoas que lhe prestarão apoio** g) Em caso de **negócio jurídico** que possa **trazer risco ou prejuízo relevante**, havendo **divergência** de opiniões entre a pessoa apoiada e um dos apoiadores, **deverá o juiz**, ouvido o Ministério Público, **decidir sobre a questão**. h) A pessoa apoiada pode, a qualquer tempo, **solicitar o término** de acordo firmado em processo de tomada de decisão apoiada. i) O **apoiador pode solicitar ao juiz a exclusão** de sua participação do processo de tomada de decisão apoiada, sendo seu desligamento condicionado à manifestação do juiz sobre a matéria; j) Aplicam-se à tomada de decisão apoiada, no que couber, as disposições referentes à **prestação de contas na curatela.**

7. REGIMENTO INTERNO DO TRT/5ª REGIÃO (RI)

- Nas localidades não compreendidas na jurisdição das Varas do Trabalho, os Juízes de Direito são os Órgãos de Administração da Justiça do Trabalho.

Órgãos do TRT	Composição	Quórum de funcionamento, salvo disposição em contrário neste Regimento, computado o Presidente, será
Tribunal Pleno	**Vinte e nove** Desembargadores, nomeados pelo Presidente da República	**mais da metade** dos seus membros efetivos ou juízes convocados
Órgão Especial	**Treze** Desembargadores, sendo 1 (uma) vaga privativa do Presidente do Tribunal, 6 (seis) providas por antiguidade e 6 (seis) mediante eleição secreta, observada a representação do quinto constitucional dos advogados e membros do Ministério Público, reservada uma vaga para cada categoria.	**Nove Desembargadores**
Seção Especializada Única em Dissídios Coletivos, Dissídios Individuais e de Uniformização da Jurisprudência	Composta por **cinco subseções:** **I – Subseção de Dissídios Coletivos;** **II – Subseção de Dissídios Individuais Reunidas;** **III – Subseção de Dissídios Individuais I;** **IV – Subseção de Dissídios Individuais II;** **V – Subseção de Uniformização da Jurisprudência**	
Subseção de Dissídios Coletivos	Presidente do Tribunal, Vice-Presidente e pelos 3 (três) Desembargadores menos antigos integrantes do Órgão Especial	**Três Desembargadores**

Subseção de Dissídios Individuais Reunidas	Desembargadores que compõem as Subseções de Dissídios Individuais I e II	**Nove Desembargadores**
Subseção de Dissídios Individuais I	**Oito** Desembargadores	**Cinco Desembargadores**
Subseção de Dissídios Individuais II	**Oito** Desembargadores	**Cinco Desembargadores**
Subseção de Uniformização da Jurisprudência	**Quinze** desembargadores. Os ocupantes de cargo de direção do Tribunal não integrarão a Subseção de Uniformização da Jurisprudência.	**Nove Desembargadores**
Turmas	**Cinco julgadores**. Os recursos, ações e incidentes serão julgados na Turma com a participação de apenas **três julgadores**.	**Três Desembargadores**

Cargos de Direção do Tribunal	Presidência, Vice-Presidência, Corregedoria Regional e Vice-Corregedoria Regional

- **Cargos de Direção**: Serão eleitos, entre os **Desembargadores mais antigos**, em número correspondente ao dos cargos de direção, com mandato de **dois anos, proibida a reeleição**.
- **Quórum para eleição**: **maioria simples** dos votos dos Desembargadores habilitados a votar.
- É **obrigatória** a aceitação do cargo, **salvo** recusa manifestada e acolhida **antes da eleição**

Competência do Desembargador Plantonista: medidas urgentes para	**a) evitar o perecimento do direito;** **b) assegurar a liberdade de locomoção,** **c) apreciar medida liminar em dissídio coletivo de greve.**

- Durante o Plantão não serão apreciados pedidos de **levantamento de importância em dinheiro ou valores nem liberação de bens apreendidos**.

Critérios para aferição de antiguidade no cargo de Desembargador	• **data da posse** no cargo respectivo; • ordem de **surgimento da vaga** respectiva. • ordem de **elaboração das listas para promoção** pelo critério alternado de merecimento e antiguidade • a ordem de elaboração das **listas encaminhadas** pelo Ministério Público do Trabalho ou pela Ordem dos Advogados do Brasil (se os desembargadores são oriundos da mesma classe). • a antiguidade dos ocupantes anteriores dos cargos respectivos (se os desembargadores são oriundos de classes diversas). • a ordem de elaboração das listas respectivas para promoção ou nomeação (para cargos decorrentes de ampliação do Tribunal.

Incompatibilidade para integrar o mesmo órgão fracionário do Tribunal nem atuar, simultaneamente, inclusive no Tribunal Pleno	a) **cônjuges**, b) **companheiros**, c) **parentes** consanguíneos ou afins, em linha reta ou colateral, **até o terceiro grau**.

Algumas competências do Tribunal Pleno	a) apreciar e julgar **o habeas corpus e o habeas data em processos de sua competência**; b) apreciar e julgar a **reclamação** para preservação de sua competência, a autoridade de suas decisões ou a observância dos seus precedentes, **salvo os sumulados**; c) apreciar e julgar os processos relativos à aplicação de penalidade aos Desembargadores. d) determinar aos Juízes de primeira instância a **realização dos atos processuais e das diligências** necessárias ao julgamento dos feitos de competência do Pleno; e) decidir sobre os casos de **invalidez** de Magistrados de primeiro ou segundo graus; .

Algumas competências do Órgão Especial	a) julgar os **conflitos de competência** entre os Órgãos fracionários do Tribunal ou entre Órgãos de primeira instância e os conflitos de atribuições dentre os órgãos administrativos; b) julgar os habeas data e habeas corpus contra atos da Presidência, Vice-Presidência, Corregedoria e Corregedoria Adjunta; c) deferir licenças, afastamentos, concessões e férias, e autorizar transferências e permutas aos membros do Tribunal; ; d) eleger, para mandato de dois anos, dentre os desembargadores, o Ouvidor e Ouvidor Substituto.

Algumas competências da Subseção de Uniformização da Jurisprudência	a) julgar o **incidente de assunção de competência**; b) julgar o **incidente de arguição de inconstitucionalidade**; c) julgar o o incidente de resolução de demandas repetitivas; d) julgar o **procedimento para edição, revisão e cancelamento de súmul**.

Algumas competências da Subseção de Dissídios Coletivos	a) apreciar e julgar os **dissídios coletivos**, inclusive os de revisões de sentenças normativas, bem como as demandas que tenham por fundamento o conflito coletivo, inclusive os interditos proibitórios b) - determinar às Varas do Trabalho a realização de atos processuais e diligências necessários ao julgamento dos feitos que lhe estiverem afetos;

Algumas competências das Subseções de Dissídios Individuais I e II	a) processar e julgar originalmente as **ações rescisórias** de seus próprios acórdãos e das Turmas e das sentenças das Varas do Trabalho; b) autorizar, por proposta do seu Presidente, a prática pela Secretaria de atos ordinatórios sem caráter decisório;; c) firmar ato de **cooperação judiciária**, inclusive para reunir, apensar ou centralizar processos repetidos, com deslocamento de competência entre si.

- Havendo empate nos julgamentos realizados pelas Subseções de Dissídios Individuais I e II prevalecerá o voto do Relator, salvo em habeas corpus, hipótese na qual prevalecerá o voto pela concessão da ordem.

Subseção de Dissídios Individuais Reunidas (SEDI-R)	Para **prevenir ou compor de divergência** entre as Subseções de Dissídios Individuais I e II, o Relator, de Ofício ou a requerimento do Ministério Público ou da parte interessada, em decisão irrecorrível, poderá deslocar a competência para o julgamento da causa da Subseção de Dissídio Individual I ou II para a Subseção de Dissídios Individuais Reunidas. A decisão proferida pela Subseção de Dissídios Individuais Reunidas terá **efeito vinculante** quando proferida pela maioria absoluta de seus membros, salvo se divergente de tese jurídica adotada pela Subseção de Uniformização da Jurisprudência ou enunciado de Súmula aprovado pelo Tribunal Pleno.

Algumas competências das Turmas	a) os recursos das decisões das Varas do Trabalho ; b) as exceções de incompetência que lhe forem opostas e as de impedimento e suspeição de seus integrantes; **Observação**: O Órgão Especial poderá estabelecer a competência privativa ou especializada de uma ou mais Turmas em face da matéria ou da pessoa.

Algumas competências do Presidente do TRT/5	a) presidir as sessões do **Tribunal Pleno**, do **Órgão Especial** e da **Subseção de Dissídios Coletivos**; b) **delegar atribuições aos Titulares de Vara do Trabalho para presidirem audiências e promoverem a conciliação nos dissídios coletivos que ocorram fora da sede do Tribunal**; c) **nomear e aposentar** os servidores do quadro; d) proferir **voto de desempate** nos julgamentos do Tribunal Pleno, do Órgão Especial e da Subseção de Dissídios Coletivos; ; e) impor sanções disciplinares aos servidores que excederem da alçada das demais autoridades mencionadas em lei; . f) - julgar, em 48 (quarenta e oito) horas, contados a partir da data do recebimento, os pedidos de **revisão da decisão** do Juiz de Vara do Trabalho que houver **fixado o valor da reclamação para efeito** de alçada;

Competência do Corregedor Regional	a) exercer funções de **correição permanente** nas Varas do Trabalho e nos serviços auxiliares do primeiro grau, bem como decidir correições parciais contra atos atentatórios à boa ordem processual, praticados pelos Juízes, quando não existir recurso específico ou não for o caso de mandado de segurança; b) ao menos uma vez por ano, realizar **inspeção correcional** sobre as Varas do Trabalho da Região e nos serviços auxiliares da primeira instância; c) **propor punições**, na forma da lei, ao Juiz que não cumprir os deveres do seu cargo;

Para efeito de substituição, as ausências dos Desembargadores são consideradas	**definitivas**, em razão da vacância de cargo
	temporárias, as que decorram de impedimento, suspeição, de férias, de concessão de licenças e em decorrência de qualquer outro afastamento por decisão judicial ou administrativa
	ocasionais, em razão de: a) impossibilidade de comparecimento a, no máximo, 3 (três) sessões consecutivas, b) não haver o Desembargador assistido ao relatório.

- Poderá o Presidente do Tribunal convocar Juiz Titular de Vara do Trabalho para atuar no Tribunal, na condição de auxiliar, para o exercício de atividade jurisdicional.

Causas de redistribuição de processos	I – houver declaração de impedimento ou suspeição do Relator; II – em havendo tramitação preferencial, o afastamento do Desembargador não importar em substituição do Relator.

- Compete ao Juiz Titular de Vara do Trabalho **indicar, preferencialmente entre bacharéis em Direito**, para **nomeação pelo Presidente do Tribunal**, ressalvadas as situações consolidadas, o **Diretor da respectiva** Secretaria, observadas as restrições relativas a parentesco, casamento, união estável e concubinato, decorrentes de lei.
- Fica vedada a remoção voluntária ou permuta de magistrado de 1º ou 2º grau que estiver com acúmulo injustificado de processos sob sua jurisdição.
- É vedado o afastamento em gozo de férias individuais, no mesmo período, de Desembargadores que possam comprometer o quorum dos Órgãos de que participem ou os serviços judiciários.
- A **licença para tratamento de saúde por prazo superior a 30 (trinta) dias**, bem como as prorrogações que impliquem licença por período ininterrupto superior a este prazo, depende de inspeção por junta médica.

O Magistrado poderá afastar-se de suas funções por até oito dias consecutivos, sem prejuízo de vencimento, remuneração ou qualquer direito, em razão de	I – casamento; II – falecimento do cônjuge, de parente em linha ascendente, descendente ou de irmão.

Iniciativa para o processo de aposentadoria	I – a requerimento do Magistrado; II – por ato do Presidente do Tribunal ou da Corregedoria, de ofício; III – em cumprimento à deliberação do Tribunal Pleno ou Órgão Especial

- Decretada a remoção compulsória do Juiz, a titularidade da Vara do Trabalho será declarada vaga, ficando o Juiz Titular em disponibilidade, com todas as vantagens do cargo, até ser aproveitado em outra Vara do Trabalho, cabendo ao Órgão Especial resolver, posteriormente, por indicação do seu Presidente, em qual delas o Juiz removido terá exercício.
- A distribuição dos recursos e processos originários, realizada em audiências públicas, será feita obrigatoriamente de modo alternado, de acordo com as respectivas classes, com concorrência dos Desembargadores de cada Órgão do Tribunal pela ordem de antigüidade, sendo imediato o sorteio.
- O Presidente do Tribunal, o Vice-Presidente, o Corregedor Regional e o ViceCorregedor Regional somente participam de sorteio nos processos de competência do Tribunal Pleno, ficando-lhes, entretanto, assegurado o direito de voto nas sessões dos demais Órgãos do Tribunal dos quais são integrantes.

- Somente haverá revisor nas ações rescisórias.
- Será designado Redator o autor do primeiro voto prevalecente, nos casos em que o Relator estiver vencido integralmente no mérito, inclusive em caso de recursos simultâneos.
- O julgador vencido na questão prejudicial ou antecedente deve votar na questão subsequente, superada aquela.

Ordem de preferência dos processos	a) de habeas corpus; b) de dissídios coletivos; c) de mandados de segurança; d) de ações cautelares; e) de conflitos de competência; f) submetidos ao rito sumaríssimo; g) em que figure como parte pessoa com idade igual ou superior a 60 (sessenta) anos ou portadora de doença grave, estendendo-se esse benefício em favor dos sucessores, cônjuge supérstite, companheiro ou companheira em união estável, em caso de morte do beneficiado; h) cujo Relator ou Revisor deva afastar-se, por qualquer motivo; i) de cujo quorum deva participar Desembargador ou Juiz de outro Órgão, convocado, ou que, estando de férias, compareça espontaneamente para participar do julgamento; j) em que haja inscrição de advogado para sustentação oral; k) em que a parte ou seu advogado, estando presente, manifeste interesse de preferência.

- Os Órgãos julgadores poderão apreciar os feitos judiciais e administrativos de sua competência de **forma presencial ou não presencial**, sendo esta última por meio de sessões virtuais ou telepresenciais, que serão designadas pelo respectivo Presidente.
- **ATENÇÃO: Ficam excluídos do Plenário Eletrônico os processos de competência da Subseção de Dissídios Coletivos.**

Será **vinculante**, inclusive no âmbito do Primeiro Grau, a tese jurídica firmada pelo voto da maioria absoluta dos membros do Órgão, no julgamento	I – do incidente de resolução de demandas repetitivas, do incidente de assunção de competência e do incidente de arguição de inconstitucionalidade de lei ou ato normativo pela Subseção de Uniformização da Jurisprudência; II – de processo judicial ou administrativo pelo Tribunal Pleno; III – de procedimentos judiciais, inclusive em incidentes processuais, ou administrativo pelo Órgão Especial;

Permanentes do TRT/5	I – Comissão de Regimento Interno; II – Comissão de Jurisprudência e de Precedentes Normativos; III – Comissão de Documentação.

8. RESOLUÇÃO N. 400/2021 DO CNJ

- Dispõe sobre **política de sustentabilidade** no âmbito do Poder Judiciário.

Bases da política de sustentabilidade	ações ambientalmente corretas, economicamente viáveis e socialmente justas e inclusivas, culturalmente diversas e pautadas na integridade

- O Plano de Logística Sustentável configura-se como instrumento da **Política de Governança de Contratações** do órgão que, em conjunto com os demais planos institucionais e de Gestão de Pessoas, tem o **objetivo de desenvolver instituições eficazes, responsáveis e transparentes em todos os níveis, garantindo a tomada de decisão responsiva, inclusiva, participativa e representativa em todos os níveis.**

- O relatório de desempenho do PLS deve ser publicado **no sítio eletrônico do respectivo** órgão do Poder Judiciário e encaminhado ao **CNJ**, por meio do PLS-Jud, até o dia 28 de fevereiro do ano posterior ao que se refere.

- A **unidade de sustentabilidade** deve ter **caráter permanente** para assessorar o **planejamento**, a **implementação**, o **monitoramento** de metas anuais e a **avaliação** de **indicadores de desempenho** para o cumprimento desta Resolução.

Lotação mínima da unidade de sustentabilidade	I – 3 (três) servidores(as), nos tribunais que possuam mais de 5.000 servidores do quadro de pessoal; II – 2 (dois) servidores(as), nos tribunais cuja quantidade de servidores seja inferior ao quantitativo mencionado no inciso I;

- O **uso sustentável** de **recursos naturais** e **bens públicos** deve ter como **objetivo** o **combate ao desperdício** e o **consumo consciente**, com destaque para a **gestão sustentável de documentos** e **materiais** com a implementação de **processo judicial eletrônico** e a **informatização dos processos e procedimentos administrativos**.

Competências da **Comissão Gestora do PLS**:	I – deliberar sobre os indicadores e metas do PLS; II – avaliar e aprovar os relatórios de desempenho do PLS, elaborados pela unidade de sustentabilidade; III – propor a revisão do PLS; e IV – sugerir tarefas e iniciativas às unidades para o alcance das metas e realização das ações propostas no PLS.

- As **aquisições e contratações** efetuadas pelos órgãos do Poder Judiciário devem observar os **critérios de sustentabilidade quanto aos bens, serviços e obras**, inclusive na execução de reformas, na locação, aquisição e manutenção predial de bens imóveis.

- Os órgãos do Poder Judiciário devem implementar **plano de compensação ambiental** até o ano **2030** (Agenda 2030 – ONU), a fim de **reduzir, permanentemente**, a emissão de gases de efeito estufa, resultante de seu funcionamento.

- As atividades de **ambientação de novos(as) servidores(as) e colaboradores(as)** devem difundir a **política de sustentabilidade do Poder Judiciário**, bem como as **ações sustentáveis desenvolvidas**, de modo a consolidar os novos padrões de consumo consciente do órgão.

Conhecimentos Específicos

Analista Judiciário – Área Judiciária

Direito Constitucional

Paulo Lépore

Direito Constitucional

SUMÁRIO: Da aplicabilidade e interpretação das normas constitucionais; vigência e eficácia das normas constitucionais; Controle de constitucionalidade: sistemas difuso e concentrado; ação direta de inconstitucionalidade; ação direta de inconstitucionalidade; ação declaratória de constitucionalidade e arguição de descumprimento de preceito fundamental. Convenções internacionais aplicáveis às relações de trabalho. Controle de convencionalidade. Princípios fundamentais. Dos direitos e garantias fundamentais: dos direitos e deveres individuais e coletivos; dos direitos sociais; dos direitos de nacionalidade; dos direitos políticos. Dos partidos políticos. Da organização do Estado: da organização político administrativa: da União. Das competências da União, dos Estados e dos Municípios. Da Administração Pública: disposições gerais; dos servidores públicos. Da Organização dos Poderes. Do Poder Executivo: do Presidente e do Vice-Presidente da república. Das atribuições e responsabilidades do Presidente da República. Do Poder Legislativo: do processo legislativo. Da fiscalização contábil, financeira e orçamentária. Do Poder Judiciário: disposições gerais; do Supremo Tribunal Federal; do Conselho Nacional de Justiça: organização e competência; do Superior Tribunal de Justiça; Do Tribunal Superior do Trabalho, dos Tribunais Regionais do Trabalho e dos Juízes do Trabalho; do Conselho Superior da Justiça do Trabalho: organização e competência. Das funções essenciais à Justiça: do Ministério Público; da Advocacia Pública; da Advocacia e da Defensoria Pública.

I. DA APLICABILIDADE E INTERPRETAÇÃO DAS NORMAS CONSTITUCIONAIS; VIGÊNCIA E EFICÁCIA DAS NORMAS CONSTITUCIONAIS

1. CONSTITUIÇÃO – TIPOLOGIA OU CLASSIFICAÇÃO DAS CONSTITUIÇÕES

a. **Quanto à origem:**

1) Democrática, Promulgada ou Popular: elaborada por legítimos representantes do povo, normalmente organizados em torno de uma Assembleia Constituinte.

2) Outorgada: é aquela elaborada sem a presença de legítimos representantes do povo, imposta pela vontade de um poder absolutista ou totalitário, não democrático.

3) Constituição Cesarista, Bonapartista, Plebiscitária ou Referendária: é aquela criada por um ditador ou imperador e posteriormente submetida à aprovação popular por plebiscito ou referendo.

4) Pactuada/Dualista: originada de um compromisso instável de duas forças políticas rivais, de modo que o equilíbrio fornecido por tal espécie de Constituição é precário. Esse modelo foi muito utilizado na monarquia da Idade Média. A Magna Carta de 1215, que os barões obrigaram João Sem Terra a jurar, é um exemplo.

5) Heteroconstituição (ou "Constituição Dada"): é aquela criada fora do Estado em que irá vigorar. Ex: Constituição do Chipre (procedente dos acordos de Zurique, de 1960, entre a Grã-Bretanha, a Grécia e a Turquia).

b. **Quanto ao conteúdo:**

1) Formal: compõe-se do que consta em documento solene que tem posição hierárquica de destaque no ordenamento jurídico.

2) Material: composta por regras que exteriorizam a forma de Estado, organizações dos Poderes e direitos fundamentais. Portanto, suas normas são aquelas essencialmente constitucionais, mas que podem ser escritas ou costumeiras, pois a forma tem importância secundária.

c. **Quanto à forma:**

1) Escrita/Instrumental: formada por um texto.

   A) Escrita Legal (Paulo Bonavides): formada por texto oriundo de documentos esparsos ou fragmentados.

   B) Escrita Codificada (Paulo Bonavides): formada por texto inscrito em documento único.

2) Não Escrita: identificada a partir dos costumes, da jurisprudência predominante e até mesmo por documentos escritos (por mais contraditório que possa parecer). Como esclarece Dirley da Cunha Júnior, "não existe Constituição inteiramente não escrita ou costumeira, pois sempre haverá normas escritas compondo o seu conteúdo. A Constituição inglesa, por exemplo, compreende importantes textos escritos, mas esparsos no tempo e no espaço, como a Magna Carta (1251), o Petition of Rights (1628), o *Habeas Corpus* Act (1679), o Bill of Rights (1689), entre outros" (*Direito Constitucional*. 6 ed. Salvador: Juspodivm, 2012, p. 120).

d. **Quanto à estabilidade:**

1) Imutável: não prevê qualquer processo para sua alteração.

2) Fixa: só pode ser alterada pelo Poder Constituinte Originário, "circunstância que implica, não em alteração, mas em elaboração, propriamente, de uma nova ordem constitucional" (CUNHA JÙNIOR, Dirley da. *Curso de Direito Constitucional*. 6 ed. Salvador: Juspodivm, 2012, p. 122-123).

3) Rígida: aquela em que o processo para a alteração de qualquer de suas normas é mais difícil do que o utilizado para criar leis.[1]

4) Flexível: aquela em que o processo para sua alteração é igual ao utilizado para criar leis.

5) Semi-rígida ou semiflexível: é aquela dotada de parte rígida (em que somente pode ser alterada por processo mais difícil do que o utilizado para criar leis), e parte flexível (em que pode ser alterada pelo mesmo processo utilizado para criar leis).

e. **Quanto à extensão:**

1) Sintética: é a Constituição que regulamenta apenas os princípios básicos de um Estado.

2) Analítica ou prolixa: é a Constituição que vai além dos princípios básicos, detalhando também outros assuntos.

f. **Quanto à finalidade:**

1) Garantia: contém proteção especial às liberdades públicas. Prescreve um Estado-mínimo.

2) Dirigente: confere atenção especial à implementação de programas pelo Estado. Prescreve um Estado intervencionista.

g. **Quanto ao modo de elaboração:**

1) Dogmática: sistematizada a partir de ideias fundamentais.

2) Histórica: de elaboração lenta, pois se materializa a partir dos costumes, que se modificam ao longo do tempo.

h. **Quanto à ideologia:**

1) Ortodoxa: forjada sob a ótica de somente uma ideologia.

2) Eclética: fundada em valores plurais.

i. **Quanto ao valor ou ontologia (Karl Loewenstein):**

1) Normativa: dotada de valor jurídico legítimo.

2) Nominal: sem valor jurídico; com papel eminentemente social.

3) Semântica: tem importância jurídica, mas não valoração legítima, pois é criada apenas para justificar o exercício de um Poder não democrático. São meros simulacros de Constituição.

---

1 Vale ressaltar que alguns autores falam em Constituição super-rígida, como aquela em que além de o seu processo de alteração ser mais difícil do que o utilizado para criar leis, dispõe ainda de uma parte imutável (cláusulas pétreas).

Máximas quanto às Classificações das Constituições

- **Toda Constituição rígida é escrita, pois não há rigidez em uma Constituição Não Escrita ou Costumeira.**
- **Toda Constituição costumeira é, ao menos conceitualmente, flexível, pois seu processo de alteração não se diferencia do que se utiliza para a alteração de qualquer outra norma que discipline o convívio social.**
- **Nem toda Constituição escrita é rígida, pois a Constituição formada por um texto pode ser imutável, fixa, rígida, flexível, ou semiflexível.**
- **Uma Constituição pode ter partes rígidas e partes flexíveis, e nesse caso será denominada de semi-rígida ou semiflexível.**

CLASSIFICAÇÃO DA CONSTITUIÇÃO DA REPÚBLICA FEDERATIVA DO BRASIL DE 1988	
1. Democrática ou Promulgada ou Popular	Elaborada por legítimos representantes do povo
2. Formal	Documento solene
3. Escrita ou Instrumental	Texto único
4. Rígida ou Super-rígida	Rígida: seu processo de alteração é mais difícil do que o utilizado para criar leis; Super-rígida: além de o seu processo de alteração ser mais difícil do que o utilizado para criar leis, ela tem uma parte imutável (cláusulas pétreas)
5. Analítica	Vai além dos princípios básicos, trazendo detalhamento também de outros assuntos
6. Dirigente	Confere atenção especial à implementação de programas pelo Estado
7. Dogmática	Sistematizada a partir de ideias fundamentais
8. Eclética	Fundada em valores plurais
9. Normativa	Tem valor jurídico legítimo (não apenas social)

2. INTERPRETAÇÃO DAS NORMAS CONSTITUCIONAIS

2.1. Métodos

1) **Método Jurídico ou Hermenêutico Clássico (Ernest Forsthoff):** parte de uma Tese da Identidade que existiria entre a Constituição e as demais leis, ou seja, se a constituição é uma lei, não há porque criar-se um método específico para interpretá-la. Ele se vale basicamente dos seguintes elementos: a) genético (origem do ato); b) gramatical ou filológico (análise textual e literal); c) histórico (momento e contexto de criação do ato); d) lógico (não contradição); e) sistemático (análise do todo ou conjunto); f) teleológico (finalidade social do ato).

2) **Método Científico-espiritual, Valorativo ou Sociológico (Rudolf Smend):** tem como norte o espírito constitucional, ou seja, valores consagrados nas normas constitucionais. Além dos valores, levam-se em conta também outros fatores extraconsti-

tucionais, como a realidade social e cultural do povo, exigindo-se uma interpretação elástica do texto constitucional, alçando a Constituição a instrumento de integração e solução de conflitos em busca da construção e da preservação da unidade social.

3) **Método Tópico-problemático (Theodor Viehweg):** atua sobre as aporias (aporia: dificuldade de escolher entre duas opiniões contrárias e igualmente racionais sobre um dado problema). Topos que no plural são os topoi representam formas de pensamento, raciocínios, argumentações, pontos de vista ou lugares comuns. Os topoi são retirados da jurisprudência, da doutrina, dos princípios gerais de direito e até mesmo do senso comum. Trata-se de uma teoria de argumentação jurídica em torno do problema. A partir do problema expõem-se os argumentos favoráveis e contrários e consagra-se como vencedor aquele capaz de convencer o maior número de interlocutores. Tem aplicabilidade nos casos de difícil solução, denominados por *hard cases*.

4) **Método Hermenêutico-concretizador (Konrad Hesse)**: é aquele em que o intérprete se vale de suas pré-compreensões valorativas para obter o sentido da norma e então aplicá-la à resolução de determinado problema. O conteúdo da norma somente é alcançado a partir de sua interpretação concretizadora, dotada do caráter criativo que emana do exegeta. Nesse sentido, o método de Hesse possibilita que a Constituição tenha força ativa para compreender e alterar a realidade. Mas, nesse mister, o texto constitucional apresenta-se como um limite intransponível para o intérprete, pois se o exegeta passar por cima do texto, ele estará modificando ou rompendo a Constituição, não a interpretando.

5) **Método Normativo-estruturante (Friedrich Müller) ou Concretista (Paulo Bonavides):** é aquele em que o intérprete parte do direito positivo para chegar à estruturação da norma, muito mais complexa que o texto legal. Nesse caminho, há influência da jurisprudência, da doutrina, da história, da cultura e das decisões políticas. Em outras palavras: o exegeta colhe elementos da realidade social para estruturar a norma que será aplicada.

6) **Método Concretista da Constituição Aberta (Peter Häberle):** traz a ideia que a Constituição deve ser interpretada por todos e em quaisquer espaços (abertura interpretativa), e não apenas pelos juristas no bojo de procedimentos formais.

7) **Método da Comparação Constitucional (Peter Häberle)**: prega a interpretação a partir da comparação entre diversas Constituições.

8) **Inexistência de hierarquia entre métodos de interpretação constitucional:** segundo Gilmar Ferreira Mendes, Inocêncio Mártires Coelho e Paulo Gustavo Gonet Branco: "Não por acaso Gustavo Zagrebelsky afirma que não existe na literatura, nem na jurisprudência, uma teoria de métodos interpretativos da Constituição que nos esclareça se é possível e mesmo necessário adotar um método previamente estabelecido ou uma ordem metodológica concreta, um dado de realidade que, se não configura lacuna inexplicável, por certo reflete a consciência de que não tem maior significado nos aproximarmos da interpretação através dos seus métodos, ainda que a palavra método, como todos sabem, signifique, precisamente, o cami-

nho a ser percorrido para se alcançar a verdade". (*Curso de direito constitucional*. 2. ed. São Paulo: Saraiva, 2008, p. 98).

9) **Leitura moral da constituição:** Segundo Ronald Dworkin, a leitura moral da Constituição elucida que a interpretação jurídica deve valer-se de uma teoria política, sem que isso signifique uma corrupção da interpretação. Os princípios e valores dos julgadores tendem a influenciar no desvelar das normas jurídicas (*Uma questão de princípio*. São Paulo: Martins Fontes: 2001, p. 246-247).

2.2. Princípios de interpretação Constitucional

Princípios enunciados por Canotilho:

1) **Princípio da unidade da Constituição:** preceitua que a interpretação constitucional deve ser realizada tomando-se as normas constitucionais em conjunto (interpretação sistêmica), como um sistema unitário de princípios e regras, de modo a se evitarem contradições (antinomias aparentes) entre elas.

2) **Princípio do efeito integrador ou da eficácia integradora:** traz a ideia que as normas constitucionais devem ser interpretadas com objetivo de integrar política e socialmente o povo de um Estado Nacional.

3) **Princípio da máxima efetividade ou eficiência:** exige que o intérprete otimize a norma constitucional para dela extrair a maior efetividade possível, guardando estreita relação com o princípio da força normativa. Segundo Luis Roberto Barroso, por meio dele realiza-se uma aproximação, tão íntima quanto possível, entre o dever-ser normativo e o ser da realidade social. (*Curso de direito constitucional contemporâneo*. São Paulo: Saraiva, 2009).

4) **Princípio da conformidade/correção funcional/exatidão funcional ou da justeza:** limita o intérprete na atividade de concretizador da Constituição, pois impede que ele atue de modo a desestruturar as premissas de organização política previstas no Texto Constitucional.

5) **Princípio da concordância prática ou da harmonização:** a interpretação de uma norma constitucional exige a harmonização dos bens e valores jurídicos colidentes em um dado caso concreto, de forma a se evitar o sacrifício total de um em relação a outro.

6) **Princípio da força normativa:** a partir dos valores sociais, o intérprete, em atividade criativa, deve extrair aplicabilidade e eficácia de todas as normas da Constituição, conferindo-lhes sentido prático e concretizador, em clara relação com o princípio da máxima efetividade ou eficiência. Por meio dele, a Constituição tem força ativa para alterar a realidade.

Outros princípios:

1) **Princípio da razoabilidade ou da proporcionalidade:** exige a tomada de decisões racionais, não abusivas, e que respeitem os núcleos essenciais de todos os direitos fun-

damentais. Por meio dele, analisa-se se as condutas são adequadas, necessárias e trazem algum sentido em suas realizações. O princípio da proporcionalidade é descrito pela doutrina alemã como um meio-termo entre o excesso e o insuficiente, de modo que são subprincípios derivados a proibição do excesso estatal e a proibição à proteção insuficiente. O princípio é explicado de maneira clara na obra de Gilmar Mendes e Paulo Gustavo Branco: "a conceituação de uma conduta estatal como insuficiente (untermässig), porque 'ela não se revela suficiente para proteção adequada e eficaz', nada mais é do ponto de vista metodológico do que considerar referida conduta como desproporcional em sentido estrito (unverhältnismässig in engerem Sinn)" (MENDES, Gilmar Ferreira; BRANCO, Paulo Gustavo Gonet. 7ª ed. rev. e atual. São Paulo: Saraiva, 2012, p. 332).

2) **Princípio da interpretação conforme:** consiste em conferir-se a um ato normativo polissêmico (que admite vários significados) a interpretação que mais se adéque ao que preceitua a Constituição, sem que essa atividade se constitua em atentado ao próprio texto constitucional. Aplicável ao controle de constitucionalidade, a interpretação conforme permite que se mantenha um texto legal, conferindo-se a ele um sentido ou interpretação de acordo com os valores constitucionais.

3) **Princípio da presunção de constitucionalidade das leis:** traz a ideia que todas as normas infraconstitucionais criadas estão de acordo com a Constituição. Toda lei é válida e constitucional até que se prove o contrário, portanto, a presunção de constitucionalidade é relativa (*juris tantum*). Esse princípio ainda tem por missão orientar que o judiciário declare a inconstitucionalidade de uma norma apenas se ela for patente ou chapada, não permitindo uma interpretação conforme a constituição. Sobre o princípio, a lição de Luís Roberto Barroso: "a) não sendo evidente a inconstitucionalidade, havendo dúvida ou a possibilidade de razoavelmente se considerar a norma como válida, deve o órgão competente abster-se da declaração de inconstitucionalidade; b) havendo alguma interpretação possível que permita afirmar-se a compatibilidade da norma com a Constituição, em meio a outras que carreavam para ela um juízo de invalidade, deve o intérprete optar pela interpretação legitimadora, mantendo o preceito em vigor" (*Interpretação e aplicação da Constituição.* 2. ed. São Paulo: Saraiva. 1998, p. 165).

4) **Princípio da vedação do retrocesso**: significa que uma vez garantido em um ordenamento jurídico, notadamente no Texto Constitucional, um direito humano (que se torna fundamental pela positivação na Constituição) não pode mais deixar de existir naquela sociedade ou Estado. Tal princípio está implícito nos ordenamentos jurídicos de todos os países que reconhecem a importância e a validade do direito internacional dos direitos humanos.

5) **Correntes interpretativista e não interpretativista:** segundo a corrente interpretativista, os intérpretes têm como limites os valores expressos, ou, ao menos, claramente implícitos nas Constituições, de modo a respeitar-se a vontade do constituinte. Já a corrente não interpretativista sustenta que o intérprete pode invocar valores eventualmente não expressos ou claramente implícitos nas Constituições, a exemplo da justiça, da moral e da liberdade. A corrente não interpretativista recebe

esse nome porque ela não interpretaria a partir da Constituição, mas criaria uma nova norma para servir à resolução do problema.

3. APLICABILIDADE, VIGÊNCIA E EFICÁCIA DAS NORMAS CONSTITUCIONAIS

Existência: as normas constitucionais existentes são aquelas que cumpriram com as etapas que logicamente antecedem a sua criação. Ex: uma lei existe depois de ter passado por todos os trâmites de um projeto de lei.

Validade: para Hans Kelsen, toda norma constitucional retira seu fundamento de validade de outra norma hierarquicamente superior. Considerando-se que a normas constitucionais são as hierarquicamente mais graduadas de uma ordem constitucional, faltaria uma norma superior a elas. Mas, para resolver esse problema, Kelsen inseriu em sua teoria a figura da norma hipotética fundamental, um pressuposto lógico e inquestionável para que seu raciocínio faça sentido. Assim, tem-se que as normas constitucionais retiram seu fundamento de validade da norma hipotética fundamental ou, em uma segunda análise, elas podem ser tomadas como as próprias normas hipotéticas fundamentais que, num primeiro momento, têm suas validades inquestionáveis, uma vez que normas pressupostas.

Eficácia: trata-se da aptidão que a norma constitucional tem (ou pode ter) para gerar efeitos concretos, práticos.

Normas, Postulados Normativos, Princípio e Regras

- **Normas Jurídicas de Primeiro Grau (Princípios e Regras):** os Princípios são mandados de otimização que impõem a promoção de um fim, na maior medida possível, com abstração e generalidade, enquanto as Regras prescrevem comportamentos imediatos, de modo mais completo e preciso.
- **Normas Jurídicas de Segundo Grau/Postulados Normativos (Humberto Ávila):** situam-se num plano distinto daquele das normas cuja aplicação estruturam. A violação deles consiste na não interpretação de acordo com sua estruturação. Não impõem a promoção de um fim, mas, em vez disso, estruturam a aplicação do dever de promover um fim. Não prescrevem imediatamente comportamentos, mas modos de raciocínio e de argumentação relativamente a normas que indiretamente prescrevem comportamentos.

3.1. Classificação das normas constitucionais segundo sua eficácia

No que tange à eficácia, segundo classificação de José Afonso da Silva, as normas constitucionais podem ser: plenas, contidas e limitadas.

1) **Normas de eficácia plena** são aquelas dotadas de aplicabilidade direta, imediata e integral, pois não necessitam de lei infraconstitucional para torná-las aplicáveis e nem admitem lei infraconstitucional que lhes restrinja o conteúdo. Em outras palavras: elas trazem todo o conteúdo necessário para a sua materialização prática. São entendidas como de aplicabilidade direta, imediata e integral, pois não necessitam de lei infraconstitucional. Exemplo: Brasília é a Capital Federal (art. 18, § 1°, da CF).

2) **Normas de eficácia contida ou restringível** são aquelas que têm aplicabilidade direta, imediata, mas não integral, pois admitem que seus conteúdos sejam restringidos por normas infraconstitucionais, o que ocorre, por exemplo, com o enunciado que garante o livre exercício de qualquer trabalho, ofício ou profissão, atendidas as qualificações profissionais que a lei estabelecer (art. 5°, XIII, da CF). Para ilustrar: a função de advogado, somente pode ser exercida atendida a qualificação profissional de ser bacharel em direito, aprovado no Exame da Ordem dos Advogados do Brasil (art. 8°, IV, da Lei 8.906/94).

3) **Normas de eficácia limitada ou reduzida** são aquelas que possuem aplicabilidade indireta, mediata e reduzida (não direta, não imediata e não integral), pois exigem norma infraconstitucional para que se materializem na prática. Entretanto, apesar de não se realizarem sozinhas na prática, elas são dotadas de eficácia jurídica, pois revogam as leis anteriores com elas incompatíveis; vinculam o legislador, de forma permanente, à sua realização; condicionam a atuação da administração pública e informam a interpretação e aplicação da lei pelo Poder Judiciário. Elas podem ser de princípio programático ou princípio institutivo.

A) As **normas de eficácia limitada de princípio programático** (também referidas apenas como normas programáticas) são aquelas que não regulam diretamente interesses ou direitos nelas consagrados, mas se limitam a traçar alguns preceitos a serem cumpridos pelo Poder Público, como programas das respectivas atividades, pretendendo unicamente a consecução dos fins sociais pelo Estado. Podem-se citar como exemplos os objetivos da República Federativa do Brasil (art. 3°, da CF), a estruturação da política agrícola brasileira (art. 187 da CF), e a determinação de organização de um regime de colaboração dos sistemas de ensino dos Entes da Federação (art. 211 da CF).

B) Já as **normas de eficácia limitada de princípio institutivo** são aquelas responsáveis pela estruturação do Estado como, por exemplo, a norma segundo a qual os Territórios Federais integram a União, e sua criação, transformação em Estado ou reintegração ao Estado de origem serão reguladas em lei complementar (art. 18, § 2°, da CF).

<table>
<tr><td rowspan="4">Classificação das normas constitucionais quanto à eficácia</td><td>1. Eficácia Plena</td><td></td></tr>
<tr><td>2. Eficácia Contida</td><td></td></tr>
<tr><td rowspan="2">3. Eficácia Limitada</td><td>a) Princípio Programático (Programáticas)</td></tr>
<tr><td>b) Princípio Institutivo</td></tr>
</table>

Fenômenos constitucionais.

Revogação: a Constituição nova, mesmo que não diga expressamente ou que não seja incompatível, revoga inteiramente a Constituição anterior. Trata-se de revogação por normação geral. Ocorre uma ab-rogação da Constituição anterior.

- **Desconstitucionalização:** quando do surgimento de uma nova Constituição, apenas a constituição propriamente dita (anterior) é revogada, e as normas constitucionais compatíveis materialmente com o novo diploma são recepcionadas com status infraconstitucional (desconstitucionalizadas). Segundo a maioria da doutrina, esse fenômeno nem ocorreu tacitamente e nem foi expressamente adotado pela Constituição Federal vigente.

- **Recepção:** consiste no fenômeno em que normas pertencentes a uma ordem jurídica anterior são recebidas e consideradas válidas por uma nova ordem constitucional, porque seus conteúdos são materialmente compatíveis. Quando do surgimento de uma nova Constituição as normas materialmente incompatíveis serão revogadas (nomenclatura utilizada pelo STF) ou não recepcionadas. A incompatibilidade formal superveniente não impede a recepção, mas faz com que a norma adquira uma nova roupagem. Exemplo: CTN (Lei 5.172/66) foi recepcionado, por EC pela CF/67 e também pela CF/88 como Lei Complementar, logo, só pode ser revogado por outra lei complementar. Em outras palavras: na recepção constitucional só importa o aspecto material. Há, ainda, a recepção expressa, a exemplo da norma do art. 34 do ADCT, segundo a qual o sistema tributário nacional entraria em vigor apenas a partir do primeiro dia do quinto mês seguinte ao da promulgação da Constituição, mantido, até então, o da Constituição de 1967, com a redação dada pela Emenda nº 1, de 1969, e pelas posteriores. Assim, o art. 34 do ADCT recepcionou, expressamente, o sistema tributário da Constituição de 1967, ainda que por prazo determinado.
- **Repristinação:** fenômeno que se dá pela recuperação da vigência de uma norma que tinha sido revogada, se, por acaso, a lei que a tinha revogado, por qualquer razão, perder a vigência (porque foi revogada, por exemplo). Simplificando: tomemos três leis "1", "2" e "3". Se "2" revoga "1", mas "3" revoga "2", "1" volta a ter vigência. No plano legal, esse fenômeno só existe de forma expressa (se a lei que entra em vigor revogando a lei revogadora expressar o restabelecimento da lei inicialmente revogada), não havendo repristinação tácita. Mas, no plano constitucional, fala-se na existência de um efeito repristinatório tácito, em que no controle de constitucionalidade concentrado, a concessão da medida cautelar ou decisão de mérito torna aplicável a legislação anterior acaso existente, salvo expressa manifestação em sentido contrário (art. 11, § 2°, da Lei 9.868/99). Vale ressaltar, com Pedro Lenza, que o STF vem utilizando a expressão "efeito repristinatório" da declaração de inconstitucionalidade (c.f. ADI 2.215-PE, medida cautelar, Rel. Ministro Celso de Mello, Informativo 224 do STF). Isso porque, se a lei é nula, ela nunca teve eficácia. Se nunca teve eficácia, nunca revogou nenhuma norma. Se nunca revogou nenhuma norma, aquela que teria sido supostamente "revogada" continua tendo eficácia (Direito Constitucional Esquematizado. 16 ed. São Paulo: Saraiva, 2012, p. 342).
- **Constitucionalidade superveniente:** trata-se do saneamento do vício de inconstitucionalidade por uma nova constituição ou emenda. Não é admitida no Brasil. A constitucionalidade de uma lei sempre deve ser analisada em relação à Constituição vigente quando de sua edição. O vício de inconstitucionalidade, quando existente, é sempre congênito, ou seja, existe desde o momento

de edição da norma. Se uma lei nasceu inconstitucional, o vício é insanável e o fato de ela não ser incompatível com uma nova Constituição é absolutamente irrelevante. Uma nova Constituição não pode constitucionalilzar, tirar o vício de uma lei que é inconstitucional segundo o parâmetro constitucional anterior. Assim entende o STF: "Em nosso ordenamento jurídico, não se admite a figura da constitucionalidade superveniente. Mais relevante do que a atualidade do parâmetro de controle é a constatação de que a inconstitucionalidade persiste e é atual, ainda que se refira a dispositivos da CF que não se encontram mais em vigor. Caso contrário, ficaria sensivelmente enfraquecida a própria regra que proíbe a convalidação. (ADI 2.158, julgada em 2010 e relatada pelo Ministro Dias Tóffoli) "Constituição. Lei anterior que a contrarie. Revogação. Inconstitucionalidade superveniente. Impossibilidade. A lei ou é constitucional ou não é lei. Lei inconstitucional é uma contradição em si. A lei é constitucional quando fiel à Constituição; inconstitucional na medida em que a desrespeita, dispondo sobre o que lhe era vedado. O vício da inconstitucionalidade é congênito à lei e há de ser apurado em face da Constituição vigente ao tempo de sua elaboração. Lei anterior não pode ser inconstitucional em relação à Constituição superveniente; nem o legislador poderia infringir Constituição futura. A Constituição sobrevinda não torna inconstitucionais leis anteriores com ela conflitantes: revoga-as. Pelo fato de ser superior, a Constituição não deixa de produzir efeitos revogatórios. Seria ilógico que a lei fundamental, por ser suprema, não revogasse, ao ser promulgada, leis ordinárias. A lei maior valeria menos que a lei ordinária." (ADI 2, julgada em 1992 e relatada pelo Ministro Paulo Brossard).

- **Retroatividade da norma constitucional:** há três **níveis de retroatividade: máxima, média e mínima**. A retroatividade máxima ou restitutória se dá na hipótese em que a norma nova prejudica coisa julgada ou fatos jurídicos já consumados. A retroatividade média ocorre no caso de a norma nova atingir efeitos pendentes de atos verificados antes dela. A retroatividade mínima, temperada ou mitigada se verifica quando a norma nova atinge apenas os efeitos de fatos anteriores, verificados após a data que ela entra em vigor (tudo conforme a ADI 493, julgada pelo STF em 1992 e relatada pelo Ministro Moreira Alves).

II. CONTROLE DE CONSTITUCIONALIDADE: SISTEMAS DIFUSO E CONCENTRADO; AÇÃO DIRETA DE INCONSTITUCIONALIDADE; AÇÃO DECLARATÓRIA DE CONSTITUCIONALIDADE E ARGUIÇÃO DE DESCUMPRIMENTO DE PRECEITO FUNDAMENTAL. CONVENÇÕES INTERNACIONAIS APLICÁVEIS ÀS RELAÇÕES DE TRABALHO. CONTROLE DE CONVENCIONALIDADE

1. CONTROLE DE CONSTITUCIONALIDADE

O Controle de Constitucionalidade consiste na **fiscalização da compatibilidade** entre condutas (comissivas ou omissivas) dos Poderes Públicos e o bloco de constitucionalidade, integrado pela Constituição Formal.

2. SISTEMAS DE CONTROLE: DIFUSO E CONCENTRADO

Controle prévio ou preventivo

- **Proposta legislativa pretensamente inconstitucional pode ser impugnada** por meio de mandado de segurança individual manejado por parlamentar sob o argumento de vulneração às cláusulas pétreas e violação ao direito líquido e certo de participação de um processo legislativo hígido (STF. MS 20.257, julgado em 1981 e relatado pelo Ministro Décio Miranda).
- O **veto do Presidente da República** a projeto de lei aprovado pelas casas do Congresso Nacional, por motivo de inconstitucionalidade é considerado mecanismo de controle político prévio de constitucionalidade, a teor do art. 66, § 1°, da CF.
- A sustação, pelo Poder Legislativo, de atos normativos do presidente da República que exorbitem do poder regulamentar constitui exemplo do controle de constitucionalidade **posterior ou repressivo** (não prévio ou preventivo), manejado via **Decreto Legislativo** produzido pelo Congresso Nacional (art. 49, V, da CF).

Controle posterior ou repressivo

- **Em regra, o controle repressivo de constitucionalidade é exercido pelo Poder Judiciário. Excepcionalmente** o Legislativo pode realizar esse controle, o que se dá por decreto legislativo emitido pelo Congresso Nacional para sustar atos normativos do Poder Executivo que exorbitem de poder regulamentar ou da delegação legislativa (artigos 49, V, 84, IV e 68, todos da CF). O Legislativo também faz controle repressivo em relação às medidas provisórias (art. 62 da CF). O Executivo também tem a possibilidade de realizar controle repressivo, o que se materializa pelo descumprimento, por parte de seu Chefe, de lei ou ato normativo que entenda inconstitucional.
- Apesar de haver dissonância na doutrina, há julgados do STF e do STJ que sinalizam pela **possibilidade de o chefe do Executivo deixar de aplicar lei que entenda inconstitucional**, podendo ainda determinar a seus subordinados que assim procedam. (STF. ADI 221, julgada em 1993 e relatada pelo Ministro Moreira Alves: "O controle de constitucionalidade da lei ou dos atos normativos é de competência exclusiva do Poder Judiciário. Os Poderes Executivo e Legislativo, por sua chefia – e isso mesmo tem sido questionado com o alargamento da legitimação ativa na ação direta de inconstitucionalidade –, podem tão só determinar aos seus órgãos subordinados que deixem de aplicar administrativamente as leis ou atos com força de lei que considerem inconstitucionais"). (STJ, REsp 23121, julgado em 1993 e relatado pelo Ministro Humberto Gomes de Barros: "O Poder Executivo deve negar execução a ato normativo que lhe pareça inconstitucional").

Controle jurisdicional

- O Brasil adota duas formas de controle jurisdicional: **difuso** (realizado por qualquer juízo) e **concentrado** (realizado apenas por um órgão de cúpula, que em âmbito federal, é o STF). Assim, o direito brasileiro dispõe de um **controle ou sistema jurisdicional misto.**

- O Controle difuso também pode ser denominado por: concreto; Incidental ou *incidenter tantum*; Via de Exceção; Processo Subjetivo; De efeitos inter partes; Estadunidense e Aberto.
- O Controle concentrado pode ser denominado por: Abstrato; Principal; Via de Ação; Processo Objetivo; De efeitos *erga omnes*; Austríaco e Reservado.

DENOMINAÇÕES DAS FORMAS DE CONTROLE DE CONSTITUCIONALIDADE NO BRASIL	
1. Controle Difuso	**2. Controle Concentrado**
Concreto	Abstrato
Incidental ou *incidenter tantum*	Principal
Via de Exceção	Via de Ação
Processo Subjetivo	Processo Objetivo
De efeitos *inter partes*	De efeitos *erga omnes*
Estadunidense	Austríaco
Aberto	Reservado

Controle difuso

O controle de constitucionalidade incidental brasileiro **pode ser provocado por qualquer pessoa e realizado por todo juiz, inclusive de ofício**, pois a questão constitucional somente servirá de fundamentação para decisão quanto ao pedido que envolve a resolução de um caso concreto.

- No controle difuso, a pronúncia do Judiciário sobre a inconstitucionalidade não é feita enquanto manifestação sobre o objeto principal da lide, mas sim sobre questão prévia (**via de exceção**), indispensável ao julgamento do mérito. Em outras palavras: na via de exceção, a questão constitucional é a **causa de pedir**, e não o pedido.
- Somente pelo voto da maioria absoluta de seus membros ou dos membros do respectivo órgão especial poderão os tribunais declarar a inconstitucionalidade de lei ou ato normativo do Poder Público. Trata-se do denominado **Princípio da Reserva de Plenário**, previsto no art. 97, da CF, e reafirmado na Súmula Vinculante 10.
- Nos termos do art. 949, parágrafo único, do Novo CPC – Lei 13.105/2015, os órgãos fracionários dos tribunais não submeterão ao plenário, ou ao órgão especial, a arguição de inconstitucionalidade, quando já houver pronunciamento destes ou do plenário do Supremo Tribunal Federal sobre a questão. Trata-se de **abrandamento da cláusula de reserva de plenário** (art. 97, da CF), e que encontra guarida na jurisprudência do STF (RE 190.725, julgado em 1995 e relatado pelo Ministro Ilmar Galvão).
- A cláusula constitucional de reserva de plenário, insculpida no art. 97 da CF, fundada na presunção de constitucionalidade das leis, **não impede que os órgãos fracionários ou os membros julgadores dos tribunais, quando atuem monocraticamente, rejeitem a arguição de invalidade dos atos normativos, conforme consagrada lição da doutrina** (MOREIRA, José Carlos Barbosa. Comentários ao Código de Processo Civil, Vol. V – Arts. 476 a 565, Rio de Janeiro:

Ed. Forense, 2009, p. 40)." (STF. RE 636.359-AgR, julgado em 2011 e relatado pelo ministro Luiz Fux).

- Nos termos da Súmula Vinculante 10, **viola a cláusula de reserva de plenário** (CF, artigo 97) a decisão de órgão fracionário de tribunal que, embora não declare expressamente a inconstitucionalidade de lei ou ato normativo do poder público, afasta sua incidência, no todo ou em parte.

A eficácia da decisão no controle difuso é ***inter partes***, não *erga omnes*.

- Poderá haver a geração de efeitos *erga omnes* se aplicado o art. 52, X, da CF, segundo o qual o **Senado Federal pode suspender a execução**, no todo ou em parte, de lei declarada inconstitucional por decisão definitiva do Supremo Tribunal Federal. No entanto, a jurisprudência do STF tem avançado em reconhecer a mutação constitucional desse inciso, de modo que a decisão do STF, por si só, já teria efeitos vinculantes, de modo que a manifestação do Senado teria o mero caráter de publicar e divulgar a decisão. [ADI 3.406 e ADI 3.470, rel. min. Rosa Weber, j. 29-11-2017, P, Informativo 886.]
- A resolução do **Senado Federal** que suspende **a execução** (e não a eficácia)**, no todo ou em parte**, de lei declarada inconstitucional por decisão definitiva do Supremo Tribunal Federal é forma de controle político de constitucionalidade, nos termos do art. 52, X, da CF.
- No controle difuso, quando houver **declaração de não recepção** (e não de inconstitucionalidade), não há enquadramento ao art. 52, X, da CF, portanto, o STF **não** deverá encaminhar a decisão ao Senado Federal.
- Segundo o STF, uma vez expedida, a **resolução senatorial é irretratável**.
- **Predomina o entendimento** no sentido de que o Senado Federal **não é obrigado** a suspender a execução de lei declarada inconstitucional pelo STF, pois se trata de atividade discricionária desse órgão do Poder Judiciário. Quanto à extensão da suspensão, o entendimento é no sentido de que **o Senado Federal está vinculado ao que decidiu o STF**. Assim, se, por exemplo, o STF declarou uma inconstitucionalidade parcial, o Senado tem que seguir a mesma linha, não podendo suspender a execução total da lei. Por fim, também é assente o pensamento segundo o qual a suspensão da execução pelo Senado Federal pode se dar em relação a **lei federal, estadual, distrital ou municipal**.

Repercussão Geral

- No recurso extraordinário o recorrente deverá demonstrar a **repercussão geral** das questões constitucionais discutidas no caso, nos termos da lei, a fim de que o Tribunal examine a admissão do recurso, somente podendo recusá-lo pela manifestação de dois terços de seus membros (art. 102, § 3°, da CF).
- **Atenção!** A **preliminar formal de repercussão geral** é exigida nos recursos extraordinários interpostos de acórdãos publicados a partir de 3 de maio de 2007, data da

entrada em vigor da Emenda Regimental nº 21/07 ao RISTF, que estabeleceu as normas necessárias à execução das disposições legais e constitucionais sobre o novo instituto (QO-AI 664.567, Min. Sepúlveda Pertence).

- Em regra, o **recurso extraordinário** apresenta-se como um instrumento do controle difuso de constitucionalidade. Entretanto, em sede de controle concentrado de constitucionalidade, se uma norma da Constituição Estadual violada é idêntica à norma da Constituição Federal, caso tenha sido provocado o controle de constitucionalidade estadual, será cabível um Recurso Extraordinário da decisão do TJ (que aprecia o controle concentrado estadual) para o STF, pois, nos termos do art. 102, III, "a", da CF, compete ao Supremo Tribunal Federal, precipuamente, a guarda da Constituição, cabendo-lhe julgar, mediante recurso extraordinário, as causas decididas em única ou última instância, quando a decisão recorrida contrariar dispositivo da Constituição. Assim, nesse caso excepcional, o recurso extraordinário poderá ser utilizado como um elemento do controle concentrado.

Controle concentrado

- O Controle concentrado pode ser manejado via: **ADI** – Ação Direta de Inconstitucionalidade (por ação, omissão ou interventiva); **ADC** – Ação Declaratória de Constitucionalidade e; **ADPF** – Arguição de Descumprimento de Preceito Fundamental.
- Compete ao **Supremo Tribunal Federal**, precipuamente, a **guarda da Constituição**, cabendo-lhe processar e julgar, originariamente, entre outras, a ação direta de inconstitucionalidade de lei ou ato normativo federal ou estadual (mas, não municipal) e a ação declaratória de constitucionalidade de lei ou ato normativo federal, consoante art. 102, I, "a", da CF.
- Desde a edição da EC 45/04, o **rol de legitimados** para a propositura de ADI e de ADC é o mesmo: aquele disposto no art. 103 da CF.
- **Podem propor** a ação direta de inconstitucionalidade, a ação declaratória de constitucionalidade e a arguição de descumprimento de preceito fundamental: I – o Presidente da República; II – a Mesa do Senado Federal; III – a Mesa da Câmara dos Deputados; IV – a Mesa de Assembleia Legislativa ou da Câmara Legislativa do Distrito Federal; V – o Governador de Estado ou do Distrito Federal; VI – o Procurador-Geral da República; VII – o Conselho Federal da Ordem dos Advogados do Brasil; VIII – partido político com representação no Congresso Nacional; IX – confederação sindical ou entidade de classe de âmbito nacional.
- No caso de um partido **político perder sua representação no Congresso Nacional** após ter proposto uma ação direta de inconstitucionalidade, essa **ação não é considerada prejudicada**, pois a aferição de legitimidade deve ser feita apenas no momento da propositura, conforme jurisprudência do STF.
- Caso um **Governador seja afastado cautelarmente de suas funções, em razão do recebimento de denúncia por crime comum, não terá legitimidade ativa**

para propor ações do controle concentrado de constitucionalidade, segundo jurisprudência do STF. STF. Plenário. ADI 6728 AgR/DF, Rel. Min. Edson Fachin, julgado em 30/4/2021 (Info 1015).

- Segundo a jurisprudência do STF, figuram como **requisitos qualificativos das entidades de classe de âmbito nacional**, para fins de acesso ao controle abstrato de normas, **(i) a delimitação subjetiva da associação**, que deve representar categoria delimitada ou delimitável de pessoas físicas ou jurídicas, sendo vedada a heterogeneidade de composição (ADI nº 4.230/RJ-AgR, de relatoria do Ministro Dias Tóffoli); **(ii) o caráter nacional, configurada com a comprovação da presença de associados em ao menos nove Estados da Federação** (ADI nº 108/DF-QO, Ministro Celso de Mello, DJ de 5/6/92); e **(iii) a vinculação temática entre os objetivos institucionais da postulante e a norma objeto de sindicância.**

3. AÇÃO DIRETA DE INCONSTITUCIONALIDADE

O **objeto** da ADI é lei ou ato normativo federal, estadual ou distrital. Já o objeto da **ADC** é somente lei ou ato normativo federal (art. 102, I, "a", da CF). Por sua vez, a **ADPF** admite como objeto também a lei ou ato normativo municipal.

ATOS QUE PODEM SER OBJETO DE CONTROLE CONCENTRADO DE CONSTITUCIONALIDADE PERANTE O STF	
I. Normas de Direito Federal	**II. Normas de Direito Estadual**
1) Disposições da Constituição propriamente ditas, desde que sejam normas secundárias (oriundas de emendas constitucionais)	1) Disposições das Constituições Estaduais;
2) Leis de todas as formas e conteúdos, incluídas todas as leis formais e atos normativos gerais federais, além das medidas provisórias	2) Leis Estaduais de qualquer espécie ou conteúdo
3) Decreto Legislativo que contém a aprovação do Congresso Nacional aos tratados e autoriza o Presidente da República a ratificá-los em nome do Brasil;	3) Leis Estaduais editadas para regulamentar matéria de competência exclusiva da União;
4) Decreto do Chefe do Executivo que promulga os Tratados e Convenções;	4) Decreto editado com força de Lei;
5) Decreto Legislativo do Congresso Nacional que suspende a execução de ato do Executivo, em virtude de incompatibilidade com a lei regulamentada (art. 49, V, da CF);	5) Regimento Interno dos Tribunais Estaduais;
6) Atos normativos editados por pessoas jurídicas de direito público criadas pela União;	6) Regimento Interno das Assembleias Legislativas;
7) Os regimentos dos Tribunais Superiores, se configurado o seu caráter autônomo, não meramente acessório.	7) Atos Normativos expedidos por pessoas jurídicas de direito público estadual.

Complementando, segundo a doutrina, são atos normativos e, portanto, podem ser objeto de controle de constitucionalidade: a) **resoluções administrativas dos tribunais** (c.f. medida cautelar na ADI 1352-1, julgada em 1995 e relatada pelo Ministro Sepúlveda

Pertence); b) **deliberações administrativas de outros órgãos do Poder Judiciário** (c.f. ADI 728, relatada pelo Ministro Marco Aurélio), inclusive dos Tribunais Regionais do Trabalho (c.f. ADI 681, julgada em 1992 e relatada pelo Ministro Néri da Silveira), salvo as convenções coletivas de trabalho; c) **atos estatais de conteúdo meramente derrogatórios, como as resoluções administrativas desde que incidam sobre atos de caráter normativo** (c.f. ADI 1716, relatado pelo Ministro Sepúlveda Pertence). (MORAES, Alexandre de. *Direito Constitucional*. 25 ed. São Paulo: Atlas, 2010, p. 739).

- O STF ainda reconhece que os **decretos autônomos** podem ser objeto de controle concentrado de constitucionalidade: "Decreto que, não se limitando a regulamentar lei, institua benefício fiscal ou introduza outra novidade normativa, reputa-se **autônomo e, como tal, é suscetível de controle concentrado de constitucionalidade** (ADI 3.664, julgada em 2011 e relatada pelo Ministro Cezar Peluso).
- **Resolução administrativa do Conselho Nacional de Justiça** que discipline determinada matéria, de forma geral e abstrata, pode ser objeto de ação direta de inconstitucionalidade. Assim entendeu o STF no bojo da ADI 3367, julgada em 2005 e relatada pelo Ministro Cezar Peluso.
- **Resolução do CNMP** também já foi reconhecida como objeto possível de ADI (Cautelar na ADI 3831, julgada em 2006 e relatada pela Ministra Cármen Lúcia).
- As **emendas constitucionais** podem ser objeto de controle de constitucionalidade, ou em outras palavras: admite-se a existência de normas constitucionais inconstitucionais, desde que não sejam originárias, mas oriundas de emendas constitucionais (vide ADIs 4357, 4372, 4400 e 4425, que versam sobre a inconstitucionalidade da EC 62/2009, que criou um regime especial de pagamento de precatórios).
- **Caso seja proposta ADI contra Medida Provisória e esta se converta em lei antes de a ação ser julgada (com o mesmo texto questionado na ação), não há prejudicialidade do pedido, posto que não há convalidação de vícios existentes na norma, e, portanto, o STF pode realizar o controle de constitucionalidade.** O autor da ação deve, entretanto, peticionar o aditamento da ação (ADI 1055, Rel. Min. Gilmar Mendes, julgamento em 15/12/2016).

  Predomina na doutrina o entendimento que **a Súmula Vinculante não pode ser objeto de ação direta de inconstitucionalidade**. Isso porque, ela tem **procedimento próprio** para edição, revisão ou cancelamento (art. 103-A, da CF), que inclusive exige quórum mais qualificado (dois terços) do que o exigido para o STF declarar um ato normativo inconstitucional (maioria absoluta).
- O STF somente admite como objeto de ação direta de inconstitucionalidade lei ou ato normativo federal ou estadual que contrariar a CF, estando **excluídos os decretos e resoluções**.
- **Lei ou norma de caráter ou efeito concreto já exaurido não pode** ser objeto de controle abstrato de constitucionalidade, em ação direta de inconstitucionalidade. (STF. ADI 2.980, julgada em 2009 e relatada pelo Ministro Cezar Peluso).

- **Procedimento para julgamento da ADI**
- A **petição inicial** da ação direta de inconstitucionalidade inepta, não fundamentada e a manifestamente improcedente será liminarmente indeferida pelo relator, **mas cabe agravo** (consoante art. 3°, parágrafo único, e art. 4°, ambos da lei 9.868/99).
- Nos termos do art. 103, § 1°, da CF, **o Procurador-Geral da República deverá ser previamente ouvido nas ações de inconstitucionalidade** e em todos os processos de competência do Supremo Tribunal Federal.
- De acordo com o art. 103, § 3°, da CF, quando o Supremo Tribunal Federal apreciar a inconstitucionalidade, em tese, de norma legal ou ato normativo, **citará, previamente, o Advogado-Geral da União, que defenderá o ato ou texto impugnado**.

  É possível o aditamento de petição inicial de ação direta de inconstitucionalidade, a fim de incluir novos dispositivos legais, quando não forem necessárias novas informações e manifestações e não for prejudicado o cerne da ação. STF. Plenário. ADI 1926, Rel. Roberto Barroso, julgado em 20/04/2020 (Info 980 – clipping).
- "Não se admite o aditamento à inicial após o recebimento das informações requeridas e das manifestações do Advogado-Geral da União e do Procurador-Geral da República. "STF. Plenário. ADI 4541/BA, Rel. Min. Cármen Lúcia, julgado em 16/4/2021 (Info 1013)
- Salvo no período de recesso, a **medida cautelar (também chamada de liminar)** na ação direta será concedida por decisão da maioria absoluta dos membros do Tribunal, após a audiência dos órgãos ou autoridades dos quais emanou a lei ou ato normativo impugnado, que deverão pronunciar-se no prazo de cinco dias, consoante art. 10, da Lei 9.868/99.
- A **eficácia de uma liminar** concedida em sede de ação direta de inconstitucionalidade opera, regra geral, efeitos *ex nunc*, podendo ter efeitos *ex tunc*, em caráter excepcional, se o Supremo Tribunal Federal assim o declarar expressamente, demonstrando a conveniência da medida.
- A concessão de medida cautelar **torna aplicável a legislação anterior acaso existente**, salvo expressa manifestação em sentido contrário, nos exatos termos do art. 11, § 2°, da Lei 9.868/99.
- **Repristinação Constitucional** ou **Efeito Repristinatório Tácito em Âmbito Constitucional**: a repristição é fenômeno que se manifesta pela recuperação da vigência de uma norma que tinha sido revogado, se, por acaso, a lei que a tinha revogado, por qualquer razão, perder a vigência (porque foi revogada, por exemplo). Simplificando: tomemos três leis "1", "2" e "3". Se "2" revoga "1", mas "3"revoga "2", "1" volta a ter vigência. No plano legal, esse fenômeno só existe de forma expressa, não havendo repristinação tácita. Mas, no plano constitucional, fala-se na existência de um efeito repristinatório tácito, em que no controle de constitucionalidade concentrado, a concessão da medida cautelar ou decisão de mérito torna aplicável a legislação anterior acaso existente, salvo expressa manifestação em sentido contrário (art. 11, § 2°, da Lei 9.868/99).

- Conforme entendimento do STF, **não cabe reclamação da decisão que conceder ou negar a liminar** proferida em ação direta de inconstitucionalidade. "O indeferimento de liminar em ação direta de inconstitucionalidade, pouco importando o fundamento, não dá margem à apresentação de reclamação" (STF. Rcl-AgR 2810, julgada em 2004 e relatada pelo Ministro Marco Aurélio).

- A decisão sobre a constitucionalidade ou a inconstitucionalidade da lei ou do ato normativo somente será tomada **se presentes na sessão pelo menos 8 Ministros** (art. 22, da Lei 9.868/99).

- Efetuado o julgamento, **proclamar-se-á a constitucionalidade ou a inconstitucionalidade da disposição ou da norma impugnada se num ou noutro sentido se tiverem manifestado pelo menos 6 Ministros**, quer se trate de ação direta de inconstitucionalidade ou de ação declaratória de constitucionalidade (art. 23, da Lei 9.868/99).

- As **decisões definitivas de mérito**, proferidas pelo Supremo Tribunal Federal, nas ações diretas de inconstitucionalidade e nas ações declaratórias de constitucionalidade produzirão eficácia contra todos *(erga omnes)* e efeito vinculante, relativamente aos demais órgãos do Poder Judiciário e à administração pública direta e indireta, nas esferas federal, estadual e municipal (art. 28, parágrafo único, da Lei 9.868/99).

  Modulação dos efeitos da decisão: nos termos do art. 27, da Lei 9.868/99, ao declarar a inconstitucionalidade de lei ou ato normativo, e tendo em vista **razões de segurança jurídica ou de excepcional interesse social**, poderá o Supremo Tribunal Federal, por maioria de **dois terços de seus membros**, restringir os efeitos daquela declaração ou decidir que ela só tenha eficácia a partir de seu trânsito em julgado ou de outro momento que venha a ser fixado.

- **Modulação dos efeitos da decisão via embargos de declaração:** conforme argumentação exarada na ADI 2791, julgada perante o STF, como regra geral, as decisões proferidas em sede de ação direta possuem efeitos *ex tunc*, sendo nulo o ato impugnado desde a sua origem, mas, excepcionalmente, poderão ter eficácia *ex nunc* quando, por razões de segurança jurídica ou de relevante interesse social, mostrar-se oportuno que seja fixado outro momento de eficácia, nos termos do art. 27 da Lei 9.868/99.

- Nos termos do art. 5° da Lei 9.868/99, **não é possível a desistência** em sede de controle concentrado, pois o processo é objetivo, de interesse público.

- A Ação Direta de Inconstitucionalidade **não** se submete a qualquer **prazo prescricional ou decadencial**.

- "À vista do modelo dúplice de controle de constitucionalidade por nós adotado, **a admissibilidade da ação direta não está condicionada à inviabilidade do controle difuso.**" (ADI 3.205, julgada em 2006 e relatada pelo Ministro Sepúlveda Pertence).

Sendo editada Medida Provisória para revogar lei objeto de ADI, a ação ainda poderá ser julgada enquanto não for votada a Medida Provisória, ou seja, a MP não acarretará perda de objeto da ADI até que seja aprovada, e convertida em lei. STF. Plenário. ADI 5717/DF, ADI 5709/DF, ADI 5716/DF e ADI 5727/DF, Rel. Min. Rosa Weber, julgados em 27/3/2019 (Info 935).

Pessoa física não pode intervir em ação direta na qualidade de *amicus curiae. STF. Plenário. ADI 3396 AgR/DF, Rel. Min. Celso de Mello, julgado em 6/8/2020 (Info 985).*

Ação direta de inconstitucionalidade por omissão

- Declarada a inconstitucionalidade por omissão de medida para tornar efetiva norma constitucional, **será dada ciência ao Poder competente para a adoção das providências necessárias** e, em se tratando de órgão administrativo, para fazê-lo em trinta dias.
- A ação direta de inconstitucionalidade por omissão **admite** medida cautelar. Nos termos do art. 12-F, da Lei 9.868/99 (incluído pela Lei 12.063/09), em caso de excepcional urgência e relevância da matéria, o Tribunal, por decisão da maioria absoluta de seus membros, observado o disposto no art. 22, poderá conceder medida cautelar, após a audiência dos órgãos ou autoridades responsáveis pela omissão inconstitucional, que deverão pronunciar-se no prazo de 5 (cinco) dias.

4. AÇÃO DECLARATÓRIA DE CONSTITUCIONALIDADE

- Na **ADC não há** manifestação do Advogado-Geral da União, porque não há ato normativo a ser defendido quanto a sua constitucionalidade, pois o objeto é **por termo a controvérsia judicial relevante** (art. 14, da Lei 9.868/99).
- Só há exigência de **controvérsia judicial relevante** na ADC.
- A ação direta de inconstitucionalidade e a ação declaratória de constitucionalidade são consideradas **ações dúplices, ambivalentes, gêmeas, ou de sinais trocados**, quanto aos efeitos da decisão.
- O Supremo Tribunal Federal, por decisão da maioria absoluta de seus membros, poderá deferir **pedido de medida cautelar na ação declaratória de constitucionalidade**, consistente na determinação de que os juízes suspendam o julgamento dos processos que envolvam a aplicação da lei ou do ato normativo objeto da ação até seu julgamento definitivo, tudo de acordo com o art. 21, da Lei 9.868/99.

5. ARGUIÇÃO DE DESCUMPRIMENTO DE PRECEITO FUNDAMENTAL

- A arguição de descumprimento de preceito fundamental é cabível para **evitar ou reparar lesão a preceito fundamental resultante de ato do poder público** e seu julgamento é da competência do Supremo Tribunal Federal (art. 1°, da Lei 9.882/99). Caberá também ADPF quando for relevante o fundamento da controvérsia constitucional sobre lei ou ato normativo federal, estadual ou municipal, incluídos os anteriores à Constituição (art. 1°, parágrafo único, da Lei 9.882/99).

- Aplica-se à arguição de descumprimento o **princípio da subsidiariedade**, pois, nos termos do art. 4°, § 1°, da Lei 9.882/99, não será admitida arguição de descumprimento de preceito fundamental quando houver qualquer outro meio eficaz de sanar a lesividade.

- **Princípio da fungibilidade e ADI:** "Aplicação do princípio da fungibilidade. (...) É lícito conhecer de ação direta de inconstitucionalidade como arguição de descumprimento de preceito fundamental, quando coexistentes todos os requisitos de admissibilidade desta, em caso de inadmissibilidade daquela." (ADI 4.180-MC-REF, Rel. Min. Cezar Peluso, julgamento em 10-3-2010, Plenário, DJE de 27-8-2010.)

- A arguição de descumprimento de preceito fundamental (ADPF), prevista do art. 102, § 1°, da CF, é a única ação do controle concentrado de constitucionalidade federal (apreciado pelo STF) que pode realizar controle de **recepção constitucional** (direito infraconstitucional anterior à Constituição vigente), nos termos do art. 1º, parágrafo único, I, da Lei nº 9.882/1999. A ADPF **também é a única ação a contemplar a hipótese de controle concentrado de constitucionalidade pelo Supremo Tribunal Federal sobre lei ou ato normativo municipal** em face da Constituição da República (art. 1º, parágrafo único, I, da Lei nº 9.882/1999).

  A arguição de descumprimento de preceito fundamental (ADPF) é instrumento eficaz de **controle da inconstitucionalidade por omissão.** A ADPF pode ter por objeto as omissões do poder público, quer totais ou parciais, normativas ou não normativas, nas mesmas circunstâncias em que ela é cabível contra os atos em geral do poder público, desde que essas omissões se afigurem lesivas a preceito fundamental, a ponto de obstar a efetividade de norma constitucional que o consagra. STF. Plenário. ADPF 272/DF, Rel. Min. Cármen Lúcia, julgado em 25/3/2021 (Info 1011).

- **Direito pré-constitucional revogado e a ADPF:** ADPF 33: "[...] 6. Cabimento de arguição de descumprimento de preceito fundamental para solver controvérsia sobre legitimidade de lei ou ato normativo federal, estadual ou municipal, **inclusive anterior à Constituição (norma pré-constitucional)**. 7. Requisito de admissibilidade implícito relativo à relevância do interesse público presente no caso. 8. Governador de Estado detém aptidão processual plena para propor ação direta (ADIMC 127/AL, Rel. Min. Celso de Mello, DJ 04.12.92), bem como arguição de descumprimento de preceito fundamental, constituindo-se verdadeira hipótese excepcional de jus postulandi. 9. ADPF configura modalidade de integração entre os modelos de perfil difuso e concentrado no Supremo Tribunal Federal. 10. **Revogação da lei ou ato normativo não impede o exame da matéria em sede de ADPF, porque o que se postula nessa ação é a declaração de ilegitimidade ou de não-recepção da norma pela ordem constitucional superveniente**. 11. Eventual cogitação sobre a inconstitucionalidade da norma impugnada em face da Constituição anterior, sob cujo império ela foi editada, não constitui óbice ao conhecimento da arguição de descumprimento de preceito fundamental, uma vez que nessa ação o que se persegue é a verificação da compatibilidade, ou não, da norma pré-constitucional com a ordem constitucional superveniente. [...] 15. Arguição de descumprimento de preceito fundamental julgada procedente para declarar a ilegitimidade (não-recepção) do Regulamento de Pessoal do extinto IDESP em face do princípio federativo e da proibição de vinculação de salários a múltiplos do salário mínimo (art. 60, § 4º, I, c/c art. 7º, inciso IV, in fine, da Constituição Federal). STF. ADPF 33. Relator(a): Gilmar Mendes. Julgamento: 07/12/2005.

- Segundo restou evidente no julgamento da ADPF 37, em 2010, o STF segue a opinião de Gilmar Mendes no sentido de que **a arguição de descumprimento de preceito fundamental pode ter por objeto ato normativo já revogado**, segundo Gilmar Mendes, a ADPF, na hipótese de ato normativo revogado, tendo em vista o interesse jurídico da solução quanto à legitimidade de sua aplicação no passado.

- **Para o STF não cabe arguição de descumprimento de preceito fundamental em face de sentenças transitadas em julgado.** Tal posicionamento restou assentado na ADPF 134.

O STF reconheceu a possibilidade de conhecimento da APDF **mesmo que a lei atacada tenha sido revogada antes do julgamento da ação**, desde que persista a utilidade de se proferir a decisão com caráter vinculante e *erga omnes*. STF. Plenário. ADPF 449/DF, Rel. Min. Luiz Fux, julgado em 8 e 9/5/2019 (Info 939).

Cabe Arguição de Descumprimento de Preceito Fundamental contra decisão judicial na qual se tenha adotado interpretação da qual possa resultar lesão a preceito fundamental. STF. Plenário. ADPF 484/AP, Rel. Min. Luiz Fux, julgado em 4/6/2020 (Info 980).

6. RECLAMAÇÃO CONSTITUCIONAL

Autoridade das decisões proferidas pelo STF. Nos termos do art. 102, I, "l", da CF, compete ao Supremo Tribunal Federal, precipuamente, a guarda da Constituição, cabendo-lhe processar e julgar, originariamente, reclamação para a **preservação de sua competência e garantia da autoridade de suas decisões**.

- Na linha da Súmula 734 do STF, **não cabe reclamação quando já houver transitado em julgado o ato judicial** que se alega tenha desrespeitado decisão do Supremo Tribunal Federal.

- De acordo com o STF, "a reclamação, constitucionalmente vocacionada a cumprir a dupla função a que alude o art. 102, I, l, da Carta Política (RTJ 134/1033) – embora cabível, em tese, quando se tratar de decisão revestida de efeito vinculante (como sucede com os julgamentos proferidos em sede de arguição de descumprimento de preceito fundamental, de ação direta de inconstitucionalidade ou de ação declaratória de constitucionalidade) –, **não se qualifica como sucedâneo recursal** nem configura instrumento viabilizador do reexame do conteúdo do ato reclamado, além de não constituir meio de revisão da jurisprudência eleitoral, eis que tal finalidade revela-se estranha à destinação constitucional subjacente à instituição dessa medida processual. Precedentes." (Rcl 6.534-AgR, Rel. Min. Celso de Mello, julgamento em 25-9-2008).

- Segundo entendimento do STF, todo aquele (pessoa física ou jurídica, pública ou privada), que for atingido por deliberações que contrariem decisões de mérito do STF, **pode ajuizar reclamação** (Recl. em AgRg 1.880, julgada em 2004 e relatada pelo Ministro Maurício Corrêa).
- **Segundo o próprio STF, a reclamação é cabível tanto no controle de constitucionalidade federal, quanto no Estadual.**

7. CONVENÇÕES INTERNACIONAIS APLICÁVEIS ÀS RELAÇÕES DE TRABALHO. CONTROLE DE CONVENCIONALIDADE

É o processo de compatibilização vertical das normas domésticas com os tratados internacionais de direitos humanos em vigor no Brasil (MAZZUOLI, 2016, p. 39). Ou seja, é a análise de compatibilidade entre leis e atos normativos do ordenamento pátrio e as normas (princípios e regras) constantes dos tratados internacionais de direitos humanos ratificados pelo Estado brasileiro.

Pode ser:

a) **controle de convencionalidade interno** – exercido no plano doméstico, bipartindo-se em:

   a.1) controle de convencionalidade *concentrado* – que é exercido diretamente pelo Supremo Tribunal Federal; e

   a.2) controle de convencionalidade *difuso* – que é exercido por qualquer juiz ou tribunal nacional; e

b) **controle de convencionalidade internacional** – é aquele exercido por um Tribunal Internacional de Direitos Humanos.

Convenções internacionais aplicáveis às relações de trabalho

No Brasil, os tratados e convenções internacionais sobre direitos humanos que forem aprovados, em cada Casa do Congresso Nacional, em dois turnos, por três quintos dos votos dos respectivos membros, serão equivalentes às emendas constitucionais, nos termos do art. 5°, § 3°, da CF, incluído pela EC 45/04.

- Essa sistemática de incorporação de tratados de direitos humanos (art. 5°, § 3°, da CF) foi aplicada pela primeira vez em 2008, na votação do Decreto Legislativo 186, que acabou culminando na promulgação da Convenção sobre os Direitos das Pessoas com Deficiência com força constitucional, segundo o Decreto 6.949/2009. Como reflexo do reconhecimento de status constituição à Convenção, a Procuradora Geral da República Deborah Macedo Duprat de Britto Pereira ajuizou, em 2009, a ADPF 182, cujos pedidos são para que se reconheça que: a) o art. 20, § 2º, da Lei nº 8.742/93 não foi recepcionado pela Convenção dos Direitos da Pessoa com Deficiência, que foi aprovada pelo Decreto Legislativo nº 186/2008, de acordo com o procedimento previsto no art. 5º, § 3º, da Constituição Federal, integrando, portanto, o bloco de constitucionalidade brasileiro; b) o conceito estabelecido no art. 1° da Convenção sobre os Direitos da Pessoa com Deficiência, é de uso imperativo no direito interno brasileiro, sendo imediatamente aplicável no que tange aos critérios para concessão dos benefícios de prestação continuada disciplinados pela Lei nº 8.742/93.

- Sem prejuízo da supremacia da Constituição sobre os tratados e convenções internacionais, a norma convencional internacional em vigor e aplicável no Brasil e que disponha acerca de direitos humanos, não tendo sido objeto de processo legislativo que a equiparasse a emenda constitucional (art. 5°, § 3°, da CF, nos termos da EC 45/04), tem força jurídico-normativa suficiente para restringir a eficácia e indiretamente obstar a aplicabilidade da norma constitucional paradigma, gozando de status supralegal. Tal posição foi firmada no RE 466.343, julgado em 2008 e relatado pelo Ministro Cezar Peluso.
- Vale destacar trecho do voto do Ministro Gilmar Mendes: "Desde a adesão do Brasil, sem qualquer reserva, ao Pacto Internacional dos Direitos Civis e Políticos (art. 11) e à Convenção Americana sobre Direitos Humanos - Pacto de San José da Costa Rica (art. 7º, 7), ambos no ano de 1992, não há mais base legal para prisão civil do depositário infiel, pois o caráter especial desses diplomas internacionais sobre direitos humanos lhes reserva lugar específico no ordenamento jurídico, estando abaixo da Constituição, porém acima da legislação interna. O status normativo supralegal dos tratados internacionais de direitos humanos subscritos pelo Brasil, dessa forma, torna inaplicável a legislação infraconstitucional com ele conflitante, seja ela anterior ou posterior ao ato de adesão. Assim ocorreu com o art. 1.287 do CC de 1916 e com o DL 911/1969, assim como em relação ao art. 652 do Novo CC (Lei 10.406/2002)." (RE 466.343, julgado em 2008 e relatado pelo Ministro Cezar Peluso).

Existem diversas Convenções internacionais sobre trabalho das quais o Brasil é signatário. Todas elas encontram-se organizadas pela Organização Internacional do Trabalho, e possuem informação sobre seu status e ratificação atuais no link: <https://www.ilo.org/brasilia/convencoes/lang--pt/index.htm>.

Ademais, dentre as convenções ratificadas pelo Brasil, oito foram elevadas à categoria de direitos humanos fundamentais pela Declaração da OIT dos Direitos e Princípios Fundamentais no Trabalho.

III. PRINCÍPIOS FUNDAMENTAIS

1. Fundamentos da República Federativa do Brasil

Art. 1º da CF: "A República Federativa do Brasil (RFB), formada pela união indissolúvel dos Estados e Municípios e do Distrito Federal, constitui-se em Estado Democrático de Direito e tem como **fundamentos:** I - a soberania; II - a cidadania; III - a dignidade da pessoa humana; IV - os valores sociais do trabalho e da livre iniciativa; V - o pluralismo político".

Para memorizar os fundamentos da RFB, segue uma expressão mnemônica: **SO-CI-DI-VA-PLU.**

FUNDAMENTOS DA REPÚBLICA FEDERATIVA DO BRASIL	
SO:	Soberania
CI:	Cidadania
DI:	Dignidade da pessoa humana
VA:	Valores sociais do trabalho e da livre iniciativa
PLU:	Pluralismo político
SO-CI-DI-VA-PLU	

O parágrafo único do art. 1º da CF enuncia ainda: "Todo o poder emana do povo, que o exerce por meio de seus representantes eleitos ou diretamente, nos termos desta Constituição". Trata-se do **princípio democrático**.

2. Poderes da União

Art. 2º da CF: "São **Poderes** da União, independentes e harmônicos entre si, o Legislativo, o Executivo e o Judiciário". Trata-se do princípio da separação de poderes segundo o qual o poder político do Estado não pode ficar nas mãos de apenas um governante, pois deve haver uma difusão das decisões estatais em prol dos interesses do povo.

3. Objetivos fundamentais da República Federativa do Brasil

Art. 3º da CF: "Constituem **objetivos fundamentais** da República Federativa do Brasil (RFB): I – construir uma sociedade livre, justa e solidária; II – garantir o desenvolvimento nacional; III – erradicar a pobreza e a marginalização e reduzir as desigualdades sociais e regionais; IV – promover o bem de todos, sem preconceitos de origem, raça, sexo, cor, idade e quaisquer outras formas de discriminação".

Para auxílio na tarefa de memorização dos objetivos da RFB, segue mais uma expressão mnemônica: **CO-GA-ERRA-PRO.**

OBJETIVOS DA REPÚBLICA FEDERATIVA DO BRASIL	
CO:	Construir uma sociedade livre, justa e solidária
GA:	Garantir o desenvolvimento nacional
ERRA:	Erradicar a pobreza e a marginalização e reduzir as desigualdades sociais e regionais
PRO:	Promover o bem de todos, sem preconceitos de origem, raça, sexo, cor, idade e quaisquer outras formas de discriminação
CO-GA-ERRA-PRO	

4. Princípios que regem a República Federativa do Brasil em suas relações internacionais

Art. 4º da CF: "A República Federativa do Brasil (RFB) rege-se, nas suas **relações internacionais**, pelos seguintes princípios: I – independência nacional; II – prevalência dos direitos humanos; III – autodeterminação dos povos; IV – não intervenção; V – igualdade entre os Estados; VI – defesa da paz; VII – solução pacífica dos conflitos; VIII – repúdio ao terrorismo e ao racismo; IX – cooperação entre os povos para o progresso da humanidade; X – concessão de asilo político".

Perceba que dentre os princípios fundamentais, os que regem a RFB em suas relações internacionais são os que estão em maior número e, por isso, são de mais difícil memorização. Sendo assim, a dica é: memorize os artigos 1º, 2º e 3º. Dessa forma você terá condições de acertar os princípios que regem a RFB em suas relações internacionais quase que por eliminação.

Entretanto, é importante que você esteja ao menos familiarizado com as expressões, para não cair nos famosos jogos de palavras e expressões que o examinador costuma fazer. Por exemplo: ao invés de colocar que a República Federativa do Brasil se rege em suas relações internacionais pelo princípio da **não intervenção**, o examinador pode apontar o princípio da **intervenção**, induzindo-o a assinalar uma alternativa errada.

Para a memorização, podemos utilizar duas expressões mnemônicas: **IN-PRE-AUTO--NÃO IGUAL** e **DE-SO-RE-CO-CO**.

PRINCÍPIOS QUE REGEM A REPÚBLICA FEDERATIVA DO BRASIL EM SUAS RELAÇÕES INTERNACIONAIS	
IN	I – Independência nacional
PRE	II – Prevalência dos direitos humanos
AUTO	III – Autodeterminação dos povos
NÃO	IV – Não-intervenção
IGUAL	V – Igualdade entre os Estados
DE	VI – Defesa da paz
SO	VII – Solução pacífica dos conflitos
RE	VIII – Repúdio ao terrorismo e ao racismo
CO	IX – Cooperação entre os povos para o progresso da humanidade
CO	X – Concessão de asilo político
IN-PRE-AUTO-NÃO-IGUAL DE-SO-RE-CO-CO	

Destacamos, ainda, o art. 4º, parágrafo único, da CF: "A República Federativa do Brasil (RFB) buscará a integração econômica, política, social e cultural dos povos da América Latina, visando à formação de uma comunidade latino-americana de nações".

Atenção para a pegadinha! O examinador costuma modificar o texto desse dispositivo e afirmar que os povos são da América (suprimindo o "Latina"), ou dizer que a formação será de um bloco econômico de nações (em vez de comunidade latino-americana de nações).

IV. DOS DIREITOS E GARANTIAS FUNDAMENTAIS: DOS DIREITOS E DEVERES INDIVIDUAIS E COLETIVOS; DOS DIREITOS SOCIAIS; DOS DIREITOS DE NACIONALIDADE; DOS DIREITOS POLÍTICOS

1. DIREITOS E GARANTIAS FUNDAMENTAIS

Os direitos e garantias fundamentais estão formalmente alocados nos **artigos 5° a 17 da CF**.

Conceito e evolução

Denominam-se direitos fundamentais os **direitos humanos que são positivados nas constituições.**

- O jurista espanhol **Antonio Perez Luño** define os direitos fundamentais como um conjunto de faculdades e instituições que, em cada momento histórico, concretizam as exigências da dignidade, igualdade e liberdade humanas, devendo obrigatoriamente ser reconhecidos no ordenamento jurídico positivo e por este garantidos, em âmbito internacional e nacional, gozando no ordenamento nacional de tutela reforçada em face dos poderes constituídos do Estado (Los derechos fundamentales. 5. ed. Madrid: Tecnos, 1993, p. 46-47).

A doutrina classifica os direitos humanos e os fundamentais em **gerações ou dimensões de direitos**. Os **direitos civis e políticos** seriam os de primeira geração ou dimensão, caracterizados pelo valor liberdade. Já os **direitos econômicos, sociais e culturais** seriam os de segunda geração ou dimensão, caracterizados pelo valor igualdade. Por fim, os **direitos de solidariedade ou fraternidade** seriam os de terceira geração ou dimensão, caracterizados pelo valor solidariedade ou fraternidade. Estes direitos formariam, assim, um conjunto indivisível de direitos fundamentais, entre os quais não há qualquer relação hierárquica.

Dimensões objetiva e subjetiva dos direitos fundamentais: "a dimensão subjetiva dos direitos fundamentais corresponde à característica desses direitos de, em maior ou menor escala, ensejarem uma pretensão a que se adote um dado comportamento ou então essa dimensão se expressa no poder da vontade de produzir efeitos sobre certas relações jurídicas". [...] "A dimensão objetiva resulta do significado dos direitos fundamentais como princípios básicos da ordem constitucional, [...] que transcendem a perspectiva da garantia de posições individuais, para alcançar a estatura de normas que filtram os valores básicos da sociedade política, expandindo-os para todo o direito positivo". [...] A perspectiva objetiva, nesse sentido, legitima até restrições aos direitos subjetivos individuais, limitando o conteúdo e o alcance dos direitos fundamentais em favor dos seus próprios titulares ou de outros bens constitucionalmente valiosos" (MENGES, Gilmar Ferreira; COELHO, Inocêncio Mártires; BRANCO, Paulo Gustavo Gonet. Curso de direito constitucional. 2. ed. São Paulo: Saraiva, 2008, p. 133)

- A **representação dos interesses individuais** sob a **ótica negativa** perante o Poder Público, que se refere a uma perspectiva subjetiva, não se compreende dentre as características da perspectiva objetiva dos direitos fundamentais. De acordo com Paulo Bonavides: "**os direitos da primeira geração** ou direitos da liberdade têm por titular o indivíduo, são oponíveis ao Estado, traduzem-se como faculdades ou atributos da pessoa e ostentam uma **subjetividade** que é seu traço mais característico; enfim, são direitos de resistência ou de oposição perante o Estado" (*Curso de Direito Constitucional*. 22 ed. São Paulo: Malheiros, 2008, p. 564).

- Novamente segundo as lições de Paulo Bonavides, "**com o advento dos direitos fundamentais da segunda geração os publicistas alemães, a partir de Schmitt,**

descobriram também o aspecto objetivo [...] Os direitos da segunda geração merecem um exame mais amplo. Dominam o século XX do mesmo modo como os direitos de primeira geração dominaram o século passado. São os direitos sociais, culturais e econômicos [...] Mas passaram primeiro por um ciclo de baixa normatividade ou tiveram eficácia duvidosa, em virtude de sua própria natureza de direitos que exigem do Estado determinadas prestações materiais nem sempre resgatáveis por exiguidade, carência ou limitação essencial de meios e recursos. De juridicidade questionada nessa fase, foram eles remetidos à chamada esfera programática, em virtude de não conterem para sua concretização aquelas garantias habitualmente ministradas pelos instrumentos processuais de proteção aos direitos da liberdade" (*Curso de Direito Constitucional*. 22 ed. São Paulo: Malheiros, 2008, p. 564-565)

Características e funções

Segundo apontamentos doutrinários, os direitos fundamentais caracterizados pela **indivisibilidade, irrenunciabilidade e incaducabilidade**, que decorrem da exigência de atendimento do princípio da dignidade da pessoa humana.

Efeito *cliquet* e vedação do retrocesso: o efeito *cliquet* nada mais é do que a aplicação do princípio da vedação do retrocesso. Ou seja, uma vez garantido, um direito não pode mais ser revogado. Sua aplicação é evidente na temática dos direitos humanos. Uma vez reconhecido, um direito humano não pode mais ser desconsiderado.

Titularidade e destinatários

Apesar do *caput* do artigo 5° garanti-los apenas a brasileiros e estrangeiros residentes no Brasil, a doutrina e o STF os estendem **também para estrangeiros em trânsito e pessoas jurídicas** (HC 94.016, julgado em 2008 e relatado pelo Ministro Celso de Mello).

- Segundo entendimento pacífico do Supremo Tribunal Federal, **as pessoas jurídicas também são titulares de direitos fundamentais** (AC 2.032-QO/SP, relatada pelo Ministro Celso de Mello e julgada em 2008).

2. DOS DIREITOS E DEVERES INDIVIDUAIS E COLETIVOS

Direitos e deveres individuais e coletivos

- Os direitos e deveres individuais e coletivos estão concentrados no **art. 5°** da CF.

O *caput* do art. 5° da CF enuncia que "todos são iguais perante a lei, sem distinção de qualquer natureza". Segundo posição doutrinária pacífica, trata-se do reconhecimento da **igualdade formal (perante a lei**). Entretanto, implícita ao texto constitucional também existe a **igualdade material (na lei)**, que significa conferir tratamento desigual, para igualar. A igualdade material leva em consideração os sujeitos e valores envolvidos e busca equilibrar as relações de fato.

Teoria do Impacto Desproporcional: tem como pressuposto o fato de que algumas práticas sociais podem impactar de forma desproporcional algum grupo de pessoas. Constatado o impacto desproporcional, a prática que lhe deu origem deve ser interrompida e eliminada, independentemente dos fatos que a motivaram, pois deve incidir o princípio da isonomia.

A tese da legítima defesa da honra é inconstitucional, por contrariar os princípios da dignidade da pessoa humana [Constituição Federal (CF), art. 1º, III], da proteção à vida e da igualdade de gênero (CF, art. 5º, "caput")- STF. Plenário. ADPF 779 MC-Ref/DF, Rel. Min. Dias Toffoli, julgado em 13/3/2021 (Info 1009).

É livre a **manifestação do pensamento**, vedado o anonimato, e assegurado direito de resposta proporcional ao agravo, **além** de eventual indenização por dano material, moral ou à imagem (a resposta não exclui o dever de indenizar).

Inviolabilidade do domicílio

INVIOLABILIDADE DO DOMICÍLIO	
Regra	**Exceções:** hipóteses em que se pode penetrar em casa mesmo sem o consentimento do morador
A casa (englobando escritórios, motéis, hotéis e congêneres, segundo o STF) é asilo inviolável do indivíduo e nela ninguém pode penetrar sem consentimento do morador.	**a) a qualquer horário**: em caso de flagrante delito ou desastre, ou para prestar socorro
	b) somente durante o dia: por determinação judicial.

- O conceito normativo de casa é abrangente; assim, qualquer compartimento privado onde alguém exerce profissão ou atividade está protegido pela inviolabilidade do domicílio. Apesar disso, **há a possibilidade de se instalar escuta ambiental em escritório de advocacia que seja utilizado como reduto para a prática de crimes, conforme já decidiu o STF**: "Escuta ambiental e exploração de local. Captação de sinais óticos e acústicos. Escritório de advocacia. Ingresso da autoridade policial, no período noturno, para instalação de equipamento. Medidas autorizadas por decisão judicial. Invasão de domicílio. Não caracterização. (...) Inteligência do art. 5º, X e XI, da CF; art. 150, § 4º, III, do CP; e art. 7º, II, da Lei 8.906/1994. (...) Não opera a inviolabilidade do escritório de advocacia, quando o próprio advogado seja suspeito da prática de crime, sobretudo concebido e consumado no âmbito desse local de trabalho, sob pretexto de exercício da profissão." (Inq 2.424, julgado em 2008 e relatado pelo Ministro Cezar Peluso).

  É assegurado a todos o **acesso à informação** e resguardado o sigilo da fonte, quando necessário ao exercício profissional.

  Ninguém será privado de direitos por motivo de crença religiosa ou de convicção filosófica ou política, salvo se as invocar para eximir-se de obrigação legal a todos imposta e recusar-se a cumprir prestação alternativa, fixada em lei;

- Destaca-se que, tradicionalmente, a doutrina sempre se pronunciou no sentido de que a recusa prestação alternativa implica na **perda** dos direitos políticos. Entretanto, o art. 4°, § 2°, da Lei 8.239/91 (que regulamenta o art. 143, §§ 1º e 2º da Constituição Federal, sobre a prestação de Serviço Alternativo ao Serviço Militar Obrigatório), enuncia que a recusa de prestação alternativa gerará a **suspensão** dos direitos políticos.

É assegurada, nos termos da lei, a **proteção às participações individuais em obras coletivas e à reprodução da imagem e voz humanas, inclusive** nas atividades desportivas.

A **sucessão de bens de estrangeiros situados no País** será regulada pela lei brasileira em benefício do cônjuge ou dos filhos brasileiros, sempre que não lhes seja mais favorável a lei pessoal do "de cujus". Em outras palavras: **aplica-se a lei brasileira, salvo se a do falecido for mais favorável.**

O **sigilo da correspondência e das comunicações telegráficas, de dados e das comunicações telefônicas** é inviolável, **salvo**, no último caso, por **ordem judicial**, nas hipóteses e na forma que a lei estabelecer para fins de **investigação criminal ou instrução processual penal** (não para processo civil).

- Os sigilos bancário e fiscal estão incluídos na proteção ao **sigilo de dados**.
- **O STF já firmou posicionamento no sentido que a interceptação telefônica se submete à reserva de jurisdição, sem exceção.** Vale ressaltar que se a gravação for feita por um dos interlocutores, desconfigura-se a interceptação telefônica, restando mera gravação ambiental (RE 453.562-AgR, julgado em 2008 e relatado pelo Ministro Joaquim Barbosa).
- Importante destacar que a **interceptação** (gravações de conversas presentes e futuras) **não se confunde com a quebra de sigilo** (acesso a dados passados). Tal distinção é relevante, pois as CPIs (órgãos que não são investidos de poderes jurisdicionais) até podem determinar a quebra de sigilo de dados telefônicos (registro de chamadas recebidas e efetuadas), mas não a interceptação telefônica.

  "O princípio constitucional da reserva de jurisdição – que incide sobre as hipóteses de busca domiciliar (CF, art. 5º, XI), de interceptação telefônica (CF, art. 5º, XII) e de decretação da prisão, ressalvada a situação de flagrância penal (CF, art. 5º, LXI) – **não se estende ao tema da quebra de sigilo, pois, em tal matéria, e por efeito de expressa autorização dada pela própria CR (CF, art. 58, § 3º), assiste competência à CPI, para decretar, sempre em ato necessariamente motivado, a excepcional ruptura dessa esfera de privacidade das pessoas.**" (MS 23.652, julgado no ano 2000 e relatado pelo Ministro Celso de Mello).

É livre o direito de reunião pacífica, não sendo necessária autorização. Entretanto, exige-se **prévio aviso** (não pedido de autorização) à autoridade competente, para que não frustre outra reunião anteriormente convocada.

- **Atenção!** A finalidade do direito de reunião é a manifestação do pensamento. A liberdade ambulatorial constitui apena um meio para o exercício do direito de reunião. Nesse sentido, diante de uma violação ao direito fundamental, líquido e certo, de reunião, cabível será o **mandado de segurança**, não o *habeas corpus*.

Segundo entendimento do STF: "A interpretação, segundo a qual é ilegal a reunião se não precedida de notificação, afronta o direito previsto no art. 5º, XVI, da Constituição Federal (CF). Isso porque **a exigência constitucional de aviso prévio relativamente ao direito de reunião é satisfeita com a veiculação de informação** que permita ao poder público zelar para que seu exercício se dê de forma pacífica ou para que não frustre outra reunião no mesmo local". (Tema 855 da repercussão geral – RE 806339/SE, relator Min. Marco Aurélio, redator do acórdão Min. Edson Fachin, julgamento virtual finalizado em 14.12.2020 – Info 1003)

No caso de iminente perigo público, a autoridade competente poderá usar de propriedade particular, assegurada ao proprietário **indenização ulterior**, apenas **se houver dano** (e não em qualquer caso).

Associações

ASSOCIAÇÕES	
OBJETIVOS	**EXIGÊNCIAS**
1) Criação	Não depende de autorização do poder público. É **vedada** a criação de associações de caráter paramilitar
2) Suspensão das Atividades	Somente por decisão Judicial
3) Dissolução	Somente por decisão judicial com trânsito em julgado

> Súmula 654 do STF: "A garantia da irretroatividade da lei, prevista no art. 5º, XXXVI, da Constituição da República, não é invocável pela entidade estatal que a tenha editado".

Somente os crimes de racismo e de ações de grupos armadas, civis ou militares, contra a ordem constitucional e o Estado Democrático são **imprescritíveis** (além de inafiançáveis). Já os crimes de tortura, tráfico ilícito de entorpecentes e drogas afins, terrorismo e os definidos em lei como hediondos, são **insuscetíveis de graça ou anistia** (além de inafiançáveis).

Crime	Inafiançável	Imprescritível	Insuscetível de graça ou anistia
Racismo	Sim	Sim	Não
Ações de Grupos Armados, Civis ou Militares contra a Ordem Constitucional e o Estado Democrático	Sim	Sim	Não
Tortura	Sim	Não	Sim
Tráfico Ilícito de Entorpecentes e Drogas Afins	Sim	Não	Sim
Terrorismo	Sim	Não	Sim
Hediondo	Sim	Não	Sim

- Dica para memorização: **TTTH** prescrevem! (**T**ortura, **T**ráfico Ilícito de Entorpecentes e Drogas Afins, **T**errorismo e **H**ediondos).

- Vale destacar que os crimes insuscetíveis de graça ou anistia também não admitem **indulto** (que é espécie de graça, segundo entendimento do STF exposto no HC 84.312) e **comutação de pena** (que é tipo de indulto, também segundo o STF em julgamento do HC 84.312).

  Nesse mesmo sentido, entendeu que a expressão "racismo" alcança também a homotransfobia,. (STF. ADO 26/DF, rel. Min. Celso de Mello, julgamento em 13.6.2019. (ADO-26) MI 4733/DF, rel. Min. Edson Fachin, julgamento em 13.6.2019. (MI-4733) (Info 944).

- A incitação de ódio público feita por líder religioso contra outras religiões pode configurar o crime de racismo, não sendo protegida pela liberdade de expressão. (STF. 2ª Turma. RHC 146303/RJ, rel. Min. Edson Fachin, red. p/ o ac. Min. Dias Toffoli, julgado em 6/3/2018- Info 893).

  A CF garante que não haverá prisão civil por dívida, **salvo** a do responsável pelo inadimplemento voluntário e inescusável (não desculpável) de obrigação alimentícia e a do depositário infiel (mas o STF já declarou inaplicável a prisão civil do depositário infiel).

  O Estado prestará **assistência jurídica integral e gratuita** (apenas) aos que comprovarem **insuficiência de recursos** (e não a todos, indistintamente).

  Todos têm direito a receber dos órgãos públicos informações de seu interesse particular, ou de interesse coletivo ou geral, que serão prestadas no prazo da lei, sob pena de responsabilidade, **ressalvadas aquelas cujo sigilo seja imprescindível à segurança da sociedade e do Estado**, **não** havendo prevalência do direito individual neste caso.

  O registro civil de nascimento e a certidão de óbito são gratuitos **apenas aos reconhecidamente pobres**.

  É livre o exercício de qualquer trabalho, ofício ou profissão, **desde que** atendidas as qualificações profissionais que a lei estabelecer.

- "As limitações ao livre exercício das profissões serão legítimas apenas quando o inadequado exercício de determinada atividade possa vir a causar danos a terceiros e desde que obedeçam a critérios de adequação e razoabilidade, o que não ocorre em relação ao exercício da profissão de músico, ausente qualquer interesse público na sua restrição." [**ADPF 183**, rel. min. Alexandre de Moraes, j. 27-9-2019, P, *DJE* de 18-11-2019.]

  A lei assegurará aos autores de inventos industriais **privilégio temporário** para sua utilização, bem como proteção às criações industriais, à propriedade das marcas, aos nomes de empresas e a outros signos distintivos, tendo em vista o interesse social e o desenvolvimento tecnológico e econômico do País.

  O Supremo Tribunal Federal entende que decorre da regra que veda a utilização no processo de provas obtidas por meios ilícitos a proibição de utilização também das provas derivadas das ilícitas – teoria que se tornou conhecida pela alcunha de **"frutos da árvore envenenada"**. Todas essas provas são consideradas **nulas**. Entretanto, a jurisprudência daquele tribunal admite a utilização das provas derivadas das ilícitas em processo penal, quando a acusação demonstrar que as provas derivadas advêm de uma **fonte independente** (RHC 90.376, julgado em 2007 e relatado pelo Ministro Celso de Mello).

A prisão de qualquer pessoa e o local onde se encontre serão comunicados imediatamente ao juiz competente e à família do preso ou à pessoa por ele indicada.

É assegurada, nos termos da lei, a prestação de **assistência religiosa** nas entidades civis e militares de internação coletiva.

De acordo com entendimento da **Súmula vinculante 14 do STF**, é direito do defensor, no interesse do representado, ter acesso amplo aos elementos de prova que, **já documentados em procedimento investigatório realizado por órgão com competência de polícia judiciária, digam respeito ao exercício do direito de defesa** em procedimento investigatório realizado por órgão com competência de polícia judiciária.

Nenhuma pena passará da pessoa do condenado, podendo a obrigação de reparar o dano e a decretação do perdimento de bens ser, nos termos da lei, estendidas aos sucessores e contra eles executadas, **até o limite** do valor do patrimônio transferido (art. 5°, XLV, da CF).

> Súmula 667 do STF: viola a garantia constitucional de acesso à jurisdição a **taxa judiciária calcada sem limite sobre o valor da causa.**

Princípio da Razoável Duração do Processo: a todos, no âmbito judicial e administrativo, são assegurados a razoável duração do processo e os meios que garantam a celeridade de sua tramitação.

Direito à proteção de dados

Seguindo uma tendência de proteção aos dados inaugurada pela lei geral de proteção de dados (lei nº 13.709/2018), **a EC 115/2022 conferiu à proteção de dados status de direito fundamental, com a inserção do inciso LXXIX no art. 5º da CF/88**: "é assegurado, nos termos da lei, o direito à proteção de dados pessoais, inclusive nos meios digitais". A emenda ainda estabeleceu, no art. 21, como competência da União, organizar e fiscalizar a proteção e o tratamento de dados pessoais, bem como, no art. 22, estabeleceu a competência privativa da União para disciplinar a proteção e o tratamento de dados pessoais.

3. AÇÕES OU REMÉDIOS CONSTITUCIONAIS

Habeas Corpus

- Conceder-se-á *habeas corpus* sempre que alguém sofrer ou se achar ameaçado de sofrer violência ou coação em sua liberdade de locomoção (também denominada **ambulatorial**), por ilegalidade ou abuso de poder.

- "**Não cabe** *habeas corpus* originário para o Tribunal Pleno **de decisão de turma, ou do plenário,** proferida em *habeas corpus* ou no respectivo recurso" (Súmula 606 do STF).
- "Não cabe *habeas corpus* quando já **extinta a pena privativa de liberdade.**" (Súmula 695 do STF.)
- "Não cabe *habeas corpus* contra a **imposição da pena de exclusão de militar ou de perda de patente ou de função pública.**" **(Súmula 694 do STF)**
- "Não cabe *habeas corpus* contra **decisão condenatória a pena de multa, ou relativo a processo em curso por infração penal a que a pena pecuniária seja a única cominada.**" (Súmula 693 do STF)
- "Não se conhece de *habeas corpus* **contra omissão de relator de extradição, se fundado em fato ou direito estrangeiro cuja prova não constava dos autos**, nem foi ele provocado a respeito." (Súmula 692 do STF)

  "O habeas corpus não é sede processual adequada para discussão sobre a correta fixação da competência, bem como sobre a existência de transnacionalidade do delito imputado." (STF, HC 151881 AgR/SP, rel. Min. Rosa Weber, julgamento em 12.11.2019.)

- "Não se conhece de recurso de *habeas corpus* cujo objeto seja **resolver sobre o ônus das custas, por não estar mais em causa a liberdade de locomoção.**" (Súmula 395 do STF)
- Ao **estrangeiro**, residente no exterior, é assegurado o direito de impetrar *habeas corpus* (STF, HC 94.404, julgado em 2008 e relatado pelo Ministro Celso de Mello).
- "É nulo julgamento de recurso criminal, na segunda instância, sem prévia intimação ou publicação da pauta, salvo em *habeas corpus*." (Súmula 431 do STF)

Mandado de Segurança

- Caberá **mandado de segurança** para proteger **direito líquido e certo, não amparado por** *habeas corpus* **ou** *habeas data,* quando o responsável pela ilegalidade ou abuso de poder for **autoridade pública ou agente de pessoa jurídica no exercício de atribuições do Poder Público.**

  Observa o STJ que o conceito de autoridade pública ou agente de pessoa jurídica no exercício de atribuições do Poder Público **não abrange "dirigentes, unidades ou órgãos de entidades de administração do desporto"**, já que sobressai o caráter privado dessas atividades. (STJ, REsp 1.348.503-SE, Rel. Min. Marco Buzzi, Quarta Turma, por unanimidade, julgado em 22/02/2022., INFO 726).

- "**Não cabe condenação em honorários de advogado** na ação de mandado de segurança." (Súmula 512 do STF)
- "Não cabe mandado de segurança para impugnar enquadramento da Lei 3.780, de 12-7-1960, **que envolva exame de prova ou de situação funcional** complexa." (Súmula 270 do STF)

- "Não cabe mandado de segurança contra **decisão judicial com trânsito em julgado**." (Súmula 268 do STF)
- "Não cabe mandado de segurança contra **ato judicial passível de recurso ou correição**." (Súmula 267 do STF)
- "Não cabe mandado de segurança **contra lei em tese**." (Súmula 266 do STF)
- "É constitucional lei que fixa **prazo de decadência** para impetração de mandado de segurança." (Súmula 632 do STF)
- Nos termos da Súmula 474 do STF, **não há direito líquido e certo**, amparado pelo mandado de segurança, quando se escuda em lei cujos efeitos foram anulados por outra, declarada constitucional pelo Supremo Tribunal Federal.
- Ao estrangeiro, residente no exterior, é assegurado o **direito de impetrar mandado de segurança** (STF, MS 4706, julgado em 1969 e relado pelo Ministro Ari Franco).
- o STF reconhece o direito de impetração de mandado de segurança a **diferentes órgãos públicos despersonalizados que tenham prerrogativas ou direitos próprios a defender**, tais como as Chefias dos Executivos e de Ministério Público; as Presidências das Mesas dos Legislativos; as Presidências dos Tribunais; os Fundos Financeiros; as Presidências de Comissões Autônomas; as Superintendências de Serviços e demais órgãos da Administração centralizada ou descentralizada contra atos de outros órgãos públicos.
- Não compete ao Supremo Tribunal Federal conhecer originariamente de mandado de segurança contra **atos de outros Tribunais**. (Súmula 624 do STF)
- "**Controvérsia sobre matéria de direito** não impede concessão de mandado de segurança." (Súmula 625 do STF)
- "Praticado o ato por **autoridade, no exercício de competência delegada**, contra ela cabe o mandado de segurança ou a medida judicial." (Súmula 510 do STF)
- "**Pedido de reconsideração** na via administrativa não interrompe o prazo para o mandado de segurança." (Súmula 430 do STF)
- "Concessão de mandado de segurança não produz efeitos patrimoniais em relação a **período pretérito**, os quais devem ser reclamados administrativamente ou pela via judicial própria." (Súmula 271 do STF)
- "O mandado de segurança **não é substitutivo de ação de cobrança**." (Súmula 269 do STF)
- Em que pese o teor da súmula 267, do Supremo Tribunal Federal, que afirma **não caber Mandado de Segurança contra ato judicial passível de recurso ou correição**, é certo que o próprio STF, abrandando a rigidez da referida súmula, **tem admitido** o *mandamus* quando, do ato judicial impugnado, puder resultar **dano irreparável**, desde logo cabalmente demonstrado. Tal posicionamento restou assentado no MS 22.623-AgR, julgado em 1996 e relatado pelo Ministro Sydney Sanches).

- "O mandado de segurança **não substitui a ação popular**." (Súmula 101 do STF)

Lei 12.016/09:	
Art. 5º: Não se concederá mandado de segurança quando se tratar:	I – de ato do qual caiba recurso administrativo com efeito suspensivo, independentemente de caução;
	II – de decisão judicial da qual caiba recurso com efeito suspensivo;
	III – de decisão judicial transitada em julgado.

- O mandado de segurança pode ser utilizado **contra ato de juiz criminal, praticado em processo penal** (STJ. REsp 96024 GO, julgado em 1998 e relatado pelo Ministro José Dantas).

- **Entende-se por direito líquido e certo** aquele que pode ser demonstrado de plano por meio de prova pré-constituída, isto é, sem que haja necessidade de dilação probatória. Na dicção de conceituada doutrina de **Hely Lopes Meirelles**, é o direito "manifesto na sua existência, delimitado na sua extensão e apto a ser exercitado no momento da impetração" (*Mandado de Segurança*. 22 ed. São Paulo: Malheiros, 2000. p. 21-22).

- Conforme decidiu o STF, diante da ausência de previsão constitucional e com fundamento no art. 21 VI, da Loman, "a competência originária para conhecer de mandado de segurança contra coação imputada a Turma Recursal dos Juizados Especiais **é dela mesma e não do Supremo Tribunal Federal**" (MS 24.691).

Mandado de Segurança Coletivo

- O **mandado de segurança coletivo** pode ser impetrado por: a) partido político com representação no Congresso Nacional; b) organização sindical; c) entidade de classe ou **associação legalmente constituída** e em funcionamento há **pelo menos um ano**, em defesa dos interesses de seus membros ou associados.

- Conforme entendimento do STF, **os partidos políticos não têm legitimidade ativa** *ad causam* **para impetrar mandado de segurança coletivo em defesa de terceiros**, com vistas a impugnar direito individual disponível, como a incidência de imposto. Tal posicionamento restou evidenciado em 2004, no julgamento do RE 196.184, relatado pela Ministra Ellen Gracie: "Uma exigência tributária configura interesse de grupo ou classe de pessoas, só podendo ser impugnada por eles próprios, de forma individual ou coletiva. Precedente: RE 213.631, Rel. Min. Ilmar Galvão, DJ de 7-4-2000. O partido político não está, pois, autorizado a valer-se do mandado de segurança coletivo para, substituindo todos os cidadãos na defesa de interesses individuais, impugnar majoração de tributo."

- A impetração de mandado de segurança coletivo por entidade de classe em favor dos associados **independe da autorização destes** (Súmula 629 do STF).

- "A entidade de classe tem legitimação para o mandado de segurança **ainda quando a pretensão veiculada interesse apenas a uma parte da respectiva categoria**." (Súmula 630 do STF)

- Segundo o STF, "a **legitimidade de sindicato** para atuar como substituto processual no mandado de segurança coletivo **pressupõe tão somente a existência jurídica**, ou seja, o registro no cartório próprio, **sendo indiferente estarem ou não os estatutos arquivados e registrados no Ministério do Trabalho.**" (RE 370.834, julgado em 2011 e relatado pelo Ministro Marco Aurélio).
- O STF já entendeu pela "legitimidade do **sindicato** para a impetração de mandado de segurança coletivo **independentemente da comprovação de um ano de constituição e funcionamento**." (RE 198.919, julgado em 1999 e relatado pelo Ministro Ilmar Galvão).
- Segundo o STF, "A **legitimação** das organizações sindicais, entidades de classe ou associações, para a segurança coletiva, é **extraordinária**, ocorrendo, em tal caso, substituição processual. CF, art. 5º, LXX. **Não se exige, tratando-se de segurança coletiva, a autorização expressa** aludida no inciso XXI do art. 5º da Constituição, que contempla hipótese de representação." (RE 193.382, Rel. Min. Carlos Velloso, julgamento em 28-6-1996, Plenário, DJ de 20-9-1996.). Assim, por exemplo, um sindicato não dependerá de autorização expressa de seus filiados para promover a defesa de seus interesses em juízo.

Habeas Data

- Conceder-se-á *habeas data*: a) para assegurar o conhecimento de **informações relativas à pessoa do impetrante**, constantes de registros ou bancos de dados de entidades governamentais ou de caráter público; b) para a retificação de dados, quando não se prefira fazê-lo por processo sigiloso, judicial ou administrativo. Se forem informações de **interesse pessoal**, mas não da pessoa do impetrante, cabe **mandado de segurança**.
- No que se refere à legitimidade ativa, tem-se que **pessoa jurídica pode impetrar *habeas data***. Conforme entendeu o STF no RE 673707, julgado em 2015 e relatado pelo Ministro Luiz Fux, "**A *legitimatio ad causam* para interpretação de *Habeas Data* estende-se às pessoas físicas e jurídicas, nacionais e estrangeiras, porquanto garantia constitucional aos direitos individuais ou coletivas**" (Informativo 790, de 2015).
- **Atenção!** Não confunda o mandado de segurança com o *habeas data*. São comuns as questões que desafiam os candidatos quanto ao cabimento dessas duas ações constitucionais. Para facilitar a compreensão, elaboramos a seguinte tabela.

MANDADO DE SEGURANÇA	*HABEAS DATA*
1. Conhecimento de informações de **interesse pessoal** do impetrante	1. Conhecimento de informações **relativas/referentes à pessoa** do impetrante
2. Obtenção de **certidão** que contenha informações de interesse pessoal do impetrante	2. Obtenção de **informações constantes em registros ou bancos de dados** (não em certidões)1

- **Atenção!** São **gratuitas** as ações de *habeas corpus* e *habeas data*, e, na forma da lei, os atos necessários ao exercício da cidadania.

Mandado de Injunção

- O mandado de injunção é utilizado **sempre que a falta de norma regulamentadora torne inviável o exercício dos direitos e liberdades constitucionais e das prerrogativas inerentes à nacionalidade, à soberania e à cidadania.**
- O entendimento atual do STF é no sentido de que **não** é cabível liminar em mandado de injunção (vide MI 680, julgado em 2008 e relatado pela Ministra Ellen Gracie).
- Quanto à decisão no mandado de injunção, temos as seguintes teorias: a) **teoria não concretista**: assinala que a decisão do mandado de injunção possui natureza declaratória, apenas reconhecendo a omissão legislativa, mas não possuindo forças para concretizar o exercício do direito. É pautada no princípio da separação de Poderes; b) **teoria concretista:** reconhece a natureza constitutiva da decisão de mandado de injunção (e não apenas a declaratória). Esse reconhecimento implica viabilizar o exercício do direito carente de regulamentação. Como desdobramento da teoria concretista, temos: b.1) teoria concretista geral: a decisão produzirá efeitos *erga omnes;* b.2) teoria concretista individual: a decisão terá apenas efeitos *inter partes*, podendo ser direta (o Judiciário não aguarda que a autoridade competente edite a lei, conferindo o exercício do direito de imediato) ou intermediária (hipótese em que o Judiciário, ao reconhecer a omissão, comunicará o órgão competente, fixando-lhe prazo que, persistindo a omissão, o próprio judiciário concretizará o direito pendente de regulamentação). Em um primeiro momento, o STF adotou a teoria não concretista. Todavia, esse posicionamento foi superado, de modo que, atualmente, **o posicionamento adotado pela Suprema Corte é a teoria concretista**.
- Apesar de não haver previsão constitucional, **o STF admite o Mandado de Injunção Coletivo** (MI 102, julgado em 1998 e relatado para acórdão pelo Ministro Carlos Velloso). Ademais, a lei 13.300/2016 prevê expressamente essa modalidade de mandado de injunção.
- Consoante art. 12 da Lei 13.300/2016, **o mandado de injunção coletivo pode ser promovido**: I – pelo **Ministério Público**, quando a tutela requerida for especialmente relevante para a defesa da ordem jurídica, do regime democrático ou dos interesses sociais ou individuais indisponíveis; II – por **partido político** com representação no Congresso Nacional, para assegurar o exercício de direitos, liberdades e prerrogativas de seus integrantes ou relacionados com a finalidade partidária; III – por **organização sindical, entidade de classe ou associação** legalmente constituída e em funcionamento há pelo menos 1 (um) ano, para assegurar o exercício de direitos, liberdades e prerrogativas em favor da totalidade ou de parte de seus membros ou associados, na forma de seus estatutos e desde que pertinentes a suas finalidades, dispensada, para tanto, autorização especial; IV – pela **Defensoria Pública**, quando a tutela requerida for especialmente relevante para a promoção dos direitos humanos e a defesa dos direitos individuais e coletivos dos necessitados, na forma do inciso LXXIV do art. 5º da Constituição Federal.
- O **STF já reconheceu sua competência para apreciar mandado de injunção impetrado por servidor público municipal** (vide MI 3815, relatado pelo Ministro Luiz Fux e julgado no dia 23/05/2013).

Ação Popular

- A **ação popular** pode ser proposta por qualquer **cidadão** (nacional no gozo dos direitos políticos) com o objetivo de anular ato lesivo ao patrimônio público ou de entidade de que o Estado participe, à moralidade administrativa, ao meio ambiente e ao patrimônio histórico e cultural, ficando o autor, **salvo comprovada má-fé**, isento de custas judiciais e do ônus da sucumbência.
- "**Pessoa jurídica** não tem legitimidade para propor ação popular." (Súmula 365.)
- "**O mandado de segurança não substitui** a ação popular." (Súmula 101.)
- Como o requisito para a propositura é ser cidadão (art. 5°, LXXIII, da CF), e formalmente isso significa ter título de eleitor, aquele que, **a partir dos 16 anos** estiver munido deste documento, poderá ajuizar ação popular.
- Nos casos de ação popular movida contra o Presidente da República, a competência originária para o seu julgamento **não é** do Supremo Tribunal Federal, pois não há previsão no art. 102, da CF, que conta com rol taxativo (regime de direito estrito). Nesse sentido, a jurisprudência do STF: "**A competência para julgar ação popular contra ato de qualquer autoridade, até mesmo do presidente da República, é, via de regra, do juízo competente de primeiro grau**. Precedentes. Julgado o feito na primeira instância, se ficar configurado o impedimento de mais da metade dos desembargadores para apreciar o recurso voluntário ou a remessa obrigatória, ocorrerá a competência do STF, com base na letra n do inciso I, segunda parte, do art. 102 da CF." (AO 859-QO, julgado em 2001 e relatado pelo Ministro Maurício Corrêa).
- O prazo de contestação na ação popular é de **20 (vinte)** dias, prorrogável por mais **20 (vinte)**, a requerimento do interessado, se particularmente difícil a produção da prova documental, e será comum a todos os interessados, correndo da entrega em cartório do mandado cumprido, ou, quando for o caso, do decurso do prazo assinado em edital, de acordo com o art. 7°, IV, da Lei 4.717/65.
- A ação popular **prescreve em 05 (cinco) anos**, consoante art. 21, da Lei 4.717/65.

4. DIREITOS SOCIAIS

Nos termos do art. 6°, da CF, **são direitos sociais:** a educação, a saúde, a alimentação, o trabalho, a moradia, o transporte, o lazer, a segurança, a previdência social, a proteção à maternidade e à infância, além da assistência aos desamparados, na forma da Constituição.

O parágrafo único, por sua vez, estabelece que todo brasileiro em situação de vulnerabilidade social terá direito a uma renda básica familiar, garantida pelo poder público em programa permanente de transferência de renda, cujas normas e requisitos de acesso serão determinados em lei, observada a legislação fiscal e orçamentária.

Vale notar que esse artigo já foi objeto de quatro emendas constitucionais (EC 26/2000, EC 64/2010 , EC 90/2015 e EC 114/2021). A primeira emenda incluiu a moradia, a segunda inseriu a alimentação, a terceira adicionou o transporte e a quarta incluiu o parágrafo único, que instituiu a renda básica familiar.

Os direitos sociais, econômicos, e culturais são **direitos humanos de segunda geração, realizáveis por meio de políticas públicas estatais, e normalmente descritos em normas programáticas**, mas isso não significa que não podem ser exigidos juridicamente. Isso porque, **todos os direitos humanos são juridicamente exigíveis**, e os direitos fundamentais expressos na Constituição têm aplicabilidade imediata.

A **relevância econômica dos objetos dos direitos sociais prestacionais** (que exigem atuação estatal) faz com que a discussão, previsão e aplicação de recursos públicos, atribuições estas originárias dos órgãos políticos, notadamente do Poder Executivo, **legitime o Poder Judiciário, diante da inércia ou deficiência de atuação dos legitimados ordinários, à concretização dos direitos**. Aliás, esse é uma das características do que se tem chamado de judicialização de políticas públicas, uma das facetas do neoconstitucionalismo.

A Constituição Federal, estabelece **proibição de distinção entre trabalho** manual, técnico e intelectual e entre os profissionais respectivos.

Há proibição de qualquer trabalho a menores de dezesseis anos, salvo na condição de aprendiz, a partir de **quatorze** anos.

É direito do trabalhador urbano e rural, **remuneração do serviço extraordinário** superior, no mínimo, em cinquenta por cento (50%) à do normal.

Os trabalhadores **domésticos tiveram os seus direitos ampliados pela Emenda Constitucional 72** de 2 de abril de 2013. Com a alteração constitucional, passam a existir dois grupos de direitos relativos aos domésticos: **a) direitos incondicionados**; e **b) direitos condicionados**. Os direitos incondicionados são aqueles que devem ser aplicados independentemente de qualquer determinação estabelecida na legislação infraconstitucional. Já os direitos condicionados são aqueles que devem ser aplicados com atendimento às condições estabelecidas em legislação infraconstitucional e observância de simplificação do cumprimento das obrigações tributárias, principais e acessórias, decorrentes da relação de trabalho e suas peculiaridades. Os detalhes estão arrolados na tabela a seguir.

	DIREITOS CONSTITUCIONALMENTE ASSEGURADOS AO TRABALHADOR DOMÉSTICO DEPOIS DA EC 72/13	
	Direitos incondicionados	**Direitos condicionados à legislação infraconstitucional e à observância de simplificação do cumprimento das obrigações tributárias, principais e acessórias, decorrentes da relação de trabalho e suas peculiaridades**
Os que já existiam antes da EC 72/13	1) Salário mínimo 2) Irredutibilidade do salário 3) Décimo terceiro salário com base na remuneração integral ou no valor da aposentadoria 4) Repouso semanal remunerado, preferencialmente aos domingos 5) Férias anuais remuneradas com, pelo menos, um terço a mais do que o salário normal 6) Licença-gestante de 120 dias 7) Licença-paternidade de 5 dias 8) Aviso-prévio 9) Aposentadoria	1) Integração à previdência social

Os que foram estabelecidos pela EC 72/13	10) Garantia de salário, nunca inferior ao mínimo, para os que percebem remuneração variável 11) Proteção do salário na forma da lei, constituindo crime sua retenção dolosa 12) Duração do trabalho normal não superior a oito horas diárias e quarenta e quatro semanais, facultada a compensação de horários e a redução da jornada, mediante acordo ou convenção coletiva de trabalho 13) Remuneração do serviço extraordinário superior, no mínimo, em cinquenta por cento à do normal 14) Redução dos riscos inerentes ao trabalho, por meio de normas de saúde, higiene e segurança 15) Reconhecimento das convenções e acordos coletivos de trabalho 16) Proibição de diferença de salários, de exercício de funções e de critério de admissão por motivo de sexo, idade, cor ou estado civil 17) Proibição de qualquer discriminação no tocante a salário e critérios de admissão do trabalhador portador de deficiência 18) Proibição de trabalho noturno, perigoso ou insalubre a menores de dezoito e de qualquer trabalho a menores de dezesseis anos, salvo na condição de aprendiz, a partir de quatorze anos	2) Relação de emprego protegida contra despedida arbitrária ou sem justa causa, nos termos de lei complementar, que preverá indenização compensatória, dentre outros direitos; 3) Seguro-desemprego, em caso de desemprego involuntário; 4) Fundo de garantia do tempo de serviço; 5) Remuneração do trabalho noturno superior à do diurno; 6) Salário-família pago em razão do dependente do trabalhador de baixa renda nos termos da lei 7) Assistência gratuita aos filhos e dependentes desde o nascimento até 5 (cinco) anos de idade em creches e pré-escolas 8) Seguro contra acidentes de trabalho, a cargo do empregador, sem excluir a indenização a que este está obrigado, quando incorrer em dolo ou culpa

1) Nos termos da doutrina de Alexandre de Moraes, o **direito de relacionamento ou de filiação** em organizações sindicais internacionais é manifestação do princípio da solidariedade internacional dos interesses dos trabalhadores (*Direito Constitucional*. 25 ed. São Paulo: Atlas, 2010, p. 204).

2) Ninguém poderá ser obrigado a **filiar-se ou manter-se filiado** a qualquer sindicato. Por isso, entendeu o STF que: "São compatíveis com a Constituição Federal os dispositivos da Lei 13.467/2017 (Reforma Trabalhista) que extinguiram a obrigatoriedade da contribuição sindical e condicionaram o seu pagamento à prévia e expressa autorização dos filiados." [ADI 5.794, rel. p/ o ac. min. Luiz Fux, j. 29-6-2018, P, Informativo 908.]

> **"O art. 8º, III, da Constituição não trata da necessidade de participação das entidades sindicais representativas de servidores públicos na reformulação de planos de cargos e remuneração que atinjam as categorias representadas." [ADI 4.461, rel. min. Roberto Barroso, j. 11-11-2019, P, DJE de 4-12-2019.]**

3) É **vedada a dispensa** do empregado sindicalizado a partir do registro da candidatura a cargo de direção ou representação sindical e, se eleito, ainda que suplente, até um ano após o final do mandato, salvo se cometer falta grave.

4) O **aposentado filiado** tem direito a votar e ser votado nas organizações sindicais.

5) É vedada a criação de mais de uma organização sindical, em qualquer grau, representativa de categoria profissional ou econômica, na mesma base territorial, que será definida pelos trabalhadores ou empregadores interessados, não podendo ser inferior à área de um **Município** (não de um Estado).

6) Súmula Vinculante 40: A contribuição confederativa de que trata o art. 8º, IV, da Constituição Federal, só é exigível dos filiados ao sindicato respectivo.

5. DIREITOS DE NACIONALIDADE

O fato natural do nascimento não é suficiente para o reconhecimento de nacionalidade, pois devem ser levados em consideração outros elementos tais como: i) o local do nascimento; ii) nacionalidade dos pais; e; iii) função exercida pelos pais no local de nascimento da criança.

A origem sanguínea firma a nacionalidade pelo critério *jus sanguinis*, e a vinculação territorial reconhece o brasileiro via critério *jus solis*.

Brasileiros natos

São brasileiros **natos:** a) os **nascidos na República Federativa do Brasil**, ainda que de pais estrangeiros, desde que estes não estejam a serviço de seu país; b) os nascidos no estrangeiro, de pai brasileiro ou mãe brasileira, desde que **qualquer deles** esteja **a serviço da República Federativa do Brasil** e; c) os nascidos no estrangeiro de pai brasileiro ou de mãe brasileira, desde que sejam **registrados em repartição brasileira competente ou venham a residir na República Federativa do Brasil e optem**, em qualquer tempo, depois de atingida a maioridade, pela nacionalidade brasileira (nacionalidade potestativa).

Brasileiros naturalizados

São brasileiros **naturalizados:** a) os que, na forma da lei, **adquiram a nacionalidade brasileira**, exigidas aos originários de países de língua portuguesa apenas residência por um ano ininterrupto e idoneidade moral (ato discricionário de soberania estatal, não sendo direito público subjetivo); b) os estrangeiros de qualquer nacionalidade, residentes na República Federativa do Brasil há mais de quinze anos ininterruptos e sem condenação penal, desde que **requeiram** a nacionalidade brasileira (direito público subjetivo).

<table>
<tr><th colspan="2">SÃO BRASILEIROS</th></tr>
<tr><td rowspan="3">1. Natos (Nacionalidade Primária / Originária)</td><td>a) os nascidos na República Federativa do Brasil, ainda que de pais estrangeiros, desde que estes não estejam a serviço de seu país;</td></tr>
<tr><td>b) os nascidos no estrangeiro, de pai brasileiro ou mãe brasileira, desde que qualquer deles esteja a serviço da República Federativa do Brasil.</td></tr>
<tr><td>c) os nascidos no estrangeiro de pai brasileiro ou de mãe brasileira, desde que sejam registrados em repartição brasileira competente ou venham a residir na República Federativa do Brasil e optem, em qualquer tempo, depois de atingida a maioridade, pela nacionalidade brasileira.</td></tr>
<tr><td rowspan="2">2. Naturalizados
(Nacionalidade Secundária)</td><td>a) os que, na forma da lei, adquiram a nacionalidade brasileira, exigidas aos originários de países de língua portuguesa apenas residência por um ano ininterrupto e idoneidade moral;</td></tr>
<tr><td>b) os estrangeiros de qualquer nacionalidade, residentes na República Federativa do Brasil há mais de quinze anos ininterruptos e sem condenação penal, desde que requeiram a nacionalidade brasileira.</td></tr>
</table>

CARGOS PRIVATIVOS DE BRASILEIROS NATOS

São **privativos de brasileiros natos** os cargos: I – de Presidente e Vice-Presidente da República; II – de Presidente da Câmara dos Deputados; III – de Presidente do Senado Federal; IV – de Ministro do Supremo Tribunal Federal; V – da carreira diplomática; VI – de oficial das Forças Armadas; VII – de Ministro de Estado da Defesa.

- Para memorizar os cargos privativos de brasileiro nato, o amigo leitor pode valer-se da expressa mnemônica **"MP3.COM"**

Cargos privativos de brasileiro nato		
	M	inistro do STF
P3	**P**	residente da República (e Vice)
	P	residente da Câmara dos Deputados
	P	residente do Senado Federal
	C	arreira Diplomática
	O	ficial das Forças Armadas
	M	inistro de Estado da Defesa

- **Atenção** para as "pegadinhas" clássicas: a) o cargo de Ministro do STJ não é privativo de brasileiro nato, mas o de Ministro do STF é; b) o cargo de Ministro da Justiça não é privativo de brasileiro nato, mas o de Ministro de Estado da Defesa é; c) o cargo de Senador não é privativo de brasileiro nato, mas o de Presidente do Senado Federal é.

Perda da nacionalidade

O **brasileiro nato pode perder a nacionalidade**, pois nos termos do § 4º, do art. 12, da CF, será declarada a perda da nacionalidade do brasileiro que **adquirir outra nacionalidade, salvo** nos casos de reconhecimento de nacionalidade originária pela lei estrangeira ou de imposição de naturalização, pela norma estrangeira, ao brasileiro residente em estado estrangeiro, como condição para permanência em seu território ou para o exercício de direitos civis, quando o indivíduo poderá ter mais de uma nacionalidade. Vale notar que, o "exercício de direitos civis" deve ser interpretado de modo bastante amplo, para abranger, por exemplo, o exercício de atividade profissional.

Perda de nacionalidade nata e extradição: vale destacar o seguinte julgado do STF: "A Primeira Turma, por maioria, denegou mandado de segurança em que se questionava ato do ministro da Justiça que declarara a perda da nacionalidade brasileira da impetrante (CF, art. 12, § 4º, II), por ter adquirido outra nacionalidade (Lei 818/1949, art. 23). No caso, a impetrante, brasileira nata, obtivera a nacionalidade norte-americana de forma livre e espontânea e, posteriormente, fora acusada, nos Estados Unidos da América, da prática de homicídio contra seu marido, nacional daquele país. Diante disso, o governo norte-americano indiciara a impetrante e requerera às autoridades brasileiras a prisão para fins de extradição. O Colegiado entendeu que **o ato do ministro da Justiça de cassação da nacionalidade brasileira é legítimo, pois a impetrante perdera a nacionalidade brasileira ao adquirir outra em situação que não**

se enquadraria em qualquer das duas exceções constitucionalmente previstas: (i) tratar-se de mero reconhecimento de outra nacionalidade originária, considerada a natureza declaratória desse reconhecimento (art. 12, § 4º, II, "a"); e (ii) ter sido a outra nacionalidade imposta pelo Estado estrangeiro como condição de permanência em seu território ou para o exercício de direitos civis (art. 12, § 4º, II, "b")" (MS 33.864, rel. min. Roberto Barroso, Primeira Turma, julgamento 19/04/2016, Informativo nº 822 STF).

O STF já decidiu que, o **Ministro da Justiça não tem competência para cancelar naturalização concedida**: "Conforme revela o inciso I do § 4º do art. 12 da CF, o ministro de Estado da Justiça não tem competência para rever ato de naturalização." (RMS 27.840, rel. p/ o ac. min. Marco Aurélio, julgamento em 7-2-2013, Plenário, DJE de 27-8-2013.)

Medidas de exclusão do território nacional

A **deportação** se materializada na hipótese de entrada ou permanência irregular de estrangeiro no país, independentemente da prática de qualquer crime. Desta feita, será deportado aquele que entrar ou permanecer no território nacional violando normas administrativas, e não quiser se retirar voluntariamente no prazo fixado pela autoridade competente.

O **banimento ou degredo** se refere ao envio compulsório de um nacional ao estrangeiro, sem possibilidade de retorno, como forma de punição. Trata-se de medida vedada pelo ordenamento brasileiro.

O Supremo Tribunal Federal não fica vinculado ao juízo formulado pelo Poder Executivo na concessão administrativa de asilo político. A condição de asilado político (art. 4, X, da CF) **não** suprime, por si só, a possibilidade de o Estado brasileiro conceder a extradição que lhe haja sido requerida (vide Ext 524, julgada em 1989 e relatada pelo Ministro Celso de Mello), **salvo** quando o fato que enseja o pedido assume a qualificação de crime político ou de opinião (art. 5°, LII, da CF).

A **expulsão** é medida política que se aplica ao estrangeiro que pratica condutas que coloquem em risco a segurança ou a ordem pública do país. Normalmente se refere à prática de crime, mas pode também decorrer da violação de normas administrativas, sendo aplicável aos casos em que a deportação não seja aconselhável.

> "É inadmissível a expulsão de estrangeiro que possua filho brasileiro, dependente socioafetivo ou econômico, mesmo que o crime ensejador da expulsão tenha ocorrido em momento anterior ao reconhecimento ou adoção do filho." STF. Plenário. RHC 123891 AgR/DF, Rel. Min. Rosa Weber, julgado em 23/2/2021 (Info 1007)

> "O § 1º do art. 75 da Lei 6.815/1980 (1) não foi recepcionado pela Constituição Federal de 1988 (CF), sendo vedada a expulsão de estrangeiro cujo filho brasileiro foi reconhecido ou adotado posteriormente ao fato ensejador do ato expulsório, uma vez comprovado estar a criança sob a guarda do estrangeiro e deste depender economicamente." STF. Plenário. RE 608898/DF, Rel. Min. Marco Aurélio, julgado em 25/6/2020 (Repercussão Geral –Tema 373) (Info 983).

O art. 54, §1º da Lei nº 13.445/2017, prevê como hipóteses que ensejam expulsão:" I – crime de genocídio, crime contra a humanidade, crime de guerra ou crime de agressão, nos termos definidos pelo Estatuto de Roma do Tribunal Penal Internacional; ou II – crime comum doloso passível de pena privativa de liberdade, consideradas a gravidade e as possibilidades de ressocialização em território nacional."

Por sua vez, o art. 55 da Lei nº 13.445/2017 prevê as hipóteses **que impedem a expulsão** do estrangeiro:

a) Quando a medida configurar extradição inadmitida pela legislação brasileira;

b) Quando o extraditando:

- tiver filho brasileiro que esteja sob sua guarda ou dependência econômica ou socioafetiva ou tiver pessoa brasileira sob sua tutela;
- tiver cônjuge ou companheiro residente no Brasil, sem discriminação alguma, reconhecido judicial ou legalmente;
- tiver ingressado no Brasil até os 12 (doze) anos de idade, residindo desde então no País;
- for pessoa com mais de 70 (setenta) anos que resida no País há mais de 10 (dez) anos, considerados a gravidade e o fundamento da expulsão.

O **ostracismo** tem origem na Grécia Antiga. Em palavras simples, pode-se dizer que se trata de um "banimento ou degredo com prazo determinado". Desta feita, seria o envio compulsório de um nacional ao estrangeiro, sem possibilidade de retorno, como forma de punição, mas apenas por um determinado prazo. Assim como o banimento ou degredo, o ostracismo é prática vedada no ordenamento jurídico brasileiro.

Extradição

Regras sobre **extradição**: a) O brasileiro nato **nunca** será extradito (por crime comum ou de opinião); b) O brasileiro naturalizado somente poderá ser extraditado em caso de crime comum (praticado **antes** da naturalização), ou de comprovado envolvimento em tráfico ilícito de entorpecentes e drogas afins (**antes ou depois** da naturalização), na forma da lei, mas **não** por crime político; c) O estrangeiro pode ser extraditado pela prática de crime comum, mas **não** por crime político e; d) O Brasil não extradita **ninguém** pela prática de crime político.

	Possibilidade de extradição	
	Crime comum	**Crime político ou de opinião**
1. Brasileiro Nato	Não	Não
2. Brasileiro Naturalizado	Sim, desde que seja por: a) crime praticado antes da naturalização; b) comprovado envolvimento em tráfico ilícito de entorpecentes e drogas afins, na forma da lei.	Não
3. Estrangeiro	Sim	Não
REGRA GERAL:	**O Brasil não extradita ninguém pela prática de crime político ou de opinião**	

- Segundo a Súmula 421 do STF: "**Não impede a extradição** a circunstância de ser o extraditando casado com brasileira ou ter filho brasileiro".

  Para o STF, o Estado Brasileiro **deve negar extradição** quando houver possibilidade concreta de o Estado solicitante desrespeitar os direitos humanos e fundamentais dos extraditandos, como pela excessiva abertura dos tipos penais e pela possibilidade das penas de prisão perpétua ou de morte. STF. 2ª Turma. Ext 1428/DF, Rel. Min. Gilmar Mendes, julgado em 7/5/2019 (Info 939).

  A respeito da extradição, observou o STF que não se deve conceder extradição caso o país requerente esteja enfrentando uma situação de instabilidade política, como com a demissão de juízes e prisão de opositores do governo, em razão do risco de que o extraditando seja submetido a um tribunal ou juízo de exceção (STF. 2ª Turma. Ext 1578/DF, Rel. Min. Edson Fachin, julg. 06/08/2019- Info 946).

- O Supremo Tribunal Federal, em revisão da jurisprudência, firmou a orientação de que **o Estado requerente deve emitir prévio compromisso em comutar a pena de prisão perpétua**, para a pena privativa de liberdade com o prazo máximo de trinta anos (pena máxima no Brasil). Esse entendimento baseia-se na garantia individual fundamental prevista pelo art. 5º, XLVII, b, da Constituição Federal do Brasil. (Ext 985, julgada em 2006 e relatada pelo Ministro Joaquim Barbosa).

  São condições para a extradição (art. 82 da lei 13.445/2017) ter sido o crime cometido no território do Estado requerente ou serem aplicáveis ao extraditando as leis penais desse Estado; e estar o extraditando respondendo a processo investigatório ou a processo penal ou ter sido condenado pelas autoridades judiciárias do Estado requerente a pena privativa de liberdade.

6. DIREITOS POLÍTICOS

Capacidade eleitoral passiva

Tem **capacidade eleitoral passiva** aquele que preenche as condições do direito de ser escolhido para exercício de mandato eletivo por meio de voto. Em sentido oposto, **capacidade eleitoral ativa** é atributo de quem reúne condições para votar em candidato, partido ou coligação.

Alistamento e voto

O **alistamento eleitoral e o voto** são: I – **obrigatórios** para os maiores de dezoito anos; II – **facultativos** para: a) os analfabetos; b) os maiores de setenta anos e; c) os maiores de dezesseis e menores de dezoito anos.

ALISTAMENTO E VOTO	
1. Obrigatórios	Maiores de 18 anos
2. Facultativos	a) Maiores de 16 e menores de 18 anos; b) Maiores de 70 anos; c) Analfabetos.

São **inalistáveis** (para votarem ou serem votados) os estrangeiros e os conscritos, durante o período militar obrigatório.

Condições de elegibilidade

São **condições de elegibilidade**, na forma da lei: I – a nacionalidade brasileira; II – o pleno exercício dos direitos políticos; III – o alistamento eleitoral; IV – o domicílio eleitoral na circunscrição; V – a filiação partidária; VI – a idade mínima.

IDADE MÍNIMA PARA EXERCÍCIO DE MANDATO POLÍTICO ELETIVO	
Idade Mínima	**Mandato Político Eletivo**
18 anos	Vereador
21 anos	Prefeito, Vice Prefeito, Deputado Estadual ou Distrital e Deputado Federal
30 anos	Governador e Vice Governador de Estado e do Distrito Federal
35 anos	Presidente da República, Vice Presidente da República e Senador

O **quase-nacional**, português que exerce direitos de brasileiros, condicionado à existência de reciprocidade (art. 12, § 1°, da CF), também poderá exercer direitos políticos no Brasil, como eleitor ou candidato (respeitadas as restrições constitucionais), nos termos do art. 17 do Decreto 3.927/01, que versa sobre o Tratado de Amizade, Cooperação e Consulta entre a República Federativa do Brasil e a República Portuguesa. Assim, nem sempre a nacionalidade será condição de elegibilidade.

Nem todos os que tiverem feito alistamento eleitoral serão elegíveis, isso porque, o alistamento é facultativo entre 16 e 18 anos, e nessa idade o eleitor será absolutamente inelegível porque sequer terá adquirido capacidade eleitoral passiva.

Segundo entendimento do STF: "É válido o cancelamento do título do eleitor que, convocado por edital, não comparecer ao processo de revisão eleitoral, em virtude do que dispõe o art. 14, caput e §1º, da Constituição de 1988". [ADPF 541, rel. min. Roberto Barroso, j. 26-9-2018, P, DJE de 16-5-2019.]

São **inelegíveis** (não podem ser votados) os inalistáveis e os analfabetos.

Assim, **todo inalistável é inelegível, mas nem todo inelegível é inalistável**, pois o analfabeto é inelegível (não pode ser votado), mas é alistável (pode votar). Somente os estrangeiros e os conscritos são inalistáveis e inelegíveis.

> **Súmula Vinculante 18:** "A **dissolução da sociedade ou do vínculo conjugal, no curso do mandato**, não afasta a inelegibilidade prevista no § 7º do art. 14 da CF".

A improbidade administrativa é caso de **suspensão** de direitos políticos (art. 15, V, c.c. art. 37, § 4°, ambos da CF).

A condenação **criminal** (não a cível) transitada em julgado, enquanto durarem seus efeitos, é caso de **suspensão** dos direitos políticos, lembrando que **é vedada a cassação de direitos políticos**. Destacou o STF: "A regra de suspensão dos direitos políticos, prevista no art. 15, III, da Constituição Federal, é autoaplicável e consequência imediata da sentença penal condenatória transitada em julgado, independentemente da natureza da pena imposta (privativa de liberdade, restritiva de direitos, suspensão condicional da pena, dentre outras hipóteses)." [RE 601.182, voto do rel. p/ o ac. min. Alexandre de Moraes, j. 8-5-2019, P, DJE de 2-10-2019, Tema 370.]

- "A suspensão de direitos políticos prevista no art. 15, III, da Constituição Federal (CF), aplica-se no caso de substituição da pena privativa de liberdade pela restritiva de direitos." [**RE 601.182**, rel. p/ o ac. min. Alexandre de Moraes, j. 8-5-2019, P, *Informativo* 939, Tema 370.]

O cancelamento de naturalização por **sentença judicial** (e não por decisão administrativa) é caso de perda de nacionalidade e, por consequência, também dos direitos políticos.

- **Cuidado!** A incapacidade civil que gera a **suspensão** (não a perda) de direitos políticos é a de natureza **absoluta**, não relativa.

Sistemas eleitorais

As **eleições para Presidente e Governador** seguem o sistema majoritário com exigência de maioria absoluta ou dois turnos. Nos termos do art. 28, alterado pela EC 111/2021: "A eleição do Governador e do Vice-Governador de Estado, para mandato de 4 (quatro) anos, realizar-se-á no primeiro domingo de outubro, em primeiro turno, e no último domingo de outubro, em segundo turno, se houver, do ano anterior ao do término do mandato de seus antecessores, e **a posse ocorrerá em 6 de janeiro do ano subsequente**, observado, quanto ao mais, o disposto no art. 77 desta Constituição.". Antes dessa emenda, a posse se dava no dia primeiro de janeiro do ano subsequente. Estabelece também o art. 82 da CF/88 que: "Art. 82. O mandato do Presidente da República é de 4 (quatro) anos e **terá início em 5 de janeiro do ano seguinte ao de sua eleição.**" Essas alterações, contudo, só vão ser aplicadas a partir das eleições de 2026.

A **eleição do Prefeito** e do Vice-Prefeito será realizada no primeiro domingo de outubro do ano anterior ao término do mandato dos que devam suceder, aplicadas as regras do art. 77 da CF (com segundo turno ou exigência de maioria absoluta) apenas no caso de Municípios com mais de duzentos mil eleitores. Sendo assim, nos Municípios de até duzentos mil eleitores considera-se eleito o candidato que obtiver a maioria (simples) dos votos, independentemente de ter obtido a aprovação da maioria absoluta dos eleitores.

Atenção! A partir da edição da EC 111/2021, que incluiu o §12 e §13 no art. 14 da CF/88, "Serão realizadas concomitantemente às eleições municipais as consultas populares sobre **questões locais** aprovadas pelas Câmaras Municipais e encaminhadas à Justiça Eleitoral até 90 (noventa) dias antes da data das eleições, observados os limites operacionais relativos ao número de quesitos.". Ademais, eventuais manifestações a tais questões ocorrerão durante as campanhas eleitorais **sem a utilização de propaganda gratuita no rádio e na televisão.**

São **Congressistas** o Deputado Federal e o Senador. O deputado federal é eleito pelo sistema proporcional (art. 45, da CF), e o Senador é eleito pelo majoritário simples (art. 46, da CF). Desta feita, é errado dizer que o Congressista é eleito mediante sistema proporcional, pois tal afirmativa ignora que o Senador se elege via sistema majoritário.

O **Vereador** será eleito mediante sistema proporcional.

Para concorrerem a **outros cargos**, o Presidente da República, os Governadores de Estado e do Distrito Federal e os **Prefeitos** devem **renunciar** aos respectivos mandatos **até seis meses antes** do pleito.

Inelegibilidade reflexa

- **Inelegibilidade reflexa:** são **inelegíveis**, no território de jurisdição do titular, o cônjuge e os parentes consanguíneos ou afins, até o segundo grau ou por adoção, do Presidente da República, de Governador de Estado ou Território, do Distrito Federal, de Prefeito ou de quem os haja substituído dentro dos seis meses anteriores ao pleito, salvo se já titular de mandato eletivo e candidato à reeleição (art. 14, § 7°, da CF).
- **Parâmetros para aplicação da inelegibilidade reflexa** (art. 14, § 7°, da CF). "É inelegível para o cargo de Prefeito de Município resultante de desmembramento territorial o irmão do atual Chefe do Poder Executivo do Município-mãe. O regime jurídico das inelegibilidades comporta interpretação construtiva dos preceitos que lhe compõem a estrutura normativa. Disso resulta a plena validade da exegese que, norteada por parâmetros axiológicos consagrados pela própria Constituição, visa a impedir que se formem grupos hegemônicos nas instâncias políticas locais. O primado da ideia republicana – cujo fundamento ético-político repousa no exercício do regime democrático e no postulado da igualdade – rejeita qualquer prática que possa monopolizar o acesso aos mandatos eletivos e patrimonializar o poder governamental, comprometendo, desse modo, a legitimidade do processo eleitoral". (STF. RE 158314, julgado em 1992 e relatado pelo Ministro Celso de Mello).

Elegibilidade do militar

O **militar alistável é elegível**, sendo que, se contar mais de dez anos de serviço, será agregado pela autoridade superior e, se eleito, passará automaticamente, no ato da diplomação, para a inatividade, e, se contar **menos** (não mais) de dez anos de serviço, deverá afastar-se da atividade.

Hipóteses de inelegibilidade

As hipóteses de inelegibilidade constam de rol **exemplificativo**. Prova disso é o artigo 14, § 9°, da CF, segundo o qual **lei complementar estabelecerá outros casos de inelegibilidade e os prazos de sua cessação,** a fim de proteger a probidade administrativa, a moralidade para exercício de mandato considerada vida pregressa do candidato, e a normalidade e legitimidade das eleições contra a influência do poder econômico ou o abuso do exercício de função, cargo ou emprego na administração direta ou indireta.

Impugnação do mandato eletivo

O mandato eletivo poderá ser **impugnado** ante a Justiça Eleitoral no prazo de quinze dias contados da diplomação, instruída a ação com provas de abuso do poder econômico, corrupção ou fraude.

- A ação de impugnação de mandato **tramitará** em segredo de justiça, respondendo o autor, na forma da lei, se temerária ou de manifesta má-fé.

Partidos políticos.

É livre a criação, fusão, incorporação e extinção de partidos políticos, resguardados a soberania nacional, o regime democrático, o pluripartidarismo, os direitos fundamentais da pessoa humana (art. 17, *caput*, da CF).

"É vedada a fusão ou incorporação de partidos políticos que tenham obtido o registro definitivo do Tribunal Superior Eleitoral há menos de 5 anos." STF. Plenário. ADI 6044/DF, Rel. Min. Cármen **Lúcia, julgado em 6/3/2021 (Info 1008).**

Nos termos do art. 17, § 2°, da CF, os **partidos políticos** adquirem personalidade jurídica (de direito privado) **na forma da lei civil, com a inscrição dos atos constitutivos no respectivo registro.** Existe ainda o dever de **posterior registro de seus estatutos no Tribunal Superior Eleitoral (TSE)**, consoante art. 44, V, art. 44 § 3° e art. 45, todos do Código Civil c.c. artigos 8°, 9° e 10 da Lei 9.096/95, mas que não é requisito para criação.

- De acordo com o art. 7°, § 2°, da Lei 9.096/95, só o partido que tenha registrado seu estatuto no Tribunal Superior Eleitoral pode participar do processo eleitoral, receber recursos do Fundo Partidário e ter acesso gratuito ao rádio e à televisão, nos termos fixados nesta Lei.

- **Atenção!** De acordo com a **Emenda Constitucional 97/2017** (que alterou alguns parágrafos do art. 17 da CF):

  a) É assegurada aos partidos políticos **autonomia** para definir sua estrutura interna e estabelecer regras sobre escolha, formação e duração de seus órgãos permanentes e provisórios e sobre sua organização e funcionamento e **para adotar os critérios de escolha e o regime de suas coligações nas eleições majoritárias, vedada a sua celebração nas eleições proporcionais, sem obrigatoriedade de vinculação entre as candidaturas em âmbito nacional, estadual, distrital ou municipal**, devendo seus estatutos estabelecer normas de disciplina e fidelidade partidária;

b) Somente terão **direito a recursos do fundo partidário e acesso gratuito ao rádio e à televisão, na forma da lei**, os partidos políticos que **alternativamente**: I. obtiverem, nas eleições para a Câmara dos Deputados, no mínimo, 3% (três por cento) dos votos válidos, distribuídos em pelo menos um terço das unidades da Federação, com um mínimo de 2% (dois por cento) dos votos válidos em cada uma delas; ou II – tiverem elegido pelo menos quinze Deputados Federais distribuídos em pelo menos um terço das unidades da Federação;

c) Ao eleito por partido que não preencher esses requisitos ("b") **é assegurado o mandato e facultada a filiação, sem perda do mandato, a outro partido que os tenha atingido**, não sendo essa filiação considerada para fins de distribuição dos recursos do fundo partidário e de acesso gratuito ao tempo de rádio e de televisão.

- **Atenção!** A **Emenda Constitucional 111/2021** incluiu no art. 17, CF/88 a seguinte disposição:

> "§ 6º Os Deputados Federais, os Deputados Estaduais, os Deputados Distritais e os Vereadores que se **desligarem do partido pelo qual tenham sido eleitos** PERDERÃO O MANDATO, salvo nos casos de anuência do partido ou de outras hipóteses de justa causa estabelecidas em lei, **não computada, em qualquer caso, a migração de partido para fins de distribuição de recursos do fundo partidário ou de outros fundos públicos e de acesso gratuito ao rádio e à televisão.**"

Vamos destrinchar esse parágrafo para melhor compreendê-lo. Na **primeira parte**, ele traz uma consequência àqueles que se desligam do partido pelo qual foram eleitos.

A quem se aplica? Deputados Federais, Estaduais e Distritais e Vereadores. Logo, **não** se aplica a Senadores e aos representantes do Poder Executivo (Presidente da República, Governadores e Prefeitos).

Qual a conduta? Se desligar do partido pelo qual foram eleitos.

Qual a consequência? Perda do mandato

Há exceções? Sim: 1. Em caso de anuência (concordância) do partido; 2. Em casos de justa causa (estabelecidas em lei- norma de eficácia limitada- as hipóteses estão no art. 22-A, parágrafo único da lei 9.096/95- lei orgânica dos partidos políticos- e foram incluídos nesta lei em 2015.)

Na **segunda parte** o artigo fala da distribuição de recursos do fundo partidário e de outros fundos públicos, bem como do acesso gratuito ao rádio e à televisão. Essas distribuições são feitas de acordo com o número de candidatos que aquele partido conseguiu eleger na última eleição. Como fica no caso de o candidato eleito mudar para outro partido? **As distribuições de tempo e recursos não são afetadas**.

- A fim de estimular **a inclusão progressiva de mulheres na atuação política**, foi editada a EC nº 117/2022, que incluiu os parágrafos 7º e 8º no art. 17. O §7º obriga os partidos a aplicarem no mínimo 5% dos recursos do fundo partidário na criação e manutenção de programas de promoção e difusão da participação política das mulheres. Já o §8º obriga os partidos a destinarem às candidatas mulheres no mínimo:

- o 30% do montante do Fundo especial de financiamento de campanha;
- o 30% da parcela do fundo partidário destinada a campanhas eleitorais;
- o 30% do tempo de propaganda gratuita no rádio e na televisão.

Essa distribuição deve ser proporcional ao número de candidatas, conforme critérios definidos pelos respectivos órgãos de direção e pelas normas estatutárias, considerados a autonomia e o interesse partidário.

Com a quantidade de alterações promovidas às normas constitucionais sobre eleições, importante sempre ter em mente o que dispõe o art. 16 da CF/88: " Art. 16. A lei que alterar o processo eleitoral **entrará em vigor na data de sua publicação, não se aplicando à eleição que ocorra até um ano da data de sua vigência**."

Assim, por exemplo, uma norma eleitoral editada em janeiro de 2022, entraria em vigor na data de sua aplicação, mas somente se aplicaria às eleições de 2024 (considerando que não seria aplicada às eleições de 2022 e a próxima eleição a se realizar seria em 2024). Já uma norma editada antes de outubro de 2021 poderia ser aplicada à eleição de 2022, pois se daria em período maior que um ano da data de sua vigência.

V. DA ORGANIZAÇÃO DO ESTADO: DA ORGANIZAÇÃO POLÍTICO-ADMINISTRATIVA; DA UNIÃO, DOS ESTADOS FEDERADOS, DOS MUNICÍPIOS, DO DISTRITO FEDERAL E DOS TERRITÓRIOS.

1. ORGANIZAÇÃO POLÍTICO-ADMINISTRATIVA

A **organização político-administrativa da República Federativa do Brasil** compreende a União, os Estados, o Distrito Federal e os Municípios, todos autônomos, nos termos desta Constituição (art. 18, *caput*, da CF).

Estado Federal é a forma de Estado adotada pela República Federativa do Brasil. É constituída pela repartição regional de poderes autônomos. A forma federativa de Estado teve origem nos EUA, em 1787.

São **Poderes da União**, independentes e harmônicos entre si, o Legislativo, o Executivo e o Judiciário (art. 2° da CF).

- A Primeira Constituição Brasileira, de 1824, previa um quarto Poder, chamado de **Moderador**. Por meio dele o Imperador podia interferir diretamente nas atividades exercidas pelos demais Poderes, o que se ilustrava pela possibilidade de o Governante dissolver a Câmara dos Deputados.
- **Atenção!** O Ministério Público é compreendido como uma Função Essencial à Justiça (art. 127 da CF), não um Poder.
- A União é pessoa jurídica de direito público interno que representa a **pessoa jurídica de direito público externo República Federativa do Brasil**.

Brasília é a Capital Federal (art. 18, § 1°, da CF).

Federalismo: pode ser classificado em: a) por agregação ou centrípeto: b) por desagregação ou centrífugo:

Federalismo por agregação ou centrípeto: se forma a partir de Estados ou entes independentes que se juntam para a formação de um Estado Federado, com garantia de autonomia aos seus componentes, mas que dota apenas o Estado Unido (reunião de seus entes autônomos) de independência. Assim, por serem autônomos, mas não independentes, os entes federados não têm direito à secessão, ou seja, não podem se tornar independentes do Estado Federado. Essa é a forma originária e própria de Federalismo, que ocorreu com as treze colônias que conquistaram a independência da Grã-Bretanha, mas optaram pela formação dos Estados (federados) Unidos da América.

Federalismo por desagregação ou centrífugo: se forma a partir da subdivisão de um Estado unitário em entes independentes, que se harmonizam para a formação de um Estado Federado, com garantia de autonomia aos seus componentes, mas que dota apenas o Estado Unido (reunião de seus entes autônomos) de independência. Assim, por serem autônomos, mas não independentes, os entes federados não têm direito à secessão, ou seja, não podem se tornar independentes do Estado Federado. Essa é a forma imprópria de Federalismo, que ocorreu com o Brasil em 1891, formando os Estados Unidos do Brasil e permanece até hoje, mas sob nova roupagem, pois estamos sob a égide da República Federativa do Brasil.

Federalismo de terceiro grau: é o nome que se dá à Federação que também confere autonomia aos Municípios. No Brasil, o federalismo de terceiro grau passou a existir apenas a partir da Constituição Federal de 1988, momento em que os Municípios ganharam autonomia.

Ninguém é obrigado a cumprir ordem ilegal, ou a ela se submeter, ainda que emanada de autoridade judicial. É dever de cidadania opor-se à ordem ilegal; caso contrário, nega-se o **Estado Democrático de Direito**. Tal posicionamento foi exarado no **HC 73.454**, julgado pelo STF em 1996 e relatado pelo Ministro Maurício Corrêa.

Princípio da livre iniciativa: segundo o STF, "o princípio da livre iniciativa não pode ser invocado para afastar regras de regulamentação do mercado e de defesa do consumidor." (RE 349.686, julgado em 2005 e relatado pela Ministra Ellen Gracie).

São componentes da federação brasileira a União, os Estados, o Distrito Federal e os Municípios, todos autônomos.

Intervenção

- Segundo classificação doutrinária, os **princípios constitucionais sensíveis** são aqueles arrolados no art. 34, VII, da CF: a) forma republicana, sistema representativo e regime democrático; b) direitos da pessoa humana; c) autonomia municipal; d) prestação de contas da administração pública, direta e indireta; e) aplicação do mínimo exigido da receita resultante de impostos estaduais, compreendida a proveniente de transferências, na manutenção e desenvolvimento do ensino e nas ações e serviços públicos de saúde.

PRINCÍPIOS CONSTITUCIONAIS SENSÍVEIS (art. 34, VII, da CF)
a) forma republicana, sistema representativo e regime democrático;
b) direitos da pessoa humana;
c) autonomia municipal;
d) prestação de contas da administração pública, direta e indireta;
e) aplicação do mínimo exigido da receita resultante de impostos estaduais, compreendida a proveniente de transferências, na manutenção e desenvolvimento do ensino e nas ações e serviços públicos de saúde.

- O descumprimento dos princípios sensíveis enseja intervenção da União nos Estados ou no DF, **não sendo possível intervenção nos Municípios por desrespeito a eles**.
- Nos termos do art. 35 da CF, **o Estado não intervirá em seus Municípios, nem a União nos Municípios localizados em Território Federal, exceto quando**: I – deixar de ser paga, sem motivo de força maior, por dois anos consecutivos, a dívida fundada; II – não forem prestadas contas devidas, na forma da lei; III – não tiver sido aplicado o mínimo exigido da receita municipal na manutenção e desenvolvimento do ensino e nas ações e serviços públicos de saúde; IV – o Tribunal de Justiça der provimento a representação para assegurar a observância de princípios indicados na Constituição Estadual, ou para prover a execução de lei, de ordem ou de decisão judicial.

  As **hipóteses de intervenção estadual previstas na Constituição Federal constituem rol taxativo**, que não pode ser ampliado pelas Constituições Estaduais, sob pena de violação da simetria federativa. STF. Plenário. ADI 2917, Rel. Min. Gilmar Mendes, julgado em 27/03/2020.

Repartição de competências

Regras gerais

Natureza das Competências		
I. ADMINISTRATIVAS		
Espécie	**Regra**	**Exceção**
1. Exclusiva: art. 21, da CF	Somente a União exerce	
2. Comum: art. 23, da CF	Cooperação entre União, Estados, DF e Municípios	
II. LEGISLATIVAS		
Espécie	**Regra**	**Exceção**
1. Privativa: art. 22, da CF	A União legisla privativamente	Lei complementar poderá autorizar os Estados a legislar sobre questões relativas à competência privativa da União, criando a competência legislativa delegada
2. Delegada: art. 22, p. único, da CF	Mediante LC, em que a União delega para Estados e DF.	
3. Concorrente: art. 24, da CF	A União edita as normas Gerais e os Estados e o DF editam as normas específicas de seus interesses	Se a União não editar as normas gerais, os Estados e o DF passarão a ter competência plena. Se, posteriormente, a União legislar, as normas gerais feitas pelos Estados terão a sua eficácia suspensa.

A) A competência **material/administrativa** exclusiva, do art. 21, é indelegável. Já a competência material/administrativa comum do art. 23 segue a regra da cooperação entre União, Estados, DF e Municípios (a cooperação será regulada por Lei Complementar).

B) A competência legislativa da União ou é privativa (art. 22, da CF) ou é concorrente (art. 24, da CF). Já a competência administrativa da União pode ser exclusiva (art. 21, da CF) ou comum (art. 23, da CF). Portanto, **a União não exerce competência remanescente ou residual**. Na distribuição de competências feita pela CF, a competência residual ou remanescente administrativa fica com os Estados (art. 25, § 1°) e a legislativa (em razão do interesse local) resta aos Municípios (art. 30, I, da CF).

C) Lei complementar poderá autorizar os Estados a legislar sobre questões relativas à competência privativa da União. Assim, há a **possibilidade de delegação**.

- Para Alexandre de Moraes, há três **requisitos pertinentes à delegação de competência legislativa privativa da União para os Estados**: i. formal; ii. material e; iii. Implícito. O requisito formal se refere à necessidade de expedição de Lei complementar. Já o requisito material se refere ao fato de que a delegação deve ser pontual, ou seja, especificando-se alguma matéria expressamente disposta no art. 22 da CF, que detalhada os temas de competência privativa da União. Por fim, o requisito implícito se refere ao fato que, se a União delegar determinada matéria a um Estado, deverá estender a mesma possibilidade a todos os Estados da Federação, sob pena de afronta ao princípio do art. 19, da CF, que veda o estabelecimento de preferência entre entes federados (*Direito Constitucional*. São Paulo: Atlas, 2010, p. 309-310). Vale notar, que a questão da delegação de competência legislativa privativa da União aos Estados tem como base o art. 22, parágrafo único, da CF: "Lei complementar poderá autorizar os Estados a legislar sobre questões específicas das matérias relacionadas neste artigo".

D) Na competência legislativa concorrente, a União limita-se a estabelecer normas gerais. Entretanto, a competência da União para legislar sobre normas gerais **não** exclui a competência suplementar dos Estados.

E) Os Estados, **inexistindo** Lei Federal sobre normas gerais, exercerão a competência legislativa plena, para atender a suas peculiaridades. Nesse caso, a superveniência de Lei Federal sobre normas gerais não suspende a eficácia da Lei Estadual, **somente** no que lhe for contrário.

F) A União **não pode avocar** uma competência estadual ou municipal, ainda que o interesse público exigir. Isso porque, deve haver respeito à distribuição de competências feita pela CF, pois protege o equilíbrio do Pacto Federativo.

G) A suplementação na competência legislativa concorrente do art. 24, da CF, **cabe aos Municípios**, não à União.

2. UNIÃO

A União é uma ordem central, formada pela reunião de partes por meio do pacto federativo. Tem dupla personalidade, assumindo papel internamente e internacionalmente.

Competência da União

- Compete privativamente à União legislar sobre **comércio exterior e interestadual**, o que engloba a importação de bens de outros países.
- Compete privativamente à União legislar sobre **direito civil**. Gratuidade de pagamento em estacionamento privado e mensalidade de serviço educacional são matérias de direito civil.
- Compete privativamente à União legislar sobre **direito processual.** Mas, é de **competência concorrente o estabelecimento de normas gerais sobre procedimentos.**
- **Súmula Vinculante 46** (aperfeiçoamento da Súmula 722 do STF): "A definição dos crimes de responsabilidade e o estabelecimento das respectivas normas de processo e julgamento são da competência legislativa privativa da União."
- Nos termos do art. 177, V, da CF, constituem monopólio da União, a pesquisa, a lavra, o enriquecimento, o reprocessamento, a industrialização e o comércio de minérios e minerais nucleares e seus derivados, com exceção dos radioisótopos cuja comercialização e utilização poderão ser autorizadas sob regime de permissão, conforme as alíneas b e c do inciso XXIII do *caput* do art. 21 desta Constituição Federal. Em seguida, no art. 177, § 1°, da CF, há regra segundo a qual a União poderá contratar com empresas estatais ou privadas a realização das atividades previstas nos incisos I a IV deste artigo observadas as condições estabelecidas em lei. Sendo assim, o inciso V, do art. 177 fica excluído, ou seja, a pesquisa, a lavra, o enriquecimento, o reprocessamento, a industrialização e o comércio de minérios e minerais nucleares e seus derivados não pode ficar a cargo de empresas estatais ou privadas, ainda que contratadas com a União.

Os **<u>bens da união</u>** estão elencados no art. 20 da CF/88.

3. ESTADOS FEDERADOS

A autonomia dos Estados federados está assegurada por meio da sua capacidade de **auto-organização** (elaboração das Constituições Estaduais e Leis Orgânicas do DF e dos Municípios), de **autolegislação** (criação de leis estaduais, distritais e municipais), de **autogoverno** (eleição de seus representantes) e **autoadministração** (organizações próprias dos Poderes Executivo, Legislativo e Judiciário, ressalvado o judiciário municipal, que não existe).

Os Estados podem incorporar-se entre si, subdividir-se ou desmembrar-se para se anexarem a outros, ou formarem novos Estados ou Territórios Federais, mediante aprovação da população diretamente interessada, através de, e do Congresso Nacional, por lei complementar (art. 18, § 3°, da CF).

- **Atenção!** Exige-se **lei complementar federal** (com trâmite no Congresso Nacional) para a aprovação da **criação de novos Entes Estaduais** (novos Estados).

Os Estados podem **incorporar-se entre si**, mas mediante aprovação da população diretamente interessada, através de **plebiscito,** não de referendo.

Consoante art. 3°, da Lei 9.709/98, nas questões de relevância nacional, de competência do Poder Legislativo ou do Poder Executivo, e no caso do § 3° do art. 18 da Constituição Federal (Os Estados podem incorporar-se entre si, subdividir-se ou desmembrar-se para se anexarem a outros, ou formarem novos Estados ou Territórios Federais, mediante aprovação da população diretamente interessada, através de plebiscito, e do Congresso Nacional, por lei complementar), o plebiscito e o referendo são convocados **mediante decreto legislativo, por proposta de um terço, no mínimo, dos membros que compõem qualquer das Casas do Congresso Nacional**, de conformidade com esta Lei.

- A consulta à população do território que restar do Estado originário é **requisito para a reconfiguração de Estados** (art. 18, § 3º, da CF). Nesse sentido: "A expressão 'população diretamente interessada' constante do § 3º do art. 18 da CF (...) deve ser entendida como a população tanto da área desmembrada do Estado-membro como da área remanescente." (ADI 2.650, julgada em 2011 e relatado pelo Ministro Dias Toffoli).

Competência dos Estados e competência concorrente

- São reservadas aos Estados **as competências que não lhes sejam vedadas** pela constituição (art. 25, § 1°, da CF). Além disso, o § 2° do art. 25 da CF dispõe expressamente que cabe aos Estados (privativamente) explorar, diretamente ou mediante concessão, os **serviços locais de gás canalizado**, na forma da lei, vedada a edição de medida provisória para a sua regulamentação.
- É **constitucional** lei estadual que fixe índices de correção monetária de créditos fiscais desde que o fator de correção adotado seja igual ou inferior ao utilizado pela União, conforme decisão do STF na ADI 442, julgada em 2010 e relatada pelo Ministro Eros Graus.
- A competência para legislar sobre direito urbanístico é **concorrente** entre União, Estados e Distrito Federal, e não privativa dos Municípios.
- A competência para legislar sobre defesa dos recursos naturais é **concorrente** entre União, Estados e Distrito Federal, pois é matéria de interesse de todos os entes da Federação, e não somente da União.
- A **Súmula Vinculante** 2 é clara ao dispor que é inconstitucional a lei ou ato normativo estadual ou distrital que disponha sobre consórcios e sorteios, inclusive bingos e loterias.

A Constituição Estadual é uma forma de manifestação do poder constituinte derivado decorrente. Trata-se de documento cujo objetivo é estruturar o Estado, sendo decorrência de sua capacidade de auto-organização. Importante aspecto de sua edição diz respeito à observância de determinadas normas que são de observância obrigatória (ou repetição obrigatória) ou seja, campos em que não cabe ao Estado inovar, mas sim seguir o já estabelecido na Constituição Federal.

Portanto, trata-se de poder limitado.

4. MUNICÍPIOS

Os **Municípios integram a federação brasileira**, possuindo autogoverno (gestão próprio de suas atividades por Prefeito, Vereadores, e demais agentes públicos), auto-organização (possuem Lei Orgânica) e auto-administração (prestam e mantêm serviços próprios).

A criação, a incorporação, a fusão e o desmembramento de Municípios, far-se-ão por lei estadual, dentro do período determinado por Lei Complementar Federal, e dependerão de consulta prévia, mediante plebiscito, às populações dos Municípios envolvidos, após divulgação dos Estudos de Viabilidade Municipal, apresentados e publicados na forma da lei (art. 18, § 4º, da CF).

- Nos termos do art. 5° da Lei 9.709/98 (que regulamenta os plebiscitos, os referendos e a iniciativa popular de lei), o plebiscito destinado à criação, à incorporação, à fusão e ao desmembramento de Municípios, será convocado pela **Assembleia Legislativa** (não pela Câmara de Vereadores), de conformidade com a legislação federal e estadual.

- Não obstante a **inexistência de lei complementar federal regulamentando a criação de novos municípios**, o STF deixou de pronunciar a nulidade de leis estaduais de criação de diversos municípios em razão da consolidada situação de fato e em respeito ao princípio da segurança jurídica. O art. 18, § 4º, da CF diz que é necessária LC federal para criação, a incorporação, a fusão e o desmembramento de municípios. Entretanto, vários municípios foram criados sem essa LC, que ainda não existe. Com isso o STF declarou inconstitucional a criação desses municípios, mas não anulou a criação deles. O Supremo, então, fixou um prazo (em alguns casos de 18 e outros de 24 meses) para o Congresso criar a LC. Porém, ao invés de o Congresso editar a LC, editou a EC 57/2008 que acrescentou o art. 96 ao ADCT, convalidou os atos de criação dos municípios, desmembrados, fundidos ou incorporados - Art. 96 ADCT.

O número de Vereadores não é definido por proporcionalidade. A CF, no art. 29, IV, estabelece os **limites máximos** de vereadores de acordo com **faixas que levam em consideração o número de habitantes.**

Município pode ter **eleição em segundo turno** se contar com mais de duzentos mil **eleitores,** não habitantes (art. 29, II, da CF).

- Portanto, **cuidado!** Para fixação de vereadores o critério é número de habitantes, mas para determinação de segundo turno em eleições para o executivo municipal o critério é número de eleitores.

Segundo o art. 29, X, da CF, o **Prefeito** está sujeito a julgamento perante o Tribunal de Justiça. Por sua vez, a Súmula 702 do STF determina que a competência do Tribunal de Justiça para julgar prefeitos restringe-se aos crimes de competência da justiça comum estadual; nos demais casos, a competência originária caberá ao respectivo tribunal de segundo grau", tal como o TRF ou o TRE. Tanto o texto da CF quanto a

Súmula referem-se ao **julgamento de crimes comuns.** Em se tratando de crimes de responsabilidade, entra em cena o Decreto-Lei 201/66, segundo o qual, no **crime de responsabilidade próprio** (infração político administrativa punida com a cassação do mandato), a competência será da Câmara Municipal; já no **crime de responsabilidade impróprio** (crime de responsabilidade punido com pena privativa de liberdade de detenção ou reclusão), a competência será do Tribunal de Justiça. Assim, trocando em miúdos, o TJ julgará o Prefeito tanto em caso de crime comum de competência da justiça estadual (porque se for federal, a competência será do TRF) e nos crimes de responsabilidade impróprios (punidos com pena privativa de liberdade de detenção ou reclusão).

Compete à Justiça Federal processar e julgar prefeito municipal por desvio de verba sujeita à prestação de contas perante órgão federal **(súmula 208 do STJ).**

Competências dos Municípios:

O Município **possui** competência para suplementar a legislação federal e a estadual no que couber, além de poder legislar sobre assuntos de interesse local.

- É competente o Município para fixar o horário de funcionamento de estabelecimento comercial (Súmula Vinculante 38).
- "É pacífica a jurisprudência desta Corte de que **os Municípios detêm competência para legislar sobre o tempo máximo de espera por atendimento nas agências bancárias**, uma vez que essa questão é de interesse local e diz respeito às normas de proteção das relações de consumo, não se confundindo com a atividade-fim das instituições bancárias". (**STF. AI 495187**, julgado em 2011 e relatado pelo Ministro Dias Tóffoli).
- O Município dispõe de competência, para, com apoio no poder autônomo que lhe confere a Constituição, exigir, mediante lei, a **instalação de sanitários ou a colocação de bebedouros em estabelecimentos bancários** (AI-AgR 614510, julgado em 2007 e relatado pelo Ministro Celso de Mello).
- O STF firmou entendimento no sentido de que é constitucional **lei municipal que determina às agências bancárias a instalação de portas eletrônicas de segurança**, visto que é competência do Município legislar sobre assuntos de interesse local dispondo sobre medidas referentes à segurança dos usuários de serviços bancários (AI-AgR 347.717, julgado em 2005 e relatado pelo Ministro Celso de Mello).
- A Constituição de 1988, no que se refere à organização federativa aplicada aos Municípios, dispõe que compete ao Município organizar e prestar, diretamente ou sob regime de concessão ou permissão, os **serviços públicos de interesse local, incluído o de transporte coletivo, que tem caráter essencial** (art. 30, V, da CF).
- Compete aos Municípios instituir e arrecadar os tributos de sua competência, bem como aplicar suas rendas, sem prejuízo da obrigatoriedade de prestar contas e publicar balancetes nos prazos fixados em lei.

- Os Municípios podem **criar, organizar e suprimir distritos, observada a legislação estadual, não havendo necessidade de Lei Federal** para nenhuma hipótese.
- Compete aos Municípios promover, no que couber, adequado ordenamento territorial, mediante planejamento e controle do uso, do parcelamento e da ocupação do solo urbano.
- A jurisprudência do STF entende que, pelo princípio da simetria, os crimes de responsabilidade praticados pelos Prefeitos serão julgados pela **Câmara Municipal**, cabendo ao **TJ** a competência para os crimes comuns (art. 29, X, da CF). No julgamento perante o TJ, a competência para a decisão poderá ser do Plenário, do Órgão Fracionário ou do Órgão Especial, o que será fixado no Regimento Interno do Tribunal, Além disso, há a Súmula 702 do STF, que dispõe: "a competência do Tribunal de Justiça para julgar prefeitos restringe-se aos crimes de competência da justiça comum estadual; nos demais casos, a competência originária caberá ao respectivo tribunal de segundo grau", o que reafirma não ser competência privativa do TJ o julgamento de Prefeito.

5. DISTRITO FEDERAL E TERRITÓRIOS

Nos termos do art. 32 da CF/88 o Distrito Federal é regido por lei orgânica, votada em dois turnos, com intervalo mínimo de 10 dias e aprovada por 2/3 da Câmara Legislativa, que a promulgará.

As competências legislativas do Distrito Federal são, cumulativamente, as Competências dos Estados e dos Municípios (art. 32, §1º, CF/88).

- Segundo o STF, ""Distrito Federal: competência legislativa para fixação de tempo razoável de espera dos usuários dos **serviços de cartórios**. A imposição legal de um limite ao tempo de espera em fila dos usuários dos serviços prestados pelos cartórios não constitui matéria relativa à disciplina dos registros públicos, mas **assunto de interesse local, cuja competência legislativa a Constituição atribui aos Municípios** (...)." (RE 397.094, julgado em 2006 e relatado pelo Ministro Sepúlveda Pertence).
- Lei distrital que preveja reserva de percentual de vagas em universidades públicas a alunos que estudaram nas escolas públicas do Distrito Federal é inconstitucional por discriminar alunos de escolas públicas de outros Estados da Federação. STF. Plenário. ADI 4868, Rel. Min. Gilmar Mendes, julgado em 27/03/2020.

Os **Territórios Federais** integram a União, e sua criação, transformação em Estado ou reintegração ao Estado de origem serão reguladas em lei complementar (art. 18, § 2°, da CF).

VI. DA ADMINISTRAÇÃO PÚBLICA: DISPOSIÇÕES GERAIS; DOS SERVIDORES PÚBLICOS.

1. DISPOSIÇÕES GERAIS

Noção: A Administração Pública pode ser **direta** (prestada pela própria pessoa política, União, Estado ou Município) ou **indireta** (descentralizada para outra pessoa jurídica, Autarquia, Fundação, Empresa Pública ou Sociedade de Economia Mista).

Princípios da Administração Pública: para memorizar os princípios da administração pública que constam do artigo 37, da CF, o amigo leitor pode valer-se da clássica expressa mnemônica **"LIMPE"**.

Princípios da Administração Pública	
L	egalidade
I	mpessoalidade
M	oralidade
P	ublicidade
E	ficiência
LIMPE	

O **conteúdo do Princípio da Legalidade** (art. 37, *caput*, da CF) **não exclui a possibilidade de atividade discricionária pela Administração Pública**, desde que observados os limites da lei, quando esta deixa alguma margem para a Administração agir conforme os critérios de conveniência e oportunidade. Isso porque, é ínsita à atividade administrativa a tomada de decisões políticas, que se referem às opções que o administrador pode escolher na administração dos bens e serviços públicos. Por exemplo: um administrador pode decidir entre a construção de uma escola ou hospital (valendo-se de critérios de conveniência e oportunidade), e ambas são opções políticas legítimas. Entretanto, para materializar a obra, ele deverá abrir procedimento licitatório, pois a Constituição Federal (art. 37, XXI) lhe impõe esse dever (limites da lei).

A vedação ao nepotismo na Administração Pública decorre diretamente da Constituição Federal e sua aplicação deve ser imediata e verticalizada. Viola os princípios da moralidade, impessoalidade e isonomia diploma legal que excepciona da vedação ao nepotismo os servidores que estivessem no exercício do cargo no momento de sua edição. [ADI 3.094, rel. min. Edson Fachin, j. 27-9-2019, P, DJE de 15-10-2019.]

Normas:

Somente por **lei específica** poderá ser criada autarquia e autorizada a instituição de empresa pública, de sociedade de economia mista e de fundação, cabendo à **lei complementar**, neste último caso (fundação), definir as áreas de sua atuação.

Depende de **autorização legislativa**, em cada caso, a criação de subsidiárias de empresa pública, assim como a participação de qualquer delas em empresa privada.

Organização:

A **autonomia gerencial, orçamentária e financeira dos órgãos e entidades da administração direta e indireta poderá ser ampliada** mediante contrato, a ser firmado entre seus administradores e o poder público, que tenha por objeto a fixação de metas de desempenho para o órgão ou entidade, cabendo à lei dispor sobre prazo de duração do contrato, os controles e critérios de avaliação de desempenho, direitos, obrigações e responsabilidade dos dirigentes, bem como a remuneração do pessoal.

A **administração fazendária** e seus servidores fiscais terão, dentro de suas áreas de competência e jurisdição, **precedência sobre os demais setores administrativos**, na forma da lei (art. 37, XVIII, da CF).

A **publicidade dos atos, programas, obras, serviços e campanhas dos órgãos públicos** deverá ter **caráter educativo, informativo ou de orientação,** dela não podendo constar nomes, símbolos ou imagens que caracterizem promoção pessoal de autoridades ou servidores públicos.

- No ARE 652777, julgado em 2015 e relatado pelo Ministro Teori Zavascki, em que se reconheceu repercussão geral**, o STF entendeu ser legítima a publicação, inclusive em sítio eletrônico mantido pela Administração Pública, dos nomes dos seus servidores e do valor dos correspondentes vencimentos e vantagens pecuniárias**.

As obras, serviços, compras e alienações, ressalvados os casos especificados na legislação, serão contratados mediante processo de **licitação pública** que assegure igualdade de condições a todos os concorrentes, com cláusulas que estabeleçam obrigações de pagamento, mantidas as condições efetivas da proposta, nos termos da lei, o qual somente permitirá as exigências de qualificação técnica e econômica indispensáveis à garantia do cumprimento das obrigações.

2. SERVIDORES PÚBLICOS CIVIS E MILITARES – REGIME JURÍDICO CONSTITUCIONAL

Concurso público

- Quanto a **concurso público e o princípio da igualdade**, segundo **entendimento do STF**, é possível: a) fixação limites etários máximos para a admissão de pessoal no serviço público em atenção à natureza das atribuições do cargo a ser preenchido; e b) estabelecimento de limites mínimos de altura para candidatos em concurso público.

Nos termos do artigo 5º, VIII, da Constituição Federal é possível a realização de etapas de concurso público em datas e horários distintos dos previstos em edital, por candidato que invoca escusa de consciência por motivo de crença religiosa, desde que presentes a razoabilidade da alteração, a preservação da igualdade entre todos os candidatos e que não acarrete ônus desproporcional à Administração Pública, que deverá decidir de maneira fundamentada (Tema 386). RE 611874/DF, rel. orig. Min. Dias Toffoli, red. p/ o ac. Min. Edson Fachin, julgamento em 19.11, 25.11 e 26.11.2020. ARE 1099099/SP, rel. Min. Edson Fachin, julgamento em 19.11, 25.11 e 26.11.2020 (Info 1000)

É inconstitucional a fixação de critério de desempate em concursos públicos que favoreça candidatos que pertencem ao serviço público de um determinado ente federativo. (ADI 5358/PA, rel. Min. Roberto Barroso, julgamento virtual finalizado em 27.11.2020. Info 1000)

CONCURSO PÚBLICO E O PRINCÍPIO DA IGUALDADE Segundo entendimento do STF é possível:	
a) fixação **limites etários máximos** para a admissão de pessoal no serviço público em atenção à natureza das atribuições do cargo a ser preenchido (Súmula 683, do STF);	b) estabelecimento de **limites mínimos de altura** para candidatos em concurso público;

- Súmula 683, do STF: "O limite de idade para a inscrição em concurso público só se legitima em face do art. 7º, XXX, da Constituição, quando possa ser justificado pela natureza das atribuições do cargo a ser preenchido."

  "A fixação de limite etário, máximo e mínimo, como requisito para o ingresso na carreira da magistratura viola o disposto no artigo 93, I, da Constituição Federal (CF)." ADI 5329/DF, rel. orig. Min. Marco Aurélio, rel. p/ o ac. Min. Alexandre de Moraes, julgamento virtual finalizado em 14.12.2020 ((Info 1002)

- **Segundo a jurisprudência do STF, a isonomia é ferida quando há exigência de altura mínima para cargos nos quais a altura é irrelevante**. Nesse sentido: "Em se tratando de concurso público para escrivão de polícia, é irrelevante a exigência de altura mínima, em virtude das atribuições do cargo. Precedentes". (AI 384050 AgR, rel. Min. Carlos Velloso, Segunda Turma, julgado em 09/09/2003)

  "É inconstitucional o **aproveitamento de servidor, aprovado em concurso público a exigir formação de nível médio, em cargo que pressuponha escolaridade superior**". STF (Tema 697 da repercussão geral – RE 740008/RR, relator Min. Marco Aurélio, julgamento virtual finalizado em 19.12.2020 – Info 1003)

- Segundo a jurisprudência do STF: "Razoabilidade da exigência de altura mínima para ingresso na carreira de delegado de polícia, dada a natureza do cargo a ser exercido. Violação ao princípio da isonomia. Inexistência." (RE 140.889, Rel. p/ o ac. Min. Maurício Corrêa, julgamento em 30-5-2000, Segunda Turma, DJ de 15-12-2000.)

  Segundo o STF: "É inconstitucional a determinação de afastamento automático de servidor público indiciado em inquérito policial instaurado para apuração de crimes de lavagem ou ocultação de bens, direitos e valores." ADI 4911/DF, rel. orig. Min. Edson Fachin, red. p/ o ac. Min. Alexandre de Moraes, julgamento virtual finalizado em 20.11.2020 (Info 1000)

  Observa o STJ que: "Para a recusa à nomeação de aprovados dentro do número de vagas em concurso público devem ficar comprovadas as situações excepcionais elencadas pelo Supremo Tribunal Federal no RE 598.099/MS, não sendo suficiente a alegação de estado das coisas – pandemia, crise econômica, limite prudencial atingido para despesas com pessoal -, tampouco o alerta da Corte de Contas acerca do chamado limite prudencial."(RMS 66.316-SP, Rel. Min. Manoel Erhardt (Desembargador convocado do TRF da 5ª Região), Primeira Turma, por unanimidade, julgado em 19/10/2021., info 715).

- A **Súmula 15 do STF** dispõe: "Dentro do prazo de validade do concurso, o candidato aprovado tem **direito à nomeação, quando o cargo for preenchido sem observância da classificação.**"
- "A **abertura de novo concurso**, no prazo de validade de concurso anterior, não gera direito de nomeação para os candidatos aprovados no primeiro, mas apenas **prioridade sobre os novos concursados**." (STF. RMS 22.926, julgado em 1997 e relatado pelo Ministro Ilmar Galvão).
- "Compete à **Justiça comum** processar e julgar controvérsias relacionadas à fase pré-contratual de seleção e de admissão de pessoal e eventual nulidade do certame em face da Administração Pública, direta e indireta, nas hipóteses em que adotado o regime celetista de contratação de pessoal."(RE 960429/RN, rel. Min. Gilmar Mendes, julgamento em 4 e 5.3.2020. Informativo 986, tema 992).
- A exigência constitucional de reserva de vagas para portadores de deficiência em concurso público **não pode** ser afastada se o percentual legalmente previsto for inferior a um, hipótese em que a fração deve ser arredondada, obedecendo a regra constitucional constante no art. 37, VIII, da CF.

> "Compete à Justiça comum processar e julgar demandas em que se discute o recolhimento e o repasse de contribuição sindical de servidores públicos regidos pelo regime estatutário." RE 1089282/AM, rel. Min. Gilmar Mendes, julgamento virtual finalizado em 4.12.2020. (Info 1001 – STF)

Os cargos, empregos e funções públicas são acessíveis aos brasileiros que preencham os requisitos legais, **assim como aos estrangeiros**, na forma da lei (art. 37, I, da CF).

É **inconstitucional** toda modalidade de provimento que propicie ao servidor investir-se, sem prévia aprovação em concurso público destinado ao seu provimento, em cargo que não integra a carreira na qual anteriormente investido (Súmula Vinculante 43).

Adquire **estabilidade, após três anos de efetivo exercício**, o servidor nomeado para cargo de provimento efetivo em virtude de concurso público, consoante art. 41, *caput*, da CF.

Em 2007, no bojo dos Mandados de Injunção (MIs) 670, 708 e 712, o STF autorizou **a aplicação da lei de greve da iniciativa privada** (Lei 7.783/89) **para garantir o exercício grevista regular dos servidores públicos**.

Tanto a vinculação quanto a equiparação de quaisquer espécies remuneratórias no serviço público **são vedadas** para o efeito de remuneração de pessoal das carreiras públicas (art. 37, XIII, da CF).

É **vedada a acumulação** remunerada de cargos ou empregos públicos, exceto, quando houver compatibilidade de horários, nos seguintes casos: a) a de dois cargos de professor; b) a de um cargo de professor com outro técnico ou científico; c) a de dois cargos ou empregos privativos de profissionais de saúde, com profissões regulamentadas.

ACUMULAÇÃO REMUNERADA DE CARGOS PÚBLICOS	
1. Regra	Vedação/Impossibilidade
2. Exceções	a) dois cargos de professor b) um cargo de professor com outro técnico ou científico c) dois cargos ou empregos privativos de profissionais de saúde, com profissões regulamentadas

- **Cuidado! Não é possível** a acumulação nos seguintes casos:

  a) de cargo técnico com outro privativo de profissional da saúde;

  b) de mais de dois cargos ou empregos públicos (três ou mais);

  c) de dois cargos técnicos.

- Segundo o STF, é admitida a acumulação de cargos públicos de profissionais de saúde, prevista no art. 37, XVI da CF/88, **mesmo que a jornada semanal ultrapasse 60 horas** (o que somente era estabelecido como limite por norma infraconstitucional). Esse requisito não é previsto na Constituição Federal, logo, não pode obstar referida acumulação. STF. 1ª Turma. RE 1176440/DF, Rel. Min. Alexandre de Moraes, julgado em 9/4/2019 (Info 937).

  As **funções de confiança**, exercidas exclusivamente por servidores ocupantes de cargo efetivo, e os **cargos em comissão**, a serem preenchidos por servidores de carreira nos casos, condições e percentuais mínimos previstos em lei, **destinam-se apenas às atribuições de direção, chefia e assessoramento**.

  A nomeação de cargos de natureza política não está incluída nas proibições elencadas pela Súmula Vinculante 13, que veda a prática do nepotismo em qualquer dos Poderes de todos os Entes Federados no Brasil, nos seguintes termos: "A nomeação de cônjuge, companheiro ou parente em linha reta, colateral ou por afinidade, até o terceiro grau, inclusive, da autoridade nomeante ou de servidor da mesma pessoa jurídica, investido em cargo de direção, chefia ou assessoramento, para o exercício de cargo em comissão ou de confiança, ou, ainda, de função gratificada na Administração Pública direta e indireta, em qualquer dos Poderes da União, dos Estados, do Distrito Federal e dos municípios, compreendido o ajuste mediante designações recíprocas, viola a Constituição Federal."

  "Direito Administrativo. Agravo interno em reclamação. Nepotismo. Súmula Vinculante 13. 1. O Supremo Tribunal Federal tem afastado a aplicação da Súmula Vinculante 13 a cargos públicos de natureza política, ressalvados os casos de inequívoca falta de razoabilidade, por manifesta ausência de qualificação técnica ou inidoneidade moral. Precedentes. 2. Não há nos autos qualquer elemento que demonstre a ausência de razoabilidade da nomeação." [Rcl 28.024 AgR, rel. min. Roberto Barroso, 1ª T, j. 29-5-2018, DJE 125 de 25-6-2018.]

  Reintegração: invalidação da pena de demissão aplicada a servidor público, com o retorno ao cargo, sem prejuízo da indenização. Se quem estiver em seu lugar for estável, será reconduzido ao cargo anteriormente ocupado, ou será afastado com vencimentos proporcionais, ou aproveitado em outro cargo (sem direito a indenização), mas se quem estava no lugar não era estável, será simplesmente exonerado.

A **exoneração** somente será a pedido ou por conveniência da administração, já a **demissão** é sempre a título de punição.

- O servidor público ocupante de cargo efetivo **não pode ser exonerado segundo livre critério da autoridade competente**, pois os casos de perda de cargo estão previstos no § 1º do art. 41 da CF (I – Em virtude de sentença judicial transitada em julgado; II – Mediante Processo Administrativo em que lhe seja assegurada ampla defesa; III – Mediante Procedimento de Avaliação Periódica de Desempenho, na forma da lei complementar, assegurada ampla defesa).
- No caso da **falta de necessidade do cargo**, o servidor **ficará em disponibilidade**, com remuneração proporcional ao tempo de serviço, até o seu adequado aproveitamento em outro cargo.
- O servidor público ocupante de cargo efetivo **não pode ser exonerado *ad nutum***, com base em decreto que declara a desnecessidade do cargo (Súmula 21 do STF).

Os **vencimentos** referem-se ao vencimento básico somado às gratificações permanentes previstas em lei (art. 1°, da Lei 8.852/94), que se aplicam aos agentes administrativos submetidos a regime estatutário, os denominados servidores públicos.

Já o **subsídio**, na lição de Leandro Bortoleto "é o pagamento de uma única parcela, sem subdivisões [...] forma normalmente adotada para se remunerar os agentes políticos" (*Direito Administrativo*. Salvador: Juspodivm, 2012, p. 142).

Segundo Hely Lopes Meirelles "**vantagens pecuniárias** são acréscimos de estipêndio do servidor, concedidas a título definitivo ou transitório, pela decorrência do tempo de serviço (*ex facto temporis*), ou pelo desempenho de funções especiais (*ex facto officii*), ou em razão das condições anormais em que se realiza o serviço (*propter laborem*), ou, finalmente, em razão de condições pessoais do servidor (*propter personam*). As duas primeiras espécies constituem os adicionais (adicionais de vencimento e adicionais de função), as duas últimas formam a categoria das gratificações (gratificações de serviço e gratificações pessoais). (*Direito Administrativo Brasileiro*, 18 ed. São Paulo: Malheiros, 1993, p. 402). Portanto, pode-se dizer que **os vencimentos abrangem vantagens pecuniárias (gratificações)**.

O membro de Poder, o detentor de mandato eletivo, os Ministros de Estado e os Secretários Estaduais e Municipais serão remunerados exclusivamente por **subsídio fixado em parcela única** (e não em quatro parcelas, trimestrais), vedado o acréscimo de qualquer gratificação, adicional, abono, prêmio, verba de representação ou outra espécie remuneratória.

É vedada a **vinculação ou equiparação de quaisquer espécies remuneratórias** para o efeito de remuneração de pessoal do serviço público.

Os **acréscimos pecuniários percebidos por servidor público** não serão computados e acumulados para fins de concessão de acréscimos ulteriores.

A fixação dos **padrões de vencimento e dos demais componentes do sistema remuneratório** observará a natureza, o grau de responsabilidade e a complexidade dos cargos componentes de cada carreira; os requisitos para a investidura; e as peculiaridades dos cargos.

A Lei da União, dos Estados, do Distrito Federal e dos Municípios disciplinará a aplicação de recursos orçamentários provenientes da economia com despesas correntes em cada órgão, autarquia e fundação, para aplicação no desenvolvimento de programas de qualidade e produtividade, treinamento e desenvolvimento, modernização, reaparelhamento e racionalização do serviço público, **inclusive** sob a forma de adicional ou prêmio de produtividade (art. 39, § 7°, da CF).

A remuneração dos servidores públicos deve ser fixada por lei específica, assegurada a revisão geral anual, **sempre na mesma data e sem distinção de índices**, e não depois de decorrido o prazo mínimo de um ano do último reajuste concedido à categoria.

A **fixação de vencimentos dos servidores** públicos não pode ser objeto de **convenção coletiva** (Súmula 679 do STF).

O **teto salarial do funcionalismo público**, previsto no texto constitucional e cujo parâmetro é o subsídio dos ministros do STF, **aplica-se** aos servidores da administração direta, autárquica e fundacional, e também, aos empregados das empresas públicas e sociedades de economia mista, e suas subsidiárias, que receberem recursos da União, dos Estados, do DF ou dos Municípios para pagamento de despesas de pessoal ou de custeio em geral (art. 37, § 9º, da CF).

A União, os Estados e o Distrito Federal manterão escolas de governo para a formação e o aperfeiçoamento dos servidores públicos, constituindo-se a participação nos cursos um dos requisitos para a promoção na carreira, **facultada** (e não sendo obrigatória), para isso, a celebração de convênios ou contratos entre os entes federados, que deverão promovê-los anualmente.

- **Súmula Vinculante 37**: "Não cabe ao Poder Judiciário, que não tem função legislativa, aumentar vencimentos de servidores públicos sob fundamento de isonomia".

Aos servidores titulares de cargos efetivos da União, dos Estados, do Distrito Federal e dos Municípios, **incluídas** suas autarquias e fundações, é assegurado **regime de previdência de caráter contributivo e solidário**, mediante contribuição do respectivo ente público, dos servidores ativos e inativos e dos pensionistas, observados critérios que preservem o equilíbrio financeiro e atuarial.

Os servidores abrangidos pelo regime de previdência **serão aposentados**: I – por incapacidade permanente para o trabalho, no cargo em que estiver investido, quando insuscetível de readaptação, hipótese em que será obrigatória a realização de avaliações periódicas para verificação da continuidade das condições que ensejaram a concessão da aposentadoria; II – compulsoriamente, com proventos proporcionais ao tempo de contribuição, aos 70 (setenta) anos de idade, ou aos 75 (setenta e cinco) anos de idade, na forma de lei complementar; III – no âmbito da União, aos 62 (sessenta e dois) anos de idade, se mulher, e aos 65 (sessenta e cinco) anos de idade, se homem, e, no âmbito dos Estados, do Distrito Federal e dos Municípios, na idade mínima estabelecida mediante emenda às respectivas Constituições e Leis Orgânicas, observados o tempo de contribuição e os demais requisitos estabelecidos em lei complementar do respectivo ente federativo.

Os **proventos de aposentadoria** e as pensões, por ocasião de sua concessão, **não** poderão ser inferiores ao valor mínimo a que se refere o § 2º do art. 201 ou superiores ao limite máximo estabelecido para o Regime Geral de Previdência Social, observado o disposto nos §§ 14 a 16.

Os proventos **nunca poderão ser excedentes ao subsídio mensal, em espécie, dos Ministros do Supremo Tribunal Federal**, o que não abrange as parcelas de caráter indenizatório previstas em lei.

<table>
<tr><th colspan="5">REGRAS CONSTITUCIONAIS PARA APOSENTADORIA DO SERVIDOR</th></tr>
<tr><th>Modalidade</th><th>Sexo</th><th>Requisito</th><th>Aposentadoria</th><th>Limite/Teto</th></tr>
<tr><td>I – Por Incapacidade Permanente</td><td>Homem ou Mulher</td><td>Incapacidade Permanente</td><td>Condicionada à realização de avaliações periódicas para verificação da continuidade das condições que ensejaram a concessão da aposentadoria</td><td rowspan="4">Proventos nunca excedentes ao subsídio mensal, em espécie, dos Ministros do Supremo Tribunal Federal</td></tr>
<tr><td>II – Compulsoriamente</td><td>Homem ou Mulher</td><td>70 ou 75 anos de idade, na forma de lei complementar</td><td>Com proventos proporcionais ao tempo de contribuição.</td></tr>
<tr><td rowspan="2">III – Voluntariamente</td><td>1) Homem</td><td colspan="2">a) 65 anos de idade</td></tr>
<tr><td>2) Mulher</td><td colspan="2">a) 62 anos de idade</td></tr>
</table>

É **vedada a existência de mais de um regime próprio de previdência social para os servidores titulares de cargos efetivos**.

As pessoas jurídicas de direito público e as de direito privado prestadoras de serviços públicos **responderão pelos danos que seus agentes, nessa qualidade, causarem a terceiros**, assegurado o direito de regresso contra o responsável nos casos de dolo ou culpa.

"Danos causados a terceiros por agente público no exercício da função são de responsabilidade do Estado." (RE 1027633, Relator Min. Marco Aurélio, julgado em 14/08/2019)

A lei disporá sobre os requisitos e as restrições ao ocupante de cargo ou emprego da administração direta e indireta que possibilite o acesso a informações privilegiadas.

A Administração pode anular seus próprios atos, quando eivados de vícios que os tornem ilegais, porque deles não se originam direitos, ou revogá-los, por motivo de conveniência ou oportunidade, mas **não pode** fazer revisão de direitos adquiridos, consoante súmula 473 do STF.

Os atos de improbidade administrativa importarão a **suspensão** de direitos políticos, a perda da função pública, a indisponibilidade de bens e o ressarcimento ao erário, na forma e gradação previstas em lei, **sem prejuízo da ação penal cabível**.

VII. DA ORGANIZAÇÃO DOS PODERES.

- São **independentes e harmônicos entre si**, o Executivo, o Legislativo e o Judiciário, que se fiscalizam, uns aos outros, em mecanismo de freios e contrapesos, eliminando-se os excesso e desvios.
- A evolução da ideia da separação dos Poderes do Estado teve dois grandes expoentes. **Aristóteles** é considerado o criador da **ideia de divisão do Poder em três funções**: legislativa, executiva e judiciária. Mas, a evolução desse pensamento, para que essas **funções fossem exercidas por órgãos distintos** (Legislativo, Executivo e Judiciário), é atribuída a **Montesquieu**.

VIII. DO PODER EXECUTIVO: DAS ATRIBUIÇÕES E RESPONSABILIDADES DO PRESIDENTE DA REPÚBLICA.

- **Evolução do conceito:** a função típica do Executivo é governar ou administrar o Estado conferindo execução aos comandos legais. Desde a evolução do exercício de Poder por uma só pessoa até a ideia da separação das funções do Estado (Legislativa, Executiva e Judiciária) o conceito de Poder Executivo evoluiu. Num primeiro momento a ideia de governo centralizado pressupunha o poder de executar. Em um segundo momento a pureza quanto ao exercício de cada função estatal foi a tônica. Atualmente, vislumbra-se a possibilidade de cada um dos Poderes desempenhar também funções atípicas, a exemplo de o Executivo poder editar medidas provisórias (como inovação da ordem jurídica, atividade típica do Legislativo).
- A **eleição do Presidente e do Vice-Presidente da República** realizar-se-á, simultaneamente, no primeiro domingo de outubro, em primeiro turno, e no último domingo de outubro, em segundo turno, se houver, do ano anterior ao do término do mandato presidencial vigente.
- Substituirá o Presidente, no caso de impedimento, e suceder-lhe-á, no de vaga, o **Vice-Presidente**.
- O Presidente e o Vice-Presidente da República tomarão posse em sessão do Congresso Nacional, prestando o compromisso de manter, defender e cumprir a Constituição, observar as leis, promover o bem geral do povo brasileiro, sustentar a união, a integridade e a independência do Brasil. Essa é a função típica (da essência do Poder Executivo) de ordem constitucional (porque prevista na Constituição) do Pre-

sidente e do Vice. Em regra, quem a exerce é o Presidente, mas, em caso de impedimento, será substituído pelo Vice-Presidente (art. 79, da CF).

- Na hipótese de impedimento ou vacância dos cargos de PR e Vice, serão chamados, sucessivamente: Presidente da Câmara, Presidente do SF e o Presidente do STF, nessa ordem. Mas se não for simples impedimento (que [e temporário, como férias, ou doença), mas vacância (definitiva), deve-se resolver a questão em definitivo. Assim, na dupla vacância, vigem as seguintes regras:
- Vagando os cargos de Presidente e Vice-Presidente da República **nos dois primeiros anos** do mandato presidencial, far-se-á eleição noventa dias depois de aberta a última vaga.
- Ocorrendo a vacância dos cargos de Presidente e Vice-Presidente da República nos últimos dois anos do período presidencial, será feita a eleição para ambos os cargos trinta dias depois da última vaga, pelo Congresso Nacional (eleição indireta).

VACÂNCIA DOS CARGOS DE PRESIDENTE DA REPÚBLICA E VICE (DUPLA VACÂNCIA)	
1. Nos 2 primeiros anos do mandato presidencial*	Eleição direta 90 dias depois de aberta a última vaga.
2. Nos 2 últimos anos do mandato presidencial*	Eleição indireta para ambos os cargos 30 dias depois da última vaga, pelo Congresso Nacional.

* **Atenção! Em ambos os casos haverá mandato "Tampão", ou seja, pelo prazo restante.** O eleito somente completará o mandato do sucedido.

- Tendo em vista o Princípio da Simetria, vagando o cargo de Governador de Estado e diante do impedimento do Vice-Governador será chamado para governar o Presidente da Assembleia Legislativa. Todavia, **no caso de vacância do Governador e do Vice-Governador, pode o Estado-membro, em sua Constituição Estadual, disciplinar a eleição do novo titular do Poder Executivo estadual** (ou seja, apenas o procedimento e não a ordem sucessiva), **não sendo necessário observar o modelo previsto na CF para o Poder Executivo federal.** O entendimento da Suprema Corte encontra-se no julgamento da ADI 4298, em sede de tutela antecipada, julgada em 2009 e relatada pelo Ministro Cezar Peluso, em que se reconheceu não ser norma de observância obrigatória aos Estados-membros o modelo estabelecido para eleição do novo titular do Poder Executivo federal. Em outras palavras, vale destacar que: a) em caso de impedimento do Governador e do Vice-Governador, quem deve assumir, sucessivamente, é o presidente da Assembleia Legislativa e o Presidente do Tribunal de Justiça do Estado, hipótese que deverá seguir o modelo federal, por conta do princípio da simetria; b) sendo caso de vacância dos cargos de Governador e Vice, pode o Estado-membro, em sua Constituição Estadual, disciplinar a eleição do novo titular do Poder Executivo estadual, não sendo necessário observar o modelo previsto na CF para o Poder Executivo federal, por não se tratar de norma de observância obrigatória.
- "É inconstitucional norma de iniciativa parlamentar que preveja a criação de órgão público e organização administrativa. Isso porque caracterizada afronta à iniciativa privativa do Chefe do Executivo, nos termos dos arts. 25 e 61, § 1º, II, b e e, da Cons-

tituição Federal (CF). Essa regra é linear e encerra observância ao princípio da separação dos Poderes, aplicável, por simetria, aos estados." STF. ADI 4726/AP, rel. Min. Marco Aurélio, julgamento virtual finalizado em 10.11.2020. (ADI-4726)- INFO 998

- Réus de processo criminal não podem substituir o Presidente da República. "[...]os substitutos eventuais do presidente da República a que se refere o art. 80 da Constituição Federal, caso ostentem a posição de réus criminais perante o Supremo Tribunal Federal, ficarão impossibilitados de exercer o ofício de presidente da República[...]"(STF. Plenário. ADPF 402 MC-REF/DF, Rel. Min. Marco Aurélio, julgado em 7/12/2016 – Info 850)
- Os **Ministros de Estado** serão escolhidos dentre brasileiros maiores de 21 anos e no exercício dos direitos políticos.
- Quanto à **responsabilidade dos Ministros de Estado,** nos termos dos artigos 52, I e 102, I, "c", da CF, **caso sejam crimes de responsabilidade autônomos (sem conexão), o julgamento ocorrerá perante o STF**. Em se tratando de crimes de responsabilidade conexos com crimes da mesma natureza, praticados pelo presidente ou pelo vice-presidente da República, o julgamento será perante o Senado Federal.
- Compete privativamente ao Presidente da República dispor, mediante **decreto autônomo**, sobre organização e funcionamento da administração federal, quando não implicar aumento de despesa nem criação ou extinção de órgãos públicos, bem como sobre a extinção de funções ou cargos públicos, quando vagos (conforme art. 84, VI, da CF).
- De acordo com o art. 84, parágrafo único, da CF, o Presidente da República poderá **delegar as atribuições** mencionadas nos incisos VI (dispor, mediante decreto, sobre organização e funcionamento da administração federal, quando não implicar aumento de despesa nem criação ou extinção de órgãos públicos; e sobre extinção de funções ou cargos públicos, quando vagos), XII (conceder indulto e comutar penas, com audiência, se necessário, dos órgãos instituídos em lei) e XXV, primeira parte (prover cargos públicos federais, na forma da lei), aos Ministros de Estado, ao Procurador-Geral da República ou ao Advogado-Geral da União, que observarão os limites traçados nas respectivas delegações.
- O Presidente da República responde a processo criminal, por **crime comum** no Supremo Tribunal Federal, e por **crime de responsabilidade** perante o Senado Federal, somente após ser declarada procedente a acusação por parte da Câmara dos Deputados.
- "Enfatize-se que **a necessidade de licença não obstaculiza o inquérito policial**, muito menos o oferecimento da denúncia. Impede, contudo, o seu recebimento, que é o primeiro ato de presseguimento exercido pelo Supremo Tribunal Federal (STF, Diário de Justiça 69. Ministro Celso de Mello. Seção I, 10.04.1995, p. 9223).
- O ato do Presidente da República que atenta contra o livre exercício do Poder Legislativo, do Poder Judiciário, do Ministério Público e dos Poderes constitucionais das unidades da Federação é considerado **crime de responsabilidade**.

- Os atos do Presidente da República que atentem contra a Constituição Federal e, especialmente, contra a lei orçamentária, são **crimes de responsabilidade.**
- Nos Crimes de Responsabilidade do Presidente da República, a Câmara autoriza a instauração do processo pelo voto da maioria **qualificada de dois terços,** e não pela maioria absoluta dos seus membros. O julgamento ocorre pelo Senado Federal, cuja decisão será proferida por **dois terços** (não maioria simples) dos votos do Senado Federal. No julgamento funcionará como Presidente o do Supremo Tribunal Federal.
- O Presidente ficará suspenso de suas funções nos crimes de responsabilidade, por **180** dias, **assim que instaurado o processo** pelo Senado Federal (**e não** após a condenação pelo órgão competente).
- Condenado o Presidente por Crime de Responsabilidade, perderá o cargo, com inabilitação, por oito anos, para o exercício de função pública, sem prejuízo das demais sanções judiciais cabíveis. Portanto **o Senado não condena ao cumprimento de pena privativa de liberdade**.
- Compete ao **Supremo Tribunal Federal** (e não ao Superior Tribunal de Justiça) processar e julgar, originariamente, nas infrações penais comuns e nos crimes de responsabilidade, os Ministros de Estado e os Comandantes da Marinha, do Exército e da Aeronáutica, ressalvado o disposto no art. 52, I, da CF, os membros dos Tribunais Superiores, os do Tribunal de Contas da União e os chefes de missão diplomática de caráter permanente (consoante art. 102, I, "c", da CF).
- **Não podem ser estendidas ao Governador de Estado** as **imunidades** segundo as quais enquanto não sobrevier sentença condenatória, nas infrações comuns, o Presidente da República não estará sujeito a prisão e, que, na vigência de seu mandato, o Presidente da República não pode ser responsabilizado por atos estranhos ao exercício de suas funções, Esse foi o posicionamento adotado pelo STF, em 1995, no julgamento da ADI 978.
- A imunidade relativa à proibição de prisão do Presidente da República **não impede a prisão em flagrante por crime inafiançável**.
- O STF já se pronunciou no sentido que **o processo por crime de responsabilidade praticado pelo Presidente da República (*Impeachment*) implica em considerá-lo como acusado e, por isso, deve se desenvolver sob o manto do devido processo legal (*due processo of Law*)**, com todas as garantias a ele inerentes, sob pena de nulidade do procedimento (MS 21.623. Rel. Carlos Velloso. J. 17.12.1992). Nesse mesmo sentido, Dirley da Cunha Júnior: "[...] devem ser asseguradas ao Presidente da República as garantias constitucionais, em especial o contraditório e a ampla defesa" (*Curso de Direito Constitucional*. 6 ed. Salvador: Juspodivm, 2012, p. 1.104).
- De acordo com o art. 29, X, da CF, os **Prefeitos** serão submetidos a julgamento perante o Tribunal de Justiça. Ainda, segundo a Súmula 702 do STF, a competência do Tribunal de Justiça para julgar Prefeitos restringe-se aos crimes de competência da justiça comum estadual (compreendendo as condutas de desvio de verba trans-

ferida e incorporada ao patrimônio municipal, conforme Súmula 209 do STJ); nos demais casos, a competência originária caberá ao respectivo Tribunal de segundo grau. Assim, o Tribunal Regional Eleitoral julgará os crimes eleitorais e o Tribunal Regional Federal será competente para as hipóteses de crimes praticados em detrimento de bens, serviços ou interesses da União, suas autarquias e empresas públicas (englobando situações de desvio de verba sujeita a prestação de contas perante órgão federal, segundo a Súmula 208 do STJ). Por fim, quanto aos crimes de responsabilidade, segundo o STF, aplica-se o princípio da simetria, de modo que os Prefeitos devem ser julgados pelas respectivas Câmaras Municipais.

- O **Conselho de Defesa Nacional** é órgão de consulta do Presidente da República nos assuntos relacionados com a soberania nacional e a defesa do Estado democrático. Ele tem como membros: I – o Vice-Presidente da República; II – o Presidente da Câmara dos Deputados; III – o Presidente do Senado Federal; IV – o Ministro da Justiça; V – o Ministro de Estado da Defesa; VI – o Ministro das Relações Exteriores; VII – o Ministro do Planejamento; VIII – os Comandantes da Marinha, do Exército e da Aeronáutica. Portanto, o **Procurador Geral da República não o compõe.**

IX. DO PODER LEGISLATIVO: DO CONGRESSO NACIONAL, DAS ATRIBUIÇÕES DO CONGRESSO NACIONAL, DA CÂMARA DOS DEPUTADOS E DO SENADO FEDERAL, DO PROCESSO LEGISLATIVO, DA FISCALIZAÇÃO CONTÁBIL, FINANCEIRA E ORÇAMENTÁRIA.

1. PODER LEGISLATIVO: CONGRESSO NACIONAL

- Em âmbito Federal, o **Poder Legislativo** é exercido pelo Congresso Nacional, que se compõe da Câmara dos Deputados e do Senado Federal.
- O Congresso Nacional reúne-se, anualmente, na Capital Federal, de 2 de **fevereiro** (não janeiro) a **17 de julho** (não 30 de junho) e de 1º de agosto a 22 de dezembro, nos termos do art. 57, *caput*, da CF.
- Salvo disposição constitucional em contrário, as **deliberações** de cada Casa do Congresso Nacional e de suas Comissões serão tomadas por maioria dos votos, presente a maioria absoluta de seus membros.

ATIVIDADE LEGISLATIVA DO CONGRESSO NACIONAL	
Legislatura	Período de 4 anos de atividade legislativa
Sessão Legislativa	Período compreendido entre 2 de fevereiro a 17 de julho e 1° de agosto a 22 de dezembro de cada ano
Sessão Extraordinária	Ocorre por convocação ou do Presidente do Senado Federal ou do Presidente da Câmara dos Deputados ou do Presidente da República ou a requerimento da maioria dos membros de ambas as Casas, em caso de urgência ou interesse público relevante.
Sessão Conjunta	Reunião da Câmara dos Deputados e do Senado Federal destinada, por exemplo, a conhecer do veto presidencial e sobre ele deliberar.

- A **Câmara dos Deputados** compõe-se de representantes do povo, eleitos, pelo sistema proporcional, em cada Estado, em cada Território e no Distrito Federal.
- Os Deputados Federais representam o povo e possuem mandato de quatro anos (art. 45, da CF), **o mesmo período de duração da legislatura do Congresso Nacional**.
- Cada **Território** elegerá quatro Deputados Federais.
- O **Senado Federal** compõe-se de representantes dos Estados e do Distrito Federal, eleitos segundo o princípio majoritário para mandato de oito anos. Com esse mandato, o Senador exercerá o cargo por duas legislaturas. A renovação se dará de quatro em quatro anos, alternadamente, por um e dois terços.
- Cada Estado e o Distrito Federal elegerão **3 Senadores**.
- A representação de cada Estado e do Distrito Federal será **renovada de 4 em 4 anos, alternadamente**, por **1/3 e 2/3.** Em uma eleição é escolhido 1 senador (enquanto os outros 2 representantes do Estado ou do DF estão no meio do mandato de 8 anos), na seguinte, que ocorre 4 anos depois, são escolhidos 2 senadores (enquanto o outro senador que representa o Estado ou o DF está no meio de seu mandato de 8 anos), e assim sucessivamente.
- A Câmara dos Deputados e o Senado Federal, **ou qualquer de suas Comissões**, poderão convocar **Ministro de Estado** ou quaisquer titulares de órgãos diretamente subordinados à Presidência da República para prestarem, pessoalmente, informações sobre assunto previamente determinado, **importando crime de responsabilidade a ausência sem justificação adequada,** de modo que a convocação é absolutamente constitucional, e a ausência injustificada do Ministro importaria crime de responsabilidade.
- Compete exclusivamente ao Congresso Nacional **sustar os atos normativos** do Poder Executivo que exorbitem do poder regulamentar ou dos limites de delegação legislativa.
- Compete exclusivamente ao Congresso Nacional resolver definitivamente apenas sobre tratados acordos ou atos internacionais **que acarretem encargos ou compromissos gravosos ao patrimônio nacional,** e não sobre tratados de qualquer natureza.
- Compete exclusivamente ao Congresso Nacional aprovar o estado de defesa e a intervenção federal, e **autorizar** o estado de sítio, ou **suspender** qualquer dessas medidas, consoante disposto no art. 49, IV, da CF.
- Para não haver confusão, quanto às **contas do Presidente da República**, memorizar: TCU **aprecia** as contas (art. 71, I, da CF), o Congresso Nacional **julga** as contas (art. 49, IX, da CF) e a Câmara dos Deputados **procede a tomada** de contas (art. 51, II, da CF).
- O Presidente da República somente pode **ausentar-se do país por período superior a 15 dias se o Congresso Nacional autorizá-lo**, nos termos do art. 49, III, da CF.

Segundo o STF: "**Não é possível a recondução dos presidentes das casas legislativas para o mesmo cargo na eleição imediatamente subsequente, dentro da mesma legislatura.** Admite-se a possibilidade de reeleição dos presidentes das casas legislativas em caso de nova legislatura." (ADI 6524/DF, relator Min. Gilmar Mendes, julgamento virtual finalizado em 14.12.2020. – Info 1003).

"**O art. 50, caput e § 2º, da CF/88 traduz norma de observância obrigatória pelos Estados-membros** que, por imposição do princípio da simetria (art. 25 da CF/88), **não podem ampliar o rol de autoridades sujeitas à fiscalização direta pelo Poder Legislativo e à sanção por crime de responsabilidade**." STF. Plenário. ADI 5289/SP, Rel. Min. Marco Aurélio, julgado em 7/6/2021 (Info 1020).

- **Norma estadual ou municipal não pode conferir a parlamentar, individualmente, o poder de requisitar informações ao Poder Executivo.** A Constituição Federal (CF) é taxativa quanto à atribuição exclusivamente conferida às Casas do Poder Legislativo para fiscalizar os atos do Poder Executivo (CF, art. 49, X). Nesses termos, não se admite que constituição estatual ou legislação infraconstitucional, a pretexto de fiscalizar ou controlar atividades de outro poder, disponham sobre outras modalidades de controle ou inovem em fórmulas de exercício dessa atividade que ultrapassem aquelas previstas pela CF, sob pena de violação ao princípio da separação dos poderes (CF, art. 2º). Fica ressalvada, no entanto, a possibilidade de o parlamentar atuar na condição de cidadão, nos termos constitucionais e legais aplicáveis a matéria (CF, art. 5º, XXXIII). Com base nesse entendimento, o Plenário, por unanimidade, julgou procedente a ação direta, para declarar a inconstitucionalidade da expressão "A qualquer Deputado" constante do caput do art. 101 da Constituição do Estado do Rio de Janeiro. **(STF, ADI 4700-DF, rel. min. Gilmar Mendes, info 1041, data julgamento: 13/12/2021).**

Imunidades

- **Imunidade Material/Inviolabilidade:** Deputados e Senadores são **invioláveis**, civil e penalmente, por quaisquer de suas opiniões, palavras e votos.
- **Imunidade Formal:** desde a expedição do diploma, os membros do Congresso Nacional **não poderão ser presos**, salvo em flagrante de crime inafiançável. Nesse caso, os autos serão remetidos dentro de 24 horas à Casa respectiva, para que, pelo voto da maioria de seus membros, resolva sobre a prisão.
- Deputados e Senadores gozam de foro por prerrogativa de função de modo que, desde a **expedição do diploma**, serão submetidos a julgamento perante o **Supremo Tribunal Federal**. No entanto, se já encerrada a instrução processual, não será o julgamento afetado pela diplomação. (Info 900/STF)

  Deputados Estaduais gozam das mesmas imunidades formais previstas para os parlamentares federais no art. 53 da CF/88 STF. Plenário. ADI 5823 MC/RN, ADI 5824 MC/RJ e ADI 5825 MC/MT, rel. orig. Min. Edson Fachin, red. p/ o ac. Min. Marco Aurélio, julgados em 8/5/2019 (Info 939).

É incompatível com a Constituição Federal (CF) norma de Constituição estadual que disponha sobre nova hipótese de foro por prerrogativa de função, em especial relativo a ações destinadas a processar e julgar atos de improbidade administrativa. ADI 4870/ES, rel. Min. Dias Toffoli, julgamento virtual finalizado em 14.12.2020 (Info 1002).

- O foro por prerrogativa de função **aplica-se apenas aos crimes cometidos durante o exercício do cargo e relacionados às funções desempenhadas.** (STF. Plenário. AP 937 QO/RJ, Rel. Min. Roberto Barroso, julgado em 03/05/2018).
- Recebida a denúncia contra o Senador ou Deputado, por crime ocorrido após a diplomação, o Supremo Tribunal Federal dará ciência à Casa respectiva, que, **por iniciativa de partido político** nela representado e pelo voto da maioria de seus membros, **poderá**, até a decisão final, **sustar o andamento** da ação. Assim, **o STF não precisa de licença** da Cada Legislativa para processar um de seus membros.
- A **inviolabilidade parlamentar não se estende ao congressista quando, na condição de candidato a qualquer cargo eletivo, vem a ofender, moralmente, a honra de terceira pessoa**, inclusive a de outros candidatos, em pronunciamento motivado por finalidade exclusivamente eleitoral, que não guarda qualquer conexão com o exercício das funções congressuais.
- "O fato de o parlamentar estar na Casa legislativa no momento em que proferiu as declarações não afasta a possibilidade de cometimento de crimes contra a honra, nos casos em que as ofensas são divulgadas pelo próprio parlamentar na Internet." STF. 1ª Turma. PET 7174/DF, rel. Min. Alexandre de Moraes, red. p/ o ac. Min. Marco Aurélio, julgado em 10/3/2020 (Info 969).
- "Atentar contra a democracia e o Estado de Direito não configura exercício da função parlamentar a invocar a imunidade constitucional prevista no art. 53, caput, da Constituição Federal." STF. Plenário. Inq 4781 Ref, Rel. Min. Alexandre de Moraes, julgado em 17/2/2021 (Info 1006).
- "Perda do mandato parlamentar. Entendimento da maioria no sentido de que **não cabe ao Poder Judiciário decretar a perda de mandato de parlamentar federal, em razão de condenação criminal. Determinação de comunicação à respectiva Casa para instauração do procedimento do art. 55, § 2º, da Constituição Federal**" (STF. AP 572, julgada em 2014 e relatada pelo Ministro Gilmar Mendes).
- **Os Vereadores gozam de imunidade material** (inviolabilidade) relativa às suas opiniões, palavras e votos, no exercício do mandato e na **circunscrição (limites territoriais) do Município** a que estejam vinculados.
- A **imunidade formal** (que garante regras especiais para a prisão e o processo de Parlamentar) **não se aplica aos Vereadores**, por falta de expressa previsão no Texto Constitucional.

Comissão Parlamentar de Inquérito – CPI

- **STF e as CPIs:** "Criação de CPI: requisitos constitucionais. O Parlamento recebeu dos cidadãos, não só o poder de representação política e a competência para legislar, mas também o mandato para fiscalizar os órgãos e agentes do Estado, respeitados, nesse processo de fiscalização, os limites materiais e as exigências formais estabelecidas pela CF. O direito de investigar – que a Constituição da República atribuiu ao Congresso Nacional e às Casas que o compõem (art. 58, § 3º) – tem, no inquérito parlamentar, o instrumento mais expressivo de concretização desse relevantíssimo encargo constitucional, que traduz atribuição inerente à própria essência da instituição parlamentar. A instauração do inquérito parlamentar, para viabilizar-se no âmbito das Casas legislativas, está vinculada, unicamente, à satisfação de três exigências definidas, de modo taxativo, no texto da Carta Política: **(1) subscrição do requerimento de constituição da CPI por, no mínimo, 1/3 dos membros da Casa legislativa, (2) indicação de fato determinado a ser objeto de apuração e (3) temporariedade da CPI.** Preenchidos os requisitos constitucionais (CF, art. 58, § 3º), impõe-se a criação da CPI, que não depende, por isso mesmo, da vontade aquiescente da maioria legislativa. Atendidas tais exigências (CF, art. 58, § 3º), cumpre, ao presidente da Casa legislativa, adotar os procedimentos subsequentes e necessários à efetiva instalação da CPI, não lhe cabendo qualquer apreciação de mérito sobre o objeto da investigação parlamentar, que se revela possível, dado o seu caráter autônomo (RTJ 177/229 – RTJ 180/191-193), ainda que já instaurados, em torno dos mesmos fatos, inquéritos policiais ou processos judiciais. A prerrogativa institucional de investigar, deferida ao Parlamento (especialmente aos grupos minoritários que atuam no âmbito dos corpos legislativos), não pode ser comprometida pelo bloco majoritário existente no Congresso Nacional e que, por efeito de sua intencional recusa em indicar membros para determinada CPI (ainda que fundada em razões de estrita conveniência político-partidária), culmine por frustrar e nulificar, de modo inaceitável e arbitrário, o exercício, pelo Legislativo (e pelas minorias que o integram), do poder constitucional de fiscalização e de investigação do comportamento dos órgãos, agentes e instituições do Estado, notadamente daqueles que se estruturam na esfera orgânica do Poder Executivo. (...) Legitimidade passiva *ad causam* do presidente do Senado Federal – autoridade dotada de poderes para viabilizar a composição das comissões parlamentares de inquérito." (MS 24.831, julgado em 2005 e relatado pelo Ministro Celso de Mello).

- "A instauração de Comissão Parlamentar de Inquérito depende unicamente do preenchimento dos requisitos previstos no art. 58, § 3º, da Constituição Federal, ou seja:

  (a) o requerimento de um terço dos membros das casas legislativas;

  (b) a indicação de fato determinado a ser apurado; e

  (c) a definição de prazo certo para sua duração." STF. Plenário. MS 37760 MC-Ref/DF, Rel. Min. Roberto Barroso, julgado em 14/4/2021 (Info 1013).

- "A fundamentação exigida das Comissões Parlamentares de Inquérito quanto à **quebra de sigilo bancário, fiscal, telefônico e telemático não ganha contornos exaustivos** equiparáveis à dos atos dos órgãos investidos do ofício judicante. Requer-se que constem da deliberação as razões pelas quais veio a ser determinada a medida" (MS 24.749 julgado em 2004 e relatado pelo Ministro Marco Aurélio).
- De acordo com o STF, "**O sigilo bancário, o sigilo fiscal e o sigilo telefônico (sigilo este que incide sobre os dados/registros telefônicos e que não se identifica com a inviolabilidade das comunicações telefônicas) – ainda que representem projeções específicas do direito à intimidade, fundado no art. 5º, X, da Carta Política – não se revelam oponíveis, em nosso sistema jurídico, às comissões parlamentares de inquérito**, eis que o ato que lhes decreta a quebra traduz natural derivação dos poderes de investigação que foram conferidos, pela própria CR, aos órgãos de investigação parlamentar. As CPIs, no entanto, para decretarem, legitimamente, por autoridade própria, a quebra do sigilo bancário, do sigilo fiscal e/ou do sigilo telefônico, relativamente a pessoas por elas investigadas, devem demonstrar, a partir de meros indícios, a existência concreta de causa provável que legitime a medida excepcional (ruptura da esfera de intimidade de quem se acha sob investigação), justificando a necessidade de sua efetivação no procedimento de ampla investigação dos fatos determinados que deram causa à instauração do inquérito parlamentar, sem prejuízo de ulterior controle jurisdicional dos atos em referência (CF, art. 5º, XXXV). As deliberações de qualquer comissão parlamentar de inquérito, à semelhança do que também ocorre com as decisões judiciais (RTJ 140/514), quando destituídas de motivação, mostram-se írritas e despojadas de eficácia jurídica, pois nenhuma medida restritiva de direitos pode ser adotada pelo Poder Público, sem que o ato que a decreta seja adequadamente fundamentado pela autoridade estatal." (MS 23.452, julgado em 1999 e relatado pelo Ministro Celso de Mello).
- A testemunha e o indiciado, quando convocados, **não são obrigados a responder às perguntas que possam incriminá-los, em razão do seu direito constitucional ao silêncio e a não autoincriminação**. Entretanto, tanto o indiciado quanto a testemunha tem **o dever de ao menos comparecer** à CPI.
- É possível a ampliação da atuação de CPI para além da finalidade para a qual ela tenha sido criada. Segundo o STF, **fatos inicialmente imprevistos podem ser acrescidos a uma CPI que esteja em funcionamento** (HC 71.039, julgado em 1996).
- De acordo com o STF, "**Não aparentam caracterizar abuso de exposição da imagem pessoal na mídia, a transmissão e a gravação de sessão em que se toma depoimento de indiciado, em CPI.**" (MS 24.832, julgado em 2004, e relatado pelo Ministro Cezar Peluso).
- Para facilitar, preparamos os seguintes quadros:

CPI	
pode	**não pode**
Quebrar sigilo fiscal, bancário e de dados;	Determinar busca domiciliar
Ouvir testemunhas e, se for o caso, determinar condução coercitiva (garantido o direito ao silêncio);	Determinar interceptação telefônica ou quebra do sigilo de comunicação telefônica (mas poderá determinar quebra do sigilo de dados telefônicos, ou seja, dos registros pretéritos em lista)
Ouvir investigados ou indiciados (garantido o direito ao silêncio).	Determinar prisão (salvo em flagrante, como no falso testemunho.

- As comissões parlamentares de inquérito **não são permanentes,** pois são criadas para a apuração de fato determinado e por prazo certo. Além disso, possuem **poderes de investigação próprios das autoridades judiciais**, mas **não podem** aplicar sanções, devendo, se for o caso, encaminhar suas conclusões ao Ministério Público, para que promova a responsabilidade civil ou criminal dos infratores.

  É inconstitucional norma de Constituição Estadual que amplie rol de autoridades sujeitas à convocação pelo Poder Legislativo sob pena de incorrer em crime de responsabilidade, pois viola tanto o princípio da simetria, quanto a competência privativa da União para legislar sobre crimes de responsabilidade. STF. Plenário. ADI 5416, Rel. Gilmar Mendes, julgado em 03/04/2020 (Info 977).

  "Em juízo de delibação, **não é possível a convocação de governadores de estados-membros da Federação por Comissão Parlamentar de Inquérito (CPI)** instaurada pelo Senado Federal. A convocação viola o princípio da separação dos Poderes e a autonomia federativa dos estados-membros." STF. Plenário. ADPF 848 MC-Ref/DF, Rel. Min. Rosa Weber, julgado em 25/6/2021 (Info 1023).

2. PROCESSO LEGISLATIVO

- O **processo legislativo compreende** a elaboração de: I – emendas à Constituição; II – leis complementares; III – leis ordinárias; IV – leis delegadas; V – medidas provisórias; VI – decretos legislativos e; VII – resoluções.

  > "A tramitação de projeto de lei por meio de sistema de deliberação remota não viola as normas do processo legislativo. Isso porque o fato de as sessões deliberativas do Senado Federal e da Câmara dos Deputados terem acontecido por meio virtual não afasta a participação e o acompanhamento da população em geral. Ambas as Casas Legislativas fornecem meios de comunicação de amplo e fácil acesso, em tempo real, em relação ao exercício da atividade legislativa. Ademais, a circunstância de se estar diante de uma pandemia, cujo vírus se revelou altamente contagioso, justifica a prudente opção do Congresso Nacional em prosseguir com suas atividades por meio eletrônico." STF. Plenário. ADI 6442/DF, ADI 6447/DF, ADI 6450/DF e ADI 6525/DF, Rel. Min. Alexandre de Moraes, julgado em 13/3/2021 (Info 1009).

- A **Lei Complementar** exige aprovação por maioria absoluta, enquanto a **Lei Ordinária** é aprovada por maioria simples dos membros presentes à sessão, desde que presente a maioria absoluta dos membros de cada Casa ou de suas Comissões.

- As matérias que devem ser regradas por **Lei Complementar** encontram-se taxativamente indicadas no texto constitucional (ao longo dos dispositivos) e, desde que não seja assunto específico de normatização por decreto legislativo ou resolução, o regramento de todo o resíduo competirá à lei ordinária (conclusão que se extrai a partir de interpretação sistemática do texto constitucional).
- **Não** existe **hierarquia** entre lei complementar e lei ordinária, nem entre lei federal e lei estadual.
- As matérias reservadas à Lei Complementar **não** serão objeto de **delegação** do Congresso ao Presidente da República.
- Se uma **lei denominada de complementar versar sobre matéria relativa a lei ordinária** (ou seja, para a qual não seria exigível lei complementar), então ela poderá ser revogada também por lei ordinária posterior. Esse é o entendimento do STF (RE, 377.457, julgado em 2008 e relatado pelo Ministro Gilmar Mendes).
- Na apreciação de **projeto de lei delegada** pelo Congresso Nacional, não são admitidas emendas parlamentares.
- A discussão e votação dos **Projetos de Lei Ordinária não** devem, obrigatoriamente, ter início na Câmara dos Deputados. Somente os projetos de lei de iniciativa do Presidente da República, do Supremo Tribunal Federal e dos Tribunais Superiores terão início obrigatoriamente na Câmara dos Deputados (art. 64, da CF).
- A **correção redacional** a um projeto de lei ordinária **não importa** em retorno à casa iniciadora. Somente se exige o retorno à Casa iniciadora se a emenda parlamentar introduzida acarretar modificação no sentido da proposição jurídica, o que não ocorre quando há mera correção de redação.
- "**Não é necessária a reapreciação**, pela Câmara dos Deputados, de expressão suprimida pelo Senado Federal em texto de proposta de emenda constitucional que, na redação remanescente, aprovada por ambas as Casas do Congresso Nacional, **não perdeu sentido normativo**". (STF, ADI 3.367, julgada em 2005 e relatada pelo Ministro Cezar Peluso).
- **A sanção de projeto de lei não convalida o vício** de inconstitucionalidade resultante da usurpação do poder de iniciativa.
- Dá-se a chamada **sanção tácita** quando o Presidente da República permanece inerte durante o prazo de que dispõe para vetar ou sancionar o projeto de lei.
- É possível o controle sobre a **intempestividade do veto,** nos termos da jurisprudência do STF: "Processo legislativo: veto mantido pelo Legislativo: decreto-legislativo que, anos depois, sob fundamento de ter sido o veto intempestivo, desconstitui a deliberação que o mantivera e declara tacitamente sancionada a parte vetada do projeto de lei. Inconstitucionalidade formal do decreto-legislativo, independentemente da indagação acerca da validade material ou não da norma por ele considerada sancionada: aplicação ao **processo legislativo, que é verdadeiro processo, da regra da preclu-**

são que, como impede a retratação do veto, também obsta a que se retrate o Legislativo de sua rejeição ou manutenção; preclusão, no entanto, que, não se confundindo com a coisa julgada, esta sim, peculiar do processo jurisdicional, não inibe o controle judicial da eventual intempestividade do veto." (ADI 1.254, Rel. Min. Sepúlveda Pertence, julgamento em 9-12-1999, Plenário, DJ de 17-3-2000.)

> "**Não se admite "novo veto" em lei já promulgada e publicad**a. Manifestada a aquiescência do Poder Executivo com projeto de lei, pela aposição de sanção, evidencia-se a ocorrência de preclusão entre as etapas do processo legislativo, sendo incabível eventual retratação." STF. Plenário. ADPF 714/DF, ADPF 715/DF e ADPF 718/DF, Rel. Min. Gilmar Mendes, julgado em 13/2/2021 (Info 1005).

- A **iniciativa popular** pode ser exercida pela apresentação à Câmara dos Deputados de projeto de lei subscrito por, no mínimo, um por cento do eleitorado nacional, distribuído pelo menos por cinco Estados, com não menos de três décimos por cento dos eleitores de cada um deles.
- **Não** há previsão de iniciativa popular para se emendar a Constituição.
- São de iniciativa privativa do **Presidente da República** as leis que disponham sobre a criação de cargos, funções ou empregos públicos na administração direta e autárquica ou **aumento de sua remuneração** (art. 61, § 1°, II, "a", da CF). Essa regra, também deve ser aplicada ao Governador e à administração estadual, em decorrência do **Princípio da Simetria ou Parametricidade**, segundo o qual, as normas de organização do Estado dispostas na Constituição Federal e válidas para a União, devem ser reproduzidas nas Constituições Estaduais e aplicadas aos Estados Membros. O mesmo se dá em relação aos Municípios, na medida em que será de iniciativa privativa dos Prefeitos a criação de cargos, funções ou empregos públicos na administração direta e autárquica ou aumento de sua remuneração no âmbito de cada Município.
- No bojo da ADI 2813 (rel. Min. Cármen Lúcia, 1º.8.2011), **o STF entendeu pela possibilidade de emendas parlamentares a projetos de lei de iniciativa do Chefe do Poder Executivo, desde que** haja pertinência temática com o projeto de lei originário e que delas não decorra aumento da despesa global prevista (art. 166, §§ 3° e 4° da CF).
- A **Constituição poderá ser emendada** mediante **proposta**: I – de um terço, no mínimo, dos membros da Câmara dos Deputados ou do Senado Federal (nunca Congressista sozinho); II – do Presidente da República; III – de mais da metade das Assembleias Legislativas das unidades da Federação, manifestando-se, cada uma delas, pela maioria relativa de seus membros.

EMENDA À CONSTITUIÇÃO	A Constituição poderá ser emendada mediante proposta:
	1) De 1/3, no mínimo, dos membros da Câmara dos Deputados ou do Senado Federal (nunca Congressista sozinho);
	2) Do Presidente da República;
	3) De mais da metade das Assembleias Legislativas das unidades da Federação, manifestando-se, cada uma delas, pela maioria relativa de seus membros.

- A proposta de emenda constitucional será discutida e votada em cada Casa do Congresso Nacional, em **dois turnos**, considerando-se aprovada se obtiver, em ambos, **três quintos dos votos** (portanto, mais do que maioria absoluta) dos respectivos membros.

  Atenção: o STF entende que as regras de processo legislativo são normas de **reprodução obrigatória** pelos Estados, devendo observar o princípio da simetria federativa. Por isso: "É inconstitucional norma de Constituição estadual que preveja quórum diverso de 3/5 dos membros do Poder Legislativo para aprovação de emendas constitucionais." STF. Plenário. ADI 6453/RO, Rel. Min. Rosa Weber, julgado em 11/2/2022 (Info 1043).

- **Atenção!** Emenda à Constituição será promulgada pelas **Mesas da Câmara dos Deputados e do Senado Federal** (não pelo Presidente da República), com o respectivo número de ordem.

- A matéria constante de proposta de **emenda à Constituição rejeitada ou havida por prejudicada** não pode ser objeto de nova proposta na mesma sessão legislativa (Princípio da Irrepetibilidade).

- Em caso de relevância e urgência, o Presidente da República poderá adotar **medidas provisórias**, com força de lei, devendo submetê-las de imediato ao Congresso Nacional.

- As medidas provisórias, regra geral, perderão eficácia, desde a edição, **se não forem convertidas em lei** no prazo de sessenta dias, prorrogável uma vez por igual período, devendo o Congresso Nacional disciplinar, por **decreto legislativo**, as relações jurídicas delas decorrentes.

- **Não editado o decreto legislativo** até sessenta dias após a **rejeição ou perda de eficácia** de medida provisória, as relações jurídicas constituídas e decorrentes de atos praticados durante sua vigência conservar-se-ão por ela regidas.

- A não apreciação pela Câmara dos Deputados e, após, pelo Senado Federal, no prazo de 45 dias contados da publicação, tem como consequência a entrada em **regime de urgência**, subsequentemente, em cada uma das Casas do Congresso Nacional**, ficando sobrestadas**, até que se ultime a votação, **todas as demais deliberações** legislativas da Casa em que estiver tramitando.

- Se a Medida Provisória perder eficácia por decurso de prazo ou, em caráter expresso, for rejeitada pelo Congresso Nacional, **vedada será sua reedição na mesma sessão legislativa**.

- **Atenção! É vedada** a edição de medidas provisórias sobre matéria relativa a nacionalidade, cidadania, direitos políticos, partidos políticos, direito eleitoral, direito penal, processual penal e processual civil, **mas não sobre direito civil!**

- É **vedada** a edição de medidas provisórias sobre matéria já disciplinada em projeto de lei aprovado pelo Congresso Nacional e pendente de sanção ou veto do

Presidente da República. No entanto, o STF entende que: "Não caracteriza afronta à vedação imposta pelo art. 62, § 1º, IV, da Constituição Federal (CF) a edição de medida provisória no mesmo dia em que o Presidente da República sanciona ou veta projeto de lei com conteúdo semelhante." STF. Plenário. ADI 2601/DF, Rel. Min. Ricardo Lewandowski, julgado em 19/8/2021 (Info 1026).

- É **vedada a reedição**, na mesma sessão legislativa, de medida provisória que tenha sido rejeitada ou que tenha perdido sua eficácia por decurso de prazo.
- **Não é vedada** a edição de medidas provisórias para a abertura de crédito extraordinário, para a criação de normas gerais de licitações e contratos administrativos ou para aumento de **alíquota de imposto.**
- Segundo o STF, porque possui força de lei e eficácia imediata a partir de sua publicação, **a medida provisória não pode ser 'retirada' pelo presidente da República à apreciação do Congresso Nacional. (...). Entretanto, como qualquer outro ato legislativo, a medida provisória é passível de ab-rogação mediante diploma de igual ou superior hierarquia. (...). A revogação da medida provisória por outra apenas suspende a eficácia da norma ab-rogada, que voltará a vigorar pelo tempo que lhe reste para apreciação, caso caduque ou seja rejeitada a medida provisória ab-rogante**. Consequentemente, o ato revocatório não subtrai ao Congresso Nacional o exame da matéria contida na medida provisória revogada. (ADI 2.984, julgada em 2003 e relatada pela Ministra Ellen Gracie).
- **Não será admitido aumento de despesa** prevista: I – nos projetos de iniciativa exclusiva do Presidente da República (salvo nas leis orçamentárias); II – nos projetos sobre organização dos serviços administrativos da Câmara dos Deputados, do Senado Federal, dos Tribunais Federais e do Ministério Público.

3. FISCALIZAÇÃO CONTÁBIL, FINANCEIRA E ORÇAMENTÁRIA

O controle externo, a cargo do Congresso Nacional, será exercido com o auxílio do Tribunal de Contas da União – TCU.

- **Natureza e Poderes do TCU:** de acordo com o STF, "A posição constitucional dos Tribunais de Contas – órgãos investidos de autonomia jurídica – inexistência de qualquer vínculo de subordinação institucional ao poder legislativo – atribuições do Tribunal de Contas que traduzem direta emanação da própria Constituição da República. Os Tribunais de Contas ostentam posição eminente na estrutura constitucional brasileira, não se achando subordinados, por qualquer vínculo de ordem hierárquica, ao Poder Legislativo, de que não são órgãos delegatários nem organismos de mero assessoramento técnico. A competência institucional dos Tribunais de Contas não deriva, por isso mesmo, de delegação dos órgãos do Poder Legislativo, mas traduz emanação que resulta, primariamente, da própria Constituição da República. Doutrina. Precedentes." (ADI 4.190-MC-REF, Rel. Min. Celso de Mello, julgamento em 10-3-2010, Plenário, DJE de 11-6-2010.)

"O Tribunal de Contas da União (TCU) é o órgão competente para fiscalizar os recursos decorrentes do Fundo Constitucional do Distrito Federal." (STF, MS 28584/DF, rel. orig. Min. Ricardo Lewandowski, red. p/ o ac. Min. Edson Fachin, julgamento em 29.10.2019.)

- **TCU e Poderes Implícitos:** "(...) a atribuição de poderes explícitos, ao Tribunal de Contas, tais como enunciados no art. 71 da Lei Fundamental da República, supõe que se lhe reconheça, ainda que por implicitude, a titularidade de meios destinados a viabilizar a adoção de medidas cautelares vocacionadas a conferir real efetividade às suas deliberações finais, permitindo, assim, que se neutralizem situações de lesividade, atual ou iminente, ao erário público. Impende considerar, no ponto, em ordem a legitimar esse entendimento, a formulação que se fez em torno dos poderes implícitos, cuja doutrina, construída pela Suprema Corte dos Estados Unidos da América, no célebre caso McCulloch v. Maryland (1819), enfatiza que a outorga de competência expressa a determinado órgão estatal importa em deferimento implícito, a esse mesmo órgão, dos meios necessários à integral realização dos fins que lhe foram atribuídos. (...) É por isso que entendo revestir-se de integral legitimidade constitucional a atribuição de índole cautelar, que, reconhecida com apoio na teoria dos poderes implícitos, permite, ao TCU, adotar as medidas necessárias ao fiel cumprimento de suas funções institucionais e ao pleno exercício das competências que lhe foram outorgadas, diretamente, pela própria CR." (MS 24.510, Rel. Min. Ellen Gracie, voto do Min. Celso de Mello, julgamento em 19-11-2003, Plenário, DJ de 19-3-2004.)

- "Em atenção aos princípios da segurança jurídica e da confiança legítima, **os Tribunais de Contas estão sujeitos ao prazo de cinco anos para o julgamento da legalidade do ato de concessão inicial de aposentadoria, reforma ou pensão**, a contar da chegada do processo à respectiva Corte de Contas." (RE 636553/RS, rel. Min. Gilmar Mendes, julgamento em 19.2.2020. Informativo 967, Tema 445).

- "O Tribunal de Contas do Distrito Federal tem competência para fiscalizar a aplicação de recursos federais repassados ao Distrito Federal." (STJ, RMS 61.997-DF, Rel. Min. Benedito Gonçalves, Primeira Turma, por unanimidade, julgado em 16/06/2020, DJe 18/06/2020)

- "É inconstitucional lei estadual, de origem (iniciativa) parlamentar, que discipline a organização e o funcionamento do Tribunal de Contas estadual (TCE). Isso porque os Tribunais de Contas possuem reserva de iniciativa (competência privativa) para apresentar os projetos de lei que tenham por objetivo tratar sobre a sua organização ou o seu funcionamento (art. 96, II c/c arts. 73 e 75 da CF/88). Os Tribunais de Contas, conforme reconhecido pela CF/88 e pelo STF, gozam das prerrogativas da autonomia e do autogoverno, o que inclui, essencialmente, a iniciativa privativa para instaurar processo legislativo que pretenda alterar sua organização e funcionamento." STF. Plenário. ADI 4191, Rel. Roberto Barroso, julgado em 22/05/2020 (Info 986 – clipping).

X. DO PODER JUDICIÁRIO: DISPOSIÇÕES GERAIS; DO SUPREMO TRIBUNAL FEDERAL; DO CONSELHO NACIONAL DE JUSTIÇA: ORGANIZAÇÃO E COMPETÊNCIA; DO SUPERIOR TRIBUNAL DE JUSTIÇA; DOS TRIBUNAIS E JUÍZES DO TRABALHO; DO CONSELHO SUPERIOR DA JUSTIÇA DO TRABALHO: ORGANIZAÇÃO E COMPETÊNCIA.

1. DISPOSIÇÕES GERAIS

- São **órgãos** do Poder Judiciário: I – o Supremo Tribunal Federal; I-A o Conselho Nacional de Justiça; II – o Superior Tribunal de Justiça; II-A – o Tribunal Superior do Trabalho; III – os Tribunais Regionais Federais e Juízes Federais; IV – os Tribunais e Juízes do Trabalho; V – os Tribunais e Juízes Eleitorais; VI – os Tribunais e Juízes Militares; VII – os Tribunais e Juízes dos Estados e do Distrito Federal e Territórios.

- De acordo com o que dispõe o art. 93, da CF, **Lei complementar, de iniciativa do Supremo Tribunal Federal, disporá sobre o Estatuto da Magistratura**.

  Segundo entendimento do STF: "Normas estaduais, legais ou constitucionais, que disponham sobre o ingresso na carreira da magistratura violam o art. 93, caput, da Constituição Federal (CF), por usurpar iniciativa legislativa privativa do Supremo Tribunal Federal (STF).". Assim "É inconstitucional norma estadual que estabelece limites etários para ingresso na magistratura." STF. Plenário. ADI 6794-CE, rel. Min. Gilmar Mender, julgado em 24/09/2021 (Info 1031).

  Magistrado que pede exoneração não pode ser readmitido no cargo, uma vez que a Constituição Federal de 1988 exige prévia aprovação em concurso público como condição para tanto. Lei estadual que prevê tal possibilidade é inconstitucional. STJ. 2ª Turma. RMS 61.880-MT, Rel. Min. Mauro Campbell Marques, julgado em 03/03/2020 (Info 666).

- **É obrigatória a promoção** do juiz que figure por três vezes consecutivas ou cinco alternadas em lista de merecimento.

- **Não será promovido** o juiz que, injustificadamente, retiver autos em seu poder além do prazo legal, **não** podendo devolvê-los ao cartório sem o devido despacho ou decisão. Trata-se de nova regra criada pela EC 45/04, no contexto da reforma do Poder Judiciário, que teve como vetor fundamental a busca pela celeridade processual, estampada também no princípio da razoável duração do processo (art. 5°, LXXVIII, da CF).

- A **promoção por merecimento** pressupõe **2 anos** de exercício na respectiva entrância e integrar o juiz a primeira **quinta parte** da lista de antiguidade desta, salvo se não houver com tais requisitos quem aceite o lugar vago.

- Para fins de promoção, deverá ocorrer a aferição do merecimento conforme o desempenho e pelos critérios objetivos de produtividade e presteza no exercício da jurisdição e **pela frequência e aproveitamento em cursos** oficiais ou reconhecidos de aperfeiçoamento (portanto, o aproveitamento não é dispensável), consoante art. 93, II, "c", da CF.

- Mas, de acordo com o STF, "A **aferição do merecimento é feita levando-se em conta diversos critérios, não apenas dados objetivos, mas também outros relativos à produtividade e presteza no exercício da jurisdição**." (MS 27.960-AgR, Rel. Min. Ricardo Lewandowski, julgamento em 27-10-2011, Plenário, DJE de 11-11-2011.)

- Na **apuração de antiguidade**, o tribunal somente poderá recusar o juiz mais antigo pelo voto fundamentado de **dois terços** de seus membros, conforme procedimento próprio, e assegurada ampla defesa, repetindo-se a votação até fixar-se a indicação (art. 93, II, "d", da CF).

  Para o STF: "É inconstitucional norma de constituição estadual que, ao dispor a respeito da remoção de magistrados, cria distinção indevida entre juízes titulares e substitutos. Isso porque, ao dispor sobre matéria própria do Estatuto da Magistratura, o dispositivo da constituição estadual violou, formalmente, a reserva de lei complementar nacional, de iniciativa do Supremo Tribunal Federal, prevista no art. 93, caput, da Constituição Federal (CF)." (STF, ADI 3358/PE, rel. min. Rosa Weber, julgamento em 22/10/2021, info 1035).

- **Vitaliciedade:** de acordo com a doutrina, "todos os membros dos tribunais têm a garantia da vitaliciedade, independentemente da forma de acesso. Mesmo que um advogado ou membro do MP integre a carreira da magistratura, por exemplo, através da regra do quinto constitucional – art. 94 [...], no exato momento da posse adquirirá a vitaliciedade, não tendo de passar por qualquer estágio probatório (LENZA, Pedro. Direito constitucional esquematizado. 18. ed. São Paulo: Saraiva, 2014, p. 796).

- **Regra do Quinto Constitucional: um quinto dos lugares dos Tribunais Regionais Federais, dos Tribunais dos Estados, e do Distrito Federal e Territórios** será composto de membros, do **Ministério Público**, com mais de dez anos de carreira, e de **advogados** de notório saber jurídico e de reputação ilibada, com mais de dez anos de efetiva atividade profissional, indicados em lista sêxtupla pelos órgãos de representação das respectivas classes.

- Tribunal de Justiça. **Se o número total de sua composição não for divisível por cinco, arredonda-se a fração restante (seja superior ou inferior à metade) para o número inteiro seguinte, a fim de alcançar-se a quantidade de vagas destinadas ao quinto constitucional** destinado ao provimento por advogados e membros do Ministério Público" (STF. AO 493, Rel. Min. Octávio Gallotti, Primeira Turma, DJ 10.11.2000, grifos nossos).

- O Advogado oriundo do Quinto Constitucional nos Tribunais de Justiça concorre como magistrado para ocupar vagas no Superior Tribunal de Justiça, **pois disputa o terço das vagas a serem ocupadas por Desembargadores dos Tribunais de Justiça**.

  Entende o STJ que: "A Ordem dos Advogados do Brasil possui autonomia para elaborar e revisar lista sêxtupla para indicação de advogados para concorrer à vaga do quinto constitucional." (STJ, AgInt na SS 3.262-SC, Rel. Presidente Min. Humberto Martins, Corte Especial, por unanimidade, julgado em 20/10/2021. Info 716).

2. SUPREMO TRIBUNAL FEDERAL

- Compete ao Supremo Tribunal Federal, precipuamente, a guarda da Constituição, cabendo-lhe processar e julgar, originariamente, nas infrações penais comuns e nos crimes de responsabilidade, os Ministros de Estado e os Comandantes da Marinha, do Exército e da Aeronáutica, ressalvado o disposto no art. 52, I (crimes de responsabilidade conexos com o Presidente da República serão julgados pelo Senado Federal), os membros dos Tribunais Superiores, os do Tribunal de Contas da União e os chefes de missão diplomática de caráter permanente.
- Compete ao Supremo Tribunal Federal julgar **processar e julgar originariamente** (e não mediante recurso extraordinário) nas infrações penais comuns, o Presidente da República, o Vice-Presidente, os membros do Congresso Nacional, seus próprios Ministros e o Procurador – Geral da República (art. 103, I, "b", da CF).
- Compete ao Supremo Tribunal Federal julgar ação direta de inconstitucionalidade de lei ou ato normativo federal ou estadual e a ação declaratória de constitucionalidade de lei ou ato normativo federal, nos termos do art. 102, I, "a", da CF.
- Consoante art. 102, III, "d", da CF, compete ao Supremo Tribunal Federal julgar, mediante recurso extraordinário, as causas decididas em única ou última instância, quando a decisão recorrida julgar válida lei local contestada em face de lei federal. Essa competência foi incluída no Texto Constitucional pela EC 45/04, responsável pela Reforma do Poder Judiciário.
- No recurso extraordinário o recorrente deverá demonstrar a **repercussão geral** das questões constitucionais discutidas no caso, nos termos da lei, a fim de que o Tribunal examine a admissão do recurso, somente podendo recusá-lo pela manifestação de dois terços de seus membros.

Precedentes e Súmula Vinculante

- **Precedente Constitucional** é uma decisão anterior sobre matéria constitucional que pode ser invocada para a resolução de um caso presente ou futuro.
- Os precedentes constitucionais são comumente utilizados no **sistema do *common law*,** da **tradição anglo-saxônica,** que atribui importância destacada aos costumes e às decisões judiciais, justificando a existência do princípio do ***stare decisis*** ("já está decidido").
- No Brasil os precedentes constitucionais têm sido muito aplicados nas decisões proferidas em sede de **controle de constitucionalidade**, notadamente por conta do **efeito vinculante**. Mas, o instituto que traduz com perfeição a ideia dos precedentes constitucionais é a **súmula vinculante** que, atendidos os pressupostos constitucionais e legais, estabelece a **síntese de um precedente abstrato, de uma jurisprudência prevalente, com força vinculante.**
- Somente o **STF** pode editar Súmula Vinculante.

- O Supremo Tribunal Federal poderá, de ofício ou por provocação, mediante decisão de **dois terços** (e não da maioria absoluta) de seus membros, **após reiteradas decisões sobre matéria constitucional**, aprovar súmula que, a partir de sua publicação na imprensa oficial, terá **efeito vinculante** em relação aos demais órgãos do Poder Judiciário e à administração pública direta e indireta, nas esferas federal, estadual e municipal, bem como proceder à sua revisão ou cancelamento, na forma estabelecida em lei.
- **A súmula vinculante terá por objetivo** a validade, a interpretação e a eficácia de normas determinadas, acerca das quais haja controvérsia atual entre órgãos judiciários ou entre esses e a administração pública que acarrete **grave insegurança jurídica** e **relevante multiplicação de processos** sobre questão idêntica.
- **A edição, a revisão ou o cancelamento de enunciado de súmula vinculante podem ser provocados** pelos legitimados para a propositura da ação direta de inconstitucionalidade, e também pelo Defensor Público-Geral da União, os Tribunais Superiores, os Tribunais de Justiça de Estados ou do Distrito Federal e Territórios, os Tribunais Regionais Federais, os Tribunais Regionais do Trabalho, os Tribunais Regionais Eleitorais e os Tribunais Militares, nos termos do art. 3° da Lei 11.417/06, que regulamenta o art. 103-A da Constituição Federal, disciplinando a edição, a revisão e o cancelamento de enunciado de súmula vinculante pelo Supremo Tribunal Federal.
- Atenção! O **Município** poderá propor, **incidentalmente ao curso de processo em que seja parte**, a edição, a revisão ou o cancelamento de enunciado de súmula vinculante, o que não autoriza a suspensão do processo.
- Conforme art. 103-A, da CF, o quórum para a decisão da aprovação da Súmula será de **dois terços de seus membros,** e não da maioria simples dos Ministros presentes.
- Do ato administrativo ou decisão judicial que contrariar a súmula aplicável ou que indevidamente a aplicar, caberá **reclamação** ao Supremo Tribunal Federal que, julgando-a procedente, anulará o ato administrativo ou cassará a decisão judicial reclamada, e determinará que outra seja proferida com ou sem a aplicação da súmula, conforme o caso.
- **É plenamente cabível** revisão ou cancelamento da Súmula Vinculante mesmo após sua edição, por força do que dispõe o Art. 103-A, da CF.
- Consoante art. 7°, § 1°, da Lei 11.417/06, contra omissão ou ato da administração pública, o uso da reclamação só será admitido **após esgotamento das vias administrativas**.
- "**Inexiste ofensa à autoridade de Súmula Vinculante quando o ato de que se reclama é anterior à decisão emanada da Corte Suprema**" (Rcl 6449 AgR, rel. min. Eros Grau, julgado em 25/11/2009) e "Alegação de descumprimento da súmula vinculante nº 4 do Supremo Tribunal Federal. Decisão reclamada anterior à edição dessa súmula: inadmissibilidade da reclamação. Precedentes" (Rcl 8111 AgR, rel. min. Cármen Lúcia, julgado em 02/03/2011).

3. CONSELHO NACIONAL DE JUSTIÇA: ORGANIZAÇÃO E COMPETÊNCIA

CONSELHO NACIONAL DE JUSTIÇA – CNJ	
1. Natureza Jurídica	Órgão Integrante do Poder Judiciário, mas sem poder jurisdicional
2. Composição	15 membros, sendo: a) 9 do Poder Judiciário; b) 2 do Ministério Público; c) 2 advogados; d) 2 cidadãos. A Presidência do CNJ cabe ao Presidente do STF, que é um dos integrantes oriundo do Poder Judiciário.
3. Nomeação dos Membros	Pelo Presidente da República, após aprovação pela maioria absoluta do Senado Federal, salvo o Presidente e o Vice-Presidente, que não se submetem a essa exigência.
4. Mandatos dos Membros	2 anos, admitida uma recondução
5. Competência	Controle da atuação administrativa e financeira do Poder Judiciário e do cumprimento dos deveres funcionais dos juízes
6. Poderes/Prerrogativas Especiais	a) apreciar, de ofício ou mediante provocação, a legalidade dos atos administrativos praticados por membros ou órgãos do Poder Judiciário, podendo desconstituí-los, revê-los ou fixar prazo para que se adotem as providências necessárias ao exato cumprimento da lei; b) receber e conhecer das reclamações contra membros ou órgãos do Poder Judiciário; c) avocar processos disciplinares em curso e determinar a remoção ou a disponibilidade e aplicar outras sanções administrativas, assegurada ampla defesa; d) rever, de ofício ou mediante provocação, os processos disciplinares de juízes e membros de tribunais julgados há menos de um ano (portanto, não pode ser a qualquer tempo).
7. Controle Externo	Os atos do CNJ sujeitam-se ao controle do Supremo Tribunal Federal (art. 102, I, "r", da CF).

- O CNJ, órgão integrante do Poder Judiciário (art. 92, I-A, da CF), não pode julgar magistrados por crime de abuso de autoridade, pois sua **competência é administrativa e financeira**, não judicial.
- **Compete ao CNJ o controle da atuação administrativa e financeira do Poder Judiciário e do cumprimento dos deveres funcionais dos juízes**, cabendo-lhe, além de outras atribuições que lhe forem conferidas pelo Estatuto da Magistratura, zelar pela observância do art. 37 (que contém os princípios da administração) e apreciar, de ofício ou mediante provocação, a legalidade dos atos administrativos praticados por membros ou órgãos do Poder Judiciário, podendo desconstituí-los, revê-los ou fixar prazo para que se adotem as providências necessárias ao exato cumprimento da lei, sem prejuízo da competência do Tribunal de Contas da União.

4. SUPERIOR TRIBUNAL DE JUSTIÇA

O **Superior Tribunal de Justiça** compõe-se de, no mínimo, **33 Ministros**. Os Ministros do Superior Tribunal de Justiça serão nomeados pelo Presidente da República, dentre brasileiros com mais de trinta e cinco e menos de setenta anos, de notável saber jurídico e reputação ilibada, depois de aprovada a escolha pela maioria absoluta do Senado Federal.

- A divisão de vagas no Superior Tribunal de Justiça permite o ingresso de **um terço dos membros** dentre juízes dos Tribunais Regionais Federais e **um terço** dentre desembargadores dos Tribunais de Justiça, indicados em lista tríplice elaborada pelo próprio Tribunal; **além de outro terço em partes iguais, dentre advogados e membros do Ministério Público Federal, Estadual, do Distrito Federal e Territórios**.
- A competência para julgamento dos membros do Ministério Público da União que oficiem perante Tribunais, e dos Governadores dos Estados nos crimes comuns, é do **Superior Tribunal de Justiça** (não do STF).
- Com o advento da EC 45/2004, a concessão de *exequatur* às cartas e a homologação de sentença estrangeira passaram a ser de competência do **Superior Tribunal de Justiça.**

5. TRIBUNAIS E JUÍZES DO TRABALHO

O **Tribunal Superior do Trabalho** compõe-se de 27 Ministros, escolhidos dentre brasileiros com mais de 35 e menos de 70 anos, de notável saber jurídico e reputação ilibada, nomeados pelo Presidente da República após aprovação pela maioria absoluta do Senado Federal, sendo: I. um quinto dentre advogados com mais de 10 anos de efetiva atividade profissional e membros do Ministério Público do Trabalho com mais de 10 anos de efetivo exercício; II. os demais dentre juízes dos Tribunais Regionais do Trabalho, oriundos da magistratura da carreira, indicados pelo próprio Tribunal Superior. Sendo assim, apenas um quinto das 27 vagas será ocupado por advogados ou membros do Ministério Público (aliás, vale notar que o art. 111-A é oriundo da EC 45/04 e prevê o instituto do quinto constitucional, que não existia para Justiça do Trabalho), e o restante ficará com juízes dos Tribunais Regionais do Trabalho, oriundos da magistratura da carreira, indicados pelo próprio Tribunal Superior.

- O Tribunal Superior do Trabalho é composto de vinte e sete Ministros, escolhidos dentre brasileiros com mais de trinta e cinco e menos de setenta anos, de notável saber jurídico e reputação ilibada, nomeados pelo Presidente da República após aprovação pela maioria absoluta do Senado Federal, **sendo um quinto dentre advogados com mais de dez anos de efetiva atividade profissional e membros do Ministério Público do Trabalho com mais de dez anos de efetivo exercício e os demais dentre juízes dos Tribunais Regionais do Trabalho, oriundos da magistratura da carreira, indicados pelo próprio Tribunal Superior** (art. 111-A, "I" e "II", da CF).

- Os Ministros do Tribunal Superior do Trabalho devem ser brasileiros, **mas, não necessariamente, natos (portanto, podem também ser naturalizados)**, nomeados pelo Presidente da República, após aprovação pela maioria absoluta do **Senado Federal** (não do Congresso Nacional), consoante art. 111-A, da CF.

- A **lei disporá sobre a competência do Tribunal Superior do Trabalho**, e funcionará, junto a ele a Escola Nacional de Formação e Aperfeiçoamento de Magistrados do Trabalho, cabendo-lhe, dentre outras funções, regulamentar os cursos oficiais para o ingresso e promoção na carreira. O dispositivo tem origem na EC 45/04, que promoveu a reforma do Poder Judiciário.

  Previstas na redação original do art. 112, da CF, **as Juntas de Conciliação e Julgamento não mais encontram guarida constitucional, por força da EC 45/04**. Segundo nova redação do art. 112, da CF, a lei criará varas da Justiça do Trabalho, podendo, nas comarcas não abrangidas por sua jurisdição, atribuí-la aos juízes de direito, com recurso para o respectivo Tribunal Regional do Trabalho. Portanto, não há mais menção das Juntas de Conciliação e Julgamento na estrutura da Justiça do Trabalho.

- Consoante art. 114, VI, da CF, **compete à Justiça do Trabalho** processar e julgar as ações de indenização por dano moral ou patrimonial, decorrentes da relação de trabalho. Tal regra foi incluída pela Emenda Constitucional nº 45, de 2004. Interessante notar que, logo depois da inclusão da nova regra, o STF no bojo do RE 438639, chegou a entender de modo diverso, firmando competência para a justiça do trabalho. Entretanto, logo em seguida, nos autos do Conflito de Competência 7.204-1, a Suprema Corte mudou de posição firmou a competência da justiça comum para o processo e o julgamento de ações de indenização por dano moral decorrente de acidente do trabalho propostas por empregado contra empregador, alinhando-se ao Texto Constitucional.

- **Súmula Vinculante 53:** A competência da Justiça do Trabalho prevista no art. 114, VIII, da Constituição Federal alcança a execução de ofício das contribuições previdenciárias relativas ao objeto da condenação constante das sentenças que proferir e acordos por ela homologados.

- Os **Tribunais Regionais do Trabalho compõem-se** de, **no mínimo**, sete juízes, recrutados, quando possível, na respectiva região, e nomeados pelo Presidente da República dentre brasileiros com mais de trinta e menos de setenta anos (art. 115 da CF, com redação dada pela EC 45/04).

- Os Tribunais Regionais do Trabalho instalarão a **justiça itinerante**, com a realização de audiências e demais funções de atividade jurisdicional, nos limites territoriais da respectiva jurisdição (e não além deles), servindo-se de equipamentos públicos e comunitários (art. 115, § 1°, da CF).

- Os Tribunais Regionais do Trabalho **poderão** funcionar de forma descentralizada, **constituindo Câmaras regionais**, a fim de assegurar o pleno acesso do jurisdicionado à justiça em todas as fases do processo (art. 115, § 2°, da CF).

6. CONSELHO SUPERIOR DA JUSTIÇA DO TRABALHO

O **Conselho Superior da Justiça do Trabalho** funcionará junto ao Tribunal Superior do Trabalho (não é entidade separada e independente e também não pertence à administração pública), cabendo-lhe exercer, na forma da lei, a supervisão administrativa, orçamentária, financeira e patrimonial da Justiça do Trabalho de primeiro e segundo graus, como **órgão central do sistema, cujas decisões terão efeito vinculante.**

XI. DAS FUNÇÕES ESSENCIAIS À JUSTIÇA: DO MINISTÉRIO PÚBLICO; DA ADVOCACIA PÚBLICA; DA ADVOCACIA E DA DEFENSORIA PÚBLICA.

1. MINISTÉRIO PÚBLICO

- O **Ministério Público** é instituição permanente, essencial à função jurisdicional do Estado, incumbindo-lhe a **defesa da ordem jurídica, do regime democrático** e **dos interesses sociais e individuais indisponíveis**.
- São **princípios institucionais** do Ministério Público: a **unidade,** a **indivisibilidade** e a **independência funcional**.
- São **funções institucionais** do Ministério Público:

a) promover, privativamente, a ação penal pública, na forma da lei;

b) zelar pelo efetivo respeito dos Poderes Públicos e dos serviços de relevância pública aos direitos assegurados nesta Constituição, promovendo as medidas necessárias a sua garantia;

c) promover o inquérito civil e a ação civil pública, para a proteção do patrimônio público e social, do meio ambiente e de outros interesses difusos e coletivos;

d) promover a ação de inconstitucionalidade ou representação para fins de intervenção da União e dos Estados, nos casos previstos nesta Constituição;

e) defender judicialmente os direitos e interesses das populações indígenas;

f) expedir notificações nos procedimentos administrativos de sua competência, requisitando informações e documentos para instruí-los, na forma da lei complementar respectiva;

g) exercer o controle externo da atividade policial, na forma da lei complementar mencionada no artigo anterior;

h) requisitar diligências investigatórias e a instauração de inquérito policial, indicados os fundamentos jurídicos de suas manifestações processuais;

i) exercer outras funções que lhe forem conferidas, desde que compatíveis com sua finalidade, sendo-lhe vedada a representação judicial e a consultoria jurídica de entidades públicas.

- Ao Ministério Público é assegurada **autonomia funcional e administrativa**, podendo propor ao Poder Legislativo a criação e extinção de seus cargos e serviços auxiliares, provendo-os por concurso público de provas ou de provas e títulos, a política remuneratória e os planos de carreira.
- O Ministério Público elaborará sua **proposta orçamentária** dentro dos limites estabelecidos na lei de diretrizes orçamentárias. Se o Ministério Público **não encaminhar a respectiva proposta** orçamentária dentro do prazo estabelecido na lei de diretrizes orçamentárias, o Poder Executivo **considerará, para fins de consolidação da proposta orçamentária anual, os valores aprovados na lei orçamentária vigente**.
- O **Princípio do Promotor Natural não é violado pela designação de Promotor de Justiça Substituto para prestar auxílio ao titular da Comarca**, ainda que ambos subscrevam a denúncia. A subscrição da denúncia pelo Promotor da Comarca e por Promotores auxiliares não a torna à margem do Direito. Nesse sentido o RHC 93.247, julgado em 2008 e relatado pelo Ministro Marco Aurélio.
- São **garantias dos membros do Ministério Público:**

  a) **vitaliciedade**, após dois anos de exercício, não podendo perder o cargo senão por sentença judicial transitada em julgado;

  b) **inamovibilidade**, salvo por motivo de interesse público, mediante decisão do órgão colegiado competente do Ministério Público, pelo voto da maioria absoluta de seus membros, assegurada ampla defesa;

  c) **irredutibilidade de subsídio**.
- **Vedações aos Membros do Ministério Público**:

  a) receber, a qualquer título e sob qualquer pretexto, honorários, percentagens ou custas processuais;

  b) exercer a advocacia;

  c) participar de sociedade comercial, na forma da lei;

  d) exercer, ainda que em disponibilidade, qualquer outra função pública, salvo uma de magistério;

  e) exercer atividade político-partidária;

  f) receber, a qualquer título ou pretexto, auxílios ou contribuições de pessoas físicas, entidades públicas ou privadas, ressalvadas as exceções previstas em lei;

  g) exercer, ainda que em disponibilidade, outro cargo ou função, salvo uma de magistério;

  h) receber, a qualquer título ou pretexto, custas ou participação em processo;

  i) dedicar-se à atividade político-partidária;

  j) receber, a qualquer título ou pretexto, auxílios ou contribuições de pessoas físicas, entidades públicas ou privadas, ressalvadas as exceções previstas em lei;

Para o STF: "É inconstitucional, por configurar ofensa à liberdade de locomoção, a exigência de prévia comunicação ou autorização para que os membros do Ministério Público possam se ausentar da comarca ou do estado onde exercem suas atribuições." (STF, ADI 6845/AC, rel. min. Carmen Lucia, julgamento 22/10/2021, info 1035).

Para o STJ: "É ilegal a requisição, sem autorização judicial, de dados fiscais pelo Ministério Público." (RHC 82.233-MG, rel. min. Sebastião Reis Júnior, julg. 09/02/2022, info724-STJ).

O Ministério Público abrange:	**o Ministério Público da União, que compreende:**	a) o Ministério Público Federal;
		b) o Ministério Público do Trabalho;
		c) o Ministério Público Militar;
		d) o Ministério Público do Distrito Federal e Territórios;
	os Ministérios Públicos dos Estados.	–

- O Ministério Público da União **tem por chefe o Procurador-Geral da República – PGR**, nomeado pelo Presidente da República dentre integrantes da carreira, maiores de trinta e cinco anos, após a aprovação de seu nome pela maioria absoluta dos membros do Senado Federal, para mandato de dois anos, permitida a recondução.

MINISTÉRIO PÚBLICO	
1. Incumbências/Missão	a) Defesa da Ordem Jurídica
	b) Defesa do Regime Democrático
	c) Defesa dos interesses sociais e individuais indisponíveis
2. Princípios Institucionais	a) Unidade
	b) Indivisibilidade
	c) Independência Funcional
3. Funções Institucionais	a) promover, privativamente, a ação penal pública, na forma da lei;
	b) zelar pelo efetivo respeito dos Poderes Públicos e dos serviços de relevância pública aos direitos assegurados nesta Constituição, promovendo as medidas necessárias a sua garantia;
	c) promover o inquérito civil e a ação civil pública, para a proteção do patrimônio público e social, do meio ambiente e de outros interesses difusos e coletivos;
	d) promover a ação de inconstitucionalidade ou representação para fins de intervenção da União e dos Estados, nos casos previstos nesta Constituição;
	e) defender judicialmente os direitos e interesses das populações indígenas;
	f) expedir notificações nos procedimentos administrativos de sua competência, requisitando informações e documentos para instruí-los, na forma da lei complementar respectiva;
	g) exercer o controle externo da atividade policial, na forma da lei complementar mencionada no artigo anterior;
	h) requisitar diligências investigatórias e a instauração de inquérito policial, indicados os fundamentos jurídicos de suas manifestações processuais;
	I) exercer outras funções que lhe forem conferidas, desde que compatíveis com sua finalidade, sendo-lhe vedada a representação judicial e a consultoria jurídica de entidades públicas.

MINISTÉRIO PÚBLICO	
4. Garantias dos Membros	a) vitaliciedade, após dois anos de exercício, não podendo perder o cargo senão por sentença judicial transitada em julgado; b) inamovibilidade, salvo por motivo de interesse público, mediante decisão do órgão colegiado competente do Ministério Público, pelo voto da maioria absoluta de seus membros, assegurada ampla defesa c) irredutibilidade de subsídio.
5. Vedações aos Membros	a) receber, a qualquer título e sob qualquer pretexto, honorários, percentagens ou custas processuais; b) exercer a advocacia; c) participar de sociedade comercial, na forma da lei; d) exercer, ainda que em disponibilidade, qualquer outra função pública, salvo uma de magistério; e) exercer atividade político-partidária f) receber, a qualquer título ou pretexto, auxílios ou contribuições de pessoas físicas, entidades públicas ou privadas, ressalvadas as exceções previstas em lei. g) exercer a advocacia no juízo ou tribunal do qual se afastou, antes de decorridos três anos do afastamento do cargo por aposentadoria ou exoneração. **ATENÇÃO!** Segundo entendimento do STF, membro do MP pode exercer cargo ou função pública em órgão externo à organização do MP, desde que tenha ingressado na instituição antes da promulgação da CF/88.
6. Composição	**6.1. Ministério Público da União** a) Ministério Público Federal; b) Ministério Público do Trabalho; c) Ministério Público Militar; d) Ministério Público do Distrito Federal e Territórios; 6.2. Ministérios Públicos dos Estados
7. Chefia	**7.1. Ministério Público da União** – Procurador Geral da República, nomeado pelo Presidente da República dentre integrantes da carreira, maiores de 35 anos, após a aprovação de seu nome pela maioria absoluta dos membros do Senado Federal, para mandato de 2 anos, permitida a recondução. **7.2. Ministérios Públicos dos Estados e do Distrito Federal e Territórios** – Procuradores Gerais dos Estados e do Distrito Federal e Territórios, serão nomeados pelo Chefe do Poder Executivo, a partir de lista tríplice formada por integrantes da carreira, na forma da lei respectiva, mandato de 2 anos, permitida uma recondução.

- A **destituição do Procurador-Geral da República**, por iniciativa do Presidente da República, deverá ser precedida de autorização da maioria absoluta do Senado Federal.
- **Os Procuradores-Gerais nos Estados e no Distrito Federal e Territórios poderão ser destituídos** por deliberação da maioria absoluta do Poder Legislativo, na forma da lei complementar respectiva.
- O **ingresso na carreira do Ministério Público** far-se-á mediante concurso público de provas e títulos, assegurada a participação da Ordem dos Advogados do Brasil

em sua realização, exigindo-se do bacharel em direito, no mínimo, 3 anos de atividade jurídica e observando-se, nas nomeações, a ordem de classificação.

- As funções do Ministério Público só podem ser exercidas por integrantes da carreira, que **deverão residir na comarca da respectiva lotação, salvo autorização do chefe da instituição**.

Foro por Prerrogativa de Função dos Membros do MP	
1) Membros do Ministério Público DOS ESTADOS que:	**2) Membros do Ministério Público DA UNIÃO (MPF/MPT/MPM/MPDFT) que:**
Oficiarem no 1° grau de jurisdição respondem perante o TJ do Estado.	Oficiarem no 1° grau de jurisdição respondem perante o TRF.
Oficiarem no 2° grau de jurisdição respondem perante o TJ do Estado.	Oficiarem no 2° grau de jurisdição respondem perante o STJ.

- A **distribuição de processos** no Ministério Público será imediata.
- O Ministério Público **está legitimado** a ingressar com ação civil pública para proteger direitos individuais homogêneos. Na jurisprudência do STF: "Concurso. Isenção de taxa de inscrição de candidatos carentes. Ação civil pública. Legitimidade ativa *ad causam* do MPF. (...) A legitimação do Ministério Público para o ajuizamento de ação civil pública, não se restringe à defesa dos direitos difusos e coletivos, mas também abarca a defesa dos direitos individuais homogêneos, máxime quando presente o interesse social." (AI 737.104-AgR, julgado em 2011 e relatado pelo Ministro Luiz Fux).
- **O Conselho Nacional do Ministério Público (CNMP)** compõe-se de **14 membros nomeados pelo Presidente da República,** depois de aprovada a escolha pela maioria absoluta do Senado Federal, para um **mandato de 2 anos, admitida uma recondução**, sendo:

  I. o Procurador-Geral da República, que o preside;

  II. quatro membros do Ministério Público da União, assegurada a representação de cada uma de suas carreiras;

  III. três membros do Ministério Público dos Estados;

  IV. dois juízes, indicados um pelo Supremo Tribunal Federal e outro pelo Superior Tribunal de Justiça;

  V. dois advogados, indicados pelo Conselho Federal da Ordem dos Advogados do Brasil;

  VI. dois cidadãos de notável saber jurídico e reputação ilibada, indicados um pela Câmara dos Deputados e outro pelo Senado Federal.

- Os membros do Conselho oriundos do Ministério Público serão **indicados pelos respectivos Ministérios Públicos**, na forma da lei.
- Compete ao Conselho Nacional do Ministério Público o **controle da atuação administrativa e financeira do Ministério Público e do cumprimento dos deveres funcionais de seus membros**, cabendo-lhe:

I. zelar pela autonomia funcional e administrativa do Ministério Público, podendo expedir atos regulamentares, no âmbito de sua competência, ou recomendar providências;

II. zelar pela observância do art. 37 e apreciar, de ofício ou mediante provocação, a legalidade dos atos administrativos praticados por membros ou órgãos do Ministério Público da União e dos Estados, podendo desconstituí-los, revê-los ou fixar prazo para que se adotem as providências necessárias ao exato cumprimento da lei, sem prejuízo da competência dos Tribunais de Contas;

III. receber e conhecer das reclamações contra membros ou órgãos do Ministério Público da União ou dos Estados, inclusive contra seus serviços auxiliares, sem prejuízo da competência disciplinar e correicional da instituição, podendo avocar processos disciplinares em curso, determinar a remoção ou a disponibilidade e aplicar outras sanções administrativas, assegurada ampla defesa;

IV. rever, de ofício ou mediante provocação, os processos disciplinares de membros do Ministério Público da União ou dos Estados julgados há menos de um ano;

V. elaborar relatório anual, propondo as providências que julgar necessárias sobre a situação do Ministério Público no País e as atividades do Conselho, o qual deve integrar a mensagem prevista no art. 84, XI.

- O Conselho escolherá, em votação secreta, um **Corregedor nacional**, dentre os membros do Ministério Público que o integram, vedada a recondução, competindo-lhe, além das atribuições que lhe forem conferidas pela lei, as seguintes:

I. receber reclamações e denúncias, de qualquer interessado, relativas aos membros do Ministério Público e dos seus serviços auxiliares;

II. exercer funções executivas do Conselho, de inspeção e correição geral;

III. requisitar e designar membros do Ministério Público, delegando-lhes atribuições, e requisitar servidores de órgãos do Ministério Público.

- **O Presidente do Conselho Federal da Ordem dos Advogados do Brasil oficiará junto ao Conselho.**
- **Leis da União e dos Estados criarão ouvidorias do Ministério Público**, competentes para receber reclamações e denúncias de qualquer interessado contra membros ou órgãos do Ministério Público, inclusive contra seus serviços auxiliares, representando diretamente ao Conselho Nacional do Ministério Público.

2. ADVOCACIA PÚBLICA

- **A Advocacia-Geral da União** é a instituição que, diretamente ou através de órgão vinculado, representa a União, judicial e extrajudicialmente, cabendo-lhe, nos termos da lei complementar que dispuser sobre sua organização e funcionamento, as atividades de consultoria e assessoramento jurídico do Poder Executivo.
- O **ingresso nas classes iniciais das carreiras da AGU** far-se-á mediante concurso público de provas e títulos.

- A **Advocacia-Geral da União** tem por chefe o Advogado-Geral da União, nomeado pelo Presidente da República, **não necessariamente dentre integrantes da carreira**, maiores de 35 anos, de notável saber jurídico e reputação ilibada.
- Na execução da dívida ativa de natureza tributária, a representação da União caberá à **Procuradoria – Geral da Fazenda Nacional**.
- Os **Procuradores dos Estados e do Distrito Federal**, organizados em carreira, na qual o ingresso dependerá de concurso público de provas e títulos, com a participação da Ordem dos Advogados do Brasil em todas as suas fases, exercerão a **representação judicial e a consultoria jurídica das respectivas unidades federadas**.
- Aos **Procuradores dos Estados e do Distrito Federal**, que ingressarem na carreira mediante concurso público, é assegurada **estabilidade** (não vitaliciedade) **após 3 anos** de efetivo exercício, mediante avaliação periódica de desempenho perante os órgãos próprios, após relatório circunstanciado das corregedorias.
- Conforme decisão exarada pelo STF, "A **garantia da inamovibilidade** é conferida pela CF apenas aos magistrados, aos membros do Ministério Público e aos membros da Defensoria Pública, **não podendo ser estendida aos procuradores do Estado**." (ADI 291, julgada em 2010 e relatada pelo Ministro Joaquim Barbosa).
- **Não é** inconstitucional lei estadual que crie Procuradoria-Geral para consultoria, assessoramento jurídico e representação judicial de Assembleia Legislativa.
- Segundo a jurisprudência do STF, **dispositivo de constituição estadual que confira independência funcional aos procuradores estaduais é inconstitucional**, "dado o princípio da hierarquia que informa a atuação dos servidores da Administração Pública". (ADI 291, julgada em 2010 e relatada pelo Ministro Joaquim Barbosa).
- Na ADI 2587, cujo relator foi o Ministro Maurício Corrêa, julgada em 2004, o STF entendeu que **a Constituição estadual pode conferir prerrogativa de foro aos Procuradores de Estado**.
- **A Defensoria Pública Estadual tem autonomia funcional e administrativa (art. 134, § 2º, da CF), mas as Procuradorias Estaduais não têm**, conforme posicionamento do STF na ADI 291, sob relatoria do Ministro Joaquim Barbosa, julgada em 2010. Nesse julgado o Supremo entendeu que os Procuradores dos Estados são subordinados hierárquicos do Chefe do Poder Executivo.

3. ADVOCACIA

- O **advogado é indispensável à administração da justiça**, sendo inviolável por seus atos e manifestações no exercício da profissão, nos limites da lei.

  Entende o STJ que: "Excessos cometidos pelo advogado não podem ser cobertos pela imunidade profissional, sendo em tese possível a responsabilização civil ou penal do causídico pelos danos que provocar no exercício de sua atividade." (STJ, Info 732, REsp 1.731.439-DF, rel. min. Paulo de Tarso Sanseverino, julg. 05/04/2022).

4. DEFENSORIA PÚBLICA

- A Defensoria Pública é **instituição permanente, essencial à função jurisdicional do Estado, incumbindo-lhe, como expressão e instrumento do regime democrático, fundamentalmente, a orientação jurídica, a promoção dos direitos humanos e a defesa, em todos os graus, judicial e extrajudicial, dos direitos individuais e coletivos, de forma integral e gratuita, aos necessitados**, na forma do inciso LXXIV do art. 5º desta Constituição Federal. ("o Estado prestará assistência jurídica integral e gratuita aos que comprovarem insuficiência de recursos").

- São **princípios institucionais da Defensoria Pública** a unidade, a indivisibilidade e a independência funcional, aplicando-se também, no que couber, o disposto no art. 93 e no inciso II do art. 96 desta Constituição Federal.

- Lei complementar organizará a Defensoria Pública da União e do Distrito Federal e dos Territórios e prescreverá normas gerais para sua organização nos Estados, em cargos de carreira, providos, na classe inicial, mediante concurso público de provas e títulos, assegurada a seus integrantes a garantia da **inamovibilidade** (mas não a vitaliciedade) e vedado o exercício da advocacia fora das atribuições institucionais.

- **Atenção!** A **EC 69/12** passou a disciplinar que compete à União organizar e manter a Defensoria Pública dos Territórios, mas que a organização e a manutenção da Defensoria Pública do Distrito Federal caberá ao próprio DF.

- De acordo com as jurisprudências do STJ e do STF, as **Defensorias Públicas Estaduais podem atuar perante os tribunais superiores**. O fundamento é o art. 106 da Lei Complementar 80/94, segundo o qual, a Defensoria Pública do Estado prestará assistência jurídica aos necessitados, em todos os graus de jurisdição e instâncias administrativas do Estado e caberá a ela interpor recursos aos Tribunais Superiores, quando cabíveis.

- **Ao Defensor Público aplica-se o regramento disposto no art. 41 da CF, ou seja, será estável após 3 anos de efetivo exercício** e poderá perder o cargo em virtude de sentença judicial transitada em julgado, ou mediante processo administrativo em que lhe seja assegurada ampla defesa, ou mediante procedimento de avaliação periódica de desempenho, na forma da lei complementar, assegurada ampla defesa. Aliás, o STF já entendeu inconstitucional previsão da Constituição do Rio de Janeiro que previa estabilidade com 2 anos e perda do cargo apenas por sentença judicial transitada em julgado (ADI 230, julgada em 2010 e relatada pela Ministra Cármen Lúcia).

- **Atenção! A EC 80/2014** alterou o art. 98 do ADCT, que passou a dispor o seguinte: O número de defensores públicos na unidade jurisdicional será proporcional à efetiva demanda pelo serviço da Defensoria Pública e à respectiva população. § 1°: No prazo de 8 (oito) anos, a União, os Estados e o Distrito Federal deverão contar com defensores públicos em todas as unidades jurisdicionais, observado o disposto no *caput* deste artigo. Durante o decurso do prazo previsto no § 1° deste artigo, a lotação dos defensores públicos ocorrerá, prioritariamente, atendendo as regiões com maiores índices de exclusão social e adensamento populacional.

Direito Administrativo

Leandro Bortoleto

CONTEÚDO PROGRAMÁTICO (EDITAL): Administração pública. Regime jurídico administrativo. Princípios constitucionais e legais da Administração Pública. Princípios administrativos implícitos. Lei de Introdução às normas do Direito Brasileiro (Decreto-lei nº 4.657/1942) e sua aplicação na Administração Pública. Poderes da Administração Pública. Poderes e deveres dos administradores públicos. Uso e abuso do poder. Lei de abuso de autoridade (Lei nº 13.869/2019). Organização da Administração Direta e Indireta. Órgãos públicos. Aspectos gerais da Administração Direta. Autarquias. Empresas públicas e sociedades de economia mista. Fundações públicas. Consórcios públicos. Agências. Entes de colaboração e entidades paraestatais. Ato administrativo. Conceito, características e atributos. Elementos e requisitos de validade. Classificação dos atos administrativos. Formação e efeitos. Extinção, revogação, invalidação e convalidação. Cassação e caducidade. Processo administrativo. Lei nº 9.784/1999. Controle da administração pública. Classificações relativas ao controle da Administração Pública. Controle externo e procedimentos de tomadas de contas. Lei de Improbidade Administrativa (Lei nº 8.429/1992 com redação dada pela Lei nº 14.230/2021). Serviço público. Conceito. Classificação. Princípios. Formas de delegação de serviço público. Regime jurídico da concessão e da permissão de serviço público. Extinção, reversão dos bens. Direitos dos usuários de serviço público. Parcerias público-privadas. Agentes públicos: Classificação. Cargo, emprego e função pública. Provimento e investidura. Exercício e afastamentos. Direito de Greve. Regime constitucional dos servidores públicos na Constituição Federal. Regime de emprego público e disposições da CLT aplicáveis. Responsabilidade civil, administrativa e penal dos agentes públicos. Processo administrativo disciplinar. Regime jurídico dos servidores públicos civis da União, das autarquias e das fundações públicas federais (Lei nº 8.112/1990 atualizada).

ADMINISTRAÇÃO PÚBLICA. REGIME JURÍDICO ADMINISTRATIVO. PRINCÍPIOS CONSTITUCIONAIS E LEGAIS DA ADMINISTRAÇÃO PÚBLICA. PRINCÍPIOS ADMINISTRATIVOS IMPLÍCITOS. LEI DE INTRODUÇÃO ÀS NORMAS DO DIREITO BRASILEIRO (DECRETO-LEI Nº 4.657/1942) E SUA APLICAÇÃO NA ADMINISTRAÇÃO PÚBLICA

O **regime jurídico administrativo é o conjunto de princípios** que confere **prerrogativas** e impõe **sujeições** à Administração Pública. É a interação de dois polos opostos. Por isso, o uso das expressões bipolaridade do direito administrativo[1] ou binômio[2] do direito administrativo.

A Administração Pública só pode exercer a autoridade que possui na busca do interesse público e nada mais. Isto é, só pode usar suas prerrogativas em prol do interesse público e somente para isso, o que significa, também, que nunca é permitido se afastar de tal tarefa. Em razão dessa submissão ao interesse público, surgem as chamadas **pedras angulares** ou

1. DI PIETRO, Maria Sylvia Zanella. *Direito administrativo*. 25. ed. São Paulo: Atlas, 2012. p. 62.
2. Fernando Garrido Fala apud Celso Antônio Bandeira de Mello (*Curso de direito administrativo*. 27. ed. São Paulo: Malheiros, 2010. p. 56).

pedras de toque[3] do direito administrativo, quais sejam, o **princípio da supremacia do interesse público** – pelo qual, em caso de conflito, o interesse público deve se sobrepor ao interesse privado – e o **princípio da indisponibilidade do interesse público** – em razão dele, a atividade administrativa nunca deve se afastar do interesse público. Desses dois princípios decorrem todos os demais que integram o regime jurídico administrativo. São também chamados de **supraprincípios ou superprincípios do direito administrativo**[4].

PRINCÍPIOS DA ADMINISTRAÇÃO PÚBLICA

Os princípios são a **"norma das normas", a "fonte das fontes" e o "penhor da constitucionalidade das regras de uma Constituição"**[5].

Os **princípios constitucionais vinculam a atuação administrativa**. STF (RE 579.951): a vedação do "nepotismo não depende de Lei formal para coibir a prática. Proibição que decorre diretamente dos princípios contidos no art. 37, caput, da Constituição Federal".

PRINCÍPIOS DA ADMINISTRAÇÃO PÚBLICA	
Supremacia do interesse público	• prerrogativa • interesse público prevalece sobre privado • interesse público primário
Indisponibilidade do interesse público	• sujeição • interesse público é indisponível
Legalidade	• atuação de acordo com a Lei e o direito • esfera pública: não vigora autonomia da vontade
Impessoalidade	• busca da finalidade pública • atos imputados à Administração: imputação • proibição de promoção pessoal
Moralidade	• honestidade, boa-fé, lealdade, padrões morais e éticos
Publicidade	• transparência; publicação dos atos administrativos
Eficiência	• rendimento; atuação eficiente; organização eficiente
Continuidade do serviço público	• serviço público não pode parar Exceções: poderá ser interrompido quando baseado em razões de ordem técnica ou segurança das instalações e na hipótese de inadimplência do usuário (neste caso, a interrupção não poderá ter início na sexta-feira, sábado ou domingo, nem feriado ou dia anterior ao feriado, conforme art. 6º, §4º
Autotutela	• administração anula e revoga seus próprios atos
Tutela ou controle	• administração direta controla finalidade da administração indireta

3. MELLO, Celso Antônio Bandeira de. *Curso de direito administrativo*. 27. ed. São Paulo: Malheiros, 2010. p. 55 e 57.
4. MAZZA, Alexandre. *Manual de direito administrativo*. São Paulo: Saraiva, 2011. p. 71.
5. BONAVIDES. Paulo. *Curso de direito constitucional*. 24. ed. São Paulo: Malheiros, 2009. p. 294.

PRINCÍPIOS DA ADMINISTRAÇÃO PÚBLICA	
Especialidade	• criação de pessoa específica para atuação específica
Presunção de legitimidade	• regra: ato administrativo é legal • produz efeitos até ser extinto
Controle judicial dos atos administrativos	• sistema de jurisdição única
Segurança jurídica	• aspecto objetivo: princípio da segurança jurídica. Tentativa de preservação do ato. Nova interpretação não retroage • aspecto subjetivo: princípio da proteção à confiança. Expectativa do administrado de que Administração respeitará os atos por ela praticados. Os arts. 23, 24, 26 e 30 da LINDB (inseridos pela Lei nº 13.655/2018) reforçam a necessidade de se buscar a segurança jurídica no âmbito da Administração Pública, por exemplo: a) sobre a previsão de regime de transição quando a decisão administrativa, controladora ou judicial estabelecer nova interpretação ou orientação sobre norma de conteúdo indeterminado (art. 23, LINDB). b) que a revisão nas esferas administrativa, controladora ou judicial quanto à validade do ato, contrato, ajuste, processo ou norma administrativa cuja produção já houver completado, levará em conta as orientações gerais da época, sendo vedada a declaração de invalidade de situações plenamente constituídas com base em mudança de orientação geral posterior (art. 24, LINDB). c) sobre a possibilidade de celebrar compromisso com os interessados, observada a legislação aplicável, para eliminar irregularidade, incerteza jurídica ou situação contenciosa na aplicação do direito público (art. 26, LINDB). d) a atuação das autoridades públicas para aumentar a segurança jurídica na aplicação das normas, por regulamentos, súmulas administrativas e respostas a consultas, de caráter vinculante (art. 30, LINDB).
Motivação ou fundamentação	• indicação dos pressupostos de fato e direito A motivação deverá demonstrar a necessidade e adequação da medida imposta ou da invalidação do ato, contrato, ajuste, processo ou norma administrativa, indicando se a alternativa encontrada é superior às demais alternativas (art. 20, parágrafo único, LINDB).
Razoabilidade	• meios devem ser adequados aos fins do ato • utilidade, necessidade, proporcionalidade O art. 21 da LINDB, inserido pela Lei nº 13.655/2018, trata da aplicação da razoabilidade nos impactos da decisão administrativa ao estabelecer que a decisão que invalidar ato, contrato, ajuste, processo ou norma administrativa, deverá indicar suas consequências jurídicas e administrativas, de modo expresso.
Hierarquia	• coordenação, organização, delegação, avocação

PODERES DA ADMINISTRAÇÃO PÚBLICA. PODERES E DEVERES DOS ADMINISTRADORES PÚBLICOS. USO E ABUSO DO PODER

Poderes administrativos são as prerrogativas à disposição da Administração destinadas à viabilização do interesse público.

PODER VINCULADO (OU REGRADO): é aquele que a Lei "confere à Administração Pública para a prática de ato de sua competência, determinando os elementos e requisitos necessários a sua formalização"[6]. Na verdade, não se trata de prerrogativa à disposição da Administração e, sim, uma restrição, uma obrigação de atuação em conformidade com a lei. De fato, é mais uma exigência de comportamento do que um poder.

PODER DISCRICIONÁRIO: prerrogativa conferida à Administração Pública de fazer opções, de escolher, de analisar se é oportuno, se é conveniente, segundo o interesse público, a prática de determinado ato.

PODER HIERÁRQUICO: o de que dispõe o Executivo para distribuir e escalonar as funções de seus órgãos, ordenar e rever a atuação de seus agentes, estabelecendo a relação de subordinação entre os servidores do seu quadro de pessoal"[7].

É típico da função administrativa, mas não é exclusivo do Executivo e faz parte dos Poderes Legislativo e Judiciário, na função atípica de administrar. É com base na **hierarquia** que se pode **avocar, delegar, ordenar, controlar, corrigir e aplicar sanções**.

PODER DISCIPLINAR: é a prerrogativa pela qual a Administração apura as infrações e aplica as penalidades ao infrator, que pode ser um servidor público ou particular sujeito à disciplina administrativa, como um estudante de escola pública[8].

Diferenças entre poder disciplinar e *ius puniendi*:

1) – Penalidade administrativa: objeto as infrações relacionadas ao serviço; dirige-se a um agente público ou a um particular juridicamente relacionado com a administração.

   – Sanção penal: dirigida a qualquer infrator da Lei penal e não pode ser aplicada por órgão administrativo, sendo privativa da atuação judicial

2) – Esfera administrativa: tipicidade afrouxada (nem todas as infrações são previstas de forma detalhada; conceitos jurídicos indeterminados)

   – Esfera penal: tipicidade rígida

PODER REGULAMENTAR

Para Maria Sylvia Zanella Di Pietro, é espécie do poder normativo da Administração Pública, ou seja, é um tipo, uma das formas pela qual se expressa a função normativa da Administração Pública, e o poder regulamentar, assim entendido, é privativo do Chefe do

6. MEIRELLES, Hely Lopes. *Direito administrativo brasileiro*. 36. ed.São Paulo: Malheiros, 2010. p. 120. Essa definição é cobrada de maneira literal, com frequência, nas provas.

7. MEIRELLES, Hely Lopes. *Direito administrativo brasileiro*. 36. ed.São Paulo: Malheiros, 2010. p. 124.

8. DI PIETRO, Maria Sylvia Zanella. *Direito administrativo*. 23. ed. São Paulo: Atlas, 2010. p. 94.

Executivo e se materializa por meio de decreto, mas há outras formas de expressão do poder normativo como as resoluções, as portarias, as instruções, os regimentos, mas esses atos possuem alcance restrito aos limites de atuação do órgão e não têm a mesma natureza dos regulamentos expedidos pelo Chefes do Executivo[9].

Regulamento executivo: é ato administrativo que explica, detalha a Lei para seu fiel cumprimento; é ato normativo secundário, não podendo criar direitos e obrigações (apenas as acessórias ou derivadas)

Regulamento autônomo: é ato normativo, infralegal, que pode inovar na ordem jurídica; tem seu fundamento diretamente estabelecido no texto constitucional; trata de matéria não constante em lei. Art. 84, VI, da Constituição Federal.

Por esse dispositivo constitucional, o Presidente da República tem competência para dispor, mediante decreto, sobre a administração federal, desde que não implique aumento de despesa, não faça a criação ou extinção de órgão público e nem a extinção de cargo público provido (por decreto, pode extinguir cargo vago). Os Governadores e Prefeitos também dispõem dessa competência, desde que haja previsão, respectivamente, nas Constituições estaduais e leis orgânicas.

Regulamentação técnica ou regulamento autorizado: manifesta-se, por exemplo, na função normativa exercida pelas agências reguladoras, as quais recebem a função de regular por meio da deslegalização de parte da matéria.

Deslegalização ou delegificação: a Lei delega a função de criar norma a respeito de assuntos técnicos a órgãos administrativos. Fala-se, também, em discricionariedade técnica, porque a Lei estabelece parâmetros, diretrizes para que, em nível administrativo, seja feita a complementação da lei, com conteúdo técnico.

PODER DE POLÍCIA

É a "faculdade de que dispõe a administração pública para condicionar e restringir o uso e gozo de bens, atividades e direitos individuais, em benefício da coletividade ou do próprio Estado"[10].

Poder de polícia em sentido amplo e em sentido estrito:

- **sentido amplo**: engloba tanto os atos legislativos quanto os atos administrativos;
- **sentido estrito**: é uma atividade administrativa e, assim, só pode ser exercida na função administrativa e não na função legislativa.

Polícia administrativa e polícia de judiciária

Polícia administrativa: o foco é a limitação a uma liberdade, ao exercício de um direito para que não seja exercido de forma nociva ao interesse público**.** Regulada pelas normas de direito administrativo.

9. MEIRELLES, Hely Lopes. *Direito administrativo*. 25. ed. São Paulo: Atlas, 2012. p. 91 e 94.
10. MEIRELLES, Hely Lopes. *Direito administrativo brasileiro*. 36. ed.São Paulo: Malheiros, 2010. p. 134.

Polícia judiciária: o objetivo é a responsabilização do infrator. Regulada pelas normas de direito processual penal.

STF (RE 658570) fixou **tese de repercussão geral**: "é constitucional a atribuição às guardas municipais do exercício de poder de polícia de trânsito, inclusive para imposição de sanções administrativas legalmente previstas".

Atributos do poder de polícia:

- discricionariedade: em regra é discricionário, mas pode ser vinculado também. Licença: vinculado. Autorização: discricionário.
- autoexecutoriedade: Administração pode praticar diretamente os atos afetos à polícia administrativa, não necessitando recorrer ao Poder Judiciário.
- coercibilidade: ato de polícia administrativa é impositivo, coercitivo para o destinatário.

Ciclo de polícia:

Ex.: STJ REsp 817.534 (CNH): "a emissão da carteira corporifica a vontade o Poder Público (consentimento); a Administração instala equipamentos eletrônicos para verificar se há respeito à velocidade estabelecida em Lei (fiscalização); e também a Administração sanciona aquele que não guarda observância ao CTB (sanção)". Nesse julgado, o STJ entendeu que podem ser delegados os atos de consentimento e de fiscalização; imposição de sanção não. Entretanto, o STF alterou esse entendimento, no RE 633782/MG (Informativo nº 996), em que se fixou a seguinte tese de repercussão geral: "É constitucional a delegação do poder de polícia, por meio de lei, a pessoas jurídicas de direito privado integrantes da Administração Pública indireta de capital social majoritariamente público que prestem exclusivamente serviço público de atuação própria do Estado e em regime não concorrencial". Segundo o decidido, o regime jurídico híbrido das estatais prestadoras de serviço público em regime de monopólio é compatível com a delegação, pois a incidência de normas de direito público em relação às entidades da Administração indireta tem condão de as aproximar do regime de direito público. Em resumo, os atos de consentimento, fiscalização e aplicação de sanções podem ser delegados a estatais com regime jurídico próximo ao aplicável à Fazenda Pública.

Prescrição: Lei 9.873/99 (esfera federal): prescreve "em cinco anos a ação punitiva da Administração Pública Federal, direta e indireta, no exercício do poder de polícia, objetivando apurar infração à legislação em vigor, contados da data da prática do ato ou, no caso de infração permanente ou continuada, do dia em que tiver cessado". Se o fato objeto da ação punitiva também for crime, o prazo de prescrição será o previsto na Lei penal.

No caso dos Estados e Municípios, **quando não existir legislação local específica**, o prazo prescricional para as ações administrativas punitivas "é quinquenal, conforme previsto no art. 1º do Decreto n. 20.910/32, sendo inaplicáveis as disposições contidas na Lei n. 9.873/99, cuja incidência limita-se à Administração Pública Federal Direta e Indireta" (Tese STJ AgInt no REsp 1409267/PR, 2ª Turma, AgRg no REsp 1513771/PR, 1ª Turma).

Sistematização do abuso de poder[11]:

ABUSO DE PODER	
• Uso dos poderes administrativos contrariando o regime jurídico administrativo • Forma comissiva ou omissiva	
Espécies	
Excesso de poder	**Desvio de poder**
Atua fora dos limites da competência	Atua dentro dos limites da competência, mas com finalidade diversa daquela com que deveria atuar

LEI DE ABUSO DE AUTORIDADE (LEI Nº 13.869/2019)

Nos termos do art. 1º da Lei nº 13.869/2019, essa lei define os crimes de abuso de autoridade, cometidos por agente público, servidor ou não, que, no exercício de suas funções ou a pretexto de exercê-las, abuse do poder que lhe tenha sido atribuído.

Conforme o §1º do art. 1º, as condutas tipificadas na Lei nº13.869/2019 configuram crime de abuso de autoridade quando praticadas pelo agente com a finalidade específica de prejudicar outrem ou beneficiar a si mesmo ou a terceiro, ou, ainda, por mero capricho ou satisfação pessoal. Mas, a divergência na interpretação de lei ou na avaliação de fatos e provas não configura abuso de autoridade (art. 1º, §2º)

11. BORTOLETO, Leandro. *Direito administrativo*. Salvador: Juspodivm, 2012. p. 300.

Os crimes descritos na Lei de Abuso de Autoridade podem ser cometidos por agente público, que o parágrafo único do art. 2º define como aquele que exerce, ainda que transitoriamente ou sem remuneração, por eleição, nomeação, designação, contratação ou qualquer outra forma de investidura ou vínculo, mandato, cargo, emprego ou função na administração direta, indireta ou fundacional de qualquer dos Poderes da União, dos Estados, do Distrito Federal, dos Municípios e de Território.

Sanções de natureza civil e administrativa:

As penas previstas na Lei de Abuso de Autoridade são aplicadas independentemente das sanções de natureza civil ou administrativa cabíveis e as responsabilidades civil e administrativa são independentes da criminal, não se podendo mais questionar sobre a existência ou a autoria do fato quando essas questões tenham sido decididas no juízo criminal (artigos 6º e 7º).

> Art. 8º Faz coisa julgada em âmbito cível, assim como no administrativo-disciplinar, a sentença penal que reconhecer ter sido o ato praticado em estado de necessidade, em legítima defesa, em estrito cumprimento de dever legal ou no exercício regular de direito.

No caso de notícia de crimes previstos na Lei nº 13.869/2019, que descreverem falta funcional, haverá informação à autoridade competente com vistas à apuração.

Efeitos da condenação

Nos termos do art. 4º, são efeitos da condenação: I – tornar certa a obrigação de indenizar o dano causado pelo crime, devendo o juiz, a requerimento do ofendido, fixar na sentença o valor mínimo para reparação dos danos causados pela infração, considerando os prejuízos por ele sofridos; II – a inabilitação para o exercício de cargo, mandato ou função pública, pelo período de 1 (um) a 5 (cinco) anos; III – a perda do cargo, do mandato ou da função pública. Os efeitos previstos nos incisos II e III do caput deste artigo são condicionados à ocorrência de reincidência em crime de abuso de autoridade e não são automáticos, devendo ser declarados motivadamente na sentença.

Penas Restritivas de Direitos

> Art. 5º As penas restritivas de direitos substitutivas das privativas de liberdade previstas nesta Lei são:
>
> I – prestação de serviços à comunidade ou a entidades públicas;
>
> II – suspensão do exercício do cargo, da função ou do mandato, pelo prazo de 1 (um) a 6 (seis) meses, com a perda dos vencimentos e das vantagens;
>
> Parágrafo único. As penas restritivas de direitos podem ser aplicadas autônoma ou cumulativamente.

Quanto aos demais pontos da Lei de Abuso de Autoridade, especialmente os estritamente penais, recomenda-se a leitura do texto legal.

ORGANIZAÇÃO DA ADMINISTRAÇÃO DIRETA E INDIRETA. ÓRGÃOS PÚBLICOS. ASPECTOS GERAIS DA ADMINISTRAÇÃO DIRETA. AUTARQUIAS. EMPRESAS PÚBLICAS E SOCIEDADES DE ECONOMIA MISTA. FUNDAÇÕES PÚBLICAS. CONSÓRCIOS PÚBLICOS. AGÊNCIAS. ENTES DE COLABORAÇÃO E ENTIDADES PARAESTATAIS.

CENTRALIZAÇÃO E DESCENTRALIZAÇÃO; CONCENTRAÇÃO E DESCONCENTRAÇÃO

Há várias formas de desempenho da atividade administrativa[12].

FORMAS DE DESEMPENHO DA ATIVIDADE ADMINISTRATIVA	
Concentrada (concentração)	• atividade é realizada por um único órgão • pessoa jurídica sem divisão interna
Desconcentrada (desconcentração)	• atividade é realizada por vários órgãos • pessoa jurídica com divisão interna • distribuição interna de competência
Centralizada (centralização)	• atividade é realizada diretamente pela pessoa política, por meio de seus órgãos
Descentralizada (descentralização)	• atividade é realizada por outra pessoa jurídica • distribuição externa de competência

No que tange à descentralização, não há unanimidade na classificação das suas espécies, mas a mais usual é a descrita por Maria Sylvia Zanella Di Pietro[13]:

a) **descentralização política**: realizada diretamente pela Constituição Federal e cada ente federado possui **capacidade política**, com fonte direta no texto constitucional. Também é chamada de **descentralização vertical.**

b) **descentralização administrativa**: as **atribuições** da pessoa jurídica não surgem diretamente da Constituição, mas **são distribuídas pelo ente federado**, quer dizer, a União, os Estados, o Distrito Federal e os Municípios, com base na competência política que receberam, distribuem competências para outras pessoas jurídicas. A descentralização administrativa pode ser **subdividida** em:

- **territorial ou geográfica**: é **criada uma pessoa jurídica de direito público, com área geográfica delimitada e com capacidade administrativa genérica**; são exemplos, no Brasil, os territórios federais[14];

- **por serviços, funcional ou técnica**: a pessoa política **cria outra pessoa jurídica, de direito público ou de direito privado, para exercer determinada atividade**. São exemplos as autarquias, as fundações públicas, as empresas públicas, as sociedades de economia mista e os consórcios públicos. É essa descentralização que **dá origem à administração indireta**;

---

12. BORTOLETO, Leandro. *Direito administrativo*. Salvador: Juspodivm, 2012. p. 69.

13. *Direito administrativo*. 23. ed. São Paulo: Atlas, 2010. p. 56.

14. Atualmente, não há territórios federais no país, mas podem ser criados, conforme o art. 18 da Constituição Federal. No passado, eram territórios: Fernando de Noronha, Amapá, Rondônia e Roraima.

- **por colaboração**: a **pessoa política transfere a execução de um serviço público para uma pessoa jurídica de direito privado já existente, que, em razão disso, torna-se concessionária de serviço público ou permissionária de serviço público. Elas não passam a integrar a Administração Pública** indireta do ente político titular do serviço público.

ADMINISTRAÇÃO DIRETA

Administração direta: conjunto de órgãos que compõem a pessoa política. Também é conhecida como **administração centralizada.**

Órgãos Públicos: são "**centros de competência instituídos para o desempenho de funções estatais, através de seus agentes, cuja atuação é imputada à pessoa jurídica a que pertencem"**[15].

Classificação dos órgãos públicos:

a) **Quanto à posição estatal ou hierarquia**:

- **independentes** (representam as funções principais do Estado; não estão subordinados a nenhum outro);
- **autônomos** (estão **situados abaixo dos órgãos independentes;** possuem autonomia administrativa, financeira e técnica.);
- **superiores** (subordinados aos autônomos e independentes; possuem poder de direção, mas não têm autonomia administrativa nem financeira);
- **subalternos** (**possuem pequeno poder de decisão;** atividades de execução).

b) **Quanto à estrutura**:

- **simples** (não se subdividem em outros);
- **compostos**: (subdividem-se em outros órgãos)

c) **Quanto à atuação funcional ou composição**:

- **singulares ou unipessoais** (a atuação do órgão é realizada de acordo com a decisão de um único agente);
- **coletivos ou pluripessoais** (a atuação do órgão é decidida por vários agentes).

d) **Quanto à esfera de atuação**:

- **centrais** (atuam em toda a área territorial da pessoa);
- **locais** (atuam apenas em parte do território da pessoa que integram)

São **características dos órgãos públicos**:

a) criação e extinção por lei;

b) resultado da desconcentração;

---

15. MEIRELLES, Hely Lopes. *Direito administrativo brasileiro.* 36. ed. São Paulo: Malheiros, 2010. p. 68.

c) despersonalizados;

d) não possuem patrimônio próprio;

e) não possuem capacidade processual;

f) alguns órgãos podem ser parte em processo para defesa de prerrogativa;

g) podem celebrar contrato de desempenho (Lei nº 13.934/2019);;

h) órgãos gestores de orçamento devem ser inscritos no CNPJ.

ADMINISTRAÇÃO INDIRETA

Administração indireta: conjunto das pessoas administrativas, com personalidade de direito público ou de direito privado, patrimônio próprio e autonomia administrativa, vinculadas à administração direta, criadas para o desempenho de determinada atividade administrativa. Essas pessoas jurídicas nascem da descentralização por serviços ou funcional.

Características comuns às pessoas da administração indireta:

a) possuem personalidade jurídica;

b) possuem patrimônio próprio;

c) possuem autonomia administrativa;

d) submetem-se a controle da administração direta;

e) dependem de Lei para serem criadas;

f) desempenham atividade administrativa específica

Contrato de desempenho: a Lei nº 13.934/2019 o conceitua como: "o acordo celebrado entre o órgão ou entidade supervisora e o órgão ou entidade supervisionada, por meio de seus administradores, para o estabelecimento de metas de desempenho do supervisionado, com os respectivos prazos de execução e indicadores de qualidade, tendo como contrapartida a concessão de flexibilidades ou autonomias especiais." Seu objetivo fundamental consiste em promover a melhoria do desempenho do supervisionado, visando, especialmente (art. 5º da Lei nº 13.934/2019):

> I – aperfeiçoar o acompanhamento e o controle de resultados da gestão pública, mediante instrumento caracterizado por consensualidade, objetividade, responsabilidade e transparência;
>
> II – compatibilizar as atividades do supervisionado com as políticas públicas e os programas governamentais;
>
> III – facilitar o controle social sobre a atividade administrativa;
>
> IV – estabelecer indicadores objetivos para o controle de resultados e o aperfeiçoamento das relações de cooperação e supervisão;
>
> V – fixar a responsabilidade de dirigentes quanto aos resultados;

VI – promover o desenvolvimento e a implantação de modelos de gestão flexíveis, vinculados ao desempenho e propiciadores de envolvimento efetivo dos agentes e dos dirigentes na obtenção de melhorias contínuas da qualidade dos serviços prestados à comunidade.

Regime de direito público: aplicável à pessoa da administração direta, às autarquias e às fundações públicas de direito público. Características:

a) em regra, deve haver realização de concurso público (art. 37, II, da Constituição Federal);

b) em regra, é vedada a acumulação remunerada de cargos, empregos e funções públicas;

c) em regra, deve realizar licitação;

d) celebração de contratos administrativos;

e) prática de atos administrativos;

f) bens públicos: impenhoráveis, imprescritíveis e relativamente inalienáveis;

g) existe imunidade tributária recíproca;

h) prescrição quinquenal das dívidas, em conformidade com o art. 1º do Decreto 20.910/32;

i) cobrança dos débitos por meio de execução fiscal, nos termos da Lei nº 6.830/80;

j) responsabilidade objetiva pelos danos causados; direito de regresso contra o servidor que causou o prejuízo, se houve dolo ou culpa;

k) privilégios processuais (ex: prazo em dobro; art. 183 CPC);

l) controle pelo Tribunal de Contas;

m) obediência às normas orçamentárias.

Regime de direito privado: aplicável às empresas públicas, sociedades de economia mista e fundações públicas de direito privado. Na verdade, trata-se de regime híbrido, pois não são aplicadas as normas do direito privado na íntegra, em razão da aplicação obrigatória de algumas normas de direito público. Por exemplo, o pessoal é celetista, mas o ingresso, em regra, é por concurso público e, salvo as exceções constitucionais, não pode haver a acumulação remunerada de cargo, emprego ou função pública.

AUTARQUIA: pessoa jurídica de direito público, integrante da administração indireta, criada diretamente pela Lei para o desempenho de atividade típica da Administração Pública.

Definição do Decreto-Lei 200/67 (art. 5º, I): autarquia é o "serviço autônomo, criado por lei, com personalidade jurídica, patrimônio e receita próprios, para executar atividades típicas da Administração Pública, que requeiram, para seu melhor funcionamento, gestão administrativa e financeira descentralizada".

Autarquia em regime especial: autarquia com autonomia maior do que a normalmente existente. Em regra, há uma redução do controle político por parte da administração direta, resultando no aumento da autonomia administrativa, por exemplo, quando houver previsão legal de impossibilidade de livre exoneração do dirigente da autarquia por parte do chefe do Executivo (em regra, nas agências reguladoras).

Conselhos Profissionais: Conforme decisão proferida no STF, na ADI 3026/DF, a OAB não é entidade da administração indireta federal; é uma entidade *sui generis*, um serviço público independente. Apesar de tradicionalmente considerados como autarquias, os conselhos profissionais não se submetem na íntegra ao regime de direito público próprio daquelas entidades. Nesse sentido, na ADC 36, o STF, decidiu-se que os conselhos profissionais são, na verdade, espécie *sui generis* de pessoa jurídica de direito público não estatal e, assim, entendeu-se que não necessitam seguir a exigência do regime jurídico único para seu pessoal. Ainda nesse sentido, cumpre destacar que não são todas as prerrogativas próprias das autarquias que lhe são outorgadas e, dessa forma, no STF foi fixada a tese no RE 938.877: "Os pagamentos devidos, em razão de pronunciamento judicial, pelos Conselhos de Fiscalização não se submetem ao regime de precatórios".

Agências reguladoras

- Pessoa da administração indireta, com personalidade de direito público, que exerce a regulação, o controle administrativo, a fiscalização, a disciplina sobre a prestação de um determinado serviço público ou a realização de alguma atividade econômica.
- Estão sendo criadas como autarquias em regime especial.
- Maior autonomia; controle político mitigado.
- Lei nº 13.848/2019: dispõe "sobre a gestão, a organização, o processo decisório e o controle social das agências reguladoras" e, entre outras, modificou a Lei nº 9.986/00, que regula a gestão de recursos humanos dessas pessoas jurídicas, configurando-se, assim, o marco regulatório das agências reguladoras federais. Referida lei entra em vigor no dia 24/09/2019. Vejamos alguns de seus aspectos:
- A natureza especial das agências reguladoras caracteriza-se pela (art. 3º, caput, Lei nº 13.848/2019):

  Autonomia funcional;

  Autonomia decisória;

  Autonomia administrativa;

  Autonomia financeira;

  Investidura a termo de seus dirigentes e estabilidade durante os mandatos.

O §2º do mesmo artigo elenca as competências que representam a autonomia administrativa:

I – solicitar diretamente ao Ministério da Economia:

a) autorização para a realização de concursos públicos;

b) provimento dos cargos autorizados em lei para seu quadro de pessoal, observada a disponibilidade orçamentária;

c) alterações no respectivo quadro de pessoal, fundamentadas em estudos de dimensionamento, bem como alterações nos planos de carreira de seus servidores;

II – conceder diárias e passagens em deslocamentos nacionais e internacionais e autorizar afastamentos do País a servidores da agência;

III – celebrar contratos administrativos e prorrogar contratos em vigor relativos a atividades de custeio, independentemente do valor.

- As atividades da agência reguladora devem se dar com observância entre os meios e fins, sendo vedada a imposição de obrigações restrições e sanções superiores às necessárias, ou seja, sua atuação deverá ser proporcional, devendo motivar suas decisões, inclusive a respeito da edição ou não de atos normativos.
- A adoção e propostas de alteração de atos normativos de interesse geral dos agentes econômicos, consumidores ou usuários dos serviços prestados serão precedidas de Análise de Impacto Regulatório, que conterá informações e dados sobre os efeitos do ato normativo.
- O processo de decisão da agência, no tocante à regulação, terá caráter colegiado.
- As minutas e as propostas de alteração de atos normativos de interesse geral dos agentes econômicos, consumidores ou usuários dos serviços prestados serão objeto de consulta pública, que ocorrerá previamente à tomada de decisão pelo conselho diretor ou pela diretoria colegiada. Por ela, a sociedade é consultada por meio do envio de críticas, sugestões e contribuições por quaisquer interessados sobre proposta de norma regulatória aplicável ao setor de atuação da agência (art. 9º).
- Ainda, a agência reguladora, por decisão colegiada, poderá convocar audiência pública para formação do juízo e tomada de decisão sobre matéria considerada relevante (art. 10).
- Possuem grande autonomia em relação à administração direta. Na esfera federal, seus dirigentes são nomeados pelo Presidente da República, após aprovação do nome pelo Senado, têm mandato fixo de 5 anos, sendo vedada a recondução dos diretores após o final do mandato e somente perderão o cargo no caso de renúncia, de decisão judicial transitada em julgado ou de processo administrativo disciplinar. Não ocorre a exoneração ad nutum. Com isso, o controle político exercido sobre a agência é bem diminuto porque o Presidente da República, mesmo se estiver descontente com o presidente de determinada agência, não poderá simplesmente exonerá-lo e substituí-lo. Não há hierarquia ou subordinação em relação à administração direta. Está submetida ao controle administrativo de finalidade, de tutela administrativa.

- Haverá, em cada agência reguladora, 1 ouvidor, que atuará sem subordinação hierárquica, sendo vedada a acumulação com outras funções. São suas atribuições: zelar pela qualidade e pela tempestividade dos serviços prestados pela agência; acompanhar o processo interno de apuração de denúncias e reclamações dos interessados contra a atuação da agência; elaborar relatório anual de ouvidoria sobre as atividades da agência.

O controle externo das agências federais será executado pelo Congresso Nacional, com auxílio do TCU, devendo a agência elaborar relatório anual circunstanciado de suas atividades, nos termos do art. 15 da Lei nº 13.848/2019.

FUNDAÇÃO PÚBLICA: é a pessoa jurídica de direito público ou de direito privado, com autonomia administrativa e que tem como substrato o patrimônio – próprio –, que é criada por Lei específica ou cuja criação é por ela autorizada, com área de atuação de interesse público, não exclusiva da Administração Pública, definida em Lei complementar.

Agência executiva: é uma qualificação, um título, que é dado a uma autarquia ou a uma fundação pública. São requisitos (art. 51 da Lei nº 9.649/98) a existência de plano estratégico de reestruturação e de desenvolvimento institucional em andamento e a celebração de contrato de gestão (ou desempenho, nos termos da Lei nº 13.934/2019) com o ministério supervisor. A qualificação se dá por ato do Presidente da República.

EMPRESAS ESTATAIS: SOCIEDADE DE ECONOMIA MISTA E EMPRESA PÚBLICA

Lei 13.303/16 (estatuto das estatais) "estatuto jurídico da empresa pública, da sociedade de economia mista e de suas subsidiárias, abrangendo toda e qualquer empresa pública e sociedade de economia mista da União, dos Estados, do Distrito Federal e dos Municípios que explore atividade econômica de produção ou comercialização de bens ou de prestação de serviços, ainda que a atividade econômica esteja sujeita ao regime de monopólio da União ou seja de prestação de serviços públicos" (art. 1º, *caput*).

Exploração de atividade econômica pelo Estado será exercida por meio de empresa pública, de sociedade de economia mista e de suas subsidiárias. Lei precisa indicar de forma clara a presença de relevante interesse coletivo ou imperativo de segurança nacional, nos termos do caput do art. 173 da Constituição Federal.

Depende de autorização legal: criação de empresa pública ou de sociedade de economia mista; criação de suas subsidiárias; participação de qualquer delas em empresa privada, cujo objeto social deve estar relacionado ao da investidora

Empresa pública (art. 3º): entidade dotada de personalidade jurídica de direito privado, com criação autorizada por Lei e com patrimônio próprio, cujo capital social é integralmente detido pela União, pelos Estados, pelo Distrito Federal ou pelos Municípios. Podem participar no capital social outras pessoas jurídicas de direito público interno, bem como as entidades da administração indireta da União, dos Estados, do Distrito Federal e dos Municípios, desde que pessoas jurídicas de direito público interno, bem como de entidades da administração indireta da União, dos Estados, do Distrito Federal e dos Municípios.

Sociedade de economia mista (art. 4º): entidade dotada de personalidade jurídica de direito privado, com criação autorizada por lei, sob a forma de sociedade anônima, cujas ações com direito a voto pertençam em sua maioria à União, aos Estados, ao Distrito Federal, aos Municípios ou a entidade da administração indireta.

Diferenças entre empresa pública e sociedade de economia mista:

- **Capital:** empresa pública possui capital integralmente público; sociedade de economia mista tem capital misto: público e privado.
- Forma de organização: sociedade de economia mista adotará, sempre, a forma de sociedade anônima e empresa pública pode adotar qualquer forma empresarial. Na área federal, o Decreto nº 8.945/16, em seu art. 11, prevê que as empresas públicas federais adotarão, preferencialmente, a forma de sociedade na anônima, o que será obrigatório para suas subsidiárias.
- **Foro competente**: somente há diferença na esfera federal. As ações em que a empresa federal for autora, ré, assistente ou oponente serão julgadas na justiça federal, o que não ocorre com a sociedade de economia mista federal, que tem como foro a justiça estadual.

CONSÓRCIO PÚBLICO

Está regulado pela Lei nº 11.107/05. Tratase de uma nova pessoa administrativa que surge da união entre pessoas políticas (União, Estados, Distrito Federal e Municípios).

Criação do consórcio público:

1 – Em um primeiro momento, há o **protocolo de intenções**, que é uma espécie de ajuste preliminar entre as pessoas políticas, no qual há a definição do objeto do consórcio, quais são seus participantes, qual sua duração, qual a forma de eleição do representante legal.

2 – Depois, o **protocolo** de intenções deve ser **publicado na imprensa oficial** e, na sequência, ele deve ser **ratificado por Lei** em cada um dos entes consorciados.

3 – Após a celebração do **contrato de consórcio**.

4 – **Apenas na hipótese de ser pessoa jurídica de direito privado**, deverá haver o **registro no órgão competente**.

Personalidade jurídica: **consórcio público** poderá ter **personalidade de direito público (associação pública;** conhecido como **autarquia interfederativa ou autarquia multifederada)** ou de **direito privado**. Em ambos os casos deve observar as normas de direito público no que concerne à realização de licitação, à celebração de contratos, à prestação de contas e à admissão de pessoal, que será regido pela CLT (art. 6º, §2º da Lei nº 11.107/2005).

Em 2019, foi editada a lei nº 13.821, que inseriu um parágrafo único ao art. 14 da Lei nº 11.107/2005: "Para a celebração dos convênios de que trata o caput deste artigo, as exigências legais de regularidade aplicar-se-ão ao próprio consórcio público envolvido, e não aos entes federativos nele consorciados".

Contrato de consórcio: formaliza a **constituição** do consórcio.

Contrato de rateio: formaliza a **entrega de recursos** dos entes consorciados para o consórcio. Será formalizado em cada exercício financeiro, e seu prazo de vigência não será superior ao das dotações que o suportam, salvo no caso de contratos que tenham por objeto exclusivamente projetos consistentes em programas e ações contemplados em plano plurianual (art. 8º, §1º da Lei nº 11.107/2005).

Contrato de programa: constante do art. 2º, XVI, do Decreto 6.017/07, é o "instrumento pelo qual devem ser constituídas e reguladas as obrigações que um ente da Federação, inclusive sua administração indireta, tenha para com outro ente da Federação, ou para com consórcio público, no âmbito da prestação de serviços públicos por meio de cooperação federativa".

<table>
<tr><th colspan="2">ADMINISTRAÇÃO PÚBLICA</th></tr>
<tr><th>ADMINISTRAÇÃO INDIRETA</th><th>ADMINISTRAÇÃO DIRETA</th></tr>
<tr><td rowspan="3">Conjunto das pessoas administrativas, com personalidade de direito público ou de direito privado, patrimônio próprio e autonomia administrativa, vinculadas à administração direta, criadas para o desempenho de determinada atividade administrativa</td><td>Conjunto dos órgãos públicos que integram as pessoas jurídicas políticas</td></tr>
<tr><td>Pessoas jurídicas de direito público</td></tr>
<tr><td>União, Estados, Distrito Federal e Municípios</td></tr>
<tr><td>Autarquia: direito público
Agência reguladora: autarquia em regime especial
Agência Executiva: autarquia que recebeu a qualificação (contrato de gestão)</td><td rowspan="2">–</td></tr>
<tr><td>Fundação Pública: direito público ou direito privado
Agência Executiva: fundação pública que recebeu a qualificação (contrato de desempenho)</td></tr>
<tr><td>Empresa Pública: direito privado; prestadora de serviço público ou exploradora de atividade econômica</td><td rowspan="3">–</td></tr>
<tr><td>Sociedade de Economia Mista: direito privado; prestadora de serviço público ou exploradora de atividade econômica</td></tr>
<tr><td>Consórcio Público: direito público (associação pública) ou direito privado</td></tr>
</table>

JURISPRUDÊNCIA

RE 601392 (tese de repercussão geral): "Os serviços prestados pela Empresa Brasileira de Correios e Telégrafos – ECT, inclusive aqueles em que a empresa não age em regime de monopólio, estão abrangidos pela imunidade tributária recíproca (CF, art. 150, VI,a e §§ 2º e 3º)".

***RE 599628:* (tese de repercussão geral)** "Sociedades de economia mista que desenvolvem atividade econômica em regime concorrencial não se beneficiam do regime de precatórios, previsto no art. 100 da Constituição da República."

RE 852302: "As sociedades de economia mista prestadoras de serviço público de atuação própria do Estado e de natureza não concorrencial submetem-se ao regime de precatório."

ADPF 387: "É aplicável o regime dos precatórios às sociedades de economia mista prestadoras de serviço público próprio do Estado e de natureza não concorrencial".

ADPF 588/PB: "Os recursos públicos vinculados ao orçamento de estatais prestadoras de serviço público essencial, em regime não concorrencial e sem intuito lucrativo primário não podem ser bloqueados ou sequestrados por decisão judicial para pagamento de verbas trabalhistas, em virtude do disposto no art. 100 da CF/1988, e dos princípios da legalidade orçamentária (art. 167, VI, da CF), da separação dos poderes (arts. 2º, 60, § 4º, III, da CF) e da eficiência da administração pública (art. 37, 'caput', da CF)".

RE 627051 **(tese de repercussão geral)**: "Não incide o ICMS sobre o serviço de transporte de encomendas realizado pela Empresa Brasileira de Correios e Telégrafos – ECT, tendo em vista a imunidade recíproca prevista no art. 150, VI, a, da Constituição Federal."

RE 638315 **(tese de repercussão geral)**: "A Empresa Brasileira de Infraestrutura Aeroportuária – INFRAERO, empresa pública prestadora de serviço público, faz jus à imunidade recíproca prevista no art. 150, VI, a, da Constituição Federal."

RE 773992 **(tese de repercussão geral)**: "A imunidade tributária recíproca reconhecida à Empresa Brasileira de Correios e Telégrafos — ECT alcança o IPTU incidente sobre imóveis de sua propriedade e por ela utilizados, não se podendo estabelecer, a priori, nenhuma distinção entre os imóveis afetados ao serviço postal e aqueles afetados à atividade econômica."

RE 594015 (tese de repercussão geral): "A imunidade recíproca, prevista no art. 150, VI, a, da Constituição não se estende a empresa privada arrendatária de imóvel público, quando seja ela exploradora de atividade econômica com fins lucrativos. Nessa hipótese é constitucional a cobrança do IPTU pelo Município".

RE 130054 **(tese de repercussão geral):** "As empresas públicas e as sociedades de economia mista delegatárias de serviços públicos essenciais, que não distribuam lucros a acionistas privados nem ofereçam risco ao equilíbrio concorrencial, são beneficiárias da imunidade tributária recíproca prevista no artigo 150, VI, a, da Constituição Federal, independentemente de cobrança de tarifa como contraprestação do serviço".

Súmulas:

STF 556: "É competente a justiça comum para julgar as causas em que é parte sociedade de economia mista".

STF 517: "As sociedades de economia mista só têm foro na Justiça Federal, quando a União intervém como assistente ou opoente"

STJ 525: "A Câmara de Vereadores não possui personalidade jurídica, apenas personalidade judiciária, somente podendo demandar em juízo para defender os seus direitos institucionais".

STJ 324: "Compete à Justiça Federal processar e julgar ações de que participa a Fundação Habitacional do Exército, equiparada à entidade autárquica federal, supervisionada pelo Ministério do Exército."

STJ 150: "Compete a justiça federal decidir sobre a existência de interesse jurídico que justifique a presença, no processo, da união, suas autarquias ou empresas públicas".

TERCEIRO SETOR

Marco regulatório: Lei 13.019/14. Disposições da nova Lei não se aplicam às organizações sociais, reguladas pela Lei nº 9.637/98, nos termos do art. 3º, III. Quanto às organizações da sociedade civil de interesse público, objeto da Lei nº 9.790/99, as disposições aplicam-se, no que couber.

Parcerias são formalizadas:

a) quando houver transferência de recursos:

  - por termo de colaboração (para a realização de atividades de interesse público propostas pela Administração Pública, nos termos do art. 16) e;

  - por termo de fomento (para a realização de atividades de interesse público propostas pela organização da sociedade civil, conforme o art. 17); em ambos os casos: exigência de escolha da entidade do Terceiro Setor por meio de um processo seletivo denominado Chamamento Público, salvo as exceções previstas em lei;

b) quando não houver transferência de recursos: acordo de cooperação.

  - Serviços sociais autônomos: são pessoas jurídicas de direito privado, sem finalidade de lucro, que atuam na realização de atividade de interesse público, de atividade não exclusiva do Estado. Prestam assistência, ensino a determinadas categorias profissionais. Não fazem parte da administração indireta, mas, para serem criados, dependem de lei.

Entidades de apoio: são pessoas jurídicas do setor privado, sem finalidade lucrativa, que desenvolvem serviços sociais e, normalmente, se relacionam com a Administração Pública, por convênio, para atuarem junto a universidades públicas e hospitais públicos.

Organização social (OS) e Organização da Sociedade Civil de Interesse Público (Oscip): são entidades civis sem fins lucrativos, integrantes do setor privado, que recebem a qualificação do Poder Público. Oscip: deve estar em funcionamento regular há, no mínimo, 3 anos.

Não podem ser qualificadas como Oscip (art. 2º da Lei nº 9.790/99):

a) sociedades comerciais;

b) sindicatos, associações de classe ou de representação de categoria profissional;

c) instituições religiosas ou voltadas para a disseminação de credos, cultos, práticas e visões devocionais e confessionais;

d) organizações partidárias e assemelhadas, inclusive suas fundações;

e) entidades de benefício mútuo destinadas a proporcionar bens ou serviços a um círculo restrito de associados ou sócios;

f) entidades e empresas que comercializam planos de saúde e assemelhados;

g) instituições hospitalares privadas não gratuitas e suas mantenedoras;

h) escolas privadas dedicadas ao ensino formal não gratuito e suas mantenedoras;

i) organizações sociais;

j) cooperativas;

k) fundações públicas;

l) fundações, sociedades civis ou associações de direito privado criadas por órgão público ou por fundações públicas;

m) organizações creditícias que tenham qualquer tipo de vinculação com o sistema financeiro nacional a que se refere o art. 192 da Constituição Federal.

Atenção! Nos termos do parágrafo único do art. 2º da Lei, incluído pela Lei nº 13.999/2020, "não constituem impedimento à qualificação como Organização da Sociedade Civil de Interesse Público as operações destinadas a microcrédito realizadas com instituições financeiras na forma de recebimento de repasses, venda de operações realizadas ou atuação como mandatárias".

Diferenças entre OS e Oscip:

a) a OS opera a absorção de determinada atividade que o Estado esteja fazendo e, com frequência, leva à extinção do órgão público que realizava a mesma atividade e, por outro lado, a Oscip representa verdadeira parceria e não há extinção de órgãos;

b) a outorga da qualificação é ato discricionário na OS e ato vinculado na Oscip;

c) o vínculo na OS é contrato de gestão e na Oscip é termo de parceria;

d) na OS, há exigência de que tenha a presença de representantes do poder público no órgão de administração, o que não ocorre com a Oscip;

e) no caso de desqualificação, os bens adquiridos com recursos públicos serão revertidos ao Poder Público, no caso da OS e, se for Oscip, será transferida à outra Oscip, de preferência, na mesma área de atuação.

TERCEIRO SETOR
pessoas jurídicas de direito privado, sem fins lucrativos, pertencentes ao setor privado, que desenvolvem atividade de interesse público. Marco regulatório (Lei nº 13.019/14): parcerias firmadas por: a) termo de fomento ou por termo de colaboração, quando envolverem transferência de recursos financeiros; entidades são escolhidas por meio de chamamento público, exceto os casos de dispensa e inexigibilidade; b) acordo de cooperação, quando não envolver transferência de recursos financeiros.
Serviço social autônomo
Entidade de apoio
Organização Social (OS) Vínculo jurídico com a administração direta: contrato de gestão
Organização da Sociedade Civil de Interesse Público (Oscip) Vínculo jurídico com a administração direta: termo de parceria

- Organizações gestoras de fundos patrimoniais: No ano de 2019, foi editada a Lei nº 13.800, que trata das organizações gestoras de fundos patrimoniais. Segundo a lei, referidos fundos serão geridos e administrados por organização gestora de fundos patrimoniais, instituição privada sem fins lucrativos, "instituída na forma de associação ou de fundação privada com o intuito de atuar exclusivamente para um fundo na captação e na gestão das doações oriundas de pessoas físicas e jurídicas e do patrimônio constituído" (art. 2º, II).

ATO ADMINISTRATIVO. CONCEITO, CARACTERÍSTICAS E ATRIBUTOS. ELEMENTOS E REQUISITOS DE VALIDADE. CLASSIFICAÇÃO DOS ATOS ADMINISTRATIVOS. FORMAÇÃO E EFEITOS. EXTINÇÃO, REVOGAÇÃO, INVALIDAÇÃO E CONVALIDAÇÃO. CASSAÇÃO E CADUCIDADE.

- Fato produz efeito jurídico no direito administrativo: fato administrativo
- Fato não produz efeito jurídico no direito administrativo: fato da administração
- Ato da Administração: abrange todos os atos praticados no exercício da função administrativa. Nessa categoria estão:

  a) atos de direito privado;

  b) atos materiais (são os fatos administrativos);

  c) atos políticos;

  d) atos administrativos.

CONCEITO

Ato administrativo é "toda manifestação unilateral de vontade da Administração Pública que, agindo nessa qualidade, tenha por fim imediato adquirir, resguardar, transferir, modificar, extinguir e declarar direitos, ou impor obrigações aos administrados ou a si própria"[16].

Ato administrativo:

a) o regime jurídico é sempre o de **direito público**;

b) o ato é uma **manifestação**, uma declaração jurídica **unilateral**;

c) é ato **infralegal**;

d) submete-se ao **controle** administrativo e judicial.

16. MEIRELLES, Hely Lopes. *Direito administrativo brasileiro*. 36. ed. São Paulo: Malheiros, 2010. p. 153.

ELEMENTOS

Sistematização dos elementos do ato administrativo[17]:

<table>
<tr><th colspan="3">ELEMENTOS OU REQUISITOS DO ATO ADMINISTRATIVO</th></tr>
<tr><th colspan="3">Posição tradicional (usualmente cobrada nas provas)</th></tr>
<tr><td colspan="3">Competência ou Sujeito: Quem? Conjunto de atribuições administrativas do servidor.
Finalidade: Para quê? Resultado mediato almejado com a prática do ato.
Forma: Como? Exteriorização do ato. Maneira pela qual o ato se apresenta.
Motivo ou Causa: Por quê? Pressuposto de fato e de direito cuja ocorrência autoriza ou determina a prática do ato.
Objeto ou Conteúdo: O quê? Resultado imediato pretendido com a prática do ato</td></tr>
<tr><th colspan="3">Posição de Celso Antônio Bandeira de Mello (requisitos)</th></tr>
<tr><td colspan="3">Motivo do ato x Motivo legal: motivo legal é a previsão abstrata de uma situação fática e motivo do ato é a própria situação material. Ambos têm que coincidir.
Motivo x móvel: motivo é a situação objetiva, real, empírica; é a realidade objetiva, externa ao agente; móvel é a representação subjetiva, psicológica, interna do agente; móvel é a vontade do agente.
Objeto x Conteúdo: não são sinônimos. Objeto sobre o que o ato incide. Conteúdo é o próprio ato em essência; é interno ao ato, já o objeto é externo ao ato.
Causa: Não é sinônimo de motivo. É a correlação lógica entre o motivo do ato administrativo e seu conteúdo, em vista da finalidade pública. É a relação lógica entre motivo e o conteúdo do ato, em função da finalidade pública.</td></tr>
<tr><th colspan="3">Sistematização dos requisitos do ato (Celso Antônio)</th></tr>
<tr><td>ELEMENTOS</td><td colspan="2">• Conteúdo
• Forma</td></tr>
<tr><td rowspan="2">PRESSUPOSTOS</td><td>• De existência</td><td>• Objeto
• Pertinência da função administrativa</td></tr>
<tr><td>• De validade</td><td>• Sujeito incompetente (pressuposto subjetivo)
• Motivo (pressuposto objetivo)
• Requisitos procedimentais
• Finalidade Pública (pressuposto teleológico)
• Causa (pressuposto lógico)
• Formalização (pressuposto formalístico)</td></tr>
</table>

Teoria dos motivos determinantes

O administrador fica vinculado aos motivos declarados para a prática do ato. Quer dizer, mesmo que se trate de situação em que não havia obrigação de motivar, uma vez feita a motivação ou o motivo declarado, existiu e é verdadeiro ou o ato é nulo.

Consequência do silêncio administrativo:

a) se houver Lei a respeito: previsão legal;

b) se não houver Lei a respeito: competência discricionária: exigência de decisão motivada; competência vinculada: exigência da prática do ato.

---

17. Quanto à posição de Celso Antônio Bandeira de Mello: *Curso de direito administrativo*. 27. ed. São Paulo: Malheiros, 2010. p. 393-412.

ATRIBUTOS

Sistematização dos **atributos** do ato administrativo[18]:

ATRIBUTOS OU CARACTERÍSTICAS DO ATO ADMINISTRATIVO	
PRESUNÇÃO DE LEGITIMIDADE	• presunção de que todo ato administrativo praticado está de acordo com a lei • pode ser praticado imediatamente • produz efeitos até que seja anulado • ônus da prova do interessado • nulidade só é apreciada a pedido pelo Judiciário • existe em todos os atos administrativos
IMPERATIVIDADE	• ato administrativo é imposto ao destinatário • não está presente em todos os atos administrativos
AUTOEXECUTORIEDADE	• Administração executa o ato por seus próprios meios • não existe em todos os atos administrativos: só em urgência ou se previsto em lei

Sistematização da **classificação** dos atos administrativos:

CLASSIFICAÇÃO DOS ATOS ADMINISTRATIVOS	
Quanto ao destinatário	geral → sem destinatário definido; fim normativo
	individual → com destinatário definido
Quanto ao alcance	interno → efeitos somente dentro da Administração
	Externo → efeitos para fora da Administração
Quanto ao objeto	império → posição de superioridade
	gestão → posição de igualdade
	expediente → rotina interna; sem poder decisório
Quanto ao regramento	vinculado → não pode escolher no caso concreto
	discricionário → pode escolher no caso concreto
Quanto à formação da vontade	simples → vontade de um órgão só
	complexo → vontade de dois órgãos e um ato só
	composto → dois órgãos e dois atos (principal e acessório)
Quanto ao conteúdo	constitutivo → cria situação jurídica individual
	extintivo → encerra situação jurídica individual
	declaratório → declara situação já existente
	alienativo → transfere bens ou direitos
	modificativo → altera situação jurídica, sem encerrá-la
	abdicativo → renúncia a um direito

18. BORTOLETO, Leandro. *Direito administrativo*. Salvador: Juspodivm, 2012. p. 334.

Quanto à eficácia	válido → em conformidade com o direito
	nulo → vício insanável
	anulável → vício sanável
	Inexistente → parece ato, mas não é
Quanto à exequibilidade	perfeito → completou ciclo de formação
	imperfeito → não completou ciclo de formação
	Pendente → não está apto para produzir efeitos
	consumado → já produziu seus efeitos; definitivo

PERFEIÇÃO, VALIDADE E EFICÁCIA DO ATO ADMINISTRATIVO

- **Perfeição** diz respeito ao processo de formação do ato:
  - perfeito: ocorreram todas as fases de formação
  - imperfeito: não ocorreram todas as fases de formação
- **Validade** refere-se à verificação da conformidade do ato com a lei
  - válido: está de acordo com o direito
  - inválido: não está em conformidade com o direito
- **Eficácia** é a possibilidade, atual e imediata, de produção dos efeitos típicos do ato
  - eficaz: está disponível para a produção de seus efeitos típicos
  - ineficaz: não está disponível para a produção de seus efeitos típicos

EXTINÇÃO DO ATO ADMINISTRATIVO

O ato administrativo extingue-se[19]:

a) **pelo cumprimento dos seus efeitos**: é a extinção natural do ato e ocorre quando este encerrou a produção dos seus efeitos. Pode ocorrer nas seguintes hipóteses:

- **esgotamento do conteúdo jurídico**: seus efeitos fluem ao longo do prazo previsto. Exemplo: o ato que concede férias ou licença para o servidor é extinto quando há o término das férias ou da licença.
- **execução material**: quando realizado o ato material determinado pelo ato administrativo. Exemplo: o ato que ordena a demolição de prédio que ameaça ruir é extinto com a execução da ordem.
- **implemento de condição resolutiva ou termo final**: quando acontece o evento previsto no próprio ato (se estiver previsto na lei, como próprio do ato, é esgotamento do conteúdo jurídico) para sua extinção. Exemplo: permissão para derivar água de um rio, se este não baixar aquém de certo limite.

19. MELLO, Celso Antônio Bandeira de. *Curso de direito administrativo*. 27. ed. São Paulo: Malheiros, 2010. p. 446-447.

b) pelo desaparecimento do sujeito ou do objeto: quando o sujeito ou o objeto da relação jurídica, que o ato constitui, deixa de existir. Exemplo: incêndio destrói imóvel objeto de permissão ou morte do motorista extingue licença para dirigir.

c) pela retirada do ato: é praticado outro ato retirando, extinguindo o anterior. São espécies:

- **cassação**: o destinatário do ato **descumpre condição a que estava obrigado** pelo ato para se beneficiar de seus efeitos. Exemplo: cassação de licença ambiental de posto de combustível por passar a desrespeitar as exigências quanto ao armazenamento de combustível.
- **caducidade**: **nova norma** jurídica **proíbe situação antes permitida** e que é objeto do ato. É o caso de ato permitindo a exploração de atividade comercial em área pública e, posteriormente, a Lei de zoneamento urbano é alterada e a região onde a área se localiza passa a ser de ocupação estritamente residencial.
- **contraposição ou derrubada**: **novo ato** é praticado, com fundamento em competência diversa, cujos **efeitos são contrapostos** ao anterior. Exemplo: o ato de demissão de servidor produz efeitos opostos aos causados pelo ato de nomeação.
- **revogação** é a extinção do ato administrativo por razões de interesse público (conveniência e oportunidade)
- **anulação:** extinção do ato administrativo em razão de ilegalidade.

d) pela **renúncia**: o **beneficiário** do ato **renuncia à situação jurídica** por ele implementada. Exemplo: exoneração de servidor, a pedido.

Sistematização da anulação e da revogação do ato administrativo[20]:

ANULAÇÃO	REVOGAÇÃO
Ilegalidade	interesse público (conveniência e oportunidade)
ex tunc (ato restritivo) *ex nunc* (ato ampliativo e boa-fé)	*ex nunc*
Poder Judiciário e Administração	somente a Administração
qualquer ato (vinculado e discricionário)	atos irrevogáveis: • vinculados • integrantes de procedimento • enunciativos • geraram direito adquirido

CONVALIDAÇÃO

Convalidação: o suprimento da invalidade de um ato com efeitos retroativos"[21]. Convalidar é tornar válido um ato inválido, por meio de outro ato que supre vício sanável, com efeitos ex tunc (retroagem).

20. BORTOLETO, Leandro. *Direito administrativo*. Salvador: Juspodivm, 2012. p. 347.

21. MELLO, Celso Antônio Bandeira de. *Curso de direito administrativo*. 27. ed. São Paulo: Malheiros, 2010. p. 473.

Quando a convalidação não é possível?[22]

a) quando o **vício** estiver nos elementos **finalidade, motivo ou objeto**;

b) quando o **vício** estiver nos elementos **competência** e **forma** e se tratar de **competência exclusiva ou forma essencial**;

c) quando o **vício foi impugnado** administrativa ou judicialmente;

d) quando **houve a estabilização** do vício pela prescrição ou decadência;

e) quando a convalidação **causar lesão ao interesse público;**

f) quando a convalidação **causar prejuízo a terceiros**.

PROCESSO ADMINISTRATIVO. LEI Nº 9.784/1999

LEI Nº 9.784/99

- ***Princípios expressos*** do processo administrativo (art. 2º): legalidade, finalidade, motivação, razoabilidade, proporcionalidade, moralidade, ampla defesa, contraditório, segurança jurídica, interesse público, eficiência.

- ***Critérios*** a serem seguidos (são os conteúdos dos princípios; art. 2º, parágrafo único): atuação conforme a lei e o direito; atendimento a fins de interesse geral, vedada a renúncia total ou parcial de poderes ou competências, salvo autorização em lei; objetividade no atendimento do interesse público, vedada a promoção pessoal de agentes ou autoridades; atuação segundo padrões éticos de probidade, decoro e boa-fé; divulgação oficial dos atos administrativos, ressalvadas as hipóteses de sigilo previstas na Constituição; adequação entre meios e fins, vedada a imposição de obrigações, restrições e sanções em medida superior àquelas estritamente necessárias ao atendimento do interesse público; indicação dos pressupostos de fato e de direito que determinarem a decisão; observância das formalidades essenciais à garantia dos direitos dos administrados; adoção de formas simples, suficientes para propiciar adequado grau de certeza, segurança e respeito aos direitos dos administrados; garantia dos direitos à comunicação, à apresentação de alegações finais, à produção de provas e à interposição de recursos, nos processos de que possam resultar sanções e nas situações de litígio; proibição de cobrança de despesas processuais, ressalvadas as previstas em lei; impulsão, de ofício, do processo administrativo, sem prejuízo da atuação dos interessados; interpretação da norma administrativa da forma que melhor garanta o atendimento do fim público a que se dirige, vedada aplicação retroativa de nova interpretação.

- ***Prioridade*** na tramitação do processo administrativo (art. 69-A): a) pessoa com idade igual ou superior a 60 anos; b) pessoa portadora de deficiência, física ou mental; c) pessoa portadora de doença grave, como tuberculose ativa, esclerose múltipla, neoplasia maligna, hanseníase, paralisia irreversível e incapacitante, cardiopatia grave,

22. MAZZA, Alexandre. *Manual de direito administrativo*. São Paulo: Saraiva, 2011. p. 137.

doença de Parkinson, espondiloartrose anquilosante, nefropatia grave, hepatopatia grave, estados avançados da doença de Paget (osteíte deformante), contaminação por radiação, síndrome de imunodeficiência adquirida, ou qualquer outra, com base em conclusão da medicina especializada, mesmo que a doença tenha sido contraída após o início do processo.

- Sistematização da delegação de competência[23]:

<table>
<tr><th colspan="4">DELEGAÇÃO</th></tr>
<tr><th colspan="4">É a transferência de parte das atribuições feita por quem era originariamente competente</th></tr>
<tr><td rowspan="3">A delegação pode ser feita</td><td colspan="3">• se houver ou não subordinação hierárquica
• só parcialmente (não pode delegar integralmente a competência)
• com ressalva quanto à atribuição delegada</td></tr>
<tr><td rowspan="2">• quando</td><td colspan="2">– não houver impedimento legal</td></tr>
<tr><td>– for conveniente em razão de circunstâncias de índole</td><td>– técnica
– social
– econômica
– jurídica
– territorial</td></tr>
<tr><td>A delegação não pode ser feita em relação</td><td colspan="3">• à edição de atos de caráter normativo
• à decisão de recursos administrativos
• às matérias de competência exclusiva do órgão ou autoridade</td></tr>
<tr><td rowspan="3">O ato de delegação</td><td colspan="3">• deve ser publicado no meio oficial</td></tr>
<tr><td>• deve especificar</td><td colspan="2">– as matérias transferidas
– os poderes transferidos
– os limites da atuação do delegado
– a duração da delegação
– os objetivos da delegação
– o recurso cabível</td></tr>
<tr><td colspan="3">• é revogável a qualquer tempo (ato de revogação deve ser publicado no meio oficial)</td></tr>
<tr><td>As decisões adotadas por delegação</td><td colspan="3">- devem mencionar explicitamente esta qualidade
- consideram-se editadas pelo delegado (este responderá em caso de irregularidade)</td></tr>
</table>

- ***Avocação de competência***: o superior, que não era competente, chama para si parcela de competência legalmente atribuída a subordinado seu. Deve ser temporária e deve ser feita em caráter excepcional, por motivos relevantes devidamente justificados.

- **Dever de decidir**: a Administração tem o dever de explicitamente emitir decisão nos processos administrativos e sobre solicitações ou reclamações, em matéria de sua competência (art. 48). E o art. 49 determina que a Administração, após a conclu-

23. BORTOLETO, Leandro. *Direito administrativo*. Salvador: Juspodivm, 2012. p. 373.

são da instrução do processo administrativo, tem o prazo de até 30 dias para decidir, salvo prorrogação por igual período expressamente motivada.

- **Decisão coordenada**: considera-se decisão coordenada a instância de natureza interinstitucional ou intersetorial que atua de forma compartilhada com a finalidade de simplificar o processo administrativo mediante participação concomitante de todas as autoridades e agentes decisórios e dos responsáveis pela instrução técnico-jurídica, observada a natureza do objeto e a compatibilidade do procedimento e de sua formalização com a legislação pertinente (art. 49-A, §1º).

  As decisões administrativas, no âmbito da Administração Pública Federal, que exijam participação de 3 ou mais setores, órgãos ou entidades poderão ser tomadas mediante decisão coordenada quando: a) for justificável pela relevância da matéria; b) houver discordância que prejudique a celeridade do processo administrativo decisório (art. 49-A, caput). Entretanto, a decisão coordenada não se aplica a processos administrativos: i) de licitação; ii) relacionados ao poder sancionador; iii) em que estejam envolvidas autoridades de Poderes distintos (art. 49-A, caput e §6º).

- ***Recurso administrativo***: interposição no prazo de dez dias, em razão de legalidade e mérito. São legitimados: a) titulares de direitos e interesses que forem parte no processo; b) aqueles cujos direitos ou interesses forem indiretamente afetados pela decisão recorrida; c) as organizações e associações representativas, no tocante a direitos e interesses coletivos; d) os cidadãos ou associações, quanto a direitos ou interesses difusos.

- Se o recorrente alegar violação de enunciado da súmula vinculante, a autoridade competente para decidir explicitará as razões da aplicabilidade ou inaplicabilidade da súmula, conforme o caso (art. 64-A).

Controle e responsabilização da administração: controle administrativo; controle judicial; controle legislativo

CONTROLE DA ADMINISTRAÇÃO PÚBLICA. CLASSIFICAÇÕES RELATIVAS AO CONTROLE DA ADMINISTRAÇÃO PÚBLICA. CONTROLE EXTERNO E PROCEDIMENTOS DE TOMADAS DE CONTAS.

O controle da Administração Pública é "**o conjunto de mecanismos jurídicos e administrativos por meio dos quais se exerce o poder de fiscalização e de revisão da atividade administrativa em qualquer das esferas de Poder**"[24].

Espécies de controle:

a) quanto à origem ou localização:

- interno
- externo;

24. CARVALHO FILHO, José dos Santos. *Manual de direito administrativo*. 19. ed. Rio de Janeiro: Lumen Juris, 2008. p. 836.

b) quanto ao momento:

- prévio ou preventivo (*a priori*)
- concomitante
- posterior ou subsequente;

c) quanto ao aspecto controlado:

- legalidade
- mérito;

d) quanto à amplitude ou fundamento:

- hierárquico ou por subordinação;
- finalístico ou por vinculação;

e) quanto à iniciativa:

- de ofício
- provocado.

CONTROLE ADMINISTRATIVO

Controle administrativo

O "controle administrativo é um **autocontrole** dentro da Administração Pública"[25]. É "o poder de fiscalização e correção que a Administração Pública (em sentido amplo) exerce sobre sua própria atuação, sob os aspectos de legalidade e mérito, por iniciativa própria ou mediante provocação"[26].

Recurso administrativo: todo meio apto para provocar o reexame de ato ou decisão administrativa. Modalidades de recurso administrativo[27]:

a) **representação administrativa**: é o meio pelo qual o administrado denuncia, formalmente, irregularidades ou abuso de poder no seio da Administração;

b) **reclamação administrativa**: é a forma usada pelo administrado para se opor aos atos da Administração que afetem seus direitos ou interesses;

c) **pedido de reconsideração**: é o requerimento de reexame de ato ou decisão administrativa, dirigido à mesma autoridade que expediu o ato ou decidiu;

d) **recurso hierárquico**: é o requerimento de reexame de ato ou decisão administrativa, dirigido a autoridade superior à que expediu o ato ou decidiu. Pode ser:

---

25. FAGUNDES, Miguel Seabra. *O controle dos atos administrativos pelo poder judiciário*. 8. ed. atualizada por Gustavo Binenbojm. Rio de Janeiro: Forense, 2010. p. 126. Original sem destaque.

26. DI PIETRO, Maria Sylvia Zanella. *Direito administrativo*. 23. ed. São Paulo: Atlas, 2010. p. 730.

27. MEIRELLES, Hely Lopes. *Direito administrativo brasileiro*. 36. ed.São Paulo: Malheiros, 2010. p. 710-714.

- **recurso hierárquico próprio**: dirigido a autoridade hierarquicamente superior dentro do mesmo órgão em que o ato foi praticado. Por ser consequência da hierarquia, não depende da previsão legal;
- **recurso hierárquico impróprio**: é o que se "dirige a autoridade ou órgão estranho à repartição que expediu o ato recorrido, mas com competência julgadora expressa, como ocorre com os *tribunais administrativos* e com os *chefes* do Executivo federal, estadual e municipal"[28]. É um recurso que não se dirige a autoridade hierarquicamente superior, mas sim a autoridade de outro órgão, sem relação hierárquica com o que proferiu o ato como, por exemplo, recurso, na esfera federal, contra ato de dirigente de autarquia para o Ministério a que estiver vinculada ou para o Presidente da República. Em razão da inexistência de hierarquia, somente é admissível quando houver previsão expressa em lei.

e) **revisão**: é o meio usado pelo servidor para requerer o reexame de punição que lhe foi imposta quando houver fato novo capaz de inocentá-lo ou de demonstrar a inadequação da penalidade aplicada.

CONTROLE LEGISLATIVO

Controle legislativo abrange o controle político e o controle financeiro.

Controle financeiro: a "fiscalização contábil, financeira, orçamentária, operacional e patrimonial da União e das entidades da administração direta e indireta, quanto à legalidade, legitimidade, economicidade, aplicação das subvenções e renúncia de receitas, será exercida pelo Congresso Nacional, mediante controle externo, e pelo sistema de controle interno de cada Poder" (CF, art. 70). **Subdivide-se em controle interno e externo.**

Controle interno: os Poderes Executivo, Legislativo e Judiciário deverão manter, de forma integrada, sistema de controle interno, com a finalidade de: a) "avaliar o cumprimento das metas previstas no plano plurianual, a execução dos programas de governo e dos orçamentos da União" (inciso I); b) "comprovar a legalidade e avaliar os resultados, quanto à eficácia e eficiência, da gestão orçamentária, financeira e patrimonial nos órgãos e entidades da administração federal, bem como da aplicação de recursos públicos por entidades de direito privado" (inciso II); c) "exercer o controle das operações de crédito, avais e garantias, bem como dos direitos e haveres da União" (inciso III); d) "apoiar o controle externo no exercício de sua missão institucional" (inciso IV).

Controle externo: exercido pelo Congresso Nacional, com o auxílio do Tribunal de Contas da União (TCU).

O TCU é um órgão independente. Não está subordinado ao Congresso Nacional e não integra o Poder Judiciário.

Competência do TCU: art. 71 da Constituição Federal:

---

28. MEIRELLES, Hely Lopes. *Direito administrativo brasileiro.* 36. ed.São Paulo: Malheiros, 2010. p. 713.

Art. 71. O controle externo, a cargo do Congresso Nacional, será exercido com o auxílio do Tribunal de Contas da União, ao qual compete:

I – apreciar as contas prestadas anualmente pelo Presidente da República, mediante parecer prévio que deverá ser elaborado em sessenta dias a contar de seu recebimento;

II – julgar as contas dos administradores e demais responsáveis por dinheiros, bens e valores públicos da administração direta e indireta, incluídas as fundações e sociedades instituídas e mantidas pelo Poder Público federal, e as contas daqueles que derem causa a perda, extravio ou outra irregularidade de que resulte prejuízo ao erário público;

III – apreciar, para fins de registro, a legalidade dos atos de admissão de pessoal, a qualquer título, na administração direta e indireta, incluídas as fundações instituídas e mantidas pelo Poder Público, excetuadas as nomeações para cargo de provimento em comissão, bem como a das concessões de aposentadorias, reformas e pensões, ressalvadas as melhorias posteriores que não alterem o fundamento legal do ato concessório;

IV – realizar, por iniciativa própria, da Câmara dos Deputados, do Senado Federal, de Comissão técnica ou de inquérito, inspeções e auditorias de natureza contábil, financeira, orçamentária, operacional e patrimonial, nas unidades administrativas dos Poderes Legislativo, Executivo e Judiciário, e demais entidades referidas no inciso II;

V – fiscalizar as contas nacionais das empresas supranacionais de cujo capital social a União participe, de forma direta ou indireta, nos termos do tratado constitutivo;

VI – fiscalizar a aplicação de quaisquer recursos repassados pela União mediante convênio, acordo, ajuste ou outros instrumentos congêneres, a Estado, ao Distrito Federal ou a Município;

VII – prestar as informações solicitadas pelo Congresso Nacional, por qualquer de suas Casas, ou por qualquer das respectivas Comissões, sobre a fiscalização contábil, financeira, orçamentária, operacional e patrimonial e sobre resultados de auditorias e inspeções realizadas;

VIII – aplicar aos responsáveis, em caso de ilegalidade de despesa ou irregularidade de contas, as sanções previstas em lei, que estabelecerá, entre outras cominações, multa proporcional ao dano causado ao erário;

IX – assinar prazo para que o órgão ou entidade adote as providências necessárias ao exato cumprimento da lei, se verificada ilegalidade;

X – sustar, se não atendido, a execução do ato impugnado, comunicando a decisão à Câmara dos Deputados e ao Senado Federal;

XI – representar ao Poder competente sobre irregularidades ou abusos apurados.

§ 1º No caso de contrato, o ato de sustação será adotado diretamente pelo Congresso Nacional, que solicitará, de imediato, ao Poder Executivo as medidas cabíveis.

§ 2º Se o Congresso Nacional ou o Poder Executivo, no prazo de noventa dias, não efetivar as medidas previstas no parágrafo anterior, o Tribunal decidirá a respeito.

§ 3º As decisões do Tribunal de que resulte imputação de débito ou multa terão eficácia de título executivo.

§ 4º O Tribunal encaminhará ao Congresso Nacional, trimestral e anualmente, relatório de suas atividades.

Decisões do TCU: as "decisões do Tribunal de que resulte imputação de débito ou multa terão eficácia de título executivo" (art. 71, § 3º).

STF (RE 510.034-AgR; AI 826.676-AgR): a cobrança da dívida em juízo deve ser feita pelo ente público beneficiário da condenação, por intermédio de seus procuradores.

STF (MS 24.997): o "ato de aposentadoria configura ato administrativo complexo, aperfeiçoando-se somente com o registro perante o Tribunal de Contas. Submetido à condição resolutiva, não se operam os efeitos da decadência antes da vontade final da Administração".

Súmula Vinculante nº 3: "Nos processos perante o Tribunal de Contas da União asseguram-se o contraditório e a ampla defesa quando da decisão puder resultar anulação ou revogação de ato administrativo que beneficie o interessado, excetuada a apreciação da legalidade do ato de concessão inicial de aposentadoria, reforma e pensão".

STF (RE 636.553): "Em atenção aos princípios da segurança jurídica e da confiança legítima, os Tribunais de Contas estão sujeitos ao prazo de cinco anos para o julgamento da legalidade do ato de concessão inicial de aposentado-ria, reforma ou pensão a contar da chegada do processo à respectiva Corte de contas."

CONTROLE JUDICIAL

Controle judicial

O controle judicial é o "exercido privativamente pelos órgãos do Poder Judiciário sobre os atos administrativos do Executivo, do Legislativo e do próprio Judiciário quando realiza atividade administrativa"[29].

Sistemas de controle jurisdicional do ato administrativo:

a) **sistema do contencioso administrativo ou sistema francês**: o controle dos atos administrativos é realizado, de maneira definitiva, por tribunais administrativos;

b) **sistema de jurisdição única ou sistema inglês**: há somente uma jurisdição e, assim, o controle dos atos administrativos, de maneira definitiva, é feito pelo Poder Judiciário (é o adotado no Brasil, pois o art. 5º, XXXV da Constituição Federal estabelece que nenhuma lesão ou ameaça a direito será excluída da apreciação do Poder Judiciário).

Principais meios de controle judicial:

MANDADO DE SEGURANÇA

O mandado de segurança está previsto no art. 5º, LXIX, em cuja redação assegura-se a concessão desse remédio constitucional "para proteger direito líquido e certo, não amparado por 'habeas-corpus' ou 'habeas-data', quando o responsável pela ilegalidade ou abuso de poder for autoridade pública ou agente de pessoa jurídica no exercício de atribuições do Poder Público", bem como no inciso LXX do mesmo artigo, assegurando a impetração

29. MEIRELLES, Hely Lopes. *Direito administrativo brasileiro.* 36. ed. São Paulo: Malheiros, 2010. p. 744.

de mandado de segurança coletivo por partido político com representação no Congresso Nacional e por organização sindical, entidade de classe ou associação legalmente constituída e em funcionamento há pelo menos um ano, em defesa dos interesses de seus membros ou associados.

Na clássica definição de Hely Lopes Meirelles, mandado de segurança é: "O meio constitucional posto à disposição de toda pessoa física ou jurídica, órgão com capacidade processual ou universalidade reconhecida por lei para **proteger direito individual ou coletivo, líquido e certo**, não amparado por habeas corpus ou habeas data, lesado ou ameaçado de lesão por ato de qualquer autoridade, seja de que categoria for e sejam quais forem as funções que exerça"[30].

Ambos os dispositivos constitucionais mencionados foram regulamentados pela Lei nº 12.016/09.

O mandado de segurança somente pode ser utilizado quando se tratar de direito líquido e certo, que é o direito que pode ser comprovado de plano, sendo possível reconhecê-lo no momento da impetração pelas provas existentes e, caso a prova do direito dependa de momento futuro, não cabe o mandado de segurança.

ATENÇÃO! Súmula 625, STF: "Controvérsia sobre matéria de direito não impede concessão de mandado de segurança".

A autoridade coatora é o sujeito passivo, mas o art. 1º, § 1º, da Lei nº 12.016/09 equipara à autoridade para a impetração de mandado de segurança:

a) os representantes ou órgãos de partidos políticos;

b) os administradores de entidades autárquicas;

c) os dirigentes de pessoas jurídicas ou as pessoas naturais no exercício de atribuições do poder público, somente no que disser respeito a essas atribuições.

Dessa maneira, o mandamus pode ser impetrado contra ato de dirigente de estabelecimento de ensino privado ou ato de administrador de concessionária de serviço público, ressalvando-se, no último caso e também quanto aos atos de administradores de empresas públicas e de sociedade de economia mista, os atos de gestão comercial, nos termos do § 2º do mesmo artigo.

O art. 5º da Lei nº 12.016/09 veda a concessão de mandado de segurança nos seguintes casos:

a) ato do qual caiba recurso administrativo com efeito suspensivo, independentemente de caução;

b) decisão judicial da qual caiba recurso com efeito suspensivo;

c) decisão judicial transitada em julgado.

30. MEIRELLES, Hely Lopes. *Mandado de segurança, ação popular, ação civil pública, mandado de injunção, habeas data*. 18. ed. São Paulo: Malheiros, 1997. p. 21.

Além dessas hipóteses, nos termos da Súmula 266 do STF, não "cabe o mandado de segurança contra lei em tese".

O prazo para interposição é de 120 dias (art. 23). A respeito, há a Súmula 632, do STF, estabelecendo que é "constitucional lei que fixa prazo de decadência para impetração de mandado de segurança", bem como a Súmula 430, também do STF, prevendo que o pedido "de reconsideração na via administrativa não interrompe o prazo para o mandado de segurança".

Com relação ao mandado de segurança coletivo, pode ser impetrado por:

a) partido político com representação no Congresso Nacional: "na defesa de seus interesses legítimos relativos a seus integrantes ou à finalidade partidária" (art. 21, Lei nº 12.016/09)

b) por organização sindical, entidade de classe ou associação legalmente constituída e em funcionamento há pelo menos um ano, em defesa dos interesses de seus membros ou associados: "em defesa de direitos líquidos e certos da totalidade, ou de parte, dos seus membros ou associados, na forma dos seus estatutos e desde que pertinentes às suas finalidades, dispensada, para tanto, autorização especial" (art. 21, Lei nº 12.016/09). Nos termos da Súmula 630, do STF, a "entidade de classe tem legitimação para o mandado de segurança ainda quando a pretensão veiculada interesse apenas a uma parte da respectiva categoria".

ATENÇÃO! O funcionamento e a pré-constituição há pelo menos um ano aplica-se apenas às associações, com o que se visa impedir a formação de um novo legitimado que não existia quando da ocorrência do fato, bem como evitar a "possibilidade de eventual conluio com o Poder Público por parte de uma associação recém-constituída e ainda de bases pouco sólidas", conforme adverte André Ramos Tavares, colacionando o autor, inclusive, decisão do STF nesse sentido (RE 198.919-0/DF).

Esses legitimados podem se valer do mandado de segurança coletivo para proteger os seguintes direitos (art. 21, parágrafo único):

a) coletivos: "os transindividuais, de natureza indivisível, de que seja titular grupo ou categoria de pessoas ligadas entre si ou com a parte contrária por uma relação jurídica básica";

b) individuais homogêneos: "os decorrentes de origem comum e da atividade ou situação específica da totalidade ou de parte dos associados ou membros do impetrante".

- **AÇÃO POPULAR**

A ação popular está prevista no art. 5º, LXXIII, que tem a seguinte redação: "Qualquer cidadão é parte legítima para propor ação popular que vise a anular ato lesivo ao patrimônio público ou de entidade de que o Estado participe, à moralidade administrativa, ao meio ambiente e ao patrimônio histórico e cultural, ficando o autor, salvo comprovada má-fé, isento de custas judiciais e do ônus da sucumbência".

Em âmbito infraconstitucional, há a Lei nº 4.717/65 disciplinando a ação popular.

É ação destinada à tutela da moralidade administrativa, do meio ambiente, do patrimônio histórico e cultural e do patrimônio público, este na sua mais ampla acepção, incluindo bens móveis, imóveis, ações e créditos públicos.

São pressupostos específicos da ação popular:

a) o autor da ação deve ser cidadão ativo, isto é, deve ser eleitor, comprovando-se por título eleitoral ou documento equivalente;

b) o ato impugnado deve ser lesivo ao patrimônio público, à moralidade, ao meio ambiente e ao patrimônio histórico e cultural;

c) a ocorrência de ilegalidade ou ilegitimidade, o que inclui os princípios administrativos como, por exemplo, o da moralidade.

ATENÇÃO! Nesse ponto, há na doutrina quem sustente que somente é possível a ação popular se a lesão for decorrente de ilegalidade, isto é, se houver a ocorrência do binômio lesividade/ilegalidade. Entretanto, a lesão pode ser dos princípios da Administração e, nesse sentido, já decidiu o STF e o STJ como, por exemplo, o REsp 1.130.754, no qual foi assentado que "é possível afirmar a prescindibilidade do dano para a propositura da ação popular", porque "o termo 'patrimônio público' deve ser entendido de maneira ampla, a abarcar não apenas o patrimônio econômico, mas também outros valores, entre eles, a moralidade administrativa"

Quanto ao sujeito ativo, excluem-se a pessoa jurídica (Súmula 365, do STF), os estrangeiros, os apátridas e as pessoas que estiverem com os direitos políticos suspensos ou perdidos, nas situações elencadas no art. 15 da Constituição Federal.

Nos termos do art. 6º, podem ser sujeitos passivos da ação popular:

a) as pessoas cujo patrimônio é protegido: União, Estados, Distrito Federal, Municípios, autarquias, fundações públicas (com personalidade de direito público ou de direito privado), empresas públicas, sociedades de economia mista, pessoas jurídicas subvencionadas pelo Estado;

b) aqueles que causaram, ou ameaçaram causar, por ato ou omissão, lesão aos bens tutelados: autoridades, funcionários ou administradores;

c) os beneficiários diretos do ato ou da omissão: não pode ser beneficiário indireto.

A ação deve ser proposta por meio de advogado e há isenção de custas e do ônus da sucumbência para o autor, salvo se comprovada má-fé. Se ficar demonstrado que o requerente agiu de má-fé, conforme o art. 13 da Lei nº 4.717/65, o juiz pode condená-lo ao décuplo das custas.

A ação popular tem natureza dupla, sendo constitutiva e condenatória, pois tem como objeto:

a) a anulação do ato;

b) a condenação ao pagamento de perdas e danos ou à restituição de bens e valores (art. 14, § 4º).

- **AÇÃO CIVIL PÚBLICA**

A ação civil pública está prevista na Constituição Federal, no art. 129, III, sendo disciplinada pela Lei nº 7.347/85 e pode ser definida como "o meio processual de que se podem valer o Ministério Público e as pessoas jurídicas indicas em lei para proteção de interesses difusos e gerais".

A ação civil pública é usada para tutelar os interesses difusos, coletivos e individuais homogêneos, e o art. 1º da Lei nº 7.347/85 estabelece que, sem prejuízo da ação popular, a tutela por meio da ação civil pública se dá em relação:

a) ao meio ambiente;

b) ao consumidor;

c) a bens e direitos de valor artístico, estético, histórico, turístico e paisagístico;

d) à infração da ordem econômica ;

e) à ordem urbanística;

f) à honra e à dignidade de grupos raciais, étnicos ou religiosos.

g) ao patrimônio público e social.

h) a qualquer outro interesse difuso ou coletivo.

No parágrafo único do mesmo dispositivo, porém, a lei veda a propositura de ação civil pública para "veicular pretensões que envolvam tributos, contribuições previdenciárias, o Fundo de Garantia do Tempo de Serviço – FGTS ou outros fundos de natureza institucional cujos beneficiários podem ser individualmente determinados".

Possuem legitimidade ativa para propor a ação (art. 5º):

a) Ministério Público;

b) Defensoria Pública;

c) União, Estados, Distrito Federal e Municípios;

d) autarquia, empresa pública, fundação ou sociedade de economia mista;

e) associação que, concomitantemente:

- esteja constituída há pelo menos 1 ano nos termos da lei civil; e
- inclua, entre suas finalidades institucionais, a proteção ao patrimônio público e social, ao meio ambiente, ao consumidor, à ordem econômica, à livre concorrência, aos direitos de grupos raciais, étnicos ou religiosos ou ao patrimônio artístico, estético, histórico, turístico e paisagístico.

STF (RE 1101937) Tese de repercussão geral: "I – É inconstitucional a redação do art. 16 da Lei 7.347/1985, alterada pela Lei 9.494/1997, sendo repristinada sua redação original. II – Em se tratando de ação civil pública de efeitos nacionais ou regionais, a competência deve observar o art. 93, II, da Lei 8.078/1990 (Código de Defesa do Consumidor). III – Ajuizadas múltiplas ações civis públicas de âmbito nacional ou regional e fixada a competência nos termos do item II, firma-se a prevenção do juízo que primeiro conheceu de uma delas, para o julgamento de todas as demandas conexas"

LEI DE IMPROBIDADE ADMINISTRATIVA (LEI Nº 8.429/1992 COM REDAÇÃO DADA PELA LEI Nº 14.230/2021)

Lei 8.429/92

- **Sistema de Responsabilização por Ato de Improbidade:** tem por finalidade a probidade na organização do Estado e no exercício de suas funções, como forma de assegurar a integridade do patrimônio público e social (art. 1º, *caput*).
- **Ato de improbidade**
- Nos termos do art. 1º da Lei, são atos de improbidade as condutas **dolosas** especificadas nos arts. 9º, 10 e 11, ressalvados tipos previstos em leis especiais. Nos termos do §2º, não basta a mera voluntariedade e, para tanto, considera-se dolo a vontade livre e consciente de alcançar o resultado ilícito tipificado previsto nos artigos mencionados.
- **Não configura improbidade administrativa:** a) o **mero exercício** da função ou desempenho de competências públicas, sem comprovação de ato doloso com fim ilícito, afasta a responsabilidade por ato de improbidade administrativa; b) **divergência interpretativa** da lei, se baseada em jurisprudência, ainda que não pacificada (art. 1º, §8º); c) a ilegalidade sem a presença de dolo que a qualifique (art. 16, §1º)

Atenção! Já pelo primeiro artigo da lei é possível vislumbrar uma das principais alterações promovidas, qual seja, a necessidade da presença de dolo para a configuração de improbidade administrativa. Lembre-se de que, pela redação anterior, admitia-se a modalidade culposa para os atos de improbidade administrativa que causassem prejuízo ao erário.

Nesse sentido, o STF decidiu, no ARE 843989, que: "1) É necessária a comprovação de responsabilidade subjetiva para a tipificação dos atos de improbidade administrativa, exigindo-se – nos artigos 9º, 10 e 11 da LIA – a presença do elemento subjetivo – DOLO (...)"

- **Direito administrativo sancionador:** aplicam-se ao sistema de improbidade tratado na lei, os princípios constitucionais do Direito Administrativo sancionador, tais quais: devido processo legal, contraditório e ampla defesa, legalidade.
- **Sujeito passivo:** a) Administração direta; b) Administração indireta; c) Entidade Privada que receba subvenção, benefício ou incentivo, fiscal, creditício, de entes públicos ou governamentais (art. 1º, § 6º); d) entidade privada para cuja criação ou custeio o erário haja concorrido ou concorra no seu patrimônio ou receita atual, limitado o ressarcimento de prejuízos, nesse caso, à repercussão do ilícito sobre a contribuição dos cofres públicos (art. 1º, §7º).

- ***Sujeito ativo*** do ato de improbidade (artigos 2º e 3º): a) agente público: agente político, servidor público, e aquele que exerce ainda que transitoriamente ou sem remuneração, por eleição, nomeação, designação, contratação ou qualquer outra forma de investidura ou vínculo, mandato, cargo, emprego ou função nas entidades do art. 1º da Lei; b) terceiro que induza ou concorra **dolosamente** para a prática do ato de improbidade.

  Recursos de origem pública: sujeita-se às sanções previstas na Lei 8.429/92, o particular, pessoa física ou jurídica, que celebra com a administração pública convênio, contrato de repasse, contrato de gestão, termo de parceria, termo de cooperação ou ajuste administrativo equivalente.

Atenção! Art. 3º da LIA

1- sócios, cotistas, diretores e colaboradores de pessoa jurídica de direito privado não respondem por ato de improbidade imputado à pessoa jurídica, **salvo** se comprovada sua participação e benefícios, respondendo na medida da participação.

2- sanções da Lei não se aplicam à pessoa jurídica, caso o ato de improbidade seja sancionado como lesivo à Administração Pública de que trata a lei anticorrupção (Lei nº 12.846/2013).

- **Responsabilidade sucessória** (art. 8º): a) sucessor ou herdeiro: reparação até o limite do valor da herança ou do patrimônio transferido; b) também se aplica à alteração contratual, transformação, incorporação, fusão ou cisão societária: no caso de fusão e incorporação, a responsabilidade será restrita à obrigação de reparação integral do dano, até o limite do patrimônio transferido, não se aplicando as demais sanções, salvo simulação ou fraude, devidamente comprovados.
- ***Modalidades*** de atos de improbidade:
- **É indispensável a leitura dos artigos 9º, 10, 11 e 12 da Lei nº 8.429/92.**

  a) atos que ***importam enriquecimento ilícito*** (art. 9º): são aqueles em que o agente aufere, **dolosamente**, vantagem patrimonial indevida em razão do exercício do cargo, mandato, função, emprego ou atividade nas entidades do art. 1º;

  b) atos que ***causam prejuízo ao erário*** (art. 10); causa prejuízo ao erário "qualquer ação ou omissão **dolosa**, que enseje, efetiva e comprovadamente, perda patrimonial, desvio, apropriação, malbaratamento ou dilapidação dos bens ou haveres das entidades referidas no art. 1º";

Atenção! Nos termos do art. 10, §1º, caso a inobservância da lei ou regulamento não implicar perda patrimonial efetiva, não haverá imposição de ressarcimento, vedado o enriquecimento sem causa das entidades do art. 1º da LIA.

STF 843989: "(...) 2) A norma benéfica da Lei 14.230/2021 – revogação da modalidade culposa do ato de improbidade administrativa -, é IRRETROATIVA, em virtude do artigo 5º, inciso XXXVI, da Constituição Federal, não tendo incidência em relação à eficácia da coisa julgada; nem tampouco durante o processo de execução das penas e seus incidentes; 3) A nova Lei 14.230/2021 aplica-se aos atos de improbidade administrativa culposos praticados na vigência do texto anterior da lei, porém sem condenação transitada em julgado, em virtude da revogação expressa do texto anterior; devendo o juízo competente analisar eventual dolo por parte do agente (...)";

c) atos que ***atentam contra os princípios da Administração Pública (art. 11)***: a ação ou omissão **dolosa** que viole os deveres de honestidade, de imparcialidade e de legalidade;

Atenção! Com a nova redação do art. 11 da Lei de Improbidade Administrativa, o rol das condutas que caracterizam os atos que violam os princípios da Administração Pública passou a ser taxativo. Os demais (art. 9º e 10) são exemplificativos.

Atenção! a) só se configura como ato de improbidade, quando comprovado que a conduta do agente se deu para fins de obtenção de proveito ou benefício indevido para si ou para outra pessoa ou entidade (art. 11, §§1º e 2º) e isso se aplica a todas as modalidades de ato de improbidade;

- **Nepotismo:** a) configura ato de improbidade que viola os princípios da Administração Pública "nomear cônjuge, companheiro ou parente em linha reta, colateral ou por afinidade, até o terceiro grau, inclusive, da autoridade nomeante ou de servidor da mesma pessoa jurídica investido em cargo de direção, chefia ou assessoramento, para o exercício de cargo em comissão ou de confiança ou, ainda, de função gratificada na administração pública direta e indireta em qualquer dos Poderes da União, dos Estados, do Distrito Federal e dos Municípios, compreendido o ajuste mediante designações recíprocas"; **porém, não configura improbidade a mera nomeação ou indicação política** pelos detentores de mandato eletivo, sendo necessária a aferição de dolo com finalidade ilícita pelo agente (art. 11, §5º).
- Sistematização das sanções previstas para os atos de improbidade administrativa:

Sanções – Lei de Improbidade Administrativa		
• Podem ser aplicadas isolada ou cumulativamente • Independem da efetiva ocorrência de dano ao erário, salvo quanto à pena de ressarcimento e às condutas do art. 10 da Lei e da aprovação ou rejeição de contas pelo órgão de controle interno ou Tribunal de Contas. • Independentemente do ressarcimento integral do dano patrimonial, se efetivo, e das sanções penais comuns e de responsabilidade, civis e administrativas previstas na legislação específica, está o responsável sujeito:		
Atos que importam enriquecimento ilícito	***Atos que causam lesão ao erário***	***Atos que atentam contra os princípios da Administração***
Perda da função pública	Perda da função pública	-
Suspensão dos direitos políticos: até 14 anos	Suspensão dos direitos políticos: até 12 anos	
Multa civil: equivalente ao acréscimo patrimonial	Multa civil: equivalente ao valor do dano	Multa civil: até 24x valor da remuneração
Proibição de celebrar contrato com o Poder Público ou de receber benefícios ou incentivos fiscais ou creditícios: Até 14 anos	Proibição de celebrar contrato com o Poder Público ou de receber benefícios ou incentivos fiscais ou creditícios: Até 12 anos	Proibição de celebrar contrato com o Poder Público ou de receber benefícios ou incentivos fiscais ou creditícios: Até 4 anos
Perda dos bens ou valores acrescidos indevidamente	Perda dos bens ou valores acrescidos indevidamente, se ocorreu	-

- **Perda da função pública:**

a) somente terá cabimento no caso de **enriquecimento ilícito e prejuízo ao erário** e atinge, apenas, o vínculo de mesma qualidade e natureza que o agente detinha na época do cometimento da infração. Pode o magistrado, no caso de **enriquecimento ilícito,** de forma excepcional, estendê-la aos demais vínculos, consideradas as circunstâncias do caso e a gravidade da infração (art. 12, §1º).

Atenção! A 1ª seção do STJ, no EREsp 1701967, em face da não previsão expressa na redação anterior da Lei 8.429/92, firmou entendimento no sentido de que a perda da função por improbidade atinge qualquer outro cargo ocupado no momento da condenação definitiva por ato de improbidade. Todavia, com a alteração legislativa, esse entendimento somente terá cabimento quando se tratar da situação excepcional descrita anteriormente (art. 12, §1º).

- **Multa:** pode ser aumentada até o dobro, se o juiz considerar que, em razão da situação econômica do réu, o cálculo é ineficaz para reprovação e prevenção do ato de improbidade (art. 12, §2º).
- **Responsabilização da pessoa jurídica:** devem se considerar os efeitos econômicos e sociais das sanções, a fim de viabilizar a manutenção de suas atividades (art. 12, §3º).
- Sanções apenas poderão ser executadas após o **trânsito em julgado da sentença condenatória** (art. 12, §9º).

Indisponibilidade de bens:

- Pedido em caráter antecedente ou incidente, deferido mediante demonstração de perigo de dano irreparável ou de risco ao resultado útil do processo, desde que o juiz se convença da probabilidade da ocorrência dos atos descritos na inicial, após oitiva do réu em 5 dias (art. 16, §3º).
- A indisponibilidade poderá ser decretada sem a oitiva prévia do réu, quando o contraditório prévio puder, comprovadamente, frustrar a efetividade da medida ou houver outras circunstâncias que recomendem a proteção liminar (art. 16, §4º).
- Havendo mais de um réu, a somatória dos valores não poderá superar o montante indicado na inicial como dano ao erário ou como enriquecimento ilícito (art. 16, §5º).
- Indisponibilidade recairá sobre bens que assegurem o integral ressarcimento do dano ao erário, sem incidir sobre os valores eventualmente aplicados a título de multa civil ou sobre acréscimo patrimonial decorrente de atividade lícita (art. 16, §10).
- **Indisponibilidade de bens de terceiro:** depende de sua efetiva concorrência para os atos. Quando se tratar de pessoa jurídica, deverá haver a instauração do incidente de desconsideração da personalidade jurídica, processado na forma da lei processual (art. 16, §7º).
- **Vedações**: a) decretação de indisponibilidade até 40 salários mínimos depositados em caderneta de poupança, outras aplicações financeiras ou conta-corrente (art. 16,

§13); b) decretação de indisponibilidade do bem de família, salvo se comprovado que o imóvel seja fruto de vantagem patrimonial indevida (art. 16, §14).

- **Rito (art. 17):**
- ***Legitimidade ativa*** para propor ação: De acordo com a redação do art. 17, dada pela Lei nº 14.230/2021, somente o Ministério Público poderia propor a ação de improbidade e a pessoa jurídica interessada deveria ser intimada para, caso queira, intervir no processo. Porém, nas ADIs 7042 e 7043, o STF decidiu, por maioria: " (a) declarar a inconstitucionalidade parcial, sem redução de texto, do caput e dos §§ 6º-A e 10-C do art. 17, assim como do caput e dos §§ 5º e 7º do art. 17-B, da Lei 8.429/1992, na redação dada pela Lei 14.230/2021, de modo a restabelecer a existência de legitimidade ativa concorrente e disjuntiva entre o Ministério Público e as pessoas jurídicas interessadas para a propositura da ação por ato de improbidade administrativa e para a celebração de acordos de não persecução civil". Na mesma ação, decidiu o STF: "(b) declarar a inconstitucionalidade parcial, com redução de texto, do § 20 do art. 17 da Lei 8.429/1992, incluído pela Lei 14.230/2021, no sentido de que não existe "obrigatoriedade de defesa judicial"; havendo, porém, a possibilidade dos órgãos da Advocacia Pública autorizarem a realização dessa representação judicial, por parte da assessoria jurídica que emitiu o parecer atestando a legalidade prévia"
- Procedimento comum previsto no CPC, salvo o disposto na Lei.
- **Local de propositura da ação:** onde ocorrer o dano ou da pessoa prejudicada.

Nos termos do decidido pelo STF, na Pet 3240/ DF: **Não há foro por prerrogativa de função** nas ações de improbidade administrativa contra agentes políticos. Para a Corte, o foro por prerrogativa é restrito às ações penais comuns, conforme previsão Constitucional, não se estendendo às ações de improbidade administrativa, cuja natureza é civil. Não obstante a inserção do art. 17-D na Lei de Improbidade Administrativa, que expressamente prevê que a ação de improbidade não é ação civil e que se trata de ação repressiva, de natureza sancionatória e destinada à aplicação de sanções de caráter pessoal, esse entendimento da Suprema Corte não teria porque deixar de ser aplicado porque o foro por prerrogativa de função tem lugar em ações penais.

- Estando a petição inicial em forma, o juiz mandará autuá-la e ordenará a **citação** dos requeridos para que contestem no prazo comum de 30 dias, iniciado na forma do art. 231 do CPC.
- Se houver a possibilidade de solução consensual, poderão as partes requerer ao juiz a interrupção do prazo para a contestação, por prazo não superior a 90 dias (art. 17, §10-A).
- Oferecida a contestação e, se for o caso, ouvido o autor, o juiz: a) procederá ao julgamento conforme o estado do processo, observada a eventual inexistência manifesta do ato de improbidade; b) poderá desmembrar o litisconsórcio, com vistas a otimizar a instrução processual (art. 17, §10-B).
- Após a réplica do Ministério Público, o juiz proferirá decisão, indicando com precisão a tipificação do ato de improbidade administrativa imputável ao réu, vedada a modificação do fato principal e a capitulação legal dada pelo autor (art. 17, §10-C).

- Proferida a decisão, as partes serão intimadas a especificar as provas que pretendem produzir (art. 17, §10-E).
- Será nula a decisão de mérito, total ou parcial, que: a) condenar o requerido por tipo diverso do definido na petição inicial; b) condenar o requerido sem produção das provas por ele especificadas (art. 17, §10-F).
- Verificada a inexistência do ato de improbidade, o juiz julgará a demanda improcedente, a qualquer tempo (art. 17, §11).

  ATENÇÃO! Na ação de improbidade: a) o direito tem o direito de ser interrogado sobre os fatos de que trata a ação, e a sua recusa ou o seu silêncio não implicarão confissão (art. 10, §18); b) não se aplicam: I – a presunção de veracidade dos fatos alegados pelo autor em caso de revelia; II – a imposição de ônus da prova ao réu, na forma dos §§ 1º e 2º do art. 373 do CPC; III – o ajuizamento de mais de uma ação de improbidade administrativa pelo mesmo fato, competindo ao Conselho Nacional do Ministério Público dirimir conflitos de atribuições entre membros de Ministérios Públicos distintos; IV – o reexame obrigatório da sentença de improcedência ou de extinção sem resolução de mérito.

Acordo de não persecução civil (art. 17-B)

- Possível a celebração, desde que advenham os seguintes resultados:
  a) integral ressarcimento do dano;
  b) reversão à pessoa jurídica lesada da vantagem indevida obtida, ainda que oriunda de agentes privados.
- A celebração do acordo dependerá, **cumulativamente**:
  a) da oitiva do ente federativo lesado, em momento anterior ou posterior à propositura da ação;
  b) da aprovação, no prazo de até 60 dias, pelo órgão do MP competente para apreciar as promoções de arquivamento de inquéritos civis, se anterior ao ajuizamento da ação;
  c) de homologação judicial, independentemente de o acordo ocorrer antes ou depois do ajuizamento da ação de improbidade administrativa.
- Para apuração do valor do dano, o Tribunal de Contas competente deverá ser ouvido em 90 dias, indicando os parâmetros utilizados em sua manifestação.
- **Momento:** outro ponto que era objeto de dúvidas, antes da edição da Lei, dizia respeito ao momento para a celebração do acordo de não persecução civil. Pela nova redação legal, o acordo poderá ser celebrado no curso da investigação de apuração do ilícito, no curso da ação de improbidade ou no momento de execução da sentença condenatória.
- **Descumprimento:** descumprido o acordo, o investigado ficará impedido de celebrar novo pelo período de 5 anos, contado do conhecimento do MP do efetivo descumprimento.

Ação de improbidade x Ação civil

- Nos termos do art. 17-D da LIA, a ação de improbidade é repressiva, de caráter sancionatório, destinando-se à aplicação de sanções de caráter pessoal previstas na Lei. Difere-se, portanto, da ação civil e é vedado o seu ajuizamento para controle da legalidade de políticas públicas e para proteção do patrimônio público e social, do meio ambiente e outros interesses difusos, coletivos e individuais homogêneos.

Sentença

- Sentença que julgar procedente a ação fundamentada nos arts. 9º e 10 da Lei (art. 18): condenará ao ressarcimento dos danos e à perda ou reversão dos bens e valores ilicitamente adquiridos, conforme o caso, em favor da pessoa jurídica prejudicada pelo ilícito.
- Para apuração do valor: serão descontados os serviços efetivamente prestados.
- Parcelamento: o juiz poderá autorizar o parcelamento em até 48 parcelas mensais se o réu demonstrar incapacidade de saldar o débito decorrente da condenação.

Afastamento do agente público

- Autoridade judicial poderá determinar o afastamento do agente público do exercício do cargo, emprego ou função, sem prejuízo da remuneração, quando a medida for necessária à instrução processual ou para evitar a prática de novos ilícitos, pelo período de 90 dias, prorrogáveis uma vez por igual período (art. 20).
- **Sentenças civis e penais:** produzirão efeitos em relação à improbidade quando concluírem pela inexistência de conduta ou negativa de autoria (art. 21, §3º).
- **Absolvição criminal**: ação que discuta os mesmos fatos, confirmada por decisão colegiada, impede o trâmite da ação de improbidade, comunicando-se os fundamentos da absolvição previstos no art. 386 do CPP (art. 21, §4º).
- **Sanções aplicadas em outras esferas:** devem ser compensadas com as aplicadas por esta lei (art. 21, §5º).

Prescrição (art. 23)

- **8 anos,** contados da ocorrência do fato ou, no caso de infrações permanentes, no dia em que cessou a permanência.
- **Suspensão da prescrição:** instauração de inquérito civil ou processo administrativo para apuração dos ilícitos suspende o curso do prazo prescricional pelo prazo máximo de 180 dias corridos, recomeçando a correr após a sua conclusão ou, caso não concluído, esgotado o prazo de suspensão.
- **Interrupção do prazo prescricional (art. 23, §4º):**

  a) Ajuizamento da ação de improbidade administrativa;

  b) publicação da sentença condenatória;

c) publicação da decisão ou acórdão de TJ ou TRF que confirma sentença condenatória ou reforma sentença de improcedência;

d) publicação da decisão ou acórdão do STJ que confirma acórdão condenatório ou reforma acórdão de improcedência;

e) publicação de decisão ou acórdão do STF que confirma acórdão condenatório ou reforma acórdão de improcedência.

- Interrompida a prescrição, o prazo recomeça do dia de interrupção, pela metade do prazo de 8 anos.

STF 843989: "(...) 4) O novo regime prescricional previsto na Lei 14.230/2021 é IRRETROATIVO, aplicando-se os novos marcos temporais a partir da publicação da lei"

- **Capacitação:** dever do poder público oferecer contínua capacitação aos agentes públicos e políticos que atuem com prevenção e repressão de atos de improbidade administrativa (art. 23-A).

Custas e honorários (art. 23-B)

- Não haverá adiamento de custas, preparo, emolumentos, honorários periciais e quaisquer outras despesas nas ações e acordos regidos pela lei.
- No caso de procedência da ação, as custas e demais despesas processuais serão pagas ao final.
- Havendo má-fé, haverá condenação em honorários sucumbenciais.

STF ADIs 7042 e 7043: "O Tribunal, por maioria, julgou parcialmente procedentes os pedidos formulados na ação direta para: (a) declarar a inconstitucionalidade parcial, sem redução de texto, do caput e dos §§ 6º-A e 10-C do art. 17, assim como do caput e dos §§ 5º e 7º do art. 17-B, da Lei 8.429/1992, na redação dada pela Lei 14.230/2021, de modo a restabelecer a existência de legitimidade ativa concorrente e disjuntiva entre o Ministério Público e as pessoas jurídicas interessadas para a propositura da ação por ato de improbidade administrativa e para a celebração de acordos de não persecução civil; (b) declarar a inconstitucionalidade parcial, com redução de texto, do § 20 do art. 17 da Lei 8.429/1992, incluído pela Lei 14.230/2021, no sentido de que não existe "obrigatoriedade de defesa judicial"; havendo, porém, a possibilidade dos órgãos da Advocacia Pública autorizarem a realização dessa representação judicial, por parte da assessoria jurídica que emitiu o parecer atestando a legalidade prévia"

STF ARE 843989 (Tema 1199): "1) É necessária a comprovação de responsabilidade subjetiva para a tipificação dos atos de improbidade administrativa, exigindo-se – nos artigos 9º, 10 e 11 da LIA – a presença do elemento subjetivo – DOLO; 2) A norma benéfica da Lei 14.230/2021 – revogação da modalidade culposa do ato de improbidade administrativa -, é IRRETROATIVA, em virtude do artigo 5º, inciso XXXVI, da Constituição Federal, não tendo incidência em relação à eficácia da coisa julgada; nem tampouco durante o processo de execução das penas e seus incidentes; 3) A nova Lei 14.230/2021 aplica-se aos atos de improbidade administrativa culposos praticados na vigência do texto anterior da lei, porém sem condenação transitada em julgado, em virtude da revogação expressa do texto anterior; devendo o juízo competente analisar eventual dolo por parte do agente; 4) O novo regime prescricional previsto na Lei 14.230/2021 é IRRETROATIVO, aplicando-se os novos marcos temporais a partir da publicação da lei"."

SERVIÇO PÚBLICO. CONCEITO. CLASSIFICAÇÃO. PRINCÍPIOS. FORMAS DE DELEGAÇÃO DE SERVIÇO PÚBLICO. REGIME JURÍDICO DA CONCESSÃO E DA PERMISSÃO DE SERVIÇO PÚBLICO. EXTINÇÃO, REVERSÃO DOS BENS. DIREITOS DOS USUÁRIOS DE SERVIÇO PÚBLICO. PARCERIAS PÚBLICO-PRIVADAS.

Deve ser feita a leitura dos artigos 21, 23, 25, 30 e 32, § 1º, da Constituição Federal, quanto à competência para o serviço público.

Conceito de serviço público: **critérios**:

a) critério subjetivo ou orgânico (é serviço público a atividade desempenhada pelo Poder Público);

b) critério objetivo ou material (é a atividade destinada a satisfazer as necessidades coletivas);

c) critério formal (é a atividade desenvolvida pela Administração Pública sob o regime de direito público).

Conceito de serviço público: é "todo aquele prestado pela Administração ou por seus delegados, sob normas e controles estatais, para satisfazer necessidades essenciais ou secundárias da coletividade ou simples conveniências do Estado"[31].

Conceito legal (art. 2º, II, Lei nº 13.460/2017): "atividade administrativa ou de prestação direta ou indireta de bens ou serviços à população, exercida por órgão ou entidade da administração pública",

Sistematização da classificação e dos princípios do serviço público[32]:

SERVIÇO PÚBLICO: classificação e princípios	
CLASSIFICAÇÃO	
Quanto à essencialidade	• serviço público propriamente dito • serviço de utilidade pública
Quanto à adequação	• serviço próprio • serviço impróprio
Quanto à finalidade	• serviço administrativo • serviço industrial

31. MEIRELLES, Hely Lopes. *Direito administrativo brasileiro*. 36. ed.São Paulo: Malheiros, 2010. p. 350.

32. BORTOLETO, Leandro. *Direito administrativo*. Salvador: Juspodivm, 2012. p. 514.

SERVIÇO PÚBLICO: classificação e princípios	
Quanto aos destinatários	• serviço *uti universi* • serviço *uti singuli*
PRINCÍPIOS	
Continuidade do serviço público	serviço público não pode parar
Modicidade das tarifas	tarifas módicas, razoáveis
Generalidade	usuários devem receber o mesmo tratamento
Mutabilidade	Administração pode alterar, unilateralmente, regime de execução do serviço público

Princípios previstos na Lei nº 13.460/2017: o art. 4º prevê, expressamente, a obediência aos princípios "da regularidade, continuidade, efetividade, segurança, atualidade, generalidade, transparência e cortesia". Inclusive, de maneira detalhada, no art. 5º ao estabelecer que o usuário tem direito à adequada prestação dos serviços, elenca diretrizes, padrões de comportamento, que dão contorno aos princípios a serem observados na execução dos serviços públicos, que são os seguintes: "I – urbanidade, respeito, acessibilidade e cortesia no atendimento aos usuários; II – presunção de boa-fé do usuário; III – atendimento por ordem de chegada, ressalvados casos de urgência e aqueles em que houver possibilidade de agendamento, asseguradas as prioridades legais às pessoas com deficiência, aos idosos, às gestantes, às lactantes e às pessoas acompanhadas por crianças de colo; IV – adequação entre meios e fins, vedada a imposição de exigências, obrigações, restrições e sanções não previstas na legislação; V – igualdade no tratamento aos usuários, vedado qualquer tipo de discriminação; VI – cumprimento de prazos e normas procedimentais; VII – definição, publicidade e observância de horários e normas compatíveis com o bom atendimento ao usuário; VIII – adoção de medidas visando a proteção à saúde e a segurança dos usuários; IX – autenticação de documentos pelo próprio agente público, à vista dos originais apresentados pelo usuário, vedada a exigência de reconhecimento de firma, salvo em caso de dúvida de autenticidade; X – manutenção de instalações salubres, seguras, sinalizadas, acessíveis e adequadas ao serviço e ao atendimento; XI – eliminação de formalidades e de exigências cujo custo econômico ou social seja superior ao risco envolvido; XII – observância dos códigos de ética ou de conduta aplicáveis às várias categorias de agentes públicos; XIII – aplicação de soluções tecnológicas que visem a simplificar processos e procedimentos de atendimento ao usuário e a propiciar melhores condições para o compartilhamento das informações; XIV – utilização de linguagem simples e compreensível, evitando o uso de siglas, jargões e estrangeirismos; e XV – vedação da exigência de nova prova sobre fato já comprovado em documentação válida apresentada; XVI – comunicação prévia ao consumidor de que o serviço será desligado em virtude de inadimplemento, bem como do dia a partir do qual será realizado o desligamento, necessariamente durante horário comercial.".

- **Competência para prestação do serviço público**

SERVIÇO PÚBLICO: competência	
UNIÃO (exemplos de competência exclusiva; art. 21)	a) garantia da defesa nacional; b) autorização e fiscalização da produção e do comércio de material bélico; c) emissão de moeda; d) serviço postal e correio aéreo nacional; e) telecomunicações; f) radiodifusão; g) energia elétrica e aproveitamento energético dos cursos de água; h) navegação aérea e aeroespacial; i) infraestrutura aeroportuária; j) transporte ferroviário e aquaviário entre portos brasileiros e fronteiras nacionais, ou que transponham os limites de Estado ou Território;
UNIÃO (exemplos de competência exclusiva; art. 21)	k) transporte rodoviário interestadual e internacional de passageiros; l) portos marítimos, fluviais e lacustres; m) organizar e manter o Poder Judiciário, o Ministério Público do Distrito Federal e dos Territórios e a Defensoria Pública dos Territórios; n) organizar e manter a polícia civil, a polícia penal, a polícia militar e o corpo de bombeiros militar do Distrito Federal, bem como prestar assistência financeira ao Distrito Federal para a execução de serviços públicos, por meio de fundo próprio; o)serviços oficiais de estatística, geografia, geologia e cartografia de âmbito nacional; p) classificação, para efeito indicativo, de diversões públicas e de programas de rádio e televisão; q) defesa permanente contra as calamidades públicas, especialmente as secas e as inundações; r) instituição de diretrizes para o desenvolvimento urbano, inclusive habitação, saneamento básico, transportes urbanos e sistema nacional de viação; s) polícia marítima, aeroportuária e de fronteiras; t) serviços nucleares; u) inspeção do trabalho; v) organizar e fiscalizar a proteção e o tratamento de dados pessoais, nos termos da lei.
ESTADOS (art. 25)	a) competência remanescente; b) exploração e distribuição dos serviços de gás canalizado; c) instituição de regiões metropolitanas, aglomerações urbanas e microrregiões.
DISTRITO FEDERAL (art. 32)	competência dos Estados + competência dos Municípios
MUNICÍPIOS (art. 30)	a) serviços de interesse local (ex.; transporte coletivo municipal, serviço funerário); b) criação, organização e supressão de distritos; c) promoção do adequado ordenamento territorial; d) manutenção, com a cooperação técnica e financeira da União e do Estado, de programas de educação infantil e ensino fundamental e de serviços de atendimento à saúde da população; e) proteção do patrimônio histórico-cultural local.

SERVIÇO PÚBLICO: competência	
COMUM (art. 23)	a) conservação do patrimônio público; b) saúde, assistência pública, proteção e garantia das pessoas portadoras de deficiência; c) proteção dos documentos, das obras e de outros bens de valor histórico, artístico e cultural, dos monumentos, das paisagens naturais notáveis e dos sítios arqueológicos; d) impedimento da evasão, da destruição e da descaracterização de obras de arte e de outros bens de valor histórico, artístico ou cultural;
COMUM (art. 23)	e) acesso à cultura, à educação e à ciência, à tecnologia, à pesquisa e à inovação; f) proteção do meio ambiente e combate à poluição em qualquer de suas formas; g) preservação das florestas, da fauna e da flora; h) fomento à produção agropecuária e organização do abastecimento alimentar; i) programas de construção de moradias e melhoria das condições habitacionais e de saneamento básico; j) combate às causas da pobreza e aos fatores de marginalização; k) registro, acompanhamento e fiscalização das concessões de direitos de pesquisa e exploração de recursos hídricos e minerais em seus territórios; l) política de educação para a segurança do trânsito.

CF, Art. 175. Incumbe ao Poder Público, na forma da lei, diretamente ou sob regime de concessão ou permissão, **sempre através de licitação**, a prestação de serviços públicos.

Parágrafo único. A Lei disporá sobre:

I – o regime das empresas concessionárias e permissionárias de serviços públicos, o caráter especial de seu contrato e de sua prorrogação, bem como as condições de caducidade, fiscalização e rescisão da concessão ou permissão;

II – os direitos dos usuários;

III – política tarifária;

IV – a obrigação de manter serviço adequado.

Concessão de serviço público é o contrato administrativo por meio do qual a Administração Pública delega a terceiro a "execução de um serviço público, para que o execute em seu próprio nome, por sua conta e risco, assegurando-lhe a remuneração mediante tarifa paga pelo usuário ou outra forma de remuneração decorrente da exploração do serviço"[33].

Deveres dos usuários (art. 7º, IV, V e VI):

a) **levar ao conhecimento** do poder público e da concessionária as **irregularidades** de que tenham conhecimento, referentes ao serviço prestado;

b) **comunicar** às autoridades competentes os **atos ilícitos** praticados pela concessionária na prestação do serviço;

c) **contribuir** para a permanência das **boas condições** dos bens públicos por meio dos quais lhes são prestados os serviços.

33. DI PIETRO, Maria Sylvia Zanella. *Direito administrativo*. 25. ed. São Paulo: Atlas, 2012. p. 302.

Direitos dos usuários (art. 7º, I, II e III e art. 7º- A):

a) receber **serviço adequado** (é o serviço que satisfaz as condições de regularidade, continuidade, eficiência, segurança, atualidade, generalidade, cortesia na sua prestação e modicidade das tarifas, conforme art. 6º, § 1º);

b) receber do poder concedente e da concessionária **informações** para a **defesa** de interesses individuais ou coletivos;

c) obter e utilizar o serviço, com liberdade de **escolha** entre vários **prestadores** de serviços, quando for o caso, observadas as normas do poder concedente.

d) **escolher** entre, no mínimo, **seis datas**, dentro do mês de vencimento, para o dia de vencimento de seus débitos.

Importante lembrar que, nos termos do art. 1º, §3º, da Lei nº 13.460/17 , esse diploma normativo, conhecido como Código de Defesa dos Usuários de Serviço Público possui aplicação subsidiária em relação aos serviços prestados por particular e, dessa maneira, além da aplicação do Código de Defesa do Consumidor (Lei nº 8.078/90), dos direitos expressamente consagrados na Lei nº 8.987/95, os usuários de serviços públicos executados por concessionários e permissionários de serviços públicos podem invocar, de forma subsidiária, os direitos elencados no art. 6º da Lei nº 13.460/17.

Licitação para concessão e permissão de serviço público (artigos 14 a 22, Lei nº 8.987/95):

a) possibilidade de o edital prever a inversão das fases de habilitação e julgamento (art. 18-A);

b) critérios usados para julgar a licitação (art. 15):

- menor valor da tarifa do serviço público a ser prestado;
- maior oferta, nos casos de pagamento ao poder concedente pela outorga da concessão;
- melhor proposta técnica, com preço fixado no edital;
- melhor oferta de pagamento pela outorga após qualificação de propostas técnicas. Os critérios podem ser assim combinados:
- menor valor da tarifa e maior oferta pela outorga;
- menor valor da tarifa e melhor oferta pela outorga, após qualificação das propostas técnicas;
- menor valor da tarifa e melhor técnica;
- maior oferta pela outorga e melhor técnica.

Modalidade de licitação: concorrência ou diálogo competitivo.

Cláusulas essenciais do contrato de concessão; são as relativas (art. 23):

I – ao objeto, à área e ao prazo da concessão;

II – ao modo, forma e condições de prestação do serviço;

III – aos critérios, indicadores, fórmulas e parâmetros definidores da qualidade do serviço;

IV – ao preço do serviço e aos critérios e procedimentos para o reajuste e a revisão das tarifas;

V – aos direitos, garantias e obrigações do poder concedente e da concessionária, inclusive os relacionados às previsíveis necessidades de futura alteração e expansão do serviço e consequente modernização, aperfeiçoamento e ampliação dos equipamentos e das instalações;

VI – aos direitos e deveres dos usuários para obtenção e utilização do serviço;

VII – à forma de fiscalização das instalações, dos equipamentos, dos métodos e práticas de execução do serviço, bem como a indicação dos órgãos competentes para exercê-la;

VIII – às penalidades contratuais e administrativas a que se sujeita a concessionária e sua forma de aplicação;

IX – aos casos de extinção da concessão;

X – aos bens reversíveis;

XI – aos critérios para o cálculo e a forma de pagamento das indenizações devidas à concessionária, quando for o caso;

XII – às condições para prorrogação do contrato;

XIII – à obrigatoriedade, forma e periodicidade da prestação de contas da concessionária ao poder concedente;

XIV – à exigência da publicação de demonstrações financeiras periódicas da concessionária; e

XV – ao foro e ao modo amigável de solução das divergências contratuais.

No caso de contratos relativos à concessão de serviço público precedido da execução de obra pública, adicionalmente, deverá haver a previsão

I – dos cronogramas físico-financeiros de execução das obras vinculadas à concessão; e

II –da garantia do fiel cumprimento, pela concessionária, das obrigações relativas às obras vinculadas à concessão.

O contrato de concessão poderá prever o emprego de mecanismos privados para resolução de disputas decorrentes ou relacionadas ao contrato, inclusive a arbitragem, a ser realizada no Brasil e em língua portuguesa (art. 23-A)

Encargos do poder concedente (art. 29):

a) regulamentar o serviço concedido e fiscalizar permanentemente a sua prestação;

b) aplicar as penalidades regulamentares e contratuais;

c) intervir na prestação do serviço, nos casos e condições previstos em lei;

d) extinguir a concessão, nos casos previstos nesta Lei e na forma prevista no contrato;

e) homologar reajustes e proceder à revisão das tarifas na forma desta Lei, das normas pertinentes e do contrato;

f) cumprir e fazer cumprir as disposições regulamentares do serviço e as cláusulas contratuais da concessão;

g) zelar pela boa qualidade do serviço, receber, apurar e solucionar queixas e reclamações dos usuários, que serão cientificados, em até trinta dias, das providências tomadas;

h) declarar de utilidade pública os bens necessários à execução do serviço ou obra pública, promovendo as desapropriações, diretamente ou mediante outorga de poderes à concessionária, caso em que será desta a responsabilidade pelas indenizações cabíveis;

i) declarar de necessidade ou utilidade pública, para fins de instituição de servidão administrativa, os bens necessários à execução de serviço ou obra pública, promovendo-a diretamente ou mediante outorga de poderes à concessionária, caso em que será desta a responsabilidade pelas indenizações cabíveis;

j) estimular o aumento da qualidade, produtividade, preservação do meio ambiente e conservação;

k) incentivar a competitividade;

l) estimular a formação de associações de usuários para defesa de interesses relativos ao serviço.

Encargos da concessionária são (art. 31):

a) prestar serviço adequado, na forma prevista nesta lei, nas normas técnicas aplicáveis e no contrato;

b) manter em dia o inventário e o registro dos bens vinculados à concessão;

c) prestar contas da gestão do serviço ao poder concedente e aos usuários, nos termos definidos no contrato;

d) cumprir e fazer cumprir as normas do serviço e as cláusulas contratuais da concessão;

e) permitir aos encarregados da fiscalização livre acesso, em qualquer época, às obras, aos equipamentos e às instalações integrantes do serviço, bem como a seus registros contábeis;

f) promover as desapropriações e constituir servidões autorizadas pelo poder concedente, conforme previsto no edital e no contrato;

g) zelar pela integridade dos bens vinculados à prestação do serviço, bem como segurá-los adequadamente;

h) captar, aplicar e gerir os recursos financeiros necessários à prestação do serviço.

A declaração de utilidade pública de imóvel para desapropriação e a declaração de necessidade ou utilidade pública para fins de servidão são sempre encargos do poder concedente. Já, a promoção da desapropriação e a instituição da servidão podem ser feitas tanto pelo poder concedente quanto pela concessionária. No entanto, esta somente poderá fazê-los quando autorizada pelo poder concedente e desde que exista previsão no edital e no contrato, cabendo à concessionária, nesses casos, a responsabilidade pelas indenizações cabíveis.

Extinção da concessão (art. 35):

a) advento do termo contratual;

b) encampação ou resgate (o poder concedente retoma o serviço da concessionária, durante o prazo da concessão, por motivo de interesse público, mediante Lei autorizativa específica e após prévio pagamento de indenização);

c) caducidade ou decadência (o poder concedente retoma o serviço da concessionária, durante o prazo da concessão, em razão da inadimplência da concessionária);

d) rescisão;

e) anulação;

f) falência ou extinção da concessionária de serviço público.

A caducidade pode ser declarada quando (art. 38, §1º):

> I – o serviço estiver sendo prestado de forma inadequada ou deficiente, tendo por base as normas, critérios, indicadores e parâmetros definidores da qualidade do serviço;
>
> II – a concessionária descumprir cláusulas contratuais ou disposições legais ou regulamentares concernentes à concessão;
>
> III – a concessionária paralisar o serviço ou concorrer para tanto, ressalvadas as hipóteses decorrentes de caso fortuito ou força maior;
>
> IV – a concessionária perder as condições econômicas, técnicas ou operacionais para manter a adequada prestação do serviço concedido;
>
> V – a concessionária não cumprir as penalidades impostas por infrações, nos devidos prazos;
>
> VI – a concessionária não atender a intimação do poder concedente no sentido de regularizar a prestação do serviço; e
>
> VII – a concessionária não atender a intimação do poder concedente para, em 180 (cento e oitenta) dias, apresentar a documentação relativa a regularidade fiscal, no curso da concessão, na forma do art. 29 da Lei nº 8.666, de 21 de junho de 1993.

Reversão não é forma de extinção da concessão, mas é consequência dela, pois consiste na transferência dos bens do concessionário afetados ao serviço para o poder concedente, no final da concessão.

<u>PARCERIA PÚBLICO-PRIVADA</u> é um contrato de concessão e tem duas modalidades (art. 2º):

a) concessão patrocinada: é a concessão de serviços públicos ou de obras públicas de que trata a Lei nº 8.987, de 13 de fevereiro de 1995, quando envolver, adicionalmente à tarifa cobrada dos usuários contraprestação pecuniária do parceiro público ao parceiro privado;

b) concessão administrativa: é o contrato de prestação de serviços de que a Administração Pública seja a usuária direta ou indireta, ainda que envolva execução de obra ou fornecimento e instalação de bens.

É **vedada a celebração de contrato de parceria público-privada** Lei 11.079/04 (art. 2º, § 4º):

a) cujo valor do contrato seja inferior a R$ 10.000.000,00;

b) cujo período de prestação do serviço seja inferior a cinco anos; ou

c) que tenha como objeto único o fornecimento de mão de obra, o fornecimento e instalação de equipamentos ou a execução de obra pública.

A contratação na modalidade PPP será precedida de licitação na modalidade concorrência ou diálogo competitivo.

Permissão é formalizada por meio de contrato de adesão, mas tem como características a precariedade e a revogabilidade unilateral (art. 40, Lei nº 8.987/95).

Diferenças legais entre concessão e permissão (art. 2º):

a) a concessão deve adotar a modalidade concorrência, e a permissão pode adotar outra modalidade licitatória;

b) a concessão somente pode ser feita com pessoa jurídica ou com consórcio de empresas, e a permissão pode ser realizada com pessoa jurídica e com pessoa física.

AGENTES PÚBLICOS: CLASSIFICAÇÃO. CARGO, EMPREGO E FUNÇÃO PÚBLICA. PROVIMENTO E INVESTIDURA. EXERCÍCIO E AFASTAMENTOS. DIREITO DE GREVE. REGIME CONSTITUCIONAL DOS SERVIDORES PÚBLICOS NA CONSTITUIÇÃO FEDERAL. REGIME DE EMPREGO PÚBLICO E DISPOSIÇÕES DA CLT APLICÁVEIS. RESPONSABILIDADE CIVIL, ADMINISTRATIVA E PENAL DOS AGENTES PÚBLICOS. PROCESSO ADMINISTRATIVO DISCIPLINAR. REGIME JURÍDICO DOS SERVIDORES PÚBLICOS CIVIS DA UNIÃO, DAS AUTARQUIAS E DAS FUNDAÇÕES PÚBLICAS FEDERAIS (LEI Nº 8.112/1990 ATUALIZADA).

AGENTES PÚBLICOS

CONCEITO E CLASSIFICAÇÃO

São agentes públicos "todas as pessoas físicas incumbidas, definitiva ou transitoriamente, do exercício de alguma função estatal"[34].

34. MEIRELLES, Hely Lopes. *Direito administrativo brasileiro*. 36. ed. São Paulo: Malheiros, 2010. p. 75. Original sem destaque.

Classificação (Hely Lopes Meirelles): agentes públicos subdividem-se em agentes políticos, agentes administrativos, agentes honoríficos, agentes delegados e agentes credenciados:

a) **agentes políticos**: são aqueles que representam as funções típicas estatais de legislar, julgar e administrar; exercem atribuições previstas na Constituição Federal. Aliás, o próprio texto constitucional disciplina os principais direitos e deveres dos agentes políticos, que é complementado por normas específicas, pois não se sujeitam ao regime jurídico previsto para os servidores públicos em geral. Possuem liberdade funcional. São exemplos: Senador, Deputado federal, Deputado estadual, Vereador, Presidente da República, Governador, Prefeito, Ministro, secretário de Estado, secretário municipal, membros da magistratura (Juiz, Desembargador, Ministro... não se aplica aos servidores do Poder Judiciário), membros do Ministério Público (Promotor de Justiça, Procurador de Justiça, Procurador da República, Procurador do Trabalho... não se aplica aos servidores do Ministério Público), membros dos Tribunais de Contas (Conselheiros e Ministros)[35], representantes diplomáticos.

b) **agentes administrativos:** são as pessoas que possuem uma relação funcional com a Administração Pública. São aquelas que, de maneira geral, possuem uma relação empregatícia na esfera pública, sujeitos à hierarquia funcional. Exercem função de apoio aos agentes políticos. Nessa categoria estão:

   - os **servidores públicos propriamente ditos**: ocupantes de cargo efetivo ou de cargo em comissão; são regidos por leis específicas, denominadas estatutos e, por isso, são chamados de estatutários;
   - os **empregados públicos**: são aqueles regidos pela Consolidação das Leis Trabalhistas (CLT) e, assim, chamados de celetistas;
   - os servidores **temporários**: são aqueles que exercem função temporária na Administração Pública, submetidos à legislação específica e que são contratados para atender à necessidade temporária de excepcional interesse público.

c) **agentes honoríficos**: são as pessoas convocadas para prestar determinado serviço para a Administração Pública, de maneira temporária e, normalmente, sem remuneração, em razão de sua honorabilidade, de sua idoneidade. São exemplos o mesário e o jurado.

d) **agentes delegados**: são particulares que possuem atribuição de executar, por sua conta e risco, um serviço público ou uma atividade de interesse público, sob fiscalização estatal e de acordo com as normas estabelecidas pelo Estado. São os con-

---

35. Há grande divergência sobre a inclusão dos magistrados, membros do Ministério Público e dos Tribunais de Contas na categoria de agentes políticos. Incluindo-os nessa categoria, há Hely Lopes Meirelles (*Direito administrativo brasileiro*. 36. ed.São Paulo: Malheiros, 2010. p. 79) e, por outro lado, excluindo-os está Celso Antônio Bandeira de Mello (*Curso de direito administrativo*. 27. ed. São Paulo: Malheiros, 2010. p. 247-248) e José dos Santos Carvalho Filho (*Manual de direito administrativo*. 19. ed. Rio de Janeiro: Lumen Juris, 2008. p. 532), por exemplo. Todavia, no RE 228977/SP, **o STF fez referência aos magistrados na condição de agentes políticos**.

cessionários e permissionários de serviço público, os registradores de imóveis, os tabeliães, os notários, os tradutores públicos, os leiloeiros.

e) **agentes credenciados**: são as pessoas que recebem a atribuição de representar a Administração Pública em determinado evento ou de praticar certa atividade. Por exemplo, um pesquisador ou um empresário representando o Brasil em algum evento internacional.

CARGO PÚBLICO, EMPREGO PÚBLICO E FUNÇÃO PÚBLICA

Cargos públicos: "são as mais simples e indivisíveis unidades de competência a serem expressadas por um agente, previstas em número certo, com denominação própria, retribuídas por pessoas jurídicas de Direito Público e criadas por lei, salvo quando concernentes aos serviços auxiliares do Legislativo, caso em que se criam por resolução, da Câmara ou do Senado, conforme se trate de serviços de uma ou de outra destas Casas"[36].

Empregos públicos são "núcleos de encargos de trabalho permanentes a serem preenchidos por agentes contratados para desempenhá-los, sob regime trabalhista"[37]. A relação de emprego público tem natureza contratual (a estatutária tem natureza legal)

Função pública: conjunto de atribuições desvinculadas de cargo ou emprego, ao qual se dá o nome de função, que pode ser de duas espécies: a função exercida por servidores temporários e a função de direção, chefia e assessoramento (função de confiança), atribuída a servidores titulares de cargo efetivo[38].

Regime trabalhista ou celetista ou contratual: aplicável aos empregados públicos, que são aqueles contratados para trabalhar na Administração Pública sob o regime trabalhista, celetista. Pode ser aplicável tanto para as pessoas jurídicas de direito público quanto para as pessoas jurídicas de direito privado. Em ambos os casos, a CLT é o diploma normativo regulador da relação de emprego, com as derrogações decorrentes do texto constitucional quanto ao concurso público, à acumulação de empregos e cargos públicos, entre outros.

No caso específico da União, há a Lei nº 9.962/00, que dispõe sobre o regime de emprego público do "pessoal da Administração federal direta, autárquica e fundacional", há um tratamento levemente diferenciado para os empregados públicos das pessoas jurídicas federais de direito público. Determina a aplicação da CLT, no art. 1º e, por outro lado, impõe restrições à resilição unilateral do contrato de trabalho, nos termos do art. 3º. Esse regime só existe na área federal porque a União tem competência para legislar sobre direito do trabalho. Por força do que decidiu o STF na ADI 2135 só pode ser aplicado a quem foi contratado desde o início da vigência da lei até a decisão liminar proferida naquele processo.

---

36. MELLO, Celso Antônio Bandeira de. *Curso de direito administrativo*. 27. ed. São Paulo: Malheiros, 2010. p. 254.
37. MELLO, Celso Antônio Bandeira de. *Curso de direito administrativo*. 27. ed. São Paulo: Malheiros, 2010. p. 256.
38. DI PIETRO, Maria Sylvia Zanella. *Direito administrativo*. 23. ed. São Paulo: Atlas, 2010. p. 519-520.

DISPOSIÇÕES CONSTITUCIONAIS APLICÁVEIS AOS AGENTES PÚBLICOS

Regime jurídico único: STF (ADI 2135): foi deferida medida liminar para suspender a eficácia do art. 39, *caput*, da Constituição, por vício formal na aprovação da Emenda nº 19/98, com efeitos *ex nunc*, "subsistindo a legislação editada nos termos da emenda declarada suspensa", mantendo-se, "assim, o então vigente *caput* do art. 39, que tratava do regime jurídico único, incompatível com a figura do emprego público".

Em ação destinada a analisar a inconstitucionalidade de leis complementares de âmbito estadual, que criaram milhares de empregos públicos na Universidade de São Paulo, o Min. Alexandre de Moraes, acompanhado pela maioria dos ministros do STF, entendeu que a CF não excluiu a possibilidade de adoção do regime de emprego público para autarquias. Assim, o art. 39 deveria ser interpretado no sentido de que caberia a cada ente federativo estipular o regime jurídico de seus servidores, escolhendo entre o estatutário ou celetista, tratando-se, pois, de norma de eficácia limitada (ADI 5.615/SP).

Cronologia do regime jurídico único:

REGIME JURÍDICO ÚNICO								
05/10/1988		**12/12/1990**		**04/06/1998**		**23/02/2000**		**02/08/2007**
CF, art. 39, *caput*	→	Lei nº 8.112	→	EC 19, art. 39, *caput*	→	Lei nº 9.962	→	ADI 2135
Regime Jurídico Único		RJU Servidores federais		Fim Regime Jurídico Único		Emprego Público União, aut. e fund.		retorno do Regime Jurídico Único

INGRESSO

Brasileiro, desde que preencha os **requisitos estabelecidos em Lei** e, também, o estrangeiro, na forma da Lei (art. 37, I, da Constituição Federal).

Súmula Vinculante nº 44: "só por Lei se pode sujeitar a exame psicotécnico a habilitação de candidato a cargo público".

Súmula 683 STF: "O limite de idade para a inscrição em concurso público só se legitima em face do art.7º, XXX, da Constituição, quando possa ser justificado pela natureza das atribuições do cargo a ser preenchido."

CONCURSO PÚBLICO

Síntese sobre **concurso público**[39]:

CONCURSO PÚBLICO	
Regra: realização para provimento de cargo efetivo	
Exceção: não realização	– **Contratação temporária**: necessidade temporária e excepcional interesse público

39. BORTOLETO, Leandro. *Direito administrativo*. Salvador: Juspodivm, 2012. p. 142.

<table>
<tr><th colspan="2">CONCURSO PÚBLICO</th></tr>
<tr><td rowspan="2">Exceção:
não realização</td><td>– Cargo em comissão: existência de Lei declarando de livre nomeação e exoneração; atribuições de direção, de chefia e de assessoramento
Pode ser ocupado por ocupante de cargo efetivo (Lei definirá casos, condições e percentuais) e por não ocupante. Função de confiança: só ocupante de cargo efetivo</td></tr>
<tr><td>– Agentes públicos de saúde e agentes de combate a endemias</td></tr>
<tr><td colspan="2">Prazo de validade: até 2 anos, prorrogável, uma vez, por igual período</td></tr>
<tr><td colspan="2">Pode ser de provas ou de provas e títulos: natureza e complexidade do cargo</td></tr>
<tr><td colspan="2">Reserva de vagas para deficientes: Lei definirá percentual</td></tr>
</table>

O candidato aprovado em concurso possui **direito subjetivo à nomeação** ou apenas expectativa de direito?

STF (RE 598.099), em agosto de 2011, alterou substancialmente seu posicionamento. Foi complementado pela fixação de tese no RE 837.311, com repercussão geral. Atual posição: O surgimento de novas vagas ou a abertura de novo concurso para o mesmo cargo, durante o prazo de validade do certame anterior, não gera automaticamente o direito à nomeação dos candidatos aprovados fora das vagas previstas no edital, ressalvadas as hipóteses de preterição arbitrária e imotivada por parte da administração, caracterizada por comportamento tácito ou expresso do Poder Público capaz de revelar a inequívoca necessidade de nomeação do aprovado durante o período de validade do certame, a ser demonstrada de forma cabal pelo candidato. Assim, o direito subjetivo à nomeação do candidato aprovado em concurso público exsurge nas seguintes hipóteses:

1. Quando a aprovação ocorrer dentro do número de vagas dentro do edital;
2. Quando houver preterição na nomeação por não observância da ordem de classificação;
3. Quando surgirem novas vagas, ou for aberto novo concurso durante a validade do certame anterior, e ocorrer a preterição de candidatos de forma arbitrária e imotivada por parte da administração nos termos acima.

STF (RE 630.733) **Tese de repercussão geral**: "Inexiste direito dos candidatos em concurso público à prova de segunda chamada nos testes de aptidão física, salvo contrária disposição editalícia, em razão de circunstâncias pessoais, ainda que de caráter fisiológico ou de força maior, mantida a validade das provas de segunda chamada realizadas até 15/5/2013, em nome da segurança jurídica".

Súmula 684 do STF: "É inconstitucional o veto não motivado à participação de candidato a concurso público".

STF (RE 898.450): **Tese de repercussão geral**: "Editais de concurso público não podem estabelecer restrição a pessoas com tatuagem, salvo situações excepcionais, em razão de conteúdo que viole valores constitucionais".

STF (RE 560900/DF): **Tese de repercussão geral**: "Sem previsão constitucionalmente adequada e instituída por lei, não é legítima a cláusula de edital de concurso público que restrinja a participação de candidato pelo simples fato de responder a inquérito ou ação penal".

STF (RE 635.739) **Tese de repercussão geral**: "É constitucional a regra inserida no edital de concurso público, denominada cláusula de barreira, com o intuito de selecionar apenas os candidatos mais bem classificados para prosseguir no certame".

STF (RE 630733 DF) **Tese de repercussão geral:** "Os candidatos em concurso público não têm direito à prova de segunda chamada nos testes de aptidão física em razão de circunstâncias pessoais, ainda que de caráter fisiológico ou de força maior, salvo se houver previsão no edital permitindo essa possibilidade." (fixada em 15/05/2013).

STF (RE 1058333 PR) **Tese de repercussão geral:** "É constitucional a remarcação do teste de aptidão física de candidata que esteja grávida à época de sua realização, independentemente da previsão expressa em edital do concurso" (fixada em 21/11/2018).

STF (ADC 41/DF) Reserva de vagas. Tese fixada: "É constitucional a reserva de 20% das vagas oferecidas nos concursos públicos para provimento de cargos efetivos e empregos públicos no âmbito da administração pública direta e indireta".

STJ Súmula 377: "O portador de visão monocular tem direito de concorrer, em concurso público, às vagas reservadas aos deficientes".

STJ Súmula 552: "O portador de surdez unilateral não se qualifica como pessoa com deficiência para o fim de disputar as vagas reservadas em concursos públicos".

CARGO EM COMISSÃO

É aquele declarado em Lei de livre nomeação e exoneração e destina-se às atribuições de direção, chefia e assessoramento.

STF (RE 1041210) **Tese de repercussão geral**: "a) A criação de cargos em comissão somente se justifica para o exercício de funções de direção, chefia e assessoramento, não se prestando ao desempenho de atividades burocráticas, técnicas ou operacionais; b) tal criação deve pressupor a necessária relação de confiança entre a autoridade nomeante e o servidor nomeado; c) o número de cargos comissionados criados deve guardar proporcionalidade com a necessidade que eles visam suprir e com o número de servidores ocupantes de cargos efetivos no ente federativo que os criar; e d) as atribuições dos cargos em comissão devem estar descritas, de forma clara e objetiva, na própria lei que os instituir".

Súmula Vinculante nº 13: "A nomeação de cônjuge, companheiro ou parente em linha reta, colateral ou por afinidade, até o terceiro grau, inclusive, da autoridade nomeante ou de servidor da mesma pessoa jurídica investido em cargo de direção, chefia ou assessoramento, para o exercício de cargo em comissão ou de confiança ou, ainda, de função gratificada na administração pública direta e indireta em qualquer dos poderes da União, dos Estados, do Distrito Federal e dos Municípios, compreendido o ajuste mediante designações recíprocas, viola a Constituição Federal".

STF: Rcl 6.650-MC-Agr/PR: vedação da Súmula Vinculante nº 13 não se estende aos cargos em comissão de natureza política, sendo restrita a cargos em comissão de natureza administrativa. Exceção: nomeação de parente para o cargo em comissão com a manifesta intenção de fraudar a Lei como ocorre, por exemplo, nas hipóteses de nomeação decorrente de "comprovada troca de favores ou de evidente inaptidão do nomeado para seu exercício" (RE 825.862).

Cargo em comissão e função de confiança: cargo em comissão pode haver a nomeação de pessoa que é servidora de carreira (nos casos, condições e percentuais mínimos previstos em lei) e de quem não é (ocupante exclusivamente de cargo em comissão); função de confiança somente pode ser exercida por quem já é titular de cargo efetivo.

STF (RE 786540) **Tese de repercussão geral**: "1. Os servidores ocupantes de cargo exclusivamente em comissão não se submetem à regra da aposentadoria compulsória prevista no art. 40, § 1º, II, da Constituição Federal, a qual atinge apenas os ocupantes de cargo de provimento efetivo, inexistindo, também, qualquer idade limite para fins de nomeação a cargo em comissão;2. Ressalvados impedimentos de ordem infraconstitucional, não há óbice constitucional a que o servidor efetivo aposentado compulsoriamente permaneça no cargo comissionado que já desempenhava ou a que seja nomeado para cargo de livre nomeação e exoneração, uma vez que não se trata de continuidade ou criação de vínculo efetivo com a Administração".

LIMITES REMUNERATÓRIOS

Súmula Vinculante nº 16: os "arts. 7º, IV, e 39, § 3º (redação da EC 19/1998), da Constituição, referem-se ao total da remuneração percebida pelo servidor público". **O vencimento do servidor público pode ser menor do que o salário mínimo, mas a remuneração não.**

Sistematização dos limites remuneratórios[40]:

<table>
<tr><th colspan="3">LIMITES REMUNERATÓRIOS</th></tr>
<tr><td colspan="3">TETO → subsídio dos Ministros do Supremo Tribunal Federal</td></tr>
<tr><td rowspan="3">SUBTETOS</td><td rowspan="3">ESTADOS
E
DISTRITO FEDERAL</td><td>Poder Executivo → subsídio do Governador</td></tr>
<tr><td>Poder Legislativo → subsídio dos Deputados Estaduais e Distritais (máximo de 75% do subsídio do Deputado Federal)</td></tr>
<tr><td>Poder Judiciário → subsídio dos Desembargadores do Tribunal de Justiça (90,25% do STF)
aplicável aos membros do Ministério Público, Procuradores e Defensores Públicos
• não se aplica aos magistrados estaduais, de acordo com o STF
• Estados e DF podem adotar como subteto único este previsto para o Poder Judiciário, desde que haja alteração da Constituição Estadual ou da Lei Orgânica</td></tr>
<tr><td></td><td>MUNICÍPIOS</td><td>Subsídio do Prefeito
• Vereadores: regra própria (art. 29, VI, CF)</td></tr>
</table>

ADI 3854 e 4014: As ADI 3854 e 4014 foram julgadas procedentes, por maioria de votos, para declarar inconstitucional o subteto dos juízes estaduais diferente do teto remuneratório da magistratura federal, por ofensa ao caráter nacional da estrutura judiciária brasileira. Segundo a Constituição Federal e Resoluções do CNJ, o subteto dos juízes estaduais corresponde a 90,25% dos vencimentos dos ministros do STF, e já no ano de 2007, o Plenário havia impedido sua aplicação, para determinar que o teto corresponde ao valor de subsídio dos membros do STF.

40. BORTOLETO, Leandro. *Direito administrativo*. Salvador: Juspodivm, 2012. p. 147.

STF (RE 675.978) **Tese de repercussão geral:** "Subtraído o montante que exceder o teto e subteto previsto no artigo 37, inciso XI, da Constituição Federal, tem-se o valor que vale como base para o Imposto de Renda e para a contribuição previdenciária".

STF (RE 663696) **Tese de repercussão geral:** "A expressão "Procuradores", contida na parte final do inciso XI do art. 37 da Constituição da República, compreende os Procuradores Municipais, uma vez que estes se inserem nas funções essenciais à Justiça, estando, portanto, submetidos ao teto de noventa inteiros e vinte e cinco centésimos por cento do subsídio mensal, em espécie, dos Ministros do Supremo Tribunal Federal".

STF RE 675.978 **Tese de repercussão geral**: "Subtraído o montante que exceder o teto e subteto previsto no artigo 37, inciso XI, da Constituição Federal, tem-se o valor que vale como base para o Imposto de Renda e para a contribuição previdenciária".

STF (REs 602043 e 612975) Tese de repercussão geral: "Nos casos autorizados, constitucionalmente, de acumulação de cargos, empregos e funções, a incidência do artigo 37, inciso XI, da Constituição Federal, pressupõe consideração de cada um dos vínculos formalizados, afastada a observância do teto remuneratório quanto ao somatório dos ganhos do agente público".

STF (ADI 6436) – "É inconstitucional lei que equipara, vincula ou referencia espécies remuneratórias devidas a cargos e carreiras distintos, especialmente quando pretendida a vinculação ou a equiparação entre servidores de Poderes e níveis federativos diferentes."

ACUMULAÇÃO

Sistematização da **acumulação remunerada** de cargos públicos[41]:

ACUMULAÇÃO DE CARGOS, EMPREGOS E FUNÇÕES PÚBLICAS	
Cargo, função ou emprego público x Cargo, função ou emprego público	
REGRA Proibição de acumulação remunerada	**EXCEÇÕES** Compatibilidade de horários + Dois cargos de professor ou Um cargo de professor com outro técnico ou científico ou Dois cargos ou empregos privativos de profissionais de saúde, com profissões regulamentadas Obs: deve-se ressaltar que, com a EC nº 101/2019 estabeleceu-se que o militar do Estado e DF também poderá cumular seu cargo com: a) Um cargo de professor; b) Cargo da saúde com profissão regulamentada; c) Com outro cargo técnico e científico. Atenção! Para os militares das Forças Armadas, só é possível a cumulação com outro cargo na área da saúde (art. 142, §3º, VIII da CF).

41. BORTOLETO, Leandro. *Direito administrativo*. Salvador: Juspodivm, 2012. p. 106.

ACUMULAÇÃO DE CARGOS, EMPREGOS E FUNÇÕES PÚBLICAS	
Cargo, função ou emprego público x Mandato eletivo	
Vereador	Horários compatíveis: Acumulação
	Horários não compatíveis: Afastamento e escolha da remuneração
Prefeito e Vice-Prefeito	Afastamento e escolha da remuneração
Presidente da República e Vice, Governador e Vice,	Afastamento, sem escolha da remuneração
Governador e Vice, Deputados federais, estaduais e distritais e Senadores	Afastamento, sem escolha da remuneração
Proventos x Cargo, função ou emprego público	
REGRA Proibição	**EXCEÇÕES** • Cargo em comissão • Cargo eletivo • Cargos acumuláveis
Proventos x Proventos	
REGRA Proibição	**EXCEÇÃO** Proventos decorrentes de cargos acumuláveis

DIREITOS SOCIAIS DO SERVIDOR PÚBLICO

São **direitos sociais do servidor público**:

a) salário mínimo;

b) garantia de salário nunca inferior ao mínimo, para os que percebem remuneração variável;

c) décimo terceiro;

d) remuneração do trabalho noturno superior à do diurno;

e) salário-família;

f) duração do trabalho normal não superior a oito horas diárias e quarenta e quatro semanais;

g) repouso semanal remunerado;

h) remuneração do serviço extraordinário superior, no mínimo, em 50% à do normal;

i) férias anuais remuneradas com, pelo menos, um terço a mais do que o salário normal;

j) licença à gestante (120 dias);

k) licença-paternidade;

l) proteção do mercado de trabalho da mulher;

m) redução dos riscos inerentes ao trabalho, por meio de normas de saúde, higiene e segurança;

n) proibição de diferença de salários, de exercício de funções e de critério de admissão por motivo de sexo, idade, cor ou estado civil.

Direito de greve: STF (MI 670, 708 e 712): o direito de greve dos servidores públicos civis depende de lei para poder ser exercido, mas, em razão da inércia do legislador em produzir a lei, até que sobrevenha tal norma, fica autorizado o exercício do direito de greve pelos servidores públicos, usando, para tanto, a lei da iniciativa privada (Lei nº 7.783/89), no que couber. Todavia, essa situação é provisória, isto é, uma vez que a lei regulamentadora do art. 37, VII da Constituição Federal entre em vigor, o direito de greve dos servidores públicos não poderá mais ser aplicada a lei da iniciativa privada. O dispositivo constitucional referente ao direito de greve dos servidores aplica-se, em regra, a todas as categorias de servidores, com exceção dos militares, cujo exercício de greve é vedado e, dessa forma, não é considerado norma de eficácia plena para nenhuma categoria, inclusive para os servidores das carreiras de Estado. Aliás, em face do princípio da continuidade do serviço público, restou decidido no MI 708 que pode ser imposto regime de greve mais severo quando se tratar de serviços ou atividades essenciais, nos moldes dos artigos 9º a 11 da Lei nº 7.783/89.

Tese de repercussão geral (RE 693456): "A administração pública deve proceder ao desconto dos dias de paralisação decorrentes do exercício do direito de greve pelos servidores públicos, em virtude da suspensão do vínculo funcional que dela decorre, permitida a compensação em caso de acordo. O desconto será, contudo, incabível se ficar demonstrado que a greve foi provocada por conduta ilícita do Poder Público".

Greve de policiais civis: Tese de repercussão geral (ARE 654432): "(1) o exercício do direito de greve, sob qualquer forma ou modalidade, é vedado aos policiais civis e a todos os servidores públicos que atuem diretamente na área de segurança pública. (2) É obrigatória a participação do Poder Público em mediação instaurada pelos órgãos classistas das carreiras de segurança pública, nos termos do artigo 165 do Código de Processo Civil, para vocalização dos interesses da categoria".

Justiça competente: Tese de repercussão geral (RE 846854): "A justiça comum, federal ou estadual, é competente para julgar a abusividade de greve de servidores públicos celetistas da Administração pública direta, autarquias e fundações públicas."

ESTABILIDADE

Requisitos para a aquisição da estabilidade (art. 41, CF):

a) cargo de provimento efetivo e

b) três anos de efetivo exercício e

c) avaliação de desempenho por comissão instituída para essa finalidade.

Servidor estável **somente perderá o cargo**:

a) em virtude de sentença judicial transitada em julgado;

b) mediante processo administrativo, assegurada a ampla defesa;

c) mediante procedimento de avaliação de desempenho, nos termos de Lei complementar, assegurada a ampla defesa.

d) conforme o art. 169, § 4º, em razão de excesso de despesa.

REGIME PRÓPRIO DE PREVIDÊNCIA SOCIAL

Regime próprio de previdência.

É o regime destinado aos servidores titulares de cargo efetivo. Nesse regime, é proibida a existência de critérios diferentes para a concessão de aposentadoria, exceto, nos termos definidos em leis complementares, conforme o art. 40, § 4º, no caso de:

a) servidores com deficiência, em relação aos quais poderão ser estabelecidos, por lei complementar do respectivo ente federativo, idade e tempo de contribuição diferenciados;

b) servidores ocupantes do cargo de agente penitenciário, de agente socioeducativo ou de policial os órgãos de que tratam o inciso IV do caput do art. 51, o inciso XIII do caput do art. 52 e os incisos I a IV do caput do art. 144 (policiais da Câmara e do Senado, policiais federais, policiais rodoviários federais, policiais ferroviários federais e policiais civis), em relação aos quais poderão ser estabelecidos, por lei complementar do respectivo ente federativo, idade e tempo de contribuição diferenciados;

c) servidores cujas atividades sejam exercidas com efetiva exposição a agentes químicos, físicos e biológicos prejudiciais à saúde, ou associação desses agentes, vedada a caracterização por categoria profissional ou ocupação, em relação aos quais poderão ser estabelecidos, por lei complementar do respectivo ente federativo, idade e tempo de contribuição diferenciados;

d) professores, que terão idade mínima reduzida em 5 (cinco) anos em relação às idades decorrentes da aplicação do disposto no inciso III do § 1º do art. 40 da CF/88, desde que comprovem tempo de efetivo exercício das funções de magistério na educação infantil e no ensino fundamental e médio fixado em lei complementar do respectivo ente federativo.

- ***Pensão por morte***:

a) **Servidor federal**: equivalente a 50% do valor da aposentadoria recebida pelo segurado ou servidor ou daquela a que teria direito se fosse aposentado por incapacidade permanente à data do óbito, acrescida de 10% por dependente, até o máximo de 100% (art. 23 da EC nº 103/2019);

b) **Servidor estadual, distrital ou municipal**: aplicam-se as normas constitucionais e infraconstitucionais anteriores à data de entrada em vigor da EC nº 103/2019, enquanto não promovidas alterações na legislação interna relacionada ao respectivo regime próprio de previdência social (Antes da EC nº 103/2019, a CF 88 estabelecia para a pensão: até o valor do limite do regime geral de previdência, a pensão será integral. Se a remuneração ou os proventos do servidor eram superiores ao limite mencionado, a pensão não terá valor integral, pois corresponderá, na verdade, ao valor total até o limite, mais 70% do valor que exceder o limite).

- ***Contribuição:*** União, Estados, DF e Municípios instituirão, por lei, contribuições para custeio de regime próprio de previdência social, cobradas dos servidores ativos, dos aposentados e dos pensionistas, que poderão ter alíquotas progressivas, de acordo com o valor base de contribuição e proventos (art. 149, §1º da CF/88).

- ***Abono de permanência***: servidor titular de cargo efetivo que tenha completado as exigências para aposentadoria voluntária e que opte em permanecer em serviço **poderá** fazer jus a um abono de permanência equivalente, no máximo, ao valor de sua contribuição previdenciária, até completar a idade para aposentadoria compulsória, observados os critérios estabelecidos em lei (art. 40, §19 da CF/88).

- **Salário-maternidade e afastamentos por incapacidade**: serão pagos diretamente pelo ente federativo e não correrão à conta do RPPS ao qual o servidor se vincula (art. 9º da EC nº 103/2019).

- **Cálculo dos proventos de aposentadoria:** As regras para cálculo de proventos de aposentadoria serão disciplinadas em lei do respectivo ente federativo (art. 40, §3º). **Servidores federais:** Até que lei discipline o cálculo dos benefícios do RPPS da União e do RGPS, será utilizada a média aritmética simples dos salários de contribuição e das remunerações adotadas como base para as contribuições, inclusive das atividades militares de que tratam os arts. 42 e 142 da CF/88, correspondentes a **100%** do período contributivo, desde julho de 1994 (art. 26 da EC nº 103/2019).

- **Valores dos proventos de aposentadoria:** não poderão ser inferiores ao valor mínimo a que se refere o § 2º do art. 201 ou superiores ao limite máximo estabelecido para o Regime Geral de Previdência Social, observado o disposto nos §§ 14 a 16 (art. 40, §2º da CF/88).

- Sistematização da aposentadoria pelo regime próprio:

APOSENTADORIA PELO REGIME PRÓPRIO	
Por incapacidade permanente para o trabalho	• no cargo em que estiver investido, quando insuscetível de readaptação, hipótese em que será obrigatória a realização de avaliações periódicas para verificação da continuidade das condições que ensejaram a concessão da aposentadoria, na forma de lei do respectivo ente federativo (art. 40, §1º, I da CF/88). Valor do benefício: a) **servidor federal**: até que lei discipline o cálculo dos benefícios do regime próprio de previdência social da União, o valor corresponderá a 60% da média aritmética de 100% das contribuições, com acréscimo de 2% para cada ano de contribuição que exceder o tempo de 20 anos de contribuição; o valor do benefício será de **100% da média**, quando decorrer de **acidente de trabalho, de doença profissional e de doença do trabalho**.

<table>
<tr><th colspan="3">APOSENTADORIA PELO REGIME PRÓPRIO</th></tr>
<tr><td>Compulsória</td><td colspan="2">• proventos proporcionais
• 70 ou 75 anos, nos termos de lei complementar. Lei Complementar nº 152/15: 75 anos para I – os servidores titulares de cargos efetivos da União, dos Estados, do Distrito Federal e dos Municípios, incluídas suas autarquias e fundações; II – os membros do Poder Judiciário; III – os membros do Ministério Público; IV – os membros das Defensorias Públicas; V – os membros dos Tribunais e dos Conselhos de Contas.</td></tr>
<tr><td rowspan="2">Voluntária</td><td colspan="2">• União:
a) 62 anos, se mulher;
b) 65 anos, se homem.
Até que entre em vigor lei federal, os servidores federais serão aposentados após 25 anos de contribuição, desde que cumpridos:
a) 10 anos de efetivo exercício no serviço público;
b) 5 anos no cargo efetivo em que for concedida a aposentadoria.
Estados e Municípios:
– idade mínima estabelecida mediante emenda às respectivas Constituições e Leis Orgânicas, observados o tempo de contribuição e os demais requisitos estabelecidos em lei complementar do respectivo ente federativo.
– enquanto não promovidas alterações na legislação interna relacionada ao respectivo regime próprio de previdência social, aplicam-se às aposentadorias dos servidores dos Estados, do Distrito Federal e dos Municípios as normas constitucionais e infraconstitucionais anteriores à data de entrada em vigor antes da EC nº 103/2019.
Antes da EC nº 103/2019, CF 88 estabelecia:</td></tr>
<tr><td>Integral:
Homem
10 anos de serviço público, e
5 anos no cargo, e
35 anos de contribuição, e
60 anos de idade</td><td>Mulher
10 anos de serviço público, e
5 anos no cargo, e
30 anos de contribuição, e
55 anos de idade</td></tr>
<tr><td>Voluntária</td><td>Proporcional:
Homem
10 anos de serviço público, e
5 anos no cargo, e
65 anos de idade</td><td>Mulher
10 anos de serviço público, e
5 anos no cargo, e
60 anos de idade</td></tr>
<tr><td>Aposentadoria especial</td><td colspan="2">• Regra: vedada a adoção de requisitos ou critérios diferenciados para concessão de benefícios em RPPS.
• Exceção: art. 40, §§4º-A, 4º-B, 4º-C e 5º da CF/88:
a) servidores com deficiência, previamente submetidos à avaliação biopsicossocial realizada por equipe multiprofissional e interdisciplinar; a eles, poderão ser estabelecidos, por lei complementar do respectivo ente federativo, idade e tempo de contribuição diferenciados. Servidores federais: desde que cumpridos, no caso do servidor, o tempo mínimo de 10 (dez) anos de efetivo exercício no serviço público e de 5 (cinco) anos no cargo efetivo em que for concedida a aposentadoria, será concedida na forma da Lei Complementar nº 142, de 8 de maio de 2013, inclusive quanto aos critérios de cálculo dos benefícios (art. 22 da EC nº 103/2019).</td></tr>
</table>

<table>
<tr><th colspan="2">APOSENTADORIA PELO REGIME PRÓPRIO</th></tr>
<tr><td>Aposentadoria especial</td><td>
b) ocupantes do cargo de agente penitenciário, de agente socioeducativo ou de policial dos órgãos de que tratam o inciso IV do caput do art. 51, o inciso XIII do caput do art. 52 e os incisos I a IV do caput do art. 144; a eles, poderão ser estabelecidos, por lei complementar do respectivo ente federativo, idade e tempo de contribuição diferenciados. Servidores federais: até que entre em vigor lei federal que discipline os benefícios do regime próprio de previdência social dos servidores da União, policiais civis do Distrito Federal, policiais da Câmara dos Deputados e do Senado Federal, policiais federais, policiais rodoviários federais, policiais ferroviários federais, agentes federais penitenciários ou socioeducativos aposentar-se-ão aos 55 (cinquenta e cinco) anos de idade, com 30 (trinta) anos de contribuição e 25 (vinte e cinco) anos de efetivo exercício em cargo dessas carreiras, para ambos os sexos (art. 10, §2º, I da EC nº 103/2019).

c) servidores cujas atividades sejam exercidas com efetiva exposição a agentes químicos, físicos e biológicos prejudiciais à saúde, ou associação desses agentes, vedada a caracterização por categoria profissional ou ocupação; a eles, poderão ser estabelecidos, por lei complementar do respectivo ente federativo, idade e tempo de contribuição diferenciados. Servidores federais: até que entre em vigor lei federal que discipline os benefícios do regime próprio de previdência social dos servidores da União: aos 60 (sessenta) anos de idade, com 25 (vinte e cinco) anos de efetiva exposição e contribuição, 10 (dez) anos de efetivo exercício de serviço público e 5 (cinco) anos no cargo efetivo em que for concedida a aposentadoria (art. 10, §2º, II da EC nº 103/2019).

Servidores estaduais, distritais e municipais: Aplicam-se às aposentadorias dos servidores dos Estados, do Distrito Federal e dos Municípios as normas constitucionais e infraconstitucionais anteriores à data de entrada em vigor da EC nº 103/2019, enquanto não promovidas alterações na legislação interna relacionada ao respectivo regime próprio de previdência social (art. 10, §7º e art. 22)

d) Professores: terão as idades exigidas reduzidas em 5 anos, ou seja, 57 anos, se mulher e 60 anos, se homem, desde que comprovem tempo de efetivo exercício das funções de magistério na educação infantil e no ensino fundamental e médio fixado em lei complementar do respectivo ente federativo (art. 40, §5º da CF/88 – com redação dada pela EC nº 103/2019).

Servidores federais: até que entre em vigor lei federal que discipline os benefícios do regime próprio de previdência social dos servidores da União: aos 60 (sessenta) anos de idade, se homem, aos 57 (cinquenta e sete) anos, se mulher, com 25 (vinte e cinco) anos de contribuição exclusivamente em efetivo exercício das funções de magistério na
</td></tr>
<tr><td>Aposentadoria especial</td><td>
educação infantil e no ensino fundamental e médio, 10 (dez) anos de efetivo exercício de serviço público e 5 (cinco) anos no cargo efetivo em que for concedida a aposentadoria, para ambos os sexos (art. 10, §2º, III da EC nº 103/2019).

Servidores estaduais, distritais e municipais: aplicam-se às aposentadorias dos servidores dos Estados, do Distrito Federal e dos Municípios as normas constitucionais e infraconstitucionais anteriores à data de entrada em vigor desta Emenda Constitucional, enquanto não promovidas alterações na legislação interna relacionada ao respectivo regime próprio de previdência social. Antes da EC nº 103/2019, CF 88 estabelecia:
• requisitos estabelecidos na Constituição
• tempo exclusivo no magistério: infantil, fundamental e médio

<table>
<tr><th>Homem</th><th>Mulher</th></tr>
<tr><td>10 anos de serviço público, e</td><td>10 anos de serviço público, e</td></tr>
<tr><td>5 anos no cargo, e</td><td>5 anos no cargo, e</td></tr>
<tr><td>30 anos de contribuição, e</td><td>25 anos de contribuição, e</td></tr>
<tr><td>55 anos de idade</td><td>50 anos de idade</td></tr>
</table>
</td></tr>
</table>

REGIME JURÍDICO DOS SERVIDORES PÚBLICOS CIVIS DA UNIÃO, DAS AUTARQUIAS E DAS FUNDAÇÕES PÚBLICAS FEDERAIS (LEI Nº 8.112/1990 ATUALIZADA).

- ***Requisitos*** para investidura (art. 5º):
  a) ser brasileiro;
  b) estar no gozo dos direitos políticos;
  c) estar adimplente com as obrigações militares e eleitorais;
  d) ter o nível de escolaridade exigido para o exercício do cargo;
  e) ter a idade mínima de dezoito anos;
  f) estar em aptas condições física e mental.
- É frequente a cobrança das formas de provimento derivado nas provas.
- ***Posse:*** com ela ***materializa-se*** a ***investidura*** do servidor no cargo.
- A posse pode ocorrer ***mediante procuração específica*** (art. 13, § 3º), depende de ***prévia inspeção médica oficial*** (art. 14; é necessária a aptidão física e mental para a posse).
- No ***ato*** da ***posse*** deve ser apresentada ***declaração de bens e valores*** que formam seu patrimônio e a declaração de exercício ou não de outro cargo, emprego ou função pública (art. 13, § 5º).
- ***Prazo*** para a ***posse: trinta dias***, contados da publicação do ato de provimento (art. 13, § 1º).
- Nomeado ***não toma posse*** no prazo: ***ato de provimento será tornado sem efeito***, pois ainda não era servidor para ser exonerado.
- ***Exercício***: desempenho efetivo das atribuições do cargo.
- ***Prazo para exercício***: ***quinze dias,*** contados da data da posse.
- Servidor ***não entra em exercício*** no prazo***:*** será ***exonerado*** de ofício.
- ***Estágio probatório***: lei prevê 24 meses, mas para STF é de 3 anos (STA 269, STA 290 e AI 754.802-DF).
- Sistematização das licenças e afastamentos em relação ao servidor em estágio probatório[42]:

42. BORTOLETO, Leandro. *Direito administrativo*. 2. ed. Salvador: Juspodivm, 2013. p. 200.

SERVIDOR EM ESTÁGIO PROBATÓRIO – Licenças e Afastamentos	
PERMITIDO	*PROIBIDO*
• para o serviço militar (não suspende) • para exercício de mandato eletivo (não suspende) • para estudo ou missão no exterior (não suspende)	• para capacitação • para tratar de interesses particulares • para desempenho de mandato classista
• para servir a outro órgão ou entidade (só cargo de nível elevado; não suspende) • por motivo de doença em pessoa da família (suspende) • por motivo de afastamento do cônjuge ou companheiro (suspende) • para atividade política (suspende) • para servir em organismo internacional de que o Brasil participe ou com o qual coopere (suspende) • participação em curso de formação (suspende)	• para participação em programa de pósgraduação *stricto sensu* no País

- Sistematização das formas de provimento derivado[43]:

PROVIMENTO DERIVADO: principais formas
Readaptação → investidura em outro cargo com atribuições e responsabilidade compatíveis com as limitações do servidor
Aproveitamento → volta à ativa do servidor em disponibilidade
Reversão → volta do aposentado
Reintegração → volta do demitido
Recondução → volta ao cargo anterior

- Remoção (art. 36): ***deslocamento do servidor***, a pedido ou de ofício, no âmbito do mesmo quadro, ***com ou sem mudança de sede.***
- Remoção pode ocorrer ***de ofício ou a pedido*** do servidor.

- Hipóteses em que a ***Administração não pode recusar*** o pedido de remoção do servidor (art. 36, III):

  a) para ***acompanhar cônjuge ou companheiro***, também servidor público civil ou militar, de qualquer dos Poderes da União, dos Estados, do Distrito Federal e dos Municípios, que foi deslocado no interesse da Administração[44];

  b) por ***motivo de saúde*** do servidor, cônjuge, companheiro ou dependente que viva às suas expensas e conste do seu assentamento funcional, condicionada à comprovação por junta médica oficial;

43. BORTOLETO, Leandro. *Direito administrativo*. 2. ed. Salvador: Juspodivm, 2013. p. 205.

44. Corroborando o dispositivo supramencionado, o STJ decidiu no EREsp 1.247.360 RJ que o servidor federal somente tem direito à remoção prevista no artigo 36, § único, III, "a", da Lei 8.112/90, caso seu cônjuge/companheiro, também servidor, tenha sido deslocado de ofício, no interesse da administração. Assim, se o cônjuge foi removido a pedido, ao outro não assiste o direito à remoção com base neste dispositivo.

c) em virtude de ***processo seletivo*** promovido, na hipótese em que o número de interessados for superior ao número de vagas, de acordo com normas preestabelecidas pelo órgão ou entidade em que aqueles estejam lotados.

- ***Vantagens***: servidor pode receber indenizações, gratificações e adicionais.
- Sistematização das ***indenizações***[45]:

Ajuda de custo	• Deslocamento definitivo, no interesse da Administração • Valor em regulamento: máximo 3 remunerações servidor não se desloca: devolução em 30 dias
Diária	• Deslocamento transitório • Valor em regulamento: é ½ diária quando não houver pernoite fora da sede ou quando a União custear por outros meios • Servidor não se desloca: devolução em 5 dias
Indenização de transporte	• Uso de meio próprio de locomoção para execução de serviço externo, por força das atribuições do cargo • Valor em regulamento
Auxílio-moradia	• Servidor deslocado para ocupar alto cargo em comissão e demais requisitos do Art. 60-B • Valor: o que for menor: ou 25% do subsídio de Ministro ou 25% da remuneração do cargo ocupado. Independentemente do valor do cargo, assegura-se até R$ 1.800,00

- Sistematização das ***gratificações*** e ***adicionais***[46]:

GRATIFICAÇÕES E ADICIONAIS	
Retribuição pelo exercício de função de direção, chefia e assessoramento	- Servidor que ocupa cargo em comissão ou exerce → função comissionada
Gratificação natalina	- 13º
Adicionais pelo exercício de atividades insalubres, perigosas ou penosas	- Adicional de insalubridade: local insalubre ou em: → contato permanente com substâncias tóxicas - Adicional de periculosidade: permanente risco de vida
Adicionais pelo exercício de atividades insalubres, perigosas ou penosas	- Se tiver direito aos dois, tem que escolher um - Adicional de penosidade: zona de fronteira ou → localidade cujas condições de vida o justifiquem - Percentual: regulamento
Adicional por serviço extraordinário	- Hora extra - 50% sobre o valor da hora normal - Máximo de 2h por jornada

45. BORTOLETO, Leandro. *Direito administrativo.* Salvador: Juspodivm, 2012. p. 212.

46. BORTOLETO, Leandro. *Direito administrativo.* Salvador: Juspodivm, 2012. p. 214.

Adicional noturno	- Trabalho das 22h às 5h - Hora, nesse período, é 52min30s - 25% sobre o valor da hora normal - Se for o caso, incide sobre a remuneração com o → adicional por serviço extraordinário
Adicional de férias	- 1/3 sobre a remuneração do período de férias
Gratificação por encargo de curso ou concurso	- Fazer as atividades do art. 76-A, fora do horário → de trabalho ou com compensação - Máximo: 120h anuais (exceção: + 120h)

- ***Licenças e afastamentos*** assegurados ao servidor (artigos 86 a 96-A e 202 a 214): a) licença por motivo de doença em pessoa da família; b) licença por motivo de afastamento do cônjuge ou companheiro; c) licença para o serviço militar; d) licença para atividade política; e) licença para capacitação; f) licença para tratar de interesses particulares; g) licença para desempenho de mandato classista; h) licença para tratamento de saúde; i) licença à gestante, à adotante e licença-paternidade; j) licença por acidente em serviço; k) afastamento para servir a outro órgão ou entidade; l) afastamento para exercício de mandato eletivo; m) afastamento para estudo ou missão no exterior; n) afastamento para participação em programa de pós-graduação *stricto sensu* no País.

- Sistematização da licença para atividade política:

DURAÇÃO DA LICENÇA						
Convenção partidária	→	Registro Justiça Eleitoral	→	Eleições	→	10º dia após as eleições
Não remunerada				Remunerada		
REMUNERAÇÃO						

- Sistematização da contagem do tempo de serviço[47]:

TEMPO DE SERVIÇO	
Efetivo exercício	*Somente para aposentadoria e disponibilidade*
• tempo de serviço público federal (conta para todos os fins) • exercício de cargo em comissão ou equivalente, em órgão ou entidade dos Poderes da União, dos Estados, Municípios e Distrito Federal (cessão de servidor federal) • exercício de cargo ou função de governo ou administração, em qualquer parte do território nacional, por nomeação do Presidente da República	• tempo de serviço público prestado aos Estados, Municípios e Distrito Federal • tempo de serviço em atividade privada, vinculada à Previdência Social

47. BORTOLETO, Leandro. *Direito administrativo*. 2. ed. Salvador: Juspodivm, 2013. p. 223/224.

TEMPO DE SERVIÇO	
Efetivo exercício	*Somente para aposentadoria e disponibilidade*
• serviço militar federal (Forças Armadas; conta para todos os fins)	• tempo de serviço relativo a tiro de guerra
• desempenho de mandato eletivo federal, estadual, municipal ou do Distrito Federal, exceto para promoção por merecimento	• desempenho de mandato eletivo federal, estadual, municipal ou distrital, anterior ao ingresso no serviço público federal
• licença para tratamento da própria saúde, até o limite de vinte e quatro meses, cumulativo ao longo do tempo de serviço público prestado à União, em cargo de provimento efetivo	• licença para tratamento da própria saúde, além do limite de vinte e quatro meses, cumulativo ao longo do tempo de serviço público prestado à União, em cargo de provimento efetivo
• licença para tratamento de saúde de pessoal da família do servidor, com remuneração, até trinta dias, em período de doze meses	• licença para tratamento de saúde de pessoal da família do servidor, com remuneração, que exceder a trinta dias, em período de 12 doze meses
• ausências do art. 97 (alistamento eleitoral, doação de sangue, casamento, etc.) • férias • participação em programa de treinamento ou em programa de pós-graduação *stricto sensu* no País • júri e outros serviços obrigatórios por lei • missão ou estudo no exterior, quando autorizado o afastamento • licença à gestante, à adotante e à paternidade • licença para o desempenho de mandato classista ou participação de gerência ou administração em sociedade cooperativa constituída por servidores para prestar serviços a seus membros, exceto para efeito de promoção por merecimento • licença por motivo de acidente em serviço ou doença profissional • licença para capacitação • licença por convocação para o serviço militar • deslocamento para a nova sede (período de trânsito para o servidor que deva ter exercício em outro Município por ter sido removido, redistribuído, requisitado, cedido ou posto em exercício provisório) • participação em competição desportiva nacional ou convocação para integrar representação desportiva nacional, no País ou no exterior • afastamento para servir em organismo internacional de que o Brasil participe ou com o qual coopere	• licença para atividade política, com remuneração (do registro da candidatura na Justiça Eleitoral até dez dias após as eleições)

- ***Direito de petição*** do servidor ***prescreve*** em (art. 110): a) em ***cinco anos***, quanto aos atos de demissão e de cassação de aposentadoria ou disponibilidade, ou que afetem interesse patrimonial e créditos resultantes das relações de trabalho; b) em ***cento e vinte dias***, nos demais casos, salvo se houver outro prazo fixado em lei.

- Os artigos 116 e 117 devem ser lidos várias vezes. São muito importantes porque descrevem os deveres e proibições dos servidores e a definição das penas é correlacionada com esses dispositivos legais.

- ***Responsabilidades***: as ***sanções*** penais, administrativas e civis podem ***cumular-se***, pois são independentes entre si. ***Exceção***: quando na esfera penal o servidor for ***absolvido*** em razão da ***inexistência do fato*** ou da ***negativa de autoria*** (art. 126).

- As ***penas*** que podem ser aplicadas ao servidor são (art. 127): a) advertência; b) suspensão; c) multa; d) demissão; e) cassação de aposentadoria e disponibilidade; f) destituição de cargo em comissão; g) destituição de função de confiança.

- ***Advertência:*** tem cabimento, conforme o art. 129, quando se tratar de ***violação dos deveres funcionais*** constantes do art. 117, I a VIII e XIX, ou quando houver a ***inobservância de dever funcional*** previsto em lei, regulamento ou norma interna, e não haja justificativa para a aplicação de pena mais grave.

- ***Suspensão*** é cabível (art. 130):

  a) quando houver reincidência de falta punida com advertência;

  b) nos casos de violação das proibições que não sejam punidas com demissão, isto é, nas situações previstas no art. 117, XVII e XVIII;

  c) quando o servidor se recusar, injustificadamente, a se submeter a inspeção médica determinada pela autoridade competente (a partir do momento que se submeter a inspeção, cessam os efeitos da pena).

- ***Suspensão*** pode, a critério do administrador, ser ***substituída por multa*** no valor equivalente a ***50% por dia*** da remuneração do servidor e este continua a trabalhar.

- ***Demissão***: hipóteses de ***cabimento***:

  a) Art. 117, IX a XVI: *"IX – valer-se do cargo para lograr proveito pessoal ou de outrem, em detrimento da dignidade da função pública; X – participar de gerência ou administração de sociedade privada, personificada ou não personificada, exercer o comércio, exceto na qualidade de acionista, cotista ou comanditário; XI – atuar, como procurador ou intermediário, junto a repartições públicas, salvo quando se tratar de benefícios previdenciários ou assistenciais de parentes até o segundo grau, e de cônjuge ou companheiro; XII – receber propina, comissão, presente ou vantagem de qualquer espécie, em razão de suas atribuições; XIII – aceitar comissão, emprego ou pensão de estado estrangeiro; XIV – praticar usura sob qualquer de suas formas; XV – proceder de forma desidiosa; XVI – utilizar pessoal ou recursos materiais da repartição em serviços ou atividades particulares";*

  b) Art. 132, I a XII: "*I – crime contra a administração pública; II – abandono de cargo; III – inassiduidade habitual; IV – improbidade administrativa; V – incontinência pública e conduta escandalosa, na repartição; VI – insubordinação grave em serviço; VII – ofensa física, em serviço, a servidor ou a particular, salvo em legítima defesa própria ou de outrem; VIII – aplicação irregular de dinheiros públicos; IX – revelação de* *segredo do qual se apropriou em razão do cargo; X – lesão aos cofres públicos e dilapidação do patrimônio nacional; XI – corrupção; XII – acumulação ilegal de cargos, empregos ou funções públicas.*

- Sistematização da pena de demissão[48]:

DEMISSÃO
Somente após 5 anos pode retornar ao serviço público federal
• valer-se do cargo para lograr proveito pessoal ou de outrem, em detrimento da dignidade da função pública • atuar, como procurador ou intermediário, junto a repartições públicas, salvo quando se tratar de benefícios previdenciários ou assistenciais de parentes até o segundo grau, e de cônjuge ou companheiro
Não pode mais retornar ao serviço público federal
• crime contra a Administração Pública **Atenção**! Na ADI nº 2.975 entendeu-se pela inconstitucionalidade do parágrafo único do art. 137 da Lei nº 8.112/1990
Não pode mais retornar ao serviço público federal **Indisponibilidade dos bens** **Ressarcimento ao erário**
• improbidade administrativa • aplicação irregular de dinheiros públicos • lesão aos cofres públicos e dilapidação do patrimônio nacional • corrupção **Atenção**! Na ADI nº 2.975 entendeu-se pela inconstitucionalidade do parágrafo único do art. 137 da Lei nº 8.112/1990
Demais casos: sem restrição de retorno ao serviço público federal
• abandono de cargo • inassiduidade habitual • incontinência pública e conduta escandalosa, na repartição • insubordinação grave em serviço • ofensa física, em serviço, a servidor ou a particular, salvo em legítima defesa própria ou de outrem • revelação de segredo do qual se apropriou em razão do cargo • acumulação ilegal de cargos, empregos ou funções públicas • participar de gerência ou administração de sociedade privada, personificada ou não personificada, exercer o comércio, exceto na qualidade de acionista, cotista ou comanditário • recebimento de propina, comissão, presente ou vantagem de qualquer espécie, em razão de suas atribuições • aceitação de comissão, emprego ou pensão de Estado estrangeiro • prática de usura sob qualquer de suas formas • procedimento desidioso • utilização pessoal ou recursos materiais da repartição em serviços ou atividades particulares

48. BORTOLETO, Leandro. *Direito administrativo.* Salvador: Juspodivm, 2012. p. 233.

Em 22 de setembro de 2021, foi aprovada nova súmula do STJ, de nº 650, *in verbis*: "A autoridade administrativa não dispõe de discricionariedade para aplicar ao servidor pena diversa de demissão quando caraterizadas as hipóteses previstas no artigo 132 da Lei 8.112/1990.

- **ADI 2.975:** Para o STF, a previsão contida no parágrafo único do art. 137 da Lei nº 8.112/1990 é inconstitucional por violar o art. 5º, XLVII, "b" da CF/88, pois impõe penalidade de caráter perpétuo. Assim, apesar de a norma constitucional se referir à sanção penal, sua extensão às sanções administrativas é possível, tendo em vista o vínculo entre as esferas, decorrente do poder sancionatório estatal. Exemplo disso é a impossibilidade de imposição de sanções administrativas mais graves do que as penas aplicadas pela prática de crimes, tendo em vista os conceitos da subsidiariedade e da intervenção penal mínima. Nessa senda, o STF possui jurisprudência (RE 154.134/SP) no sentido da não aplicação de penalidade administrativa de "inabilitação permanente para o exercício de cargos de administração ou gerência de instituição financeira". Com base no exposto, o Plenário, por maioria, decidiu pela inconstitucionalidade do parágrafo único do art. 137 da Lei nº 8.112/1990, comunicando ao Congresso para que delibere acerca do prazo para proibição de retorno ao cargo público nos casos acima.

- ***Ação disciplinar*** prescreve: a) se a infração administrativa também for crime, no prazo previsto na lei penal; b) se a infração administrativa não for crime: em 5 anos, para as infrações puníveis com demissão, cassação de aposentadoria ou disponibilidade e destituição de cargo em comissão; em 2 anos, para os casos de suspensão; em 180 dias para a advertência.

- STJ: "O prazo prescricional previsto na lei penal se aplica às infrações disciplinares também capituladas como crime independentemente da apuração criminal da conduta do servidor. Para se aplicar a regra do § 2º do art. 142 da Lei nº 8.112/90 não se exige que o fato esteja sendo apurado na esfera penal (não se exige que tenha havido oferecimento de denúncia ou instauração de inquérito policial). Se a infração disciplinar praticada for, em tese, também crime, deve ser aplicado o prazo prescricional previsto na legislação penal independentemente de qualquer outra exigência". (1ª Seção. MS 20.857-DF, Rel. Min. Napoleão Nunes Maia Filho, Rel. Acd. Min. Og Fernandes, julgado em 22/05/2019 – Info 651).

- STJ: Desde que devidamente motivada e com amparo em investigação ou sindicância, é possível a instauração de processo administrativo disciplinar com base em denúncia anônima, em face do poder-dever de autotutela imposto à Administração (Súmula nº 611).

- STJ: "A portaria de instauração do processo administrativo disciplinar prescinde da exposição detalhada dos fatos a serem apurados" (Súmula nº 641).

  STJ: "A autoridade administrativa não dispõe de discricionariedade para aplicar ao servidor pena diversa de demissão quando caraterizadas as hipóteses previstas no artigo 132 da Lei 8.112/1990 (Súmula nº 650)

- Sistematização das formas de apuração de infração disciplinar[49]:

APURAÇÃO DE INFRAÇÃO DISCIPLINAR	
Infração punida com	*Meio de apuração*
Advertência Suspensão ≤ 30 dias	Sindicância ou Processo administrativo disciplinar
Suspensão > 30 dias Demissão Cassação de aposentadoria ou disponibilidade Destituição de cargo em comissão	Processo administrativo disciplinar

- Processo administrativo: rito ordinário e rito sumário.
- ***Rito ordinário*** do processo administrativo disciplinar[50]:

<table>
<tr><th colspan="4">PROCESSO ADMINISTRATIVO DISCIPLINAR:
Rito Ordinário</th></tr>
<tr><td rowspan="2">Instauração</td><td colspan="3">Publicação do ato de constituição da comissão disciplinar
Comissão ➔ 3 servidores estáveis</td></tr>
<tr><td>Consequências</td><td colspan="2">• (60 dias + 60 dias)
• possibilidade de afastamento temporário do servidor
• impossibilidade de aposentadoria voluntária ou exoneração a pedido do servidor</td></tr>
<tr><td rowspan="3">Inquérito Administrativo</td><td rowspan="2">Instrução</td><td colspan="2">• Produção de provas: testemunhas, perícias, acareações, interrogatório do servidor e demais diligências
• Indiciação: se for o caso, após análise das provas</td></tr>
<tr><td>Citação</td><td>• por mandado
ou
• por edital</td></tr>
<tr><td>Defesa</td><td>Prazo</td><td>• 10 dias ➔ 1 indiciado
• 20 dias ➔ + de 1 indiciado (comum)
• 15 dias ➔ citação por edital</td></tr>
<tr><td rowspan="2">Inquérito Administrativo</td><td>Defesa</td><td>Defesa não apresentada no prazo</td><td>• servidor nomeado defensor dativo
• devolução do prazo</td></tr>
<tr><td>Relatório</td><td>Conteúdo</td><td>• resumo das principais peças
• menção às provas
• conclusão (inocência ou responsabilidade)
• indicação do dispositivo legal</td></tr>
</table>

49. BORTOLETO, Leandro. *Direito administrativo.* 2. ed.Salvador: Juspodivm, 2013. p. 239.

50. BORTOLETO, Leandro. *Direito administrativo.* 2. ed.Salvador: Juspodivm, 2013. p. 243.

<table>
<tr><td rowspan="3">Julgamento</td><td>• Prazo</td><td>➔ 20 dias
➔ inobservância: não gera nulidade; se ocorrer a prescrição autoridade será responsabilizada</td></tr>
<tr><td>• Competência</td><td>➔ Art. 141; se autoridade instauradora não tiver competência, deve encaminhar os autos à competente</td></tr>
<tr><td>• Relatório da Comissão Disciplinar</td><td>➔ Regra: deve ser acatado
➔ Exceção: pode ser refutado se, motivadamente, for demonstrado que é contrário à prova dos autos</td></tr>
<tr><td colspan="3">PRAZO PARA CONCLUSÃO: 60 dias + 60 dias = 120 dias. Conforme STF e STJ, não está incluído prazo para julgamento (20 dias), totalizando 140 dias.
Súmula nº 635 do STJ: "Os prazos prescricionais previstos no artigo 142 da Lei 8.112/1990 iniciam-se na data em que a autoridade competente para a abertura do procedimento administrativo toma conhecimento do fato, interrompem-se com o primeiro ato de instauração válido – sindicância de caráter punitivo ou processo disciplinar – e voltam a fluir por inteiro, após decorridos 140 dias desde a interrupção."</td></tr>
</table>

- ***Revisão*** do processo administrativo disciplinar: ***pode se dar de ofício ou a requerimento*** do servidor (em caso de falecimento, ausência ou desaparecimento do servidor, qualquer pessoa da família poderá fazê-lo) e não há prazo, mas devem ser cumpridos os seguintes ***requisitos***: ***fato novo ou circunstância suscetível de justificar a inocência do punido ou a inadequação da penalidade aplicada*** (art. 174).

Direito do Trabalho

Henrique Correia

Direito do Trabalho

Nota – Novidades legislativas e jurisprudenciais nos anos de 2020, 2021 e 2022:

Caro concurseiro, tudo bem? Como você já sabe, esse material é especialmente elaborado para o concurso de ***ANALISTA JUDICIÁRIO – ÁREA JUDICIÁRIA*** *do TRT da 5ª Região. Dessa forma, tentamos sempre personalizar o material às exigências do edital para que você tenha uma preparação rápida, estratégica e completa.*

Diante disso, em atenção à Observação introdutória do Anexo II – Conteúdo Programático do Edital 01/2022[1], notamos que se considera a legislação vigente, incluindo legislações complementares, súmulas, jurisprudências e/ou orientações jurisprudenciais (OJ), até a data da publicação do Edital.

O Edital foi publicado no dia 08/09/2022, sendo que, nos meses de agosto e setembro, o Congresso Nacional aprovou as Medidas Provisórias nº 1.107 (convertida na Lei nº 14.438, de 24 de agosto de 2022), 1.108 ((convertida na Lei nº 14.442, de 2 de setembro de 2022), 1.109 (convertida na Lei nº 14.437, de 15 de agosto de 2022) e 1.116 (na data de publicação do edital, aguardava sanção ou veto do Presidente), que impactarão profundamente o Direito do Trabalho. Dessa forma, optamos por manter nas dicas a regulamentação anterior às MPs aprovadas e, logo na sequência, breves comentários acerca das principais alterações. A ideia é te deixar preparado para qualquer tipo de questionamento.

Ainda, as dicas abrangem as recentes e importantes decisões do STF em matéria de direito do trabalho, como a ADPF 501/SC (05/08/2022) – Declara a inconstitucionalidade da Súmula nº 450 do Tribunal Superior do Trabalho (pagamento da dobra no caso de atraso na remuneração de férias); o Tema 638 da Repercussão Geral (08/06/2022) – Necessidade de participação do sindicato da categoria profissional para a dispensa em massa de trabalhadores; o Tema 1046 da Repercussão Geral (02/06/2022) – Validade de norma coletiva de trabalho que limita ou restringe direito trabalhista não assegurado constitucionalmente (prevalência do negociado sobre o legislado); e a ADPF 323/DF (30/05/2022) – Declara a inconstitucionalidade da Súmula nº 277 do Tribunal Superior do Trabalho (ultratividade da norma coletiva);

Professor, então, com essas dicas eu vou gabaritar a prova? Eu não posso dizer que sim!! A matéria é e sempre será infinita. Você nunca conseguirá "fechar o edital". Sempre haverá um autor que você não leu, um ponto de vista que não considerou, um ato normativo que deixou passar... O que eu te ofereço nessa obra são comentários selecionados sobre cada ponto e que, com mais de 20 anos de experiência na preparação de alunos para concursos públicos na área trabalhista, julgo importantes para seu concurso.

Bons estudos!

Henrique Correia – Sert/2022

1 *Disponível em: https://www.concursosfcc.com.br/concursos/trt5r122/edital_de_abertura_trt5_versao_final_ok.pdf*

Pontos do Edital	Tópico do Livro
Dos princípios e fontes do Direito do Trabalho.	1
Dos direitos constitucionais dos trabalhadores (art. 7º da CF/1988).	2
Da relação de trabalho e da relação de emprego: requisitos e distinção;	3.1; 9.1
relações de trabalho lato sensu: trabalho autônomo, trabalho eventual, trabalho temporário e trabalho avulso.	5; 8.7
Trabalho intermitente: regramento legal; características; peculiaridades.	9.5
Dos sujeitos do contrato de trabalho stricto sensu: do empregado e do empregador: conceito e caracterização;	3; 4
dos poderes do empregador no contrato de trabalho.	4.4
Do grupo econômico;	4.1
da sucessão de empregadores; da responsabilidade solidária e subsidiária.	4.2
Do contrato individual de trabalho: conceito, classificação e características.	9.2; 9.3; 9.4
Da alteração do contrato de trabalho: alteração unilateral e bilateral; o jus variandi.	9.6; 9.7
Da suspensão e interrupção do contrato de trabalho: caracterização e distinção.	9.8
Da rescisão do contrato de trabalho: das justas causas;	15; 15.4
da despedida indireta;	15.4
da dispensa arbitrária;	15.1
da rescisão por acordo mútuo;	15.3
da despedida coletiva;	15.6
da culpa recíproca;	15.4
da indenização.	15.7
Do aviso prévio. Prazo do aviso prévio.	12
Da estabilidade e das garantias provisórias de emprego: das formas de estabilidade; da despedida e da reintegração de empregado estável.	14
Da duração do trabalho; da jornada de trabalho;	10
do tempo à disposição;	10
dos períodos de descanso;	10.9
do intervalo para repouso e alimentação;	10.9.1
do descanso semanal remunerado;	10.9.2
do trabalho noturno e	10.6; 11.6.2
do trabalho extraordinário;	10.7; 11.6.1
do sistema de compensação de horas.	10.8
Do salário mínimo: irredutibilidade e garantia.	11.1
Das férias: do direito a férias e da sua duração;	10.9.3
da concessão e da época das férias;	10.9.3.1
da remuneração e do abono de férias.	10.9.3.2; 10.9.3.3
Do salário e da remuneração: conceito e distinções;	11
composição do salário;	11.3; 11.7; 11.8

modalidades de salário;	**11.2**
formas e meios de pagamento do salário;	**11.9**
13º salário.	**11.5**
Da equiparação salarial: hipóteses ensejadoras e forma de aferição; do princípio da igualdade de salário;	**11.10**
do desvio de função.	**11.11**
Da arbitragem.	**3.1.1**
Do FGTS.	**13**
Da prescrição e decadência.	**16**
Da segurança e medicina no trabalho: da CIPA;	**17; 17.4**
das atividades insalubres ou perigosas.	**11.6.4; 11.6.5**
Da proteção ao trabalho da mulher, da gestante e do menor. Da estabilidade da gestante;	**6; 7**
da licença-maternidade.	**7.2**
Protocolo do CNJ de julgamento com perspectiva de Gênero.	**7.5**
Do direito coletivo do trabalho: da liberdade sindical (Convenção nº 87 da OIT);	**18.1**
da organização sindical: conceito de categoria;	**18.2**
categoria diferenciada;	**18.2.1**
das convenções e dos acordos coletivos de trabalho.	**18.3**
Do direito de greve;	**18.4**
dos serviços essenciais.	**18.4.1**
Da renúncia e transação.	**1.4**
Do teletrabalho (Lei nº 13.467/2017 atualizada).	**10.2**
Responsabilidade civil contratual e extracontratual aplicável as relações de trabalho.	**5.1.1; 5.3; 5.4.2; 9.2; 9.5; 9.6; 9.9; 15.7; 16.3;**
Assedio Moral.	**9.9.2**
Abuso de direito. Direitos da personalidade e contrato de trabalho.	**9.9.3**
Dano moral e material nas relações de trabalho.	**9.9.1; 17.3**
Precedentes vinculantes (IRDR e IAC), Súmulas e Orientações da Jurisprudência uniformizada do Tribunal Superior do Trabalho sobre Direito do Trabalho.	**Ao longo do texto**
Precedentes obrigatórios e Súmulas Vinculantes do Supremo Tribunal Federal e do Superior Tribunal de Justiça relativas ao Direito do Trabalho.	**Ao longo do texto**
Instruções e atos Normativos do TST em matéria de Direito do Trabalho.	**Ao longo do texto**
Alterações no Direito do Trabalho decorrentes da Lei nº 13.467/2017.	**Ao longo do texto**
Legislação aplicável em combate a práticas discriminatórias, Lei nº 9.029/1995 e Lei 13.146/2015.	**3.7**
Julgados da Corte Interamericana em Direitos Humanos aplicáveis às relações trabalhistas.	**21**

1. DOS PRINCÍPIOS E FONTES DO DIREITO DO TRABALHO

1.1. Princípios do Direito do Trabalho

- O Direito do Trabalho possui princípios específicos, que desempenham funções essenciais para a interpretação e aplicação das normas trabalhistas. Não há consenso sobre quantos são os princípios do Direito do Trabalho, pois varia de um autor para outro, mas podemos destacar os mais citados pela doutrina:
- **Princípio da norma mais favorável:** entre duas ou mais normas possíveis de serem aplicadas, utiliza-se a mais favorável em relação ao trabalhador. A aplicação de uma norma leva à renúncia da outra. A Reforma Trabalhista, entretanto, passou a prever a prevalência do negociado sobre o legislado, portanto, os instrumentos coletivos são superiores à lei nos casos do art. 611-A da CLT.
- Havendo conflito entre acordo coletivo e convenção coletiva, o acordo sempre deverá prevalecer (Art. 620 da CLT).
- **Princípio da condição mais benéfica:** esse princípio assegura ao empregado as vantagens conquistadas durante o contrato de trabalho, conforme previsto no art. 468 da CLT. Diante disso, essas conquistas não poderão ser alteradas para pior.
- **Princípio da primazia da realidade:** a realidade se sobrepõe às disposições contratuais escritas. Deve-se, portanto, verificar se o conteúdo do documento coincide com os fatos. Exemplo: recibo assinado em branco no ato da contratação, posteriormente apresentado em juízo como prova de pagamento das verbas trabalhistas.
- **Princípio da imperatividade das normas trabalhistas:** No Direito do Trabalho prevalecem as regras cogentes, obrigatórias. Diante desse princípio, há restrição da autonomia das partes em modificar as cláusulas contratuais previstas no contrato de trabalho. Com a Reforma Trabalhista, referido princípio é mitigado, pois há valorização do negociado sobre o legislado, especialmente nas hipóteses previstas no art. 611-A da CLT. Além disso, a Lei nº 13.467/2017 amplia as hipóteses de acordo individual entre empregado e empregador, o que também relativiza a aplicação do princípio da imperatividade.
- **Princípio da inalterabilidade contratual lesiva:** é vedada qualquer alteração contratual que seja lesiva ao empregado, mesmo se houver consentimento deste (artigo 468, caput, da CLT). Assim, conforme previsto no art. 2º da CLT, os riscos do empreendimento são suportados exclusivamente pelo empregador, não sendo permitido a ele dividir os prejuízos com seus trabalhadores. A Lei nº 13.467/2017 cria o trabalho intermitente, nova modalidade de contrato de trabalho que é caracterizada pela alternância entre períodos de prestação de serviços e de inatividade. Nesse caso, o trabalhador somente prestará os serviços quando convocado por seu empregador. Dessa forma, os riscos do empreendimento passam a

ser suportados inclusive pelo trabalhador, pois o empregado não trabalhará e, portanto, não receberá seu salário nos momentos de dificuldade financeira e econômica da empresa. Para mais informações, confira os comentários ao trabalho intermitente no tópico 9.5, destas dicas.

- **Princípio da continuidade da relação de emprego:** Em regra, o contrato de trabalho é firmado por tempo indeterminado, ou seja, não há prazo previamente fixado para seu fim. Aliás, é de interesse público que esses contratos sejam firmados para prazos de longa duração, pois, enquanto o empregado estiver trabalhando, haverá fonte de sustento, garantindo sua dignidade. Em razão desse princípio, a obrigação de provar a ruptura do contrato de trabalho é do empregador, isto é, em regra presume-se que o empregado não deu causa ao término do contrato de trabalho (Súmula nº 212 do TST).

  Este princípio também é mitigado pela criação da figura do trabalhador intermitente (Art. 452-A da CLT). Para mais informações, confira os comentários ao trabalho intermitente no tópico 9.5, destas dicas.

- **Princípio da irrenunciabilidade ou indisponibilidade dos direitos trabalhistas:** na vigência do contrato de trabalho, os direitos trabalhistas são, em regra, irrenunciáveis, porque há presença da subordinação do empregado perante o empregador. Assim sendo, mesmo que o ato seja bilateral (comum acordo entre as partes), se houver prejuízo ao empregado, esse ato deverá ser declarado nulo, pois o empregado não pode renunciar aos direitos e vantagens assegurados em lei. Ao estudar o princípio da irrenunciabilidade, cabe destacar dois princípios:

  a) **Princípio da irredutibilidade salarial.** Veda-se a redução (diminuição) dos salários dos trabalhadores, exceto por convenção ou acordo coletivo (artigo 7º, inciso VI, da Constituição Federal). Portanto, para que essa redução salarial seja válida, há necessidade da participação do sindicato dos trabalhadores.

     Com a Lei nº 13.467/2017, caso venha a ser pactuada cláusula que reduza o salário do empregado, deverá haver garantia de que ele não será dispensado sem justa causa no prazo de vigência do instrumento coletivo, nos termos do art. 611-A, § 3º, incluído pela Reforma Trabalhista:

     Art. 611-A, § 3º da CLT: Se for pactuada cláusula que reduza o salário ou a jornada, a convenção coletiva ou o acordo coletivo de trabalho deverão prever a proteção dos empregados contra dispensa imotivada durante o prazo de vigência do instrumento coletivo.

  b) **Princípio da intangibilidade salarial.** Vedam-se descontos no salário, exceto nos casos previstos em lei ou norma coletiva. Esse princípio protege o trabalhador contra seus próprios credores, pois o salário é, em regra, impenhorável.

- Para a semana antes da prova, segue o quadrinho de memorização dos princípios do Direito do Trabalho:

PRINCÍPIOS DO DIREITO DO TRABALHO

P rotetivo
- *in dubio pro operario*
- norma mais favorável
- condição mais benéfica

I mperatividade

P rimazia

I nalterabilidade contratual lesiva

C ontinuidade da relação de emprego

I rrenunciabilidade
- irredutibilidade salarial
- intangibilidade salarial

1.2. Fontes

- **Fontes materiais:** são fatores ou acontecimentos sociais, políticos, econômicos e filosóficos que inspiram o legislador (deputados e senadores) na elaboração das leis. Esses movimentos influenciam diretamente o surgimento ou a modificação das leis.
- **Fontes formais**: são a exteriorização das normas jurídicas, ou seja, as fontes formais são normas de observância obrigatória pela sociedade. Todos devem cumpri-las, pois são imperativas. Exemplo: convenção, acordo coletivo e leis.
- Há 2 tipos de fontes formais: **1. Fontes formais autônomas**: são discutidas e confeccionadas pelas partes diretamente interessadas pela norma. Há, portanto, a vontade expressa das partes em criar essas normas. Exemplo: uma determinada negociação coletiva entre sindicato e empresa resulta em um acordo coletivo. **2. Fontes formais heterônomas**: nas fontes heterônomas não há participação direta dos destinatários, ou seja, essas fontes possuem origem estatal (Legislativo, Executivo ou Judiciário).
- **Hierarquia entre as fontes do Direito do Trabalho.** Nos demais ramos do direito (D. Constitucional, D. Administrativo etc.) há uma rígida hierarquia das fontes formais (CF prevalece sobre as leis; leis são superiores aos decretos etc.). No Direito do Trabalho, por força do princípio da norma mais favorável, aplica-se a fonte mais favorável aos trabalhadores. Com a Reforma Trabalhista, há valorização do negociado sobre o legislado, prevalecendo o disposto nos instrumentos coletivos de trabalho sobre a legislação nas hipóteses previstas no art. 611-A da CLT.
- Ademais, em caso de conflito entre acordo e convenção coletiva, aquele deverá prevalecer, nos termos do art. 620 da CLT, também alterado pela Reforma Trabalhista.
- **Conflito entre as fontes.** Ocorre, com frequência, o conflito entre fontes formais do direito e a resposta dependerá da teoria adotada:

- A **teoria do conglobamento** defende a aplicação de apenas uma fonte em sua totalidade. Assim sendo, o intérprete deverá analisá-la no conjunto. Essa teoria é a majoritária na jurisprudência e doutrina[2].

- **Para a semana antes da prova**, segue o quadrinho de resumo sobre as fontes de Direito do Trabalho:

Fontes
- Materiais
  - não são obrigatórias
  - fase prévia ao surgimento das normas
  - fatores sociais, econômicos que influenciam a elaboração das normas (reividicação dos trabalhadores e das empresas)
- Formais (Obrigatórias)
  - Autônomas
    - elaborada pelas partes interessadas
    - Exemplos: acordo e convenção coletiva
  - Heterônomas
    - origem estatal
    - Exemplos: Cf, leis e decretos
- Prevalência do negociado sobre o legislado (art. 611-A da CLT)
- Prevalência do acordo coletivo sobre a convenção coletiva (Art. 620 da CLT)
- Primazia da norma mais favorável
- conflito das fontes formais
  - Teoria do conglobamento
  - Teoria da acumulação

1.3. Flexibilização e desregulamentação

- **Flexibilização:** redução da rigidez das leis trabalhistas pela negociação coletiva, ou seja, é dar ênfase ao negociado em detrimento do legislado. Na flexibilização permanecem as normas básicas de proteção ao trabalhador, mas permite-se maior amplitude dos acordos e convenções para adaptação das cláusulas contratuais às realidades econômicas da empresa e às realidades regionais. Foi o que ocorreu com a Reforma Trabalhista, pois foram criadas normas que preveem a valorização do negociado sobre o legislado (art. 611-A, CLT). Nesse ponto, importante anotar que, no julgamento do Tema 1.046 da Repercussão Geral, o STF validou a prevalência do negociado sobre o legislado, sem a necessidade de contrapartida, ressalvados os direitos absolutamente indisponíveis.

- **Desregulamentação:** ocorre quando há ausência total da legislação protetiva, isto é, substituição do legislado pelo negociado. Nesse caso, não haveria a intervenção do Estado na elaboração das leis, deixando para as partes a elaboração das condições de trabalho.

2. "A teoria do conglobamento é certamente a mais adequada à operacionalização do critério hierárquico normativo preponderante no Direito do Trabalho. A seu favor tem a virtude de não incorporar as apontadas distorções da teoria da acumulação, além de ser a única teoria a harmonizar a flexibilidade do critério hierárquico justrabalhista com a essencial noção de *sistema* inerente à ideia de Direito – e de ciência." DELGADO, Maurício Godinho. *Curso do Direito do Trabalho*. 7. ed. São Paulo: LTr, 2008. p. 183.

1.4. Renúncia e transação

- Em razão do Princípio da Irrenunciabilidade e da Indisponibilidade que vigoram no direito do trabalho, há restrição da autonomia da vontade, isto é, limita-se a possibilidade de negociação de direitos trabalhistas entre empregado e empregador.
- Com a Reforma Trabalhista não poderão ser objeto de acordo ou convenção coletiva o disposto no art. 611-B da CLT.
- **Pandemia de coronavírus e legislação de exceção:** ampliaram significativamente as hipóteses de negociação direta entre empregado e empregador sobre direitos trabalhistas ou de "jus variandi".
    - Ex.: alteração do regime presencial para teletrabalho, redução de salário e de jornada ou suspensão do contrato de trabalho, antecipação de férias etc.
- **Lei nº 14.437, de 15.8.2022 (fruto da conversão da MP nº 1.109/2022):** institucionaliza autorização genérica para a adoção de medidas trabalhistas de enfrentamento a momentos de crise, dentre elas: a redução proporcional da jornada de trabalho e do salário; e a suspensão temporária do contrato de trabalho. Ainda que reservada essa possibilidade aos períodos de reconhecida calamidade, temos sérias dúvidas quanto à constitucionalidade dessas normas, pois a Constituição Federal autoriza a redução salarial apenas por meio de convenção ou acordo coletivo de trabalho (art. 7º, VI).
- **Renúncia** é um ato unilateral que recai sobre direito certo e atual, por exemplo, o empregado conquistou o direito de férias após um ano de trabalho e abriria mão (renunciaria) desse direito já conquistado, o que não é válido no direito do trabalho (conforme previsto no art. 9º da CLT).

A) **Transferência do dirigente sindical (543, § 1º, da CLT):** se aceita pelo empregado, há perda do direito à estabilidade provisória.

B) **Audiência judicial:** diante das explicações do juiz, o empregado poderia renunciar a direitos já conquistados;

C) **Aviso prévio (Súmula 276 TST):** é possível a renúncia se encontrar novo emprego.

D) **Empregado hipersuficiente (art. 444, parágrafo único, CLT):** negociar com maior liberdade com seu empregador. Deve ter ensino superior completo e receber salário mensal igual ou superior 2 vezes o teto da Previdência Social.

- A **transação**, por sua vez, recai sobre direito duvidoso e requer um ato bilateral das partes, concessões recíprocas. Na transação há direitos disponíveis, cujos interesses são meramente particulares. Hipóteses:

A) **Comissão de Conciliação Prévia (art. 625-A da CLT):** é possível que o trabalhador, individualmente, transacione, diretamente com seu empregador, seus direitos trabalhistas. Se as partes aceitarem a conciliação realizada pela Comissão, o termo de conciliação terá eficácia liberatória geral.

B) **Homologação de acordo extrajudicial (art. 855-B a 855-E da CLT – Reforma Trabalhista):** Na celebração do acordo extrajudicial, permite-se que as partes transacionem direitos trabalhistas. Ressalta-se que o controle do conteúdo firmado pelas partes será realizado na homologação pelo Juiz do Trabalho.

C) **Plano de Demissão Voluntária (PDV – art. 477-B da CLT):** é tratado, por alguns autores, como hipótese de transação individual de direitos trabalhistas. O PDV tem por objetivo conceder uma vantagem pecuniária ao empregado que se desligar do trabalho voluntariamente. É utilizado para reduzir os quadros da empresa e também para colocar fim ao contrato de trabalho. Importante destacar, entretanto, que o TST tem posicionamento no sentido de que a indenização paga no PDV não pode substituir as verbas trabalhistas decorrentes do contrato de trabalho (OJ nº 356 da SDI-I do TST). Aliás, o empregado que adere ao PDV não concede quitação geral do contrato, podendo, no futuro, discutir parcelas que não foram devi-damente quitadas.

- **Quitação geral do contrato – PDV (Previsão em instrumento coletivo).** Com a Reforma Trabalhista, o plano de demissão voluntária, para dispensa individual, plúrima ou coletiva, ensejará a quitação plena e irrevogável dos direitos da relação de emprego desde que previsto em convenção coletiva ou acordo coletivo de trabalho (art. 477-B da CLT). Trata-se de mais um artigo que enfatiza a força dos instrumentos coletivos de trabalho, pois a previsão em acordo ou convenção coletiva de trabalho pode levar à renúncia de direitos trabalhistas pelo empregado caso aceitem a adesão ao PDV.

- **Tema nº 1.046 da Repercussão Geral do STF.** o STF, no julgamento ARE 1121633, oportunidade em que fixou a tese de que acordos e convenções coletivas de trabalho podem restringir direitos trabalhistas não constitucionalmente assegurados (Tema 1.046 da Repercussão Geral), adotou expressamente a tese de Maurício Godinho Delgado no sentido de impossibilitar a transação sobre normas de indisponibilidade absoluta.

2. DIREITOS CONSTITUCIONAIS DOS TRABALHADORES

Os direitos constitucionais dos trabalhadores estão previstos especialmente nos arts. 7º a 11 da CF/88. É imprescindível que o candidato faça a leitura prévia desses artigos antes de sua prova.

Além disso, o candidato deve estar atento ao previsto no arts. 5º, I a VI, VIII a XVIII, XX, XXIII, XXIX, 6º, 37, II e 170, da CF/88 e 10, I e 19, do ADCT da CF/88.

Optamos por incluir a transcrição dos artigos para facilitar os estudos:

Constituição Federal

Art. 5º Todos são iguais perante a lei, sem distinção de qualquer natureza, garantindo-se aos brasileiros e aos estrangeiros residentes no País a inviolabilidade do direito à vida, à liberdade, à igualdade, à segurança e à propriedade, nos termos seguintes:

I – homens e mulheres são iguais em direitos e obrigações, nos termos desta Constituição;

II – ninguém será obrigado a fazer ou deixar de fazer alguma coisa senão em virtude de lei;

III – ninguém será submetido a tortura nem a tratamento desumano ou degradante;

V – é assegurado o direito de resposta, proporcional ao agravo, além da indenização por dano material, moral ou à imagem;

VI – é inviolável a liberdade de consciência e de crença, sendo assegurado o livre exercício dos cultos religiosos e garantida, na forma da lei, a proteção aos locais de culto e a suas liturgias;

(...)

VIII – ninguém será privado de direitos por motivo de crença religiosa ou de convicção filosófica ou política, salvo se as invocar para eximir-se de obrigação legal a todos imposta e recusar-se a cumprir prestação alternativa, fixada em lei;

IX – é livre a expressão da atividade intelectual, artística, científica e de comunicação, independentemente de censura ou licença;

X – são invioláveis a intimidade, a vida privada, a honra e a imagem das pessoas, assegurado o direito a indenização pelo dano material ou moral decorrente de sua violação;

XI – a casa é asilo inviolável do indivíduo, ninguém nela podendo penetrar sem consentimento do morador, salvo em caso de flagrante delito ou desastre, ou para prestar socorro, ou, durante o dia, por determinação judicial;

XII – é inviolável o sigilo da correspondência e das comunicações telegráficas, de dados e das comunicações telefônicas, salvo, no último caso, por ordem judicial, nas hipóteses e na forma que a lei estabelecer para fins de investigação criminal ou instrução processual penal;

XIII – é livre o exercício de qualquer trabalho, ofício ou profissão, atendidas as qualificações profissionais que a lei estabelecer;

XIV – é assegurado a todos o acesso à informação e resguardado o sigilo da fonte, quando necessário ao exercício profissional;

XV – é livre a locomoção no território nacional em tempo de paz, podendo qualquer pessoa, nos termos da lei, nele entrar, permanecer ou dele sair com seus bens;

IV – é livre a manifestação do pensamento, sendo vedado o anonimato;

XVI – todos podem reunir-se pacificamente, sem armas, em locais abertos ao público, independentemente de autorização, desde que não frustrem outra reunião anteriormente convocada para o mesmo local, sendo apenas exigido prévio aviso à autoridade competente;

XVII – é plena a liberdade de associação para fins lícitos, vedada a de caráter paramilitar;

XVIII – a criação de associações e, na forma da lei, a de cooperativas independem de autorização, sendo vedada a interferência estatal em seu funcionamento;

(...)

XX – ninguém poderá ser compelido a associar-se ou a permanecer associado;

(...)

XXIII – a propriedade atenderá a sua função social;

(...)

XXIX – a lei assegurará aos autores de inventos industriais privilégio temporário para sua utilização, bem como proteção às criações industriais, à propriedade das marcas, aos nomes de empresas e a outros signos distintivos, tendo em vista o interesse social e o desenvolvimento tecnológico e econômico do País;

(...)

Art. 6º São direitos sociais a educação, a saúde, a alimentação, o trabalho, a moradia, o transporte, o lazer, a segurança, a previdência social, a proteção à maternidade e à infância, a assistência aos desamparados, na forma desta Constituição.

Parágrafo único. Todo brasileiro em situação de vulnerabilidade social terá direito a uma renda básica familiar, garantida pelo poder público em programa permanente de transferência de renda, cujas normas e requisitos de acesso serão determinados em lei, observada a legislação fiscal e orçamentária

Art. 7º São direitos dos trabalhadores urbanos e rurais, além de outros que visem à melhoria de sua condição social:

I – relação de emprego protegida contra despedida arbitrária ou sem justa causa, nos termos de lei complementar, que preverá indenização compensatória, dentre outros direitos;

II – seguro-desemprego, em caso de desemprego involuntário;

III – fundo de garantia do tempo de serviço;

IV – salário mínimo , fixado em lei, nacionalmente unificado, capaz de atender a suas necessidades vitais básicas e às de sua família com moradia, alimentação, educação, saúde, lazer, vestuário, higiene, transporte e previdência social, com reajustes periódicos que lhe preservem o poder aquisitivo, sendo vedada sua vinculação para qualquer fim;

V – piso salarial proporcional à extensão e à complexidade do trabalho;

VI – irredutibilidade do salário, salvo o disposto em convenção ou acordo coletivo;

VII – garantia de salário, nunca inferior ao mínimo, para os que percebem remuneração variável;

VIII – décimo terceiro salário com base na remuneração integral ou no valor da aposentadoria;

IX – remuneração do trabalho noturno superior à do diurno;

X – proteção do salário na forma da lei, constituindo crime sua retenção dolosa;

XI – participação nos lucros, ou resultados, desvinculada da remuneração, e, excepcionalmente, participação na gestão da empresa, conforme definido em lei;

XII – salário-família pago em razão do dependente do trabalhador de baixa renda nos termos da lei;

XIII – duração do trabalho normal não superior a oito horas diárias e quarenta e quatro semanais, facultada a compensação de horários e a redução da jornada, mediante acordo ou convenção coletiva de trabalho;

XIV – jornada de seis horas para o trabalho realizado em turnos ininterruptos de revezamento, salvo negociação coletiva;

XV – repouso semanal remunerado, preferencialmente aos domingos;

XVI – remuneração do serviço extraordinário superior, no mínimo, em cinqüenta por cento à do normal;

XVII – gozo de férias anuais remuneradas com, pelo menos, um terço a mais do que o salário normal;

XVIII – licença à gestante, sem prejuízo do emprego e do salário, com a duração de cento e vinte dias;

XIX – licença-paternidade, nos termos fixados em lei;

XX – proteção do mercado de trabalho da mulher, mediante incentivos específicos, nos termos da lei;

XXI – aviso prévio proporcional ao tempo de serviço, sendo no mínimo de trinta dias, nos termos da lei;

XXII – redução dos riscos inerentes ao trabalho, por meio de normas de saúde, higiene e segurança;

XXIII – adicional de remuneração para as atividades penosas, insalubres ou perigosas, na forma da lei;

XXIV – aposentadoria;

XXV – assistência gratuita aos filhos e dependentes desde o nascimento até 5 (cinco) anos de idade em creches e pré-escolas;

XXVI – reconhecimento das convenções e acordos coletivos de trabalho;

XXVII – proteção em face da automação, na forma da lei;

XXVIII – seguro contra acidentes de trabalho, a cargo do empregador, sem excluir a indenização a que este está obrigado, quando incorrer em dolo ou culpa;

XXIX – ação, quanto aos créditos resultantes das relações de trabalho, com prazo prescricional de cinco anos para os trabalhadores urbanos e rurais, até o limite de dois anos após a extinção do contrato de trabalho;

a) (Revogada).

b) (Revogada).

XXX – proibição de diferença de salários, de exercício de funções e de critério de admissão por motivo de sexo, idade, cor ou estado civil;

XXXI – proibição de qualquer discriminação no tocante a salário e critérios de admissão do trabalhador portador de deficiência;

XXXII – proibição de distinção entre trabalho manual, técnico e intelectual ou entre os profissionais respectivos;

XXXIII – proibição de trabalho noturno, perigoso ou insalubre a menores de dezoito e de qualquer trabalho a menores de dezesseis anos, salvo na condição de aprendiz, a partir de quatorze anos;

XXXIV – igualdade de direitos entre o trabalhador com vínculo empregatício permanente e o trabalhador avulso.

Parágrafo único. São assegurados à categoria dos trabalhadores domésticos os direitos previstos nos incisos IV, VI, VII, VIII, X, XIII, XV, XVI, XVII, XVIII, XIX, XXI, XXII, XXIV, XXVI, XXX, XXXI e XXXIII e, atendidas as condições estabelecidas em lei e observada a simplificação do cumprimento das obrigações tributárias, principais e acessórias, decorrentes da relação de trabalho e suas peculiaridades, os previstos nos incisos I, II, III, IX, XII, XXV e XXVIII, bem como a sua integração à previdência social.

Art. 8º É livre a associação profissional ou sindical, observado o seguinte:

I – a lei não poderá exigir autorização do Estado para a fundação de sindicato, ressalvado o registro no órgão competente, vedadas ao Poder Público a interferência e a intervenção na organização sindical;

II – é vedada a criação de mais de uma organização sindical, em qualquer grau, representativa de categoria profissional ou econômica, na mesma base territorial, que será definida pelos trabalhadores ou empregadores interessados, não podendo ser inferior à área de um Município;

III – ao sindicato cabe a defesa dos direitos e interesses coletivos ou individuais da categoria, inclusive em questões judiciais ou administrativas;

IV – a assembléia geral fixará a contribuição que, em se tratando de categoria profissional, será descontada em folha, para custeio do sistema confederativo da representação sindical respectiva, independentemente da contribuição prevista em lei;

V – ninguém será obrigado a filiar-se ou a manter-se filiado a sindicato;

VI – é obrigatória a participação dos sindicatos nas negociações coletivas de trabalho;

VII – o aposentado filiado tem direito a votar e ser votado nas organizações sindicais;

VIII – é vedada a dispensa do empregado sindicalizado a partir do registro da candidatura a cargo de direção ou representação sindical e, se eleito, ainda que suplente, até um ano após o final do mandato, salvo se cometer falta grave nos termos da lei.

Parágrafo único. As disposições deste artigo aplicam-se à organização de sindicatos rurais e de colônias de pescadores, atendidas as condições que a lei estabelecer.

Art. 9º É assegurado o direito de greve, competindo aos trabalhadores decidir sobre a oportunidade de exercê-lo e sobre os interesses que devam por meio dele defender.

§ 1º A lei definirá os serviços ou atividades essenciais e disporá sobre o atendimento das necessidades inadiáveis da comunidade.

§ 2º Os abusos cometidos sujeitam os responsáveis às penas da lei.

Art. 10. É assegurada a participação dos trabalhadores e empregadores nos colegiados dos órgãos públicos em que seus interesses profissionais ou previdenciários sejam objeto de discussão e deliberação.

Art. 11. Nas empresas de mais de duzentos empregados, é assegurada a eleição de um representante destes com a finalidade exclusiva de promover-lhes o entendimento direto com os empregadores.

(...)

Art. 37. A administração pública direta e indireta de qualquer dos Poderes da União, dos Estados, do Distrito Federal e dos Municípios obedecerá aos princípios de legalidade, impessoalidade, moralidade, publicidade e eficiência e, também, ao seguinte:

(...)

II – a investidura em cargo ou emprego público depende de aprovação prévia em concurso público de provas ou de provas e títulos, de acordo com a natureza e a complexidade do cargo ou emprego, na forma prevista em lei, ressalvadas as nomeações para cargo em comissão declarado em lei de livre nomeação e exoneração;

Art. 170. A ordem econômica, fundada na valorização do trabalho humano e na livre iniciativa, tem por fim assegurar a todos existência digna, conforme os ditames da justiça social, observados os seguintes princípios:

I – soberania nacional;

II – propriedade privada;

III – função social da propriedade;

IV – livre concorrência;

V – defesa do consumidor;

VI – defesa do meio ambiente, inclusive mediante tratamento diferenciado conforme o impacto ambiental dos produtos e serviços e de seus processos de elaboração e prestação;

VII – redução das desigualdades regionais e sociais;

VIII – busca do pleno emprego;

IX – tratamento favorecido para as empresas de pequeno porte constituídas sob as leis brasileiras e que tenham sua sede e administração no País.

Parágrafo único. É assegurado a todos o livre exercício de qualquer atividade econômica, independentemente de autorização de órgãos públicos, salvo nos casos previstos em lei.

ADCT

Art. 10. Até que seja promulgada a lei complementar a que se refere o art. 7º, I, da Constituição:

I – fica limitada a proteção nele referida ao aumento, para quatro vezes, da porcentagem prevista no art. 6º, "caput" e § 1º, da Lei nº 5.107, de 13 de setembro de 1966;

II – fica vedada a dispensa arbitrária ou sem justa causa:

a) do empregado eleito para cargo de direção de comissões internas de prevenção de acidentes, desde o registro de sua candidatura até um ano após o final de seu mandato;

b) da empregada gestante, desde a confirmação da gravidez até cinco meses após o parto.

(...)

Art. 19. Os servidores públicos civis da União, dos Estados, do Distrito Federal e dos Municípios, da administração direta, autárquica e das fundações públicas, em exercício na data da promulgação da Constituição, há pelo menos cinco anos continuados, e que não tenham sido admitidos na forma regulada no art. 37, da Constituição, são considerados estáveis no serviço público.

§ 1º O tempo de serviço dos servidores referidos neste artigo será contado como título quando se submeterem a concurso para fins de efetivação, na forma da lei.

§ 2º O disposto neste artigo não se aplica aos ocupantes de cargos, funções e empregos de confiança ou em comissão, nem aos que a lei declare de livre exoneração, cujo tempo de serviço não será computado para os fins do "caput" deste artigo, exceto se se tratar de servidor.

§ 3º O disposto neste artigo não se aplica aos professores de nível superior, nos termos da lei.

3. SUJEITOS DO CONTRATO DE TRABALHO

3.1. Empregado

- **Necessária distinção:**

A) Relação de trabalho: É gênero e trata de relação de trabalho de forma ampla;

B) Relação de emprego: É espécie do gênero relação de trabalho e possui como característica principal a presença de subordinação do empregado

- **Importância de identificar o empregado**. A relação de emprego tem como principal característica a presença do empregado, parte mais fraca da relação jurídica. O Direito do Trabalho foi pensado e criado exatamente para proteger a figura desse trabalhador. Há necessidade, entretanto, de diferenciar o trabalhador em sentido amplo e o trabalhador com vínculo empregatício. A CLT e as demais normas trabalhistas são voltadas apenas à proteção dos direitos do empregado, ou seja, jornada de trabalho, FGTS, férias, descanso semanal remunerado, entre outros direitos, são direcionados aos empregados, por isso a importância de diferenciá-los dos trabalhadores autônomos, eventuais, estagiários etc. Veja o quadro a seguir, com os 4 requisitos para identificar o empregado:

PROTEÇÃO PREVISTA NA CF/88 E NA CLT

Princípios protetivos:
- Salário-mínimo
- Limitação da jornada (8 horas diárias)
- Intervalos
- Descanso semanal e férias
- Estabilidade
- Demais direitos trabalhistas

Empregado

Requisitos:
- Pessoa física (Pessoalidade)
- Não eventualidade
- Onerosidade
- Subordinação

**Importante diferenciá-lo dos demais trabalhadores, porque os direitos trabalhistas são direcionados ao empregado.*

1) **Pessoa física:** O empregado é pessoa física ou natural. A lei trabalhista foi criada para proteger o ser humano. Assim, excluem-se da figura do empregado a pessoa jurídica (empresa, associação, cooperativa etc.) e a prestação de serviços por animais.

- **Pessoalidade:** O empregado é contratado em razão de suas qualidades pessoais (eficiência, lealdade, conhecimentos técnicos, moral etc.). Diante disso, não se pode fazer substituir por um terceiro.

2) **Não eventualidade:** Para configurar o vínculo empregatício, é necessário que o trabalho realizado não seja eventual, ocasional. O contrato de trabalho é de trato sucessivo, ou seja, há continuidade no tempo. Logo, haverá expectativa de que o empregado retorne ao local de trabalho. A não eventualidade na prestação de serviços não se confunde com trabalho realizado diariamente.

   Obs.: Continuidade: não se confunde com habitualidade, pois o trabalho contínuo é aquele que não admite referido fracionamento, exigindo certa regularidade na prestação dos serviços.

   Trabalho contínuo na legislação do doméstico: somente será configurado o trabalho doméstico quando realizado por período superior a 2 dias por semana (art. 1º, "caput", LC nº 150/2015).

3) **Onerosidade:** O contrato de trabalho é oneroso, como prevê o art. 3º da CLT: "mediante salário". Em regra, presume-se que a prestação de serviços é onerosa, pois de um lado o empregado assume a obrigação de prestar serviços; de outro, o empregador, a obrigação de pagar salário.

   Forma de pagamento de salário: é irrelevante para a configuração da onerosidade. Portanto, o empregado pode receber o salário fixo, variável, por comissão e percentagem ou mesmo "in natura".

4) **Subordinação:** A característica mais importante da relação empregatícia é a subordinação ou, ainda, de acordo com o texto da CLT: "empregado trabalha sob a dependência do empregador". Se o empregador assume todos os riscos do empreendimento, ele terá o poder de organizar e dirigir a prestação de serviços.

Obs.: Alteridade: alguns autores destacam a **alteridade** como requisito do vínculo empregatício (Sérgio Pinto Martins). A alteridade obriga que todos os riscos do empreendimento sejam suportados exclusivamente pelo empregador.

Assim sendo, em momentos de crise financeira mundial, os prejuízos da empresa serão exclusivos do empregador, não se podendo dividi-los com os trabalhadores. O salário deve ser pago, portanto, tendo a empresa lucros ou prejuízos.

- **Elementos não essenciais ao vínculo de emprego:** exclusividade, local de prestação dos serviços e profissionalidade não são elementos essenciais à caracterização da relação de emprego.
    - **Experiência prévia (art. 442-A da CLT).** A CLT foi alterada para incentivar o ingresso de novos profissionais no mercado de trabalho. Como forma de proporcionar que trabalhadores, ainda sem experiência, possam ocupar novos postos de trabalho, o empregador está proibido de exigir do candidato comprovação de experiência prévia por tempo superior a 6 meses.

3.1.1. *Empregado Hipersuficiente*

- **Empregado hipersuficiente:** Com a Reforma Trabalhista, criou-se a figura do empregado "hipersuficiente", permitindo maior liberdade na estipulação contratual entre este e o empregador, nas hipóteses do art. 611-A, da CLT. As cláusulas negociadas terão a mesma eficácia e a mesma preponderância dos instrumentos coletivos. Para a caracterização do empregado "hipersuficiente", é necessário o preenchimento de dois requisitos:

    a) **Nível de escolaridade:** empregado deve ser portador de diploma de nível superior.

    b) **Valor do salário:** empregado deve receber salário mensal igual ou superior a duas vezes o limite máximo dos benefícios do Regime Geral de Previdência Social.

- **Arbitragem nas relações de trabalho:** a arbitragem era prevista tão somente para os conflitos coletivos. No entanto, o art. 507-A da CLT, introduzido pela Lei nº 13.467/2017, passa a admitir a arbitragem para os empregados que possuem remuneração superior a duas vezes o limite máximo estabelecido para os benefícios do Regime Geral de Previdência Social.

    Obs.: Nesse caso, não se exige que o empregado tenha escolaridade de nível superior.

3.2. Carteira de Trabalho e Previdência Social

- **Documento obrigatório.** Não há formalidade específica para contratar o empregado, pois o contrato de trabalho poderá ser celebrado, inclusive, de forma verbal. Há, entretanto, exigência de um documento obrigatório do empregado, chamado de Carteira de Trabalho e Previdência Social – CTPS. Esse documento é utilizado para identificação do empregado, servindo como meio de prova na área trabalhista e previdenciária. A falta de anotação da CTPS não afasta o vínculo empregatício, mas possibilita que a empresa seja autuada pela fiscalização.
- **Carteira de trabalho digital (Lei nº 13.874/2019):** preferencialmente emitida por meio eletrônico (art. 14 da CLT). Os procedimentos para emissão da CTPS serão disciplinados por regulamento próprio do Ministério da Economia[3].
- **Objetivos:** desburocratizar e facilitar as anotações da CTPS dos empregados. Permite o controle remoto das anotações pelos órgãos de fiscalização do trabalho.
- **Identificação única da Carteira de Trabalho Digital:** número de inscrição do empregado no CPF (desburocratização).
- **Apresentação da CTPS:** basta a comunicação pelo trabalhador do número do CPF, dispensado o empregador da emissão de recibo (art. 29, § 6º, da CLT)
- **Prazo para anotação da CTPS:** 5 dias úteis (art. 29 da CLT)
- **Lei nº 14.438/2022 (fruto da conversão da MP n.º 1.107/2022):** entre outras providências, incluiu os arts. 29-A e 29-B à CLT, fixando valores de multa aos empregadores que não procederem com a anotação adequada da CTPS de seus empregados:

a) Multa de R$ 3000,00 ao empregador que não especificar o salário, qualquer que seja sua forma de pagamento, seja ele em dinheiro ou em utilidades, bem como a estimativa da gorjeta, conforme determinado no art. 29, caput e § 1º, da CLT (a multa será de R$ 800,00 no caso de microempresa ou de empresa de pequeno porte); e

b) Multa de R$ 600,00 pelo descumprimento de prazo das anotações especificadas no art. 29, § 2º, da CLT

- **Registros eletrônicos gerados nos sistemas informatizados:** equivalem às anotações da CTPS.
- **Quando o trabalhador deverá ter acesso às anotações?** Em até 48 horas a partir de sua anotação (art. 29, § 8º, CLT).

---

3. Em 16/12/2021, a Lei nº 14.261/2021, fruto da conversão da MP nº 1.058/2021, recriou o Ministério do Trabalho e Previdência, que reassumiu diversas competências e atribuições. Ao longo desta obra, o leitor irá se deparar com dispositivos legais, decisões judiciais e referências doutrinárias que fazem menção a Ministério do Trabalho, Ministério do Trabalho e Empregado, Ministério do Trabalho e Previdência Social e, até mesmo, Ministério da Economia. Tenha em mente que, hoje, essas atribuições estão concentradas no órgão que se chama **Ministério do Trabalho e Previdência**. Quando, de fato, estivermos falando de competência que é de outro Órgão, deixaremos claro no texto.

- **Valor das anotações da CTPS:** A atual redação do art. 40 da CLT retirou duas hipóteses que a CTPS serve como prova:

  a) Deixa de ser documento hábil a ser apresentado em atos em que sejam exigidas carteiras de identidade. Modificação, pois será emitida em meio eletrônico.

  b) Deixa de ser documento capaz de provar a dependência perante a Previdência Social.

- **Permanece como meio de prova para:**

  a) comprovação de salário, gozo de férias ou tempo de serviço nas reclamações trabalhistas; ou

  b) para o cálculo de indenização por acidente de trabalho ou moléstia profissional.

- **Anotações desabonadoras.** É proibido ao empregador efetuar anotações desabonadoras à conduta do empregado. Exemplo: empregado que é dispensado por justa causa, com suspeita de furto na empresa ou, ainda, o empregado que falta ao trabalho injustificadamente. O empregador, mesmo diante dessas condutas, não poderá descrevê-las na CTPS do empregado.

- **Prescrição e CTPS.** Na anotação da CTPS, para fins de comprovação perante o INSS, não se aplica o prazo previsto da Constituição Federal, ou seja, o prazo de 2 anos a partir do término do contrato de trabalho. Esse direito é imprescritível, conforme previsto no art. 11, § 1º, da CLT.

3.3. Registro de empregados

- **Registro de empregados:** Diferentemente da CTPS, que é documento pessoal do trabalhador, o empregador é obrigado a efetuar o registro de seus empregados em livros, fichas ou sistemas eletrônicos, o que corresponde a documento interno da empresa (próprio do empregador). A falta desse registro possibilita a aplicação de multa pela fiscalização do trabalho.

- **Valor da multa por ausência de registro:** Com a Reforma Trabalhista, caso não haja o registro, o valor da multa será de R$ 3.000,00 por empregado não registrado, acrescido de igual valor em caso de reincidência (art. 47 da CLT, alterado pela Reforma Trabalhista). Tratando-se de microempresa ou empresa de pequeno porte, a multa será de R$ 800,00.

3.4. Empregado rural (Lei nº 5.889/73)

- **Direitos equiparados.** Inicialmente, o empregado rural não possuía os mesmos direitos dos empregados urbanos. Com a promulgação da Constituição Federal de 1988, ocorreu a equiparação de direitos entre empregados urbanos e rurais, conforme *caput* do art. 7º

- **Quem é o empregado rural?** Empregado rural possui os mesmos requisitos dos demais para configurar o vínculo empregatício: pessoa física, não eventualidade, onerosidade e subordinação. O importante para identificar o trabalhador rural é definir quem é o **empregador rural**. De acordo com a lei, é a pessoa física ou jurídica que explore a atividade agroeconômica. Assim sendo, mesmo que o prédio esteja localizado em área urbana, se a sua destinação envolver exploração agrícola ou pecuária, o empregado será rural.

- **Peculiaridades do empregado rural:** Apesar de ter havido a equiparação de direitos com empregados urbanos, por conta das especificidades que envolvem as atividades desenvolvidas por esses trabalhadores, a Lei do Empregado Rural estabelece algumas peculiaridades. Para facilitar os estudos, elaboramos um quadro de resumo com as principais disposições sobre os empregados ruais:

EMPREGADO RURAL (Lei nº 5.889/73)	
Empregado rural	equiparação de direitos como os urbanos (art. 7º, CF/88).
	identificação: trabalha para empregador rural.
	prescrição: mesmo período dos trabalhadores urbanos (2 anos para ingressar na justiça/pedido dos últimos 5 anos).
Peculiaridades do trabalhador rural	aviso-prévio: redução de 1 dia por semana (iniciativa do empregador).
	intervalo: de acordo com usos e costumes da região.
Peculiaridades do trabalhador rural	trabalho noturno (hora de 60 min): • pecuária 20 h às 4 h. • agricultura 21 h às 5 h. • adicional noturno: 25%.
	salário-utilidade (desconto sobre salário mínimo): • 20% moradia. • 25% alimentação. • prévia autorização.
Contrato temporário rural (art. 14-A, Lei Rural)	empregador: pessoa física.
	duração: 2 meses dentro do período de 1 ano.
	recolher FGTS e contribuições previdenciárias.
	mesmos direitos dos demais empregados permanentes.

3.5. Trabalho doméstico

- **Previsão Constitucional:** em relação ao empregado doméstico, é importante que o candidato saiba que seus direitos estão listados no **art. 7º, parágrafo único da Constituição**. Dessa forma, é indispensável a leitura atenta do art. 7º e seus incisos. Para facilitar seus estudos, ao longo deste tópico, elaborar vários quadrinhos para memorização.

  Obs.: não houve equiparação de direitos do doméstico em relação ao empregado urbano e rural, pois alguns direitos ainda não foram estendidos aos empregados domésticos.

- O Brasil deu um importante passo rumo à efetivação dos direitos fundamentais trabalhistas, reconhecendo direitos básicos do empregado doméstico via EC-72 – 2013.
- Em junho de 2015, foi promulgada a **Lei Complementar nº 150/2015**, que passou a regulamentar o trabalho doméstico a partir dos novos direitos assegurados pela EC nº 72/2013 e trouxe diversas mudanças na disciplina dessa relação de emprego.
- **Aplicação subsidiária da CLT à relação de emprego doméstico:** o art. 19 da LC nº 150/2015 inovou ao prever a aplicação subsidiária da CLT à relação de emprego doméstico, respeitadas as peculiaridades inerentes a esses contratos.
- **Requisitos específicos para identificar o empregado doméstico permanecem intactos, mesmo após a alteração constitucional (EC/72-2013).** O empregado doméstico tem os 4 requisitos "clássicos" para configurar o vínculo empregatício (pessoa física, onerosidade, subordinação e *continuidade*). Entretanto, para esse trabalhador há duas particularidades que o candidato deve sempre lembrar:
  1) **Finalidade não lucrativa.** É vedado que o empregado doméstico esteja inserido em uma atividade lucrativa da família, ou seja, não poderá prestar serviços a terceiros, mas apenas à família.
  2) **Trabalho contínuo.** O art. 1º, *caput*, da LC nº 150/2015 estabelece que será configurado o trabalho doméstico quando realizado por período **superior a 2 dias.**
- **Idade mínima para o trabalho doméstico:** conforme art.1º, parágrafo único, da LC nº 150/2015, a idade mínima para a contratação de empregado doméstico é 18 anos.
- **Para a semana antes da prova**, segue o quadro de resumo sobre as principais diferenças entre a Lei dos Domésticos e as regras celetistas previstas aos demais empregados:

	Empregado Doméstico (LC nº 150/2015)	**Demais empregados (CLT)**
Requisitos para configuração da relação de emprego	– Pessoalidade; – Subordinação; – Continuidade (mais de 2 vezes por semana); – Onerosidade; – Prestação de serviço para pessoa ou família; – Serviços prestados em âmbito residencial; – Finalidade não lucrativa.	– Pessoalidade; – Subordinação; – Não eventualidade; – Onerosidade.

	Empregado Doméstico (LC nº 150/2015)	Demais empregados (CLT)
Idade mínima para contratação	– 18 anos (art. 1º, parágrafo único).	– A partir de 16 anos (art. 7º, XXXIII, CF/88, e art. 403, CLT); – *Exceção*: aprendizes (maiores de 14 anos).
Hipóteses de contratação por prazo determinado	1) Contrato de experiência (art. 4º, I); 2) Atendimento de necessidades familiares de natureza transitória (art. 4º, II); 3) Substituição temporária de empregado doméstico com contrato de trabalho interrompido (art. 4º, II).	1) Contrato de experiência (art. 443, § 2º, III); 2) Atividades empresariais de caráter transitório (art. 443, § 2º, II); 3) Serviço cuja natureza ou transitoriedade justifique a predeterminação do prazo (art. 443, § 2º, I). Obs.: Reforma Trabalhista cria nova modalidade: trabalho intermitente (art. 443, § 3º e 452-A da CLT)
Cláusula assecuratória de direito recíproco	– Não há previsão de pagamento de aviso-prévio no contrato por prazo determinado (art. 9º).	– Faculta às partes estabelecerem a cláusula assecuratória de direito recíproco (art. 481, CLT).
Controle de jornada	– Obrigatório o controle para todos empregados domésticos (art. 12).	– Estabelecimentos com mais de 20 empregados (art. 74, § 2º - redação dada pela Lei nº 13.874/2019).
Compensação de jornada	– Acordo escrito entre as partes. (art. 2º, § 4º); – Primeiras 40 horas devem ser remuneradas como extras, salvo compensação em outro dia da semana (art. 2º, § 5º, I e II); – Horas excedentes às primeiras 40 horas extras devem ser compensadas no prazo máximo de 1 ano (art. 2º, § 5º, III).	**Reforma Trabalhista:** – Compensação de jornada pode ser realizada dentro do período de 1 mês por acordo tácito ou escrito. – Para o banco de horas, é exigida a compensação no prazo máximo de 6 meses, por acordo individual escrito ou 1 ano por negociação coletiva.
Jornada de Trabalho 12x36	– Suficiente a realização de acordo escrito entre as partes (art. 10, *caput*); – Necessidade de se respeitar ou de indenizar os intervalos para repouso e alimentação; – Descanso de 36 horas compensa o trabalho no DSR e nos **feriados**. Não há pagamento em dobro.	Com a Lei nº 13.467/2017, é possível a formalização mediante acordo individual escrito, convenção coletiva ou acordo coletivo. – Há a possibilidade de se respeitar ou indenizar os intervalos para repouso e alimentação. – Descanso de 36 horas compensará o trabalho no DSR e nos feriados. Não há pagamento em dobro.
Trabalho em regime de tempo parcial (máximo de 25 horas semanais)	– Possibilidade de realização de 1 hora extra diária, desde que respeitado o limite máximo de 6 horas diárias e mediante acordo escrito entre as partes (art. 3º, § 2º).	– **Reforma Trabalhista:** Possibilidade de realização de horas extras aos empregados que trabalharem entre 26 horas e 30 horas semanais (art. 58-A)

	Empregado Doméstico (LC nº 150/2015)	Demais empregados (CLT)
Intervalos	- Possibilidade de **redução** do intervalo intrajornada de 1 hora para 30 minutos mediante acordo escrito entre as partes (art. 13, *caput*); - Se o empregado residir no local de trabalho, é possível o **fracionamento** do intervalo intrajornada em 2 períodos de no mínimo 1 hora cada um (art. 13, § 1º); - **Prenotação**: Se houver fracionamento, é proibida a prenotação do intervalo no registro diário de horário (art. 13, § 2º).	- **Reforma Trabalhista:** Possibilidade de redução do intervalo intrajornada para trinta minutos, mediante acordo coletivo ou convenção coletiva (art. 611-A, III) - **2 outras hipóteses de redução do intervalo para almoço:** 1) Motoristas do setor de transporte coletivo de passageiros: art. 71, § 5º, CLT. 2) Autorização do Ministério do Trabalho: art. 71, § 3º, CLT. - **Nesse caso, deve-se atender a três requisitos:** a) estabelecimento atenda às exigências dos refeitórios. b) empregador não exija horas extras. c) autorização do Ministério do Trabalho (Superintendência Regional do Trabalho). - **Pré-assinalação** do período de repouso é permitida para estabelecimentos com mais de 20 empregados (art. 74, § 2º, CLT).
Fracionamento das férias	- Fracionamento a critério do empregador por período não inferior a 14 dias. Não se exige a excepcionalidade (art. 17, § 2º);	- **Reforma Trabalhista:** Mediante concordância do empregado, as férias poderão ser fracionadas em até 3 períodos (Art. 134, § 1º – Redação dada pela Lei nº 13.467/2017). - Um dos períodos não deve ser inferior a 14 dias e os demais não poderão ser inferiores a 5 dias cada um (Art. 134, § 1º – Redação dada pela Lei nº 13.467/2017).
Abono pecuniário de férias	- Deve ser requerido até 30 dias do término do período aquisitivo de férias (art. 17, § 3º).	- Deve ser requerido até 15 dias do término do período aquisitivo de férias (art. 143, § 1º).
Vale-transporte	- Permite o pagamento dos vales em dinheiro ao empregado mediante recibo (art. 19, parágrafo único).	- Não é possível o pagamento em dinheiro. É necessária a aquisição dos vales-transporte (art. 4º da Lei nº 7.418/1985).
Indenização compensatória da perda do emprego	- Obrigação do empregador doméstico de depositar mensalmente a quantia de 3,2% da remuneração devida ao empregado na conta vinculado do empregado doméstico em variação distinta dos depósitos do FGTS (art. 22). - Multa de 40% sobre os depósitos de FGTS não é devida ao doméstico.	- Pagamento de multa de 40% sobre os depósitos do FGTS nas hipóteses de dispensa sem justa causa ou rescisão indireta (art. 18, § 1º, Lei nº 8.036/1990); - Pagamento de multa de 20% para as hipóteses de término do contrato de trabalho por força maior culpa recíproca e distrato (art. 484-A da CLT – incluído pela Lei nº 13.467/2017).

	Empregado Doméstico (LC nº 150/2015)	Demais empregados (CLT)
Dispensa por justa causa (falta grave do empregado)	– Nova hipótese de dispensa por justa causa que não é aplicada aos demais empregados diante da relação de estrita confiança do trabalho doméstico: 1) submissão a maus-tratos de idoso, de enfermo, de pessoa com deficiência ou de criança sob cuidado direto ou indireto do empregado (art. 27, I); – As hipóteses que dizem respeito ao resguardo da atividade econômica do empregador previstas na CLT não são reproduzidas na lei dos domésticos em razão da ausência de finalidade lucrativa inerente a essa relação de emprego.	– Art. 482, CLT. – Inserção de nova hipótese pela Reforma Trabalhista: • perda da habilitação ou dos requisitos estabelecidos em lei para o exercício da profissão, em decorrência de conduta dolosa do empregado (art. 482, m).
Seguro-Desemprego	– Tem direito ao recebimento do seguro-desemprego no valor de 1 salário mínimo pelo período máximo de 3 meses, de forma contínua ou alternada a cada período aquisitivo de 16 meses (art. 26 da LC nº 150/2015 e art. 6º, Resolução Codefat nº 754/2015).	– A quantidade de parcelas a ser concedida ao segurado é variável de acordo com o número de solicitações do benefício e a quantidade de meses trabalhados: **1)** Se for a **1ª solicitação** do benefício: a) o empregado tem direito a 4 parcelas caso tenha trabalho, mínimo, 12 e, no máximo, 24 meses; b) o empregado tem direito a 5 parcelas caso tenha trabalhado, no mínimo, 24 meses. **2)** Se for a **2ª solicitação** do benefício: a) o empregado tem direito a 3 parcelas caso tenha trabalhado, no mínimo, 9 meses e no máximo 11 meses; b) o empregado tem direito a 4 parcelas caso tenha trabalhado, no mínimo, 12 meses e no máximo 23 meses; c) o empregado tem direito a 5 parcelas caso tenha trabalhado, no mínimo, 24 meses; **3)** A partir da **3ª solicitação** do benefício: a) o empregado tem direito a 3 parcelas caso tenha trabalhado, no mínimo, 6 meses e, no máximo, 11 meses; b) o empregado tem direito a 4 parcelas caso tenha trabalhado, no mínimo, 12 e no máximo 23 meses;

	Empregado Doméstico (LC nº 150/2015)	Demais empregados (CLT)
Seguro-Desemprego		c) o empregado tem direito a 5 parcelas caso tenha trabalhado, no mínimo, 24 meses; – Valor pago: 1) Salário de até R$ 1858,17: multiplica-se o salário médio por 0.8 (80%). 2) Salário de R$ 1.858,18 até 3.097,26: o que exceder a 1.858,17 multiplica-se por 0,5 (50%) e soma-se a 1.486,53. 3) Salário acima de R$ 3.097,26: o valor da parcela será de R$ 2.106,08.
Rescisão indireta (falta grave do empregador)	– Nova hipótese de rescisão indireta que não é aplicada aos demais empregados: 1) o empregador praticar qualquer das formas de violência doméstica ou familiar contra mulheres (Lei Maria da Penha).	– Art. 483, CLT.

3.6. Contratos de trabalho especiais

3.6.1. Bancário

- **Peculiaridades.** A execução das atividades bancárias possui aspectos peculiares, quanto à natureza e à responsabilidade, exigindo dos empregados atenção constante no exercício de suas funções.
- **Jornada de trabalho.** O empregado bancário conquistou ao longo do tempo o direito à jornada reduzida de 6 horas diárias e 30 horas semanais, conforme previsto no art. 224 da CLT. A duração normal do trabalho ficará compreendida entre 7 h e 22 h, assegurando-se ao empregado um intervalo de 15 minutos para alimentação.
- **Cargo de confiança específica.** O bancário ocupante de cargo de confiança específica, ou seja, que exerça função de gerência, chefia, ou ainda cargo de confiança não terá direito à jornada reduzida de 6 horas e 30 horas semanais. Para configurar essa confiança específica, o gerente deverá preencher dois requisitos cumulativos:

  a) exercer funções de direção, gerência, fiscalização, chefia e equivalentes ou desempenhar cargo de confiança; e

  b) receber gratificação não inferior a 1/3 do salário do cargo efetivo.
- **Jornada do gerente.** Uma vez preenchidos esses dois requisitos, o gerente terá jornada de trabalho de 8 horas diárias e 40 horas semanais, conforme previsto no art. 225, da CLT.
- **Gerente-geral de agência bancária.** Seus poderes equiparam-se ao próprio empregador – toma decisões importantes para o andamento da empresa, contratar

e dispensar empregados, por exemplo –, não terá nenhuma limitação de jornada, aplicando-se o art. 62, II, da CLT.

- Para a semana antes da prova:

<table>
<tr><th colspan="2">BANCÁRIO (Resumo)</th></tr>
<tr><td colspan="2">1. Jornada: 6 horas diárias e 30 horas semanais. Intervalo de 15 minutos não remunerado.
2. Sábado: dia útil não trabalhado.
3. Gerente: entre 8 e 40 horas semanais, desde que:
a) poderes de chefia/cargo de confiança;
b) receber gratificação não inferior a 1/3.
4. Gerente-geral de agência: não tem limitação de jornada.
5. Caixa: jornada de 6 horas.</td></tr>
<tr><th>Equiparados aos bancários (6h)</th><th>Não são equiparados aos bancários</th></tr>
<tr><td>• Empregados do mesmo grupo econômico (Súm. 239)
• Empregados de financeiras (Súm. 55)
• Empregados de portaria e limpeza contratados diretamente pelo banco (art. 226, CLT)</td><td>• Empregados de corretoras de títulos e valores mobiliários (Súm. 119)
• Empregados de cooperativas de crédito (OJ 379)
• Vigilante (Súm. 257)
• Categoria diferenciada (Súm. 117)</td></tr>
</table>

3.6.2. Motorista profissional

- **Motoristas profissionais.** Os motoristas eram citados como exemplos de empregados sem direito à jornada de trabalho, em razão da prestação de serviços externos, art. 62 da CLT. Em março de 2015, foi promulgada a Lei dos Motoristas Profissionais – Lei nº 13.103/2015 –, que alterou a regulamentação da profissão, especialmente no tocante à jornada de trabalho. De acordo com a atual redação da CLT, a jornada do motorista profissional será de 8 horas diárias, sendo permitida a prorrogação por até 2 horas extras. Se for celebrado acordo ou convenção coletiva, é possível a realização de até 4 horas extras diárias. Tendo em vista o estabelecimento de jornada de trabalho para esses profissionais, verifica-se que o art. 62, inciso I, CLT tornou-se incompatível com o art. 235-C, caput, CLT. Segue quadro resumindo as principais diferenças na disciplina jurídica dos motoristas profissionais em relação aos demais empregados:

	MOTORISTA PROFISSIONAL (arts. 235-A a 235-G da CLT)	DEMAIS EMPREGADOS (CLT)
Jornada de trabalho	– 8 horas diárias com possibilidade de prorrogação em (art. 235-C, *caput*): a) 2 horas extras; ou b) 4 horas extras, desde que celebrado acordo ou convenção coletiva de trabalho.	– 8 horas diárias e 44 horas semanais (art. 7º, XIII, CF/88), sendo possível a prorrogação em, no máximo, 2 horas diárias (art. 59, *caput*).

	MOTORISTA PROFISSIONAL (arts. 235-A a 235-G da CLT)	DEMAIS EMPREGADOS (CLT)
Flexibilização do tempo à disposição do empregador	– **Tempo de espera** (art. 235-C, § 9º, CLT): carga ou descarga do veículo, bem como fiscalização da mercadoria transportada. Indenização do período na proporção de 30% do salário-hora normal. Não computado na jornada de trabalho.	– **Sobreaviso:** aguardando ordens do empregador, em casa ou em outro local combinado. Recebimento de 1/3 da hora normal. Duração máxima de 24 horas. – **Prontidão:** aguardando ordens na empresa. Recebimento de 2/3 da hora normal. Duração máxima de 12 horas.
Jornada 12 x 36	– Previsão expressa dessa modalidade com o requisito de que seja instituído mediante acordo ou convenção coletiva (art. 235-F, CLT).	– Necessária previsão em lei ou em instrumento coletivo (Súmula nº 444 do TST). – Reforma Trabalhista: Possibilidade de estipulação individual da jornada 12x36 (Art. 59-A da CLT, inserido pela Reforma Trabalhista) – **Obs.: Doméstico**: possibilidade de instituição mediante acordo escrito entre as partes.
Redução e fracionamento do Intervalo intrajornada	– Redução e fracionamento do intervalo intrajornada de 1 hora dos motoristas do setor de transporte coletivo de passageiros, desde que o intervalo seja concedido entre o término da primeira hora trabalhada e o início da última hora de trabalho (art. 71, § 5º, CLT).	– **Reforma Trabalhista:** Intervalo poderá ser reduzido via acordo ou convenção coletiva, respeitado o limite mínimo de 30 minutos (art. 611-A, III da CLT, inserido pela Lei nº 13.467/2017)
Redução e fracionamento do Intervalo intrajornada		– **Obs.: Empregados domésticos**: possibilidade de redução do intervalo de 1 hora para 30 minutos por acordo escrito entre as partes (art. 13, *caput*, LC nº 150/2015). Se o empregado doméstico residir no local de trabalho, é possível o fracionamento do intervalo em 2 períodos, desde que cada um deles tenha, no mínimo, 1 hora até o limite de 4 horas diárias (art. 13, § 1º, LC nº 150/2015).
Intervalo interjornada	– Intervalo interjornada de 11 horas, sendo possível seu fracionamento desde que garantidos o mínimo de 8 horas ininterruptas no primeiro período do fracionamento e o gozo do restante dentro das 16 horas seguintes ao final do primeiro período (art. 235-C, § 3º, CLT).	– Intervalo interjornada de 11 horas consecutivas, sendo vedados o fracionamento e a redução (art. 66 da CLT).
DSR	– Repouso semanal remunerado de 24 horas (art. 235-D, § 1º, CLT). – Possibilidade de fracionamento do DSR em 2 períodos, sendo um deles de, no mínimo, 30 horas ininterruptas cumulado com o intervalo interjornada diário. Além disso, é necessário que os 2 períodos sejam cumpridos na mesma semana (art. 235-D, § 1º, CLT).	– Repouso semanal remunerado de 24 horas concedido preferencialmente aos domingos (art. 7º, XV, CF/88). – Impossibilidade de redução ou fracionamento do DSR. – Pagamento em dobro se não concedido DSR ou se concedido após o 7º dia (Súmula nº 146 do TST e OJ nº 410 da SDI-I do TST).

3.6.3. Professor

- **Jornada de trabalho do professor**: em 17/02/2017, foi promulgada a Lei nº 13.415/2017 que alterou a redação do art. 318 da CLT. De acordo com o atual texto da norma, não persiste a limitação da jornada do professor pelo número de aulas prestadas, contínuas ou intercaladas, mas passa a ser permitido que o professor lecione em um mesmo estabelecimento por mais de um turno, desde que não ultrapasse a jornada de trabalho semanal estabelecida legalmente. A jornada semanal máxima permitida está prevista no art. 7º, XIII, da Constituição Federal de 1988 no total de 44 horas semanais.

- **Intervalo intrajornada.** Com a atual regulamentação, o professor pode, por exemplo, prestar serviços em uma mesma escola no período da manhã e da tarde até o limite semanal de 44 horas. Além disso, deve ser assegurado intervalo intrajornada de acordo com a jornada prevista:

  a) *Jornada de até 4 horas: não há previsão em lei de intervalo intrajornada.*

  b) *Jornada que excede 4 horas, com limite de 6 horas: intervalo de 15 minutos. Se o empregador exigir horas extras habituais, excedendo a jornada de 6 horas diárias, deverá conceder intervalo mínimo de 1 hora. c) Jornada que excede 6 horas: mínimo de 1 hora e máximo de 2 horas.*

3.6.4. Serviços em frigoríficos

- **Intervalo remunerado (art. 253 da CLT).** Tendo em vista que a mudança de temperatura é prejudicial à saúde do trabalhador, após 1 hora e 40 minutos de trabalho contínuo, o empregado que presta serviços em frigoríficos e câmaras frias terá direito ao intervalo de 20 minutos, computado como tempo efetivo de trabalho. Para que o empregado tenha direito a esse intervalo não é necessário que exerça suas atividades necessariamente em frigoríficos, mas fique comprovada a existência de ambiente frio. Nesse sentido, prevê a jurisprudência do TST:

  > ***Súmula n. 438 do TST.*** *O empregado submetido a trabalho contínuo em ambiente artificialmente frio, nos termos do parágrafo único do art. 253 da CLT, ainda que não labore em câmara frigorífica, tem direito ao intervalo intrajornada previsto no caput do art. 253 da CLT.*

3.6.5. Trabalho em minas de subsolo

- **Jornada de trabalho.** Os trabalhadores em minas de subsolo têm jornada de trabalho limitada a 6 horas diárias e 36 horas semanais em razão dos prejuízos que a atividade pode causar à saúde do trabalhador.

- **Intervalo remunerado (art. 298 da CLT).** Em razão das atividades peculiares, o empregado terá direito, após 3 horas consecutivas de trabalho, a um intervalo de 15 minutos.

3.7. Legislação aplicável em combate a práticas discriminatórias.

- **Previsão constitucional.** Constitui objetivo fundamental da República brasileira a promoção do bem de todos, sem preconceitos de origem, raça, sexo, cor, idade e quaisquer outras formas de discriminação. No âmbito do Direito do Trabalho, a Constituição Federal veda o tratamento discriminatório do trabalhador em razão do sexo, idade, cor, estado civil ou deficiência. Além disso, proíbe a distinção entre o trabalho manual e intelectual:

  Art. 7º São direitos dos trabalhadores urbanos e rurais, além de outros que visem à melhoria de sua condição social:

  (...)

  XXX – proibição de diferença de salários, de exercício de funções e de critério de admissão por motivo de sexo, idade, cor ou estado civil;

  XXXI – proibição de qualquer discriminação no tocante a salário e critérios de admissão do trabalhador portador de deficiência;

  XXXII – proibição de distinção entre trabalho manual, técnico e intelectual ou entre os profissionais respectivos;

- **Discriminação na admissão, na vigência e no término do contrato de trabalho.** A Lei nº 9.029/1995 estabelece a proibição da adoção de práticas discriminatórias no âmbito da relação de trabalho por motivo de sexo, origem, raça, cor, estado civil, situação familiar, deficiência, reabilitação profissional, idade e outras hipóteses.

- **Crime**. O art. 2º da Lei nº 9.029/1995 estabeleceu como crime as condutas dos empregadores que importem na exigência de testes ou qualquer outro procedimento relativo à esterilização ou estado de gravidez e também a adoção de quaisquer medidas que configurem indução à esterilização genética e à promoção do controle de natalidade, ressalvado o aconselhamento ou planejamento familiar.

- **Penalidades**. Além da possibilidade de configuração de crime, a Lei nº 9.029/1995 prevê que a conduta discriminatória sujeita o empregador ao pagamento de multa administrativa de 10 vezes o valor do maior salário pago, podendo ser elevado em 50% na hipótese de reincidência. Poderá, também, ser penalizado com a proibição de obter empréstimo ou financiamento junto a instituições financeiras.

- **Vedação à discriminação da pessoa com deficiência[4] (Estatuto da Pessoa com Deficiência – Lei nº 13.146/2015):** Ainda, o Estatuto da Pessoa com Deficiência (Lei nº 13.146/2015), reserva um capítulo específico (Capítulo II) para tratar da igualdade e da não discriminação da pessoa com deficiência, sendo dever de todos (Estado, sociedade e família) assegurar à pessoa com deficiência, com prioridade, a efetiva-

4 Com a promulgação da Lei nº 13.146/2015 (Estatuto da Pessoa com Deficiência) e sua entrada em vigor em janeiro de 2016, verificou-se mudança na terminologia adotada, uma vez que os termos "pessoa portadora de deficiência" e "pessoa com necessidades especiais" foram substituídos pelo termo mais apropriado, "pessoa com deficiência".

ção de seus direitos, inclusive dos direitos referentes à educação, à profissionalização e ao trabalho.

- Nos termos do seu art. 4º, toda pessoa com deficiência tem direito à igualdade de oportunidades com as demais pessoas e não sofrerá nenhuma espécie de discriminação, considerando como discriminação em razão da deficiência toda forma de distinção, restrição ou exclusão, por ação ou omissão, que tenha o propósito ou o efeito de prejudicar, impedir ou anular o reconhecimento ou o exercício dos direitos e das liberdades fundamentais de pessoa com deficiência, incluindo a recusa de adaptações razoáveis e de fornecimento de tecnologias assistivas (art. 4º, § 1º).
- A pessoa com deficiência será protegida de toda forma de negligência, discriminação, exploração, violência, tortura, crueldade, opressão e tratamento desumano ou degradante, sendo considerados especialmente vulneráveis a criança, o adolescente, a mulher e o idoso, com deficiência. (art. 5º, *caput* e parágrafo único).
- Ainda, é dever de todos comunicar à autoridade competente qualquer forma de ameaça ou de violação aos direitos da pessoa com deficiência. Se, no exercício de suas funções, os juízes e os tribunais tiverem conhecimento de fatos que caracterizem as violações previstas no Estatuto da Pessoa com Deficiência, devem remeter peças ao Ministério Público para as providências cabíveis.
- **Cota legal da pessoa com deficiência (art. 93, Lei nº 8.213/1991):** Nesse ponto, importante mencionar que a Lei nº 8.213/1991 estabelece ações afirmativas às pessoas com deficiência e reabilitados, ou seja, empregados que se encontravam parcial ou totalmente incapazes para a atividade laborativa, como forma de inserção desses profissionais no mercado de trabalho. Nesse sentido, as empresas com 100 empregados ou mais deverão manter de 2% a 5% de seus cargos com pessoas com deficiência ou empregados reabilitados ao trabalho. O art. 93, da Lei nº 8.213/1991 estabelece a proporção desses empregados em relação ao número de empregados da empresa:

> **Art. 93.** A empresa com 100 (cem) ou mais empregados está obrigada a preencher de 2% (dois por cento) a 5% (cinco por cento) dos seus cargos com beneficiários reabilitados ou pessoas portadoras de deficiência, habilitadas, na seguinte proporção:
>
> I – até 200 empregados 2%;
>
> II – de 201 a 500 .... 3%;
>
> III – de 501 a 1.000 .... 4%;
>
> IV – de 1.001 em diante. .... 5%.

- Ademais, de acordo com o art. 93, § 3º, da Lei nº 8.213/1991, incluído pelo Estatuto da Pessoa com Deficiência (Lei nº 13.146/2015), esse percentual destinado às pessoas com deficiência não pode levar em consideração o percentual de contratação de aprendizes com deficiência.
- Apesar da previsão de cota para a pessoa com deficiência, ela não está obrigada à fruição de benefícios decorrentes de ação afirmativa (art. 4º, § 2º, da Lei nº 13.146/2015).

4. EMPREGADOR

- **Conceito.** O conceito de empregador está previsto no art. 2º da CLT:
- ***Art. 2º da CLT:*** *Considera-se empregador a empresa, individual ou coletiva, que, assumindo os riscos da atividade econômica, admite, assalaria e dirige a prestação pessoal de serviços.*
- **Princípio da alteridade.** O empregado não divide os riscos da atividade econômica com o empregador. Assim sendo, momentos de crise mundial, baixa produtividade, vendas abaixo das expectativas não autorizam o empregador a reduzir ou descontar salários de seus empregados. Não poderia ser diferente, pois as empresas não estão obrigadas a dividir os lucros com seus trabalhadores, logo os prejuízos também não poderão ser repartidos. A responsabilidade exclusiva da empresa pelos prejuízos ou fracasso do empreendimento é chamada de princípio da alteridade.
- **Pandemia da COVID-19 e legislação de exceção.** As medidas excepcionais trabalhistas tiveram também importante papel na flexibilização do princípio da alteridade. Diversos dispositivos das medidas provisórias de enfrentamento à pandemia deram mais forças ao empregador para alterações no contrato de trabalho, atingindo o princípio da alteridade. Nesse mesmo sentido, em agosto de 2022, o Congresso Nacional aprovou a MP nº 1.109/2022, convertida na Lei nº 14.437, de 15.8.2022, que institucionaliza autorização genérica para a adoção de medidas trabalhistas de enfrentamento a momentos de crise. Ex.: redução de salário, teletrabalho, antecipação de férias individuais, adoção de banco de horas antecipado, dentre outras.

4.1. Grupo econômico

Ocorre grupo econômico quando as empresas estão ligadas entre si, ou seja, quando há "empresa-mãe e empresas-irmãs"[5]. Nesse caso, cada uma dessas empresas possui personalidade jurídica própria, isto é, CNPJ próprio, quadro de pessoal próprio, exercem atividades econômicas diversas etc. Com a Lei nº 13.467/2017, a redação dada ao § 2º do art. 2º da CLT estabelece o reconhecimento de duas formas de grupo econômico:

> – ***Grupo econômico por subordinação:*** *Essa modalidade já era prevista na redação do art. 2º, § 2º da CLT. No caso, o grupo pode ser formado na hipótese de existência de hierarquia entre as empresas. Para a prova de formação do grupo econômico por subordinação, é indispensável, portanto, demonstrar que há uma relação de controle entre uma ou mais empresas em relação às demais integrantes.*
>
> – ***Grupo econômico por coordenação:*** *A Reforma Trabalhista inovou ao prever a possibilidade de formação de grupo econômico por coordenação. De acordo com o dispositivo, mesmo que as empresas guardem cada uma sua autonomia, estará configurado o grupo econômico.*

---

5. "No caso do grupo econômico, uma figura em zigue-zague, quase em formato das árvores genealógicas que aprendemos com as ciências biológicas (empregado-empregador em linha reta e empregador com as empresas-irmãs e com a empresa-mãe, se houver, dele se ramificando)." SILVA. Homero Batista Mateus da. *Curso de Direito do Trabalho aplicado*, vol. 1: *Parte Geral*. Rio de Janeiro: Elsevier, 2009. p. 142.

Contudo, conforme preceitua o § 3º do artigo 2º da CLT, não há caracterização do grupo econômico apenas pela mera identidade de sócios entre as empresas, sendo necessária a demonstração do preenchimento de três requisitos:

a) interesse integrado;

b) a efetiva comunhão de interesses; e

c) a atuação conjunta das empresas integrantes.

4.1.1. Responsabilidade solidária e subsidiária

O candidato deve estar atento para não confundir responsabilidade solidária e responsabilidade subsidiária. Na primeira, todas as empresas são responsáveis integralmente pelo débito, podendo o trabalhador cobrar de apenas uma empresa ou de todas elas ao mesmo tempo; cabe ao empregado essa decisão. É a hipótese de configuração do grupo econômico, onde todas as empresas podem ser acionadas.

Por sua vez, na responsabilidade subsidiária, há uma ordem de preferência, isto é, aciona-se primeiro o devedor principal, somente se este não pagar, cobra-se dos demais, como ocorre na hipótese de inadimplemento das obrigações trabalhistas na terceirização, de acordo com a Súmula nº 331, IV, do TST. Nesse caso, somente após a cobrança do empregador (empresa prestadora), é possível cobrar do tomador dos serviços.

4.2. Sucessão de Empregadores

O fundamento legal da sucessão trabalhista está previsto nos seguintes artigos da CLT:

> ***Art. 10.*** *Qualquer alteração na estrutura jurídica da empresa não afetará os direitos adquiridos por seus empregados.*
>
> ***Art. 448.*** *A mudança na propriedade ou na estrutura jurídica da empresa não afetará os contratos de trabalho dos respectivos empregados.*
>
> ***Art. 448-A.*** *Caracterizada a sucessão empresarial ou de empregadores prevista nos arts. 10 e 448 desta Consolidação, as obrigações trabalhistas, inclusive as contraídas à época em que os empregados trabalhavam para a empresa sucedida, são de responsabilidade do sucessor.*
>
> *Parágrafo único. A empresa sucedida responderá solidariamente com a sucessora quando ficar comprovada fraude na transferência.*

Requisitos. Para que seja configurada a sucessão trabalhista, é necessária a presença de 2 requisitos:

a) **Transferência do estabelecimento**: há necessidade de transferência da parte produtiva (unidade econômico-jurídica), possibilitando que o sucessor (que adquiriu o estabelecimento) continue explorando a atividade econômica do sucedido. A transferência da unidade produtiva ocorre com a cessão do ponto comercial e da clientela, equipamentos, marca, banco de dados etc. Essa transferência poderá ser realizada mediante venda, incorporação, arrendamento, cisão, fusão etc.

b) **Não ocorrência de paralisação da atividade:** após a sucessão, o sucessor deverá dar continuidade ao empreendimento, sem que fique paralisado por muito tempo[6]. **Consequência da sucessão trabalhista.** Preenchidos os requisitos anteriores, o sucessor responderá pelos débitos trabalhistas. O sucessor, portanto, assumirá o bônus (riquezas produzidas pela empresa sucedida) e o ônus (débitos trabalhistas) decorrentes da sucessão.

Reforma Trabalhista: Estabelece expressamente que o sucessor responde por todas as obrigações trabalhistas na redação do art. 448-A da CLT. No caso de fraude na transferência das empresas, a responsabilidade será solidária.

Grupo econômico e sucessão trabalhista. A formação do grupo econômico gera responsabilidade solidária entre as pessoas jurídicas que compõem o grupo. Desse modo, há discussão em torno da responsabilidade solidária entre o **sucessor** (novo empregador) que adquiriu apenas uma das empresas pertencentes ao grupo, e o **grupo econômico**, por débitos de empresas não adquiridas. O TST já entendeu que não há responsabilidade solidária do novo empregador com o grupo econômico, exceto se comprovada má-fé ou fraude na sucessão (OJ nº 411 da SDI-I do TST).

4.3. Sócio retirante

- **Sócio retirante**: A Reforma Trabalhista passa a regulamentar a figura do sócio retirante no art. 10-A da CLT, que compreende aquele que se retira da sociedade mediante notificação prévia aos demais sócios, devendo ocorrer alteração no contrato social da empresa. O sócio retirante responderá subsidiariamente pelas obrigações trabalhistas da sociedade relativas ao período em que figurou como sócio. Para a responsabilização do sócio, é necessário que a reclamação trabalhista seja ajuizada no período de até 2 anos depois de averbada a modificação do contrato. A responsabilidade subsidiária é determinada por um benefício de ordem, ou seja, o empregado somente poderá exigir dos sócios retirantes caso sigam a ordem de preferência exigida em lei:

  I – Empresa devedora;

  II – Sócios atuais;

  III – Sócios retirantes.

4.4. Poderes do Empregador

- **Poderes do empregador:** O poder do empregador está previsto no art. 2º da CLT, pois o empregador "dirige a prestação pessoal de serviços". Como ele assume exclusivamente os riscos da atividade econômica, há necessidade de organizar e controlar a prestação de serviços, mesmo que, para isso, seja necessária a aplicação de penalidades aos trabalhadores. Se de um lado há presença do poder de direção, por parte do empregado há também a presença da subordinação.

---

6. De acordo com Délio Maranhão: "Para que exista a sucessão de empregadores, são os requisitos indispensáveis: a) que um estabelecimento, como unidade econômico-jurídica, passe de um para outro titular; b) que a prestação de serviço pelos empregadores não sofra solução de continuidade." SUSSEKIND, Arnaldo et al. Instituições de Direito do Trabalho, vol. I. 21. ed. São Paulo: LTr, 2004. p. 305.

- **Poderes não são absolutos:** limites previstos na CLT e na CF/88, por exemplo, respeitar a intimidade e a dignidade do empregado. Aliás, se transmitida ordem ilegal (comprar entorpecentes, fazer sexo com clientes da empresa), alheia ao contrato (empregado contratado como professor de inglês, sendo exigido que transporte os filhos do empregador para escola e que faça suas compras de supermercado), ou desproporcional (trabalhar 18 horas por dia, ou sem equipamentos básicos de proteção), o empregado poderá se recusar[7] a cumprir a ordem dada.

4.4.1. Poder de Organização

- Consiste na distribuição das tarefas aos empregados, fixação do horário de trabalho, utilização de uniformes etc. Dentro desse poder de organização, pode-se acrescentar a possibilidade dada ao empregador de expedir ordens gerais, por meio do regulamento da empresa. Essa atribuição é chamada de Poder Regulamentar.
- **Padrão de vestimentas:** A jurisprudência do TST tinha o posicionamento majoritário de que o uso de uniforme com marcas de fornecedores e propaganda de produtos configurava dano à imagem do empregado, sendo cabível indenização por danos morais ao trabalhador.
- Com a Reforma Trabalhista, é direito do empregador definir o padrão de vestimenta no meio ambiente de trabalho, sendo lícita a inclusão no uniforme dos empregados de logomarcas da própria empresa ou de empresas parceiras e de outros itens de identificação relacionados à atividade desempenhada. Note-se que o uniforme não se trata de salário-utilidade. Se a utilidade fornecida é para o trabalho, ou seja, como ferramenta indispensável à realização dos serviços, não terá natureza salarial, mas sim de indenização. Portanto, os uniformes são ferramentas de trabalho e não configuram hipótese de salário in natura. De acordo com o parágrafo único do artigo 456-A da CLT, inserido pela Lei nº 13.467/2017, a higienização do uniforme é, em regra, de responsabilidade do trabalhador, salvo nas hipóteses em que forem necessários procedimentos ou produtos diferentes daqueles usados para a limpeza de vestimentas de uso comum.

> ***Art. 456-A da CLT.*** *Cabe ao empregador definir o padrão de vestimenta no meio ambiente laboral, sendo lícita a inclusão no uniforme de logomarcas da própria empresa ou de empresas parceiras e de outros itens de identificação relacionados à atividade desempenhada.*
>
> *Parágrafo único. A higienização do uniforme é de responsabilidade do trabalhador, salvo nas hipóteses em que forem necessários procedimentos ou produtos diferentes dos utilizados para a higienização das vestimentas de uso comum.*

7. De acordo com Délio Maranhão, o direito de resistência ou jus resistentiae: "A personalidade do empregado não se anula com o contrato de trabalho, razão pela qual lhe é reconhecido certo jus resistentiae no que respeita às determinações do empregador. Assim, pode ele, legitimamente, recusar-se ao cumprimento de uma ordem, por exemplo, que o coloque em grave risco, que fuja à natureza do trabalho contratado, que o humilhe ou diminua moralmente, ou seja ilícita, ilegal ou de execução extraordinariamente difícil."

4.4.2. Poder de controle

- Por meio do controle, o empregador fiscaliza as tarefas executadas, verifica o cumprimento da jornada de trabalho e protege seu patrimônio, mediante o controle de estoque, produtividade etc. Os aspectos mais polêmicos desse poder serão a seguir analisados.
- **Fiscalização do correio eletrônico.** Há discussão sobre a possibilidade de fiscalizar o correio eletrônico (*e-mail*) do empregado. Prevalece o entendimento de que, se o *e-mail* é da empresa (corporativo), utilizado como ferramenta de trabalho, há possibilidade de fiscalização, pois é responsabilidade da própria empresa verificar o conteúdo dessas mensagens. O controle, entretanto, não pode recair sobre o correio eletrônico pessoal/particular do trabalhador, sob pena de configurar afronta à intimidade.
- **Revistas íntimas.** Outra questão que poderá ser cobrada no concurso é a possibilidade de revistas íntimas e pessoais dos empregados. O(a) trabalhador(a) que lida com joias ou munição de armas poderá ser revistado? Há expressa previsão em lei vedando revistas íntimas nas mulheres, art. 373-A, VI, da CLT. Essa proibição à revista íntima tem sido estendida também aos empregados do sexo masculino, com fundamento no princípio da igualdade. Em abril de 2016, foi promulgada a Lei nº 13.271/2016, que estabelece a proibição de revistas íntimas de funcionários e clientes do sexo feminino por empresas privadas e órgãos e entidades da Administração Pública.
- **Revistas pessoais.** Quando realizadas com razoabilidade, sem que envolvam nudez, têm sido admitidas, desde que a atividade exercida justifique esse controle. O TST tem aceitado essas revistas pessoais, de bolsas, mochilas e sacolas, desde que não submeta o trabalhador a situação constrangedora. Aliás, a revista generalizada e impessoal desses pertences do empregado pode, segundo a jurisprudência do TST, ser realizada por pessoa do sexo oposto, por exemplo, segurança do sexo masculino fiscaliza a bolsa da empregada (sem que haja contato físico com a trabalhadora).

4.4.3. Poder disciplinar

- Conforme visto, o empregado está subordinado às ordens dadas pelo empregador, como forma de dinamizar e organizar os trabalhos desenvolvidos na empresa. Se verificada a desobediência às regras impostas, caberão as seguintes penalidades:

  a) Advertência verbal ou escrita. *Embora a advertência não esteja prevista na CLT*[8]*, é admitida pela doutrina e jurisprudência, pois é, entre as penalidades, a mais benéfica ao empregado.*

---

8. Ressalta-se que a advertência tem previsão expressa na lei que regulamenta o exercício da atividade de Mãe Social (Lei nº 7.644/1987): "Art. 14. As mães sociais ficam sujeitas às seguintes penalidades aplicáveis pela entidade empregadora: **I – advertência**; II – suspensão; III – demissão" (grifos acrescidos).

b) ***Suspensão disciplinar de, no máximo, 30 dias consecutivos (art. 474 da CLT).*** *Nesse caso, o empregado ficará afastado das suas atividades, não receberá remuneração nem terá contado seu tempo de serviço, para adquirir férias, por exemplo.*

c) ***Dispensa por justa causa (art. 482 da CLT).*** *Essa é a penalidade mais grave, colocando fim ao contrato de trabalho.*

Segue quadro para facilitar a memorização sobre o tema: empregador.

EMPREGADOR	
Princípio da alteridade:	empregador assume exclusivamente os riscos da atividade econômica. Não divide os prejuízos com os empregados.
Empregador por equiparação	também são empregadores os profissionais liberais e outras instituições sem fins lucrativos.
Grupo econômico:	a) duas ou mais empresas estiverem sobre o comando único ou coordenadas;
	b) consequência: responsabilidade solidária entre as empresas do grupo.
Sucessão trabalhista (arts. 10 e 448 da CLT):	a) transferência do estabelecimento;
	b) não ocorrência de paralisação das atividades;
	c) consequência: sucessor assume os débitos trabalhistas (art. 448-A, da CLT).
Poderes do empregador:	a) poder de organização: – poder regulamentar.
	b) poder de controle;
	c) poder disciplinar: – advertência verbal ou escrita; – suspensão de até 30 dias; – dispensa por justa causa, art. 482 da CLT.

5. RELAÇÕES DE TRABALHO *LATO SENSU*

- **Trabalhador autônomo:** O trabalhador autônomo é o prestador de serviços que atua como patrão de si mesmo[9], ou seja, é a pessoa física que presta serviços por conta própria, assumindo os riscos do empreendimento. Exemplos de trabalhadores autônomos: médico, pedreiro, taxista, veterinário, diarista etc.
- Em geral, esse trabalhador é o dono das ferramentas e demais equipamentos indispensáveis para a realização das suas atividades, possui ampla liberdade para escolher o horário de trabalho e fixar o preço de seus serviços. Verifica-se, assim, que falta ao trabalhador autônomo o requisito da subordinação para que se configure a relação empregatícia.
- **Reforma Trabalhista:** A Lei nº 13.467/23017 insere o art. 442-B à CLT para prever que a contratação de autônomo, cumpridas as formalidades legais, com ou sem exclusividade, de forma contínua ou não, afasta a condição de empregado. Enten-

9. BARROS, Alice Monteiro. *Curso de Direito do Trabalho*. 2. ed. São Paulo: LTr, 2006. p. 204.

demos que haverá a incidência do princípio da primazia da realidade em caso de discussão de vínculo trabalhista, já que, configurada a subordinação, estará caracterizada a relação de emprego.

> ***Art. 442-B da CLT:** A contratação do autônomo, cumpridas por este todas as formalidades legais, com ou sem exclusividade, de forma contínua ou não, afasta a qualidade de empregado prevista no art. 3º desta Consolidação.*

- **Trabalhador eventual:** O trabalhador eventual é aquele que presta serviços ocasionais, esporádicos. Ademais, outro critério para identificar o trabalhador eventual é que ele atue em atividades não permanentes da empresa. Exemplo: faculdade de direito contrata programador de sistemas por três dias, para atualização dos computadores. Veja que esse trabalho não é uma atividade permanente da faculdade, e, ainda, não há repetição das atividades desse profissional.
- Verifica-se, no trabalho eventual, a ausência de expectativa de retorno ao local de trabalho, portanto falta o requisito da não eventualidade para configurar o vínculo empregatício.
- **Trabalhador avulso:** A característica principal do trabalho avulso é a presença da intermediação de mão de obra, ou seja, o trabalhador avulso é colocado no local de trabalho com a intermediação do sindicato da categoria ou por meio do Órgão Gestor de Mão de Obra – OGMO.
- Embora esse trabalhador não seja empregado, nem do sindicato, nem do Ogmo, uma vez que exerce a atividade a diversos operadores portuários (ausência do requisito de pessoalidade), o art. 7º, XXXIV, da CF/88 estendeu a ele todos os direitos previstos aos empregados. Diante disso, o trabalhador avulso terá direito a férias, décimo terceiro salário, depósitos do FGTS etc.

6. PROTEÇÃO DO TRABALHO DA CRIANÇA E DO ADOLESCENTE

- **Doutrina de Proteção Integral e da Prioridade Absoluta**: consiste em prestigiar a prioridade da criança e do adolescente, a garantir seus direitos, com a destinação de recursos para a produção do bem comum desses sujeitos, a fim de que o orçamento prestigie e proteja os direitos assegurados pela lei[10].
- **Idade para trabalho.** É proibido o trabalho noturno, perigoso ou insalubre a pessoas com menos de dezoito e de qualquer trabalho a pessoas com menos de dezesseis anos, salvo na condição de aprendiz, a partir de quatorze anos.

> **Art. 7º.** São direitos dos trabalhadores urbanos e rurais, além de outros que visem à melhoria de sua condição social:

10. MARQUES, Geny Helena Barroso; JOSVIAK, Mariane; BESSA, Sueli Teixeira. Aprendizagem e qualificação profissional de adolescentes em cumprimento de medidas socioeducativas em meio aberto e fechado. In: CARELLI, Rodrigo de Lacerda et al (Ed.). Revista do Ministério Público do Trabalho. Brasília: Procuradoria Geral do Trabalho, 2014. p. 262.

XXX – proibição de diferença de salários, de exercício de funções e de critério de admissão por motivo de sexo, **idade**[11], cor ou estado civil: (grifo acrescido)

XXXIII – proibição de trabalho noturno, perigoso ou insalubre a menores de dezoito anos e de qualquer trabalho a menores de dezesseis anos, salvo na condição de aprendiz, a partir de quatorze anos.

- **Prestação de serviços em locais prejudiciais à moralidade, à saúde e segurança do adolescente:** Entre os locais e atividades em que é vedado o trabalho do adolescente, em razão de serem considerados prejudiciais à moralidade, destacam-se os expressos no art. 405 da CLT e na Lista de Piores Formas de Trabalho Infantil (TIP), contida no Decreto nº 6.481/2008:

  a) teatro de revista, cinemas, boates, cassinos, cabarés, *dancings* e estabelecimentos análogos;

  b) empresas circenses, em funções de acrobata, saltimbanco, ginasta e outras semelhantes;

  c) produção, composição, entrega ou venda de escritos impressos, cartazes, desenhos, gravuras, pinturas, emblemas, imagens e quaisquer outros objetos que possam, a juízo da autoridade competente, prejudicar sua formação moral;

  d) venda, a varejo, de bebidas alcoólicas.

  e) com exposição a abusos físicos, psicológicos ou sexuais.

- **Jornada de trabalho do adolescente:** A jornada de trabalho do adolescente possui a mesma duração que a do trabalhador adulto, ou seja, limitada a 8 horas diárias e 44 horas semanais. A diferença consiste na proibição ao adolescente de prestar horas extras. Há, entretanto, duas exceções, em que é permitido o trabalho em regime extraordinário.

- **Hora extra.** De acordo com o art. 413 da CLT, o empregado com menos de 18 anos poderá prorrogar a jornada somente em duas hipóteses excepcionais: a) compensação de jornada, desde que: 1. haja negociação coletiva; e 2. não ultrapasse 44 horas semanais; b) Força maior, desde que não ultrapasse 12 horas diárias e haja pagamento de adicional de serviço extraordinário de, no mínimo, 50%. Fora esses 2 casos excepcionais, o adolescente não poderá prestar serviços suplementares (horas extras).

- **Intervalo de 15 minutos.** Importante ressaltar que o intervalo de 15 minutos entre o final da jornada de trabalho e o início da jornada extraordinária não é mais devido aos adolescentes e às mulheres, tendo em vista a revogação do art. 384 da CLT pela Reforma Trabalhista.

---

11. Há jurisprudência do TST no mesmo sentido: Orientação Jurisprudencial nº 26 da SDC: "Salário normativo. Menor empregado. Art. 7º, XXX, da CF/88. Violação. Os empregados menores não podem ser discriminados em cláusula que fixa salário mínimo profissional para a categoria."

- **Jornadas somadas.** Caso o adolescente preste serviços a mais de uma empresa, ou seja, haja contratos de trabalho simultâneos, as horas de trabalho em cada uma delas serão somadas, conforme previsto no art. 414 da CLT. Exemplo: empregado adolescente, 17 anos de idade, trabalha 4 horas diárias em um supermercado. Foi contratado para trabalhar em uma papelaria à tarde. Poderá cumular os contratos, desde que tenha jornada, na papelaria, de até 4 horas diárias, pois não poderá ultrapassar as 8 horas, somados os horários.

- **Assistência para quitação.** Para a assinatura do recibo de quitação das verbas rescisórias, há a necessidade de assistência dos representantes legais, sob pena de nulidade, conforme previsto no art. 439 da CLT.

- **Prescrição.** Contra o empregado com menos de 18 anos não corre prazo prescricional, ou seja, há uma causa impeditiva de contagem do prazo. Exemplo: o término do contrato ocorreu quando o trabalhador completou 17 anos de idade. Não correrá o prazo prescricional até que ele complete 18 anos. Ao completar essa idade, inicia-se o prazo de 2 anos para ingressar com a ação na Justiça do Trabalho. Ressalta-se que não é vedado ao adolescente ingressar com a reclamação trabalhista antes de completar 18 anos.

- **Meio ambiente do trabalho.** As normas referentes ao meio ambiente de trabalho da mulher previstas na CLT são aplicadas subsidiariamente aos adolescentes. Nesse sentido, destaca-se a limitação de força muscular (art. 405, § 5º, CLT). Lembre-se de que a Reforma Trabalhista revogará o art. 384 da CLT, deixando de existir o intervalo na hipótese de prorrogação de jornada.

6.1. Salário do adolescente

- O art. 7º, inciso XXX, da CF/88 proíbe que as pessoas com menos de 18 anos tenham salários diferentes no exercício de funções idênticas se comparados com o salário de um empregado adulto. Nesse sentido:

  Art. 7º, inciso XXX, CF/88: *São direitos dos trabalhadores urbanos e rurais, além de outros que visem à melhoria de sua condição social: proibição de diferença de salários, de exercício de funções e de critério de admissão por motivo de sexo, idade, cor ou estado civil.*

- Além disso, a própria jurisprudência do TST determina que não é possível a fixação de salário mínimo profissional diferenciado aos adolescentes:

  Orientação Jurisprudencial nº 26 da SDC do TST: *Os empregados menores não podem ser discriminados em cláusula que fixa salário mínimo profissional para a categoria.*

- Dessa forma, o art. 11, parágrafo único, Lei nº 5.889/1973 (empregado rural), que garante à pessoa com menos de 16 anos salário mínimo fixado em valor correspondente à metade do salário mínimo de um empregado adulto, não foi recepcionado pela Constituição Federal de 1988. Portanto, é assegurado a todos os empregados com menos de 18 anos o mesmo salário recebido por um empregado adulto no exercício da mesma função.

6.2. Das Férias do Empregado Adolescente

- **Fracionamento.** Com a Reforma Trabalhista, há a revogação do art. 134, § 2º da CLT que estabelecia essa vedação de fracionamento de férias ao trabalhador com menos de 18 anos. Dessa forma, é permitido a todos os empregados, inclusive aos adolescentes, o fracionamento das férias individuais.

  Art. 134, § 1º da CLT: *Desde que haja concordância do empregado, as férias poderão ser usufruídas em até três períodos, sendo que um deles não poderá ser inferior a quatorze dias corridos e os demais não poderão ser inferiores a cinco dias corridos, cada um.*

- **Coincidência com as férias escolares.** O adolescente tem o direito de fazer coincidir as férias no trabalho com o período das férias escolares.

- **Para a semana antes da prova**, segue o quadro de resumo sobre empregado com menos de 18 anos:

Trabalho do ADOLESCENTE	
Trabalho a partir dos 16 anos, exceto:	– |**N**|oturno – |**I**|nsalubre – |**P**|erigoso
A partir dos 14 anos:	– somente como aprendiz
Proibido trabalhar em horas extras, exceto:	– compensação – máximo 2 horas extras diárias – força maior – até 12 horas
Intervalo de 15 minutos entre jornada normal e horas extras:	– Com o advento da Reforma Trabalhista, não há mais que se falar no intervalo de 15 minutos entre o final da jornada normal e o início das horas extras.
Trabalho em mais de uma empresa:	– 8 horas somadas
Representante legal:	– assistência na quitação das verbas rescisórias
Férias:	– A Reforma Trabalhista permite o fracionamento a todos os empregados – direito de coincidir férias no trabalho com as férias escolares

6.3. Aprendiz

- **Aprendiz:** o aprendiz é empregado; logo, estão presentes os requisitos essenciais da relação de emprego. A particularidade do contrato de aprendizagem consiste em permitir o trabalho a partir dos 14 anos. Para os maiores de 14 e menores de 16 anos, somente é permitido o trabalho na aprendizagem.

- **Idade.** A idade permitida para o contrato de aprendizagem é do maior de 14 anos e do menor de 24 anos. Esse limite máximo, 24 anos, não se aplica aos aprendizes com deficiência.

- A contratação de aprendizes deverá atender, prioritariamente, os adolescentes entre 14 e 18 anos. Atividades relacionadas à insalubridade, à periculosidade ou se incompatíveis com o desenvolvimento físico e moral dos adolescentes deverão ser ministradas para os jovens de 18 a 24 anos.

- **Requisitos indispensáveis para configurar o contrato de aprendizagem.** São 4: **1)** O contrato de aprendizagem deve ser obrigatoriamente escrito; **2)** A CTPS do empregado deve ser devidamente anotada constando a aprendizagem; **3)** Matrícula e frequência do aprendiz na escola caso não tenha concluído o ensino médio; **4)** Inscrição em programa de aprendizagem desenvolvido sob orientação de entidade qualificada em formação técnico-profissional metódica. Esses requisitos estão previstos no art. 428 da CLT.
- **Requisitos para validade do contrato de aprendizagem para maiores de 18 anos.** A Lei nº 13.146/2015 (Estatuto da Pessoa com Deficiência) acrescentou o § 8º do art. 428 da CLT, que prevê a necessidade de anotação na CTPS e frequência em programa de aprendizagem desenvolvido por entidade qualificada em formação técnico-profissional metódica.
- **Descumprimento dos requisitos de validade do contrato de aprendizes:** De acordo com o art. 9º da CLT e 47 do Decreto nº 9.579/2018, o descumprimento desses requisitos importará a nulidade do contrato de aprendizagem, estabelecendo-se o vínculo empregatício diretamente com o empregador responsável pelo cumprimento da cota de aprendizagem, com exceção da pessoa jurídica de direito público
- **Salário mínimo hora.** Em 13/03/2017, foi promulgada a Lei nº 13.420/2017, que alterou a redação de diversos artigos da CLT sobre a aprendizagem. Ocorre que, desde a promulgação da CF/88, é assegurado a todos os trabalhadores, inclusive aos aprendizes, o recebimento nunca inferior ao salário mínimo hora. A alteração se deu apenas na redação do art. 428, § 2º, da CLT para se adequar ao texto constitucional.
- **Jornada de trabalho:** é reduzida, em regra, a 6 horas diárias. Excepcionalmente, poderá ser ampliada para 8 horas, se o aprendiz já tiver completado o Ensino Fundamental, e, ainda, se nessas horas forem computadas as horas destinadas à aprendizagem teórica.
- **Vedação à prorrogação de jornada e à compensação de jornada:** De qualquer forma, é vedada a prorrogação da jornada (horas extras) e a compensação de horas aos aprendizes.
- **Prazo determinado.** O contrato de aprendizagem é por prazo determinado. Assim sendo, não poderá ser firmado por mais de **2 anos** com o mesmo empregador. Se extrapolado o limite de 2 anos, o contrato será automaticamente convertido em prazo indeterminado. Esse limite máximo de 2 anos não se aplica ao aprendiz com deficiência.
- **FGTS.** Os depósitos do FGTS – Fundo de Garantia do Tempo de Serviço – são suportados exclusivamente pelo empregador. A alíquota do aprendiz é de apenas 2% sobre a remuneração. O percentual dos demais empregados é de 8% sobre a remuneração.
- **Obrigatoriedade na contratação de aprendizes.** Como forma de incentivar a inserção de novos profissionais no mercado de trabalho, a CLT prevê obrigatorie-

dade na contratação desses profissionais. As empresas estão obrigadas a contratar, no mínimo, 5% e, no máximo, 15% do quadro de trabalhadores como aprendizes. Essa obrigatoriedade não se aplica aos empregadores sem fins lucrativos, às microempresas e às empresas de pequeno porte.

- **Impossibilidade de flexibilização da cota legal de aprendizagem.** o STF, no julgamento ARE 1121633, oportunidade em que fixou a tese de que acordos e convenções coletivas de trabalho podem restringir direitos trabalhistas não constitucionalmente assegurados (Tema 1.046 da Repercussão Geral), foi expresso ao vedar a flexibilização da cota de aprendizagem e de pessoas com deficiência. Segundo o voto do relator, Min. Gilmar Mendes, acompanhado pela maioria, a prevalência do negociado sobre o legislado não abrange políticas públicas de inclusão de pessoa com deficiência e dos jovens e adolescentes no mercado de trabalho.
- **Extinção do contrato de aprendizagem.** A extinção poderá ocorrer normalmente, nos casos de término do prazo do contrato de dois anos, ou ainda se o aprendiz completar 24 anos, conforme o art. 428, *caput* e § 3º, da CLT.
- Ocorre, entretanto, a possibilidade de rescisão antecipada (art. 433, CLT) nos casos de:

  I. desempenho insuficiente ou inadaptação do aprendiz, salvo para o aprendiz com deficiência quando desprovido de recursos de acessibilidade, de tecnologias assistivas e de apoio necessário ao desempenho de suas atividades. Essa exceção ao aprendiz com deficiência foi acrescentada pelo Estatuto da Pessoa com Deficiência (Lei nº 13.146/2015);

  II. falta disciplinar grave;

  III. ausência injustificada à escola que implique perda do ano letivo;

  IV. pedido do aprendiz.

- **Para a semana antes da prova**, segue o quadro de resumo sobre aprendiz:

Aprendiz

- Idade permitida: a partir de 14 anos até 24 anos, exceto deficiente
- Requisitos → contrato escrito; matrícula e frequência na escola; inscrição em programa de aprendizagem
- Prazo do contrato: 2 anos, exceto deficiente
- FGTS: 2%
- Obrigatoriedade na contratação → mínimo 5%; máximo 15%
  (Exceto: entidades sem fins lucrativos e pequenas e microempresas)
- Jornada: 6 horas, exceto se completou o ensino fundamental, 8 horas

7. PROTEÇÃO DO TRABALHO DA MULHER

- **Igualdade entre homens e mulheres:** é direito fundamental previsto no art. 5º, I, CF/88. Há, entretanto, diferenças que justificam o tratamento diferenciado dado à mulher nas relações de trabalho, sobretudo no tocante à proteção à maternidade e dos efeitos da dupla jornada de trabalho.

- **Ações afirmativas (art. 7º, XX, CF/88):** prevê a necessidade de proteção do mercado de trabalho da mulher mediante incentivos específicos. Após mais de 33 anos da promulgação da CF/88, o dispositivo não foi regulamentado.
- **Proteção à maternidade.** Durante a gravidez é garantida à empregada gestante a dispensa do horário de trabalho pelo tempo necessário para a realização de, no mínimo, 6 consultas médicas e demais exames complementares.
- **Transferência de função (art. 392, § 4º, I, CLT):** É assegurada, também, a transferência de função, quando as condições de saúde o exigirem, tendo garantida a retomada da função anteriormente exercida logo após o retorno ao trabalho.
- **Amamentação.** Outra garantia dada à mulher, mesmo após a gestação, é amamentar o próprio filho, até que este complete 6 meses de idade. Nesse caso, terá direito, durante a jornada de trabalho, a 2 descansos especiais de meia hora cada um. Aliás, nos estabelecimentos com pelo menos **30 mulheres com mais de 16 anos** de idade, estas terão local apropriado onde seja permitido guardar, sob vigilância e assistência, os seus filhos no período da amamentação. O empregador, entretanto, tem a opção de manter convênio com entidades públicas ou privadas para suprir a exigência da creche no próprio estabelecimento (art. 389, §§ 1º e 2º, da CLT). Com a Reforma Trabalhista, os períodos para amamentação deverão ser definidos por acordo individual entre a mulher e o empregador (art. 396, § 2º da CLT).
- Com o advento da Lei nº 13.509/2017, o intervalo para amamentação foi estendido à empregada adotante:

  > ***Art. 396 da CLT:*** Para amamentar seu filho, inclusive se advindo de adoção, até que este complete 6 (seis) meses de idade, a mulher terá direito, durante a jornada de trabalho, a 2 (dois) descansos especiais de meia hora cada um.

- **Programa Emprega + Mulheres.** No dia 31/08/2022, o Congresso Nacional aprovou MP 1.116/2022[12], que institui o Programa EMPREGA + MULHERES, na data de fechamento desta edição, o texto aguardava sanção ou veto do Presidente.
- Reembolso-Creche. A MP possibilita a adoção do benefício de reembolso-creche para trabalhadores que possuam filhos com até 5 anos e 11 meses de idade, por meio de acordo individual ou negociação coletiva. Os empregadores que adotarem esse benefício, ficam **desobrigados** de da instalação de local apropriado para a guarda e a assistência de filhos de empregadas no período da amamentação.
- Flexibilização da jornada de trabalho para pais e mães com crianças pequenas. A MP, com o objetivo de promover a conciliação entre o trabalho e a parentalidade, determina que pais e mães com filhos até 6 anos de idade ou com deficiência tenham

12 O texto original enviado pelo Presidente da República alterava diversos artigos da CLT, modificando os prazos e a forma de contagem da cota legal de aprendizagem. Contudo, o texto aprovado pela Câmara dos Deputados e mantido no Senado Federal excluiu essas alterações. Portanto, o contrato de aprendizagem não será impactado com a aprovação dessa MP.

prioridade na alocação de vagas destinadas ao teletrabalho, na adoção do regime de tempo parcial, de banco de horas, de jornada 12x36, de antecipação de férias e horários de entrada e saída flexíveis. Essas medidas poderão ser adotas por acordo individual ou norma coletiva.

- Medidas para qualificação das mulheres. Para estimular a qualificação de mulheres e o desenvolvimento de habilidades e de competências em áreas estratégicas ou com menor participação feminina, tais como ciência, tecnologia, desenvolvimento e inovação, a pedido da trabalhadora, o empregador poderá suspender seu contrato de trabalho para qualificação profissional. Durante o período de suspensão, a empregada receberá bolsa de qualificação.
- Suspensão do contrato de trabalho de pais empregados. Ainda, mediante requisição formal do pai, o empregador pode suspender seu contrato de trabalho, para que possa prestar cuidados e estabelecer vínculo com o filho, acompanhar o seu desenvolvimento e apoiar o retorno ao trabalho de sua esposa ou companheira. Durante o período de suspensão, o pai participara de curso ou programa de qualificação profissional, recebendo bolsa de qualificação.
- Alterações no Programa Empresa Cidadã. Se o empregador aderir ao Programa Empresa Cidadã, preenchidos certos requisitos legais, a empregada poderá requerer a prorrogação da licença-maternidade de 120 dias para 180 dias. A MP promove alterações nesse programa, para estabelecer que essa prorrogação poderá ser compartilhada entre a empregada e o empregado, desde que ambos sejam empregados de pessoa jurídica aderente ao Programa e que a decisão seja adotada conjuntamente.
- Comissão Interna de Prevenção de Acidentes e [agora] de Assédio. Com a aprovação da MP, a CIPA ganha uma nova atribuição: prevenção e combate ao assédio sexual e às demais formas de violência no âmbito do trabalho. Para tanto, deverão ser adotas medidas como: inclusão e divulgação de regras de conduta nas normas internas da empresa e capacitação e orientação de sensibilização dos trabalhadores de todos os níveis hierárquicos, no mínimo a cada 12 meses, a respeito do assédio sexual e de outras formas de violência.
- **Aborto não criminoso.** No caso de aborto não criminoso, devidamente comprovado por exame médico oficial, a mulher terá direito a um repouso remunerado de duas semanas, ficando-lhe assegurado o direito de retornar à função que ocupava antes de seu afastamento.
- **Locais para guarda dos filhos durante amamentação (art. 389, § 1º, CLT):** os estabelecimentos com pelo menos 30 mulheres com mais de 16 anos de idade terão local apropriado onde seja permitido às empregadas guardar sob vigilância e assistência os seus filhos no período da amamentação.
- **Convênios:** O empregador, entretanto, tem a opção de manter convênio com entidades públicas ou privadas para suprir a exigência da creche no próprio estabelecimento (art. 389, §§ 1º e 2º, da CLT).

7.1. Licença-maternidade

- **Licença-maternidade.** A licença-maternidade compreende o afastamento remunerado da gestante, com duração de 120 dias. Sabe-se que, mesmo em caso de parto antecipado, a mulher terá direito à licença. Ademais, essa licença não está condicionada ao nascimento da criança com vida, porque, nesse caso, a empregada terá o repouso de 120 dias para se recuperar do trauma.
- **Aumento da duração da licença (art. 392, § 2º, CLT):** Os períodos de repouso, antes e depois do parto, poderão ser aumentados de 2 (duas) semanas cada um, mediante atestado médico.
- **Vedação à supressão ou redução da licença maternidade (art. 611-B, XIII, CLT):** A Reforma Trabalhista veda que a licença maternidade possa ser objeto de instrumento coletivo para a redução desse direito.
- **Adoção.** Além da empregada gestante, tem direito à licença-maternidade a empregada que adotar ou obtiver guarda judicial para fins de adoção. Ressalta-se que essa licença somente será concedida mediante apresentação do termo judicial de guarda à adotante ou guardiã. Atualmente, após a recente alteração da lei, a duração de licença para essa empregada será também de 120 dias.
- Com o advento da Lei nº 13.509/2017, conferiu-se nova redação ao art. 392-A da CLT, para estender a licença-maternidade à adotante de crianças e de adolescentes:

> ***Art. 392-A da CLT:*** *À empregada que adotar ou obtiver guarda judicial para fins de adoção de criança ou adolescente será concedida licença-maternidade nos termos do art. 392 desta Lei.*

NOVIDADES TRAZIDAS PELA LEI Nº 13.509/2017
PROTEÇÃO DO TRABALHO DA MULHER
– Estabilidade provisória da adotante: A lei 13.509/2017 acrescentou o parágrafo único ao art. 391-A da CLT para estender à adotante a estabilidade provisória da gestante prevista no art. 10, II, "b", do ADCT.
> Requisito: guarda provisória para fins de adoção;
> Início da estabilidade com a convivência familiar (guarda provisória, concessão de adoção etc.)
– Licença-maternidade na adoção de adolescentes: A Lei nº 13.509/2017 passou a assegurar o direito ao recebimento de licença-maternidade na hipótese de adoção de crianças e de adolescentes. A antiga redação o art. 392-A da CLT previa esse direito apenas à adoção de crianças.
a) Criança: pessoas com mais de 12 anos (art. 2º, ECA)
b) Adolescentes: pessoas entre 12 e 18 anos (art. 2º, ECA)
> Ressalta-se que, diante da ausência de previsão em lei de pagamento de salário maternidade na adoção de adolescente, caberá à empresa o pagamento do salário do empregado afastado.
– Intervalos para amamentação na adoção: A atual redação do "caput" do art. 396 da CLT prevê o direito a dois intervalos de ½ hora cada um para amamentação do filho, inclusive se advindo de adoção.
> Esses intervalos devem ser concedidos independentemente do sexo do empregado adotante, diante da possibilidade de amamentação artificial.

- **Guarda conjunta.** Se a guarda judicial for conjunta, apenas um dos adotantes terá direito à licença. Aliás, mesmo que o adotante seja do sexo masculino, passa a ter direito à licença remunerada de 120 dias. Lembre-se que a jurisprudência do STF não permite qualquer forma de discriminação para casais do mesmo sexo (união homoafetiva). Logo, o empregado que adotar uma criança, qualquer que seja sua orientação sexual, solteiro ou casado, terá direito à "licença-maternidade".
- **Mulher que morre durante a licença.** Caso a empregada venha a falecer no parto ou durante a licença-maternidade, o marido ou companheiro poderá usufruir da licença integralmente (120 dias) ou pelo período restante.
- **Prorrogação da licença-maternidade.** Cabe ressaltar a possibilidade de prorrogação do período da licença-maternidade, por mais 60 dias, com a promulgação da Lei nº 11.770/2008. Nem todas as empregadas, entretanto, terão direito à prorrogação. Somente se preenchidos os 2 requisitos a seguir:

  I. empregada da pessoa jurídica que tenha aderido ao Programa da Empresa Cidadã;

  II. pedido de prorrogação deve ser feito, pela empregada, até o fim do 1º mês após o parto.
- A MP nº 1.116/2022[13], aprovada pelo Congresso Nacional em 31/08/2022, promove alterações nesse programa, para estabelecer que essa prorrogação poderá ser compartilhada entre a empregada e o empregado, desde que ambos sejam empregados de pessoa jurídica aderente ao Programa e que a decisão seja adotada conjuntamente.
- **Exigências:** Durante a prorrogação da licença, a empregada não poderá exercer atividade remunerada, e a criança não poderá ser mantida em creche, sob pena de perder o direito à prorrogação.
- **Benefícios às empresas pela prorrogação:** Em contrapartida, as empresas tributadas com base no lucro real poderão deduzir do imposto devido o total da remuneração paga nos dias de prorrogação.
- **Pagamento do benefício de salário maternidade:** Em regra, o benefício é pago pelo empregador e será reembolsado pela Previdência Social com o recolhimento das contribuições previdenciárias. Para as empregadas de microempreendedor individual e para as demais seguradas da Previdência Social, o benefício é pago diretamente pela Previdência Social.
- **Empregadas domésticas:** tem assegurado o direito à licença-maternidade (art. 25 da LC nº 150/2015). Ressalta-se que esse direito era assegurado antes mesmo da EC 72/2013.
- **O que muda com o Decreto 10.854/2021?** O Programa Empresa Cidadã era regulamentado pelo Decreto nº 7.052/2009, que estava com a redação ultrapassada em relação às alterações promovidas na Lei nº 11.788/2008. Seguem as principais alterações:

13 Na data de fechamento desta edição, o texto aguardava sanção ou veto do Presidente.

1) **Adequação do decreto à possibilidade de prorrogação da licença-paternidade.** Originalmente, havia somente previsão de prorrogação da licença-maternidade;

2) **Adequação do decreto à licença-maternidade na adoção ou guarda judicial para fins de adoção:** após alterações promovidas na CLT, a licença-maternidade para essas hipóteses sempre terá a duração de 120 dias. O Decreto anterior previa idades diferentes a depender da idade da criança.

7.2. Estabilidade da gestante

- **Estabilidade da gestante.** A estabilidade, ou garantia provisória de emprego, veda que o empregador dispense arbitrariamente ou sem justa causa a empregada gestante, desde a confirmação da gravidez até 5 meses após o parto. A confirmação da gravidez não se confunde com a comunicação ao empregador, pois, mesmo se ele não tiver conhecimento da gestação, não poderá dispensar a trabalhadora. Este entendimento foi reforçado pelo STF, em julgamento do RE nº 629.053, em 10 de outubro de 2018. Segundo o STF, basta que a gravidez seja anterior à dispensa para que se fale em estabilidade: "A incidência da estabilidade prevista no art. 10, II, do ADCT, somente exige a anterioridade da gravidez à dispensa sem justa causa".
- **STF:** No dia 10/10/2018, o STF, negou provimento ao RE 629.053 e fixou a tese com repercussão geral: "A incidência da estabilidade prevista no art. 10, inc. II, do ADCT, somente exige a anterioridade da gravidez à dispensa sem justa causa".
- **Estabilidade da adotante:** Adotante tem direito à estabilidade provisória no emprego (art. 391-A, parágrafo único, CLT – acrescentado pela Lei nº 13.509/2017).
- **Estabilidade remanescente (LC nº 146/2014):** estendeu o direito à estabilidade provisória do art. 10, inciso, alínea "b", do ADCT, no caso de falecimento da genitora, àquele que detiver a guarda de seu filho (independentemente de ser o pai ou companheiro da empregada).
- **Qual é a data inicial da estabilidade?** De acordo com a jurisprudência trabalhista sobre o tema é a data da concepção, que corresponde ao momento em que o espermatozoide fecunda o óvulo, dando início ao processo de gestação.
- **Hipóteses de término do contrato da empregada gestante:** pedido de demissão ou dispensa por justa causa. Nesse caso, não há a exigência de instauração de inquérito para apuração de falta grave.
- **Extinção do estabelecimento e estabilidade da gestante:** o empregador terá de pagar todas as verbas trabalhistas como se tivesse dispensado sem justa causa, pois os riscos do empreendimento correm por conta do empregador.
- **Súmula nº 244, II, do TST:** A garantia de emprego à gestante só autoriza a reintegração se esta se der durante o período de estabilidade. Do contrário, a garantia restringe-se aos salários e demais direitos correspondentes ao período de estabilidade.
- **Estabilidade durante o contrato por prazo determinado.** O TST mudou o posicionamento, para confirmar que a gestante adquire o direito à estabilidade se o

contrato for por prazo determinado ou contrato de experiência. Aliás, há expressa previsão no art. 391-A, da CLT.

- **Reintegração e indenização.** Se a gestante for dispensada durante o período da gestação, a empregada poderá pleitear a **reintegração** ao trabalho, pois essa dispensa será irregular. Após o período da estabilidade, a empregada fará jus aos direitos trabalhistas, ou seja, à indenização do período.

- **Ingresso da ação trabalhista após o período de estabilidade (OJ nº 399 da SDI-1 do TST).** O ajuizamento de ação trabalhista após decorrido o período de garantia de emprego não configura abuso do exercício do direito de ação, pois este está submetido apenas ao prazo prescricional inscrito no art. 7º, XXIX, da CF/1988, sendo devida a indenização desde a dispensa até a data do término do período estabilitário.

- **Morte da gestante.** Foi promulgada a Lei Complementar nº 146/2014, que estendeu a estabilidade provisória da gestante nos casos de morte desta a quem detiver a guarda de seu filho.

- **A trabalhadora temporária tem direito à estabilidade provisória da gestante?** O tema era controverso na jurisprudência do TST.

- **Incidente de assunção de competência:** O incidente de assunção de competência é admitido "quando o julgamento de recurso, de remessa necessária ou de processo de competência originária envolver relevante questão de direito, com grande repercussão social, sem repetição em múltiplos processos" (CPC/15, art. 947, caput). A tese firmada nesse incidente é considerada precedente obrigatório a ser observado pelos tribunais.

- **Tese firmada em Incidente de Assunção de Competência (18/11/2019):** "é inaplicável ao regime de trabalho temporário, disciplinado pela Lei n.º 6.019/74, a garantia de estabilidade provisória à empregada gestante, prevista no art. 10, II, b, do Ato das Disposições Constitucionais Transitórias"

- **Para a semana antes da prova**, segue o quadro de resumo sobre **estabilidade**:

Estabilidade da Gestante	
Duração:	inicia-se com a confirmação da gravidez e permanece até 5 meses após o parto.
Desconhecimento da gravidez pelo empregador:	não afasta o direito à estabilidade.
Contrato por prazo determinado:	adquire estabilidade, inclusive no contrato previsto na Lei nº 9.601/98.
Gravidez durante o aviso-prévio:	Gera estabilidade (art. 391-A, CLT).
Dispensa sem justa causa:	**a) reintegração:** somente se a decisão ocorrer durante o período estabilitário; **b) indenização:** se a decisão for dada após o período estabilitário.

ESTABILIDADE
(Reintegração/Indenização/Abuso de direito)

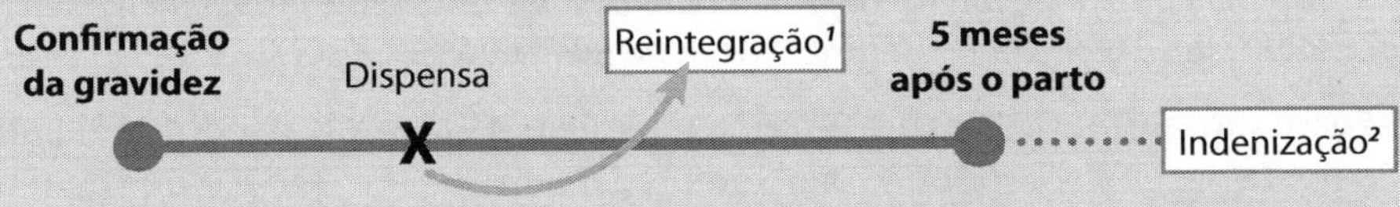

1. Somente ocorrerá a **reintegração** se a decisão ocorrer dentro do período estabilitário
2. Se a decisão ou ingresso da reclamação for posterior ao período de estabilidade, a empregada será **indenizada**
3. Não há **abuso de direito**, se a empregada ingressar com reclamação trabalhista após o período estabilitário (OJ 399)

7.3. Meio ambiente de trabalho

- **Trabalho das mulheres em locais insalubres e perigosos.** É permitido às mulheres prestar serviços em locais insalubres e perigosos e no período noturno, assim como aos demais trabalhadores do sexo masculino. A proibição desses trabalhos, para as mulheres, não mais existe. A única restrição diz respeito à empregada gestante ou lactante, que deve ser afastada de atividades, operações e locais insalubres da forma exposta no item 7 (art. 394-A, CLT).

- **Descanso semanal remunerado:** Há outra distinção no tocante ao **descanso semanal remunerado**. Havendo trabalho aos domingos, será organizada uma escala de revezamento quinzenal que favoreça o repouso dominical (semanal), conforme previsto no art. 386 da CLT.

- **Discriminação.** É vedado qualquer tipo de discriminação em razão do sexo, cor, estado civil etc. A empregada, portanto, tem proteção pré-contratual, como a proibição da exigência de teste de gravidez como requisito para preenchimento da vaga de emprego. E, ainda, a mulher terá direito à reintegração ou indenização no caso de dispensa discriminatória.

- **Intervalo.** A empregada tinha direito, em razão de sua condição física, a tratamento diferenciado do dos homens. Dentre esses direitos destaca-se o intervalo intrajornada de 15 minutos concedido entre o horário normal de trabalho e horas suplementares. O art. 384 da CLT que trazia esta previsão, entretanto, foi revogado pela Reforma Trabalhista, não sendo mais devido o intervalo às mulheres.

- **Hipóteses de interrupção do contrato de trabalho.** A Lei nº 13.257/2016, que dispõe sobre as políticas públicas para a primeira infância, estabeleceu duas novas hipóteses de interrupção do contrato de trabalho para permitir o acompanhamento da gestante em consultas médicas e exames complementares, bem como para as consultas médicas de filhos até os 6 anos de idade. Nesse sentido, seguem os prazos conferidos pela legislação:

a) 2 dias durante o período de gravidez da esposa ou companheira gestante para acompanhamento do cônjuge ou companheiro a consultas médicas e exames complementares (art. 473, X, CLT)[14]*;*

b) 1 dia por ano – para acompanhar filho de até 6 anos em consulta médica e é válido tanto para o empregado como para a empregada (art. 473, XI, CLT).

- **Força muscular.** No tocante à forma muscular, há previsão específica no art. 390 da CLT: "Ao empregador é vedado empregar a mulher em serviço que demande o emprego de força muscular superior a vinte (20) quilos, para o trabalho contínuo, ou vinte e cinco (25) quilos, para o trabalho ocasional. Não está compreendida na determinação deste artigo a remoção de material feita por impulsão ou tração de vagonetes sobre trilhos, de carros de mão ou quaisquer aparelhos mecânicos."

7.4. Afastamento de gestantes e lactantes de atividades insalubres (Reforma Trabalhista)

- **Afastamento de atividades insalubres:** Em maio de 2016, foi promulgada a Lei nº 13.287/2016, que acrescentou o art. 394-A à CLT para proibir o trabalho da gestante ou lactante em atividades, operações ou locais insalubres.
- **Reforma Trabalhista:** O tema foi regulamentado novamente pela Lei nº 13.467/2017 – Reforma Trabalhista:
- De acordo com a redação do art. 394-A da CLT, o afastamento das atividades insalubres da gestante e lactante persiste, mas os efeitos seriam diversos em relação ao grau de insalubridade e entre empregada gestante e lactante.
- **Decisão do STF:** No dia 29/05/2019, o plenário do STF, por maioria de 10 votos a 1, decidiu pela inconstitucionalidade de trecho do art. 394-A da CLT, que previa nos incisos II e III: "quando apresentar atestado de saúde, emitido por médico de confiança da mulher, que recomende o afastamento". De acordo com o relator, a proteção à maternidade e à criança não podem ser afastadas pela simples apresentação de atestado médico.
- Com a decisão na ADI 5.938, as empregadas gestantes e lactantes sempre deverão ser afastadas das atividades insalubres independentemente do grau de insalubridade.
- **Para a semana antes da prova**, segue o quadro de resumo sobre **trabalho da mulher, de acordo com a Reforma Trabalhista**:

---

14. No dia 31/08/2022, o Congresso Nacional aprovou a MP n.º 1.116/2022, que, entre outras providências, alterou de 2 dias para "pelo tempo necessário" a dispensa do horário de trabalho para acompanhar esposa ou companheira em até seis consultas médicas, ou exames complementares, durante o período de gravidez. Até a data de fechamento desta edição, referida MP aguardava sanção ou veto do Presidente.

Proteção do Trabalho da Mulher	
Proteção à maternidade	Empregada gestante terá direito à dispensa do horário para realização de, no mínimo, 6 consultas médicas.
	Transferência de função (motivo saúde).
	Reforma Trabalhista: – Afastamento obrigatório da gestante de atividades, operações e locais insalubres em grau máximo (art. 394-A, I CLT). – Afastamento com atestado médico de lactantes em atividades insalubres de qualquer grau e gestantes em atividades insalubres em grau médio e mínimo (Art. 394-A, II da CLT).
	Amamentação até 6 meses de idade: 2 intervalos de meia hora.
	Aborto não criminoso: 2 semanas de repouso.
Licença-maternidade	**Duração:** 120 dias.
	Prorrogação 60 dias: **(1)** Pessoa jurídica que aderiu ao Programa Empresa Cidadã; **(2)** Pedido de prorrogação até o final do 1º mês após o parto.
	Licença-maternidade de 180 dias para as mães de crianças acometidas por sequelas neurológicas de doenças transmitidas pelo *Aedes aegypti*, como a microcefalia (Lei nº 13.301/2016).
Estabilidade	**Duração:** início confirmação da gravidez até 5 meses após o parto.
	Terá direito à estabilidade nos contratos por prazo determinado e também durante o aviso-prévio (art. 391-A da CLT e Súmula n. 244 do TST).
	Se houver dispensa sem justa causa, a empregada terá direito à reintegração (Súmula 244 do TST).

7.5. Protocolo do CNJ de Julgamento com Perspectiva de Gênero[15]

- **O que é o Protocolo do CNJ de Julgamento com Perspectiva de Gênero?** Documento elaborado por Grupo de Trabalho (instituído pela Portaria n. 27, de 27 de fevereiro de 2021, e complementado pela Portaria n. 116, de 12 de abril de 2021, ambas do Conselho Nacional de Justiça) composto por 21 representantes dos diferentes ramos da Justiça e da academia, com o objetivo primordial de "alcançar a superação dos percalços que impossibilita a percepção de uma igual dignidade entre mulheres e homens, em todos os cenários".
- **Conceitos básicos.** O Protocolo, em sua primeira parte, apresenta alguns conceitos básicos em relação à perspectiva de gênero, os quais reunimos na tabelinha a seguir:

15 Todo este tópico foi elaborado com trechos retirados do primoroso Protocolo do CNJ de Julgamento com Perspectiva de Gênero: CONSELHO NACIONAL DE JUSTIÇA (BRASIL). **Protocolo para julgamento com perspectiva de gênero**. Brasília: Conselho Nacional de Justiça – CNJ; Escola Nacional de Formação e Aperfeiçoamento de Magistrados — Enfam, 2021. Disponível em: https://www.cnj.jus.br/wp-content/uploads/2021/10/protocolo-18-10-2021-final.pdf. Acesso em: 14/09/2022.

Conceitos básicos	
Sexo	O conceito de sexo está relacionado aos aspectos biológicos que servem como base para a classificação de indivíduos entre machos, fêmeas e intersexuais. Em nossa sociedade, seres humanos são divididos nessas categorias – em geral, ao nascer – a partir de determinadas características anatômicas, como órgãos sexuais e reprodutivos, hormônios e cromossomos.
Gênero	Utilizamos a palavra gênero quando queremos tratar do conjunto de características socialmente atribuídas aos diferentes sexos. Ao passo que sexo se refere à biologia, gênero se refere à cultura. No que diz respeito ao trabalho, no Brasil, mulheres, em geral, ainda se dedicam muito mais a afazeres domésticos e a trabalhos maternos do que homens, o que faz com que eles ocupem postos laborais mais valorizados e mais bem pagos, e elas fiquem em situação de dependência financeira deles. Mesmo em trabalhos remunerados, muitas mulheres são levadas a ocupar cargos análogos ao trabalho doméstico.
Identidade de gênero	(...) muitas vezes, uma pessoa pode se identificar com um conjunto de características não alinhado ao seu sexo designado. Pessoas que não se conformam com o gênero a elas atribuído ao nascer foram e ainda são extremamente discriminadas no Brasil e no mundo, na medida em que a conformidade entre sexo e gênero continua a ser a expectativa dominante da sociedade.
Sexualidade	A sexualidade diz respeito às práticas sexuais e afetivas dos seres humanos. Em nossa sociedade, estabeleceu-se como "padrão" a heterossexualidade, enquanto orientações sexuais como a homossexualidade e a bissexualidade são consideradas "desviantes". A população LGBTQIA+ sofre discriminações de diversas ordens no Brasil.

- **Guia para a Magistratura.** A segunda parte do Protocolo, apresenta uma GUIA PARA MAGISTRADAS E MAGISTRADOS: um passo a passo de como julgar com perspectiva de gênero. Para facilitar os estudos, também resumimos esse passo a passo em um quadro:

Guia para magistradas e magistrados	
Primeira aproximação com o processo	- Questão-guia: é possível que desigualdades estruturais tenham algum papel relevante nessa controvérsia? • Atenção aos casos que envolvem violência contra a mulher **ou ações trabalhistas nas quais pedidos se fundamentam em pontos como licença-maternidade, assédio sexual ou direitos previdenciários.**
Aproximação dos sujeitos processuais	- Questões-guia: • Existem circunstâncias especiais que devem ser observadas para que a justiça seja um espaço igualitário para mulheres? • Alguma das pessoas presentes em audiência é lactante? • Alguma das pessoas tem filhos pequenos? • Alguma das pessoas tem algum tipo de vulnerabilidade que possa tornar uma sessão desconfortável para ela? • As partes envolvidas no processo compreendem exatamente o que está sendo discutido? • As perguntas propostas às partes são suficientemente claras?

Medidas especiais de proteção	- Algumas questões-guia: • As partes envolvidas estão em risco de vida ou de sofrer alguma violação à sua integridade física e/ou psicológica? • Existe alguma assimetria de poder entre as partes envolvidas? • Existem fatores socioambientais (ex.: **dependência econômica**) ou aspectos culturais (ex.: cultura de não intervenção em brigas maritais) que propiciem o risco? • Há alguma providência extra-autos, de encaminhamento ou de assistência, às vítimas (transferência de função ou setor) a ser tomada? – (**exemplos do autor**). • O que significa proteger, no caso concreto?
Instrução processual	- Algumas questões-guia: • Perguntas estão reproduzindo estereótipos de gênero? (ex.: questionam qualidade da maternidade ou o comportamento da mulher a partir de papéis socialmente atribuídos?). • Perguntas estão desqualificando a palavra da depoente de alguma maneira? (ex.: questionam as roupas usadas pela mulher vítima de assédio sexual? Questionam a maneira com que a mulher vítima de assédio moral tratava colegas de trabalho homens) – (**exemplos do autor**). • Perguntas podem estar causando algum tipo de re-vitimização? (ex.: perguntas que exponham a intimidade da vítima, perguntas que revolvam a situações traumáticas – como a reconstituição do assédio sexual sofrido ou de situação humilhante na qual a vítima foi submetida em razão do sexo ou orientação sexual) – (**exemplos do autor**). • O ambiente proporciona algum impedimento para que a depoente se manifeste sem constrangimentos e em situação de conforto? (ex.: a depoente encontra-se cercada por homens? O abusador encontra-se na sala?).
Valoração de provas e identificação de fatos	- Algumas questões-guia: • Uma prova geralmente considerada relevante poderia ter sido produzida? (ex.: existem circunstâncias que poderiam impedir a produção de provas testemunhais, como medo por parte de testemunhas oculares de prestar depoimento? No caso de assédio sexual, as testemunhas são empregadas do assediador – **exemplo do autor**). • Em vista da resposta conferida à primeira questão, é necessário atribuir um peso diferente à palavra da vítima? • Minhas experiências pessoais podem estar influenciando a apreciação dos fatos? (ex.: nunca sofri violência em casa e, portanto, parece-me difícil que uma pessoa que tenha uma relação afetiva com uma mulher pratique algum tipo de violência. Outro exemplo: nunca presenciei um caso de assédio sexual, portanto, parece-me difícil que isso possa, de fato, acontecer – **exemplo do autor**). • Da mesma forma, posso estar minimizando algum fato relevante? (ex.: **assediador não tinha cargo formalmente superior, mas, informalmente tinha poder por ser amigo do chefe?**). • Posso estar ignorando como dinâmicas de desigualdades estruturais podem afetar a vida de uma pessoa? Ou seja, é possível que dinâmicas de gênero tornem importantes fatos que, pela minha experiência ou visão de mundo, poderiam parecer irrelevantes? (ex.: uma mulher demorou para denunciar seu ex-marido por violência doméstica por medo de retaliação ou por ser financeiramente dependentes. Outro exemplo: mulher demorou para denunciar o assediador por depender do emprego para garantir sua subsistência e de sua família –**exemplo do autor**).

Identificação do marco normativo e precedentes aplicáveis	- Questões-guia: • Qual marco jurídico nacional ou internacional se aplica ao caso? Qual a norma que presta maior garantia ao direito à igualdade às pessoas envolvidas no caso? • Quais as ferramentas que o marco normativo aplicável oferece para resolver as assimetrias na relação jurídica? • Existem pronunciamentos dos organismos regional ou internacional como recomendações, opiniões consultivas ou observações gerais que façam referência aos elementos do caso? • Existe jurisprudência ou precedente nacional aplicável ao caso? Em quais argumentos se baseou a decisão (ratio decidendi)? • Existem pronunciamentos, opiniões consultivas ou informes da Comissão Interamericana de Direitos Humanos ou Resoluções da Corte Interamericana ou do sistema internacional de direitos humanos (Organização das Nações Unidas) que contenham semelhanças com o caso? Os argumentos se aplicam ao caso? • A solução atende ao conteúdo constitucional?
Interpretação e aplicação do direito	- Questões-guia: • Minha interpretação de conceitos está refletindo a realidade de grupos subordinados ou está restrita à minha percepção do mundo? • É possível que a norma seja construída a partir de estereótipos negativos sobre grupos subordinados? • Determinada norma trata grupos ou indivíduos de maneira manifestamente desigual? Se sim, a justificativa dada para tal é fruto ou perpetuadora de desigualdades? • Determinada norma tem um impacto desproporcional sobre determinado grupo? Se sim, esse impacto é fruto ou perpetuador de desigualdades estruturais?

- **Questões de gênero específicas dos ramos da justiça.** A Parte III do Protocolo trata sobre questões de gênero específicas a cada um dos ramos da Justiça. Em relação à Justiça do Trabalho, o Documento chama atenção à 4 pontos:

a) **Desigualdades e simetrias:** A desigual distribuição das tarefas de cuidado gera um círculo vicioso de perpetuação das mulheres de baixa renda em postos de trabalho precarizados e sub-remunerados. Na outra ponta, as mulheres que conseguem ascender profissionalmente acabam se submetendo aos "padrões masculinos" do mercado de trabalho.

b) **Discriminação:** As hipóteses de discriminação na Justiça do Trabalho são amplas e variadas, e acontecem em todas as fases da relação contratual, ou seja, na fase pré-contatual, de anúncio/seleção/ admissão, no curso da relação de emprego e na dispensa.

c) **Violência e assédio no ambiente de trabalho:** O ambiente de trabalho pode ser hostil em termos de gênero. A participação das mulheres em reuniões, por exemplo, é cerceada por interrupções de sua fala ("manterrupting"); por explicações desnecessárias como se elas não fossem capazes de compreender ("mansplaining"); por apropriações de suas ideias que, ignoradas quando elas verbalizam, são reproduzidas por homens, que passam a receber o crédito ("bropriating"). Com relação ao assédio sexual no trabalho, vale ponderar que o tipo penal do art. 216-A, do Código Penal, é mais restrito do que o conceito trabalhista, que se divide em assédio sexual por chantagem e assédio sexual ambiental ou por intimidação. Assim, na lacuna da lei, inclusive da Convenção 190, o conceito apresentado pela Resolução CNJ n. 351/2020, compila ambos os tipos de assédio sexual, reforçando a já consolidada construção doutrinária e jurisprudencial trabalhista sobre o tema, que prescinde do requisito da hierarquia, diferentemente da esfera criminal. Além disso, vale ressaltar que a Convenção de Belém do Pará também tem aplicação nos casos de assédio sexual no trabalho, conforme disposto no art. 2º, b.

d) **Segurança e Medicina do Trabalho:** A **segregação horizontal** do mercado de trabalho determinada com base em estereótipos de gênero faz que as mulheres fiquem concentradas em ocupações derivadas das funções de reprodução social, ligadas ao trabalho doméstico e ao cuidado – nos setores de educação, saúde, serviços sociais e serviços domésticos –, ou em atividades que requeiram qualidades estimuladas na socialização das meninas, como paciência, docilidade, meticulosidade e delicadeza. A **segregação vertical** no mercado de trabalho baseada no gênero relaciona-se a vieses inconscientes como a associação da liderança, do bom desempenho e do sucesso profissional à masculinidade. No que se refere às trabalhadoras gestantes e lactantes, as Normas Regulamentadoras (NR) brasileiras apenas vedam a manipulação de agrotóxicos, restringem seu trabalho em ambientes com gases ou vapores anestésicos e as afastam de atividades com quimioterápicos, como trabalho pesado que implique levantar, puxar ou empurrar pesos.

8. TERCEIRIZAÇÃO

8.1. Generalidades

- **Diferenças entre a simples intermediação de mão de obra e a terceirização.** A intermediação de mão de obra está presente no trabalho temporário. Nela, a empresa prestadora de serviços possibilita que um trabalhador temporário preste serviços em outra empresa, denominada tomadora. Por outro lado, a terceirização compreende a transferência de um serviço ou atividade específica de uma empresa a outra, ou seja, não se busca apenas um trabalhador para substituir outro que entrou em férias, por exemplo, mas, na terceirização, há verdadeira delegação de um setor da empresa para que outra possa atuar com seus próprios empregados terceirizados. Nesse sentido, surge a obrigação de que a empresa de prestação de serviços a terceiros preste serviços determinados e específicos.

- **Lei da terceirização.** Até o final de março de 2017, não havia regulamentação em lei acerca da terceirização. A disciplina jurídica era realizada pela Súmula nº 331 do TST. Ocorre que, no dia 31/03/2017, foi promulgada a Lei nº 13.429/2017, que alterou e acrescentou diversos dispositivos à Lei nº 6.019/1974 para tratar sobre a terceirização. Essa lei corresponde, portanto, à primeira legislação a regulamentar o assunto. Entretanto, essa norma sofreu diversas críticas, pois, além de ser decorrência de um projeto de lei que tramitava há mais de 20 anos no Congresso Nacional, deixou omissos diversos pontos centrais, o que gerou insegurança jurídica.

- **Pessoas envolvidas na terceirização.** Na terceirização, há três pessoas envolvidas na relação jurídica: trabalhador terceirizado, empresa de prestação de serviços a terceiros (intermediadora) e a empresa contratante (tomadora de serviços). Essa terminologia passou a ser adotada pela Lei nº 13.429/2017, que passou a regulamentar o assunto. Verifica-se, assim, que a relação é triangular. O vínculo empregatício ocorre entre trabalhador e empresa prestadora de serviços a terceiros, embora o trabalhador preste serviços em outro local, na empresa contratante. Veja ilustração abaixo:

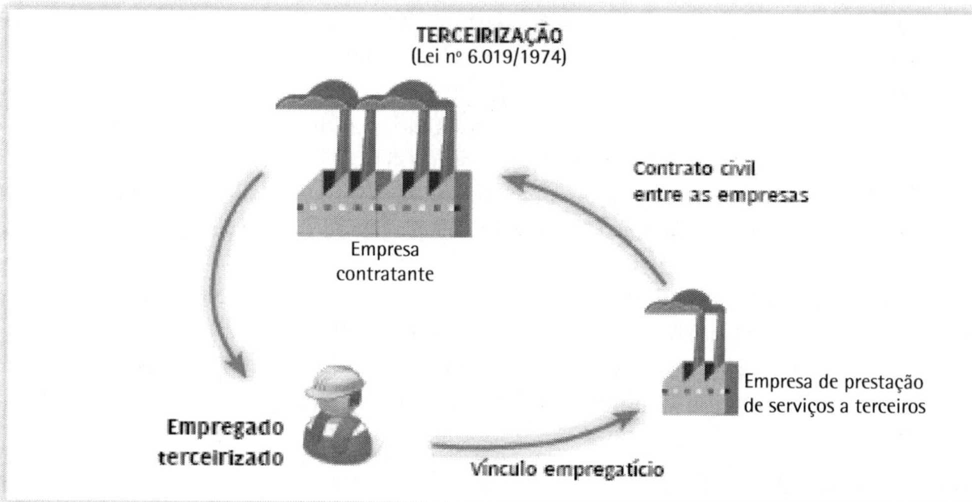

8.2. Terceirização das atividades-fim da empresa (Reforma Trabalhista – Lei nº 13.467/2017)

- A Reforma Trabalhista estabelece que a prestação de serviços a terceiros compreende a transferência de qualquer das atividades da contratante, inclusive sua atividade principal, à pessoa jurídica de direito privado prestadora de serviços. O objetivo da Reforma Trabalhista foi trazer clareza e não deixar dúvidas quanto à possibilidade de terceirização nas atividades-fim.

- Em resumo, com a Reforma Trabalhista, dois são os requisitos da terceirização lícita:

  a) Ausência de pessoalidade e subordinação entre terceirizado e empresa contratante (tomadora); e

  b) Capacidade econômica da empresa prestadora de serviços a terceiros.

- **Julgamento do STF e a terceirização nas atividades-fim:** No dia 30/08/2018, o STF julgou a ADPF nº 324 e o Recurso Extraordinário em repercussão geral nº 958252, que versavam sobre a possibilidade de terceirização em todas as atividades da empresa. Por maioria de 7 votos contra 4 contrários, o Tribunal julgou que é lícita a terceirização em todas as etapas do processo produtivo, sejam elas em atividades-meio ou fim. Nesse sentido, a modificação realizada pela Reforma Trabalhista passa a ser reconhecida pelo STF, cuja decisão tem efeito vinculante para todo o Poder Judiciário.

- Do julgamento do Recurso Extraordinário nº 958252 foi firmada a seguinte tese de repercussão geral:

> *É lícita a terceirização ou qualquer outra forma de divisão do trabalho entre pessoas jurídicas distintas, independentemente do objeto social das empresas envolvidas, mantida a responsabilidade subsidiária da empresa contratante.*

- Dessa forma, a terceirização de serviços, independente do objeto social das empresas envolvidas, seja em atividades-meio ou fim, é lícita. Vale ressaltar que o STF manteve a responsabilidade subsidiária da empresa contratante já prevista no art. 5º-A, § 5º da Lei nº 6.019/1974. Se ausente o pagamento das verbas trabalhistas do empregado terceirizado, a empresa tomadora será subsidiariamente responsável.

8.3. Requisitos do contrato de terceirização

- De acordo com a legislação de março de 2017 (Lei nº 13.429/2017), será necessário atender a alguns requisitos para a celebração do contrato de prestação de serviços. Dessa forma, o contrato pode ser classificado como solene, pois exige uma forma estabelecida em lei para sua celebração. Os requisitos estarão previstos no art. 5º-B da Lei nº 6.019/1974:

> ***Art. 5º-B, Lei nº 6.019/1974** (Acrescentado pela Lei nº 13.429/2017): O contrato de prestação de serviços conterá:*
>
> *I – qualificação das partes;*
>
> *II – especificação do serviço a ser prestado;*
>
> *III – prazo para realização do serviço, quando for o caso;*
>
> *IV – valor.*

8.4. Direitos dos terceirizados

- Os direitos previstos aos empregados terceirizados são aqueles pertencentes à categoria profissional da empresa prestadora de serviços.
- **Tema 383 de Repercussão Geral do STF:** No dia 26/03/2021, o STF fixou a tese de repercussão geral que veda expressamente a equiparação de remuneração entre empregados da empresa tomadora e empregados da empresa contratada (terceirizadas):

> **Tema nº 383 de Repercussão Geral do STF:** "A equiparação de remuneração entre empregados da empresa tomadora de serviços e empregados da empresa contratada (terceirizada) fere o princípio da livre iniciativa, por se tratarem de agentes econômicos distintos, que não podem estar sujeitos a decisões empresariais que não são suas"

- De acordo com o Tribunal, a equiparação salarial entre empregados de agentes econômicos distintos (tomadora e prestadora) viola o princípio da livre iniciativa.
- **A Lei nº 13.467/2017 (Reforma Trabalhista)** inseriu o art. 4º-C à Lei nº 6.019/1974 que estabeleceu diversas condições de trabalho que devem ser **obrigatoriamente** observadas pela empresa contratante aos trabalhadores terceirizados, tais como

condições de alimentação, atendimento médico ou ambulatorial, transporte e medidas de proteção à saúde e segurança no trabalho.

8.5. Responsabilidade da tomadora

- A empresa contratante, como já visto, não é a empregadora, mas o trabalho realizado pelos terceirizados a beneficia diretamente. Logo, se a empresa prestadora de serviços não pagar aos trabalhadores, restará à tomadora os pagamentos dos encargos trabalhistas. Essa responsabilidade é chamada de subsidiária e ocorrerá apenas na hipótese de a empregadora não honrar com o pagamento dos direitos trabalhistas de seus empregados. De acordo com a legislação:

  > ***Art. 5º-A, § 5º, Lei nº 6.019/1974.*** *A empresa contratante é subsidiariamente responsável pelas obrigações trabalhistas referentes ao período em que ocorrer a prestação de serviços, e o recolhimento das contribuições previdenciárias observará o disposto no art. 31 da Lei nº 8.212, de 24 de julho de 1991. (Incluído pela Lei nº 13.429, de 2017)*

8.6. Responsabilidade da Administração Pública

- O item V da Súmula nº 331 e o tema 246 de repercussão geral do STF versam sobre a responsabilidade da administração pública pelo inadimplemento das obrigações trabalhistas:

  > **Súmula nº 331, V, do TST** – Os entes integrantes da administração pública direta e indireta respondem subsidiariamente, nas mesmas condições do item IV, caso evidenciada a sua conduta culposa no cumprimento das obrigações da Lei n. 8.666/93, especialmente na fiscalização do cumprimento das obrigações contratuais e legais da prestadora de serviço como empregadora. A aludida responsabilidade não decorre de mero inadimplemento das obrigações trabalhistas assumidas pela empresa regularmente contratada.
  >
  > **Tema 246 de Repercussão Geral do STF.** O inadimplemento dos encargos trabalhistas dos empregados do contratado não transfere automaticamente ao Poder Público contratante a responsabilidade pelo seu pagamento, seja em caráter solidário ou subsidiário, nos termos do art. 71, § 1º, da Lei nº 8.666/93.

- **Regra:** portanto, tem-se, como regra, a irresponsabilidade. O inadimplemento dos encargos trabalhistas pela empresa prestadora de serviços não transfere automaticamente ao Poder Público contratante a responsabilidade pelo seu pagamento, em caráter solidário ou subsidiário, nos termos do art. 71, § 1º, da Lei nº 8.666/1993.

- **Exceção – Culpa *in vigilando:*** De acordo com o item V da Súmula nº 331 do TST, a Administração somente será responsável se comprovada culpa, isto é, se não fiscalizar o contrato de prestação de serviços.

- **Nova Lei de Licitações (Lei nº 14.133/2021).** A Administração Pública somente responderá subsidiariamente pelas obrigações trabalhistas dos terceirizados se houver falha na fiscalização do cumprimento das obrigações trabalhistas. Os arts. 50 e 121, § 3º da Nova Lei elencam as medidas que devem ser adotadas pela Administração para essa fiscalização. Entendemos que, uma vez adotadas todas as medidas dispostas na nova lei, estará afastada a responsabilidade do poder público na terceirização pública.

8.7. Trabalho temporário

- Trabalhador temporário não se confunde com empregado contratado por prazo determinado, art. 443 da CLT. O trabalho temporário está previsto na Lei nº 6.019/74. Trata-se de modalidade de terceirização expressamente prevista em lei. Há, nesse caso, uma relação triangular de trabalho:

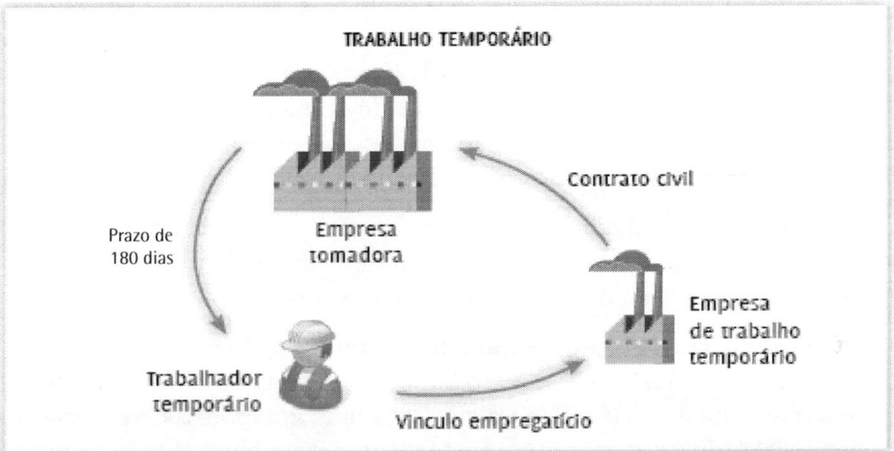

- **Hipóteses de contratação.** O trabalhador temporário é contratado por uma empresa de trabalho temporário para prestar serviços em outra empresa, denominada empresa tomadora de serviços. Entretanto, não é permitida a contratação indiscriminada de trabalhadores temporários, pois somente será admitida essa modalidade de prestação de serviços nas seguintes hipóteses conforme redação do art. 2º da Lei nº 6.019/1974, conferida pela Lei nº 13.429/2017:

  1) **Necessidade de substituição transitória de pessoal permanente:** Não há nessa hipótese nenhuma novidade em relação ao que já era previsto na redação antiga do art. 2º da Lei nº 6.019/1974. Diante de afastamento do pessoal permanente, é possível a contratação de trabalhadores temporários para substituí-los e permitir que a empresa continue operando normalmente.

  2) **Demanda complementar de serviços:** Apesar dessa hipótese de contratação não estar prevista no conceito anterior de trabalho temporário, guarda relação com o termo "acréscimo extraordinário de serviços". Ocorre que, diferentemente da antiga previsão legal, a Lei nº 13.429/2017 acrescentou o § 2º ao art. 2º da Lei nº 6.019/1974, que traz o conceito de demanda complementar de serviços, o que assegura maior segurança jurídica. Somente será considerada como demanda complementar aquela que decorrer de:

     - **Fatores imprevisíveis:** será possível a contratação de temporários quando se verificar a ocorrência de eventos que não eram previstos pela empresa tomadora de serviços e que exijam a contratação temporária de mão de obra. Por exemplo, uma empresa que se vê obrigada a acelerar a produção de um determinado produto em decorrência de um evento da natureza, poderia em razão da imprevisibilidade do evento, se utilizar de mão de obra temporária por meio de contrato com empresa de trabalho temporário para evitar prejuízos em sua produção.

– **Fatores previsíveis, mas que tenham natureza intermitente, periódica ou sazonal:** é possível a contratação de empresa de trabalho temporário mesmo quando o fator que exija complementação da mão de obra seja previsível, desde que tenham natureza intermitente, periódica ou sazonal. Trata-se da hipótese de contratação quando ocorre um aumento no volume de trabalho em determinadas épocas do ano. Por exemplo, a contratação de mais vendedores no período natalino, pois o número de vendas aumenta consideravelmente nesse período do ano.

- **Abrangência do trabalho temporário:** Por outro lado, a Lei nº 13.429/2017 estabelece de forma expressa que o trabalho temporário poderá ser realizado tanto nas atividades-meio como nas atividades-fim das empresas.
- **Proibição de contratação de trabalhador temporário em greves:** A atual redação da Lei nº 6.019/1974 traz a proibição expressa da contratação de trabalhador temporário durante o movimento grevista, salvos as hipóteses expressamente previstas em lei **(dever de manutenção do maquinário e abusividade do movimento grevista).**

Principais diferenças existentes entre terceirização e trabalho temporário após as alterações promovidas na Lei nº 6.019/1974:

Terceirização	Trabalho temporário
– não há prazo determinado para a realização dos serviços	– prazo do trabalho temporário: 180 dias Obs.: O prazo poderá ser prorrogado por 90 dias consecutivos ou não.
– A contratação é livre, não havendo hipóteses legais que permitem a contratação. Obs.: trabalhador terceirizado presta serviços na atividade-meio ou na atividade-fim da empresa contratante (expressa previsão legal nesse sentido, com a Reforma Trabalhista)	– A contratação somente poderá ocorrer nas 2 hipóteses expressamente previstas em lei. Obs.: trabalhador temporário presta serviços na atividade-fim ou na atividade-meio da empresa tomadora (expressão previsão legal nesse sentido)
– **Antes da Reforma Trabalhista:** não havia previsão legal de que os terceirizados tinham direito ao mesmo salário e jornada dos empregados da tomadora. Se constatada identidade de funções, caberia equiparação salarial, OJ 383. – **Reforma Trabalhista:** contratante e contratada **poderão** estabelecer que os empregados da contratada farão jus a salário equivalente ao pago aos empregados da contratante, além de outros direitos, que também podem ser previstos.	– salário equivalente ao percebido pelos empregados que trabalham na mesma função ou cargo da tomadora

9. CONTRATO DE TRABALHO E RELAÇÃO DE TRABALHO

9.1. Relação de trabalho x Relação de emprego

- ***Relação de trabalho:*** O termo relação de trabalho é utilizado como gênero e trata da relação de trabalho de forma ampla. Todo trabalho humano (pessoa física) prestado ao tomador de serviços (pessoa física ou jurídica) é uma relação de trabalho. Exemplo: trabalho autônomo, atividade de estágio, trabalho eventual, temporário e o próprio vínculo empregatício.

- ***Relação de emprego:*** Por outro lado, relação de emprego é uma das espécies do gênero relação de trabalho. A característica principal daquela relação consiste na presença da subordinação jurídica exercida sobre a figura do empregado. A CLT e demais leis trabalhistas foram criadas para proteger o empregado, que trabalha sob subordinação. Verifica-se, assim, que toda relação de emprego corresponde a uma relação de trabalho, mas nem toda relação de trabalho é uma relação de emprego.

9.2. Contrato de trabalho

- Para identificar uma relação de emprego é formado o contrato de emprego. A expressão, entretanto, consagrada na prática e nos concursos públicos é contrato de trabalho (sinônimos: contrato de trabalho stricto senso, vínculo empregatício e relação de emprego). Assim sendo, o contrato de trabalho é o ajuste verbal ou escrito, tácito ou expresso, firmado entre o empregado, que assume a obrigação de prestar serviços não eventuais e subordinados, e o empregador, que assume a obrigação de pagar salário.

9.3. Características do contrato de trabalho

Dentre as características principais do contrato de trabalho, pode-se destacar que esse contrato é:

a) **bilateral ou sinalagmático**: envolve obrigações para ambas as partes. O empregado está obrigado a prestar serviços, o empregador possui a obrigação de pagar salário.

b) **consensual**: não há forma especial para o contrato de trabalho, podendo ser celebrado de forma tácita ou expressa.

c) **trato sucessivo**: continuidade no tempo, ou seja, não se esgota em um único ato, como contrato de compra e venda, por exemplo. Na relação de trabalho há um débito permanente, uma parte em prestar serviços e outra em pagar salário.

d) **oneroso**: no contrato de trabalho há necessidade de pagar contraprestação em virtude dos serviços prestados.

e) **comutativo**: as partes (empregado e empregador) conseguem verificar, no momento da contratação, as vantagens e os sacrifícios que terão de enfrentar durante a vigência do contrato de trabalho.

f) **personalíssimo ou *intuito personae***: essa característica é voltada apenas para o empregado, que foi contratado em razão das suas virtudes pessoais (eficiência, confiança, moral etc.).

9.4. Classificação dos contratos de trabalho

- O contrato de trabalho será, em regra, firmado por prazo indeterminado. Dessa forma, com base no princípio da continuidade da relação de emprego, não há data certa para o fim do vínculo empregatício. Excepcionalmente, nas hipóteses expressamente previstas em lei, é possível o contrato firmado por prazo determinado. Com a Reforma Trabalhista, também será possível a contratação de trabalho intermitente. Para mais informações, confira o próximo tópico dessas dicas.

Importante ressaltar que o contrato expresso é aquele que não deixa dúvidas para as partes envolvidas. Poderá ser firmado expressamente de forma verbal ou escrita. Já o contrato tácito, como já dito, decorre de um comportamento entre as partes envolvidas. E, ainda, o contrato poderá ser firmado por prazo indeterminado (regra) ou determinado (exceção).

Segue quadro de memorização acerca do contrato de trabalho por prazo determinado:

CONTRATO POR PRAZO DETERMINADO
• **Hipóteses previstas na CLT:** a) Serviços cuja natureza justifique a predeterminação do prazo (prazo máximo: 2 anos); b) Atividades empresariais de caráter transitório (2 anos); c) Contrato de experiência (90 dias). • **Hipóteses previstas na legislação do doméstico (LC nº 150/2015):** a) Atendimento de necessidades familiares de natureza transitória (2 anos); b) Substituição temporária de empregado doméstico com contrato de trabalho interrompido (2 anos); c) Contrato de experiência (90 dias). • **Prorrogação:** apenas uma única vez dentro do período máximo • **Estabilidade:** não há, em regra, direito à estabilidade no contrato por prazo determinado (exceto: gestante e acidente do trabalho) • **Nova contratação:** respeitar prazo de 6 meses, exceto: a) execução de serviços especializados; b) realização de certos acontecimentos. • **Términos do contrato por prazo determinado na CLT:** **a) Extinção normal**: não há pagamento de indenização; **b) Extinção antecipada**: 1) Iniciativa **empregador**: pagamento de indenização no valor da **metade da remuneração** (art. 479 da CLT); 2) Iniciativa **empregado**: indenização dos **prejuízos** que esse desligamento causar à empresa (art. 480 da CLT). **c) Cláusula assecuratória de direito recíproco** 1) rescisão antecipada será de acordo com os contratos por prazo indeterminado; 2) as partes ficam obrigadas a conceder aviso-prévio, se houver término antecipado. • **Término do contrato por prazo determinado na legislação do doméstico:** a) Extinção antecipada: 1) Iniciativa **empregador doméstico**: indenização no valor da **metade da remuneração** (art. 6º da LC nº 150/2015) 2) Iniciativa **empregado doméstico**: indenização dos **prejuízos** que causar ao empregador doméstico (art. 7º da LC nº 150/2015) b) Impossibilidade de celebração de cláusula assecuratória de direito recíproco: segundo a LC não há direito ao recebimento de aviso-prévio nos contratos a termo (art. 9º da LC nº 150/2015)

- **Término antecipado do contrato de aprendizagem:**

  a) desempenho insuficiente ou inadaptação do aprendiz, salvo para o aprendiz com deficiência quando desprovido de recursos de acessibilidade, de tecnologias assistivas e de apoio necessário ao desempenho de suas atividades (Redação dada pela Lei nº 13.146/2015);

  b) falta disciplinar grave;

  c) ausência injustificada à escola que implique perda do ano letivo;

  d) pedido do aprendiz.

9.5. Contrato para prestação de trabalho intermitente

- A Reforma Trabalhista cria um novo tipo de contrato de trabalho denominado intermitente, que compreende a modalidade de contratação do trabalho por horas, dias ou meses, havendo períodos alternados de prestação de serviços e de inatividade:

- O art. 452-A da CLT foi inserido pela Reforma Trabalhista e regulamentará o trabalho intermitente, apresentando suas especificidades e seus efeitos na relação de emprego. O "caput" do dispositivo estabelecerá algumas formalidades que devem ser observados na celebração do contrato de trabalho. O trabalho intermitente será um contrato de trabalho solene, pois deverá ser necessariamente firmado por escrito e deverá conter o valor da hora de trabalho, que não poderá ser inferior ao valor horário do salário mínimo ou àquele devido aos demais empregados do estabelecimento que exerçam a mesma função em contrato intermitente.

- **Não obrigatoriedade da convocação:** Contudo, é importante destacar que, no trabalho intermitente, o empregador não será obrigado a convocar o trabalhador para prestar os serviços, o que poderá reduzir significativamente a remuneração desse empregado, ainda que seja proporcionalmente igual ao valor recebido pelos demais empregados.

- **Procedimento de convocação:** De acordo com o § 1º do art. 452-A da CLT, o empregador deverá convocar o empregado para a prestação dos serviços com, pelo menos, 3 dias corridos de antecedência. A comunicação poderá ser realizada por qualquer meio de comunicação eficaz. Além disso, na própria convocação do empregado deverá ser informada a jornada de trabalho que será realizada pelo trabalhador na ocasião de sua prestação de serviços. É importante ressaltar que a jornada não poderá ultrapassar o limite constitucional de 8 horas diárias ou 44 horas semanais, ainda que o empregado venha a trabalhar apenas por alguns dias. Preenchidos os requisitos necessários para a convocação e recebida pelo empregado, o § 2º do presente artigo assegura o prazo de 1 dia útil para que o empregado responda ao chamado.

- **Resposta do empregado:** Caso permaneça em silêncio e não se manifeste quanto à convocação, haverá presunção da recusa na prestação dos serviços. Por sua vez, o § 3º do artigo determina que a recusa da oferta pelo empregado não descaracterizará a subordinação para fins do contrato de trabalho intermitente.

- **Multa por descumprimento do acordado:** Aceita a oferta de trabalho intermitente pelo empregado, as partes que descumprirem o acordo, sem justo motivo, estarão sujeitas ao pagamento de multa à outra parte no valor de 50% da remuneração que seria devida no prazo de 30 dias, sendo possível a compensação no mesmo prazo.

- **Direitos do empregado em trabalho intermitente:** Tendo em vista a existência de vínculo empregatício, o empregado terá direito ao recebimento dos direitos trabalhistas previstos no art. 7º da Constituição Federal. O § 6º do art. 452-A da CLT dispõe o rol de direitos que deverão ser pagos ao trabalhador logo ao final de cada período de prestação de serviço:
  - Remuneração;
  - Férias proporcionais com acréscimo de um terço;
  - 13º salário proporcional;
  - Repouso semanal remunerado;
  - Adicionais legais

9.6. Alteração do Contrato Individual de Trabalho

- **Imperatividade, inalterabilidade contratual lesiva e condição mais benéfica.** O contrato de trabalho possui normas de caráter imperativo que não comportam transação entre as partes. Limita-se, assim, a autonomia da vontade, para garantir o mínimo de dignidade ao empregado. Devem-se respeitar os princípios da inalterabilidade contratual lesiva e da condição mais benéfica. Esse último assegura ao empregado as vantagens conquistadas durante o contrato de trabalho, que não poderão ser alteradas para pior.
- **Diferenças entre cláusulas contratuais e cláusulas coletivas.** Cabe destacar que as cláusulas contratuais se diferenciam das cláusulas coletivas. O que foi ajustado entre empregado e empregador não pode ser alterado para prejudicar o empregado, conforme o art. 468 da CLT. Já nas normas coletivas há maior possibilidade de negociação em razão da paridade existente entre os entes coletivos (empresas e sindicatos profissionais e econômicos), inclusive com possibilidade de alteração prejudicial aos empregados, como a redução salarial, prevista expressamente no Texto Constitucional.
- **Alteração bilateral.** No âmbito individual, há necessidade de observar dois requisitos para que a alteração do contrato de trabalho seja válida (art. 468 da CLT):
  a) Consentimento do empregado.
  b) Essa alteração não pode acarretar prejuízos diretos ou indiretos ao trabalhador.
- **Alteração unilateral (*jus variandi*).** Com fundamento no poder diretivo, art. 2º da CLT, cabe ao empregador efetuar algumas alterações para mais bem organizar a atividade empresarial. Aliás, como é o empregador que assume os riscos da atividade econômica, nada mais justo que exerça algumas modificações no contrato de trabalho. Essas alterações promovidas pelo empregador são chamadas *jus variandi*.
- **Reversão.** O empregado que ocupa cargo de confiança poderá ser revertido ao cargo anterior, com a retirada da gratificação de função, sem que essa reversão acarrete nulidade. Nesse caso, quando o trabalhador não corresponde às expectativas

do empregador e como envolve função de confiança, há previsão na própria lei que autoriza o retorno à função anterior, sem que esse ato seja nulo.

- **Retirada da gratificação de função de confiança.** Com a Reforma Trabalhista, é possível a retirada da gratificação da função de confiança, que não será incorporada, independentemente do tempo de exercício da função (Art. 468, § 2º da CLT).
- **Rebaixamento.** É o retorno do empregado ao cargo efetivo anterior com caráter punitivo, sendo que o trabalhador ocupava cargo efetivo mais alto. Essa medida é ilícita, pois viola o princípio da inalterabilidade contratual lesiva do trabalhador previsto no art. 468 da CLT[16].
- **Promoção.** É o ato pelo qual o empregado é transferido em caráter permanente para um cargo superior com o recebimento de efetivas vantagens. Caso prevista em regulamento de empresa, é obrigação do empregado aceitar a promoção, salvo hipóteses justificáveis para permanecer em cargo inferior[17].
- **Remoção.** Configura-se com a alteração do local de trabalho do empregado, sendo exigida sua mudança de residência[18]. Para mais informações, confira o próximo tópico acerca da alteração do local de trabalho.
- **Redução salarial.** Não é permitida a redução salarial do empregado por ato unilateral ou mesmo por acordo individual entre as partes. A Constituição permite a redução do salário apenas na hipótese de celebração de convenção ou acordo coletivos de trabalho:

> ***Art. 7º, CF/88.*** *São direitos dos trabalhadores urbanos e rurais, além de outros que visem à melhoria de sua condição social:*
>
> *(...)*
>
> *VI – irredutibilidade do salário, salvo o disposto em convenção ou acordo coletivo;*

- Caso haja redução salarial via negociação coletiva, deverá ser garantido o emprego durante o período de vigência do instrumento coletivo, nos termos do art. 611-A, § 3º da CLT.
- **Alteração do horário e jornada de trabalho.** A alteração do horário é um exemplo frequente nas questões de concurso na área trabalhista acerca da alteração contratual. Se o empregado foi contratado para trabalhar 4 horas, o empregador, em regra, não poderá ampliar essa jornada, porque essa alteração é prejudicial ao trabalhador. Outro exemplo é o empregado que trabalhava 8 horas, mas, durante o contrato, o seu horário foi reduzido para 6 horas. Nesse caso, o empregador não poderá exigir a jornada anterior, sob pena de afrontar o art. 468 da CLT e o princípio da condição mais benéfica. Essa proibição de retorno à jornada inicialmente contratada não se aplica ao servidor público, pois seu horário é definido em lei.

---

16. DELGADO, Maurício Godinho. *Curso de Direito do Trabalho*. 16. ed. São Paulo: LTr, 2017. p. 1.167.
17. DELGADO, Maurício Godinho. *Curso de Direito do Trabalho*. 16. ed. São Paulo: LTr, 2017. p. 1.170.
18. DELGADO, Maurício Godinho. *Curso de Direito do Trabalho*. 16. ed. São Paulo: LTr, 2017. p. 1.170.

- **Medidas trabalhistas durante a Pandemia de COVID-19 e legislação de exceção.** As medidas excepcionais adotadas durante a pandemia de coronavírus (Lei nº 14.020/2020 - conversão em lei da MP nº 936/2020, e MP nº 1.045/2021) permitiram e a redução de salários e de jornada e a suspensão temporária do contrato de trabalho durante o estado de calamidade pública. Nesse mesmo sentido, em agosto de 2022, o Congresso Nacional aprovou a MP nº 1.109/2022 (convertida na Lei nº 14.437/2022), que institucionaliza autorização genérica para a adoção de medidas trabalhistas de enfrentamento a momentos de crise, dentre elas: a redução de salários e de jornada e a suspensão temporária do contrato de trabalho. Destacamos que essas medidas poderão ser implementadas por meio de acordo individual escrito ou de negociação coletiva. Dessa forma, agora, mesmo superado o momento de crise ocasionado pela pandemia de COVID-19, no Direito do Trabalho, é possível a redução de salários e a suspensão do contrato de trabalho por meio de acordo individual entre empregado e empregador. Ainda que reservada essa possibilidade aos períodos de reconhecida calamidade, temos sérias dúvidas quanto à constitucionalidade dessas normas, pois a Constituição Federal autoriza a redução salarial apenas por meio de convenção ou acordo coletivo de trabalho (art. 7º, VI).
- **Readaptação funcional.** O empregado com deficiência física ou mental superveniente à contratação pode ser readaptado em outra função exercida quando for atestado por órgão previdenciário e participar de programa de reabilitação profissional. Surge o questionamento se seria possível a redução do salário em razão da alteração de função. Parte da doutrina entende que é possível a redução proporcional ao valor do benefício previdenciário recebido pelo trabalhador. Por outro lado, o posicionamento majoritário é no sentido de não admitir a redução salarial desse empregado[19].

Para a semana antes da prova, segue o quadro de resumo sobre alteração do contrato:

Alteração do Contrato		
1. A alteração é permitida apenas	**2. Possibilidade de reversão**	**3. Jus variandi – alteração unilateral do contrato**
a) com consentimento do empregado; **b)** se não acarretar prejuízos diretos e indiretos.	Reversão ao cargo de confiança ao cargo anteriormente ocupado é permitido por lei. Essa modificação não é considerada ilegal. Obs.: Com a Reforma Trabalhista, o valor de gratificação não é incorporado (Art. 468, § 2º da CLT).	Hipóteses de alteração unilateral do contrato (*jus variandi*): **a)** Transferência do horário noturno para o diurno; **b)** Alteração da data do pagamento, desde que respeitado o 5º dia útil; **c)** Transferência, desde que observados os limites impostos em lei.

9.7. Transferência de local de trabalho

- **Requisitos:** A transferência será possível desde que tenha anuência do empregado. Para configurar transferência, é necessário que acarrete mudança de domicílio do empregado.

19. DELGADO, Maurício Godinho. *Curso de Direito do Trabalho*. 16. ed. São Paulo: LTr, 2017. p. 1.169.

- **Dirigente sindical:** É vedada a transferência do empregado eleito para dirigente sindical, conforme previsto no art. 543 da CLT.
- **Transferência unilateral:** Excepcionalmente, poderá ocorrer a transferência unilateral do empregado, se respeitados os limites impostos por lei. A seguir, as hipóteses admitidas:

a) **Empregados que exerçam cargos de confiança.** Inclusive para esses empregados, é necessário que o empregador demonstre a necessidade do serviço.

b) **Empregados cujo contrato tenham como condição implícita ou explícita a necessidade de transferência.** Também nessa hipótese será necessária a comprovação de real necessidade de serviço, no mesmo sentido da hipótese anterior. Exemplo de condição implícita: empregados do circo. Condição explícita: no ato da contratação fica expresso que é condição, na prestação de serviços, a possibilidade de transferência do empregado, como ocorre em alguns bancos e em empresas com diversas filiais.

c) **Extinção do estabelecimento.** Nesse caso, a transferência unilateral é permitida para evitar o término do contrato de trabalho.

d) **Transferência provisória por necessidade de serviço.** Nesse caso, com fundamento no princípio da lealdade contratual, caberá ao empregado colaborar com a empresa. Há necessidade, entretanto, de que essa necessidade seja fundamentada na real necessidade de serviço.

- **Adicional de transferência.** No caso de transferência provisória por necessidade de serviço, mesmo em se tratando de cargo de confiança e condição implícita ou explícita no contrato, o empregador ficará obrigado a pagar adicional de, no mínimo, 25%, dos salários que o empregado recebia na localidade de origem, enquanto durar a transferência. Se ocorrer transferência definitiva, o empregado não terá direito ao adicional.
- Para a semana antes da prova, segue esse quadrinho de resumo sobre a transferência do empregado:

TRANSFERÊNCIA

Possibilidades de transferência:

- Desde que tenha consentimento (anuência) do empregado
- Transferência unilateral (necessidade de comprovar a necessidade de serviço)

a) Cargo de confiança;

b) Contrato que tenha condição implícita ou explícita;

c) Extinção do estabelecimento;

d) Necessidade de serviço.

- **Adicional de transferência (art. 469 § 3º, da CLT)**

a) Apenas para transferências provisórias;

b) Empregados que exercem cargo de confiança também têm direito ao adicional;

c) Esse adicional possui natureza salarial.

- **Ajuda de custo (art. 470 da CLT)**

a) Despesas resultantes da transferência;

b) Natureza indenizatória;

9.8. Suspensão e interrupção do contrato de trabalho

- **Conceito.** A **interrupção** do contrato de trabalho consiste na ausência provisória da prestação de serviços, em que são devidos o pagamento de salário e a contagem do tempo. Cessa a obrigação do empregado, mas persiste a obrigação da empresa. Por outro lado, a **suspensão** do contrato de trabalho é a ausência provisória da prestação de serviços, sem que haja o pagamento de salário nem a contagem do tempo. Nesse caso, cessa a obrigação tanto da empresa como do empregado.
- **Para a semana antes da prova**, segue esse importante quadro de resumo com as hipóteses de interrupção e suspensão do contrato de trabalho (importantíssimo memorizar!):

Hipóteses de interrupção (pagamento de salário)[20]	Hipóteses de suspensão (não há pagamento de salário)
• 2 dias – falecimento • 3 dias – casamento • 9 dias – professor (casamento e falecimento) • 1 dia a cada 12 meses – doação de sangue • 2 dias – alistamento eleitoral • 2 dias – acompanhamento de sua esposa ou companheira em consultas ou exames durante a gravidez • 1 dia por ano – acompanhar filho de até 6 anos em consulta médica • até 3 (três) dias, em cada 12 (doze) meses de trabalho, em caso de realização de exames preventivos de câncer devidamente comprovada (Lei nº 13.767/2018) • Tempo necessário: (1) serviço militar; (2) vestibular; (3) comparecimento em juízo; (4) reunião/organismo internacional (dirigente sindical) • Paralisação da empresa • Acidente nos primeiros 15 dias • Férias • RSR e feriados	• Encargo público • Mandato sindical • Greve • Suspensão disciplinar • Benefícios previdenciários • Diretor de S.A. • Intervalos • Prisão (sem trânsito em julgado) • Violência doméstica • Inquérito para apuração de falta grave • Qualificação profissional

20. No dia 31/08/2022, o Congresso Nacional aprovou a MP n.º 1.116/2022, que, entre outras providências, alterou a redação dos incisos III e X do art. 473 da CLT (hipóteses interrupção do contrato de trabalho). Na data de fechamento desta edição, o texto aprovado aguardava sanção ou veto do presidente:

    Art. 473 da CLT - O empregado poderá deixar de comparecer ao serviço sem prejuízo do salário:

    (...)

    III - por 5 (cinco) dias consecutivos, em caso de nascimento de filho, de adoção ou de guarda compartilhada;

    (...)

    X - pelo tempo necessário para acompanhar sua esposa ou companheira em até 6 (seis) consultas médicas, ou em exames complementares, durante o período de gravidez; .

Hipóteses de interrupção (pagamento de salário)[20]	Hipóteses de suspensão (não há pagamento de salário)
• Intervalos intrajornadas remunerados. • Licença-paternidade de 5 dias, com possibilidade prorrogação por mais 15 dias (total de 20 dias) se aderir ao Programa Empresa Cidadã • **Gestante:** consultas médicas • Participação nas comissões de conciliação prévia • Prontidão e sobreaviso • *Lock out* • Participação no Conselho Curador do FGTS	
Casos controvertidos	
• Licença-maternidade (interrupção) • Aborto não criminoso (interrupção) • Serviço militar obrigatório (suspensão) • Acidente do trabalho após 15 primeiros dias (suspensão)	

- **Licença-paternidade de 5 dias**. Essa licença é válida tanto para o pai casado como para o solteiro, e deve ser gozada no decorrer da primeira semana após o parto[21] (art. 473 da CLT e art. 10, § 1º, ADCT). Com a promulgação da Lei de políticas públicas para a primeira infância (Lei nº 13.257/2016), foi introduzida a possibilidade de prorrogação da licença-paternidade em 15 dias na Lei nº 11.770/2008 (Programa Empresa Cidadã), totalizando o período de 20 dias. Para se ter direito à prorrogação, é necessário o preenchimento de alguns requisitos:

  1) empregador deve integrar o Programa Empresa Cidadã;

  2) benefício de prorrogação deve ser requerido no prazo de até 2 dias úteis após o parto;

  3) comprovação de participação em programa ou atividade de orientação sobre paternidade responsável;

  4) impossibilidade de exercer atividade remunerada durante o período.

- **Reforma Trabalhista:** constitui objeto ilícito da convenção ou acordo coletivo, a supressão ou redução da licença-paternidade, nos termos fixados em lei (art. 611-B, XIV da CLT).

9.9. Efeitos do Contrato de Trabalho

- **Efeitos do contrato (obrigações do contrato de trabalho).** O contrato de trabalho gera obrigações tanto para o **empregado**, que assume a obrigação de prestar serviços não eventuais e subordinados, como para o **empregador**, que assume a obrigação de pagar salário. Nesse sentido, surgem diversos efeitos decorrentes da

---

21. JORGE NETO, Francisco Ferreira; CAVALCANTE, Jouberto de Quadros Pessoa. *Curso de Direito do Trabalho.* São Paulo: Atlas, 2009. p. 251.

relação jurídica. De acordo com Maurício Godinho Delgado[22], é possível a divisão desses efeitos em:

a) efeitos próprios ao contrato de trabalho e;

b) efeitos conexos ao contrato de trabalho.

- **Efeitos próprios.** São aqueles que decorrem da natureza do contrato de trabalho e da conjuntura natural das cláusulas contratuais.
- **Efeitos conexos.** São aqueles que não decorrem propriamente da natureza do contrato, mas que poderão se juntar a ele por conexão ou acessoriedade. São efeitos de natureza não trabalhista que surgem em função ou em vinculação ao contrato de trabalho.

9.9.1. Dano material e moral

- **Dano material.** O dano material atinge diretamente o patrimônio do ofendido. A reparação deve abranger os **danos emergentes** ou prejuízos efetivos e imediatos, isto é, o montante que o empregado efetivamente perdeu. E ainda, os **lucros cessantes** que refletem no futuro, ou seja, com a diminuição potencial do patrimônio do trabalhador. Em ambos os casos, de danos emergentes ou de lucros cessantes, torna-se necessário fazer prova, por exemplo, por documentos e recibos, do que efetivamente perdeu e deixou de ganhar, para que o empregado possa ter direito à reparação.
- **Dano moral.** Dano moral é a lesão a direitos da personalidade[23], ou seja, direitos extrapatrimoniais como violação da honra, intimidade, privacidade e outros direitos ligados à dignidade da pessoa humana. Essa lesão causa sofrimento, tristeza, depressão etc. Ao contrário da indenização por danos materiais, facilmente comprovados com documentos, a prova para comprovar o dano moral torna-se praticamente impossível, pois não se comprovam a tristeza, a raiva, a angústia, o sofrimento etc. Assim sendo, o que se comprova, para que possa haver a reparação, são os fatos que originaram o ato lesivo/ilícito.
- **Fixação da indenização.** A indenização arbitrada pelo juiz do trabalho deve ser razoável e justa, ou seja, não pode promover o enriquecimento ilícito do trabalhador. Ao mesmo tempo, não pode ser fixada em valor insignificante que incentive o empregador a persistir nas condutas ilícitas. Essa reparação, portanto, além de ter o objetivo de assegurar vantagens pecuniárias ao ofendido, tem a finalidade de servir de punição ao ofensor.
- **Reforma Trabalhista:** Com o advento da Lei nº 13.467/2017, há regulamentação do tema "dano extrapatrimonial" no Título II-A da CLT, podendo ser sujeito passivo do dano tanto a pessoa física, nos casos do art. 223-C da CLT*, quanto a pessoa jurídica, nos casos do art. 223-D da CLT.

---

22. DELGADO, Maurício Godinho. Curso de Direito do Trabalho. 14. ed. São Paulo: LTr, 2015. p. 659.
23. MELO, Raimundo Simão. *Ações acidentárias na Justiça do Trabalho: Teoria e Prática*. São Paulo, LTr, 2011.

Segundo as alterações, são bens jurídicos tutelados das pessoas físicas e jurídicas:

a) **pessoa física (art. 223-C da CLT):** a honra, a imagem, a intimidade, a liberdade de ação, a autoestima, a sexualidade, a saúde, o lazer e a integridade física

b) **pessoa jurídica (art. 223-D da CLT):** a imagem, a marca, o nome, o segredo empresarial e o sigilo da correspondência

- Serão responsáveis pelo dano extrapatrimonial todos os que tenham contribuído para a ofensa ao bem jurídico, na proporção da ação ou omissão (Art. 223-E da CLT).
- A Súmula nº 37 do STJ já permitia a cumulação dos pedidos de dano moral e material, haja vista se tratarem de causas de pedir distintas, o que é corroborado pelo art. 223-F da CLT, inserido pela Reforma Trabalhista.
- Além disso, a Reforma Trabalhista estabelece um sistema de tarifação do dano moral, já que estipula parâmetros para a fixação de sua indenização:

SISTEMA DE TARIFAÇÃO DO DANO EXTRAPATRIMONIAL	
Gravidade da ofensa	**Limitação da indenização**
Natureza leve	Até 3x o último salário contratual
Natureza média	Até 5x o último salário contratual
Natureza grave	Até 20x o último salário contratual
Natureza gravíssima	Até 50x o último salário contratual

Ademais, ao apreciar o pedido, o juiz considerará (Art. 223-G da CLT):

I - a natureza do bem jurídico tutelado;

II - a intensidade do sofrimento ou da humilhação;

III - a possibilidade de superação física ou psicológica;

IV - os reflexos pessoais e sociais da ação ou da omissão;

V - a extensão e a duração dos efeitos da ofensa;

VI - as condições em que ocorreu a ofensa ou o prejuízo moral;

VII - o grau de dolo ou culpa;

VIII - a ocorrência de retratação espontânea;

X - o esforço efetivo para minimizar a ofensa;

X - o perdão, tácito ou expresso;

XI - a situação social e econômica das partes envolvidas;

XII - o grau de publicidade da ofensa.

Por fim, na reincidência entre partes idênticas o juiz poderá elevar ao dobro o valor da indenização.

9.9.2. Assédios moral e sexual nas relações de trabalho

- **Assédio moral.** O assédio moral é a conduta reiterada no sentido de desgastar o equilíbrio emocional do sujeito passivo, seja por meio de atos, palavras, gestos, que vise ao enfraquecimento da vítima ou ao seu desequilíbrio emocional.[24]
- **Assédio sexual.** Trata-se da conduta reiterada com conotação libidinosa de uma pessoa em relação à outra. É uma ofensa de natureza essencialmente emocional, podendo em alguns casos atingir inclusive a dimensão física[25]. O empregado sujeito a assédio sexual tem direito à indenização por danos morais sofridos, além da possibilidade de rescindir indiretamente o contrato de trabalho.
- **Consequências do assédio nas relações de trabalho.** Comprovada a prática de assédio por parte do empregador, o trabalhador poderá ser indenizado pelo dano moral sofrido (arts. 186, 187 e 927 do CC), bem como pleitear a rescisão indireta do contrato de trabalho (art. 483, "e", CLT). Caso o assediador seja outro empregado, haverá a possibilidade de dispensa por justa causa (art. 482, "j", CLT).

9.9.3. Lei Geral de Proteção de Dados (LGPD) nas relações de trabalho

- **Lei nº 13.709, de 14 de agosto de 2018:** Lei Geral de Proteção de Dados Pessoais (LGPD), nomenclatura conferida pela Lei nº 13.853/2019. De acordo com o seu art. 1º, esta legislação é voltada ao tratamento de dados pessoais, inclusive nos meios digitais, por pessoa natural ou por pessoa jurídica de direito público ou privado, com o objetivo de proteger os direitos fundamentais de liberdade e de privacidade e o livre desenvolvimento da personalidade da pessoa natural.
- **Emenda Constitucional nº 115/2022:** Nesse ponto, ressalta-se que agora é expressa a previsão do direito à proteção dos dados pessoais, inclusive nos meios digitais, no rol de direitos fundamentais, por meio da inclusão do inciso LXXIX ao art. 5º da Constituição de 1988 com a promulgação da EC 115/2022.
- **Aplicação nas relações de trabalho:** Por se tratar de uma lei geral, a LGPD não traz nenhum dispositivo expresso que se refere especificamente à proteção de dados pessoas nas relações de trabalho, o que poderia suscitar discussões quanto ao seu alcance na seara trabalhista. No entanto, o próprio art. 1º da LGPD deixa claro que a lei é voltada para proteger os dados pessoais de pessoas naturais que sejam tratados por pessoas físicas ou jurídica de direito público ou privado.
- Assim, a LGPD deve ser utilizada nas relações de trabalho para a proteção dos dados pessoais dos empregados, que são tratados constantes pelos empregadores e que o uso indiscriminado podem causar prejuízos aos seus titulares.
- **Tratamento de dados pessoais:** De acordo com o art. 5º, X, da LGPD, tratamento de dados é toda operação realizada com dados pessoais, como (rol exemplificativo)

24. DELGADO. Maurício Godinho. Curso de Direito do Trabalho. 15 ed. São Paulo: LTr, 2016. p. 1346.
25. DELGADO. Maurício Godinho. Curso de Direito do Trabalho. 16 ed. São Paulo: LTr, 2017. p.731.

as de coleta, produção, recepção, classificação, utilização, acesso, reprodução, transmissão, distribuição, processamento, arquivamento, armazenamento, eliminação, avaliação ou controle da informação, modificação, comunicação, transferência, difusão ou extração.

- **Dados pessoais:** Por sua vez, os dados pessoais são toda informação relacionada a pessoa natural identificada ou identificável. Note-se que a LGPD não protege os dados de pessoas jurídicas. Esses dados são protegidos por outros diplomas normativos como os referentes à propriedade industrial.
- **Parâmetros para o tratamento dos dados pessoais:** A Lei Geral de Proteção de Dados Pessoais estabeleceu parâmetros para o tratamento de dados pessoais que devem ser seguidos por controladores e operadores. Um dado pessoal somente pode ser tratado quando se enquadrar em uma das bases legais de tratamento de dados previstas na LGPD (art. 7º e 11) e quando atender aos princípios da LGPD.
- Note-se, portanto, que são dois requisitos prévios para que os dados sejam tratados:
  1) Enquadramento em umas hipóteses legais de base de tratamento de dados (art. 7º e 11); e
  2) Atendimento aos princípios da LGPD (art. 6º)
- Essa fórmula é um parâmetro mínimo de análise, mas pode trazer insegurança diante da subjetividade de análise. Sendo assim, é importante analisar também os princípios e normas trabalhistas.
- **Tratamento de dados de empregados adolescentes:** A LGPD dedicou tópico específico acerca do tratamento de dados de crianças e adolescentes. De acordo com o art. 14 da lei, os dados de criança e adolescentes devem ser tratados sem em seu melhor interesse. Além disso, é indispensável que haja consentimento específico e em destaque dados por pelo menos um dos pais ou responsável legal. É dispensado o consentimento somente para que seja possível, uma única vez e sem armazenamento, para que o controlador entre em contato com os pais ou representantes legais.

10. DURAÇÃO DO TRABALHO E JORNADA DE TRABALHO

- **Limitação da jornada na CF/88.** A limitação da jornada de trabalho é uma das maiores vitórias conquistadas pelos empregados. Atualmente, a duração máxima é limitada a 8 horas diárias e 44 horas semanais, tanto aos homens quanto às mulheres.
- **Empregados domésticos:** Até 2013, não tinham limitação da jornada de trabalho. Com a EC nº 72/2013, passaram a ter direito à jornada de 8 horas diárias e 44 horas semanais.
- **Reforma Trabalhista (art. 611-A, CLT):** permite que a negociação coletiva com o sindicato preveja novas modalidades de jornada, desde que respeite o limite constitucional.

- **Jornada de trabalho:** compreende o tempo em que o empregado está à disposição do empregador.
- **Tempo à disposição (art. 4º da CLT):** é o período em que o empregado está executando ou aguardando ordens de seu empregador.
- **Flexibilização do tempo à disposição do empregador:** 1) tempo de espera do motorista profissional; 2) Sobreaviso; 3) prontidão.
- **Motorista profissional:** Em março de 2015, foi promulgada a Lei dos Motoristas Profissionais – Lei nº 13.103/2015, que alterou a regulamentação da profissão, especialmente no tocante à jornada de trabalho.
- **Tempo de espera (art. 235-C, § 8º, CLT):** corresponde ao período em que o motorista profissional fica aguardando carga ou descarga do veículo, bem como o período gasto com a fiscalização da mercadoria transportada. Esse período não é computado na jornada de trabalho e não será devido como horas extraordinárias. As horas relativas ao tempo de espera serão indenizadas na proporção de 30% (trinta por cento) do salário-hora normal.
- **Prontidão:** Nas chamadas horas de prontidão, o empregado permanece nas dependências da empresa aguardando ordens. Nesse caso, o trabalhador não prestará serviços, mas receberá 2/3 do horário normal em razão do tempo à disposição. Poderá permanecer em prontidão por, no máximo, 12 horas.
- **Sobreaviso:** consistem na possibilidade de o empregado permanecer em sua residência ou outro local combinado aguardando ordens da empresa. Nesse caso, receberá apenas 1/3 da hora normal e poderá ficar nesse regime por, no máximo, 24 horas.
- **Controle de jornada e registro de ponto:**
  a) **Antes da Lei da Liberdade Econômica:** obrigatório para estabelecimentos com mais de 10 empregados.
  b) **Redação atual:** passou a ser exigido apenas de estabelecimentos com mais de 20 empregados (art. 74, § 2º, da CLT).
- **Registro de ponto por exceção:** A Lei nº 13.874/2019 passou a permitir o registro de ponto por exceção firmado mediante acordo individual ou instrumento coletivo de trabalho.
- **Como funciona o registro por exceção?** Somente serão anotadas as exceções na jornada, como faltas, horas extras, intervalos diferentes. É a inversão da lógica do registro de ponto.
- **TST:** já havia decidido pela validade dessa modalidade de registro desde que prevista em acordo ou convenção coletiva de trabalho (Processo nº TST-ARR-80700-33.2007.5.02.0261. Rel. Min. Caputo Bastos. Data de julgamento: 26/10/2018).

10.1. Limite de tolerância

- **Limite de tolerância**: conforme art. 58, § 1º, da CLT, não serão descontadas nem computadas as variações de horário não excedentes de cinco minutos, observado o limite máximo de dez minutos diários.
- **Reforma Trabalhista:** com a inserção do § 2º ao art. 4º da CLT, há duas hipóteses em que pode ser ultrapassado sem que o período seja considerado como tempo à disposição do empregador:

  a) **Proteção pessoal:** Caso o empregado permaneça no local de trabalho, por escolha própria, para buscar proteção pessoal em caso de insegurança nas vias públicas ou más condições climáticas, o tempo que ultrapassar o limite de tolerância não será considerado como tempo à disposição do empregador.

  b) **Atividades particulares.** Se o trabalhador adentrar ou permanecer na empresa para o desenvolvimento de atividades particulares, o período também não será considerado como tempo à disposição do empregador. As atividades elencadas exemplificativamente são as seguintes:

  I – práticas religiosas;

  II – descanso;

  III – lazer;

  IV – estudo;

  V – alimentação;

  VI – atividades de relacionamento social;

  VII – higiene pessoal;

  VIII – troca de roupa ou uniforme, quando não houver obrigatoriedade de realizar a troca na empresa.

10.2. Empregados não submetidos à limitação de jornada

a) Empregados que exercem atividade externa incompatível com a fixação de horário de trabalho. Para esses trabalhadores que exercem atividades externas não há limite de 8 horas, logo não terão direito às horas extras, adicional noturno e intervalos. Essa exclusão existe diante da impossibilidade de fiscalização da jornada.

b) Gerentes que exercem cargos de gestão e recebem gratificação de função não inferior a 40% do respectivo salário efetivo. Há necessidade de o gerente exercer poderes de gestão, ou seja, contratar e dispensar empregados, dar ordens, controlar estoque de mercadorias etc. Em resumo, ter poderes de gestão significa representar a figura do empregador. Ademais, a lei equipara ao gerente, para exclusão da limitação de jornada, os diretores e chefes de departamento e/ou filial. Cabe ressaltar que a fiscalização do horário é incompatível com o cargo de gerente. Assim sendo, esses empregados devem ter ampla liberdade nos horários de chegada, saída etc. Para os gerentes que exercem poderes de gestão não há limite de 8 horas, logo não terão direito às horas extras, adicional noturno e intervalos.

c) Teletrabalho: No dia 2/09/2022, foi publicada a Lei nº 14.442/2022 (fruto da conversão da MP n.º 1.108/2022), que dispõe sobre teletrabalho, alterando diversos dispositivos da CLT. Dessa forma, optamos por tratar sobre o teletrabalho em dois momentos. Primeiro, abordaremos a regulamentação dada ao teletrabalho pela Reforma Trabalhista. Depois, trataremos as alterações promovias pela nova regulamentação em tópico apartado.

10.2.1. Regulamentação dada ao teletrabalho pela Reforma Trabalhista

- **Teletrabalho.** A CLT foi alterada em 2011, para prever o teletrabalho, ou seja, o trabalho executado a distância. Nesse caso, se as ordens são passadas pelo celular ou *e-mail*, configuram-se a subordinação e, consequentemente, o vínculo empregatício (art. 6º CLT).
- **Teletrabalho e a Reforma Trabalhista**: A Lei nº 13.467/2017 regulamentou o tema em seu título II, capítulo II-A (arts. 75-A a 75-E) e definiu o teletrabalho como a prestação de serviços preponderantemente fora das dependências do empregador. De acordo com a regulamentação, o teletrabalhador não estaria sujeito às regras de duração do trabalho, ou seja, não teria direito a horas extras, pagamento de adicional noturno e intervalos, nos termos do art. 62, III, da CLT. Ademais, o acordo ou convenção coletiva que dispuser sobre o teletrabalho terá prevalência sobre o disposto na legislação trabalhista (art. 611-A, VIII da CLT).
- **Contrato solene:** Para a contratação de empregado na modalidade de teletrabalho, a legislação exige solenidade, pois a condição de teletrabalhador deve constar expressamente do contrato individual de trabalho, bem como há exigência para que o empregador especifique detalhadamente as atividades que o empregado deve exercer.
- **Alteração de trabalho presencial para teletrabalho.** A Reforma Trabalhista permite que o empregado passe a trabalhar na condição de teletrabalhador desde que haja:

  a) mútuo acordo entre as partes;

  b) acordo escrito em aditivo contratual.
- **Alteração de teletrabalho para trabalho presencial.** Quanto à alteração do regime de teletrabalho para o regime presencial, há novo caso de jus variandi, independendo de prévio acordo entre as partes, já que pode ser realizada por ato unilateral do empregador. Para essa alteração ser válida, é necessário o atendimento dos seguintes requisitos:

  a) Prazo de transição mínimo de 15 dias: O empregador pode determinar unilateral a alteração do regime de teletrabalho para o presencial, mas deverá conceder o prazo mínimo de 15 dias para o trabalhador realizar a modificação.

b) Aditivo contratual.

- **Responsabilidade pela aquisição, manutenção ou fornecimento dos equipamentos.** Nos termos do art. 75-D, da CLT, a responsabilidade pela aquisição, manutenção ou fornecimento dos equipamentos tecnológicos e da infraestrutura necessária e adequada da prestação do trabalho remoto, além do reembolso de despesas arcadas pelo trabalhador, poderá ser regulada por acordo escrito entre empregado e empregador.
- **Meio ambiente do trabalho.** Por fim, o empregador deverá instruir os empregados, de maneira expressa e ostensiva, quanto às precauções a tomar a fim de evitar doenças e acidentes de trabalho, e o empregado deverá assinar termo de responsabilidade comprometendo-se a seguir as instruções fornecidas pelo empregador (art. 75-E, CLT)

10.2.2. Nova regulamentação do teletrabalho dada pela Lei nº 14.442/2022 (fruto da conversão da MP n.º 1.108/2022)

- **Novo conceito.** "teletrabalho" ou "trabalho remoto" é a prestação de serviços fora das dependências do empregador, de maneira preponderante ou não, com a utilização de tecnologias de informação e de comunicação, que, por sua natureza, não se configure como trabalho externo (art. 75-B, da CLT, com redação dada pela Lei nº 14.442, de 2022).
- Ressalta-se, ainda, que o comparecimento do empregado às dependências da empresa, ainda que de modo habitual, não descaracteriza o regime de teletrabalho.
- **Controle de jornada.** A Lei nº 14.442/2022 criou duas modalidades de teletrabalho:

  1) Teletrabalho por jornada: nesse caso, com duração de 8h nos moldes tradicionais (intervalos, horas extras etc.); e

  2) Teletrabalho por produção e tarefa (novidade).

- Somente o teletrabalho por produção ou tarefa está excluído do controle de jornada, não havendo, portanto, limitação da jornada em 8 horas diária ou 44 horas semanais, intervalos intra e interjornada, nem horas extras ou adicional noturno (art. 62, III, da CLT, com redação dada pela Lei nº 14.442, de 2022).
- **Operador de telemarketing.** Não se enquadra ao regime de teletrabalho a ocupação de operador de telemarketing.
- **Tempo à disposição.** O uso dos equipamentos tecnológicos e de infraestrutura utilizados para o teletrabalho, fora da jornada de trabalho normal do empregado, não constitui tempo à disposição, regime de prontidão ou de sobreaviso, exceto se houver previsão em acordo individual ou em acordo ou convenção coletiva de trabalho.
- **Aprendizes e estagiários.** Agora há autorização para que aprendizes e estagiários trabalhem em regime de teletrabalho.

- Necessidade de controle de jornada. Como há regras específicas sobre a jornada de trabalho dos aprendizes e estagiários, entendemos que esses trabalhadores não poderão ser excluídos da duração do trabalho (teletrabalho por produção ou tarefa).
- **Aplicação territorial da lei e das normas coletivas.** Aplicam-se ao empregado em teletrabalho as regras locais e as convenções e acordos coletivos de trabalho relativas à base territorial do estabelecimento do empregado.
- **Trabalhador contratado no Brasil que opta por prestar serviços fora do país.** Aplica-se a legislação brasileira, salvo disposição em contrário estipulada entre as partes.
- Não se aplica para a situação de trabalhadores contratados no Brasil ou transferidos por seus empregadores para prestar serviço no exterior (Lei nº 7.064/82).
- **Horários e os meios de comunicação entre empregado e empregador.** Poderão ser regulados por acordo individual, desde que assegurados os repousos legais.
- **Prioridade de vagas.** Empresas deverão priorizar as vagas de teletrabalho aos empregados com deficiência e empregados e empregadas com filhos ou criança sob guarda judicial até quatro anos de idade.

10.3. Regime de tempo parcial

- **Regime por tempo parcial.** Este regime foi criado como forma de incentivar o aumento dos postos de trabalho. Além disso, a remuneração dos empregados submetidos a essa jornada reduzida será proporcional à remuneração recebida pelos empregados que cumprem, nas mesmas funções, tempo integral.
- **Com a Reforma Trabalhista**, será considerado trabalho em regime de tempo parcial o que não exceder a 30 horas semanais, quando não poderão ser prestadas horas extras ou 26 horas semanais, em que se possibilitará o acréscimo de até 6 horas suplementares semanais. Note-se que mesmo que estipulada por tempo inferior a 26 horas, as horas suplementares serão consideradas horas extras.
- **Férias:** com a entrada em vigor da Reforma Trabalhista, as férias do regime de tempo parcial serão regidas pelo art. 130 da CLT, na mesma proporção devida aos demais empregados. Nesse sentido, o art. 130-A da CLT foi revogado.

Duração das férias do empregado (art. 130)	
Número de faltas	**Dias de Férias**
Até 5 faltas	30 dias
6 a 14 faltas	24 dias
15 a 23 faltas	18 dias
24 a 32 faltas	12 dias
Acima de 32 faltas	Não há férias a usufruir

- **Alteração para o regime por tempo parcial.** Por fim, para os atuais empregados, já contratados, a adesão ao regime por tempo parcial deverá ocorrer mediante seu consentimento, e, ainda, ser submetida à negociação coletiva (acordo ou convenção coletiva), porque há possibilidade de acarretar redução salarial. De acordo com o § 2º do art. 58-A da CLT: "Para os atuais empregados, a adoção do regime de tempo parcial será feita mediante opção manifestada perante a empresa, na forma prevista em instrumento decorrente de negociação coletiva."

10.4. Turnos ininterruptos de revezamento

- **Turnos ininterruptos de revezamento.** Ocorre quando há **alternância de horários** dos empregados. Exemplo: trabalhador presta serviços no horário **diurno** durante os primeiros 15 dias do mês de abril. Nos outros 15 dias, é transferido para o período **noturno**. Veja que não há obrigatoriedade de esse empregado laborar em todos os períodos disponíveis na empresa; a mera alternância – noturno e diurno – já caracteriza o turno ininterrupto.

  No caso do trabalhador contratado nessa modalidade, a jornada de trabalho será se 6 horas diárias, salvo o disposto em negociação coletiva (Art. 7º, XIV da CF/88).

- **Jornada reduzida.** Os empregados submetidos ao turno ininterrupto de revezamento têm desgaste biológico maior. Ademais, o convívio social e familiar fica diretamente prejudicado, em razão dessa alternância no horário.

- **Para a semana antes da prova** (importante memorizar essa parte geral de duração do trabalho, porque há grande chance de ser cobrada no seu concurso):

DURAÇÃO DO TRABALHO	
Limitação da jornada prevista na CF/88	- 8 horas diárias. - 44 horas semanais.
Controle da jornada	a) Obrigatório nos estabelecimentos com mais de 20 empregados (Lei nº 13.874/2019). **Obs.:** Doméstico: controle obrigatório independentemente do número de empregados. b) Presunção relativa de veracidade nas declarações do empregado: - empresas não apresentam os controles de frequência; - horários de entrada e saída uniformes.
Prontidão	- Empregado permanece nas dependências da empresa. - Receberá 2/3 do horário normal. - Máximo de 12 horas.
Sobreaviso	- Permanece em sua residência, aguardando ordens. - Receberá 1/3 do horário normal. - Máximo de 24 horas.
Não possuem limitação ou jornada (art. 62 da CLT)	- Atividade externa e incompatível com a fiscalização: - Gerentes com poderes de gestão e gratificação 40%. - Teletrabalhador (Reforma Trabalhista)

DURAÇÃO DO TRABALHO	
Regime tempo parcial	**Reforma Trabalhista:** - Duração máxima de 30 horas semanais, sem a possibilidade de horas extras. - Duração de até 26 horas, com a possibilidade de até 6 horas extras suplementares semanais. - Faculdade do empregado converter 1/3 das férias em abono pecuniário de férias. - Regime de férias: art. 130 da CLT.
Turnos ininterruptos de revezamento (alternância de horários)	- Jornada reduzida de 6 horas, exceto negociação coletiva (8 horas). - A mera alternância entre o período diurno e noturno gera a jornada reduzida de 6 horas (OJ 360). - Jornada reduzida de 6 horas é compatível com hora noturna reduzida de 52:30 (OJ 395).

10.5. Horas *In Itinere*

- **Regulamentação anterior à Reforma Trabalhista:** Antes da Reforma Trabalhista, o período de deslocamento não era computado na jornada de trabalho, exceto se a empresa estivesse em local de difícil acesso ou não servido por transporte público e o empregador fornecesse o transporte ao empregado.

A mera insuficiência de transporte público, no entanto, não ensejava o pagamento das horas *in itinere*.

Restando configurados os requisitos, as horas *in itinere* eram computadas na jornada de trabalho.

Havia, ainda, a possibilidade de previsão de tempo médio das horas *in itinere*.

- **Reforma Trabalhista:** Não há mais previsão de horas *in itinere,* já que, durante este período, o empregado não se encontra à disposição do empregador:

> ***Art. 58 da CLT****- A duração normal do trabalho, para os empregados em qualquer atividade privada, não excederá de 8 (oito) horas diárias, desde que não seja fixado expressamente outro limite.*
>
> *(...)*
>
> *§ 2º O tempo despendido pelo empregado desde a sua residência até a efetiva ocupação do posto de trabalho e para o seu retorno, caminhando ou por qualquer meio de transporte, inclusive o fornecido pelo empregador,* ***não será computado na jornada de trabalho, por não ser tempo à disposição do empregador****. (grifo nosso)*

10.6. Trabalho noturno

- Considera-se noturno o trabalho executado entre as 22 horas de um dia e as 5 horas do dia seguinte. Durante esse período, o empregado receberá adicional de, no mínimo, 20% sobre a hora diurna. Esse adicional possui natureza salarial, portanto reflete nas demais verbas trabalhistas.

- A hora noturna para o trabalhador urbano é reduzida, ou seja, uma hora noturna será computada como de 52 minutos e 30 segundos. Os empregados rurais e os petroleiros não têm direito à hora reduzida. No tocante ao rural, a jornada noturna inicia-se às 20h e termina às 4h na pecuária. Na lavoura, será das 21h até as 5h. Adicional noturno é de, no mínimo, 25% superior à hora diurna.
- ***Horários mistos:*** Ocorrerá o horário misto quando o empregado prestar serviços no período diurno e noturno. Exemplo: inicia o trabalho às 20 horas e vai até às 4 horas. Veja que nesse caso, o período entre 20 h e 22 h será pago como hora diurna. Ao ultrapassar as 22 horas, incide o adicional noturno e a redução da hora para 52 minutos e 30 segundos.
- **Prorrogação do horário noturno:** A prorrogação, por sua vez, ocorre quando houver a continuidade da prestação de serviços além do limite previsto em lei, ou seja, 5 horas da manhã. Nesse caso, o empregado continuará recebendo o adicional noturno e terá direito à hora reduzida.

10.7. Trabalho extraordinário

- O trabalho que ultrapassar a jornada normal será remunerado com adicional de, no mínimo, 50% sobre a hora normal.
- Cabe frisar que as variações no registro de ponto não excedentes a cinco minutos, observado o limite máximo de dez minutos, não serão descontadas, nem consideradas como jornada extraordinária (art. 58, § 1º, da CLT).
- **Acordo de prorrogação:** Nesse caso, para que a prestação de horas extraordinárias seja lícita, há necessidade de dois requisitos (art. 59 da CLT):
  1) **acordo escrito entre empregado e empregador**. Poderá ser autorizado via negociação coletiva (acordo ou convenção).
  2) **prorrogação máxima de duas horas diárias.** Se houver prestação de horas suplementares sem a observância do acordo escrito, ou ainda, além das duas horas diárias, a empresa será autuada pela fiscalização.
- **Prorrogação da jornada por necessidade imperiosa**: A CLT prevê hipótese de prorrogação da jornada de trabalho por necessidade imperiosa. De acordo com a doutrina[26], necessidade imperiosa é considerada gênero, do qual são espécies prorrogação por motivo de força maior e prorrogação para conclusão de serviços inadiáveis ou cuja inexecução possa acarretar prejuízos ao empregador. De acordo com o a antiga redação do§ 1º do artigo 61 da CLT, essas horas extras poderiam ser exigidas independentemente de acordo ou convenção coletiva de trabalho desde que houvesse comunicação ao Ministério do Trabalho. Com a alteração da **Reforma Trabalhista,** remove-se a exigência de comunicação prévia à autoridade em matéria de trabalho.

---

26. Nesse sentido: CASSAR, Vólia Bomfim. *Direito do Trabalho.* 11. ed. São Paulo: Método, 2015. p. 680; GARCIA, Gustavo Filipe Barbosa. *CLT comentada.* São Paulo: Método, 2015. p. 91; e MARTINS, Sérgio Pinto. *Comentários à CLT.* 19. ed. São Paulo: Atlas, 2015. p. 103.

10.8. Compensação

- **Compensação.** Nesse regime o empregado trabalhará além da jornada normal em alguns dias, para descansar em outros (art. 59, § 2º, da CLT).
- **Observância do limite máximo de 10 horas diárias.** A prestação de trabalho extraordinário acima do limite permitido desconfigura o sistema de compensação. Nesse caso, as horas extraordinárias compensadas, com descanso, serão pagas apenas acrescidas do adicional de 50%. Por outro lado, as horas que ultrapassarem a jornada semanal serão pagas como horas extras (paga-se a hora normal acrescida do adicional de 50%).
- Com a Reforma Trabalhista, esse regime de compensação poderá ocorrer mediante acordo individual, tácito ou escrito, desde que a compensação se dê no mesmo mês (Art. 59, § 6º da CLT, com redação dada pela Reforma Trabalhista).
- **Diferença de banco de horas e compensação.**
- Com a Reforma Trabalhista, o regime de compensação de jornadas pode ser estabelecido por acordo individual tácito ou escrito, para compensação no mesmo mês.
- Já o banco de horas pode ser pactuado por acordo individual escrito, desde que a compensação ocorra no período máximo de seis meses. Se pactuado mediante negociação coletiva, as horas podem ser compensadas no prazo de 1 ano.
- Além disso, com a Reforma Trabalhista a prestação de horas extras habituais não descaracteriza o acordo de compensação de jornada e o banco de horas.
- **Compensação de jornada em atividades insalubres.** Havia discussão quanto à aplicação do art. 60 da CLT que prevê requisito específico para autorizar a prestação de serviços extraordinários em atividades insalubres. De acordo com a CLT, deve-se obter a **prévia permissão da autoridade competente** em matéria de segurança e higiene do trabalho, no caso, o Ministério do Trabalho e Previdência. Aliás, prevê o art. 60 da CLT que "quaisquer prorrogações" nessas atividades insalubres somente poderão ser acordadas mediante prévia permissão. Com a edição do item VI da Súmula nº 85, o TST, estabeleceu que é indispensável a realização da inspeção prévia e da autorização da autoridade competente para que seja válido o acordo de compensação de jornada em atividade insalubre. Ocorre que, com a Reforma Trabalhista, poderá haver acordo ou convenção coletiva sobre prorrogação de jornada em ambientes insalubres, sem licença prévia do Ministério do Trabalho, nos termos do art. 611-A, XIII da CLT. Com a Reforma Trabalhista, não será exigida licença prévia nas jornadas de 12x36, nos termos do art. 60, parágrafo único.
- **Compensação para pessoas com menos de 18 anos.** Ainda sobre esse tópico, cabe destacar que o empregado **com menos de 18 anos** poderá prestar serviços além das 8 horas para fins de compensação de jornada. Nesse caso, é exigida norma coletiva para que o ajuste seja válido.
- **Semana espanhola.** O TST admite a chamada **semana espanhola**, em que há alternância de 40 h de trabalho numa semana e 48 h na semana seguinte. Esse sistema de compensação é utilizado para que o empregado não trabalhe aos sábados.

- **Jornada 12 x 36.** Com a Reforma Trabalhista, é facultado às partes, mediante acordo individual escrito, convenção ou acordo coletivo, estabelecer horário de trabalho de 12X36, observados ou indenizados os intervalos para repouso e alimentação. A remuneração pactuada pelo horário em questão abrangerá o pagamento devido pelo descanso semanal remunerado e pelo descanso em feriados. Além disso, excetuam-se de licença prévia as jornadas de 12x36, nos termos do art. 60, parágrafo único.

  Art. 60, Parágrafo único da CLT: *Excetuam-se da exigência de licença prévia as jornadas de doze horas de trabalho por trinta e seis horas ininterruptas de descanso.*

10.9. Períodos de descanso

10.9.1. Intervalos

- **Intervalo intrajornada.** O intervalo intrajornada ocorre durante a jornada de trabalho. É o período destinado ao descanso e refeição. Em regra, os períodos destinados aos intervalos não são computados na jornada de trabalho, isto é, não são remunerados pelo empregador.

Jornada normal (8 h diárias)	=	**4 h de trabalho**	+	**no mín., 1 h; no máx., 2 h de intervalo** (não é remunerado)	+	**4 h de trabalho**

A duração do intervalo está intimamente ligada à jornada de trabalho. Tempo destinado ao intervalo para descanso e refeição:

a) **Jornada de até 4 horas:** não há previsão em lei de intervalo intrajornada.

b) **Jornada que excede 4 horas, com limite de 6 horas:** intervalo de 15 minutos. Se o empregador exigir horas extras habituais, excedendo a jornada de 6 horas diárias, deverá conceder intervalo mínimo de 1 hora.

c) **Jornada que excede 6 horas:** mínimo de 1 hora e máximo de 2 horas. Existe previsão no art. 71 da CLT de intervalo superior a 2 horas, mas haverá necessidade de prévia negociação coletiva (acordo ou convenção coletiva).

- Com a Reforma Trabalhista, o intervalo intrajornada pode ser pactuado via negociação coletiva, devendo ser respeitado o **limite mínimo de trinta minutos** para jornadas superiores a 6 horas (Art. 611-A, III da CLT, inserido pela Reforma Trabalhista). Além disso, a Reforma Trabalhista estabelece, de forma expressa, que as regras sobre duração do trabalho não serão consideradas como normas de saúde, higiene e segurança do trabalho, para fins do art. 611-B da CLT (inserido pela Reforma Trabalhista), de forma que poderão ser objeto de negociação coletiva.

- **Possibilidades de redução.** Além da previsão contida na Reforma Trabalhista, existem 3 casos que já permitiam a redução do intervalo, sendo que duas delas estão previstas na CLT:

a) **Motoristas do setor de transporte coletivo de passageiros:** A Lei nº 13.103/2015 passou a permitir o fracionamento e a redução do intervalo intrajornada desses trabalhadores:

> ***Art. 71, § 5º, CLT:*** *O intervalo expresso no caput poderá ser* ***reduzido e/ou fracionado****, e aquele estabelecido no § 1º poderá ser* ***fracionado****, quando compreendidos entre o término da primeira hora trabalhada e o início da última hora trabalhada, desde que previsto em convenção ou acordo coletivo de trabalho, ante a natureza do serviço e em virtude das condições especiais de trabalho a que são submetidos estritamente os motoristas, cobradores, fiscalização de campo e afins nos serviços de operação de veículos rodoviários, empregados no setor de transporte coletivo de passageiros, mantida a remuneração e concedidos* ***intervalos para descanso menores ao final de cada viagem*** *(grifos acrescidos).*

- É válido ressaltar, entretanto, que a Lei nº 13.103/2015 alterou a CLT para prever não somente a hipótese de fracionamento dos intervalos intrajornadas de 1 hora ou de 15 minutos, como também sua **redução no caso do intervalo de 1 hora**. Contudo, o intervalo de 15 minutos para os motoristas de transporte coletivo não pode ser reduzido, mas somente fracionado.

b) **Autorização do Ministério do Trabalho:** o art. 71, § 3º, CLT estabelece a possibilidade de reduzir o intervalo de 1 hora (redução do intervalo de 15 minutos não é permitida) desde que observados 3 requisitos:

   1) estabelecimento deve atender integralmente às exigências acerca de refeitórios;

   2) empregados não estiverem prestando horas extraordinárias;

   3) prévia autorização do Ministério do Trabalho e Previdência (Superintendência Regional do Trabalho).

c) **Empregado doméstico.** Além dessas hipóteses, a LC nº 150/2015 trouxe a possibilidade de redução e fracionamento do intervalo intrajornada dos empregados domésticos. De acordo com a atual regulamentação, o empregado doméstico cuja jornada diária é superior a 6 horas tem direito ao intervalo de, no mínimo, 1 hora e, no máximo, 2 horas. Contudo, existe previsão no art. 13 da LC nº 150/2015 de **redução do intervalo** para 30 minutos desde que haja acordo escrito entre empregado e empregador. Não é exigida, portanto, negociação coletiva para a redução no intervalo.

- Além disso, se o empregado doméstico residir no local de trabalho, é possível o **fracionamento do intervalo** intrajornada em 2 períodos, desde que cada um deles tenha, no mínimo, 1 hora até o limite de 4 horas diárias.

- **Intervalos não previstos em lei:** serão considerados tempo efetivo à disposição do empregador. Nesse caso, se a empresa conceder intervalo de 15 minutos no período da manhã, e mais 15 minutos no período da tarde, e extrapolar as 8 horas em que o trabalhador está à disposição do empregador, o tempo referente aos intervalos concedidos, 30 minutos, deverá ser remunerado como hora extraordinária, acrescido do pagamento de adicional de, no mínimo, 50% sobre a hora normal.

- **Consequências da supressão ou redução do intervalo.** Com a Reforma Trabalhista, caso o intervalo intrajornada não venha a ser gozado ou ainda gozado apenas parcialmente por empregados urbanos e rurais, haverá o pagamento apenas do período suprimido, com o adicional de 50% sobre o valor da remuneração da hora de trabalho, verba esta que terá natureza indenizatória, nos termos do art. 71, § 4º da CLT.

Para a semana antes da prova, segue quadro de memorização:

<table>
<tr><th colspan="2">Intervalo intrajornada</th></tr>
<tr><td colspan="2">• Ocorre durante a jornada de trabalho
• Intervalo não é inserido na jornada de trabalho (suspensão do contrato)</td></tr>
<tr><td>Duração do intervalo dependerá da jornada</td><td>a) jornada de até 6 horas: no mínimo 15 minutos;
b) jornada superior a 6 horas: no mínimo 1 hora, no máximo 2 horas.
Reforma Trabalhista: Possibilidade de negociação coletiva para redução até, no mínimo, 30 minutos (Art. 611-A, III da CLT).
• Intervalo não previsto em lei: tempo à disposição do empregador (Súmula nº 118 do TST)</td></tr>
<tr><td>Redução do intervalo intrajornada</td><td>a) em regra, não é admitida, mesmo que haja negociação coletiva.
• Intervalo não previsto em lei: tempo à disposição do empregador (Súmula nº 118 do TST);
• Redução do intervalo intrajornada:
Reforma: Trabalhista: Permite a redução via negociação coletiva para 30 minutos.
b) Casos que já possibilitavam a redução do intervalo para almoço:
1) Motoristas do setor de transporte coletivo de passageiros: art. 71, § 5º, CLT;
2) Autorização do Ministério do Trabalho: art. 71, § 3º, CLT.
– Necessário atender 3 requisitos:
a. estabelecimento atenda às exigências dos refeitórios;
b. empregador não exija horas extras;
c. autorização do Ministério do Trabalho e Previdência (Superintendência Regional do Trabalho).
3) Lei dos Domésticos (LC nº 150/2015): Redução do intervalo de 1 hora para 30 minutos por acordo escrito entre as partes;
b) sobre o tema redução do intervalo, o candidato deve estar muito atento ao texto da Súmula nº 437 do TST.
Importante! Com a Reforma Trabalhista, se houver a redução ou supressão do intervalo intrajornada, (1) o empregador deverá pagar apenas o período suprimido; (2) esse pagamento tem natureza indenizatória.</td></tr>
<tr><td>Intervalos remunerados</td><td>a) mecanografia e digitação (10 minutos);
b) frigoríficos (20 minutos);
c) minas de subsolo (15 minutos);
d) amamentação (2 intervalos de meia hora cada um deles).</td></tr>
</table>

10.9.2. Descanso semanal remunerado (DSR)

- Descanso semanal remunerado (DSR) ou repouso semanal remunerado (RSR) está previsto no art. 7º, XV, da CF, sendo garantido aos empregados urbanos e rurais e aos trabalhadores avulsos. Esse período é de, no mínimo, 24 horas consecutivas, e será concedido pelo menos uma vez por semana, **preferencialmente** aos domingos.

- Para ter direito à remuneração durante o descanso semanal, é necessário que o empregado preencha 2 requisitos:

a) **Frequência no trabalho,** na semana em que ocorrer o descanso. Assim sendo, faltas injustificadas possibilitam o desconto do dia em que houve a falta e do DSR. Faltas justificadas, como doação de sangue, comparecimento a audiência judicial, falecimento do cônjuge, não autorizam nenhum desconto.

b) **Pontualidade do empregado.** Atrasos injustificados durante a semana possibilitam o não pagamento do DSR.

- ***Consequências do trabalho no DSR:*** O descanso semanal foi criado para evitar o cansaço excessivo, constituindo norma de proteção à saúde do trabalhador. Assim sendo, se houver trabalho no dia destinado ao repouso, há necessidade de folga compensatória em outro dia da semana. Se o empregado descansar em outro dia, não há pagamento de nenhuma indenização.

- Na ausência da folga compensatória, o empregador estará obrigado a pagar remuneração em dobro, ou seja, além da remuneração normal, já contratada, deverá pagar a hora trabalhada mais adicional de 100%. Essa regra é aplicada ao trabalho no DSR e também nos **feriados**. Aliás, se o descanso for concedido após o sétimo dia consecutivo de trabalho, também haverá pagamento em dobro.

10.9.3. Férias

- O descanso durante o período de férias tem como objetivo evitar o cansaço excessivo e preservar a saúde do trabalhador. Nesse período de descanso prolongado, não há prestação de serviços, mas há pagamento de salário e o período de afastamento é contado para todos os efeitos.

11.9.3.1. Direitos às férias e sua duração

- ***Período aquisitivo:*** Para que o empregado tenha direito às férias, é necessário que preste doze meses de serviços. Após esse período terá adquirido o direito de férias. Esse intervalo de doze meses para aquisição do direito de férias é chamado de período aquisitivo.

- ***Duração do período de férias:*** A duração das férias estará intimamente ligada às faltas injustificadas cometidas pelo empregado ao longo do período aquisitivo. Com a Reforma Trabalhista, o prazo de duração de férias será o mesmo para todos os empregados. Segue quadro de memorização acerca da duração das férias do empregado:

DURAÇÃO DE FÉRIAS

JORNADA NORMAL	
Duração das férias	**Faltas injustificadas**
30 dias	5 faltas
24 dias	de 6 a 14 faltas
18 dias	de 15 a 23 faltas
12 dias	de 24 a 32 faltas

Obs1: Para fins de duração das férias, serão considerados dias corridos, não suspendendo durante domingos e feriados.

Obs2. Se o empregado ficar doente durante as férias, não há suspensão do período, correndo normalmente.

Obs3. O adicional de ⅓ de férias é proporcional aos dias conquistados, ou seja, se o empregado tem apenas 12 dias férias, somente nesses 12 dias terá o adicional de ⅓.

10.9.3.2. Concessão e época das férias

- **Período concessivo**: é o ato exclusivo de o empregador determinar quando o trabalhador terá direito a gozar de suas férias. Há, entretanto, exceção no tocante ao empregado estudante com menos de 18 anos de idade que terá **direito** de fazer coincidir suas férias com as férias escolares. Já os membros da mesma família que trabalharem na mesma empresa terão direito de gozar as férias no mesmo período, desde que não resulte prejuízo para o serviço.

12 meses de trabalho
Período aquisitivo

12 meses seguintes
Período concessivo
- Empregado irá desfrutar das férias
- A época de concessão será a que melhor consulte os interesses do empregador

- **Parcelamento das férias:** Com a Reforma Trabalhista, é possível o fracionamento das férias em até 3 períodos, desde que haja concordância do empregado, sendo que um dos períodos não poderá ser inferior a 14 dias corridos e os demais não poderão ser inferiores a 5 dias corridos. Além disso, é vedado o início das férias no período de 2 dias que antecede feriado ou DSR.

10.9.3.3. Remuneração das férias

- **Fracionamento das férias:** O empregado receberá, durante as férias, a remuneração devida na data de sua concessão, e não aquela que recebia quando da aquisição do direito. O pagamento das férias vem acompanhado do adicional de 1/3 previsto na Constituição Federal. Assim, se o empregado possui salário de R$ 900,00, no mês das férias receberá R$ 1.200,00 (R$900,00 de salário acrescidos 1/3 constitucional de R$ 300,00).

- Se o empregado receber adicionais legais como hora extra, adicional noturno, adicional de insalubridade e periculosidade, eles irão refletir no valor das férias. Se, no momento das férias, o empregado já não estiver mais recebendo o adicional ou, ainda, se o adicional não for uniforme, será feita a média dos doze meses do período aquisitivo.

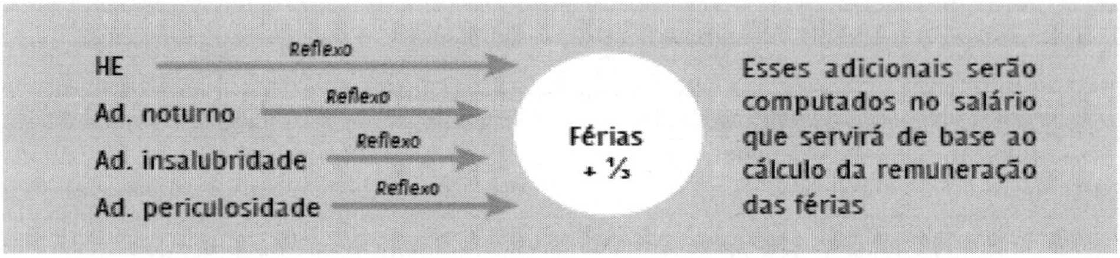

- **Súmula nº 450 do TST.** Publicada em maio de 2014 pelo TST, corresponde à conversão literal da OJ nº 386 da SDI-I, prevê que a concessão das férias, sem o devido pagamento do salário e do adicional de 1/3, com dois dias de antecedência, além de ensejar multa administrativa, leva ao pagamento da dobra do valor das férias.

- **ADPF 501-SC.** o Plenário do STF, por 7 votos a 4, no julgamento virtual finalizado em 05/08/202, julgou procedente a ADPF 501 para:

  (a) **declarar a inconstitucionalidade da Súmula 450 do Tribunal Superior do Trabalho**; e

  (b) invalidar decisões judiciais não transitadas em julgado que, amparadas no texto sumular, tenham aplicado a sanção de pagamento em dobro com base no art. 137 da CLT.

10.9.3.4. Abono pecuniário de férias

- ***Abono pecuniário de férias:*** O empregado tem o direito de converter 1/3 de férias em abono pecuniário, no valor da remuneração que lhe seria devida nos dias correspondentes. Na prática, esse direito do empregado é chamado de "vender as férias". É importante frisar que o abono pecuniário não se confunde com o adicional de 1/3, previsto na Constituição.

- O empregador não poderá se opor ao pagamento do abono pecuniário, desde que solicitado dentro do prazo de até **quinze dias** antes do término do período aquisitivo. O pagamento das férias, bem como do abono pecuniário, deverá ocorrer em até dois dias antes do início das férias. Para os empregados domésticos, a LC nº 150/2015 também previu a possibilidade de conversão de 1/3 das férias. No entanto, o pedido de conversão deve ser realizado até 30 dias antes do término do período aquisitivo.

10.9.3.5. Término do contrato de trabalho e pagamento das férias proporcionais

- As férias cujo período aquisitivo já esteja completo são sempre devidas na rescisão, pois já fazem parte do patrimônio do empregado. Note-se que mesmo que esse empregado seja dispensado por justa causa (furtou a empresa, agrediu empregador, violou segredo etc.), o pagamento das férias vencidas será devido.

- **Férias proporcionais:** No tocante às **férias proporcionais**, ou seja, quando o período aquisitivo ainda não estava completo e houve o término do contrato de trabalho, o cálculo será feito de um doze avos por mês ou fração superior a quatorze dias trabalhado.
- **Posicionamento de acordo com o TST**: mesmo que o empregado tenha trabalhado período inferior a doze meses, terá direito a férias proporcionais[27], na proporção de um doze avos por mês trabalhado. Somente será excluído esse direito na dispensa por justa causa. Exemplo: empregado trabalha 4 meses e pede demissão[28]. Terá direito a 4/12 de férias proporcionais (se houver aviso-prévio, terá direito a 5/12). Se ocorrer hipótese de culpa recíproca[29], em que empregado e empregador tiveram parcela de culpa pelo término, há necessidade de pagamento de 50% das férias proporcionais.

10.9.3.6. Férias coletivas

- ***Férias coletivas:*** As férias coletivas poderão ser concedidas a todos os empregados da empresa ou apenas a setores da empresa, nos termos do art. 139 da CLT. Verifica-se que o empregador é quem decidirá sobre a concessão ou não das férias coletivas. Não há obrigatoriedade nessa forma de concessão.
- O prazo para o pagamento, dois dias antes do início das férias, bem como a obrigatoriedade do adicional de um terço constitucional, segue a mesma sistemática das férias individuais.
- A comunicação das férias também é realizada de forma diversa. Para férias coletivas, é necessária a comunicação prévia, no **prazo de quinze dias**, ao Ministério do Trabalho e Previdência. Nessa comunicação, a empresa deverá informar as datas de início e fim das férias e quais estabelecimentos ou setores serão abrangidos pela medida. Nesse mesmo prazo de quinze dias, o empregador deverá comunicar o sindicato representativo da categoria profissional (sindicato dos trabalhadores) e afixar avisos nos locais de trabalho.
- Os empregados admitidos a menos de doze meses gozarão férias *proporcionais* com os demais trabalhadores da empresa. Neste caso, o empregado terá direito ao pagamento do salário acrescido do adicional constitucional de um terço, apenas nos dias

27. **Súmula nº 171 do TST.** "Salvo na hipótese de dispensa do empregado por justa causa, a extinção do contrato de trabalho sujeita o empregador ao pagamento da remuneração das férias proporcionais, ainda que incompleto o período aquisitivo de 12 (doze) meses.
28. **Súmula nº 261 do TST.** "O empregado que se demite antes de completar 12 (doze) meses de serviço tem direito a férias proporcionais."
29. **Súmula nº 14 do TST.** "Reconhecida a culpa recíproca na rescisão do contrato de trabalho (art. 484 da CLT), o empregado tem direito a 50% (cinquenta por cento) do valor do aviso-prévio, do décimo terceiro salário e das férias proporcionais."

em que já conquistou o direito às férias. Nos demais, o empregador pagará salário normal, tornando-se licença remunerada ao trabalhador.

FÉRIAS
Memorização dos prazos
• Comunicação das férias: antecedência de 30 dias
• Prazo para pagamento das férias: 2 dias antes do seu início
• Prazo para pagamento do abono de férias: 2 dias antes do início
• Prazo para requerer o abono pecuniário: 15 dias antes de terminado o período aquisitivo
• Férias coletivas – comunicação prévia: 15 dias
• Fracionamento das férias:
a) Com a reforma Trabalhista, as férias individuais poderão ser fracionadas em 3 períodos, sendo que um deles não pode ser inferior a 14 dias.
b) Coletivas: nenhum dos períodos poderá ser inferior a 10 dias

11. SALÁRIO E REMUNERAÇÃO

- **Salário** é a contraprestação paga diretamente pelo empregador.
- **Remuneração** é a contraprestação paga diretamente pelo empregador e, ainda, por terceiros, por meio de gorjetas. As gorjetas são pagas de forma espontânea ou obrigatória, não integrando o salário, mas a remuneração do empregado. Nesse sentido:

Remuneração	=	Salário	+	Gorjetas

- **Gorjetas:** atualmente, não há diploma legislativo que regulamente as gorjetas.
- **Distribuição das gorjetas:** devem atender aos usos e costumes já adotados pelas empresas e empregados.
- **Reflexos:** Esse valor, calculado sobre a média, reflete-se nas demais verbas trabalhistas, calculadas com base na remuneração, como: férias + 1/3, décimo terceiro salário e FGTS. Não integra, contudo, as seguintes verbas: aviso-prévio, adicional noturno, hora extra e descanso semanal remunerado.

11.1. Salário mínimo

- **Salário mínimo** é o patamar mais baixo que um empregado pode ganhar. Lembre-se de que esse patamar mínimo é estendido também ao empregado com menos de 18 anos, inclusive aprendizes. E ainda, de acordo com o art. 39, § 3º, da CF, os servidores públicos terão direito ao salário mínimo.
- O salário mínimo deverá ser previsto em **lei** e será **nacionalmente unificado**. Nada impede que seja fixado em valor superior ao mínimo fixado em lei, como ocorre em alguns estados da Federação onde existe o piso estadual. Ademais, é vedada a utilização do salário mínimo como **indexador**, ou seja, é "**vedada sua vinculação para qualquer fim**".

Veja resumo a seguir, para memorização:

Salário mínimo	• Previsto em lei • Nacionalmente unificado • Reajustes periódicos • Vedada sua vinculação para qualquer fim • Irredutibilidade nominal
Necessidades básicas	• Moradia • Alimentação • Educação • Saúde • Lazer • Vestuário • Higiene • Transporte • Previdência Social

PROTEÇÃO AO SALÁRIO	
Irredutibilidade (art. 7º, VI, CF/88)	exceto acordo ou convenção coletiva, hipótese em que a norma coletiva deverá prever a proteção dos empregados por dispensa imotivada no período em que vigorar o instrumento coletivo (Art. 611-A, § 3º, CLT).
Intangibilidade	salário não poderá sofrer descontos, exceto: a) Adiantamentos feitos pelo empregador. b) Descontos legais e convencionais. c) Dano causado pelo empregado no caso de dolo, e, se previsto no contrato, culpa.
Vedado o *truck system*	Truck system é o pagamento do salário por meio de vales ou bônus para compra de produtos em armazém mantido pelo empregador.
Pagamento na primeira audiência judicial (art. 467 da CLT)	o empregador é obrigado a pagar ao empregado, à data do comparecimento na Justiça do Trabalho, a parte incontroversa, sob pena de pagá-la acrescida de 50%.
Proteção em face dos credores	Proteção em face dos credores do empregador: Assim sendo, na falência, o salário constitui crédito privilegiado (art. 83, I, da Lei nº 11.101/2005) Proteção em face dos credores do próprio empregado: Impenhorabilidade do salário, exceto: a) Salário superior a 50 salários mínimos, naquilo que exceder. b) Dívida de natureza alimentar. c) penhora do salário do devedor em até 50% para se evitar o prejuízo à subsistência do executado.

11.2. Modalidades de salário

- **Piso salarial.** Consiste no patamar mínimo para determinada categoria, previsto em norma coletiva (acordo ou convenção). O parâmetro para a fixação do piso salarial é a categoria a que pertence o trabalhador (metalúrgicos, por exemplo), e não a sua profissão. Nesse caso, o empregador somente estará obrigado a respeitar o valor do piso normativo se participou da negociação coletiva.

- Lei nº 14.434, de 4 de agosto de 2022 (piso nacional da enfermagem). No dia 4 de agosto de 2022, foi publicada a Lei nº 14.434, que fixa o piso salarial nacional dos Enfermeiros em R$ 4.750,00. Para viabilizar a fixação legal do piso, no dia 14 de julho de 2022, o Congresso Nacional havia promulgado Emenda Constitucional que incluiu o § 12 ao art. 198 da CF/88, autorizando que lei federal fixasse pisos salariais profissionais nacionais para o enfermeiro, o técnico de enfermagem, o auxiliar de enfermagem e a parteira. A Lei prevê, ainda, piso nacional de R$ 3.325,00 para Técnicos de Enfermagem e de R$ 2.375,00 aos Auxiliares de Enfermagem e Parteiras.
- Com a publicação da Lei, a Confederação Nacional de Saúde, Hospitais e Estabelecimentos de Serviços (CNSaúde) ingressou no STF com ADI 7222, argumentando pela inconstitucionalidade da lei por, entre outros motivos, violar a autonomia orçamentária dos estados e dos municípios, com risco de descontinuação de tratamentos essenciais em razão da limitação dos recursos financeiros e do aumento dos serviços privados de saúde. Ainda, sustenta que lei para aumentar de remuneração de servidores públicos federais é de iniciativa privativa do chefe do Poder Executivo. No dia 15/09/2022, o STF formou maioria para confirmar decisão monocrática do relator Ministro Roberto Barroso, que suspendeu a aplicação da Lei até que esclarecimentos sobre viabilidade financeira e orçamentária da medida e seus impactos na empregabilidade do setor e na qualidade dos serviços de saúde sejam prestados.
- **Salário Profissional:** Algumas profissões organizadas possuem patamar mínimo fixado em lei. São os chamados **salários profissionais**. Esses salários independem de negociação coletiva (acordo ou convenção). Exemplo: os médicos possuem salário profissional previsto na Lei nº 3.999/1961. Assim sendo, o salário profissional do médico não leva em conta a categoria em que o profissional trabalha, e sim a sua profissão.
- **Salário normativo.** É aquele fixado em sentença normativa proferida em dissídio coletivo pelos Tribunais da Justiça do Trabalho. Essa Justiça especializada possui o poder de criar normas jurídicas em determinadas situações, chamado poder normativo.
- **Salário proporcional.** Se o trabalhador for contratado para trabalhar em jornada inferior à duração normal de 8 horas diárias e 44 horas semanais, ele receberá o **salário mínimo proporcional** ou o piso salarial proporcional às horas trabalhadas. No entanto, em fevereiro de 2016, o TST inseriu o item II à OJ nº 358 para prever que o empregado público da Administração Direta, autárquica e fundacional tem direito ao recebimento de remuneração nunca inferior ao salário mínimo, ainda que trabalhe em jornada reduzida.
- **Salário complessivo.** O pagamento do salário deve ser realizado de forma clara e transparente. Desse modo, o empregado saberá exatamente o que está recebendo. É vedado o salário complessivo, ou seja, o pagamento sem que haja discriminação, detalhamento de cada uma das verbas recebidas.

- Em resumo, sobre o tema **salário**:

Salário (parcela paga diretamente pelo empregador)	
Salário profissional	fixado por lei (exemplos: médicos e engenheiros)
Piso salarial	fixado por instrumento coletivo (acordo ou convenção)
Salário normativo	fixado via sentença normativa (TRT ou TST)
Salário proporcional	salário mínimo ou piso salarial proporcional ao tempo trabalhado (OJ 358, I), exceto empregado público da Administração Direta, autárquica e fundacional (OJ 358, II)
Salário complessivo	pagamento realizado sem detalhar as parcelas. Não é cabível (Súmula 91)

11.3. Parcelas Salariais (composição do salário)

- **Reflexos.** Para o estudo da remuneração torna-se imprescindível a diferenciação das parcelas salariais e as verbas recebidas sem natureza salarial (parcelas indenizatórias). Essa diferença é importante porque as primeiras se refletem nas demais verbas trabalhistas. Segue quadro que facilita a memorização:

Parcelas salariais	Parcelas indenizatórias
(Refletem nas demais verbas, como férias, 13º e aviso) • Comissões • Gratificações legais • Quebra de caixa • Adicionais salariais: – Adicional hora extra – Adicional noturno – Adicional de transferência – Adicional de insalubridade – Adicional de periculosidade **Obs.:** *Ao efetuar o pagamento dessas parcelas, o empregador deverá efetuar o respectivo depósito do FGTS.*	(Não há reflexo nas demais parcelas. Sobre o valor não incidem depósitos do FGTS) • PLR – Participação nos Lucros e Resultados • Ajuda de custo • Diárias para viagem • Abonos • Prêmios • Vale-transporte • Salário-família • Seguro-desemprego • PIS/Pasep • *Stock option* • Parcelas recebidas em razão da exploração de direito intelectual
Caso controvertido	
• *Gueltas* (remuneratória – equiparada à gorjeta)	

- **Comissões.** As comissões são parcelas com valores fixos recebidas em razão da venda de determinado produto.

  Com a Reforma Trabalhista, as comissões continuam integrando o salário:

  > ***Art. 457, § 1º, da CLT (alterado pela Reforma Trabalhista):*** *Integram o salário a importância fixa estipulada, as gratificações legais e as comissões pagas pelo empregador.*

11.4. Gratificações

- **Conceito e reflexos.** Trata-se de contraprestação paga pelo serviço prestado em certas condições, ou em ocasiões especiais diferenciadas, como a gratificação de função, a gratificação de tempo etc. De acordo com a Reforma Trabalhista, somente as gratificações legais integram o salário dos empregados.

- **Gratificação de função e integração permanente ao contrato de trabalho.** Caso ocorra o pagamento da gratificação, em razão de função de confiança na empresa (gerente, por exemplo), ela poderá ser retirada, com o retorno do empregado ao cargo anterior. A reversão não configura alteração ilícita do contrato, conforme o art. 468, parágrafo único, da CLT.

  A Reforma Trabalhista altera a redação do art. 468, parágrafo único da CLT para prever que o empregado que ocupe função de confiança não terá a gratificação incorporada em se salário, independentemente do tempo de exercício da respectiva função.

11.5. Décimo terceiro salário

- **Conceito e destinação.** O décimo terceiro salário é uma gratificação salarial obrigatória prevista na CF/88 e na Lei nº 4.090/1962. São destinatários dessa gratificação empregados urbanos e rurais, os trabalhadores avulsos e os empregados domésticos. De acordo com o art. 7º, VIII, da CF/88: "São direitos dos trabalhadores urbanos e rurais, além de outros que visem à melhoria de sua condição social: décimo terceiro salário com base na remuneração integral ou no valor da aposentadoria".
- **Data do pagamento.** O pagamento deverá ocorrer até o dia 20 de dezembro, e corresponderá a um doze avos da remuneração devida em dezembro, por mês trabalhado ou fração igual ou superior a quinze dias.
- **Adiantamento.** Entre os meses de fevereiro e novembro, o empregador pagará, de uma só vez, em razão do adiantamento do décimo terceiro, metade do salário recebido pelo empregado no mês anterior. Esse adiantamento é obrigatório e não é necessário que seja pago a todos os empregados da empresa no mesmo mês. É possível, ainda, que o adiantamento seja pago juntamente com as férias, desde que o empregado requeira esse direito no mês de janeiro do correspondente ano.

11.6. Adicionais salariais

- **Salário-condição.** Os adicionais descritos a seguir (horas extras, noturno, transferência, insalubridade e periculosidade) são pagos em razão de trabalho prestado em situações prejudiciais à saúde ou, ainda, que prejudiquem o convívio familiar e social. Esses adicionais são chamados salário-condição, isto é, paga-se o adicional enquanto o empregado estiver em condição prejudicial, por exemplo, prestando horas extras, ou trabalhando no período noturno. Cessada a condição gravosa, cessa o adicional sem que esse fato configure alteração prejudicial.
- **Reflexos.** Serão pagos sobre o salário do empregado e, quando os serviços nessas situações são prestados de forma habitual, irão se refletir nas demais verbas trabalhistas, como férias, décimo terceiro salário, depósitos do FGTS etc.

11.6.1. *Adicional de Hora extraordinária*

- **Conceito de horas extraordinárias.** A duração normal do tempo de trabalho do empregado é de 8 horas diárias e 44 horas semanais. Se ultrapassado esse período, terá incidência de adicional, chamado de hora extraordinária ou suplementar. De acordo com o art. 7º, XVI, da CF/88: São direitos dos trabalhadores urbanos e rurais, além de outros que visem à melhoria de sua condição social: remuneração do serviço extraordinário superior, no mínimo, em cinquenta por cento à do normal.
- De acordo com a Reforma Trabalhista, o intervalo intrajornada não gozado ou gozado parcialmente será pago como hora extra somente no período suprimido, porém, terá caráter indenizatório e não salarial (art. 71, § 4º da CLT – com redação dada pela Reforma Trabalhista).

11.6.2. *Adicional noturno*

- **Adicional noturno do empregado urbano:** jornada noturna inicia-se às 22 h e termina às 5 h. Adicional de, no mínimo, **20%** sobre a hora diurna. Ademais, a hora noturna será reduzida, ou seja, terá 52 minutos e 30 segundos.
- **Adicional noturno do empregado rural:** jornada noturna inicia-se às 20 h e termina às 4 h na pecuária. Na lavoura, será das 21 h até as 5 h. Adicional noturno é de, no mínimo, **25%** superior à hora diurna. Por fim, a hora noturna não é reduzida, ou seja, possui 60 minutos.
- **Reflexos do adicional noturno:** O adicional noturno possui natureza salarial, refletindo-se nas demais verbas trabalhistas. Assim sendo, o valor recebido em razão desse adicional irá integrar as parcelas demonstradas a seguir.

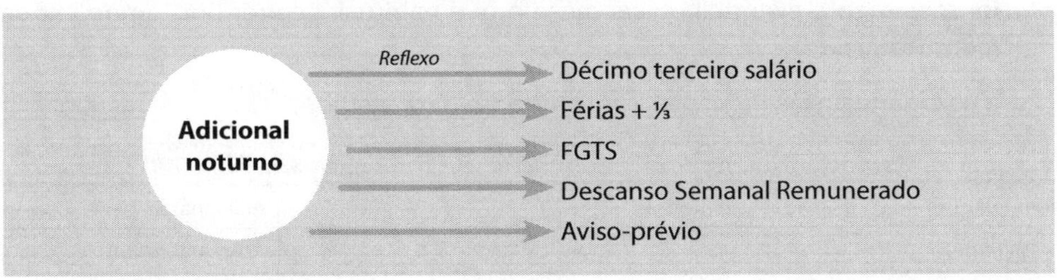

11.6.3. *Adicional de transferência*

- **Conceito.** Esse adicional é pago em razão da transferência **provisória** do empregado. Também é pago ao empregado que exerce cargo de confiança na empresa ou, ainda, se houver previsão de transferência no contrato de trabalho. O valor é de, no mínimo, **25%** do salário que o empregado recebia no local anterior.
- **Reflexos do adicional de transferência.** O adicional de transferência possui natureza salarial, refletindo-se nas demais verbas trabalhistas. Assim sendo, o valor recebido em razão desse adicional irá integrar as demais verbas.

11.6.4. Adicional de periculosidade

- **Previsão constitucional.** O pagamento dos adicionais de periculosidade e insalubridade tem previsão constitucional. De acordo com o art. 7º, XXIII, da CF/88: São direitos dos trabalhadores urbanos e rurais, além de outros que visem à melhoria de sua condição social: adicional de remuneração para as atividades penosas, insalubres ou perigosas, na forma da lei.
- **Conceito.** Atividade perigosa é aquela em que há contato permanente com explosivos ou inflamáveis em condições de risco acentuado. A atividade perigosa é comprovada mediante perícia (art. 195 da CLT). Exemplos: empregados em contato com energia elétrica, operadores de bomba de gasolina, instaladores de linhas e aparelhos de telefonia e exposição a substância radioativa e armazenamento de líquido inflamável no prédio.

ATIVIDADES PERIGOSAS

Atividades perigosas previstas na CLT (art. 193 e 200):
> Inflamáveis;
> Explosivos;
> Energia elétrica;
> Roubos ou outras espécies de violência física nas atividades profissionais de segurança pessoal ou patrimonial;
> Atividades de trabalhador em motocicleta;
Atividades perigosas segundo a jurisprudência consolidada do TST:
> Radiações ionizantes ou substâncias radioativas (Art. 200, CLT e OJ nº 345 da SDI-I do TST).
> Agente de Apoio Socioeducativo da Fundação Casa, a partir de 03/12/2013 (Tema nº 16).

- **Quando o pagamento será devido?** O adicional de periculosidade é **devido** quando a exposição ao risco é permanente ou intermitente. É **indevido** se o contato for meramente eventual ou se, mesmo que habitual, ocorrer por tempo extremamente reduzido.

Para a semana antes da prova, segue quadro para memorização:

Pagamento do Adicional de Periculosidade (30% sobre o salário básico)	
Tempo de contato com atividades perigosas	Adicional de periculosidade
Permanente	Adicional devido
Intermitente, desde que sujeito às condições de risco	Adicional devido
Eventual (fortuito)	Adicional não é devido
Habitual, mas com contato extremamente reduzido	Adicional não é devido
Obs. 1: A norma coletiva não tem o poder de fixar o pagamento do adicional proporcional ao tempo de exposição.	
Obs.2: Impossibilidade de supressão ou redução, via instrumento coletivo, de percentual inferior a 30% (art. 611-B, XVIII da CLT).	

- **Valor do adicional.** O adicional de periculosidade é de **30% sobre o salário-base**, ou seja, o cálculo não leva em conta outros acréscimos.

- **Perícia.** A atividade perigosa é comprovada **mediante perícia** (art. 195 da CLT). Assim sendo, a prova técnica é, em regra, um dos requisitos para o recebimento do adicional, pois nem o juiz nem os procuradores do trabalho e advogados têm condições de atestar, com certeza, se o ambiente coloca ou não em risco a integridade física do trabalhador.
- **Dispensa da perícia.** Quando o pagamento do adicional de periculosidade já vem sendo pago, de forma espontânea pelo empregador, torna-se incontroverso que o trabalho é realizado em condições perigosas. Dessa forma, dispensa-se a produção de perícia. Ademais, quando o estabelecimento já se encontra encerrado, a perícia também é dispensada. Segue quadro que facilita a memorização:

Adicional de Periculosidade
• **Necessidade de prova técnica:** perícia (art. 195, CLT).
• **Em dois casos a perícia é dispensada:**
– Pagamento espontâneo pelo empregador (Súmula nº 453 do TST);
– Local desativado (OJ nº 278 da SDI-I do TST).

- **Reflexos do adicional de periculosidade.** Esse adicional integra as demais verbas trabalhistas. Assim sendo, o valor recebido em razão desse adicional irá integrar as demais parcelas, como férias, décimo terceiro, FGTS, aviso-prévio. Ressalta-se que o adicional de periculosidade não se reflete no DSR.
- **Cumulação dos adicionais: periculosidade + insalubridade.** Na hipótese de o empregado laborar em atividade insalubre e perigosa, prevalece o entendimento de que **não** há possibilidade de cumulação desses 2 adicionais. Cabe ao empregado optar pelo adicional devido.
- **Tese firmada em Recurso de Revista Repetitivo (26/09/2019):** o art. 193, § 2º, da CLT foi recepcionado pela Constituição Federal e veda a cumulação dos adicionais de insalubridade e de periculosidade, ainda que decorrentes de fatos geradores distintos e autônomos.

11.6.5. Adicional de insalubridade

- **Atividades insalubres.** São aquelas que expõem o empregado a agentes nocivos à sua saúde e que ultrapassam o seu limite de tolerância. Exemplo: agentes **químicos** (chumbo), **biológicos** (bactérias) e **físicos** (ruídos).
- **Requisitos.** Para a obtenção do adicional de insalubridade, há necessidade de preencher 2 requisitos:

  a) Atividade nociva deverá ser constatada via **perícia** por profissional habilitado, médico ou engenheiro do trabalho;

  b) É necessário que o agente nocivo à saúde esteja incluído na **relação oficial do Ministério do Trabalho**. Se a atividade desenvolvida pelo empregado não estiver prevista nessa listagem, o empregado não terá direito ao adicional. Aliás, eventual reclassificação ou descaracterização da insalubridade, pelo Ministro do

Trabalho (autoridade competente), repercutirá no recebimento do adicional, ou seja, o empregado somente receberá enquanto a atividade desenvolvida estiver enquadrada como insalubre.

- **Valor do adicional.** O adicional de insalubridade era calculado com base no salário mínimo, variando de acordo com a agressividade do agente nocivo. Está previsto no art. 192 da CLT:

  Art. 192 da CLT: *O exercício de trabalho em condições insalubres, acima dos limites de tolerância estabelecidos pelo Ministério do Trabalho, assegura a percepção de adicional respectivamente de 40% (quarenta por cento), 20% (vinte por cento) e 10% (dez por cento) do salário mínimo da região, segundo se classifiquem nos graus máximo, médio e mínimo.*

- **Súmula Vinculante 4:** Salvo nos casos previstos na Constituição, o salário mínimo não pode ser usado como indexador de base de cálculo de vantagem de servidor público ou de empregado, nem ser substituído por decisão judicial.

- **Posicionamento do STF sobre a vinculação ao salário mínimo.** Em abril de 2018, o Supremo Tribunal Federal estabeleceu que até que seja editada norma legal ou convencional estabelecendo parâmetro distinto do salário-mínimo para calcular o adicional de insalubridade, **continuará a ser considerado o salário-mínimo para o cálculo desse adicional**. Nesse sentido, o ministro do STF Ricardo Lewandowski, cassou parte da súmula nº 228 do TST, que estipula o salário básico do trabalhador como base de cálculo do adicional de insalubridade. Ainda segundo o ministro, o judiciário não poderia adotar um critério até que seja superada a inconstitucionalidade do art. 192 da CLT, que adota o salário mínimo como base de cálculo para a incidência de referido adicional[30].

- **Reflexos do adicional de insalubridade.** Esse adicional integra as demais verbas trabalhistas. Assim sendo, o valor recebido em razão desse adicional irá integrar as demais parcelas, como férias, décimo terceiro, FGTS, aviso-prévio. Ressalta-se que o adicional de insalubridade não se reflete no DSR.

- **Contato intermitente.** Vale ressaltar que o trabalho eventual em condições insalubres não dá direito ao adicional. Entretanto, se executado em caráter intermitente (descontínuo, mas diário), terá direito à percepção do adicional de insalubridade, conforme previsto na Súmula nº 47.

- **Fornecimento de EPIs.** O mero fornecimento de EPIs – equipamentos de proteção individual – não exime o empregador de continuar pagando o adicional.

- **Enquadramento do grau de insalubridade:** Com a Reforma Trabalhista, o enquadramento do grau de insalubridade poderá ser fixado via acordo ou convenção coletiva (art. 611-A, XII da CLT – com redação dada pela Reforma Trabalhista). Entretanto, constituem objeto ilícito da negociação coletiva a supressão

30. Disponível em: <http://www.migalhas.com.br/Quentes/17,MI278458,91041-Lewandowski+anula+parte+-de+sumula+do+TST+sobre+base+de+calculo+do>. Acesso em 19 abr. 2018.

ou redução do adicional de remuneração para atividades insalubres (art. 611-B, XVIII da CLT). Há, portanto, contradição entre os dispositivos, devendo prevalecer o disposto no art. 611-B, XVIII, que restringe a negociação coletiva para proteção do trabalhador.

- **Para a semana antes da prova**, segue esse importante quadro de resumo com os adicionais e os respectivos percentuais (importantíssimo memorizar!):

Adicionais Pagos sobre o salário do empregado – salário-condição	
Adicional de hora extra	Adicional de, no mínimo, **50%** sobre a hora normal. Calculado sobre a globalidade salarial (hora normal acrescida de adicionais).
Adicional noturno	• Empregado urbano: **20%** sobre a hora diurna. • Empregado rural: **25%** sobre a hora diurna.
Adicional de transferência	Pago em razão da transferência provisória. Valor de, no mínimo, **25%** dos salários que o empregado recebia no local anterior.
Adicional de periculosidade	Condições de risco acentuado. Adicional de, no mínimo, **30%** do salário-base.
Adicional de insalubridade	Adicional calculado sobre o salário mínimo, variando de acordo com a agressividade do agente nocivo: 10% (grau mínimo), 20% (grau médio) e 40% (grau máximo) Requisitos para obtenção: a) perícia por profissional habilitado; b) agente deve constar da relação oficial do Ministério do Trabalho. A Súmula Vinculante nº 4 do STF proíbe que esse adicional seja calculado sobre o salário mínimo. Com a Reforma Trabalhista, será possível a fixação do enquadramento do grau de insalubridade via acordo ou negociação coletiva.

11.7. Parcelas sem natureza salarial (indenizatórias)

- **Conceito.** As parcelas a seguir não terão reflexo nas demais verbas trabalhistas, sendo pagas a título de indenização, ou seja, não integram outras parcelas nem se refletem nelas, como férias, décimo terceiro etc.
- A Reforma Trabalhista aumenta o rol de parcelas indenizatórias em seu art. 457, § 2º da CLT. Nesse sentido, serão inseridas nos tópicos a seguir as parcelas que, a partir da entrada em vigor da Lei nº 13.467/2017, serão consideradas sem natureza salarial.

11.7.1. Participação nos lucros e resultados – PLR

- **Previsão constitucional e ausência de reflexos.** Há expressa previsão da participação nos lucros e resultados na Constituição Federal, inclusive prevendo a natureza indenizatória dessa parcela. Verifica-se que a PLR não substitui nem complementa a remuneração do empregado. Assim sendo, não a integra para nenhum efeito trabalhista (art. 7º, XI, CF/88).
- **Reforma Trabalhista:** A convenção e o acordo coletivo prevalecerão sobre a lei quando dispuser sobre participação nos lucros ou resultados da empresa (art. 611-A, XV da CLT).

11.7.2. Ajuda de custo

- **Conceito e ausência de reflexos.** A ajuda de custo é outra parcela com natureza nitidamente indenizatória. Sua finalidade é reembolsar despesas efetuadas pelo empregado. Exemplo: despesas realizadas em razão da transferência, conforme previsto no art. 470 da CLT: As despesas resultantes da transferência correrão por conta do empregador.

  A natureza indenizatória da ajuda de custo permanece mesmo após a entrada em vigor da Lei nº 13.467/2017.

11.7.3. Diárias para viagem

- **Conceito e ausência de reflexos.** Compreendem a parcela recebida em razão das despesas gastas pelo empregado em viagens. Antes da Reforma Trabalhista, se as diárias excedessem a 50% do salário do empregado, havia a presunção de fraude, e neste caso teriam natureza salarial. Por outro lado, se o valor fosse inferior a 50%, diante de seu caráter de ressarcimento de despesas, seriam consideradas parcelas sem natureza salarial.
- Com as modificações trazidas pela Lei nº 13.467/2017, as diárias serão sempre consideradas parcelas sem natureza salarial, inexistindo percentual máximo para a alteração de sua natureza jurídica.

11.7.4. Vale-transporte

- **Conceito.** O vale-transporte é pago pelo empregador de forma antecipada e tem como objetivo cobrir as despesas de deslocamento da residência para o trabalho, por meio do sistema de transporte coletivo público. Todos os empregados urbanos e rurais têm direito de receber essa quantia. Cabe ressaltar que o empregado doméstico terá direito ao recebimento do vale-transporte previsto na Lei nº 7.418/1985 conforme estabelece o art. 19 da LC nº 150/2015. Contudo, é permitido ao empregador substituir a aquisição dos vales-transportes, obrigação prevista no art. 4º da Lei nº 7.418/1985, pelo **pagamento em dinheiro**, mediante recibo, dos valores necessários para a aquisição das passagens utilizadas para o deslocamento da residência ao trabalho e para seu retorno.
- **Ausência de reflexos.** Essa parcela, por expressa previsão em lei, não possui natureza salarial nem se incorpora à remuneração para quaisquer efeitos. Consequentemente, não é base de incidência de contribuição previdenciária ou de FGTS.

11.7.5. Auxílio-alimentação

- **Reforma trabalhista**: o auxílio-alimentação passa a ser considerado como parcela sem natureza salarial. Além disso, é vedado seu pagamento em dinheiro.
- **Lei nº 14.442/2022 (fruto da conversão da MP nº 1.108/2022).** No dia 2 de setembro de 2022, foi publicada a Lei nº 14.442/2022 que, entre outras providências,

regulamenta o pagamento do auxílio alimentação. De acordo com a nova regulamentação, as importâncias pagas sob essa rubrica devem ser usadas exclusivamente para o pagamento de refeições em restaurantes e estabelecimentos similares ou para a aquisição de gêneros alimentícios em estabelecimentos comerciais.

- Além disso, a execução inadequada, o desvio ou o desvirtuamento das finalidades do auxílio-alimentação podem acarretar multa de R$ 5.000,00 (cinco mil reais) a R$ 50.000,00 (cinquenta mil reais) às empresas contratantes e fornecedores dos tíquetes, que serão aplicadas em dobro em caso de reincidência ou embaraço à fiscalização.

11.7.6. *Prêmios*

- Os prêmios decorrem da produtividade do trabalhador, dizendo respeito a fatores de ordem pessoal, como a produção, a assiduidade, a qualidade. Não podem, porém, ser a única forma de pagamento do salário, por serem dependentes de uma condição, devendo o obreiro perceber pelo menos um salário fixo[31]. Apesar de não previsto na CLT antes da Reforma Trabalhista, havia o entendimento de que os prêmios eram parcelas salariais. Com a regulamentação do assunto pela Reforma Trabalhista, foi estabelecida a natureza não salarial dessa parcela.

11.7.7. *Abonos*

- São parcelas pagas em decorrência de ato de liberalidade do empregado, correspondente a um acréscimo efetuado em parcela única se a necessidade de um motivo específico para seu recebimento[32]. Com a Reforma Trabalhista, os abonos também passaram a integrar as parcelas sem natureza salarial.

11.7.8. *Salário-família*

- **Conceito:** É um benefício previdenciário concedido aos segurados de baixa renda (artigos 65 a 70 da Lei nº 8213/91), em razão dos filhos menores de 14 anos ou inválidos de qualquer idade. A sua finalidade é ajudar os pais a custear a educação dos filhos.

11.8. Salário-utilidade ou salário *in natura*

- O salário poderá ser pago em dinheiro ou, ainda, em utilidades, como alimentação e moradia. Essa forma de pagamento é chamada de salário in natura ou utilidades. Há possibilidade de desconto do salário mínimo para o pagamento das utilidades, respeitando os seguintes percentuais, no caso dos rurais: a) até 20%, moradia; b) até 25%, pelo fornecimento de alimentação sadia e farta, atendidos os preços vigentes na região. Para esses descontos, há necessidade de prévia autorização do empregado rural; sem tal autorização essas deduções serão nulas de pleno direito.

---

31. MARTINS, Sérgio Pinto. *Direito do Trabalho*. 24. ed. São Paulo: Atlas, 2008. p. 257.
32. CAIRO JÚNIOR, José. *Curso de Direito do Trabalho. Direito Individual e Direito Coletivo de Trabalho*. 4. ed. Salvador: Editora Juspodivm, 2009. p. 342.

- A título de comparação, os limites máximos permitidos para os empregados urbanos são: 25% para habitação e 20% para alimentação; esses descontos serão sobre o salário contratual do empregado, de acordo com § 3º do art. 458 da CLT. Não há, na CLT, previsão de prévia autorização do trabalhador urbano.
- **Requisitos para configurar salário-utilidade:**

  a) Utilidade deverá ser fornecida habitualmente. Exemplo: empregado recebe todos os meses duas cestas básicas.

  b) Utilidade fornecida terá caráter de contraprestação, ou seja, é paga pelo trabalho desempenhado pelo empregado.

  Obs.: Se a utilidade fornecida é para o trabalho, ou seja, como ferramenta indispensável à realização dos serviços, não terá natureza salarial, mas sim de indenização.

SALÁRIO IN NATURA		
PELO	=	Salário-utilidade (contraprestação)
PARA	=	Não é salário-utilidade (ferramenta de trabalho)

- **Utilidades não salariais.** Há previsão de algumas utilidades que, em regra, não possuem natureza salarial quando fornecidas pelo empregador. A previsão dessas utilidades não consideradas salário in natura são muito importantes ao seu concurso, pois são exigidas com frequência. Aliás, houve alteração na lei prevendo o vale-cultura como parcela indenizatória (não salarial). De acordo com o art. 458, § 2º, da CLT:

> ***Art. 458 da CLT.*** *Além do pagamento em dinheiro, compreende-se no salário, para todos os efeitos legais, a alimentação, habitação, vestuário ou outras prestações in natura que a empresa, por força do contrato ou do costume, fornecer habitualmente ao empregado. Em caso algum será permitido o pagamento com bebidas alcoólicas ou drogas nocivas.*
>
> *§ 1º Os valores atribuídos às prestações in natura deverão ser justos e razoáveis, não podendo exceder, em cada caso, os dos percentuais das parcelas componentes do salário mínimo (arts. 81 e 82).*
>
> *§ 2º Para os efeitos previstos neste artigo, não serão consideradas salário as seguintes utilidades concedidas pelo empregador:*
>
> *I – vestuários, equipamentos e outros acessórios fornecidos aos empregados e utilizados no local de trabalho, para a prestação do serviço;*
>
> *II – educação, em estabelecimento de ensino próprio ou de terceiros, compreendendo os valores relativos a matrícula, mensalidade, anuidade, livros e material didático;*
>
> *III – transporte destinado ao deslocamento para o trabalho e retorno, em percurso servido ou não por transpor-te público;*
>
> *IV – assistência médica, hospitalar e odontológica, prestada diretamente ou mediante seguro-saúde;*
>
> *V – seguros de vida e de acidentes pessoais;*
>
> *VI – previdência privada;*

VII – (Vetado)

VIII – o valor correspondente ao vale-cultura.

- **Reforma Trabalhista:** Além desses casos, a Reforma Trabalhista inclui um novo parágrafo ao art. 458 da CLT. Com esse dispositivo, o legislador da Reforma Trabalhista estabelece que todos os valores referentes à assistência prestada por serviço médico ou odontológico não integrarão o salário do empregado, inclusive no tocante ao reembolso de despesas com medicamentos, óculos, aparelhos ortopédicos, próteses, órteses, despesas médico-hospitalares e outras similares:

> ***Art. 458, § 5º da CLT (redação dada pela Reforma Trabalhista):*** *O valor relativo à assistência prestada por serviço médico ou odontológico, próprio ou não, inclusive o reembolso de despesas com medicamentos, óculos, aparelhos ortopédicos, próteses, órteses, despesas médico-hospitalares e outras similares, mesmo quando concedido em diferentes modalidades de planos e coberturas, não integram o salário do empregado para qualquer efeito nem o salário de contribuição, para efeitos do previsto na alínea q do § 9o do art. 28 da Lei no 8.212, de 24 de julho de 1991.*

11.9. Formas e meios de pagamento do salário

- O salário poderá ser fixado de 3 formas:

a) **Salário por unidade de tempo.** O empregado receberá pelos minutos e horas que estiver à disposição do empregador, aguardando ou executando ordens. Nesse caso, o salário independe da produtividade do trabalhador.

b) **Salário por unidade de obra ou salário por produção**: empregado receberá de acordo com a quantidade produzida, ou seja, o salário estará intimamente ligado ao seu desempenho pessoal, independentemente do tempo gasto.

c) **Salário por tarefa**. Forma mista de pagamento. Receberá conforme o serviço prestado (produção) e em período previamente fixado (tempo).

- **Periodicidade do pagamento:** deverá ocorrer em intervalos não superiores a um mês, exceto o pagamento das gratificações, comissões e percentagens. O salário poderá ser pago por dia, semana, quinzena ou mês. Se fixado por mês, o pagamento deve ser efetuado até o 5º dia útil subsequente ao mês vencido.

Segue importante quadro de resumo acerca das formas e meios de pagamento do salário do empregado.

SALÁRIO
• **Salário poderá ser fixado:**
– por tempo
– por produção
– por tarefa
• **Periodicidade:**
– prazo não superior a um mês, exceto comissões, percentagens e gratificações
– pagamento mensal: até 5º dia útil
• **Pagamento em moeda corrente – real**

11.10. Equiparação salarial

- **Princípio da igualdade de salário.** Com base no princípio da igualdade, é vedado o tratamento diferenciado para trabalhadores que exerçam a mesma função. Há previsão do direito à equiparação salarial, nas hipóteses de tratamento diferenciado.
- **Requisitos da equiparação salarial (Lei nº 13.467/2017).** Com a Reforma Trabalhista, os requisitos para a equiparação salarial foram alterados, dificultando a sua aplicação. Para que haja equiparação salarial, desta forma, devem estar presentes os seguintes requisitos de forma cumulativa:

a. Identidade de empregadores

b. Trabalho no mesmo estabelecimento empresarial (Alteração pela Reforma Trabalhista).

c. Empregados devem possuir a mesma função.

d. Trabalhos de igual valor.

e. Tempo no serviço não poderá ser superior a 4 anos (Alteração pela Reforma Trabalhista).

f. Tempo na função não poderá ser superior a 2 anos.

g. Inexistência de quadro de carreira ou de plano de cargos e salários (Alteração pela Reforma Trabalhista).

- **Readaptado.** O empregado readaptado não poderá servir como paradigma, em razão das peculiaridades de suas condições pessoais.
- **Servidor público estatutário.** O instituto da equiparação salarial não é aplicável aos servidores da Administração Direta, autárquica ou fundacional, por força do art. 37, XIII, da CF/88. As regras da equiparação salarial, entretanto, são aplicáveis aos empregados públicos de sociedades de economia mista e empresas públicas. Essas empresas são organizadas com regras próprias das empresas privadas.
- **Equiparação por equivalência.** O art. 460 da CLT prevê a equiparação por equivalência, ou seja, trata-se de uma forma de arbitrar o valor da remuneração. De acordo com essa norma, diante da ausência de estipulação do salário, ou inexistência de prova sobre a importância ajustada entre as partes, paga-se o mesmo que outro trabalhador receber nas mesmas condições.
- **Salário-substituição.** Nesse caso, o empregado substituto terá direito ao salário contratual do substituído, como ocorre nas férias e outros afastamentos. A substituição não poderá, entretanto, ser meramente eventual, como substituição de apenas 2 ou 3 dias. Cabe frisar que, se o cargo estiver vago e for ocupado de forma definitiva, o trabalhador ocupante não terá direito ao salário-substituição.
- **Vedação à indicação de paradigmas remotos:** a Reforma Trabalhista, ao inserir o § 5º ao art. 461 da CLT, passou a proibir a equiparação salarial em cadeia, pois exige como novo requisito da equiparação salarial a contemporaneidade no cargo

ou na função entre paradigma e equiparando, não sendo permitida a indicação de paradigma remoto.

- **Multa por discriminação:** Por fim, a **Reforma Trabalhista** passa a prever a aplicação de multa pelo Judiciário na hipótese de restar comprovada a discriminação por motivo de sexo ou etnia do trabalhador. O empregado terá direito, além do pagamento das diferenças salariais devidas, ao recebimento de multa no valor de 50% do limite máximo dos benefícios do Regime Geral de Previdência Social. A legislação não prevê a graduação da multa em razão da discriminação sofrida.

Equiparação salarial (Resumo)	
Empregado readaptado	não poderá servir de paradigma.
Trabalho intelectual	cabe equiparação desde que haja critérios objetivos.
Prescrição	equiparação é parcial, renova-se mês a mês.
Administração Pública	a) não cabe equiparação de servidores públicos (OJ 297); b) cabe equiparação de empregados de economia mista e empresa pública (Súmula nº 455).
Cessão de empregados	cabe equiparação desde que o órgão cessionário seja o responsável pelos pagamentos.

11.11. Desvio e acúmulo de função

- Ocorre o **desvio de função** quando o empregado que deveria estar desempenhando uma determinada função está prestando serviços esporádicos em outra, com salário mais elevado. Uma vez comprovado o desvio, dará ao empregado remuneração mais elevada enquanto esteve desempenhando aquela atividade que não era originariamente sua. O empregado será designado, novamente, para a antiga atividade, sem que esse fato acarrete redução salarial ilícita.
- **Acúmulo de função.** Diferentemente do desvio de função, o acúmulo de função compreende o exercício de atividades funcionais diferentes daquelas para as quais o trabalhador foi contratado. Há discussão quanto à possibilidade de acréscimo salarial quando o empregado exerce outras funções que possam abalar suas condições físicas e psíquicas.

12. AVISO-PRÉVIO

- **Conceito.** O aviso-prévio tem como finalidade indicar a data do término do contrato de trabalho. O período do aviso possibilita ao trabalhador procurar outro emprego, e, ainda, ao empregador buscar um substituto para o cargo vago. Dessa forma, torna-se possível que uma parte não seja surpreendida com a ruptura do contrato por ato unilateral da outra. Afasta-se, portanto, o evento-surpresa.

- **Duração.** A parte que decidir colocar fim ao contrato deverá avisar a outra com **antecedência mínima de 30 dias.** Nesse sentido, estabelece o art. 7º, XXI, da CF/88: "São direitos dos trabalhadores urbanos e rurais, além de outros que visem à melhoria de sua condição social: aviso-prévio proporcional ao tempo de serviço, **sendo no mínimo de 30 dias**, nos termos da lei" (grifos acrescidos).
- **Proporcionalidade.** Em razão dessa previsão constitucional, o aviso-prévio é proporcional ao tempo de serviço. Para empregados com até um ano de contrato, o aviso-prévio será de 30 dias. A cada ano de contrato, serão acrescidos 3 dias na duração do aviso, até o limite de 60 dias. Assim sendo, a duração do aviso-prévio poderá ter até 90 dias (prazo mínimo de 30 dias + 60 dias do aviso proporcional). Esse dispositivo foi regulamentado pela Lei nº 12.506, de 11 de outubro de 2011.
- **Reforma Trabalhista:** A legislação cria a possibilidade de término do contrato de trabalho por meio de distrato, que compreende um acordo entre as partes da relação de empregado que põe fim ao contrato de trabalho. Ressalta-se que o art. 484-A que regulamenta o assunto prevê o pagamento de metade do aviso prévio ao trabalhador caso seja indenizado. Essa alteração trará diversas discussões quanto a sua constitucionalidade, pois a CF/88 determina o pagamento de aviso prévio de, no mínimo, 30 dias.

  Além disso, há previsão no art. 611-B da CLT (inserido pela Lei nº 13.467/2017) de que a redução ou supressão do aviso-prévio proporcional ao tempo de serviço de no mínimo 30 dias constitui objeto ilícito da convenção ou acordo coletivo.
- **Em resumo, antes da prova, sobre aviso-prévio:**

Aviso-prévio proporcional ao tempo de serviço (Lei nº 12.506/2011)	
Duração mínima	30 dias
Proporcionalidade	– A cada ano de contrato: acrescem-se 3 dias – Acréscimo máximo de 60 dias
Total do período	90 dias (30 dias iniciais + 60 dias da proporcionalidade)
Observação	Posicionamento majoritário de que a ampliação do prazo é apenas direito do empregado (não é direito do empregador)

Hipóteses em que é devido o aviso-prévio
• Dispensa sem justa causa. • Rescisão indireta (art. 483 da CLT). • Pedido de demissão feito pelo empregado. • Extinção do estabelecimento (Súmula 44 do TST). • Contrato por prazo determinado com cláusula assecuratória de direito recíproco (art. 481 da CLT). • Culpa recíproca: empregado tem direito a 50% do valor do aviso (Súmula 14 do TST). • Acordo entre empregado e empregador: 50% do aviso-prévio, se indenizado (art. 484-A da CLT – com redação dada pela Reforma Trabalhista). **Obs.: Não será devido o aviso-prévio:** a) contratos por prazo determinado. b) dispensa por justa causa (art. 482 da CLT). c) morte do empregado.

Aviso-prévio (Resumo)	
Conceito	evitar que uma parte seja surpreendida com a ruptura do contrato por ato unilateral da outra.
Prazo	no mínimo, 30 dias.
Concedido pelo empregador	a) empregado urbano terá redução de 2 horas diárias ou 7 dias consecutivos; b) empregado rural terá direito a redução de 1 dia por semana.
Concedido pelo empregado	a) obrigado a conceder o aviso na hipótese de pedido de demissão; b) se não for concedido, possibilita desconto no salário do empregado.
Aviso-prévio indenizado	ocorre a substituição do período trabalhado por indenização pecuniária. Esse período é projetado no contrato para todos os fins.
Reconsideração	ato bilateral, depende do consentimento da parte contrária.

13. FUNDO DE GARANTIA DO TEMPO DE SERVIÇO – FGTS

- **Conceito.** O FGTS é uma "poupança forçada" suportada exclusivamente pelo empregador. Todos os meses, ao quitar o salário e demais adicionais, o empregador deverá depositar, numa conta vinculada do trabalhador, 8% da sua remuneração. Exemplo: empregado recebe R$ 1.000,00 de salário. Logo, o **empregador** deverá depositar R$ 80,00 na conta vinculada do trabalhador, a título de FGTS. Veja que, para fins de FGTS, não há desconto a ser suportado pelo trabalhador. Esses depósitos destinam-se à indenização por tempo de serviço do empregado.

- Os depósitos efetuados nas contas vinculadas serão **corrigidos monetariamente** com base nos parâmetros fixados para atualização dos saldos dos depósitos de poupança e capitalização de **juros de 3% ao ano**.

- **Reforma Trabalhista:** O valor dos depósitos mensais e de indenização rescisória do FGTS constituem objeto ilícito de convenção ou acordo coletivo de trabalho (Art. 611-B da CLT – com redação dada pela Reforma Trabalhista).

- **Lei nº 14.438, de 2022 (fruto da conversão da MP 1.107/2022).** Publicada em 24 de agosto de 2022, altera a data limite para o depósito dos valores do FGTS para até o **vigésimo dia de cada mês**. Contudo, a produção de efeitos dessa alteração está condicionada ao início, pelo empregador, da elaboração da folha de pagamento e a declaração os dados relacionados aos valores do FGTS e outras informações de interesse do Poder Público por meio de eSocial – entrada do FGTS digital.

13.1. Hipóteses de saque dos depósitos

- **Conta vinculada e hipóteses de saque.** A conta corrente do trabalhador, fruto dos depósitos do FGTS, é chamada de conta vinculada. Vinculada porque o empregado não tem a liberdade de sacar o dinheiro quando bem entender, mas somente nas hipóteses expressamente previstas em lei. Assim, não lhe é dada ampla disponibilidade sobre o dinheiro lá depositado, porém pode movimentar a conta nas seguintes hipóteses:

Art. 19-A:	- Contrato nulo (Súmula nº 363 do TST)
Art. 20:	- Aposentadoria pela Previdência Social. - Compra da casa própria. - Doenças graves ou raras do trabalhador e de seus dependentes (terminal, AIDS e câncer). - Compra de ações (disponíveis para esse fim – exemplo, ações da Vale do Rio Doce). - 70 anos ou mais. - Calamidades públicas – recuperar os bens perdidos. - Término do contrato de trabalho, exceto se ocorrer por justa causa ou pedido de demissão. - Conta inativa após 3 anos ininterruptos. - Falecimento do trabalhador. - Suspensão total do trabalho **avulso** por período igual ou superior a 90 dias, comprovada por declaração do sindicato. - Aquisição de órtese ou prótese por trabalhador com deficiência para promoção de acessibilidade e de inclusão social (Lei nº 13.146/2015). - Pagamento total ou parcial do preço de aquisição de imóveis da União inscritos em regime de ocupação ou aforamento, a que se referem o art. 4º da Lei no 13.240, de 30 de dezembro de 2015, e o art. 16-A da Lei no 9.636, de 15 de maio de 1998. - Extinção do contrato de trabalho prevista no art. 484-A da Consolidação das Leis do Trabalho (CLT), aprovada pelo Decreto-Lei nº 5.452, de 1º de maio de 1943 - Anualmente no mês de aniversário do trabalhador. - A qualquer tempo, quando seu saldo for inferior a R$ 80,00 (oitenta reais) e não houver ocorrido depósitos ou saques por, no mínimo, 1 (um) ano.

- **Indenização pela perda do emprego doméstico:** Segue quadro com as hipóteses de levantamento do percentual de 3,2% pago ao empregado doméstico como indenização pela perda do emprego:

Hipóteses de saque da Multa de 3,2% do FGTS Empregado doméstico	
Forma do término do contrato de trabalho	**Responsável pelo levantamento dos depósitos**
Dispensa sem justa causa	Empregado doméstico (indenização devida)
Rescisão indireta	Empregado doméstico (indenização devida)
Término antecipado do contrato por prazo determinado por culpa do empregador	Empregado doméstico (indenização devida)
Pedido de demissão	Empregador
Dispensa por justa causa	Empregador
Término normal do contrato por prazo determinado	Empregador
Aposentadoria	Empregador
Falecimento do doméstico	Empregador
Culpa recíproca	½ Empregado e ½ Empregador

- **Para a semana antes da prova**, segue quadros referentes ao FGTS:

FGTS (Resumo)	
Conceito	poupança forçada. Suportada exclusivamente pelo empregador.
Direito ao FGTS	empregados urbanos e rurais e trabalhadores avulsos. – **Empregado doméstico:** foi garantido (obrigatório) pela Lei dos Domésticos, que regulamentou os direitos prescritos aos domésticos após a EC nº 72/2013
FGTS facultativo	Diretor não empregado (art. 16, Lei nº 8.036/1990 e Súmula nº 269 do TST).
Alíquota	8% sobre a remuneração. Aprendiz, a alíquota é de 2% sobre a remuneração.
Prazo para o depósito	até o dia 7 de cada mês.
Indenização de 40% sobre o FGTS	dispensa sem justa causa e rescisão indireta.
Indenização de 20%	– culpa recíproca e força maior. – acordo entre empregado e empregador (distrato).
Empréstimo consignado com o FGTS	Limites (Lei nº 13.313/2016): – 10% do saldo na conta vinculada do FGTS; e – Até 100% do valor da multa do FGTS paga pelo empregador na hipótese de despedida sem justa causa ou de despedida por culpa recíproca ou força maior.
Parcelas indenizatórias	não há incidência do FGTS, exceto aviso-prévio indenizado.
Prescrição	2 anos a contar da extinção do contrato para ingressar na justiça. Poderá pleitear os últimos 5 anos (Súm. 362 – redação atual). STF[14] (novembro/2014): reduziu o prazo de 30 anos para 5 anos (art. 7º, inciso XXIX, CF/88).

14. ESTABILIDADE

- **Conceito.** Estabilidade é o direito do trabalhador de permanecer no emprego, mesmo contra a vontade do empregador.

14.1. Dirigente sindical

- **Início e fim da estabilidade.** O art. 8º, VIII, da CF/88 prevê a estabilidade para o dirigente sindical. A estabilidade terá início com o registro da candidatura para o cargo de dirigente sindical. Se eleito, a estabilidade persistirá até um ano após o fim do mandato. Se o empregado não for eleito, não terá a garantia da estabilidade. O mandato do dirigente sindical é de 3 anos, conforme o art. 515, *b*, da CLT. Ademais, não persiste a estabilidade se houver extinção do estabelecimento.

- **Número de membros com estabilidade.** O suplente do cargo de direção ou representação sindical também terá direito à estabilidade. O número de dirigentes sindicais, com estabilidade, é limitado a 7 membros titulares e 7 membros suplentes. A estabilidade abrange apenas os membros que atuam na defesa da categoria, excluindo, portanto, os membros do conselho fiscal e delegados sindicais.

- **Contrato por prazo determinado.** Em regra, não gera direito à estabilidade o fato de a candidatura ser realizada durante o contrato por prazo determinado, exceto se se tratar do contrato por prazo determinado previsto na Lei nº 9.601/98. Nessa lei há expressa previsão de estabilidade para o dirigente sindical (art. 1º, § 4º), na vigência do contrato.
- **Aviso-prévio.** Se o registro da candidatura ocorrer durante o período de aviso-prévio, ainda que indenizado, não assegura a estabilidade do empregado.
- **Inquérito para apuração da falta greve.** O dirigente sindical somente poderá ser dispensado por falta grave mediante a apuração em inquérito judicial. Esse "inquérito" é uma ação judicial que será proposta na Justiça do Trabalho, conforme prevê o art. 853 da CLT. De acordo com esse artigo, o prazo para ingressar com a ação é de trinta dias, a contar da suspensão do trabalhador. Sem a observância ao inquérito para apuração da falta grave, a dispensa é inválida.
- **Empresas com mais de 200 empregados.** Os representantes eleitos nas empresas com mais de 200 empregados gozam de estabilidade, por expressa previsão na Lei nº 13.467/2017. Para mais informações, consulte o tópico 20 dessas dicas.

14.2. Empregado representante da CIPA

- **Conceito e estabilidade[33].** A Comissão Interna de Prevenção a Acidentes desempenha importante papel para manter um ambiente de trabalho saudável. Na constituição dessas comissões haverá representantes dos empregados (eleitos pelos demais trabalhadores da empresa) e dos empregadores (indicados). Os empregados eleitos para cargo de direção da Cipa possuem garantia provisória de emprego, desde o registro da candidatura até um ano após o mandato (art. 10, II, *a*, do ADCT).
- **Suplente.** O art. 10, II, *a*, do ADCT não estende o direito à estabilidade ao suplente do diretor eleito, mas o TST possui entendimento majoritário ampliando essa garantia de emprego ao suplente do empregado eleito para representar a CIPA.
- **Extinção do estabelecimento.** A estabilidade provisória do cipeiro não constitui vantagem pessoal, mas garantia para as atividades dos membros da Cipa, que somente tem razão de ser quando em atividade a empresa. Extinto o estabelecimento, não se verifica a despedida arbitrária, sendo impossível a reintegração e indevida a indenização do período estabilitário.

14.3. Empregado acidentado

- **Prazo da estabilidade.** Como forma de incentivar o retorno ao trabalho e garantir prazo para readaptação ao serviço, foi dado ao empregado acidentado o direito

33 No dia 31/08/2022, o Congresso Nacional aprovou MP 1.116/2022, que altera o nome da CIPA e **Comissão Interna de Prevenção de Acidentes e de Assédio**, tendo mais uma atribuição: a promoção de um ambiente laboral sadio, seguro e que favoreça a inserção e a manutenção de mulheres no mercado de trabalho. Para mais informações, consulte o item 17.4. deste Capítulo.

à estabilidade provisória de doze meses após a cessação do auxílio-doença. Esse período de doze meses não poderá ser reduzido via negociação coletiva.

- **Requisitos.** Para adquirir essa garantia provisória, há necessidade de preencher, cumulativamente, os seguintes requisitos:

  a) afastamento ser superior a 15 dias. Dessa forma, o empregado acidentado que retornou ao trabalho em menos de quinze dias não é detentor dessa garantia provisória de emprego;

  b) percepção de auxílio-doença acidentário.

- **Doenças decorrentes do trabalho.** Nesse caso, mesmo que o trabalhador não tenha recebido auxílio-doença, pois os afastamentos foram de poucos dias, terá direito à estabilidade. Isso porque a doença do trabalho ou profissional tem ligação com o trabalho desenvolvido na empresa.

- **Contrato por prazo determinado.** Atualmente o empregado submetido a contrato de trabalho por tempo determinado goza da garantia provisória de emprego, decorrente de acidente de trabalho (Súmula nº 378, III, do TST).

14.4. Empregado público

- **Estabilidade aos empregados públicos.** O posicionamento do TST é mais abrangente, estendendo a estabilidade aos celetistas que ingressam via concurso público na Administração Direta, autárquica ou fundacional. Por outro lado, os empregados públicos de empresas públicas (Infraero, por exemplo) ou sociedades de economia mista (Banco do Brasil, por exemplo) não terão direito à estabilidade, mesmo que admitidos via concurso público. Aliás, o TST entende que é possível a dispensa desses empregados sem justa causa.

14.5. Estabilidade gestante e adotante (Lei nº 13.509/2017)

- **Duração:** inicia-se com a confirmação da gravidez e permanece até 5 meses após o parto.

- **Desconhecimento da gravidez pelo empregador:** não afasta o direito à estabilidade.

- **Adotante:** A Lei nº 13.509/2017 passou a assegurar a estabilidade provisória no emprego à adotante (art. 391-A, parágrafo único, da CLT).

- **Contrato por prazo determinado:** adquire estabilidade (Súmula nº 244 do TST e art. 391-A da CLT), inclusive no contrato previsto na Lei nº 9.601/98.

- **Gravidez durante o aviso-prévio, inclusive indenizado:** o TST já vinha decidindo que gerava estabilidade. Hoje a matéria está prevista no art. 391-A da CLT.

- **Morte da gestante: A** Lei Complementar nº 146/2014 estendeu a estabilidade provisória da gestante, nos casos de morte desta, a quem detiver a guarda de seu filho.

14.6. Estabilidade do representante dos empregados (Reforma Trabalhista)

- A Lei nº 13.467/2017 acaba com a discussão em torno da estabilidade do representante dos empregados – cuja eleição é obrigatória nas empresas com mais de 200 empregados por expressa determinação no art. 11 da Constituição Federal – pois passa a prever de forma expressa a estabilidade do membro da comissão de representante dos empregados, que terá garantia contra despedida arbitrária desde o registro de sua candidatura até um ano após o fim do mandato. A despedida arbitrária é aquela que não se fundar em motivo disciplinar, técnico, econômico ou financeiro.
- A estabilidade prevista aos membros da comissão de representantes é a mesma aplicada aos cipeiros:

> ***Art. 165, CLT*** *– Os titulares da representação dos empregados nas CIPA (s) não poderão sofrer despedida arbitrária, entendendo-se como tal a que não se fundar em motivo disciplinar, técnico, econômico ou financeiro*

14.7. Despedida e reintegração do empregado estável

- **Dispensa sem justa causa:**
  - a) **reintegração:** somente se a decisão ocorrer durante o período estabilitário;
  - b) **Indenização:** se a decisão for dada após o período estabilitário;

Para a semana antes da prova, segue quadro referente à estabilidade:

Estabilidade	
Estabilidade decenal	Após 10 de efetivo serviço. Não optante pelo FGTS. Após CF/88 não está em vigor.
Dirigente sindical	• Início da estabilidade ocorre com o registro da candidatura e permanece até 1 ano após o mandato. – Estabilidade aos titulares e suplentes. – Dirigentes com estabilidade: 7 membros titulares e 7 suplentes. – Não gera direito à estabilidade se a candidatura ocorre durante: a) contrato por prazo determinado; b) aviso-prévio. • Comunicação do registro da candidatura ao empregador: durante a vigência do contrato de trabalho. • Somente poderá ser dispensado se cometer falta grave. Há necessidade de prévio inquérito para apuração dessa falta grave.
Empregada gestante e adotante	Início com a confirmação da gravidez até 5 meses após o parto ou da guarda provisória. Empregadas domésticas também possuem esse direito.
Empregado acidentado	Estabilidade de 12 meses após o término do auxílio-doença. Requisitos: a) Afastamento superior a 15 dias. b) Percepção do auxílio-doença.

Estabilidade	
Empregado representante da Cipa	Apenas o representante dos empregados (eleitos). Início com o registro do candidato até 1 ano. Titulares e suplentes (Súmula nº 399).
Empregado representante da CCP	Apenas representantes dos empregados (eleitos). Início com a eleição até 1 ano após o mandato. Titulares e suplentes.
Representante dos empregados (Reforma Trabalhista)	Desde o início da candidatura até um ano após o fim do mandato.

15. TÉRMINO DO CONTRATO DE TRABALHO

- **Resilição:** É o término do contrato de trabalho pela manifestação da vontade das partes. Pode ser unilateral (pedido de demissão e dispensa sem justa causa) ou bilateral (distrato). A legislação atual permite tão somente a resilição unilateral. Com a Reforma Trabalhista, passou a ser permitida a resilição por distrato no art. 484-A da CLT.
- **Resolução:** A extinção do contrato de trabalho ocorre pela prática de ato culposo pelas partes do contrato. Nesse caso, são três as espécies de resolução: dispensa por justa causa, rescisão indireta e culpa recíproca.
- **Rescisão:** A extinção contratual ocorre pela nulidade do contrato de trabalho.

TÉRMINO DO CONTRATO DE TRABALHO

Resilição (manifestação unilateral ou bilateral)	– Pedido de demissão (empregado). – Dispensa sem justa causa (empregador). – Distrato.
Resolução (alto faltoso)	– Dispensa por justa causa (falta praticada pelo empregador – art. 482 da CLT). – Rescisão indireta (falta praticada pelo empregador – art. 483 da CLT – Culpa recíproca (ambos praticam a falta grave – art. 484 e Súmula nº 14 do TST).
Rescisão	– Nulidade do contrato de trabalho

15.1. Dispensa sem justa causa ou arbitrária

- Ocorre quando o empregador é quem decide colocar fim ao contrato sem motivação. Salvo nos casos de garantia provisória de emprego (gestante, membro da CIPA etc.), o empregado não poderá se opor a essa decisão. Nesse caso, receberá a totalidade das verbas rescisórias:

- Saldo de salário (dias efetivamente trabalhados).
- Décimo terceiro salário proporcional.
- Férias + 1/3 vencidas, se houver.
- Férias + 1/3 proporcionais.
- Aviso-prévio.
- Saque dos depósitos do FGTS.
- Indenização de 40% sobre os depósitos do FGTS.
- Direito ao benefício do seguro-desemprego, desde que atenda aos requisitos próprios estabelecidos na legislação previdenciária.

15.2. Pedido de demissão

- **Demissão.** Ocorre quando o empregado decide colocar fim ao contrato. Independe de qualquer motivação. O empregador não poderá se opor a essa decisão do trabalhador. Nessa hipótese de pedido de demissão, o empregado terá direito às seguintes verbas rescisórias:
- Saldo de salário (dias efetivamente trabalhados);
- Décimo terceiro salário proporcional;
- Férias + 1/3 vencidas, se houver;
- Férias + 1/3 proporcionais.

  Obs.: No pedido de demissão, o empregado não saca os depósitos do FGTS e deverá conceder aviso-prévio de 30 dias ao empregador. Por fim, ressalta-se que perderá a estabilidade provisória de emprego que eventualmente possuía no caso de formulação de pedido de demissão.

15.3. Distrato (Reforma Trabalhista)

- A resilição bilateral compreende o acordo entre as partes contratantes que colocam fim ao contrato de trabalho e que se denomina distrato[34]. Antes da Reforma Trabalhista não se admitia o distrato, cabendo aos empregados apresentar pedido de demissão ou aos empregadores realizar a dispensa sem justa causa.
- A Reforma Trabalhista passou a admitir o distrato como nova hipótese de término do contrato de trabalho no art. 484-A da CLT. Na hipótese de celebração de distrato, os trabalhadores terão direito ao recebimento das seguintes verbas rescisórias:

- 50% do aviso prévio, se for indenizado. Na hipótese de aviso prévio trabalhado, terá direito ao recebimento de seu valor integral.

---

34. CASSAR, Vólia Bomfim. *Direito do Trabalho.* 11ª Edição. Rio de Janeiro: Forense, 2015. p. 1.019.

- 20% de multa sobre os depósitos do FGTS;
- Saldo de salário (dias efetivamente trabalhadores);
- Décimo terceiro salário proporcional;
- Férias + 1/3 vencidas, se houver;
- Férias + 1/3 proporcionais;

- Antes da Reforma Trabalhista não se admitia o saque dos depósitos do FGTS baseado no distrato realizado entre empregado e empregador, pois essa modalidade de extinção contratual não era prevista no ordenamento jurídico. Com a regulamentação da atual lei trabalhista, o trabalhador poderá movimentar sua conta vinculada do FGTS até o limite de 80% do valor dos depósitos (art. 484-A, § 1º, CLT).
- Cumpre ressaltar que o art. 20 da Lei nº 8.036/1990, que estabelece as hipóteses de saque dos depósitos do FGTS, foi alterado para prever o distrato como nova modalidade:

> ***Art. 20, I-A, Lei nº 8.036/1990.*** *A conta vinculada do trabalhador no FGTS poderá ser movimentada nas seguintes situações: extinção do contrato de trabalho prevista no art. 484-A da Consolidação das Leis do Trabalho (CLT), aprovada pelo Decreto-Lei nº 5.452, de 1º de maio de 1943.*

- O empregado que celebrar distrato para extinguir seu contrato de trabalho não terá direito ao recebimento de seguro-desemprego.

15.4. Justa causa: dispensa por justa causa, rescisão indireta e culpa recíproca

- **Justa causa.** O contrato poderá terminar em razão de conduta grave de uma das partes ou, ainda, de ambas as partes. Ocorrerá, portanto, a **dispensa por justa causa** (quando empregado cometer falta grave), **a rescisão indireta** (quando o empregador praticar conduta grave) ou, ainda, a **culpa recíproca**, quando ambos praticarem a conduta grave.

Resumo para a prova:

Resolução (falta grave)	
Dispensa por justa causa (art. 482 da CLT)	**Rescisão indireta (art. 483 da CLT)**
– Ato de improbidade – Incontinência de conduta – Mau procedimento – Negociação habitual ou concorrência à empresa – Condenação criminal sem suspensão da execução da pena – Desídia – Embriaguez – Violação de segredo da empresa – Indisciplina ou insubordinação	– Serviços: • superiores às forças do trabalhador • defesos em lei • contrários aos bons costumes • alheios ao contrato – Rigor excessivo – Possibilidade de perigo – Descumprimento das obrigações do contrato – Ato lesivo à honra e à boa fama

Resolução (falta grave)	
– Abandono de emprego – Ato lesivo à honra e à boa fama – Ofensa física, exceto legítima defesa – Prática de jogos de azar – Prática de atos atentatórios à segurança nacional **Obs.:** Reforma Trabalhista cria nova hipótese: – perda da habilitação ou dos requisitos estabelecidos em lei para o exercício da profissão, em decorrência de conduta dolosa do empregado.	– Ofensa física, exceto legítima defesa – Redução do trabalho pago por peça ou tarefa
Hipóteses de faltas graves do empregado não previstas no art. 482 da CLT	**Hipótese de falta grave do empregador não prevista no art. 483 da CLT**
– **Empregado doméstico:** maus-tratos de idoso, de enfermo, de pessoa com deficiência ou de criança sob cuidado direto ou indireto do empregado (art. 27, I, LC nº 150/2015); – **Greve:** Abuso do direito de greve (art. 14, Lei nº 7.783/1989); – **Recusa em usar EPI:** Empregado que se recusa a usar EPI ou a cumprir demais normas de segurança e medicina do trabalho (art. 158 da CLT); – **Motorista profissional:** recusa em se submeter a testes e	– **Empregador doméstico:** empregador praticar qualquer das formas de violência doméstica ou familiar contra mulheres (art. 27, parágrafo único, VII, LC nº 150/2015. e art. 5º, Lei nº 11.340/2006).
programa de controle de drogas e de bebida alcoólica (art. 235-B, VII e parágrafo único, CLT); – **Ferroviário:** Recusa do ferroviário à realização de horas extras em situações de urgência e acidente (art. 240, *caput*, CLT).	

Culpa recíproca (art. 484 da CLT e Súmula nº 14 do TST)
a) Empregado e empregador praticam, simultaneamente, falta grave (*arts. 482 e 483 da CLT ao mesmo tempo*); b) Reconhecida pela Justiça do Trabalho; c) Empregado terá direito a 50% de: • Aviso-prévio; • 13º salário; • Férias proporcionais; • 20% indenização do FGTS. **Obs. 1:** Nesse caso, o empregado saca os depósitos na conta vinculado do FGTS. **Obs. 2:** *Não tem direito ao seguro*-desemprego.

Verbas rescisórias devidas ao trabalhador nas diferentes formas de término do contrato				
Dispensa por justa causa (Falta grave – art. 482 da CLT)	**Dispensa sem justa causa e rescisão indireta**	**Pedido de demissão**	**Distrato**	**Culpa Recíproca**
• Saldo de salário (dias efetivamente trabalhados). • Férias vencidas + 1/3. **Obs.:** *Não terá direito ao seguro-desemprego, pois não se trata de desemprego involuntário.*	• Saldo de salário (dias efetivamente trabalhados). • 13º salário proporcional. • Férias + 1/3 vencidas.	• Saldo de salário (dias efetivamente trabalhados). • 13º salário proporcional.	– 50% do aviso prévio, se for indenizado. Na hipótese de aviso prévio trabalhado, terá direito ao recebimento de seu valor integral.	- 50% do aviso-prévio, do 13º e das férias proporcionais
• Saldo de salário (dias efetivamente trabalhados). • Férias vencidas + 1/3. **Obs.:** *Não terá direito ao seguro-desemprego, pois não se trata de desemprego involuntário.*	• Férias + 1/3 proporcionais. • Aviso-prévio. • Saque dos depósitos do FGTS. • Indenização de 40% sobre os depósitos do FGTS. • Seguro-desemprego, *desde que atenda aos requisitos próprios estabelecidos na legislação previdenciária.*	• Férias + 1/3 vencidas. • Férias + 1/3 proporcionais. • ***Obs.1:*** *Empregado deve conceder o aviso-prévio ao empregador.* • ***Obs.2:*** *Não saca os valores depositados na conta do FGTS.* • ***Obs.3:*** *Não terá direito ao seguro-desemprego, pois não se trata de desemprego involuntário.*	– 20% de multa sobre os depósitos do FGTS; – Saldo de salário (dias efetivamente trabalhadores); – Décimo terceiro salário proporcional; – Férias + 1/3 vencidas, se houver; – Férias + 1/3 proporcionais;	- 20% de indenização sobre o FGTS - saldo salarial, as férias e o décimo terceiro vencidos serão pagos integralmente

15.5. Demais hipóteses de término do contrato de trabalho

15.5.1. Término do contrato por prazo determinado

- O término do contrato por prazo determinado poderá ocorrer de duas formas: a) extinção normal e b) extinção antecipada. Há, ainda, a possibilidade de se estabelecer c) cláusula assecuratória de direito recíproco.

  A) Extinção normal: A primeira delas ocorre no momento previamente fixado pelas partes. Nesse caso, não há necessidade de pagamento de indenização, nem mesmo de conceder aviso-prévio. O empregador deverá pagar as verbas rescisórias referentes ao período de trabalho. São elas:

- Saldo de salário dos dias trabalhados;
- 13º salário proporcional ao tempo trabalhado;

- Férias + 1/3 proporcional ao tempo trabalhado.

  Obs.: Nesse caso, o empregado terá direito de levantar os depósitos do FGTS.

B) **Extinção antecipada:** A segunda forma de término do contrato poderá ocorrer de maneira antecipada, ou seja, antes do prazo fixado pelas partes. Nesse caso, há pagamento de indenização. Para o pagamento dessa indenização, será necessário verificar quem deu causa ao desligamento.

1) **Término antecipado por iniciativa do empregador:** Nesse caso, o empregador estará obrigado a pagar, a título de indenização, a metade da remuneração a que o empregado teria direito até o fim do contrato de trabalho fixado anteriormente (art. 479, CLT). Além dessa indenização prevista na CLT, deverá pagar as verbas rescisórias, acrescidas da multa de 40% sobre os depósitos do FGTS (art. 14 do Decreto nº 99.684/90), conforme demonstrado a seguir:

- Saldo de salário;
- 13º salário proporcional ao tempo trabalhado;
- Férias + 1/3 proporcional ao tempo trabalhado;
- Direito de levantar os depósitos do FGTS + multa de 40% sobre os depósitos efetuados;
- Indenização prevista no art. 479 da CLT (metade da remuneração a que teria direito até o fim do contrato por prazo determinado).

2) **Término antecipado por iniciativa do empregado**: Se o empregado der causa ao término do contrato antes do prazo fixado, deverá pagar indenização ao empregador pelos prejuízos que esse desligamento antecipado causar à empresa (art. 480, CLT). O valor do prejuízo não poderá ultrapassar àquela indenização a que o empregado teria direito, prevista no art. 479 da CLT. Nesse caso, conforme demonstrado a seguir, o trabalhador não terá direito de levantar os depósitos do FGTS:

- Saldo de salário;
- 13º salário proporcional ao tempo trabalhado;
- Férias + 1/3 proporcional ao tempo trabalhado.

  Obs.: Caberá ao empregado o pagamento de indenização pelos prejuízos que o pedido da demissão causar à empresa.

C) **Cláusula assecuratória de direito recíproco (art. 481, CLT):** O contrato que possui essa cláusula obriga a parte (empregado ou empregador) que decidir terminar o contrato antes do prazo fixado a conceder o aviso-prévio. Lembre-se de que não há, no contrato por prazo determinado, a necessidade de conceder o aviso-prévio, exceto se as partes estipularem a cláusula assecuratória de direito recíproco (cláusula de aviso-prévio).

1) **Iniciativa do empregado:** o empregado que decidir colocar fim ao contrato antes do prazo (pedido de demissão) deverá prestar serviços por mais 30 dias, sob pena de

ver seu salário descontado nesse período. Nesse caso, não estará obrigado a pagar a indenização pelos prejuízos causados (art. 480 da CLT), e receberá as verbas a seguir:

- Saldo de salário;
- 13º salário proporcional ao tempo trabalhado;
- Férias + 1/3 proporcional ao tempo trabalhado.

  Obs.: Empregado estará obrigado a conceder o aviso-prévio, ou seja, deverá permanecer trabalhando por 30 dias.

2) **Iniciativa do empregador:** o empregador, ao dispensar o empregado antes do prazo final, deverá conceder-lhe aviso-prévio de 30 dias e, nesse caso, as verbas rescisórias serão iguais ao contrato por prazo indeterminado. Importante ressaltar que a presença dessa cláusula não transforma o contrato por prazo determinado em prazo indeterminado, mas, se houver rescisão antecipada, será nos moldes do contrato por prazo indeterminado, sem a multa prevista no art. 479 (pagamento de metade da remuneração), conforme a seguir demonstrado:

- Pagamento do aviso-prévio (trabalhado ou indenizado);
- Saldo de salário;
- 13º salário proporcional ao tempo trabalhado;
- Férias + 1/3 proporcional ao tempo trabalhado;
- Direito de levantar os depósitos do FGTS + multa de 40% sobre os depósitos efetuados.

  Obs.: Nesse caso, não há pagamento da multa prevista no art. 479 da CLT (metade da remuneração).

15.5.2. Força maior

- **Força maior:** É o acontecimento inevitável, em relação à vontade do empregador, e para cuja realização este não concorreu direta ou indiretamente (art. 501 da CLT). Uma vez configurada a hipótese de força maior, o empregado terá direito à indenização pela metade, isto é, 20% da indenização do FGTS. O pagamento das demais verbas rescisórias, inclusive o pagamento do aviso-prévio, devem ser suportadas pelo empregador. Dessa maneira, o empregado possui o direito às seguintes verbas rescisórias:

- Saldo de salário (dias efetivamente trabalhados);
- Décimo terceiro salário proporcional;
- Férias vencidas e proporcionais, ambas com o terço constitucional (Súmula nº 328, TST);
- Aviso-prévio indenizado, conforme Súmula nº 44 do TST;
- Saque de depósitos do FGTS e multa de 20% sobre os valores do depósito;

- Seguro-desemprego, caso atendidos os requisitos da legislação previdenciária.
- **Pandemia de Covid-19.** A pandemia de Covid-19 suscitou diversos questionamentos acerca da dispensa dos trabalhadores. Nesse sentido, seria possível reconhecer a dispensa por força maior? Entendemos que, se houver encerramento da atividade empresarial por conta da pandemia de coronavírus, é cabível a aplicação da força maior na dispensa dos empregados. Nesse mesmo sentido, a 5ª Turma do TST, em 23/03/2022, decidiu que a pandemia de Covid-19 somente é justificativa para o término do contrato de trabalho por motivo de força maior quando demonstrado pelo empregador o impacto substancial na saúde econômica e financeira da empresa, caracterizado pela sua extinção ou pelo fechamento do estabelecimento em que o empregado trabalhe[35].

15.5.3. Morte do empregador

A morte do empregador pode ou não levar ao término do contrato de trabalho. Em regra, não leva à extinção do contrato de trabalho, pois mudanças jurídicas da empresa não afetam os contratos em curso (arts. 10 e 448, ambos da CLT).

15.5.4. Morte do empregador pessoa física (extinção do estabelecimento)

- A morte do empregador pessoa física (pessoa jurídica não morre), entretanto, pode gerar duas hipóteses de término do contrato de trabalho. A primeira delas, prevista no art. 485, CLT, ocorre com o fechamento da empresa e cessação da atividade empresarial. Nesse caso, o empregado será dispensado e o contrato de trabalho será extinto, o que equivale à dispensa sem justa causa, e todas as verbas rescisórias devem ser pagas. Dessa maneira, o empregado possui as mesmas verbas rescisórias como se fosse dispensado sem justa causa, pois houve o fim do contrato:

- Saldo de salário (dias efetivamente trabalhados);
- Décimo terceiro salário proporcional;
- Férias vencidas e proporcionais, ambas com o terço constitucional (Súmula nº 328, TST);
- Aviso-prévio indenizado, conforme Súmula nº 44 do TST;
- Saque de depósitos do FGTS e multa de 40% (art. 18, § 1º, Lei do FGTS);
- Seguro-desemprego, caso atendidos os requisitos da legislação previdenciária.

15.5.5. Morte do empresário individual

- Com a morte do empresário individual, se outra pessoa continua o negócio, há a possibilidade de o empregado continuar ou terminar o vínculo empregatício (art. 483, § 2º, CLT). Trata-se, portanto, de uma mera faculdade do trabalhador. Se decidir terminar o vínculo, será pedido de demissão. Receberá as verbas decorrentes desse

35 Informativo nº 252 do TST.

pedido. Prevalece, na doutrina, que nesse caso não há necessidade de conceder o aviso-prévio[36].

15.5.6. Fato do príncipe ou **factum principis** *(paralisação temporária ou definitiva do trabalho)*

- **Conceito:** Ocorre fato do príncipe quando a Administração Pública é a responsável pela paralisação empresarial, art. 486 da CLT. É interessante destacar que somente se configura fato do príncipe quando se verifica a ocorrência de fato inevitável que impeça completamente a continuidade da atividade empresarial desenvolvida.
- **Efeitos:** Nesse caso, o ente estatal será o responsável pelo pagamento das verbas trabalhistas provenientes da ruptura do contrato (aviso-prévio e indenização do FGTS). As demais parcelas, provenientes da prestação de serviços, serão suportadas pelo empregador, pois é ele o responsável pelo pagamento das férias, décimo terceiro e depósitos do FGTS. Assim, o empregado tem direito ao recebimento da totalidade das verbas rescisórias como se houvesse dispensa sem justa causa.
- **Fato do príncipe e pandemia:** Havia discussão se o fechamento e paralisação de empresas por medidas de isolamento e "lockdown" configurariam fato do príncipe. Essa discussão foi pacificada pela Lei nº 14.020/2020, que estabeleceu o Programa Emergencial de Manutenção do Emprego e da Renda. De acordo com seu art. 29, a dispensa por fato do príncipe não pode ser aplicada na hipótese de paralisação de atividades empresariais determinada por ato de autoridade pública para o enfrentamento do estado de calamidade pública decorrente da pandemia do novo coronavírus.

15.6. Dispensa coletiva

- **Antes da Reforma Trabalhista**: o TST adotava entendimento no sentido de que havia necessidade de prévia negociação coletiva para a dispensa em massa.
- **Com a Reforma Trabalhista**: reconhece-se que o empregador tem o direito potestativo de dispensar seus empregados independentemente da hipótese de dispensa, seja ela individual, plúrima ou coletiva. Dessa forma, exclui-se expressamente a necessidade de negociação coletiva e do estabelecimento de acordo ou convenção coletiva de trabalho para a dispensa em massa:

> ***Art. 477-A da CLT (inserido pela Reforma Trabalhista):*** *As dispensas imotivadas individuais, plúrimas ou coletivas equiparam-se para todos os fins, não havendo necessidade de autorização prévia de entidade sindical ou de celebração de convenção coletiva ou acordo coletivo de trabalho para sua efetivação*

- **Tema 638 da Repercussão Geral (STF).** Conforme tese fixada pelo STF, a validade das dispensas em massa depende da participação do sindicato dos empregados nesse processo, mas não de sua autorização ou da celebração de acordo ou convenção coletiva de trabalho.

---

36. MARTINS, Sérgio Pinto. *Comentários à CLT.* 28. ed. São Paulo: Atlas, 2014. p. 559.

15.7. Homologação das verbas trabalhistas e obrigações decorrentes da extinção do contrato de trabalho

- A Reforma Trabalhista revogou os §§ 1º e 3º do art. 477, que previam a homologação das verbas rescisórias para os trabalhadores com mais de um ano de serviço e passa a estabelecer apenas a necessidade de comunicação da dispensa aos órgãos competentes. Além disso, o empregador deverá realizar o pagamento das verbas rescisórias.
- Com a Reforma Trabalhista, a quitação passa a ser realizada sem a assistência do sindicato ou do Ministério do Trabalho e Previdência. As parcelas que expressamente constarem no recibo terão a eficácia liberatória. No tocante a essas parcelas quitadas, não cabe, em regra, ação judicial.

Segue quadro que resume as hipóteses de eficácia liberatória do contrato de trabalho:

EFICÁCIA LIBERATÓRIA DO CONTRATO
– **Comissão de Conciliação Prévia**: eficácia liberatória geral, com exceção das parcelas expressamente ressalvadas (art. 625-E, parágrafo único, CLT e Informativo 29 TST).
– **Programa de Demissão Voluntária (PDV):** eficácia liberatória somente em relação às parcelas expressamente consignadas (OJ nº 270 da SDI-I do TST). Na existência de acordo ou convenção coletiva, terá eficácia liberatória geral (art. 477-B da CLT – acrescentado pela Lei nº 13.467/2017).
– **Quitação anual das verbas trabalhistas:** A celebração de termo de quitação anual das obrigações trabalhistas perante o sindicato profissional tem eficácia liberatória em relação às parcelas expressamente especificadas (art. 507-B da CLT).
– **Homologação em juízo:** De acordo com a OJ nº 132 da SDI-II do TST, é possível que, mediante acordo judicial, seja conferida eficácia liberatória geral das verbas trabalhistas. Nesse sentido, o acordo judicial em que o empregado daria plena e ampla quitação, sem nenhuma ressalva, alcançaria todos os direitos decorrentes do contrato de trabalho. Com a vigência da Lei nº 13.467/17, há necessidade de alteração dessa orientação jurisprudencial, uma vez que o novo art. 855-E prevê que apenas há a suspensão do prazo prescricional com relação aos **direitos nela especificados**. Assim, os direitos decorrentes do contrato de trabalho que não forem expressamente objeto do acordo extrajudicial não terão a prescrição suspensa, podendo, consequentemente, ser objeto de nova reclamação trabalhista. Possibilita-se, portanto, que a parte ingresse com reclamação trabalhista para a discussão dos direitos que não estiverem expressamente integrados ao acordo extrajudicial, sem que isso viole a coisa julgada.
– ***Obs.: Recibo de quitação ou instrumento de rescisão:*** *O recibo de quitação deve especificar as parcelas paga ao empregado, sendo válida a quitação apenas quanto às parcelas especificadas (art. 477, § 2º, da CLT). Ressalta-se que, com a Reforma Trabalhista, não há mais homologação das verbas trabalhistas no final do contrato de trabalho. O recibo de quitação não assegura eficácia liberatória geral, podendo o empregado discutir em juízo os valores e as parcelas pagos.*

- **Obrigações decorrentes do término do contrato de trabalho:** A Reforma Trabalhista altera a redação do "caput" do artigo 477 para estabelecer as três principais obrigações aos empregadores após o término do contrato de trabalhado:

  a) Anotação do término do contrato de trabalho na CTPS do empregado;

  b) Comunicação da dispensa aos órgãos competentes: essa exigência tem a função de permitir aos empregados o saque do FGTS e o requerimento do benefício do seguro-desemprego; e

  c) Pagamento das verbas rescisórias no prazo estabelecido.

- A anotação da CTPS deve ser realizada no prazo de até 48 horas e devolvida ao trabalhador.
- Não há necessidade do pagamento das verbas rescisórias no ato de homologação da rescisão do contrato de trabalho. O empregado deve receber o valor em dinheiro, depósito bancário ou cheque visado na forma como for acordado entre as partes. Por sua vez, para os trabalhadores analfabetos, é obrigatório o pagamento em dinheiro ou depósito bancário.
- **Prazo para pagamento das verbas rescisórias:** Antes da Reforma Trabalhista, o prazo para o pagamento das verbas rescisórias deveria ser realizado até:
  a) o 1º dia útil imediato ao término do contrato nas hipóteses de aviso-prévio trabalhado ou contrato por prazo determinado.
  b) o décimo dia, contado da data em que o empregado foi informado da dispensa, nas hipóteses de aviso-prévio indenizado, dispensa por justa causa ou no caso de o empregado que pede demissão ser liberado do cumprimento do aviso-prévio.
- Com a **Reforma Trabalhista**, o prazo é unificado para 10 dias contados a partir do término do contrato de trabalho, devendo o empregador realizar dentro desse período:
  a) realizar a entrega ao empregado de documentos, que comprovem a comunicação da extinção do contrato de trabalho aos órgãos competentes; e
  b) efetuar o pagamento dos valores constantes do instrumento de rescisão ou recibo de quitação.
- **Multa do art. 477, § 8º, CLT.** Se o empregador descumprir o prazo para pagamento das verbas rescisórias, será obrigado ao pagamento de **multa** no valor equivalente ao salário do empregado, exceto se, comprovadamente, o trabalhador foi quem deu causa ao atraso do pagamento. Importante ressaltar que essa multa, prevista no art. 477 da CLT, incide nos contratos por prazo determinado e indeterminado, inclusive nos casos em que a rescisão contratual tenha ocorrido por justa causa do trabalhador.
- **Reconhecimento judicial do vínculo empregatício.** Em 31/05/2016, o TST editou a Súmula nº 462, que estabelece o pagamento da **multa do art. 477, § 8º, CLT, mesmo na hipótese de reconhecimento do vínculo de emprego pelo Judiciário Trabalhista.** O fato que enseja o pagamento da multa do art. 477 da CLT não depende da data de reconhecimento do vínculo de emprego, seja de forma judicial ou não, mas tão somente o desrespeito aos prazos para pagamento das verbas rescisórias.
- **Administração Pública.** Deve respeitar os prazos previstos no art. 477 da CLT, sob pena de pagar a multa de um salário do empregado público.
- **Massa falida:** não está sujeita à multa do art. 477 da CLT. Já a empresa em recuperação judicial não está isenta dessa multa.

- **Responsabilidade jurídica pós-contratual:** Após o término do contrato de trabalho, as partes devem agir de acordo com o princípio da boa-fé. Aquele que causar dano à outra parte por violação do dever de lealdade e probidade tem o dever de ressarci-lo, ainda que o contrato já tenha sido extinto. É o caso do empregado que fornece segredos comerciais de sua empresa para uma concorrente, em violação à boa-fé nas relações entre as partes. Sempre que guardar vinculação com o contrato de trabalho, a Justiça do Trabalho será competente para processar e julgar as ações envolvendo a responsabilidade jurídica pós-contratual.
- O art. 477, § 10º da CLT (inserido pela Reforma Trabalhista) prevê que a anotação da extinção do contrato de trabalho na CTPS é documento suficiente para que o empregado requeira o seguro-desemprego e a movimentação de sua conta vinculada do FGTS caso o empregador tenha efetuado a comunicação da extinção do contrato de trabalho aos órgãos competentes.

15.8. Quitação anual das obrigações trabalhistas

- **Quitação anual das obrigações trabalhistas.** A Lei nº 13.467/2017 faculta aos empregados e empregadores firmar o termo de quitação anual de obrigações trabalhistas perante o sindicato dos empregados da categoria (art. 507-B). O termo deverá discriminar as obrigações de dar e fazer cumpridas mensalmente e terá eficácia liberatória das parcelas nele especificadas. Por outro lado, as parcelas não consignadas no termo de quitação poderão ser discutidas futuramente na Justiça do Trabalho.

15.9. Estado de calamidade e legislação de exceção.

- Os anos de 2020 e 2021 foram marcados pelo enfrentamento mundial da pandemia de coronavírus. De acordo com informações do site do Ministério da Saúde, o novo agente do coronavírus foi descoberto em 31/12/19, após casos registrados na China, e é responsável pela doença chamada COVID-19. Com a declaração de pandemia pela Organização Mundial de Saúde (OMS) e do estado de calamidade pública no Brasil, diversas medidas foram adotadas para a contenção e tratamento da doença, que trouxeram consequências para as relações de trabalho.

  Programa Emergencial de Manutenção do Emprego e da Renda. No dia 1º de abril de 2020, foi publicada a MP nº 936/2020, que instituiu e medidas trabalhistas complementares para enfrentamento do estado de calamidade pública reconhecido pelo Decreto Legislativo nº 6, de 20 de março de 2020, e da emergência de saúde pública de importância internacional decorrente do coronavírus (covid-19). Em 16/06/2020, o texto foi aprovado pelo Senado Federal com algumas modificações e enviado para a sanção presidencial. No dia 06/07/2020, foi sancionada com vetos a Lei nº 14.020/2020, que passou a regulamentar as hipóteses de redução salarial e suspensão temporária do contrato de trabalho. As medidas previstas na Lei nº 14.020/2020 foram suspensas em 31/12/2020.

- No dia 28/04/2021, foi publicada a medida provisória nº 1.045/2021, que regulamentou o Novo Programa Emergencial de Manutenção do Emprego e da Renda. Essa medida foi rejeitada pelo Senado Federal e teve vigência limitada de 120 dias.
- **Lei nº 14.437/2022 (fruto da conversão da MP nº 1.109/2022).** Nesse ponto, interessante anotar que, em agosto de 2022, o Congresso Nacional aprovou a MP nº 1.109/2022 (convertida na Lei nº 14.437/2022), que institucionaliza autorização genérica para a adoção de medidas trabalhistas de enfrentamento a momentos de crise, dentre elas: o teletrabalho; a antecipação de férias individuais; a concessão de férias coletivas; o aproveitamento e a antecipação de feriados; o banco de horas; a suspensão da exigibilidade dos recolhimentos do Fundo de Garantia do Tempo de Serviço – FGTS; a redução proporcional da jornada de trabalho e do salário; e a suspensão temporária do contrato de trabalho.
- Destacamos que essas medidas poderão ser implementadas por meio de acordo individual escrito ou de negociação coletiva. Dessa forma, agora, mesmo superado o momento de crise ocasionado pela pandemia de COVID-19, no Direito do Trabalho, é possível a redução de salários e a suspensão do contrato de trabalho por meio de acordo individual entre empregado e empregador. Ainda que reservada essa possibilidade aos períodos de reconhecida calamidade, temos sérias dúvidas quanto à constitucionalidade dessas normas, pois a Constituição Federal autoriza a redução salarial apenas por meio de convenção ou acordo coletivo de trabalho (art. 7º, VI).

16. PRESCRIÇÃO E DECADÊNCIA

Prescrição e decadência

- **Prazo.** O prazo para ingressar com a reclamação trabalhista está previsto no art. 7º, XXIX, da CF/88: "São direitos dos trabalhadores urbanos e rurais, além de outros que visem à melhoria de sua condição social: ação, quanto aos créditos resultantes das relações de trabalho, com prazo prescricional de **cinco anos** para os trabalhadores urbanos e rurais, até o limite de **dois anos** após a extinção do contrato" (grifos acrescidos).
- Com a Reforma Trabalhista, a redação do artigo 11 da CLT foi atualizada de forma a se compatibilizar com o ordenamento constitucional:

> ***Art. 11 da CLT (com redação dada pela Reforma Trabalhista):*** *A pretensão quanto a créditos resultantes das relações de trabalho prescreve em cinco anos para os trabalhadores urbanos e rurais, até o limite de dois anos após a extinção do contrato de trabalho.*

- **Início do prazo prescricional.** O empregado poderá pleitear os direitos trabalhistas dos **últimos 5 anos a contar do ajuizamento da reclamação, até o limite de 2 anos após a extinção do contrato de trabalho**. Ressalta-se que o pedido dos últimos 5 anos não conta da extinção do contrato, mas do ingresso da reclamação trabalhista. Assim sendo, se demorar para ingressar com a ação judicial, consequentemente estará deixando escoar o período pleiteado.

- **Para a semana antes da prova:**

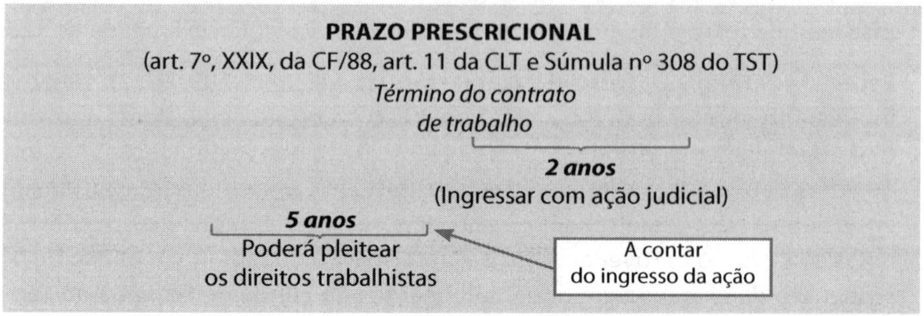

- **Causas que interferem na contagem do prazo.** A contagem do prazo prescricional poderá ser afetada em razão de causas impeditivas, suspensivas e interruptivas. **Causa suspensiva.** O prazo, nesse caso, ficará congelado, ou seja, haverá uma parada temporária até que seja cessado o obstáculo. Após o término do obstáculo, retoma-se a contagem. Exemplo: ingresso do empregado com pedido de conciliação na Comissão de Conciliação Prévia.

- **Suspensão do prazo prescricional.** Importante destacar que a suspensão do contrato de trabalho, por exemplo, o afastamento do empregado para o recebimento de auxílio-doença, não suspende a contagem do prazo prescricional, exceto se o trabalhador estiver impossibilitado, física ou mentalmente, de comparecer à Justiça do Trabalho.

- **Causa interruptiva.** Ocorre quando o prazo reinicia a contagem por inteiro. Exemplo: empregador, ao ingressar com a ação judicial (reclamação trabalhista) ou protesto judicial, interrompe o prazo prescricional.

- **Reforma Trabalhista:** De acordo com o § 3º do art. 11 da CLT, acrescentado pela Reforma Trabalhista, a interrupção da prescrição somente ocorrerá pelo ajuizamento de reclamação trabalhista, mesmo se for realizada em juízo incompetente. Nesse caso, ainda que venha a ser extinta sem resolução do mérito, haverá interrupção da prescrição, produzindo efeitos apenas em relação aos pedidos idênticos.

- **Causa impeditiva.** Nessa hipótese, não há início da contagem do prazo. Exemplo: não corre prazo prescricional contra o empregado com menos de 18 anos, conforme previsto no art. 440 da CLT.

- **Prescrição do FGTS.** Importante ressalvar que o prazo para requerer os depósitos do **FGTS** é de 2 anos para ingressar com a reclamatória, a contar do término do contrato. A antiga redação da Súmula nº 362 do TST dispunha que, se observado o prazo de 2 anos para ingresso com a reclamação trabalhista, o trabalhador poderá pleitear os últimos trinta anos**.** Era a chamada prescrição trintenária. Entretanto, em novembro de 2014, o STF[37] determinou, por maioria de votos, a redução do prazo

37. Ver ARE 709.212/DF. Relator: Ministro Gilmar Mendes. Data de Julgamento: 13/11/2014.

de prescrição dos depósitos do FGTS para 5 anos. Diante da nova posição assumida pelo STF, o TST alterou, em junho de 2015, o teor da Súmula nº 362 do TST para também prever a prescrição quinquenal (5 anos) para o direito de reclamar o não recolhimento dos depósitos do FGTS.

- **Momento da arguição.** Aliás, a prescrição na área trabalhista somente é decretada se alegada na vara do trabalho ou no TRT (instâncias ordinárias), conforme posicionamento da jurisprudência:

> ***Súmula nº 153 do TST.*** *Não se conhece de prescrição não argüida na instância ordinária*

- **Prescrição intercorrente.** Essa prescrição ocorreria no curso da execução, depois do trânsito em julgado, em razão da paralisação do processo por muito tempo. De acordo com a Súmula nº 114 do TST, é inaplicável na Justiça do Trabalho a prescrição intercorrente.

- Com a Reforma Trabalhista, entretanto, essa prescrição passa a ser possível, podendo ser, inclusive, declarada de ofício em qualquer grau de jurisdição, nos termos do art. 11-A da CLT:

> ***Art. 11-A da CLT (com redação dada pela Reforma Trabalhista):*** *Ocorre a prescrição intercorrente no processo do trabalho no prazo de dois anos.*
>
> *§ 1º A fluência do prazo prescricional intercorrente inicia-se quando o exequente deixa de cumprir determinação judicial no curso da execução.*
>
> *§ 2º A declaração da prescrição intercorrente pode ser requerida ou declarada de ofício em qualquer grau de jurisdição.*

- **Prescrição total e parcial no Direito do Trabalho:** O § 2º do art. 11 da CLT foi acrescentado pela Lei de Reforma Trabalhista e aborda a tese da prescrição total e parcial no Direito do Trabalho, antes omissa na CLT. O texto atual assemelha-se ao que já era previsto pelo TST na Súmula nº 294:

> ***Súmula nº 294 do TST:*** *Tratando-se de demanda que envolva pedido de prestações sucessivas decorrente de alteração do pactuado, a prescrição é total, exceto quando o direito à parcela esteja também assegurado por preceito de lei.*

- A prescrição total e parcial refere-se à lesão do direito e decurso do prazo enquanto o empregado estiver prestando serviços. Se o contrato estiver em curso, o empregado terá o prazo de 5 anos para ingressar com a reclamatória, contado a partir da violação do direito.

- Na prescrição total, de acordo com o TST, o trabalhador terá 5 anos para ingressar com a reclamação a contar do ato único do empregador. Esse ato do trabalhador decorre da alteração contratual lesiva de suprimir direito não previsto em lei, como no caso de redução do percentual de comissão. Nesse caso, a partir desse ato ilícito (ato único), inicia-se a contagem do prazo.

- Em resumo, o empregador, ao retirar ou reduzir as prestações que vinham sendo pagas de forma periódica, descumpre o que foi pactuado com o empregado, iniciando-se a contagem do prazo. Aliás, poderia ensejar, ainda, o pedido de rescisão indireta.

Prescrição
– **Causas que interferem na contagem do prazo prescricional** a) **Impeditiva:** Não se inicia a contagem do prazo. Ex.: Empregado com menos de 18 anos (art. 440, CLT). b) **Suspensiva:** Parada temporária na contagem do prazo. Ex.: Pedido de conciliação na Comissão de Conciliação Prévia (art. 625-G, CLT). **Obs.:** Auxílio-doença não suspende a prescrição, salvo impossibilidade de comparecimento à Justiça do Trabalho. c) **Interruptiva:** Contagem do prazo é reiniciada. Ex.: Ingresso com ação judicial (art. 11, § 3º da CLT e Súm. 268, TST). – **Depósitos do FGTS:** 2 anos a contar da extinção do contrato para ingressar na justiça. Poderá pleitear os últimos 5 anos (Súm. 362 – redação atual). STF (novembro/2014): reduziu o prazo de 30 anos para 5 anos (art. 7º, inciso XXIX, CF/88). – **CTPS:** Imprescritível o reconhecimento do vínculo para fins previdenciários. – **Prescrição de ofício** (art. 11-A, §2º da CLT): A declaração da prescrição intercorrente pode ser requerida ou declarada de ofício em qualquer grau de jurisdição.

17. SEGURANÇA E MEDICINA DO TRABALHO (MEIO AMBIENTE DE TRABALHO)

- **Meio ambiente de trabalho seguro e saudável.** O ambiente de trabalho é local onde o trabalhador presta serviços. Em razão disso, é dever do empregador manter esse ambiente o mais seguro e saudável possível, evitando acidentes de trabalho.
- **Princípio da indisponibilidade das normas de saúde e segurança do trabalho.** As normas que tratam da proteção à saúde e à segurança do trabalho são de ordem pública, portanto, são normas de indisponibilidade absoluta, e não cabe flexibilização para a redução de direitos dos empregados nesse aspecto de segurança. Essas normas representam cláusulas implícitas ao contrato de trabalho, não havendo a necessidade de previsão expressa no contrato.
- Com a Reforma Trabalhista, as normas de saúde, higiene e segurança do trabalho previstas em lei ou em normas regulamentadoras do Ministério do Trabalho constituem objeto ilícito de convenção ou acordo coletivo, nos termos do art. 611-B XVII da CLT.
- Entretanto, de acordo com o parágrafo único do art. 611-B em questão, as regras sobre duração do trabalho e intervalos não são consideradas como normas de saúde, higiene e segurança do trabalho para os fins do disposto neste artigo.
- Além disso, o enquadramento do grau de insalubridade poderá ser disposto por convenção e acordo coletivo, nos termos do art. 611-A, XII da CLT.
- **Proteção legal.** A CLT estabelece no Capítulo V do Título II normas que abordam a saúde e segurança do trabalho. Essas disposições são complementadas com diversas normativas internacionais como as convenções da OIT e também por Portaria do Ministério do Trabalho que estabelecem Normas Regulamentadoras das relações de trabalho.

17.1. Deveres do empregador

- Compete ao empregador manter o ambiente de trabalho seguro e saudável. Deve, portanto, adotar todas as normas preventivas como forma de proteger a integridade física e psíquica dos trabalhadores.

- **Entrega de EPIs**: Conforme o inciso I do art. 157 da CLT, o empregador deverá cumprir as normas de saúde e medicina do trabalho. Uma dessas normas é entregar, gratuitamente, equipamentos de proteção. Cabe ressaltar que o simples fornecimento de EPI não afasta a obrigatoriedade do pagamento do adicional de periculosidade ou insalubridade. Para cessar o pagamento desses adicionais, o empregador deverá eliminar, por completo, o agente nocivo e perigoso (Súmula nº 289 do TST).
- **Trabalho em condições prejudiciais à saúde e à segurança.** Se houver trabalho em atividades insalubres ou perigosas, é obrigação do empregador efetuar o pagamento dos adicionais de insalubridade ou periculosidade a seus empregados e adotar medidas para reduzir os prejuízos à saúde do trabalhador. Para mais informações acerca desses adicionais, consulte o tópico de adicionais salariais.

17.2. Deveres do empregado

- Compete aos trabalhadores obedecer às normas de medicina e segurança e colaborar com a empresa para a aplicação dessas normas. Aliás, deverá utilizar os equipamentos de proteção fornecidos pelo empregador. Se o empregado se recusa, injustificadamente, ao cumprimento das normas de segurança e à utilização dos equipamentos de proteção, caberá dispensa por justa causa, como determina o art. 158 da CLT.

17.3. Acidente de trabalho

- **Acidente de trabalho típico**. A Lei nº 8.213/1991, que dispõe sobre os Planos de Benefícios da Previdência Social, estabelece o conceito de acidente de trabalho para fins previdenciários. O acidente de trabalho típico é aquele que ocorre pelo exercício do trabalho a serviço de determinada empresa que venha a provocar lesão corporal ou perturbação funcional que cause a morte ou a perda ou redução da capacidade laboral. Lesão corporal ocorre quando o dano atinge a integridade física do indivíduo, causando-lhe um dano físico-anatômico, enquanto perturbação funcional corresponde a um ano fisiológico ou psíquico, relacionado com órgãos ou funções específicas do organismo humano, sem aparentar lesão física[38].
- **Acidente de trabalho equiparado**. Além disso, a lei de benefícios previdenciários estabelece um rol de hipóteses equiparadas ao acidente de trabalho, seja por doenças ocupacionais (art. 20) ou eventos acidentários que não são incluídos no conceito típico (art. 21). Alguns autores[39] realizam a divisão terminológica entre acidentes de trabalho atípicos, que compreendem as doenças ocupacionais, e acidentes de trabalho por equiparação ao se referir às demais hipóteses de acidente de trabalho previstas no art. 21 da Lei nº 8.213/1991. Cumpre ressaltar que a equiparação com o acidente de trabalho ocorre para que os efeitos jurídicos aplicados ao acidente de

---

38. MENEZES, Adriana. *Direito Previdenciário*. Coleção Tribunais. 6ª Edição. Salvador: Juspodivm, 2016. p. 260.
39. MENEZES, Adriana. *Direito Previdenciário*. Coleção Tribunais. 6ª Edição. Salvador: Juspodivm, 2016. p. 260-262.

trabalho sejam estendidos para essas outras modalidades. Entretanto, apresentam conceitos totalmente diversos do acidente de trabalho típico.

- **Doenças ocupacionais.** As doenças ocupacionais – doença profissional e do trabalho – não se configuram como fatos repentinos, violentos, abruptos que causam a morte ou incapacidade do indivíduo, mas compreendem situações que, progredindo no tempo, mantém nexo de causalidade com a redução ou fim da capacidade laborativa[40].

  a) **doença profissional:** é aquela peculiar a determinada atividade ou profissão, cujo exercício pode produzir ou desencadear certar patologias no trabalhador. Nesse caso, o nexo causal da doença com a atividade é presumido[41].

  b) **doença do trabalho:** ocorre em razão de determinadas condições em que o trabalho é realizado e não é vinculada a determinada atividade ou profissão. Seu aparecimento decorre da forma em que o trabalho é realizado ou das condições do meio ambiente do trabalho.

- **Responsabilidade civil.** A responsabilidade civil brasileira sempre esteve fundamentada no delito ou quase-delito, ou seja, aquele que pratica um ato ilícito deverá indenizar a parte contrária quando esse ato for praticado por culpa ou dolo do agente. Entretanto, conforme salienta Raimundo Simão de Melo[42], após a promulgação do Código Civil de 2002, é possível afirmar que o legislador adotou tanto a teoria da responsabilidade civil subjetiva como a teoria da responsabilidade objetiva baseada no risco da atividade desenvolvida.

- **Responsabilidade civil subjetiva.** Os pressupostos para a responsabilidade subjetiva são: a) ação ou omissão do agente; b) o elemento subjetivo (culpa ou dolo); c) o nexo de causalidade entre a conduta e o resultado; e d) ocorrência de um dano efetivo.

- **Responsabilidade civil objetiva.** A responsabilidade civil objetiva não é presumida, uma vez que decorre de lei ou de atividade de risco. Além disso, vale ressaltar que os pressupostos para sua caracterização são idênticos ao da responsabilidade subjetiva, com exclusão da culpa ou dolo[43].

- **Responsabilidade civil por acidente de trabalho.** A tendência da jurisprudência trabalhista é a adoção da responsabilidade objetiva do empregador decorrente de acidente de trabalho para as atividades de risco. Para as demais atividades, permanece a necessidade de se comprovar a culpa ou dolo do empregador em caso de acidente de trabalho (responsabilidade subjetiva).

---

40. MENEZES, Adriana. *Direito Previdenciário*. Coleção Tribunais. 6ª Edição. Salvador: Juspodivm, 2016. p. 260.

41. OLIVEIRA, Sebastião Geraldo. *Indenizações por acidente do trabalho ou doença ocupacional*. 7. ed. São Paulo: LTr, 2013. p. 51.

42. MELO, Raimundo Simão. *Ações acidentárias na Justiça do Trabalho*. São Paulo: LTr, 2011. p. 28.

43. MELO, Raimundo Simão. *Ações acidentárias na Justiça do Trabalho*. São Paulo: LTr, 2011. p. 44.

- **Tema 932 de Repercussão Geral do STF.** O artigo 927, parágrafo único, do Código Civil é compatível com o artigo 7º, XXVIII, da Constituição Federal, sendo constitucional a responsabilização objetiva do empregador por danos decorrentes de acidentes de trabalho, nos casos especificados em lei, ou quando a atividade normalmente desenvolvida, por sua natureza, apresentar exposição habitual a risco especial, com potencialidade lesiva e implicar ao trabalhador ônus maior do que aos demais membros da coletividade.
- **Nexo de causalidade.** Para a configuração da responsabilidade do empregador por acidente de trabalho, é indispensável a causalidade entre a conduta do empregador e o dano sofrido pelo empregado. Essa conduta deve ser a causa do dano do empregado. Assim, há nexo de causalidade, por exemplo, quando o empregado sofre acidente de trabalho com amputação de um membro caso o empregador tenha deixado de efetuar reparos de segurança em seu maquinário.
- **Concausalidade.** Vale ressaltar que é possível ocorrer diversas causas que concorram para a lesão no trabalhador, sendo algumas, inclusive, fora de qualquer conduta do empregador. É o que se denomina multicausalidade ou concausalidade. A existência de diversas causas que concorrem para o acontecimento da lesão não elimina a presença do nexo de causalidade desde que haja fator próprio do ambiente de trabalho que tenha concorrido para a ocorrência do dano.
- **Culpa exclusiva da vítima.** A configuração de culpa exclusiva da vítima pelo acidente exclui o nexo causal e, portanto, não se verifica a ocorrência de acidente de trabalho. Não haverá, nesse caso, dever de indenização pelo empregador.
- **Reparação do dano decorrente de acidentes de trabalho**. O empregado tem direito ao recebimento de indenização em razão de dano material ou moral decorrente de acidentes de trabalho. Para mais informações consulte o tópico de danos morais e materiais.

17.4. CIPA – Comissão Interna de Prevenção de Acidentes e de Assédio

- A **Cipa** é órgão de caráter preventivo e está previsto no art. 163 da CLT e na NR nº 5. Em regra, todos os empregadores, sejam de natureza pública ou privada, estão obrigados a constituir a Cipa. Essa obrigatoriedade dependerá, entretanto, do número de empregados e do grau de risco da atividade desenvolvida, conforme previsão na NR nº 5 (empresas com menos de 20 empregados, em regra, não estão obrigadas a constituir esse órgão protetivo). Aliás, a Cipa também é obrigatória para as atividades rurais, conforme a NR nº 31.
- **Da composição da Cipa:** Esse órgão é presidido por empregado indicado pelo empregador, e o vice-presidente será empregado eleito pelos trabalhadores. A eleição é secreta e dela podem participar todos os empregados, independentemente de filiação sindical.
- **Mandato do Cipeiro.** O mandato tem duração de 1 ano, sendo permitida uma reeleição. Ao membro suplente que tiver participado de menos da metade de reuniões não será permitida a sua reeleição.

- **Estabilidade.** Os representantes dos empregados na Cipa, titulares e suplentes, gozam de estabilidade, desde o registro da candidatura até 1 ano após o mandato. Somente poderão ser dispensados por justa causa. Essa estabilidade não persiste no caso de extinção do estabelecimento. Com o término do estabelecimento, portanto, o empregado não tem direito a indenização pelo período remanescente do mandato.

- No dia 31/08/2022, o Congresso Nacional aprovou MP 1.116/2022[44], que institui o Programa EMPREGA + MULHERES. Dentre as diversas providência adotadas pela MP estão medidas de prevenção e de combate ao assédio sexual e a outras formas de violência no âmbito do trabalho. Segundo a MP, a CIPA, que agora se chama **Comissão Interna de Prevenção de Acidentes e de Assédio**, tem mais uma atribuição: a promoção de um ambiente laboral sadio, seguro e que favoreça a inserção e a manutenção de mulheres no mercado de trabalho. Para tanto, deverão ser adotas medidas como: inclusão e divulgação de regras de conduta nas normas internas da empresa e capacitação e orientação de sensibilização dos trabalhadores de todos os níveis hierárquicos, no mínimo a cada 12 meses, a respeito do assédio sexual e de outras formas de violência. Trata-se de uma medida importante para prevenir, nas empresas, as diversas formas de assédio, especialmente o assédio sexual, e outras formas de violências.

18. DIREITO COLETIVO

- **Conceito:** O Direito Coletivo do Trabalho compreende o complexo de institutos, princípios e regras que regulamentam a relação entre empregados e empregadores e suas organizações coletivas, realizada de forma autônoma ou por meio de entidades sindicais[45].

- **Fontes normativas.** Assim como o Direito Individual do Trabalho, o Direito Coletivo baseia-se em fontes materiais e formais. Estas últimas compreendem a exteriorização das normas jurídicas, ou seja, as fontes formais são normas de observância obrigatória pela sociedade. Todos devem cumpri-las, pois são imperativas. Exemplo: convenção, acordo coletivo e leis.

- **Principais pontos.** Recomenda-se ao candidato uma leitura atenta da matéria, e principalmente a memorização dos arts. 8º, 9º, 10 e 11 da Constituição Federal.

Em resumo, os pontos principais sobre Direito Coletivo:

DIREITO COLETIVO
- → **Organização sindical**
- → **Negociação coletiva**
  - Acordos coletivos
  - Convenções coletivas
- → **Greve**

44. Na data de fechamento desta edição, o texto aguardava sanção ou veto do Presidente.
45. DELGADO, Maurício Godinho. **Curso de Direito do Trabalho.** 13. ed. São Paulo: Ltr, 2014. P. 1351.

18.1. Liberdade sindical (Convenção nº 87 da OIT)

- A liberdade sindical é o princípio estruturante do direito coletivo do trabalho em um Estado Democrático de Direito. É pautada na democracia e no pluralismo das relações sindicais. De acordo com esse princípio, **o Estado não poderá intervir ou interferir na entidade sindical**. O sindicato é, portanto, livre quanto a sua fundação, organização e filiação.
- Contudo, é necessário ressaltar que a liberdade sindical não é plena no Brasil. Ainda hoje, é aplicado o **princípio da unicidade sindical** (art. 8º, II e IV, da Constituição Federal). O princípio da unicidade sindical restringe a liberdade sindical porque impede a criação de mais de um sindicato, seja representativo de categoria profissional (trabalhadores), seja da categoria econômica (empregadores) uma mesma base territorial. Limita, portanto, o direito de escolha dos trabalhadores. Em razão disso, o Brasil é criticado por não ter ratificado a Convenção nº 87 da OIT que prevê a plena liberdade sindical.
- Com a Reforma Trabalhista, a compulsoriedade da contribuição sindical obrigatória deixa de existir, pois o desconto do valor passa a ser condicionado à expressa e prévia autorização do trabalhador ou empregador. Ressalta-se que o princípio da unicidade sindical permanece em vigor mesmo após a entrada em vigor da Lei nº 13.467/2017, pois está previsto no texto constitucional (art. 8º, II, CF/88).

18.2. Organização sindical brasileira

18.2.1. Modelo de organização sindical

- **Modelo complexo de organização sindical.** O modelo sindical brasileiro é complexo, uma vez que ora adota dispositivos que asseguram a plena liberdade sindical, como a liberdade de fundação e a de livre filiação, ora adota dispositivos que restringem essa liberdade e remontam à formação corporativista dos sindicatos no Brasil, como o princípio da unicidade sindical.
- **Sistema confederativo.** A organização sindical brasileira é dividida entre sindicatos e entidades de grau superior, que são as federações e as confederações. Essa divisão é chamada de sistema confederativo. Veja a seguir:

- **Divisão em categorias:** A organização dos sindicatos é feita com base no sistema de categorias. Há sindicatos que defendem interesses da categoria profissional (trabalhadores) e os que representam e defendem interesses da categoria econômica (empregadores). Existem ainda sindicatos que representam categorias profissionais diferenciadas. Para identificar a qual categoria pertence o trabalhador, é necessário identificar a atividade principal ou preponderante da empresa. Vale ressaltar:

  a) **Categoria econômica (art. 511, § 1º, da CLT):** ocorre quando há solidariedade de interesses econômicos dos que empreendem atividades idênticas, similares ou conexas, constituindo vínculo social básico entre essas pessoas.

  b) **Categoria profissional (art. 511, § 2º, da CLT):** ocorre quando há similitude de condições de vida oriunda da profissão ou trabalho em comum, em situação de emprego na mesma atividade econômica ou em atividades econômicas similares ou conexas. Para identificar a categoria profissional, é necessário, primeiro, verificar a categoria econômica, ou seja, qual a atividade da empresa.

  c) **Categoria profissional diferenciada (art. 511, § 3º, da CLT)**: é a que se forma dos empregados que exerçam profissões ou funções diferenciadas por força do estatuto profissional especial ou em consequência de condições de vida singulares. Entendemos que somente é possível identificar uma categoria profissional diferenciada se houver sido criado, mediante aprovação de lei, estatuto profissional próprio. Em que pese a CLT estabelecer as condições de vida singulares como uma das hipóteses para o surgimento dessas categorias, observa-se que sua efetivação na prática se mostra incerta, uma vez que não existem parâmetros para se determinar que profissão apresenta condições de vida singulares.

- **Princípio da unicidade sindical.** Não poderá existir mais de um sindicato profissional (trabalhadores) ou sindicato da categoria econômica (empregadores) na mesma base territorial. O Brasil não ratificou a Convenção Internacional nº 87 da OIT. Essa convenção adota o princípio da pluralidade sindical, o que possibilitaria mais de um sindicato, representante da mesma categoria, na mesma base territorial.

- **Registro no órgão competente.** Em razão dessa obrigatoriedade de sindicato único, há necessidade de registro do sindicato no Ministério do Trabalho e Previdência, para que esse órgão fiscalize se a unicidade sindical está sendo cumprida (Súmula nº 677 do STF). Apenas após o registro no Ministério do Trabalho é que o sindicato adquire natureza sindical, isto é, terá legitimidade para defender a categoria. Em resumo, a lei não pode exigir formalidade para a criação de sindicato, exceto o registro no órgão competente (MTP).

- **Diretoria do sindicato.** A diretoria tem a função de administrar o sindicato e é composta por, no mínimo, 3 e, no máximo, 7 membros eleitos pela assembleia geral. A estabilidade alcança apenas os membros que representam a categoria, em número não superior a 7 membros titulares e mais 7 membros suplentes, conforme prevê o art. 522 da CLT e a Súmula nº 369, II, do TST.

- **Conselho fiscal do sindicato.** O conselho fiscal tem a atribuição de fiscalizar as contas e gastos do sindicato. Esse órgão é formado por 3 membros eleitos pela assembleia geral. De acordo com o posicionamento do TST (OJ 365), esses membros do conselho fiscal não gozam de estabilidade, pois não representam a categoria.

- Segue quadro com resumo acerca do processo eleitoral da diretoria e do conselho fiscal do sindicato:

PROCESSO ELEITORAL
• **Assembleia eleitoral**
– Eleição dos cargos: diretoria e conselho fiscal do sindicato
– CLT: parâmetro para os dispositivos do estatuto do sindicato
– Voto secreto por 6 horas contínuas – sede ou delegacias sindicais
– Impossibilidade de intervenção do Ministério do Trabalho e MPT no processo eleitoral (liberdade sindical)
– Presidência da mesa apuradora dos votos: indicação dos integrantes em estatuto
• **Quórum de instalação e votação**
– 3 convocações:
1ª: Presença de 2/3 dos associados
2ª: Presença de 50% dos associados
3ª: Presença de 40% dos associados
– Não alcançado quórum mínimo: impossibilidade de intervenção do Ministério do Trabalho
• **Quórum de eleição**
– Maioria absoluta dos associados
– Se não atingido o quórum, admite-se a eleição pela maioria relativa (maioria entre os presentes)
• **Condições de elegibilidade (art. 529 da CLT)**
a) 6 meses de inscrição no sindicato e 2 anos de atividade profissional ou econômica;
b) Idade mínima de 18 anos;
c) Gozo dos direitos sindicais;
d) Possibilidade de sucessivas reeleições;
e) Estatuto pode prever novas regras;

18.2.2. Contribuições devidas ao sindicato

- **Contribuição sindical.** Era chamada, antigamente, de imposto sindical. É prevista em lei e no texto constitucional sendo e, antes da Reforma Trabalhista era obrigatória para todos os empregados, profissionais liberais e, ainda, aos empregadores, conforme previsto nos artigos 578 a 610 da CLT. Essa contribuição compulsória tinha natureza de tributo.

- Com a Reforma Trabalhista, a contribuição sindical passa a ser **facultativa**, pois dependerá de prévia e expressa autorização dos empregados, empregadores e trabalhadores autônomos para que seu desconto possa ser realizado. A contribuição sindical passa a ter natureza trabalhista e ser objeto do direito coletivo do trabalho, exatamente como ocorre com outras cobranças sindicais, tais como as contribuições confederativa e assistencial, bem como as taxas associativas.

- Em 29/06/2018, o STF decidiu, no julgamento da ADI nº 5794[46], por maioria de 6 votos contra 3 contrários, pela constitucionalidade dos dispositivos da Reforma Trabalhista que extinguiram a obrigatoriedade da contribuição sindical. Votaram a favor da mudança promovida pela Reforma os Ministros Luiz Fux, Alexandre de Moraes, Luís Roberto Barroso, Marco Aurélio Mello, Gilmar Mendes e Carmem Lúcia e, de forma contrária, os Ministros Edson Fachin, Rosa Weber e Dias Toffoli. Estiveram ausentes justificadamente os Ministros Ricardo Lewandowski e Celso de Mello. Ressalta-se que todas as ADIs e a ADC tramitaram conjuntamente e, portanto, a decisão do STF será aplicada a todos esses processos. Dessa forma, ao menos no âmbito jurisprudencial, foi pacificada a questão atinente à facultatividade da contribuição sindical.

- Segue quadro com informações acerca do rateio da contribuição sindical obrigatória recolhida dos empregados e do empregador:

RATEIO DA CONTRIBUIÇÃO SINDICAL OBRIGATÓRIA	
Empregados (art. 589, II, CLT)	Empregador (art. 589, I, CLT)
5% para as confederações	5% para as confederações;
10% para centrais sindicais;	15% para as federações;
15% para as federações;	60% para os sindicatos;
60% para os sindicatos;	20% para a "Conta Especial Emprego e Salário";
10% restantes para Conta Especial do Emprego e Salário.	

- **Contribuição confederativa.** A contribuição confederativa serve para custear o sistema confederativo, isto é, sindicatos, federações e confederações. Há expressa previsão constitucional que possibilita a contribuição confederativa, art. 8, IV, CF/88. É fixada mediante decisão da assembleia geral, e o desconto é feito na folha de pagamento dos empregados. Diferentemente da contribuição sindical, a confederativa nunca teve natureza jurídica de tributo, portanto não pode ser cobrada de trabalhadores não associados ao sindicato, sob pena de grave violação à liberdade sindical. Com a publicação da Súmula Vinculante nº 40, o STF já havia colocado fim a uma antiga discussão sobre a possibilidade ou não de cobrança de não filiados. Atualmente, somente pode ser cobrada contribuição confederativa dos filiados ao sindicato.

- **Contribuição assistencial:** A contribuição assistencial ou taxa de reversão é prevista no art. 513, e, da CLT. Essa contribuição tem como finalidade compensar os custos decorrentes da participação nas negociações coletivas e, ainda, em razão da conquista de condições mais benéficas aos trabalhadores. Não tem natureza de tributo, portanto será cobrada apenas dos filiados ao sindicato. Assim, a contribuição assistencial ou confederativa não pode ser cobrada ou mesmo descontada dos empregados não associados ao sindicato. Se houver desrespeito a esse posicionamento do TST, também manifestado na

46. Para mais informações, confira a ADI nº 5794, de Relatoria do Ministro Edson Fachin, Data de julgamento: 29/06/2018.

Súmula Vinculante nº 40 do STF, será devida a restituição dos valores descontados a título de manutenção do sistema confederativo que não seja a própria contribuição sindical.

- **Mensalidade sindical:** Mensalidade sindical ou estatutária está prevista no art. 548, *b*, da CLT. É contribuição prevista no estatuto do sindicato e cobrada apenas do trabalhador filiado. É voltada para a manutenção de atividades recreativas e assistenciais do sindicato. Ex.: manutenção de clubes, dentista, colônias de férias etc.

18.2.3. Associações sindicais de grau superior

- **Federações.** As federações são organizadas nos estados-membros, art. 534 da CLT. São entidades de segundo grau, compostas de, no mínimo, 5 sindicatos que representem a maioria absoluta de um grupo de atividades ou profissões idênticas, similares ou conexas. O objetivo da federação é coordenar interesses e reunir os sindicatos.
- **Confederações.** As confederações são entidades de âmbito nacional, com sede em Brasília. São formadas por, no mínimo, 3 federações. Têm como objetivo coordenar as federações e sindicatos do seu setor. Exemplo: Confederação Nacional da Indústria. Cabe frisar que a confederação possui legitimidade para propor ação direta de inconstitucionalidade, conforme previsto no art. 103, IX, da CF/88.
- **Centrais sindicais.** São entidades abrangentes, que não representam um grupo ou categoria específica, por exemplo, podem a elas se filiar sindicatos dos trabalhadores rurais e do comércio. Ademais, tanto os sindicatos como as federações e confederações poderão se filiar às centrais sindicais. Por fim, essas entidades representam apenas os trabalhadores, pois são formadas apenas por categorias profissionais. Não há, portanto, centrais sindicais de empregadores.
- **Estabilidade e negociação coletiva das centrais sindicais.** Os dirigentes das centrais sindicais não gozam de estabilidade, em razão da ausência de previsão em lei. Ademais, as centrais sindicais não têm legitimidade para celebrar acordos ou convenções coletivas, ingressar com ação de cumprimento ou instaurar dissídio coletivo.

Como forma de facilitar a memorização na semana da prova, segue quadro:

Entidades de grau superior	
Federações	organizadas nos estados-membros
	composta de, no mínimo, 5 sindicatos
	objetivo é coordenar e reunir os sindicatos
Confederações	entidade de âmbito nacional (sede em Brasília)
	compostas de, no mínimo, 3 federações
	possuem legitimidade para propor ADIn (art. 103, IX, da CF/88)
Órgãos internos das federações e confederações	conselho de representantes – formado por delegações dos sindicatos e das federações
	diretoria – no mínimo, 3 membros
	conselho fiscal – composto por 3 membros

CENTRAIS SINDICAIS
• Entidades abrangentes, formadas por sindicatos, federações e confederações.
• Representam apenas os trabalhadores.
• Atribuições:
a) coordenar a representação dos trabalhadores;
b) participar de negociação em que haja interesse dos trabalhadores.
• Não têm legitimidade para celebrar acordos e convenções coletivas.

18.3. Negociação coletiva (acordos e convenções coletivas de trabalho)

- **Acordo coletivo (AC).** Instrumento normativo que decorre da negociação coletiva, firmado pelo sindicato da categoria profissional (trabalhadores) com uma ou mais empresas.
- **Convenção coletiva (CC).** Instrumento normativo que decorre da negociação coletiva, firmado pelos **sindicatos** da categoria profissional e sindicato da categoria econômica.
- **O ponto em comum entre acordo e convenção.** Serão fixadas condições de trabalho a serem aplicadas aos contratos individuais de trabalho, como utilização de EPIs, reajuste salarial, estabilidades etc. Uma vez firmado o acordo ou convenção coletiva, os direitos, vantagens e obrigações serão aplicados a todos os trabalhadores, filiados e não filiados ao sindicado. O instrumento coletivo tem, portanto, efeitos *erga omnes*.
- **A diferença entre acordos e convenções** reside no fato de a convenção coletiva ser mais abrangente, pois envolve os sindicatos de ambas as categorias. Já o acordo tem abrangência mais restrita, envolvendo apenas os empregados da empresa ou empresas que o celebraram. No acordo coletivo são discutidas questões do dia a dia da empresa, como locais de amamentação, posicionamento das máquinas na empresa e uso do telefone e *e-mail*.
- Com a Reforma Trabalhista, as condições estabelecidas em acordo coletivo **sempre** prevalecerão sobre as estipuladas em convenção coletiva (art. 620 da CLT).
- Prevalência do negociado sobre o legislado: O mote da reforma trabalhista consistiu na valorização dos instrumentos coletivos de trabalho. Em diversas hipóteses previstas pela Reforma Trabalhista, verifica-se a prevalência do negociado sobre o legislado, o que assegura maior poder de negociação e representação dos trabalhadores pelos sindicatos. Nesse caso, as próprias partes da relação jurídica coletiva podem transacionar com maior liberdade, pois, em um dos polos da relação jurídica está o sindicato da categoria profissional. A convenção coletiva e acordo coletivo prevalecerão sobre a lei, nos termos do art. 611-A da CLT, quando tratarem sobre:

I – pacto quanto à jornada de trabalho, observados os limites constitucionais;

II – banco de horas anual;

III – intervalo intrajornada, respeitado o limite mínimo de trinta minutos para jornadas superiores a seis horas;

IV – adesão ao Programa Seguro-Emprego (PSE), de que trata a Lei no 13.189, de 19 de novembro de 2015;

V – plano de cargos, salários e funções compatíveis com a condição pessoal do empregado, bem como identificação dos cargos que se enquadram como funções de confiança;

VI – regulamento empresarial;

VII – representante dos trabalhadores no local de trabalho;

VIII – teletrabalho, regime de sobreaviso, e trabalho intermitente;

IX – remuneração por produtividade, incluídas as gorjetas percebidas pelo empregado, e remuneração por desempenho individual;

X – modalidade de registro de jornada de trabalho;

XI – troca do dia de feriado;

XII – enquadramento do grau de insalubridade;

XIII – prorrogação de jornada em ambientes insalubres, sem licença prévia das autoridades competentes do Ministério do Trabalho;

XIV – prêmios de incentivo em bens ou serviços, eventualmente concedidos em programas de incentivo;

XV – participação nos lucros ou resultados da empresa.

- Nesse ponto, importante ressaltar que o STF, no julgamento ARE 1121633, fixou-se a seguinte tese:

  Tema 1.046 da repercussão geral: São constitucionais os acordos e as convenções coletivos que, ao considerarem a adequação setorial negociada, pactuam limitações ou afastamentos de direitos trabalhistas, independentemente da explicitação especificada de vantagens compensatórias, desde que respeitados os direitos absolutamente indisponíveis

- Na prática, o STF validou a prevalência do negociado sobre o legislado, sem a necessidade de contrapartida, ressalvados os direitos absolutamente indisponíveis.

- No exame da convenção ou acordo coletivo, a Justiça do Trabalho apenas poderá analisar se foram cumpridos os requisitos do art. 104 do Código Civil, dentre os quais está elencado o objeto lícito, possível, determinado ou determinável. Em seus incisos, o art. 611-B estabelece um rol de direitos que não poderão ser suprimidos ou reduzidos via negociação ou acordo coletivo, os quais, em sua maioria, tratam-se de uma mera repetição do rol exposto no art. 7º da Constituição Federal/1988:

I – normas de identificação profissional, inclusive as anotações na Carteira de Trabalho e Previdência Social;

II – seguro-desemprego, em caso de desemprego involuntário;

III – valor dos depósitos mensais e da indenização rescisória do Fundo de Garantia do Tempo de Serviço (FGTS);

IV – salário mínimo;

V – valor nominal do décimo terceiro salário;

VI – remuneração do trabalho noturno superior à do diurno;

VII – proteção do salário na forma da lei, constituindo crime sua retenção dolosa;

VIII – salário-família;

IX – repouso semanal remunerado;

X – remuneração do serviço extraordinário superior, no mínimo, em 50% (cinquenta por cento) à do normal;

XI – número de dias de férias devidas ao empregado;

XII – gozo de férias anuais remuneradas com, pelo menos, um terço a mais do que o salário normal;

XIII – licença-maternidade com a duração mínima de cento e vinte dias;

XIV – licença-paternidade nos termos fixados em lei;

XV – proteção do mercado de trabalho da mulher, mediante incentivos específicos, nos termos da lei;

XVI – aviso prévio proporcional ao tempo de serviço, sendo no mínimo de trinta dias, nos termos da lei;

XVII – normas de saúde, higiene e segurança do trabalho previstas em lei ou em normas regulamentadoras do Ministério do Trabalho;

XVIII – adicional de remuneração para as atividades penosas, insalubres ou perigosas;

XIX – aposentadoria;

XX – seguro contra acidentes de trabalho, a cargo do empregador;

XXI – ação, quanto aos créditos resultantes das relações de trabalho, com prazo prescricional de cinco anos para os trabalhadores urbanos e rurais, até o limite de dois anos após a extinção do contrato de trabalho;

XXII – proibição de qualquer discriminação no tocante a salário e critérios de admissão do trabalhador com deficiência;

XXIII – proibição de trabalho noturno, perigoso ou insalubre a menores de dezoito anos e de qualquer trabalho a menores de dezesseis anos, salvo na condição de aprendiz, a partir de quatorze anos;

XXIV – medidas de proteção legal de crianças e adolescentes;

XXV – igualdade de direitos entre o trabalhador com vínculo empregatício permanente e o trabalhador avulso;

XXVI – liberdade de associação profissional ou sindical do trabalhador, inclusive o direito de não sofrer, sem sua expressa e prévia anuência, qualquer cobrança ou desconto salarial estabelecidos em convenção coletiva ou acordo coletivo de trabalho;

XXVII – direito de greve, competindo aos trabalhadores decidir sobre a oportunidade de exercê-lo e sobre os interesses que devam por meio dele defender;

XXVIII – definição legal sobre os serviços ou atividades essenciais e disposições legais sobre o atendimento das necessidades inadiáveis da comunidade em caso de greve;

XXIX – tributos e outros créditos de terceiros;

XXX – as disposições previstas nos arts. 373-A, 390, 392, 392-A, 394, 394-A, 395, 396 e 400 desta Consolidação.

Parágrafo único. Regras sobre duração do trabalho e intervalos não são consideradas como normas de saúde, higiene e segurança do trabalho para os fins do disposto neste artigo

- Importante notar que que o Tema 1.046 não restringe a possibilidade de o Poder Judiciário exercer o controle da legalidade das normas coletivas, mas indica alguns limites a essa intervenção. Ainda, conforme o relator, Min. Gilmar Mendes, acompanhado pela maioria, a prevalência do negociado sobre o legislado não abrange políticas públicas de inclusão de pessoa com deficiência e dos jovens e adolescentes no mercado de trabalho. Dessa forma, vedou-se expressamente a flexibilização da cota de aprendizagem e de pessoas com deficiência.
- Segue quadro com o resumo acerca da legitimidade para celebrar acordo ou convenção coletiva:

LEGITIMIDADE ACORDO OU CONVENÇÃO COLETIVA
Regra: Sindicato (art. 8º, VI, CF/88)
Exceções:
1) Recusa do sindicato (art. 617, § 1º, CLT, e Inf. 54 do TST) e prazo para assumir as negociações:
2) Ausência do sindicato (art. 611, § 2º, CLT, e Inf. 8 TST):
– Federação;
– Na ausência de federação, confederação.

- **Prazo de vigência**. Antes da Reforma Trabalhista, o prazo de vigência dos acordos e convenções não poderia ser superior a **2 anos**, de acordo com o art. 614, § 3º, da CLT. O objetivo desse prazo é fomentar negociações periódicas, adequando os instrumentos à realidade econômica e regional.

- O TST, na Súmula nº 277, fixou entendimento de que o prazo máximo de 2 anos deveria ser interpretado juntamente com a **teoria da aderência limitada por revogação**, ou seja, enquanto não houver um novo acordo ou convenção que modifique a situação do instrumento ajustado, este continua em vigor, mesmo após terminado o seu prazo de vigência de 2 anos.

- **Reforma Trabalhista.** O art. 614, § 3º da CLT teve sua redação alterada para prever a vedação da ultratividade das convenções e acordos coletivos, que terão seus efeitos cessados após o prazo final de vigência do instrumento coletivo que não poderá ser superior a 2 anos.

  Art. 614, § 3º da CLT: Não será permitido estipular duração de convenção coletiva ou acordo coletivo de trabalho superior a dois anos, sendo vedada a ultratividade.

- **ADPF 323-DF.** No julgamento virtual da ADPF 323, finalizado no dia 27/05/2022, o STF, por maioria, decidiu pela inconstitucionalidade da Súmula nº 277 do TST e das decisões judiciais que interpretam o art. 114, § 2º, CF/88, como autorização à aplicação do princípio da ultratividade das normas coletivas. Segundo o voto do Relator, Ministro Gilmar Mendes, a Súmula nº 277 do TST não é compatível com os princípios da legalidade, da separação dos Poderes e da segurança jurídica. Reforçou-se, assim, o posicionamento trazido pela Reforma Trabalhista, no sentido de vedar a ultratividade das normas coletivas, concretizando nas relações de trabalho a teoria da aderência limitada ao prazo.

18.4. Greve

- **Greve.** Greve consiste na paralisação coletiva, pacífica e temporária do trabalho com o objetivo de defender interesses profissionais. É uma arma poderosa de reivindicação dos direitos trabalhistas, sendo classificada também como forma de solução de conflitos, pois é um meio da pressão exercida sobre o empregador para atender aos pedidos dos trabalhadores e, consequentemente, colocar fim à discussão. A Lei nº 7.783/89 regulamenta o exercício de direito de greve. Segundo o art. 611-B, XXVII da CLT, constitui objeto ilícito da convenção ou acordo coletivo a supressão ou redução do direito de greve, competindo aos trabalhadores decidir sobre a oportunidade de exercê-lo e sobre os interesses que devam por meio dele defender.

- **Greve abusiva.** A greve poderá ser classificada como abusiva, contrária à legislação, ou não abusiva, exercida com razoabilidade e de acordo com a legislação. A greve **abusiva** não atende às necessidades básicas da população. Exemplo é a paralisação de 100% dos atendimentos do hospital ou, ainda, a falta de prévia comunicação à sociedade e ao empregador sobre o início da greve. Aliás, se a greve for declarada abusiva pela Justiça do Trabalho, não serão reconhecidos os direitos e vantagens pleiteados pelo movimento grevista. Também será considerada abusiva se iniciado o movimento grevista sem tentativa prévia de negociação. Ressalta-se que também será **abusiva** a manutenção da greve após a celebração de acordo, convenção coletiva ou decisão normativa. Com a assinatura do instrumento coletivo ou da decisão da Justiça do Trabalho, é necessário que os grevistas coloquem fim à paralisação, conforme previsto no art. 14 da Lei de Greve.

18.4.1. Greve em serviços essenciais

- De acordo com a Constituição Federal, a lei definirá os serviços essenciais. Verifica-se, assim, que o próprio texto constitucional possibilitou a greve em serviços ou atividades essenciais. A Lei de Greve, no art. 10, elenca 11 atividades essenciais.
- **Reforma Trabalhista:** segundo o art. 611-B, XXVIII da CLT constitui objeto ilícito da convenção ou acordo coletivo, supressão ou redução da definição legal sobre serviços ou atividades essenciais e disposições legais sobre o atendimento das necessidades inadiáveis da comunidade em caso de greve.
- É obrigatório que sejam atendidos os serviços inadiáveis à população. Os serviços inadiáveis estão ligados à saúde, segurança e sobrevivência. Esse limite mínimo de atendimento não é fixado por lei, mas estipulado por comum acordo entre empregadores, empregados e sindicatos. Caso não seja garantido o mínimo de atendimento à população, a greve será considerada abusiva.

GREVE	
Serviços das atividades essenciais previstas em lei (art. 10 da Lei de Greve)	– abastecimento de água, energia e gás; – assistência médica; – distribuição de alimentos e medicamentos; – funerários; – transporte coletivo; – esgoto e lixo; – telecomunicações; – substâncias radioativas; – tráfego aéreo e navegação aérea; – compensação bancária; – processamentos de dados ligados a serviços essenciais. - atividades médico-periciais relacionadas com o regime geral de previdência social e a assistência social; - atividades médico-periciais relacionadas com a caracterização do impedimento físico, mental, intelectual ou sensorial da pessoa com deficiência, por meio da integração de equipes multiprofissionais e interdisciplinares, para fins de reconhecimento de direitos previstos em lei, em especial na Lei nº 13.146, de 6 de julho de 2015 (Estatuto da Pessoa com Deficiência); e - outras prestações médico-periciais da carreira de Perito Médico Federal indispensáveis ao atendimento das necessidades inadiáveis da comunidade. - atividades portuárias.

GREVE	
Atendimento básico	será fixado em comum acordo entre sindicato, empresa e trabalhador.
Requisitos para a greve	a) convocação de assembleia geral; b) tentativa de solução amigável; c) comunicação prévia (72 h serviços essenciais e 48 h para os demais).

GREVE ABUSIVA (Resumo)
1. Lei de Greve (art. 14): Greve abusiva é aquela que não cumpre os requisitos previstos em lei. 2. Raimundo Simão de Melo: Conceito apresentado na Lei de Greve é insuficiente. Greve abusiva é aquela que não atende ao seu fim econômico e social, aos bons costumes e à boa-fé (art. 187 CC). 3. Principais hipóteses de abusividade da greve: **a)** Não atendimento das necessidades básicas da população na greve de serviços essenciais (OJ 38, SDC); **b)** Início da greve sem a tentativa prévia de negociação (OJ 11, SDC); **c)** Manutenção da greve após a celebração de acordo, convenção coletiva ou de sentença normativa (greve dos dissidentes), salvo quando se pretenda exigir o cumprimento de cláusula ajustada ou em razão de fatos supervenientes (art. 14, Lei de Greve); **d)** Prática de atos violentos pelos grevistas. 4. MPT: ajuizamento de dissídio coletivo de greve se houver lesão ao interesse público nas greves em atividades essenciais (art. 114, § 3º, CF/88).

18.4.2. Greve no serviço público

- **Greve no serviço público.** A primeira Constituição Federal brasileira a permitir o direito de greve dos servidores públicos foi a atual, de 1988. Conforme previsto no art. 37, VII, da CF/88, a greve é autorizada nos limites de lei específica. Contudo, não há legislação específica que regulamente os limites do direito de greve para os servidores públicos. Verifica-se, assim, uma omissão legislativa. Após vários mandados de injunção, o Supremo Tribunal Federal decidiu aplicar, por analogia, a Lei de Greve (nº 7.783/89) para os servidores estatutários, atendendo às peculiaridades do serviço público.

- Pela aplicação analógica da Lei de Greve, os grevistas deverão respeitar o princípio da continuidade dos serviços públicos e a notificação prévia da Administração com antecedência de 72 horas sobre o início da greve.

- Em 27/10/2016, o STF julgou, em repercussão geral reconhecida, o RE nº 693.456-RJ de relatoria do Ministro Dias Toffoli, que discutia a constitucionalidade do desconto dos dias parados em razão de greve de servidor público. Pela maioria de 6 votos a 4 dos Ministros do Tribunal, foi firmada a seguinte tese: "A administração pública deve proceder ao desconto dos dias de paralisação decorrentes do exercício do direito de greve pelos servidores públicos, em virtude da suspensão do vínculo funcional que dela decorre, permitida a compensação em caso de acordo. O desconto será, contudo, incabível se ficar demonstrado que a greve foi provocada por conduta ilícita do Poder Público".

- **Greve no serviço militar.** A legislação brasileira proíbe expressamente o direito de greve e a sindicalização dos servidores militares, conforme previsto na Constituição Federal de 1988:

Art. 142, § 3º, IV, CF/88: *Os membros das Forças Armadas são denominados militares, aplicando-se-lhes, além das que vierem a ser fixadas em lei, as seguintes disposições: ao militar são proibidas a sindicalização e a greve.*

19. COMISSÃO DE CONCILIAÇÃO PRÉVIA

- **Finalidade.** As Comissões de Conciliação Prévia foram criadas como forma de tentar solucionar os conflitos existentes entre empregados e empregadores. Poderão ser criadas pelas empresas ou pelos sindicatos e, caso existam, na mesma localidade e para a mesma categoria, Comissão de Empresa e Comissão Sindical, o interessado deve optar por uma delas. De acordo com o art. 625-A da CLT: "As empresas e os sindicatos podem instituir Comissões de Conciliação Prévia, de composição paritária, com representantes dos empregados e dos empregadores, com a atribuição de tentar conciliar os conflitos individuais do trabalho."

- **Conflitos individuais.** Essa comissão poderá conciliar apenas conflitos individuais de trabalho, ou seja, não tem atribuição para firmar acordos em dissídios coletivos. Aliás, é a única forma, prevista em lei, de transação individual (entre empregado e empregador) de verbas trabalhistas.

- **Composição e número de membros.** A composição dos membros da Comissão de Conciliação Prévia será paritária, ou seja, o mesmo número de representantes dos trabalhadores e de representantes do empregador. A composição da comissão em âmbito sindical terá sua constituição e normas definidas em acordo ou convenção coletiva. O número de membros, em **âmbito empresarial**, será de, no mínimo, 2 e, no máximo, 10 membros.

- **Representante dos empregados.** Importante destacar que os representantes dos trabalhadores serão eleitos em votação secreta. Em razão disso, para que não haja perseguição, titulares e suplentes possuirão garantia provisória de emprego (estabilidade) até um ano após o fim do mandato, salvo se cometerem falta grave. Nesse caso, o art. 625-B, § 1º, da CLT não prevê a estabilidade dos representantes dos empregados a partir do registro da candidatura; portanto, nas provas objetivas, importante memorizar nos exatos termos da lei.

  - **Necessidade de submeter a demanda à Comissão de Conciliação Prévia.** Nas localidades onde houver Comissão de Conciliação Prévia, a demanda será submetida à tentativa de conciliação antes de ingressar com a reclamação trabalhista na Justiça do Trabalho (art. 625-D da CLT). Entretanto, o Supremo Tribunal Federal – STF – em agosto de 2018, entendeu que a CCP é meio legítimo de solução de conflitos, mas não obrigatório, sendo facultativa ao trabalhador a tentativa de conciliação perante a CCP, ou seja, ele poderá ingressar diretamente na Justiça do Trabalho.

- **Prazo e prescrição.** Ao submeter a demanda à comissão, há um prazo de 10 dias para realizar a sessão de tentativa de conciliação. Durante esse prazo, a prescrição ficará suspensa. Se não houver conciliação, será fornecida às partes declaração da tentativa conciliatória frustrada, que deverá ser juntada à futura reclamação trabalhista.

- **Termo de conciliação.** Se as partes aceitarem a conciliação, será lavrado termo de conciliação. Esse termo terá **eficácia liberatória geral**, ou seja, o empregado não poderá rediscutir as matérias objeto de conciliação na Justiça do Trabalho, pois já houve acordo entre as partes. Há exceção, entretanto, no tocante às parcelas expressamente ressalvadas.

- **Eficácia do termo de conciliação.** Esse documento terá força de **título executivo extrajudicial**, isto é, poderá ser executado diretamente na Justiça do Trabalho. A título de exemplo, o termo de conciliação vale como "cheque" dado pelo empregador: se não for pago, será executado. Na reclamação trabalhista, há necessidade de juntar provas (documentos, testemunhas etc.), por isso o processo é mais demorado. Já na execução, o processo é rápido, pois a instrução é realizada com o título executivo.

Para a semana antes da prova, segue o quadro de resumo sobre CCP:

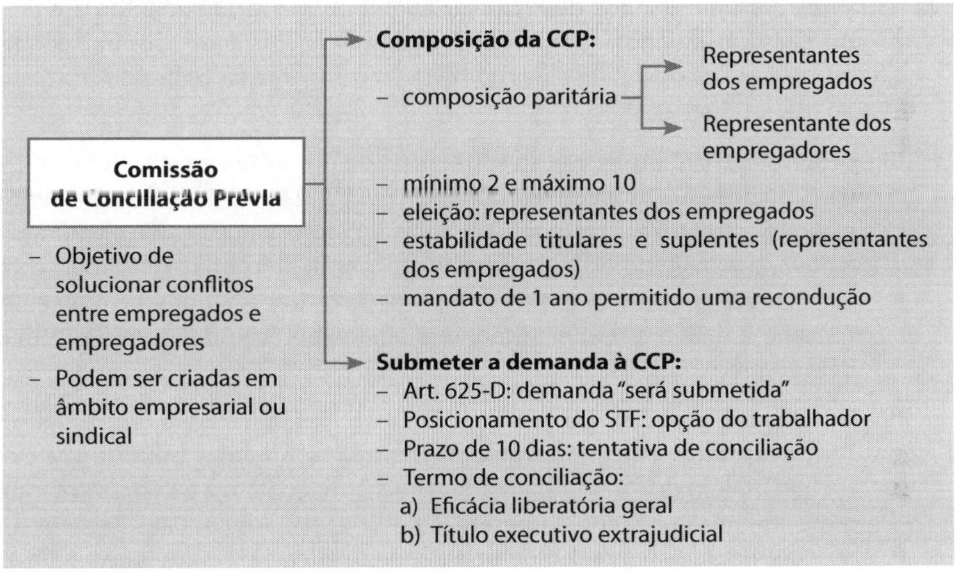

20. DA REPRESENTAÇÃO DOS EMPREGADOS (REFORMA TRABALHISTA)

- **Obrigatoriedade da eleição de representante de empregados:** a eleição de um representante dos trabalhadores nas empresas com mais de 200 empregados é obrigatória, nos termos do art. 11 da CF/88.

- A representação dos empregados foi regulamentada pela Reforma Trabalhista, em seus arts. 510-A a 510-D da CLT.

- De acordo com a legislação, será eleita uma comissão para representação dos empregados, nas empresas com mais de 200 empregados. A composição da comissão varia de acordo com o total de empregados das empresas:

  - Em empresas com mais de 200 e até 3.000 empregados: 3 membros;
  - Em empresas com mais de 3.000 e até 5.000 empregados: 5 membros;
  - Em empresas com mais de 5.000 empregados: 7 membros.

- **Atribuições da comissão de representantes**:

I – **representar os empregados perante a administração da empresa:** A comissão eleita exerce a função de representação dos empregados perante a administração da empresa. Dessa forma, permite-se ao órgão a apresentação de demandas, questionamentos ou pedidos aos administradores da empresa em benefício de todos os seus representados. Podem e devem ser recebidos pelo empregador para exercerem suas funções na busca pelo entendimento direto com este;

II – **aprimorar o relacionamento entre a empresa e seus empregados com base nos princípios da boa-fé e do respeito mútuo:** Em empresas com mais de 200 empregados, é possível que haja falta de comunicação entre os anseios da empresa e as necessidades dos empregados. Portanto, a comissão de representantes dos empregados deve buscar aprimorar o relacionamento da empresa com seus funcionários, apontando as queixas e necessidades dos trabalhadores e explicando a estes as medidas que estão sendo tomadas pela empresa na solução dos problemas;

III – **promover o diálogo e o entendimento no ambiente de trabalho com o fim de prevenir conflitos:** Em consonância com a atribuição anterior, a comissão de representantes é um órgão intermediador entre o empregado e empregador e pode, por meio do diálogo, evitar a ocorrência de conflitos, seja pela correta apresentação dos problemas identificados pelos trabalhadores no ambiente de trabalho, jornada e remuneração, seja pela explicação das medidas tomadas pelo empregador;

IV – **buscar soluções para os conflitos decorrentes da relação de trabalho, de forma rápida e eficaz, visando à efetiva aplicação das normas legais e contratuais:** Além de intervir para a prevenção de conflitos, a comissão também tem a atribuição de tentar apresentar soluções para os conflitos existentes nas relações de trabalho, prezando pela rapidez e eficácia sempre em atendimento das normas legais e contratuais;

V – **assegurar tratamento justo e imparcial aos empregados, impedindo qualquer forma de discriminação por motivo de sexo, idade, religião, opinião política ou atuação sindical:** A comissão deve sempre atuar com imparcialidade em relação aos empregados, não podendo buscar soluções voltadas a apenas alguns trabalhadores em detrimentos de outros, quando pautada por conduta discriminatória, seja ela motivada por sexo, idade, religião, opinião política ou atuação sindical.

VI – **encaminhar reivindicações específicas dos empregados de seu âmbito de representação:** Não se exige que a comissão apresente apenas as reivindicações gerais dos trabalhadores ou de um grupo de trabalhadores à empresa, podendo encaminhar também reivindicações específicas dos empregados, ainda que de apenas um deles, desde que não haja tratamento discriminatório na atuação como preceitua a atribuição anterior;

VII – acompanhar o cumprimento das leis trabalhistas, previdenciárias e das convenções coletivas e acordos coletivos de trabalho: A comissão de representantes tem a importante atribuição de acompanhar o cumprimento das leis trabalhistas, previdenciária e das convenções e acordos coletivos de trabalho. Essas comissões permitem que o órgão seja mais um instrumento na defesa de seus direitos, podendo apresentar ao empregador eventuais irregularidades identificadas, bem como denunciar práticas ilícitas à fiscalização do trabalho ao Ministério Público do Trabalho. Tendo em vista que a Reforma Trabalhista valoriza o negociado sobre o legislador, é um importante órgão para se verificar o cumprimento correto e eventual abuso presente nos instrumentos coletivos de trabalho.

- **Eleições:**
  - as eleições serão convocadas com antecedência mínima de 30 dias contados do término do mandato anterior;
  - será formada comissão eleitoral integrada por 5 empregados não candidatos para organização e acompanhamento do processo eleitoral;
  - não poderão se candidatar empregados com contrato de trabalho por prazo determinado, com contrato suspenso ou que estejam em período de aviso prévio, ainda que indenizado;
  - serão eleitos os candidatos mais votados, em votação secreta;
  - a comissão tomará posse no 1º dia útil seguinte à eleição ou ao término do mandato anterior;
  - não havendo candidatos suficientes, a comissão de representantes poderá ser formada com número inferior ao do art. 510-A da CLT;
  - não havendo candidatura, haverá nova eleição no prazo de 1 ano.
- **Mandato dos membros da comissão:** será de 1 ano, vedada a candidatura nos 2 períodos subsequentes. O mandato não implica interrupção ou suspensão do contrato de trabalho, devendo o empregado permanecer no exercício de suas funções.
- **Estabilidade do membro da comissão:** o membro da comissão terá estabilidade desde o registro da candidatura até um ano após o fim do mandato. Ressalta-se que, diante da inexistência de previsão de eleição de suplentes, a estabilidade somente é aplicada aos membros titulares.

21. JULGADOS DA CORTE INTERAMERICANA EM DIREITOS HUMANOS APLICÁVEIS ÀS RELAÇÕES TRABALHISTAS.

- **Convenção Americana de Direitos Humanos:** Aprovada em 1969 e com entrada em vigor a partir de sua 11ª ratificação, em 1978, a Convenção Interamericana de Direitos Humanos instituiu o subsistema americano de proteção dos direitos humanos (Subsistema da Convenção), composto por 2 principais órgão: a Comissão Interamericana de Direitos Humanos (CIDH) e a Corte Interamericana de Direitos Humanos (Corte IDH). O Brasil aderiu à Convenção em 1992 (Decreto nº 678).

- **Corte IDH:** "Na sentença de mérito, a Corte IDH decide se houve, total ou parcialmente, ou se não houve, responsabilidade internacional do Estado réu por violação de direitos humanos. Em caso positivo, de acordo com o art. 63.2 da Convenção Americana, a Corte determinará que se assegure ao prejudicado o gozo do direito ou liberdade violados e, se couber, que sejam reparadas as consequências da medida ou situação que haja configurado a violação, bem como o pagamento de indenização justa à parte lesada" [47]. As decisões da Corte IDH têm força de título executivo judicial (art. 68.2 da Convenção Americana).
- Para facilitar o estudo sobre o tema, preparamos a tabela abaixo com alguns dos principais precedentes da Corte Interamericana em Direitos Humanos aplicáveis às relações trabalhistas:

Caso empregados da Fábrica de Fogos de Santo Antônio de Jesus e seus familiares vs. Brasil
Em 11 de dezembro de 1998, ocorreu uma explosão na Fábrica de Fogos de Santo Antônio de Jesus (que funcionava na Fazenda Joeirana), no recôncavo baiano, levando à morte 64 pessoas e ferindo gravemente outras 6. Essa tragédia trouxe luz às condições degradantes de trabalho a que estavam submetidas as vítimas, ainda que esse ramo da atividade econômica, por lei, exige fiscalização por parte do Estado brasileiro. Após a explosão, as pessoas atingidas se organizaram no **Movimento 11 de Dezembro**, buscando a responsabilização dos culpados. As investigações revelaram que a fábrica possuía registro junto ao Exército[48], mas funcionava fora dos padrões exigidos pelas normas que regulamentam a atividade e que o risco de explosão era conhecido pelos donos da empresa. Conforme consta da decisão da Corte IDH, proferida em 15 de julho de 2020, "Em relação à explosão de 11 de dezembro de 1998, foram iniciados processos civis, trabalhistas, penais e administrativos. Até a data de aprovação do Relatório de Admissibilidade e Mérito da Comissão, só haviam sido concluídos os processos na via administrativa e alguns trabalhistas, sem que se houvesse conseguido a execução da reparação nesses últimos. Os demais processos, passados mais de 18 anos, se encontravam pendentes em diversas etapas." [49]. Na decisão, concluiu-se que o Estado brasileiro descumpriu o dever de investigar os fatos com a devida diligência e em prazo razoável. Ainda, de forma expressa, a Corte IDH reconheceu que padrões de **discriminação estrutural e intersecional**, responsabilizado internacionalmente o Estado brasileiro. Conforme explica a Justiça Global e o Movimento 11 de Dezembro, representantes das vítimas no caso, "Dos 64 trabalhadores mortos na explosão, 63 eram mulheres. A única vítima do sexo masculino era uma criança de 11 anos de idade. Dentre as vítimas havia 22 crianças e adolescentes, com idades entre 11 e 17 anos. A imensa maioria eram negras – dos 57 atestados de óbito juntados ao processo, 49 eram de pessoas negras, 3 brancas, e 6 sem identificação. Quatro mulheres grávidas e três nascituros também foram vítimas da explosão." [50]. A sente, ainda, determina uma série de medidas estruturais que devem ser adotas pelo Estado brasileiro para que tal tragédia não volte a ocorrer. Dentre elas, destacamos a determinação da criação de alternativas para a inserção das vítimas e dos familiares no mercado de trabalho (seguro e protegido), bem como a criação de um projeto de desenvolvimento socioeconômico na localidade dos fatos (Santo Antônio de Jesus).

47 BERTRAMELII NETO, Silvio. **Direitos humanos**. 4. ed. rev. ampl. atual. Salvador: JusPDIVM, 2017, p. 408.

48 Fogos de artifícios são produto controlado pelo Exército (PCE) na forma do item 6.1. do Anexo I da Portaria nº 118 – COLOG, de 4 de outubro de 2019.

49 CORTE INTERAMERICANA DE DIREITOS HUMANOS. **Caso Empregados da Fábrica de Fogos de Santo Antônio de Jesus e seus Familiares vs. Brasil**. 2020. Disponível em: corteidh.or.cr/docs/casos/articulos/seriec_407_por.pdf. Acesso em 15/09/2022, p. 26.

50 JUSTIÇA GLOBAL. Corte Interamericana condena Brasil por mortes em Fábrica de Fogos no Recôncavo Baiano. [S.l.], 2020. Disponível em: http://www.global.org.br/blog/corte-interamericana-condena-brasil-por-mortes-em-fabrica-de-fogos-no-reconcavo-baiano/. Acesso em 15/09/2022.

Caso Trabalhadores da Fazenda Brasil Verde vs. Brasil[51]
De fevereiro de 1989 a março de 2000, a Fazenda Brasil Verde, localizada no Estado do Pará, foi alvo de diversas visitas ou fiscalizações por parte das autoridades Brasileiras. Ao longo desses mais de 10 anos, diversas irregularidades foram constatadas, sendo que, em duas oportunidades, os Auditores-Fiscais do Trabalho concluíram pela existência de **trabalho análogo ao de escravo**. Ainda, em 1988, a Polícia Federal foi comunicada sobre o desaparecimento de dois adolescentes que tentaram fugir da propriedade, mas as investigações não prosseguiram. A única ação penal resultante das incursões das autoridades Brasileira foi extinta, a pedido do Ministério Público Federal, em razão do decurso do prazo prescricional. Em 1998, o caso foi levado à CIDH pela Comissão da Pastoral da Terra e Centro pela Justiça e o Direito Internacional (CEJIL), que concluiu pela prática de formas contemporâneas de escravidão (trabalho forçado e servidão por dívidas) pela Fazendo Rio Verde. Suas decisões, contudo, não foram cumpridas e o caso submetido à Corte IDH. Em outubro de 2016, foi proferida sentença pela Corte IDH, na qual declarou a responsabilidade internacional do Estado brasileiro por violação a inúmeros direitos previstos na Convenção Americana de DH, entre eles: direito de não ser submetido a escravidão ou tráfico de pessoas (art. 6.1); direito à integridade pessoal (art. 5º); e proteção da honra e da dignidade (art. 11). Trata-se de um caso extremamente importante por ser o **primeiro pronunciamento da Corte IDH em matéria de trabalho análogo ao de escravo**, prática recorrente no Brasil. Ainda, a Corte IDH valeu-se de diversos instrumentos internacionais de proteção dos DH para consagrar a **imprescritibilidade do crime de submissão de qualquer pessoa à condição análoga à de escravo**. Por fim, a sentença declara ter havido **discriminação estrutural por parte do Estado Brasileiro** no tratamento das ocorrências.
Caso Simone Diniz vs. Brasil[52]
Em 1997, Aparecida Gisele Mota da Silva divulgou vaga de emprego para empregada doméstica no jornal "Folha de São Paulo", fazendo constar, expressamente, **preferência por pessoa de cor branca**. Simone André Diniz, mulher negra, se candidatou à vaga de emprego, mas foi rejeitada por não preencher os requisitos para o emprego. Comunicados os fatos à Delegacia de Crimes Raciais e, após instruído o inquérito policial, os autos foram encaminhados ao Juiz de Direito, com parecer do MP pelo arquivamento, ante a inexistência "de base para oferecer a denúncia", justificativa aceita pelo magistrado responsável. No mesmo ano, o CEJIL, a Subcomissão do Negro de Comissão de DH da OBS-SP e o Instituto Negro Padre Batista apresentaram petição à CIDH, alegando violação, por parte do Estado brasileiro, de violação ao acesso à justiça em relação à Simone. Os argumentos foram acatados pela CIHD, que declarou a responsabilidade do Brasil. Suas recomendações, contudo, não foram cumpridas. A CIDH, então, enviou relatório à Organização dos Estados Americanos (na época dos fatos, o Brasil não havia se submetido à jurisdição da CIDH). No relatório enviado à OEA, a CIDH **analisa o racismo no Brasil, demonstrando que a discriminação em razão da raça é recorrente**. Aponta, ainda, **deficiências quanto à aplicação das normas antirracistas**.
Caso José Pereira vs. Brasil[53-54]
Em 1989, José Pereira foi gravemente ferido e outro trabalhador rural morto quando tentavam escapar da Fazenda Espírito Santo, onde foram submetidos, com outros 60 trabalhadores, à trabalhos forçados, sem liberdade para sair e sob condições desumanas e ilegais.

51 BERTRAMELII NETO, Silvio. **Direitos humanos**. 4. ed. rev. ampl. atual. Salvador: JusPDIVM, 2017, p. 468-469.

52 BERTRAMELII NETO, Silvio. **Direitos humanos**. 4. ed. rev. ampl. atual. Salvador: JusPDIVM, 2017, p. 450-451.

53 Não se trata de um "julgado da Corte Interamericana de Direitos Humanos", mas sim de uma solução amistosa firmada no bojo da Comissão Interamericana de Direitos Humanos. Contudo, pela sua importância – o Estado brasileiro reconhecendo sua responsabilidade internacional em relação ao trabalho escravo – optamos por tecer breves comentários.

54 COMISSÃO INTERAMERICANA DE DIREITOS HUMANOS. **Relatório nº 95/03.** Caso 11.289 solução amistosa José Pereira Brasil. 24 de outubro de 2003. Disponível em: https://cidh.oas.org/annualrep/2003port/brasil.11289.htm#:~:text=O%20caso%2011.289%20refere%2Dse,Santo%2C%20no%20Estado%20do%20Par%C3%A1. Acesso em: 15/09/2022.

Em 1994, Américas Watch e CEJIL ingressaram com petição à CIDH, alegando falta de proteção e garantias do Estado brasileiro, ao não responder adequadamente as denúncias. Alegaram violações a diversos direitos da Convenção Americana, entre eles: proibição de escravidão e servidão (art. 6); garantias judiciais (art. 8) e proteção Judicial (art. 25). Em 18 de setembro de 2003, as peticionárias e o Estado assinaram um **acordo de solução amistosa**, no qual **o Estado brasileiro reconheceu a responsabilidade internacional** e **estabeleceu uma série de compromissos relacionados com o julgamento e punição dos responsáveis, medidas indenizatórias de reparação, prevenção, modificações legislativas, fiscalização e punição ao trabalho escravo, e medidas de conscientização contra o trabalho escravo.**
Opinião Consultiva 18/03[55-56]
Em 2002, o México questionou a Corte se a privação dos direitos trabalhistas aos trabalhadores migrantes violaria a obrigação dos Estados membros em garantir a igualdade jurídica, a não discriminação e a proteção igualitária e efetiva, consagrada em instrumentos internacionais de Direitos Humanos. Em resposta, a Corte firmou que a igualdade e a não discriminação são normas ***jus cogens*** e obrigações ***erga omnes***, vinculando todos os Estados e produzindo efeitos em relação aos particulares. Em complemento, afirmou que todos os Estados devem ter uma política migratória que salvaguardem os direitos e garantias fundamentais dos migrantes, inclusive em relação aos direitos trabalhistas.

55 Não se trata de um "julgado da Corte Interamericana de Direitos Humanos", mas sim de uma opinião consultiva da Corte IDH. Nos termos do art. 64 da Convenção Americana, os Estados membros poderão consultar a Corte sobre a interpretação da Convenção ou de outros tratados concernentes à proteção dos direitos humanos nos Estados americanos. Dessa forma, pela importância da consulta – que trata sobre o trabalho do migrante – optamos por tecer breves comentários.

56 BERTRAMELII NETO, Silvio. **Direitos humanos**. 4. ed. rev. ampl. atual. Salvador: Juspodivm, 2017, p. 443.

Direito Processual do Trabalho

Élisson Miessa

Direito Processual do Trabalho

Itens do Edital – Analista	
1.	Da Justiça do Trabalho: organização e competência. Das Varas do Trabalho, dos Tribunais Regionais do Trabalho e do Tribunal Superior do Trabalho: jurisdição e competência.
2.	Dos serviços auxiliares da Justiça do Trabalho: das secretarias das Varas do Trabalho; dos distribuidores; dos oficiais de justiça e oficiais de justiça avaliadores. Dos Peritos Judiciais: responsabilidade pelos honorários periciais, Gratuidade de Justiça.
3.	Do Ministério Público do Trabalho: organização.
4.	Do processo judiciário do trabalho: princípios gerais do processo trabalhista (aplicação subsidiária do CPC).
5.	Prescrição e decadência. Prescrição intercorrente.
6.	Dos atos, termos e prazos processuais. Da distribuição. Do valor da causa no Processo do Trabalho. Das custas e emolumentos. Custas e emolumentos para a Fazenda Pública. Hipóteses de isenção.
7.	Das partes e procuradores; do jus postulandi; da substituição e representação processuais. Da representação da massa falida e das empresas em Recuperação judicial. Do litisconsórcio no Processo do Trabalho; da assistência judiciária; dos honorários de advogado: sucumbenciais e honorários contratados.
8.	Das nulidades e das exceções: hipóteses ensejadoras, prazo e forma de arguição.
9.	Tutelas Provisórias aplicáveis ao processo do trabalho
10.	Das audiências: de conciliação, de instrução e de julgamento; da notificação das partes; do arquivamento do processo; da revelia e confissão.
11.	Das provas.
12.	Dos dissídios individuais: da forma de reclamação e notificação; da reclamação escrita e verbal; da legitimidade para ajuizar.
13.	Do procedimento ordinário e sumaríssimo.
14.	Dos procedimentos especiais: inquérito para apuração de falta grave, ação rescisória e mandado de segurança. Da ação civil pública.
15.	Da Sentença e coisa julgada. Da liquidação da sentença: por cálculo, por artigos e por arbitramento.
16.	Dos dissídios coletivos: extensão, cumprimento e revisão da sentença normativa.
17.	Da execução: execução provisória; execução por prestações sucessivas; execução contra a Fazenda Pública; execução contra a massa falida. Do Incidente de Desconsideração da Personalidade Jurídica. Da citação; do depósito da condenação e da nomeação de bens. Garantias na execução. Seguro-fiança e seguro-garantia; do mandado e da penhora; dos bens penhoráveis e impenhoráveis; da impenhorabilidade do bem de família (Lei nº 8.009/1990). Dos embargos à execução; da impugnação à sentença; dos embargos de terceiros. Da praça e leilão; da arrematação; das custas na execução.
18.	Dos recursos no processo do trabalho.
19.	Normas atinentes ao Processo Judicial Eletrônico;
20.	Lei nº 13.467/2017 atualizada (Reforma Trabalhista);

Itens do Edital – Analista
21. Uniformização de jurisprudência à luz do CPC e sua aplicação ao processo do trabalho. Precedentes Obrigatórios (IAC e IRDR) Súmulas e Orientações Jurisprudenciais do TST e do TRT5 em matéria de Direito Processual do Trabalho;
22. Instruções Normativas e Atos em Geral do TST em matéria de Direito Processual do Trabalho.
23. Precedentes obrigatórios e Súmulas Vinculantes do Supremo Tribunal Federal e do Superior Tribunal de Justiça, relativas ao Direito Processual do Trabalho.

Direito Processual do Trabalho

1. DA JUSTIÇA DO TRABALHO: ORGANIZAÇÃO E COMPETÊNCIA. DAS VARAS DO TRABALHO, DOS TRIBUNAIS REGIONAIS DO TRABALHO E DO TRIBUNAL SUPERIOR DO TRABALHO

1.1. Justiça do trabalho: organização e competência (EC 45/2004)

Historicamente os principais pontos da formação da Justiça do Trabalho são os seguintes:

- **1932:** são criadas as Juntas de Conciliação e Julgamento. Contudo, a execução de suas decisões era feita perante a Justiça Comum.
- **Constituição Federal de 1934:** primeira Constituição a prever a Justiça do Trabalho, incumbindo-lhe de dirimir questões entre empregados e empregadores, embora ainda não integrante do Poder Judiciário, mas ligada ao Poder Executivo.
- **1939:** por meio dos Decretos-leis 1.237, de 2 de maio de 1939, e 1.346, de 15 de junho de 1939, foi institucionalizada a Justiça do Trabalho, sendo instalada em 1° de maio de 1941.
- **Constituição Federal de 1946:** inclui, constitucionalmente, a Justiça do Trabalho como integrante do Poder Judiciário.
- **Constituição Federal de 1988:** conserva a Justiça do Trabalho dentro do Poder Judiciário. Na sua redação original, era estruturada da seguinte forma: I – Tribunal Superior do Trabalho; II – Tribunais Regionais do Trabalho; III – Juntas de Conciliação e Julgamento.
- **Emenda Constitucional 24/99:** exclui-se a representação classista, deixando de participar do Judiciário trabalhista juízes leigos (classistas), sendo composto somente por juízes togados. A partir dessa emenda acabaram as Juntas de Conciliação e Julgamento.
- **Emenda Constitucional n° 45/04:** ampliou a competência da Justiça do Trabalho, deixando de ser vinculada à relação de emprego, para contemplar as relações de trabalho em sentido amplo.

1.1.1. Orgãos da Justiça do Trabalho

A Justiça do Trabalho, nos termos do art. 111 da CF/88, possui os seguintes órgãos:

I – o Tribunal Superior do Trabalho;

II – os Tribunais Regionais do Trabalho;

III – Juízes do Trabalho.

1.1.2. Composição do TST

- 27 ministros;
- escolhidos dentre brasileiros com mais de 35 anos e menos e 70 anos;
- de notável saber jurídico e reputação ilibada;
- nomeados pelo presidente da República;
- após aprovação pela maioria absoluta do Senado federal (sabatina).

Depois da Emenda Constitucional n° 45/04, também passaram a funcionar junto ao TST:

1) a Escola Nacional de Formação e Aperfeiçoamento de Magistrados do Trabalho (Enamat), cabendo-lhe, dentre outras funções, regulamentar os cursos oficiais para o ingresso e promoção na carreira e;

2) o Conselho Superior da Justiça do Trabalho – CSJT –, cabendo-lhe exercer, na forma da lei, a supervisão administrativa, orçamentária, financeira e patrimonial da Justiça do Trabalho de primeiro e segundo graus, como órgão central do sistema, cujas decisões terão efeito vinculante.

O Conselho Superior da Justiça do Trabalho atua apenas no âmbito administrativo, orçamentário, financeiro e patrimonial da Justiça do Trabalho, **não exercendo atividade jurisdicional.** Atenta-se, ainda, para o fato de que, nesses casos, a decisão do conselho terá efeito vinculante, ou seja, sua observância é obrigatória.

1.1.3. Composição do TRT

- no mínimo, 7 juízes;
- recrutados, quando possível, na respectiva região;
- nomeados pelo Presidente da República;
- dentre brasileiros com mais de **30 anos** e menos de 70 anos.

Compete **privativamente** aos Tribunais, nos termos do art. 96 da CF/88:

> *a) eleger seus* **órgãos** *diretivos e elaborar seus regimentos internos, com observância das normas de processo e das garantias processuais das partes, dispondo sobre a competência e o funcionamento dos respectivos* **órgãos** *jurisdicionais e administrativos;*
>
> *b) organizar suas secretarias e serviços auxiliares e os dos juízos que lhes forem vinculados, velando pelo exercício da atividade correicional respectiva;*
>
> *c) prover, na forma prevista nesta Constituição, os cargos de juiz de carreira da respectiva jurisdição;*
>
> *d) propor a criação de novas varas judiciárias;*
>
> *e) prover, por concurso público de provas, ou de provas e títulos, obedecido o disposto no art. 169, parágrafo* **único,** *os cargos necessários* **à** *administração da Justiça, exceto os de confiança assim definidos em lei;*
>
> *f) conceder licença, férias e outros afastamentos a seus membros e aos juízes e servidores que lhes forem imediatamente vinculados.*

1.1.4. *Vara do Trabalho*

A lei criará varas da Justiça do Trabalho, podendo, nas comarcas não abrangidas por sua jurisdição, atribuí-las aos juízes de direito, com recurso para o respectivo Tribunal Regional do Trabalho (CF/88, art. 112).

1.2. Competência

1.2.1. *Critérios de competência*

A definição de qual juízo é competente ocorre por meio de cinco critérios:

1) em razão da matéria;
2) em razão da pessoa;
3) em razão da função (funcional);
4) em razão do lugar (territorial);
5) em razão do valor da causa.

No processo trabalhista, o valor da causa não é critério para delimitação da competência, mas serve tão somente para definir o rito processual (sumário, sumaríssimo ou ordinário).

1.2.2. *Diferenças entre a competência absoluta e a competência relativa*

	Competência absoluta	**Competência relativa**
Espécies	Competência material; competência em razão da pessoa; competência funcional	Competência territorial; competência em razão do valor da causa
Momento de alegação	Qualquer tempo e grau de jurisdição, exceto instância superior que depende do prequestionamento	Prazo para resposta
Conhecimento *ex officio*	Pode ser conhecida *ex officio*	Não pode ser conhecida *ex officio*
Forma de alegação	Preliminar de contestação, qualquer petição e até mesmo oralmente na audiência	Exceção de incompetência (CLT, art. 800).
Modificação	Não pode ser modificada	Pode ser modificada pela: a) prorrogação; b) conexão; ou c) continência.
Nulidade	Gera nulidade absoluta	Gera nulidade relativa
Ação rescisória	Poderá ser objeto de ação rescisória	Não poderá ser objeto de ação rescisória

1.2.3. *Competência material*

A Justiça do Trabalho, nos termos do art. 114 da CF/88, tem competência material para julgar:

> I – as ações oriundas da relação de trabalho, abrangidos os entes de direito público externo e da administração pública direta e indireta da União, dos Estados, do Distrito Federal e dos Municípios;

II – as ações que envolvam exercício do direito de greve;

III – as ações sobre representação sindical, entre sindicatos, entre sindicatos e trabalhadores, e entre sindicatos e empregadores;

IV – os mandados de segurança, *habeas corpus* e *habeas* data, quando o ato questionado envolver matéria sujeita à sua jurisdição;

V – os conflitos de competência entre órgãos com jurisdição trabalhista, ressalvado o disposto no art. 102, I, *o*, da CF/88;

VI – as ações de indenização por dano moral ou patrimonial, decorrentes da relação de trabalho;

VII – as ações relativas às penalidades administrativas impostas aos empregadores pelos órgãos de fiscalização das relações de trabalho;

VIII – a execução, de ofício, das contribuições sociais previstas no art. 195, I, a, e II, e seus acréscimos legais, decorrentes das sentenças que proferir;

IX – outras controvérsias decorrentes da relação de trabalho

Após a Emenda Constitucional n° 45/04, a Justiça do Trabalho passou a ter competência para julgar não somente a relação de emprego, ou seja, as ações de empregado x empregador, mas também as ações decorrentes das relações de trabalho que incluem: relação de emprego; trabalho autônomo; trabalho eventual; trabalho avulso; trabalho voluntário; estágio etc.

A competência para o julgamento de ações relacionadas aos honorários advocatícios, dependerá da espécie da verba discutida, ou seja, se referente aos honorários contratuais ou aos honorários sucumbenciais.

Em relação aos **honorários contratuais**, a competência será da Justiça Estadual, tendo em vista que a demanda possui natureza civil, se referindo a contrato de prestação de serviços celebrado entre profissional liberal e seu cliente (Súmula 363 do STJ).[1] É importante salientar que o entendimento do STJ é o de que, nas relações contratuais entre advogado e cliente devem ser aplicadas as regras constantes no Estatuto da OAB (Lei nº 8.906/94), não se aplicando o CDC.[2]

No que tange aos **honorários sucumbenciais** a competência será da Justiça do Trabalho, pois a demanda é diretamente relacionada à ação trabalhista ajuizada, podendo ser discutidos em ação própria (CPC, art. 85, § 18) ou nos mesmos autos da ação em que tenha atuado o advogado.

A Justiça do Trabalho não tem competência para julgar e processar as ações penais (ADIN 3.684).

---

1. Nesse sentido: STJ, CC 52719 SP, Rel. Ministra DENISE ARRUDA, PRIMEIRA SEÇÃO, julgado em 11/10/2006, DJ 30/10/2006, p. 214; CC 93055 MG, Rel. Ministro TEORI ALBINO ZAVASCKI, PRIMEIRA SEÇÃO, julgado em 26/03/2008, DJe 07/04/2008. Esse entendimento também é observado no TST: AIRR-1003-60.2010.5.05.0491, 8ª Turma, Relatora Ministra Dora Maria da Costa, DEJT 05/02/2021.
2. REsp 1134889/PE, Rel. Ministro HONILDO AMARAL DE MELLO CASTRO (DESEMBARGADOR CONVOCADO DO TJ/AP), QUARTA TURMA, julgado em 23/03/2010, DJe 08/04/2010.

No que tange à competência para julgamento dos servidores públicos pode-se resumir da seguinte forma:

Competência da Justiça do Trabalho	Competência da Justiça Comum
Empregado público (celetista)	Servidor estatutário
	Servidor temporário

Na hipótese de o ente público alterar o regime celetista para estatutário, a competência da Justiça do Trabalho fica limitada ao período do regime celetista, inclusive restringindo a execução àquele período (OJ n° 138 da SDI-I do TST).

A Justiça do Trabalho é competente para processar e julgar ação possessória ajuizada em decorrência do exercício do direito de greve pelos trabalhadores da iniciativa privada (Súmula vinculante n° 23 do STF).

A Justiça do Trabalho é competente para processar e julgar as ações de indenização por danos morais e patrimoniais decorrentes da relação de trabalho (CF/88, art. 114, VI). Além disso, também são de competência da Justiça do Trabalho, as ações de indenização por danos morais e patrimoniais **decorrentes do acidente de trabalho** propostas por empregado contra empregador, inclusive aquelas que ainda não possuíam sentença de mérito em primeiro grau quando da promulgação da Emenda Constitucional n° 45/04 (Súmula vinculante n° 22 do STF). A competência estabelecida pela EC n. 45/2004 não alcança os processos já sentenciados na Justiça Comum (Súmula nº 367 do STJ).

A Justiça do Trabalho também é competente se a ação indenizatória por acidente de trabalho for ajuizada por sucessores e herdeiros do trabalhador que sofreu o acidente (Súmula nº 392 do TST).

As ações acidentárias, que derivam do acidente de trabalho, promovidas pelo trabalhador em face do INSS, são de competência da Justiça Comum Estadual, nos termos do art. 109, I, da CF, ficando na competência da Justiça do Trabalho apenas as ações promovidas pelo trabalhador em face do empregador em decorrência do acidente do trabalho.

A Justiça do Trabalho executará, de ofício, as contribuições sociais previstas na alínea a do inciso I e no inciso II do caput do art. 195 da Constituição Federal, e seus acréscimos legais, relativas ao objeto da condenação constante das sentenças que proferir e dos acordos que homologar. (CLT, art. 876§ único; Súmula 368, I, do TST; Súmula vinculante nº 53 do STF).

A Justiça do Trabalho também tem competência para executar as contribuições sociais referentes ao seguro de acidente de trabalho (Súmula n° 454 do TST). Contudo, não tem competência para as contribuições devidas a terceiros do sistema S (Sesi, Sesc, Senai etc.).

Compete à Justiça do Trabalho julgar as ações que tenham como causa de pedir o descumprimento de normas trabalhistas relativas à segurança, higiene e saúde dos trabalhadores (Súmula n° 736 do STF).

O STF decidiu que a competência para o julgamento dos processos relacionados à complementação da aposentadoria é da Justiça Comum, quando se tratar de entidade privada de previdência complementar, sob o fundamento de que a complementação de aposentadoria deriva de uma relação previdenciária autônoma, não sendo, portanto, decorrente da relação de trabalho a legitimar a competência da Justiça Laboral (RE nº 586453 e 583050).

Ressalta-se, contudo, que as ações de complementação de aposentadoria decorrentes de plano instituído, regulamentado e pago pelo empregador, por tratar-se de direito inserido no contrato de trabalho, incidindo inclusive o art. 468 da CLT, que veda a alteração lesiva ao empregado, como disposto pelo C. TST no item I da Súmula nº 288 do TST, a **competência** é **da Justiça do Trabalho.**

A Justiça do Trabalho é o único ramo do Judiciário que tem competência para criar normas gerais e abstratas. Trata-se, pois, de função legislativa (função atípica) conferida ao Judiciário trabalhista, denominada de Poder Normativo. A criação de tais normas se dá por meio do dissídio coletivo (CF/88, art. 114, § 2°).

1.2.4. Competência territorial

A **competência territorial** na Justiça do Trabalho tem como regra o local da prestação dos serviços (CLT, art. 651, *caput*), mesmo que a contratação tenha ocorrido em outro local ou no estrangeiro.

Excetuam-se os seguintes casos:

1) agente ou viajante comercial.

Na hipótese, definem-se duas regras sucessivas:

- **Regra principal:** competência da Vara do Trabalho que a empresa tenha agência ou filial e a ela o empregado esteja subordinado.
- **Regra secundária (subsidiária):** na falta de agência ou filial ou se o empregado não estiver subordinado a qualquer uma delas, ele poderá optar entre ajuizar a ação no seu domicílio ou a localidade mais próxima.

2) empregado que trabalha no exterior (agência ou filial no estrangeiro), desde que o empregado seja brasileiro e não haja convenção internacional dispondo em contrário.

3) empregador que promove a prestação dos serviços fora do lugar da celebração do contrato. Nessa hipótese, a legislação confere a opção de o empregado escolher entre:

- a Vara do Trabalho da celebração do contrato; ou
- a Vara do Trabalho do local de prestação dos serviços.

Admite-se o ajuizamento de reclamação trabalhista no foro de domicílio do empregado apenas quando a contratação ou a arregimentação tenha ocorrido naquela localidade e a empresa contrate e preste serviços em diferentes partes do território brasileiro, ou seja, possua atuação nacional. Trata-se de aplicação ampliativa do art. 651, § 3º, da CLT que não é possível ocorrer quando se alega tão somente a hipossuficiência econômica do trabalhador e a garantia de acesso à justiça (Informativo nº 156 do TST).

No processo do trabalho, é majoritário o entendimento de que o **foro de eleição é inaplicável**, por ser incompatível com a ideologia desse ramo processual (TST-IN nº 39/2016, art. 2º, I).

Tratando-se de ação civil pública, a competência é definida de modo diverso. Assim, nos termos da OJ nº 130 da SDI-II do TST:

> I – A competência para a Ação Civil Pública fixa-se pela extensão do dano.
>
> II – Em caso de dano abrangência regional, que atinge cidades sujeitas à jurisdição de mais de uma Vara do Trabalho, a competência será de qualquer das varas das localidades atingidas, ainda que vinculadas a Tribunais Regionais do Trabalho distintos.
>
> III – Em caso de dano de abrangência suprarregional ou nacional, há competência concorrente para a ação civil pública das varas do trabalho das sedes dos Tribunais Regionais do Trabalho.
>
> IV – Estará prevento o juízo a que a primeira ação houver sido distribuída.

1.2.5. Dos conflitos de competência

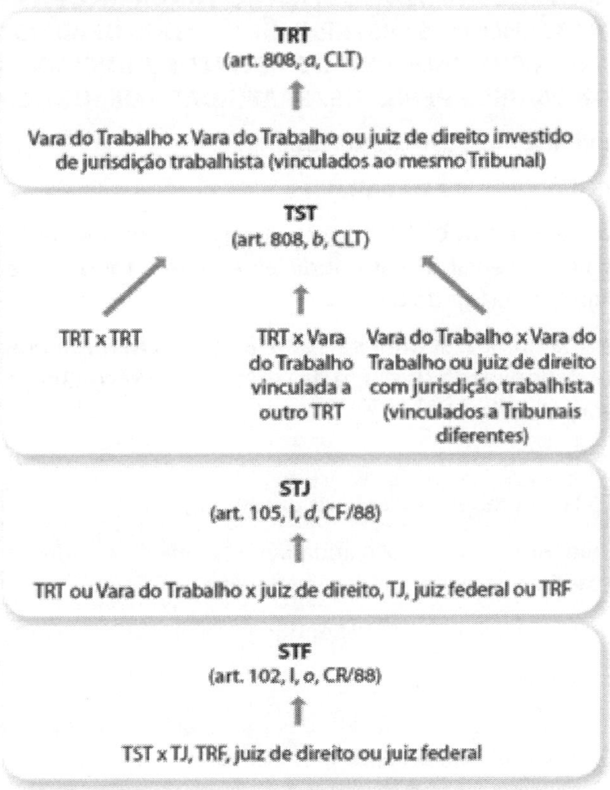

OBSERVAÇÃO

Não existe conflito de competência entre órgãos hierarquicamente vinculados. Assim, não se configura conflito de competência entre Tribunal Regional do Trabalho e Vara do Trabalho a ele vinculada (Súmula nº 420 do TST).

1.2.6. Jurisdição

Jurisdição sob o ponto de vista técnico é a possibilidade de dizer o direito, o que é incumbindo ao Poder Judiciário. Em alguns casos o Estado brasileiro não pode dizer o direito, ocorrendo a imunidade de jurisdição.

O entendimento predominante sobre a imunidade das entidades internacionais é o seguinte:

Estados estrangeiros	Organizações ou organismos internacionais
Não têm imunidade de jurisdição, ou seja, pode ser condenado pela Justiça do Trabalho.	Têm imunidade absoluta de jurisdição (fase de conhecimento e de execução).
Regra: Têm imunidade na fase execução, não podendo ter seus bens penhorados.	

2. DOS SERVIÇOS AUXILIARES DA JUSTIÇA DO TRABALHO: DAS SECRETARIAS DAS VARAS DO TRABALHO; DOS DISTRIBUIDORES; DOS OFICIAIS DE JUSTIÇA E OFICIAIS DE JUSTIÇA AVALIADORES. DOS PERITOS JUDICIAIS: RESPONSABILIDADE PELOS HONORÁRIOS PERICIAIS, GRATUIDADE DE JUSTIÇA

2.1. Serviços auxiliares da Justiça do Trabalho

- **Secretarias das varas do trabalho**

A secretaria das varas do trabalho é órgão auxiliar e permanente da primeira instância, destinado a manter e conservar os autos judiciais e realizar todos os serviços burocráticos, por meio de servidores nela lotados.

Cada vara do trabalho possui **uma secretaria**, que é **chefiada pelo diretor da secretaria**, antigamente denominado de chefe de secretaria ou secretário, o qual é indicado de forma discricionária pelo juiz.

- **Atribuições das secretarias**:

CLT, art. 711 – Compete à secretaria das Juntas:

a) o recebimento, a autuação, o andamento, a guarda e a conservação dos processos e outros papéis que lhe forem encaminhados;

b) a manutenção do protocolo de entrada e saída dos processos e demais papéis;

c) o registro das decisões;

d) a informação, às partes interessadas e seus procuradores, do andamento dos respectivos processos, cuja consulta lhes facilitará;

e) a abertura de vista dos processos às partes, na própria secretaria;

f) a contagem das custas devidas pelas partes, nos respectivos processos;

g) o fornecimento de certidões sobre o que constar dos livros ou do arquivamento da secretaria;

h) a realização das penhoras e demais diligências processuais;

i) o desempenho dos demais trabalhos que lhe forem cometidos pelo Presidente da Junta, para melhor execução dos serviços que lhe estão afetos.

- **Serviços de distribuição de feitos**

Nas localidades onde há mais de uma vara do trabalho é necessário o setor de distribuição de feitos, que tem a incumbência, como o próprio nome já indica, de distribuir os processos, de forma igual, entre as varas do trabalho local, conforme declina o art. 713 da CLT.

A distribuição será feita pela ordem rigorosa de sua apresentação ao distribuidor (CLT, art. 783). As reclamações serão registradas em livro próprio, rubricado em todas as folhas pela autoridade a que estiver subordinado o distribuidor (CLT, art. 784). Além disso, o distribuidor fornecerá ao interessado um recibo do qual constarão, essencialmente, o nome do reclamante e do reclamado, a data da distribuição, o objeto da reclamação e o Juízo a que coube a distribuição (CLT, art. 785). Há de se observar também que, na hipótese de reclamação verbal, esta será distribuída antes de sua redução a termo (CLT, art. 786).

Após a realização da distribuição, a reclamação será remetida pelo distribuidor ao Juízo competente, acompanhada do bilhete de distribuição (CLT, art. 788).

- Atribuições do setor de distribuições de feitos:

CLT, art. 714 – Compete ao distribuidor:

a) a distribuição, pela ordem rigorosa de entrada, e sucessivamente a cada Junta, dos feitos que, para esse fim, lhe forem apresentados pelos interessados;

b) o fornecimento, aos interessados, do recibo correspondente a cada feito distribuído;

c) a manutenção de 2 (dois) fichários dos feitos distribuídos, sendo um organizado pelos nomes dos reclamantes e o outro dos reclamados, ambos por ordem alfabética;

d) o fornecimento a qualquer pessoa que o solicite, verbalmente ou por certidão, de informações sobre os feitos distribuídos;

e) a baixa na distribuição dos feitos, quando isto lhe for determinado pelos Presidentes das Juntas, formando, com as fichas correspondentes, fichários à parte, cujos dados poderão ser consultados pelos interessados, mas não serão mencionados em certidões.

- **Oficiais de Justiça Avaliadores**

Os oficiais de justiça têm a incumbência de realizar os atos fora da sede da vara do trabalho ou dos tribunais. Estabelece o art. 721 da CLT:

CLT, Art. 721 – Incumbe aos Oficiais de Justiça e Oficiais de Justiça Avaliadores da Justiça do Trabalho a realização dos atos decorrentes da execução dos julgados das Juntas de Conciliação e Julgamento e dos Tribunais Regionais do Trabalho, que lhes forem cometidos pelos respectivos Presidentes.

> § 1° Para efeito de distribuição dos referidos atos, cada Oficial de Justiça ou Oficial de Justiça Avaliador funcionará perante uma Junta de Conciliação e Julgamento, salvo quando da existência, nos Tribunais Regionais do Trabalho, de órgão específico, destinado à distribuição de mandados judiciais.
>
> § 2° Nas localidades onde houver mais de uma Junta, respeitado o disposto no parágrafo anterior, a atribuição para o cumprimento do ato deprecado ao Oficial de Justiça ou Oficial de Justiça Avaliador será transferida a outro Oficial, sempre que, após o decurso de 9 (nove) dias, sem razões que o justifiquem, não tiver sido cumprido o ato, sujeitando-se o serventuário às penalidades da lei.
>
> § 3° No caso de avaliação, terá o Oficial de Justiça Avaliador, para cumprimento do ato, o prazo previsto no art. 888.
>
> § 4° É facultado aos Presidentes dos Tribunais Regionais do Trabalho cometer a qualquer Oficial de Justiça ou Oficial de Justiça Avaliador a realização dos atos de execução das decisões desses Tribunais.
>
> § 5° Na falta ou impedimento do Oficial de Justiça ou Oficial de Justiça Avaliador, o Presidente da Junta poderá atribuir a realização do ato a qualquer serventuário.

O oficial possui dois prazos para cumprir suas atribuições:

1) regra: 9 dias;

2) para a avaliação do bem penhorado: 10 dias.

Por fim, consigna-se que, não havendo oficial na localidade, o juiz do trabalho poderá designar qualquer outro serventuário para realizar suas atribuições.

2.2 Dos Peritos Judiciais

O juiz designará um perito, que é considerado auxiliar da justiça (CPC/2015, art. 156). É permitido, porém, a indicação de assistentes pelas partes, no prazo de 15 dias da nomeação do perito (CPC/2015, art. 465). No mesmo prazo, deverá apresentar seus quesitos, que são os questionamentos a serem respondidos pelo perito.

Os peritos serão escolhidos entre profissionais legalmente habilitados, devidamente inscritos em cadastro mantido pelo tribunal ao qual o juiz está vinculado. Para formação de referido cadastro, os tribunais devem realizar consulta pública, por meio de divulgação na rede mundial de computadores ou em jornais de grande circulação, além de consulta direta a universidades, a conselhos de classe, ao Ministério Público, à Defensoria Pública e à Ordem dos Advogados do Brasil, para a indicação de profissionais ou de órgãos técnicos interessados (CPC/2015, art. 156, §§ 1º e 2º).

A realização da prova pericial pode decorrer de requerimento das partes ou ser determinada de ofício.

Contudo, tratando-se de pedido de adicional de periculosidade e insalubridade, a realização da perícia é obrigatória, mesmo que o reclamado seja revel e confesso quanto à matéria de fato, como disciplina o art. 195, § 2º, da CLT.

2.2.1. Honorários periciais e gratuidade de justiça

A responsabilidade pelo pagamento dos honorários periciais é da parte sucumbente na pretensão objeto da perícia (CLT, art. 790-B). Cumpre destacar que o STF julgou parcialmente procedente o pedido formulado na Ação Direta 5766, para declarar inconstitucionais os arts. 790-B, *caput* e § 4º, e 791-A, § 4º, da Consolidação das Leis do Trabalho (CLT).

Ao fixar o valor dos honorários periciais, o juízo deverá respeitar o limite máximo estabelecido pelo Conselho Superior da Justiça do Trabalho (CLT, art. 790, § 1º). O juízo poderá deferir parcelamento dos honorários periciais (CLT, art. 790, § 2º). O juízo não poderá exigir adiantamento de valores para realização de perícias (CLT, art. 790, § 3º).

A responsabilidade pelo pagamento dos honorários do assistente do perito é da parte que o nomeou, ainda que vencedora no objeto da perícia (Súmula nº 341 do TST).

3. DO MINISTÉRIO PÚBLICO DO TRABALHO: ORGANIZAÇÃO

3.1. Organização

I – Ministério Público da União	– Ministério Público do Trabalho – Ministério Público Federal – Ministério Público Militar – Ministério Público do Distrito Federal e Territórios
II – Ministérios Públicos dos Estados	

3.2. Atribuições

O art. 83, da LC nº 75/93, prevê as seguintes atribuições do Ministério Público do Trabalho:

> I – promover as ações que lhe sejam atribuídas pela Constituição Federal e pelas leis trabalhistas;
>
> II – manifestar-se em qualquer fase do processo trabalhista, **acolhendo solicitação do juiz ou por sua iniciativa**, quando entender existente interesse público que justifique a intervenção;
>
> III – promover a ação civil pública no âmbito da Justiça do Trabalho, para defesa de interesses coletivos, quando desrespeitados os direitos sociais constitucionalmente garantidos;
>
> IV – propor as ações cabíveis para **declaração de nulidade de cláusula de contrato, acordo coletivo ou convenção coletiva** que viole as liberdades individuais ou coletivas ou os direitos individuais indisponíveis dos trabalhadores;
>
> V – propor as ações necessárias à **defesa dos direitos e interesses dos menores, incapazes e índios**, decorrentes das relações de trabalho;
>
> VI – recorrer das decisões da Justiça do Trabalho, **quando entender necessário**, tanto nos processos em que for parte, como naqueles em que oficiar como fiscal da lei, bem como pedir revisão dos Enunciados da Súmula de Jurisprudência do Tribunal Superior do Trabalho;

VII – funcionar nas sessões dos Tribunais Trabalhistas, manifestando-se verbalmente sobre a matéria em debate, **sempre que entender necessário**, sendo-lhe assegurado o direito de vista dos processos em julgamento, podendo solicitar as requisições e diligências que julgar convenientes;

VIII – **instaurar instância em caso de greve**, quando a defesa da ordem jurídica ou o interesse público assim o exigir;

ATENÇÃO!

O art. 114, § 3°, da CF/88 estabelece que o Ministério Público do Trabalho poderá ajuizar dissídio coletivo, em caso de greve em atividade essencial, com possibilidade de lesão do interesse público, competindo à Justiça do Trabalho decidir o conflito.

IX – promover ou participar da instrução e conciliação em dissídios decorrentes da paralisação de serviços de qualquer natureza, oficiando obrigatoriamente nos processos, manifestando sua concordância ou discordância, em eventuais acordos firmados antes da homologação, resguardado o direito de recorrer em caso de violação à lei e à Constituição Federal;

X – promover **mandado de injunção**, quando a competência for da Justiça do Trabalho;

XI – **atuar como árbitro**, se assim for solicitado pelas partes, nos dissídios de competência da Justiça do Trabalho;

XII – requerer as diligências que julgar convenientes para o correto andamento dos processos e para a melhor solução das lides trabalhistas;

XIII – intervir **obrigatoriamente** em todos os feitos no segundo e terceiro graus de jurisdição da Justiça do Trabalho, quando a parte for pessoa jurídica de Direito Público, Estado estrangeiro ou organismo internacional (LC n° 75/93, art. 83).

4. DO PROCESSO JUDICIÁRIO DO TRABALHO: PRINCÍPIOS GERAIS DO PROCESSO TRABALHISTA (APLICAÇÃO SUBSIDIÁRIA DO CPC). PRESCRIÇÃO E DECADÊNCIA. PRESCRIÇÃO INTERCORRENTE

4.1. Princípios do Processo do Trabalho

1) Princípio da proteção

O direito do trabalho tem como base o princípio da proteção, ante a desigualdade existente entre as partes envolvidas. Já na seara processual, as partes são tratadas igualmente, o que provoca discussão acerca da incidência do princípio da proteção na área processual.

No entanto, considerando que o processo do trabalho é instrumento de realização do direito material, ou seja, não tem um fim em si mesmo, aplica-se no campo processual, o princípio da proteção.

De qualquer modo, ele não poderá ser utilizado no campo probatório, inclusive para suprir deficiência probatória, observando-se, nessa hipótese, as regras pertinentes ao ônus da prova.

2) Princípio da conciliação

O processo do trabalho dá ênfase à solução do conflito por meio da conciliação. É nesse contexto que o *caput* do art. 764 da CLT impõe que os "dissídios individuais ou coletivos submetidos à apreciação da Justiça do Trabalho serão sempre sujeitos à conciliação".

Ademais, no **rito ordinário**, a CLT prevê dois momentos obrigatórios de tentativa de conciliação a ser conduzida pelo juiz:

1ª. Na abertura da audiência inicial e antes da apresentação da defesa (CLT, art. 846);

2ª. Depois das razões finais e antes da sentença, como declina o art. 850 da CLT.

Já no **rito sumaríssimo**, o art. 852-E da CLT descreve que "aberta a sessão, o juiz esclarecerá as partes presentes sobre as vantagens da conciliação e usará os meios adequados de persuasão para a solução conciliatória do litígio, em qualquer fase da audiência".

3) Princípio do *jus postulandi*

No processo do trabalho, admite-se que o empregado e o empregador postulem em juízo pessoalmente, ou seja, **sem** a necessidade de advogado. É o que se denomina de *jus postulandi* das partes (CLT, art. 791 da CLT).

No entanto, de acordo com entendimento do C. TST o *jus postulandi* das partes limita-se às Varas do Trabalho e aos Tribunais Regionais do Trabalho, não alcançando a ação rescisória, a ação cautelar, o mandado de segurança e os recursos de competência do Tribunal Superior do Trabalho (Súmula nº 425 do TST).

4) Princípio da oralidade

Embora o princípio da oralidade não seja próprio do processo do trabalho, ele tem maior incidência nessa seara processual. Isso porque, em regra, os atos praticados no processo trabalhistas são orais (verbais).

É interessante observar que o princípio da oralidade se subdivide em três princípios: identidade física do juiz[3], concentração dos atos processuais e irrecorribilidade imediata das decisões interlocutórias.

5) Princípio da irrecorribilidade imediata das decisões interlocutórias

Com o intuito de alcançar, de forma mais célere e efetiva, a resolução da pretensão colocada em juízo, a CLT, em seu art. 893, § 1º, estabeleceu que as decisões interlocutórias são irrecorríveis de imediato.

3. Antigamente, o TST não aplicava esse princípio na seara trabalhista, criando a Súmula nº 136, em razão da existência, na época, dos juízes classistas. Posteriormente, o C. TST cancelou referida súmula, ante as diretrizes do art. 132 do CPC/73. Com o CPC/2015, o posicionamento do TST deverá ser novamente alterado, uma vez que o novel código não reproduziu o teor do art. 132 do CPC/73, o qual disciplinava o princípio da identidade física do juiz. Com essa alteração, acreditamos que nas provas objetivas deverá ser adotada a tese de que referido princípio não é mais aplicado na seara processual, tanto civil, como trabalhista.

No entanto, de acordo com a Súmula nº 214 do TST, o princípio não é aplicado nas hipóteses de decisão:

a) de Tribunal Regional do Trabalho contrária à Súmula ou Orientação Jurisprudencial do Tribunal Superior do Trabalho;

b) suscetível de impugnação mediante recurso para o mesmo tribunal;

c) que acolhe exceção de incompetência territorial, com a remessa dos autos para Tribunal Regional distinto daquele a que se vincula o juízo excepcionado, consoante o disposto no art. 799, § 2°, da CLT.

6) Princípio da extrapetição

A jurisdição tem como característica essencial a inércia, de modo que o Judiciário somente atuará quando provocado. É o que se denomina de princípio dispositivo ou princípio da demanda. Excepcionalmente, admite-se a atuação sem provocação, observando-se a aplicação do princípio da extrapetição. Consigna-se que o juiz somente poderá agir de ofício nos casos expressos em lei.

7) Princípio da simplicidade

O princípio da simplicidade permite que o processo do trabalho tenha maior flexibilidade, buscando a facilidade no acesso à justiça, bem como na prestação jurisdicional. Desse modo, esse ramo processual preza pelo não formalismo. É o que se verifica, por exemplo, como os requisitos exigidos na petição inicial trabalhista (CLT, art. 840).

4.2. Aplicação subsidiária e supletiva do CPC ao processo do trabalho

A partir do CPC/2015, de forma expressa, passa a ser admitida a aplicação supletiva (complementar) do CPC, mantendo-se intactos os requisitos dos arts. 769 e 889 da CLT. Noutras palavras, o CPC deve ser aplicado ao processo do trabalho de forma subsidiária e supletiva, desde que presentes dois requisitos: omissão e compatibilidade. Nesse sentido, declina o art. 1º da IN nº 39/2016 do TST:

> **Art. 1°** Aplica-se o Código de Processo Civil, subsidiária e supletivamente, ao Processo do Trabalho, em caso de omissão e desde que haja compatibilidade com as normas e princípios do Direito Processual do Trabalho, na forma dos arts. 769 e 889 da CLT e do art. 15 da Lei nº 13.105, de 17.03.2015.

5. PRESCRIÇÃO E DECADÊNCIA

- **Prazo.** O prazo para ingressar com a reclamação trabalhista está previsto no art. 7º, XXIX, da CF/88: "São direitos dos trabalhadores urbanos e rurais, além de outros que visem à melhoria de sua condição social: ação, quanto aos créditos resultantes das relações de trabalho, com prazo prescricional de **cinco anos** para os trabalhadores urbanos e rurais, até o limite de **dois anos** após a extinção do contrato" (grifos acrescidos).

Com a Reforma Trabalhista, a redação do artigo 11 da CLT foi atualizada de forma a se compatibilizar com o ordenamento constitucional:

> **Art. 11 da CLT (com redação dada pela Reforma Trabalhista):** *A pretensão quanto a créditos resultantes das relações de trabalho prescreve em cinco anos para os trabalhadores urbanos e rurais, até o limite de dois anos após a extinção do contrato de trabalho.*

- **Início do prazo prescricional.** O empregado poderá pleitear os direitos trabalhistas dos **últimos 5 anos a contar do ajuizamento da reclamação, até o limite de 2 anos após a extinção do contrato de trabalho**. Ressalta-se que o pedido dos últimos 5 anos não conta da extinção do contrato, mas do ingresso da reclamação trabalhista. Assim sendo, se demorar para ingressar com a ação judicial, consequentemente estará deixando escoar o período pleiteado.
- **Para a semana antes da prova:**

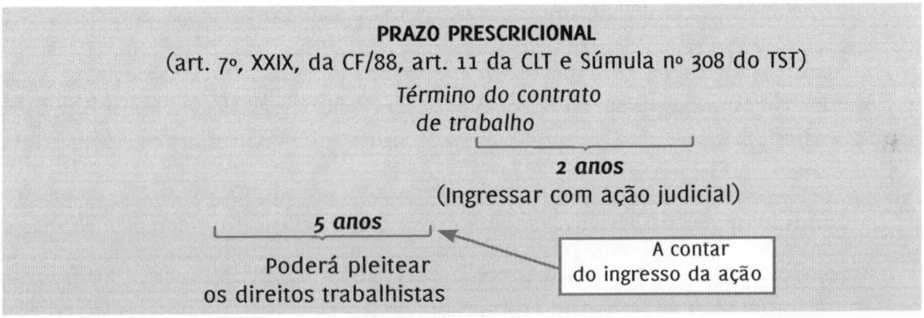

- **Causas que interferem na contagem do prazo.** A contagem do prazo prescricional poderá ser afetada em razão de causas impeditivas, suspensivas e interruptivas. **Causa suspensiva.** O prazo, nesse caso, ficará congelado, ou seja, haverá uma parada temporária até que seja cessado o obstáculo. Após o término do obstáculo, retoma-se a contagem. Exemplo: ingresso do empregado com pedido de conciliação na Comissão de Conciliação Prévia.
- **Suspensão do prazo prescricional.** Importante destacar que a suspensão do contrato de trabalho, por exemplo, o afastamento do empregado para o recebimento de auxílio-doença, não suspende a contagem do prazo prescricional, exceto se o trabalhador estiver impossibilitado, física ou mentalmente, de comparecer à Justiça do Trabalho.
- **Causa interruptiva.** Ocorre quando o prazo reinicia a contagem por inteiro. Exemplo: empregador, ao ingressar com a ação judicial (reclamação trabalhista) ou protesto judicial, interrompe o prazo prescricional.
- **Reforma Trabalhista:** De acordo com o novo § 3º do art. 11 da CLT, acrescentado pela Reforma Trabalhista, a interrupção da prescrição somente ocorrerá pelo ajuizamento de reclamação trabalhista, mesmo se for realizada em juízo incompetente. Nesse caso, ainda que venha a ser extinta sem resolução do mérito, haverá interrupção da prescrição, produzindo efeitos apenas em relação aos pedidos idênticos.
- **Causa impeditiva.** Nessa hipótese, não há início da contagem do prazo. Exemplo: não corre prazo prescricional contra o empregado menor de 18 anos, conforme previsto no art. 440 da CLT.

- **Prescrição do FGTS.** Importante ressalvar que o prazo para requerer os depósitos do **FGTS** é de 2 anos para ingressar com a reclamatória, a contar do término do contrato. A antiga redação da Súmula nº 362 do TST dispunha que, se observado o prazo de 2 anos para ingresso com a reclamação trabalhista, o trabalhador poderá pleitear os últimos trinta anos. Era a chamada prescrição trintenária. Cabe ressaltar, entretanto, que em novembro de 2014, o STF[1] determinou, por maioria de votos, a redução do prazo de prescrição dos depósitos do FGTS para 5 anos. Abandonou-se, portanto, a tese da prescrição trintenária. Foi utilizado como argumento para defender a redução a discussão em torno da natureza jurídica do fundo. Para os ministros, os valores devidos ao FGTS apresentam natureza jurídica trabalhista, e deve ser aplicado prazo do art. 7º, inciso XXIX, da CF/88 (5 anos). Diante da nova posição assumida pelo STF, o TST alterou, em junho de 2015, o teor da Súmula nº 362 do TST para também prever a prescrição quinquenal (5 anos) para o direito de reclamar o não recolhimento dos depósitos do FGTS.

- **Momento da arguição.** Aliás, a prescrição na área trabalhista somente é decretada se alegada na vara do trabalho ou no TRT (instâncias ordinárias), conforme posicionamento da jurisprudência:

  Súmula nº 153 do TST. *Não se conhece de prescrição não argüida na instância ordinária*

- **Prescrição total e parcial no Direito do Trabalho:** O § 2º do art. 11 da CLT foi acrescentado pela Lei de Reforma Trabalhista e aborda a tese da prescrição total e parcial no Direito do Trabalho, antes omissa na CLT. O novo texto assemelha-se ao que já era previsto pelo TST na Súmula nº 294:

  Súmula nº 294 do TST: *Tratando-se de demanda que envolva pedido de prestações sucessivas decorrente de alteração do pactuado, a prescrição é total, exceto quando o direito à parcela esteja também assegurado por preceito de lei.*

A prescrição total e parcial refere-se à lesão do direito e decurso do prazo enquanto o empregado estiver prestando serviços. Se o contrato estiver em curso, o empregado terá o prazo de 5 anos para ingressar com a reclamatória, contado a partir da violação do direito.

Na prescrição total, de acordo com o TST, o trabalhador terá 5 anos para ingressar com a reclamação a contar do ato único do empregador. Esse ato do trabalhador decorre da alteração contratual lesiva de suprimir direito não previsto em lei, como no caso de redução do percentual de comissão. Nesse caso, a partir desse ato ilícito (ato único), inicia-se a contagem do prazo.

- Em resumo, o empregador, ao retirar ou reduzir as prestações que vinham sendo pagas de forma periódica, descumpre o que foi pactuado com o empregado, iniciando-se a contagem do prazo. Aliás, poderia ensejar, ainda, o pedido de rescisão indireta.

Prescrição
– **Causas que interferem na contagem do prazo prescricional**
a) Impeditiva: Não se inicia a contagem do prazo. Ex.: Empregado menor de 18 anos (art. 440, CLT).
b) Suspensiva: Parada temporária na contagem do prazo. Ex.: Pedido de conciliação na Comissão de Conciliação Prévia (art. 625-G, CLT).
Obs.: Auxílio-doença não suspende a prescrição, salvo impossibilidade de comparecimento à Justiça do Trabalho.

c) **Interruptiva:** Contagem do prazo é reiniciada. Ex.: Ingresso com ação judicial (art. 11, § 3º da CLT e Súm. 268, TST).

- **Depósitos do FGTS:** 2 anos a contar da extinção do contrato para ingressar na justiça. Poderá pleitear os últimos 5 anos (Súm. 362 – nova redação). STF (novembro/2014): reduziu o prazo de 30 anos para 5 anos (art. 7º, inciso XXIX, CF/88).
- **CTPS:** Imprescritível o reconhecimento do vínculo para fins previdenciários.
- **Prescrição de ofício** (art. 11-A, §2º da CLT): A declaração da prescrição intercorrente pode ser requerida ou declarada de ofício em qualquer grau de jurisdição.

5.1 Prescrição intercorrente

Essa prescrição ocorreria no curso da execução, depois do trânsito em julgado, em razão da paralisação do processo por muito tempo. De acordo com a Súmula nº 114 do TST, é inaplicável na Justiça do Trabalho a prescrição intercorrente.

Com a Reforma Trabalhista, entretanto, essa prescrição passa a ser possível, podendo ser, inclusive, declarada de ofício em qualquer grau de jurisdição, nos termos do art. 11-A da CLT:

> **Art. 11-A da CLT (com redação dada pela Reforma Trabalhista):** *Ocorre a prescrição intercorrente no processo do trabalho no prazo de dois anos.*
>
> *§ 1º A fluência do prazo prescricional intercorrente inicia-se quando o exequente deixa de cumprir determinação judicial no curso da execução.*
>
> *§ 2º A declaração da prescrição intercorrente pode ser requerida ou declarada de ofício em qualquer grau de jurisdição.*

5.2 Prazos prescricionais durante a pandemia de Covid-19

A MP nº 927/2020 havia suspendido a contagem do prazo prescricional dos débitos relativos à contribuição do FGTS pelo prazo de 120 dias, contado a partir da entrada em vigor da MP. Lembre-se de que essa MP perdeu vigência e não é aplicada desde 19/07/2020.

Ademais, ficou suspenso o transcurso dos prazos prescricionais para aplicação de sanções administrativas previstas na Lei nº 8.112/1990, na Lei nº 9.873/1999, na Lei nº 12.846/2013, e nas demais normas aplicáveis a empregados públicos (Art. 6º-C da Lei nº 13.979/2020 com redação dada pela Medida Provisória nº 928, de 23 de março de 2020).

Nesse contexto, a Lei nº 14.010/2020, que dispõe sobre o Regime Jurídico Emergencial e Transitório das relações jurídicas de Direito Privado no período de pandemia do coronavírus, prevê, acerca da prescrição e decadência, a seguinte disciplina:

> **Art. 3º da Lei nº 14.010/2020:** Os prazos prescricionais consideram-se impedidos ou suspensos, conforme o caso, a partir da entrada em vigor desta Lei até 30 de outubro de 2020.
>
> § 1º Este artigo não se aplica enquanto perdurarem as hipóteses específicas de impedimento, suspensão e interrupção dos prazos prescricionais previstas no ordenamento jurídico nacional.

§ 2º Este artigo aplica-se à decadência, conforme ressalva prevista no art. 207 da Lei nº 10.406, de 10 de janeiro de 2002 (Código Civil).

O dispositivo determinou a suspensão dos prazos prescricionais no seguinte período: 12.06.2020 a 30.10.2020.

[1] Ver ARE 709.212/DF. Relator: Ministro Gilmar Mendes. Data de Julgamento: 13/11/2014.

6. DOS ATOS, TERMOS E PRAZOS PROCESSUAIS. DA DISTRIBUIÇÃO. DO VALOR DA CAUSA NO PROCESSO DO TRABALHO; DAS CUSTAS E EMOLUMENTOS. CUSTAS E EMOLUMENTOS PARA A FAZENDA PÚBLICA. HIPÓTESES DE ISENÇÃO

Os atos processuais serão públicos, salvo quando o contrário determinar o interesse social.

Eles serão realizados nos dias úteis das 6 horas às 20 horas. Admite-se, porém, que a penhora seja realizada em domingo ou dia feriado, mediante autorização expressa do juiz ou presidente (CLT, art. 770). De acordo com o CPC/2015, que as citações, intimações e a penhora poderão ser realizadas nos dias não úteis, o que incluem os sábados, domingos, feriados e dias sem expediente forense, **independentemente de autorização judicial** (CPC/2015, art. 212, § 2º).

Vê-se que a CLT impõe a necessidade de autorização, enquanto o CPC/2015 a dispensa.

Regra	Exceções
Atos públicos	Segredo de justiça (interesse social)
Das 6h às 20h, em dias úteis	**CLT:** Penhora pode ser realizada em domingos e feriados, desde que **haja autorização do juiz.** **CPC/2015:** Citações, intimações e penhora podem ser realizadas nos sábados, domingos e feriados, **independentemente de autorização do juiz.**

O art. 246 do CPC/15, alterado pela Lei nº 14.195/21, passou a prever que a citação será feita preferencialmente por meio eletrônico, o qual deverá ser aplicado ao processo do trabalho (CNJ, Resolução 455/2022).

No processo eletrônico, quando a petição for enviada para atender a prazo processual, serão consideradas tempestivas as transmitidas até as **24 horas** do seu último dia (art. 3°, parágrafo único, Lei n° 11.419/2006; CPC/2015, art. 213, *caput*).

Na fase de conhecimento, a regra é a notificação via postal.

Nessa fase, a notificação **não constitui ato pessoal**, podendo ser recebida por pessoa diversa das partes, sendo válida com a simples entrega do registro postal no endereço da parte.

Presume-se recebida a notificação 48 horas depois de sua postagem. O seu não recebimento ou a entrega após o decurso desse prazo constitui ônus de prova do destinatário (Súmula n° 16 do TST).

Na fase de conhecimento, se o reclamado **criar embaraços** para o recebimento da notificação postal ou na hipótese de **não ser encontrado**, a notificação será feita por edital (CLT, art. 841, § 1°).

Na fase de execução, é admitida a citação por edital, quando o executado é procurado por 2 vezes no espaço de 48 horas e não é encontrado (CLT, art. 880, § 3°).

ATENÇÃO!
No procedimento sumaríssimo, **não** se fará citação por edital, incumbindo-se ao autor a correta indicação do nome e endereço do reclamado (CLT, art. 852-B, II).

A CLT prevê a notificação por oficial de justiça na fase de execução. Nessa fase, a citação é feita, primeiramente, pelo oficial de justiça. Atenta-se para o fato de que essa citação deve ser pessoal.

Havendo pedido expresso de que as intimações e publicações sejam realizadas exclusivamente em nome de determinado advogado, a comunicação em nome de outro profissional constituído nos autos é nula, salvo se constatada a inexistência de prejuízo (Súmula n° 427 do TST).

A notificação do Ministério Público, seja como parte, seja como fiscal da ordem jurídica, sempre será pessoal e nos autos, de modo que os autos deverão ser encaminhados à procuradoria para ciência do membro.

As partes serão consideradas intimadas das decisões na própria audiência em que elas forem proferidas (CLT, arts. 834 e 852).

No caso de revelia, haverá notificação pela via postal (CLT, art. 852).

Na contagem dos prazos processuais, o dia da ciência ("dia do susto") é excluído, incluindo-se o dia do vencimento.

Quando a intimação tiver lugar na sexta-feira, ou a publicação com efeito de intimação for feita nesse dia, o prazo judicial será contado da segunda-feira imediata, inclusive, salvo se não houver expediente, caso em que fluirá no dia útil que se seguir (Súmula n° 1 do TST).

Os prazos estabelecidos no processo do trabalho **serão contados em dias** úteis, com exclusão do dia do começo e inclusão do dia do vencimento (art. 775 da CLT, alterado pela Lei nº 13.467/17).

Os prazos podem ser prorrogados, pelo tempo estritamente necessário, nas seguintes hipóteses:

I – quando o juízo entender necessário;

II – em virtude de força maior, devidamente comprovada (CLT, art. 775, § 1º).

Ao juízo incumbe dilatar os prazos processuais e alterar a ordem de produção dos meios de prova, adequando-os às necessidades do conflito de modo a conferir maior efetividade à tutela do direito (CLT, art. 775, § 2º).

Suspende-se o curso do prazo processual nos dias compreendidos entre 20 de dezembro e 20 de janeiro, inclusive. E, ressalvadas as férias individuais e os feriados instituídos por lei, os juízes, os membros do Ministério Público, da Defensoria Pública e da Advocacia Pública e os auxiliares da Justiça exercerão suas atribuições durante o esse período. Por fim, durante a suspensão do prazo, não se realizarão audiências nem sessões de julgamento (art. 775-A da CLT).

Designada audiência de julgamento, incumbe à parte comparecer para tomar conhecimento da decisão, sob pena de ser considerada intimada da sentença, mesmo diante de sua ausência, no dia da audiência (Súmula n° 197 do TST).

Caso seja marcada a audiência de julgamento, se o juiz não sentenciar na data da audiência de julgamento, ele (juiz) tem o prazo de 48 horas para a juntada da sentença nos autos. Não sendo juntada nesse prazo, deverá intimar a parte, posteriormente, da sentença, iniciando seu prazo recursal somente depois da intimação (Súmula n° 30 do TST).

Nas intimações por meio eletrônico, será considerada realizada no dia da consulta. Ocorrendo a consulta "em dia não útil, a intimação será considerada como realizada no primeiro dia útil seguinte" (Lei n° 11.419/2006, art. 5°, § 2°). É importante observar que, **não** havendo consulta no prazo de 10 dias, será presumida a intimação, isto é, sendo expedida a intimação via eletrônica e não tomando ciência dentro do prazo de 10 dias, a parte será considerada como intimada (art. 5°, § 3°), iniciando-se a contagem do prazo no dia seguinte. No entanto, havendo consulta dentro do prazo de 10 dias, considera-se realizada a intimação no dia da ciência (consulta).

É diferente a contagem do prazo na hipótese de publicação no Diário da Justiça eletrônica, como ocorre, em regra, com a intimação do advogado. Nesse caso, a data da publicação será considerada o primeiro dia útil seguinte ao da disponibilização da informação no Diário da Justiça eletrônico, começando a correr o prazo processual "no primeiro dia útil que seguir ao considerado como data da publicação" (Lei n° 11.419/2006, art. 4°, §§ 3° e 4°).

- **Principais prazos processuais**

Ato processual	Prazo
Encaminhamento da petição inicial ao reclamado	48 horas
Recebimento da notificação para comparecer na audiência inicial	5 dias antes da audiência
Redução a termo de reclamação verbal	5 dias
Exceção de incompetência	cinco dias a contar da notificação e antes da audiência
Contestação verbal	20 minutos
Duração máxima da audiência	5 horas seguidas, salvo quando houver matéria urgente
Razões finais	10 minutos
Recurso ordinário **Recurso de revista** **Agravo de petição** **Agravo de instrumento** **Embargos de divergência** **Embargos infringentes** **Recurso adesivo** **Agravo interno e regimental**	8 dias
Embargos de declaração	5 dias

Ato processual	Prazo
Recurso extraordinário (STF) Recurso adesivo de RE	15 dias
Depósito recursal	Pagamento e comprovação no prazo do recurso. A interposição antecipada do recurso não prejudica o prazo legal (Súmula nº 245 do TST). No caso de agravo de instrumento, porém, o depósito recursal deve ser feito no ato da interposição do recurso.
Pagamento ou nomeação de bens à penhora	48 horas
Embargos à execução	5 dias
Embargos à execução para a fazenda pública	30 dias
Ação rescisória	2 anos
Cumprimento das obrigações do oficial de justiça	9 dias

As pessoas jurídicas de direito público que não explorem atividade econômica, o Ministério Público do Trabalho e a Defensoria Pública possuem a prerrogativa de prazos diferenciados. O Ministério Público e a Defensoria Pública, na atual sistemática, sempre terão prazo em dobro, enquanto as pessoas jurídicas de direito público que não exploram atividade econômica possuem prazo quadruplicado para contestar (Decreto-lei nº 779/69, art. 1º, I) e em dobro para os demais atos processuais.

Quando existir litisconsórcio e as partes tiverem advogados diferentes, **não** há modificação do prazo processual, ou seja, não se aplica o art. 229 do CPC/2015 ao processo do trabalho (OJ nº 310 da SDI-I do TST).

- **Despesas processuais**

As despesas processuais correspondem a todos os gastos que as partes têm com o processo. Trata-se de gênero que tem como espécies as custas, os emolumentos, os honorários do perito, assistentes e advogados, dentre outros gastos com o processo.

As custas processuais têm natureza de taxa, sendo devidas ao Estado em decorrência da realização de sua atividade (exercício da jurisdição).

Já os emolumentos representam o reembolso dos gastos realizados pelo Estado em atividades **não jurisdicionais** prestadas como, por exemplo, autenticações, fotocópias etc.

Na fase de conhecimento, as custas são sempre no valor de 2%, calculados sobre o:

1) valor da condenação;
2) valor do acordo;
3) valor da causa
   - extinção do processo sem resolução do mérito
   - improcedência dos pedidos
   - no caso de procedência do pedido formulado em ação declaratória e em ação constitutiva
4) valor que o juiz definir (quando o valor for indeterminado);
5) o valor arbitrado na decisão, ou pelo Presidente do Tribunal, na hipótese de dissídio coletivo.

As custas deverão observar o valor mínimo de R$ 10,64 (dez reais e sessenta e quatro centavos) e o máximo de 4x o limite máximo dos benefícios do Regime Geral de Previdência Social (CLT, art. 789).

A parte vencedora na primeira instância, se vencida na segunda, está obrigada, independentemente de intimação, a pagar as custas fixadas na sentença originária, das quais ficara isenta a parte então vencida (Súmula nº 25, I, do TST).

No caso de inversão do ônus da sucumbência em segundo grau, sem acréscimo ou atualização do valor das custas e se estas já foram devidamente recolhidas, descabe um novo pagamento pela parte vencida, ao recorrer. Deverá ao final, se sucumbente, **reembolsar** a quantia (Súmula nº 25, II, do TST).

Não caracteriza deserção a hipótese em que, acrescido o valor da condenação, não houve fixação ou cálculo do valor devido a título de custas e tampouco intimação da parte para o preparo do recurso, devendo ser as custas pagas ao final (Súmula nº 25, III, do TST).

O reembolso das custas à parte vencedora faz-se necessário mesmo na hipótese em que a parte vencida for pessoa isenta do seu pagamento, nos termos do art. 790-A, parágrafo único, da CLT (Súmula nº 25, IV, do TST).

Nas ações plúrimas (litisconsórcio), as custas incidem sobre o valor total dos pedidos (Súmula n° 36 do TST).

No caso de acordo, o pagamento das custas será dividido em partes iguais entre os litigantes, exceto se convencionarem de forma diferente.

Na fase de execução das custas, o pagamento é em valor fixo, nos termos do art. 789-A da CLT, sendo ele de responsabilidade do executado.

No dissídio coletivo, as partes vencidas responderão solidariamente pelo pagamento das custas.

Tratando-se de empregado que não tenha obtido o benefício da justiça gratuita, ou isenção de custas, o sindicato que houver intervindo no processo responderá solidariamente pelo pagamento das custas devidas.

Estão isentos do pagamento das custas processuais:

1) o beneficiário da justiça gratuita (CLT, art. 790, *caput*);

2) a União, os Estados, o Distrito Federal, os Municípios e respectivas autarquias e fundações públicas federais, estaduais ou municipais que não explorem atividade econômica (CLT, art. 790-A, I);

3) o Ministério Público do Trabalho (CLT, art. 790-A, II).

A isenção não alcança as entidades fiscalizadoras do exercício profissional (exemplo, Crea), nem exime as pessoas jurídicas referidas no item 2 da obrigação de reembolsar as despesas judiciais realizadas pela parte vencedora (CLT, art. 790-A, parágrafo único). Ressalta-se que o TST isenta as entidades fiscalizadoras, por considerá-las como autarquias.

7. DAS PARTES E PROCURADORES; DO JUS POSTULANDI; DA SUBSTITUIÇÃO E REPRESENTAÇÃO PROCESSUAIS. DA REPRESENTAÇÃO DA MASSA FALIDA E DAS EMPRESAS EM RECUPERAÇÃO JUDICIAL. DO LITISCONSÓRCIO NO PROCESSO DO TRABALHO; DA ASSISTÊNCIA JUDICIÁRIA; DOS HONORÁRIOS DE ADVOGADO: SUCUMBENCIAIS E HONORÁRIOS CONTRATADOS

7.1. Partes

A capacidade de ser parte é a aptidão de ser titular de direitos e deveres. A pessoa física adquire essa capacidade com o nascimento, embora a lei coloque a salvo, desde a concepção, os direitos do nascituro (CC, art. 2°). A pessoa jurídica passa a ter capacidade de ser parte com a inscrição de seus atos constitutivos no respectivo registro (CC, art. 45). Além disso, alguns entes despersonalizados também podem atuar como parte, tais como: o condomínio, a massa falida, o espólio etc.

A capacidade processual, também chamada de capacidade de estar em juízo (*legitimatio ad processum*), é a aptidão para a prática de atos processuais sem a necessidade de assistência ou de representação. Tendo capacidade civil plena, consequentemente a parte terá capacidade processual. Desse modo, os incapazes têm capacidade de ser parte, mas não capacidade processual, porque são assistidos ou representados em juízo.

Na seara trabalhista, a capacidade plena dos empregados ocorre aos 18 anos de idade, nos termos do art. 402 da CLT. Além disso, o Código Civil, aplicado ao direito do trabalho pela doutrina majoritária, admite a concessão da capacidade civil plena aos menores de 18 anos, na hipótese de emancipação, nos termos do art. 5°, parágrafo único, do CC.

Salienta-se que o empregador também adquire capacidade processual aos 18 anos, observando-se, ainda, a possibilidade de emancipação, como anunciado no artigo supracitado.

7.2. *Jus Postulandi*

No processo do trabalho, admite-se que o empregado e o empregador postulem em juízo pessoalmente, ou seja, sem a necessidade de advogado. É o que se denomina de *jus postulandi* das partes.

> O *jus postulandi* se aplica aos empregados e empregadores, inclusive no dissídio coletivo (CLT, art. 839, a).

Contudo, o Tribunal Superior do Trabalho não permite o *jus postulandi* em alguns casos, exigindo, nessas hipóteses, que a parte seja representada por advogado, como se verifica pela Súmula n° 425 do TST, a seguir transcrita:

> O jus postulandi das partes, estabelecido no art. 791 da CLT, limita-se às Varas do Trabalho e aos Tribunais Regionais do Trabalho, não alcançando a ação rescisória, a ação cautelar, o mandado de segurança e os recursos de competência do Tribunal Superior do Trabalho.

Ademais, em alguns outros casos a jurisprudência não tem aplicado o *jus postulandi* como se verifica no quadro a seguir.

Jus Postulandi	
Aplicável	• empregados; e • empregadores.
Não aplicável	• nos recursos de competência do TST; • na ação rescisória; • na ação cautelar; • no mandado de segurança; • nos embargos de terceiros; • recursos de peritos e depositários; • reclamação (CPC/2015, art. 988); • processos de jurisdição voluntária para homologação de acordos extrajudiciais; • nas relações de trabalho*; e • quando extrapolada a seara trabalhista. (*) Como essa tese é majoritária, por ora, mantivemos como não aplicável. No entanto, a partir da vigência da Lei nº 13.467/17, como visto, é possível que esse entendimento seja alterado.

7.3. Substituição processual

Em regra, o próprio titular do direito material é legitimado para ir a juízo defender seus direitos (legitimação ordinária). Admite-se, porém, que alguém vá a juízo defender, em nome próprio, direito alheio, dando origem à chamada substituição processual (CPC/2015, art. 18).

Destaca-se que a substituição difere da **representação**, porque nesta o representante age em **nome alheio** para defesa de direito alheio, enquanto na **substituição processual** age em **nome próprio** para tutelar direito de outrem.

7.4. Litisconsórcio

Em regra, temos a formação mínima do processo com a presença de um autor, um réu e o juiz. Pode acontecer, no entanto, de estarem nos polos da ação mais do que um autor ou um réu. Tem-se aqui o denominado litisconsórcio, que é o fenômeno processual decorrente da existência de dois ou mais sujeitos figurando no polo ativo, passivo, ou em ambos os polos da demanda. Trata-se, pois, de cumulação subjetiva.

Diz o art. 842 da CLT:

> "Sendo várias as reclamações e havendo identidade de matéria, poderão ser acumuladas num só processo, se se tratar de empregados da mesma empresa ou estabelecimento."

É o caso, por exemplo, de dois empregados ajuizarem uma reclamação trabalhista em face da mesma empresa, para cobrar o pagamento das horas extras devidas.

O litisconsórcio poderá ser classificado da seguinte forma:

Quanto à posição	– ativo (mais de um autor) – passivo (mais de um réu) – misto (mais de um autor e de um réu)
Quanto à obrigatoriedade	– facultativo (tem opção de ser formado) – necessário (obrigatoriamente deve ser formado)
Quanto ao resultado	– simples (a decisão pode ser diversa para os litisconsortes) – unitário (a decisão deve ser idêntica para os litisconsortes)
Quanto à formação	– inicial (formado no início da demanda) – ulterior (formado após o início da demanda)

7.5. Representação

De acordo com o art. 793 da CLT, a representação do menor de 18 anos é feita de forma **sucessiva**:

1°) representantes legais (ex., pais etc.);
2°) Ministério Público do Trabalho, antigamente denominado de Procuradoria da Justiça do Trabalho;
3°) sindicato da categoria;
4°) Ministério Público Estadual;
5°) curador nomeado pelo juiz.

As pessoas jurídicas de direito público são representadas em juízo da seguinte forma:

Pessoa jurídica de direito público	Representação
União	Advocacia-Geral da União
Estados e Distrito Federal	Procuradores
Municípios	Prefeito, procuradores ou Associação de Re-presentação de Municípios, quando expressamente autorizada
Autarquias e fundações	Por quem a lei do ente federado designar

A União, Estados, Municípios e Distrito Federal, suas autarquias e fundações públicas, quando representadas em juízo, ativa e passivamente, por seus procuradores, estão dispensadas da juntada de instrumento de mandato e de comprovação do ato de nomeação. Nesse caso, é essencial que o signatário ao menos se declare exercente do cargo de procurador, não bastando a indicação do número de inscrição na Ordem dos Advogados do Brasil (Súmula n° 436 do TST).

De acordo com o TST, os Estados e os Municípios não têm legitimidade para recorrer em nome das autarquias e das fundações públicas. Os procuradores estaduais e municipais podem representar as respectivas autarquias e fundações públicas em juízo somente se designados pela lei da respectiva unidade da federação (art. 75, IV, do CPC de 2015) ou se investidos de instrumento de mandato válido. (OJ n° 318 da SDI-I do TST).

A massa falida e a empresa de recuperação judicial são representadas em juízo pelo administrador judicial (CPC, art. 75, V).

A massa falida é representada em juízo pelo administrador judicial (CPC, art. 75, V).

Nas audiências das reclamações trabalhistas, exige-se, como regra, a presença obrigatória das próprias partes (ex.: empregado e empregador). Existem, porém, as seguintes exceções:

1) Representação do empregado pelo sindicato nas reclamações plúrimas (ajuizada por diversos reclamantes).

2) Representação do empregado pelo sindicato nas ações de cumprimento.

3) Representação do empregado por outro empregado que pertença à mesma profissão ou pelo sindicato, nos casos de doença ou qualquer outro motivo ponderoso.

Em resumo, nos termos da CLT, percebe-se que o empregado pode ser representado em audiência nas seguintes hipóteses:

<table>
<tr><th>Sindicato</th><th>Empregado da mesma profissão</th></tr>
<tr><td>Reclamações plúrimas</td><td rowspan="3">Doença ou qualquer outro motivo ponderoso</td></tr>
<tr><td>Ações de cumprimento</td></tr>
<tr><td>Doença ou qualquer outro motivo ponderoso</td></tr>
</table>

4) Representação do empregador pelo preposto.

O empregador poderá ser representado na audiência por gerente ou preposto. O C. TST entendia que o preposto, obrigatoriamente, deveria ser empregado da empresa, salvo nos casos do empregador doméstico e de pequena ou microempresa. Contudo, a Lei nº 13.467/17 alterou consideravelmente esse entendimento, passando a estabelecer no art. 843, § 3º, da CLT que o preposto **não precisa ser empregado da parte reclamada.**

7.6. Assistência judiciária e benefício da justiça gratuita

A assistência judiciária gratuita é o direito de postular em juízo sem ter que pagar as despesas do processo e os honorários ao seu advogado, concedido **àquele** que está em estado de miserabilidade. Tal assistência, no processo do trabalho, é oferecida pelo sindicato da categoria, conforme se depreende do art. 14 da Lei n° 5.584/70. A assistência judiciária gratuita será prestada ao trabalhador, ainda que não seja associado ao sindicato da categoria (art. 18 da Lei n° 5.584/70).

O benefício da justiça gratuita consiste na possibilidade de a parte postular em juízo sem ter de arcar com as despesas do processo, ante sua insuficiência de recursos.

Referido benefício tem como objetivo possibilitar o acesso à justiça de pessoas que não possuam recursos financeiros, de modo que o custo do processo não seja obstáculo para se ter acesso à ordem jurídica.

7.7. Honorários advocatícios

Os honorários advocatícios podem ser divididos em:

- **Honorários contratuais (convencionais)**: são aqueles que decorrem da relação de prestação de serviços firmada entre o advogado e seu cliente. É, portanto, puramente contratual, de modo que as partes os definem por comunhão de vontades. Tendo contrato escrito é considerado título executivo extrajudicial (Lei nº 8.906/94, art. 24 c/c o CPC/2015, art. 784, XII);

- **Honorários assistenciais:** atualmente são aqueles fixados em ações coletivas propostas por enti-dades de classe em substituição processual;
- **Honorários sucumbenciais**: são os fixados pelo juiz na decisão e devem ser pagos pelo vencido. Deriva, pois, do fato objetivo da derrota. Com o advento da Lei nº 13.467/17, eles passam a ser previstos no art. 791-A, caput, da CLT, sendo cumulados com os honorários contratuais.

Antes da Lei nº 13.467/17, os honorários advocatícios no processo do trabalho, em regra, não decorriam da mera sucumbência, impondo que o empregado estivesse assistido pelo sindicato da categoria e fosse beneficiário da justiça gratuita (Súmula 219, I, do TST).

No entanto, após referida lei, a sistemática passa a ser totalmente diferente, tornando-se a regra a concessão dos honorários sucumbenciais, conforme estabelece o art. 791-A da CLT, *in verbis*:

> Art. 791-A. Ao advogado, ainda que atue em causa própria, serão devidos honorários de sucumbência, fixados entre o mínimo de 5% (cinco por cento) e o máximo de 15% (quinze por cento) sobre o valor que resultar da liquidação da sentença, do proveito econômico obtido ou, não sendo possível mensurá-lo, sobre o valor atualizado da causa.
>
> § 1º Os honorários são devidos também nas ações contra a Fazenda Pública e nas ações em que a parte estiver assistida ou substituída pelo sindicato de sua categoria.
>
> § 2º Ao fixar os honorários, o juízo observará:
>
> I – o grau de zelo do profissional;
>
> II – o lugar de prestação do serviço;
>
> III – a natureza e a importância da causa;
>
> IV – o trabalho realizado pelo advogado e o tempo exigido para o seu serviço.
>
> § 3º Na hipótese de procedência parcial, o juízo arbitrará honorários de sucumbência recíproca, vedada a compensação entre os honorários.
>
> § 4º Vencido o beneficiário da justiça gratuita, desde que não tenha obtido em juízo, ainda que em outro processo, créditos capazes de suportar a despesa, as obrigações decorrentes de sua sucumbência ficarão sob condição suspensiva de exigibilidade e somente poderão ser executadas se, nos dois anos subsequentes ao trânsito em julgado da decisão que as certificou, o credor demonstrar que deixou de existir a situação de insuficiência de recursos que justificou a concessão de gratuidade, extinguindo-se, passado esse prazo, tais obrigações do beneficiário.
>
> § 5º São devidos honorários de sucumbência na reconvenção.

Assim, de acordo com o referido dispositivo, passamos a ter as seguintes regras dos honorários advocatícios no processo do trabalho:

- são devidos:
  1) pela mera sucumbência;
  2) ainda que o advogado atue em causa própria;
  3) nas ações contra a Fazenda Pública;
  4) nas ações que a parte estiver assistida ou substituída pelo sindicato da sua categoria;
  5) na reconvenção;
- fixados entre o mínimo de 5% e o máximo de 15%;
- a fixação da porcentagem dos honorários leva em conta:
  1) o valor que resultar da liquidação da sentença;
  2) o valor que resultar do proveito econômico obtido ou;
  3) o valor atualizado da causa, quando não for possível mensurar o valor da liquidação ou do proveito econômico;
- na hipótese de procedência parcial, há sucumbência recíproca, vedada a compensação entre os honorários.
- Quanto ao beneficiário da justiça gratuita, o referido § 4º estabelecia que ele iria pagar honorários advocatícios:
  1) quando obtivesse em juízo, ainda que em outro processo, créditos capazes de suportar a despesa ou;
  2) caso não tivesse créditos capazes de suportar a despesa, ficaria sob condição suspensiva pelo prazo de 2 anos a contar do trânsito em julgado da sentença.

No entanto, na ADI 5766, o STF declarou inconstitucional o art. 791-A, § 4º, da CLT, afastando a possibilidade de simplesmente descontar dos créditos do trabalhador o valor a título de honorários advocatícios quando for beneficiário da justiça gratuita.

8. DAS NULIDADES E DAS EXCEÇÕES: HIPÓTESES ENSEJADORAS, PRAZO E FORMA DE ARGUIÇÃO

8.1. Princípios informadores das nulidades processuais

- Princípio do prejuízo (transcendência): não há nulidade sem prejuízo.
- Princípio da convalidação ou preclusão: a nulidade deve ser alegada na primeira oportunidade em que a parte tiver que se manifestar nos autos, sob pena de preclusão.

A preclusão pode ser:

a) **temporal:** quando a perda decorre da não realização do ato em determinado prazo;

b) **consumativa:** realizado o ato (consumado), não se admite que seja novamente realizado;

c) **lógica:** não se permite que a parte pratique um ato posterior incompatível com um ato anterior;

d) ***pro iudicato***: quando a preclusão é para o juiz;

e) **ordinatória**: quando a validade de um ato pressupõe a existência de um anterior. Exemplo: os embargos à execução somente podem ser recebidos depois de garantido o juízo pela penhora;

f) **máxima**: quando ocorre a coisa julgada.

- Princípio da economia processual: a nulidade não será pronunciada quando for possível suprir-se a falta ou repetir-se o ato.
- Princípio do interesse: proibição da alegação da própria torpeza, ou seja, a nulidade não será pronunciada quando arguida por quem lhe tiver dado causa.
- Princípio da utilidade: o juiz que pronunciar a nulidade declarará os atos a que ela se estende. Ademais, a nulidade do ato não prejudicará senão os posteriores que dele dependam ou sejam consequência.
- Princípio da instrumentalidade das formas: se o ato processual atingiu sua finalidade ele será considerado válido, mesmo que não tenha observado a forma prescrita em lei.

8.1.1. Princípio da primazia da decisão de mérito

O princípio da primazia da decisão de mérito é consagrado em diversos dispositivos do CPC/2015, dentre os quais destaca-se o art. 4º:

> Art. 4º. As partes têm o direito de obter em prazo razoável a **solução integral do mérito**, incluída a atividade satisfativa (Grifo nosso).

Referido princípio determina que o órgão julgador deverá sempre ter como objetivo a decisão de mérito, não se contentando com decisões meramente processuais que extinguem o processo sem resolução do mérito.

Com a finalidade de concretizar aludido princípio, o Novo CPC em diversas ocasiões o exalta, impondo que o julgador deverá promover o saneamento dos vícios processuais (art. 139, IX), permitir que a parte corrija o vício, antes da extinção do processo sem resolução de mérito (art. 317), resolver do mérito quando a decisão for favorável à parte a quem aproveitaria eventual pronunciamento sem resolução de mérito (art. 488), possibilitar o saneamento do vício ou de complementação da documentação exigida antes de considerar o recurso inadmissível (art. 932, parágrafo único), dentre outros momentos nos quais se valoriza a decisão de mérito em detrimento de vícios processuais.

8.2. Exceções

As defesas de mérito são dirigidas ao próprio direito material reivindicado pelo autor, dividindo-se em defesas de mérito:

- direta; e
- indireta.

Na defesa de mérito direta, o réu impugna os fatos constitutivos, negando os fatos e/ ou fundamentos jurídicos da inicial. Já na defesa de mérito indireta, também chamada de exceção substancial, o réu não nega propriamente os fatos constitutivos, mas alega fato impeditivo, modificativo ou extintivo do direito do autor.

No processo do trabalho, a defesa é apresentada na audiência no prazo de 20 minutos.

É possível, porém, que a defesa seja apresentada por escrito, o que tem ocorrido na prática jurídica. Nessa hipótese, tem-se entendido que o prazo para se confeccionar a contestação é de 5 dias, vez que o reclamado deve ser intimado com referida antecedência da audiência (CLT, art. 841).

De qualquer modo, a parte poderá apresentar defesa escrita pelo sistema de processo judicial eletrônico até a audiência (CLT, art. 847, parágrafo único).

Oferecida a contestação, o reclamante não poderá, sem o consentimento do reclamado, desistir da ação (CLT, art. 843, § 1º).

A compensação só poderá ser arguida com a contestação (Súmula nº 48 do TST), ficando restrita a dívidas de natureza trabalhista (Súmula nº 18 do TST).

Não se confunde, no entanto, compensação com dedução.

Compensação	Dedução
Quando duas pessoas forem ao mesmo tempo credora e devedora uma da outra	Abatimento das verbas que já foram pagas durante a relação de trabalho sob o mesmo título
Não pode ser conhecida de ofício, dependendo, portanto, da alegação do réu	Pode ser conhecida de ofício
Deve ser alegada na contestação	Pode ser alegada e conhecida em qualquer tempo

Por sua vez, **a retenção** é o direito de o credor conservar, sob sua posse, a coisa de forma legítima, até que seja adimplida a obrigação. Além disso, é necessária uma relação de conexão entre o crédito e a coisa retida, não podendo existir impedimento legal ou contratual para seu exercício[4].

As exceções são incidentes processuais divididos em: suspeição, impedimento e incompetência.

O CPC/2015 não faz referência ao termo exceção, declinando que o impedimento e a suspeição devem ser alegados em petição específica dirigida ao juiz do processo (art. 146). No entanto, como a CLT utiliza-se dessa expressão, porque embasado no CPC de 1939, pensamos que as provas adotarão essa terminologia (exceção).

4. MARTINS, Sérgio Pinto. Comentários à CLT. 13. ed. São Paulo: Saraiva, 2009. p. 790.

A decisão que resolve as exceções tem natureza de decisão interlocutória, razão pela qual não está sujeita a recurso de imediato, salvo quando terminativa do feito (CLT, art. 799, § 2°). Contudo, o C. TST permite a interposição de recurso imediatamente da decisão que acolhe exceção de incompetência territorial, com a remessa dos autos para Tribunal Regional distinto daquele a que se vincula o juízo excepcionado (Súmula n° 214 do TST).

A suspeição vem disciplinada no art. 801 da CLT, o qual estabelece que o juiz é obrigado a dar-se por suspeito, e pode ser recusado, por algum dos seguintes motivos, em relação à pessoa dos litigantes: a) inimizade pessoal; b) amizade íntima; c) parentesco por consanguinidade ou afinidade até o terceiro grau civil; d) interesse particular na causa. A doutrina é majoritária no sentido de que se aplicam os arts. 144 e 145, ambos do CPC/2015, ao processo do trabalho.

A CLT prevê algumas hipóteses em que a suspeição não poderá ser mais alegada:

1) se o recusante houver praticado algum ato pelo qual haja consentido na pessoa do juiz, salvo sobrevindo novo motivo;
2) se do processo constar que o recusante deixou de alegá-la anteriormente, quando já a conhecia;
3) depois de conhecida, aceitou o juiz recusado;
4) se procurou de propósito o motivo de que ela se originou (CLT, art. 801, parágrafo único).

A Corregedoria Geral da Justiça do Trabalho impõe a aplicação dos art. 146 do CPC/2015 para julgamento da suspeição e impedimento.

No caso da exceção de incompetência territorial ela deverá ser apresentada no prazo de 5 dias a contar da notificação, antes da audiência e em peça que sinalize a existência desta exceção. Protocolada a petição, será suspenso o processo e não se realizará a audiência a que se refere o art. 843 da CLT até que se decida a exceção. Os autos serão imediatamente conclusos ao juiz, que intimará o reclamante e, se existentes, os litisconsortes, para manifestação no prazo comum de 5 dias. Se entender necessária a produção de prova oral, o juízo designará audiência, garantindo o direito de o excipiente e de suas testemunhas serem ouvidos, por carta precatória, no juízo que este houver indicado como competente. Decidida a exceção de incompetência territorial, o processo retomará seu curso, com a designação de audiência, a apresentação de defesa e a instrução processual perante o juízo competente (CLT, art. 800).

9. TUTELA PROVISÓRIA

Aplicam-se ao processo do trabalho, subsidiariamente, os arts. 294 a 311 do CPC/15 (IN nº 39/2016, art. 3º, VI).

A tutela provisória pode fundamentar-se em urgência ou evidência (CPC/15, art. 294).

A tutela de urgência poderá ter natureza cautelar (conservativa) ou antecipada (satisfativa).

A tutela provisória de urgência poderá ser concedida de forma incidental ou antecedente. Será incidental, se requerida dentro do processo principal, ou seja, dentro do processo em que já se requereu a tutela definitiva. Por outro lado, será antecedente quando seu requerimento é realizado em momento anterior ao pedido da tutela definitiva, com o objetivo de adiantar os seus efeitos.

A tutela de urgência (cautelar ou antecipada) será concedida quando houver elementos que evidenciem:

- a probabilidade do direito; e
- o perigo de dano ou o risco ao resultado útil do processo (CPC/15, art. 300).

Aliás, o CPC/2015 admite a fungibilidade entre tais tutelas, dispondo no art. 305, parágrafo único, que, caso o juiz entenda que o requerimento de tutela de urgência cautelar em caráter antecedente possua natureza satisfativa, o juiz poderá deferi-la conforme o rito da tutela antecipada antecedente (art. 303). Trata-se da chamada fungibilidade progressiva[5].

A recíproca também é admitida pela doutrina, isto é, se o autor requerer tutela antecipada (satisfativa), quando é o caso de tutela cautelar, estando presentes os requisitos para sua concessão, poderá o juiz deferir a tutela cautelar (fungibilidade regressiva). Trata-se da chamada fungibilidade de mão dupla.

A **tutela de evidência**, por sua vez, será concedida independentemente da demonstração de perigo de dano ou de risco ao resultado útil do processo quando:

- ficar caracterizado o abuso do direito de defesa ou o manifesto propósito protelatório da parte;
- as alegações de fato puderem ser comprovadas apenas documentalmente e houver tese firmada em julgamento de casos repetitivos ou em súmula vinculante;
- se tratar de pedido reipersecutório fundado em prova documental adequada do contrato de depósito, caso em que será decretada a ordem de entrega do objeto custodiado, sob cominação de multa;
- a petição inicial for instruída com prova documental suficiente dos fatos constitutivos do direito do autor, a que o réu não oponha prova capaz de gerar dúvida razoável.

Nos tribunais, compete ao relator decidir sobre o pedido de antecipação de tutela, submetendo sua decisão ao Colegiado respectivo, independentemente de pauta, na sessão imediatamente subsequente (OJ nº 68 da SDI-II do TST).

No caso de a tutela provisória haver sido concedida ou indeferida antes da sentença, cabe mandado de segurança, em face da inexistência de recurso próprio. (Súmula nº 414, II, do TST).

---

5. DIDIER JR., Fredie; OLIVEIRA, Rafael Alexandria de; BRAGA, Paula Sarno. *Curso de Direito Processual Civil, vol. 2: teoria da prova, direito probatório, decisão, precedente, coisa julgada e tutela provisória.* 10. ed. Salvador: Editora Juspodivm, 2015. p. 616.

A antecipação da tutela concedida na sentença não comporta impugnação pela via do mandado de segurança, por ser impugnável mediante recurso ordinário. Nesse caso, para o TST, é admissível a obtenção de efeito suspensivo ao recurso ordinário mediante requerimento dirigido ao tribunal, ao relator ou ao presidente ou ao vice-presidente do tribunal recorrido, por aplicação subsidiária ao processo do trabalho do artigo 1.029, § 5º, do CPC de 2015 (Súmula nº 414, I, do TST).

O TST permite o pedido de tutela provisória na ação rescisória visando a suspender a execução da decisão rescindenda (Súmula nº 405 do TST).

10. DAS AUDIÊNCIAS: DE CONCILIAÇÃO, DE INSTRUÇÃO E DE JULGAMENTO; DA NOTIFICAÇÃO DAS PARTES; DO ARQUIVAMENTO DO PROCESSO; DA REVELIA E CONFISSÃO

10.1. Audiência

As audiências serão públicas e realizar-se-ão na sede do Juízo ou tribunal em dias úteis previamente fixados.

Horário de realização: das 8h às 18h horas, não podendo ultrapassar 5h seguidas, salvo quando houver matéria urgente (CLT, art. 813).

Em casos especiais, poderá ser designado outro local para a realização das audiências, mediante edital afixado na sede do Juízo ou tribunal, com a antecedência mínima de 24 horas (CLT, art. 813, § 1º).

Se até 15 minutos após a hora marcada o juiz ou presidente não houver comparecido, os presentes poderão retirar-se, devendo o ocorrido constar do livro de registro das audiências (CLT, art. 815, parágrafo único).

A tolerância de atraso de 15 minutos aplica-se tão somente ao juiz, ou seja, esta permissão não atinge as partes (OJ nº 245 da SDI-I do TST).

Nos tribunais, as sessões ocorrerão das 14h às 17h, podendo ser prorrogadas pelo presidente em caso de manifesta necessidade (CLT, art. 701).

Cabe ressaltar que, no processo civil, caso ocorra atraso injustificado do início da audiência em tempo superior a 30 minutos do horário marcado, a audiência pode ser adiada (CPC/2015, art. 362, III). Referido dispositivo não se aplica ao processo trabalhista, conforme art. 2º, VI, da IN nº 39/2016 do TST.

Tema importante que e cobrado com bastante frequência nas provas é o efeito da ausência das partes em audiência:

Partes	Audiência inaugural ou una	Audiência de instrução
Reclamante	Arquivamento	Confissão
Reclamada	Revelia e confissão quanto à matéria fática	Confissão
Ambas as partes	Arquivamento	Julga com as provas dos autos e pelo ônus da prova

Na hipótese de **ausência do reclamante**, este será condenado ao pagamento das custas calculadas na forma do art. 789 da CLT, ainda que beneficiário da justiça gratuita, salvo se comprovar, no prazo de 15 dias, que a ausência ocorreu por motivo legalmente justificável (CLT, art. 844, § 2º). O pagamento das referidas custas é condição para a propositura de nova demanda (CLT, art. 844, § 3º).

Ademais, caso o reclamante dê causa a dois arquivamentos seguidos, pelo não comparecimento na audiência inaugural ou una, ficará impossibilitado, pelo prazo de 6 meses, de reclamar perante a Justiça do Trabalho, nos termos dos arts. 731 e 732 da CLT.

Quanto à **ausência da reclamada** o C. TST entendia que a reclamada, ausente à audiência em que deveria apresentar defesa, era revel, ainda que presente seu advogado munido de procuração, podendo afastar a revelia mediante a apresentação de atestado médico, que deveria declarar, expressamente, a impossibilidade de locomoção do empregador ou do seu preposto no dia da audiência (Súmula n° 122 do TST). No entanto, a Lei nº 13.467/17 passa a declinar que "ainda que ausente o reclamado, presente o advogado na audiência, serão aceitos a contestação e os documentos eventualmente apresentados" (CLT, art. 844, § 5º).

De qualquer maneira, ausente a reclamada ou seu advogado, será considerada revel, havendo confissão quanto à matéria de fato. No entanto, a revelia não produz tal efeito se:

> I – havendo pluralidade de reclamados, algum deles contestar a ação;
>
> II – o litígio versar sobre direitos indisponíveis;
>
> III – a petição inicial não estiver acompanhada de instrumento que a lei considere indispensável à prova do ato;
>
> IV – as alegações de fato formuladas pelo reclamante forem inverossímeis ou estiverem em contradição com prova constante dos autos (CLT, art. 844, **§** 4º).

Para o TST, a pessoa jurídica de direito público se sujeita à revelia prevista no art. 844 da CLT (OJ n° 152 da SDI-I do TST).

No rito ordinário, a CLT prevê dois momentos obrigatórios de tentativa de conciliação a ser conduzida pelo juiz:

- 1ª tentativa de conciliação: após a abertura da audiência inicial e antes da apresentação da defesa (CLT, art. 846).
- 2ª tentativa de conciliação: depois das razões finais e antes da sentença (CLT, art. 850).

Conciliação

Uma vez firmada a conciliação, o termo lavrado valerá como decisão irrecorrível, salvo para a Previdência Social quanto às contribuições que lhe forem devidas (CLT, art. 831, parágrafo único).

O acordo celebrado após o trânsito em julgado da sentença ou após a elaboração dos cálculos de liquidação de sentença não prejudicará os créditos da União (CLT, art. 832, § 6º).

Nessa hipótese, é devida a contribuição previdenciária sobre o valor do acordo celebrado e homologado após o trânsito em julgado de decisão judicial, respeitada a proporcionalidade de valores entre as parcelas de natureza salarial e indenizatória deferidas na decisão condenatória, e as parcelas objeto do acordo (OJ n° 376 da SDI I do TST).

A homologação de acordo constitui faculdade do juiz, inexistindo direito líquido e certo tutelável pela via do mandado de segurança (Súmula n° 418 do TST).

11. DAS PROVAS

São objetos de prova os fatos controvertidos, relevantes e pertinentes.

A prova de direito pode ocorrer quando o juiz determinar a comprovação do teor e vigência da legislação municipal, estadual, estrangeira ou consuetudinária (CPC/2015, art. 376).

Não dependem de prova os fatos: a) notórios; b) confessados; c) incontroversos; d) em cujo favor milita presunção legal de existência ou de veracidade (CPC/2015, art. 374).

11.1. Princípios da prova

11.1.1. Contraditório e Ampla Defesa

A ideia de contraditório substancial veio contemplada no CPC/2015, aplicável subsidiariamente ao processo do trabalho, como se pode observar em seu art. 7º:

> **Art. 7º** É assegurada às partes paridade de tratamento em relação ao exercício de direitos e faculdades processuais, aos meios de defesa, aos ônus, aos deveres e à aplicação de sanções processuais, competindo ao juiz zelar pelo efetivo **contraditório** (Grifo Nosso).

Isso significa que às partes é conferido o direito de ter informação das provas colhidas nos autos, sendo-lhes oportunizada a possibilidade de contraditá-la, para que possam influir no convencimento do juiz.

Portanto, têm as partes o direito de produzirem as provas, participarem de sua produção e de manifestarem sobre a prova produzida.

11.1.2. Necessidade

O princípio da necessidade da prova declina que não basta a simples alegação do fato, devendo as partes comprovar em juízo suas alegações.

11.1.3. Oralidade

O princípio da oralidade consiste no predomínio da palavra falada, simplificando o procedimento, além de contemplar a celeridade e a efetividade da prestação jurisdicional.

É interessante observar que o princípio da oralidade se caracteriza pela conjunção dos seguintes princípios:

a) a identidade física do juiz, de modo que este dirija o processo desde o seu início até o julgamento (esse princípio foi excluído pelo CPC/15);

b) a concentração, isto é, que em uma ou em poucas audiências próximas se realize a produção das provas;

c) a irrecorribilidade imediata das decisões interlocutórias, evitando a cisão do processo ou a sua interrupção contínua, mediante recursos, que devolvem ao Tribunal o julgamento da decisão impugnada.

11.1.4. Imediação

Entende-se por princípio da imediação (ou imediatidade) "a necessidade de que a realização dos atos instrutórios deve se dar perante a pessoa do Juiz, que assim poderá formar melhor seu convencimento, utilizando-se, também, de impressões obtidas das circunstâncias nas quais as provas se realizam"[6].

11.1.5. Aquisição Processual da Prova ou Comunhão da Prova

O princípio da aquisição processual da prova estabelece que, sendo produzida a prova, ela se incorpora ao processo, sendo irrelevante quem a produziu. Isso significa que a prova sai da esfera de quem a produziu, tornando-se pertencente ao conjunto probatório, podendo favorecê-lo ou prejudicá-lo (CPC/2015, art. 371).

11.2. Ônus da Prova

A CLT, ao disciplinar o ônus da prova no art. 818, estabelece que o ônus da prova é distribuído da seguinte forma:

Parte	Ônus da prova
Reclamante (autor)	Fatos constitutivos
Reclamado (réu)	Fatos extintivos, modificativos e impeditivos

Ademais, a Lei nº 13.467/17 passa a prever expressamente a teoria dinâmica do ônus da prova, estabelecendo que "nos casos previstos em lei ou diante de peculiaridades da causa relacionadas à impossibilidade ou à excessiva dificuldade de cumprir o encargo nos termos deste artigo ou à maior facilidade de obtenção da prova do fato contrário, poderá o juízo atribuir o ônus da prova de modo diverso, desde que o faça por decisão fundamentada, caso em que deverá dar à parte a oportunidade de se desincumbir do ônus que lhe foi atribuído" (CLT, art. 818, § 1º).

A decisão referida no parágrafo anterior deverá ser proferida antes da abertura da instrução e, a requerimento da parte, implicará o adiamento da audiência e possibilitará provar os fatos por qualquer meio em direito admitido (CLT, art. 818, § 2º). Ademais, referida

6. Souto Maior, Jorge Luiz apud Schiavi, Mauro. Provas no processo do trabalho. 3. ed. rev. e ampl. São Paulo: Ltr, 2013. p. 42.

decisão não pode gerar situação em que a desincumbência do encargo pela parte seja impossível ou excessivamente difícil (CLT, art. 818, § 3º).

Em duas situações, incidirá a teoria dinâmica do ônus da prova, de modo que o juiz poderá distribuir de forma diversa o ônus da prova, isto é, o ônus deixará de ser do reclamante e passará para a empresa reclamada (Súmula nº 338 do TST). São eles:

1) empresa com mais de 20 empregados[7];

2) cartões de ponto invariáveis, também chamados de cartões britânicos.

O ônus de provar o término do contrato de trabalho, quando negados a prestação de serviço e o despedimento, é do empregador, pois o princípio da continuidade da relação de emprego constitui presunção favorável ao empregado (Súmula nº 212 do TST).

É do empregador o ônus de comprovar que o empregado não satisfaz os requisitos indispensáveis para a concessão do vale-transporte ou não pretenda fazer uso do benefício (súmula nº 460 do TST).

É do empregador o ônus da prova em relação à regularidade dos depósitos do FGTS, pois o pagamento é fato extintivo do direito do autor (art. 373, II, do CPC de 2015) – Súmula nº 461 do TST.

11.3. Meios de prova

11.3.1. Prova testemunhal

Podem depor como testemunhas todas as pessoas, exceto as incapazes, impedidas ou suspeitas (CPC/2015, art. 447).

A CLT contemplou apenas três hipóteses em que não será prestado compromisso:

a) for parente até o terceiro grau civil;

b) amigo íntimo; ou

c) inimigo de qualquer das partes (CLT, art. 829).

Entretanto, a doutrina é pacífica no sentido de que o at. 447 do CPC é aplicado de forma supletiva ao processo do trabalho, pois definiu de forma detalhada os casos de incapacidade, impedimento e suspeição.

Caso a parte contrária pretenda alegar a incapacidade, impedimento ou suspeição da testemunha, fará por meio da contradita, que deverá ser arguida após a qualificação da testemunha e antes de seu compromisso. Se a testemunha negar os fatos que lhe são imputados, a parte poderá provar a contradita com documentos ou com testemunhas, até três, apresentadas no ato e inquiridas em separado. Sendo provados ou confessados os fatos, o juiz dispensará a testemunha, ou lhe tomará o depoimento como informante (CPC/2015, art. 457).

---

7. Salienta-se que a partir da nova redação do art. 74, § 2º, da CLT pela Lei nº 13.874/19, a Súmula nº 338 do TST deverá ter sua redação alterada, passando a prever o ônus da prova do empregador quando tiver mais de **20 empregados**.

Na prova testemunhal, para cada rito processual há um número limite de testemunhas a ser indicadas por cada parte, como se observa no quadro que segue:

Tipo de procedimento	Número máximo de testemunhas
Rito Sumaríssimo	2
Rito Ordinário	3
Inquérito para apuração de falta grave	6

A testemunha que intencionalmente alterar a verdade dos fatos ou omitir fatos essenciais ao julgamento da causa será aplicada multa superior a 1% e inferior a 10% do valor corrigido da causa. Essa multa será executada nos mesmos autos (CLT, art. 793-D).

11.3.2. Prova documental

A prova documental apresentada em cópia pode ser declarada autêntica pelo próprio advogado sob sua responsabilidade (CLT, art. 830).

As cópias apresentadas pela pessoa jurídica de direito público dispensam autenticação (OJ n° 134 da SDI-I do TST).

O instrumento normativo (acordo coletivo e convenção coletiva) em cópia não autenticada possui valor probante, desde que não haja impugnação ao seu conteúdo, eis que se trata de documento comum às partes (OJ n° 36 da SDI-I do TST).

Para comprovação da insalubridade e periculosidade é obrigatória a prova pericial (CLT, art. 195, § 2°). Quando não for possível sua realização, como em caso de fechamento da empresa, poderá o julgador utilizar-se de outros meios de prova (OJ n° 278 da SDI-I do TST).

O pagamento de adicional de periculosidade efetuado por mera liberalidade da empresa, ainda que de forma proporcional ao tempo de exposição ao risco ou em percentual inferior ao máximo legalmente previsto, dispensa a realização da prova técnica exigida pelo art. 195 da CLT, pois torna incontroversa a existência do trabalho em condições perigosas (Súmula n° 453 do TST).

11.3.2.1. Falsidade de documento

A falsidade consiste em:

1) formar documento não verdadeiro;

2) alterar documento verdadeiro (CPC/2015, art. 427, parágrafo único).

Cessará a fé do documento público ou particular após a declaração judicial da falsidade. De qualquer modo, quando ao documento particular cessa a fé quando:

> I – for impugnada sua autenticidade e enquanto não se comprovar sua veracidade;
>
> II – assinado em branco, for impugnado seu conteúdo, por preenchimento abusivo (CPC/2015, art. 428).

O ônus de provar a falsidade é distribuído da seguir forma:

Falsidade	Ônus da prova
falsidade de documento ou de preenchimento abusivo	parte que a arguir
impugnação da autenticidade	parte que produziu o documento

A falsidade deve ser suscitada na contestação, na réplica ou no prazo de 15 dias, contado a partir da intimação da juntada do documento aos autos (CPC/2015, art. 430). Uma vez arguida, a falsidade será resolvida como questão incidental, salvo se a parte requerer que o juiz a decida como questão principal.

A declaração sobre a falsidade do documento, quando suscitada como questão principal, constará da parte dispositiva da sentença e sobre ela incidirá também a autoridade da coisa julgada (CPC/2015, art. 433).

11.3.3. Prova pericial

A prova pericial será utilizada quando a prova do fato depender de conhecimento técnico ou científico. Ela consiste em exame, vistoria ou avaliação (CPC/2015, art. 464).

12. DOS DISSÍDIOS INDIVIDUAIS: DA FORMA DE RECLAMAÇÃO E NOTIFICAÇÃO; DA RECLAMAÇÃO ESCRITA E VERBAL; DA LEGITIMIDADE PARA AJUIZAR

A reclamação trabalhista pode ser verbal ou escrita.

Distribuída a reclamação verbal, o reclamante deverá, salvo motivo de força maior, apresentar-se, no prazo de 5 dias, ao cartório ou à secretaria, para reduzi-la a termo, sob a pena de perda, pelo prazo de 6 meses, do direito de reclamar perante a Justiça do Trabalho (art. 786 da CLT).

No inquérito para apuração de falta grave e no dissídio coletivo, obrigatoriamente, a reclamação será escrita (CLT, arts. 853 e 856).

- Requisitos da petição inicial trabalhista:

  I – designação do Juízo a quem for dirigida;

  II – a qualificação das partes;

  III – uma breve exposição dos fatos de que resulte o dissídio;

  IV – o pedido, que deverá ser certo, determinado e com indicação de seu valor;

  V – a data; e

  VI – a assinatura do reclamante ou de seu representante (CLT, art. 840).

Os pedidos que não atendam tais requisitos serão julgados extintos sem resolução do mérito (CLT, art. 840, § 3º, incluído pela Reforma trabalhista).

Na reclamação trabalhista, não se exige a especificação de provas e a opção do autor pela realização ou não de audiência de conciliação ou mediação, como ocorre no processo civil.

Embora a CLT exija a indicação do valor do pedido, de acordo com o artigo 12, § 2º da Instrução Normativa nº 41, esse **valor será estimado**.

No processo do trabalho, a impugnação ao valor da causa sempre foi realizada no bojo da própria contestação. O CPC/2015 acompanhou essa sistemática e estabelece que a impugnação deve ser formulada como preliminar de contestação, sob pena de preclusão (art. 293). Aliás, o art. 292, § 3º, do CPC/2015, aplicável ao processo do trabalho (TST-IN nº 39/2016, art. 3º, V), descreve que "o juiz corrigirá, de ofício e por arbitramento, o valor da causa quando verificar que não corresponde ao conteúdo patrimonial em discussão ou ao proveito econômico perseguido pelo autor (...)".

Sendo várias as reclamações e havendo identidade de matéria, poderão ser acumuladas num só processo, se se tratar de empregados da mesma empresa ou estabelecimento (CLT, art. 842).

Ademais, os sindicatos subscritores de convenção coletiva ou de acordo coletivo de trabalho participarão, como litisconsortes necessários, em ação coletiva que tenha como objeto a anulação de cláusulas desses instrumentos, vedada a apreciação por ação individual. (CLT, art. 611-A, § 5º).

12.1. Indeferimento da petição inicial

Salvo nas hipóteses do art. 330 do CPC/2015 (art. 295 do CPC/73), o indeferimento da petição inicial, por encontrar-se desacompanhada de documento indispensável à propositura da ação ou não preencher outro requisito legal, somente é cabível se, após intimada para suprir a irregularidade em 15 dias, mediante indicação precisa do que deve ser corrigido ou completado, a parte não o fizer (Súmula n° 263 do TST).

Salvo nas hipóteses do art. 330 do CPC/2015, o indeferimento da petição inicial, por encontrar-se desacompanhada de documento indispensável à propositura da ação ou não preencher outro requisito legal, somente é cabível se, após intimada para suprir a irregularidade em 15 dias, mediante indicação precisa do que deve ser corrigido ou completado, a parte não o fizer (Súmula n° 263 do TST).

12.2. Legitimidade para ajuizar

A legitimidade é uma condição da ação dividindo-se em:

- legitimidade ativa; e
- legitimidade passiva.

Legitimidade ativa é daquele que se diz titular da relação deduzida em juízo. Legitimidade passiva é daquele que o autor indica como integrante da relação.

No processo do trabalho, utiliza-se, em regra, a denominação reclamante para o autor e reclamado para o réu.

Além disso, em alguns procedimentos e fases do procedimento, a denominação pode ser alterada, como se verifica pelo quadro a seguir.

Procedimento ou fase processual	Autor	Réu
Reclamação trabalhista/fase conhecimento	Reclamante	Reclamado
Recursos	Recorrente, agravante etc.	Recorrido, agravado etc.
Liquidação	Liquidante	Liquidado
Execução	Exequente/credor	Executado/devedor
Embargos à execução	Embargante	Embargado
Dissídio coletivo	Suscitante	Suscitado
Mandado de segurança e habeas corpus	Impetrante	Impetrado
Inquérito para apuração de falta grave	Requerente	Requerido

13. DOS PROCEDIMENTOS ORDINÁRIO E SUMARÍSSIMO

Com o objetivo de agilizar a prestação jurisdicional, entregando-a de forma mais célere e efetiva, a Lei n° 9.957/00 instituiu o rito (procedimento) sumaríssimo no processo do trabalho, criando peculiaridades para esse procedimento nos arts. 852-A a 852-I na CLT.

Caso a demanda não se enquadre em tal procedimento ou no sumário, seguir-se-á o procedimento ordinário, que é o procedimento comum, incidindo todas as diretrizes a serem estudadas nos tópicos da petição inicial, audiência, resposta do réu, provas, sentença etc.

13.1. Procedimento sumaríssimo

O rito sumaríssimo é aplicável nos dissídios individuais cujo valor não exceda 40 vezes o salário-mínimo vigente na data do ajuizamento da reclamação trabalhista (CLT, art. 852-A).

Esse rito não se aplica nas demandas em que é parte a administração pública direta, autárquica e fundacional (CLT, art. 852-A, parágrafo único).

O prazo para apreciação da reclamação nesse rito deverá ocorrer no prazo máximo de 15 dias, podendo constar de pauta especial (CLT, art. 852-B, III).

O pedido deverá ser certo ou determinado. Além disso, deverá indicar o valor correspondente (CLT, art. 852-B, I).

Não se fará citação por edital, incumbindo ao autor a correta indicação do endereço do reclamado (CLT, art. 852-B, II).

Não sendo o pedido certo ou determinado, não indicando o valor do pedido, ou não indicando o endereço correto, a reclamação será arquivada, condenando-se o reclamante ao pagamento de custas sobre o valor da causa (CLT, art. 852-B, parágrafo único).

As demandas nesse rito serão instruídas e julgadas em audiência única (CLT, art. 852-C).

Na audiência, o juiz esclarecerá as vantagens da conciliação, podendo utilizar de meios adequados de persuasão para a solução conciliatória do litígio, em qualquer fase da audiência (CLT, art. 852-E).

Todos os incidentes e exceções que possam interferir no prosseguimento da audiência serão decididos de plano. As demais questões serão decididas na sentença (CLT, art. 852-G).

Todas as provas serão produzidas na audiência de instrução e julgamento, ainda que não requeridas previamente (CLT, art. 852-H).

Na hipótese de prova testemunhal, é permitida até o máximo de duas para cada parte (CLT, art. 852-H, § 2°).

A testemunha deve comparecer independentemente de intimação. Não comparecendo, poderá ser intimada, desde que comprovado o convite (CLT, art. 852-H, § 3°).

Somente quando a prova do fato o exigir, ou for legalmente imposta, será deferida prova técnica, incumbindo-se ao juiz, desde logo, fixar o prazo, o objeto da perícia e nomear perito (CLT, art. 852-H, § 4°).

As partes serão intimadas a manifestar-se sobre o laudo, no prazo comum de 5 dias (CLT, art. 852-H, § 6°).

Interrompida a audiência, o seu prosseguimento e a solução do processo dar-se-ão no prazo máximo de 30 dias, salvo motivo relevante justificado nos autos pelo juiz da causa (CLT, art. 852-H, § 7°).

A sentença dispensa o relatório, devendo mencionar os elementos de convicção do juízo, com resumo dos fatos relevantes ocorridos na audiência (CLT, art. 852-I).

As partes serão intimadas da sentença na própria audiência em que prolatada.

Nas reclamações sujeitas ao procedimento sumaríssimo, o recurso ordinário:

> I – será imediatamente distribuído, uma vez recebido no tribunal, devendo o relator liberá-lo no prazo máximo de 10 dias, e a secretaria do tribunal ou Turma colocá-lo imediatamente em pauta para julgamento, sem revisor;
>
> II – terá parecer oral do representante do Ministério Público presente à sessão de julgamento, se este entender necessário o parecer, com registro na certidão;
>
> III – terá acórdão consistente unicamente na certidão de julgamento, com a indicação suficiente do processo e parte dispositiva, e das razões de decidir do voto prevalente. Se a sentença for confirmada pelos próprios fundamentos, a certidão de julgamento, registrando tal circunstância, servirá de acórdão (CLT, art. 895, § 1°).

Nas causas sujeitas ao procedimento sumaríssimo, somente será admitido recurso de revista por:

1) contrariedade à súmula de jurisprudência uniforme do Tribunal Superior do Trabalho;
2) contrariedade à súmula vinculante do Supremo Tribunal Federal;
3) violação direta da Constituição da República (CLT, art. 896, § 9°); e
4) teses jurídicas aprovadas em incidentes de recursos repetitivos, de assunção de competência e de resolução de demandas repetitivas (Regimento interno do TST, art. 297, parágrafo único).[8]

---

8 O C. TST prevê no art. 297, parágrafo único do Regimento interno, que as teses jurídicas aprovadas em incidentes de recursos repetitivos, de assunção de competência e de resolução de demandas repetitivas têm sua natureza equiparada à súmula do colendo TST para o exame do conhecimento do recurso de revista.

Observa-se que nesse rito processual, não cabe recurso de revista por violação à Orientação Jurisprudencial (Súmula nº 442 do TST).

14. PROCEDIMENTOS ESPECIAIS

14.1. Inquérito para apuração da falta grave

O inquérito para apuração de falta grave é uma ação judicial destinada a extinguir o contrato de trabalho de determinados empregados detentores de estabilidade ou garantia de emprego.

A doutrina diverge sobre quais empregados devem ser submetidos ao inquérito, havendo, pelo menos, duas correntes a respeito:

- **1ª corrente:** apenas nos casos de:
- dirigente sindical (CLT, art. 543, § 3º e Súmula nº 379 do TST);
- estável decenal (CLT, art. 494).
- **2ª corrente:** tem aplicação nas seguintes hipóteses:
- dirigente sindical (CLT, art. 543, § 3º e Súmula nº 379 do TST);
- estável decenal (CLT, art. 494);
- diretor de sociedade cooperativa, vez que o art. 55 da Lei nº 5.764/71 lhe concedeu as mesmas garantias do dirigente sindical;
- membros do Conselho Nacional de Previdência Social, **enquanto representantes dos trabalhadores em atividade, titulares e suplentes**, porque o art. 3º, § 7º, da Lei nº 8.213/91 impõe que eles, até um ano após o término do mandato de representação, somente serão demitidos "por motivo de falta grave, regularmente comprovada através de processo judicial".

No caso de suspensão do empregado, o empregador deverá ajuizar o inquérito para apuração de falta grave no **prazo de 30 dias,** contados da data da suspensão (CLT, art. 853).

O inquérito para apuração de falta grave será ajuizado na Vara do Trabalho, seguindo o mesmo rito de uma ação ordinária, tendo, porém, duas peculiaridades:

1) a petição inicial, obrigatoriamente, deverá ser escrita (CLT, art. 853);

2) poderão ser ouvidas 6 testemunhas (CLT, art. 821).

A sentença, proferida no inquérito para apuração de falta grave, produz efeitos diferentes, conforme verificamos a seguir:

Improcedência (não existiu falta grave)	**Com suspensão do emprego**	Sentença condenatória, determinando a reintegração de empregado
	Sem suspensão do empregado	Sentença declaratória, mantendo o vínculo normalmente

Procedência (ocorreu falta grave)	**Com suspensão do empregado**	Sentença desconstitutiva, extinguindo o contrato de trabalho na data da prolação da sentença. O período de afastamento será considerado como de suspensão do contrato
	Sem suspensão do empregado	Sentença desconstitutiva, extinguindo o contrato de trabalho na data da prolação da sentença

14.2. Ação rescisória

No processo do trabalho, a ação rescisória vem prevista no art. 836 da CLT, sendo admitida nos casos descritos no CPC, que regula a matéria.

No processo trabalhista, a ação rescisória está sujeita ao depósito prévio de 20% do valor da causa, salvo prova de miserabilidade jurídica.

Não se aplica o *jus postulandi* na ação rescisória (Súmula n° 425 do TST)

Para o ajuizamento da ação rescisória exige-se:

1) o trânsito em julgado da decisão;

2) que a decisão seja de mérito ou que, embora não seja de mérito, impeça nova propositura da demanda ou a admissibilidade do recurso correspondente.

Sobre a comprovação do trânsito em julgado da decisão é necessário gravar as seguintes regras:

1) é obrigatória a comprovação no momento da interposição da ação rescisória;

2) verificando o relator que a parte interessada não juntou à inicial o documento comprobatório, abrirá prazo de 15 dias para que o faça, sob pena de indeferimento;

3) o trânsito em julgado deve ser anterior ao ajuizamento da ação rescisória (Súmula n° 299 do TST);

A competência para julgamento da ação rescisória sempre é originária de um tribunal, sendo definida, como regra, pela decisão de mérito que se busca rescindir. Assim, será competente:

1) o TRT:
   - para rescindir suas próprias decisões;
   - para rescindir as sentenças da Vara do Trabalho.

2) o TST:
   - para rescindir suas próprias decisões.

Nos casos em que a ação rescisória tiver como objetivo a desconstituição de uma **decisão de mérito**, o C. TST entende que se deve buscar a decisão de mérito para delimitar a competência da ação rescisória, pois é esta que está sujeita à rescindibilidade. Nesse sentido, a Súmula nº 192 do TST:

Súmula nº 192 do TST. Ação Rescisória. Competência.

I – Se não houver o conhecimento de recurso de revista ou de embargos, a competência para julgar ação que vise a rescindir a decisão de mérito é do Tribunal Regional do Trabalho, ressalvado o disposto no item II.

II – Acórdão rescindendo do Tribunal Superior do Trabalho que não conhece de recurso de embargos ou de revista, analisando arguição de violação de dispositivo de lei material ou decidindo em consonância com súmula de direito material ou com iterativa, notória e atual jurisprudência de direito material da Seção de Dissídios Individuais (Súmula nº 333), examina o mérito da causa, cabendo ação rescisória da competência do Tribunal Superior do Trabalho.

III – Sob a égide do art. 512 do CPC de 1973, é juridicamente impossível o pedido explícito de desconstituição de sentença quando substituída por acórdão do Tribunal Regional ou superveniente sentença homologatória de acordo que puser fim ao litígio.

IV – Na vigência do CPC de 1973, é manifesta a impossibilidade jurídica do pedido de rescisão de julgado proferido em agravo de instrumento que, limitando-se a aferir o eventual desacerto do juízo negativo de admissibilidade do recurso de revista, não substitui o acórdão regional, na forma do art. 512 do CPC.

V- A decisão proferida pela SBDI, em agravo regimental, calcada na Súmula nº 333, substitui acórdão de Turma do TST, porque emite juízo de mérito, comportando, em tese, o corte rescisório.

Destaca-se que o CPC/2015 passou a permitir o ajuizamento da ação rescisória de decisão que, embora não seja de mérito, impeça:

I – nova propositura da demanda; ou

II – admissibilidade do recurso correspondente (art. 966, § 2º).

Nesse aspecto, o entendimento do TST consolidado na Súmula nº 192, IV, somente será aplicado para as decisões transitadas em julgado na vigência do CPC de 1973, como expressamente declara referido item sumular.

Nos termos do art. 967 do CPC/2015, tem legitimidade ativa para propor a ação rescisória:

I – quem foi parte no processo ou o seu sucessor a título universal ou singular;

II – o terceiro juridicamente interessado;

III – o Ministério Público:

a) se não foi ouvido no processo em que lhe era obrigatória a intervenção;

b) quando a decisão rescindenda é o efeito de simulação ou de colusão das partes, a fim de fraudar a lei;

c) em outros casos em que se imponha sua atuação;

IV – aquele que não foi ouvido no processo em que lhe era obrigatória a intervenção.

Observa-se pela alínea c do inciso III, anteriormente citado, que o Novo CPC contemplou a legitimidade do Ministério Público para propor a ação rescisória em todos os casos que imponham sua atuação, ou seja, quando houver interesse público a ser tutelado, tal como previsto na Súmula nº 407 do TST:

> **Súmula nº 407 do TST.** Ação Rescisória. Ministério Público. Legitimidade "ad causam" prevista no art. 967, III, "a", "b" e "c" do CPC de 2015. Art. 487, III, "a" e "b", do CPC de 1973. Hipóteses meramente exemplificativas.
>
> A legitimidade "ad causam" do Ministério Público para propor ação rescisória, ainda que não tenha sido parte no processo que deu origem à decisão rescindenda, não está limitada às alíneas "a", "b" e "c" do inciso III do art. 967 do CPC de 2015 (art. 487, III, "a" e "b", do CPC de 1973), uma vez que traduzem hipóteses meramente exemplificativas.

Atenta-se para o fato de que, existindo litisconsórcio no processo originário, na ação rescisória também existirá a figura do litisconsórcio, que será, quanto à sua obrigatoriedade, da seguinte forma:

a) **No polo ativo**: **facultativo**, uma vez que a aglutinação de autores se faz por conveniência e não pela necessidade decorrente da natureza do litígio, pois não se pode condicionar o exercício do direito individual de um dos litigantes no processo originário à anuência dos demais para retomar a lide (Súmula nº 406, I, do TST).

b) **No polo passivo**: **necessário**, porque supõe uma comunidade de direitos ou de obrigações que não admite solução díspar para os litisconsortes, em face da indivisibilidade do objeto (Súmula nº 406, I, do TST).

O sindicato, substituto processual e autor da reclamação trabalhista, em cujos autos fora proferida a decisão rescindenda, possui legitimidade para figurar como réu na ação rescisória, sendo descabida a exigência de citação de todos os empregados substituídos, porquanto inexistente litisconsórcio passivo necessário (Súmula nº 406, II, do TST).

A ação rescisória pode ser ajuizada no prazo decadencial de 2 anos do trânsito em julgado da decisão. Cabe memorizar as seguintes diretrizes sobre o prazo decadencial (Súmula n° 100 do TST):

1) o prazo decadencial conta-se do dia imediatamente subsequente ao trânsito em julgado da última decisão proferida na causa, seja de mérito ou não[9];

2) a interposição de recurso intempestivo ou a interposição de recurso incabível não protrai o termo inicial do prazo decadencial, salvo se houver dúvida razoável;

3) havendo recurso parcial no processo principal, o trânsito em julgado dá-se em momentos e em tribunais diferentes, contando-se o prazo decadencial para a ação rescisória do trânsito em julgado de cada decisão, salvo se o recurso tratar de preliminar ou prejudicial que possa tornar insubsistente a decisão recorrida, hipótese em que flui a decadência a partir do trânsito em julgado da decisão que julgar o recurso parcial;

---

9. Assim, se o recurso não for admitido, é a partir do trânsito em julgado da decisão que não o admitir que se iniciará o prazo decadencial da ação rescisória. Isso ocorre, inclusive, na hipótese de não conhecimento do recurso por deserção, ou seja, quando não houver recolhimento das custas processuais e do depósito recursal (OJ nº 80 da SDI-II do TST).

4) na hipótese de colusão das partes, o prazo decadencial da ação rescisória somente começa a fluir para o Ministério Público, que não interveio no processo principal, a partir do momento em que tem ciência da fraude;

5) prorroga-se até o primeiro dia útil, imediatamente subsequente, o prazo decadencial para ajuizamento de ação rescisória quando expira em férias forenses, feriados, fins de semana ou em dia em que não houver expediente forense.

Na ação rescisória, a revelia não produz os efeitos da confissão.

É cabível a condenação ao pagamento de honorários advocatícios em ação rescisória no processo trabalhista (Súmula n° 219, II, do TST).

Tratando-se de ação especial, há necessidade de demonstração de vícios específicos e taxativos, os quais vêm estabelecidos no art. 966 do CPC/2015, que assim vaticina:

> Art. 966. A decisão de mérito, transitada em julgado, pode ser rescindida quando:
>
> I – se verificar que foi proferida por força de prevaricação, concussão ou corrupção do juiz;
>
> II – for proferida por juiz impedido ou por juízo absolutamente incompetente;
>
> III – resultar de dolo ou coação da parte vencedora em detrimento da parte vencida ou, ainda, de simulação ou colusão entre as partes, a fim de fraudar a lei;
>
> IV – ofender a coisa julgada;
>
> V – violar manifestamente norma jurídica;
>
> VI – for fundada em prova cuja falsidade tenha sido apurada em processo criminal ou venha a ser demonstrada na própria ação rescisória;
>
> VII – obtiver o autor, posteriormente ao trânsito em julgado, prova nova cuja existência ignorava ou de que não pôde fazer uso, capaz, por si só, de lhe assegurar pronunciamento favorável;
>
> VIII – for fundada em erro de fato verificável do exame dos autos.
>
> § 1º. Há erro de fato quando a decisão rescindenda admitir fato inexistente ou quando considerar inexistente fato efetivamente ocorrido, sendo indispensável, em ambos os casos, que o fato não represente ponto controvertido sobre o qual o juiz deveria ter se pronunciado.
>
> § 2º. Nas hipóteses previstas nos incisos do caput, será rescindível a decisão transitada em julgado que, embora não seja de mérito, impeça:
>
> I – nova propositura da demanda; ou
>
> II – admissibilidade do recurso correspondente.
>
> § 3º. A ação rescisória pode ter por objeto apenas 1 (um) capítulo da decisão.
>
> § 4º. Os atos de disposição de direitos, praticados pelas partes ou por outros participantes do processo e homologados pelo juízo, bem como os atos homologatórios praticados no curso da execução, estão sujeitos à anulação, nos termos da lei.
>
> § 5º. Cabe ação rescisória, com fundamento no inciso V do caput deste artigo, contra decisão baseada em enunciado de súmula ou acórdão proferido em julgamento de casos repetitivos que não tenha considerado a existência de distinção entre a questão discutida no processo e o padrão decisório que lhe deu fundamento.

> § 6º. Quando a ação rescisória fundar-se na hipótese do § 5º deste artigo, caberá ao autor, sob pena de inépcia, demonstrar, fundamentadamente, tratar-se de situação particularizada por hipótese fática distinta ou de questão jurídica não examinada, a impor outra solução jurídica.

Destacamos ainda as seguintes súmulas e orientações jurisprudenciais do TST sobre o tema:

> **Súmula nº 408 do TST.** Ação rescisória. Petição inicial. Causa de pedir. Ausência de capitulação ou capitulação errônea art. 966 do CPC de 2015. Art. 485 do CPC de 1973. Princípio "iura novit curia"

Não padece de inépcia a petição inicial de ação rescisória apenas porque omite a subsunção do fundamento de rescindibilidade no art. 966 do CPC de 2015 (art. 485 do CPC de 1973) ou o capitula erroneamente em um de seus incisos. Contanto que não se afaste dos fatos e fundamentos invocados como causa de pedir, ao Tribunal é lícito emprestar-lhes a adequada qualificação jurídica ("iura novit curia"). No entanto, fundando-se a ação rescisória no art. 966, inciso V, do CPC de 2015 (art. 485, inciso V, do CPC de 1973), é indispensável expressa indicação, na petição inicial da ação rescisória, da norma jurídica manifestamente violada (dispositivo legal violado sob o CPC de 1973), por se tratar de causa de pedir da rescisória, não se aplicando, no caso, o princípio "iura novit curia".

Orientação Jurisprudencial nº 157 da SBDI-II do TST. Ação rescisória. Decisões proferidas em fases distintas de uma mesma ação. Coisa julgada. Não configuração

A ofensa à coisa julgada de que trata o inciso IV do art. 966 do CPC de 2015 (inciso IV do art. 485 do CPC de 1973) refere-se apenas a relações processuais distintas. A invocação de desrespeito à coisa julgada formada no processo de conhecimento, na correspondente fase de execução, somente é possível com base na violação do art. 5º, XXXVI, da Constituição da República.

> **Orientação Jurisprudencial nº 112 da SDI – II do TST.** Ação rescisória. Violação de lei. Decisão rescindenda por duplo fundamento. Impugnação parcial
>
> Para que a violação da lei dê causa à rescisão de decisão de mérito alicerçada em duplo fundamento, é necessário que o autor da ação rescisória invoque causas de rescindibilidade que, em tese, possam infirmar a motivação dúplice da decisão rescindenda.
>
> **Súmula nº 298 do TST.** Ação Rescisória. Violação a disposição de lei. Pronunciamento explícito.
>
> I – A conclusão acerca da ocorrência de violação literal a disposição de lei pressupõe pronunciamento explícito, na sentença rescindenda, sobre a matéria veiculada.
>
> II – O pronunciamento explícito exigido em ação rescisória diz respeito à matéria e ao enfoque específico da tese debatida na ação, e não, necessariamente, ao dispositivo legal tido por violado. Basta que o conteúdo da norma reputada violada haja sido abordado na decisão rescindenda para que se considere preenchido o pressuposto.
>
> III – Para efeito de ação rescisória, considera-se pronunciada explicitamente a matéria tratada na sentença quando, examinando remessa de ofício, o Tribunal simplesmente a confirma.

IV – A sentença meramente homologatória, que silencia sobre os motivos de convencimento do juiz, não se mostra rescindível, por ausência de pronunciamento explícito.

V – Não é absoluta a exigência de pronunciamento explícito na ação rescisória, ainda que esta tenha por fundamento violação de dispositivo de lei. Assim, prescindível o pronunciamento explícito quando o vício nasce no próprio julgamento, como se dá com a sentença "extra, citra e ultra petita".

Súmula nº 402 do TST. Ação rescisória. Prova nova. Dissídio coletivo. Sentença normativa

I – Sob a vigência do CPC de 2015 (art. 966, inciso VII), para efeito de ação rescisória, considera-se prova nova a cronologicamente velha, já existente ao tempo do trânsito em julgado da decisão rescindenda, mas ignorada pelo interessado ou de impossível utilização, à época, no processo.

II – Não é prova nova apta a viabilizar a desconstituição de julgado:

a) sentença normativa proferida ou transitada em julgado posteriormente à sentença rescindenda; b) sentença normativa preexistente à sentença rescindenda, mas não exibida no processo principal, em virtude de negligência da parte, quando podia e deveria louvar-se de documento já existente e não ignorado quando emitida a decisão rescindenda.

Orientação Jurisprudencial nº 136 da SDI-II do TST. Ação rescisória. Erro de fato. Caracterização

A caracterização do erro de fato como causa de rescindibilidade de decisão judicial transitada em julgado supõe a afirmação categórica e indiscutida de um fato, na decisão rescindenda, que não corresponde à realidade dos autos. O fato afirmado pelo julgador, que pode ensejar ação rescisória calcada no inciso VIII do art. 966 do CPC de 2015 (inciso IX do art. 485 do CPC de 1973), é apenas aquele que se coloca como premissa fática indiscutida de um silogismo argumentativo, não aquele que se apresenta ao final desse mesmo silogismo, como conclusão decorrente das premissas que especificaram as provas oferecidas, para se concluir pela existência do fato. Esta última hipótese é afastada pelo § 1º do art. 966 do CPC de 2015 (§ 2º do art. 485 do CPC de 1973), ao exigir que não tenha havido controvérsia sobre o fato e pronunciamento judicial esmiuçando as provas.

Orientação Jurisprudencial nº 103 da SDI-II do TST. Ação rescisória. Contradição entre fundamentação e parte dispositiva do julgado. Cabimento. Erro de fato

É cabível a rescisória para corrigir contradição entre a parte dispositiva do acórdão rescindendo e a sua fundamentação, por erro de fato na retratação do que foi decidido.

Súmula nº 400 do TST. Ação rescisória de ação rescisória. Violação manifesta de norma jurídica. Indicação da mesma norma jurídica apontada na rescisória primitiva

Em se tratando de rescisória de rescisória, o vício apontado deve nascer na decisão rescindenda, não se admitindo a rediscussão do acerto do julgamento da rescisória anterior. Assim, não procede rescisória calcada no inciso V do art. 966 do CPC de 2015 (art. 485, V, do CPC de 1973) para discussão, por má aplicação da mesma norma jurídica, tida por violada na rescisória anterior, bem como para arguição de questões inerentes à ação rescisória primitiva.

14.3. Mandado de Segurança

O mandado de segurança é regulado pela Lei n° 12.016/09.

Não é aplicado o *jus postulandi* no mandado de segurança (Súmula n° 425 do TST).

A competência para o julgamento do mandado de segurança, no processo do trabalho, é definida da seguinte forma:

Competência	Autoridade coatora
TST	Atos dos ministros do TST
TRT	Atos dos juízes da Vara do Trabalho ou do TRT (desembargadores) e seus servidores
Vara do Trabalho	Atos de autoridades que não façam parte do Judiciário trabalhista (ex., delegado regional do trabalho)

O prazo decadencial para a impetração do mandado de segurança é de 120 dias.

Na contagem do prazo decadencial para ajuizamento de mandado de segurança, o efetivo ato coator é o primeiro em que se firmou a tese hostilizada e não aquele que a ratificou (OJ n° 127 da SDI-II do TST).

A impetração do mandado de segurança exige prova pré-constituída, de modo que não é admitida a emenda da inicial (Súmula n° 415 do TST).

- Não cabe mandado de segurança:

  a) de decisão judicial transitada em julgado (Súmula nº 33 do TST);

  b) quando esgotadas as vias recursais existentes (OJ nº 99 da SDI-II do TST);

  c) contra decisão judicial passível de reforma mediante recurso próprio, ainda que com efeito diferido (OJ nº 92 da SDI-II do TST);

  d) contra ato judicial que, de ofício, arbitrou novo valor à causa, acarretando a majoração das custas processuais (OJ nº 88 da SDI-II do TST);

  e) da tutela provisória concedida na sentença, por ser impugnável mediante recurso ordinário. É admissível a obtenção de efeito suspensivo ao recurso ordinário mediante requerimento dirigido ao tribunal, ao relator ou ao presidente ou ao vice-presidente do tribunal recorrido, por aplicação subsidiária ao processo do trabalho do artigo 1.029, § 5º, do CPC de 2015. (Súmula nº 414, I, do TST);

  f) para impugnar despacho que acolheu ou indeferiu liminar em outro mandado de segurança (OJ nº 140 da SDI-II do TST);

  g) quando ajuizados embargos de terceiro (art. 674 do CPC/2015) para pleitear a desconstituição da penhora, e o mandado de segurança tiver a mesma finalidade (OJ nº 54 da SDI-II do TST);

  h) contra sentença homologatória de adjudicação, uma vez que existe meio próprio para impugnar o ato judicial, consistente nos embargos à adjudicação sob a égide do CPC/73 e por simples petição na vigência do CPC/2015 (CPC/2015, art. 877, caput) (OJ nº 66 da SDI-II do TST).

Por outro lado, será cabível o mandado de segurança do deferimento de reintegração no emprego em ação cautelar (OJ nº 63 da SDI-II do TST).

Além disso, para o C. TST não fere direito líquido e certo do impetrante:

1) a concessão de tutela antecipada para reintegração de empregado protegido por estabilidade provisória decorrente de lei ou norma coletiva (OJ nº 64 da SDI-II);

2) a determinação de liminar de reintegração no emprego de dirigente sindical, em face da previsão do inciso X do art. 659 da CLT (OJ nº 65 da SDI-II);

3) concessão de tutela antecipada para determinar a reintegração do empregado até a decisão final do processo, quando demonstrada a razoabilidade do direito subjetivo material, como nos casos de anistiado pela Lei nº 8.878/1994, aposentado, integrante de comissão de fábrica, dirigente sindical, portador de doença profissional, portador de vírus HIV ou detentor de estabilidade provisória prevista em norma coletiva (OJ nº 142 da SDI-II do TST);

4) a concessão de liminar obstativa de transferência de empregado, em face da previsão do inciso IX do art. 659 da CLT (OJ nº 67 da SDI-II do TST);

5) o ato judicial que determina penhora em dinheiro do executado para garantir crédito exequendo, pois é prioritária e obedece à gradação prevista no art. 835 do CPC de 2015 (Súmula nº 417, I, do TST);

6) havendo discordância do credor, em execução definitiva, que os valores penhorados em dinheiro fiquem depositados no próprio banco, ainda que atenda aos requisitos do art. 840, I, do CPC de 2015 (Súmula nº 417, II, do TST);

7) a penhora de carta de fiança bancária e do seguro garantia judicial, vez que estes equivalem a dinheiro para efeito da gradação dos bens penhoráveis, estabelecida no art. 835 do CPC/2015 (OJ nº 59 da SDI-II do TST);

8) a penhora sobre a renda mensal ou faturamento de empresa, limitada a determinado percentual, desde que não comprometa o desenvolvimento regular de suas atividades, desde que não haja outros bens penhoráveis ou, havendo outros bens, eles sejam de difícil alienação ou insuficientes para satisfazer o crédito executado (OJ nº 93 da SDI-II do TST);

9) o prosseguimento da execução quanto aos tópicos e valores não especificados no agravo (Súmula nº 416 do TST);

10) a homologação de acordo por constituir faculdade do juiz (Súmula nº 418 do TST).

Por outro lado, o TST entende que **fere** direito líquido e certo:

1) decisão que determina o bloqueio de numerário existente em conta salário, para satisfação de crédito trabalhista, ainda que seja limitado a determinado percentual dos valores recebidos ou a valor revertido para fundo de aplicação ou poupança, visto que o art. 649, IV, do CPC de 1973 contém norma imperativa que não admite interpretação ampliativa, sendo a exceção prevista no art. 649, § 2º, do CPC de 1973

espécie e não gênero de crédito de natureza alimentícia, não englobando o crédito trabalhista (OJ nº 153 da SDI-II do TST[10]);

2) ato que determina ao INSS o reconhecimento e/ou averbação de tempo de serviço (OJ nº 57 da SDI-II do TST);

3) a exigência de depósito prévio para custeio dos honorários periciais (OJ nº 98 da SDI-II do TST).

Ademais, nos termos da OJ nº 56 da SDI-II do TST, "não há direito líquido e certo à execução definitiva na pendência de recurso extraordinário, ou de agravo de instrumento visando a destrancá-lo".

14.4. Da ação civil pública

1) **Cabimento**

A Lei n° 7.347/85 disciplina a ação civil pública, estabelecendo, em seu art. 1°, que ela versa sobre a responsabilidade por danos morais e patrimoniais causados:

> I – ao meio ambiente;
>
> II – ao consumidor;
>
> III – a bens e direitos de valor artístico, estético, histórico, turístico e paisagístico;
>
> IV – a qualquer outro interesse difuso ou coletivo;
>
> V – por infração da ordem econômica;
>
> VI – à ordem urbanística;
>
> VII – à honra e à dignidade de grupos raciais, étnicos ou religiosos;
>
> VIII – ao patrimônio público e social.

No âmbito da Justiça do Trabalho, o art. 83, III, da LC n° 75/93 expressamente reconheceu a promoção da ação civil pública "para a defesa de interesses coletivos, quando desrespeitados os direitos sociais constitucionalmente garantidos".

2) **Interesses ou Direitos Difusos, Coletivos e Individuais Homogêneos**

O art. 81, parágrafo **único,** do CDC, define direitos os difusos, coletivos e individuais homogêneos da seguinte forma:

> I – interesses ou direitos difusos, assim entendidos, para efeitos deste código, os transindividuais, de natureza indivisível, de que sejam titulares pessoas indeterminadas e ligadas por circunstâncias de fato;
>
> II – interesses ou direitos coletivos, assim entendidos, para efeitos deste código, os transindividuais, de natureza indivisível de que seja titular grupo, categoria ou classe de pessoas ligadas entre si ou com a parte contrária por uma relação jurídica base;

10. Entendimento firmado na época do CPC/73, conforme expressamente previsto na orientação jurisprudencial, que não deverá prevalecer com o Novo CPC. Vide maiores comentários no capítulo de execução, bens impenhoráveis.

III – interesses ou direitos individuais homogêneos, assim entendidos os decorrentes de origem comum.

Assim, podemos esquematizar do seguinte modo a definição desses direitos:

Difusos	Coletivos	Individuais homogêneos
Transindividuais	Transindividuais	Individuais
Indivisíveis	Indivisíveis	Divisíveis
Pessoas indeterminadas	Classe, categoria ou grupo	Origem comum
Ligadas por circunstância de fato	1) ligadas entre si ou 2) com a parte contrária por uma relação jurídica-base	Desnecessária ligação

OBSERVAÇÃO

Entende-se que a ação civil pública busca tutelar interesses difusos e coletivos, enquanto os direitos individuais homogêneos são tutelados pela ação civil coletiva.

3) **Competência**

A **competência** funcional da ação civil pública é da Vara do Trabalho. Quanto à competência territorial, cumpre salientar que ela é de **natureza absoluta**, pois não se trata de mera competência territorial, mas, sim, de competência **funcional-territorial**, porquanto o objetivo da lei é de tutelar interesse público e não meramente particular, como ocorre na competência relativa. Portanto, **tal competência é inderrogável e improrrogável por vontade das partes**.

O TST, interpretando de forma sistemática (conjunta) o artigo 2º °, da Lei nº 7.347/85 (LACP), com o art. 93 da CDC, passou a estabelecer que a competência da ação civil pública na Justiça do Trabalho será da seguinte forma:

Orientação Jurisprudencial nº 130 da SDI-II do TST. Ação civil pública. Competência. Local do dano. Lei nº 7.347/1985, art. 2º. Código de defesa do consumidor, art. 93.

I – A competência para a ação civil pública fixa-se pela extensão do dano.

II – Em caso de dano de abrangência regional, que atinja cidades sujeitas à jurisdição de mais de uma Vara do Trabalho, a competência será de qualquer das varas das localidades atingidas, ainda que vinculadas a Tribunais Regionais do Trabalho distintos.

III – Em caso de dano de abrangência suprarregional ou nacional, há competência concorrente para a Ação Civil Pública das Varas do Trabalho das sedes dos Tribunais Regionais do Trabalho.

IV – Estará prevento o juízo a que a primeira ação houver sido distribuída.

Extensão do dano	Competência
Dano local	Vara do Trabalho do local do dano
Dano regional	Qualquer das Varas das localidades atingidas, ainda que vinculadas a Tribunais Regionais do Trabalho distintos
Dano suprarregional ou nacional	Competência concorrente para a ação civil pública das Varas do Trabalho das sedes dos TRTs

4) **Legitimidade**

A **legitimidade** da ação civil pública pode ser:

a) Legitimação extraordinária (substituição processual): tutelar direitos individuais homogêneos.

b) Legitimação anômala: tutelar direitos difusos e coletivos.

Nos termos do art. 5° da Lei 7.347/85, tem legitimidade para propor a ação civil pública:

> I – o Ministério Público;
>
> II – a Defensoria Pública[11];
>
> III – a União, os Estados, o Distrito Federal e os Municípios;
>
> IV – a autarquia, empresa pública, fundação ou sociedade de economia mista;
>
> V – a associação que, concomitantemente:
>
> a) esteja constituída há pelo menos 1 ano nos termos da lei civil;
>
> b) inclua, entre suas finalidades institucionais, a proteção ao patrimônio público e social, ao meio ambiente, ao consumidor, à ordem econômica, à livre concorrência, aos direitos de grupos raciais, étnicos ou religiosos ou ao patrimônio artístico, estético, histórico, turístico e paisagístico.

Fica facultado ao Poder Público e a outras associações legitimadas habilitar-se como litisconsortes de qualquer das partes (Lei n° 7.347/85, art. 5°, § 2°).

5) **Sentença**

A **sentença** produzida na ação civil pública é diferente a depender do direito a ser tutelado. Quando se busca tutelar direitos difusos e coletivos, a sentença coletiva assemelha-se à sentença do processo individual, impondo obrigações de fazer, não fazer ou de indenização pelos danos coletivos causados. Já na hipótese de direitos individuais homogêneos, a sistemática é muito diferente, vez que a sentença profere uma condenação genérica, oportunidade em que há definição da:

a) identidade do sujeito passivo da obrigação (ex., empregador);

b) existência da obrigação do devedor (ex., o setor X possui agentes insalubres);

c) natureza da prestação devida (ex., pagamento de adicional de 20% sobre o salário).

6) Coisa Julgada

No que tange ***à* coisa julgada** material podemos esquematizá-la da seguinte forma:

11. O STF, no RE 712472 AgR, reconheceu a legitimidade da Defensoria Pública para a propositura de ação civil pública para a tutela de direitos difusos e coletivos de pessoas necessitadas, mesmo nas hipóteses em que extrapolar essas pessoas, (Relator(a): Min. Dias Toffoli, Primeira Turma, julgado em 18.11.2014, Processo Eletrônico DJe-240 divulg 5.12.2014 public 9.12.2014).

Interesses ou direitos difusos	**Produz efeitos** *erga omnes*	1) improcedência do pedido por falta de prova: não faz coisa julgada material; 2) improcedência do pedido por outros motivos: faz coisa julgada material apenas para os legitimados coletivos, não prejudicando a coletividade, o grupo, a categoria ou a classe; 3) procedência do pedido: faz coisa material, beneficiando, a coletividade, o grupo, a categoria ou a classe
Interesses ou direitos coletivos	**Produz efeitos** *ultra partes*, **mas limitadamente ao grupo, categoria ou classe**	
Interesses ou direitos individuais homogêneos	**Produz efeitos** *erga omnes*	1) improcedência do pedido: faz coisa julgada material para o legitimado coletivo, não prejudicando as vítimas e seus sucessores, exceto se estes tiverem participado do processo como assistente litisconsorcial; 2) procedência do pedido: faz coisa julgada material, beneficiando as vítimas e seus sucessores

15. DA LIQUIDAÇÃO DA SENTENÇA: POR CÁLCULO, POR ARTIGOS E POR ARBITRAMENTO

15.1. Da sentença e coisa julgada

No processo do trabalho, a CLT não dispõe de um conceito de sentença, aplicando-se subsidiariamente o CPC, por força do art. 769 da CLT.

Nesse sentido, o legislador, conceituando-a, declinou que "ressalvadas as disposições expressas dos procedimentos especiais, sentença é o pronunciamento por meio do qual o juiz, com fundamento nos arts. 485 e 487, põe fim à fase cognitiva do procedimento comum, bem como extingue a execução" (CPC/2015, art. 203, § 1º).

Diante do supramencionado dispositivo legal, vê-se que o CPC/2015 conjugou o conteúdo da decisão (extinção com ou sem resolução do mérito), com o momento em que é proferida (põe fim à fase cognitiva ou extingue a execução).

São elementos essenciais da sentença: a) relatório; b) fundamentação; dispositivo (conclusão).

No rito sumaríssimo, o relatório é dispensado.

A sentença sempre mencionará as custas que devam ser pagas pela parte vencida (CLT, art. 832, § 2°).

As decisões cognitivas ou homologatórias sempre deverão indicar a natureza jurídica das parcelas constantes da condenação ou do acordo homologado, inclusive o limite de responsabilidade de cada parte pelo recolhimento da contribuição previdenciária, se for o caso (CLT, art. 832, § 3°).

A União será intimada das decisões homologatórias de acordos que contenham parcela indenizatória, podendo recorrer quanto aos tributos que lhe forem devidos (CLT, art. 832, § 4°).

A União também será intimada da sentença, podendo interpor recurso para discutir as discriminações das verbas (CLT, art. 832, § 5°).

A sentença não pode proferir julgamento *extra petita* (fora do pedido), *ultra petita* (além do pedido) e *citra petita* (abaixo do pedido).

A decisão judicial transitada em julgado somente poderá ser levada a protesto, gerar inscrição do nome do executado em órgãos de proteção ao crédito ou no Banco Nacional de Devedores Trabalhistas (BNDT), nos termos da lei, depois de transcorrido o prazo de quarenta e cinco dias a contar da citação do executado, se não houver garantia do juízo (CLT, art. 883-A).

15.2. Da liquidação da sentença: por cálculo, por artigos e por arbitramento

A sentença condenatória ilíquida está sujeita à liquidação.

A liquidação de sentença pode ser por:

1) cálculos: quando depende apenas de cálculos aritméticos;

2) arbitramento: quando há necessidade de nomeação de perito;

3) artigos[12]: quando se busca provar fato novo na liquidação.

Na liquidação, não se poderá modificar, ou inovar, a sentença liquidanda nem discutir matéria pertinente à causa principal (CLT, art. 879, § 1º).

As partes deverão ser previamente intimadas para a apresentação do cálculo de liquidação, inclusive da contribuição previdenciária incidente.

Elaborada a conta e tornada líquida, o juízo deverá abrir às partes prazo comum de oito dias para impugnação fundamentada com a indicação dos itens e valores objeto da discordância, sob pena de preclusão (CLT, art. 897, § 2º).

Elaborada a conta pela parte ou pelos órgãos auxiliares da Justiça do Trabalho, o juiz procederá à intimação da União para manifestação, no prazo de 10 dias, sob pena de preclusão (CLT, art. 897, § 3º).

Os juros de mora são computados desde o ajuizamento da ação, incidindo sobre a importância da condenação já corrigida monetariamente (Súmula n° 200 do TST).

Os juros e a correção monetária são incluídos na liquidação ainda que a inicial ou a decisão sejam omissas (Súmula n° 211 do TST).

O STF, no julgamento das ADCs 58 e 59, bem como nas ADIs 5867 e 6021 decidiu que:

1) os débitos trabalhistas terão os mesmos índices de correção monetária e de juros que as condenações cíveis em geral;

2) na fase pré-judicial incidirá a atualização monetária pelo IPCA-E;

3) na fase judicial, ou seja, após o ajuizamento da reclamação, haverá incidência da taxa Selic.

---

12. O CPC/2015 deixa de utilizar a denominação liquidação por artigos, apenas descrevendo que essa liquidação será realizada pelo procedimento comum (CPC/2015, art. 509, II).

A correção monetária não incide sobre o débito do trabalhador reclamante (Súmula nº 187 do TST).

A decisão de liquidação somente será impugnada depois de garantida a execução (nomeado ou penhorado os bens), sendo realizada pelo executado nos embargos à execução e pelo exequente na impugnação à liquidação (CLT, art. 884, § 3º). Da decisão dos embargos à execução e também da que decide a impugnação do exequente caberá agravo de petição.

16. DOS DISSÍDIOS COLETIVOS: EXTENSÃO, CUMPRIMENTO E REVISÃO DA SENTENÇA NORMATIVA

O poder normativo consiste em função atípica do Judiciário de criar normas jurídicas, ou seja, atua exercendo função legislativa.

A criação de normas ocorre por meio do dissídio coletivo, o qual é entendido como o processo judicial destinado à solução de conflitos coletivos de interesses nas relações de trabalho, buscando criar e modificar normas e condições gerais de trabalho, além de declarar o alcance de uma norma jurídica.

A decisão proferida no dissídio coletivo é denominada de sentença normativa, tendo o condão, ao menos no dissídio econômico, de criar normas abstratas, diferenciando-se das leis apenas em seu aspecto formal.

- Os dissídios coletivos classificam-se em:
  1) dissídio coletivo econômico;
  2) dissídio coletivo jurídico;
  3) dissídio coletivo revisional;
  4) dissídio coletivo de greve;
  5) dissídio coletivo originário.
- Têm (Tem) legitimidade para instaurar o dissídio coletivo:
  1) sindicatos;
  2) empresas;
  3) comissões de trabalhadores, quando não houver sindicato no caso de greve (art. 4º, § 2º e 5º da Lei 7783/89);
  4) Ministério Público do Trabalho, na hipótese de greve em atividade essencial, com possibilidade de lesão do interesse público (CF/88, art. 114, § 3º).
- Não tem (têm) legitimidade para instauração do dissídio coletivo:
  1) presidente do TST (o art. 856 da CLT não foi recepcionado pela CF/88);
  2) centrais sindicais.

A competência para julgamento do dissídio é definida pela extensão territorial do conflito. Desse modo, será de competência do:

1) TRT, caso a extensão se restrinja à jurisdição de um TRT;

2) TST, na hipótese de a extensão atingir mais de um TRT.

Existe uma única exceção: o Estado de São Paulo, que possui dois tribunais (TRT da 2ª e da 15ª Região). Nessa hipótese, se o conflito atingir a jurisdição de ambos os tribunais, o TRT da 2ª Região será o competente para o dissídio coletivo, nos termos do art. 12 da Lei nº 7.520/86.

No dissídio coletivo econômico, exige-se o comum acordo para a instauração do dissídio (CF/88, art. 114, § 2º).

- Início da vigência da sentença normativa (CLT, 867, parágrafo único):
    1) a partir do dia imediato ao termo final de vigência da CCT ou ACT: quando ajuizado 60 dias antes da data-base;
    2) a partir da data da publicação da sentença: quando ajuizado após o prazo do item 1;
    3) a partir do ajuizamento do dissídio: quando for o primeiro da categoria.

O prazo máximo de vigência da sentença normativa é de 4 anos.

Decorrido mais de 1 ano de sua vigência, caberá revisão das decisões que fixarem condições de trabalho, quando tiverem modificado as circunstâncias que as ditaram, de modo que tais condições tenham se tornado injustas ou inaplicáveis.

Nessa modalidade de ação, admite-se que o presidente do Tribunal Superior do Trabalho possa conceder efeito suspensivo ao recurso da sentença normativa (art. 14 da Lei 10.192/01). A cassação de efeito suspensivo concedido a recurso interposto de sentença normativa retroage à data do despacho que o deferiu (Súmula nº 279 do TST).

Na hipótese de descumprimento da sentença normativa, outra ação deverá ser ajuizada, denominada de ação de cumprimento (CLT, art. 872), de competência da Vara do Trabalho. Trata-se de ação de conhecimento.

A ação de cumprimento, além de possibilitar o cumprimento da sentença normativa, também pode ser utilizada para efetivar o cumprimento de acordo coletivo ou convenção coletiva de trabalho (Súmula nº 286 do TST).

A ação de cumprimento pode ser ajuizada individualmente ou de forma coletiva.

O sindicato da categoria tem legitimidade para ajuizar a ação de cumprimento.

A sentença normativa poderá ser objeto de ação de cumprimento a partir do 20º dia subsequente ao do julgamento, fundada no acórdão ou na certidão de julgamento, salvo se concedido efeito suspensivo pelo presidente do Tribunal Superior do Trabalho (art. 7º, § 6º, Lei nº 7.701/88).

É dispensável o trânsito em julgado da sentença normativa para a propositura da ação de cumprimento (Súmula nº 246 do TST).

O prazo de prescrição com relação à ação de cumprimento de decisão normativa flui apenas da data de seu trânsito em julgado (Súmula n° 350 do TST).

A coisa julgada produzida na ação de cumprimento é atípica, pois dependente de condição resolutiva, ou seja, da não modificação da decisão normativa por eventual recurso. Assim, modificada a sentença normativa pelo TST, com a consequente extinção do processo sem resolução do mérito, deve-se extinguir a execução em andamento, uma vez que a norma sobre a qual se apoiava o título exequendo deixou de existir no mundo jurídico (OJ n° 277 da SDI-I do TST).

17. DA EXECUÇÃO: EXECUÇÃO PROVISÓRIA; EXECUÇÃO POR PRESTAÇÕES SUCESSIVAS; EXECUÇÃO CONTRA A FAZENDA PÚBLICA; EXECUÇÃO CONTRA A MASSA FALIDA. DO INCIDENTE DE DESCONSIDERAÇÃO DA PERSONALIDADE JURÍDICA. DA CITAÇÃO, DO DEPÓSITO DA CONDENAÇÃO E DA NOMEAÇÃO DE BENS. GARANTIAS NA EXECUÇÃO. SEGURO-FIANÇA E SEGURO-GARANTIA; DO MANDADO E DA PENHORA; DOS BENS PENHORÁVEIS E IMPENHORÁVEIS; DA IMPENHORABILIDADE DO BEM DE FAMÍLIA (LEI Nº 8.009/1990). DOS EMBARGOS À EXECUÇÃO; DA IMPUGNAÇÃO À SENTENÇA; DOS EMBARGOS DE TERCEIROS. DA PRAÇA E LEILÃO; DA ARREMATAÇÃO; DAS CUSTAS NA EXECUÇÃO

Na fase de execução, aplicam-se, subsidiariamente à CLT, as seguintes normas em ordem sucessiva:

1) Lei de Execuções Fiscais (Lei n° 6.830/80);

2) Código de Processo Civil.

Essa ordem, porém, não será observada quando a própria norma celetista impuser qual a norma a ser aplicada como ocorre, por exemplo, na ordem preferencial de bens à penhora, que deve incidir diretamente o art. 835 do CPC/2015, segundo previsão expressa no art. 882 da CLT (TST-IN nº 39/2016, art. 3º, XVI).

Não há execução sem título. A execução pressupõe a existência de título que contenha obrigação certa, líquida e exigível (CPC/2015, arts. 783 e 786). Os títulos executivos poderão ser judiciais ou extrajudiciais.

Títulos judiciais	Títulos extrajudiciais
as decisões passadas em julgado (CLT, art. 876)	os termos de ajuste de conduta firmados perante o Ministério Público do Trabalho (CLT, art. 876)
as decisões das quais não tenha havido recurso com efeito suspensivo (CLT, art. 876)	os termos de conciliação firmados perante as Comissões de Conciliação Prévia (CLT, art. 876)
os acordos, quando não cumpridos (CLT, art. 876)	a certidão da dívida ativa da União referente às penalidades administrativas impostas ao empregador pelos órgãos de fiscalização do trabalho (CF/88, art. 114, VII)
os créditos previdenciários decorrentes das sentenças condenatórias trabalhistas e dos acordos homologados (CLT, art. 876, parágrafo único)	o cheque e a nota promissória emitidos em reconhecimento de dívida inequivocamente de natureza trabalhista (TST-IN nº 39/2016, art. 13)

17.1. Iniciativa da execução

A execução será promovida:

1) pelas partes;

2) de ofício pelo juiz ou pelo Presidente do Tribunal apenas nos **casos em que as partes não estiverem representadas por advogado** (art.878 da CLT).

17.2. Execução provisória

A **execução provisória** é aquela embasada em título provisório, ou seja, passível de modificação. Nesse contexto, é suscetível de modificação a sentença (ou acórdão) submetida a **recurso sem efeito suspensivo**.

Execução provisória
1) sentença (ou acórdão) submetida a recurso sem efeito suspensivo;
2) seguirá até a penhora, nos termos do art. 899 da CLT;
3) depende de iniciativa do exequente;
4) responsabilidade objetiva do exequente pelos danos causados ao executado;
5) ficará sem efeito, sobrevindo acórdão que modifique ou anule a sentença, objeto da execução;
6) se a modificação ou anulação for apenas em parte, somente nessa parte ficará sem efeito a execução;
7) tem o mesmo procedimento da execução definitiva, no que couber;

17.3. Execução por prestações sucessivas; execução contra a Fazenda Pública; execução contra a massa falida

17.3.1. Execução por prestações sucessivas

A execução das prestações sucessivas será da seguinte forma:

1) quando for por prazo determinado, a execução pelo pagamento de uma prestação compreenderá as que lhe sucederem;

2) na hipótese de prazo indeterminado, a execução compreenderá inicialmente as prestações devidas até a data do ingresso na execução.

17.3.2. Execução contra a Fazenda Pública

O regime da execução por quantia certa contra a Fazenda Pública é totalmente diferente da execução realizada em face das pessoas físicas e jurídicas de direito privado. Isso ocorre porque os bens públicos são inalienáveis e, consequentemente, impenhoráveis. Diante disso, a Fazenda Pública não é intimada para pagar ou nomear bens à penhora, mas sim para opor **embargos**, no prazo de **30 dias.**

Solucionados os embargos, ou não sendo apresentados no prazo legal, o pagamento será realizado de duas formas:

1) precatório; ou

2) requisição de pequeno valor.

O significado de pequeno valor leva em conta cada ente público, sendo definido da seguinte forma:

União	até 60 salários-mínimos (Lei n° 10.259/01, art. 17, § 1°)
Estados e Distrito Federal	até 40 salários-mínimos (ADCT, art. 87, I)
Municípios	até 30 salários-mínimos (ADCT, art. 87, II)

17.3.3. Execução contra a massa falida

A decretação de falência ou o deferimento do processamento da recuperação judicial implica, nos termos do art. 6º da Lei nº 11/101/05:

> I – suspensão do curso da prescrição das obrigações do devedor sujeitas ao regime desta Lei;
>
> II – suspensão das execuções ajuizadas contra o devedor, inclusive daquelas dos credores particulares do sócio solidário, relativas a créditos ou obrigações sujeitos à recuperação judicial ou à falência;
>
> III – proibição de qualquer forma de retenção, arresto, penhora, sequestro, busca e apreensão e constrição judicial ou extrajudicial sobre os bens do devedor, oriunda de demandas judiciais ou extrajudiciais cujos créditos ou obrigações sujeitem-se à recuperação judicial ou à falência.

O dispositivo, com redação dada pela Lei nº 14.112/2020, confirmou que a falência gera apenas a suspensão das execuções.

Desse modo, havendo condenação de empresa submetida à falência (massa falida), as ações trabalhistas serão processadas perante a Justiça do Trabalho até a apuração do respectivo crédito, que será inscrito no quadro-geral de credores pelo valor determinado em sentença (Lei n° 11.101/05, art. 6°, § 2°). Noutras palavras, **a Justiça laboral tem competência até a decisão de liquidação**, remetendo-se, posteriormente, ao juízo falimentar para habilitação do crédito.

É interessante atentar para o fato de que, mesmo antes da prolação da sentença de mérito e da decisão de liquidação, o juiz do trabalho, por cautela, poderá solicitar ao juízo falimentar a reserva de numerário que estimar devida para o pagamento dos créditos trabalhistas (Lei nº 11.101/05, art. 6º, § 3º).

Na hipótese de habilitação dos créditos no juízo falimentar, os créditos trabalhistas são considerados privilegiados até o montante de 150 salários-mínimos, não se aplicando esse limite quando decorrentes de acidentes de trabalho. Os valores superiores ao referido montante são considerados quirografários (Lei nº 11.101/05, art. 83, I e VI, c).

Consigna-se que os dissídios cuja decisão tiver que ser executada no juízo da falência têm preferência em todas as fases processuais (CLT, art. 768).

Por fim, é válido destacar que, nos casos em que a execução é direcionada em face de outras empresas do mesmo grupo econômico da devedora principal (empresa falida), não se afasta a competência da Justiça do Trabalho, pois eventual constrição não recairá sobre os bens da massa falida, ou seja, da devedora principal, não atraindo, portanto, a competência do juízo universal[13].

17.3.4 Do incidente de desconsideração da personalidade jurídica

A Lei nº 13.467/17 trata do incidente de desconsideração da personalidade jurídica, como se verifica pelo art. 855-A, da CLT, *in verbis*:

> Art. 855-A. Aplica-se ao processo do trabalho o incidente de desconsideração da personalidade jurídica previsto nos arts. 133 a 137 da Lei nº 13.105, de 16 de março de 2015 – Código de Processo Civil.
>
> § 1° Da decisão interlocutória que acolher ou rejeitar o incidente:
>
> I – na fase de cognição, não cabe recurso de imediato, na forma do § 1° do art. 893 desta Consolidação;
>
> II – na fase de execução, cabe agravo de petição, independentemente de garantia do juízo;
>
> III – cabe agravo interno se proferida pelo relator em incidente instaurado originariamente no tribunal.
>
> § 2° A instauração do incidente suspenderá o processo, sem prejuízo de concessão da tutela de urgência de natureza cautelar de que trata o art. 301 da Lei nº 13.105, de 16 de março de 2015 (Código de Processo Civil).

No CPC/2015 o incidente de desconsideração da personalidade jurídica está inserido no capítulo referente à intervenção de terceiros, estabelecendo um procedimento para que seja realizada, como se verifica pelos arts. 133 a 137, transcritos a seguir:

> Art. 133. O incidente de desconsideração da personalidade jurídica será instaurado a pedido da parte ou do Ministério Público, quando lhe couber intervir no processo.
>
> § 1º O pedido de desconsideração da personalidade jurídica observará os pressupostos previstos em lei.
>
> § 2º Aplica-se o disposto neste Capítulo à hipótese de desconsideração inversa da personalidade jurídica.
>
> Art. 134. O incidente de desconsideração é cabível em todas as fases do processo de conhecimento, no cumprimento de sentença e na execução fundada em título executivo extrajudicial.
>
> § 1º A instauração do incidente será imediatamente comunicada ao distribuidor para as anotações devidas.
>
> § 2º Dispensa-se a instauração do incidente se a desconsideração da personalidade jurídica for requerida na petição inicial, hipótese em que será citado o sócio ou a pessoa jurídica.

---

13. AIRR-1896-90.2014.5.02.0201, Relator Ministro: Antonio José de Barros Levenhagen, Data de Julgamento: 08/02/2017, 5ª Turma, Data de Publicação: DEJT 10/02/2017. Essa matéria, inclusive, foi considerada como de natureza infraconstitucional, sendo afastada a repercussão geral pelo STF (RE 864264 RG, Relator(a): Min. TEORI ZAVASCKI, julgado em 17/03/2016, PROCESSO ELETRÔNICO DJe-067 DIVULG 11-04-2016 PUBLIC 12-04-2016).

§ 3º A instauração do incidente suspenderá o processo, salvo na hipótese do § 2º.

§ 4º O requerimento deve demonstrar o preenchimento dos pressupostos legais específicos para desconsideração da personalidade jurídica.

Art. 135. Instaurado o incidente, o sócio ou a pessoa jurídica será citado para manifestar-se e requerer as provas cabíveis no prazo de 15 (quinze) dias.

Art. 136. Concluída a instrução, se necessária, o incidente será resolvido por decisão interlocutória.

Parágrafo único. Se a decisão for proferida pelo relator, cabe agravo interno.

Art. 137. Acolhido o pedido de desconsideração, a alienação ou a oneração de bens, havida em fraude de execução, será ineficaz em relação ao requerente.

17.4. Citação; depósito da condenação e da nomeação de bens; mandado e penhora; bens penhoráveis e impenhoráveis

A competência na fase de execução é definida da seguinte forma:

1) **títulos judiciais**: é competente para a execução das decisões o juiz ou presidente do tribunal que tiver conciliado ou julgado originariamente o dissídio (CLT, art. 877);

2) **títulos extrajudiciais**: é competente o juiz que teria competência para o processo de conhecimento relativo à matéria (CLT, art. 877-A).

17.4.1. Mandado de citação

Requerida a execução, o juiz mandará expedir o mandado de citação, a fim de que cumpra a decisão ou o acordo no prazo, pelo modo e sob as cominações estabelecidas ou, quando se tratar de pagamento em dinheiro, inclusive de contribuições sociais devidas à União, para que o faça em 48 horas ou garanta a execução, sob pena de penhora (CLT, art. 880, *caput*).

Nessa fase, a **citação é feita por oficial de justiça** (CLT, art. 880, § 2°).

O mandado de citação deverá conter a decisão exequenda ou o termo de acordo não cumprido (CLT, art. 880, § 1°).

É possível, ainda, a citação por edital, desde que preencha, cumulativamente, dois requisitos:

a) o executado seja procurado 2 vezes no espaço de 48 horas;

b) o executado não seja encontrado.

Na citação feita por edital, este será publicado no jornal oficial ou, na falta deste, afixado na sede da vara ou juízo, durante 5 dias (CLT, art. 880, § 3°).

Realizada a citação, no prazo de 48 horas, o executado poderá adotar as seguintes alternativas:

1) **pagar a dívida**;

2) **garantir a execução**, mediante o depósito do valor da dívida, atualizada e acrescida das despesas processuais, **apresentação de seguro-garantia judicial** ou nomea-

ção de bens à penhora, observada a ordem preferencial estabelecida no art. 835 do CPC (CLT, art. 882);

3) **nomear bens à penhora**, observada a ordem do art. 835 do CPC/2015 (CLT, art. 882);

4) **manter-se inerte**, caso em que será realizada a penhora pelo oficial de justiça.

17.4.2. Penhora

A nomeação dos bens à penhora deverá observar a ordem preferencial estabelecida no art. 835 do CPC/2015 (TST-IN nº 39/2016, art. 3º, XVI):

> I – dinheiro, em espécie ou em depósito ou aplicação em instituição financeira;
>
> II – títulos da dívida pública da União, dos Estados e do Distrito Federal com cotação em mercado;
>
> III – títulos e valores mobiliários com cotação em mercado;
>
> IV – veículos de via terrestre;
>
> V – bens imóveis;
>
> VI – bens móveis em geral;
>
> VII – semoventes;
>
> VIII – navios e aeronaves;
>
> IX – ações e quotas de sociedades simples e empresárias;
>
> X – percentual do faturamento de empresa devedora;
>
> XI – pedras e metais preciosos;
>
> XII – direitos aquisitivos derivados de promessa de compra e venda e de alienação fiduciária em garantia;
>
> XIII – outros direitos.

É admissível a penhora sobre a renda mensal ou faturamento de empresa, limitada a determinado percentual, desde que não comprometa o desenvolvimento regular de suas atividades (OJ n° 93 da SDI-II do TST).

A carta de fiança bancária e o seguro garantia judicial, desde que em valor não inferior ao do débito em execução, acrescido de trinta por cento, equivalem a dinheiro para efeito da gradação dos bens penhoráveis, estabelecida no art. 835 do CPC/2015 (OJ nº 59 da SDI-II do TST).

É admissível a penhora sobre a renda mensal ou faturamento de empresa, limitada a determinado percentual, desde que não comprometa o desenvolvimento regular de suas atividades e se não houver outros bens penhoráveis ou, havendo outros bens, eles sejam de difícil alienação ou insuficientes para satisfazer o crédito executado. (OJ nº 93 da SDI-II do TST).

Não fere direito líquido e certo do impetrante o ato judicial que determina penhora em dinheiro do executado para garantir crédito exequendo, pois é prioritária e obedece à gradação prevista no art. 835 do CPC de 2015 (Súmula nº 417, I, do TST).

Havendo discordância do credor, em execução definitiva, não tem o executado direito líquido e certo a que os valores penhorados em dinheiro fiquem depositados no próprio banco, ainda que atenda aos requisitos do art. 840, I, do CPC de 2015 (Súmula nº 417, II, do TST).

O art. 833 do CPC/2015, aplicável ao processo do trabalho (TST-IN nº 39/2016, art. 3º, XV), dispõe que determinados bens são impenhoráveis, sendo eles:

> I – os bens inalienáveis e os declarados, por ato voluntário, não sujeitos à execução;
>
> II – os móveis, os pertences e as utilidades domésticas que guarnecem a residência do executado, salvo os de elevado valor ou os que ultrapassem as necessidades comuns correspondentes a um médio padrão de vida;
>
> III – os vestuários, bem como os pertences de uso pessoal do executado, salvo se de elevado valor;
>
> IV – os vencimentos, os subsídios, os soldos, os salários, as remunerações, os proventos de aposentadoria, as pensões, os pecúlios e os montepios, bem como as quantias recebidas por liberalidade de terceiro e destinadas ao sustento do devedor e de sua família, os ganhos de trabalhador autônomo e os honorários de profissional liberal, ressalvado o § 2º;
>
> V – os livros, as máquinas, as ferramentas, os utensílios, os instrumentos ou outros bens móveis necessários ou úteis ao exercício da profissão do executado;
>
> VI – o seguro de vida;
>
> VII – os materiais necessários para obras em andamento, salvo se essas forem penhoradas;
>
> VIII – a pequena propriedade rural, assim definida em lei, desde que trabalhada pela família;
>
> IX – os recursos públicos recebidos por instituições privadas para aplicação compulsória em educação, saúde ou assistência social;
>
> X – a quantia depositada em caderneta de poupança, até o limite de 40 (quarenta) salários-mínimos;
>
> XI – os recursos públicos do fundo partidário recebidos por partido político, nos termos da lei;
>
> XII – os créditos oriundos de alienação de unidades imobiliárias, sob regime de incorporação imobiliária, vinculados à execução da obra.
>
> § 1º A impenhorabilidade não é oponível à execução de dívida relativa ao próprio bem, inclusive àquela contraída para sua aquisição.
>
> § 2º O disposto nos incisos IV e X do caput não se aplica à hipótese de penhora para pagamento de prestação alimentícia, independentemente de sua origem, bem como às importâncias excedentes a 50 (cinquenta) salários-mínimos mensais, devendo a constrição observar o disposto no art. 528, § 8º, e no art. 529, § 3º.

> § 3º Incluem-se na impenhorabilidade prevista no inciso V do caput os equipamentos, os implementos e as máquinas agrícolas pertencentes a pessoa física ou a empresa individual produtora rural, exceto quando tais bens tenham sido objeto de financiamento e estejam vinculados em garantia a negócio jurídico ou quando respondam por dívida de natureza alimentar, trabalhista ou previdenciária.

De acordo com o C. TST, é impenhorável a conta-salário, ainda que seja limitada a determinado percentual dos valores recebidos ou a valor revertido para fundo de aplicação ou poupança (OJ n° 153 da SDI-II do TST).

A Lei n° 8.009/90 previu que o devedor não pode ser privado de seu bem de família, ou seja, o imóvel residencial próprio do casal, ou da entidade familiar, é impenhorável e não responderá por qualquer tipo de dívida civil, comercial, fiscal, previdenciária, trabalhista ou de outra natureza, contraída pelos cônjuges ou pelos pais ou filhos que sejam seus proprietários e nele residam, salvo nas hipóteses previstas na lei em comento (art. 1°).

Salienta-se que o bem de família é impenhorável, inclusive para os créditos de trabalhadores da própria residência e das respectivas contribuições previdenciárias, contemplando a igualdade de direitos entre os empregados celetistas e o empregado doméstico (LC nº 150/15, art. 46).

17.5. Embargos à execução; impugnação à sentença; embargos de terceiro

17.5.1. Embargos à execução

Garantida a execução ou penhorado os bens, terá o executado 5 dias para apresentar **embargos**, cabendo igual prazo ao exequente para impugnação.

Atente-se para o de que a exigência da garantia ou penhora não se aplica às entidades filantrópicas e/ou àqueles que compõem ou compuseram a diretoria dessas instituições (CLT, art. 884, § 6º).

A matéria de defesa nos embargos será restrita às alegações de cumprimento da decisão ou do acordo, quitação ou prescrição da dívida (CLT, art. 884, § 1°). A doutrina majoritária tem aplicado, subsidiariamente, ao processo do trabalho, o art. 525, § 1º, do CPC/2015.

Se na defesa tiverem sido arroladas testemunhas, poderá o juiz ou o presidente do tribunal, caso julgue necessários seus depoimentos, marcar audiência para a produção das provas, a qual deverá realizar-se dentro de 5 dias (CLT, art. 884, § 2°).

Julgar-se-ão, na mesma sentença, os embargos e as impugnações à liquidação apresentadas pelos credores trabalhista e previdenciário (CLT, art. 884, § 4°).

17.5.2. Impugnação à sentença

O exequente poderá, no mesmo prazo dos embargos à execução, apresentar impugnação à decisão de liquidação, demonstrando, de forma fundamentada, sua insurgência quanto à decisão.

Serão julgados na mesma sentença os embargos e as impugnações à liquidação apresentadas pelos credores trabalhista e previdenciário (CLT, art. 884, § 4°).

17.5.3. Embargos de terceiros

Para eliminar ou evitar a constrição de bens de terceiro que não participa do processo ou não responde patrimonialmente pela dívida são cabíveis os **embargos de terceiros.** Os embargos de terceiros podem ser opostos na fase de conhecimento (por exemplo, arresto) ou na fase de execução, sendo esse último caso mais comum.

Opostos os embargos de terceiro, o legitimado passivo terá o prazo de 15 dias para apresentação de resposta (CPC/2015, art. 679).

O C. TST, adequando-se às disposições do CPC/2015 (art. 676, parágrafo único), definiu que, no caso de expedição de carta precatória para a apreensão de bens (quando os bens apreendidos não se localizarem no local do juiz que determina a constrição) os embargos de terceiros devem ser oferecidos no juízo deprecado, salvo se indicado pelo juízo deprecante o bem constrito ou se já devolvida a carta (Súmula nº 419 do TST).

Nos termos do art. 675 do CPC/2015, os embargos de terceiros podem ser opostos:

Na fase de conhecimento	a qualquer tempo enquanto não transitada em julgado a sentença
Na fase de execução	até 5 dias depois da arrematação, adjudicação ou alienação por iniciativa particular, mas sempre antes da assinatura da respectiva carta

17.6. Praça e leilão; arrematação; remição; custas na execução

A **remição da execução** é o pagamento da dívida pelo executado. Ela só será deferida se o executado oferecer preço igual ao valor da condenação (art. 13 da Lei n° 5.584/70). Noutras palavras, a remição pressupõe o pagamento integral da dívida, devidamente atualizada, acrescida de juros, custas e honorários advocatícios (CPC/2015, art. 826).

A doutrina estabelece a seguinte ordem de preferência na execução:

1) remição da execução;

2) adjudicação;

3) arrematação.

– **Adjudicação**

A adjudicação é modalidade de expropriação em que o exequente, ou o terceiro interessado, incorpora ao seu patrimônio o bem que será submetido à hasta pública. *A* CLT não é exaustiva sobre a temática incidindo supletivamente o art. 876, § 5º, do CPC/2015.

A adjudicação tem preferência à arrematação (CLT, art. 888, § 1°). Ela será permitida desde que não seja inferior ao valor da avaliação (CPC/2015, art. 876). Se o valor do crédito for inferior ao dos bens, o adjudicante depositará de imediato a diferença, ficando esta à disposição do executado. Caso seja superior, a execução prosseguirá pelo saldo remanescente (CPC/2015, art. 876, § 4º). Havendo mais de um pretendente, proceder-se-á entre eles à licitação. Em igualdade de oferta, terá preferência o cônjuge, o companheiro, o descendente ou o ascendente, nessa ordem (CPC/2015, art. 876, § 6º). Requerida a adjudicação, o executado será intimado do pedido (CPC/2015, art. 876, § 1º).

– **Arrematação**

A avaliação dos bens penhorados será feita pelo próprio oficial de justiça (CLT, art. 721).

Concluída a avaliação, dentro de 10 dias, contados da data da nomeação do avaliador, seguir-se-á a arrematação, que será anunciada por edital afixado na sede do juízo ou tribunal e publicado no jornal local, se houver, com a antecedência de 20 dias. (CLT, art. 888, *caput*).

A arrematação é a alienação do bem do devedor pelo Estado, realizada em hasta pública.

Antigamente, a doutrina entendia que hasta pública era gênero e que englobava as seguintes espécies:

a) praça; e

b) leilão.

Assim, a praça era utilizada para a venda de bens imóveis, enquanto o leilão, para bens móveis.

Contudo, o CPC/2015 acabou com essa diferenciação, passando a admitir, seja para imóveis, seja para bens móveis, o leilão judicial eletrônico ou presencial (CPC/2015, art. 879, II), privilegiando o leilão judicial eletrônico (CPC/2015, art. 882, caput).

A arrematação far-se-á em dia, hora e lugar anunciados, e os bens serão vendidos pelo maior lance, tendo o exequente preferência para a adjudicação (CLT, art. 888, § 1°).

O arrematante deverá garantir o lance com o sinal correspondente a 20% do seu valor (CLT, art. 888, § 2°).

Não havendo licitante, e não requerendo o exequente a adjudicação dos bens penhorados, eles poderão ser vendidos por leiloeiro nomeado pelo juiz (CLT, art. 888, § 3°).

Se o arrematante, ou seu fiador, não pagar dentro de 24 horas, o preço da arrematação perderá, em benefício da execução, o sinal correspondente a 20%, voltando à praça os bens executados (CLT, art. 888, § 4°).

Na fase de execução das custas, o pagamento é em valor fixo, nos termos do art. 789-A da CLT, sendo ele de responsabilidade do executado.

18. DOS RECURSOS NO PROCESSO DO TRABALHO

18.1. Teoria Geral dos Recursos

O juízo de admissibilidade é o momento em que se analisam os pressupostos recursais (intrínsecos e extrínsecos), a saber:

a) cabimento: decisão proferida é impugnável + adequação do recurso;

b) legitimidade para recorrer: partes, terceiros prejudicados e Ministério Público;

c) interesse de recorrer: vencido ou terceiro prejudicado;

d) tempestividade;

e) representação;

f) custas processuais (preparo);

g) depósito recursal (preparo);

h) inexistência de fato impeditivo ou extintivo do poder de recorrer;

i) regularidade formal.

Existem pelo menos dois juízos de admissibilidade:

1) feito pelo juízo *a quo* (juízo que proferiu a decisão impugnada);

2) realizado pelo juízo *ad quem* (juízo que irá julgar o recurso).

O juízo de admissibilidade poderá ser positivo ou negativo.

- **positivo**: quando presentes os pressupostos recursais;
- **negativo**: quando ausente qualquer um dos pressupostos recursais.

Pode ocorrer ainda de o juízo *a quo* declinar que apenas em relação a alguns capítulos o recurso preenche os pressupostos recursais, como, por exemplo, entende que o recorrente teria interesse recursal apenas no que se refere ao capítulo relacionado à equiparação salarial e não quanto ao capítulo das horas extras. Tem-se aqui o chamado **juízo de admissibilidade parcial**.

Nesse caso, constitui ônus da parte impugnar, mediante agravo de instrumento, o capítulo denegatório da decisão, sob pena de preclusão, inclusive a preclusão máxima que é a formação da coisa julgada (TST-IN nº 40/2016, art. 1º, *caput*).

O CPC/2015 extinguiu o duplo juízo de admissibilidade para os juízos de natureza ordinária, mantendo-o apenas para os recursos extraordinário e especial. Contudo, no processo do trabalho, o advento do Novo CPC não produzirá impactos acerca do duplo juízo de admissibilidade, ante a existência de normas expressas na legislação trabalhista sobre o tema (IN nº 39/2016, art. 2º, XI).

18.1.1. Tempestividade

No processo do trabalho, em regra, os recursos têm o prazo de 8 dias, exceto:

1) embargos de declaração – 5 dias;

2) recurso extraordinário – 15 dias;

3) recurso de revisão – 48 horas.

Possuem prazo em dobro para recorrer:

1) o Ministério Público;

2) a Defensoria Pública;

3) a Administração Pública Direta, autarquias e fundações públicas.

O prazo para apresentação de contrarrazões é o mesmo concedido ao recorrente (CLT, art. 900). Ademais, conforme os arts. 180, 183 e 186 do CPC/2015, o Ministério Público, a Fazenda Pública e a Defensoria Pública terão prazo em dobro para todas as suas manifestações processuais, o que engloba o prazo das contrarrazões.

18.1.2. Custas e depósito recursal

Na hipótese de recurso, o pagamento das custas processuais deve ocorrer no prazo alusivo ao recurso.

O depósito recursal deve ser feito no prazo do recurso. A interposição antecipada deste não prejudica o prazo para efetivação do depósito (Súmula n° 245 do TST). No caso de agravo de instrumento, porém, o depósito recursal deve ser feito no ato da interposição do recurso.

O depósito recursal somente é exigido do empregador.

O depósito recursal é exigido nas relações de trabalho. Nesse caso, é obrigatório para o tomador e prestador de serviços. Alguns doutrinadores entendem que, nessa hipótese, é devido apenas pelo tomador.

O depósito recursal será feito em conta vinculada ao juízo e corrigido com os mesmos **índices** da poupança (CLT, art. 899, § 4º).

Estão dispensados do recolhimento do depósito recursal:

1) o empregado;

2) os entes de direito público externo (TST-IN n° 3, X);

3) a União, os Estados, o Distrito Federal, os municípios, as autarquias e as fundações de direito público que não explorem atividade econômica (TST-IN nº 3, X);

4) o Ministério Público do Trabalho;

5) a massa falida (TST-IN nº 3, X; Súmula 86 do TST);

6) a herança jacente (TST-IN n° 3, X);

7) os beneficiários da justiça gratuita (CLT, art. 899, § 10);

8) as entidades filantrópicas (CLT, art. 899, § 10); e

9) as empresas em recuperação judicial (CLT, art. 899, § 10).

Atente-se para o fato de que o depósito será reduzido pela metade para:

a) entidades sem fins lucrativos;

b) empregadores domésticos;

c) microempreendedores individuais;

d) microempresas; e

e) empresas de pequeno porte.

O depósito recursal tem cabimento apenas das decisões condenatórias em pecúnia (Súmula n° 161 do TST), já que, como regra, o depósito é feito em dinheiro. No entanto, a Lei 13.467/17 autoriza que o depósito recursal poderá ser substituído por fiança bancária ou seguro garantia judicial (CLT, art. 899, § 11).

Quanto aos recursos que exigem o depósito recursal, podemos esquematizá-los da seguinte forma:

Exigem depósito recursal	Não exigem depósito recursal
Recurso ordinário	Pedido de revisão
Recurso de revista	Embargos de declaração
Agravo de petição, quando não estiver garantido o juízo	Agravo de petição, se já estiver garantido o juízo*
Agravo de instrumento	Agravo regimental e/ou interno
Embargos para a SDI (divergência)	Embargos infringentes no TST (CLT, art. 894, I)**
	Recurso extraordinário***
	Recurso ordinário em dissídio coletivo (TST-IN n° 3, V)

*Da decisão proferida no incidente de desconsideração da personalidade jurídica na fase de execução, é desnecessário o depósito recursal para a interposição do agravo de petição.

** Como esse recurso está ligado ao dissídio coletivo, ele busca impugnar sentença normativa que tem natureza constitutiva-dispositiva. Portanto, não temos decisão condenatória em pecúnia, sendo descabido, assim, o depósito recursal.

*** Tema 679 do STF: Surge incompatível com a Constituição Federal exigência de depósito prévio como condição de admissibilidade do recurso extraordinário, no que não recepcionada a previsão constante do § 1° do artigo 899 da Consolidação das Leis do Trabalho, sendo inconstitucional a contida na cabeça do artigo 40 da Lei n° 8.177 e, por arrastamento, no inciso II da Instrução Normativa n° 3/1993 do Tribunal Superior do Trabalho".[14]

Quando o agravo de instrumento tem a finalidade de destrancar recurso de revista que se insurge contra decisão que contraria a jurisprudência uniforme do Tribunal Superior do Trabalho, consubstanciada nas suas súmulas ou em orientação jurisprudencial, não haverá obrigatoriedade de se efetuar o depósito recursal (CLT, art. 899, § 8°).

É ônus da parte recorrente efetuar o depósito legal, integralmente, em relação a cada novo recurso interposto, sob pena de deserção. Atingido o valor da condenação, nenhum depósito mais é exigido para qualquer recurso (Súmula n° 128, I, do TST).

14. STF. Plenário, Sessão Virtual de 15.5.2020 a 21.5.2020.

Garantido o juízo na fase executória, a exigência de depósito para recorrer de qualquer decisão viola os incisos II e LV do art. 5° da CF/1988. Havendo, porém, elevação do valor do débito, exige-se a complementação da garantia do juízo (Súmula n° 128, II, do TST).

Havendo condenação solidária de duas ou mais empresas, o depósito recursal efetuado por uma delas aproveita as demais, quando a empresa que efetuou o depósito não pleiteia sua exclusão da lide (Súmula n° 128, III, do TST).

Em caso de recolhimento insuficiente das custas processuais ou do depósito recursal, somente haverá deserção do recurso se, concedido o prazo de 5 (cinco) dias previsto no § 2º do art. 1.007 do CPC de 2015, o recorrente não complementar e comprovar o valor devido (OJ 140 da SDI – I).

18.1.3. Efeito do recurso trabalhista

Os recursos serão interpostos por simples petição.

No processo do trabalho, os recursos terão efeito meramente devolutivo, salvo as exceções previstas em lei, permitida a execução provisória até a penhora (CLT, art. 899).

18.1.4. Reexame necessário

As decisões total ou parcialmente desfavoráveis à União, aos Estados, ao Distrito Federal, aos municípios, às autarquias e às fundações de direito público federais, estaduais ou municipais que não explorem atividade econômica estão, obrigatoriamente, sujeitas ao duplo grau de jurisdição, sob pena de não produzirem efeitos práticos. Trata-se do chamado reexame necessário.

Conquanto seja previsto no Decreto-Lei nº 779/69, sua regulamentação nesse dispositivo é incompleta, impondo a aplicação supletiva do art. 496 e parágrafos do CPC/2015 (TST-IN nº 39/2016, art. 3º, X).

O reexame necessário é dispensado nos seguintes casos:

a) quando a condenação não ultrapassar o valor correspondente a:

I – 1.000 salários mínimos para a União e as respectivas autarquias e fundações de direito público;

II – 500 salários mínimos para os Estados, o Distrito Federal, as respectivas autarquias e fundações de direito público e os Municípios que constituam capitais dos Estados;

III – 100 salários mínimos para todos os demais Municípios e respectivas autarquias e fundações de direito público (Súmula nº 303, I, do TST e CPC/2015, art. 496, § 3º).

b) quando a decisão estiver fundada em:

I – súmula ou orientação jurisprudencial do Tribunal Superior do Trabalho;

II – acórdão proferido pelo Supremo Tribunal Federal ou pelo Tribunal Superior do Trabalho em julgamento de recursos repetitivos;

III – entendimento firmado em incidente de resolução de demandas repetitivas ou de assunção de competência;

IV – entendimento coincidente com orientação vinculante firmada no âmbito administrativo do próprio ente público, consolidada em manifestação, parecer ou súmula administrativa (Súmula nº 303, II, do TST e CPC/2015, art. 496, § 4º)

Cabe observar que o reexame necessário também é aplicável na ação rescisória e no mandado de segurança, como prevê os itens III e IV da Súmula nº 303 do TST:

Súmula nº 303 do TST.

(...)

III – Em ação rescisória, a decisão proferida pelo Tribunal Regional do Trabalho está sujeita ao duplo grau de jurisdição obrigatório quando desfavorável ao ente público, exceto nas hipóteses dos incisos anteriores.

IV – Em mandado de segurança, somente cabe reexame necessário se, na relação processual, figurar pessoa jurídica de direito público como parte prejudicada pela concessão da ordem. Tal situação não ocorre na hipótese de figurar no feito como impetrante e terceiro interessado pessoa de direito privado, ressalvada a hipótese de matéria administrativa.

18.1.5. Juízo de retratação

Como regra, após proferida a decisão, o juiz não poderá alterá-la, salvo se interpostos os embargos de declaração.

No entanto, em três hipóteses será possível o juiz retratar-se. São elas:

1) indeferimento da petição inicial;

2) extinção do processo sem resolução do mérito;

3) improcedência liminar.

18.2. Recursos em Espécie

18.2.1. Embargos de declaração

Os embargos de declaração são regidos pelo art. 897-A da CLT e, supletivamente, pelos arts. 1.022 a 1.025 e §§ 2º ao 4º, do art. 1.026 do CPC/2015, ressalvada a garantia de prazo em dobro para os litisconsortes, prevista no art. 1.023, § 1º (TST-IN nº 39/2016, art. 9º; OJ nº 310 da SDI-I do TST).

Caberão embargos de declaração para impugnar para qualquer decisão judicial, no prazo de 5 dias, devendo seu julgamento ocorrer na primeira audiência ou sessão subsequente a sua apresentação, registrado na certidão (CLT, art. 897-A; TST-IN 39, art. 9º).

Os embargos de declaração têm cabimento para sanar:

a) omissão: quando a decisão deixar de apreciar ponto ou questão (ponto controvertido) sobre o qual devia pronunciar o juiz de ofício ou a requerimento (CPC/2015, art. 1.022, *caput*);

b) obscuridade: quando a decisão não for clara. Embora esse vício não esteja presente no art. 897-A da CLT, é majoritariamente aceita a sua incidência no processo do trabalho;

c) contrariedade: quando houver incoerência interna na decisão;

d) manifesto equívoco no exame dos pressupostos extrínsecos do recurso: serão cabíveis os embargos de declaração quando houver dois requisitos cumulativos: *a)* possuir manifesto equívoco e; *b)* tratar-se de **pressupostos extrínsecos** (tempestividade, representação, preparo, depósito recursal e regularidade formal[15]).

Admite-se efeito modificativo da decisão nos casos de omissão e contradição no julgado e manifesto equívoco no exame dos pressupostos extrínsecos do recurso. Os embargos de declaração com efeito modificativo ou infringente atualmente são admitidos expressamente no art. 897-A da CLT e nos arts. 1.023, § 2º e 1.024, § 4º, ambos do CPC/2015, aplicáveis supletivamente ao processo do trabalho (TST-IN nº 39/2016, art. 9º). No mesmo sentido, já previa a Súmula n° 278 do TST.

Eventual efeito modificativo dos embargos de declaração somente poderá ocorrer em virtude da correção de vício na decisão embargada e desde que ouvida a parte contrária, no prazo de 5 dias (CLT, art. 897-A, § 2°).

Os embargos de declaração têm o efeito de interromper o prazo para a interposição de outros recursos. Dessa forma, para que eles não sejam utilizados apenas para a interrupção do prazo recursal, o ordenamento prevê sanção processual ao recorrente que se utilizar dos embargos com objetivo protelatório, **revertendo a penalidade em favor do embargado**.

Desse modo, o art. 1.026, §§ 2º a 4º, do CPC/2015, aplicável ao processo trabalhista (TST-IN nº 39/2016, art. 9º), prevê uma gradação da sanção:

- *1º embargos de declaração protelatórios: multa* não excedente a 2% sobre o valor atualizado da causa;
- *2º embargos de declaração protelatórios, ou seja, reiteração dos embargos protelatórios: elevação da multa a* até 10% sobre o valor atualizado da causa;
- **3º embargos de declaração protelatórios:** não serão admitidos.

Destaca-se que não haverá efeito interruptivo quando se tratar de embargos de declaração: 1) intempestivos; 2) com irregularidade na representação da parte; ou 3) ausente de assinatura.

18.2.2. Recurso ordinário

O Recurso Ordinário é cabível nas seguintes hipóteses:

1) das decisões definitivas ou terminativas das Varas do Trabalho;

2) das decisões definitivas ou terminativas dos Tribunais Regionais, em processos de sua competência originária, quer nos dissídios individuais, quer nos dissídios coletivos.

15. Parte da doutrina também inclui a inexistência de fato impeditivo ou extintivo do poder de recorrer.

O prazo para interposição do recurso ordinário é de 8 dias.

- Têm competência para julgar o recurso ordinário:

a) TRT – quando se tratar de sentença;

b) TST – quando for o caso de competência originária do TRT.

18.2.3. Agravo de petição

O agravo de petição é o recurso **destinado a impugnar as decisões proferidas na execução trabalhista** (CLT, art. 897, "a").

O prazo para interposição do agravo de petição é de 8 dias.

O agravo de petição só será recebido quando o agravante delimitar, justificadamente, as matérias e os valores impugnados, permitida a execução imediata da parte remanescente até o final, nos próprios autos ou por carta de sentença (CLT, art. 897, § 1°).

18.2.4. Agravo de instrumento

O agravo de instrumento é uma modalidade recursal restrita no processo do trabalho, vez que é destinado tão somente a destrancar o recurso não processado no juízo *a quo*. Noutras palavras, é o recurso que visa a impugnar decisão negativa do **primeiro** juízo de admissibilidade do recurso.

O Agravo de instrumento deve ser interposto no prazo de 8 dias.

Tem como pressuposto específico a formação do instrumento, devendo instruir o agravo:

> I – obrigatoriamente, com cópias da decisão agravada, da certidão da respectiva intimação, das procurações outorgadas aos advogados do agravante e do agravado, da petição inicial, da contestação, da decisão originária, do depósito recursal referente ao recurso que se pretende destrancar, da comprovação do recolhimento das custas e do depósito recursal do agravo de instrumento;
>
> II – facultativamente, com outras peças que o agravante reputar úteis ao deslinde da matéria de mérito controvertida.

Destaca-se que com o advento do processo eletrônico, realidade em todos os tribunais trabalhistas, a formação do instrumento deixa de ser pressuposto essencial para o agravo de instrumento. Isso porque, com a interposição do agravo de instrumento, o tribunal *ad quem* terá acesso integral aos autos (CSJT-Res. nº 136/2014, art. 34; CPC/2015, art. 1.017, § 5º).

18.2.5. Recurso de revista

O recurso de revista é um recurso de natureza extraordinária e vinculada, sendo disciplinado no art. 896 da CLT.

- Requisitos de cabimento do recurso de revista:

1) prazo de 8 (oito) dias;

2) serve para impugnar decisões dos Tribunais Regionais em grau de recurso ordinário;

3) aplica-se somente nos dissídios individuais;

4) exige a comprovação de:

   4.1) divergência jurisprudencial ou

   4.2) violação de lei federal ou

   4.3) violação da Constituição Federal

Entende-se por divergência jurisprudencial:

1) as decisões que derem ao mesmo dispositivo de lei federal interpretação diversa da que lhe houver dado outro Tribunal Regional do Trabalho, no seu Pleno ou Turma, ou a Seção de Dissídios Individuais do Tribunal Superior do Trabalho, ou contrariarem súmula de jurisprudência uniforme dessa Corte ou súmula vinculante do Supremo Tribunal Federal;

2) as decisões que derem ao mesmo dispositivo de lei estadual, Convenção Coletiva de Trabalho, Acordo Coletivo, sentença normativa ou regulamento empresarial de observância obrigatória em área territorial que exceda a jurisdição do Tribunal Regional prolator da decisão recorrida, interpretação divergente, na forma do item anterior.

Têm competência para julgar o recurso de revista as Turmas do TST.

No recurso de revista, não se admite o reexame de fatos e provas (Súmula n° 126 do TST).

No recurso de revista, além dos pressupostos recursais genéricos (cabimento, legitimidade, interesse, fato extintivo e impeditivos do direito de recorrer, tempestividade, representação, custas, depósito recursal e regularidade formal), são exigidos dois pressupostos específicos:

1) **a transcendência**: entendido como o recurso de revista que produz reflexos gerais de natureza econômica, política, social ou jurídica.

Ademais, estabelecem os §§ do art. 896-A da CLT, inseridos pela Lei nº 13.467/17 (reforma trabalhista), o que segue:

> § 1° São indicadores de transcendência, entre outros:
>
> I – econômica, o elevado valor da causa;
>
> II – política, o desrespeito da instância recorrida à jurisprudência sumulada do Tribunal Superior do Trabalho ou do Supremo Tribunal Federal;
>
> III – social, a postulação, por reclamante-recorrente, de direito social constitucionalmente assegurado;
>
> IV – jurídica, a existência de questão nova em torno da interpretação da legislação trabalhista.

§ 2° Poderá o relator, monocraticamente, denegar seguimento ao recurso de revista que não demonstrar transcendência, cabendo agravo desta decisão para o colegiado.

§ 3° Em relação ao recurso que o relator considerou não ter transcendência, o recorrente poderá realizar sustentação oral sobre a questão da transcendência, durante cinco minutos em sessão.

§ 4° Mantido o voto do relator quanto à não transcendência do recurso, será lavrado acórdão com fundamentação sucinta, que constituirá decisão irrecorrível no âmbito do tribunal.

§ 5° É irrecorrível a decisão monocrática do relator que, em agravo de instrumento em recurso de revista, considerar ausente a transcendência da matéria.[16]

§ 6° O juízo de admissibilidade do recurso de revista exercido pela Presidência dos Tribunais Regionais do Trabalho limita-se à análise dos pressupostos intrínsecos e extrínsecos do apelo, não abrangendo o critério da transcendência das questões nele veiculadas

2) **o presquestionamento**: quando na decisão impugnada haja sido adotada, explicitamente, tese a respeito (Súmula n° 297, I, do TST). Incumbe à parte interessada, desde que a matéria haja sido invocada no recurso principal, opor embargos declaratórios objetivando o pronunciamento sobre o tema, sob pena de preclusão (Súmula n° 297, II, do TST). Considera-se prequestionada a questão jurídica invocada no recurso principal sobre a qual se omite o Tribunal de pronunciar tese, não obstante opostos embargos de declaração (Súmula n° 297, III, do TST).

Ademais, descreve o art. 896, § 1º-A, da CLT que:

§ 1°-A. Sob pena de não conhecimento, é ônus da parte:

I – indicar o trecho da decisão recorrida que consubstancia o prequestionamento da controvérsia objeto do recurso de revista;

II – indicar, de forma explícita e fundamentada, contrariedade a dispositivo de lei, súmula ou orientação jurisprudencial do Tribunal Superior do Trabalho que conflite com a decisão regional;

III – expor as razões do pedido de reforma, impugnando todos os fundamentos jurídicos da decisão recorrida, inclusive mediante demonstração analítica de cada dispositivo de lei, da Constituição Federal, de súmula ou orientação jurisprudencial cuja contrariedade aponte.

V – transcrever na peça recursal, no caso de suscitar preliminar de nulidade de julgado por negativa de prestação jurisdicional, o trecho dos embargos declaratórios em que foi pedido o pronunciamento do tribunal sobre questão veiculada no recurso ordinário e o trecho da decisão regional que rejeitou os embargos quanto ao pedido, para cotejo e verificação, de plano, da ocorrência da omissão.

No entanto, quando a violação nasce na própria decisão recorrida é desnecessário o prequestionamento (OJ 119 da SDI-I).

16 Esse parágrafo 5º foi declarado inconstitucional, de modo que, nos dias atuais, esta decisão é impugnável por meio do agravo interno (TST-ArgInc 1000845-52.2016.5.02.0461. Jul. 6.11.20.)

O relator do recurso de revista poderá denegar- lhe seguimento, em decisão monocrática, nas hipóteses de intempestividade, deserção, irregularidade de representação ou de ausência de qualquer outro pressuposto extrínseco ou intrínseco de admissibilidade (CLT, art. 896, § 14).

Não cabe recurso de revista:

1) de decisões conflitantes dentro do mesmo TRT;

2) de acórdão prolatado em agravo de instrumento (Súmula n° 218 do TST);

3) quando o ente público não interpôs recurso ordinário voluntário da decisão de primeira instância, ressalvada a hipótese de ter sido agravada, na segunda instância, a condenação imposta (OJ n° 334 da SDI-I do TST).

Nas causas sujeitas ao procedimento sumaríssimo, somente será admitido recurso de revista por contrariedade à súmula de jurisprudência uniforme do Tribunal Superior do Trabalho ou a súmula vinculante do Supremo Tribunal Federal e violação direta da Constituição da República (CLT, art. 896, § 9°). Não cabe por violação à orientação jurisprudencial (Sumula n° 442 do TST).

Na fase de execução somente cabe recurso de revista por ofensa direta e literal de norma da Constituição Federal (CLT, art. 896, § 2°). Essa é a regra. Porém, é importante observar que a Lei n° 13.015/14 ampliou o cabimento do recurso de revista na fase de execução em duas hipóteses: 1) execução fiscal; 2) controvérsias da fase de execução que envolvam a Certidão Negativa de Débitos Trabalhistas (CNDT). Nesses dois casos, o recurso de revista será cabível quando:

a) por violação a lei federal;

b) divergência jurisprudencial;

c) por ofensa à Constituição Federal (CLT, art. 896, § 10).

Resumo das hipóteses de cabimento do recurso de revista:

Rito ordinário	Rito sumaríssimo	Fase de execução*
Afrontar a Constituição Federal	Afrontar a Constituição Federal	Afrontar a Constituição Federal
Contrariar súmula do TST	Contrariar súmula do TST	
Teses em IRRR, IAC e IRDR	Teses em IRRR, IAC e IRDR	
Contrariar súmula vinculante do STF	Contrariar súmula vinculante do STF	
Violar lei federal Contrariar Orientação Jurisprudencial Divergência jurisprudencial		
* Apenas nas hipóteses de execução fiscal e controvérsias da fase de execução que envolvam a Certidão Negativa de Débitos Trabalhistas (CNDT), o recurso de revista será cabível quando: violar a lei federal, por divergência jurisprudencial e por ofensa à Constituição Federal (CLT, art. 896, § 10).		

18.2.6. *Embargos no TST*

Os embargos no TST têm aplicação restrita no Tribunal Superior do Trabalho, sendo duas modalidades:

1) embargos infringentes;

2) embargos de divergência (embargos à SDI).

18.2.6.1. Embargos infringentes

Os embargos infringentes pressupõem os seguintes requisitos **cumulativos**:

1) dissídio coletivo;

2) competência originária do TST;

3) decisão não unânime.

Eles devem ser interpostos no prazo de 8 dias, sendo cabíveis, nos termos do art. 894, I, da CLT:

> I – de decisão não unânime de julgamento que:
>
> a) conciliar, julgar ou homologar conciliação em dissídios coletivos que excedam a competência territorial dos Tribunais Regionais do Trabalho e estender ou rever as sentenças normativas do Tribunal Superior do Trabalho, nos casos previstos em lei.

A Fazenda Pública, o Ministério Público do Trabalho e a Defensoria Pública possuem o prazo em dobro, ou seja, 16 dias (CPC/2015, arts. 180, 183 e 186), inclusive para as contrarrazões.

Atenta-se, por fim, para o fato de que **não** caberão tais embargos se a decisão impugnada estiver em consonância com precedente jurisprudencial do Tribunal Superior do Trabalho ou da súmula de sua jurisprudência predominante (Lei nº 7.701/88, art. 2º, II, "c").

18.2.6.2. Embargos de divergência

Os embargos de divergência, também chamados de embargos para a SDI, vêm disciplinados no art. 894, II, da CLT, sendo cabível no prazo de 8 dias: das decisões das Turmas que divergirem entre si ou das decisões proferidas pela Seção de Dissídios Individuais, ou contrárias à súmula ou orientação jurisprudencial do Tribunal Superior do Trabalho ou súmula vinculante do Supremo Tribunal Federal.

Portanto, podemos esquematizar as hipóteses de cabimento dos embargos de divergência da seguinte forma:

Decisão recorrida		Decisão divergente
Turma do TST		Outra Turma do TST
Turma do TST	X	SDI
Turma do TST		Súmula e OJ do TST
Turma do TST		Súmula vinculante do STF

Pelo referido quadro, fica claro que, para ensejar esse recurso, obrigatoriamente, a decisão deve ser colegiada (da Turma do TST), razão pela qual não será cabível quando decorrente de decisão monocrática (OJ nº 378 da SDI-I do TST).

A competência para julgar os embargos de divergência é da SDI-I.

Como regra, a decisão da Turma, proferida no julgamento de agravo, não é recorrível por meio dos embargos de divergência. No entanto, o TST prevê algumas exceções, como se percebe pela Súmula nº 353 do TST:

> **Súmula nº 353 do TST.** Embargos. Agravo. Cabimento
>
> Não cabem embargos para a Seção de Dissídios Individuais de decisão de Turma proferida em agravo, salvo:
>
> a) da decisão que não conhece de agravo de instrumento ou de agravo pela ausência de pressupostos extrínsecos;
>
> b) da decisão que nega provimento a agravo contra decisão monocrática do Relator, em que se proclamou a ausência de pressupostos extrínsecos de agravo de instrumento;
>
> c) para revisão dos pressupostos extrínsecos de admissibilidade do recurso de revista, cuja ausência haja sido declarada originariamente pela Turma no julgamento do agravo;
>
> d) para impugnar o conhecimento de agravo de instrumento;
>
> e) para impugnar a imposição de multas previstas nos arts. 1.021, § 4º, do CPC de 2015 ou 1.026, § 2º, do CPC de 2015 (art. 538, parágrafo único, do CPC de 1973, ou art. 557, § 2º, do CPC de 1973).
>
> f) contra decisão de Turma proferida em agravo em recurso de revista, nos termos do art. 894, II, da CLT.

Ademais, nas causas sujeitas ao rito sumaríssimo, admitem-se os embargos quando demonstrada que a divergência jurisprudencial entre Turmas do TST é fundada em interpretações diversas acerca da aplicação de mesmo dispositivo constitucional ou de matéria sumulada (Súmula nº 458 do TST).

Já na fase de execução, os embargos de divergência ficam condicionados à demonstração de divergência jurisprudencial entre Turmas ou destas e a Seção Especializada em Dissídios Individuais do Tribunal Superior do Trabalho em relação à interpretação de dispositivo constitucional (Súmula nº 433 do TST).

18.3. Agravo Interno e Regimental

Para manter a substância do tribunal (órgão colegiado) e a competência do colegiado, a decisão monocrática do relator está sujeita ao agravo interno e/ou regimental, a fim de levar essa decisão ao conhecimento do órgão colegiado (por exemplo, Turma).

É incabível agravo interno (1.021 do CPC/2015) ou agravo regimental (art. 235 do RITST) contra decisão proferida por órgão colegiado, sendo inclusive inaplicável, no caso, o princípio da fungibilidade ante a configuração de erro grosseiro (OJ nº 412 da SDI-I do TST).

O agravo regimental é previsto nos regimentos internos dos tribunais, mas, excepcionalmente, há indicação de seu cabimento na própria lei, como se percebe, por exemplo, pelo art. 709, § 1°, da CLT e arts. 2°, II, "d" e 3°, III, da Lei n° 7.701/88.

Interposto o agravo interno, o recorrente deverá impugnar especificamente os fundamentos da decisão agravada (CPC/2015, art. 1.021, § 1º).

O agravo será dirigido ao relator, que intimará o agravado para manifestar-se sobre o recurso no prazo de 8 dias, ao final do qual, não havendo retratação, o relator levá-lo-á a julgamento pelo órgão colegiado, com inclusão em pauta (CPC/2015, art. 1.021, § 2º).

Com o advento da Lei 14.365/22 que alterou o art. 7º, § 2º-B da Lei 8906/94, é admitida a sustentação oral no agravo interno interposto contra a decisão monocrática de relator que julgar o mérito ou não conhecer dos seguintes recursos ou ações:

1) recurso ordinário;
2) agravo de petição;
3) recurso de revista:
4) embargos de divergência;
5) recurso extraordinário;
6) ação rescisória, mandado de segurança, reclamação, habeas corpus e outras ações de competência originária.

18.4. Reclamação Correicional

Trata-se de procedimento administrativo, destinado a corrigir atos praticados ou omitidos pelo juiz, por abuso ou erro, capazes de tumultuar o andamento do processo. No processo do trabalho, além dos referidos regimentos a preverem, a própria CLT declina seu cabimento no art. 709, II, da CLT, *in verbis*:

> ***Art. 709*** *– Compete ao Corregedor, eleito dentre os Ministros togados do Tribunal Superior do Trabalho:*
>
> *[...]*
>
> *II – Decidir reclamações contra os atos atentatórios da boa ordem processual praticados pelos Tribunais Regionais e seus presidentes, quando inexistir recurso específico.*

O prazo para interposição da correição é definido pelo regimento interno dos tribunais, variando, normalmente, de 5 ou 8 dias.

A competência para o julgamento da correição parcial é da seguinte forma:

Ato impugnado	Competência
Vara do Trabalho	Corregedor-Regional do TRT
Tribunal Regional do Trabalho	Corregedor-Geral do TST

A interposição da correição parcial exige a presença cumulativa dos seguintes requisitos[17]:

17. THEODORO JÚNIOR, Humberto. Curso de direito Processual Civil. Teoria geral do direito processual civil e processo de conhecimento. Vol. I. Rio de Janeiro: Forense, 2013. p. 608.

1) existência de ato que contenha erro ou abuso, capaz de tumultuar a marcha do processo;

2) dano ou possibilidade de dano irreparável, para a parte;

3) inexistência de recurso para sanar o *error in procedendo*.

É possível, portanto, que até mesmo um despacho que tumultue o processo, gerando danos, possa se submeter à correição, vez que não é suscetível de recurso.

Atenta-se para o fato de que havendo recurso, ainda que diferido, não caberá a correição parcial.

19. NORMAS ATINENTES AO PROCESSO JUDICIAL ELETRÔNICO

No âmbito da Justiça do Trabalho, o processo judicial eletrônico é atualmente regulamentado pela Resolução nº 185/2017 do CSJT e pela Lei nº 11.419/2006.

A implantação do sistema eletrônico (PJe) poderá ocorrer:

> I – a partir da fase de conhecimento, com a superação dos atuais sistemas de gestão das informações processuais mantidos pelo TRT; e
>
> II – a partir das fases de liquidação ou execução, após o trânsito em julgado do título e para os processos de classes executivas. (CSJT, Res. nº 185/2017, art. 50)

Atenta-se para o fato de que, no processo eletrônico, o tamanho máximo é de 10 megabytes (ato conjunto TST.CSJT.GP.SG.SETIC n° 48/2021).

O envio de petições, de recursos e a prática de atos processuais em geral por meio eletrônico serão admitidos mediante uso de assinatura eletrônica, sendo obrigatório o credenciamento prévio no Poder Judiciário, conforme disciplinado pelos órgãos respectivos (Lei nº 11.419/06, art. 2º).

Serão admitidas assinaturas digitais de pessoas físicas e de pessoas jurídicas, realizadas no sistema PJe ou a este destinadas, com a utilização de certificado digital A1 e A3, na forma da normatização do ICP-Brasil e nos termos da Resolução nº 185 do CNJ (Res. nº 185 do CNJ, art. 4º, § 3º).

O PJe estará disponível 24 horas por dia, ininterruptamente, ressalvados os períodos de manutenção do sistema (CNJ-Res. nº 185/2013, art. 8º).

Considera-se indisponibilidade do sistema PJe a falta de oferta ao público externo, diretamente ou por meio de WebService, de qualquer um dos seguintes serviços:

> I – consulta aos autos digitais;
>
> II – transmissão eletrônica de atos processuais;
>
> III – acesso a citações, intimações ou notificações eletrônicas (CNJ Res. nº 185/2013, art. 9º).

Ademais, haverá indisponibilidade nos períodos de manutenção do sistema. As manutenções programadas do sistema serão sempre informadas com antecedência e realizadas, **preferencialmente, entre 0h de sábado e 22h de domingo, ou entre 0h e 6h dos demais dias da semana** (CNJ – Res. nº 185/2013, art. 8º, parágrafo único).

A indisponibilidade previamente programada será ostensivamente comunicada ao público externo com, pelo menos, 5 dias de antecedência (CNJ – Res. nº 185/2013, art. 12).

A indisponibilidade definida anteriormente será aferida por sistema de auditoria fornecido pelo Conselho Nacional de Justiça ou por órgão a quem este atribuir tal responsabilidade (CNJ – Res. nº 185/2013, art. 10 e CSJT – Res. nº 185/2017, art. 10). Quanto às interrupções deverá haver:

> I – registro em relatório de indisponibilidade do funcionamento;
>
> II – divulgação ao público, no sítio do Tribunal respectivo, na rede mundial de computadores; (CSJT – Res. nº 185/2017, art. 10).

Os Tribunais Regionais do Trabalho manterão o controle dos registros no PJe acerca de feriados, da ausência de expediente forense, da prática de atos e da suspensão de prazos prevista nos arts. 214 e 220 do CPC/2015 (CSJT – Res. nº 185/2017, art. 10, § 2º).

Os **prazos que vencerem no dia da ocorrência de indisponibilidade** serão prorrogados para o dia útil seguinte à retomada de funcionamento, quando:

> I – a indisponibilidade for superior a 60 minutos, ininterruptos ou não, se ocorrida entre 6h e 23h; ou
>
> II – ocorrer indisponibilidade entre 23h e 24h00 (CNJ – Res. nº 185/2013, art. 11).

A propósito, os **prazos fixados em hora ou minuto** serão prorrogados até às 24 horas do dia útil seguinte quando:

> I – ocorrer indisponibilidade superior a 60 minutos, ininterruptos ou não, nas últimas 24 horas do prazo; ou
>
> II – ocorrer indisponibilidade nos 60 minutos anteriores ao término (CNJ – Res. nº 185/2013, art. 11, § 2º).

Em todos os casos, a prorrogação dos prazos ocorrerá de forma automática pelo sistema PJe (CNJ – Res. nº 185/2013, art. 11, § 3º).

O autor poderá atribuir segredo de justiça ao processo no momento da propositura da ação, cabendo ao magistrado, após a distribuição, decidir sobre a manutenção ou exclusão dessa situação, nos termos do art. 189 do CPC e art. 770, *caput*, da CLT. Com exceção da petição inicial, as partes poderão atribuir sigilo às petições e documentos, nos termos do parágrafo único do art. 773 do CPC (CSJT – Res. nº 185/2017, art. 22, §§ 2º e 3º). Com exceção da defesa, da reconvenção e dos documentos que as acompanham, o magistrado poderá determinar a exclusão de petições e documentos indevidamente protocolados sob sigilo, observado o art. 15 da resolução do CSJT.[18] (CSJT – Res. nº 185/2017, art. 22, § 4º). O

---

18 Art. 15. As petições e os documentos enviados sem observância às normas desta Resolução poderão ser excluídos por expressa determinação do magistrado, com o registro respectivo, assinalando-se, se for o caso, novo prazo para a adequada apresentação da petição, e em se tratando de petição inicial, será observada a regra prevista no art. 321 e parágrafo único do CPC.

§ 1º Na exclusão de petição incidental dever-se-á tornar indisponível todo o documento a ela anexado.

réu poderá atribuir sigilo à contestação e à reconvenção, bem como aos documentos que as acompanham, devendo o magistrado retirar o sigilo caso frustrada a tentativa conciliatória (CSJT – Res. nº 185/2017, art. 22, § 5º).

Em toda e qualquer petição poderá ser requerido sigilo desta ou de documento ou arquivo a ela vinculado (CNJ – Res. nº 185/2013, art. 28, § 1º).

Requerido o segredo de justiça ou sigilo de documento ou o arquivo, este permanecerá sigiloso até que o magistrado da causa decida em sentido contrário, de ofício ou a requerimento da parte contrária (CNJ – Res. nº 185/2013, art. 28, § 2º).

Por fim, atente-se para o fato de que, nos casos em que o rito processual autorize a apresentação de resposta em audiência, faculta-se a sua juntada antecipada aos autos eletrônicos, juntamente com os documentos, hipótese em que permanecerão ocultos para a parte contrária, a critério do advogado peticionante, até a audiência (CNJ – Res. nº 185/2013, art. 28, § 4º).

20. LEI 13.467 DE 2017 (REFORMA TRABALHISTA)

Artigos RELACIONADOS AO PROCESSO DO TRABALHO alterados pela reforma trabalhista

Art. 11-A: Ocorre a prescrição intercorrente no processo do trabalho no prazo de dois anos. § 1º A fluência do prazo prescricional intercorrente inicia-se quando o exequente deixa de cumprir determinação judicial no curso da execução. § 2º A declaração da prescrição intercorrente pode ser requerida ou declarada de ofício em qualquer grau de jurisdição.
Art. 611 –A, §5º: Os sindicatos subscritores de convenção coletiva ou de acordo coletivo de trabalho participarão, como litisconsortes necessários, em ação coletiva que tenha como objeto a anulação de cláusulas desses instrumentos, vedada a apreciação por ação individual. (Redação dada pela Medida Provisória nº 808, de 2017)
Art. 652: Compete às Varas do Trabalho: f) decidir quanto à homologação de acordo extrajudicial em matéria de competência da Justiça do Trabalho.
Art. 702: I f) estabelecer ou alterar súmulas e outros enunciados de jurisprudência uniforme, pelo voto de pelo menos dois terços de seus membros, caso a mesma matéria já tenha sido decidida de forma idêntica por unanimidade em, no mínimo, dois terços das turmas em pelo menos dez sessões diferentes em cada uma delas, podendo, ainda, por maioria de dois terços de seus membros, restringir os efeitos daquela declaração ou decidir que ela só tenha eficácia a partir de sua publicação no Diário Oficial; § 3º As sessões de julgamento sobre estabelecimento ou alteração de súmulas e outros enunciados de jurisprudência deverão ser públicas, divulgadas com, no mínimo, trinta dias de antecedência, e deverão possibilitar a sustentação oral pelo Procurador-Geral do Trabalho, pelo Conselho Federal da Ordem dos Advogados do Brasil, pelo Advogado-Geral da União e por confederações sindicais ou entidades de classe de âmbito nacional. § 4º O estabelecimento ou a alteração de súmulas e outros enunciados de jurisprudência pelos Tribunais Regionais do Trabalho deverão observar o disposto na alínea f do inciso I e no § 3º deste artigo, com rol equivalente de legitimados para sustentação oral, observada a abrangência de sua circunscrição judiciária.

§ 2º Sendo a exclusão de que trata este artigo referente à petição cujo tipo gere movimento estatístico, deverá ser precedida de pronunciamento do magistrado, com o registro do movimento correspondente à solução dada ao incidente ou recurso.

Art. 775: Os prazos estabelecidos neste Título serão contados em dias úteis, com exclusão do dia do começo e inclusão do dia do vencimento. § 1º Os prazos podem ser prorrogados, pelo tempo estritamente necessário, nas seguintes hipóteses: I – quando o juízo entender necessário; II – em virtude de força maior, devidamente comprovada. § 2º Ao juízo incumbe dilatar os prazos processuais e alterar a ordem de produção dos meios de prova, adequando-os às necessidades do conflito de modo a conferir maior efetividade à tutela do direito. Art. 775-A: Suspende-se o curso do prazo processual nos dias compreendidos entre 20 de dezembro e 20 de janeiro, inclusive. § 1º Ressalvadas as férias individuais e os feriados instituídos por lei, os juízes, os membros do Ministério Público, da Defensoria Pública e da Advocacia Pública e os auxiliares da Justiça exercerão suas atribuições durante o período previsto no caput deste artigo. § 2º Durante a suspensão do prazo, não se realizarão audiências nem sessões de julgamento.
Art. 789: Nos dissídios individuais e nos dissídios coletivos do trabalho, nas ações e procedimentos de competência da Justiça do Trabalho, bem como nas demandas propostas perante a Justiça Estadual, no exercício da jurisdição trabalhista, as custas relativas ao processo de conhecimento incidirão à base de 2% (dois por cento), observado o mínimo de R$ 10,64 (dez reais e sessenta e quatro centavos) e o máximo de quatro vezes o limite máximo dos benefícios do Regime Geral de Previdência Social, e serão calculadas:
Art. 790 § 3º É facultado aos juízes, órgãos julgadores e presidentes dos tribunais do trabalho de qualquer instância conceder, a requerimento ou de ofício, o benefício da justiça gratuita, inclusive quanto a traslados e instrumentos, àqueles que perceberem salário igual ou inferior a 40% (quarenta por cento) do limite máximo dos benefícios do Regime Geral de Previdência Social. § 4º O benefício da justiça gratuita será concedido à parte que comprovar insuficiência de recursos para o pagamento das custas do processo.
Art. 790-B A responsabilidade pelo pagamento dos honorários periciais é da parte sucumbente na pretensão objeto da perícia, ainda que beneficiária da justiça gratuita. § 1º Ao fixar o valor dos honorários periciais, o juízo deverá respeitar o limite máximo estabelecido pelo Conselho Superior da Justiça do Trabalho. § 2º O juízo poderá deferir parcelamento dos honorários periciais. § 3º O juízo não poderá exigir adiantamento de valores para realização de perícias. § 4º Somente no caso em que o beneficiário da justiça gratuita não tenha obtido em juízo créditos capazes de suportar a despesa referida no caput, ainda que em outro processo, a União responderá pelo encargo.
Art. 791-A: Ao advogado, ainda que atue em causa própria, serão devidos honorários de sucumbência, fixados entre o mínimo de 5% (cinco por cento) e o máximo de 15% (quinze por cento) sobre o valor que resultar da liquidação da sentença, do proveito econômico obtido ou, não sendo possível mensurá-lo, sobre o valor atualizado da causa. § 1º Os honorários são devidos também nas ações contra a Fazenda Pública e nas ações em que a parte estiver assistida ou substituída pelo sindicato de sua categoria. § 2º Ao fixar os honorários, o juízo observará: I – o grau de zelo do profissional; II – o lugar de prestação do serviço; III – a natureza e a importância da causa; IV – o trabalho realizado pelo advogado e o tempo exigido para o seu serviço. § 3º Na hipótese de procedência parcial, o juízo arbitrará honorários de sucumbência recíproca, vedada a compensação entre os honorários. § 4º Vencido o beneficiário da justiça gratuita, desde que não tenha obtido em juízo, ainda que em outro processo, créditos capazes de suportar a despesa, as obrigações decorrentes de sua sucumbência ficarão sob condição suspensiva de exigibilidade e somente poderão ser executadas se, nos dois anos subsequentes ao trânsito em julgado da decisão que as certificou, o credor demonstrar que deixou de existir a situação de insuficiência de recursos que justificou a concessão de gratuidade, extinguindo-se, passado esse prazo, tais obrigações do beneficiário. § 5º São devidos honorários de sucumbência na reconvenção.

Art. 792 (Revogado)
Art. 793-A: Responde por perdas e danos aquele que litigar de má-fé como reclamante, reclamado ou interveniente.
Art. 793-B: Considera-se litigante de má-fé aquele que: I – deduzir pretensão ou defesa contra texto expresso de lei ou fato incontroverso; II – alterar a verdade dos fatos; III – usar do processo para conseguir objetivo ilegal; IV – opuser resistência injustificada ao andamento do processo; V – proceder de modo temerário em qualquer incidente ou ato do processo; VI – provocar incidente manifestamente infundado; VII – interpuser recurso com intuito manifestamente protelatório.
Art. 793-C: De ofício ou a requerimento, o juízo condenará o litigante de má-fé a pagar multa, que deverá ser superior a 1% (um por cento) e inferior a 10% (dez por cento) do valor corrigido da causa, a indenizar a parte contrária pelos prejuízos que esta sofreu e a arcar com os honorários advocatícios e com todas as despesas que efetuou. § 1º Quando forem dois ou mais os litigantes de má-fé, o juízo condenará cada um na proporção de seu respectivo interesse na causa ou solidariamente aqueles que se coligaram para lesar a parte contrária. § 2º Quando o valor da causa for irrisório ou inestimável, a multa poderá ser fixada em até duas vezes o limite máximo dos benefícios do Regime Geral de Previdência Social. § 3º O valor da indenização será fixado pelo juízo ou, caso não seja possível mensurá-lo, liquidado por arbitramento ou pelo procedimento comum, nos próprios autos.
Art. 793-D: Aplica-se a multa prevista no art. 793-C desta Consolidação à testemunha que intencionalmente alterar a verdade dos fatos ou omitir fatos essenciais ao julgamento da causa. Parágrafo único. A execução da multa prevista neste artigo dar-se-á nos mesmos autos
Art. 800: Apresentada exceção de incompetência territorial no prazo de cinco dias a contar da notificação, antes da audiência e em peça que sinalize a existência desta exceção, seguir-se-á o procedimento estabelecido neste artigo. § 1º Protocolada a petição, será suspenso o processo e não se realizará a audiência a que se refere o art. 843 desta Consolidação até que se decida a exceção. § 2º Os autos serão imediatamente conclusos ao juiz, que intimará o reclamante e, se existentes, os litisconsortes, para manifestação no prazo comum de cinco dias. § 3º Se entender necessária a produção de prova oral, o juízo designará audiência, garantindo o direito de o excipiente e de suas testemunhas serem ouvidos, por carta precatória, no juízo que este houver indicado como competente. § 4º Decidida a exceção de incompetência territorial, o processo retomará seu curso, com a designação de audiência, a apresentação de defesa e a instrução processual perante o juízo competente
Art. 818: O ônus da prova incumbe: I – ao reclamante, quanto ao fato constitutivo de seu direito; II – ao reclamado, quanto à existência de fato impeditivo, modificativo ou extintivo do direito do reclamante. § 1º Nos casos previstos em lei ou diante de peculiaridades da causa relacionadas à impossibilidade ou à excessiva dificuldade de cumprir o encargo nos termos deste artigo ou à maior facilidade de obtenção da prova do fato contrário, poderá o juízo atribuir o ônus da prova de modo diverso, desde que o faça por decisão fundamentada, caso em que deverá dar à parte a oportunidade de se desincumbir do ônus que lhe foi atribuído. § 2º A decisão referida no § 1º deste artigo deverá ser proferida antes da abertura da instrução e, a requerimento da parte, implicará o adiamento da audiência e possibilitará provar os fatos por qualquer meio em direito admitido. § 3º A decisão referida no § 1º deste artigo não pode gerar situação em que a desincumbência do encargo pela parte seja impossível ou excessivamente difícil.
Art. 840: (...) § 1º Sendo escrita, a reclamação deverá conter a designação do juízo, a qualificação das partes, a breve exposição dos fatos de que resulte o dissídio, o pedido, que deverá ser certo, determinado e com indicação de seu valor, a data e a assinatura do reclamante ou de seu representante. § 2º Se verbal, a reclamação será reduzida a termo, em duas vias datadas e assinadas pelo escrivão ou secretário, observado, no que couber, o disposto no § 1º deste artigo. § 3º Os pedidos que não atendam ao disposto no § 1º deste artigo serão julgados extintos sem resolução do mérito.

Art. 841: (...)

§ 3º Oferecida a contestação, ainda que eletronicamente, o reclamante não poderá, sem o consentimento do reclamado, desistir da ação.

Art. 843: (...)

§ 3º O preposto a que se refere o § 1º deste artigo não precisa ser empregado da parte reclamada.

Art. 844: (...)

§ 1º Ocorrendo motivo relevante, poderá o juiz suspender o julgamento, designando nova audiência.

§ 2º Na hipótese de ausência do reclamante, este será condenado ao pagamento das custas calculadas na forma do art. 789 desta Consolidação, ainda que beneficiário da justiça gratuita, salvo se comprovar, no prazo de quinze dias, que a ausência ocorreu por motivo legalmente justificável.

§ 3º O pagamento das custas a que se refere o § 2º é condição para a propositura de nova demanda.

§ 4º A revelia não produz o efeito mencionado no caput deste artigo se:

I – havendo pluralidade de reclamados, algum deles contestar a ação;

II – o litígio versar sobre direitos indisponíveis;

III – a petição inicial não estiver acompanhada de instrumento que a lei considere indispensável à prova do ato;

IV – as alegações de fato formuladas pelo reclamante forem inverossímeis ou estiverem em contradição com prova constante dos autos.

§ 5º Ainda que ausente o reclamado, presente o advogado na audiência, serão aceitos a contestação e os documentos eventualmente apresentados.

Art. 847: (...)

Parágrafo único. A parte poderá apresentar defesa escrita pelo sistema de processo judicial eletrônico até a audiência.

Art. 855 – A: Aplica-se ao processo do trabalho o incidente de desconsideração da personalidade jurídica previsto nos arts. 133 a 137 da Lei no 13.105, de 16 de março de 2015 – Código de Processo Civil.

§ 1º Da decisão interlocutória que acolher ou rejeitar o incidente:

I – na fase de cognição, não cabe recurso de imediato, na forma do § 1º do art. 893 desta Consolidação;

II – na fase de execução, cabe agravo de petição, independentemente de garantia do juízo;

III – cabe agravo interno se proferida pelo relator em incidente instaurado originariamente no tribunal.

§ 2º A instauração do incidente suspenderá o processo, sem prejuízo de concessão da tutela de urgência de natureza cautelar de que trata o art. 301 da Lei no 13.105, de 16 de março de 2015 (Código de Processo Civil).

Art. 855-B: O processo de homologação de acordo extrajudicial terá início por petição conjunta, sendo obrigatória a representação das partes por advogado.

§ 1º As partes não poderão ser representadas por advogado comum.

§ 2º Faculta-se ao trabalhador ser assistido pelo advogado do sindicato de sua categoria

Art. 855-C: O disposto neste Capítulo não prejudica o prazo estabelecido no § 6º do art. 477 desta Consolidação e não afasta a aplicação da multa prevista no § 8º art. 477 desta Consolidação.

Art. 855-D: No prazo de quinze dias a contar da distribuição da petição, o juiz analisará o acordo, designará audiência se entender necessário e proferirá sentença.

Art. 855-E: petição de homologação de acordo extrajudicial suspende o prazo prescricional da ação quanto aos direitos nela especificados.

Parágrafo único. O prazo prescricional voltará a fluir no dia útil seguinte ao do trânsito em julgado da decisão que negar a homologação do acordo.

Art. 876: (...)

Parágrafo único. A Justiça do Trabalho executará, de ofício, as contribuições sociais previstas na alínea a do inciso I e no inciso II do caput do art. 195 da Constituição Federal, e seus acréscimos legais, relativas ao objeto da condenação constante das sentenças que proferir e dos acordos que homologar.

Art. 878: A execução será promovida pelas partes, permitida a execução de ofício pelo juiz ou pelo Presidente do Tribunal apenas nos casos em que as partes não estiverem representadas por advogado. Parágrafo único. (Revogado).
Art. 879: (...) § 2º Elaborada a conta e tornada líquida, o juízo deverá abrir às partes prazo comum de oito dias para impugnação fundamentada com a indicação dos itens e valores objeto da discordância, sob pena de preclusão. § 7º A atualização dos créditos decorrentes de condenação judicial será feita pela Taxa Referencial (TR), divulgada pelo Banco Central do Brasil, conforme a Lei no 8.177, de 1º de março de 1991
Art. 882: O executado que não pagar a importância reclamada poderá garantir a execução mediante depósito da quantia correspondente, atualizada e acrescida das despesas processuais, apresentação de seguro-garantia judicial ou nomeação de bens à penhora, observada a ordem preferencial estabelecida no art. 835 da Lei no 13.105, de 16 de março de 2015 – Código de Processo Civil.
Art. 883-A: A decisão judicial transitada em julgado somente poderá ser levada a protesto, gerar inscrição do nome do executado em órgãos de proteção ao crédito ou no Banco Nacional de Devedores Trabalhistas (BNDT), nos termos da lei, depois de transcorrido o prazo de quarenta e cinco dias a contar da citação do executado, se não houver garantia do juízo.
Art. 884: (...) § 6º A exigência da garantia ou penhora não se aplica às entidades filantrópicas e/ou àqueles que compõem ou compuseram a diretoria dessas instituições.
Art. 896: § 1º-A... IV – transcrever na peça recursal, no caso de suscitar preliminar de nulidade de julgado por negativa de prestação jurisdicional, o trecho dos embargos declaratórios em que foi pedido o pronunciamento do tribunal sobre questão veiculada no recurso ordinário e o trecho da decisão regional que rejeitou os embargos quanto ao pedido, para cotejo e verificação, de plano, da ocorrência da omissão. (...) § 3º (Revogado). § 4º (Revogado). § 5º (Revogado). § 6º (Revogado). (...) § 14. O relator do recurso de revista poderá denegar-lhe seguimento, em decisão monocrática, nas hipóteses de intempestividade, deserção, irregularidade de representação ou de ausência de qualquer outro pressuposto extrínseco ou intrínseco de admissibilidade.
Art. 896-A: (...) § 1º São indicadores de transcendência, entre outros: I – econômica, o elevado valor da causa; II – política, o desrespeito da instância recorrida à jurisprudência sumulada do Tribunal Superior do Trabalho ou do Supremo Tribunal Federal; III – social, a postulação, por reclamante-recorrente, de direito social constitucionalmente assegurado; IV – jurídica, a existência de questão nova em torno da interpretação da legislação trabalhista. § 2º Poderá o relator, monocraticamente, denegar seguimento ao recurso de revista que não demonstrar transcendência, cabendo agravo desta decisão para o colegiado. § 3º Em relação ao recurso que o relator considerou não ter transcendência, o recorrente poderá realizar sustentação oral sobre a questão da transcendência, durante cinco minutos em sessão. § 4º Mantido o voto do relator quanto à não transcendência do recurso, será lavrado acórdão com fundamentação sucinta, que constituirá decisão irrecorrível no âmbito do tribunal.

§ 5º É irrecorrível a decisão monocrática do relator que, em agravo de instrumento em recurso de revista, considerar ausente a transcendência da matéria.

§ 6º O juízo de admissibilidade do recurso de revista exercido pela Presidência dos Tribunais Regionais do Trabalho limita-se à análise dos pressupostos intrínsecos e extrínsecos do apelo, não abrangendo o critério da transcendência das questões nele veiculadas.

Art. 899: (...)

§ 4º O depósito recursal será feito em conta vinculada ao juízo e corrigido com os mesmos índices da poupança.

§ 5º (Revogado).

(...)

§ 9º O valor do depósito recursal será reduzido pela metade para entidades sem fins lucrativos, empregadores domésticos, microempreendedores individuais, microempresas e empresas de pequeno porte.

§ 10. São isentos do depósito recursal os beneficiários da justiça gratuita, as entidades filantrópicas e as empresas em recuperação judicial.

§ 11. O depósito recursal poderá ser substituído por fiança bancária ou seguro garantia judicial.

21. UNIFORMIZAÇÃO DE JURISPRUDÊNCIA À LUZ DO CPC E SUA APLICAÇÃO AO PROCESSO DO TRABALHO. PRECEDENTES OBRIGATÓRIOS (IAC E IRDR).

21.1. Precedentes Judiciais

Estruturalmente, os precedentes judiciais são compostos pela:

- *ratio decidendi* ou *holding*: consiste nos fundamentos determinantes da decisão, ou seja, "a proposição jurídica, explícita ou implícita, considerada necessária para a decisão". Ele vinculará o julgamento posterior de casos semelhantes.
- *obter dictum*: são as argumentações incidentais sem as quais os fundamentos determinantes da decisão se manterão. São questões levantadas pelo juiz que não precisariam ser enfrentadas para que se chegasse à conclusão. Essas argumentações não geram vinculação para os demais casos.

De acordo com o art. 927 do CPC/15, são considerados como precedentes obrigatórios:

> I – as decisões do Supremo Tribunal Federal em controle concentrado de constitucionalidade;
>
> II – os enunciados de súmula vinculante;
>
> III – os acórdãos em incidente de assunção de competência ou de resolução de demandas repetitivas e em julgamento de recursos extraordinário e especial repetitivos;
>
> IV – os enunciados das súmulas do Supremo Tribunal Federal em matéria constitucional e do Superior Tribunal de Justiça em matéria infraconstitucional;
>
> V – a orientação do plenário ou do órgão especial aos quais estiverem vinculados.

O C. TST, interpretando referido dispositivo, estabeleceu no art. 15 da Instrução Normativa nº 39 o que segue:

> Art. 15. O atendimento à exigência legal de fundamentação das decisões judiciais (CPC, art. 489, § 1º) no Processo do Trabalho observará o seguinte.
>
> I - por força dos arts. 332 e 927 do CPC, adaptados ao Processo do Trabalho, para efeito dos incisos V e VI do § 1º do art. 489 considera-se "precedente" apenas:

a) acórdão proferido pelo Supremo Tribunal Federal ou pelo Tribunal Superior do Trabalho em julgamento de recursos repetitivos (CLT, art. 896-B; CPC, art. 1046, §4º);

b) entendimento firmado em incidente de resolução de demandas repetitivas ou de assunção de competência;

c) decisão do Supremo Tribunal Federal em controle concentrado de constitucionalidade;

d) tese jurídica prevalecente em Tribunal Regional do Trabalho e não conflitante com súmula ou orientação jurisprudencial do Tribunal Superior do Trabalho (CLT, art. 896, § 6º);

e) decisão do plenário, do órgão especial ou de seção especializada competente para uniformizar a jurisprudência do tribunal a que o juiz estiver vinculado ou do Tribunal Superior do Trabalho.

II – para os fins do art. 489, § 1º, incisos V e VI do CPC, considerar-se-ão unicamente os precedentes referidos no item anterior, súmulas do Supremo Tribunal Federal, orientação jurisprudencial e súmula do Tribunal Superior do Trabalho, súmula de Tribunal Regional do Trabalho não conflitante com súmula ou orientação jurisprudencial do TST, que contenham explícita referência aos fundamentos determinantes da decisão (*ratio decidendi*).

Na utilização dos precedentes, deve-se recorrer à técnica do *distinguishing* (distinção). Trata-se de análise comparativa com o objetivo de distinguir o precedente do caso em julgamento. Desse modo, o julgador, após extrair a *ratio decidendi* do precedente e afastar os elementos acidentais (*obter dictum*), que não são obrigatórios, deverá confrontar o caso em julgamento com o precedente, analisando se ambos possuem semelhanças que justifiquem a aplicação do precedente.

21.2. Incidente de resolução de demandas repetitivas

O incidente de resolução de demandas repetitivas (IRDR) tem o objetivo de garantir maior segurança jurídica aos jurisdicionados, impedindo que casos semelhantes possuam decisões distintas e contraditórias.

Para sua instauração, o art. 976 do CPC/15 exige, **simultaneamente**, os seguintes requisitos:

I – efetiva repetição de processos que contenham controvérsia sobre a mesma questão unicamente de direito;

II – risco de ofensa à isonomia e à segurança jurídica

O pedido de instauração do incidente pode ser formulado pelo juiz ou relator, por ofício; pelas partes, por petição; pelo Ministério Público ou pela Defensoria Pública, por petição (CPC/15, art. 977).

Destaca-se que em todos os casos, o ofício do juiz ou relator ou a petição das partes, do Ministério Público ou da Defensoria Pública deverão estar instruídos com os documentos necessários à demonstração do preenchimento dos requisitos para a instauração do incidente (CPC/15, art. 977, parágrafo único).

Uma vez instaurado o incidente, a desistência ou o abandono do processo não impedirá o seu exame de mérito do incidente (CPC/15, art. 976, § 1º). Havendo desistência ou abandono, caberá ao Ministério Público assumir a titularidade do incidente, nos termos do art. 976, § 2º, do CPC/15.

Após o julgamento do incidente, a tese jurídica definida será aplicada a todos os processos individuais ou coletivos que versem sobre idêntica questão de direito e que tramitem na área de jurisdição do respectivo tribunal, bem como aos casos futuros que versem idêntica questão de direito e que venham a tramitar no território de competência do tribunal (CPC/15, art. 985).

21.3 Incidente de assunção de competência

O incidente de assunção de competência pode ter duas finalidades:

1) submeter relevante questão de direito, com grande repercussão social, a uma análise feita por órgão colegiado de maior amplitude;

2) compor ou prevenir divergência entre órgãos fracionários do tribunal a respeito de relevante questão de direito

O incidente de assunção de competência pode ser suscitado:

1) pelo relator, de ofício; ou

2) a requerimento da parte, do Ministério Público ou da Defensoria Pública (CPC/15, art. 947, § 1º).

O incidente de assunção de competência pode ser instaurado em qualquer tribunal, inclusive tribunais superiores, como é o caso do TST que tem previsão expressa no art. 896, § 13, da CLT.

O julgamento do incidente será por meio de órgão **colegiado maior**, estabelecido no regimento interno do tribunal.

O incidente de assunção de competência possui requisito positivo e negativo.

- **requisito positivo:** relevante questão de direito com grande repercussão social
- **requisito negativo:** a questão não pode ser reproduzida em múltiplos processos.

Após julgado o incidente, o acórdão proferido em assunção de competência vinculará todos os juízes e órgãos fracionários sujeitos à competência do tribunal, exceto se houver revisão de tese (CPC/15, art. 947, § 3º).

21.4. SÚMULAS E ORIENTAÇÕES JURISPRUDENCIAIS DO TST E DO TRT5 EM MATÉRIA DE DIREITO PROCESSUAL DO TRABALHO;

As principais súmulas e Ojs do TST foram analisadas nos tópicos anteriores.

Súmulas do TRT-5 em matéria de direito processual do trabalho:

SÚMULA Nº 0005

"EMBARGOS À EXECUÇÃO. PRAZO. O art. 4º da MP nº 2.180-35, que dilatou de 05(cinco) para 30(trinta) dias o prazo a que alude o art. 884 da CLT, para oposição de Embargos à Execução, aplica-se apenas à Fazenda Pública, não se dirigindo ao devedor comum."

SÚMULA Nº 0010

"Compete à Justiça do Trabalho processar e julgar o pedido de imissão na posse decorrente de suas próprias decisões."

SÚMULA Nº 0013

"INCIDENTE DE UNIFORMIZAÇÃO DE JURISPRUDÊNCIA. MUNICÍPIO DE JOÃO DOURADO. REGIME ESTATUTÁRIO. INCOMPETÊNCIA. É incompetente a Justiça do Trabalho para processar e julgar as demandas envolvendo os agentes comunitários de saúde e de endemias e o Município de João Dourado, a partir da vigência da Lei Municipal nº 355, de 01.11.2007."

SÚMULA Nº 0014

"Cabe ao embargante, quando alega excesso de execução, declarar na petição dos embargos o valor que entende correto, apresentando memória (planilha) do cálculo, sob pena de rejeição liminar dos embargos ou de não conhecimento desse fundamento."

SÚMULA Nº 0015

"SERVIDOR PÚBLICO. CONTROVÉRSIA A RESPEITO DA RELAÇÃO JURÍDICA QUE EXISTIU ENTRE AS PARTES. CAUSA DE PEDIR FUNDAMENTADA EM CONTRATO DE TRABALHO E NA LEGISLAÇÃO TRABALHISTA. COMPETÊNCIA MATERIAL DA JUSTIÇA DO TRABALHO. A justiça do trabalho tem competência material para processar e julgar os processos em que se discute a natureza da relação jurídica mantida entre ente integrante da administração pública direta e seus servidores nas situações em que a causa de pedir constante da petição inicial é a existência de vínculo de natureza celetista e as pretensões nela formuladas têm por lastro a legislação trabalhista, ainda que o ente público, em sede de defesa, conteste a natureza alegada ao argumento de que mantinha com o servidor relação jurídica de natureza estatutária ou administrativa"

SÚMULA Nº 0016

"MULTA DO ART. 475-J DO CPC. INCOMPATIBILIDADE COM O PROCESSO DO TRABALHO. A multa prevista no art. 475-J do CPC não encontra aplicação subsidiária no processo do trabalho, uma vez que este possui disciplina própria (art. 880 da CLT) que repele a regra inserta no referido dispositivo do Código de Ritos."

SÚMULA Nº 0017

"TRABALHO EXTERNO. ÔNUS DA PROVA. I – Compete ao empregador o ônus de provar o exercício de trabalho externo incompatível com a fixação de horário de trabalho; II – Uma vez comprovado que o empregado desenvolve atividade externa incompatível com a fixação de horário, compete a ele o ônus de provar que o empregador, mesmo diante desta condição de trabalho, ainda assim, mantinha o controle da jornada trabalhada."

SÚMULA TRT5 Nº 0021

"SENTENÇA CITRA PETITA AUSÊNCIA DE OPOSIÇÃO DE EMBARGOS DE DECLARAÇÃO NA PRIMEIRA INSTÂNCIA.INEXISTÊNCIA DE PRECLUSÃO. Não se opera a preclusão em relação às matérias não analisadas na sentença e que são objeto de recurso, ainda que não impugnadas via embargos de declaração, pois revelam julgamento infra petita cuja decretação de nulidade se impõe até mesmo de ofício."

SÚMULA TRT5 Nº 0025

"EMBARGOS DE DECLARAÇÃO INFUNDADOS E PROTELATÓRIOS. MULTA DO ARTIGO 538, PARÁGRAFO ÚNICO, DO CPC E INDENIZAÇÃO POR LITIGÂNCIA DE MÁ-FÉ, ESTABELECIDA NOS ARTIGOS 17, VI E VII, E 18, CAPUT, DO CPC/73. CUMULAÇÃO DAS PENALIDADES. IMPOSSIBILIDADE. I. A oposição de embargos declaratórios tidos por infundados e protelatórios acarreta a aplicação de penalidade específica, a multa prevista no art. 538, parágrafo único, do CPC/73, não comportando a cumulação com a indenização dos arts. 17, VI e VII, e 18, "caput", do mesmo diploma legal, que se apresenta como punição mais específica e rigorosa. II. Duplicidade de Penalidades. Impossibilidade. Não pode haver aplicação, em duplicidade, de penalidades, cumulando-se a multa do art.538, parágrafo único do CPC/73, com a litigância de má-fé estabelecida nos arts.17, VI e VII, e 18 , "caput", em obediência ao princípio da singularidade punitiva "non bis in idem" e ao disposto no art.5º, LV, da Constituição Federal de 1988."

SÚMULA TRT5 Nº 0027

CARTÕES DE PONTO APÓCRIFOS. VALIDADE COMO MEIO DE PROVA DA JORNADA DE TRABALHO. A mera falta de assinatura do empregado nos cartões de ponto, sejam eles físicos ou constantes de espelhos eletronicamente expedidos, não os torna só por isto inválidos. Cartões físicos1. Se os cartões físicos não assinados pelo empregado tiverem a sua autoria negada por este, cabe ao empregador o ônus de prová-la, sob pena do seu conteúdo não ter nenhuma eficácia probante contra o trabalhador; 2. Admitida pelo trabalhador a autenticidade dos registros de ponto sem assinatura, ou provada esta pelo empregador, mas impugnada a veracidade das anotações constantes dos documentos, cabe ao empregado o ônus de demonstrar horário de trabalho diverso daquele registrado. Cartões eletrônicos 1. Se o sistema utilizado pelo empregador for o Sistema de Registro Eletrônico de Ponto – SREP conforme Portaria MTE 1.510 de 21 de agosto de 2009 ou outro devidamente certificado pelo Ministério do Trabalho e Emprego – MTE, de cuja anotação diária o trabalhador receba a contraprova impressa, é do trabalhador o ônus de demonstrar a falta de veracidade das anotações constantes dos registros apresentados sem sua assinatura; 2. Se o sistema eletrônico utilizado pelo empregador for diverso do SREP ou outro devidamente certificado pelo MTE, duas hipóteses podem ocorrer: a) Se o sistema não fornece a contraprova diária da marcação impressa ao trabalhador, é do empregador o ônus de demonstrar a inviolabilidade do sistema, a autoria das anotações lançadas no espelho apresentado sem assinatura e a veracidade das anotações dele constantes, acaso o empregado as impugne; b) Se o sistema fornece a contraprova impressa da marcação, é do empregador o ônus de provar a inviolabilidade do sistema e a autoria das entradas lançadas no espelho apresentado sem assinatura, se o trabalhador as impugnar; uma vez provadas a inviolabilidade do sistema e a autoria das entradas, ou se o empregado não as impugnar, é deste o ônus de demonstrar a arguição de falta de veracidade dos horários nele lançados.

SÚMULA TRT5 Nº 0028

LUCROS CESSANTES. PENSÃO. PERDA OU REDUÇÃO DA CAPACIDADE LABORATIVA. DESNECESSIDADE DE PROVA DO EFETIVO PREJUÍZO PATRIMONIAL. A perda ou redução da capacidade laborativa oriunda de acidente de trabalho e/ou doença ocupacional confere ao empregado o direito à indenização por danos materiais nas espécies lucros cessantes e pensionamento, independentemente da prova do efetivo prejuízo patrimonial.

SÚMULA TRT5 Nº 0039

BANCO DO BRASIL. PAGAMENTO DE DIFERENÇAS SALARIAIS DECORRENTES DA REDUÇÃO DOS INTERSTÍCIOS REMUNERATÓRIOS CONSTANTES DO PLANO DE CARGOS E SALÁRIOS, DE 16% E 12% PARA 3% DO VENCIMENTO PADRÃO. ALTERAÇÃO DOS CRITÉRIOS DE PROMOÇÕES PREVISTOS EM NORMA COLETIVA, POR MEIO DA CARTA-CIRCULAR 0493/97, DA DIRETORIA DO BANCO DO BRASIL. ATO ÚNICO. PRESCRIÇÃO TOTAL. SÚMULA 294 DO TST. Em se tratando de diferenças salariais que se fundamentam na redução dos interstícios constantes do Plano de Cargos e Salários do Banco do Brasil S.A., de 16% e 12% para 3%, a partir da edição da CARTA-CIRCULAR n. 0493/97, a prescrição aplicável é de 05 (cinco) anos a contar da data em que ocorreu a referida alteração, respeitado o biênio após a ruptura do pacto laboral, conforme entendimento cristalizado na súmula n. 294 do c. TST.

SÚMULA TRT5 Nº 0041

RESPONSABILIDADE SUBSIDIÁRIA. CULPA IN VIGILANDO. ÔNUS DA PROVA. ADMINISTRAÇÃO PÚBLICA. Recai sobre a Administração Pública direta e indireta o ônus de demonstrar que fiscalizava o cumprimento das obrigações contratuais e legais da prestadora de serviço como empregadora.

SÚMULA TRT5 Nº 0042

RECOLHIMENTO DE CONTRIBUIÇÃO DESTINADA À ENTIDADE DE PREVIDÊNCIA PRIVADA DECORRENTE DE CONDENAÇÃO PECUNIÁRIA. COMPETÊNCIA DAJUSTIÇA DO TRABALHO. INTELIGÊNCIA DO INCISO I, DO ART. 114 DA CONSTITUIÇÃO FEDERAL. Compete à Justiça do Trabalho apreciar e julgar o pedido de recolhimento de contribuição destinada à entidade de previdência privada fechada decorrente das condenações pecuniárias que proferir, principalmente porque o pedido não é idêntico ao decidido pelo c. STF no julgamento do RE586.453/SE.

SÚMULA TRT5 Nº 0045

SUBSTITUIÇÃO PROCESSUAL AMPLA. DIREITOS INDIVIDUAIS HOMOGÊNEOS E HETEROGÊNEOS. SINDICATO. LEGITIMIDADE ATIVA. 1. O artigo 8º, inciso III, da Constituição da República, consagra hipótese de substituição processual ampla e irrestrita, uma vez que garante à entidade sindical a possibilidade de ingressar em juízo na defesa de direitos e interesses coletivos ou individuais da categoria que representa, consoante já expressado pelo Excelso Supremo Tribunal Federal, intérprete maior do texto constitucional. 2. Tal modalidade de substituição processual representa verdadeira garantia fundamental ao pleno acesso à Justiça, pois permite a judicialização de questões, muitas vezes, delicadas e existentes ainda no curso do contrato de trabalho, sem que o trabalhador tenha que figurar como autor da demanda ou assinar documentos que possibilitem sua imediata identificação, sem falar que produz real economia de recursos públicos, a efetivação do princípio da razoável duração do processo e uniformidade de decisões judiciais. 3. Portanto, os Sindicatos possuem legitimidade ativa para postularem, como substitutos processuais, direitos individuais homogêneos e heterogêneos, sem restrições e de forma ampla.

SÚMULA TRT5 Nº 0047

INCIDENTE DE UNIFORMIZAÇÃO DE JURISPRUDÊNCIA. PENHORA DE SALÁRIOS E OUTROS PROVENTOS. INTERPRETAÇÃO DO ART. 833-IV E § 2º C/C ART. 529, § 3º,

DO CPC/2015. POSSIBILIDADE. PENHORA LIMITADA A 20% DOS GANHOS LÍQUIDOS MENSAIS DO DEVEDOR. Com fundamento no art. 833, IV e § 2º, art. 529, § 3º, ambos do CPC/2015, é possível a penhora de "vencimentos", "subsídios", "soldos", "salários", "remunerações", "proventos de aposentadoria", "pensões", "pecúlios", "montepios", "bem como as quantias recebidas por liberalidade de terceiro e destinadas ao sustento do devedor e de sua família, os ganhos de trabalhador autônomo e os honorários de profissional liberal", para pagamento de débitos trabalhistas de natureza alimentar, desde que não ultrapasse 20% dos ganhos líquidos mensais do executado.

SÚMULA TRT5 Nº 0050

PROCESSO JUDICIAL ELETRÔNICO – PJe-JT. REVELIA. DOCUMENTOS COLACIONADOS AOS AUTOS ANTES DA AUDIÊNCIA INAUGURAL POR RECLAMADO REVEL. ATRIBUIÇÃO DE VALOR PROBATÓRIO. POSSIBILIDADE. No processo eletrônico, os documentos colacionados antes da audiência inaugural, mesmo quando o réu é declarado revel, devem ser conhecidos, cabendo ao juiz condutor do processo avaliar o valor probante dos mesmos, após a manifestação da parte contrária.

SÚMULA TRT5 Nº 0058

JUSTIÇA GRATUITA. PROVA. ART. 99, § 3º, CPC/15. Seja qual for a sua natureza jurídica, tenha ou não fins lucrativos ou ainda que seja entidade filantrópica, para concessão à pessoa jurídica dos benefícios da justiça gratuita não basta a mera declaração de que não possui condições econômico financeiras para arcar com as despesas processuais.

SÚMULA TRT5 Nº 0068 TERMO INICIAL DA PRESCRIÇÃO. ACIDENTE DE TRABALHO.

SÚMULA Nº 230 DO STF. SÚMULA Nº 278 DO STJ. A contagem do prazo prescricional da pretensão à indenização pelos danos decorrentes do acidente do trabalho somente se inicia a partir da ciência inequívoca da incapacidade laboral, isto é, quando o lesionado tiver conhecimento do exame da perícia, realizada em procedimento (judicial ou extrajudicial) em contraditório, que atesta a existência da enfermidade ou declara a natureza da incapacidade vinculada à causa de pedir e pedido da petição inicial, salvo se houver sido concedida aposentadoria por invalidez decorrente de acidente de trabalho, quando então a contagem do prazo prescricional se dará a partir da data desta concessão.

SÚMULA TRT5 Nº 0072

PREPOSTO. CONDIÇÃO DE EMPREGADO. INEXIGÊNCIA. É facultado a todo empregador fazer-se substituir ou representar, perante a Justiça do Trabalho, por terceiros que conheçam dos fatos, independentemente do preposto manter vínculo de emprego ou societário com o preponente. Exegese literal do art. 843, §1º da CLT.

SÚMULA TRT5 Nº 0074

INFRAERO. INFORMAÇÃO PADRONIZADA Nº 320/DARH/2004. NORMA INTERNA. PROGRESSÃO FUNCIONAL ESPECIAL. ALTERAÇÃO DO PACTUADO. INCIDÊNCIA DA SÚMULA Nº 294 DO TST. PRESCRIÇÃO TOTAL. Em se tratando de diferenças salariais decorrentes de progressão funcional especial fundamentadas na norma interna Nº 320/DARH/2004 da INFRAERO, revogada em 2008 pelo Ato Administrativo nº 2.959/PR/2008, a prescrição aplicável é total, com prazo quinquenal a fluir da data em que ocorreu a alteração, respeitado o biênio após a ruptura do contrato de trabalho, conforme entendimento cristalizado na Súmula 294 do c. TST.

SÚMULA TRT5 Nº 0076

TERCEIRIZAÇÃO. RESPONSABILIDADE SUBSIDIÁRIA. NEGATIVA DE PRESTAÇÃO DE SERVIÇOS. Mesmo comprovada a contratação de empresa terceirizada, deve a parte reclamante comprovar a efetiva prestação de serviços em favor da tomadora, quando negado por esta o labor do trabalhador em seu favor, sem prejuízo da redistribuição do ônus da prova pelo juiz diante do caso concreto.

SÚMULA TRT5 Nº 0079

ASTREINTES. NATUREZA JURÍDICA. LIMITAÇÃO. ARTIGO 412 DO CÓDIGO CIVIL. ORIENTAÇÃO JURISPRUDENCIAL Nº 54 DA SBDI-1 DO TST. ARTIGOS 536, § 1º, 537, CAPUT E § 4º, DO NOVO CPC. A astreinte ou multa processual, por possuir natureza coercitiva, não se confunde com as perdas e danos, cuja finalidade é ressarcitória, nem com a cláusula penal, que deriva de negócio jurídico bilateral ou unilateral, não lhe sendo aplicável o disposto no art. 412 do Código Civil ou o entendimento constante da Orientação Jurisprudencial nº 54 da SBDI-1 do TST.

22. INSTRUÇÕES NORMATIVAS E ATOS EM GERAL DO TST EM MATÉRIA DE DIREITO PROCESSUAL DO TRABALHO

22.1. Instrução Normativa nº 38 do TST (de 2015)

Art. 1° As normas do Código de Processo Civil relativas ao julgamento dos recursos extraordinário e especial repetitivos aplicam-se, no que couber, ao recurso de revista e ao recurso de embargos repetitivos (CLT, artigos 894, II e 896 da CLT).

Art. 2° Havendo multiplicidade de recursos de revista ou de embargos para a Subseção de Dissídios Individuais I (SbDI-1) fundados em idêntica questão de direito, a questão poderá ser afetada a essa Subseção ou ao Tribunal Pleno, por decisão da maioria simples de seus membros, mediante requerimento de um dos Ministros que a compõem, considerando a relevância da matéria ou a existência de entendimentos divergentes entre os Ministros dessa Subseção ou das Turmas do Tribunal.

§ 1º O requerimento fundamentado de um dos Ministros da Subseção de Dissídios Individuais I de afetação da questão a ser julgada em incidente de recursos repetitivos deverá indicar um ou mais recursos de revista ou de embargos representativos da controvérsia e ser formulado por escrito diretamente ao Presidente da SbDI-1 ou, oralmente, em questão preliminar suscitada quando do julgamento de processo incluído na pauta de julgamentos da Subseção.

§ 2º De forma concorrente, quando a Turma do Tribunal Superior do Trabalho entender necessária a adoção do procedimento de julgamento de recursos de revista repetitivos, seu Presidente deverá submeter ao Presidente da Subseção de Dissídios Individuais I a proposta de afetação do recurso de revista, para os efeitos dos artigos 896-B e 896-C da CLT.

§ 3º O Presidente da Subseção submeterá a proposta de afetação ao colegiado, se formulada por escrito, no prazo máximo de 30 dias de seu recebimento, ou de imediato, se suscitada em questão preliminar, quando do julgamento de determinado processo pela SbDI-1, após o que:

I – acolhida a proposta, por maioria simples, o colegiado também decidirá se a questão será analisada pela própria SbDI-1 ou pelo Tribunal Pleno;

II – acolhida a proposta, a desistência da ação ou do recurso não impede a análise da questão objeto de julgamento de recursos repetitivos;

III – na hipótese do inciso I, o processo será distribuído a um relator e a um revisor do órgão jurisdicional correspondente, para sua tramitação nos termos do artigo 896-C da CLT;

IV – rejeitada a proposta, se for o caso, os autos serão devolvidos ao órgão julgador respectivo, para que o julgamento do recurso prossiga regularmente.

§ 4º Não será admitida sustentação oral versando, de forma específica, sobre a proposta de afetação.

§ 5º A critério do Presidente da Subseção, as propostas de afetação formuladas por escrito por um dos Ministros da Subseção de Dissídios Individuais I ou pelo Presidente de Turma do Tribunal Superior do Trabalho poderão ser apreciadas pela SbDI-1 por meio eletrônico, nos termos e para os efeitos do § 3º, I, deste artigo, do que serão as partes cientificadas pelo Diário da Justiça.

§ 6º Caso surja alguma divergência entre os integrantes do colegiado durante o julgamento eletrônico, este ficará imediatamente suspenso, devendo a proposta de afetação ser apreciada em sessão presencial.

Art. 3º O Presidente da Subseção de Dissídios Individuais I que afetar processo para julgamento sob o rito dos recursos repetitivos deverá expedir comunicação aos demais Presidentes de Turma, que poderão afetar outros processos sobre a questão para julgamento conjunto, a fim de conferir ao órgão julgador visão global da questão.

Art. 4º Somente poderão ser afetados recursos representativos da controvérsia que sejam admissíveis e que, a critério do relator do incidente de julgamento dos recursos repetitivos, contenham abrangente argumentação e discussão a respeito da questão a ser decidida.

Parágrafo único. O relator desse incidente não fica vinculado às propostas de afetação de que trata o artigo anterior, podendo recusá-las por desatenderem aos requisitos previstos no caput deste artigo e, ainda, selecionar outros recursos representativos da controvérsia.

Art. 5º Selecionados os recursos, o relator, na Subseção Especializada em Dissídios Individuais ou no Tribunal Pleno, constatada a presença do pressuposto do caput do art. 896-C da CLT, proferirá decisão de afetação, sempre fundamentada, na qual:

I – identificará com precisão a questão a ser submetida a julgamento;

II – poderá determinar a suspensão dos recursos de revista ou de embargos de que trata o § 5º do artigo 896-C da CLT;

III – poderá solicitar aos Tribunais Regionais do Trabalho informações a respeito da controvérsia, a serem prestadas no prazo de 15 (quinze) dias, e requisitar aos Presidentes ou Vice-Presidentes dos Tribunais Regionais do Trabalho a remessa de até dois recursos de revista representativos da controvérsia;

IV – concederá o prazo de 15 (quinze) dias para a manifestação escrita das pessoas, órgãos ou entidades interessados na controvérsia, que poderão ser admitidos como amici curiae.

V – informará aos demais Ministros sobre a decisão de afetação;

VI – poderá conceder vista ao Ministério Público e às partes, nos termos e para os efeitos do § 9º do artigo 896-C da CLT.

Art. 6º O Presidente do Tribunal Superior do Trabalho oficiará os Presidentes dos Tribunais Regionais do Trabalho, com cópia da decisão de afetação, para que suspendam os recursos de revista interpostos em casos idênticos aos afetados como recursos repetitivos e ainda não encaminhados a este Tribunal, bem como os recursos ordinários interpostos contra as sentenças proferidas em casos idênticos aos afetados como recursos repetitivos, até o pronunciamento definitivo do Tribunal Superior do Trabalho.

Art. 7º Caberá ainda ao Presidente do Tribunal de origem, caso receba a requisição de que trata o inciso III do artigo 5º desta Instrução Normativa, admitir até dois recursos representativos da controvérsia, os quais serão encaminhados ao Tribunal Superior do Trabalho.

Art. 8º Se, após receber os recursos de revista selecionados pelo Presidente ou Vice-Presidente do Tribunal Regional do Trabalho, não se proceder à sua afetação, o relator, no Tribunal Superior do Trabalho, comunicará o fato ao Presidente ou Vice-Presidente que os houver enviado, para que seja revogada a decisão de suspensão referida no artigo 896-C, § 4º, da CLT.

Art. 9º As partes deverão ser intimadas da decisão de suspensão de seu processo, a ser proferida pelo respectivo relator.

§ 1º A parte poderá requerer o prosseguimento de seu processo se demonstrar a intempestividade do recurso nele interposto ou a existência de distinção entre a questão de direito a ser decidida no seu processo e aquela a ser julgada sob o rito dos recursos repetitivos.

§ 2º O requerimento a que se refere o § 1º será dirigido:

I – ao juiz, se o processo sobrestado estiver em primeiro grau;

II – ao relator, se o processo sobrestado estiver no tribunal de origem;

III – ao relator do acórdão recorrido, se for sobrestado recurso de revista no tribunal de origem;

IV – ao relator, no Tribunal Superior do Trabalho, do recurso de revista ou de embargos cujo processamento houver sido sobrestado.

§ 3º A outra parte deverá ser ouvida sobre o requerimento, no prazo de cinco dias.

§ 4º Reconhecida a distinção no caso:

I – dos incisos I, II e IV do § 2º, o próprio juiz ou relator dará prosseguimento ao processo;

II – do inciso III do § 2º, o relator comunicará a decisão ao presidente ou ao vice-presidente que houver determinado o sobrestamento, para que este dê normal prosseguimento ao processo.

§ 5º A decisão que resolver o requerimento a que se refere o § 1º é irrecorrível de imediato, nos termos do artigo 893, § 1º, da CLT.

Art. 10. Para instruir o procedimento, pode o relator fixar data para, em audiência pública, ouvir depoimentos de pessoas com experiência e conhecimento na matéria, sempre que entender necessário o esclarecimento de questões ou circunstâncias de fato subjacentes à controvérsia objeto do incidente de recursos repetitivos.

§ 1º O relator poderá também admitir, tanto na audiência pública quanto no curso do procedimento, a manifestação, como amici curiae, de pessoas, órgãos ou entidades com interesse na controvérsia, considerando a relevância da matéria e assegurando o contraditório e a isonomia de tratamento.

§ 2º A manifestação de que trata o § 1º somente será admitida até a inclusão do processo em pauta.

Art. 11. Os recursos afetados deverão ser julgados no prazo de um ano e terão preferência sobre os demais feitos.

§ 1º Na hipótese de não ocorrer o julgamento no prazo de um ano a contar da publicação da decisão de que trata o artigo 5º desta Instrução Normativa, cessam automaticamente, em todo o território nacional, a afetação e a suspensão dos processos, que retomarão seu curso normal.

§ 2º Ocorrendo a hipótese do § 1º, é permitida, nos termos e para os efeitos do artigo 2º desta Instrução Normativa e do artigo 896-C da CLT, a formulação de outra proposta de afetação de processos representativos da controvérsia para instauração e julgamento de recursos repetitivos para ser apreciada e decidida pela SbDI-1 deste Tribunal.

Art. 12. O conteúdo do acórdão paradigma abrangerá a análise de todos os fundamentos da tese jurídica discutida, favoráveis ou contrários.

Parágrafo único. É vedado ao órgão colegiado decidir, para os fins do artigo 896-C da CLT, questão não delimitada na decisão de afetação.

Art. 13.Decidido o recurso representativo da controvérsia, os órgãos jurisdicionais respectivos declararão prejudicados os demais recursos versando sobre idêntica controvérsia ou os decidirão, aplicando a tese firmada.

Parágrafo único. Quando os recursos requisitados do Tribunal Regional do Trabalho contiverem outras questões além daquela que é objeto da afetação, caberá ao órgão jurisdicional competente, em acórdão específico para cada processo, decidir esta em primeiro lugar e depois as demais.

Art. 14. Publicado o acórdão paradigma:

I – o Presidente ou Vice -Presidente do Tribunal de origem negará seguimento aos recursos de revista sobrestados na origem, se o acórdão recorrido coincidir com a orientação do Tribunal Superior do Trabalho;

II – o órgão que proferiu o acórdão recorrido, na origem, reexaminará o processo de competência originária ou o recurso anteriormente julgado, na hipótese de o acórdão recorrido contrariar a orientação do Tribunal Superior do Trabalho;

III – os processos porventura suspensos em primeiro e segundo graus de jurisdição retomarão o curso para julgamento e aplicação da tese firmada pelo Tribunal Superior do Trabalho.

Art. 15. Para fundamentar a decisão de manutenção do entendimento, o órgão que proferiu o acórdão recorrido deverá demonstrar a existência de distinção, por se tratar de caso particularizado por hipótese fática distinta ou questão jurídica não examinada, a impor solução diversa.

§ 1º Na hipótese de que trata o caput deste artigo, o recurso de revista será submetido a novo exame de sua admissibilidade pelo Presidente ou Vice-Presidente do Tribunal Regional, retomando o processo o seu curso normal.

§ 2º Realizado o juízo de retratação, com alteração do acórdão divergente, o Tribunal de origem, se for o caso, decidirá as demais questões ainda não decididas, cujo enfrentamento se tornou necessário em decorrência da alteração.

§ 3º Quando for alterado o acórdão divergente na forma do § 1º e o recurso anteriormente interposto versar sobre outras questões, o Presidente ou Vice-Presidente do Tribunal Regional, independentemente de ratificação do recurso, procederá a novo juízo de admissibilidade, retomando o processo o seu curso normal.

Art. 16.A parte poderá desistir da ação em curso no primeiro grau de jurisdição, antes de proferida a sentença, se a questão nela discutida for idêntica à resolvida pelo recurso representativo da controvérsia.

§ 1º Se a desistência ocorrer antes de oferecida a defesa, a parte, se for o caso, ficará dispensada do pagamento de custas e de honorários de advogado.

§ 2º A desistência apresentada nos termos do caput deste artigo independe de consentimento do reclamado, ainda que apresentada contestação.

Art. 17.Caberá revisão da decisão firmada em julgamento de recursos repetitivos quando se alterar a situação econômica, social ou jurídica, caso em que será respeitada a segurança jurídica das relações firmadas sob a égide da decisão anterior, podendo o Tribunal Superior do Trabalho modular os efeitos da decisão que a tenha alterado.

Art. 18. Caso a questão afetada e julgada sob o rito dos recursos repetitivos também contenha questão constitucional, a decisão proferida pelo Tribunal Pleno não obstará o conhecimento de eventuais recursos extraordinários sobre a questão constitucional.

Art. 19. Aos recursos extraordinários interpostos perante o Tribunal Superior do Trabalho será aplicado o procedimento previsto no Código de Processo Civil para o julgamento dos recursos extraordinários repetitivos, cabendo ao Presidente do Tribunal Superior do Trabalho selecionar um ou mais recursos representativos da controvérsia e encaminhá-los ao Supremo Tribunal Federal, sobrestando os demais até o pronunciamento definitivo da Corte, na forma ali prevista.

Art. 20.Quando o julgamento dos embargos à SbDI-1 envolver relevante questão de direito, com grande repercussão social, sem repetição em múltiplos processos mas a respeito da qual seja conveniente a prevenção ou a composição de divergência entre as turmas ou os demais órgãos fracionários do Tribunal Superior do Trabalho, poderá a SbDI-1, por iniciativa de um de seus membros e após a aprovação da maioria de seus integrantes, afetar o seu julgamento ao Tribunal Pleno.

Parágrafo único. Aplica-se a este incidente, no que couber, o que esta Instrução Normativa dispõe sobre o incidente de julgamento de recursos repetitivos.

Art. 21. O Tribunal Superior do Trabalho deverá manter e dar publicidade às questões de direito objeto dos recursos repetitivos já julgados, pendentes de julgamento ou já reputadas sem relevância, bem como daquelas objeto das decisões proferidas por sua composição plenária, nos termos do § 13 do artigo 896 da CLT e do artigo 20 desta Instrução Normativa.

Parágrafo único. As decisões, organizadas por questão jurídica julgada, serão divulgadas, preferencialmente, na rede mundial de computadores e constarão do Banco Nacional de Jurisprudência Uniformizadora – BANJUR, instituído pelo artigo 7º da Instrução Normativa nº 37/2015, aprovada pela Resolução nº 195, de 02.03.2015, do Tribunal Superior do Trabalho.

Art. 22. Após a publicação da presente Instrução Normativa, ficam expressamente revogados os artigos 7º a 22 do Ato nº 491/SEGJUD.GP, de 23 de setembro de 2014.

22.2. Instrução Normativa nº 39 do TST (de 2016)

A Instrução Normativa Nº 39/2016 dispõe, de forma não exaustiva, sobre as normas do Código de Processo Civil de 2015 aplicáveis e inaplicáveis ao Processo do Trabalho.

Seguem os dispositivos da referida instrução.

Art. 1°. Aplica-se o Código de Processo Civil, subsidiária e supletivamente, ao Processo do Trabalho, em caso de omissão e desde que haja compatibilidade com as normas e princípios do Direito Processual do Trabalho, na forma dos arts. 769 e 889 da CLT e do art. 15 da Lei nº 13.105, de 17.03.2015.

§ 1º Observar-se-á, em todo caso, o princípio da irrecorribilidade em separado das decisões interlocutórias, de conformidade com o art. 893, § 1º da CLT e Súmula nº 214 do TST.

§ 2º O prazo para interpor e contra-arrazoar todos os recursos trabalhistas, inclusive agravo interno e agravo regimental, é de oito dias (art. 6º da Lei nº 5.584/70 e art. 893 da CLT), exceto embargos de declaração (CLT, art. 897-A).

Art. 2° Sem prejuízo de outros, não se aplicam ao Processo do Trabalho, em razão de inexistência de omissão ou por incompatibilidade, os seguintes preceitos do Código de Processo Civil:

I – art. 63 (modificação da competência territorial e eleição de foro);

II – art. 190 e parágrafo único (negociação processual);

III – art. 219 (contagem de prazos em dias úteis);

IV – art. 334 (audiência de conciliação ou de mediação);

V – art. 335 (prazo para contestação);

VI – art. 362, III (adiamento da audiência em razão de atraso injustificado superior a 30 minutos);

VII – art. 373, §§ 3º e 4º (distribuição diversa do ônus da prova por convenção das partes);

VIII – arts. 921, §§ 4º e 5º, e 924, V (prescrição intercorrente);

IX – art. 942 e parágrafos (prosseguimento de julgamento não unânime de apelação);

X – art. 944 (notas taquigráficas para substituir acórdão);

XI – art. 1010, § 3º(desnecessidade de o juízo a quo exercer controle de admissibilidade na apelação);

XII – arts. 1043 e 1044 (embargos de divergência);

XIII – art. 1070 (prazo para interposição de agravo).

Art. 3° Sem prejuízo de outros, aplicam-se ao Processo do Trabalho, em face de omissão e compatibilidade, os preceitos do Código de Processo Civil que regulam os seguintes temas:

I – art. 76, §§ 1º e 2º (saneamento de incapacidade processual ou de irregularidade de representação);

II – art. 138 e parágrafos (amicus curiae);

III – art. 139, exceto a parte final do inciso V (poderes, deveres e responsabilidades do juiz);

IV – art. 292, V (valor pretendido na ação indenizatória, inclusive a fundada em dano moral);

V – art. 292, § 3º (correção de ofício do valor da causa);

VI – arts. 294 a 311 (tutela provisória);

VII – art. 373, §§ 1º e 2º (distribuição dinâmica do ônus da prova);

VIII – art. 485, § 7º (juízo de retratação no recurso ordinário);

IX – art. 489 (fundamentação da sentença);

X – art. 496 e parágrafos (remessa necessária);

XI – arts. 497 a 501 (tutela específica);

XII – arts. 536 a 538 (cumprimento de sentença que reconheça a exigibilidade de obrigação de fazer, de não fazer ou de entregar coisa)

XIII – arts. 789 a 796 (responsabilidade patrimonial);

XIV – art. 805 e parágrafo único (obrigação de o executado indicar outros meios mais eficazes e menos onerosos para promover a execução);

XV – art. 833, incisos e parágrafos (bens impenhoráveis);

XVI – art. 835, incisos e §§ 1º e 2º (ordem preferencial de penhora);

XVII – art. 836, §§ 1º e 2º (procedimento quando não encontrados bens penhoráveis);

XVIII – art. 841, §§ 1º e 2º (intimação da penhora);

XIX – art. 854 e parágrafos (BacenJUD);

XX – art. 895 (pagamento parcelado do lanço);

XXI – art. 916 e parágrafos (parcelamento do crédito exequendo);

XXII – art. 918 e parágrafo único (rejeição liminar dos embargos à execução);

XXIII – arts. 926 a 928 (jurisprudência dos tribunais);

XXIV – art. 940 (vista regimental);

XXV – art. 947 e parágrafos (incidente de assunção de competência);

XXVI – arts. 966 a 975 (ação rescisória);

XXVII – arts. 988 a 993 (reclamação);

XXVIII- arts. 1013 a 1014 (efeito devolutivo do recurso ordinário – força maior)

XXIX – art. 1021 (salvo quanto ao prazo do agravo interno).

Art. 4° Aplicam-se ao Processo do Trabalho as normas do CPC que regulam o princípio do contraditório, em especial os artigos 9º e 10, no que vedam a decisão surpresa.

§ 1º Entende-se por "decisão surpresa" a que, no julgamento final do mérito da causa, em qualquer grau de jurisdição, aplicar fundamento jurídico ou embasar-se em fato não submetido à audiência prévia de uma ou de ambas as partes.

§ 2º Não se considera "decisão surpresa" a que, à luz do ordenamento jurídico nacional e dos princípios que informam o Direito Processual do Trabalho, as partes tinham obrigação de prever, concernente às condições da ação, aos pressupostos de admissibilidade de recurso e aos pressupostos processuais, salvo disposição legal expressa em contrário.

Art. 5° Aplicam-se ao Processo do Trabalho as normas do art. 356, §§ 1º a 4º, do CPC que regem o julgamento antecipado parcial do mérito, cabendo recurso ordinário de imediato da sentença.

Art. 6°Aplica-se ao Processo do Trabalho o incidente de desconsideração da personalidade jurídica regulado no Código de Processo Civil (arts. 133 a 137), assegurada a iniciativa também do juiz do trabalho na fase de execução (CLT, art. 878).

§ 1º Da decisão interlocutória que acolher ou rejeitar o incidente:

I – na fase de cognição, não cabe recurso de imediato, na forma do art. 893, § 1º da CLT;

II – na fase de execução, cabe agravo de petição, independentemente de garantia do juízo;

III – cabe agravo interno se proferida pelo Relator, em incidente instaurado originariamente no tribunal (CPC, art. 932, inciso VI).

§ 2º A instauração do incidente suspenderá o processo, sem prejuízo de concessão da tutela de urgência de natureza cautelar de que trata o art. 301 do CPC.

Art. 7° Aplicam-se ao Processo do Trabalho as normas do art. 332 do CPC, com as necessárias adaptações à legislação processual trabalhista, cumprindo ao juiz do trabalho julgar liminarmente improcedente o pedido que contrariar:

I – enunciado de súmula do Supremo Tribunal Federal ou do Tribunal Superior do Trabalho (CPC, art. 927, inciso V);

II – acórdão proferido pelo Supremo Tribunal Federal ou pelo Tribunal Superior do Trabalho em julgamento de recursos repetitivos (CLT, art. 896-B; CPC, art. 1046, § 4º);

III – entendimento firmado em incidente de resolução de demandas repetitivas ou de assunção de competência;

IV – enunciado de súmula de Tribunal Regional do Trabalho sobre direito local, convenção coletiva de trabalho, acordo coletivo de trabalho, sentença normativa ou regulamento empresarial de observância obrigatória em área territorial que não exceda à jurisdição do respectivo Tribunal (CLT, art. 896, "b", a contrario sensu).

Parágrafo único. O juiz também poderá julgar liminarmente improcedente o pedido se verificar, desde logo, a ocorrência de decadência.

Art. 8° Aplicam-se ao Processo do Trabalho as normas dos arts. 976 a 986 do CPC que regem o incidente de resolução de demandas repetitivas(IRDR).

§ 1º Admitido o incidente, o relator suspenderá o julgamento dos processos pendentes, individuais ou coletivos, que tramitam na Região, no tocante ao tema objeto de IRDR, sem prejuízo da instrução integral das causas e do julgamento dos eventuais pedidos distintos e cumulativos igualmente deduzidos em tais processos, inclusive, se for o caso, do julgamento antecipado parcial do mérito.

§ 2º Do julgamento do mérito do incidente caberá recurso de revista para o Tribunal Superior do Trabalho, dotado de efeito meramente devolutivo, nos termos dos arts. 896 e 899 da CLT.

§ 3º Apreciado o mérito do recurso, a tese jurídica adotada pelo Tribunal Superior do Trabalho será aplicada no território nacional a todos os processos, individuais ou coletivos, que versem sobre idêntica questão de direito.

Art. 9º O cabimento dos embargos de declaração no Processo do Trabalho, para impugnar qualquer decisão judicial, rege-se pelo art. 897-A da CLT e, supletivamente, pelo Código de Processo Civil (arts. 1022 a 1025; §§ 2º, 3º e 4º do art. 1026), excetuada a garantia de prazo em dobro para litisconsortes (§ 1º do art. 1023).

Parágrafo único. A omissão para fins do prequestionamento ficto a que alude o art. 1025 do CPC dá-se no caso de o Tribunal Regional do Trabalho, mesmo instado mediante embargos de declaração, recusar-se a emitir tese sobre questão jurídica pertinente, na forma da Súmula nº 297, item III, do Tribunal Superior do Trabalho.

Art. 10. Aplicam-se ao Processo do Trabalho as normas do parágrafo único do art. 932 do CPC, §§ 1º a 4º do art. 938 e §§ 2º e 7º do art. 1007.

Parágrafo único. Revogado

Art. 11. Não se aplica ao Processo do Trabalho a norma do art. 459 do CPC no que permite a inquirição direta das testemunhas pela parte (CLT, art. 820).

Art. 12. Aplica-se ao Processo do Trabalho o parágrafo único do art. 1034 do CPC. Assim, admitido o recurso de revista por um fundamento, devolve-se ao Tribunal Superior do Trabalho o conhecimento dos demais fundamentos para a solução apenas do capítulo impugnado.

Art. 13. Por aplicação supletiva do art. 784, I (art. 15 do CPC), o cheque e a nota promissória emitidos em reconhecimento de dívida inequivocamente de natureza trabalhista também são títulos extrajudiciais para efeito de execução perante a Justiça do Trabalho, na forma do art. 876 e segs. da CLT.

Art. 14. Não se aplica ao Processo do Trabalho o art. 165 do CPC, salvo nos conflitos coletivos de natureza econômica (Constituição Federal, art. 114, §§ 1º e 2º).

Art. 15. O atendimento à exigência legal de fundamentação das decisões judiciais (CPC, art. 489, § 1º) no Processo do Trabalho observará o seguinte:

I – por força dos arts. 332 e 927 do CPC, adaptados ao Processo do Trabalho, para efeito dos incisos V e VI do § 1º do art. 489 considera-se "precedente" apenas:

a) acórdão proferido pelo Supremo Tribunal Federal ou pelo Tribunal Superior do Trabalho em julgamento de recursos repetitivos (CLT, art. 896-B; CPC, art. 1046, § 4º);

b) entendimento firmado em incidente de resolução de demandas repetitivas ou de assunção de competência;

c) decisão do Supremo Tribunal Federal em controle concentrado de constitucionalidade;

d) tese jurídica prevalecente em Tribunal Regional do Trabalho e não conflitante com súmula ou orientação jurisprudencial do Tribunal Superior do Trabalho (CLT, art. 896, § 6º);

e) decisão do plenário, do órgão especial ou de seção especializada competente para uniformizar a jurisprudência do tribunal a que o juiz estiver vinculado ou do Tribunal Superior do Trabalho.

II – para os fins do art. 489, § 1º, incisos V e VI do CPC, considerar-se-ão unicamente os precedentes referidos no item anterior, súmulas do Supremo Tribunal Federal, orientação jurisprudencial e súmula do Tribunal Superior do Trabalho, súmula de Tribunal Regional do Trabalho não conflitante com súmula ou orientação jurisprudencial do TST, que contenham explícita referência aos fundamentos determinantes da decisão (ratio decidendi).

III – não ofende o art. 489, § 1º, inciso IV do CPC a decisão que deixar de apreciar questões cujo exame haja ficado prejudicado em razão da análise anterior de questão subordinante.

IV – o art. 489, § 1º, IV, do CPC não obriga o juiz ou o Tribunal a enfrentar os fundamentos jurídicos invocados pela parte, quando já tenham sido examinados na formação dos precedentes obrigatórios ou nos fundamentos determinantes de enunciado de súmula.

V – decisão que aplica a tese jurídica firmada em precedente, nos termos do item I, não precisa enfrentar os fundamentos já analisados na decisão paradigma, sendo suficiente, para fins de atendimento das exigências constantes no art. 489, § 1º, do CPC, a correlação fática e jurídica entre o caso concreto e aquele apreciado no incidente de solução concentrada.

VI – é ônus da parte, para os fins do disposto no art. 489, § 1º, V e VI, do CPC, identificar os fundamentos determinantes ou demonstrar a existência de distinção no caso em julgamento ou a superação do entendimento, sempre que invocar precedente ou enunciado de súmula.

Art. 16. Para efeito de aplicação do § 5º do art. 272 do CPC, não é causa de nulidade processual a intimação realizada na pessoa de advogado regularmente habilitado nos autos, ainda que conste pedido expresso para que as comunicações dos atos processuais sejam feitas em nome de outro advogado, se o profissional indicado não se encontra previamente cadastrado no Sistema de Processo Judicial Eletrônico, impedindo a serventia judicial de atender ao requerimento de envio da intimação direcionada. A decretação de nulidade não pode ser acolhida em favor da parte que lhe deu causa (CPC, art. 276).

Art. 17. Sem prejuízo da inclusão do devedor no Banco Nacional de Devedores Trabalhistas (CLT, art. 642-A), aplicam-se à execução trabalhista as normas dos artigos 495, 517 e 782, §§ 3º, 4º e 5º do CPC, que tratam respectivamente da hipoteca judiciária, do protesto de decisão judicial e da inclusão do nome do executado em cadastros de inadimplentes.

22.3. Instrução Normativa nº 40 do TST (de 2016)

Segue o teor da Instrução normativa nº 40 do TST que versa sobre o juízo de admissibilidade parcial.

Art. 1° Admitido apenas parcialmente o recurso de revista, constitui ônus da parte impugnar, mediante agravo de instrumento, o capítulo denegatório da decisão, sob pena de preclusão.(Artigo com vigência a partir de 15 de abril de 2016, conforme art. 3º desta Resolução)

§ 1º Se houver omissão no juízo de admissibilidade do recurso de revista quanto a um ou mais temas, é ônus da parte interpor embargos de declaração para o órgão prolator da decisão embargada supri-la (CPC, art. 1024, § 2º), sob pena de preclusão.

§ 2º Incorre em nulidade a decisão regional que se abstiver de exercer controle de admissibilidade sobre qualquer tema objeto de recurso de revista, não obstante interpostos embargos de declaração (CF/88, art. 93, inciso IX e § 1º do art. 489 do CPC de 2015).

§ 3º No caso do parágrafo anterior, sem prejuízo da nulidade, a recusa do Presidente do Tribunal Regional do Trabalho a emitir juízo de admissibilidade sobre qualquer tema equivale à decisão denegatória. É ônus da parte, assim, após a intimação da decisão dos embargos de declaração, impugná-la mediante agravo de instrumento (CLT, art. 896, § 12), sob pena de preclusão.

§ 4º Faculta-se ao Ministro Relator, por decisão irrecorrível (CLT, art. 896, § 5º, por analogia), determinar a restituição do agravo de instrumento ao Presidente do Tribunal Regional do Trabalho de origem para que complemente o juízo de admissibilidade, desde que interpostos embargos de declaração.

Art. 2° Após a vigência do Código de Processo Civil de 2015, subsiste o Incidente de Uniformização de Jurisprudência da CLT (art. 896, §§ 3º, 4º, 5º e 6º), observado o procedimento previsto no regimento interno do Tribunal Regional do Trabalho

Art. 3° A presente instrução normativa vigerá a partir de sua publicação, exceto o art. 1º, que vigorará a partir de 15 de abril de 2016.

22.4. Instrução Normativa nº 41, do TST (de 2018)

Segue teor da Instrução Normativa nº 41 do TST, que versa sobre a aplicação das normas processuais da Consolidação das Leis do Trabalho alteradas pela Lei nº 13.467, de 13 de julho de 2017

Art. 1° A aplicação das normas processuais previstas na Consolidação das Leis do Trabalho, alteradas pela Lei nº 13.467, de 13 de julho de 2017, com eficácia a partir de 11 de novembro de 2017, é imediata, sem atingir, no entanto, situações pretéritas iniciadas ou consolidadas sob a égide da lei revogada.

Art. 2° O fluxo da prescrição intercorrente conta-se a partir do descumprimento da determinação judicial a que alude o § 1º do art. 11-A da CLT, desde que feita após 11 de novembro de 2017 (Lei nº 13.467/2017).

Art. 3º A obrigação de formar o litisconsórcio necessário a que se refere o art. 611-A, § 5º, da CLT dar-se-á nos processos iniciados a partir de 11 de novembro de 2017 (Lei nº 13.467/2017).

Art. 4º O art. 789, caput, da CLT aplica-se nas decisões que fixem custas, proferidas a partir da entrada em vigor da Lei nº 13.467/2017.

Art. 5º O art. 790-B, caput e §§ 1º a 4º, da CLT, não se aplica aos processos iniciados antes de 11 de novembro de 2017 (Lei nº 13.467/2017).

Art. 6º Na Justiça do Trabalho, a condenação em honorários advocatícios sucumbenciais, prevista no art. 791-A, e parágrafos, da CLT, será aplicável apenas às ações propostas após 11 de novembro de 2017 (Lei nº 13.467/2017). Nas ações propostas anteriormente, subsistem as diretrizes do art. 14 da Lei nº 5.584/1970 e das Súmulas nos 219 e 329 do TST.

Art. 7º Os arts. 793-A, 793-B e 793-C, § 1º, da CLT têm aplicação autônoma e imediata.

Art. 8º A condenação de que trata o art. 793-C, caput, da CLT, aplica-se apenas às ações ajuizadas a partir de 11 de novembro de 2017 (Lei nº 13.467/2017).

Art. 9º O art. 793-C, §§ 2º e 3º, da CLT tem aplicação apenas nas ações ajuizadas a partir de 11 de novembro de 2017 (Lei nº 13.467/2017).

Art. 10. O disposto no caput do art. 793-D será aplicável às ações ajuizadas a partir de 11 de novembro de 2017 (Lei nº 13.467/2017). Parágrafo único. Após a colheita da prova oral, a aplicação de multa à testemunha dar-se-á na sentença e será precedida de instauração de incidente mediante o qual o juiz indicará o ponto ou os pontos controvertidos no depoimento, assegurados o contraditório, a defesa, com os meios a ela inerentes, além de possibilitar a retratação.

Art. 11. A exceção de incompetência territorial, disciplinada no art. 800 da CLT, é imediatamente aplicável aos processos trabalhistas em curso, desde que o recebimento da notificação seja posterior a 11 de novembro de 2017 (Lei 13.467/2017).

Art. 12. Os arts. 840 e 844, §§ 2º, 3º e 5º, da CLT, com as redações dadas pela Lei nº 13.467, de 13 de julho de 2017, não retroagirão, aplicando-se, exclusivamente, às ações ajuizadas a partir de 11 de novembro de 2017.

§ 1º Aplica-se o disposto no art. 843, § 3º, da CLT somente às audiências trabalhistas realizadas após 11 de novembro de 2017.

§ 2º Para fim do que dispõe o art. 840, §§ 1º e 2º, da CLT, o valor da causa será estimado, observando-se, no que couber, o disposto nos arts. 291 a 293 do Código de Processo Civil.

§ 3º Nos termos do art. 843, § 3º, e do art. 844, § 5º, da CLT, não se admite a cumulação das condições de advogado e preposto.

Art. 13. A partir da vigência da Lei nº 13.467/2017, a iniciativa do juiz na execução de que trata o art. 878 da CLT e no incidente de desconsideração da personalidade jurídica a que alude o art. 855-A da CLT ficará limitada aos casos em que as partes não estiverem representadas por advogado.

Art. 14. A regra inscrita no art. 879, § 2º, da CLT, quanto ao dever de o juiz conceder prazo comum de oito dias para impugnação fundamentada da conta de liquidação, não se aplica à liquidação de julgado iniciada antes de 11 de novembro de 2017.

Art. 15. O prazo previsto no art. 883-A da CLT, para as medidas de execução indireta nele especificadas, aplica-se somente às execuções iniciadas a partir de 11 de novembro de 2017.

Art. 16. O art. 884, § 6º, da CLT aplica-se às entidades filantrópicas e seus diretores, em processos com execuções iniciadas após 11 de novembro de 2017.

Art. 17. O incidente de desconsideração da personalidade jurídica, regulado pelo CPC (artigos 133 a 137), aplica-se ao processo do trabalho, com as inovações trazidas pela Lei nº 13.467/2017.

Art. 18. O dever de os Tribunais Regionais do Trabalho uniformizarem a sua jurisprudência faz incidir, subsidiariamente ao processo do trabalho, o art. 926 do CPC, por meio do qual os Tribunais deverão manter sua jurisprudência íntegra, estável e coerente.

§ 1º Os incidentes de uniformização de jurisprudência suscitados ou iniciados antes da vigência da Lei nº 13.467/2017, no âmbito dos Tribunais Regionais do Trabalho ou por iniciativa de decisão do Tribunal Superior do Trabalho, deverão observar e serão concluídos sob a égide da legislação vigente ao tempo da interposição do recurso, segundo o disposto nos respectivos Regimentos Internos.

§ 2º Aos recursos de revista e de agravo de instrumento no âmbito do Tribunal Superior do Trabalho, conclusos aos relatores e ainda não julgados até a edição da Lei nº 13.467/17, não se aplicam as disposições contidas nos §§ 3º a 6º do artigo 896 da Consolidação das Leis do Trabalho.

§ 3º As teses jurídicas prevalecentes e os enunciados de Súmulas decorrentes do julgamento dos incidentes de uniformização de jurisprudência suscitados ou iniciados anteriormente à edição da Lei nº 13.467/2017, no âmbito dos Tribunais Regionais do Trabalho, conservam sua natureza vinculante à luz dos arts. 926, §§ 1º e 2º, e 927, III e V, do CPC.

Art. 19. O exame da transcendência seguirá a regra estabelecida no art. 246 do Regimento Interno do Tribunal Superior do Trabalho, incidindo apenas sobre os acórdãos proferidos pelos Tribunais Regionais do Trabalho publicados a partir de 11 de novembro de 2017, excluídas as decisões em embargos de declaração.

Art. 20. As disposições contidas nos §§ 4º, 9º, 10 e 11 do artigo 899 da CLT, com a redação dada pela Lei nº 13.467/2017, serão observadas para os recursos interpostos contra as decisões proferidas a partir de 11 de novembro de 2017.

Art. 21. Esta Instrução Normativa entrará em vigor na data da sua publicação. Ficam revogados os art. 2º, VIII, e 6º da Instrução Normativa nº 39/2016 do TST.

23 PRECEDENTES OBRIGATÓRIOS E SÚMULAS VINCULANTES DO SUPREMO TRIBUNAL FEDERAL RELATIVAS AO DIREITO PROCESSUAL DO TRABALHO.

As principais súmulas vinculantes do STF foram analisadas nos tópicos anteriores.

Direito Civil

Plínio Moura

EDITAL SISTEMATIZADO (Nº 01/2022 – TRT5/BA, PUBLICADO EM 16.09.22) – BANCA FCC:

ATENÇÃO: a obra é dedicada exclusivamente para o conteúdo programático constante no Anexo II, referente ao cargo de **ANALISTA JUDICIÁRIO – ÁREA JUDICIÁRIA (código 015)**

DISCIPLINA: DIREITO CIVIL:

Itens do Edital – Anexo II (Analista Judiciário – Área Judiciária – TRT5-BA)	Tópico do Livro
Da Pessoa Natural. Personalidade e Capacidade. Direitos da Personalidade.	Capítulo 1
Da Pessoa Jurídica.	Capítulo 2
Domicílio.	Capítulo 3
Dos Bens públicos: classificação, afetação e desafetação.	Capítulo 4
Do Negócio Jurídico: Conceito. Classificação. Elementos essenciais gerais. Elementos acidentais (condição, termo, encargo). Defeitos do negócio jurídico (erro ou ignorância, dolo, coação, estado de perigo, lesão, fraude contra credores), invalidade do negócio jurídico.	Capítulo 5
Do Direito das Obrigações.	Capítulo 6
Dos vícios redibitórios e da Evicção.	Capítulo 7
Da responsabilidade civil.	Capítulo 8
Direito das coisas. Posse. Teorias da posse. Conceito, classificação, aquisição, efeitos, proteção e perda da posse. Função social da posse. Teorias da função social da posse. Conceito, conteúdo e concretização da função social da posse. Função socioambiental da posse.	Capítulo 9
Direitos reais. Propriedade. Conceito, classificação, aquisição, proteção e perda da propriedade. Função social da propriedade: conceito, conteúdo e concretização da função social da propriedade. Propriedade resolúvel.	Capítulo 10
Direitos de vizinhança.	Capítulo 11
Condomínio geral. Condomínio edilício.	Capítulo 12
Direitos reais sobre coisa alheia. Superfície. Servidões. Uso. Usufruto. Habitação.	Capítulo 13
Direitos reais em garantia. Penhor. Hipoteca. Propriedade fiduciária.	Capítulo 14
Direito real à aquisição. Direito do promitente comprador. Compromisso de venda e compra. Adjudicação compulsória.	Capítulo 15
Esponsais. Casamento heteroafetivo e homoafetivo: capacidade, impedimentos, causas suspensivas, habilitação, celebração, eficácia, direitos e deveres. Invalidade do casamento, separação e divórcio.	Capítulo 16
Direito patrimonial. Regime de bens: espécies. Pacto antenupcial. Meação e sucessão do cônjuge. Usufruto e administração de bens de filhos incapazes. Bem de família.	Capítulo 17

Itens do Edital – Anexo II (Analista Judiciário – Área Judiciária – TRT5-BA)	Tópico do Livro
União estável heteroafetiva e homoafetiva. Aspectos constitucionais. Características, estado, impedimentos, direitos, deveres e efeitos patrimoniais. Regime de bens, meação e sucessão do companheiro. Uniões estáveis concomitantes. Concubinato.	Capítulo 18
Sucessão. Disposições gerais. Herança. Vocação hereditária. Aceitação e renúncia. Exclusão da sucessão. Herança jacente. Herança vacante. Sucessão legítima e sucessão testamentária. Inventário e partilha. Arrolamentos. Alvarás judiciais. Partilha de bens e direitos.	Capítulo 19

CAPÍTULO 1. PESSOAS NATURAIS

EDITAL: DA PESSOA NATURAL. PERSONALIDADE E CAPACIDADE. DIREITOS DA PERSONALIDADE.

A Pessoa Natural, Humana ou Física é o ser humano, o ente individual. Neste tópico, serão explorados os temas indicados no Edital, ou seja, a Personalidade Jurídica, a Capacidade Jurídica e os Direitos da Personalidade.

1.1. PERSONALIDADE JURÍDICA X CAPACIDADE JURÍDICA – INÍCIO DA EXISTÊNCIA HUMANA.

O Candidato deve estar seguro das diferenças entre os dois temas, especialmente quanto às denominações que podem aparecer na prova, conforme quadro a seguir:

PERSONALIDADE JURÍDICA	CAPACIDADE JURÍDICA
Aptidão geral para ser sujeito de direitos e deveres que <u>toda</u> pessoa tem (art. 1°, do CC). Soma dos caracteres corpóreos e incorpóreos (sociais), inerentes ao ser humano.	É o atributo específico de cada pessoa, que tem personalidade jurídica, porém nem sempre pode praticar os atos da vida civil por si só, necessitando de representação ou assistência de um "intermediário".
Nomenclatura: também denominada de *personalidade civil (art. 2°, do CC); capacidade de direito (art. 1°, do CC), capacidade de gozo e de aquisição.*	Nomenclatura: também denominada de *capacidade civil, capacidade de fato e capacidade de exercício.*

1.1.1. Início da Personalidade Jurídica e da Existência Humana – Teorias Históricas e Regra Geral:

Historicamente, foram desenvolvidas três teorias no direito civil que trazem diferentes soluções para o problema da demarcação do início da existência da pessoa humana e a consequente aquisição da personalidade jurídica:

a Natalista: A aquisição da personalidade se dá a partir do nascimento com vida. *Embora o Código Civil afirme que a Personalidade Civil é adquirida a partir do nascimento com vida, concede, ao mesmo tempo, direitos ao nascituro, demonstrando que esta teoria não foi integralmente adotada pelo ordenamento jurídico brasileiro;*

b) Concepcionista: A aquisição da personalidade se dá a partir da concepção. Dessa forma o nascituro teria personalidade jurídica plena. *A lei reconhece direitos ao nascituro, mas só afirma personalidade civil (completa) a partir do nascimento com vida, demonstrando que esta teoria não foi integralmente adotada pelo ordenamento jurídico brasileiro;*

c) Personalidade Condicionada: A aquisição da personalidade se dá com a concepção, mas fica sob condição suspensiva até que ocorra o nascimento com vida. *Como o Código Civil não admite condição legal, mas apenas a convencional (art. 121), essa teoria não é compatível com a legislação, até mesmo pela incompatibilidade com a redação do art. 2°, do CC.*

Diante da controvérsia, o Código Civil de 1916 adotou uma regra que aparenta ser natalista, mas tem características concepcionistas, ao reconhecer direitos ao nascituro. O Código Civil de 2002 manteve praticamente a mesma redação, conforme se observa do art. 2°, abaixo transcrito:

> Art. 2º: *a personalidade civil da pessoa começa do nascimento com vida; mas a lei põe a salvo, desde a concepção, os direitos do nascituro.*

Veja-se que a regra tem um caráter relativamente dúbio, pois defende o início da personalidade a partir do nascimento com vida, mas deixa ressalvados os direitos do nascituro, o que indica a presença de uma série de direitos já na fase uterina do desenvolvimento humano.

1.1.2. Interpretação do Art. 2º e os direitos do nascituro:

Diante da redação do art. 2º, do CC, *prevalece o entendimento de que o nascituro tem* ***Personalidade Formal*** *(direitos extrapatrimoniais), ainda que não possua* ***Personalidade Material*** *(direitos patrimoniais)*. Logo, é a partir do nascimento que se adquire *Personalidade Plena*.

Estaria o Nascituro, portanto, em uma situação intermediária, entre as teorias natalista e concepcionista, pois não tem todos os direitos de uma pessoa humana com personalidade jurídica completa, mas já é sujeito de diversos direitos, especialmente de natureza extrapatrimonial. Seguem os exemplos de direitos já reconhecidos ao nascituro, na lei, na jurisprudência, ou de forma majoritária na doutrina:

a) Direito à vida (arts. 124-127, do CP – crime de aborto);

b) Direito à saúde e integridade física (arts. 7º e 8º, do ECA);

c) Direito a alimentos gravídicos, cujo titular é o nascituro (Lei 11.804/08);

d) Direito, quanto ao Seguro DPVAT, a indenização por morte, no caso de aborto provocado por acidente automobilístico (STJ – Informativo n. 547 – REsp 1415727 / SC);

e) Direito ao conhecimento da origem genética (STF – RCL 2040);

f) Direito a danos morais por homicídio do pai (STJ – REsp 399.029/SP);

g) Direito a nome, imagem e sepultura, ainda que natimorto (Enunciado n. 01, JDC/CJF).

 # DICAS importantes:

a) CONCEPTURO: Não há concepção ainda. O CC prevê a possibilidade da "prole eventual" ser beneficiária de testamento, se as pessoas indicadas pelo testador vierem a conceber o herdeiro no prazo de 02 anos a partir da abertura da sucessão (arts. 1799-1800);

b) NASCITURO: Ser concebido, com vida intrauterina. Como visto, é titular de diversos direitos da personalidade que lhe são compatíveis (personalidade formal);

c) NATIMORTO: Nascituro que não chegou a nascer com vida. Ainda assim, como houve um período de vida intrauterina, tem direito a nome, imagem e sepultura, conforme Enunciado n. 01, JDC/CJF;

d) EMBRIÃO: É o ser concebido fora do útero, através de técnicas como a Fertilização *in vitro* (FIV). Após implantado no útero da futura mãe, não há mais distinção com o nascituro. Antes de implantado, ainda assim possui proteção jurídica, só sendo possível o descarte ou utilização para pesquisas quando inviáveis ou depois de 03 anos de congelamento, com autorização dos genitores (art. 5º, da Lei 11.105). Frise-se que o dispositivo foi considerado constitucional pelo STF (ADI 3510).

1.2. CAPACIDADE CIVIL – AS INCAPACIDADES E A EMANCIPAÇÃO.

Veja-se que todas as pessoas físicas possuem personalidade jurídica (art. 1º), e que esta personalidade é adquirida plenamente a partir do nascimento com vida, ressalvados, ainda, os direitos do nascituro desde a concepção (art. 2º).

Acontece que, embora a regra é que as pessoas também possuam capacidade jurídica, ou seja, a maturidade para exercer seus direitos, o Código Civil destaca as exceções residuais – situações em que as pessoas têm limitações à capacidade (art. 4º) e a situação em que a pessoa se encontra sem capacidade (art. 3º). A Teoria das Capacidades, no ordenamento jurídico brasileiro, passou por importante atualização, a partir da entrada em vigor da Convenção sobre os Direitos da Pessoa com Deficiência (Decreto n. 6.949/09) e da Lei n. 13.146/15, o Estatuto da Pessoa com Deficiência, que busca promover a autonomia e autodeterminação da pessoa com deficiência.

Assim, o CC define os incapazes, num juízo de exclusão lógica, dividindo-os entre Absolutamente Incapazes e Relativamente Incapazes, conforme quadro a seguir:

ABSOLUTAMENTE INCAPAZES	RELATIVAMENTE INCAPAZES
Art. 3° São absolutamente incapazes de exercer pessoalmente os atos da vida civil os menores de 16 (dezesseis) anos.	Art. 4° São incapazes, relativamente a certos atos ou à maneira de os exercer: I – os maiores de dezesseis e menores de dezoito anos; II – os ébrios habituais e os viciados em tóxico; III – aqueles que, por causa transitória ou permanente, não puderem exprimir sua vontade; IV – os pródigos. Parágrafo único. A capacidade dos indígenas será regulada por legislação especial.
Serão *representados* para atos civis	Serão *assistidos* na prática dos atos da vida civil

Por último, é preciso lembrar que a pessoa adquire capacidade, pelo critério de idade, aos 18 anos, mas é possível a EMANCIPAÇÃO (art. 5º), antes dos 18 anos, nas seguintes hipóteses:

Voluntária	Quando o menor conta com, no mínimo, 16 anos + os pais concedem em comum acordo (ou um deles, na falta do outro) + através de instrumento público + que deve ser levado a registro (art. 9°, II), independentemente de homologação judicial;

Judicial	Quando o menor conta com, no mínimo, 16 anos + os pais não chegam a um consenso ou o menor vive sob tutela (o tutor não pode conceder a voluntária) + é necessária uma decisão judicial + que deve ser levada a registro (art. 9°, II);
Legal	Ocorre automaticamente, independente de registro, sentença ou instrumento público, nas hipóteses previstas no art. 5°, parágrafo único, incisos II a V: *II – pelo casamento;* *III – pelo exercício de emprego público efetivo;* *IV – pela colação de grau em curso de ensino superior;* *V – pelo estabelecimento civil ou comercial, ou pela existência de relação de emprego, desde que, em função deles, o menor com dezesseis anos completos que tenha economia própria.*

1.3. DIREITOS DA PERSONALIDADE.

Os Direitos da Personalidade formam um grupo especial, com a finalidade de proteger os atributos físicos, psíquicos e morais da pessoa. São direitos que decorrem do Princípio da **Dignidade da Pessoa Humana (art. 3º, I, da CF)**, valor que tutela as projeções físicas e psíquicas do sujeito em sua individualidade. Observando as disposições exemplificativas do Código Civil acerca dos Direitos da Personalidade (art. 11 a 21), pode-se apresentar o seguinte esquema de estudo:

Características	*Art. 11.* ***Com exceção dos casos previstos em lei****, os direitos da personalidade são* ***intransmissíveis*** *e* ***irrenunciáveis, não podendo o seu exercício sofrer limitação voluntária****.* * Obs.: Outras CARACTERÍSTICAS: a) <u>absolutismo</u>: são oponíveis contra todos (*erga omnes*); b) <u>generalidade</u>: os direitos da personalidade são outorgados a todas as pessoas – direito *inato;* c) <u>extrapatrimonialidade</u>; os direitos da personalidade estão FORA DO COMÉRCIO, pois não possuem conteúdo patrimonial direto. Alguns direitos, porém, admitem *repercussões patrimoniais*, como os direitos autorais; e) <u>imprescritibilidade</u>: não há prazo para seu exercício, não se extinguindo pelo não uso; f) <u>impenhorabilidade</u>: os direitos da personalidade não são passíveis de penhora; g) <u>perpetuidade ou vitaliciedade</u>: são permanentes, cessando apenas com a morte; h) <u>atipicidade</u>: o rol do CC é exemplificativo, e nenhuma lei disciplina todos os direitos da personalidade, até mesmo porque derivam da cláusula geral da dignidade da pessoa humana e evoluem com o tempo.
Tutela Judicial – Inibitória e Reparatória	*Art. 12. Pode-se exigir que* ***cesse a ameaça, ou a lesão****, a direito da personalidade, e* ***reclamar perdas e danos****, sem prejuízo de outras sanções previstas em lei.* *Parágrafo único. Em se tratando de* ***morto, terá legitimação para requerer a medida prevista neste artigo o cônjuge sobrevivente, ou qualquer parente em linha reta, ou colateral até o quarto grau****.* * Obs.: Tutela dos Direitos da Personalidade: I – São 03 tipos de tutela: a) Cessar a ameaça (prevenir danos); b) Cessar a lesão (parar o dano); c) Perdas e danos (reparar / indenizar o prejuízo – o dano material, moral ou estético).

Tutela Judicial – Inibitória e Reparatória	II – Legitimidade para pedir essas três tutelas quando a ofensa se dirige ao morto: a) Cônjuge (ou companheiro) sobrevivente; b) Linha Reta – Ascendentes (pais, avós, bisavós...) e Descendentes (filhos, netos, bisnetos...); c) Linha Colaterais até o 4º Grau: Irmãos (2º grau); Tios e sobrinhos (3º grau); Primos, sobrinhos netos, tios-avós (4º grau).
Proteção da Integridade do Corpo – Física	*Art. 13. Salvo por exigência médica, é defeso o ato de disposição do próprio corpo, quando importar diminuição permanente da integridade física, ou contrariar os bons costumes.* *Parágrafo único. O ato previsto neste artigo será admitido para fins de transplante, na forma estabelecida em lei especial.* *Art. 14. É válida, com objetivo científico, ou altruístico, a disposição gratuita do próprio corpo, no todo ou em parte, para depois da morte.* *Parágrafo único. O ato de disposição pode ser livremente revogado a qualquer tempo.* *Art. 15. Ninguém pode ser constrangido a submeter-se, com risco de vida, a tratamento médico ou a intervenção cirúrgica.* * Obs.: Tais regras gerais devem ser analisadas sob o prisma dos Princípios Constitucionais que as orientam, como por exemplo, no que se refere à exigência médica para qualquer intervenção que implique em diminuição do corpo, nos termos da doutrina pacificada: *# Enunciado n. 6, JDC/CJF: A expressão "exigência médica" contida no art. 13 refere-se tanto ao bem-estar físico quanto ao bem-estar psíquico do disponente.* *# Enunciado n. 276, JDC/CJF: O art. 13 do Código Civil, ao permitir a disposição do próprio corpo por exigência médica, autoriza as cirurgias de transgenitalização, em conformidade com os procedimentos estabelecidos pelo Conselho Federal de Medicina, e a consequente alteração do prenome e do sexo no Registro Civil.* *# Enunciado n. 403, JDC/CJF: O Direito à inviolabilidade de consciência e de crença, previsto no art. 5º, VI, da Constituição Federal, aplica-se também à pessoa que se nega a tratamento médico, inclusive transfusão de sangue, com ou sem risco de morte, em razão do tratamento ou da falta dele, desde que observados os seguintes critérios:* *a) capacidade civil plena, excluído o suprimento pelo representante ou assistente;* *b) manifestação de vontade livre, consciente e informada; e* *c) oposição que diga respeito exclusivamente à própria pessoa do declarante.*
Proteção do Nome	*Art. 16. Toda pessoa tem direito ao nome, nele compreendidos o **prenome** e o **sobrenome**.* *Art. 17. O nome da pessoa **não** pode ser empregado por outrem em **publicações ou representações** que a exponham ao desprezo público, **ainda quando não haja intenção difamatória**.* *Art. 18. **Sem autorização, não** se pode usar o nome alheio em **propaganda comercial**.* *Art. 19. O **pseudônimo** adotado para atividades lícitas **goza da proteção que se dá ao nome**.* * Obs.: Avançando sobre a temática das pessoas transgênero, merece realce o recente posicionamento do STF acerca da alteração do PRENOME e do GÊNERO no Registro Civil. Em 01.03.2018, foi publicado o julgado do STF que apreciou a **ADI 4275**, firmando a seguinte tese: "A pessoa transgênero que comprove sua identidade de gênero dissonante daquela que lhe foi designada ao nascer por autoidentificação firmada em declaração escrita desta sua vontade dispõe do direito fundamental subjetivo à alteração do prenome e da classificação de gênero no registro civil pela via administrativa ou judicial, independentemente de procedimento cirúrgico e laudos de terceiros, por se tratar de tema relativo ao direito fundamental ao livre desenvolvimento da personalidade.".

Proteção da Imagem	*Art. 20. Salvo se autorizadas, ou se necessárias à administração da justiça ou à manutenção da ordem pública, a divulgação de escritos, a transmissão da palavra, ou a publicação, a exposição ou a utilização da* ***imagem*** *de uma pessoa poderão ser proibidas, a seu requerimento e sem prejuízo da indenização que couber, se lhe atingirem a honra, a boa fama ou a respeitabilidade, ou se se destinarem a fins comerciais.* ***Parágrafo único. Em se tratando de morto ou de ausente, são partes legítimas para requerer essa proteção o cônjuge, os ascendentes ou os descendentes.*** * Obs. 1: Tutela da IMAGEM do MORTO (**regra especial**) – **Legitimidade**: a) Cônjuge (ou companheiro) sobrevivente; b) Parentes de Linha Reta – Ascendentes (pais, avós, bisavós...) e Descendentes (filhos, netos, bisnetos...); c) **A regra especial de proteção à imagem do morto não inclui os colaterais**. * Obs. 2: ***Súmula n. 403, do STJ:*** *Independe de prova do prejuízo a indenização pela publicação não autorizada de imagem de pessoa com fins econômicos ou comerciais.* Neste caso, como o Dano Moral é presumido, tem-se uma hipótese do chamado "***dano in re ipsa***".
Proteção da Privacidade e Intimidade	*Art. 21. A vida privada da pessoa natural é inviolável, e o juiz, a requerimento do interessado, adotará as providências necessárias para impedir ou fazer cessar ato contrário a esta norma.* * Obs.: No julgamento da **ADI n. 4815**, discutido no plenário em 10.06.15 e publicado em 01.02.16, o **STF** considerou que os arts. 20 e 21 são constitucionais, mas sua interpretação conforme a CF **impede a censura ou autorização prévia da pessoa biografada e coadjuvantes da história**, harmonizando os princípios da proteção à intimidade, imagem e privacidade aos princípios da liberdade de expressão, de pensamento e de criação artística.

 # DICA importante: Ausência de amparo constitucional para a existência de um Direito ao Esquecimento => No julgamento do RE 1.010.606 (Tema 786), o STF firmou a seguinte tese: "É incompatível com a Constituição a ideia de um direito ao esquecimento, assim entendido como o poder de obstar, em razão da passagem do tempo, a divulgação de fatos ou dados verídicos e licitamente obtidos e publicados em meios de comunicação social analógicos ou digitais. Eventuais excessos ou abusos no exercício da liberdade de expressão e de informação devem ser analisados caso a caso, a partir dos parâmetros constitucionais – especialmente os relativos à proteção da honra, da imagem, da privacidade e da personalidade em geral – e das expressas e específicas previsões legais nos âmbitos penal e cível" (11.02.2021).

1.4. Doutrina e Jurisprudência sobre o tema – Dicas Finais:

a) Sobre a Responsabilidade Civil dos Emancipados, convém destacar que a capacidade para os atos da vida civil impõe, também, a responsabilidade pelos atos praticados. Acontece que há uma exceção admitida pelo STJ:

> ***(...) Responsabilidade civil. Pais. Menor emancipado. A emancipação por outorga dos pais não exclui, por si só, a responsabilidade decorrente de atos ilícitos do filho.*** **(REsp 122573/PR)**

b) Sobre a Tutela Judicial dos Direitos da Personalidade do "morto", merecem reprodução alguns Enunciados da JDC/CJF (doutrina majoritária):

**** Enunciado n. 275 das Jornadas de Direito Civil – Arts. 12 e 20: O rol dos legitimados de que tratam os arts. 12, parágrafo único, e 20, parágrafo único, do Código Civil também compreende o companheiro.***

**** Enunciado n. 400 das Jornadas de Direito Civil – Arts. 12, parágrafo único, e 20, parágrafo único: Os parágrafos únicos dos arts. 12 e 20 asseguram legitimidade, por direito próprio, aos parentes, cônjuge ou companheiro para a tutela contra lesão perpetrada post mortem.***

c) Sobre os Danos Morais decorrentes da ofensa a Direito da Personalidade, o STJ tem entendimento pacificado de que só é preciso demonstrar a violação, não sendo necessário provar o prejuízo – o Dano Moral é IN RE IPSA (presumido):

Informativo n. 513: *"Sempre que demonstrada a ocorrência de ofensa injusta à dignidade da pessoa humana, dispensa-se a comprovação de dor e sofrimento para configuração de dano moral."* (REsp 1292141/SP)

CAPÍTULO 2. PESSOA JURÍDICA

EDITAL: DA PESSOA JURÍDICA.

Enquanto o estudo da pessoa física ou natural contempla o aspecto individual do ser humano, a pessoa jurídica representa o esforço conjunto das pessoas a fim de realizarem objetivos comuns, reunindo suas qualidades, seus interesses, seus patrimônios, formando um grupo que incorpora personalidade própria.

No âmbito do disciplinamento das Pessoas Jurídicas se avultam algumas relevantes alterações promovidas pela Lei n. 13.874/19 (Declaração dos Direitos da Liberdade Econômica). Uma delas é justamente o reforço da regra geral de independência jurídica e patrimonial das Pessoas Jurídicas em relação aos seus sócios.

> ***Art. 49-A***. *A pessoa jurídica não se confunde com os seus sócios, associados, instituidores ou administradores.*
>
> *Parágrafo único. A autonomia patrimonial das pessoas jurídicas é um instrumento lícito de alocação e segregação de riscos, estabelecido pela lei com a finalidade de estimular empreendimentos, para a geração de empregos, tributo, renda e inovação em benefício de todos.*

A personalidade jurídica própria e autônoma, por outro lado, não irá impedir a eventual desconsideração, para atingir sócios e/ou administradores, como se abordará no item 3.4.

Por fim, cite-se outra alteração, ainda mais recente, promovida pela Lei n. 14.382/22:

> ***Art. 48-A***. *As pessoas jurídicas de direito privado, sem prejuízo do previsto em legislação especial e em seus atos constitutivos, poderão realizar suas assembleias gerais por meio eletrônico, inclusive para os fins do disposto no art. 59 deste Código, respeitados os direitos previstos de participação e de manifestação.*

2.1. CONSTITUIÇÃO E PERSONALIDADE JURÍDICA DE DIREITO PRIVADO. ENTES DESPERSONALIZADOS (PESSOAS FORMAIS).

A Personalidade Jurídica da Pessoa Jurídica de Direito Privado (vide classificação no item 3.6) é adquirida por um ato formal (Teoria da Realidade Técnica), ou seja, pelo **registro** dos atos constitutivos (art. 45, do CC), que pode ser precedido ou não de autorização do Poder Executivo.

Frise-se que eventual vício na inscrição da Pessoa Jurídica, inclusive pela falta de cumprimento dos requisitos do art. 46, deverá ser anulado no prazo de 03 anos, sob pena de Decadência, como prevê o art. 45, parágrafo único, do CC.

Como a constituição da pessoa jurídica ocorre a partir do registro dos atos constitutivos (contrato social ou estatuto), no órgão público competente, a doutrina e a jurisprudência reconhecem grupos que não possuem personalidade jurídica (pessoas formais): os ENTES DESPERSONALIZADOS. Ex.:

- Herança jacente ou vacante (arts. 1.819 a 1.823, do CC);
- Massa falida (Lei n. 11.101/05);
- Sociedades despersonalizadas (irregulares, de fato ou em comum – arts. 986-990, do CC);
- Condomínio (arts. 1.314-1.358, do CC).

Os entes despersonalizados podem titularizar alguns Direitos e Obrigações, e possuem personalidade judiciária (a capacidade para ser parte em um processo), a teor do art. 75, do CPC/15.

 # DICAS importantes:

a) O Registro, para a Pessoa Jurídica, tem natureza CONSTITUTIVA, com efeitos *ex nunc* (art. 45);

b) O Registro, para a Pessoa Natural, é ato de natureza DECLARATÓRIA, com efeitos *ex tunc*, pois já existe plena capacidade de direito (personalidade) desde o nascimento com vida.

2.2. DIREITOS DA PERSONALIDADE.

O Código Civil estabeleceu que as Pessoas Jurídicas têm os Direitos da Personalidade que lhe são compatíveis (art. 52, do CC). Ex.: *honra objetiva, propriedade industrial, imagem, nome, etc.* A violação a tais direitos pode implicar em danos morais (Súmula n. 227, do STJ).

É diferente, porém, a análise probatória do pedido de danos morais por ofensa a direitos da personalidade da pessoa jurídica, quando comparado com a mesma hipótese em relação à pessoa natural:

> * **Informativo n. 619:** "O dano moral sofrido pela pessoa jurídica **não se configura in re ipsa**, o que não obsta, contudo, que sua comprovação ocorra por meio da utilização de presunções e regras de experiência no julgamento da controvérsia." (REsp 1564955/SP).
>
> * **Enunciado n. 189, da JDC/CJF**: Na responsabilidade civil por dano moral causado à pessoa jurídica, o fato lesivo, como dano eventual, deve ser devidamente demonstrado.

2.3. NORMAS GERAIS DE ADMINISTRAÇÃO E RESPONSABILIDADE.

As Pessoas Jurídicas, para praticar os atos da vida civil (Capacidade Jurídica), são representadas por pessoas físicas que compõem seu quadro social ou são designadas como administradores, com poderes de gestão. O Direito Civil adotou a *Teoria Ultra Vires Societatis*, prevista no art. 47, do CC, que preceitua o seguinte: *"obrigam a pessoa jurídica os atos dos administradores, exercidos nos limites de seus poderes definidos no ato constitutivo"*.

Se a administração for coletiva, *as decisões se tomarão pela maioria de votos dos presentes, salvo se o ato constitutivo dispuser de modo diverso*, diante da autonomia da vontade das pessoas que formam a pessoa jurídica, dentro da margem de liberdade para escolher a forma de tomar decisões. Lembre-se que a deliberação pode ser dar por meio eletrônico, diante do recente art. 48-A.

Havendo vício na deliberação por Assembleia, tal fato só poderá ser objeto de ação anulatória no prazo de 03 anos, sob pena de Decadência, como prevê o art. 48, parágrafo único, do CC.

Ainda em suas disposições gerais, o Código Civil ainda destaca que: *Se a administração da pessoa jurídica vier a faltar, o juiz, a requerimento de qualquer interessado, nomear-lhe-á administrador provisório* (art. 49, do CC).

2.4. DESCONSIDERAÇÃO DA PERSONALIDADE JURÍDICA.

Tema de fundamental importância para diversos ramos do direito:

a) Direito Civil e Empresarial – art. 50, do CC – regras materiais gerais;

b) Direito do Consumidor – art. 28, do CDC – regras materiais específicas (Teoria Menor, conforme quadro abaixo);

c) Direito Processual Civil – arts. 133-137, do CPC – regras processuais sobre o incidente;

d) Direito Processual Trabalhista – art. 855-A, da CLT – regras processuais sobre o incidente (no direito material trabalhista, a regra é a responsabilidade subsidiárias dos sócios, independente da desconsideração – art. 10-A, da CLT).

O quadro abaixo traz as principais questões que envolvem o tema, de forma sistematizada:

Procedimento	A desconsideração da personalidade jurídica da pessoa jurídica, para atingir sócios/administradores, depende de decisão proferida em ***procedimento judicial***.
Pedido	Não pode ser deferida *ex officio*, dependendo de requerimento expresso.
Requerentes	Parte Interessada (credor) ou do Ministério Público, em uma demanda judicial.
Requeridos	O incidente processual ou pedido de desconsideração na petição inicial é direcionado, em regra, contra os **sócios e/ou administradores** (**desde que *beneficiados, direta ou indiretamente*, com o abuso de personalidade, nos termos da atual redação do art. 50, *caput*, do CC, após a vigência da Lei n. 13.874/19**). Também é possível a *"desconsideração inversa"*.
Inversa ou Invertida	Ocorre quando o credor do sócio requer que tais obrigações sejam direcionadas à Pessoa Jurídica, quando demonstra que o sócio se valeu da pessoa jurídica para "esconder" patrimônio, caracterizando confusão patrimonial ou desvio de finalidade. Já era admitida pela jurisprudência do STJ, pela Doutrina (En. 283, da JDC/CJF), e, recentemente, foi admitida pelo CPC/15 (art. 133, § 2º). Por fim, a questão também foi abordada na nova redação do **art. 50, § 3º, do CC**, após advento da nova Lei n. 13.874/19, consoante próximo quadro.
Objetivo	Cobrar dos sócios / administradores obrigações que são da pessoa jurídica, excepcionando a regra geral da autonomia patrimonial do **art. 49-A**. (Obs.: desconsideração não implica em extinção, mas apenas no afastamento temporário da personalidade para a cobrança sobre os sócios / administradores).

Requisitos	O pedido, que pode ser feito em qualquer fase do processo, só será deferido se comprovado o **abuso de personalidade, caracterizado pela CONFUSÃO PATRIMONIAL e o DESVIO DE FINALIDADE**. Frise-se que a regulamentação do abuso de personalidade, na nova Lei n. 13.874/19, trouxe mais segurança jurídica à matéria, como se vislumbra no próximo quadro.
Desvio de Finalidade	# **Há DESVIO DE FINALIDADE: "Art. 50, § 1º** – Para os fins do disposto neste artigo, desvio de finalidade é a utilização da pessoa jurídica com o propósito de lesar credores e para a prática de atos ilícitos de qualquer natureza". # **NÃO há DESVIO DE FINALIDADE: "Art. 50, § 5º** – Não constitui desvio de finalidade a mera expansão ou a alteração da finalidade original da atividade econômica específica da pessoa jurídica".
Confusão Patrimonial	# **Há CONFUSÃO PATRIMONIAL: Art. 50, § 2º –** Entende-se por confusão patrimonial a ausência de separação de fato entre os patrimônios, caracterizada por: I – cumprimento repetitivo pela sociedade de obrigações do sócio ou do administrador ou vice-versa; II – transferência de ativos ou de passivos sem efetivas contraprestações, exceto os de valor proporcionalmente insignificante; e III – outros atos de descumprimento da autonomia patrimonial. # **NÃO há CONFUSÃO PATRIMONIAL nem DESVIO DE FINALIDADE: Art. 50, § 4º** – A mera existência de grupo econômico sem a presença dos requisitos de que trata o caput deste artigo não autoriza a desconsideração da personalidade da pessoa jurídica.
Art. 50, do CC x Art. 28, CDC	# O **art. 28, do CDC**, tem um regramento mais flexível e a regra é mais abrangente, pois o **simples inadimplemento** da Pessoa Jurídica perante o Consumidor já é motivo para a desconsideração. O CDC adotou a "**TEORIA MENOR**" da desconsideração. # Por outro lado, o **art. 50, do CC** aderiu à "**TEORIA MAIOR**" da desconsideração, com disciplinamento mais rígido, exigindo estrito cumprimento dos requisitos legais, como destacado na linha anterior. O caráter excepcional da desconsideração da personalidade jurídica no direito civil e empresarial é realçado na nova Lei n. 13.874/19, seja pelo novo art. 49-A, transcrito na abertura deste capítulo, seja pela redação atual do art. 50, que será destacada no próximo quadro.

 # DICAS importantes (Enunciados das Jornadas de Direito Civil – CJF):

a) Enunciado n. 146 – Art. 50: Nas relações civis, interpretam-se restritivamente os parâmetros de Desconsideração da Personalidade Jurídica previstos no art. 50 (desvio de finalidade social ou confusão patrimonial);

b) Enunciado n. 281 – Art. 50: A aplicação da teoria da desconsideração, descrita no art. 50 do Código Civil, prescinde da demonstração de insolvência da pessoa jurídica;

c) Enunciado n. 282 – Art. 50: O encerramento irregular das atividades da pessoa jurídica, por si só, não basta para caracterizar abuso da personalidade jurídica.

2.5. DISSOLUÇÃO DA PESSOA JURÍDICA.

A dissolução ou extinção da Pessoa Jurídica não se confunde com a desconsideração da personalidade. A desconsideração se presta apenas para o cumprimento de determinadas obrigações, enquanto a extinção da Pessoa Jurídica tem o objetivo de por um fim definitivo à Personalidade Jurídica.

Exige um procedimento *trifásico*, que pode ser resumido no quadro abaixo:

Necessário o cumprimento de 03 etapas (art. 51, do CC):	1 – ENCERRAMENTO: Dissolução por ato dos sócios, da Administração ou do Poder Judiciário.
	2 – LIQUIDAÇÃO: Pagamento dos débitos, cobrança dos créditos e divisão do restante entre os sócios.
	3 – BAIXA: Cancelamento do Registro.

2.6. CLASSIFICAÇÃO.

A Classificação decorre do regime jurídico adotado (art. 40, do CC), que pode ser:

a) Regime Jurídico de Direito Internacional Público (Pessoas Jurídicas de Direito Público Externo);

b) Regime Jurídico de Direito Público Administrativo (Pessoas Jurídicas de Direito Público Interno); e

c) Regime Jurídico de Direito Privado, Civil ou Empresarial (Pessoas Jurídicas de Direito Privado).

O quadro abaixo traz a classificação geral das Pessoas Jurídicas de forma sistematizada:

Direito Público Externo:	Estados estrangeiros e todas as pessoas que forem regidas pelo direito internacional público (art. 42, do CC).
Direito Público Interno:	Possuem responsabilidade civil objetiva pelos atos de seus agentes (art. 43, do CC) e Código Civil traz alguns exemplos (art. 41): *I – a União;* *II – os Estados, o Distrito Federal e os Territórios;* *III – os Municípios;* *IV – as autarquias, inclusive as associações públicas;* *V – as demais entidades de caráter público criadas por lei.*
Direito Privado:	Instituídas pela vontade dos particulares, visando a atender os seus interesses. O Código Civil traz alguns exemplos (art. 44): *I – as associações;* *II – as sociedades;* *III – as fundações.* *IV – as organizações religiosas;* *V – os partidos políticos.* *VI – Revogado pela Lei 14.382/22 (as empresas individuais de responsabilidade limitada foram excluídas do ordenamento jurídico – já é permitida a sociedade limitada unipessoal desde a Lei n. 13.874/19 – Declaração dos Direitos da Liberdade Econômica)* § 1º São livres a criação, a organização, a estruturação interna e o funcionamento das organizações religiosas, sendo vedado ao poder público negar-lhes reconhecimento ou registro dos atos constitutivos e necessários ao seu funcionamento. § 2º *As disposições concernentes às associações aplicam-se subsidiariamente às sociedades que são objeto do Livro II da Parte Especial deste Código.* § 3º *Os partidos políticos serão organizados e funcionarão conforme o disposto em lei específica.*

Quanto às Pessoas Jurídicas de Direito Privado, convém destacar as distinções elementares entre as mesmas, especialmente no aspecto da finalidade:

Sociedades	Reunião de pessoas para circulação de bens e serviço, **com finalidade econômica** (distribui lucro entre os sócios). Reitere-se que a sociedade limitada pode ter um único sócio, motivo que levou o ordenamento jurídico a excluir a figura da "EIRELI".
Associações	Reunião de pessoas sem fins econômicos (pode arrecadar dinheiro para a atividade social, mas não distribui lucro entre os sócios).
Fundações	Afetação de um patrimônio livre sem fins econômicos (pode arrecadar dinheiro para a atividade social, mas não distribui lucro entre os gestores).
Organizações Religiosas	Reunião de pessoas sem fins econômicos, para atividade religiosa (pode arrecadar dinheiro para a atividade social, mas não distribui lucro entre os membros). A liberdade de criação, funcionamento, administração e estruturação é a regra geral (art. 44, § 1°, do CC).
Partidos Políticos	Reunião de pessoas sem fins econômicos, para atividade política (pode arrecadar dinheiro para a atividade social, mas não distribui lucro entre os membros). Lei própria (Lei n. 9.096/95).

Dentre as Pessoas Jurídicas de Direito Privado acima destacadas, diante da ênfase nas provas de concursos públicos, merece pontuação mais especificada a regulação das Associações e das Fundações.

2.6.1. Associações.

Na Parte Geral do Código Civil, estão disciplinadas duas espécies de Pessoas Jurídicas que não têm fins lucrativos: as **Associações** e as **Fundações** privadas. Em relação às **Associações**, destacam-se as seguintes regras:

Conceito e Finalidade:	*Art. 53. Constituem-se as associações pela união de pessoas que se organizem para fins não econômicos.* *Parágrafo único. Não há, entre os associados, direitos e obrigações recíprocos.*
Direitos dos Associados:	*Art. 55. Os associados devem ter iguais direitos, mas o estatuto poderá instituir categorias com vantagens especiais.* *Art. 56. A qualidade de associado é intransmissível, se o estatuto não dispuser o contrário.* *Parágrafo único. Se o associado for titular de quota ou fração ideal do patrimônio da associação, a transferência daquela não importará, de per si, na atribuição da qualidade de associado ao adquirente ou ao herdeiro, salvo disposição diversa do estatuto.* *Art. 57. A exclusão do associado só é admissível havendo justa causa, assim reconhecida em procedimento que assegure direito de defesa e de recurso, nos termos previstos no estatuto.*
Sucessão:	*Art. 61. Dissolvida a associação, o remanescente do seu patrimônio líquido, depois de deduzidas, se for o caso, as quotas ou frações ideais referidas no parágrafo único do art. 56, será destinado à entidade de fins não econômicos designada no estatuto, ou, omisso este, por deliberação dos associados, à instituição municipal, estadual ou federal, de fins idênticos ou semelhantes.* § 1º *Por cláusula do estatuto ou, no seu silêncio, por deliberação dos associados, podem estes, antes da destinação do remanescente referida neste artigo, receber em restituição, atualizado o respectivo valor, as contribuições que tiverem prestado ao patrimônio da associação.* **§ 2º** Não existindo no Município, no Estado, no Distrito Federal ou no Território, em que a associação tiver sede, instituição nas condições indicadas neste artigo, o que remanescer do seu patrimônio se devolverá à Fazenda do Estado, do Distrito Federal ou da União.

2.6.2. Fundações.

Ao analisar a regulamentação das **Fundações**, o Candidato **deve ter especial atenção para as recentes alterações promovidas pela Lei n. 11.151/15:**

Conceito e Finalidade:	*Art. 62. Para criar uma fundação, o seu instituidor fará, por escritura pública ou testamento, dotação especial de bens livres, especificando o fim a que se destina, e declarando, se quiser, a maneira de administrá-la.* ***Parágrafo único. A fundação somente poderá constituir-se para fins de:*** ***I - assistência social;*** ***II - cultura, defesa e conservação do patrimônio histórico e artístico;*** ***III - educação;*** ***IV - saúde;*** ***V - segurança alimentar e nutricional;*** ***VI - defesa, preservação e conservação do meio ambiente e promoção do desenvolvimento sustentável;*** ***VII - pesquisa científica, desenvolvimento de tecnologias alternativas, modernização de sistemas de gestão, produção e divulgação de informações e conhecimentos técnicos e científicos;*** ***VIII - promoção da ética, da cidadania, da democracia e dos direitos humanos;*** ***IX - atividades religiosas.***
Fiscalização - Ministério Público:	*Art. 65. Aqueles a quem o instituidor cometer a aplicação do patrimônio, em tendo ciência do encargo, formularão logo, de acordo com as suas bases (art. 62), o estatuto da fundação projetada, submetendo-o, em seguida, à aprovação da autoridade competente, com recurso ao juiz.* *Parágrafo único. Se o estatuto não for elaborado no prazo assinado pelo instituidor, ou, não havendo prazo, em cento e oitenta dias, a incumbência caberá ao Ministério Público.* *Art. 66. Velará pelas fundações o Ministério Público do Estado onde situadas.* *§ 1º **Se funcionarem no Distrito Federal ou em Território, caberá o encargo ao Ministério Público do Distrito Federal e Territórios.*** *§ 2º Se estenderem a atividade por mais de um Estado, caberá o encargo, em cada um deles, ao respectivo Ministério Público.* *Art. 67. Para que se possa alterar o estatuto da fundação é mister que a reforma:* *I - seja deliberada por dois terços dos competentes para gerir e representar a fundação;* *II - não contrarie ou desvirtue o fim desta;* ***III - seja aprovada pelo órgão do Ministério Público no prazo máximo de 45 (quarenta e cinco) dias, findo o qual ou no caso de o Ministério Público a denegar, poderá o juiz supri-la, a requerimento do interessado.***
Sucessão:	*Art. 63. Quando insuficientes para constituir a fundação, os bens a ela destinados serão, se de outro modo não dispuser o instituidor, incorporados em outra fundação que se proponha a fim igual ou semelhante.* *Art. 69. Tornando-se ilícita, impossível ou inútil a finalidade a que visa a fundação, ou vencido o prazo de sua existência, o órgão do Ministério Público, ou qualquer interessado, lhe promoverá a extinção, incorporando-se o seu patrimônio, salvo disposição em contrário no ato constitutivo, ou no estatuto, em outra fundação, designada pelo juiz, que se proponha a fim igual ou semelhante.*

2.7. DOUTRINA E JURISPRUDÊNCIA SOBRE O TEMA – DICAS FINAIS:

a) Sobre os Entes Despersonalizados e sua capacidade para estar em juízo (Personalidade Judiciária), convém destacar, como exemplo do entendimento que prevalece na doutrina, o precedente constante o Enunciado da Súmula n. 525, do STJ:

**** Súmula n. 525: "A Câmara de Vereadores não possui personalidade jurídica, apenas personalidade judiciária, somente podendo demandar em juízo para defender os seus direitos institucionais".***

b) Sobre o alcance da Desconsideração da Personalidade Jurídica, merecem referência alguns julgados do STJ e enunciados doutrinários das Jornadas de Direito Civil do CJF:

Aplicabilidade da Desconsideração da Personalidade Jurídica	Fonte
As ***pessoas jurídicas de direito privado sem fins lucrativos ou de fins não econômicos*** estão abrangidas no conceito de abuso da personalidade jurídica.	Enunciado 284, JDC/CJF
Fundo de investimento pode sofrer os efeitos da aplicação do instituto da desconsideração da personalidade jurídica.	REsp 1.965.982-SP – Informativo 733, STJ
A teoria da desconsideração, prevista no art. 50 do Código Civil, pode ser invocada pela pessoa jurídica, em seu favor.	Enunciado 284, JDC/CJF
A desconsideração da personalidade jurídica**, ainda que com fundamento na Teoria Menor,** ***não pode atingir o patrimônio pessoal de membros do Conselho Fiscal*** sem que haja a mínima presença de indícios de que estes contribuíram, ao menos culposamente, e com desvio de função, para a prática de atos de administração.	REsp 1.766.093-SP – Informativo 661, STJ

CAPÍTULO 3. DOMICÍLIO

EDITAL: DOMICÍLIO.

Conceito do Direito Civil que se refere à *locus* jurídico de uma pessoa (física ou jurídica), para os diversos fins de direito, seja no que se refere à sua vida privada, seja no que se refere às atividades econômicas e negócios jurídicos.

4.1. DOMICÍLIO DA PESSOA NATURAL.

Alguns concursos, em relação à Pessoa Natural, podem exigir que o candidato conheça a distinção didática entre morada, residência e domicílio residencial, que pode ser assim simplificada:

a) Morada: estadia provisória de uma pessoa: casa de parentes, pousada, albergue, etc.

b) Residência: local onde a pessoa habita – elemento objetivo (fático) do conceito privado de domicílio jurídico. Ex.: casa própria, alugada, dos pais, enfim, o endereço da pessoa.

c) Domicílio Residencial: domicílio jurídico voluntário da pessoa natural formado pela residência (elemento objetivo) com ânimo definitivo (elemento subjetivo).

Pode ser classificado em:

a) **Domicílio Voluntário**: é a regra geral do domicílio, com o elemento objetivo (estabelecimento da pessoa, onde passa a maior parte do tempo) e o elemento subjetivo (ânimo definitivo, exercício da autonomia privada). Observações:

Domicílio Residencial (art. 70):	Local onde a pessoa habita com ânimo definitivo, mesmo que não seja proprietária do imóvel. Ex.: casa própria, apartamento alugado, casa dos pais, pensão de longa duração, casa de praia...
Domicílio Profissional (art. 72):	É também domicílio da pessoa natural, quanto às relações concernentes à profissão, o lugar onde esta é exercida.
Pluralidade (art. 71 + art. 72):	É possível ter mais de uma residência ou mais de um emprego, simultaneamente, e todos são considerados domicílio. Ex.: A pessoa que tem apartamento e casa de praia.
Domicílio Ocasional, Eventual ou Aparente (art. 73):	*Ter-se-á por domicílio da pessoa natural, que não tenha residência habitual, o lugar onde for encontrada.* Ex.: circense, nômade, morador de rua... Portanto, *toda pessoa tem domicílio.*
Mudança de Domicílio (art. 74)	*Muda-se o domicílio, transferindo a residência, com a intenção manifesta de o mudar.* *Parágrafo único. A prova da intenção resultará do que declarar a pessoa às municipalidades dos lugares, que deixa, e para onde vai, ou, se tais declarações não fizer, da própria mudança, com as circunstâncias que a acompanharem.*

b) **Domicílio Legal, Necessário ou Obrigatório**: é a situação excepcional em que a lei determina o domicílio da pessoa humana, embora não exclua do domicílio voluntário. Eis as hipóteses:

Domicílio do incapaz:	É o do seu representante ou assistente. Ex.: Domicílio dos pais, tutores ou curadores.
Domicílio do servidor público:	*O lugar em que exercer permanentemente suas funções.* Ex.: a lotação do servidor público.
Domicílio do militar	*Onde servir, e, sendo da Marinha ou da Aeronáutica, a sede do comando a que se encontrar imediatamente subordinado.* Ex.: Militar da marinha que estiver em serviço Aracaju, terá domicílio em Salvador, se estiver vinculado à Base Naval de Aratu.
Domicílio do marítimo	*Onde o navio estiver matriculado.* Ex.: Funcionário da TRANSPETRO, que trabalha em navio matriculado em Campos/RJ. Esta cidade será o seu domicílio necessário.
Domicílio do preso	É o lugar em que cumprir a sentença. Obs. Prisões não definitivas e de natureza cautelar não implicam em domicílio legal ou necessário.
Domicílio do agente diplomático, que, no exterior, alegar extraterritorialidade	*Poderá ser demandado no Distrito Federal ou no último ponto do território brasileiro onde o teve.* Obs.: As embaixadas são consideradas territórios neutros, por isso é possível ao agente diplomático alegar extraterritorialidade.

c) **Domicílio de Eleição, Contratual ou Convencional**: Com reflexos processuais (art. 63, do CPC), esta espécie de Domicílio decorre da **CLÁUSULA DE FORO** dos negócios jurídicos, conforme art. 78, do CC: *Nos contratos escritos, poderão os contratantes especificar domicílio onde se exercitem e cumpram os direitos e obrigações deles resultantes.*

4.2. Domicílio Civil das Pessoas Jurídicas.

Além de possuir Personalidade Jurídica própria, tem a Pessoa Jurídica o seu próprio Domicílio, senão vejamos (art. 75):

Regra Geral:	*Sua sede, domicílio especial fixado no seu estatuto ou atos constitutivos ou o lugar onde funcionarem as respectivas diretorias e administrações.*
Entes Públicos:	*I – da União, o Distrito Federal;* *II – dos Estados e Territórios, as respectivas capitais;* *III – do Município, o lugar onde funcione a administração municipal;*
Pessoa Jurídica Nacional ou Estrangeira com filiais:	§1º *Tendo a pessoa jurídica diversos estabelecimentos em lugares diferentes, cada um deles será considerado domicílio para os atos nele praticados.* §2º *Se a administração, ou diretoria, tiver a sede no estrangeiro, haver-se-á por domicílio da pessoa jurídica, no tocante às obrigações contraídas por cada uma das suas agências, o lugar do estabelecimento, sito no Brasil, a que ela corresponder.*

 # DICA importante: Na definição do domicílio da Pessoa Jurídica que tem filiais, sucursais e agências, o candidato deve atentar para *o estabelecimento onde o ato foi praticado.*

CAPÍTULO 4. BENS PÚBLICOS

EDITAL: DOS BENS PÚBLICOS: CLASSIFICAÇÃO, AFETAÇÃO E DESAFETAÇÃO.

Estudados os sujeitos de direito (pessoas naturais, jurídicas ou formais), passa-se à análise de um dos "objetos" do direito, os bens. O estudo será voltado apenas para os Bens Públicos, seguindo o programa previsto no Edital.

4.1. CONCEITO DE BENS.

São os objetos das relações jurídicas, coisas que, por serem úteis e raras, são suscetíveis de apropriação e contêm valor econômico.

4.2. ESPÉCIES E CLASSIFICAÇÃO.

O Código Civil classifica os bens em três categorias: Considerados em Si Mesmos; Considerados Reciprocamente e Públicos. São previstas no Código Civil, entre os arts. 79-103.

4.3. BENS PÚBLICOS – CLASSIFICAÇÃO, AFETAÇÃO E DESAFETAÇÃO.

O Código Civil adota o critério da titularidade para diferenciar os bens públicos dos bens privados. Os bens particulares se definem por exclusão, ou seja, são aqueles que pertencem a pessoas físicas e a pessoas jurídicas de direito privado. Por outro lado, destaca-se a regulamentação dos bens públicos (arts. 98-103, do CC):

Conceito:	Art. 98. São públicos os bens do domínio nacional **pertencentes às pessoas jurídicas de direito público interno**; todos os outros são particulares, seja qual for a pessoa a que pertencerem.

Espécies:	*Art. 99. São bens públicos:* *I – os de **uso comum do povo**, tais como rios, mares, estradas, ruas e praças* (bens públicos destinados ao uso coletivo, especialmente para circulação de pessoas e mercadorias. Não há discriminação ou ordem especial de fruição, exceto eventual pagamento de tarifas ou preferências legais)*;* *II – os de **uso especial**, tais como edifícios ou terrenos destinados a serviço ou estabelecimento da administração federal, estadual, territorial ou municipal, inclusive os de suas autarquias* (edifícios e terrenos de fruição ou funcionamento das pessoas de direito público, como escolas públicas, fóruns, delegacias, cemitérios públicos, etc.)*;* *III – os **dominicais**, que constituem o patrimônio das pessoas jurídicas de direito público, como objeto de direito pessoal, ou real, de cada uma dessas entidades* (bens móveis das pessoas direito público, terrenos de marinha, terras devolutas, etc.). *Parágrafo único. Não dispondo a lei em contrário, consideram-se dominicais os bens pertencentes às pessoas jurídicas de direito público a que se tenha dado estrutura de direito privado.*
Alienação:	*Art. 100. Os bens públicos de **uso comum do povo** e os de **uso especial*** são ***inalienáveis**, enquanto conservarem a sua qualificação, na forma que a lei determinar.* *Art. 101. Os bens públicos **dominicais podem ser alienados**, observadas as exigências da lei.*
Usucapião:	*Art. 102. Os bens públicos **não** estão sujeitos a usucapião.*
Uso pelo Particular:	*Art. 103. O uso comum dos bens públicos pode ser gratuito ou retribuído, conforme for estabelecido legalmente pela entidade a cuja administração pertencerem.*
Afetação:	É a "destinação / uso" que leva os bens públicos às categorias de uso comum do povo e de uso especial, tornando-os inalienáveis, enquanto conservarem essa qualificação (art. 100).
Desafetação:	*A retirada da destinação especial do bem público, que o transforma em bem dominical e, portanto, alienável (art. 101), é o que se denomina "Desafetação".* *Parte da doutrina defende que essa desafetação pode ser formal (lei ou ato administrativo) ou tácita, por força das circunstâncias de fato (ex. O prédio onde funcionava uma escola pública é abandonado, transferindo-se o funcionamento do estabelecimento de ensino para outro imóvel).* *Em matéria ambiental, porém, há jurisprudência do STJ no sentido de que "é incompatível com o Direito brasileiro a chamada desafetação ou desclassificação jurídica tácita em razão do fato consumado" (REsp* nº 650728/SC).

 # DICAS importantes:

a) Sobre o conceito de Bens Públicos, também é aceito pela doutrina, especialmente no Direito Administrativo, o critério da ***AFETAÇÃO***. Neste sentido é o Enunciado n. 287, das JDC: *O critério da classificação de bens indicado no art. 98 do Código Civil não exaure a enumeração dos bens públicos, podendo ainda ser classificado como tal o bem pertencente a pessoa jurídica de direito privado que esteja **afetado** à prestação de serviços públicos.* Ex.: casa de um particular alugada para a Prefeitura instalar uma secretaria;

b) Sobre a impossibilidade de Usucapião de Bens Públicos, convém destacar a ***Súmula n. 340, do STF:*** *Desde a vigência do Código Civil, os bens dominicais, como os demais bens públicos, não podem ser adquiridos por usucapião.*

CAPÍTULO 5. NEGÓCIOS JURÍDICOS

EDITAL: DO NEGÓCIO JURÍDICO: CONCEITO. CLASSIFICAÇÃO. ELEMENTOS ESSENCIAIS GERAIS. ELEMENTOS ACIDENTAIS (CONDIÇÃO, TERMO, ENCARGO). DEFEITOS DO NEGÓCIO JURÍDICO (ERRO OU IGNORÂNCIA, DOLO, COAÇÃO, ESTADO DE PERIGO, LESÃO, FRAUDE CONTRA CREDORES), INVALIDADE DO NEGÓCIO JURÍDICO.

Um dos temas mais cobrados nas provas de direito civil, será esquematizado nos itens a seguir com o estudo do Negócio Jurídico, ponto especificado entre os artigos 104 e 184, do Código Civil Brasileiro.

5.1. NEGÓCIO JURÍDICO – CONCEITO.

Ato lícito que decorre da vontade humana, qualificado pela ausência de vícios (arts. 138-184), que tem a finalidade de alcançar determinados efeitos desejados pelos interessados. A vontade humana prevalece tanto na realização quanto nas consequências do ato, com as limitações decorrentes dos parâmetros constitucionais de eticidade e solidariedade, além dos requisitos de validade a seguir delineados.

Frise-se que as regras a seguir debatidas se aplicam, salvo disposições especiais, aos atos jurídicos em sentido estrito, também conhecido como "ato lícito" ou "ato não negocial" (art. 185, do CC).

5.2. CLASSIFICAÇÃO DOS NEGÓCIOS JURÍDICOS.

Em relação à **classificação** dos negócios jurídicos, as principais observações doutrinárias podem ser esquematizadas da seguinte forma:

Quanto ao número de declarantes:	Unilaterais: aperfeiçoa-se com uma única manifestação de vontade. Ex.: testamento.
	Bilaterais: depende de acordo de vontades. Ex. os contratos em geral.
	Plurilaterais: acordos de vontades múltiplas. Ex.: estatuto de associação, contrato de sociedade, convenção de condomínio, consórcio, etc.
Quanto às vantagens patrimoniais:	Onerosos: ambos os contratantes auferem vantagens, que correspondem a uma contraprestação. Ex.: compra e venda, troca, prestação de serviços, etc.
	Gratuitos: só há vantagens ou benefícios para uma das partes. Ex.: doação pura, comodato, etc.
	Bifrontes: podem ser gratuitos ou onerosos, de acordo com a vontade das partes. Ex.: mútuo, depósito, mandato, etc.
	Neutros: caracterizam-se pela destinação de bens sem efeitos de transmissão de patrimônio. Ex.: renúncia de herança e constituição de bem de família.

Quanto ao momento da produção de efeitos:	*Inter Vivos*: destinam-se a produzir efeitos em vida. É o que ocorre com a maioria dos negócios.
	Causa Mortis: destinam-se a produzir efeitos após a morte de uma das partes. Ex.: testamento, prêmio de seguro de vida, prêmio de plano funerário, etc.
Quanto ao modo de existência:	Principal: tem existência própria, não dependendo da existência de outros contratos. É o que ocorre com a maioria dos negócios.
	Acessório: tem a existência subordinada à do contrato principal. Ex.: fiança e demais pactos de garantia.
	Derivado: tem como base direitos estabelecidos em um outro contrato base. Ex.: sublocação, subempreitada, substabelecimento com reserva de poderes, etc.
Quanto às formalidades legais:	Solenes: devem obedecer à forma prescrita em lei para se aperfeiçoarem. Ex.: renúncia de herança, doação, fiança, seguro, etc.
	Não solenes: a forma é livre. É a regra geral dos negócios jurídicos (art. 107, do CC)

5.3. ELEMENTOS ESSENCIAIS DOS NEGÓCIOS JURÍDICOS.

O Negócio Jurídico tem seus principais requisitos estabelecidos a partir do art. 104, do CC, que abre o estudo dos Planos de Existência (onde se encontram os elementos essenciais ou estruturantes do negócio), da Validade (pressupostos de regularidade dos elementos essenciais) e da Eficácia (análise da produção de efeitos do negócio, caso se verifique a presença dos elementos acidentais).

Especificamente quanto à EXISTÊNCIA, consideram-se ELEMENTOS ESSENCIAIS:

a) Manifestação ou Declaração de Vontade (expressa ou tácita, receptícia ou não);

b) Agente(s) emissor(es) da vontade (Pessoas Físicas, Jurídicas ou Formais);

c) Objeto (o bem jurídico ou prestação que é objeto do negócio);

d) Forma (o modo de expressar/exteriorizar a vontade, o consentimento).

5.4. ELEMENTOS ACIDENTAIS DOS NEGÓCIOS JURÍDICOS. CONDIÇÃO, TERMO E ENCARGO.

O plano da EFICÁCIA do Negócio Jurídico presta-se à análise da produção de efeitos do negócio, caso se verifique a presença dos ELEMENTOS ACIDENTAIS.

Diversos elementos acidentais interferem na eficácia do negócio, como o registro e a tradição para a transmissão dos direitos reais (arts. 1.226 e 1.227, do CC). No estudo do Negócio Jurídico, porém, o Código Civil tratar de três elementos do Plano da Eficácia:

a) **Condição:** cláusula imposta pela vontade das partes que vincula os efeitos do negócio jurídico a um evento futuro e incerto. Ex.: condicionar a doação ao casamento dos donatários. Por se tratar de elemento que decorre da vontade das partes, o CC não admite a existência de *condição legal*. Muito cobrada em concursos públicos, seguem as principais classes de condições:

Espécie	Caracterização	Efeitos e Combinações
* Suspensiva:	Art. 125. Subordinando-se a eficácia do negócio jurídico à condição suspensiva, enquanto esta se não verificar, não se terá adquirido o direito, a que ele visa. *Ex: Dou-te X quando casares.*	O negócio ***NÃO produz efeitos*** e a parte ***NÃO adquire direitos***, até a condição se realizar.
* Resolutiva:	Art. 127. Se for resolutiva a condição, enquanto esta se não realizar, vigorará o negócio jurídico, podendo exercer-se desde a conclusão deste o direito por ele estabelecido. Art. 128. Sobrevindo a condição resolutiva, extingue-se, para todos os efeitos, o direito a que ela se opõe; mas, se aposta a um negócio de execução continuada ou periódica, a sua realização, salvo disposição em contrário, não tem eficácia quanto aos atos já praticados, desde que compatíveis com a natureza da condição pendente e conforme aos ditames de boa-fé. *Ex: Empresto-te X até casares.*	O negócio ***produz efeitos*** normalmente a partir de sua conclusão (art. 127). No futuro, porém, ***se a condição vier a se realizar, o negócio jurídico se extingue*** (resolve-se), respeitados os atos já praticados, conforme art. 128.

b) **Termo**: cláusula negocial ou prazo de lei que vincula os efeitos do negócio a um momento futuro e certo. Ex.: datas, prazos iniciais e finais, etc. Espécies de Termo em análise comparativa:

Quanto à certeza do momento:	**Certo**: é a regra geral. Tem data ou prazo determinado na lei ou na convenção.	**Incerto**: existe a certeza quanto à ocorrência, mas não se sabe o momento. Ex.: a morte.
Quanto ao modo de ser:	**Inicial**: marca o início dos efeitos do negócio. Ex.: doação de aniversário, início de locação.	**Final**: data para o fim dos efeitos do negócio. Ex.: data do término de um empréstimo.
Quanto à eficácia do termo final:	**Essencial:** findo o termo, o negócio não pode mais ser renovado ou perde o interesse. Ex.: locação de roupa para um evento específico.	**Não Essencial**: findo o termo, ou ainda é possível a renovação ou o atraso não implica na extinção automática do negócio. Ex.: locação que pode se renovar; conta que pode ser paga após o vencimento, ainda que tenha encargos.
Quanto à origem:	**Convencional**: decorre da vontade das partes. Ex.: datas firmadas em contratos.	**Legal**: prazo imposto por lei. Ex.: prazo da locação para temporada (art. 48, Lei 8.245/91).
Quanto ao prazo:	**Instantâneo**: efeitos imediatos. Ex.: negócio que não fixa prazo (art. 134) ou à vista.	**"A prazo":** o negócio contém prazo ou data futura começar ou terminar. Ex.: locação.

c) **Encargo**: É um ônus ou restrição que é imposto(a) ao beneficiário de uma liberalidade (típico dos negócios gratuitos). Revela-se como um "pequeno sacrifício" diante do "grande benefício" obtido com o negócio, por isso não pode ser considerado um pagamento ou contraprestação. Ex.: ao doar um carro ao filho, o pai exigir contratualmente que o filho faça, anualmente, um pacto de seguro para o objeto. Espécies de formulação do encargo:

# Encargo não condicional:	É a regra geral => A não realização do encargo pode implicar, no máximo, na cobrança judicial ou revogação posterior (ex.: doação – art. 562).	O negócio ***produz efeitos*** e a parte ***adquire direitos***, independentemente da sua realização. *Se for ilícito, é considerado **inexistente**.*
# Encargo condicional:	Exceção => as partes convencionam expressamente que o encargo tem efeito de condição suspensiva (art. 136, segunda parte).	O negócio ***não produz efeitos*** e a parte ***não adquire direitos***, antes da sua realização. *Se for ilícito, **invalida o negócio*** (art. 137)

Comparando-se a condição suspensiva, o termo inicial e o encargo, podem-se resumir os seus efeitos de acordo com a tabela a seguir:

ELEMENTO ACIDENTAL	PRODUÇÃO DE EFEITOS DO NEGÓCIO	AQUISIÇÃO DO DIREITO PREVISTO NO NEGÓCIO
Condição Suspensiva (art. 125)	ADIA a produção de efeitos, enquanto não se concretizar.	ADIA a aquisição do direito, enquanto não se concretizar.
Termo Inicial (art. 131)	ADIA a produção de efeitos, enquanto não se concretizar.	NÃO ADIA a aquisição do direito, enquanto não se concretizar.
Encargo (art. 136)	Sua existência NÃO ADIA a produção de efeitos.	Sua existência NÃO ADIA a aquisição do direito.

5.4. O PLANO DA VALIDADE: NULIDADE X ANULABILIDADE. DEFEITOS DO NEGÓCIO JURÍDICO.

O Plano da Validade do Negócio Jurídico é o mais explorado pelo Código Civil, e de maior incidência nas provas de Concursos Públicos.

5.4.1. Disposições Gerais sobre os Requisitos de Validade.

Os Elementos Essenciais para Existência de um negócio, listados no ITEM 5.2, estão submetidos aos pressupostos básicos de VALIDADE, qualidades imprescindíveis que podem ser resumidas da seguinte forma:

a) Agente CAPAZ e LEGITIMADO para o negócio;

b) Objeto LÍCITO, POSSÍVEL e DETERMINADO/DETERMINÁVEL;

c) Forma adequada ao negócio PRESCRITA em lei ou, sendo LIVRE, que não seja proibida pela norma;

d) Manifestação de vontade LIVRE e DE BOA FÉ

Neste particular, destaca-se o regramento contido nas disposições gerais do CC:

Art. 104. A validade do negócio jurídico requer:

I – agente capaz;

II – objeto lícito, possível, determinado ou determinável;

III – forma prescrita ou não defesa em lei.

Art. 105. A incapacidade relativa de uma das partes não pode ser invocada pela outra em benefício próprio, nem aproveita aos co-interessados capazes, salvo se, neste caso, for indivisível o objeto do direito ou da obrigação comum.

Art. 106. A impossibilidade inicial do objeto não invalida o negócio jurídico se for relativa, ou se cessar antes de realizada a condição a que ele estiver subordinado.

Art. 107. A validade da declaração de vontade não dependerá de forma especial, senão quando a lei expressamente a exigir.

Art. 108. Não dispondo a lei em contrário, a escritura pública é essencial à validade dos negócios jurídicos que visem à constituição, transferência, modificação ou renúncia de direitos reais sobre imóveis de valor superior a trinta vezes o maior salário mínimo vigente no País.

Art. 109. No negócio jurídico celebrado com a cláusula de não valer sem instrumento público, este é da substância do ato.

5.4.2. Princípio da Preservação do Negócio Jurídico.

O Candidato deve estar atento ao chamado PRINCÍPIO DA PRESERVAÇÃO ou CONSERVAÇÃO DO NEGÓCIO, ou seja, o ato **não** será invalidado em algumas situações em que o vício pode ser corrigido ou pelo fato de não ser suficiente para influenciar na vontade da parte, preservando-se, assim, a vontade inicial dos negociantes.

Neste sentido, o próprio ordenamento jurídico, dentro do Plano da Validade do Negócio Jurídico, prevê as seguintes soluções para evitar a extinção do ato por invalidade:

Conversão:	Hipótese em que, diante da nulidade do negócio jurídico original, admite-se a conversão em outro negócio, desde que preenchidos os pressupostos do segundo (art. 170, do CC). Ex.: converter um contrato particular de compra e venda em promessa de compra e venda, tendo em vista que esta última não exige forma pública quando o objeto se tratar de imóvel acima de 30 salários mínimos.
Concentração:	A invalidade do pacto acessório não atinge o principal, bem como a invalidade parcial não atinge a parte válida, se for possível separá-la, conservando a vontade das partes (art. 184, do CC). Outro exemplo é a regra do art. 183, do CC, que admite que invalidade do instrumento não induz a do negócio que pode ser provado por outro meio.
Convalidação:	Quando o vício resultar em anulabilidade, é possível a ratificação posterior das partes, como destacam os arts. 172-176, do CC, respeitados os direitos de terceiros.
Revisão:	Se o vício do negócio se refere ao desequilíbrio que pode ser revisto para atender à vontade original das partes e atender aos ditames da boa fé e função social, a revisão terá preferência sobre a anulação, como se infere dos arts. 142-144, 157, § 2º, 479, todos do CC.
Validade – Vício acidental:	O negócio será preservado quando o vício não for suficiente para influenciar na vontade da parte ou para alterar os pressupostos básicos do negócio. Portanto, não se anula o negócio se o erro não é substancial (art. 138, do CC), se o dolo não é relevante (art. 146, do CC), se a coação não é insuportável (art. 151, do CC), etc.

5.4.3. Invalidades: Nulidade x Anulabilidade.

Trata-se do tema mais relevante para o estudo do Negócio Jurídico.

Como já destacado, o art. 104, do CC, traz os pressupostos básicos de validade do negócio jurídico. O Candidato, porém, precisa ir além, ou seja, identificar qual a espécie de invalidade está presente no negócio apresentado na prova, ou seja, precisa identificar se o caso é de NULIDADE ou ANULABILIDADE.

a) Principais hipóteses de NULIDADE (arts. 166 e 167, do CC, dentre outras proibições previstas em outras normas):

   I – Quanto à **capacidade** => INCAPACIDADE ABSOLUTA do agente (art. 166, I);

   II – Quanto ao **objeto** => OBJETO ILÍCITO, IMPOSSÍVEL OU INDETERMINÁVEL (art. 166, II);

   III – Quanto à **forma** => Não cumprir a FORMA ou a SOLENIDADE impostas por LEI (art. 166, IV e V);

   IV – Quanto à **vontade** => CONLUIO dos agentes com MOTIVAÇÃO ILÍCITA, INTENÇÃO de FRAUDAR A LEI ou PREJUDICAR TERCEIROS, com destaque especial para a SIMULAÇÃO (art. 166, III e VI + art. 167).

b) Principais hipóteses de ANULABILIDADE (art. 171, do CC, dentre outras situações dispersas no CC):

   I – Quanto à **capacidade** => INCAPACIDADE RELATIVA do agente (art. 166, I);

   II – Quanto à **vontade** => Confronto de interesses entre os agentes em um negócio maculado por vícios resultantes de *erro, dolo, coação, estado de perigo, lesão ou fraude contra credores* (defeitos), levando à invalidade do negócio quando não for possível a revisão.

Identificado o vício do negócio, as CONSEQUÊNCIAS são DISTINTAS, entre a NULIDADE e a ANULABILIDADE:

NULIDADE	ANULABILIDADE
Matéria de ordem pública, que pode ser alegada pela parte, pelo Ministério Público ou pelo Juiz, de ofício (art. 168).	Matéria que afeta interesses particulares das partes, sendo alegável apenas pelo prejudicado (art. 177).
Não pode ser suprida pelo Juízo ou convalidada pelas partes (168 e 169). Só é possível a conversão (170).	Ressalvado o direito de terceiro, cabe confirmação do negócio pelas partes (arts. 172 e 173).
Ação Declaratória de Nulidade	Ação Anulatória ou Ação Pauliana (Fraude)
Alegável a qualquer tempo – Imprescritível	Prazos Decadenciais – arts. 119, 178 e 179.
Efeitos *erga omnes (atinge também interesses de terceitos)*, além de se considerar que o negócio jamais produzira qualquer efeito.	Produz efeitos *inter partes* (177) até a sentença *(177)*, retornando ao estado anterior, se possível (182), depois da decisão que determina a anulação

5.4.4. Defeitos dos negócios jurídicos: erro, dolo, coação, estado de perigo e lesão.

Consoante destacado no item anterior, uma das hipóteses de anulabilidade previstas no art. 171, do CC, especificamente no inciso II, é a presença de *vício resultante de erro, dolo, coação, estado de perigo, lesão ou fraude contra credores.*

Por outro lado, dentre as hipóteses de nulidade, está a simulação (art. 167, do CC), que também é considerada, doutrinariamente, um vício do negócio jurídico. Sistematizando a matéria, eis os VÍCIOS do Negócio Jurídico:

a) São vícios de consentimento: Erro (arts. 138-144); Dolo (arts. 145-150); Coação (arts. 151-155); Lesão (art. 157); Estado de perigo (art. 156).

b) São vícios sociais: Simulação (art. 167); e Fraude contra credores (arts. 158-165).

Percebe-se, portanto, que há um vício que é CAUSA DE NULIDADE – a **Simulação** – e outros 06 vícios que são CAUSAS DE ANULAÇÃO, os chamados DEFEITOS DO NEGÓCIO JURÍDICO.

Eis a análise dos DEFEITOS do negócio jurídico de forma esquemática:

a) Erro:

Conceito	Ocorre quando alguém age de forma contrária à sua vontade por ignorância acerca de uma informação relevante para o negócio, sendo que sua postura seria diversa se não estivesse equivocado. *Ex.: Comprou um aparelho de voltagem 220 sem saber que, em sua casa, a corrente é 110 v.*
Características essenciais	A teor do art. 138, o negócio jurídico é anulável por erro quando este é SUBSTANCIAL e ESCUSÁVEL. - O **Erro escusável** é aquele que não poderia ser percebido pelo homem de diligência normal, o homem médio (**perdoável, desculpável, não grosseiro**). - O **Erro substancial** (**relevante, essencial, determinante**) está destacado no art. 139, sendo os dois primeiros incisos relativos ao erro de fato quanto ao negócio (natureza, objeto ou substância) ou a pessoa. No terceiro inciso o legislador admite que o "erro de direito" também pode ser causa de anulação (*Ex.: comprou um terreno para montar uma cerâmica, sem saber que existe um decreto da prefeitura que proíbe esse tipo de indústria naquele bairro*).
Falso motivo	*Art. 140. O falso motivo só vicia a declaração de vontade quando expresso como razão determinante* (mais uma vez: tem que ser essencial)
Erros que não anulam o negócio (acidentais)	Quando for possível identificar a coisa ou pessoa cogitada, quando for possível retificar o erro (de cálculo, por exemplo) ou quando for possível executar o negócio de acordo com a vontade real do manifestante (arts. 142-144, do CC). Aplicação do Princípio da Conservação/Preservação do Negócio Jurídico.
Consequência	Anulação do negócio jurídico, consoante requisitos dos arts. 138-140 + 171, II.

b) Dolo:

Conceito	É o "ardil" malicioso usado para ***convencer*** alguém à prática de negócio prejudicial (é a ***causa*** do negócio – sem dolo, o prejudicado não negociaria). *Ex.: Um assessor de investimentos, para conseguir boa comissão, convence um cliente a aplicar recursos em uma determinada operação ou "ação" na bolsa, mentindo sobre a média de retorno ou se omitindo sobre os riscos do negócio.*
Dolo Positivo e Dolo Negativo	O dolo pode ser efetivado por ação (DOLO POSITIVO) ou pelo próprio silêncio do agente quanto a uma informação relevante e essencial para a ocorrência do negócio (DOLO NEGATIVO – art. 147).
Dolo de Terceiro	A ciência do interessado pode resultar em anulação: *art. 148: Pode também ser anulado o negócio jurídico por dolo de terceiro, se a parte a quem aproveite dele tivesse ou devesse ter conhecimento; em caso contrário, ainda que subsista o negócio jurídico, o terceiro responderá por todas as perdas e danos da parte a quem ludibriou.*
Dolo do Representante	O legislador separou o dolo do representante legal (ex. pais de filhos menores) do representante convencional (ex. mandatário): *Art. 149. O dolo do representante legal de uma das partes só obriga o representado a responder civilmente até a importância do proveito que teve; se, porém, o dolo for do representante convencional, o representado responderá solidariamente com ele por perdas e danos.*

Dolo Acidental	É aquele que não é a causa para a realização de negócio, que ocorreria mesmo se uma das partes não agisse dolosamente (art. 146). ***Não anula o negócio, mas é possível a responsabilização civil.***
Dolo Bilateral	**Não se anula o negócio nem há responsabilidade**, quando *ambas as partes procederem com dolo* (art. 150)
Consequência	Anulação do negócio jurídico, (exceto o acidental e o bilateral) – art. 171, II.

c) Coação:

Conceito	Representa toda violência exercida sobre uma pessoa, causando-lhe o temor de dano iminente e irreparável sobre si, sua família* ou seus bens, de forma a obrigá-la a realizar um negócio jurídico contra sua vontade (art. 151).
Espécies	Há a coação física ou direta (*vis absoluta – Ex.: Tortura, uso de arma*) e a coação psicológica, moral ou indireta (*vis compulsiva – Ex.: chantagem*).
Caráter irresistível	Na análise do negócio, para caracterizar a coação, levar-se-ão em conta o sexo, a idade, a condição, a saúde e todas as demais circunstâncias que possam influir na gravidade dela, ou seja, no grau de "resistência" à "violência" do agente (art. 152).
Exceções:	**Não se considera coação** a ameaça do ***exercício normal de um direito***, nem o simples ***temor reverencial*** (art. 153).
Coação de Terceiro	Segue raciocínio similar ao dolo de terceiro, ou seja, depende do conhecimento da coação por parte do beneficiado (arts. 154-155, do CC).
Consequência	Anulação do negócio jurídico, ressalvadas as exceções (art. 153) acima – art. 171, II.

d) Estado de Perigo:

Conceito	Configura-se quando alguém, premido da necessidade de salvar-se, ou a pessoa de sua família*, de grave dano conhecido pela outra parte, assume obrigação excessivamente onerosa (art. 156). *Ex.: Pagar valor exorbitante (acima da média de mercado) em tratamento de urgência médica, diante de risco à saúde.*
Elementos Subjetivos	# A ***parte prejudicada*** **deve estar premida de NECESSIDADE relativa à saúde ou integridade física sua ou de ente próximo**. # A ***parte beneficiada*** deve ter **conhecimento** dessa necessidade da vítima => a ciência da parte beneficiada é conhecida como **"dolo de aproveitamento"**.
Elemento Objetivo	A obrigação excessivamente onerosa. O vício está essencialmente no **PREÇO**, ou baixo demais, ou caro demais (média de mercado como parâmetro).
Consequência	Anulação do negócio jurídico – art. 171, II. *Obs.: Enunciado n. 148, JDC: Ao "estado de perigo" (art. 156) aplica-se, por analogia, o disposto no § 2º do art. 157* (vide quadro abaixo, última linha).

e) Lesão:

Conceito	Configura-se quando alguém, por inexperiência ou necessidade, obriga-se a prestação manifestamente desproporcional ao valor da prestação oposta. (art. 157). *Ex. Obter empréstimo por juros exorbitantes para quitar aluguel em atraso, diante de ameaça de despejo.*
Elementos Subjetivos	A *parte prejudicada* deve ser INEXPERIENTE ***ou*** estar diante de uma PREMENTE NECESSIDADE, que, para diferenciar do "estado de perigo", é mais genérica, e, de regra, tem natureza ***patrimonial***. Não se exige a ciência da *parte beneficiada* (o "dolo de aproveitamento não é obrigatório para configuração).

Elemento Objetivo	A prestação manifestamente desproporcional. O vício também está vinculado ao **PREÇO**, ou baixo demais, ou caro demais (média de mercado como parâmetro).
Momento	A aferição da desproporcionalidade deve se dar no momento em que é realizado o negócio. A onerosidade superveniente não configura lesão (art. 157, § 1º).
Consequência	Anulação do negócio jurídico (171, II). **Não cabe anulação, mas sim a revisão do contrato** em busca do seu reequilíbrio, quando a parte beneficiada concorda em adequar o preço, conforme **art. 157, § 2°**, que positiva o Princípio da Preservação ou Conservação dos Negócios.

f) Fraude contra Credores:

Conceito	É vício social e corresponde a todo ato suscetível de diminuir ou onerar seu patrimônio, reduzindo ou eliminando a garantia que este representa para o pagamento de suas dívidas. É praticada pelo devedor insolvente ou por este ato reduzido à insolvência. *Ex.: João tem dívidas com três bancos, mas faz contrato de doação de seu automóvel, para sua mãe, tornando-se insolvente, com a intenção de evitar que os credores executem o bem em eventual cobrança.*
Requisitos	***a) Eventus damni: ELEMENTO OBJETIVO*** – É o estado de INSOLVÊNCIA do devedor que se desfaz do patrimônio ***ou*** *que SE TORNA INSOLVENTE diante da alienação do bem de sua propriedade para terceiro. A insolvência é objetiva, ou seja, a dívida que ele tem é superior ao patrimônio restante.* ***b) Consilium fraudis: ELEMENTO SUBJETIVO*** – É o conluio fraudulento, quando o *alienante (devedor) e adquirente (comprador – terceiro) têm ciência do prejuízo causado aos credores com o negócio, agindo de* ***má fé*** *para frustrar o cumprimento (pagamento) do negócio. A boa fé do adquirente impede a caracterização do consilium fraudis.*
Ato gratuito	Pode ocorrer nos negócios gratuitos, situação em que o negócio será anulado mesmo que a parte não soubesse da insolvência ou do dano que está causando aos credores. Enfim, no negócio gratuito por parte do devedor, a sua má fé é presumida.
Ato oneroso	Também se configura nos negócios onerosos, mas aqui, além do dano, é necessário que o devedor tenha o ânimo de prejudicar os credores e o comprador tenha ciência disso (*consilium fraudis*). NÃO se presume a FRAUDE, ela tem que ser comprovada pelo credor interessado.
Ação cabível	O credor prejudicado pode utilizar a AÇÃO PAULIANA OU REVOCATÓRIA, para fins de reverter o prejuízo que advenha do negócio.
Consequência	**Anulação** do negócio jurídico, retornando o patrimônio para o acervo do devedor ou do concurso de credores, para análise da ordem de preferência. Vale destacar que, na FRAUDE À EXECUÇÃO (art. 792, do CPC/15), a consequência jurídica é a *ineficácia* do auto, diferença esta que é muito importante na comparação entre o instituto material e o processual.

5.4.5. A Simulação.

Sobre a SIMULAÇÃO, que, como já destacado, NÃO É UM DEFEITO DO NEGÓCIO JURÍDICO, mas sim uma das causas de NULIDADE, alguns apontamentos merecem destaque:

Conceito	É uma declaração enganosa da vontade, visando produzir efeito diverso do ostensivamente indicado. "Há, na verdade, oposição entre o pretendido e o declarado. As partes desejam mera aparência do negócio e criam ilusão de existência" (VENOSA, 2018).

Espécies	a) Simulação ABSOLUTA: só existe o negócio simulado, pois as partes não pretendem celebrar negócio algum; b) Simulação RELATIVA: existem dois negócios: o falso (simulado) e o verdadeiro, que não se expõe (dissimulado); c) Simulação INOCENTE: existe declaração enganosa no negócio, porém não há intenção de prejudicar terceiros.
Configuração	*Art. 167. É nulo o negócio jurídico simulado, mas subsistirá o que se dissimulou, se válido for na substância e na forma.* **§ 1º** *Haverá simulação nos negócios jurídicos quando:* *I – aparentarem conferir ou transmitir direitos a pessoas diversas daquelas às quais realmente se conferem, ou transmitem;* *II – contiverem declaração, confissão, condição ou cláusula não verdadeira;* *III – os instrumentos particulares forem antedatados, ou pós-datados.* **§ 2º** *Ressalvam-se os direitos de terceiros de boa-fé em face dos contraentes do negócio jurídico simulado.*
Consequência	Nulidade do negócio Simulado, *independentemente da espécie de simulação*. Se a simulação for relativa, aplica-se a regra do art. 167, *caput*, ou seja, pode ser aproveitado o negócio dissimulado (verdadeiro), se este não contiver vícios.

5.5. DOUTRINA E JURISPRUDÊNCIA SOBRE O TEMA – DICAS FINAIS:

a) Quanto ao termo inicial dos prazos decadenciais em *negócio anulável*, merece destaque o Enunciado n. 538, da JDC/CJF, que, na interpretação da regra geral do art. 179, do CC, afirma o seguinte:

**** Enunciado n 538: No que diz respeito a terceiros eventualmente prejudicados, o prazo decadencial de que trata o art. 179 do Código Civil não se conta da celebração do negócio jurídico, mas da ciência que dele tiverem.***

b) Sobre a SIMULAÇÃO, convém destacar o entendimento doutrinário pacificado pelos Enunciados da JDC/CJF a seguir transcritos:

**** Enunciado 152: Toda simulação, inclusive a inocente, é invalidante.***

**** Enunciado 153: Na simulação relativa, o negócio simulado (aparente) é nulo, mas o dissimulado será válido se não ofender a lei nem causar prejuízos a terceiros.***

**** Enunciado 293: Na simulação relativa, o aproveitamento do negócio jurídico dissimulado não decorre tão-somente do afastamento do negócio jurídico simulado, mas do necessário preenchimento de todos os requisitos substanciais e formais de validade daquele.***

CAPÍTULO 6. OBRIGAÇÕES

EDITAL: DO DIREITO DAS OBRIGAÇÕES.

O Direito Obrigacional ou Pessoal é disciplinado pelo Livro I da Parte Especial do Código Civil, compreendendo relações de natureza patrimonial, em regra, que vinculam dois polos principais => credor x devedor.

6.1. CONSTITUIÇÃO DAS OBRIGAÇÕES.

O *direito obrigacional ou pessoal* consiste num vínculo jurídico transitório pelo qual o sujeito *ativo* pode exigir do sujeito *passivo* determinada prestação com conteúdo econômico.

Na relação jurídica obrigacional podem ser encontrados os seguintes elementos:

a) Elementos Subjetivos da obrigação (Credor, Devedor e terceiros);

b) Elemento Objetivo da obrigação (Prestação humana – objeto imediato – e bem da vida – objeto mediato);

c) Elemento Abstrato, Imaterial, Virtual ou Espiritual da obrigação (Vínculo entre as partes que só se encerra com a satisfação integral do interesse de ambos).

Essa relação é constituída a partir dos seguintes fatos jurídicos (fontes):

a) Fontes Mediatas ou Indiretas: a Lei e a Vontade;

b) Fontes Imediatas ou Diretas: Negócios Jurídicos; Atos Jurídicos; Atos Ilícitos (Responsabilidade Civil); Atos Unilaterais e Títulos de Crédito.

6.2. ESPÉCIES.

A doutrina e a própria legislação pontificam diversas classificações de relações obrigacionais, como se observa a seguir:

6.2.1. Classificação Geral:

A classificação geral refere-se ao objeto imediato, ou seja, a prestação humana pactuada, que pode ser um DAR (cujo objeto mediato pode ser uma coisa certa ou incerta), um FAZER (positiva) ou um NÃO FAZER (negativa).

6.2.1.1. Dar coisa certa: objeto mediato determinado pela quantidade, qualidade e *espécie*. Presumem-se incluídos os acessórios (Princípio da Gravitação Jurídica – art. 233, do CC). O Código Civil disciplina efeitos decorrentes do inadimplemento ou do melhoramento, antes da tradição da coisa a ser entregue:

No caso de inadimplemento:

PERDA (total) antes da tradição:	**Com Culpa** do Devedor: cabe restituição do equivalente + *perdas e danos*.
	Sem Culpa do Devedor: *resolve-se*, **com prejuízo para o dono** da coisa [ex.: Se o vendedor recebeu o preço e perdeu, sem culpa, o bem antes da entrega, deverá restituir ao comprador 100% do valor recebido, pois o prejuízo é seu (vendedor devedor da obrigação de dar), que ainda era o dono antes da tradição].
DETERIORIZAÇÃO (perda parcial) antes da tradição:	**Com Culpa** do Devedor: a) Não aceitando o credor o bem deteriorado, cabe restituição do equivalente + *perdas e danos* (tal qual previsto para a perda total); b) Aceitando o credor o bem deteriorado, cabe abatimento de preço + *perdas e danos*.
	Sem Culpa do Devedor: a) Não aceitando o credor o bem deteriorado, resolve-se, com prejuízo para o dono da coisa (tal qual previsto para perda total); b) Pode o credor, ainda, aceitar o bem no estado em que se encontre, abatido de seu preço o valor que perdeu.

Quando surgem frutos ou são realizadas benfeitorias antes da tradição:

MELHORAMENTO (benfeitorias):	**Com despesa ou trabalho** do Devedor (art. 242, *caput*): a) Se foi de boa fé: cabe indenização pelas úteis e necessárias, e levantamento das voluptuárias, com direito de retenção. b) Se foi de má fé: cabe indenização apenas das benfeitorias necessárias, sem direito de retenção.
	Sem despesa ou trabalho do Devedor: lucro do credor (art. 241).
FRUTOS percebidos antes da tradição (art. 241, parágrafo único):	**Com Boa Fé** do Devedor: o Devedor tem direito aos frutos percebidos.
	Com Má Fé do Devedor: o Devedor perde para o credor os frutos percebidos, tendo direito, no máximo, às despesas de produção.

6.2.1.2. Dar coisa incerta (arts. 243-246): O objeto mediato da obrigação é determinado pela quantidade e gênero, sem especificação inicial, antes da escolha ou concentração.

a) Em regra, **a escolha (concentração) cabe ao DEVEDOR (art. 244)**, salvo disposição em contrário;

b) Após a escolha, aplicam-se as regras da obrigação de dar coisa certa, pois o objeto passa a ser determinado também pela espécie (art. 245);

c) No silêncio, a escolha deve recair sobre a média (nem o melhor nem o pior);

d) Antes da escolha, não poderá o devedor alegar perda ou deterioração da coisa, ainda que por força maior ou caso fortuito (art. 246).

6.2.1.3. Fazer e Não Fazer: pode ser uma prestação positiva (fazer) ou negativa (não fazer). Em ambos os casos, é importante destacar as consequências do inadimplemento:

<table>
<tr><td rowspan="2">Inadimplemento da obrigação FUNGÍVEL ou IMPESSOAL (não vinculada a uma única pessoa – pode ser cumprida por terceiro):</td><td>Com Culpa do Devedor – cabe ao credor:
a) É possível ao credor mandar executar (obrigação de fazer) ou mandar desfazer (obrigação de não fazer) por terceiro, ou por conta própria, às custas do devedor (tais providências independem de autorização judicial, em caso de urgência) + perdas e danos;
b) Adotar as medidas processuais de coerção do devedor (CPC/15);
c) Converter em perdas e danos.</td></tr>
<tr><td>Sem Culpa ou Impossível para o Devedor: resolve-se.</td></tr>
<tr><td rowspan="2">Inadimplemento da obrigação INFUNGÍVEL ou PESSOAL ou INTUITO PERSONAE (vinculada a uma única pessoa):</td><td>Com Culpa do Devedor – cabe ao credor:
a) Adotar as medidas processuais de coerção do devedor (CPC/15);
b) Converter em perdas e danos.</td></tr>
<tr><td>Sem Culpa ou Impossível para o Devedor: resolve-se.</td></tr>
</table>

6.2.2. Classificações Especiais:

Embora as obrigações, quanto ao objeto, sejam de dar, fazer ou não fazer, outras subclassificações são relevantes, de acordo com os critérios a seguir apontados.

6.2.2.1. Cumulativas, Alternativas e Facultativas (arts. 252-256, do CC): Espécies relativas à pluralidade de prestações (mais de um objeto):

a) Cumulativas/ Conjuntivas	O cumprimento ocorre com a prestação de todos os objetos. Ex.: Entregar um cachorro e um gato.
b) Alternativas/ Disjuntivas	O cumprimento ocorre com a prestação de uma das opções pactuadas (não pode ser parte de uma e parte de outra). Ex.: Entregar um cachorro **ou** um gato. Em regra, a escolha é do devedor (art. 252, do CC), que não pode impor ao credor o recebimento de partes de cada alternativa (art. 252, § 1°).
c) Facultativas	Apenas o devedor tem a faculdade de substituição da prestação pactuada. Não há previsão legal para esta espécie.

6.2.2.2. Divisíveis x Indivisíveis: classificação que leva em conta a divisibilidade da prestação, quando há pluralidade de sujeitos (mais de um devedor ou mais de um credor):

DIVISÍVEIS (art. 257)	INDIVISÍVEIS (arts. 258-263)
Conceito: A prestação tem como objeto um fato ou uma coisa suscetível de divisão ou parcelamento. Ex.: pagamento em dinheiro, entrega de líquidos, grãos, etc.	Conceito: A prestação tem como objeto um fato ou uma coisa insuscetível de divisão ou parcelamento, por sua natureza, por motivo de ordem econômica, ou dada a razão determinante do negócio jurídico. Ex.: entrega de um carro, um cavalo, etc.
Pluralidade de credores: cada credor só poderá cobrar sua quota, que se presume igual e distinta. Ex.: dois credores da quantia de R$ 1.000,00. Cada credor só pode cobrar R$ 500,00, individualmente.	Pluralidade de credores: cada credor poderá exigir a dívida toda. Os demais poderão exigir daquele, em dinheiro, a parte que lhe cabia. Ex.: dois credores da obrigação de entrega de um carro. Se um exige e recebe o automóvel, o outro terá direito à metade do valor do veículo, em dinheiro.

Pluralidade de devedores: cada devedor só é obrigado por sua quota, que se presume igual e distinta. Ex.: quatro devedores da quantia de R$ 4.000,00. Cada devedor só pode ser cobrado, individualmente, por R$ 1.000,00.	Pluralidade de devedores: Cada um será obrigado pela dívida toda. O devedor, que paga a dívida, sub-roga-se no direito do credor em relação aos outros coobrigados. Ex.: dois devedores da obrigação de entrega de um carro. Se um entrega o automóvel, o outro será obrigado a pagar-lhe à metade do valor do veículo, em dinheiro.

6.2.2.3. Solidárias: classificação que também se refere à pluralidade subjetiva (mais de um credor ou mais de um devedor), mas que tem características próprias.

a) Regra Geral: Há solidariedade, quando na mesma obrigação concorre *mais de um credor, ou mais de um devedor, cada um com direito, ou obrigado, à dívida toda*. Destaque-se que a solidariedade não se presume, resulta da lei ou da vontade das partes (arts. 264-265). Exemplo: João e Maria devem R$ 10.000,00 a José. Neste caso:

I. Se a questão silenciar sobre a solidariedade, como a obrigação é divisível, será aplicada a regra do art. 257, ou seja, José terá que cobrar R$ 5.000,00 de João e R$ 5.000,00 de Maria (não se presume);

II. Se a questão disser que a obrigação é solidária, José poderá cobrar a dívida toda de qualquer um dos devedores solidários, ou seja, pode cobrar os R$ 10.000,00 de João ou os R$ 10.000,00 de Maria.

b) Distinções relevantes entre Solidariedade Ativa e Passiva:

Solidariedade Ativa (arts. 267-274)	Solidariedade Passiva (arts. 275-285)
Pluralidade de Credores Solidários	Pluralidade de Devedores Solidários
Cada credor pode cobrar o total	Cada devedor pode ser cobrado pela dívida toda
Se um dos credores solidários falecer deixando herdeiros, cada um destes só terá direito a exigir e receber a quota do crédito que corresponder ao seu quinhão hereditário, salvo se a obrigação for indivisível (art. 270).	Se um dos devedores solidários falecer deixando herdeiros, nenhum destes será obrigado a pagar senão a quota que corresponder ao seu quinhão hereditário, salvo se a obrigação for indivisível; mas todos reunidos serão considerados como um devedor solidário em relação aos demais devedores (art. 276).
O credor que tiver remitido a dívida ou recebido o pagamento responderá aos outros pela parte que lhes caiba.	O devedor que satisfez a dívida por inteiro tem direito a exigir de cada um dos co-devedores a sua quota, dividindo-se igualmente por todos a do insolvente, se o houver, presumindo-se iguais, no débito, as partes de todos os co-devedores.
A um dos credores solidários não pode o devedor opor as exceções pessoais oponíveis aos outros.	O devedor demandado pode opor ao credor as exceções que lhe forem pessoais e as comuns a todos; não lhe aproveitando as exceções pessoais a outro co-devedor.

c) Responsabilidade pelos encargos x Responsabilidade por perdas e danos:

Equivalente + encargos: Todos respondem (embora o culpado pela mora deva ressarcir os demais pelos encargos) – arts. 279-280;

Perdas e Danos: Só o culpado responde (art. 279).

d) Remissão x Renúncia/Exclusão em relação à Solidariedade:

Remissão: O Devedor perdoado está livre, mas sua quota é descontada "do todo" (art. 388);

Renúncia ou Exoneração: O Devedor exonerado passa a ser singular, ou seja, só responde por sua quota, embora deva participar do rateio se houver devedor insolvente (arts. 282-284).

Obs.: Enunciado n. 350 – Art. 284: A renúncia à solidariedade diferencia-se da remissão, em que o devedor fica inteiramente liberado do vínculo obrigacional, inclusive no que tange ao rateio da quota do eventual co-devedor insolvente, nos termos do art. 284.

6.2.2.4. Obrigações de Meio, de Resultado e de Garantia: classificação que leva em conta a relação entre a prestação e a responsabilidade do Devedor:

a) *Obrigação de Meio* é aquela em que o devedor, ou seja, o sujeito passivo da obrigação, utiliza os seus conhecimentos, meios e técnicas para alcançar o resultado pretendido sem, entretanto, se responsabilizar caso este não se produza. Como ocorre nos casos de contratos com advogados, os quais devem utilizar todos os meios para conseguir obter a sentença desejada por seu cliente, mas, se agiu com zelo e dedicação, não poderá ser responsabilizado caso não se obtenha êxito na demanda;

b) *Obrigação de Resultado* é aquela em que o devedor se obriga a um resultado específico, responsabilizando-se caso este não se produza. O contrato de honorários baseado em percentual do ganho do cliente com a demanda, é uma situação em que o advogado assume uma obrigação de resultado (contrato de risco ou *ad exitum*);

c) *Obrigação de Garantia* é aquela que é acessória de uma outra obrigação principal, garantindo algum dever original assumido por um dos contratantes. O garantidor não tem o dever original, mas pode ser exigido judicialmente a cumprir a obrigação, no caso de inadimplemento. Ex.: fiança, aval, etc.

6.2.2.5. Obrigações Civis, Naturais e Morais: quanto à exigibilidade da prestação, no caso de descumprimento, as obrigações podem ser:

a) *Obrigação civil* é dotada de exigibilidade, caso a prestação (dever original) não seja cumprida. Ex.: contratos em geral.

b) *Obrigação natural* é aquela em que a prestação não pode ser exigida judicialmente, mesmo havendo a pactuação de um dever jurídico. Entretanto, se o devedor realizar o pagamento da obrigação, não terá o direito de requerê-la novamente, pois não cabe o pedido de restituição. Ex.: Arts. 814, 882 e 564, III do Código Civil. "Artigo 814 CC – As dívidas de jogo ou de aposta não obrigam a pagamento; mas não se pode recobrar a quantia, que voluntariamente se pagou, salvo se foi ganha por dolo, ou se o perdente é menor ou interdito".

c) *Obrigações Morais* é aquela em que não há nenhum dos elementos (nem o dever original de prestação, nem a exigibilidade judicial) – ausência de juridicidade. Ex.: Dever de frequentar um templo religioso.

 # DICAS importantes:

a) Dever Originário de Cumprir a Prestação - SHOULD (obrigação) => presente nas obrigações civis, em geral, contém um dever de prestação decorrente da lei ou da vontade das partes. Este elemento é ausente nas *obrigações de garantia* (o garantidor não tem o dever original, apenas a exigibilidade) e nas *obrigações morais*;

b) Exigibilidade judicial - HAFTUNG (responsabilidade) => dever secundário que surge do inadimplemento, presente nas obrigações civis, inclusive nas obrigações de garantia. Este elemento é ausente nas *obrigações naturais* e nas *obrigações morais*.

6.2.2.6. Obrigações de Execução Instantânea, Diferida e Continuada/Periódica: quanto ao momento da execução (cumprimento da prestação ajustada):

Esta classificação é dada de acordo com o momento em que a obrigação deve ser cumprida. Sendo classificadas, portanto, em:

a) *Obrigações momentâneas ou de execução instantânea*: são concluídas e executadas em um só ato, ou seja, são sempre cumpridas imediatamente após sua constituição. Ex.: Compra e venda à vista, pela qual o devedor paga ao credor, que o entrega o objeto.

b) *Obrigações de execução diferida*: também exigem o seu cumprimento em um só ato, mas diferentemente da anterior, sua execução deverá ser realizada em momento futuro. Ex.: Partes combinam de entregar o objeto em determinada data, assim como realizar o pagamento pelo mesmo.

c) *Obrigações de execução continuada ou de trato sucessivo (periódica)*: são aquelas que se satisfazem por meio de atos continuados, prolongando-se pelo tempo e renovando-se periodicamente. Ex.: plano de saúde, contrato de telefonia, etc.

6.2.2.7. Obrigações Puras e Simples; Condicionais; a Termo e Modais: quanto à existência de elementos acidentais:

As obrigações possuem, além dos elementos naturais, os elementos acidentais, que acabam muitas vezes por caracterizá-las. Estes elementos são: a alteração da condição da obrigação, do termo e do encargo ou do modo. Neste sentido:

a) *Obrigações puras e simples* são aquelas que não se sujeitam a nenhuma condição, termo ou encargo.

b) *Obrigações condicionais* são aquelas que se subordinam a ocorrência de um evento futuro e incerto para atingir seus efeitos. Ex.: Obrigação de dar uma viagem a alguém quando esta pessoa passar no vestibular (condição).

c) *Obrigações a termo* submetem seus efeitos a acontecimentos futuros e certos, em data ou prazo fixado na avença. Ex.: Obrigação de dar um carro a alguém no dia em que completar 18 anos.

d) *Obrigações modais* em que o encargo não suspende a "aquisição nem o exercício do direito, salvo quando expressamente imposto no negócio jurídico, pelo disponente, como condição suspensiva", de acordo com o artigo 136 do Código Civil. Ex.: Doar um carro ao filho, impondo-lhe o ônus de fazer o seguro do automóvel por sua conta.

6.2.2.8. Obrigações Líquidas e Ilíquidas: quanto à liquidez, a obrigação pode ser:

a) *Obrigação líquida* é aquela determinada quanto ao objeto e certa quanto à sua existência.

b) *Obrigação ilíquida* depende de prévia apuração, já que o montante da prestação apresenta-se incerto.

6.2.2.9. Obrigações principais e acessórias: na relação de reciprocidade entre obrigações pactuadas, elas podem ser classificadas em:

a) *Obrigações principais* são aquelas que existem por si só, ou seja, não dependem de nenhuma obrigação para ter sua real eficácia. É o que ocorre com a maioria dos negócios jurídicos.

b) *Obrigações acessórias* subordinam a sua existência a outra relação jurídica, sendo assim, dependem da obrigação principal. Ocorre com as obrigações de garantia, com os juros, etc.

6.3. TRANSMISSÃO.

Diante de seu caráter patrimonial, as relações obrigacionais são perfeitamente transmissíveis, no polo ativo ou no polo passivo.

6.3.1. Cessão de Crédito.

O credor (**cedente**) transmite seu crédito a um terceiro (**cessionário**). Exemplo: uma operadora de telefonia transfere o direito de cobrar dívidas de clientes para empresas de cobrança. Principais regras aplicáveis ao instituto:

Inexistência de impedimento:	O credor pode ceder o seu crédito, se a isso não se opuser a natureza da obrigação, a lei, ou a convenção com o devedor.
Princípio da Gravitação Jurídica:	Salvo disposição em contrário, na cessão de um crédito abrangem-se todos os seus acessórios.
Plano da Eficácia:	A forma é livre, mas, para ter eficácia para terceiros, deverá ser realizada por instrumento público ou instrumento particular revestido das solenidades do § 1° do art. 654. **Para ter eficácia em relação ao Devedor, o mesmo deverá ser notificado**.
Múltiplas cessões:	Prevalece a que se completar com a tradição do título do crédito cedido.
Exceção pessoal relativa ao cedente:	O devedor pode opor ao cessionário as exceções que lhe competirem, bem como as que, no momento em que veio a ter conhecimento da cessão, tinha contra o cedente.
Responsabilidade do cedente pela EXISTÊNCIA do crédito:	a) Cessão onerosa ou gratuita, porém de má fé: o cedente **responde** pela existência do crédito perante o cessionário; b) Cessão gratuita, porém de boa fé: o cedente **não responde** pela existência do crédito perante o cessionário.

Responsabilidade do cedente pela SOLVÊNCIA do devedor:	**a) Cessão PRO SOLUTO:** o cedente não responde pela insolvência do devedor, assumindo o cessionário o risco da inadimplência – é a REGRA, no silêncio do negócio (art. 296); **b) Cessão PRO SOLVENDO:** o cedente responde pela insolvência do devedor, hipótese em que deverá ressarcir o valor recebido (e não o valor total da dívida – art. 297), no caso de insolvência do devedor.

6.3.2. Cessão de Débito ou Assunção de Dívidas.

O **devedor originário** transmite a dívida para um terceiro (**assuntor**). Exemplo: João quer comprar uma casa de José, porém José está devendo três meses de condomínio, e João assume essa dívida, abatendo tal valor no preço. Principais regras:

Anuência:	**Em regra, é necessária a anuência expressa do credor**, e seu silêncio, se notificado para manifestação, é considerado recusa (art. 299). ***Exceção:*** *Art. 303. O adquirente de imóvel hipotecado pode tomar a seu cargo o pagamento do crédito garantido; se o credor, notificado, não impugnar em trinta dias a transferência do débito, entender-se-á dado o assentimento.*
Garantias:	Salvo assentimento expresso do devedor primitivo, consideram-se extintas, a partir da assunção da dívida, as garantias especiais por ele originariamente dadas ao credor.
Exceção pessoal:	O novo devedor não pode opor ao credor as exceções pessoais que competiam ao devedor primitivo.

6.4. CUMPRIMENTO E EXTINÇÃO DAS OBRIGAÇÕES.

É o adimplemento/pagamento do objeto da obrigação, que pode ser direto ou indireto.

6.4.1. Teoria Geral do Pagamento – Extinção Direta.

Regras gerais sobre o adimplemento das obrigações:

a) Quem deve pagar?	O(s) devedor(es) ou terceiros, interessados ou não interessados.
	Terceiro Interessado: Fiador, avalista, coobrigado, herdeiro, outro credor, sublocatário, etc. que pode utilizar meios de exoneração no caso de recusa do credor; * Obs.: Sub-roga-se nos direitos do credor em relação ao devedor principal, salvo no caso de desconhecimento ou oposição do devedor principal que tinha meios para pagar (art. 306).
	Terceiro Não Interessado: Não se beneficia juridicamente do pagamento (parente, amigo, etc.); * Se pagar **em nome do Devedor**, sem oposição deste (como procurador, gestor ou representante): => Pode utilizar meios de exoneração no caso de recusa do credor (art. 304); => Sub-roga-se nos direitos do credor em relação ao devedor principal. * Se pagar **em nome Próprio**, sem oposição do devedor: => Não pode utilizar meios de exoneração no caso de recusa do credor (art. 304); => Não se sub-roga nos direitos do credor, cabendo-lhe apenas ressarcimento.
b) A quem se deve pagar?	Ao credor ou a quem de direito o represente, sob pena de só valer depois de por ele ratificado, ou tanto quanto reverter em seu proveito. Destaque-se: *Art. 309. O pagamento feito de boa-fé ao credor putativo é válido, ainda provado depois que não era credor.*

c) Objeto e prova do pagamento:	- O OBJETO é a prestação pactuada, já que ninguém é obrigado a receber coisa diversa, ainda que mais valiosa, nem parcelar a prestação, se assim não ajustou. O pagamento deverá ser feito em moeda corrente, posto que somente com autorização de lei é válido o pagamento em ouro ou moeda estrangeira. Destaque-se: *Art. 316. É lícito convencionar o aumento progressivo de prestações sucessivas.* *Art. 317. Quando, por motivos imprevisíveis, sobrevier desproporção manifesta entre o valor da prestação devida e o do momento de sua execução, poderá o juiz corrigi-lo, a pedido da parte, de modo que assegure, quanto possível, o valor real da prestação.*
	- A PROVA é a QUITAÇÃO (leia-se RECIBO). Algumas presunções importantes: *Art. 322. Quando o pagamento for em quotas periódicas, a quitação da última estabelece, até prova em contrário, a presunção de estarem solvidas as anteriores.* *Art. 323. Sendo a quitação do capital sem reserva dos juros, estes presumem-se pagos.* *Art. 324. A entrega do título ao devedor firma a presunção do pagamento.*
d) Onde se deve pagar?	a) Obrigação PORTABLE ou PORTÁVEL: Domicílio do Credor; b) Obrigação QUERABLE ou QUESÍVEL: Domicílio do Devedor (regra); c) SUPRESSIO (perda da vantagem contratual pela inércia) x SURRECTIO (obtenção da vantagem contratual pela boa fé). Regra do art. 330: *O pagamento reiteradamente feito em outro local faz presumir renúncia do credor relativamente ao previsto no contrato.*
e) Quando se deve pagar?	No silêncio do negócio, imediatamente (à vista). Se pactuado, até o vencimento, salvo nas hipóteses de *antecipação do vencimento*, as quais, como se observa a seguir, demonstram o risco de inadimplência da obrigação: *Art. 333. Ao credor assistirá o direito de cobrar a dívida antes de vencido o prazo estipulado no contrato ou marcado neste Código:* *I – no caso de falência do devedor, ou de concurso de credores;* *II – se os bens, hipotecados ou empenhados, forem penhorados em execução por outro credor;* *III – se cessarem, ou se se tornarem insuficientes, as garantias do débito, fidejussórias, ou reais, e o devedor, intimado, se negar a reforçá-las.* *Parágrafo único. Nos casos deste artigo, se houver, no débito, solidariedade passiva, não se reputará vencido quanto aos outros devedores solventes.*

6.4.2. Regras Especiais de Extinção Indireta.

Resumo esquemático das formas especiais de extinção indireta das relações obrigacionais:

a) Consignação (arts. 334-345)	É o cumprimento da obrigação realizado pelo Devedor por via de depósito bancário ou judicial, quando há obstáculos para o pagamento direto ao Credor (art. 335). Extingue a obrigação se for realizada em relação à(s) pessoas, objeto, modo, tempo e lugar pactuados (arts. 334 e 336), cessando, em regra, a incidência de juros e riscos a partir da efetivação do depósito (art. 337).
	JUDICIAL: O Devedor faz o depósito em ação judicial e o Credor é citado para levantar ou contestar a ação, no prazo de em 15 dias. A "revelia" implica em extinção da obrigação.
	EXTRAJUDICIAL: O Devedor faz depósito em instituição bancária, que notifica o Credor para aceitar ou impugnar o pagamento em 10 dias. O silêncio implica em aceitação e extinção.

b) Sub-rogação (arts. 346-351)	Aquele que paga a dívida de terceiro se sub-roga nos mesmos direitos do credor original, nas hipóteses de "sub-rogação legal", que ocorre automaticamente (art. 246) ou nas hipóteses de "sub-rogação convencional", quando esse efeito é pactuado (art. 247).
c) Imputação (arts. 352-355)	Direito de escolher a dívida a ser extinta, quando um mesmo devedor se obrigada por dois ou mais débitos da mesma natureza, a um só credor, todos líquidos e vencidos (art. 352).
	Pelo Devedor: Em regra, a escolha é do Devedor (art. 352).
	Pelo Credor: No silêncio do Devedor ou por vontade das partes, cabe ao Credor indicar, na quitação, qual dívida está sendo paga (art. 353).
	Por Lei: No silêncio de ambos e sendo genérica a quitação, presume-se paga a que se venceu primeiro, ou a mais onerosa (art. 355). Entre juros e capital, presume-se primeiro o pagamento dos juros (art. 354).
d) Dação (arts. 356-359)	O credor pode consentir em receber prestação diversa da que lhe é devida (art. 356), como uma exceção à regra geral de pagamento conforme pactuado (art. 313). Se ocorrer a perda da coisa por evicção, restitui-se a obrigação original (art. 359).
e) Novação (arts. 360-367)	É a extinção de uma obrigação através da pactuação de uma nova relação (art. 360-361). Também importa em exoneração do fiador a novação feita sem seu consenso com o devedor principal (art. 364)
	Requisitos: Exige o interesse na extinção da obrigação primitiva (*animus novandi*) e a substituição de um dos elementos da relação (credor, devedor ou prestação). Não é possível a novação de obrigação já extinta ou nula (art. 367).
	A novação subjetiva passiva (substituição do devedor) pode ser feita sem a participação do devedor originário (por expromissão – art. 362) ou com seu consentimento (por delegação).
f) Compensação (arts. 368-380)	É a extinção de duas obrigações quando ambas forem recíprocas, ou seja, duas pessoas forem ao mesmo tempo credor e devedor uma da outra (art. 368). A compensação efetua-se entre dívidas líquidas, vencidas e de coisas fungíveis (art. 369), respeitando-se os direitos de 3º (art. 380).
	Em regra, a diferença de causa entre as dívidas não impede a compensação, exceto nas hipóteses do art. 373. Também é vedada a compensação de honorários sucubenciais (art. 85, § 14, CPC).
o) Confusão (arts. 381-384)	Extingue-se a obrigação, desde que na mesma pessoa se confundam as qualidades de credor e devedor. Ex.: Fusão entre duas pessoas jurídicas.
p) Remissão (arts. 385-388)	É o PERDÃO da dívida, que pode ser parcial ou total. A remissão concedida a um dos co-devedores extingue a dívida na parte a ele correspondente; de modo que, ainda reservando o credor a solidariedade contra os outros, já lhes não pode cobrar o débito sem dedução da parte remitida.

6.5. DESCUMPRIMENTO DAS OBRIGAÇÕES.

Estudo das hipóteses e consequências do inadimplemento das obrigações.

6.5.1. Inadimplemento Absoluto x Relativo.

É **absoluto** quando a prestação principal torna-se impossível (acidente com perda total do veículo antes da entrega) ou não interessa mais ao credor (obrigação de entregar o bolo da noiva, se este não chegar no dia do casamento). É **relativo** quando a obrigação principal ainda interessa ao credor e, teoricamente, é possível (aluguel atrasado).

6.5.2. Espécies de Mora e suas consequências.

A mora é o inadimplemento relativo. Destaque-se:

Mora do Credor ou *Accipiens*:	*Art. 400. A mora do credor subtrai o devedor isento de dolo à responsabilidade pela conservação da coisa, obriga o credor a ressarcir as despesas empregadas em conservá-la, e sujeita-o a recebê-la pela estimação mais favorável ao devedor, se o seu valor oscilar entre o dia estabelecido para o pagamento e o da sua efetivação.*
Mora do Devedor, ou *Debendi*, **ou** *Solvens* **ou** *Debitoris*:	*Art. 395. Responde o devedor pelos prejuízos a que sua mora der causa, mais juros, atualização dos valores monetários segundo índices oficiais regularmente estabelecidos, e honorários de advogado.* *Parágrafo único. Se a prestação, devido à mora, se tornar inútil ao credor, este poderá enjeitá-la, e exigir a satisfação das perdas e danos.*
Mora *ex re*:	*Art. 397, caput: O inadimplemento da obrigação, positiva e líquida, no seu termo, constitui de pleno direito em mora o devedor.*
Mora *ex personae*:	*Art. 397, parágrafo único: Não havendo termo, a mora se constitui mediante interpelação judicial ou extrajudicial.* *Obs.: Também pode ser considerado o termo inicial para mora a citação, se o Credor não constitui o Devedor em mora de outra forma (art. 405)*
Mora decorrente de Ato Ilícito:	*Art. 398. Nas obrigações provenientes de ato ilícito, considera-se o devedor em mora, desde que o praticou.*

6.5.3. Cláusula Penal.

Também chamada de pena convencional, é a MULTA, que pode ser cobrada no caso de inadimplemento contratual, se houver previsão expressa no pacto. Pode ser reduzida quando for excessivamente onerosa ou for cumprida parte da obrigação (art. 413). Espécies:

MORATÓRIA	COMPENSATÓRIA
Art. 411. Quando se estipular a cláusula penal para o caso de mora, ou em segurança especial de outra cláusula determinada, terá o credor o arbítrio de exigir a satisfação da pena cominada, juntamente com o desempenho da obrigação principal.	*Art. 410. Quando se estipular a cláusula penal para o caso de total inadimplemento da obrigação, esta converter-se-á em alternativa a benefício do credor.*
Algumas leis limitam o seu valor: CDC (2%); art. 1.336, § 1º, do CC/02 (2%).	*Art. 412. O valor da cominação imposta na cláusula penal não pode exceder o da obrigação principal.*

6.5.4. Arras.

É o sinal, adiantamento em dinheiro ou outro bem móvel, realizado no momento da conclusão do negócio, como reforço do compromisso firmado ou parte do pagamento. Eis as espécies de arras e suas consequências para a hipótese de inadimplemento:

CONFIRMATÓRIAS (regra)	PENITENCIAIS (se houver estipulação)
Não há direito de arrependimento em relação ao cumprimento da obrigação principal. Ex. promessa de compra e venda *irretratável*.	**Há direito de arrependimento** em relação ao cumprimento da obrigação principal. Ex. promessa de compra e venda *retratável*.

a) Inadimplemento de quem pagou as arras: perde o que pagou; b) Inadimplemento de quem recebeu as arras: devolve o que recebeu + o equivalente (ou seja, restitui em dobro).	a) Inadimplemento de quem pagou as arras: perde o que pagou; b) Inadimplemento de quem recebeu as arras: devolve o que recebeu + o equivalente (ou seja, restitui em dobro).
Cabem danos suplementares, se as arras forem insuficientes para ressarcir os prejuízos.	**Não cabem danos suplementares**, se as arras forem insuficientes para ressarcir os prejuízos.

CAPÍTULO 7. GARANTIAS LEGAIS NA DISCIPLINA GERAL DOS CONTRATOS

EDITAL: DOS VÍCIOS REDIBITÓRIOS E DA EVICÇÃO.

Contratos são Negócios Jurídicos formados por duas ou mais manifestações de vontade (negócios bilaterais, neste sentido). O Código Civil, no LIVRO I da PARTE ESPECIAL, que trata do Direito das Obrigações, incluindo suas Fontes, destaca, no Título V, das regras gerais do Direito Contratual, inclusive das GARANTIAS LEGAIS contra o VÍCIO REDIBITÓRIO e a EVICÇÃO.

7.1. GARANTIAS LEGAIS: EVICÇÃO E VÍCIOS REDIBITÓRIOS.

Algumas garantias são estabelecidas entre os próprios contratantes, como parte dos costumes ou mesmo da consciência dos deveres anexos à boa fé, que incluem o dever de assistência na fase pós-contratual. O Código Civil, porém, prevê duas garantias específicas, que decorrem da lei, independentemente de qualquer previsão contratual que conceda tais benefícios: a proteção do contratante contra o VÍCIO REDIBITÓRIO e a EVICÇÃO.

7.2. PROTEÇÃO DO ADQUIRENTE EM FACE DE VÍCIOS REDIBITÓRIOS.

É a garantia legal prevista quando estão presentes defeitos ocultos e graves, preexistentes à aquisição, que desvalorizam a coisa ou tornam a coisa imprestável, sendo caracterizado quando o contrato é bilateral e oneroso (art. 441, do CC/02). Para este efeito, a doação com encargo é considerada contrato oneroso (art. 441, parágrafo único, do CC/02). Verificada a existência do vício redibitório, o adquirente tem o direito potestativo de escolher entre duas ações edilícias:

Ação Redibitória (art. 441, do CC):	Rejeição da coisa defeituosa, rescindindo-se o contrato e reavendo-se o preço pago, além do reembolso das despesas. O direito de ressarcimento das *perdas e danos* depende do conhecimento do vício pelo alienante (art. 443, do CC).
Ação Estimatória – *Quanti Minoris* **(art. 442, do CC):**	Conserva-se o domínio sobre o bem, reclamando-se o abatimento do preço, sem acarretar a redibição do contrato. O direito de ressarcimento das *perdas e danos* depende do conhecimento do vício pelo alienante (art. 443, do CC).

Por se tratar de direito potestativo do credor, o prazo para ajuizar as ações acima é decadencial, variando conforme a coisa seja móvel ou imóvel (art. 445, do CC/02):

Coisa **Móvel** Viciada – **Prazo** para reclamação:	Coisa **Imóvel** Viciada – **Prazo** para reclamação:
Prazo de **30 dias**, contados da tradição da coisa, em se tratando de vício de fácil constatação.	Prazo de **01 ano**, contado a partir da entrega efetiva da coisa, em se tratando de vício de fácil constatação.
Prazo de **15 dias**, contados da alienação, *se a coisa já estava na posse do adquirente* (metade do prazo anterior)	Prazo de **06 meses**, contados da alienação, *se a coisa já estava na posse do adquirente* (metade do prazo anterior)
Prazo de **180 dias para constatação do vício**, se for de difícil constatação. Ciente o adquirente, começa a correr o prazo de **30 dias para reclamação**.	Prazo de **01 ano para constatação do vício**, se for de difícil constatação. Ciente o adquirente, começa a correr o prazo de **01 ano para reclamação**.

7.3. PROTEÇÃO DO ADQUIRENTE EM FACE DE EVICÇÃO.

É a perda total, ou parcial, da coisa adquirida onerosamente, inclusive por hasta pública, por força de decisão judicial, baseada em causa preexistente ao contrato. Ex.: A compra um veículo de B, e depois vem perder este automóvel para C, que prova que é o verdadeiro titular do direito em demanda judicial.

O Adquirente prejudicado (Evicto), tem direito à restituição de todos os prejuízos sofridos diante da evicção, contra o Alienante, sejam eles de natureza material (valor atual do bem, benfeitorias, frutos, etc.), ou de natureza processual (despesas processuais e honorários advocatícios de sucumbência), conforme arts. 450-453, do CC, desde que tenha agido de boa-fé (não há responsabilidade civil se o Evicto sabia que se tratava de coisa alheia ou litigiosa – art. 457, do CC).

Podem as partes, por cláusula expressa, reforçar, diminuir ou excluir a responsabilidade pela evicção (art. 448, do CC). No entanto, conforme art. 449, do CC, mantém-se o direito do evicto de recobrar o preço pago, ainda que presente a cláusula excludente de responsabilidade, se não soube do risco da evicção e, se informado, não o assumiu.

CAPÍTULO 8. RESPONSABILIDADE CIVIL.

EDITAL: DA RESPONSABILIDADE CIVIL.

A Responsabilidade Civil (Título IX, do CC) é um instituto intrínseco ao Direito Obrigacional, partindo-se da premissa que a relação obrigacional é complexa e pressupõe responsabilidade patrimonial. Admite-se, com fundamento no direito alemão, a existência de um dever originário (*debitum ou shuld*) e, em caso de inadimplência, surge a responsabilidade patrimonial (*obligatio ou haftung*). Enfim, a Responsabilidade Civil é uma obrigação derivada de um dever originário não cumprido, seja advindo de uma relação contratual, seja de um comportamento que causa dano a uma vítima com a qual não havia relação jurídica prévia.

8.1. TEORIA GERAL DO ATO ILÍCITO E DO ABUSO DE DIREITO.

O estudo do Ato Ilícito Civil é fundamental para a compreensão da Responsabilidade Civil, como indica a própria regra base do art. 927, do CC. Assim, conforme esquematizado no quadro abaixo, o estudo da Responsabilidade Civil perpassa pela prévia análise do Ato Ilícito e seus Elementos, bem como do Abuso de Direito:

Conceito de ATO ILÍCITO:	Art. 186. Aquele que, por ação ou omissão voluntária, negligência ou imprudência, violar direito e causar dano a outrem, ainda que exclusivamente moral, comete ato ilícito. *Obs.: Este conceito abrange, genericamente, todos os elementos da responsabilidade civil, que, em regra, é subjetiva:* *a) Conduta Ilícita: ação ou omissão que viola o direito;* *b) Culpa: dolo, negligência, imprudência ou imperícia;* *c) Nexo de causalidade: a conduta causa o dano;* *d) Dano: patrimonial (dano emergente + lucros cessantes) ou extrapatrimonial (moral + estético).*
Conceito de ABUSO DE DIREITO:	Art. 187. Também comete ato ilícito o titular de um direito que, ao exercê-lo, excede manifestamente os limites impostos pelo seu fim econômico ou social, pela boa-fé ou pelos bons costumes. *Obs.: trata-se de conceito objetivo, pois é configurado o abuso de direito pela transgressão dos limites ali indicados, independentemente de culpa, ou seja, da intenção de prejudicar.*
Obrigação de Indenizar:	Art. 927. Aquele que, por ato ilícito (arts. 186 e 187), causar dano a outrem, fica obrigado a repará-lo. *Obs.: Não basta configurar a conduta ilícita ou abusiva. Sem prejuízo, não há responsabilidade civil.*

8.2. ESPÉCIES DE RESPONSABILIDADE CIVIL – DISTINÇÕES RELEVANTES.

O Candidato deve ter em mente, para a solução das questões, as distinções a seguir destacadas:

8.2.1. Responsabilidade Contratual x Aquiliana

Separa a responsabilidade que decorre de relação anterior daquela em que não havia qualquer relação jurídica antes do evento danoso:

a) Contratual: quando as partes possuem uma relação negocial prévia, e os danos decorrem do inadimplemento contratual (Ex.: o plano de saúde recusa indevidamente a cobertura cirurgia urgente do segurado; erro médico; perda de prazo por advogado, etc.);

b) Aquiliana: quando as partes não possuem relação contratual anterior ao evento danoso (Ex.: acidente de trânsito entre dois veículos; atropelamento; negativação indevida quando a pessoa inscrita sequer tinha contrato contra a empresa responsável pela informação da dívida, etc.).

8.2.2. Responsabilidade Objetiva x Subjetiva

Por ser a culpa um elemento acidental (tópico a seguir), sua comprovação pode ser ou não necessária para a responsabilização:

a) A Responsabilidade Subjetiva é a regra geral, pela qual HÁ a NECESSIDADE de COMPROVAÇÃO da CULPA (em sentido amplo, que inclui o *dolo*) do agente que pratica o ato que causa dano;

b) A Responsabilidade Objetiva pode ser determinada por LEI, ou quando a pessoa exerce "ATIVIDADE DE RISCO" (art. 927, parágrafo único, do CC). Neste caso, o dever de reparação pressupõe a prova apenas dos elementos essenciais (conduta, nexo e dano), *independentemente de culpa ou dolo do agente.*

8.2.3. Responsabilidade Solidária x Subsidiária

Quando mais de um agente pode ser responsabilizado civilmente:

a) Responsabilidade Solidária: todos os agentes têm responsabilidade direta, ou seja, a vítima pode ajuizar ação reparatória contra todos ou contra um deles, à sua escolha. Ex.: quando mais de uma pessoa age diretamente para o dano (ex.: briga de torcidas) ou nas hipóteses de responsabilidade por fato de outrem (art. 942, parágrafo único, do CC, com exceção dos que respondem por incapaz).

b) Responsabilidade Subsidiária: dois ou mais agentes têm responsabilidade civil, mas é necessário primeiro esgotar as tentativas de receber a indenização de um agente para, após o insucesso, buscar a reparação em face de outro. Ex.: a responsabilidade do devedor principal e do fiador (art. 827, do CC); a responsabilidade dos representantes e assistentes em face de fatos praticados por incapazes, pois neste caso o incapaz só será obrigado a reparar o dano se seu representante ou assistente capaz não tiver condições econômicas de fazê-lo (art. 928, caput, do CC).

8.3. ELEMENTOS OU PRESSUPOSTOS DA RESPONSABILIDADE CIVIL.

A configuração do dever de reparação pressupõe a ocorrência cumulativa dos seguintes elementos essenciais (conduta, nexo de causalidade e dano) e o elemento acidental – a culpa:

8.3.1. Conduta Humana

Ação ou omissão do agente (há exceções) que irá resultar em prejuízo para a vítima e poderá implicar no dever de reparação – responsabilidade civil. Em regra, a ação ou omissão do agente é ilícita, mas há situações em que este terá responsabilidade civil ainda que pratique ato lítico (vide item relativo às excludentes de ilicitude).

A regra geral é a RESPONSABILIDADE CIVIL POR "ATO PRÓPRIO", ou seja, o agente responde para ação ou omissão *praticada por si*, que configure ato ilícito ou abuso de direito e implique em dano a alguém, individualmente ou no âmbito coletivo.

As exceções serão vislumbradas no item relativo à responsabilidade civil por fato de outrem ou de terceiros. Segue o esquema acerca da Responsabilidade Civil Indireta:

Aquele que é "causador" o dano:	Aquele que é "corresponsável":	Espécie de Resp. Civil => Causador x Corresponsável:
# Filhos menores (incapazes)	# Pais com *autoridade e companhia*	* Causador: Subsidiária e Subjetiva (art. 928); * Corresponsável: Direta e Objetiva (arts. 928 + 932, I + 933).
# Tutelados e Curatelados (incapazes)	# Tutores e Curadores	* Causador: Subsidiária e Subjetiva (art. 928); * Corresponsável: Direta e Objetiva (arts. 928 + 932, II + 933).
# Empregados no exercício do trabalho ou em razão dele	# Empregadores	* Causador: Solidária e Subjetiva (art. 942); * Corresponsável: Solidária e Objetiva (arts. 932, III + 933 + 942).
# Hóspedes, moradores e educandos	# Donos de hotéis ou locais onde se albergue por dinheiro	* Causador: Solidária e Subjetiva (art. 942); * Corresponsável: Solidária e Objetiva (arts. 932, IV + 933 + 942).
# Aqueles que comete crime de apropriação de patrimônio (geral)	# Aqueles que recebem produto de crime gratuitamente	* Causador: Solidária e Subjetiva (art. 942); * Corresponsável: Solidária e Objetiva (arts. 932, V + 933 + 942).

 # DICAS importantes:

a) Quando o "corresponsável" indeniza a vítima por fato de outrem, ele pode pedir **regresso** contra o "causador", exceto os ascendentes em relação aos descendentes (art. 934, do CC). Assim, pais e avós não podem pleitear regresso quando indenizam vítimas de seus filhos e netos;

b) Em regra, pai e mãe respondem solidariamente pelos danos provocados por atos de seus filhos, pois ambos detêm poder familiar. Excepcionalmente, um dos cônjuges com poder familiar pode não estar exercendo autoridade direta sobre o filho, hipótese em que não responderá pelo dano causado pelo incapaz, conforme jurisprudência do STJ;

c) No caso de responsabilidade civil por ato de incapaz, a indenização deverá ser equitativa, e não terá lugar se privar do necessário o incapaz ou as pessoas que dele dependem (art. 928, parágrafo único). A doutrina entende que *também os pais, tutores e curadores serão beneficiados pelo limite humanitário do dever de indenizar, de modo que a passagem ao patrimônio do incapaz se dará não quando esgotados todos os recursos do responsável, mas se reduzidos estes ao montante necessário à manutenção de sua dignidade* – En. 39, da JDC/CJF.

8.3.2. Nexo de causalidade.

É o liame entre a conduta humana e o dano. O direito brasileiro adotou a teoria da causalidade direta ou imediata (art. 403, do CC), ou seja, a responsabilidade civil recairá sobre a pessoa que praticou o ato imediatamente anterior ao evento danoso. Caso os atos diretamente relacionados com o prejuízo tenham sido praticados por mais de uma pessoa, configura-se a *concausa*, hipótese em que todos os agentes responderão solidariamente pela reparação (art. 942, do CC).

No próximo item serão estudadas as excludentes de causalidade.

8.3.3. Dano.

O DANO ou PREJUÍZO é a violação a um interesse juridicamente tutelado, que deve ser reparado pelo agente. A vítima pode ser uma pessoa física ou jurídica, bem como as coletividades (vide arts. 2º e 81, do CDC, por exemplo).

É o terceiro elemento essencial e mais importante para a configuração da responsabilidade civil, podendo ser classificado sob diversos aspectos:

a) **Dano Patrimonial x Dano Extrapatrimonial**: No primeiro caso, o prejuízo da vítima atinge apenas o seu patrimônio, enquanto o segundo espectro decorre da ofensa à Dignidade da Pessoa Humana. Eles podem ser cumulados, se ambos surgirem a partir de um mesmo evento danoso (Súmula n. 37, do STJ).

   a.1. O **Dano Patrimonial** divide-se em **Danos Emergentes (**que significa a diminuição imediata do patrimônio decorrente do ato lesivo**) ou Lucros Cessantes (**que representa o que a vítima deixou de ganhar desde a ocorrência do evento danoso**)**.

   a.2. O **Dano Extrapatrimonial** pode ser classificado como **Dano Moral (**quando são violados os direitos da personalidade, decorrentes do Princípio da Dignidade da Pessoa Humana) **ou Dano Estético** (quando o direito da personalidade atingido é, especificamente, a imagem, o corpo e a aparência). Por se tratarem de danos distintos, podem ser cumulados numa mesma demanda – Súmula n. 387, do STJ.

b) **Dano Individual ou Pessoal x Dano Coletivo em sentido amplo ou Social**: No Dano Individual, é possível individualizar a vítima cujo interesse pessoal foi violado. O Dano Social é aquele que atinge interesses que ultrapassam a esfera do indivíduo. Vide esquema abaixo:

Espécie de dano	Aspecto do Direito Violado	Vítima	Direcionamento da Indenização
Dano a Direito ou Interesse individual	Integralidade ou patrimônio da pessoa	Certa e determinada	Vítima
Dano a Direitos ou Interesses Individuais Homogêneos	Direitos individuais, porém com origem comum.	Pessoas Determinadas ou Determináveis	Vítimas (apuração individual – direito divisível)
Dano a Direitos ou Interesses Coletivos *Stricto Sensu*	Direitos Transindividuais de que seja titular grupo, categoria ou classe.	Pessoas Determináveis (relação jurídica base)	Vítimas (apuração coletiva – direito indivisível)
Dano a Direitos ou Interesses Difusos	Direitos Transindividuais de que seja titular a sociedade ou parcela significativa dela.	Pessoas Indeterminadas (circunstância de fato)	Sociedade, através de FUNDOS SOCIAIS (apuração coletiva)

c) **Dano reflexo ou ricochete**: Ocorre nas hipóteses em que vítimas indiretas do evento podem sofrer danos, como os parentes da vítima ou os consumidores por equiparação (art. 17, do CDC).

d) **Perda de uma Chance**: Quando o agente pratica uma ação ou se omite, de forma a provocar a perda de uma chance de um ganho real e sério para a vítima, esta conduta pode implicar em danos patrimoniais e extrapatrimoniais, a depender da vantagem pessoal extirpada pela conduta do agente. Neste sentido é o Enunciado n. 444, JDC/CFJ: *"A responsabilidade civil pela perda de chance não se limita à categoria de danos extrapatrimoniais, pois, conforme as circunstâncias do caso concreto, a chance perdida pode apresentar também a natureza jurídica de dano patrimonial. A chance deve ser séria e real, não ficando adstrita a percentuais apriorísticos".*

8.3.4. Culpa.

É o elemento acidental, pois não será discutida a culpa na hipótese de responsabilidade objetiva (art. 927, parágrafo único, do CC). Portanto, só é exigida a culpa para a caracterização da responsabilidade civil nas hipóteses subjetivas. A culpa civil, quando não especificada, é considerada em sentido amplo, ou seja, engloba o dolo (intenção de lesar) e a culpa propriamente dita (negligência, imprudência, imperícia, ausência de dever de cuidado, etc.).

A culpa pode influenciar no VALOR da INDENIZAÇÃO, seja pela possibilidade de redução proporcional ao grau de culpa (culpa leve ou levíssima – art. 944, parágrafo único), seja pela necessidade de avaliação da participação de cada envolvido quando há culpa concorrente entre vítima e agente (art. 945).

8.4. EXCLUDENTES DA RESPONSABILIDADE CIVIL.

Situações em que o agente causa um dano à vítima, mas poderá ficar isento do dever de indenizar, seja pela LICITUDE de sua CONDUTA, seja pela QUEBRA do NEXO de CAUSALIDADE:

8.4.1. Excludentes da ilicitude

(Legítima Defesa, Exercício Regular de Direito, Estrito Cumprimento de Dever Legal e Estado de Necessidade): Situações em que o agente causa um dano à vítima, mas não tem, em regra, o dever de indenizar, pois o ATO É CONSIDERADO LÍCITO:

> Art. 188. Não constituem atos ilícitos (SÃO ATOS **LÍCITOS**):
>
> I – os praticados em legítima defesa ou no exercício regular de um direito reconhecido (está implícito aqui o estrito cumprimento do dever legal);
>
> **II – a deterioração ou destruição da coisa alheia, ou a lesão a pessoa, a fim de remover perigo iminente.**
>
> Parágrafo único. No caso do inciso II, o ato será legítimo somente quando as circunstâncias o tornarem absolutamente necessário, não excedendo os limites do indispensável para a remoção do perigo.

 # DICAS importantes:

a) EXISTEM ATOS LÍCITOS QUE IMPLICAM EM DEVER DE INDENIZAR: Vide artigo 188, II (estado de necessidade), combinado com os arts. 929 e 930 (o terceiro inocente atingido pode pleitear indenização, cabendo à vítima do estado de necessidade cobrar o regresso contra aquele que provocou a situação de perigo). Outro exemplo: passagem forçada, no direito de vizinhança (art. 1.285).

b) NEM TODO ATO ILÍCITO IMPLICA EM DEVER DE INDENIZAR: Há outros efeitos decorrentes do ato ilícito, que não apenas o indenizatório, como a autorização para autotutela e invalidade de negócios jurídicos. Também merece referência o Enunciado n. 539, das JDC: *O abuso de direito é uma categoria jurídica autônoma em relação à responsabilidade civil. Por isso, o exercício abusivo de posições jurídicas desafia controle independentemente de dano.*

8.4.2. Excludentes da causalidade

(Caso Fortuito, Força Maior, Culpa Exclusiva da Vítima e Fato de Terceiro): Situações em que a ação ou omissão do agente não deu causa ao dano.

 # DICAS importantes:

a) A Culpa Exclusiva da Vítima deve ser diferenciada da culpa concorrente (art. 945, do CC), pois nesta há o dever de indenizar na proporção do grau de culpa da vítima em relação ao do agente;

b) Os efeitos do Caso Fortuito e da Força Maior são diferenciados no caso de Mora do Devedor, conforme previsto no: *Art. 399. O devedor em mora responde pela impossibilidade da prestação, embora essa impossibilidade resulte de caso fortuito ou de força maior, se estes ocorrerem durante o atraso; salvo se provar isenção de culpa, ou que o dano sobreviria ainda quando a obrigação fosse oportunamente desempenhada.*

c) Caso Fortuito, Força Maior e Fato de Terceiro => grupo que pode ser simplesmente considerado o "**Fortuito**" => É preciso distinguir se a hipótese é de FORTUITO INTERNO (na qual é possível a responsabilização da instituição que poderia evitar o dano) ou FORTUITO EXTERNO (quando não é possível imputar responsabilidade à instituição ou contratante, que não poderia evitar a ocorrência do evento danoso, bem como suas consequências). A questão tem sido muito discutida na jurisprudência do STJ, inclusive com entendimento vinculante no caso de relação jurídica bancária: ***Súmula 479, do STJ****: As instituições financeiras respondem objetivamente pelos danos gerados por fortuito interno relativo a fraudes e delitos praticados por terceiros no âmbito de operações bancárias.*

8.5. TRANSMISSIBILIDADE DA RESPONSABILIDADE CIVIL.

A obrigação de reparar o dano se transmite aos herdeiros do agente (no limite do patrimônio da herança), bem como o direito de receber a indenização se transmite aos herdeiros da vítima – art. 943, do CC.

8.6. RESPONSABILIDADE CIVIL POR FATO DA COISA.

A pessoa pode ser responsabilizada por deter o poder de comando sobre coisas e animais e, por ausência do dever geral de cuidado, permitir que estes venham a causar prejuízos a outrem. Eis a esquematização das principais hipóteses:

"Coisa" que "causa" o dano:	Aquele que é "responsável":	Espécie de Responsabilidade Civil => Responsável:
# Produtos postos em circulação (bens e serviços)	# Empresário Individual ou Sociedade que os fornecem	Responsáveis: Solidária e Objetiva (art. 931).
# Animal que causa dano a alguém	# Dono ou Detentor	Responsáveis: Solidária e Objetiva (art. 936).
# Ruína de prédio ou construção	# Dono ou Construtor	Responsáveis: Solidária e Objetiva (art. 937).
# Coisas provenientes de habitação caídas ou lançadas em local indevido	# Habitante (inclui qualquer posse) ou dono do prédio ou parte dele	Responsáveis: Solidária e Objetiva (art. 938).

 # DICAS importantes:

a) Nos termos do art. 938 do CC, se a coisa cair ou for lançada de condomínio edilício, não sendo possível identificar de qual unidade, responderá o condomínio, assegurado o direito de regresso (Enunciado 557, JDC/CJF);

b) A possibilidade de responsabilizar o condomínio, na situação prevista no art. 938, do CC, encontra amparo na Teoria da "Causalidade Alternativa ou Substitutiva".

8.7. RESPONSABILIDADE CIVIL POR COBRANÇA JUDICIAL DE DÍVIDAS.

O simples ato de ajuizar uma ação de conhecimento (cobrança ou monitória) ou executiva contra uma pessoa já pode implicar em responsabilidade civil, nas seguintes situações elencadas pelos arts. 939-941, do CC:

Demanda antes do vencimento:	O credor ficará obrigado a esperar o tempo que faltava para o vencimento, a descontar os juros correspondentes, embora estipulados, e a pagar as custas em dobro (art. 939, do CC).
Demanda excessiva:	O credor que pedir mais do que for devido, ficará obrigado a pagar ao devedor o equivalente do que dele exigir, salvo se houver prescrição (art. 940, do CC).
Demanda por dívida quitada:	O credor que demandar por dívida já paga, no todo ou em parte, sem ressalvar as quantias recebidas, ficará obrigado a pagar ao devedor o dobro do que houver cobrado, salvo se houver prescrição (art. 940, do CC).

 # DICAS importantes:

a) O art. 941, do CC prevê como excludente especial da responsabilidade a desistência da ação antes da contestação (salvo prova de dano por parte do devedor, mesmo com a desistência);

b) *É pacífico o entendimento, desde a vigência do CC/16, de que a responsabilidade por cobrança judicial de dívidas é subjetiva. Neste sentido é a Súmula n. 159, do STF: Cobrança excessiva, mas de boa-fé, não dá lugar às sanções do art. 1.531 do Código Civil.*

8.8. RESPONSABILIDADE CIVIL POR CRIME.

De acordo com o art. 935, do CC, a responsabilidade civil é independente da criminal, não se podendo, porém, questionar mais sobre a existência do fato ou sobre quem seja o seu autor, quando estas questões se acharem decididas no juízo criminal. O Código Civil, ao tratar do Capítulo da Indenização, pontua as seguintes hipóteses de obrigação de reparar decorrentes de delitos:

8.8.1. Homicídio e Acidente com evento morte: dentre outras indenizações cabíveis, determina o art. 948, do CC o dever de serem quitadas *despesas com o tratamento da vítima, seu funeral e o luto da família*, bem como o dever de arcar com pagamento de *prestação de alimentos às pessoas a quem o morto os devia, levando-se em conta a duração provável da vida da vítima*.

Obs.: O pensionamento é devido também no caso em que a vítima é incapaz. Neste sentido é a Súmula n. 491, do STF: **É indenizável o acidente que cause a morte de filho menor, ainda que não exerça trabalho remunerado.**

8.8.2. Lesão Corporal e demais Acidentes Incapacitantes: No caso de lesão ou outra ofensa à saúde, o ofensor indenizará o ofendido das despesas do tratamento e dos lucros cessantes até ao fim da convalescença, além de algum outro prejuízo que o ofendido prove haver sofrido. Se da ofensa resultar defeito pelo qual o ofendido não possa exercer o seu ofício ou profissão, ou se lhe diminua a capacidade de trabalho, a indenização, além das despesas do tratamento e lucros cessantes até ao fim da convalescença, incluirá pensão correspondente à importância do trabalho para que se inabilitou, ou da depreciação que ele sofreu. O prejudicado, se preferir, poderá exigir que a indenização seja arbitrada e paga de uma só vez. (arts. 949-950, do CC).

8.8.3. Crime Patrimonial: De acordo com o art. 952, do CC, havendo usurpação ou esbulho do alheio, além da restituição da coisa, a indenização consistirá em pagar o valor das suas deteriorações e o devido a título de lucros cessantes; faltando a coisa, dever-se-á reembolsar o seu equivalente ao prejudicado. Para se restituir o equivalente, quando não exista a própria coisa, estimar-se-á ela pelo seu preço ordinário e pelo de afeição, contanto que este não se avantaje àquele.

8.8.4. Crime contra a Honra: Pela regra art. 953, do CC, a indenização por injúria, difamação ou calúnia consistirá na reparação do dano que delas resulte ao ofendido. Não sendo possível provar prejuízo material, pode ser estimado o dano por equidade. Obviamente a indenização por danos patrimoniais não exclui a mais comum nestes casos, que é a indenização por danos morais, pois a honra é um dos direitos da personalidade e tais indenizações podem ser cumuladas (Súmula n. 37, do STJ).

8.8.5. Crime contra a Liberdade Pessoal: A indenização por ofensa à liberdade pessoal consistirá no pagamento das perdas e danos que sobrevierem ao ofendido (art. 954, do CC). Também é possível a utilização do parâmetro de equidade para fixar a indenização por danos materiais, independentemente do direito de indenização por danos morais.

8.9. DOUTRINA E JURISPRUDÊNCIA SOBRE O TEMA – DICAS FINAIS:

a) Apresenta-se a tabela esquemática abaixo, resumindo a Jurisprudência SUMULADA (Precedentes Vinculantes) do STJ e do STF sobre diversos aspectos da Responsabilidade Civil, com alto potencial de cobrança em provas de concursos:

TEMA	SÚMULA
Cumulação de danos morais, materiais e estéticos:	* **STJ, Súmula 37**: São cumuláveis as indenizações por dano material e dano moral oriundos do mesmo fato. * **STJ, Súmula 387**: É lícita a cumulação das indenizações de dano estético e dano moral.
Pessoa Jurídica:	* **STJ, Súmula 227**: A pessoa jurídica pode sofrer dano moral.
Tarifação do valor da indenização:	* **STJ, Súmula 281**: A indenização por dano moral não está sujeita à tarifação prevista na Lei de Imprensa.
Concausa – Responsabilidade solidária:	* **STF, Súmula 492**: A empresa locadora de veículos responde, civil e solidariamente com o locatário, pelos danos por este causados a terceiro, no uso do carro locado. * **STJ, Súmula 221**: São civilmente responsáveis pelo ressarcimento de dano, decorrente de publicação pela imprensa, tanto o autor do escrito quanto o proprietário do veículo de divulgação.

Transmissão:	* **STJ, Súmula 642**: O direito à indenização por danos morais transmite-se com o falecimento do titular, possuindo os herdeiros da vítima legitimidade ativa para ajuizar ou prosseguir a ação indenizatória.
Sucumbência nas ações indenizatórias:	* **STJ, Súmula 326**: Na ação de indenização por dano moral, a condenação em montante inferior ao postulado na inicial não implica sucumbência recíproca.
Responsabilidade Civil nas relações jurídicas cambiais – Títulos de Crédito:	* **STJ, Súmula 370**: Caracteriza dano moral a apresentação antecipada de cheque pré-datado. * **STJ, Súmula 388**: A simples devolução indevida de cheque caracteriza dano moral. * **STJ, Súmula 475**: Responde pelos danos decorrentes de protesto indevido o endossatário que recebe por endosso translativo título de crédito contendo vício formal extrínseco ou intrínseco, ficando ressalvado seu direito de regresso contra os endossantes e avalistas. * **STJ, Súmula 476**: O endossatário de título de crédito por endosso-mandato só responde por danos decorrentes de protesto indevido se extrapolar os poderes de mandatário.
Responsabilidade Civil em Contrato de Seguro:	* **STJ, Súmula 529**: No seguro de responsabilidade civil facultativo, não cabe o ajuizamento de ação pelo terceiro prejudicado direta e exclusivamente em face da seguradora do apontado causador do dano. * **STJ, Súmula 402**: O contrato de seguro por danos pessoais compreende os danos morais, salvo cláusula expressa de exclusão. * **STJ, Súmula 609**: A recusa de cobertura securitária, sob a alegação de doença preexistente, é ilícita se não houve a exigência de exames médicos prévios à contratação ou a demonstração de má-fé do segurado. * **STJ, Súmula 610**: O suicídio não é coberto nos dois primeiros anos de vigência do contrato de seguro de vida, ressalvado o direito do beneficiário à devolução do montante da reserva técnica formada. * **STJ, Súmula 616**: A indenização securitária é devida quando ausente a comunicação prévia do segurado acerca do atraso no pagamento do prêmio, por constituir requisito essencial para a suspensão ou resolução do contrato de seguro.
Responsabilidade Civil em Contrato de Transporte + Acidente de Trânsito:	* **STF, Súmula 187**: A responsabilidade contratual do transportador, pelo acidente com o passageiro, não é elidida por culpa de terceiro, contra o qual tem ação regressiva. * **STJ, Súmula 145**: No transporte desinteressado, de simples cortesia, o transportador só será civilmente responsável por danos causados ao transportado quando incorrer em dolo ou culpa grave. * **STJ, Súmula 132**: A ausência de registro da transferência não implica a responsabilidade do antigo proprietário por dano resultante de acidente que envolva o veiculo alienado.
Responsabilidade Civil em Contrato Bancário:	* **STJ, Súmula 479**: As instituições financeiras respondem objetivamente pelos danos gerados por fortuito interno relativo a fraudes e delitos praticados por terceiros no âmbito de operações bancárias. * **STJ, Súmula 638**: É abusiva a cláusula contratual que restringe a responsabilidade de instituição financeira pelos danos decorrentes de roubo, furto ou extravio de bem entregue em garantia no âmbito de contrato de penhor civil.
Responsabilidade Civil em Contrato Imobiliário:	* **STJ, Súmula 543**: Na hipótese de resolução de contrato de promessa de compra e venda de imóvel submetido ao Código de Defesa do Consumidor, deve ocorrer a imediata restituição das parcelas pagas pelo promitente comprador – integralmente, em caso de culpa exclusiva do promitente vendedor/construtor, ou parcialmente, caso tenha sido o comprador quem deu causa ao desfazimento.

Responsabilidade Civil por prática comercial abusiva:	* **STJ, Súmula 532**: Constitui prática comercial abusiva o envio de cartão de crédito sem prévia e expressa solicitação do consumidor, configurando-se ato ilícito indenizável e sujeito à aplicação de multa administrativa.
Responsabilidade Civil por apontamento em Banco de Dados:	* **STJ, Súmula 323**: A inscrição de inadimplente pode ser mantida nos serviços de proteção ao crédito por, no máximo, cinco anos. * **STJ, Súmula 359**: Cabe ao órgão mantenedor do Cadastro de Proteção ao Crédito a notificação do devedor antes de proceder à inscrição. * **STJ, Súmula 385**: Da anotação irregular em cadastro de proteção ao crédito, não cabe indenização por dano moral, quando preexistente legítima inscrição, ressalvado o direito ao cancelamento. * **STJ, Súmula 404**: É dispensável o aviso de recebimento (AR) na carta de comunicação ao consumidor sobre a negativação de seu nome em bancos de dados e cadastros. * **STJ, Súmula 548**: Incumbe ao credor a exclusão do registro da dívida em nome do devedor no cadastro de inadimplentes no prazo de cinco dias úteis, a partir do integral e efetivo pagamento do débito. * **STJ, Súmula 550**: A utilização de escore de crédito, método estatístico de avaliação de risco que não constitui banco de dados, dispensa o consentimento do consumidor, que terá o direito de solicitar esclarecimentos sobre as informações pessoais valoradas e as fontes dos dados considerados no respectivo cálculo. * **STJ, Súmula 572**: O Banco do Brasil, na condição de gestor do Cadastro de Emitentes de Cheques sem Fundos (CCF), não tem a responsabilidade de notificar previamente o devedor acerca da sua inscrição no aludido cadastro, tampouco legitimidade passiva para as ações de reparação de danos fundadas na ausência de prévia comunicação.
Responsabilidade Civil por dano à imagem:	* **STJ, Súmula 403**: Independe de prova do prejuízo a indenização pela publicação não autorizada de imagem de pessoa com fins econômicos ou comerciais. ***(dano in re ipsa)***
Responsabilidade Civil de Instituição de Ensino:	* **STJ, Súmula 595**: As instituições de ensino superior respondem objetivamente pelos danos suportados pelo aluno/consumidor pela realização de curso não reconhecido pelo Ministério da Educação, sobre o qual não lhe tenha sido dada prévia e adequada informação.
Responsabilidade Civil por violações durante regime militar:	* **STJ, Súmula 647**: São imprescritíveis as ações indenizatórias por danos morais e materiais decorrentes de atos de perseguição política com violação de direitos fundamentais ocorridos durante o regime militar.

b) Especificamente sobre os DANOS MORAIS ou EXTRAPATRIMONIAIS, merece reprodução o entendimento doutrinário pacificado pelos Enunciados da JDC/CJF a seguir transcritos:

** **Enunciado n. 159:** O dano moral, assim compreendido todo dano extrapatrimonial, não se caracteriza quando há mero aborrecimento inerente a prejuízo material.*

** **Enunciado n. 411:** O descumprimento de contrato pode gerar dano moral quando envolver valor fundamental protegido pela Constituição Federal de 1988.*

** **Enunciado n. 445:** O dano moral indenizável não pressupõe necessariamente a verificação de sentimentos humanos desagradáveis como dor ou sofrimento.*

** **Enunciado n. 455:** Embora o reconhecimento dos danos morais se dê, em numerosos casos, independentemente de prova (in re ipsa), para a sua adequada quantificação, deve o juiz investi-*

gar, sempre que entender necessário, as circunstâncias do caso concreto, inclusive por intermédio da produção de depoimento pessoal e da prova testemunhal em audiência.

* ***Enunciado n. 458:*** *O grau de culpa do ofensor, ou a sua eventual conduta intencional, deve ser levado em conta pelo juiz para a quantificação do dano moral.*

* ***Enunciado n. 550:*** *A quantificação da reparação por danos extrapatrimoniais não deve estar sujeita a tabelamento ou a valores fixos.*

* ***Enunciado n. 587:*** *O dano à imagem restará configurado quando presente a utilização indevida desse bem jurídico, independentemente da concomitante lesão a outro direito da personalidade, sendo dispensável a prova do prejuízo do lesado ou do lucro do ofensor para a caracterização do referido dano, por se tratar de modalidade de dano in re ipsa.*

* ***Enunciado n. 588:*** *O patrimônio do ofendido não pode funcionar como parâmetro preponderante para o arbitramento de compensação por dano extrapatrimonial.*

* ***Enunciado n. 589:*** *A compensação pecuniária não é o único modo de reparar o dano extrapatrimonial, sendo admitida a reparação in natura, na forma de retratação pública ou outro meio.*

CAPÍTULO 9. DIREITOS DAS COISAS – POSSE

EDITAL: DIREITO DAS COISAS. POSSE. TEORIAS DA POSSE. CONCEITO, CLASSIFICAÇÃO, AQUISIÇÃO, EFEITOS, PROTEÇÃO E PERDA DA POSSE. FUNÇÃO SOCIAL DA POSSE. TEORIAS DA FUNÇÃO SOCIAL DA POSSE. CONCEITO, CONTEÚDO E CONCRETIZAÇÃO DA FUNÇÃO SOCIAL DA POSSE. FUNÇÃO SOCIOAMBIENTAL DA POSSE.

O Direito das Coisas, LIVRO III do Código Civil, divide-se entre a POSSE (Título I) e dos DIREITOS REAIS (Títulos II a XI). São Direitos Subjetivos pelos quais os titulares exercem um ou mais poderes sobre coisa específica, opondo tais direitos a um sujeito passivo universal e indeterminado. Neste Capítulo, o enfoque será direcionado ao estudo da POSSE, na linha do quanto previsto no Edital.

9.1. CONCEITO DE POSSE.

A Posse é um Direito Subjetivo Patrimonial que não se enquadra no direito das obrigações, mas também não é classificado como um direito real, pelo legislador. De qualquer sorte, por se tratar de um direito que se exerce sobre um bem, com oposição contra terceiros (sujeitos indeterminados), suas características são de direitos reais, embora não esteja enquadrada no rol taxativo dos direitos reais, nem contenha o formalismo imposto ao regime destes, como, por exemplo, a necessidade de registro, para aquisição, quando se tratar de imóvel (art. 1.226, do CC).

Nesse cenário, a Posse está inserida no Código Civil no contexto do Direito das Coisas, e pode ser caracterizada pelo exercício de um ou mais poderes de fato sobre uma coisa (art. 1.196, do CC), oportunidade em que o titular confere utilidade social a um bem, ainda que não seja proprietário daquela coisa.

9.2. TEORIAS JURÍDICAS E FUNÇÃO SOCIAL DA POSSE.

As três principais teorias que fundamentam o direito de posse podem ser assim esquematizadas:

Teoria Subjetivista (Friedrich Carl Von Savigny – Tratado da Posse – 1803)	Compreende que a **posse** é um direito que merece tutela especial, e fica configurada quando o titular exerce **poder *(corpus)*** sobre uma coisa com **intenção *(animus)*** de ser dono. Daí a tradicional fórmula representativa da **Teoria Subjetivista: P = C + A**.

Teoria Objetivista (Rudolf Von Ihering – Teoria Simplificada da Posse – 1852-1865)	A Teoria Objetivista defende que a **posse** fica configurada quando o titular exerce **poderes *(corpus)*** sobre uma coisa, observando-se apenas o seu comportamento, e não sua intenção. Trata a posse como um "fato" e a propriedade como um "direito", retirando autonomia jurídica do instituto ora estudado. Eis a **fórmula representativa da Teoria Objetivista seria: P = C**.
Função Social da Posse e a Teoria Sociológica – Século XX. Silvio Perozzi (Itália); Raymond Saleilles (França); Antonio Hernandez Gil (Espanha).	No período pós-guerra, desenvolveu-se o Princípio da Função Social e suas diversas repercussões no Direito Civil, inclusive no Direito das Coisas. Assim, a Teoria Sociológica ou Teoria da Função Social da Posse compreende que possuidor é aquele que utiliza a coisa de acordo com a sua destinação social, salientando o caráter solidário, finalístico e utilitário do instituto, em uma visão que harmoniza os direitos subjetivos com os interesses da coletividade. A fórmula representativa da **Teoria Sociológica seria: P = C + F.S.**

O art. 1.196, do CC demonstra que o Direito Civil Brasileiro adotou, no conceito de posse, a Teoria Objetivista. Esta, porém, não é isolada. Também está presente a Teoria Subjetivista, pois a principal classificação da posse, como se verá a seguir, refere-se à posse de má fé e de boa fé, com suas repercussões sobre frutos, deterioração e benfeitorias.

O avanço do reconhecimento dos direitos sociais no período pós guerras (meados do Século XX em diante) impulsionou, em diversos países, a construção e aplicação jurídica do Princípio da Função Social.

No ordenamento brasileiro, repercute na regulamentação da Posse e dos Direitos Reais. Os reflexos da **Teoria da Função Social da Posse** se apresentam em dispositivos constitucionais (art. 5°, XXII e XXIII + art. 182 + arts. 184-186, todos da CF/88), bem como em dispositivos do Código Civil (arts. 1228-1229, do CC), especialmente na disciplina da usucapião (arts. 1.238-1.244, do CC).

Convém destacar que a Teoria Sociológica não está atrelada unicamente à circulação de riquezas. Conforme Enunciado n. 492, JDC/CJF, "A posse constitui direito autônomo em relação à propriedade e deve expressar o aproveitamento dos bens para o alcance de interesses existenciais, econômicos e sociais merecedores de tutela". Nessa concepção ampla e moderna do sistema jurídico, destaca-se a **Função Socioambiental da Posse**, na medida em que os "direitos de terceira e quarta dimensão" incluem a conservação das riquezas ambientais e o desenvolvimento sustentável.

O legislador brasileiro inclui o aspecto ambiental no Princípio da Função Social desde o Estatuto da Terra de 1964 (art. 2°, § 1°, "c", da Lei nº 4.504/64), consolidando-se com a Constituição Federal de 1988, diante do reconhecimento do *direito ao meio ambiente ecologicamente equilibrado* (art. 225, da CF).

Ratificando a Função Socioambiental da Posse, merece destaque a redação do art. 186, II, da CF: *Art. 186. A função social é cumprida quando a propriedade rural atende, simultaneamente, segundo critérios e graus de exigência estabelecidos em lei, aos seguintes requisitos: (...) II – utilização adequada dos recursos naturais disponíveis e preservação do meio ambiente; (...)*. Na mesma linha, vide a redação do art. 1.228, § 1°, do CC: *O direito de propriedade deve ser exercido em consonância com as suas finalidades econômicas e sociais e de modo que sejam preservados, de conformidade com o estabelecido em lei especial, a flora, a fauna, as belezas naturais, o equilíbrio ecológico e o patrimônio histórico e artístico, bem como evitada a poluição do ar e das águas.*

9.3. CLASSIFICAÇÃO, COMPOSSE E DESDOBRAMENTO DA POSSE.

A Posse pode ser classificada em várias espécies, com diferentes repercussões jurídicas. Eis as principais categorias:

Quanto ao exercício e gozo, decorrente do desdobramento dos poderes (art. 1.197, do CC/02):	Posse Direta: exercida mediante poder material direto sobre a coisa. *Cabe o uso dos interditos possessórios, inclusive contra o possuidor indireto.* Ex.: locatário, usufrutuário, comodatário, depositário, etc.
	Posse Indireta: exercida pela via oblíqua, sem contato direto com a coisa. *Cabe o uso dos interditos possessórios, inclusive contra o possuidor direto (Enunciado 76, JDC/CJF).* Ex.: locador, nu-proprietário, comodante, depositante, etc.
Quanto à distribuição da composse (mais de uma posse sobre a coisa):	Composse *pro diviso*: os compossuidores delimitam a área de exercício da posse entre si.
	Composse *pro indiviso*: o exercício da posse é simultâneo, e todos os compossuidores utilizam integralmente a coisa, contanto que não excluam os dos outos (1.199).
Quanto ao tempo de exercício da posse:	Posse Nova: seu exercício tem menos de "ano e dia". Se a posse do terceiro que praticou esbulho ou turbação é nova, é possível ao prejudicado pleitear a liminar específica das ações possessórias (arts. 558-562, do CPC).
	Posse Velha: seu exercício tem mais de "ano e dia". Se a posse do terceiro que praticou esbulho ou turbação é velha, só resta prejudicado ajuizar ação possessória sem liminar específica. A tutela de urgência seguirá as regras do procedimento comum (arts. 294-310, do CPC).
Quanto à existência de vício na aquisição:	Posse Justa: adquirida com justo título e sem vícios de consentimento ou sociais (art. 1.200, do CC).
	Posse Injusta: adquirida de forma violenta, clandestina ou precária (por abuso de confiança).
Quanto à legitimidade e interesse do titular (boa fé subjetiva):	Posse de Boa Fé: É de boa-fé a posse, se o possuidor ignora o vício, ou o obstáculo que impede a aquisição da coisa, havendo presunção da boa fé quando o titular porta justo título (art. 1.201, do CC).
	Posse de Má Fé: A posse de boa-fé só perde este caráter no caso e desde o momento em que as circunstâncias façam presumir que o possuidor não ignora que possui indevidamente (art. 1.201, do CC).

9.4. POSSE X DETENÇÃO.

A Detenção está "um degrau abaixo da posse", é a situação de fato que confere menos poderes ao detentor => menor proteção jurídica. Restringe-se a hipóteses específicas, definidas por lei ou mesmo identificadas pela doutrina e jurisprudência. Eis as principais hipóteses de Detenção:

Fâmulo da Posse	Art. 1.198. Considera-se detentor aquele que, achando-se em relação de dependência para com outro, conserva a posse em nome deste e em cumprimento de ordens ou instruções suas. Parágrafo único. Aquele que começou a comportar-se do modo como prescreve este artigo, em relação ao bem e à outra pessoa, presume-se detentor, até que prove o contrário.

Situações provisórias que não configuram Posse:	Art. 1.208. Não induzem posse os atos de mera permissão ou tolerância assim como não autorizam a sua aquisição os atos violentos, ou clandestinos, senão depois de cessar a violência ou a clandestinidade.
Uso irregular *bem público:*	Inteligência do art. 102: Os bens públicos não estão sujeitos a usucapião.

O Detentor, em regra, não tem os mesmos direitos do Possuidor, ou seja, não poderá requerer usucapião pelo uso contínuo, nem se utilizar dos interditos possessórios contra o titular da Posse ou de Direito Real sobre o bem. A doutrina e a jurisprudência têm compreendido, porém, que o Detentor pode defender os poderes que exerce sobre a coisa contra terceiros que a ameacem. Em interessante julgado, divulgado no **Informativo n. 594, do STJ**, firmou-se o seguinte entendimento:

ATENÇÃO: Eis, em resumo, os principais trechos do julgado em comento:

Ambas as Turmas da Seção de Direito Privado vinham privilegiando o entendimento de que, quando se estivesse diante de área pública, por se tratar de mera detenção, não seria possível a arguição de proteção possessória, ainda que entre particulares. No entanto, recentemente, a Terceira Turma, revendo seu posicionamento, reconheceu a possibilidade da tutela da posse de litigantes situada em bem público. Com efeito, duas são as situações que devem ter tratamentos bem distintos:

i) aquela em que o particular invade imóvel público e almeja proteção possessória ou indenização/retenção em face do ente estatal e

ii) as contendas possessórias entre particulares no tocante a imóvel situado em terras públicas.

O particular, perante o Poder Público, exerce mera detenção e, por consectário lógico, não haveria falar em proteção possessória. Já no que toca às contendas entre particulares, a depender do caso concreto, é possível o manejo de interditos possessórios.

(...)

A exegese que reconhece a posse nos bens dominicais deve ser conciliada com a regra que veda o reconhecimento da usucapião nos bens públicos (STF, Súmula 340, CF, arts. 183, § 3°; e 192; CC, art. 102), permitindo-se concluir que, apenas um dos efeitos jurídicos da posse – a usucapião – é que será limitado, devendo ser mantido, no entanto, a possibilidade de invocação dos interditos possessórios pelo particular.

Por outro lado, na lide entre DETENTOR e o PODER PÚBLICO, titular do bem ocupado, o Estado poderá "expulsar" o ocupante sem qualquer ônus, nos termos da Súmula n. 619, do STJ, que se coaduna com as premissas destacadas no julgado acima, conforme transcrição a seguir:

Súmula n. 619, do STJ: *A ocupação indevida de bem público configura mera detenção, de natureza precária, insuscetível de retenção ou indenização por acessões e benfeitorias.*

9.5. MODOS DE AQUISIÇÃO E PERDA DA POSSE. INTERVERSÃO.

a) **Aquisição da posse**: Por se tratar de um direito que resulta de uma situação fática de exercício de poder sobre um bem, a aquisição da Posse não depende de maiores formalidades, mas da simples apropriação da coisa. De acordo com os arts. 1204-1207, do CC, a aquisição da posse pode ser efetivada pelo próprio interessado, pelo seu representante, por terceiro sem mandato, desde que o ato seja ratificado pelo titular, ou por sucessão *inter vivos* ou *causa mortis*:

Art. 1.204. Adquire-se a posse desde o momento em que se torna possível o exercício, em nome próprio, de qualquer dos poderes inerentes à propriedade.

Art. 1.205. A posse pode ser adquirida:

I – pela própria pessoa que a pretende ou por seu representante;

II – por terceiro sem mandato, dependendo de ratificação.

Art. 1.206. A posse transmite-se aos herdeiros ou legatários do possuidor com os mesmos caracteres.

Art. 1.207. O sucessor universal continua de direito a posse do seu antecessor; e ao sucessor singular é facultado unir sua posse à do antecessor, para os efeitos legais.

(...)

Art. 1.209. A posse do imóvel faz presumir, até prova contrária, a das coisas móveis que nele estiverem.

b) **Perda da posse**: Por outro lado, de acordo com o art. 1.223, do CC, perde-se a posse quando cessa, embora contra a vontade do possuidor, o poder sobre o bem, ao qual se refere o art. 1.196. O legislador, porém, criou regra de proteção ao titular que sofreu esbulho clandestino: *Art. 1.224. Só se considera perdida a posse para quem não presenciou o esbulho, quando, tendo notícia dele, se abstém de retornar a coisa, ou, tentando recuperá-la, é violentamente repelido.*

c) **Interversão da posse**: é uma exceção à regra do art. 1.203 ("entende-se manter a posse o mesmo caráter com que foi adquirida"), pois, pelo Princípio da Função Social da posse, o decurso de tempo razoável e alteração do *animus* do possuidor podem alterar a situação de fato e dar outra proteção jurídica (Ex.: detentor se tornar possuidor, possuidor sem *animus domini* passar a demonstrar o interesse e dar início ao prazo para usucapião, etc). Neste sentido é o Enunciado n. 237, da JDC/CJF: *É cabível a modificação do título da posse – interversio possessionis – na hipótese em que o até então possuidor direto demonstrar ato exterior e inequívoco de oposição ao antigo possuidor indireto, tendo por efeito a caracterização do animus domini.*

9.6. EFEITOS E PROTEÇÃO DA POSSE.

São Efeitos da Posse as consequências jurídicas decorrentes do estado de posse, a seguir esquematizadas, com especial referência à classificação da posse em "de boa fé" ou "de má fé":

Proteção material e judicial da posse contra atos de terceiros:	Material (autotutela): O possuidor turbado, ou esbulhado, poderá manter-se ou restituir-se por sua própria força, contanto que o faça logo; os atos de defesa, ou de desforço, não podem ir além do indispensável à manutenção, ou restituição da posse (art. 1.210, § 1°, do CC).
	Processual (interditos possessórios): O possuidor tem direito a ser mantido na posse em caso de turbação, restituído no de esbulho, e segurado de violência iminente, se tiver justo receio de ser molestado (art. 1.210, *caput*, do CC + CPC). Não cabe discutir propriedade (exceção de domínio) em ação possessória, mas pode ser alegada usucapião.

<table>
<tr><td rowspan="2">Direito aos Frutos:</td><td>Posse de Boa Fé: O possuidor de boa-fé tem direito, enquanto ela durar, aos frutos percebidos (art. 1.214, caput, do CC).</td></tr>
<tr><td>Posse de Má Fé: O possuidor de má-fé responde por todos os frutos colhidos e percebidos, bem como pelos que, por culpa sua, deixou de perceber, desde o momento em que se constituiu de má-fé; tem direito às despesas da produção e custeio (art. 1.216, do CC).</td></tr>
<tr><td rowspan="2">Responsabilidade Civil por Perda ou Deterioração:</td><td>Posse de Boa Fé: O possuidor de boa-fé não responde pela perda ou deterioração da coisa, a que não der causa (art. 1.217, do CC).</td></tr>
<tr><td>Posse de Má Fé: O possuidor de má-fé responde pela perda, ou deterioração da coisa, ainda que acidentais, salvo se provar que de igual modo se teriam dado, estando ela na posse do reivindicante (art. 1.218, do CC).</td></tr>
<tr><td rowspan="2">Direito às Benfeitorias realizadas sobre a coisa durante a posse (se ainda existirem no momento da retomada pelo titular – art. 1.221, do CC/02):</td><td>Posse de Boa Fé: O possuidor de boa-fé tem direito à indenização das benfeitorias necessárias e úteis, bem como, quanto às voluptuárias, se não lhe forem pagas, a levantá-las, quando o puder sem detrimento da coisa, e poderá exercer o direito de retenção pelo valor das benfeitorias necessárias e úteis (art. 1.221, do CC). Será indenizado pelo valor atual da benfeitoria (art. 1.222, 2ª parte, do CC).</td></tr>
<tr><td>Posse de Má Fé: Ao possuidor de má-fé serão ressarcidas somente as benfeitorias necessárias; não lhe assiste o direito de retenção pela importância destas, nem o de levantar as voluptuárias (art. 1.220, do CC). O reivindicante, obrigado a indenizar as benfeitorias ao possuidor de má-fé, tem o direito de optar entre o seu valor atual e o seu custo (art. 1.222, 1ª parte, do CC).</td></tr>
</table>

CAPÍTULO 10. OS DIREITOS REAIS E A PROPRIEDADE

EDITAL: DIREITOS REAIS. PROPRIEDADE. CONCEITO, CLASSIFICAÇÃO, AQUISIÇÃO, PROTEÇÃO E PERDA DA PROPRIEDADE. FUNÇÃO SOCIAL DA PROPRIEDADE: CONCEITO, CONTEÚDO E CONCRETIZAÇÃO DA FUNÇÃO SOCIAL DA PROPRIEDADE. PROPRIEDADE RESOLÚVEL.

10.1. DIREITOS REAIS.

Os Direitos Reais são as normas que regulam as relações jurídicas que envolvem a titularidade de direitos sobre bens suscetíveis de apropriação pelas pessoas.

10.2. DISTINÇÕES ENTRE DIREITOS REAIS E DIREITOS OBRIGACIONAIS E FIGURAS HÍBRIDAS.

As principais diferenças entre os direitos reais e os direitos obrigacionais merecem destaque, conforme quadro abaixo:

DIREITOS REAIS	DIREITOS OBRIGACIONAIS
O objeto mediato da relação jurídica é a coisa;	O objeto mediato da relação jurídica é a prestação;
Eficácia Absoluta (*erga omnes*) – dever geral de abstenção de sujeitos passivos indeterminados;	Eficácia relativa (*inter* partes) – obriga, em regra, apenas os sujeitos da relação jurídica;
Atributivo (exercido diretamente sobre a coisa determinada);	Cooperativo (exercido pelo intermédio do sujeito passivo da obrigação);
Exclusivo, ou seja, a titularidade é individual (condomínio não é exceção, pois cada condômino é titular de uma fração ideal da coisa);	Titularidade individual ou coletiva do crédito (direito de exigir uma prestação) e relação a um ou mais sujeitos passivos (ex.: obrigações solidárias ativas e passivas).
Tendência à perpetuação;	Transitoriedade;
Direito de Sequela ou Aderência (vinculam-se a um bem específico, mesmo com a transmissão da titularidade sobre a coisa);	O patrimônio em geral do devedor é a garantia do credor, caso a prestação não seja satisfeita. O vínculo é pessoal, normalmente não adstrito a um bem específico.
Rol Taxativo fixado por lei (*numerus clausus*). Não se admite direito real atípico (art. 1.225, do CC).	Rol exemplificativo (*numerus apertus*). Admite-se obrigação decorrente de contrato atípico (art. 425, do CC).
Adquiríveis por usucapião;	Não podem ser adquiridos por usucapião;
Objeto determinado;	Objeto pode ser determinável (Ex.: dar coisa incerta);

A forma primária de aquisição/constituição do direito real sobre móveis é a tradição. Quanto aos imóveis, exige-se o registro (arts. 1.226-1.227, do CC);	Em regra são consensuais, ou seja, são constituídos a partir da manifestação de vontade das partes, não exigindo tradição ou registro.
Nos casos de falência e insolvência civil, o titular de direito real tem direito preferência em concursos de credores (Ex.: art. 958, do CC).	Nos casos de falência e insolvência civil, o credor obrigacional, em geral, não tem preferência ou privilégio (Ex.: arts. 957-958, do CC) – crédito quirografário.

A par das diferenças acima pontuadas, convém identificar FIGURAS HÍBRIDAS, ou seja, institutos jurídicos que contém características de direitos reais e de direitos obrigacionais:

ÔNUS OU GRAVAMES: conceito genérico que se aplica aos gravames de natureza obrigacional ou real que se vinculam a uma coisa, limitando alguns poderes decorrentes da propriedade, especialmente o de fruição e o de disposição. Os ônus ou gravames dividem-se em duas categorias:			
ÔNUS REAIS: são direitos reais sobre a coisa alheia, com transmissão de poderes a 3°:		**ÔNUS ou GRAVAMES OBRIGACIONAIS: são obrigações que, embora conservem seus elementos essenciais (credor, devedor, objeto e vínculo), assumem** características especiais dos direitos reais, como a sequela e o absolutismo.	
Direitos Reais de Fruição:	Direitos Reais de Garantia:	**Obrigações *propter rem*,** híbridas, reais, mistas, reipersecutórias ou ambulatórias:	Obrigações com eficácia real:
O proprietário transfere o direito de usar e fruir do bem a um terceiro.	O proprietário vincula o bem na qualidade de garantia de uma obrigação.	São obrigações (dever de prestação) que se vinculam à coisa – característica da sequela ou aderência. O credor e o devedor da prestação são definidos pela titularidade do direito real, e não pelo negócio jurídico em si. Transmitida o domínio do bem, o novo titular da coisa assume tais obrigações, diante da sequela.	**São direitos obrigacionais típicos que, registrados, podem ser exigidos perante terceiros – oponibilidade** *erga omnes*.
Ex.: servidões, usufruto, uso, habitação, etc.	Ex.: penhor, hipoteca e anticrese.	Ex.: Taxas Condominiais (art. 1345, CC); imposto veicular (IPVA); Obrigações Ambientais (art. 2°, § 2º, Lei 12.651/12 + Súmula 623, STJ); Conservação de Divisas (REsp 1125153/RS); Impostos Territoriais (IPTU e ITR), Indenização por benfeitorias úteis e necessárias ao possuidor de boa fé (art. 1219, CC), etc.	Ex.: contrato de locação, quando registrado, que dá ao locatário do direito de preferência (art. 8º, da Lei 8.245/91).

10.3. CLASSIFICAÇÃO DOS DIREITOS REAIS.

a) **Direito Real na Coisa Própria**: é a *Propriedade ou Domínio*, direito real mais completo, que permite ao titular o exercício dos quatro atributos: usar, fruir, dispor e reivindicar;

b) **Direitos Reais na Coisa Alheia**: são derivações do direito de propriedade, quando esta é desdobrada em seus poderes / atributos. São subdivididos em:

b.1. Direitos Reais de Gozo ou Fruição: Superfície, Laje, Servidão, Usufruto, Uso e Habitação;

b.2. Direitos Reais de Garantia: Penhor, Hipoteca, Anticrese e Alienação Fiduciária;

b.3. Direito Real de Aquisição: Promessa de Compra e Venda.

10.4. DIREITO REAL NA COISA PRÓPRIA – PROPRIEDADE.

Trata-se de Direito Real na Coisa Própria, exercido pelo titular de acordo com seus interesses econômicos e existenciais, como Direito Fundamental previsto no art. 5º, XXII, da CF, porém atendendo, necessariamente, a sua função social (art. 5º, XXIII, da CF).

10.4.1. Estrutura, Faculdades, Poderes e Características:

O direito de propriedade é estruturado no art. 1.228, do CC, que concede ao titular os seguintes Poderes / Faculdades:

Faculdade de USAR	**É o direito de se servir da coisa, de acordo com a sua natureza e destinação econômica, o que implica** no principal e acessórios (frutos e produtos naturais para consumo próprio). Pode ser direto ou indireto (desdobramento da posse).
Faculdade de FRUIR	**É o direito de gozar economicamente do bem, explorando sua potencialidade para além do uso próprio, como a comercialização de frutos e produtos, bem como a celebração de relações contratuais ou reais que garantam renda ao proprietário.**
Faculdade de DISPOR	**É o direito de dispor material ou juridicamente do bem, seja de forma total (destruição ou alienação gratuita ou onerosa), seja de forma parcial (ônus reais, como penhor e hipoteca).**
Direito de REIVINDICAR	**É o direito de excluir terceiros que estejam, de forma indevida, interferindo no bem. Decorre do direito de sequela.**

Ainda em relação à estrutura do Direito de Propriedade, são considerados seus atributos ou características:

a) Complexidade: é o direito real mais complexo, pois permite ao titular gozar de três faculdades e do direito de reaver a coisa (vide "estrutura" – itens 4.2-4.3);

b) Absolutismo: característica geral dos direitos reais, ou seja, a relação entre o titular da coisa e os demais membros da sociedade, haja vista que aquele pode opor seus direitos contra qualquer pessoa. Naturalmente, o absolutismo encontra-se flexibilizado por força da norma constitucional já mencionada (art. 5º, XXIII, da CF), regulamentada pelo próprio art. 1.228 e seguintes, do Código Civil, que impõem a obediência e a limitação da propriedade diante do Princípio da Função Social, como será mais detalhado a seguir;

c) Perpetuidade (permanência): o direito de propriedade, como regra geral, não tem limite temporal. Essa regra encontra exceções contratuais, *como a propriedade resolúvel* (item 4.9), bem como medidas legais de aumentos e impostos ou desapropriação quando a propriedade não cumpre a função social (art. 182, § 4° e art. 184, caput, ambos da CF).

d) Exclusividade: a propriedade é, em regra, exclusiva, conforme expõe o art. 1.231, do CC. Frise-se que o "condomínio" não é uma exceção, mesmo no condomínio *pro indiviso*, pois cada coproprietário é titular exclusivo de uma fração ideal.

e) Plenitude x Elasticidade (art. 1.231, do CC): Em regra, a propriedade é plena: o titular exerce o direito de propriedade com todos os seus atributos, sem restrições. Eventualmente, seus poderes e faculdades podem ser compartilhados entre duas ou mais pessoas, como na divisão entre da posse em direta e indireta. Assim, o proprietário terá propriedade limitada, por força da concessão de direitos a terceiros, que podem ser obrigacionais (ônus ou gravames) ou reais (os direitos reais na coisa alheia, que serão objeto da próxima unidade).

10.4.2. Extensão:

A propriedade da coisa principal se estende aos acessórios (Princípio da Gravitação Jurídica), a exemplo do que dispõe o art. 1.232: "Os frutos e mais produtos da coisa pertencem, ainda quando separados, ao seu proprietário, salvo se, por preceito jurídico especial, couberem a outrem". Quando se trata de propriedade IMÓVEL, a EXTENSÃO VERTICAL é definida e limitada pelos arts. 1.229 e 1.230, do CC, cumulados os dispositivos constitucionais sobre os bens da União:

Dispositivo legal	Observações práticas
Art. 1.229. A propriedade do solo abrange a do espaço aéreo e subsolo correspondentes, em altura e profundidade úteis ao seu exercício, não podendo o proprietário opor-se a atividades que sejam realizadas, por terceiros, a uma altura ou profundidade tais, que não tenha ele interesse legítimo em impedi-las.	Obs. 1: Pode construir porões, garagens, etc., no subsolo, assim como pode levantar novos andares, instalar antenas, nas camadas superiores. Obs. 2: Não pode impedir passagem de metrôs, circulação de aviões no espaço aéreo, etc.
Art. 1.230. A propriedade do solo não abrange as jazidas, minas e demais recursos minerais, os potenciais de energia hidráulica, os monumentos arqueológicos e outros bens referidos por leis especiais. Parágrafo único. O proprietário do solo tem o direito de explorar os recursos minerais de emprego imediato na construção civil, desde que não submetidos a transformação industrial, obedecido o disposto em lei especial.	Obs. 1: Jazidas minerais e potenciais de energia hidráulica são tratados como bens da União pela CF/88 e o uso dos recursos hídricos do subsolo é regulamentado pela União, DF e Estados (art. 14, da Lei 9.433/97). Obs. 2: Pelo parágrafo único, pode ser explorada a areia, argila e pedras constantes no subsolo da propriedade imóvel, para construção.
Art. 20. São bens da União: (...) VIII – os potenciais de energia hidráulica; IX – os recursos minerais, inclusive os do subsolo; X – as cavidades naturais subterrâneas e os sítios arqueológicos e pré-históricos; (...)	Obs.: o art. 176, § 2°, da CF/88 ratifica que os recursos minerais e hídricos se distinguem da propriedade do solo, mas o proprietário de participar dos resultados da lavra (**royalties**).

10.4.3. A descoberta:

A descoberta é um fato jurídico que não permite a aquisição de propriedade. Quem encontra a **"coisa perdida" (*res amissa*)**, "há de restituí-la ao dono ou legítimo possuidor". Não sendo possível encontrá-lo, "entregará a coisa achada à autoridade competente" (art. 1.233), que adotará os procedimentos previstos nos arts. 1.236-1.237, do CC.

O descobridor tem direito a uma recompensa (***achádego***), correspondente a, no mínimo, 5% do valor do bem, "e à indenização pelas despesas que houver feito com a conservação e transporte da coisa" (art. 1.234). Ele pode adquirir o domínio do bem se o proprietário preferir abandoná-la (art. 1.234, caput) ou se for de diminuto valor e o Município, não localizado o proprietário, também optar por abandoná-la em favor do descobridor (art. 1.237, parágrafo único).

10.4.4. Função social da propriedade e sua concretização:

Na linha das discussões já levantadas sobe a Teoria da Função Social da Posse, o Princípio da Função Social se aplica de forma ampla na construção jurídica do direito de propriedade, com previsão expressa na Constituição Federal (art. 5°, XXII e XXIII + art. 182 + arts. 184-186, todos da CF/88).

No Código Civil, a função social se reflete em uma série de normas, mas está diretamente regulamentado nos parágrafos do art. 1228:

Regra geral (§ 1°):	O direito de propriedade deve ser exercido em consonância com as suas finalidades econômicas e sociais e de modo que sejam preservados, de conformidade com o estabelecido em lei especial, a flora, a fauna, as belezas naturais, o equilíbrio ecológico e o patrimônio histórico e artístico, bem como evitada a poluição do ar e das águas.
Vedação ao ***ato emulativo*** **(§ 2°) c/c art. 187, do CC:**	São defesos os atos que não trazem ao proprietário qualquer comodidade, ou utilidade, e sejam animados pela intenção de prejudicar outrem. * Enunciado n. 49, JDC: Interpreta-se restritivamente a regra do art. 1.228, § 2°, do novo Código Civil, em harmonia com o princípio da função social da propriedade e com o disposto no art. 187.
Interesse Público x Particular (§ 3°):	O proprietário pode ser privado da coisa, nos casos de desapropriação, por necessidade ou utilidade pública ou interesse social, bem como no de requisição, em caso de perigo público iminente.
Desapropriação Judicial ou por POSSE-TRABALHO ou Desapropriação INDIRETA (§§ 4° e 5°):	**§ 4°** O proprietário também pode ser privado da coisa se o imóvel reivindicado consistir em extensa área, na posse ininterrupta e de boa-fé, por mais de cinco anos, de considerável número de pessoas, e estas nela houverem realizado, em conjunto ou separadamente, obras e serviços considerados pelo juiz de interesse social e econômico relevante. **§ 5°** No caso do parágrafo antecedente, o juiz fixará a justa indenização devida ao proprietário; pago o preço, valerá a sentença como título para o registro do imóvel em nome dos possuidores. * Enunciado n. 84, JDC: A defesa fundada no direito de aquisição com base no interesse social (art. 1.228, §§ 4° e 5°, do novo Código Civil) deve ser argüida pelos réus da ação reivindicatória, eles próprios responsáveis pelo pagamento da indenização. * Enunciado n. 308, JDC: A justa indenização devida ao proprietário em caso de desapropriação judicial (art. 1.228, § 5°) somente deverá ser suportada pela Administração Pública no contexto das políticas públicas de reforma urbana ou agrária, em se tratando de possuidores de baixa renda e desde que tenha havido intervenção daquela nos termos da lei processual. Não sendo os possuidores de baixa renda, aplica-se a orientação do Enunciado 84 da I Jornada de Direito Civil.

10.4.5. Propriedade resolúvel (ad tempus):

Enquanto a regra geral é a permanência ou perpetuidade dos direitos reais, especialmente da propriedade, aqui a legislação prevê duas situações excepcionais, em que há uma resolução ou revogação do direito do titular (proprietário atual da coisa). As duas hipóteses são disciplinadas pelos arts. 1359 e 1360, do CC, com consequências distintas:

Art. 1.359. Resolvida a propriedade pelo implemento da condição ou pelo advento do termo, entendem-se também resolvidos os direitos reais concedidos na sua pendência, e o proprietário, em cujo favor se opera a resolução, pode reivindicar a coisa do poder de quem a possua ou detenha.	Art. 1.360. Se a propriedade se resolver por outra causa superveniente, o possuidor, que a tiver adquirido por título anterior à sua resolução, será considerado proprietário perfeito, restando à pessoa, em cujo benefício houve a resolução, ação contra aquele cuja propriedade se resolveu para haver a própria coisa ou o seu valor
# Existe, no título do direito real, um proprietário atual e um "proprietário eventual ou diferido". Ex.: Propriedade Fiduciária, Venda com Cláusula de Retrovenda, Doação com cláusula de reversão, Venda a Contento, etc.	# Não existe a previsão de resolubilidade na origem do domínio. O fato que reverte a propriedade é posterior. O exemplo mais citado pela doutrina é a revogação da doação por ingratidão do donatário (art. 557, do CC).

* Obs.: Em reforço, destaque-se o teor do Enunciado n. 509, JDC/CJF: A resolução da propriedade, quando determinada por causa originária, prevista no título, opera ***ex tunc* e *erga omnes*** (art. 1359); se decorrente de causa superveniente, atua ***ex nunc* e *inter partes*** (art. 1360).

10.4.6. Aquisição da propriedade imóvel: registro público, acessões e usucapião

O Código Civil admite três formas de aquisição da propriedade imóvel, uma derivada e duas originárias, quais sejam:

10.4.6.1. Registro (arts. 1.245-1.247, do CC):

Conceito:	É o modo de aquisição derivada decorrente de negócio jurídico entre vivos. Com o registro do título (em regra escritura pública - art. 108, do CC/02), o direito pessoal decorrente do contrato, torna-se direito real (o direito brasileiro adota o sistema romano, intermediário, em que a declaração de vontade está no plano da validade e o registro confere eficácia real, transmitindo a propriedade).
Princípios ou Atributos:	a) Constitutividade; b) Prioridade ou Preferência; c) Força Probante; d) Continuidade; e) Publicidade; f) Legalidade; g) Especialidade.
Presunção de propriedade:	O registro, em regra, gera presunção *iuris tantum* da propriedade. No caso do *registro torrens* (art. 277, da LRP), há um procedimento judicial com contraditório que é opcional ao proprietário, mas, se adotado, implica em presunção *absoluta* da propriedade imóvel rural (Enunciado 503, da JDC/CJF).

10.4.6.2. Acessão (arts. 1.248-1.259, do CC): É o modo de aquisição originário que pode ser natural ou artificial, traduzindo-se em acréscimo à propriedade imóvel preexistente. As espécies de aquisição de propriedade imóvel por acessão previstas no CC estão indicadas abaixo:

Formação de ilhas:	Art. 1.249. As ilhas que se formarem em correntes comuns ou particulares pertencem aos proprietários ribeirinhos fronteiros, observadas as regras seguintes: I – as que se formarem no meio do rio consideram-se acréscimos sobrevindos aos terrenos ribeirinhos fronteiros de ambas as margens, na proporção de suas testadas, até a linha que dividir o álveo em duas partes iguais; II – as que se formarem entre a referida linha e uma das margens consideram-se acréscimos aos terrenos ribeirinhos fronteiros desse mesmo lado; III – as que se formarem pelo desdobramento de um novo braço do rio continuam a pertencer aos proprietários dos terrenos à custa dos quais se constituíram.

Aluvião:	Art. 1.250. Os acréscimos formados, sucessiva e imperceptivelmente, por depósitos e aterros naturais ao longo das margens das correntes, ou pelo desvio das águas destas, pertencem aos donos dos terrenos marginais, sem indenização. Parágrafo único. O terreno aluvial, que se formar em frente de prédios de proprietários diferentes, dividir-se-á entre eles, na proporção da testada de cada um sobre a antiga margem.
Avulsão:	Art. 1.251. Quando, por força natural violenta, uma porção de terra se destacar de um prédio e se juntar a outro, o dono deste adquirirá a propriedade do acréscimo, se indenizar o dono do primeiro ou, sem indenização, se, em um ano, ninguém houver reclamado. Parágrafo único. Recusando-se ao pagamento de indenização, o dono do prédio a que se juntou a porção de terra deverá aquiescer a que se remova a parte acrescida.
Abandono de álveo:	Art. 1.252. O álveo abandonado de corrente pertence aos proprietários ribeirinhos das duas margens, sem que tenham indenização os donos dos terrenos por onde as águas abrirem novo curso, entendendo-se que os prédios marginais se estendem até o meio do álveo.
Plantação ou construção	Art. 1.254. Aquele que semeia, planta ou edifica em terreno próprio com sementes, plantas ou materiais alheios, adquire a propriedade destes; mas fica obrigado a pagar-lhes o valor, além de responder por perdas e danos, se agiu de má-fé. Art. 1.255. Aquele que semeia, planta ou edifica em terreno alheio perde, em proveito do proprietário, as sementes, plantas e construções; se procedeu de boa-fé, terá direito a indenização. Parágrafo único. Se a construção ou a plantação exceder consideravelmente o valor do terreno, aquele que, de boa-fé, plantou ou edificou, adquirirá a propriedade do solo, mediante pagamento da indenização fixada judicialmente, se não houver acordo (**acessão inversa ou invertida**).

10.4.6.3. Usucapião (arts. 1.238-1.244, do CC): Forma de aquisição originária (*não permanecem os ônus reais que gravavam o imóvel antes da sua declaração*) de propriedade, efeito da posse prolongada de um bem (Função Social). O aluno deve estar atento, de plano, para os **requisitos gerais** de qualquer usucapião: **bem passível de usucapião; exercício de posse pacífica (mansa); exercício de posse contínua (ininterrupta); e *animus domini***. Cumpridos os requisitos gerais, observam-se então o prazo e os requisitos específicos para cada tipo de usucapião:

Espécie	Requisitos específicos	Prazo
Extraordinário (1238):	Apenas os requisitos gerais	15 anos
Extraordinário com prazo reduzido (1238, § único):	Estabelecimento de moradia habitual *ou* realização de obras ou serviços de caráter produtivo	10 anos
Ordinário (1242):	Justo título e boa-fé	10 anos
Ordinário com prazo reduzido (1242, § único) – ***Usucapião Tabular***:	Se o imóvel houver sido adquirido onerosamente, com base no registro constante do respectivo cartório, cancelado posteriormente, estabelecendo-se moradia *ou* realizando-se investimentos de interesse social e econômico	5 anos
Especial Rural (*pro labore*) – art. 1239:	Não ser proprietário de outro imóvel, exercer posse sobre área de terra em zona rural não superior a cinquenta hectares, tornando-a produtiva por seu trabalho ou de sua família, tendo nela sua moradia.	5 anos
Especial Urbano (1240 + art. 9º, da Lei 10.257/01):	Não ser proprietário de outro imóvel, exercer posse sobre área urbana de até 250 m^2, utilizando-a para sua moradia ou de sua família.	5 anos

Especial Urbano Coletivo (art. 10, da Lei n. 10.257/01):	Art. 10. Os núcleos urbanos informais existentes sem oposição há mais de cinco anos e cuja área total dividida pelo número de possuidores seja inferior a duzentos e cinquenta metros quadrados por possuidor **são suscetíveis de serem** usucapidos coletivamente, desde que os possuidores não sejam proprietários de outro imóvel urbano ou rural. (Redação dada pela lei nº 13.465, de 2017) (...). **§ 3º** Na sentença, o juiz atribuirá igual fração ideal de terreno a cada possuidor, independentemente da dimensão do terreno que cada um ocupe, salvo hipótese de acordo escrito entre os condôminos, estabelecendo frações ideais diferenciadas. **§ 4º** O condomínio especial constituído é indivisível, não sendo passível de extinção, salvo deliberação favorável tomada por, no mínimo, dois terços dos condôminos, no caso de execução de urbanização posterior à constituição do condomínio. (...).	5 anos
Familiar ou Conjugal (art. 1240-A):	Art. 1.240-A. Aquele que exercer, por 2 (dois) anos ininterruptamente e sem oposição, posse direta, com exclusividade, sobre imóvel urbano de até $250m^2$ (duzentos e cinquenta metros quadrados) cuja propriedade divida com ex-cônjuge ou ex-companheiro que abandonou o lar, utilizando-o para sua moradia ou de sua família, adquirir-lhe-á o domínio integral, desde que não seja proprietário de outro imóvel urbano ou rural. § 1º O direito previsto no caput não será reconhecido ao mesmo possuidor mais de uma vez. § 2º (vetado).	2 anos
Indígena (art. 33, Lei n. 6.001/73 – Estatuto do Índio) – *interpretar sistematicamente com o art. 1.239, do CC*:	Art. 33. O índio, integrado ou não, que ocupe como próprio, por dez anos consecutivos, trecho de terra inferior a cinquenta hectares, adquirir-lhe-á a propriedade plena. Parágrafo único. O disposto neste artigo não se aplica às terras do domínio da União, ocupadas por grupos tribais, às áreas reservadas de que trata esta Lei, nem às terras de propriedade coletiva de grupo tribal.	10 anos (*5 anos no caso do art. 1.239, do CC*)

 # DICAS importantes:

a) Convém destacar que a contagem do prazo para usucapião pode incluir a posse dos antecessores, contanto que todas sejam contínuas, pacíficas e, nos casos da usucapião ordinária, com justo título e de boa-fé (art. 1.243, do CC);

b) Os prazos acima também podem ser obstados, suspensos ou interrompidos, pelas mesmas causas previstas para a prescrição (art. 1.244, do CC).

Por fim, apresentam-se algumas questões PROCESSUAIS relevantes sobre o usucapião:

Procedimento:	Procedimento comum, restando superado o art. 14, da Lei 10.257/01 (não existe mais procedimento sumário a partir do CPC/15).
Extrajudicial – Requisitos:	Cartório de Registro de Imóveis (art. 1.071, do CPC/15 + art. 216-A, da LRP). É preciso a assinatura do profissional habilitado para a "planta e memorial descritivo" + assinatura dos titulares de direitos reais + assinatura dos confinantes + notificação pessoal ou por correio à União, ao Estado, ao Distrito Federal e ao Município + publicação de edital em jornal de grande circulação + ausência de impugnação dos interessados no prazo de 15 dias.

Litisconsórcio:	É obrigatória a citação dos titulares de direitos reais e confinantes (art. 246, § 3° + art. 1.071, CPC/15).
Defesa:	O usucapião pode ser arguido em defesa (Súmula 237, do STF + art. 13, da Lei 10.257/01.
Sentença:	Natureza Declaratória e servirá como título para registro no CRI – art. 1.241, CC.

10.4.7. Aquisição da propriedade móvel

O Código Civil prevê 8 formas de aquisição da propriedade móvel:

10.4.7.1. Tradição (arts. 1267-1268, do CC): É a forma de aquisição derivada de propriedade móvel através da entrega efetiva da coisa móvel feita pelo proprietário-alienante ao adquirente, em virtude de um contrato, com a intenção de transferir o domínio. Com a tradição, o direito pessoal decorrente do contrato, torna-se direito real. Pode ser:

Real:	A entrega é efetivada. Ex.: João vende seu celular a José o entrega após receber o valor correspondente.
Simbólica:	A tradição é representada por símbolo ou alegoria. Ex.: Vencedor de prêmio lotérico que faz fotografias com cheque gigante para representar a entrega do prêmio.
Ficta:	Ocorre a transferência da propriedade, mas não a entrega da coisa. Ex.: 1 – alienar um veículo fiduciariamente ao Banco, mas manter a posse (constituto possessório); 2 – alugar um carro e, posteriormente, comprá-lo junto à locadora (tradição brevi manu).

10.4.7.2. Ocupação (arts. 1263, do CC): É a aquisição originária da coisa móvel por excelência. A coisa ocupada deve ser ***sem dono*** ou ***abandonada***, senão vejamos:

Ocupação de coisa sem dono:	Coisa sem dono (***res nulius***) é aquela que nunca foi objeto de assenhoramento, como a concha na praia, o animal selvagem ou o peixe no mar. Assim, quem se apodera da coisa sem dono torna-se proprietário.
Ocupação de coisa abandonada:	Coisa abandonada (***res derelictae***), desde que seja possível reconhecer no comportamento do ex-proprietário a existência de um fator psíquico, contido na intenção de renunciá-las. Ex: o sofá usado deixado na calçada, o celular antigo encontrado no lixo. Também é forma de aquisição de propriedade para quem se apodera do bem.

10.4.7.3. Usucapião (arts. 1260-1262, do CC): A aquisição originária da coisa móvel se observa pelo exercício da posse durante um determinado período de tempo. Lembre-se da necessidade de observação dos **requisitos gerais** de qualquer usucapião: bem passível de usucapião; exercício de posse pacífica (mansa); exercício de posse contínua (ininterrupta); e *animus domini*. Cumpridos os requisitos gerais, observam-se então os prazos e os requisitos específicos para cada espécie de usucapião. No caso da usucapião da coisa móvel, são duas possibilidades:

Usucapião Ordinária:	Exige, além da posse mansa, contínua e com *animus domini* de coisa móvel passível de usucapião, que o requerente tenha **justo título** e **boa fé**. O prazo é de **três anos**.
Usucapião Extraordinária:	Nesta hipótese, **não se exige justo título ou boa fé**. Basta estarem presentes os requisitos gerais e que a posse perdure por **cinco anos**.

* Obs.: O STJ entende que não é possível de aquisição por usucapião de carro adquirido de devedor fiduciário, por se tratar de ato de clandestinidade (REsp 881270/RS), salvo após o prazo de prescrição da dívida (REsp 1528626/RS).

10.4.7.4. Achado de Tesouro (arts. 1264-1266, do CC): Aquisição de coisa móvel que seja antiga e preciosa, depositada por ato humano já perdido na memória. O "tesouro" encontrado será de propriedade:

100% do Dono do Imóvel	50% do Dono e 50% do "Descobridor"
a) Se ele o encontrou; b) Se for encontrado em pesquisa por ele ordenada; c) Se for encontrado por terceiro não autorizado.	# Se o terceiro localiza "casualmente" o tesouro em imóvel alheio (vide excludentes anteriores).

10.4.7.5. Especificação (arts. 1269-1271, do CC): Aquisição de coisa móvel decorrente da obtenção de espécie nova com a manipulação de matéria-prima alheia. Ex: escultura com pedra; carranca com madeira; sapato com couro; etc. Se não for viável o retorno da "coisa nova" ao estado de matéria-prima, aquela será de propriedade:

Especificador (artesão)	Dono da matéria-prima
a) Se o Especificador era dono de parte da matéria-prima; b) Se o Especificador estiver de boa-fé; c) Se o valor da coisa nova exceder consideravelmente o valor da matéria-prima.	# Por exclusão, quando o Especificador está de má-fé e o valor da coisa nova não for muito superior ao da matéria-prima.

* Obs.: Cabe indenização do Especificador ao dono da matéria-prima quanto ao seu prejuízo.

10.4.7.6. Comistão, Confusão e Adjunção (arts. 1272-1274, do CC): Aquisição de coisa móvel que se subdivide em três hipóteses distintas, porém com regulamentação semelhante:

Comistão:	**É a mistura de coisas sólidas. Ex.: sal com açúcar; café com amido de milho; cimento com areia.**
Confusão:	**É a mistura de coisas líquidas. Ex.: azeite com óleo; gasolina com álcool; água com essências.**
Adjunção:	**É a justaposição de coisas que não podem ser separadas sem estragar. Ex.: selo colado num álbum, peça soldada num motor, diamante incrustado num anel.**
Disciplina:	As regras sobre essas aquisições decorrem de misturas que não são viáveis de separação.
Convenção:	Deve obedecer às regras contratuais estabelecidas pelas partes no negócio jurídico.
Casual:	Forma-se um condomínio entre os proprietários de cada coisa misturada ou justaposta, salvo se uma delas for considerada a principal, hipótese em que o dono do bem mais valioso fica com o todo, indenizado os demais (Brilhantes muito mais valiosos que o metal do anel podem ser considerados o bem principal).
Má-fé:	*Se a confusão, comissão ou adjunção se operou de má-fé, à outra parte caberá escolher entre adquirir a propriedade do todo, pagando o que não for seu, abatida a indenização que lhe for devida, ou renunciar ao que lhe pertencer, caso em que será indenizado.*

10.4.8. A perda da propriedade.

As hipóteses de perda da propriedade previstas nos arts. 1.275/1.276, do CC, aplicam-se tanto aos bens imóveis quanto aos bens móveis, e estão a seguir elencadas:

I – por alienação;

II – pela renúncia;

III – por abandono;

IV – por perecimento da coisa;

V – por desapropriação.

 # DICAS importantes:

a) A renúncia deve ser expressa e registrada, no caso de imóvel. O abandono, pode ser tácito;

b) O abandono de imóvel é presumido de forma absoluta se o proprietário deixa de exercer atos de posse e de pagar os impostos respectivos. Neste caso, o bem será arrecadado pelo Ente Público e, passados 3 anos, integrado à propriedade (Município e DF, se for urbano, e União, se for rural).

CAPÍTULO 11. DIREITOS DE VIZINHANÇA.

EDITAL: DIREITOS DE VIZINHANÇA.

11.1. CONCEITO E NATUREZA JURÍDICA.

São limitações às faculdades de usar e fruir dos proprietários confinantes ou próximos de forma a garantir a harmonia entre os vizinhos e consagrar o princípio da função social de forma plena. O vizinho não é apenas aquele que é proprietário ou possuidor de imóvel contíguo, mas todos aqueles que, pela proximidade da localização, podem ser atingidos por repercussões de atos propagados de outro imóvel.

A natureza jurídica dos direitos e deveres decorrentes das relações de vizinhança têm natureza de obrigação *propter rem*, de forma que o sucessor da titularidade do imóvel terá as mesmas "obrigações" do sucedido em relação ao vizinho. Neste sentido o STJ: "o proprietário, em razão da natureza propter rem da obrigação, possui legitimidade passiva ad causam para responder por eventuais danos relativos a uso de sua propriedade" (REsp 1125153/RS).

As principais regras previstas no Código Civil para a regulamentação do Direito de Vizinhança estão organizadas nos quadro esquemáticos abaixo:

11.2. DISPOSIÇÕES GERAIS: USO ANORMAL DA PROPRIEDADE (ARTS. 1277-1281):

Os 3 "S"	"Art. 1277. O **proprietário** ou o **possuidor** de um prédio tem o direito de fazer cessar as interferências prejudiciais à **segurança**, ao **sossego** e à **saúde** dos que o habitam, provocadas pela utilização de propriedade vizinha"
"Prédio"	Pode se tratar de relação de vizinhança entre imóveis urbanos ou rurais
Interesse Público + Indenização:	Art. 1278. O direito a que se refere o artigo antecedente **não prevalece** quando as interferências forem justificadas por **interesse público**, caso em **que o proprietário ou o possuidor, causador delas, pagará ao vizinho indenização cabal** (Ato Lícito => Efeito Indenizatório).
Tutelas Inibitórias – Cessar/Prevenir danos:	1 – Redução ou eliminação das interferências, sempre que for possível (art. 1279); 2 – Demolição de prédio que ameace ruína (art. 1280); 3 – Caução diante de ameaça de ruína de prédio (art. 1280); 4 – Caução diante de ameaça de dano decorrente de obras em prédio (art. 1281 – ex.: inquilino).

11.3. ÁRVORES LIMÍTROFES (ARTS. 1282-1284):

Condomínio:	Tronco da árvore na exata divisa (art. 1282) => principal e frutos (divisão igual).
Raízes e galhos:	Exercício regular de direito => corte até a divisa (art. 1283) x abuso de direito (art. 1228, § 2°)
Frutos caídos:	Dano do solo onde caíram (art. 1284) x Pendentes e Percipiendos (dono da árvore, se retirar antes).

11.4. PASSAGEM FORÇADA (ART. 1285):

Ato Lícito + Indenização:	Direito daquele que tem imóvel "encravado sem saída" (art. 1285) => cabe indenização ao vizinho que for constrangido a dar a passagem (Ato Lícito => Efeito Indenizatório).
Rumo mais fácil para a passagem:	"Sofrerá o constrangimento o vizinho cujo imóvel mais natural e facilmente se prestar à passagem" (art. 1285, § 1°)
Encravamento por Negócio Jurídico:	Se uma parte do imóvel perde a passagem por negócio jurídico (alienação parcial), o comprador ou vendedor que ficou sem saída tem direito à via anterior de passagem (art. 1285, §§ 2° e 3°).
Interpretação extensiva:	Enunciado n. 88, JDC: O direito de passagem forçada, previsto no art. 1.285 do CC, também é garantido nos casos em que o acesso à via pública for insuficiente ou inadequado, consideradas, inclusive, as necessidades de exploração econômica.

11.5. PASSAGEM DE CABOS E TUBULAÇÕES (ARTS. 1286-1287):

Interesse Público + Indenização:	Obrigação de tolerar a passagem de cabos e tubulações de "utilidade pública" para os vizinhos, se impossível ou excessivamente onerosa outra forma (art. 1286) => cabe indenização ao proprietário que for constrangido a dar a passagem (Ato Lícito => Efeito Indenizatório).
Tutelas Inibitórias:	Instalação menos gravosa possível + direito de remoção + obras de segurança (arts. 1286-1287).

11.6. ÁGUAS (ARTS. 1288-1296):

Fluxo natural:	Prédio inferior deve tolerar o fluxo, mas não cabe agravamento por obras do superior (art. 1288). O superior, satisfeito seu consumo, não pode impedir ou desviar o fluxo p/ o inferior (art. 1290).
Fluxo artificial:	Prédio inferior tem direito a reclamar o desvio e ser indenizado, abatido o proveito (art. 1289).
Armazenagem:	Proprietário tem direito de represar águas => se a água represada invade prédio o vizinho, cabe indenização, abatido o proveito (art. 1282) => interpretar em conjunto com o art. 1290.
Poluição:	Vedada, com dever de reparação das águas e dos prejuízos dos inferiores (art. 1291 + En. 244, JDC).
Aqueduto Ato Lícito + Indenização:	Direito de construção para receber águas "indispensáveis para as primeiras necessidades" bem como direito de drenar/escoar águas supérfluas ou acumuladas, mediante indenização dos vizinhos prejudicados (Ato Lícito => Efeito Indenizatório).

Aqueduto – Tutela Inibitória	Obras de conservação **às custas** do beneficiário + danos supervenientes + canalização subterrânea + instalação menos gravosa possível (art. 1293, §§ 1° a 3°).
Possibilidade de compartilhar:	Uso para "primeiras necessidades" pelos proprietários no curso (art. 1295) e possibilidade de aquedutos derivados, mediante indenização, se houver "águas supérfluas" (art. 1296).
Aqueduto para fim econômico:	Enunciado n. 245, JDC: Embora omisso acerca da possibilidade de canalização forçada de águas por prédios alheios, para fins industriais ou agrícolas, o art. 1.293 não exclui a possibilidade da canalização forçada pelo vizinho, com prévia indenização aos proprietários prejudicados.

11.7. LIMITES (ARTS. 1297-1298):

Condomínio legal:	Presumem-se, até prova em contrário, que os vizinhos são condôminos das cercas, muros, marcos e tapumes divisórios => repartição de despesas ordinárias de construção e conservação.
Obra extraordinária:	A despesas será arcada por quem deu causa e tem a necessidade (art. 1297, § 3°).
Área contestada:	Dividida de acordo com a "posse justa". Não sendo possível provar, será fracionada em partes iguais aos confinantes ou um deles adjudicará, indenizando a parte do outro (art. 1298).

11.8. DIREITO DE CONSTRUIR (ARTS. 1299-1313):

Limites:	Direito dos vizinhos + regulamentos administrativos" (art. 1299). Ex.: Não despejar águas (art. 1300).
Limites de distância:	1 – Janelas e varandas com visão direta do prédio vizinho => até 1,5 m (art. 1301, caput); 2 – Janelas e varandas com visão indireta ou perpendicular => até 75 cm (art. 1301, § 1°); 3 – Comungol ou Cobogó => até divisa + tamanho: 10 cm / 20 cm + altura de 2 m (art. 1301, § 1°); 4 – Prazos para ação contra tais obras => "ano e dia" (art. 1302); 5 – Prédio rural => até 3 m da divisa (art. 1303).
Parede-meia:	1 – Construir sobre divisa => pode utilizar a estrutura vizinha, se suportar, mediante indenização (50%); 2 – Parede-meia construída individualmente => não impede a utilização pelo vizinho, se a parede suportar, mediante indenização (50%) ou caução se o vizinho precisar alargar (art. 1305); 3 – Parede-meia em condomínio => uso até metade da espessura, com aviso ao condômino vizinho, sendo vendado fazer a mesma obra que já exista no lado oposto, sem autorização (art. 1306); 4 – Alteamento => despesa exclusiva do interessado, salvo se ambos a utilizarem (art. 1307); 5 – Vedação à construção de fogões ou chaminés que causem infiltrações ou prejuízos (art. 1308).
Poços e nascentes:	Vedação a obras que poluam, inutilizem ou absorvam completamente as águas de poços ou nascentes do prédio vizinho (arts. 1309-1310).
Segurança:	Vedação a obras que causem desmoronamento ou risco ao vizinho, sob pena de demolição, salvo quando adotadas as medidas acautelatórias (arts. 1311-1312).
Tolerância para entrada:	Mediante aviso prévio, deve ser tolerada a entrada no prédio vizinho quando necessário para obras nas divisórias ou apoderar-se de bens que tenham caído ou entrado no imóvel confinante (art. 1313).

CAPÍTULO 12. DIREITOS DE VIZINHANÇA

EDITAL: CONDOMÍNIO GERAL. CONDOMÍNIO EDILÍCIO.

12.1. CONDOMÍNIO:

Situação jurídica em que a propriedade de um bem é exercida por mais de uma pessoa (copropriedade). O condomínio é considerado um Ente Despersonalizado pela doutrina brasileira (nem Pessoa Física nem Pessoa Jurídica), ainda que possua CNPJ para fins administrativos. Regulamentado pelo CC e pela Lei das incorporações imobiliárias (Lei 4.591/64). Não tem "personalidade jurídica", mas tem "personalidade judiciária". Ex.: ajuizar ação para cobrar débitos de taxas de condomínio; ser réu em ação trabalhista; etc.

12.2. DISPOSIÇÕES GERAIS:

Forma de constituição	a) Voluntário: os coproprietários têm interesse na constituição e manutenção do condomínio, firmando essa relação jurídica por negócios jurídicos. Ex.: bens do casal, sociedades, etc. b) Eventual: formou-se por um ato involuntário. Ex.: herança, confusão e comistão (art. 1.272). c) Legal: imposto por lei. Ex.: divisas entre os proprietários vizinhos; usucapião urbano coletivo, etc.
Condomínio "pro indiviso"	a) Não há divisão interna e cada condômino é titular de uma quota ideal (presumem-se iguais); b) Direitos e deveres são divididos na proporcionalidade das quotas dos condôminos.
Geral ou Ordinário x Edilício:	a) Geral ou Ordinário: a copropriedade abrange todo o bem. Ex.: bens de casal, bens de herança; b) Edilício: partes do bem são de propriedade comum (copropriedade), enquanto outras partes são exclusivas de cada condômino. Ex.: edifício em que existem áreas comuns (piscina + playground + salão de festas) e áreas privadas (os apartamentos de cada morador).

12.3. CONDOMÍNIO GERAL OU ORDINÁRIO (ARTS. 1314-1330):

Direitos dos Condôminos	a) Externos: reivindicar contra 3°, defender a posse e alhear a quota, ou gravá-la; b) Internos: usar e fruir da coisa conforme destinação, sem excluir os demais. c) Preferência: condômino tem preferência em relação a **3° no caso de alienação da quota de um deles ou aluguel do bem.**

Deveres dos condôminos:	a) Concorrer com as despesas na proporção das quotas, salvo renúncia à copropriedade; b) Assumir dívidas em nome de todos ou com proveito para o condomínio, na proporção da quota. c) Responder pelos frutos colhidos e danos à coisa em face dos demais coproprietários; d) Assumir despesas da divisão, que, no caso de doação ou herança, deve ocorrer em até 5 anos.
Administração	a) Pode ser deliberada para um ou mais condôminos ou, ainda, escolhido um 3º para administrar; b) Em regra, as decisões são tomadas por maioria absoluta (na proporção das quotas)..

12.4. CONDOMÍNIO EDILÍCIO (ART. 1331-1358):

Partes Exclusivas x Partes comuns:	# As regras gerais que disciplinam o que é comum e o que é exclusivo estão previstas no art. 1331, do CC, mas a convenção de condomínio pode dispor de forma diferente em situações pontuais: Art. 1.331. Pode haver, em edificações, partes que são propriedade exclusiva, e partes que são propriedade comum dos condôminos. **§ 1º As partes suscetíveis de utilização independente, tais como apartamentos, escritórios, salas, lojas e sobrelojas, com as respectivas frações ideais no solo e nas outras partes comuns, sujeitam-se a propriedade exclusiva, podendo ser alienadas e gravadas livremente por seus proprietários, exceto os abrigos para veículos, que não poderão ser alienados ou alugados a pessoas estranhas ao condomínio, salvo autorização expressa na convenção de condomínio.** **§ 2º O solo, a estrutura do prédio, o telhado, a rede geral de distribuição de água, esgoto, gás e eletricidade, a calefação e refrigeração centrais, e as demais partes comuns, inclusive o acesso ao logradouro público, são utilizados em comum pelos condôminos, não podendo ser alienados separadamente, ou divididos.** **§ 3º A cada unidade imobiliária caberá, como parte inseparável, uma fração ideal no solo e nas outras partes comuns, que será identificada em forma decimal ou ordinária no instrumento de instituição do condomínio.** **§ 4º Nenhuma unidade imobiliária pode ser privada do acesso ao logradouro público.** **§ 5º O terraço de cobertura é parte comum, salvo disposição contrária da escritura de constituição do condomínio.**
Constituição:	Por ato *inter vivos* ou *causa mortis*. Por se tratar de copropriedade imóvel, impõe-se o registro.
Convenção de Condomínio:	a) Natureza: Negócio Jurídico Plurilateral que regula direitos e deveres dos condôminos e deve contar com a assinatura dos titulares de pelo menos 1/3 das frações ideais; b) Eficácia: imediata para proprietários (promitentes compradores e cessionários são equiparados), possuidores e detentores (art. 1333, caput + Súmula 260, STJ). Efeitos perante 3ºs depende do registro no CRI (art. 1333, parágrafo único); c) Deve constar na Convenção: discriminação das áreas exclusivas e comuns + fração ideal das áreas comuns + finalidade + proporção de despesas ordinárias e extraordinárias + administração + competência, convocação e quórum para assembleias + sanções + regimento interno.
Regimento Interno:	Regulamenta questões específicas de comportamento interno dos condôminos para a boa convivência, detalhando regras gerais da convenção. Ex.: horário de obras, pets, elevadores.

Direitos Gerais:	a) Área exclusiva: poderes da propriedade => preferência dos condôminos em atos de disposição; b) Área comum: usar e fruir conforme destinação, sem excluir os demais. c) Votar nas deliberações, estando quite. * *Obs.: Locatário não tem direito a voto, salvo se for procurador do proprietário ou se for o caso de deliberação restrita a despesas ordinárias (art. 24, § 4º, da Lei 4.591/64).*
Deveres Gerais:	a) Área exclusiva: limites => função social + direitos de vizinhança + preferências + finalidade; b) Área comum: respeitar fachada + usar e fruir sem excluir os demais; c) Pagar as despesas de condomínio (*obrigações propter rem*), conforme proporção definida em convenção, inclusive sobre áreas comuns de uso exclusivo (art. 1340). * *Obs.: O condomínio pode proibir locação por curto espaço de tempo (Ex.: AIRBNB), quando a finalidade é exclusivamente residencial (REsp 1.884.483/PR – Informativo 720, STJ).*
Consequências do inadimplemento:	a) Taxa de condomínio => juros de mora de 1% ao mês e multa moratória de 2%; b) Outros Deveres: multa até 5x valor da taxa => convenção ou fixada por 2/3 dos condôminos; c) Reincidência: nova multa até 5x valor da taxa => fixada por ¾ dos condôminos; d) Reincidência incompatível com a convivência => multa de até 10x valor da taxa (voto de ¾).
Obras – Quóruns:	a) Áreas Exclusivas: não podem comprometer a segurança + observar deveres de vizinhança; b) Áreas Comuns – Voluptuárias => voto de 2/3 dos condôminos; c) Áreas Comuns – Úteis => voto de 2/3 dos condôminos; d) Áreas Comuns – Necessárias (regra geral) => independem de autorização => podem ser feitas sob administração do síndico ou por qualquer condômino, com reembolso; e) Áreas Comuns – Necessárias (com "despesa excessiva") => # se urgentes, independem de autorização, mas a assembleia será convocada e cientificada # se não forem urgentes, a assembleia extraordinária será convocada para autorização; f) Nova Unidade Imobiliária (pavimento ou edifício) => voto unânime dos condôminos.
Administração:	a) Síndico => eleito por assembleia, pode ser condômino ou 3º (inclusive pessoa jurídica); b) Conselho Fiscal => facultativo, composto por no mínimo 3 membros; c) Prazo => síndico e conselho fiscal com mandatos máximos de 2 anos (cabe reeleição); d) Poderes Gerais do Síndico => convocar assembleias + representação judicial e extrajudicial + administração, com prestação de contas anual ou quando requerida; e) Quórum geral => Maioria absoluta, em 1ª convocação + Maioria relativa, em 2ª convocação (salvo quando é necessário quórum especial); f) Quórum especial => Maioria absoluta p/ destituição de síndico + 2/3 p/ alterar convenção + unanimidade p/ alterar destinação do condomínio (área exclusiva ou comum); g) Assembleia Ordinária (anual) x Assembleia Extraordinária (a qualquer tempo); h) Convocação de assembleia => síndico ou, na omissão, por ¼ dos condôminos.

Lei 14.309/2022:	a) Permite conversão da assembleia em "sessão permanente" e sua prorrogação, quando não atingido quórum especial, registrando os votos dos presentes e convocando os ausentes para nova sessão no prazo máximo de 60 dias (art. 1353, §§ 1° a 3°); b) Permite convocação + realização + deliberação de qualquer modalidade de assembleia por meio eletrônico (zoom, meet, etc.), desde que seja preservado os direitos de voz, debate e voto aos condôminos e que não exista vedação na convenção (art. 1354-A).

12.5. CONDOMÍNIO DE LOTES (ART. 1358-A – LEI 13.465/17):

Caracterização:	Copropriedade de terreno com área comum e lotes de propriedade exclusiva de cada condômino.
Fração ideal:	"Poderá ser proporcional à área do solo de cada unidade autônoma, ao respectivo potencial construtivo ou a outros critérios indicados no ato de instituição".
Regulamentação:	Regras do condomínio edilício e da lei das incorporações imobiliárias (Lei 4.591/64).
Despesas iniciais:	A implantação de toda a infraestrutura p/ incorporação imobiliária fica a cargo do empreendedor.

12.6. CONDOMÍNIO EM MULTIPROPRIEDADE OU TIME SHARING (ARTS. 1358-B A 1358-U – LEI 13.777/18):

Copropriedade do tempo, e não da área:	"Art. 1358-C. Multipropriedade é o regime de condomínio em que cada um dos proprietários de um mesmo imóvel é titular de uma fração de tempo, à qual corresponde a faculdade de uso e gozo, com exclusividade, da totalidade do imóvel, a ser exercida pelos proprietários de forma alternada".
Acumulação de unidades:	"Art. 1358-C, parágrafo único: A multipropriedade não se extinguirá automaticamente se todas as frações de tempo forem do mesmo multiproprietário." (**a convenção pode limitar – art. 1358-H**)
Indivisibilidade:	Do tempo destinado ao multiproprietário e do bem, com instalações, equipamentos e mobiliário.
Espécies de fracionamento do tempo:	Art. 1358-E (...) **§ 1º O período correspondente a cada fração de tempo será de, no mínimo,** 7 (sete) dias, seguidos ou intercalados, e poderá ser: I – fixo e determinado, no mesmo período de cada ano; II – flutuante, caso em que a determinação do período será realizada de forma periódica, mediante procedimento objetivo que respeite, em relação a todos os multiproprietários, o princípio da isonomia, devendo ser previamente divulgado; ou III – misto, combinando os sistemas fixo e flutuante. **§ 2º Todos os multiproprietários terão direito a uma mesma quantidade mínima de dias seguidos durante o ano, podendo haver a aquisição de frações maiores que a mínima, com o correspondente direito ao uso por períodos também maiores.**
Instituição:	Art. 1358-F. Institui-se a multipropriedade por ato entre vivos ou testamento, registrado no competente cartório de registro de imóveis, devendo constar daquele ato a duração dos períodos correspondentes a cada fração de tempo (a convenção detalha os limites – arts. 1358-G e 1358-H).

Direitos e Deveres:	Similares aos dos condôminos edilícios, inclusive quanto à necessidade de estar quite para participar das deliberações e o dever de arcar com as taxas condominiais, com as peculiaridades de uso. * *Obs.: Ao contrário do condomínio edilício, os multiproprietários não têm direito de preferência no caso de alienação da fração por um dos condôminos, salvo previsão na convenção (art. 1358-L).*
Inadimplemento:	Art. 1358-J (...) § 1°: Conforme previsão que deverá constar da respectiva convenção de condomínio em multipropriedade, o multiproprietário estará sujeito a: I – multa, no caso de descumprimento de qualquer de seus deveres; II – multa progressiva e perda temporária do direito de utilização do imóvel no período correspondente à sua fração de tempo, no caso de descumprimento reiterado de deveres.
Administração:	O "administrador" pode ser indicado no instrumento de instituição, na convenção ou escolhido pelos multiproprietários em assembleia ordinária (art. 1358-M). Não há previsão de tempo de mandato.
Conversão e regime híbrido:	Art. 1.358-O. O condomínio edilício poderá adotar o regime de multipropriedade em parte ou na totalidade de suas unidades autônomas, mediante: I – previsão no instrumento de instituição; ou II – deliberação da maioria absoluta dos condôminos. * *Obs.: O condomínio edilício em que tenha sido instituído o regime de multipropriedade em parte ou na totalidade de suas unidades autônomas terá necessariamente um administrador profissional (art. 1358-R).*

CAPÍTULO 13. DIREITOS REAIS SOBRE A COISA ALHEIA – DIREITOS DE FRUIÇÃO

EDITAL: DIREITOS REAIS SOBRE COISA ALHEIA. SUPERFÍCIE. SERVIDÕES. USO. USUFRUTO. HABITAÇÃO.

13.1. OS DIREITOS REAIS NA COISA ALHEIA.

No Item 10 e subitens, foi estudada a PROPRIEDADE, que é o DIREITO REAL NA COISA PRÓPRIA e, portanto, o mais completo, que permite ao titular o exercício dos quatro atributos: usar, fruir, dispor e reivindicar. Neste Item 13 e seus subitens, serão estudados os DIREITOS REAIS NA COISA ALHEIA, que são derivações do direito de propriedade, quando esta é desdobrada ou desmembrada em seus poderes / atributos.

13.2. CLASSIFICAÇÃO.

Os Direitos Reais na Coisa Alheia são subdivididos em:

1. Direitos Reais de Gozo ou Fruição: Superfície, Laje, Servidão, Usufruto, Uso e Habitação;
2. Direitos Reais de Garantia: Penhor, Hipoteca, Anticrese e Alienação Fiduciária;
3. Direito Real de Aquisição: Direito do Promitente Comprador.

* Obs.: Alguns autores tratam a Superfície, tal como a Alienação Fiduciária, como formas de Propriedade Resolúvel, excluindo-as do rol de direitos reais na coisa alheia. Para fins didáticos, porém, manteremos tais direitos nesse grupo.

13.3. CARACTERÍSTICAS.

Os Direitos Reais na Coisa Alheia resultam do desmembramento de poderes / atributos da propriedade, diante da característica da "elasticidade" já estudada anteriormente. Aplicam-se, porém, com as peculiaridades de cada espécie, as características gerais dos direitos reais, como o absolutivos, a sequela, a taxatividade e a preferência.

13.4. DIREITOS REAIS DE FRUIÇÃO:

O primeiro bloco de Direitos Reais na Coisa Alheia e o que elenca os Direitos Reais de Gozo ou Fruição, a seguir estudados pontualmente, de acordo com a previsão no Edital.

13.4.1. Servidão predial (1378-1389):

Conceito	Trata-se de direito real de fruição imobiliário que permite ao titular de um imóvel (dominante) constituir proveito sobre outro imóvel (serviente) pertencente a proprietário distinto (chamada de "quase-posse").
Finalidade	Proporcionar "utilidade" (art. 1378) ao prédio dominante, ou seja, garante ao prédio dominante um atributo ou vantagem que lhe faltava, tornando-o mais funcional, produtivo e agradável, ainda que traga restrições e ônus ao exercício de direitos sobre o prédio serviente.
Distinções	a) Servidões x Direitos de Vizinhança: as servidões são estabelecidas por negócios jurídicos decorrentes da vontade das partes, em regra, enquanto os direitos de vizinhança são limitações impostas por lei; b) Servidões Civis x Servidões Administrativas: estas são estabelecidas por força do interesse público, para passagens de estradas, tubulações ou cabeamentos estabelecidos pela Administração Pública.
Constituição e Usucapião	a) Negócio jurídico (contratos, testamento) levado a registro (art. 1378); b) Usucapião, no caso das servidões "**aparentes e contínuas**" (arts. 1213 + 1379 + Súmula 415, STF). Havendo justo título, o prazo será de 10 anos de uso contínuo (1379, caput). Não havendo justo título, o art. 1379, parágrafo único, prevê o prazo de 20 anos. ** Obs.: O entendimento da doutrina é no sentido de que esse prazo deve compreendido como de 15 anos, por analogia e interpretação sistêmica com o art. 1238. Veja-se o Enunciado n. 251, JDC/CJF: O prazo máximo para o usucapião extraordinário de servidões deve ser de 15 anos, em conformidade com o sistema geral de usucapião previsto no Código Civil.*
Principais Espécies	a) **Contínua**: não depende de ação humana direta para o exercício. Ex.: Servidões de aqueduto, de cabeamento de energia, de vista (prospectu), de não construir (non aedificandi), etc.; b) **Descontínua**: o exercício depende de fato atual humano. Ex.: Servidões de passagem, de retirada de água de poço ou de fonte de prédio alheio, etc. c) **Aparentes**: sua estrutura é perceptível por obras ou sinais visíveis e permanentes. Ex.: via de passagem pavimentada, aqueduto de superfície, aberturas de iluminação e ventilação em divisas, etc. d) **Não aparentes**: não é perceptível a existência da servidão, razão pela qual sua prova depende de registro. Ex.: servidões de vista, de não construir, de passagem não demarcada, etc.
Exercício	a) Despesas com uso e conservação: em regra, obrigam o(s) dono(s) do prédio dominante (1380-1382); b) O exercício não será embaraçado pelo prédio serviente, mas o uso deve estar restrito a finalidade convencionada e ser o menos danoso para o serviente, inclusive na remoção (1383-1385); c) São indivisíveis as servidões => fracionado o prédio dominante ou serviente, o gravame servirá proporcionalmente, de acordo com a fração ideal, salvo vinculação a parte específica (1386).

Extinção	*Art. 1.387. Salvo nas desapropriações, a servidão, uma vez registrada, só se extingue, com respeito a terceiros, quando cancelada.* *Parágrafo único. Se o prédio dominante estiver hipotecado, e a servidão se mencionar no título hipotecário, será também preciso, para a cancelar, o consentimento do credor.* *Art. 1.388. O dono do prédio serviente tem direito, pelos meios judiciais, ao cancelamento do registro, embora o dono do prédio dominante lho impugne:* *I – quando o titular houver renunciado a sua servidão;* *II – quando tiver cessado, para o prédio dominante, a utilidade ou a comodidade, que determinou a constituição da servidão;* *III – quando o dono do prédio serviente resgatar a servidão.* *Art. 1.389. Também se extingue a servidão, ficando ao dono do prédio serviente a faculdade de fazê-la cancelar, mediante a prova da extinção:* *I – pela reunião dos dois prédios no domínio da mesma pessoa;* *II – pela supressão das respectivas obras por efeito de contrato, ou de outro título expresso;* *III – pelo não uso, durante dez anos* contínuos.

13.4.2. Superfície no Código Civil e no Estatuto da Cidade:

Conceito	Trata-se de direito real imobiliário pelo qual o titular de um imóvel (proprietário "fundieiro") concede ao superficiário o direito de construir ou plantar sobre a "superfície" seu imóvel, criando nova propriedade, que é resolúvel (o superficiário é proprietário das construções e plantações durante a vigência).
Regulação	a) Código Civil (arts.1369-1377); b) Estatuto das Cidades – Lei 10.257/2001 (arts. 21-24). * *Obs.: Enunciado n. 93, JDC/CJF: As normas previstas no Código Civil sobre direito de superfície não revogam as relativas a direito de superfície constantes do Estatuto da Cidade (Lei n. 10.257/2001) por ser instrumento de política de desenvolvimento urbano.*
Caracteres	a) Pode ser gratuita ou onerosa (1370, CC + 21, § 2°, EC); b) Por prazo determinado (1369, CC + 21, caput, EC) ou por prazo indeterminado (21, caput, EC); c) Aplica-se a prédios urbanos (CC + EC) ou a prédios rústicos (CC); d) Pode abranger o subsolo e o espaço aéreo (1369, parágrafo único, CC + 21, § 1°, EC).
Constituição	a) Negócio jurídico (contrato por escritura pública, testamento) levado a registro.
Exercício	a) O superficiário pode usar e fruir da coisa construída ou plantada (Enunciado 249, JDC/CJF); b) Cabe ao superficiário arcar com os impostos e taxas (1371, CC + 21, § 3°, EC); c) Há direito de preferência recíproco em caso de alienação do direito respectivo (1373, CC + 22, EC); d) Enquanto durar, há direito sucessório para os herdeiros do superficiário (1372, CC + 21, § 5°, EC). * *Obs.: Enunciado n. 510, JDC/CJF: Ao superficiário que não foi previamente notificado pelo proprietário para exercer o direito de preferência previsto no art. 1.373 do CC é assegurado o direito de, no prazo de seis meses, contado do registro da alienação, adjudicar para si o bem mediante depósito do preço.*

Extinção	a) Desvio de finalidade: resolve-se se o superficiário alterar a destinação (1374, do CC + 24, § 1°, EC); b) Inadimplemento: do preço da superfície onerosa ou outras disposições contratuais (23, II, EC); c) Termo final: quando há prazo determinado para o direito real (se não foi estipulado prazo, será necessário constituir o superficiário em mora através de interpelação judicial ou extrajudicial); d) Desapropriação: as partes recebem valor proporcional ao direito de cada (1376, CC). ** Obs.: No termo final, a propriedade consolida-se plena ao fundieiro, sem indenização ao superficiário por acessões e benfeitorias, salvo estipulação em contrário (1375, CC + 24, EC).*

13.4.3. Usufruto, uso e habitação (arts. 1390-1416):

São três direitos reais na coisa alheia parecidos, todos envolvendo o poder de USO do bem, com graus diferentes de benefícios, que podem também incluir o poder de GOZO/FRUIÇÃO, na seguinte ordem decrescente de direitos para o titular do direito real na coisa alheia em relação ao "nu-proprietário": USUFRUTO > USO > HABITAÇÃO.

Direito Real:	Usufruto (arts. 1390-1411):	Uso (arts. 1412-1413):	Habitação (1414-1416):
Partes:	Usufrutuário x Nu-Proprietário	Usuário x Nu-Proprietário	Habitante x Nu-proprietário
Objeto:	Móveis (inclui créditos) ou Imóveis, singulares ou universalidades (1390)	Móveis ou imóveis (1412)	Apenas Imóveis (1414)
Caracteres:	Transfere, em regra, os poderes de uso e fruição (exploração econômica – frutos naturais, civis e industriais)	Transfere o poder de uso, incluindo apenas frutos naturais (subsistência)	Transfere apenas o direito de residir, inclusive para cônjuge sobrevivente.
Família:	Direito pessoal, mas se estende à família do usufrutuário.	Aplica-se ao uso.	Aplica-se à habitação.
Transmissão:	Inalienável, mas cabe cessão gratuita ou onerosa do exercício (ex.: locação)	Inalienável e não passível de cessão.	Inalienável e não passível de cessão.
Pluralidade de beneficiários:	O mesmo bem pode ser objeto de mais de um usufruto (1411).	Aplica-se ao uso => uso simultâneo.	Aplica-se à habitação => habitação simultânea.
Deveres:	Inventariar os bens recebidos, conservando a coisa de acordo com a finalidade. O nu-proprietário pode exigir caução (garantias).	Aplica-se ao uso, no que couber.	Aplica-se à habitação, no que couber.
Extinção:	Quadro próprio adiante, diante das diversas situações previstas.	Aplica-se ao uso, no que couber.	Aplica-se à habitação, no que couber.

CLASSIFICAÇÃO do USUFRUTO:

1 - Quanto à origem:	a) Voluntário: constituído por negócio *inter vivos* ou *causa mortis*; b) Legal: constituído *ope legis* (ex.: pais sobre os bens dos filhos – 1689); c) Indígena: bem da União + usufruto dos índios – 20, XI + 231, CF); d) Judicial: imposto como forma de penhora e satisfação do credor (867-869, CPC).
2 - Quanto à natureza fungível e consumível dos bens:	a) Próprio: recai sobre bens infungíveis e inconsumíveis, devolvidos após extinção; b) Impróprio (quase-usufruto): bens fungíveis e consumíveis => restituição, após extinção, de equivalente em quantidade, qualidade e valor (1392, § 1°).
3 - Quanto à duração:	a) Vitalício: dura toda a vida do usufrutuário (1410, I); b) Temporário: com prazo determinado (1410, II).
4 - Quanto à extensão:	a) Total / Pleno: inclui o bem principal e todos os acessórios (regra geral); b) Parcial / Limitado: frutos podem ser delimitados convencional, legal ou judicialmente.

EXTINÇÃO do USUFRUTO:

1 - Pelo decurso do tempo:	a) Pessoa Natural: Morte do usufrutuário ou fim do prazo (se temporário). A morte de um dos usufrutuários simultâneos extingue aquele direito, mas pode ser transmitido ao sobrevivente (1411); b) Pessoa Jurídica: Extinção da PJ ou fim do prazo (se temporário) ou o decurso de 30 anos (termo final legal – art. 1410, III).
2 - Por vontade:	a) Unilateral: renúncia do usufrutuário (1410, I); b) Consolidação: se o usufrutuário adquire a propriedade do nu-proprietário por negócio jurídico (1410, VI). Também pode haver consolidação por sucessão *causa mortis* (usufrutuário herdeiro).
3 - Boa Fé e Função Social:	a) Cessação do motivo a que se destina (1410, IV); b) Destruição da coisa (1410, V + 1407-1409); c) Conduta culposa do usufrutuário quanto aos deveres (1410, VII); d) Não uso ou não fruição (1410, VIII) => não se aplica o art. 1389, III (Enunciado 252, JDC/CJF).

CAPÍTULO 14. DIREITOS REAIS SOBRE A COISA ALHEIA – DIREITOS DE GARANTIA

EDITAL: DIREITOS REAIS EM GARANTIA. PENHOR. HIPOTECA. PROPRIEDADE FIDUCIÁRIA.

14.1. REGRAS GERAIS SOBRE OS DIREITOS REAIS DE GARANTIA.

São direitos reais na coisa alheia com a finalidade especial de garantir o pagamento de dívidas vinculadas a negócios jurídicos ou títulos de créditos. Abaixo, seguem as regras gerais e princípios que se aplicam aos três direitos reais de garantia específicos do Código Civil => PENHOR, HIPOTECA e ANTICRESE (a anticrese, especificamente, não cai no concurso):

Sequela (vinculação):	*Art. 1.419. Nas dívidas garantidas por penhor, anticrese ou hipoteca, o bem dado em garantia fica sujeito, por vínculo real, ao cumprimento da obrigação.* *Obs.: Se, por exemplo, o devedor vender um imóvel hipotecado, o comprador poderá ser executado pelo credor, pois a garantia real acompanha o bem, e o vincula, enquanto não houver o pagamento ou outra causa de extinção da garantia.*
Indivisibilidade:	*Art. 1.421. O pagamento de uma ou mais prestações da dívida não importa exoneração correspondente da garantia, ainda que esta compreenda vários bens, salvo disposição expressa no título ou na quitação.*
Alienabilidade:	*Recaem sobre bens móveis, imóveis ou direitos que sejam alienáveis.*
Preferência:	*Art. 1.422. O credor hipotecário e o pignoratício têm o direito de excutir a coisa hipotecada ou empenhada, e preferir, no pagamento, a outros credores, observada, quanto à hipoteca, a prioridade no registro.* *Parágrafo único. Excetuam-se da regra estabelecida neste artigo as dívidas que, em virtude de outras leis, devam ser pagas precipuamente a quaisquer outros créditos.*
Vedação ao PACTO COMISSÓRIO (regra) e possibilidade do PACTO MARCIANO:	*Art. 1.428. É nula a cláusula que autoriza o credor pignoratício, anticrético ou hipotecário a ficar com o objeto da garantia, se a dívida não for paga no vencimento.* *Parágrafo único. Após o vencimento, poderá o devedor dar a coisa em pagamento da dívida.* * Obs. 1: o credor pode executar a dívida, e, consequentemente, penhorar e expropriar, judicialmente, o bem dado em garantia, mas é vedado o pacto comissório, ou seja, a simples inadimplência transferir a propriedade do bem onerado ao credor. * Obs. 2: Interpretando o parágrafo único, a doutrina firmou, no Enunciado n. 626, da VII Jornada de Direito Civil, o seguinte entendimento: **Não afronta o art. 1.428 do Código Civil, em relações paritárias, o pacto marciano, cláusula contratual que autoriza que o credor se torne proprietário da coisa objeto da garantia mediante aferição de seu justo valor e restituição do supérfluo (valor do bem em garantia que excede o da dívida)**.

<table>
<tr><td>Antecipação do vencimento:</td><td>Art. 1.425. A dívida considera-se vencida:
I – se, deteriorando-se, ou depreciando-se o bem dado em segurança, desfalcar a garantia, e o devedor, intimado, não a reforçar ou substituir;
II – se o devedor cair em insolvência ou falir;
III – se as prestações não forem pontualmente pagas, toda vez que deste modo se achar estipulado o pagamento. Neste caso, o recebimento posterior da prestação atrasada importa renúncia do credor ao seu direito de execução imediata;
IV – se perecer o bem dado em garantia, e não for substituído;
V – se se desapropriar o bem dado em garantia, hipótese na qual se depositará a parte do preço que for necessária para o pagamento integral do credor.
§ 1º Nos casos de perecimento da coisa dada em garantia, esta se sub-rogará na indenização do seguro, ou no ressarcimento do dano, em benefício do credor, a quem assistirá sobre ela preferência até seu completo reembolso.
§ 2º Nos casos dos incisos IV e V, só se vencerá a hipoteca antes do prazo estipulado, se o perecimento, ou a desapropriação recair sobre o bem dado em garantia, e esta não abranger outras; subsistindo, no caso contrário, a dívida reduzida, com a respectiva garantia sobre os demais bens, não desapropriados ou destruídos.
Art. 1.426. Nas hipóteses do artigo anterior, de vencimento antecipado da dívida, não se compreendem os juros correspondentes ao tempo ainda não decorrido.</td></tr>
</table>

Feita a revisão das normas gerais aplicáveis aos três direitos reais de garantia indicados (hipoteca, penhor e anticrese), segue a análise especificada dos referidos direitos, excluindo a anticrese (fora do Edital) e com o acréscimo da Alienação Fiduciária em Garantia (Propriedade Fiduciária prevista no Conteúdo Programático).

14.2. ALIENAÇÃO FIDUCIÁRIA EM GARANTIA:

Contrato de natureza Bancária/Empresarial que institui uma espécie de PROPRIEDADE RESOLÚVEL, razão pela qual o Código Civil não trata o tema como um direito real de garantia, embora, na prática, configura-se como uma garantia para contratos ou títulos de crédito que implicam em mútuo ou financiamento, no qual o mutuário-fiduciante (devedor) aliena a propriedade de um bem ao mutuante-fiduciário (credor – instituição financeira).

Tem regulação também em leis específicas, aplicando-se o Código Civil, que trata diretamente da alienação fiduciária de bens móveis, de forma subsidiária (arts. 1367 e 1368-A). Eis as principais regras sobre o instituto:

Regras:	Bens Móveis Infungíveis (arts. 1361-1368-B):	Bens imóveis (Lei 9.514/97):
Constituição:	Registro do contrato (instrumento público ou particular) no Registro de Títulos e Documentos, ou, em se tratando de veículos, no Detran, com anotação no documento.	Registro, no competente Registro de Imóveis (CRI), do contrato que lhe serve de título.
Deveres do depositário:	I – a empregar na guarda da coisa a diligência exigida por sua natureza; II – a entregá-la ao credor, se a dívida não for paga no vencimento.	Livre utilização, por sua conta e risco, do imóvel objeto da alienação fiduciária

Pacto Comisório:	Vedado para bens móveis (1365), admitido o pacto marciano (1365, parágrafo único)	Aplica-se a regra do art. 1365, pois não há norma específica.
Consolidação e leilão:	Vencida e não paga a dívida, a propriedade móvel se consolida em nome do credor, que tem o dever de promover o leilão judicial ou extrajudicial do bem para terceiros, aplicando o produto no pagamento da dívida. Não há previsão de participação do devedor como arrematante no leilão.	Vencida e não paga a dívida, a propriedade imóvel se consolida em nome do credor, que tem o dever de promover o leilão judicial ou extrajudicial (em 30 dias), aplicando o produto no pagamento da dívida. Devedor tem preferência na alienação.
Obrigações propter rem:	Cabem ao credor fiduciante a partir da imissão na posse (busca e apreensão).	Cabem ao credor fiduciante a partir da imissão na posse (consolidação).

14.3. HIPOTECA

Neste caso, o devedor oferece um bem imóvel (em regra) que fica onerado por garantia real. Ex.: hipotecar fazenda a um Banco para garantir financiamento rural. Principais regras:

Objeto:	*Art. 1.473. Podem ser objeto de hipoteca:* *I – os imóveis e os acessórios dos imóveis conjuntamente com eles;* *II – o domínio direto;* *III – o domínio útil;* *IV – as estradas de ferro;* *V – os recursos naturais a que se refere o art. 1.230, independentemente do solo onde se acham;* *VI – os navios;* *VII – as aeronaves.* *VIII – o direito de uso especial para fins de moradia;* *IX – o direito real de uso;* *X – a propriedade superficiária.* **§ 1º A hipoteca dos navios e das aeronaves reger-se-á pelo disposto em lei especial.** **§ 2º Os direitos de garantia instituídos nas hipóteses dos incisos IX e X do caput deste artigo ficam limitados à duração da concessão ou direito de superfície, caso tenham sido transferidos por período d***eterminado.* *Art. 1.474. A hipoteca abrange todas as acessões, melhoramentos ou construções do imóvel. Subsistem os ônus reais constituídos e registrados, anteriormente à hipoteca, sobre o* mesmo imóvel.
Posse:	Continua com o proprietário devedor.
Registro:	*Art. 1.492. As hipotecas serão registradas no cartório do lugar do imóvel, ou no de cada um deles, se o título se referir a mais de um.* *Parágrafo único. Compete aos interessados, exibido o título, requerer o registro da hipoteca.*
Extinção	*Art. 1.499. A hipoteca extingue-se:* *I – pela extinção da obrigação principal;* *II – pelo perecimento da coisa;* *III – pela resolução da propriedade;* *IV – pela renúncia do credor;* *V – pela remição;* *VI – pela arrematação ou adjudicação.* *Art. 1.500. Extingue-se ainda a hipoteca com a averbação, no Registro de Imóveis, do cancelamento do registro, à vista da respectiva* prova.

14.4. PENHOR

Hipótese em que o devedor oferece um bem móvel, que fica onerado por garantia real. Ex.: empenhar joias na Caixa Econômica para garantir mútuo. Principais regras:

Objeto:	Coisas móveis.
Posse:	*Em regra, transfere-se a posse da coisa emprenhada para o credor.* *Exceções: No penhor rural, industrial, mercantil e de veículos, as coisas empenhadas continuam em poder do devedor, que as deve guardar e conservar.*
Registro:	a) Cartório de Títulos e Documentos: Penhor Comum; Penhor de Direitos e Títulos de Créditos; Penhor de Veículos. b) Cartório de Registro de Imóveis da circunscrição em que estiverem situadas as coisas empenhadas: Penhor Rural e Penhora Mercantil.
Extinção:	*Art. 1.436. Extingue-se o penhor:* *I – extinguindo-se a obrigação;* *II – perecendo a coisa;* *III – renunciando o credor;* *IV – confundindo-se na mesma pessoa as qualidades de credor e de dono da coisa;* *V – dando-se a adjudicação judicial, a remissão ou a venda da coisa empenhada, feita pelo credor ou por ele autorizada.* **§ 1º Presume-se a renúncia do credor quando consentir na venda particular do penhor sem reserva de preço, quando restituir a sua posse ao devedor, ou quando anuir à sua substituição por outra garantia.** **§ 2º Operando-se a co***nfusão tão-somente quanto a parte da dívida pignoratícia, subsistirá inteiro o penhor quanto ao resto.* *Art. 1.437. Produz efeitos a extinção do penhor depois de averbado o cancelamento do registro, à vista da respectiva* prova.

Doutrina e Jurisprudência sobre o tema – Dicas Finais:

a) Sobre a eficácia da Hipoteca firmada entre a Construtora e o Banco que financiou a obra, há Jurisprudência Sumulada no STJ:

**** Súmula n. 308: "A hipoteca firmada entre a construtora e o agente financeiro, anterior ou posterior à celebração da promessa de compra e venda, não tem eficácia perante os adquirentes do imóvel".***

b) Sobre as responsabilidades decorrentes do contrato de mútuo garantido por PENHOR de joias, merece destaque recente Acórdão divulgado no Informativo n. 612, do STJ:

**** Informativo n. 612: "As pretensões indenizatórias decorrentes do furto de joias, objeto de penhor em instituição financeira, prescrevem em 5 (cinco) anos, de acordo com o disposto no art. 27 do CDC".*** (REsp 1369579/PR).

CAPÍTULO 15. DIREITOS REAIS SOBRE A COISA ALHEIA – DIREITO DE AQUISIÇÃO

EDITAL: DIREITO REAL À AQUISIÇÃO. DIREITO DO PROMITENTE COMPRADOR. COMPROMISSO DE VENDA E COMPRA. ADJUDICAÇÃO COMPULSÓRIA.

15.1. DIREITO REAL DE AQUISIÇÃO (ARTS. 1417-1418):

A terceira espécie de direitos reais na coisa alheia é o direito real de aquisição, cuja regulamentação segue esquematizada abaixo:

Conceito – Compromisso de Compra e Venda:	Um dos contratos preliminares (vide item 10.2.2, desse trabalho) de maior utilização prática é o de promessa de compra e venda. Este negócio jurídico pode ser considerado um DIREITO REAL, ou seja, pode deixar de ser uma mera relação obrigacional e se tornar um direito oponível *erga omnes*, que pode ser exercido contra terceiros, se preenchidos os requisitos do art. 1.417, do CC.
Requisitos:	a) Promessa de Compra e Venda ***escrita***, por instrumento público ou particular; b) Ausência de direito de arrependimento (***irretratável***); c) Registro do pacto no Cartório de Registro de Imóveis.

15.2. ADJUDICAÇÃO COMPULSÓRIA (SÚMULA N. 329, DO STJ E ART. 1418):

O art. 1.418, do CC, determina que *o promitente comprador, titular de direito real, pode exigir do promitente vendedor, ou de terceiros, a quem os direitos deste forem cedidos, a outorga da escritura definitiva de compra e venda, conforme o disposto no instrumento preliminar; e, se houver recusa, requerer ao juiz a adjudicação do imóvel.* Nunca é demais lembrar que o direito à adjudicação compulsória, se for exercido em face do promitente vendedor, não exige o registro do contrato preliminar (**Súmula n. 329, do STJ**).

CAPÍTULO 16. DIREITO DAS FAMÍLIAS – CASAMENTO

EDITAL: ESPONSAIS. CASAMENTO HETEROAFETIVO E HOMOAFETIVO: CAPACIDADE, IMPEDIMENTOS, CAUSAS SUSPENSIVAS, HABILITAÇÃO, CELEBRAÇÃO, EFICÁCIA, DIREITOS E DEVERES. INVALIDADE DO CASAMENTO, SEPARAÇÃO E DIVÓRCIO.

O Direito das Famílias é tema do Direito Civil que contém regras principiológicas essenciais previstas no art. 226, da Constituição Federal, que proclama: "a família, base da sociedade, tem especial proteção do Estado".

Após uma introdução sobre as principais espécies de entidades familiares, será abordada, de forma mais específica, a regulamentação do casamento em seus aspectos formais e pessoais.

16.1. AS FAMÍLIAS.

A admissão de diversas formas de família, a partir do rol exemplificativo da própria CF, demonstra que a família é a relação entre pessoas diversas, vinculadas por laços de consanguinidade, afinidade e afetividade.

A Constitucionalização do Direito Civil atingiu fortemente o Direito de Família, de forma a ampliar o rol de relações familiares para além do tradicional casamento, a partir da exegese do art. 226, §§ 3º e 4º, da CF, levando-se em consideração ainda os Princípios da Dignidade da Pessoa Humana e da Igualdade.

A "Lei Maria da Penha" (número 11.340/06), conceitua FAMÍLIA como "**a comunidade formada por indivíduos que são ou se consideram aparentados, unidos por laços naturais, por afinidade ou por vontade expressa**", trazendo conceituação mais ampla que a do Código Civil, que se encerra na análise do casamento e da união estável.

Neste aspecto, de forma exemplificativa, eis as principais constituições familiares admitidas pelo ordenamento jurídico, à luz da doutrina majoritária e jurisprudência do STF e STJ:

Casamento:	Relação Familiar formal disciplinada pelo Código Civil a partir do art. 1.511, do CC, que será destacada nas dicas adiante elencadas. A principal característica é a *formalização* de uma união pública com *finalidade de constituir família*, mediante consentimento expressamente apresentado pelos cônjuges perante uma autoridade celebrante e registro público do ato.
União Estável:	Admitida expressamente pelo art. 226, § 3º, da CF, foi disciplinada pela Lei 8.971/94 (já revogada), e atualmente possui dúplice disciplinamento: Lei 9.278/96 e arts. 1.723-1.727, do CC. Será objeto de capítulo próprio, mas antecipamos que se trata de uma união pública e duradoura de pessoas com *finalidade de constituir família*.

Namoro:	Ainda que se trate de uma relação pública e duradoura, o namoro se caracteriza por *não ter a finalidade de constituir família*, não sendo considerado, portanto, uma comunidade familiar. Dessa forma, não se lhe aplicam os direitos pessoais e patrimoniais que ocorrem no casamento e na união estável, como os alimentos, a meação de bens, etc.
Esponsais ou Noivado ou Namoro qualificado.	Compromisso pelo qual duas pessoas demonstram o propósito de formar uma família (casamento ou união estável) no *futuro*, não existindo, no *presente*, uma relação familiar. Assim como no namoro, nos esponsais ou noivado **não há repercussão pessoal e patrimonial, diferenciando-os do casamento e da união estável. Neste sentido, já decidiu o STJ (**REsp n. 1.454.643/RJ).
Concubinato:	Situação definida pelo art. 1.727, do CC: *As relações não eventuais entre o homem e a mulher, impedidos de casar, constituem concubinato.* Tal qual o namoro e o namoro qualificado, no concubinato não se aplicam os direitos pessoais e patrimoniais que ocorrem no casamento e na união estável, como os alimentos, a meação de bens, etc.
União Paralela ou Poliafetiva:	**Não é admitida** no direito brasileiro, ante a vedação à bigamia (art. 1.521, VI, do CC), consoante interpretação do **STJ** (**Informativo n. 435**).
Família Monoparental:	Art. 226, § 4º, da CF: *Entende-se, também, como entidade familiar a comunidade formada por qualquer dos pais e seus descendentes.*
Família Anaparental ou Parental:	Convivência entre parentes ou entre pessoas, ainda que não parentes, dentro de uma mesma estrutura com identidade de propósitos. Exemplo: irmãs solteiras que vivem juntas sob o mesmo teto, dividindo as despesas e formando patrimônio comum.
Família Pluriparental ou Mosaico:	Estrutura familiar originada no matrimônio ou na união estável de um casal, no qual um ou ambos de seus integrantes têm filhos provenientes de um casamento ou relação prévia. Observar que o casamento dos pais não importa em restrições ao poder familiar em relação aos filhos advindos de relação anterior – art. 1579, parágrafo único.
Casamento e União Homoafetiva:	Casamento ou união estável de pessoas do mesmo sexo, já sacramentada pela jurisprudência do STF (ADPF 132/RJ e da ADI 4277/DF) e pelo STJ (REsp 1183378/RS). A Resolução n. 175, do CNJ, deixa claro que é vedada às autoridades competentes a recusa de habilitação, celebração de casamento civil ou de conversão de união estável em casamento entre pessoas de mesmo sexo.
União Poliafetiva:	**Não é admitida** no direito brasileiro, ante a vedação à bigamia (art. 1.521, VI, do CC/02), consoante interpretação do **STJ** (**Informativo n. 435**).

Para uma melhor compreensão dos institutos a seguir delineados, convém destacar os Princípios que norteiam o Direito de Família:

a) Pluralidade das Entidades Familiares (art. 226, §§ 3º e 4º, da CF e outras leis – rol exemplificativo);

b) Igualdade Jurídica entre o Homem e a Mulher na Condução da Família (art. 226, § 5º, da CF e arts. 1.511 e 1.565, § 1º, do CC);

c) Igualdade Jurídica entre os Filhos (art. 227, § 6º, da CF);

d) Planejamento Familiar e Paternidade Responsável (art. 226, § 7º, da CF, art. 1565, § 2°, do CC e Lei n. 9.263/96);

e) Solidariedade Familiar (art. 3º, I, e art. 226, § 8º, ambos da CF/88);

f) Não Intervenção ou Liberdade (art. 226, § 7º, da CF e art. 1.513, do CC);

g) Melhor Interesse da Criança (art. 227, *caput,* da CF e arts. 1.583-1.584, do CC);

h) Facilitação da Dissolução do Casamento (art. 226, § 6º, da CF – especialmente após a EC n. 66/10);

i) Afetividade (Doutrina – Enunciados 108, 256 e 339 – e Jurisprudência).

16.2. O CASAMENTO E SUA CARACTERIZAÇÃO.

Uma das espécies unidades familiares, o casamento, de acordo com art. 1.511, do CC, estabelece comunhão plena de vida, com base na igualdade de direitos e deveres dos cônjuges.

Em regra, o casamento é civil e gratuita sua celebração, após procedimento administrativo de habilitação, razão pela qual a doutrina compreende que *natureza jurídica* de um Negócio Jurídico Formal (exige procedimento escrito) e Solene (somente se consuma com o ato solene de celebração).

16.3. FORMALIDADES PRELIMINARES. PROCEDIMENTO DE HABILITAÇÃO E CELEBRAÇÃO.

Como destacado, por se tratar de negócio jurídico formal e solene, o casamento civil passa por prévio procedimento de habilitação, a seguir esquematizado:

Pedido de Habilitação:	Fase de Proclamas:	Certificado de Habilitação:	Celebração do Casamento:
Abre procedimento administrativo junto ao C.R.C. de Pessoas Naturais do domicílio dos noivos.	Análise da documentação pelo Oficial do Cartório, com vistas ao M.P. Só passa ao Juiz se houve impugnação. Após, o oficial extrairá o edital, que se afixará durante quinze dias nas circunscrições do Registro Civil de ambos os nubentes e se publicará na imprensa local.	Cumpridas as exigências indicadas e verificada a inexistência de fato obstativo, seja por informação de terceiros, seja por impugnação do M.P., o oficial do registro extrairá o certificado de habilitação.	A eficácia da habilitação será de noventa dias, a contar da data em que foi extraído o certificado, ou seja, após a emissão da certidão de habilitação, os nubentes têm 90 dias para a celebração do casamento.

16.4. ESPÉCIES DE CASAMENTO A PARTIR DAS FORMAS DE CELEBRAÇÃO E PROVAS DO MATRIMÔNIO.

Com a finalidade de flexibilizar o sistema e facilitar a realização de casamentos em situações peculiares, o Código Civil admite outras espécies de casamento, além do casamento civil com prévia habilitação:

Casamento Putativo	Embora nulo ou anulável, foi contraído de boa-fé por um ou por ambos os cônjuges (CC, art. 1.561)
Casamento em Caso de Moléstia Grave	Não prescinde a habilitação, mas a gravidade do estado de saúde de um dos nubentes impede-o de locomover-se e de adiar cerimônia. Nesse caso, o juiz irá celebrá-lo na sua casa ou onde estiver, em companhia do oficial, mesmo à noite, perante 02 testemunhas que saibam ler e escrever (CC, art. 1.539).

Casamento Nuncupativo ou *In Extremis Vitae* ou *In Articulo Mortis* (iminente risco de morte)	Dispensa o processo de habilitação e até a presença do celebrante. Em razão da estrema urgência, os contraentes poderão celebrar o casamento, recebendo um ao outro, de *viva voz*, por marido e mulher, na presença de 06 testemunhas que com os nubentes não tenham parentesco em linha reta, ou, na colateral, até 2º grau. Exige homologação judicial (CC, arts. 1540-1541).
Casamento Religioso	a) Com ***prévia habilitação***: o certificado de habilitação será apresentado ao ministro religioso, que o arquivará. Celebrado o casamento, deverá ser promovido o registro civil, dentro do prazo decadencial de 90 dias de sua celebração (CC, art. 1516, § 1º). b) Com ***habilitação posterior***: celebrado o casamento religioso, os nubentes requererão o registro, ***a qualquer tempo***, instruindo o pedido com certidão do ato religioso e com os documentos exigidos pelo art. 1.525, do CC. Processada e homologada a habilitação e certificada a inexistência de impedimento, o oficial fará o registro, lavrando o assento. O casamento produzirá efeitos jurídicos a partir da data de sua celebração (CC, art. 1.515)
Casamento por Procuração	Um ou ambos os cônjuges podem ser representados por mandatários distintos, desde que o mandato seja público, com poderes especiais, e só terá eficácia por 90 dias (art. 1542)
Casamento Consular	Art. 1.544. O casamento de brasileiro, celebrado no estrangeiro, perante as respectivas autoridades ou os cônsules brasileiros, deverá ser registrado em cento e oitenta dias, a contar da volta de um ou de ambos os cônjuges ao Brasil, no cartório do respectivo domicílio, ou, em sua falta, no 1º Ofício da Capital do Estado em que passarem a residir.
Conversão de União Estável	A união estável "poderá converter-se em casamento, mediante pedido dos companheiros ao juiz e assento no Registro Civil" (CC, art. 1.726)

16.5. CASAMENTO INEXISTENTE, NULO, ANULÁVEL E IRREGULAR. IMPEDIMENTOS MATRIMONIAIS.

Também por força da natureza de negócio jurídico, o casamento é estudado com foco nos Planos da Existência, Validade e Eficácia, com regras especiais que a seguir se resumem:

16.5.1. Plano da Existência.

Tem como referência o art. 1.514, do CC. Convém destacar que o requisito existencial "diversidade de sexos" já se encontra superado, diante do acolhimento da viabilidade jurídica da união homoafetiva, já mencionada na introdução do presente capítulo. Dessa forma, restam apenas os seguintes elementos essenciais de existência:

Celebração:	Solenidade Essencial, cuja ocorrência é essencial à existência do casamento.
Consentimento:	**É a afirmação de um cônjuge ao outro manifestando o desejo de casar-se.**

16.5.2. Plano da Validade.

Diversos são os requisitos de validade do casamento, desde o aspecto formal (vide procedimento de habilitação já mencionado), o que inclui a documentação necessária para comprovar o preenchimento dos requisitos legais, bem como os aspectos relacionados à capacidade dos nubentes, às causas impeditivas, à competência do celebrante e à liberdade e boa fé da manifestação de vontade. Tais requisitos podem ser assim detalhados:

a) **Impedimentos** (art. 1.521, do CC): São situações que, se verificadas antes da celebração, impedem o casamento; se verificadas após o casamento, implicam em sua nulidade. Podem ser conhecidos de ofício no procedimento de habilitação e até o momento da celebração do casamento. Eis as causas impeditivas, que podem ser divididas em três grupos distintos:

Por parentesco:	I – os ascendentes com os descendentes, seja o parentesco natural ou civil; II – os afins em linha reta; III – o adotante com quem foi cônjuge do adotado e o adotado com quem o foi do adotante; IV – os irmãos, unilaterais ou bilaterais, e demais colaterais, até o terceiro grau inclusive; V – o adotado com o filho do adotante.
Por casamento:	VI – as pessoas casadas. (vedação à bigamia)
Por crime contra o ex-cônjuge:	VII – o cônjuge sobrevivente com o condenado por homicídio ou tentativa de homicídio contra o seu consorte.

b) **Causas Suspensivas** (art. 1.521, do CC): Não impedem o casamento, nem invalidam o mesmo, mas o casamento é ***irregular*** quando estão presentes tais causas suspensivas, que impõem o estabelecimento do regime da separação legal ou obrigatória de bens (art. 1.641, I, do CC). Eis as causas suspensivas, com suas motivações:

Para evitar confusão patrimonial:	I – o viúvo ou a viúva que tiver filho do cônjuge falecido, enquanto não fizer inventário dos bens do casal e der partilha aos herdeiros; III – o divorciado, enquanto não houver sido homologada ou decidida a partilha dos bens do casal;
Para evitar confusão sanguínea:	II – a viúva, ou a mulher cujo casamento se desfez por ser nulo ou ter sido anulado, até dez meses depois do começo da viuvez, ou da dissolução da sociedade conjugal;
Para evitar conflito de interesses:	IV – o tutor ou o curador e os seus descendentes, ascendentes, irmãos, cunhados ou sobrinhos, com a pessoa tutelada ou curatelada, enquanto não cessar a tutela ou curatela, e não estiverem saldadas as respectivas contas.

c) **Nulidade** (art. 1.548, do CC): É nulo o casamento quando houver **causa impeditiva**. Frise-se que os efeitos civis do casamento putativo (de boa fé) são preservados até a data da sentença, seja de anulação, seja de declaração de nulidade, nos termos do art. 1.621, do CC).

ATENÇÃO: a recente alteração do Regime das Incapacidades, provocada pelo Estatuto da Pessoa com Deficiência, partiu da premissa de que a deficiência física ou enfermidade mental não alteram a capacidade da pessoa, especialmente em relação às questões familiares (art. 6º, da Lei 13.146/15). Assim, foi expressamente revogado o inciso I, do art. 1.548, do CC/02, que previa a nulidade do casamento contraído pelo enfermo mental sem o necessário discernimento para os atos da vida civil.

d) **Anulabilidade** (arts. 1.550-1.560, do CC): As causas de anulação do casamento são a seguir destacadas, de forma esquematizada:

Idade mínima não alcançada:	A idade mínima para casar é 16 anos. ***A partir da Lei n. 13.811/19, "não será permitido, em qualquer caso, o casamento de quem não atingiu a idade núbil"*** (art. 1.520, do CC).
Menor de 18 anos, com idade núbil, porém sem autorização:	Até completar 18 anos ou se emancipar, o menor precisa de autorização dos pais ou representantes legais. Caso se considere injusta a recusa dos representantes, pode o menor pleitear o suprimento judicial.
Por vício de vontade – coação ou erro essencial quanto à pessoa do outro:	Art. 1.557. Considera-se erro essencial sobre a pessoa do outro cônjuge: I – o que diz respeito à sua identidade, sua honra e boa fama, sendo esse erro tal que o seu conhecimento ulterior torne insuportável a vida em comum ao cônjuge enganado; II – a ignorância de crime, anterior ao casamento, que, por sua natureza, torne insuportável a vida conjugal; *III – a ignorância, anterior ao casamento, de defeito físico irremediável que não caracterize deficiência ou de moléstia grave e transmissível, por contágio ou por herança, capaz de pôr em risco a saúde do outro cônjuge ou de sua descendência* ***(redação dada pelo Estatuto da Pessoa com Deficiência)***.
Por incapaz de manifestar, de modo inequívoco, o seu consentimento:	Hipótese que se coaduna com a alteração do regime das incapacidades (art. 4º, III, do CC/02). O parágrafo único do art. 1.550 ainda complementa a questão destacando que *a pessoa com deficiência mental ou intelectual em idade núbia poderá contrair matrimônio, expressando sua vontade diretamente ou por meio de seu responsável ou curador* ***(redação dada pelo Estatuto da Pessoa com Deficiência).***
Por mandato revogado, inocentes o mandatário ou o outro contraente:	A anulação só irá ocorrer se, após a celebração do casamento, não sobrevir coabitação entre os cônjuges. Equipara-se à revogação a invalidade do mandato judicialmente decretada.
Autoridade celebrante incompetente:	A autoridade judicial que tem competência para a celebração do casamento é definida pelas normas de organização judiciária de cada Estado. Convém destacar, porém, a exceção prevista no art. 1554, do CC/02: *Subsiste o casamento celebrado por aquele que, sem possuir a competência exigida na lei, exercer publicamente as funções de juiz de casamentos e, nessa qualidade, tiver registrado o ato no Registro Civil.* (Teoria da Aparência)

16.5.3. Plano da Eficácia: Os principais efeitos do casamento são destacados na tabela a seguir:

Pessoais:	Alteração do estado civil da pessoa; possibilidade de inclusão do sobrenome do consorte; direitos e deveres decorrentes da convivência familiar (poder familiar, respeito mútuo, etc.).
Patrimoniais:	Regime de bens entre os cônjuges; dever de alimentos; custos com a educação dos filhos; dentre outros.

16.6. DISSOLUÇÃO DO CASAMENTO: DIVÓRCIO: CONCEITO E NATUREZA JURÍDICA. FORMAS DE DIVÓRCIO. SEPARAÇÃO JUDICIAL. SEPARAÇÃO DE FATO. EFEITOS.

A dissolução do casamento passou por profundas alterações no Direito Brasileiro, que já rejeitou completamente a dissolução do casamento em vida (CC/16), passando pela fase dualista a partir da Lei do Divórcio (Lei 6.515/77), e, atualmente, admitindo-se o *Princípio da Facilitação da Dissolução do Casamento*, especialmente a partir da viabilização do Divórcio e Separação Extrajudiciais (Lei 11.441/2007) e do CPC/15, além do debate da doutrina e da jurisprudência acerca dos efeitos da Emenda Constitucional n. 66/2010.

O Divórcio é um ato jurídico de *resilição*, ou seja, é um ato que extingue uma relação jurídica por força da vontade de um dos consortes (unilateral) ou pela vontade consensual de ambos (bilateral).

16.6.1. Procedimento Judicial: Emenda n. 66/2010.

Para a compreensão da dissolução bifásica e monofásica do casamento, é preciso diferenciar o término da sociedade conjugal e o do casamento:

Dissolução da Sociedade Conjugal:	Dissolução do Casamento:
O casal pode optar por dissolver **apenas** a sociedade conjugal, sem terminar o casamento formalmente (extinguindo direitos e deveres recíprocos, permitindo medidas de separação de corpos e podendo dividir o patrimônio), através de: a) **Separação Judicial** (conforme destaque no próximo quadro esquemático); b) **Nulidade ou Anulação do casamento** (efeito retroativo, respeitadas as repercussões da relação até a sentença).	O casal irá terminar definitivamente tanto a sociedade conjugal quanto o próprio casamento válido, não só no aspecto material (direitos pessoais e patrimoniais), mas também no aspecto formal (com a averbação no Cartório de Registro Civil), através de: a) **Divórcio** (vide item seguinte); b) **Morte ou Ausência** (como já destacado no capítulo dedicado à ausência, esta se equipara à morte a partir da abertura da sucessão definitiva – art. 6º, do CC/02).

No sistema estabelecido pelo Código Civil, a dissolução monofásica – divórcio direto – dependia de separação de fato por pelo menos 02 anos. Não sendo esta a hipótese, seria necessária uma ação de separação judicial anterior, que só poderia ser convertida em divórcio após 01 do trânsito em julgado da sentença. Com a Emenda Constitucional n. 66/2010, resta incontroverso que não é mais necessário aguardar tais prazos (**Informativo n. 558, do STJ**), mas prevalece o entendimento de que ainda remanesce a possibilidade de se ajuizar ação de separação judicial, diante da lacônica redação do atual art. 226, § 6º, da CF: *O casamento civil pode ser dissolvido pelo divórcio*. Eis o resumo esquemático da atual sistemática da dissolução do casamento, a partir da EC 66/2010:

Separação Judicial:	Dissolução do Casamento:
Ainda é possível terminar a sociedade conjugal sem dissolver o casamento, pois não foi proibida pela redação atual do art. 226, § 6º, da CF, e o CPC/15 ainda faz referência expressa à mesma. Pode ser ajuizada: a) **Separação Litigiosa**: quando não há acordo quanto aos bens, alimentos ou guarda de filhos, por exemplo. Regulamentada pelos arts. 693-699, do CPC/15; b) **Separação Consensual**: Não havendo litígio entre os cônjuges, pode ser realizada através de petição conjunta para fins de homologação judicial, nos termos do art. 731, do CPC/15. A partilha de bens pode ser feita em outro processo e não impede a homologação.	É viável o divórcio direto, independentemente do tempo de casamento, de separação de fato, ou mesmo de separação judicial, para fins de conversão. Admite-se: a) **Divórcio Litigioso**: quando não há acordo quanto aos bens, alimentos ou guarda de filhos, por exemplo. Regulamentada pelos arts. 693-699, do CPC/15; b) **Divórcio Consensual**: Não havendo litígio entre os cônjuges, pode ser realizado através de petição conjunta para fins de homologação judicial, nos termos do art. 731, do CPC/15. A partilha de bens pode ser feita em outro processo e não impede a homologação.

Antes ou durante o processo judicial de separação ou de divórcio, qualquer dos cônjuges pode requer uma TUTELA PROVISÓRIA DE URGÊNCIA CAUTELAR de **SEPARAÇÃO DE CORPOS**.

A separação de corpos tem a finalidade de evitar o convívio com o outro cônjuge, tendo como principais efeitos o fim dos deveres conjugais, dentre os quais o de fidelidade e de coabitação, além de romper, a partir de sua efetivação, com o regime de bens, permitindo a separação provisória dos patrimônios de cada um dos consortes, até a conclusão do processo de dissolução do matrimônio.

16.6.2. Procedimento Extrajudicial.

O divórcio consensual, a separação consensual e a extinção consensual de união estável, não havendo nascituro ou filhos incapazes e observados os requisitos legais, poderão ser realizados por escritura pública. A escritura não depende de homologação judicial, mas depende da representação das partes por advogado conjunto ou advogados de ambos os consortes, e constitui título hábil para qualquer ato de registro, bem como para levantamento de importância depositada em instituições financeiras (art. 733, do CPC/15).

CAPÍTULO 17. DIREITO DAS FAMÍLIAS – DIREITO PATRIMONIAL

EDITAL: DIREITO PATRIMONIAL. REGIME DE BENS: ESPÉCIES. PACTO ANTENUPCIAL. MEAÇÃO E SUCESSÃO DO CÔNJUGE. USUFRUTO E ADMINISTRAÇÃO DE BENS DE FILHOS INCAPAZES. BEM DE FAMÍLIA.

Neste capítulo serão abordados os Direitos Patrimoniais decorrentes da relação familiar de casamento, tendo em vista que a União Estável, incluindo suas repercussões de natureza patrimonial, será objeto do próximo item.

17.1. REGIMES DE BENS NO CASAMENTO – DEFINIÇÃO E PACTO ANTENUPCIAL.

O legislador, no Código Civil, previu, como regra, o direito dos cônjuges de estipular, quanto aos seus bens, o que lhes aprouver (art. 1639). A escolha do regime de bens pode ser assim esquematizada:

Regimes escolhidos de forma livre e expressa pelos Cônjuges:	Comunhão Parcial ou Universal de Bens, Separação Absoluta, Comunicação Final dos Aquestos ou formulações atípicas, que não contravenham norma absoluta.	**Convenção por pacto antenupcial**: É nulo se não for feito por escritura pública, e ineficaz se não lhe seguir o casamento (art. 1653).
Regra geral (convenção nula ou inexistente):	Regime da Comunhão Parcial de Bens (art. 1640)	A definição do regime geral é reduzida a termo no procedimento de habilitação.
Regime obrigatório ou legal:	Regime da Separação Legal ou Obrigatória de Bens (art. 1641)	Imposto por lei nas hipóteses definidas no art. 1641.
Alteração do regime de bens no curso do casamento:	Possível mediante autorização judicial em pedido motivado de ambos os cônjuges, apurada a procedência das razões e ressalvados os direitos de terceiros (art. 1639, § 2º)	Cabe alteração em casamento anterior à vigência do CC/02: Enunciado 260, da JDC/CJF e jurisprudência (Informativo n. 518, do STJ).

17.2. REGIMES DE BENS NO CASAMENTO – ESPÉCIES.

Embora seja possível aos cônjuges a estipulação de regime de bens atípico (Enunciado 331, da JDC/CJF), serão destacadas as principais regras dos regimes de bens previstos no Código Civil.

17.2.1. Comunhão Parcial de Bens (arts. 1658-1666):

É o regime geral de bens previsto no Direito Civil para as hipóteses de ausência de convenção ou nulidade do pacto. O principal desafio do candidato é saber quais são os bens COMUNS (onde há meação) e os bens PARTICULARES (que continuam de propriedade exclusiva de um dos cônjuges):

Bens Particulares (art. 1659 – excluem-se da comunhão):	Bens Comuns (art. 1660 – incluem-se na comunhão):
I – os bens que cada cônjuge possuir ao casar, e os que lhe sobrevierem, na constância do casamento, por doação ou sucessão, e os sub-rogados em seu lugar;	I – os bens adquiridos na constância do casamento por título oneroso, ainda que só em nome de um dos cônjuges (**aquestos**);
II – os bens adquiridos com valores exclusivamente pertencentes a um dos cônjuges em sub-rogação dos bens particulares;	II – os bens adquiridos por fato eventual, com ou sem o concurso de trabalho ou despesa anterior;
III – as obrigações anteriores ao casamento;	III – os bens adquiridos por doação, herança ou legado, em favor de ambos os cônjuges;
IV – as obrigações provenientes de atos ilícitos, salvo reversão em proveito do casal;	IV – as benfeitorias em bens particulares de cada cônjuge;
V – os bens de uso pessoal, os livros e instrumentos de profissão;	V – os frutos dos bens comuns, ou dos particulares de cada cônjuge, percebidos na constância do casamento, ou pendentes ao tempo de cessar a comunhão.
VI – os proventos do trabalho pessoal de cada cônjuge;	**Prêmios Lotéricos** (doutrina e STJ).
VII – as pensões, meios-soldos, montepios e outras rendas semelhantes.	Entram na comunhão os depósitos de **FGTS** realizados durante o casamento, mas não aqueles efetivados antes do casamento (**Informativo 581, do STJ**).

17.2.2. Comunhão Universal de Bens (arts. 1667-1671):

Regime que pode ser escolhido por pacto antenupcial, pelo qual a maior parte dos bens entra na comunhão:

Bens Comuns (regra geral – incluem-se na comunhão):	Bens Particulares (art. 1668 – exceções):
Art. 1.667. O regime de comunhão universal importa a comunicação de todos os bens presentes e futuros dos cônjuges e suas dívidas passivas, com as exceções do artigo seguinte.	I – os bens doados ou herdados com a cláusula de incomunicabilidade e os sub-rogados em seu lugar;
Art. 1.669. A incomunicabilidade dos bens enumerados no artigo antecedente (art. 1668) não se estende aos frutos, quando se percebam ou vençam durante o casamento.	II – os bens gravados de fideicomisso e o direito do herdeiro fideicomissário, antes de realizada a condição suspensiva;
Inclui os bens existentes antes do casamento	III – as dívidas anteriores ao casamento, salvo se provierem de despesas com seus aprestos, ou reverterem em proveito comum;
Inclui os "aquestos"	IV – as doações antenupciais feitas por um dos cônjuges ao outro com a cláusula de incomunicabilidade;
Inclui os bens recebidos a título de doação e herança, salvo cláusula de incomunicabilidade.	V – Os bens referidos nos incisos V a VII do art. 1.659.

17.2.3. Regime de Participação Final nos Aquestos (arts. 1672-1686):

Regime que pode ser escolhido por pacto antenupcial, pelo qual a maior parte dos bens é excluída da comunhão DURANTE o casamento, mas os "AQUESTOS" se comunicam ao fim do matrimônio. As principais regras desse regime são as seguintes:

Fórmula Geral do Regime:	Cada cônjuge possui patrimônio próprio, e lhe cabe, à época da dissolução da sociedade conjugal, direito à metade dos bens adquiridos pelo casal, a título oneroso, na constância do casamento (art. 1772).
Administração dos Bens:	A administração desses bens é exclusiva de cada cônjuge, que os poderá livremente alienar, se forem móveis (art. 1773, parágrafo único).
Termo final da apuração dos aquestos:	Na dissolução do regime de bens por separação judicial ou por divórcio, verificar-se-á o montante dos aquestos à data em que cessou a convivência (art. 1683).

17.2.4. Separação Total, Absoluta ou Convencional de Bens (arts. 1687-1688):

Regime no qual a incomunicabilidade parte do acordo entre os cônjuges, através de Pacto Antenupcial. Como destaca o art. 1687: "Estipulada a separação de bens, estes permanecerão sob a administração exclusiva de cada um dos cônjuges, que os poderá livremente alienar ou gravar de ônus real.".

* Obs.: Os aquestos não se comunicam, pois nesse regime não se aplica a *Súmula 377, do STF* (vide próximo item).

17.2.5. Separação Obrigatória ou Legal de Bens (arts. 1641):

Regime pelo qual a incomunicabilidade parte da lei, nas hipóteses previstas no art. 1641. As principais regras normativas e jurisprudenciais que merecem destaque nesse regime de bens são as seguintes:

Hipóteses legais que impõem a separação (art. 1641):	Art. 1.641. É obrigatório o regime da separação de bens no casamento: I – das pessoas que o contraírem com inobservância das causas suspensivas da celebração do casamento; II – da pessoa maior de 70 (setenta) anos; III – de todos os que dependerem, para casar, de suprimento judicial.
Maior de 70 anos que viveu união estável antes do casamento:	Não se aplica o regime da separação obrigatória de bens (**Informativo 595, do STJ + Enunciado n. 261, da JDC/CJF**).
Na União Estável, havendo companheiro maior de 70 anos:	Aplica-se o regime da separação obrigatória de bens (**STJ – REsp n. 1.090.722-SP**).
Comunhão dos bens adquiridos durante o casamento:	**É possível => Súmula n. 377, do STF**: "No regime de separação legal de bens, comunicam-se os adquiridos na constância do casamento".
Comunhão dos bens adquiridos durante a união estável:	**É possível a aplicação da Súmula n. 377, do STF**, em face dos bens adquiridos na constância da união estável, mesmo um dos companheiros contando com mais de 70 anos, no regime da separação obrigatória de bens (**Informativo n. 459, do STJ**).
Interpretação da Súmula n. 377, do STF:	No regime de separação legal de bens, comunicam-se os adquiridos na constância do casamento, desde que comprovado o esforço comum para sua aquisição (**Informativo n. 628, do STJ – EREsp 1.623.858/MG**).

17.3. MEAÇÃO X SUCESSÃO:

Como se verá no capítulo 19, tanto o cônjuge quanto o companheiro são parentes sucessíveis, podendo figurar como herdeiros legítimos, ora concorrendo com descendentes (art. 1829, I, do CC), ora concorrendo com ascendentes (art. 1829, II, do CC), ora sendo os únicos herdeiros (art. 1829, III, do CC).

Sobre esse tema, é importante *diferenciar MEAÇÃO de SUCESSÃO.*

Quando existem bens comuns a serem partilhados com o fim da sociedade conjugal (art. 1571, do CC), cada um desses bens da comunhão será partilhado entre os consortes (art. 1575), na proporção ideal de 50%. Com uma das causas da dissolução da sociedade conjugal é a morte de um dos cônjuges (art. 1571, I), é preciso deixar claro que:

a) Quanto aos bens comuns, o cônjuge ou companheiro(a) sobrevivente é MEEIRO(A), ou seja, é proprietário(a) de metade daquele patrimônio. Sobre a meação não incide qualquer imposto de transmissão (ITCM), em eventual inventário, pois o bem já é do(a) viúvo(a).

b) Quanto aos bens do *de cujos* (que são particulares ou que se referem à meação daquele que faleceu), o(a) viúvo(a) é HERDEIRO(A), concorrendo com outros herdeiros ou isoladamente. Sobre esse patrimônio é que incidirá o formal de partilha do inventário e serão calculados os impostos de transmissão (ITCM).

17.4. USUFRUTO E ADMINISTRAÇÃO DE BENS DE FILHOS INCAPAZES.

Em regra, decorre do poder familiar o direito dos pais ao usufruto e administração dos bens que são de propriedade dos filhos menores (Ex.: bens doados aos filhos ou recebidos por estes via testamento de outro parente). Devem ser observadas, pelo Candidato, as exceções legais ao direito em testilha, previstas no art. 1.693, do CC:

a) os bens adquiridos pelo filho havido fora do casamento, antes do reconhecimento;

b) os valores auferidos pelo filho maior de dezesseis anos, no exercício de atividade profissional e os bens com tais recursos adquiridos;

c) os bens deixados ou doados ao filho, sob a condição de não serem usufruídos, ou administrados, pelos pais;

d) os bens que aos filhos couberem na herança, quando os pais forem excluídos da sucessão.

17.5. BEM DE FAMÍLIA.

O Bem de Família, que possui proteção especial, especialmente a característica da impenhorabilidade, pode ser instituído por convenção das partes ou por lei, conforme quadro esquemático abaixo:

BEM DE FAMÍLIA LEGAL OU INVOLUNTÁRIO	BEM DE FAMÍLIA CONVENCIONAL OU VOLUNTÁRIO
Disciplinado pela Lei Especial - 8009/90	**Disciplinado pelo CC/02 - não há incompatibilidade**
Determinação legal: Art. 1º O imóvel residencial próprio do casal, ou da entidade familiar, é impenhorável e não responderá por qualquer tipo de dívida civil, comercial, fiscal, previdenciária ou de outra natureza, contraída pelos cônjuges ou pelos pais ou filhos que sejam seus proprietários e nele residam, salvo nas hipóteses previstas nesta lei.	Ato voluntário: Art. 1.711. Podem os cônjuges, ou a entidade familiar, mediante escritura pública ou testamento, destinar parte de seu patrimônio para instituir bem de família, desde que não ultrapasse um terço do patrimônio líquido existente ao tempo da instituição, mantidas as regras sobre a impenhorabilidade do imóvel residencial estabelecida em lei especial. Parágrafo único. O terceiro poderá igualmente instituir bem de família por testamento ou doação, dependendo a eficácia do ato da aceitação expressa de ambos os cônjuges beneficiados ou da entidade familiar beneficiada.
OBJETO: Art. 1º, parágrafo único. A impenhorabilidade compreende o imóvel sobre o qual se assentam a construção, as plantações, as benfeitorias de qualquer natureza e todos os equipamentos, inclusive os de uso profissional, ou móveis que guarnecem a casa, desde que quitados. Art. 2º Excluem-se da impenhorabilidade os veículos de transporte, obras de arte e adornos suntuosos. Parágrafo único. No caso de imóvel locado, a impenhorabilidade aplica-se aos bens móveis quitados que guarneçam a residência e que sejam de propriedade do locatário, observado o disposto neste artigo. Art. 5º Para os efeitos de impenhorabilidade, de que trata esta lei, considera-se residência um único imóvel utilizado pelo casal ou pela entidade familiar para moradia permanente. Parágrafo único. Na hipótese de o casal, ou entidade familiar, ser possuidor de vários imóveis utilizados como residência, a impenhorabilidade recairá sobre o de menor valor, salvo se outro tiver sido registrado, para esse fim, no Registro de Imóveis e na forma do art. 70 do Código Civil.	OBJETO: Art. 1.712. O bem de família consistirá em prédio residencial urbano ou rural, com suas pertenças e acessórios, destinando-se em ambos os casos a domicílio familiar, e poderá abranger valores mobiliários, cuja renda será aplicada na conservação do imóvel e no sustento da família. Art. 1.713. Os valores mobiliários, destinados aos fins previstos no artigo antecedente, não poderão exceder o valor do prédio instituído em bem de família, à época de sua instituição. § 1º Deverão os valores mobiliários ser devidamente individualizados no instrumento de instituição do bem de família. § 2º Se se tratar de títulos nominativos, a sua instituição como bem de família deverá constar dos respectivos livros de registro. § 3º O instituidor poderá determinar que a administração dos valores mobiliários seja confiada a instituição financeira, bem como disciplinar a forma de pagamento da respectiva renda aos beneficiários, caso em que a responsabilidade dos administradores obedecerá às regras do contrato de depósito.
EXCEÇÕES À IMPENHORABILIDADE: Art. 3º A impenhorabilidade é oponível em qualquer processo de execução civil, fiscal, previdenciária, trabalhista ou de outra natureza, salvo se movido: I - (Revogado pela Lei Complementar nº 150, de 2015) II – pelo titular do crédito decorrente do financiamento destinado à construção ou à aquisição do imóvel, no limite dos créditos e acréscimos constituídos em função do respectivo contrato; III – pelo credor da pensão alimentícia, resguardados os direitos, sobre o bem, do seu coproprietário que,	EXCEÇÕES À IMPENHORABILIDADE: Art. 1.715. O bem de família é isento de execução por dívidas posteriores à sua instituição, salvo as que provierem de tributos relativos ao prédio, ou de despesas de condomínio. Parágrafo único. No caso de execução pelas dívidas referidas neste artigo, o saldo existente será aplicado em outro prédio, como bem de família, ou em títulos da dívida pública, para sustento familiar, salvo se motivos relevantes aconselharem outra solução, a critério do juiz.

com o devedor, integre união estável ou conjugal, observadas as hipóteses em que ambos responderão pela dívida; (Redação dada pela Lei nº 13.144 de 2015) IV - para cobrança de impostos, predial ou territorial, taxas e contribuições devidas em função do imóvel familiar; V - para execução de hipoteca sobre o imóvel oferecido como garantia real pelo casal ou pela entidade familiar; VI - por ter sido adquirido com produto de crime ou para execução de sentença penal condenatória a ressarcimento, indenização ou perdimento de bens. VII - por obrigação decorrente de fiança concedida em contrato de locação.	

17.6. DOUTRINA E JURISPRUDÊNCIA SOBRE O TEMA - DICAS FINAIS:

a) Sobre as principais diferenças entre o regime da separação obrigatória (legal) de bens e o regime convencional da separação absoluta (total), segue um esquema para revisão:

SEPARAÇÃO CONVENCIONAL OU ABSOLUTA	SEPARAÇÃO OBRIGATÓRIA OU LEGAL
1 - Decorre de PACTO ANTENUPCIAL; 2 - Os bens pretéritos e futuros, mesmo adquiridos onerosamente na constância do casamento (aquestos) não se comunicam, sendo livre a administração e alienação de ambos (art. 1.687, do CC) - ***não se aplica a Súmula n. 377, do STF***; 3 - Os cônjuges podem contratar sociedade entre si (art. 977, do CC); 4 - Não se lhe aplica a restrição da outorga uxória nas hipóteses do art. 1.647, do CC.	1 - Decorre da imposição legal, nas hipóteses do art. 1641, do CC; 2 - Os bens adquiridos onerosamente na constância do casamento (aquestos) se comunicam - ***aplica-se a Súmula n. 377, do STF***; 3 - Os cônjuges **não** podem contratar sociedade entre si (art. 977, do CC); 4 - Aplica-se a restrição da outorga uxória nas hipóteses do art. 1.647, do CC.

b) Sobre o Bem de Família, merecem citação alguns precedentes do STJ:

ATENÇÃO: O STJ possui três importantes Precedentes sobre o tema Bem de Família:

** Súmula n. 364: O conceito de impenhorabilidade de bem de família abrange também o imóvel pertencente a pessoas solteiras, separadas e viúvas.*

** Súmula n. 449: A vaga de garagem que possui matrícula própria no registro de imóveis não constitui bem de família para efeito de penhora.*

** Súmula n. 486:* É impenhorável o único imóvel residencial do devedor que esteja locado a terceiros, desde que a renda obtida com a locação seja revertida para a subsistência ou a moradia da sua família.

CAPÍTULO 18. DIREITO DAS FAMÍLIAS – UNIÃO ESTÁVEL

EDITAL: UNIÃO ESTÁVEL HETEROAFETIVA E HOMOAFETIVA. ASPECTOS CONSTITUCIONAIS. CARACTERÍSTICAS, ESTADO, IMPEDIMENTOS, DIREITOS, DEVERES E EFEITOS PATRIMONIAIS. REGIME DE BENS, MEAÇÃO E SUCESSÃO DO COMPANHEIRO. UNIÕES ESTÁVEIS CONCOMITANTES. CONCUBINATO.

Consoante já destacado, a União Estável, com a qualidade de entidade familiar, só veio a ser disciplinada no Direito Brasileiro a partir do art. 226, § 3º, da CF.

Antes, era apenas considerada uma *sociedade de fato*, com a denominação usual de *concubinato* puro (ausente impedimento) ou impuro (quando havia impedimento), sendo aplicado à espécie o regime de direito obrigacional. A partir da Constituição, foi regulamentada pela Lei 8.971/94 (já revogada), e atualmente possui duas fontes legislativas: a Lei 9.278/96 e os arts. 1.723-1.727, do CC.

Os principais pontos do tema em questão, que não podem fugir da atenção do candidato, foram esquematizados a seguir:

Configuração (frise-se que a expressão "entre o homem e a mulher" deve ser considerada exemplificativa, diante da possibilidade de união homoafetiva):	*Art. 1.723. É reconhecida como entidade familiar a união estável entre o homem e a mulher, configurada na convivência pública, contínua e duradoura e estabelecida com o objetivo de constituição de família.* *** Súmula 382, do STF**: A vida em comum sob o mesmo teto, "more uxorio", não é indispensável à caracterização do concubinato. *** Enunciado n. 524, da JDC/CJF**: As demandas envolvendo união estável entre pessoas do mesmo sexo constituem matéria de Direito de Família.
Impedimentos e causas suspensivas (1723, §§ 1º e 2º):	§ 1º A união estável não se constituirá se ocorrerem os impedimentos do *art. 1.521; não se aplicando a incidência do inciso VI no caso de a pessoa casada se achar separada de fato ou judicialmente.* § 2º As causas suspensivas do *art. 1.523* não impedirão a caracterização da união estável.
Deveres recíprocos dos companheiros – alimentos e direito real de habitação:	*Art. 1.724. As relações pessoais entre os companheiros obedecerão aos deveres de lealdade, respeito e assistência, e de guarda, sustento e educação dos filhos.* *Art. 7º, da Lei n. 9278/96: Dissolvida a união estável por rescisão, a assistência material prevista nesta Lei será prestada por um dos conviventes ao que dela necessitar, a título de alimentos.* *Parágrafo único. Dissolvida a união estável por morte de um dos conviventes, o sobrevivente terá direito real de habitação, enquanto viver ou não constituir nova união ou casamento, relativamente ao imóvel destinado à residência da família.*

Regime da Comunhão Parcial e pacto antenupcial (na União Estável não se exige escritura pública):	*Art. 1.725. Na união estável, salvo contrato escrito entre os companheiros, aplica-se às relações patrimoniais, no que couber, o regime da comunhão parcial de bens.* **Enunciado n. 346, da JDC/CJF**: Na união estável o regime patrimonial obedecerá à norma vigente no momento da aquisição de cada bem, salvo contrato escrito.
Presunção do esforço comum - superação da Súmula 380, do STF: *Comprovada a existência de sociedade de fato entre os concubinos, é cabível a sua dissolução judicial, com a partilha do patrimônio adquirido pelo esforço comum.*	*Art. 5°, da Lei n. 9278/96: Os bens móveis e imóveis adquiridos por um ou por ambos os conviventes, na constância da união estável e a título oneroso, são considerados fruto do trabalho e da colaboração comum, passando a pertencer a ambos, em condomínio e em partes iguais, salvo estipulação contrária em contrato escrito.* § 1° Cessa a presunção do ***caput*** deste artigo se a aquisição patrimonial ocorrer com o produto de bens adquiridos anteriormente ao início da união. § 2° A administração do patrimônio comum dos conviventes compete a ambos, salvo estipulação contrária em contrato escrito. **Enunciado n. 115, da JDC/CJF**: Há presunção de comunhão de aquestos na constância da união extramatrimonial mantida entre os companheiros, sendo desnecessária a prova do esforço comum para se verificar a comunhão dos bens. **Exceção**: Bens adquiridos ANTES da vigência da *Lei n. 9278/96*: Jurisprudência do **STJ - Informativo n. 556**.
Conversão da União Estável em casamento.	*Art. 1.726. A união estável poderá converter-se em casamento, mediante pedido dos companheiros ao juiz e assento no Registro Civil.*
Conversão da União Homoafetiva em casamento - possibilidade.	**Enunciado n. 526, da JDC/CJF**: É possível a conversão de união estável entre pessoas do mesmo sexo em casamento, observados os requisitos exigidos para a respectiva habilitação. A Resolução n. 175, do CNJ, deixa claro que é vedada às autoridades competentes a recusa de habilitação, celebração de casamento civil ou de conversão de união estável em casamento entre pessoas de mesmo sexo.

CAPÍTULO 19. DIREITO SUCESSÓRIO

EDITAL: SUCESSÃO. DISPOSIÇÕES GERAIS. HERANÇA. VOCAÇÃO HEREDITÁRIA. ACEITAÇÃO E RENÚNCIA. EXCLUSÃO DA SUCESSÃO. HERANÇA JACENTE. HERANÇA VACANTE. SUCESSÃO LEGÍTIMA E SUCESSÃO TESTAMENTÁRIA. INVENTÁRIO E PARTILHA. ARROLAMENTOS. ALVARÁS JUDICIAIS. PARTILHA DE BENS E DIREITOS.

O Direito Civil regulamenta os interesses das pessoas ao longo de sua vida, com regras que tutelam aquele que ainda é nascituro até o disciplinamento da sucessão pós morte. Nos itens a seguir, serão organizadas as informações essenciais para o Candidato sobre o direito sucessório, de acordo com o conteúdo programático previsto no Edital.

19.1. DISPOSIÇÕES GERAIS SOBRE A SUCESSÃO.

O direito à sucessão aberta, que é considerado um bem imóvel (art. 80, do CC), tem como titulares os herdeiros do falecido, que podem ter essa condição por lei (**sucessão legítima**) ou pela disposição de última vontade do *de cujos* (**sucessão testamentária**).

Pelo Princípio da *Saisine*, aberta a sucessão, a herança (universalidade de direito que era de titularidade do falecido – art. 91, do CC) transmite-se, desde logo, aos herdeiros legítimos e testamentários (art. 1.784, do CC).

Eis as regras gerais mais relevantes do direito sucessório:

a) Regula a sucessão e a legitimação para suceder a lei vigente ao tempo da abertura daquela (art. 1.787, do CC);

b) A sucessão abre-se no lugar do último domicílio do falecido (art. 1.785, do CC);

c) Morrendo a pessoa sem testamento, transmite a herança aos herdeiros legítimos; o mesmo ocorrerá quanto aos bens que não forem compreendidos no testamento; e subsiste a sucessão legítima se o testamento caducar, ou for julgado nulo (art. 1.788, do CC);

d) Havendo herdeiros necessários, o testador só poderá dispor da metade da herança (art. 1.789, do CC).

Convém destacar que são Herdeiros Necessários apenas o cônjuge/companheiro (regime isonômico confirmado pelo STF), os descendentes e os ascendentes. Havendo herdeiros necessários, eventual testamento só poderá dispor de 50% da herança. Não havendo herdeiros necessários (apenas colaterais, por exemplo), a pessoa tem direito a dispor de 100% de seu patrimônio pela via testamentária.

Por fim, é preciso salientar que o **Código Civil disciplinou a Sucessão do Companheiro em regime próprio,** conforme art. 1.790, dispositivo criticado duramente pela doutrina, pela possível ofensa à CF. *Finalmente, em 10.05.2017, o STF concluiu julgamento que discutiu a equiparação entre cônjuge e companheiro para fins de sucessão, inclusive em uniões homoafetivas. A decisão foi proferida no julgamento dos Recursos Extraordinários (REs) 646721 e 878694, quando* ***foi declarado inconstitucional o artigo 1.790, do CC***.

19.2. ACEITAÇÃO E RENÚNCIA DA HERANÇA:

Os herdeiros têm o direito a aceitar ou recusar a herança, nos termos dos arts. 1.804-1.823, do CC. São atos jurídicos com características e efeitos distintos, conforme tabela abaixo:

Aceitação:	Renúncia:
ESPÉCIES: a) *Expressa*: se resultar de manifestação escrita (art. 1.805, 1ª parte, do CC/02). b) *Tácita*: quando resultante de conduta própria de herdeiro. (art. 1.805, 2ª parte, do CC/02); c) *Presumida*: o silêncio do herdeiro implica em aceitação, quando notificado, nos termos do art. 1.807, do CC/02, para que declare, em prazo não superior a trinta dias, a pedido de alguém interessado, se aceita ou não a herança.	ESPÉCIES: a) *Abdicativa* (renuncia propriamente dita): quando o herdeiro a manifesta sem ter praticado qualquer ato que exprima aceitação, logo ao iniciar o inventário ou mesmo antes. Também considera-se renúncia abdicativa a cessão, quando é pura e simples, em benefício do monte, sem indicação de qualquer favorecido (1.805, § 2º). Não incide imposto de transmissão *inter vivos*. b) *Translativa:* quando o herdeiro renuncia em favor de determinada pessoa, citada nominalmente. É também chamada de cessão ou desistência da herança. Implica em dois atos – a aceitação e a cessão, gratuita ou onerosa para alguém. Incide imposto de transmissão *inter vivos*. Não é considerada, tecnicamente, uma renúncia.
CARACTERÍSTICAS: a) A aceitação é *negócio jurídico* unilateral, porque se aperfeiçoa com uma única manifestação de vontade; b) Tem natureza *não receptícia*, porque não depende de ser comunicada a outrem para que produza seus efeitos; c) É, também, *indivisível* e *incondicional*, porque "não se pode aceitar ou renunciar a herança em parte, sob condição, ou a termo" (art. 1.808, do CC/02).	CARACTERÍSTICAS: a) A renúncia há de ser *expressa* e constar obrigatoriamente, de *instrumento público* ou *termo judicial*, lançado nos autos do inventário (art. 1.806, do CC/02), sendo, portanto, negócio jurídico solene. b) Não se admite renúncia tácita ou presumida, porque constitui abdicação de direitos, nem *promessa de renúncia*, porque implicaria ilegal pacto sucessório. c) A interpretação deve ser estrita, nos termos do art. 114, do CC/02; d) É ato irrevogável.
EFEITOS: a) O herdeiro passa a figurar como proprietário de uma quota parte da herança (fração ideal – art. 1.791, do CC/02), com efeito retroativo (*ex tunc*) à data da abertura da sucessão, diante do Princípio da Saisine (art. 1.804, do CC/02); b) O direito à sucessão aberta, bem como o quinhão de que disponha o co-herdeiro, pode ser objeto de cessão por escritura pública (art. 1.793, do CC/02).	EFEITOS: a) Exclusão, da sucessão, do herdeiro renunciante, que será tratado como se jamais houvesse sido chamado – efeito *ex tunc;* b) Acréscimo da parte do renunciante à dos outros herdeiros da mesma classe (art. 1.810, do CC/02); c) Ninguém pode suceder, representando herdeiro renunciante. Se, porém, ele for o único legítimo da sua classe, ou se todos os outros da mesma classe renunciarem a herança, poderão os filhos vir à sucessão, por direito próprio, e por cabeça (art. 1.811, do CC/02); d) Reversão aos credores, se for configurada a fraude (art. 1.813, do CC/02).

19.3. SUCESSÃO LEGÍTIMA – ORDEM DE VOCAÇÃO HEREDITÁRIA:

Tema relevante, muito explorado nos concursos. Seja quando há disposições testamentárias (50% do patrimônio é indisponível, segue para a legítima), seja quando não há testamento (100% da sucessão será legítima), o candidato deve estar atento à Ordem de Vocação Hereditária, que é definida por lei, de acordo com o quadro esquemático a seguir:

1º) descendentes, que podem herdar isoladamente ou em concorrência com cônjuge ou companheiro (vide observação a seguir sobre a concorrência):	*Art. 1.833. Entre os descendentes, os em grau mais próximo excluem os mais remotos, salvo o direito de representação.* *Art. 1.834. Os descendentes da mesma classe têm os mesmos direitos à sucessão de seus ascendentes.* *Art. 1.835. Na linha descendente, os filhos sucedem por cabeça, e os outros descendentes, por cabeça ou por estirpe, conforme se achem ou não no mesmo grau.*
2º) ascendentes, se não houver descendentes, que podem herdar isoladamente ou em concorrência com cônjuge ou companheiro (vide observação a seguir sobre a concorrência):	*Art. 1.836. Na falta de descendentes, são chamados à sucessão os ascendentes, em concorrência com o cônjuge sobrevivente.* **§ 1º Na classe dos ascendentes, o grau mais próximo exclui o mais remoto, sem distinção de linhas.** **§ 2º Havendo igualdade em grau e diversidade em linha, os ascendentes da linha paterna herdam a metade, cabendo** *a outra aos da linha materna.*
Obs. 1: cônjuge/companheiro, em concorrência com os descendentes:	*Art. 1.829. A sucessão legítima defere-se na ordem seguinte:* *I – aos descendentes, em concorrência com o cônjuge sobrevivente, salvo se casado este com o falecido no regime da comunhão universal, ou no da separação obrigatória de bens (art. 1.640, parágrafo único); ou se, no regime da comunhão parcial, o autor da herança não houver deixado bens particulares;* *(...)* *Art. 1.832. Em concorrência com os descendentes (art. 1.829, inciso I) caberá ao cônjuge quinhão igual ao dos que sucederem por cabeça, não podendo a sua quota ser inferior à quarta parte da herança, se for ascendente dos herdeiros com que concorrer.*
Obs. 2: cônjuge/companheiro, em concorrência com os ascendentes:	*Art. 1.829. A sucessão legítima defere-se na ordem seguinte:* *(...)* *II – aos ascendentes, em concorrência com o cônjuge;* *(...)* *Art. 1.837. Concorrendo com ascendente em primeiro grau, ao cônjuge tocará um terço da herança; caber-lhe-á a metade desta se houver um só ascendente, ou se maior for aquele grau.*
3º) cônjuge/companheiro, isoladamente:	*Art. 1.829. A sucessão legítima defere-se na ordem seguinte:* *(...)* *III – ao cônjuge sobrevivente;* *(...)* *Art. 1.830. Somente é reconhecido direito sucessório ao cônjuge sobrevivente se, ao tempo da morte do outro, não estavam separados judicialmente, nem separados de fato há mais de dois anos, salvo prova, neste caso, de que essa convivência se tornara impossível sem culpa do sobrevivente.*

	Art. 1.831. Ao cônjuge sobrevivente, qualquer que seja o regime de bens, será assegurado, sem prejuízo da participação que lhe caiba na herança, o direito real de habitação relativamente ao imóvel destinado à residência da família, desde que seja o único daquela natureza a inventariar. *(...)* *Art. 1.838. Em falta de descendentes e ascendentes, será deferida a sucessão por inteiro ao cônjuge sobrevivente.*
5º) colaterais:	*Art. 1.829. A sucessão legítima defere-se na ordem seguinte:* *(...)* *IV – aos colaterais;* *Art. 1.839. Se não houver cônjuge sobrevivente, nas condições estabelecidas no art. 1.830, serão chamados a suceder os colaterais até o quarto grau.* *Art. 1.840. Na classe dos colaterais, os mais próximos excluem os mais remotos, salvo o direito de representação concedido aos filhos de irmãos.* *Art. 1.841. Concorrendo à herança do falecido irmãos bilaterais com irmãos unilaterais, cada um destes herdará metade do que cada um daqueles herdar.* *Art. 1.842. Não concorrendo à herança irmão bilateral, herdarão, em partes iguais, os unilaterais.* *Art. 1.843. Na falta de irmãos, herdarão os filhos destes e, não os havendo, os tios.* **§ 1º Se concorrerem à herança somente filhos de irmãos falecidos, herdarão por cabeça.** **§ 2º Se concorrem filhos de irmãos bilaterais com filhos de irmãos unilaterais, cada um destes herdará a metade do que herdar cada um daqueles.** **§ 3o Se todos forem filhos de irmãos bilaterais, ou todos de irmãos unilaterais, herdarão por** igual.
6º) Município, Distrito Federal ou União:	*Art. 1.844. Não sobrevivendo cônjuge, ou companheiro, nem parente algum sucessível, ou tendo eles renunciado a herança, esta se devolve ao Município ou ao Distrito Federal, se localizada nas respectivas circunscrições, ou à União, quando situada em território federal.*

 # DICAS importantes:

a) para a solução de questões que envolve a concorrência entre cônjuge/companheiro e descendentes, é fundamental que o candidato tenha bem clara em sua mente a distinção entre **meação** e **herança**. A inteligência do art. 1.829, I, do CC/02, conduz ao raciocínio bem delineado no **Enunciado n. 270, da JDC/CJF**: *O art. 1.829, inc. I, só assegura ao cônjuge sobrevivente o direito de concorrência com os descendentes do autor da herança quando casados no regime da separação convencional de bens ou, se casados nos regimes da comunhão parcial ou participação final nos aquestos, o falecido possuísse bens particulares, hipóteses em que a concorrência se restringe a tais bens, devendo os bens comuns (meação) ser partilhados exclusivamente entre os descendentes;*

b) Por fim, é pacífico o entendimento de que o Direito Real de Habitação, previsto no art. 1.831, do CC, também é devido ao companheiro sobrevivente (**Informativo n. 533, do STJ + Enunciado n. 270, da JDC/CJF**).

19.4. HERANÇA JACENTE E VACANTE:

A Herança JACENTE é um instituto criado para proteger o patrimônio do falecido contra terceiros de má fé, de forma a garantir que os bens sejam endereçados ao verdadeiro titular ou, em última hipótese, caso esgotadas as tentativas de localização de um legítimo herdeiro, ou se houver renúncia dos herdeiros que sobrevierem, permitir que esse patrimônio seja disposto à coletividade, através do Poder Estatal (arts. 1.819 a 1.823, do CC).

A *fase* em que a herança é JACENTE ocorre desde a morte do autor, passando pela arrecadação dos bens do *de cujus*, que ficarão sob a administração do Poder Público, até o reconhecimento judicial de que não existem herdeiros conhecidos ou estes renunciaram à herança.

Assim, passado o prazo de um ano da arrecadação dos bens do falecido, e permanecendo o estado de jacência, a herança será convertida em VACANTE.

A propriedade dos bens do "de cujos", porém, não é transferida para o Município, Distrito Federal ou União (art. 1.822, do CC), no momento em que a herança é considerada VACANTE, mas sim após o prazo de 05 (cinco) anos da declaração de vacância.

19.5. EXCLUSÃO E DESERDAÇÃO DA SUCESSÃO:

Consideradas resquícios da morte civil, são situações que retiram a qualidade de herdeiro daqueles que, por lei, teriam direito a suceder. Eis as principais distinções entre a Exclusão e a Deserdação:

EXCLUSÃO POR INDIGNIDADE:	DESERDAÇÃO:
Decorre da lei, nas hipóteses taxativas abaixo: *Art. 1.814. São excluídos da sucessão os herdeiros ou legatários:* *I – que houverem sido autores, co-autores ou partícipes de homicídio doloso, ou tentativa deste, contra a pessoa de cuja sucessão se tratar, seu cônjuge, companheiro, ascendente ou descendente;* *II – que houverem acusado caluniosamente em juízo o autor da herança ou incorrerem em crime contra a sua honra, ou de seu cônjuge ou companheiro;* *III – que, por violência ou meios fraudulentos, inibirem ou obstarem o autor da herança de dispor livremente de seus bens por ato de última vontade.*	**Decorre da vontade do testador**, nos casos a seguir: *Art. 1.962. Além das causas mencionadas no art. 1.814, autorizam a deserdação dos descendentes por seus ascendentes:* *I – ofensa física;* *II – injúria grave;* *III – relações ilícitas com a madrasta ou com o padrasto;* *IV – desamparo do ascendente em alienação mental ou grave enfermidade.* *Art. 1.963. Além das causas enumeradas no art. 1.814, autorizam a deserdação dos ascendentes pelos descendentes:* *I – ofensa física;* *II – injúria grave;* *III – relações ilícitas com a mulher ou companheira do filho ou a do neto, ou com o marido ou companheiro da filha ou o da neta;* *IV – desamparo do filho ou neto com deficiência mental ou grave enfermidade.*

Cabe aos INTERESSADOS, no prazo de 04 anos da abertura da sucessão, ajuizar a ação de exclusão por indignidade (art. 1.815, do CC).	Cabe aos herdeiros instituídos no testamento, provar, no prazo de 04 anos da abertura do inventário, o fato imputado pelo inventariante (art. 1.965, do CC).
Pode atingir **qualquer sucessor**, legítimo ou testamentário, inclusive os legatários.	Utilizada pelo testador para afastar de sua sucessão os **herdeiros necessários** (art. 1961, do CC)
São pessoais os efeitos da exclusão. Os descendentes do herdeiro excluído sucedem, como se ele morto fosse antes da abertura da sucessão (art. 1.816, do CC).	Aplica-se, por analogia, a regra do art. 1.815, do CC.

19.6. SUCESSÃO TESTAMENTÁRIA:

Consoante já destacado, a Sucessão poderá ser Legítima (herdeiros e divisão de patrimônio determinados por lei) ou Testamentária (os beneficiários da herança, parentes ou não, e os bens a serem recebidos são definidos por testamento). Havendo herdeiros necessários, eventual testamento só poderá dispor de 50% da herança. Não havendo herdeiros necessários (apenas colaterais, por exemplo), a pessoa tem direito a dispor de 100% de seu patrimônio pela via testamentária. O *testamento* constitui ato de última vontade, pelo qual o autor da herança dispõe de seus bens para depois da morte e faz outras disposições, a exemplo do tipo de tratamento de saúde, ou não tratamento, que deseja no caso de se encontrar sem condições de manifestar a sua vontade – "testamento vital" (Enunciado n. 528, da JDC/CJF).

19.6.1. Disposições Gerais.

Sobre o testamento, convém destacar que:

a) É ato *personalíssimo* privativo do autor da herança;

b) Constitui *negócio jurídico unilateral*. É proibido o testamento *conjuntivo*, seja simultâneo, seja recíproco ou correspectivo (art. 1.863, do CC);

c) É ato *solene*;

d) É ato *gratuito*;

e) É ato essencialmente revogável (art. 1.969, do CC);

f) É também ato *causa mortis*: produz efeitos somente após a morte do testador;

g) Excepciona a Teoria Geral das Incapacidades, ao admitir que "podem testar os maiores de dezesseis anos" (art. 1.860, do CC).

19.6.2. Espécies de Testamentos, Codicilos e Legados.

As disposições de última vontade podem ser realizadas através das espécies de testamento, que podem, inclusive, dar tratamento individualizado aos bens da herança, assumindo a forma de legados e codicilos, consoante quadro esquemático abaixo:

Testamento Público:	É o escrito pelo *tabelião* em seu livro de notas, de acordo com as *declarações* do testador, em presença de duas testemunhas, podendo este servir-se de minuta, notas ou apontamentos. É a forma mais segura de testar.
Testamento Cerrado:	Também chamado de *secreto* ou *místico*, porque só o testador conhece o seu teor, é escrito por este, ou por alguém a seu rogo, e só tem eficácia após o auto de aprovação lavrado por tabelião, na presença de duas testemunhas.
Testamento Particular:	Também chamado de *hológrafo*, é inteiramente escrito e assinado pelo testador, lido perante três testemunhas e por elas também assinado. É a forma menos segura de testar, porque depende de confirmação, em juízo, pelas testemunhas.
Testamento Marítimo:	Constitui forma especial de testamento. Pode ser elaborado por passageiros e tripulantes, estando o testador em viagem, a bordo de navio nacional, de guerra ou mercante, diante do surgimento de algum risco de vida.
Testamento Aeronáutico:	O testamento aeronáutico, por guardar semelhança com o marítimo, foi disciplinado na mesma seção, estendendo-se-lhe a regulamentação deste. Quem estiver em viagem, a bordo de aeronave militar ou comercial, pode testar perante pessoa designada pelo comandante. Caducará o testamento marítimo, ou aeronáutico, se o testador não morrer na viagem, nem nos noventa dias subsequentes ao seu desembarque e terra, onde possa fazer na forma ordinária, outro testamento.
Testamento Militar:	**É o elaborado por militar e outras pessoas a serviço das Forças Armadas em campanha, como médicos, enfermeiros, engenheiros, capelães, telegrafistas etc., que estejam participando de operações de guerra, dentro ou fora do País. Caducará o testamento militar desde que, depois dele, o testador** esteja, 90 seguidos, em lugar onde possa testar na forma ordinária, salvo se esse testamento tomar a forma de testamento cerrado.
Codicilo:	Codicilo é ato de última vontade, destinado porém a disposições de *pequeno valor*. Não se exigem maiores formalidades para sua validade. Basta que o instrumento particular escrito pelo testador e por ele datado e assinado.
Legado:	É coisa *certa e determinada* deixada a alguém, denominado legatório, em testamento ou codicilo. Difere da herança, que é totalidade ou parte ideal do patrimônio do *de cujus*. Legatário é o indivíduo contemplado em testamento com coisa certa e determinada. Prelegatário ou legatário precípuo é o herdeiro legítimo que recebe os bens que integram o seu quinhão na herança e também é beneficiado com o legado.

19.6.3. Redução, Revogação e Rompimento.

Situações que merecem clara distinção, conforme tabela a seguir:

Redução: se há herdeiro necessário, o testamento só poderá dispor de 50% da herança. Então, se o percentual testado for superior, simplesmente o haverá a redução para o percentual devido (arts. 1.697-1.698).
Revogação: é permitida a resilição (ato de vontade) do testamento a qualquer tempo, *pelo mesmo modo e forma como pode ser feito* (arts. 1.969-1.972).
Rompimento: proteção de herdeiro sobrevivente que era desconhecido do testador, ou porque ainda não era nascido ou, se nascido, sua existência era ignorada pelo autor da herança (arts. 1.973-1.975).

19.7. INVENTÁRIO E PARTILHA. ARROLAMENTOS. ALVARÁS JUDICIAIS. PARTILHA DE BENS E DIREITOS.

Trata-se da regulamentação dos institutos processuais para a efetivação do Direito Sucessório, ou seja, a positivação das formas de administração da herança até a ***partilha*** definitiva ***dos bens e direitos*** entre os titulares, ou seja, os herdeiros. Embora seja tema tipicamente processual, o Código Civil apresenta algumas regras relevantes, a seguir esquematizadas, para facilitar a revisão do candidato.

Inventário:	Procedimento judicial ou extrajudicial de administração do patrimônio hereditário até a conclusão da partilha. Até a partilha, "a administração da herança será exercida pelo inventariante" (art. 1991, do CC).
Partilha:	É a divisão do patrimônio hereditário entre os herdeiros, observando-se, da forma mais igualitária possível, os direitos de cada herdeiro (legítima) ou a vontade do testador (testamentária).
Procedimento Extrajudicial:	*CPC, Art. 610. Havendo testamento ou interessado incapaz, proceder-se-á ao inventário judicial.* § 1° Se todos forem capazes e concordes, o inventário e a partilha poderão ser feitos por escritura pública, a qual constituirá documento hábil para qualquer ato de registro, bem como para levantamento de importância depositada em instituições financeiras. § 2° O tabelião somente lavrará a escritura pública se todas as partes interessadas estiverem assistidas por advogado ou por defensor público, cuja qualificação e assinatura constarão do ato notarial.
Arrolamento:	Procedimento judicial mais simplificado que o inventário, que pode ser utilizado "quando o valor dos bens do espólio for igual ou inferior a 1.000 (mil) salários-mínimos" (art. 664, do CPC).
Alvarás Judiciais:	Forma de recebimento/levantamento de quantias de titularidade do *de cujus* que NÃO depende de inventário ou arrolamento. Trata-se de procedimento de jurisdição voluntária simplificado, aplicável para liberação, em favor dos herdeiros, de "valores devidos pelos empregadores aos empregados e os montantes das contas individuais do Fundo de Garantia do Tempo de Serviço e do Fundo de Participação PIS-PASEP, não recebidos em vida pelos respectivos titulares" (art. 1°, da Lei n. 6858/80).

19.8. DOUTRINA E JURISPRUDÊNCIA SOBRE O TEMA – DICAS FINAIS:

a) Sobre a concorrência entre cônjuge/companheiro e descendente + ascendentes, convém ratificar a distinção que é bem pontuada no Enunciado 609, JDC/CJF:

*Enunciado n. 609: art. 1.640, parágrafo único; art. 1.829 (e art. 1.837) – **O regime de bens no casamento somente interfere na concorrência sucessória do cônjuge com descendentes do falecido.***

b) Diante do reconhecimento das uniões e casamentos homoafetivos, bem como da possibilidade de registro tanto da paternidade quanto da maternidade socioafetiva, outros dois enunciados recentes da JDC/CJF merecem destaque:

*Enunciado n. 642, da VIII JDC – Art. 1.836: **Nas hipóteses de multiparentalidade, havendo o falecimento do descendente com o chamamento de seus ascendentes à sucessão legítima, se houver igualdade em grau e diversidade em linha entre os ascendentes convocados a herdar, a herança deverá ser dividida em tantas linhas quantos sejam os genitores.***

*Enunciado n. 676, da IX JDC – Art. 1.836, § 2°: **A expressão diversidade em linha, constante do §2° do art. 1.836 do Código Civil, não deve mais ser restrita à linha paterna e à linha materna, devendo ser compreendidas como linhas ascendentes.** Justificativa: A referência legal à linha ascendente paterna e à linha ascendente materna reflete uma visão que pressupõe uma diversidade de gênero que não está mais presente nos casais de todas as famílias brasileiras. Após a decisão do STF que reconheceu as uniões homoafetivas (ADI 4277 e ADPF 132), houve o* *subsequente reconhecimento pelo STJ da possibilidade de casamento civil entre as pessoas do mesmo sexo, com o CNJ regulamentando a matéria (Resolução n. 175). O STF também reconheceu a possibilidade jurídica da multiparentalidade (RE 898.060), permitindo a cumulação da paternidade socioafetiva com a biológica (nesses contextos, muitas vezes haverá dois pais e uma mãe, totalizando três pessoas na linha ascendente). O mesmo STF permitiu a alteração de nome e gênero no registro civil para a pessoa trans, conforme decisões proferidas na ADI 4.275 e RE 670.422, o que muitas vezes pode trazer dificuldades para uma interpretação que fique restrita às linhas paternas e maternas. Consequentemente, há diversas famílias com configurações no polo ascendente diversa daquela que se resume a "paterna" e "materna". Nessas situações, não resta possível se falar sempre em linha paterna e linha materna, mas é inequívoca a existência de diversidade em linhas (pelo fato de duas pessoas ou mais pessoas perfilarem no polo ascendente de primeiro grau). Ou seja, na atualidade, em diversos casos se mostra mais apropriada a utilização apenas da expressão "linhas ascendentes" (sem a adjetivação como paterna ou materna). Corrobora com isso o texto constante do Enunciado 642 da VIII Jornada de Direito Civil-CJF.*

REFERÊNCIAS BIBLIOGRÁFICAS:

DINIZ, Maria Helena. Curso de Direito Civil Brasileiro. Teoria Geral do Direito Civil. v. 1. 39. ed. São Paulo: Saraiva, 2022;

______. Curso de Direito Civil Brasileiro. Teoria Geral das Obrigações. v. 2. 36. ed. São Paulo: Saraiva, 2021;

______. Curso de Direito Civil Brasileiro. Teoria Geral das Obrigações Contratuais e Extracontratuais. v. 3. 37. ed. São Paulo: Saraiva, 2021;

______. Curso de Direito Civil Brasileiro. Direito das Coisas. v. 4. 39. ed. São Paulo: Saraiva, 2022.

FARIAS, Cristiano Chaves de; NETTO, Felipe Braga; ROSENVALD, Nelson. Manual de Direito Civil. Volume Único. 7. ed. rev. atual. e ampl. Salvador: Juspodivm, 2022.

GONÇALVES, Carlos Roberto; (Coord.) LENZA, Pedro. Direito Civil Esquematizado. Parte Geral – Obrigações – Contratos. v. 1 – 8. Ed. São Paulo: Saraiva, 2018;

______. Direito Civil Esquematizado. Contratos em Espécie – Direito das Coisas. v. 2 – 6. Ed. São Paulo: Saraiva, 2018.

PAMPLONA FILHO, Rodolfo; GAGLIANO, Pablo Stolze. Manual de Direito Civil. v. único. 6. Ed. São Paulo: Saraiva, 2022.

TARTUCE, Flávio. Manual de Direito Civil. v. único. 12. ed. São Paulo: GEN, 2022.

Direito Processual Civil

Luciano Alves Rossato

Direito Processual Civil

ITEM DO EDITAL	REVISÃO FINAL
Da jurisdição.	Item 1.
Da ação: conceito, natureza e características.	Item 3.
Das condições da ação.	Item 3.2
Magistratura. Auxiliares da Justiça. Ministério Público. Defensoria Pública. Advocacia.	Item 8
Partes e Procuradores: capacidade postulatória.	Item 4.1 – 4.3
Deveres e Substituição das Partes e Procuradores. Responsabilidades.	Item 4.4
Litisconsórcio	Item 5.
Assistência	Item 6.2
Intervenção de Terceiros	Item 6.
Competência: em razão do valor e da matéria. Competência funcional e territorial. Modificações de competência e declaração de incompetência.	Item 2.
Do Juiz.	Item 8
Atos processuais: forma dos autos, prazos, comunicação, nulidades. Preclusão.	Item 7
Formação, suspensão e extinção do processo	Item 10
Processo de conhecimento: petição inicial: requisitos, pedido e indeferimento. Valor da causa.	Item 11
Resposta do réu: contestação, exceções e reconvenção. Revelia.	Item 11.3
Tutela provisória	Item 9
Julgamento conforme o estado do processo	Item 13
Provas: ônus da prova, depoimento pessoal, confissão, provas documental e testemunhal.	Item 14
Audiência: conciliação e instrução e julgamento.	Item 15
Sentença e coisa julgada	Itens 16 e 17.
Liquidação	Item 17.6
Cumprimento de sentença. Impugnação ao cumprimento de sentença.	Itens 18 e 19.
Ação rescisória	Item 22
Recursos: disposições gerais. Recursos em espécie.	Item 24
Processo de execução: execução em geral. Das diversas espécies. Embargos do devedor. Execução contra devedor solvente. Suspensão e extinção do processo de execução.	Item 20
Ação de Consignação em Pagamento	Item 21.1
Embargos de Terceiro	Item 21.3
Ação Monitória	Item 21.4
Ações Possessórias	Item 21.2
Mandado de Segurança	Item 25
Uniformização de jurisprudência dos tribunais	Item 23

1. JURISDIÇÃO

1.1. Conceito

A doutrina tradicional de Direito Processual Civil identifica a existência de categorias processuais básicas, indicadas como sendo a jurisdição, ação, exceção e processo, sendo que cada qual será vista nos itens abaixo.

A Jurisdição é o poder que detém o Estado de fazer atuar as regras jurídicas de forma concreta. Frise-se: só diante de casos concretos é que atuará a função jurisdicional. Essa atividade apresenta-se como secundária, instrumental, declarativa, desinteressada e provocada.

1.2. Características

Podem ser apontadas como características da jurisdição:

Característica	Significado
substitutividade	o Estado-Juiz substitui a vontade das partes, aplicando o direito ao caso concreto;
imparcialidade	o magistrado não poderá ter qualquer interesse no resultado do litígio;
lide	embora questionada atualmente, a doutrina clássica defendia que a lide era característica da jurisdição, na medida em que o seu papel seria solucioná-las;
monopólio do Estado	a atividade jurisdicional é monopólio do Estado. Não obstante, permite-se que as partes, em determinados casos, elejam pessoa que possa solucionar a lide que lhes é apresentada, ajustando a convenção de arbitragem;
inércia	não haverá atividade do Estado-Juiz sem a devida provocação pela parte interessada. Somente em casos excepcionalíssimos admite-se que a jurisdição atue sem ser previamente provocada;
unidade	o poder jurisdicional, embora possa ser repartido, é uno;
definitividade	o exercício da jurisdição implicará em se alcançar a decisão definitiva sobre o assunto.

1.3. Natureza

Há várias teorias que tentam explicar a natureza jurídica da jurisdição.

Teoria	Significado
Organicista	que os atos jurisdicionais teriam essa natureza em razão do órgão de que provêm. Ocorre que mesmo tais órgãos também emitem atos administrativos, motivo pelo qual não pode ser aceita;
Subjetiva	considera-se que a jurisdição tem a finalidade de tutelar direitos e aplicar a lei ao caso concreto. É criticável na medida em que é possível que haja necessidade da tutela ainda que não exista direito subjetivo violado;
Objetiva	a jurisdição asseguraria a vigência do direito, que é aplicável ao caso concreto. Não é capaz de separar os atos administrativos dos atos judiciais e, por isso, também criticável;
Substituição	o Estado-Juiz substitui a vontade das partes por meio da atividade de seus órgãos jurisdicionais, fazendo com que haja a atuação da vontade concreta da lei.

1.4. Princípios

A Jurisdição é informada por três princípios basilares:

Princípio	Significado
Juiz Natural	Somente exercerá a jurisdição aquele devidamente investido na forma prevista pela Constituição Federal;
Improrrogabilidade	os limites do poder jurisdicional são traçados pela Constituição Federal;
Indeclinabilidade	não pode o Poder Jurisdicional recusar-se a cumprir a sua função, e nem a delegar a quem quer que seja.

1.5. Limites

1.5.1. Limites da Jurisdição Nacional e Cooperação Internacional: disposições gerais

Algumas matérias somente poderão ser submetidas à jurisdição brasileira, como ocorre, por exemplo, com aquelas relativas a imóveis situados no Brasil. Não será admissível decisão estrangeira a respeito desse tema.

Para outras matérias, no entanto, será admissível que haja decisão por jurisdição estrangeira, produzindo efeitos em território nacional se a decisão for homologada pelo Superior Tribunal de Justiça, por meio de procedimento específico.

Tem-se, então, hipóteses de jurisdição exclusiva e outras de jurisdição concorrente, consoante o seguinte quadro:

EXCLUSIVA	CONCORRENTE
Somente podem ser decididas pela jurisdição brasileira. Eventuais decisões estrangeiras não serão homologadas pelo Superior Tribunal de Justiça.	Podem ser decididas tanto pelo tribunal estrangeiro quanto pela jurisdição nacional, ressalvadas disposições em contrário de tratados internacionais e acordos bilaterais. Eventual decisão estrangeira deverá ser homologada pelo Superior Tribunal de Justiça. A ação proposta perante o Tribunal estrangeiro não induz litispendência.

O juízo estrangeiro poderá decretar o divórcio, hipótese em que estará dispensada a homologação da sentença no Brasil (art. 961 CPC). Porém, a decisão sobre a partilha somente poderá ser proferida pela autoridade judicial brasileira.

De outro lado, determinadas matérias poderão ser objeto de decisão pela autoridade jurisdicional brasileira ou pela estrangeira. No caso de haver concomitância de ações, prevalecerá aquela que transitar em julgado em primeiro lugar.

Para todos os efeitos, transitará em julgado a decisão estrangeira tão somente após a sua homologação pelo Superior Tribunal de Justiça.

Como é possível verificar, o fato de existir uma demanda em trâmite perante a autoridade judiciária estrangeira não induz litispendência em relação à ação movida em território nacional, admitindo-se a concomitância de trâmite de ações.

Admite-se à autoridade judiciária brasileira processar e julgar as seguintes ações em que: i) o réu, qualquer que seja a sua nacionalidade, estiver domiciliado no Brasil; ii) no Brasil tiver de ser cumprida a obrigação; iii) o fundamento seja fato ocorrido ou ato praticado no Brasil; iv) de alimentos, se o credor tiver domicílio ou residência no Brasil ou o réu mantiver vínculos no Brasil, tais como posse ou propriedade de bens, recebimento de renda ou obtenção de benefícios econômicos; v) decorrentes de relações de consumo, quando o consumidor tiver domicílio ou residência no Brasil; vi) em que as partes, expressa ou tacitamente, se submeteram à jurisdição nacional.

Nas ações de jurisdição concorrente, se houver cláusula de eleição de foro exclusivo estrangeiro em contrato internacional e tal for arguido na contestação, não poderá a decisão ser proferida pela autoridade judiciária brasileira.

Em qualquer hipótese, é vedada a revisão do mérito do pronunciamento judicial estrangeiro pela autoridade judiciária brasileira.

2. COMPETÊNCIA

2.1. Critérios determinadores

a) Competência em razão da matéria

Analisando-se a causa de pedir e o pedido chega-se à definição da competência em razão da matéria, que leva em consideração a repartição do trabalho por conta da previsão de especialização.

Nesse sentido, podem existir varas especializadas em falência, família, direito do consumidor e outras, todas com competência absoluta para o conhecimento da matéria proposta.

A competência determinada em razão da matéria, da pessoa ou da **função** é inderrogável por convenção das partes.

b) Competência em Razão do Valor e do Território

Admite-se a modificação da competência determinada em razão do valor e do território, elegendo foro onde será proposta ação oriunda de direitos e obrigações. Trata-se de negócio processual celebrado entre as partes, conhecido como foro de eleição.

Obrigatoriamente, a sua celebração deverá ser por escrito e indicar expressamente a determinado negócio jurídico.

Não se admite foro de eleição fixado de forma genérica sem especificação do negócio jurídico a que relacionado.

Admite-se que o magistrado reconheça, de ofício, ser abusiva a cláusula de eleição de foro, antes de ser o réu citado. Nesse caso, será determinada a remessa dos autos ao juízo do foro do domicílio do réu.

Porém, se o réu já tiver sido citado, o juízo dependerá de alegação do réu para que reconheça a ineficácia da cláusula em razão de suposta abusividade.

Portanto, se o réu não a alegar, a matéria estará preclusa.

c) Competência funcional

O critério funcional considera a função do órgão jurisdicional e tem como subdivisões a vertical e a horizontal.

Em conformidade com a distribuição vertical, compete ao juízo de primeiro grau processar a demanda e sentenciá-la, enquanto ao Tribunal conhecer dos recursos inerentes. De outro lado, a distribuição horizontal não considera qualquer hierarquia entre os juízos, como ocorre na vertical, como ocorre com a hipótese de ser deprecada a prática de um ato processual.

d) Competência territorial

Como já visto, a competência territorial, em regra, será relativa, pois prevista no interesse das partes, que podem modificá-la por convenção (foro de eleição) ou por não terem apresentado a respectiva preliminar no tempo oportuno.

Constituem-se exceções à regra as ações fundadas em direito real sobre imóveis e ações possessórias, que devem ser processadas perante o foro da situação da coisa.

Admite-se que o autor opte pelo foro de domicílio do réu ou pelo foro de eleição se o litígio não recair sobre direito de propriedade, vizinhança, servidão, divisão e demarcação de terras e de nunciação de obra nova.

i) Regra geral: foro do domicílio do réu.

A ação fundada em direito pessoal e a ação fundada em direito real sobre bens móveis serão propostas, em regra, no foro do domicílio do réu. Tendo este mais de um domicílio, poderá ser demandado em qualquer um deles. Essa é a regra geral, sem prejuízo da existência de regras subsidiárias, se acaso aquela não puder ser aplicada.

Assim, sendo incerto ou desconhecido o domicílio do réu, ele será demandado onde for encontrado ou no foro do domicílio do autor. Ou, se o réu não tiver domicílio nem residência no Brasil, a ação será proposta no foro do domicílio do autor. Se este também residir fora do Brasil, a ação será proposta em qualquer foro.

Havendo dois ou mais réus com diferentes domicílios, serão demandados no foro de qualquer deles, à escolha do autor.

O foro do domicílio do autor da herança, no Brasil, é o competente para o inventário, a partilha, a arrecadação, o cumprimento de disposições de última vontade, a impugnação ou anulação de partilha extrajudicial e para todas as ações em que o espólio for réu, ainda que o óbito tenha ocorrido no estrangeiro.

A ação em que o incapaz for réu será proposta no foro de seu representante ou assistente.

As causas movidas pela União serão processadas perante o foro do domicílio do réu. Se a União for a demanda, será competente o foro do domicílio do autor, no de ocorrência do ato ou fato que originou a demanda, no de situação da coisa ou no Distrito Federal.

ii) Hipóteses de foro especial

As hipóteses de foro especial sobrepõem-se à regra geral, segundo a qual a ação deve ser ajuizada perante o domicílio do réu.

2.2. Competência Originária dos Tribunais Superiores

A competência do Supremo Tribunal Federal e do Superior Tribunal de Justiça está prevista na Constituição Federal, consoante prevê respectivamente os artigos 102 e 105.

2.3. Competência absoluta e relativa

As regras de competência podem existir para atendimento do interesse público, quando então se diz que se está diante da competência absoluta, ou para comodidade das partes, hipótese em que será relativa.

A competência absoluta é um pressuposto de validade da relação processual, configurando-se matéria que pode ser conhecida de ofício pelo juiz. Aliás, em consonância com o princípio da competência sobre a competência, admite-se que o juiz analise se tem ou não competência para decidir sobre determinada questão que lhe foi apresentada. Admite-se que a parte alegue o vício da incompetência absoluta até mesmo após o trânsito em julgado, por meio da ação rescisória.

Diferentemente, a competência relativa não é um pressuposto de validade da relação processual. Não poderá ser conhecida de ofício pelo juiz, devendo ser alegada oportunamente pela parte interessada, na própria contestação, como preliminar.

> A INCOMPETÊNCIA ABSOLUTA E A RELATIVA DEVEM SER ALEGADAS COMO PRELIMINARES, NA PRÓPRIA CONTESTAÇÃO.

Com o registro ou a distribuição da petição inicial estará fixada a competência, sendo irrelevantes as modificações do estado de fato ou de direito ocorridas posteriormente, salvo quando suprimirem órgão judiciário ou alterarem a competência absoluta.

Assim, as alterações supervenientes do estado de fato ou de direito são irrelevantes, de modo que não importarão na modificação da competência. A essa manutenção da competência deu-se o nome de *perpetuatio jurisdictionis*, prevista no art. 43 do CPC.

A *perpetuatio jurisdictionis* (ou perpetuação da competência, como seria mais adequado) não prevalecerá em quaisquer situações, conforme a própria ressalva do Código. Assim, se houver supressão do órgão judiciário ou alteração da competência da competência absoluta em decorrência das modificações do estado de fato ou de direito, haverá a alteração da competência.

Por esse motivo, se uma Subseção da Justiça Federal for extinta, a ação passará a tramitar perante a Subseção que absorveu os processos daquela.

2.4. Modificações

A competência poderá ser alterada em decorrência de previsão legal (como ocorre com a conexão, por exemplo) ou por vontade das partes (foro de eleição ou não formulação de preliminar na contestação).

Prevê o art. 54 que a competência relativa poderá ser modificada pela conexão ou pela continência.

É possível estabelecer uma relação de afinidade entre ações, o que pode gerar vários efeitos práticos, como a reunião de processos para julgamento conjunto, a suspensão de um processo para se aguardar o julgamento de outro etc.

Consideram-se conexas duas ações quando lhes for comum o pedido ou a causa de pedir. Trata-se de hipótese mínima em que as causas serão conexas, porque é possível que exista esta relação muito embora não seja comum o pedido ou a causa de pedir.

EXISTIRÁ CONEXÃO ENTRE CAUSAS
Se houver comunhão entre elas em relação ao pedido OU a causa de pedir.

Para que não ocorram decisões conflitantes e se gere injustiça, determina o Código que, havendo conexão entre as causas, sejam elas reunidas para decisão conjunta. Dessa maneira, será proferida uma única sentença, solucionando as duas ações.

A reunião dos processos será feita em favor do juízo prevento, que os decidirá. A prevenção do juízo será estabelecida pelo registro ou pela distribuição. Não mais se trata de efeito da citação válida.

> A prevenção não mais se trata de efeito da citação válida. O juízo prevento será estabelecido em razão do registro ou da distribuição.

Para que ocorra a reunião dos processos haverá a necessidade de observância dos seguintes requisitos: i) juízo absolutamente competente para decidir as causas; ii) existência de liame entre as causas; iii) que a causa não tenha sido sentenciada.

A reunião dos processos para julgamento conjunto também será possível à execução de título executivo extrajudicial e à ação de conhecimento relativa ao mesmo ato jurídico, bem como às execuções fundadas no mesmo título executivo.

Admite o CPC, ainda, a reunião de processos para julgamento conjunto, ainda que não haja conexão. Isso será permitido em relação aos processos que possam gerar risco de prolação de decisões conflitantes ou contraditórias caso decididas separadamente.

> ADMITE-SE A REUNIÃO DE PROCESSOS, AINDA QUE NÃO HAJA CONEXÃO ENTRE AS DEMANDAS.

Ocorrerá a continência entre duas ou mais ações quando houver identidade quanto às partes e à causa de pedir, mas o pedido de uma, por ser mais amplo, abrange o das demais (art. 57).

Havendo continência e a ação continente tiver sido proposta anteriormente, no processo relativo à ação contida será proferida sentença sem resolução de mérito. Caso contrário, as ações serão necessariamente reunidas. Assim, se a ação A (mais ampla – continente) for proposta anteriormente à ação B (menos ampla – contida), nesta (ação B) será proferida sentença sem resolução de mérito.

2.5. Meios de declaração de incompetência

As incompetências absoluta e relativa serão alegadas como preliminar, em contestação. Porém, a incompetência absoluta poderá ser alegada a qualquer tempo, bem como reconhecida de ofício pelo juiz, o que não ocorre na incompetência relativa.

2.6. Conflito de competência e de atribuições

Será possível que, entre dois Juízos, haja divergência quanto à competência para o julgamento de determinada demanda, quando se está diante do conflito de competência, que poderá ser positivo ou negativo.

O conflito positivo de competência ocorrerá quando dois juízos se derem por competentes. Diferentemente, haverá o conflito negativo se houver a recusa entre eles, por entenderem não ser competentes, o que será possível se um atribuir ao outro a competência, ou se surgir controvérsia sobre a reunião ou separação de processos.

Se excluído do feito o ente federal, cuja presença foi fator preponderante para que o juízo estadual declinasse de sua competência, deverá o juízo federal restituir os autos e não suscitar o conflito (Súmula 224 STJ), não podendo o juízo estadual discutir sobre o interesse do ente federal.

O juiz que não acolher a competência declinada deverá suscitar o conflito, salve se a atribuir a outro juízo.

O conflito poderá ser suscitado por qualquer das partes, pelo Ministério Público ou pelo juiz. A parte, contudo, não poderá suscitá-lo se já alegou a incompetência relativa.

A competência para o julgamento do conflito segue as seguintes regras: – entre dois juízos do mesmo Tribunal: julgamento pelo próprio Tribunal; – entre dois juízos federais da mesma Região: julgamento pelo respectivo Tribunal Regional Federal; entre juízo de primeiro grau e tribunal a que está subordinado: julgamento pelo próprio tribunal; entre juízo estadual com competência delegada e juízo federal, da mesma região: julgamento pelo respectivo Tribunal Regional Federal; entre quaisquer tribunais e entre os tribunais e juízos a eles não vinculados, e, ainda, entre juízos vinculados a tribunais diversos: ao Superior Tribunal de Justiça; entre o STJ e quaisquer tribunais, entre tribunais superiores ou entre esses e qualquer outro tribunal: ao Supremo Tribunal Federal.

O conflito poderá ser decidido por decisão monocrática ou pelo colegiado.

Permite-se ao relator julgar de plano o conflito quando sua decisão estiver baseada em súmula do STF, do STJ ou do próprio tribunal, ou se a tese estiver firmada em julgamento de casos repetitivos ou em incidente de assunção de competência.

Ao decidir o conflito, o Tribunal não só reconhecerá o juízo competente (que poderá ser até um terceiro, que não tenha participado do conflito), como também se pronunciará sobre a validade dos atos do juiz incompetente.

3. DIREITO DE AÇÃO

3.1. Natureza e elementos

Como o Estado-juiz é o detentor do monopólio jurisdicional, o cidadão possui o direito à jurisdição ou o direito de ação, que se apresenta como um direito subjetivo distinto.

Trata-se de um direito que não é vinculado ao direito material da parte, motivo pelo qual o direito de ação é abstrato, tal como prevalece doutrinariamente na atualidade.

A ação é um direito público subjetivo, abstrato, autônomo e instrumental.

Os elementos da ação proporcionam a sua individualização. São três: partes, pedido e causa de pedir.

3.2. Condições da Ação

A Constituição Federal assegura o direito de ação, mas é a lei processual que estabelece as condições necessárias para a devida prestação jurisdicional necessitada. No modelo de Liebman, adotado pelo CPC de 1973, para que se obtivesse a sentença de mérito, deveriam estar presentes as condições da ação, indicadas como sendo três: interesse processual, legitimidade de agir e possibilidade jurídica do pedido.

Dividiu-se a doutrina ao interpretar o Novo Código de Processo Civil, sendo possível vislumbrar a existência de dois posicionamentos principais. Pelo primeiro, ainda persiste a categoria jurídica processual das condições da ação, sendo, porém, limitada a duas, quais sejam, interesse de agir e a legitimidade ad causam. Pelo segundo, não mais persiste esta categoria processual, sendo o interesse processual e a legitimidade tratadas entre os pressupostos processuais.

Dessa maneira, deve ser novamente enfatizado que as condições da ação, por essa concepção, resumem-se a duas, que são o interesse de agir e a legitimidade ad causam. A possibilidade jurídica do pedido deixou de ser tratada como condição da ação para ser enfrentada como matéria de mérito.

Pela **teoria da asserção**, a presença das condições da ação deve decorrer de um exame **puramente abstrato** de que o autor pode ser titular da relação jurídica exposta ao juízo. (REsp 1704610/SP, Rel. Ministra NANCY ANDRIGHI, TERCEIRA TURMA, julgado em 20/02/2018, DJe 23/02/2018). Desse modo, se a constatação da falta das condições da ação ocorrer em estágio mais avançado do processo, ao invés deste ser extinto sem resolução do mérito, deverá a demanda ser julgada improcedente.

3.3. Cumulação de ações e de pedidos

Tem-se a cumulação de ações se, em um único processo, forem exercidas várias pretensões. A cumulação poderá ocorrer desde o início do processo, ou também poderá ser ulterior. Poderá englobar terceiros, como ocorre na denunciação da lide.

3.4. Carência de ação

Diz-se haver carência de ação quando não estiverem presentes as condições da ação.

4. SUJEITOS PROCESSUAIS - AS PARTES

4.1. Conceito

As pessoas físicas maiores (salvo as emancipadas) e as pessoas jurídicas possuem capacidade civil de direito e de ser parte. Tem aptidão para ter direitos e podem praticar os atos da vida civil. Tendo possibilidade de exercício, terão capacidade processual.

Nesse sentido, o art. 70 do CPC: "toda pessoa que se encontre no exercício de seus direitos tem capacidade para estar em juízo".

Se o indivíduo, embora tenha capacidade civil de direito, não puder exercê-la, deve ter a capacidade de agir ou processual integrada.

A parte somente litigará em juízo se for representado por advogado devidamente inscrito na OAB. Permite-se a litigância em causa própria, desde que a parte tenha habilitação legal.

4.2. Capacidade e Legitimação

Há dois sentidos para o conceito parte: sentido material e o sentido processual. Por meio do primeiro, traça-se correlação para com o negócio jurídico de direito material discutido em juízo. Porém, é possível que o demandante ou demandado não seja esse titular, mas ainda assim possa postular ou ser postulado. Tem-se aqui o conceito de parte em sentido processual, pois não se identifica com a lide.

A titularidade, como regra, será daquele que tem relação com o direito material em discussão. Nesse sentido, "ninguém poderá pleitear direito alheio em nome próprio, salvo quando autorizado pelo ordenamento jurídico" (art. 18). Terá, então, a legitimação ordinária.

Porém, como ressalvado na lei, há certas hipóteses em que o legislador autoriza que terceiro possa demandar ou ser demandado em nome próprio, mas para a defesa de direito de terceiro. Ou seja, a parte não é titular do direito material em jogo, ocorrendo a substituição processual.

A substituição processual não se confunde com a sucessão de parte. Naquela, terceiro demanda em seu nome na defesa de direito de outrem. Na sucessão, de outro lado, altera-se o polo da ação (por exemplo, o cessionário do crédito na execução).

> LEGITIMAÇÃO PROCESSUAL também é um pressuposto processual de desenvolvimento regular. Verifica-se se está presente a partir de uma situação específica. Exemplo: cada um dos conviventes poderá ter capacidade processual para acionar o Poder Judiciário e promover ação sobre direitos reais imobiliários, em conformidade com a lei civil. Porém, para que tenham legitimidade processual, deverão agir em conjunto, não individualmente

4.3. Representação e Substituição processual

Há dois sentidos para o conceito parte: sentido material e o sentido processual. Por meio do primeiro, traça-se correlação para com o negócio jurídico de direito material discutido em juízo. Porém, é possível que o demandante ou demandado não seja esse titular, mas ainda assim possa postular ou ser postulado. Tem-se aqui o conceito de parte em sentido processual, pois não se identifica com a lide.

A titularidade, como regra, será daquele que tem relação com o direito material em discussão. Nesse sentido, "ninguém poderá pleitear direito alheio em nome próprio, salvo quando autorizado pelo ordenamento jurídico" (art. 18). Terá, então, a legitimação ordinária.

Porém, como ressalvado na lei, há certas hipóteses em que o legislador autoriza que terceiro possa demandar ou ser demandado em nome próprio, mas para a defesa de direito de terceiro. Ou seja, a parte não é titular do direito material em jogo, ocorrendo a substituição processual. Tem-se, então, a legitimação extraordinária, que compreenderá a substituição processual e a representação processual.

- Legitimação
  - Ordinária
  - Extraordinária
    - Substituição processual
    - Representação processual

Na legitimação extraordinária, demanda-se para a defesa de interesse de outrem. Compreenderá a *substituição* e a *representação* processuais.

> ***Substituição processual***: o autor, em seu nome, demanda para a defesa de direito de outrem. Exemplos: o alienante de coisa litigiosa que persistir no processo defenderá direito do adquirente (art. 109, CPC); o autor na ação popular defenderá, em seu nome, o interesse da coletividade; o Ministério Público ajuizará ação, em seu nome, na defesa de interesses da coletividade.
>
> ***Representação processual:*** o autor agirá em nome e para a defesa de direitos de terceiros. Exemplo: ação coletiva ordinária proposta por associação para a defesa dos direitos dos associados.

A substituição processual não se confunde com a sucessão de parte. Naquela, terceiro demanda em seu nome na defesa de direito de outrem. Na sucessão, de outro lado, altera-se o polo da ação (por exemplo, o cessionário do crédito na execução).

Este tema, **futuro Analista**, é sempre lembrado pelos examinadores. Refere-se à alienação da coisa ou do direito litigioso por ato entre vivos, depois da citação do requerido.

Entre os efeitos da citação válida, que incidirá ainda quando ordenada por juiz incompetente, está ***tornar litigiosa a coisa.***

E, **sendo litigiosa a coisa ou o direito**, a sua alienação por ato entre vivos não altera a legitimidade das partes. Ou seja, **permanecerão no processo os polos ativo e passivo originários**, somente podendo o adquirente ou cessionário ingressar em juízo, sucedendo o alienante ou cedente se consentir a parte contrária.

Não havendo o consentimento, contudo, o adquirente ou o cessionário poderá intervir no processo como assistente litisconsorcial do alienante ou cedente.

Proferida sentença, estende-se os seus efeitos ao adquirente ou cessionário.

Como se nota, o alienante da coisa ou do direito, que tiver permanecido no processo, atuará, em seu nome, na defesa de direito de outrem, verificando-se presente hipótese de substituição processual.

Somente será admitida a sucessão voluntária das partes quando assim permitido pela lei.

Ocorrendo a morte de qualquer das partes, dar-se-á a sucessão pelo seu espólio ou pelos seus sucessores, e o juiz suspenderá o processo.

Se não for ajuizada ação de habilitação, o juiz observará o seguinte: I – falecido o réu, ordenará a intimação do autor para que promova a citação do respectivo espólio, de quem for o sucessor ou, se for o caso, dos herdeiros, no prazo que designar, de no mínimo 2 (dois) e no máximo 6 (seis) meses; II – falecido o autor e sendo transmissível o direito em litígio, determinará a intimação de seu espólio, de quem for o sucessor ou, se for o caso, dos herdeiros, pelos meios de divulgação que reputar mais adequados, para que manifestem interesse na sucessão processual e promovam a respectiva habilitação no prazo designado, sob pena de extinção do processo sem resolução de mérito.

4.4. Deveres e Substituição das Partes e Procuradores. Responsabilidades

O art. 77, do CPC, sem prejuízo de outros previstos em lei, indica os principais deveres das partes. Entre eles, destaca-se o inserido pela Lei nº 14.195/2021: VII – informar e manter atualizados seus dados cadastrais perante os órgãos do Poder Judiciário e, no caso do § 6º do art. 246 deste Código, da Administração Tributária, para recebimento de citações e intimações.

São deveres das partes:

> I – expor os fatos em juízo conforme a verdade;
>
> II – não formular pretensão ou de apresentar defesa quando cientes de que são destituídas de fundamento;
>
> III – não produzir provas e não praticar atos inúteis ou desnecessários à declaração ou à defesa do direito;
>
> IV – cumprir com exatidão as decisões jurisdicionais, de natureza provisória ou final, e não criar embaraços à sua efetivação [neste caso, o o juiz advertirá a pessoa de que a conduta pode ser punida como ato atentatório à dignidade da justiça];
>
> V – declinar, no primeiro momento que lhes couber falar nos autos, o endereço residencial ou profissional onde receberão intimações, atualizando essa informação sempre que ocorrer qualquer modificação temporária ou definitiva;

VI – não praticar inovação ilegal no estado de fato de bem ou direito litigioso [neste caso, o o juiz advertirá a pessoa de que a conduta pode ser punida como ato atentatório à dignidade da justiça].

VII – informar e manter atualizados seus dados cadastrais perante os órgãos do Poder Judiciário e, no caso do § 6º do art. 246 deste Código, da Administração Tributária, para recebimento de citações e intimações.

Podem caracterizar ato atentatório à dignidade da justiça: multa de até 20% do valor da causa, de acordo com a gravidade da conduta. Não sendo paga no prazo fixado pelo juiz, a multa será inscrita em dívida ativa e cobrada por execução fiscal.

A multa não será imposta aos advogados públicos e privados e aos membros do Ministério Público e Defensoria Pública.

5. LITISCONSÓRCIO

5.1. Classificações

Tem-se o litisconsórcio quando duas ou mais pessoas litigarem em conjunto, no mesmo processo, em um dos polos da ação. Todos integrarão a relação jurídica processual na condição de partes.

O litisconsórcio comporta diversas classificações, com suas consequências práticas.

Critério de classificação	Modalidades
a) Posição dos sujeitos	Ativo, passivo e misto.
b) Momento de formação	Inicial e ulterior.
c) Obrigatoriedade de sua formação	Facultativo e necessário.
d) Necessidade uniformidade da decisão	Simples e unitário.

a) Quanto à posição dos sujeitos.

A reunião de pessoas poderá ocorrer no polo ativo, no polo passivo, ou até nos dois. Desse modo, identifica-se o litisconsórcio ativo, passivo e misto.

b) Quanto ao momento de sua formação.

Em relação ao momento de sua formação, tem-se o litisconsórcio inicial, quando o autor, na sua postulação, já indica a existência de mais de um componente do polo ativo, ou mais de um réu.

Porém, se tal indicação ocorrer supervenientemente, por determinação do juiz ou pela própria vontade da parte, tem-se o litisconsórcio ulterior.

c) Quanto à obrigatoriedade de sua formação.

A formação do litisconsórcio poderá ser uma opção do autor ou uma necessidade imposta pela lei. Tem-se, dessa maneira, o litisconsórcio facultativo e o necessário.

O litisconsórcio facultativo decorre exclusivamente da iniciativa do autor, que ao invés de propor várias ações contra réus diferentes, apresenta uma única demanda. Poderá ocorrer nas hipóteses indicadas no art. 113: I – entre elas houver comunhão de direitos ou de obrigações relativamente à lide; II – entre as causas houver conexão pelo pedido ou pela causa de pedir; III – ocorrer afinidade de questões por ponto comum de fato ou de direito (litisconsórcio impróprio).

Ocorre, contudo, que o número de litisconsortes poderá comprometer a rápida solução do litígio ou dificultar a defesa ou o cumprimento da sentença, hipótese em que se admite a sua limitação. Trata-se do que foi denominado de litisconsórcio facultativo multitudinário.

Litisconsórcio facultativo multitudinário é aquele em que o número de litisconsortes poderá comprometer a rápida solução do litígio ou dificultar a defesa ou o cumprimento da sentença. Poderá ser determinada a sua limitação pelo juízo, de ofício, ou atendendo a requerimento da parte contrária.

A parte poderá requerer a limitação do litisconsórcio multitudinário, quando então o prazo para manifestação ou resposta será interrompido, retomando-se da intimação do pronunciamento que decidir o requerimento.

Já caiu assim...

(Cespe – Analista Judiciário – Área Judiciária – TRF 1/2017) Conforme o Código de Processo Civil vigente, julgue os itens seguintes, a respeito da função jurisdicional, dos deveres das partes e de procuradores, do litisconsórcio e da assistência.

É lícito ao juiz limitar o litisconsórcio facultativo quanto ao número de litigantes na fase de conhecimento, mas não por ocasião da execução da sentença (**ERRADO**).

A limitação do litisconsórcio não ocorre apenas na fase de conhecimento!

Se, apresentado o requerimento de limitação do litisconsórcio, não for o mesmo acolhido pelo magistrado, poderá o prejudicado interpor recurso de agravo de instrumento (art. 1.015, VII).

Paralelamente, o litisconsórcio também poderá ser obrigatório ou necessário, quer em razão de disposição legal ou por conta da natureza da relação jurídica. Para tais hipóteses, a eficácia da sentença depende da citação de todos os litisconsortes.

A formação do litisconsórcio necessário deverá ser fiscalizada pelo juiz que, detectando a falha, determinará a regularização pelo autor, indicando prazo para tanto, sob pena de extinção do processo.

Note-se que o Código elencou consequências diferentes para a inobservância do litisconsórcio necessário, a depender se a decisão deveria ou não ser uniforme em relação a todos os que deveriam ter integrado o processo.

Como adiante se verá, o litisconsórcio será unitário se a decisão for obrigatoriamente uniforme em relação a todos os litisconsortes e será simples se tal uniformidade não for obrigatória.

Adianta-se tal informação justamente para que seja possível analisar, com mais precisão, a consequência advinda da inobservância da citação de todos os litisconsortes. Não se pode, com essa informação, confundir as modalidades de litisconsórcio.

Com efeito, litisconsórcio necessário não é a mesma coisa que unitário. No primeiro, há obrigatoriedade de sua formação. Por este, a formação do litisconsórcio não é obrigatória, mas, se ocorrer, a decisão deverá ser uniforme para todos os litisconsortes, não se admitindo pronunciamentos de teor diferentes.

Nesse sentido, tratando-se de litisconsórcio necessário e unitário, ao mesmo tempo, proferida sentença de mérito sem a citação de todos os litisconsortes, tem-se que esta é nula. Por outro lado, não havendo necessidade de tal uniformidade, a sentença não produzirá efeitos em relação àqueles que não foram citados.

Consequências decorrentes da não citação de todos os litisconsortes:

Litisconsórcio necessário e unitário	Litisconsórcio necessário e simples
Sentença nula	**Ineficaz em relação aos litisconsortes não citados**

d) Quanto à uniformidade da decisão.

Se a decisão tiver que ser uniforme para todos os litisconsortes, os quais serão tratados como integrantes de um bloco único, tem-se o litisconsórcio unitário. Em caso negativo, se estará diante do litisconsórcio simples, sendo tratados como litigantes distintos. Consequentemente, os atos e omissões não beneficiarão ou prejudicarão os demais litisconsortes.

No litisconsórcio simples, a contestação apresentada por um dos litisconsortes não afastará a incidência do efeito material da revelia em relação aos demais.

Diferentemente, no litisconsórcio unitário, a decisão há de ser uniforme em relação a todos os litisconsortes. Por essa razão, estes serão considerados como integrantes de um bloco único, motivo pelo qual o ato praticado por um deles a todos aproveitará, embora as omissões não prejudicarão aos demais.

No litisconsórcio unitário, a contestação apresentada por um dos litisconsortes afastará a incidência do efeito material da revelia em relação aos demais.

5.2. Litisconsórcio eventual, alternativo e subsidiário

Litisconsórcio eventual: são colocadas em juízo duas pessoas, estabelecendo-se uma ordem de preferência entre elas. Ocorre, por exemplo, na desconsideração da personalidade jurídica.

Litisconsórcio alternativo: o autor postula contra dois réus, pois se encontra em dúvida sobre quem deve ocupar o polo passivo. Exemplo típico é o da ação de consignação em pagamento. E outro exemplo é o do pedido postulado em face da seguradora e do intermediário do seguro, pois, se aquele se livrar da responsabilização, requer que este seja obrigado a reparar.

Litisconsórcio sucessivo: o segundo litisconsorte somente terá reconhecido o seu direito se, antes, o primeiro também o tiver. É o exemplo da ação de alimentos com indenização de ressarcimento de despesas do parto.

6. DA INTERVENÇÃO DE TERCEIROS

6.1. Observações gerais

A intervenção de terceiros é caracterizada pelo ingresso de um sujeito em processo pendente. Ele não participava do processo, sendo provocado para tanto, ou comparecendo e requerendo o seu ingresso espontaneamente.

6.2. Da Assistência

a) Definição.

Por meio dela, tem-se o ingresso voluntário de terceiro que demonstra possuir um interesse jurídico.

Como se vê, não é qualquer interesse que justifica a intervenção como assistente, mas somente o interesse jurídico, que não se confunde com o econômico.

A assistência **não importa na ampliação do objeto do processo**, sendo que o juiz julgará a demanda inicial do autor.

Ingressando no processo, o assistente estará impedido de discutir a justiça da decisão (art. 123 CPC 2015), vinculando-se a ela por conta da eficácia da intervenção atribuída pela lei. Nesse sentido, dispõe o Código que, transitada em julgado a sentença no processo em que interveio o assistente, este não poderá, em processo ulterior, discutir a justiça da decisão.

Contudo, não estará vinculado à justiça da decisão se alegar e provar que: i) pelo estado em que recebeu o processo ou pelas declarações e pelos atos do assistido, foi impedido de produzir provas suscetíveis de influir na sentença; e, ii) desconhecia a existência de alegações ou de provas das quais o assistido, por dolo ou culpa, não se valeu.

Tal modalidade de intervenção será admitida em qualquer procedimento e em todos os graus de jurisdição, recebendo o assistente o processo no estado em que se encontre.

b) Modalidades de assistência.

Há duas modalidades de assistência: simples e litisconsorcial.

Na assistência simples, o terceiro intervém no processo para auxiliar o assistido, uma vez que sua esfera jurídica será afetada de forma reflexa. Deve demonstrar a existência de interesse jurídico. O assistente, ao ingressar na ação, não poderá manifestar-se contrariamente aos interesses do assistido.

Nessa hipótese, sendo revel o assistido, o assistente será considerado seu substituto processual.

A assistência simples não obsta que a parte principal reconheça a procedência do pedido, desista da ação ou transija sobre direito controvertido, estando a atividade do assistente subordinada à vontade do assistido.

Em princípio, os poderes do assistente são os mesmos do assistido. Porém, não terá eficácia o que fizer o assistente em contraste com a vontade manifesta do assistido.

De outro lado, há assistência litisconsorcial (ou qualificada) quando a sentença houver de influir na relação jurídica entre ele o adversário do assistido. Nessa hipótese, o assistente poderia ser parte no processo.

Os seus poderes são os mesmos de um litisconsorte. Ainda que o assistido renuncie à pretensão ou transija, pode o assistente litisconsorcial atuar de forma contrária a essas atitudes. Somente com anuência do assistente litisconsorcial terá efeito a desistência da ação, transação, renúncia etc. O direito discutido é de todos, ao mesmo tempo.

Como é possível de se ver, na assistência simples, se o assistido manifestar-se no sentido da desistência da ação, não poderá se opor o assistente, pois estará vinculado à vontade deste. Porém, na assistência litisconsorcial, o assistente poderá até mesmo manifestar-se contrariamente aos interesses de seu assistido.

c) Procedimento de ingresso do assistente.

O procedimento para ingresso do assistente tem o mesmo trâmite, independentemente de sua modalidade.

Assim, havendo o requerimento de ingresso de terceiro como assistente, as partes serão ouvidas. Se qualquer delas alegar que falece ao assistente interesse jurídico para intervir a bem do assistido, o juiz decidirá o incidente, sem suspensão do processo.

d) Requerimento de assistência formulado pela União.

Tramitando o processo perante a Justiça Estadual e requerendo a União, suas autarquias, fundações e empresas públicas, o seu ingresso como assistente, deverá o juiz determinar a remessa dos autos à Justiça Federal, oportunidade em que será decidido se a União possui, de fato, interesse jurídico.

6.3. Da Denunciação da Lide

a) Definição.

Tem-se a denunciação da lide quando uma das partes promove, no mesmo processo, ação regressiva contra terceiro, dito denunciado. Pressupõe-se que o denunciante tenha uma pretensão própria contra o denunciado.

São requisitos indispensáveis para o deferimento da denunciação: a) pretensão própria do denunciante versus o denunciado; e b) existência de direito de regresso do denunciante frente ao denunciado.

Trata-se de espécie de intervenção de terceiros provocada, que possui natureza jurídica de ação condenatória eventual. Diz-se que é eventual, pois somente será julgada se o responsável pela denunciação (denunciante) for vencido no mérito da ação principal. Nesse sentido, dispôs o parágrafo único do art. 129: "Se o denunciante for vencedor, a ação de denunciação não terá o seu pedido examinado, sem prejuízo da condenação do denunciante ao pagamento das verbas de sucumbência em favor do denunciado".

Percebe-se que a denunciação da lide cria uma nova relação jurídica processual, com lide própria.

b) A provocação da denunciação da lide.

Têm legitimidade à denunciação as partes da ação principal (autor e réu, além dos que já figurem como denunciados), desde que exista uma pretensão de regresso.

DENUNCIAÇÃO DA LIDE PELO AUTOR	DENUNCIAÇÃO DA LIDE PELO RÉU
O autor requer a denunciação na própria petição inicial. Ela somente será julgada se a ação principal, movida em face do réu, for julgada improcedente.	O réu a requer no prazo de resposta. Somente será julgada se a ação principal, movida em face do denunciante, for julgada procedente.
Requerida a citação do denunciado, o processo principal permanecerá paralisado. Realizada a citação, poderá o denunciado assumir a posição de litisconsorte do denunciante e acrescentar novos argumentos à petição inicial, procedendo-se em seguida à citação do réu.	Oferecida a denunciação, podem surgir três situações distintas: i) se o denunciado contestar o pedido formulado pelo autor, o processo prosseguirá tendo, na ação principal, em litisconsórcio, denunciante e denunciado; ii) se o denunciado for revel, o denunciante pode deixar de prosseguir com a sua defesa e abster-se de recorrer, restringindo sua atuação à ação regressiva; iii) se o denunciado confessar os fatos alegados pelo autor, o denunciante poderá prosseguir com sua defesa ou, aderindo a tal reconhecimento, pedir apenas a procedência da ação de regresso.

Independentemente da modalidade de denunciação – requerida pelo autor ou pelo réu –, será a ação regressiva julgada na mesma sentença em que analisada a ação principal.

De toda maneira, estando prejudicada a denunciação da lide por conta de ser a ação principal favorável ao denunciante, deverá este ser condenado ao pagamento dos honorários devidos ao advogado do denunciado.

c) Cabimento da Denunciação da Lide.

Será admissível a denunciação da lide, promovida por qualquer das partes:

> I – ao alienante imediato, no processo relativo à coisa cujo domínio foi transferido ao denunciante, a fim de que possa exercer os direitos que da evicção lhe resultam;
>
> II – àquele que estiver obrigado, por lei ou pelo contrato, a indenizar, em ação regressiva, o prejuízo de quem for vencido no processo.

Em primeiro lugar, deve ser destacado que, em nenhuma hipótese, a denunciação da lide será obrigatória. Já não o era no CPC de 1973, de acordo com último entendimento do Superior Tribunal de Justiça, e não o será agora por conta da expressão "admissível", contida no art. 125 do CPC 2015.

Assim, a parte poderá exercer o seu direito de regresso por meio da denunciação da lide, ou, optando diferentemente, ou pela sua inaplicabilidade, o fará por meio de ação autônoma.

6.4. Do Chamamento ao Processo

a) Definição.

O chamamento ao processo é modalidade de intervenção de terceiros provocada pelo réu, que deverá exercer tal direito na contestação.

Existem duas teses a respeito da natureza do chamamento ao processo.

a) Trata-se de ação condenatória requerida pelo devedor solidário que, acionado sozinho para responder pela totalidade da dívida, pretende acertar, na ação secundária de chamamento, a responsabilidade do devedor principal ou dos demais codevedores solidários, na proporção de suas cotas. De acordo com os autores adeptos desta teoria, tese contrária ofenderia a opção do litisconsórcio facultativo para o autor nos casos de solidariedade.

b) Outros autores defendem tratar-se de forma de ampliação subjetiva passiva da relação processual. O CPC/2015, ao que parece, adotou a segunda tese, como se pode extrair do que está previsto no art. 131, caput, ao mencionar que "a citação daqueles que devam figurar em litisconsórcio passivo (...)".

b) Da admissibilidade do Chamamento ao Processo.

O chamamento ao processo poderá ser requerido réu, na sua contestação, quando: i) o fiador for réu, hipótese em que chamará o afiançado; ii) os demais fiadores, na ação proposta contra um ou alguns deles; iii) os demais devedores solidários, quando o credor exigir de um ou de alguns o pagamento da dívida comum.

Nessas hipóteses, o réu foi citado para responder sozinho pela obrigação. Então, buscando fixar a responsabilidade do devedor principal ou dos demais devedores, poderá chamá-los ao processo, com quem formará litisconsórcio passivo.

Após requerer a citação do chamado e sendo a intervenção deferida pelo juiz, o réu deverá providenciar a sua citação, disponibilizando o que for necessário. Deverá tomar tal providência no prazo de trinta dias, sob pena de ficar sem efeito o chamamento. Porém, se o chamado residir em outra comarca, seção ou subseção judiciária, ou ainda em lugar incerto, o prazo será de dois meses.

c) Da sentença de procedência.

O réu, ao promover o chamamento ao processo, tem o interesse, como já foi dito, de ver reconhecida a responsabilidade do chamado em responder total ou parcialmente pela dívida. E, em conformidade com o art. 132 do CPC 2015, a sentença de procedência valerá como título executivo judicial em favor do réu que satisfizer a dívida, a fim de que possa exigi-la, por inteiro, do devedor principal, ou de cada um dos codevedores, na proporção que lhes tocar.

6.5. Do incidente de desconsideração da personalidade jurídica

a) Definição.

Com a finalidade de resguardar os princípios do contraditório dinâmico e da ampla defesa, o legislador fez previsão do incidente de desconsideração da personalidade jurídica, por meio do qual o sócio ou a própria pessoa jurídica (desconsideração invertida) serão previamente ouvidos, antes de se decidir pela possibilidade de desconsiderá-la.

A lei processual não fez previsão das hipóteses em que será admitida a desconsideração, reservando tal regulação para o direito material, como é possível verificar no Código Civil, Código de Defesa do Consumidor etc.

Trata-se de novidade inserida pelo CPC de 2015, pois, embora o ordenamento jurídico admitisse a desconsideração em algumas hipóteses, não se preocupava com aspectos processuais.

b) Desconsideração requerida na própria inicial.

O pedido de desconsideração da personalidade jurídica não depende propriamente da instauração de um incidente próprio, pois poderá ser requerido na própria petição inicial, ou em reconvenção (apresentada na contestação).

Optando por tal procedimento, o demandante requererá a formação de litisconsórcio passivo entre a pessoa jurídica e o sócio (ou, o sócio e a pessoa jurídica, no caso da desconsideração invertida).

c) Legitimidade para requerer a instauração do incidente.

O incidente de desconsideração da personalidade jurídica será instaurado a pedido da parte ou do Ministério Público, quando lhe couber intervir no processo.

Aquele que demandar no processo poderá requerer a instauração do incidente de desconsideração da personalidade jurídica. Nesse sentido, poderão fazê-lo: i) autor; ii) o réu, por meio de reconvenção; iii) o autor ou o réu, quando requererem a denunciação da lide; iv) o réu, quando valer-se do chamamento ao processo; v) o assistente litisconsorcial também poderá requerer, até porque poderia ser parte na relação processual.

O Ministério Público também poderá fazê-lo, atuando como parte no processo, ou como fiscal da ordem jurídica.

d) Admissibilidade do incidente.

O incidente de desconsideração da personalidade jurídica é cabível em todas as fases do processo de conhecimento, no cumprimento de sentença ou na execução fundada em título executivo extrajudicial.

e) Procedimento.

O incidente será requerido por meio do interessado, em petição dirigida ao juízo. Uma vez instaurado, haverá comunicação ao distribuidor para as anotações devidas, acarretando a imediata suspensão do processo.

Trata-se, como se vê, de suspensão imprópria, na medida em que, enquanto outros atos processuais não serão praticados, o incidente tramitará, com a citação do sócio ou da pessoa jurídica para manifestar-se e requerer as provas cabíveis no prazo de quinze dias.

Terminada a instrução, se acaso for necessário, o incidente será solucionado por meio de decisão interlocutória, podendo ser impugnada pelo recurso de agravo de instrumento. Se a decisão for proferida pelo relator, caberá o recurso de agravo interno.

Sendo acolhido o incidente, o juiz determinará que os bens do sócio ou da pessoa jurídica também responderão pela dívida. Além disso, a alienação ou a oneração de bens, havida em fraude de execução, será ineficaz em relação ao requerente.

6.6. Do *Amicus Curiae*

a) Definição.

O *amicus curiae* não é parte no processo, pois não tem qualquer interesse no resultado da ação. Tem unicamente interesse em auxiliar o órgão judicial. Terá legitimidade recursal limitada, pois somente poderá recorrer para opor embargos declaratórios e para impugnar o pronunciamento que julgar o incidente de resolução de demandas repetitivas (art. 138, § 3º do CPC).

b) Limitação à legitimação recursal do *Amicus Curiae*.

Se, de um lado, o CPC prevê a intervenção do amicus curiae em quatro dispositivos, restringe a possibilidade de interposição de recurso a apenas um deles – incidente de resolução de demandas repetitivas – e admite a apresentação de embargos declaratórios em todos (art. 138, §§ 1º e 3º), ressalvado nos processos de controle concentrado de constitucionalidade, em que o STF não admite tal interposição.

7. FATOS E ATOS PROCESSUAIS

7.1. Conceito

São atos processuais aqueles que se destinam à criação, modificação, conservação ou extinção da *relação jurídica processual*. Podem ser praticados pelas partes, pelos auxiliares do juízo e pelo magistrado.

Não se confundem com os fatos processuais, que são acontecimentos que independem da ação humana, mas que têm importância para o processo.

7.2. Classificação

Sob o aspecto subjetivo, os atos processuais podem ser classificados como sendo: i) atos das partes; ii) atos dos auxiliares do juízo; iii) atos do juiz, nestes compreendidos os pronunciamentos jurisdicionais.

7.3. Forma dos atos processuais

Os atos processuais não dependem de prova determinada, salvo quando a lei expressamente o exigir.

Princípio da instrumentalidade das formas: consideram-se válidos os atos processuais que, embora realizados de outro modo, tenham preenchido a finalidade essencial.

Deve ser observado, ainda, os princípios da primazia do julgamento do mérito e do máximo aproveitamento do ato processual.

Como regra, os atos processuais são públicos. Porém, correrão em segredo de justiça: i) aqueles em que se exija o interesse público ou social; ii) que versem sobre casamento, separação de corpos, divórcio, separação, união estável, filiação, alimentos e guarda de crianças e adolescentes; iii) em que constem dados protegidos pelo direito constitucional à intimidade; iv) que versem sobre arbitragem, inclusive sobre cumprimento de carta arbitral, desde que a confidencialidade estipulada na arbitragem seja comprovada perante o juízo.

7.4. Tempo e lugar

Os atos processuais serão praticados em horário autorizado por lei, qual seja, das 6 às 20 horas. Se iniciados antes, podem ser concluídos após as 20 horas, se o adiamento prejudicar a diligência ou causar grave dano. As citações, intimações e as penhoras podem ser realizadas no período de férias forenses, nos feriados ou dias úteis fora do horário estabelecido, desde que se observe a impossibilidade de ingresso em domicílio em horário noturno sem a autorização do morador.

O ato eletrônico poderá ser praticado até as 24 horas do último dia do prazo.

Durante as férias forenses e nos feriados não serão praticados atos processuais, salvo as citações, intimações e penhoras, como acima afirmado, bem como a tutela de urgência.

Citação, intimação e penhora poderão ser praticadas nas férias, nos feriados e após as 20 horas, desde que se observe que o domicílio é o asilo inviolável do indivíduo.

Durante as férias serão processuais determinadas demandas, continuando o trâmite ainda pela que pela superveniência delas: i) os procedimentos de jurisdição voluntária e os necessários à conservação de direitos, quando puderem ser prejudicados pelo adiamento; ii) a ação de alimentos e os processos de nomeação ou remoção de tutor e curador; iii) os processos que a lei determinar.

Consideram-se feriados, para efeito forense, os sábados, domingos, os dias em que não haja expediente forense, bem como os declarados por lei.

Os atos processuais, como regra, serão praticados na sede do juízo. Excepcionalmente, poderão ser praticados em outro lugar em razão de deferência, interesse da justiça, da natureza do ato ou de obstáculo arguido pelo interessado e acolhido pelo juiz.

7.5. Prazos

A lei prescreverá os prazos em que serão realizados os atos processuais. Prazo pode ser entendido como o período de tempo entre um termo inicial e um termo final.

Se a lei não fizer previsão do prazo, o juiz o fixará, levando em consideração a sua complexidade.

CONTAGEM DOS PRAZOS PROCESSUAIS NO PROCESSO CIVIL: SOMENTE SERÃO CONTADOS OS DIAS ÚTEIS!

Suspende-se o prazo processual no período de 20 de dezembro a 20 de janeiro, inclusive, o que não retira a necessidade de exercício da atribuição pelos juízes, membros do MP, Defensoria Pública, Advocacia Pública e os auxiliares da Justiça.

Entende-se por prazo peremptório, em conformidade com o CPC/2015, aqueles nos quais o juiz não poderá diminuir sem a concordância das partes. Verifica-se que o juiz poderá dilatar quaisquer prazos, ainda que processuais, como ocorre com o prazo para oferecimento de contestação. Ele poderá ser aumentado por decisão judicial. Porém, para diminuí-lo, deverá o magistrado contar com a concordância das partes.

O MAGISTRADO PODERÁ DILATAR QUAISQUER PRAZOS.
PARA DIMINUI-LOS, PORÉM, PRECISA DA CONCORDÂNCIA DAS PARTES.

Em certas hipóteses o prazo processual será contado de forma diferenciada. Podem ser citados: i) para os litisconsortes com diversos procuradores; ii) para o Ministério Público, Defensor Público e integrantes da Advocacia Pública.

Litisconsortes: serão litisconsortes aqueles que litigarem lado a lado em um dos polos da ação. Tais pessoas podem contar com um único advogado, ou então cada um deles poderá ter o patrocínio de um causídico. Neste último caso, têm-se os litisconsortes com diversos procuradores, que contarão com o prazo em dobro para a prática de atos processuais desde que preenchidos determinados requisitos, resumidos no quadro a seguir.

Requisitos para a contagem em dobro do prazo para os litisconsortes com diversos procuradores:
i) serem os Advogados dos litisconsortes integrantes de escritórios de advocacia distintos;
ii) que não se trate de processo eletrônico.

A contagem em dobro cessará se, havendo apenas dois réus, for oferecida defesa apenas por um deles.

7.6. Comunicação dos atos processuais. Citação, cartas e intimações

Citação é o ato pelo qual são convocados o réu, o executado ou o interessado para integrar a relação processual. Deverá ser efetivada em até quarenta e cinco dias a partir da propositura da ação. Para que a relação processual seja válida, é imprescindível a citação do réu ou do executado, salvo nas hipóteses de indeferimento da petição inicial ou de improcedência liminar do pedido.

Decorrem certos efeitos da citação válida, ainda que o ato tenha sido ordenado por juiz incompetente. **Efeitos da citação válida: i) induzir litispendência; ii) tornar litigiosa a coisa; iii) constituir em mora o devedor, ressalvadas excepcionalidades previstas no Código Civil.**

Alterações importantes sobre a citação – Lei n.14.195/2021
1 – a citação será efetivada em até 45 dias a partir da propositura da ação. Trata-se, naturalmente, de prazo impróprio;
2 – A citação será feita preferencialmente por meio eletrônico, no prazo de até 2 (dois) dias úteis, contado da decisão que a determinar, por meio dos endereços eletrônicos indicados pelo citando no banco de dados do Poder Judiciário, conforme regulamento do Conselho Nacional de Justiça.
3 – As empresas públicas e privadas são obrigadas a manter cadastro nos sistemas de processo em autos eletrônicos, para efeito de recebimento de citações e intimações, as quais serão efetuadas preferencialmente por esse meio.
4 – A ausência de confirmação, em até 3 (três) dias úteis, contados do recebimento da citação eletrônica, implicará a realização da citação: I – pelo correio; II – por oficial de justiça; III – pelo escrivão ou chefe de secretaria, se o citando comparecer em cartório; IV – por edital. Competirá ao réu, citado de uma dessas formas alternativas à eletrônica, apresentar justa causa para a ausência de confirmação do recebimento da citação enviada eletronicamente.
5 – Considera-se ato atentatório à dignidade da justiça, passível de multa de até 5% (cinco por cento) do valor da causa, deixar de confirmar no prazo legal, sem justa causa, o recebimento da citação recebida por meio eletrônico.
6 – A União, o Distrito Federal e o Município são obrigados a manter cadastro nos sistemas de processo em autos eletrônicos, para efeito de recebimento de citações e intimações, as quais serão efetuadas preferencialmente por esse meio.
7 – As citações por correio eletrônico serão acompanhadas das orientações para realização da confirmação de recebimento e de código identificador que permitirá a sua identificação na página eletrônica do órgão judicial citante.
8 – Microempresas e pequenas empresas: somente serão obrigadas a manter cadastro nos sistemas de processo em autos eletrônicos, quando não possuírem endereço eletrônico cadastrado no sistema integrado da Rede Nacional para a Simplificação do Registro e da Legalização de Empresas e Negócios (Redesim).
9 – A citação será feita por meio eletrônico ou pelo correio para qualquer comarca do país, exceto: I – nas ações de estado; II – quando o citando for incapaz; III – quando o citando for pessoa jurídica de direito público; IV – quando o citando residir em local não atendido pela entrega domiciliar de correspondência; V – quando o autor, justificadamente, a requerer de outra forma.

Em todas as cartas o juiz fixará o prazo para cumprimento.

A carta tem caráter itinerante, podendo, antes ou depois de lhe ser ordenado o cumprimento, ser encaminhada a juízo diverso do que dela consta, a fim de se praticar o ato.

Intimação é o ato pelo qual se dá ciência a alguém dos atos e termos do processo.

Não dispondo a lei de outro modo, as intimações serão feitas às partes, aos seus representantes legais, aos advogados e aos demais sujeitos do processo pelo correio ou, se presentes em cartório, diretamente pelo escrivão ou chefe de secretaria.

Presumem-se válidas as intimações dirigidas ao endereço constante dos autos, ainda que não recebidas pessoalmente pelo interessado, se a modificação temporária ou definitiva não tiver sido devidamente comunicada ao juízo, fluindo os prazos a partir da juntada aos autos do comprovante de entrega da correspondência no primitivo endereço.

7.7. Nulidades

O Código de Processo Civil encampou a Norma Fundamental do máximo aproveitamento processual e da primazia do julgamento do mérito, bem como o princípio da instrumentalidade, de modo que o vício somente importará em nulidade se houver prejuízo. Em outros termos, o ato não será repetido nem sua falta será suprida quando não prejudicar a parte. Dá-se o aproveitamento dos atos praticados desde que não resulte prejuízo à defesa de qualquer parte.

A primazia do julgamento do mérito e o máximo aproveitamento do ato processual impõem que, quando puder decidir o mérito a favor da parte a quem aproveite a decretação da nulidade, o juiz não a pronunciará nem mandará repetir o ato ou suprir-lhe a falta.

Ou seja, o juiz poderá até desconsiderar o vício existente e decidir o mérito em favor da parte a quem se aproveite a decretação da nulidade.

O prejuízo é exigido na nulidade absoluta e também na relativa.

A nulidade absoluta é aquela que pode ser conhecida de ofício pelo juízo e as partes podem alegá-la a qualquer tempo. Na nulidade relativa, por sua vez, haverá a necessidade de que seja alegada na primeira oportunidade em que couber à parte falar nos autos, sob pena de preclusão.

Reconhecida a nulidade do ato, consideram-se sem efeito aqueles que forem atingidos, por serem dependentes.

7.8. Preclusão

A preclusão comporta as seguintes espécies: i) temporal; ii) lógica; iii) consumativa; iv) elástica.

MODALIDADE DE PRECLUSÃO	EXTENSÃO/ SIGNIFICADO
Temporal	Decorre do escoamento do prazo para a prática do ato processual, com o que se extingue o direito de praticá-lo ou de emendá-lo. Deve ser levada em consideração a possibilidade de verificar a justa causa decorrente de evento alheio à vontade da parte e que a impediu de praticar o ato por si ou por mandatário.
Lógica	Decorre da prática de ato incompatível com o anterior. Ex.: pagamento da obrigação reconhecida em sentença condenatória. Tem-se a preclusão lógica em relação à possibilidade de interpor recurso.
Consumativa	Decorre da prática do ato processual. Uma vez praticado, não poderá ser renovado. Se oferecida contestação, não poderá ser posteriormente apresentada outra defesa. Se interposto recurso de apelação, não poderá ser ampliado o objeto recursal. Isso não significa vedar-se o aperfeiçoamento do ato processual em decorrência do princípio do máximo aproveitamento dos atos processuais e da primazia do julgamento do mérito.
Elástica	Decorre da necessidade de aguardar para verificar se determinado ato será praticado em período posterior. Ex.: impugnação de questão incidental decidida por meio de decisão interlocutória quando da interposição do recurso de apelação, em que será necessário apresentar preliminar nas razões recursais. Se esta não for apresentada, tem-se a preclusão.

8. MAGISTRATURA. AUXILIARES DA JUSTIÇA. MINISTÉRIO PÚBLICO. DEFENSORIA PÚBLICA. ADVOCACIA.

8.1. Magistratura e Juiz

8.1.1. Princípios, poderes, deveres e responsabilidades.

O juiz atuará como presidente do processo, sendo de sua atribuição dirigi-lo (princípio do impulso oficial), como um verdadeiro gestor para a garantia da ampla defesa, contraditório e com o objetivo de ser alcançada uma sentença de mérito justa e efetiva.

Para tanto, terá as incumbências indicadas no art. 139, quais sejam:

> I – assegurar às partes igualdade de tratamento;
>
> II – velar pela duração razoável do processo;
>
> III – prevenir ou reprimir qualquer ato contrário à dignidade da justiça e indeferir postulações meramente protelatórias;
>
> IV – determinar todas as medidas indutivas, coercitivas, mandamentais ou sub-rogatórias necessárias para assegurar o cumprimento de ordem judicial, inclusive nas ações que tenham por objeto prestação pecuniária;
>
> V – promover, a qualquer tempo, a autocomposição, preferencialmente com auxílio de conciliadores e mediadores judiciais;
>
> VI – dilatar os prazos processuais e alterar a ordem de produção dos meios de prova, adequando-os às necessidades do conflito de modo a conferir maior efetividade à tutela do direito;
>
> VII – exercer o poder de polícia, requisitando, quando necessário, força policial, além da segurança interna dos fóruns e tribunais;
>
> VIII – determinar, a qualquer tempo, o comparecimento pessoal das partes, para inquiri-las sobre os fatos da causa, hipótese em que não incidirá a pena de confesso;
>
> IX – determinar o suprimento de pressupostos processuais e o saneamento de outros vícios processuais;
>
> X – quando se deparar com diversas demandas individuais repetitivas, oficiar o Ministério Público, a Defensoria Pública e, na medida do possível, outros legitimados a que se referem o art. 5o da Lei nº 7.347, de 24 de julho de 1985, e o art. 82 da Lei no 8.078, de 11 de setembro de 1990, para, se for o caso, promover a propositura da ação coletiva respectiva.

É sabido que o juiz não se exime de decidir sob a alegação de lacuna ou obscuridade do ordenamento jurídico, sendo proibido o *non liquet*, como consequência do princípio da indeclinabilidade da jurisdição.

O ordenamento jurídico é composto não apenas pela lei, mas por várias fontes,

8.1.2. Responsabilidade civil do juiz

O juiz responderá civil e regressivamente por perdas e danos quando: i) no exercício de suas funções, proceder com dolo ou fraude; ii) recusar, omitir ou retardar, sem justo motivo, providência que deva ordenar de ofício ou a requerimento da parte (art. 143).

8.1.3. *Impedimento e Suspeição*

A imparcialidade é essencial para a validade da relação processual. Porém, esta imparcialidade poderá estar comprometida em determinadas situações.

No art. 144 há a previsão do impedimento do juiz, sendo-lhe vedado exercer suas funções no processo nas hipóteses mencionadas nos incisos. Para estes casos, o impedimento poderá ser conhecido de ofício pelo magistrado ou alegado pelas partes. Como regra, deverão fazê-lo no prazo de 15 dias contados da ciência do fato, muito embora se admita a alegação posterior. Poderá ser objeto até mesmo de ação rescisória.

De outro lado, o art. 145 prevê as hipóteses de suspeição, que poderão ser conhecidas de ofício pelo juiz e as partes poderão alegá-las no prazo de 15 dias contados da ciência. Porém, se não o fizerem, ocorre a preclusão.

O impedimento e a suspeição poderão ser apresentados por meio de petição que será juntada aos autos, não havendo mais a exigência da exceção.

8.2. Auxiliares da Justiça

O juiz não atua sozinho no processo. Ao contrário, é auxiliado por outros profissionais, que podem ter vínculo funcional direto com o Tribunal, ou apenas exercerem a sua função de forma eventual, sem vínculo funcional.

Para fins penais, são considerados *funcionários públicos*. Para o Direito Administrativo, alguns ocupam cargos públicos, enquanto outros não.

São auxiliares da Justiça, além de outros cujas atribuições sejam determinadas pelas normas de organização judiciária, o escrivão, o chefe de secretaria, o oficial de justiça, o perito, o depositário, o administrador, o intérprete, o tradutor, o mediador, o conciliador judicial, o partidor, o distribuidor, o contabilista e o regulador de avarias.

Em cada juízo (foro ou comarca) haverá um ou mais ofícios de justiça (unidades judiciárias), cujas atribuição serão determinadas pelas normas de organização judiciária. Cada uma dessas unidades será dirigida por um Escrivão.

Incumbirá ao escrivão ou ao chefe de secretaria:

> I – redigir, na forma legal, os ofícios, os mandados, as cartas precatórias e os demais atos que pertençam ao seu ofício;
>
> II – efetivar as ordens judiciais, realizar citações e intimações, bem como praticar todos os demais atos que lhe forem atribuídos pelas normas de organização judiciária;
>
> III – comparecer às audiências ou, não podendo fazê-lo, designar servidor para substituí-lo;
>
> IV – manter sob sua guarda e responsabilidade os autos, não permitindo que saiam do cartório, exceto: a) quando tenham de seguir à conclusão do juiz; b) com vista a procurador, à Defensoria Pública, ao Ministério Público ou à Fazenda Pública; c) quando devam ser remetidos ao contabilista ou ao partidor; d) quando forem remetidos a outro juízo em razão da modificação da competência; V – fornecer certidão de

qualquer ato ou termo do processo, independentemente de despacho, observadas as disposições referentes ao segredo de justiça; VI – praticar, de ofício, os atos meramente ordinatórios, nos termos regulamentados por ato do juiz.

8.3. Ministério Público

A Constituição Federal de 1988 foi responsável pelo fortalecimento da iniciativa do Ministério Público nas áreas civil e criminal, atribuindo-lhe, ainda, a incumbência específica de promover a defesa dos interesses sociais (art. 127 CF).

Entende-se por interesse social aqueles cuja tutela, em uma ordem jurídica específica, é oportuna para que a sociedade possa progredir material e moralmente.

O Ministério Público atuará na defesa da ordem jurídica, do regime democrático e dos interesses e direitos sociais e individuais indisponíveis, conforme determina a Constituição Federal, a sua Lei Orgânica e o art. 176 do CPC.

> São princípios institucionais do Ministério Público: a unidade, a indivisibilidade e a independência funcional (art. 127, § 1º CF). A estes, podem ser somados: princípio constitucional do promotor natural, princípio infraconstitucional do livre exercício da ação penal, princípio infraconstitucional da irresponsabilidade e princípio infraconstitucional da irrecusabilidade.

Poderá atuar no processo civil como parte ou como fiscal da ordem jurídica.

Atuará como fiscal da ordem jurídica nas hipóteses previstas na Constituição e na lei e, também nos processos: i) que envolvam interesse público ou social; ii) interesse de incapaz; iii) litígios coletivos pela posse de terra rural ou urbana.

> É de se ter atenção com a mudança ocorrida. O Ministério Público não mais atuará nas causas de divórcio, por exemplo, se não existir interesse de incapaz. Além disso, a participação da Fazenda Pública (pessoa jurídica de direito público) não importa na necessidade de participação do MP.

O Ministério Público, no exercício de suas funções, contará com determinadas prerrogativas. Dessa maneira, gozará de prazo em dobro para manifestar-se nos autos e fará jus à intimação pessoal.

No exercício de suas funções, o Ministério Público poderá instaurar inquéritos civis e outras medidas e procedimentos administrativos pertinentes e, para instruí-los, entre outras providências, requisitar informações, exames periciais e documentos de autoridades federais, estaduais e municipais, bem como dos órgãos e entidades da administração direta, indireta ou fundacional, de qualquer dos Poderes da União, dos Estados, do Distrito Federal e dos Municípios, bem como, promover inspeções e diligências investigatórias junto às autoridades, órgãos e entidades a que se refere a alínea anterior e, ainda, requisitar informações e documentos a entidades privadas, para instruir procedimentos ou processo em que oficie.

O Ministério Público será civil e regressivamente responsável quando agir com dolo ou fraude no exercício de suas funções

> RESPONSABILIDADE REGRESSIVA DO MEMBRO DO MINISTÉRIO PÚBLICO.

Aplicam-se ao membro do Ministério Público os motivos de impedimento e de suspeição previstos para o juiz.

A parte interessada deverá arguir o impedimento ou a suspeição, em petição fundamentada e devidamente instruída, na primeira oportunidade em que lhe couber falar nos autos.

O juiz mandará processar o incidente em separado e sem suspensão do processo, ouvindo o arguido no prazo de 15 (quinze) dias e facultando a produção de prova, quando necessária.

A propósito...

(Cespe – Analista Judiciário – Área Judiciária – TRF 1/2017) A respeito da petição inicial, da tutela provisória, da suspensão do processo e das nulidades, julgue os próximos itens à luz do Código de Processo Civil vigente.

Caso verifique que o Ministério Público não foi intimado em processo que envolva interesse de incapaz, o juiz deverá, com base nos princípios da celeridade e da eficiência, decretar a nulidade do processo, intimando o Ministério Público da decisão. **ERRADO.**

➔ Princípio da instrumentalidade das formas justifica a incorreção.

8.4. Defensoria Pública

A Defensoria Pública gozará de prazo em dobro para todas as suas manifestações processuais, com a prerrogativa da intimação pessoal.

8.5. Advocacia

É missão da Advocacia Pública a defesa e promoção dos interesses públicos da União, dos Estados, do Distrito Federal e dos Municípios, por meio de representação judicial, em todos os âmbitos federativos, das pessoas jurídicas de direito público que integram a administração direta e indireta.

As pessoas jurídicas de direito público gozam de prazo em dobro para a prática de atos processuais (ressalvados os prazos que lhe são específicos), bem como da prerrogativa da intimação pessoal.

As prerrogativas processuais da Fazenda Pública se legitimam na aplicação do princípio constitucional da isonomia que reclama tratamento instrumental condizente com a defesa do interesse público em juízo.

A União, os Estados, o Distrito Federal, os Municípios e suas respectivas autarquias e fundações de direito público gozarão de prazo em dobro para todas as suas manifestações processuais, cuja contagem terá início a partir da intimação pessoal.

Não se aplica o benefício da contagem em dobro quando a lei estabelecer, de forma expressa, prazo próprio para o ente público.

O membro da Advocacia Pública será civil e regressivamente responsável quando agir com dolo ou fraude no exercício de suas funções.

9. TUTELA PROVISÓRIA

9.1. Tutelas de Urgência e de Evidência

O Código de Processo Civil de 2015 denominou de provisória a tutela sumária, revogável, que pode ser deferida para em razão da existência de fundamentos relevantes e de risco de dano grave ou de difícil reparação, ou por conta da alta probabilidade de acolhimento da pretensão, não se justificando a necessidade de aguardar-se pelo final da caminhada processual.

Para tanto, tentou abreviar o procedimento para deferimento dessa medida.

Portanto, diferentemente do modelo anterior, o Código de Processo Civil de 2015, ao mesmo tempo em que bem diferenciou a tutela satisfativa, cautelar e da evidência, as inseriu em dois grandes grupos: i) tutela de urgência; ii) tutela da evidência, conforme o seu fundamento.

9.2. Fungibilidade

Admitindo-se a fungibilidade de meios, ainda que requerida a tutela antecipada, por exemplo, entendendo o juiz ser o caso de concessão da tutela cautelar, assim será deferido.

9.3. Da tutela antecipada e tutela cautelar

A tutela de urgência será concedida quando houver elementos que evidenciem a probabilidade do direito (*fumus boni iuris*) e o perigo de dano ou o risco ao resultado útil do processo (*periculum in mora*).

Como visto, o CPC/2015 não diferencia os requisitos para o deferimento da tutela antecipada ou da tutela cautelar, exigindo-se a probabilidade do direito e a urgência da medida para os dois. Nos casos concretos, deverá ser identificada a providência necessária, que pode consistir em antecipar o mérito que seria acolhido apenas ao final da fase de conhecimento (antecipação dos efeitos da tutela), quando o magistrado proferirá pronunciamento que versa sobre o mérito (ou mesmo de mérito, se o fizer concomitantemente à sentença), ou então em servir como instrumento para o sucesso do processo (tutela cautelar).

Para o deferimento da tutela de urgência, o seu requerente deverá demonstrar que se encontram presentes os seus requisitos. Para tanto, poderá valer-se de justificação prévia, que consiste em oportunidade na qual serão inquiridas testemunhas.

A justificação prévia será deferida nos próprios autos em que pleiteada a concessão da tutela provisória.

É condição para o deferimento da tutela provisória que não haja perigo de irreversibilidade dos efeitos da decisão.

9.4. A Tutela Antecipada requerida de forma antecedente

Inovou o Código de Processo Civil de 2015 ao permitir que a tutela antecipada seja requerida de forma antecedente à instauração da relação processual.

Diferentemente do CPC de 1973, as medidas requeridas de forma antecedente não serão objeto de processo próprio, mas importarão na própria provocação do Poder Judiciário, que aguardará a vinda de futura complementação, a ser juntada nos próprios autos.

Dessa maneira, não haverá uma ação para a tutela de urgência e outra para análise do pedido principal. Tudo será analisado em um único processo, no contexto de uma única relação processual.

Ocorre que, na tutela de urgência satisfativa requerida de forma antecedente, o Poder Judiciário será provocado por meio de uma petição que, muito embora possua importantes elementos, ainda poderá ser completada futuramente.

Nesse passo, o autor apresenta a sua petição inicial, que poderá ser limitada ao requerimento da tutela antecipada e à indicação do pedido de tutela final, com a exposição da lide, do direito que se busca realizar e do perigo de dano ou do risco ao resultado útil do processo.

Se o autor já puder apresentar a sua petição inicial de forma integral, naturalmente, não haveria necessidade de pleitear a tutela antecipada antecedente.

Deverá o autor observar a necessidade de fazer a petição inicial estar acompanhada dos requisitos extrínsecos necessários, como a comprovação do recolhimento das custas, bem como da procuração.

A petição inicial será distribuída (observando-se as regras de competência) e o juízo analisará se estão presentes os requisitos para a concessão da tutela antecipada requerida.

Em caso negativo, o juiz determinará que o autor emende a inicial no prazo de cinco dias, sob pena de extinção e arquivamento. Diferentemente, em caso positivo, o magistrado deferirá a medida de urgência e determinará o prosseguimento do processo.

Competirá ao autor, então, completar a inicial, deixando-a apta à compreensão de seus argumentos e ao exercício do direito de defesa do réu, que será citado.

Concomitantemente à citação para comparecimento à audiência de conciliação, o réu será também intimado dos termos da liminar concedida, abrindo-se o prazo para que possa interpor o seu recurso de agravo de instrumento (art. 1.015, I do CPC).

9.5. Da Tutela Cautelar e Poder Geral de Cautela

Muito embora o CPC não tenha indicado requisitos específicos para as medidas cautelares, que podem ser deferidas se presentes os *fumus boni iuris* e o *periculum in mora*, menciona que a "tutela de urgência de natureza cautelar pode ser efetivada mediante arresto, sequestro, arrolamento de bens, registro de protesto contra alienação de bem e qualquer outra medida idônea para asseguração do direito". Ou seja, de um lado, tipifica algumas medidas, mas deixa aberta a possibilidade da adoção de qualquer medida atípica para salvaguardar o direito.

9.6. Tutela Cautelar antecedente

O procedimento da tutela cautelar requerida em caráter antecedente segue o disposto no art. 305 e seguintes do Código de Processo Civil.

A parte apresentará petição inicial antecedente, na qual indicará a lide e seu fundamento, a exposição sumária do direito que se objetiva assegurar e o perigo de dano ou o risco ao resultado útil do processo.

Entendendo o magistrado que a situação demanda tutela antecipada, aplicará a fungibilidade e processará o requerimento com observância das regras pertinentes.

Apresentado o pedido, o réu será citado para, no prazo de cinco dias, contestar o pedido e indicar as provas que entender pertinentes.

Não contestado o pedido, presumem-se verdadeiros os fatos articulados pelo autor e o juiz decidirá. De outro lado, oferecida contestação, será observado o procedimento comum. Muito embora o art. 307 CPC 2015 indique que o juiz decidirá após oportunizar que o réu se manifeste, tem-se a possibilidade de que a medida cautelar seja deferida liminarmente, postergando-se o contraditório.

Concedida e efetivada a medida cautelar, o pedido principal deverá ser formulado pelo autor no prazo de trinta dias, nos próprios autos, sendo possível o aditamento da causa de pedir.

Uma vez apresentado o pedido principal, as partes serão intimadas para a audiência de conciliação ou de mediação, seguindo-se o procedimento em seus ulteriores termos.

Cessará a eficácia da tutela cautelar concedida em caráter antecedente: i) se o autor não apresentar o pedido principal no prazo legal; ii) se a medida não for efetiva em trinta dias; iii) se o juiz julgar improcedente o pedido principal formulado pelo autor ou extinguir o processo sem resolução do mérito (art. 309 do CPC).

É de ser destacado que não será possível que a parte apresente o seu pedido principal no prazo legal em alguns casos. Com efeito, se apresente pedido de tutela cautelar antecedente para o arresto de bens do devedor e a dívida somente vencer-se em sessenta dias, o pedido principal não poderá ser apresentado de imediato, de modo que a regra deve ser ponderada no caso concreto.

Da mesma forma, se deferida medida cautelar antecedente em caso que envolva Direito de Família, por certo, o magistrado não reconhecerá que a tutela perdeu a eficácia, em razão do interesse envolvido.

Ainda que indeferida a tutela cautelar, como o juízo realizado foi exclusivamente da presença dos seus requisitos, não haverá prejuízo para a análise do mérito da questão, salvo se o juiz reconhecer a decadência ou a prescrição.

9.7. Tutela da Evidência

Para o deferimento da tutela de urgência, deve haver a demonstração da probabilidade do direito, de modo que tutela provisória, nesses casos, exige-se a urgência.

Porém, em outras situações, é evidente o direito, de modo que não é necessário aguardar-se todo o trâmite processual para antecipar a tutela requerida pelo autor.

Em casos como este, admite o sistema uma hipótese de antecipação de tutela em que o requisito urgência é desnecessário.

A tutela da evidência – antecipação de tutela sem o requisito exigência – poderá ser deferida nas hipóteses indicadas no art. 311, 558, 563, 678 e 701 do CPC 2015, bem como na indisponibilidade de bens na ação de improbidade administrativa e liminar de busca e apreensão de bem alienado fiduciariamente (DL nº 911/69).

9.8. Estabilização da tutela antecipada

O Código de Processo Civil de 2015 previu a estabilização da tutela provisória, conforme se vê do caput do art. 304, que é restrita à tutela antecipada concedida em caráter antecedente.

A estabilização da tutela antecipada concedida em caráter antecedente a torna irrevogável no mesmo processo, exigindo que a parte ajuíze nova ação para o fim de rever, reformar ou invalidá-la.

10. DA FORMAÇÃO DO PROCESSO, SUSPENSÃO E EXTINÇÃO DO PROCESSO

10.1. Princípio da Ação ou da Inércia da Jurisdição

Em conformidade com o princípio da ação ou da inércia da jurisdição, a relação processual se desenvolve a partir de provocação da parte interessada, que o faz por meio do instrumento adequado. Nesse contexto, tem-se o sentido da palavra demanda, que significa o ato de vir a juízo e apresentar a devida postulação, sendo a petição inicial seu instrumento.

Somente de forma excepcional poderá o magistrado iniciar o processo sem que seja antes devidamente provocado pela parte interessada.

10.2. A Propositura da Ação

Enquanto não protocolada a petição inicial, tem-se que se trata de um documento exclusivo da parte autora, elaborado por profissional a que a lei deu essa atribuição.

Por isso, somente se considera proposta a ação quando a petição inicial for protocolada (art. 312). Note-se que houve correção da falha técnica contida no CPC 1973 (art. 263), que considerava proposta a ação quando a petição inicial fosse despachada ou distribuída.

Estabelecer de forma adequada e objetiva o momento em que a ação é proposta tem importância prática, pois, como se verá adiante, a interrupção da prescrição, ocorrida com o despacho da inicial, retroagirá à data da propositura da ação (entenda-se, data em que foi protocolada), quando for providenciado o necessário para a realização da citação.

10.3. Efeitos da Propositura para o Réu: somente a partir da citação válida

Conforme deixa claro o art. 312 do CPC, embora se considere proposta a ação quando for protocolada, os efeitos de tal propositura para o réu somente se iniciam quando este for devidamente citado.

Assim, a citação válida induz litispendência, torna litigiosa a coisa e constitui em mora o devedor (salvo as exceções legais), retroagindo unicamente o efeito da interrupção da prescrição à data da propositura da ação, desde que tenham sido providenciado o necessário para a citação do réu.

Verifica-se que tais efeitos decorrem da citação válida e não da propositura da ação.

10.4. Protocolo da Inicial x Registro e Distribuição (diferenças para a fixação do juízo prevento)

Deve haver bastante atenção na comparação entre o que se encontra previsto nos artigos 59 e 312 do Novo Código de Processo Civil.

De acordo com este, considera-se proposta a ação com o seu protocolo. Em termos práticos, a propositura ocorre com a entrada da petição inicial perante a Secretaria ou o Portal Eletrônico próprio do Poder Judiciário, dando-se recibo ao autor.

Após o protocolo, no entanto, devem ser realizados outros atos, que podem até ser concomitantes, mas nem sempre o serão. Tais atos não são propriamente de iniciativa da parte, como é o protocolo, mas são executados oficiosamente pelos serventuários e consistem no registro (o registro do novo processo) ou na distribuição ao juízo competente, onde existir mais de um (art. 284 e seguintes).

Dessa maneira, embora a ação se considere proposta com o seu protocolo (ato de entrega da inicial ao Judiciário), considera-se prevento o juízo a partir do registro (quando desnecessária a distribuição) ou da própria distribuição.

> O protocolo da inicial é ato de iniciativa da parte autora, cabendo ao Judiciário recepcionar o instrumento.
> De outro lado, o registro e a distribuição são atos internos do próprio Poder Judiciário.

10.5. Da Suspensão do Processo

a) Efeito da Suspensão: paralisação do processo.

A suspensão do processo, por si só, é capaz de gerar o paralisar de seu andamento. Porém, em certas situações, será possível a prática de alguns atos processuais.

Tem-se, como regra, a paralisação integral do processo, admitindo-se unicamente a prática de atos reputados urgentes, salvo no caso de arguição de impedimento ou de suspeição.

Pelo que se extrai do que está previsto no art. 314 do CPC, portanto, se arguido o impedimento ou a suspeição, o juiz não poderá praticar qualquer ato, com exceção daqueles destinados ao processamento (desentranhamento da petição e juntada de manifestação do próprio juiz) e encaminhamento ao Tribunal para análise. E isso, pois, a partir da entrada da petição em que se argui o impedimento ou a suspeição, estará o processo suspenso, situação essa que poderá ser reavaliada pelo relator a que for distribuída a petição.

Na suspensão própria poderão ser praticados unicamente atos reputados urgentes, com exceção se arguido o impedimento ou a suspeição.

Como dito, ainda que suspenso o processo, salvo se arguido o impedimento ou a suspeição, poderá o magistrado determinar a prática de atos urgentes a fim de evitar dano irreparável, como, por exemplo, a efetivação de tutela provisória em razão da urgência (tutela antecipada ou tutela cautelar). Não é possível, em tese, que decida sobre a tutela da evidência, pois não se está diante de ato que tenha como requisito a urgência, salvo se tal requisito também for deliberadamente comprovado pela parte.

Praticado um ato reputado urgente, como o deferimento da tutela provisória de urgência, o prazo para que a parte contrária possa interpor o respectivo recurso (agravo de instrumento) não estará paralisado, correndo normalmente.

b) Causas de Suspensão do Processo

Sem prejuízo de outras causas mencionadas em lei, posto que o rol do artigo 265 do CPC não é taxativo, são causas de suspensão do processo:

> I) Morte ou perda da capacidade processual de qualquer das partes, de seu representante legal ou de seu procurador
>
> II) Convenção das partes:
>
> III) Pela arguição de impedimento e suspeição:
>
> iv) Pela Admissão do Incidente de Resolução de Demandas Repetitivas
>
> v) quando a sentença de mérito:
>
> a) depender do julgamento de outra causa ou da declaração da existência ou da inexistência de relação jurídica que constitua o objeto principal de outro processo pendente;
>
> b) tiver de ser proferida somente após a verificação de determinado fato ou a produção de certa prova:
>
> vi) por motivo de força maior:
>
> vii) quando se discutir em juízo questão decorrente de acidentes e fatos da navegação de competência do Tribunal Marítimo:
>
> viii) nos demais casos previstos em lei:
>
> ix) pelo parto ou pela concessão de adoção, quando a advogada responsável pelo processo constituir a única patrona da causa:
>
> X – quando o advogado responsável pelo processo constituir o único patrono da causa e tornar-se pai.

10.6. Extinção do Processo

A extinção do processo ocorrerá por meio de sentença, que terá por fundamento um dos incisos do art. 485, bem como os incisos II e III do art. 487 do Novo CPC (vide, a respeito, o art. 354).

HIPÓTESES DE EXTINÇÃO DO PROCESSO	
SEM RESOLUÇÃO DO MÉRITO	**COM RESOLUÇÃO DO MÉRITO**
Hipóteses do art. 485 do CPC.	Hipóteses dos incisos II e III do art. 487 do CPC.

Fala-se em extinção do processo, por isso, diz-se que será proferida sentença. Contudo, será possível que o magistrado profira decisão interlocutória em que extingue parcialmente o processo, com ou sem análise de mérito. Neste caso, o processo prosseguirá em relação à parte não objeto de extinção. A extinção também poderá ocorrer por meio de decisão monocrática, em julgamento, por exemplo, de agravo de instrumento.

11. PROCESSO DE CONHECIMENTO

11.1. Procedimento comum: noções gerais, finalidade, objeto e estrutura. Procedimento sumário

Como é enfatizado no art. 318, o procedimento comum é aplicado a todas as causas, salvo disposição em contrário prevista no CPC ou em outra lei. Aplica-se, ainda, de forma subsidiária, aos demais procedimentos especiais e ao processo de execução.

A previsão de procedimentos especiais decorre da necessidade de proporcionar a tutela jurisdicional diferenciada, justificada em razão do bem jurídico que é tutelado. A depender do bem jurídico, justifica-se a previsão de um procedimento mais célere, com fases processuais que se concentram. A título de exemplo, tem-se a ação de alimentos, que conta com um procedimento com atos processuais concentrados em audiência e, por isso, mais célere. Tal celeridade se justifica em razão da própria natureza da obrigação.

É possível identificar a seguintes fases no procedimento comum: i) postulatória; ii) saneadora; iii) instrutória; e, iv) decisória.

11.2. Petição inicial

11.2.1. Requisitos e vícios

É possível a identificação de requisitos intrínsecos e extrínsecos da petição inicial. Aqueles devem estar constantes do próprio corpo da petição inicial, ao passo que estes se revelam como documentos que devem acompanhar a peça, por serem imprescindíveis à propositura da ação.

A falta dos requisitos intrínsecos acarretará a necessidade de emenda da petição inicial. De outro lado, a inobservância dos requisitos extrínsecos importará em atividade da parte para completá-la.

Classificação dos Requisitos da Petição Inicial	
Intrínsecos	**Extrínsecos**
Contidos no corpo da petição inicial	Documentos indispensáveis à propositura da ação
Ausência: o juiz determinará a emenda.	Ausência: o juiz determinará que a peça seja completada

Ausentes os requisitos intrínsecos e/ou extrínsecos, ou ainda se o juiz verificar que a petição inicial apresenta defeitos e irregularidades capazes de dificultar o julgamento de mérito, determinará ao autor que, no prazo de 15 dias, promova a emenda ou a complete, indicando com precisão o que deverá ser corrigido ou completado.

Importante é a previsão contida na parte final do caput do art. 321 do Código de Processo Civil, por meio da qual se determina ao juiz que indique com precisão o que deve ser corrigido ou completado. Trata-se de uma consequência da aplicação dos princípios processuais da primazia do julgamento do mérito, do máximo aproveitamento dos atos processuais, do contraditório dinâmico e da fundamentação analítica.

Por isso, não poderá o magistrado determinar que a parte emende ou complete a petição inicial, de forma genérica, sem indicar com precisão o que precisa ser ajustado. Ora, isso é natural de toda reforma ocorrida, pois o que se pretende é o julgamento do mérito, com celeridade, ao invés da simples extinção e deixar que a parte percorra todo o caminho processual novamente.

Porém, embora tenha o magistrado indicado com precisão o que precisa ser corrigido ou emendado, e a parte não o fizer, então não restará outra alternativa ao juiz senão a de indeferir a petição inicial.

11.2.2. Pedidos

a) Noções gerais

Ao exercer a demanda por meio da petição inicial, a parte limita a cognição, pois especifica a causa de pedir e o pedido, sendo vedado ao magistrado proferir decisão de natureza diversa da pedida, bem como condenar a parte em quantidade superior ou em objeto diverso do que lhe foi demandado (art. 492 do CPC).

A inobservância da correlação entre o pedido e o pronunciamento jurisdicional surtirá a sentença *extra, ultra ou infra* petita.

b) Espécies

O pedido corresponde ao objeto do processo. A parte, ao provocar a atividade jurisdicional, pretende ver proferida uma decisão declaratória, condenatória, constitutiva (ou desconstitutiva), mandamental e/ou executiva. Essa é a primeira face do pedido. Pede-se a tutela jurisdicional. Além disso, naturalmente, também é de seu interesse obter o bem da vida perseguido. Não lhe interessa apenas a condenação, como também a quantia em dinheiro. Não lhe interessa apenas a sentença executiva de reintegração de posse, como mais ainda o próprio bem esbulhado.

Verifica-se, então, a existência do PEDIDO IMEDIATO, que é a providência jurisdicional pretendida. Paralelamente, há o PEDIDO MEDIATO, que é o bem da vida perseguido.

O juiz estará atrelado ao pedido apresentado pela parte, por força do princípio da inércia. Estará adstrito ao que foi requerido pelo demandante. A essa adstrição correspondente o princípio da congruência, da correlação ou da adstrição.

Deve-se verificar que o princípio da inércia é a justificativa do princípio da adstrição. Como o magistrado deverá ser provocado, sem o que não poderá exercer da jurisdição, ressalvadas situações excepcionalíssimas.

A inobservância ao princípio da adstrição gerará a nulidade da sentença, que poderá ser sanada em grau recursal, se houver possibilidade de análise do mérito.

VÍCIOS DA INOBSERVÂNCIA DO PRINCÍPIO DA ADSTRIÇÃO SENTENÇA		
ULTRA PETITA	**EXTRA PETITA**	**CITRA PETITA**
Vai além do pedido. Exemplo: o autor pede a condenação do réu em R$ 100,00 e o juiz defere R$ 200,00.	O magistrado defere pedido diverso do que foi requerido.	A sentença não analisa todos os pedidos apresentados.

Portanto, o pedido da parte deverá ser certo. Admite-se, contudo, o pedido implícito em algumas situações.

Por pedido implícito deve-se entender aquele que, muito embora não tenha constado da petição inicial, pode ser deferido pelo juiz. Por isso, o § 1º do art. 322 indica que se compreende no principal os juros legais, a correção monetária e as verbas de sucumbência, inclusive os honorários advocatícios.

Os honorários advocatícios, então, além de algumas verbas específicas, podem ser deferidos ainda que não haja pedido nesse sentido na petição inicial. Anteriormente ao Novo CPC, via a regra jurisprudencial que, embora admitisse a condenação dos honorários sem pedido expresso, não permitia a cobrança posterior se, uma vez transitada em julgado a sentença, a condenação ao pagamento dos honorários não constasse da sentença. Essa regra, contudo, foi alterada, conforme se vê do art. 85, § 18 do Código de Processo, que permite seja ajuizada ação de cobrança específica para tal fim.

O pedido apresentado na petição inicial deverá ser interpretado. Esta interpretação seguirá alguns parâmetros. Em primeiro lugar, deverá ser observado o conjunto da postulação e não de forma isolada. Além disso, ser observado o princípio da boa-fé processual, que, aliás, deve reger todos os atos do processo.

Surge a questão das prestações sucessivas, como ocorre, por exemplo, na ação para fixação de valor a título de alimentos por conta da prática de ato ilícito. Nesse caso, a parte requer que o magistrado certifique a obrigação de pagar os alimentos, bem como o seu respectivo valor. O pagamento de tal parcela prosseguirá nos meses seguintes e, por isso, constituem-se em prestações sucessivas.

Estas prestações sucessivas serão consideradas como incluídas no pedido. Não há necessidade de que haja pedido de condenação das prestações posteriores. Por isso, estará incluída na condenação, enquanto durar a obrigação, se o devedor, no curso do processo, deixar de pagá-las ou de consigná-las.

Além de certo, o pedido também deve ser determinado. Isso significa que deve estar bem delimitado. Não se pode pugnar pela condenação, há de ser indicado o seu valor.

Admite o Código que haja a formulação de pedido genérico em certas situações, o que se aplica também à reconvenção. Nestes casos, a sentença poderá ser ilíquida e, oportunamente, haverá a respectiva liquidação.

Poderá ser formulado pedido genérico nas seguintes situações (art. 324, § 1º): I – nas ações universais, se o autor não puder individuar os bens demandados; II – quando não for possível determinar, desde logo, as consequências do ato ou do fato; III – quando a determinação do objeto ou do valor da condenação depender de ato que deva ser praticado pelo réu.

Em casos como estes, em que formulado pedido genérico, na ação relativa à obrigação de pagar quantia certa, deverá a decisão judicial definir desde logo a extensão da obrigação, o índice de correção monetária, a taxa de juros, o termo inicial e a periodicidade da capitalização dos juros (art. 491), a não ser que: i) não for possível determinar, de modo definitivo, o montante devido; ii) a apuração do valor devido depender da produção de prova de realização demorada ou excessivamente dispendiosa, assim reconhecida na sentença.

Portanto, pode-se extrair a seguinte sequência:

PEDIDO DETERMINADO
EXCEPCIONALMENTE: PEDIDO GENÉRICO. Mesmo neste caso, na ação relativa à obrigação de pagar quantia certa, deve a sentença definir desde logo a extensão da obrigação, salvo se: i) não for possível determinar de imediato o valor da obrigação; ii) a apuração do valor depende da produção da prova de realização demorada ou excessivamente dispendiosa.

Em resumo, deverá o pedido ser: CERTO e DETERMINADO.

Poderá o autor apresentar PEDIDO ALTERNATIVO, quando, pela natureza da obrigação, o devedor puder cumprir a prestação de mais de um modo.

A escolha do modo de cumprimento da prestação poderá competir ao autor ou ao réu. No primeiro caso, o autor já fará tal indicação na inicial. Competindo ao réu, de outro lado, o juiz lhe facultará o direito de cumprir a prestação de um ou de outro modo, ainda que o autor não tenha formulado pedido alternativo.

A petição inicial poderá contar com um único pedido, ou com mais de um pedido. Neste último caso, tem-se a cumulação de pedidos.

c) Interpretação

A interpretação do pedido considerará o conjunto da postulação e observará o princípio da boa-fé.

d) Alteração

Até a citação do réu, poderá o autor aditar ou alterar o pedido ou a causa de pedir (que correspondem aos elementos objetivos da ação), independentemente de concordância daquele.

Posteriormente à citação, as alterações dependerão da concordância do réu e somente poderão ser requeridas até o saneamento do processo, assegurando-se o contraditório e o requerimento de prova suplementar.

Em razão disso, diz-se que com o saneamento ocorre a estabilização do processo, não podendo mais haver a modificação do pedido ou da causa de pedir.

Estas regras se aplicam também à reconvenção.

e) Cumulação

A cumulação de pedidos comporta a seguinte classificação:

CUMULAÇÃO DE PEDIDOS	
PRÓPRIA	**IMPRÓPRIA**
Haverá a formulação de mais de um pedido e o demandante requer que todos eles sejam acolhidos.	Haverá a formulação de mais de um pedido e o demandante requer que apenas um deles seja acolhido.
Poderá ser simples e sucessiva.	Poderá ser subsidiária e alternativa.

Na cumulação própria, como afirmado, o demandante apresenta mais de um pedido na petição inicial e requer que todos eles sejam acolhidos. É o caso, por exemplo, do pedido de condenação ao pagamento de indenização por dano moral e também à entrega de determinado bem. Também pode ser citada a ação de investigação de paternidade cumulada com alimentos.

Na cumulação própria simples, o autor requer que mais de um pedido seja acolhido e a improcedência de um não refletirá diretamente no outro pedido. No caso de pedido de condenação ao pagamento de indenização em virtude de danos materiais e morais, o juiz poderá não acolher o primeiro pedido, pois não comprovados os danos, mas condenar a parte contrária em virtude do dano moral, por reconhecer que o seu ato causou sofrimento à parte.

De outro lado, na cumulação própria sucessiva, para que o juiz possa analisar o segundo pedido, deverá ter acolhido o primeiro. Na investigação de paternidade, como regra, o magistrado condenará ao pagamento de alimentos, se for reconhecida a paternidade do réu. Se improcedente este pedido (paternidade), não haverá a condenação ao pagamento de alimentos.

Por sua vez, na sua cumulação imprópria, o autor apresentará mais de um pedido, mas não requererá que todos eles sejam acolhidos.

O *caput* do art. 327 do Código de Processo Civil determina que é possível a cumulação de vários pedidos, contra o mesmo réu, em um único processo, ainda que entre eles não haja conexão. Para tanto, deverão os pedidos serem compatíveis entre si, o juízo ser competente para deles conhecer (competência absoluta) e o procedimento seja também adequado.

Duas observações são importantes para o art. 327, exigindo-se a máxima atenção do leitor. A compatibilidade dos pedidos deve ocorrer na cumulação própria, pois não é possível ao juiz deferir pedidos incompatíveis. De outro lado, aquela compatibilidade não é exigida para a cumulação imprópria, quer seja alternativa, quer seja subsidiária.

A COMPATIBILIDADE DOS PEDIDOS NÃO É REQUISITO NA CUMULAÇÃO SUBSIDIÁRIA E NA ALTERNATIVA.

Quando, para cada pedido, corresponder tipo diverso de procedimento, será admitida a cumulação se o autor empregar o procedimento comum, podendo ser empregadas as técnicas processuais diferenciadas previstas nos procedimentos especiais a que se sujeitam um ou mais pedidos cumulados, que não forem incompatíveis com as disposições sobre o procedimento comum.

Será subsidiária quando o autor formular mais de um pedido e estipular uma ordem entre eles. Assim, requererá o acolhimento do primeiro e, se acaso for improcedente o pedido, que se passe à análise do segundo e assim por diante. Pede-se a anulação do contrato e, se não for possível, a invalidade de uma das cláusulas.

A cumulação imprópria será alternativa na hipótese em que forem apresentados mais de um pedido e a parte não estipular uma ordem entre eles, podendo o juiz acolher o que entender correto. Nesse passo, o autor apresenta os pedidos 1 e 2 e pede que o magistrado julgue procedente um deles, sem estabelecer qualquer ordem de preferência. Se o magistrado julgar procedente o de número 1, não poderá o réu recorrer posteriormente.

Trata o Código de Processo Civil da pluralidade de credores de obrigação indivisível, em que um ou mais não tenham participado do processo. Um exemplo poderá auxiliar no entendimento. Imagine-se que existam dois credores de uma obrigação de entregar, consistente na entrega de uma máquina de colher grãos. No contrato estabelecido, firmou-se que se tratam de credores solidários, de modo que qualquer um deles poderá exigir o cumprimento da obrigação, sem necessidade da participação do outro. Em tal situação, aquele que não participou do processo deverá receber sua parte, mas serão abatidas as despesas de forma proporcional.

11.2.3. Deferimento e indeferimento da petição inicial

O indeferimento da petição inicial consiste na manifestação do juiz no sentido de que, a partir dos elementos indicados naquela peça, a ação não poderá prosseguir. Poderá ocorrer de forma parcial, com relação a algum dos pedidos, ou total, o que refletirá na natureza do pronunciamento jurisdicional (decisão interlocutória ou sentença).

Houve uma sensível diferença no tratamento da matéria pelo Código de Processo Civil de 2015. No CPC anterior, o indeferimento da inicial poderia consistir em um pronunciamento com ou sem análise de mérito. No CPC 2015, por sua vez, o indeferimento decorrerá de pronunciamento sem análise de mérito.

INDEFERIMENTO DA INICIAL (CPC 2015)
PRONUNCIAMENTO SEM ANÁLISE DE MÉRITO

Há de ser lembrado que, em razão do princípio da primazia do julgamento do mérito, o ideal é que não ocorra o indeferimento da petição inicial. Esta medida somente ocorrerá se eventual vício não puder ser sanado, ou se a parte, intimada, não promoveu ao devido ajuste.

A petição inicial será indeferida quando: I – for inepta; II – a parte for manifestamente ilegítima; III – o autor carecer de interesse processual; IV – não atendidas as prescrições dos arts. 106 e 321.

A inépcia da inicial decorrerá de algum problema em relação ao discorrer dos fatos ou da causa de pedir. Nesse sentido, prevê o art. 301, § 1º, que se considera inepta a petição quando: I – lhe faltar pedido ou causa de pedir; II – o pedido for indeterminado, ressalvadas as hipóteses legais em que se permite o pedido genérico; III – da narração dos fatos não decorrer logicamente a conclusão; IV – contiver pedidos incompatíveis entre si.

11.2.4. Improcedência liminar do pedido

Entende-se por liminar o pronunciamento proferido no início do processo, no seu limiar. A liminar poderá consistir em uma decisão interlocutória (tutela antecipada), em uma sentença (sentença de indeferimento da inicial), decisão monocrática proferida por relator e até por decisão colegiada em Tribunal.

Como regra, uma vez iniciado o procedimento, haverá a citação da parte contrária e o andamento regular dos atos processuais, para que o magistrado possa, ao final, proferir a sentença de mérito.

Contudo, como visto no item anterior, será possível que o magistrado entenda que a petição inicial não reúne condições para que haja o desenrolar do processo, hipótese em que poderá indeferir a petição inicial, com pronunciamento sem análise de mérito.

Em outros casos, faculta o CPC que o juiz analise o mérito desde já, independentemente de citação da parte contrária, proferindo pronunciamento de improcedência liminar do pedido.

Há uma diferenciação a ser feita que é vital para o entendimento. Na improcedência liminar, o magistrado analisa o mérito. Julga-o desde já, com possibilidade de formação da coisa julgada material, se não houver a interposição de recurso. No indeferimento da inicial, contudo, não há análise de mérito.

Assim, o autor postula os seus pedidos e o magistrado, quando da análise da inicial, profere julgamento de improcedência liminar.

O CPC permite que tal julgamento ocorra, em suma, quando a pretensão apresentada pela parte contrária encampar tese jurídica contrária ao já decidido em determinados precedentes, quais sejam: I – enunciado de súmula do Supremo Tribunal Federal ou do Superior Tribunal de Justiça; II – acórdão proferido pelo Supremo Tribunal Federal ou pelo Superior Tribunal de Justiça em julgamento de recursos repetitivos; III – entendimento firmado em incidente de resolução de demandas repetitivas ou de assunção de competência; IV – enunciado de súmula de tribunal de justiça sobre direito local.

Também será admitida a improcedência liminar se o magistrado verificar, desde logo, a prescrição e a decadência.

Vale a pena enfatizar que a prescrição e a decadência, no CPC anterior, eram causas de indeferimento da inicial. Atualmente, não são mais motivos de indeferimento, mas justificam a liminar improcedência.

11.3. Da Contestação, reconvenção e revelia

11.3.1. Contestação

A contestação é regida pelos seguintes princípios:

a) concentração: deverá o réu concentrar em sua defesa toda a matéria de defesa, ainda que contraditória. Trata-se do momento oportuno para que isso seja feito. Uma vez apresentada, não poderá ser posteriormente complementada, uma vez que verificada a preclusão consumativa.

Há, porém, matérias que o réu poderá alegar posteriormente. Estão elencadas no art. 342 do CPC: i) relativas a direito ou a fato superveniente; ii) competir ao juiz conhecer delas de ofício; iii) por expressa autorização legal, puderem ser formuladas em qualquer tempo e grau de jurisdição.

Nestes casos, admite-se que a matéria seja alegada posteriormente. Imagine-se, por exemplo, o tema prescrição. Como sabido, dele o juiz poderá conhecer, de ofício, a qualquer momento. Por isso, o réu poderá alegá-la posteriormente, ainda que já oferecida contestação. A decadência contém uma particularidade, em razão de suas duas espécies. A decadência legal poderá ser alegada e conhecida a qualquer momento. De outro lado, a decadência convencional poderá ser alegada a qualquer tempo, muito embora somente poderá ser conhecida se houver requerimento nesse sentido. O juiz não poderá dela conhecer de ofício.

A regra, portanto, é de que toda a matéria de defesa seja alegada na contestação, ainda que ela seja contraditória.

b) ônus da impugnação especificada: a contestação é a oportunidade para que o réu impugne os fatos apresentados pelo autor na petição inicial. Algumas explicações preliminares são importantes para o entendimento correto deste princípio.

Tal ônus não será aplicado ao defensor público, ao advogado dativo e ao curador especial. Dessa maneira, pela previsão contida no art. 341, parágrafo único do CPC, se a parte for assistida por Defensor Público, ainda que não apresente resposta, tem-se que não serão presumidos como verdadeiros os fatos articulados na petição inicial.

11.3.2. Reconvenção

A reconvenção representa o contra-ataque exercido pelo réu (identificado como réu-reconvinte), ou, no mínimo este e mais pessoas, em face do autor ou também autor e outras pessoas. Trata-se de ação promovida no mesmo processo, que será exercida na própria contestação, quando então deverá o réu indicar o valor da causa (art. 292 caput CPC), devendo o pedido ser certo e determinado, admitindo-se também o pedido genérico nas hipóteses legais (art. 324 § 2º).

Por ser ação autônoma, a desistência da ação principal ou a ocorrência de causa extintiva que impeça o exame de seu mérito não obsta ao prosseguimento do processo quanto à reconvenção.

Oferecida a reconvenção, o magistrado determinará que se proceda à respectiva anotação pelo distribuidor (art. 286, parágrafo único).

Na reconvenção não se exigirá caução para que o brasileiro ou estrangeiro, que resida fora do Brasil ou que deixar de residir no país ao longo da tramitação de processo, ainda que não tenha bens imóveis no Brasil que assegure o pagamento das custas e dos honorários de advogado da parte contrária (art. 83, III do CPC).

Como visto, diferentemente do CPC anterior, a reconvenção será exercida na própria contestação. Se o réu optar por não apresentar a contestação, poderá oferecer reconvenção no prazo de que dispõe para protocolar a defesa.

A reconvenção poderá ser apresentada para o exercício de pretensão própria, conexa com a ação principal ou com o fundamento da defesa.

A reconvenção contará com, no mínimo, as partes da relação processual. O polo ativo será ocupado pelo réu da ação inicial, enquanto o polo passivo pelo seu autor. Não obstante, é possível que ocorra a acréscimo de partes, sendo permitida a formação de litisconsórcio.

Assim, se A propõe ação em face de B, tem-se que B poderá oferecer reconvenção em face de A.

Porém, admite-se também que B ofereça reconvenção em face de A e também de C, assim como, também é possível que B e D ofereçam reconvenção em face de A.

Enfim, é possível o acréscimo subjetivo do processo na reconvenção. Porém, esta deverá contar, no mínimo, com as partes originárias do processo inicial (principal).

Sendo o autor substituto processual, ou seja, demandando em seu nome para a defesa de interesses de outrem, em virtude de permissivo legal, será admitida a reconvenção se o reconvinte afirmar ser titular de direito em face do substituído, figurando o réu-reconvindo como substituto processual.

Admite-se a ampliação subjetiva na reconvenção!!

O contraditório na reconvenção será formado a partir de intimação do autor, na pessoa de seu advogado, para apresentar resposta no prazo de 15 dias. Não há necessidade de citação do autor, conforme previsto no art. 343, § 1º.

Como regra, a ação inicial e a reconvenção serão julgadas pela mesma sentença. Trata-se de hipótese de cumulação objetiva de demandas. Haverá um capítulo para a ação inicial e outro para a reconvenção.

Contudo, é possível verificar hipóteses excepcionais, como pode ocorrer, a título de exemplo, com o julgamento antecipado em relação à ação inicial e a continuidade do processo no que toca à ação reconvencional.

Em conformidade com o art. 85, § 1º, do CPC, serão devidos honorários advocatícios na reconvenção, cumulativamente. Constituem-se em direito do advogado e têm natureza alimentar, com os mesmos privilégios dos créditos oriundos da legislação do trabalho, sendo vedada a compensação em caso de sucumbência parcial.

É admitida, como regra, a reconvenção à reconvenção. Assim, o réu apresenta o seu contra-ataque, o que também será exercido agora pelo autor-reconvindo, em razão da existência de conexão com o fundamento da defesa ou com a ação principal.

Porém, por expressa disposição legal, não se admite a reconvenção à reconvenção na ação monitória (art. 702 § 6º).

11.3.3. Revelia

A revelia é um fato e decorre da falta de oferecimento de resposta. Como visto anteriormente, para que o réu possa oferecer contestação, deverá observar o prazo previsto em lei.

Desse fato extraem-se determinados efeitos, conhecidos como efeitos material e processual da revelia.

É efeito material da revelia a presunção de veracidade dos fatos articulados pelo autor na inicial. Não decorre a lógica procedência do pedido, mas apenas a presunção de que os fatos indicados na petição inicial são verdadeiros.

Porém, não haverá a produção deste efeito se: i) havendo pluralidade de réus, algum deles contestar a ação; ii) o litígio versar sobre direitos indisponíveis; iii) a petição inicial não estiver acompanhada de instrumento que a lei considere indispensável à prova do ato; iv) as alegações de fato formuladas pelo autor forem inverossímeis ou estiverem em contradição com a prova constante dos autos.

Consiste o efeito processual da revelia na desnecessidade de intimação do réu dos demais atos processuais praticados no processo. A propósito, prevê o art. 346, caput do CPC, que, contra o revel que não tenha patrono constituído nos autos, os prazos fluirão da data de publicação do ato decisório no órgão oficial.

Portanto, revel o réu, este não será intimado dos demais atos processuais, salvo se constituir posteriormente advogado, caso em que este poderá interver em qualquer fase, recebendo-o no estado em que se encontrar.

Na fase de cumprimento de sentença, contudo, sendo o réu citado por edital e não oferecer resposta, será intimado também por edital para cumprir a sentença (art. 513, § 2º, IV CPC).

11.3.4. Exceções

A incompetência relativa, a suspeição e o impedimento não são mais alegadas por meio de exceções, tal como ocorria no CPC 1973. Deve-se observar o seguinte na atualidade:

a) incompetência relativa: deverá ser alegada como preliminar na contestação;

b) suspeição e impedimento: deverão ser alegadas por meio de petição, que será juntada ao processo. Aproveita-se a oportunidade para se tecer algumas considerações:

A imparcialidade é essencial para a validade da relação processual. Porém, esta imparcialidade poderá estar comprometida em determinadas situações.

No art. 144 há a previsão do impedimento do juiz, sendo-lhe vedado exercer suas funções no processo nas hipóteses mencionadas nos incisos. Para estes casos, o impedimento poderá ser conhecido de ofício pelo magistrado ou alegado pelas partes. Como regra, deverão fazê-lo no prazo de 15 dias contados da ciência do fato, muito embora se admita a alegação posterior. Poderá ser objeto até mesmo de ação rescisória.

De outro lado, o art. 145 prevê as hipóteses de suspeição, que poderão ser conhecidas de ofício pelo juiz e as partes poderão alegá-las no prazo de 15 dias contados da ciência. Porém, se não o fizerem, ocorre a preclusão.

O impedimento e a suspeição poderão ser apresentados por meio de petição que será juntada aos autos, não havendo mais a exigência da exceção.

12. PROVIDÊNCIAS PRELIMINARES E DE SANEAMENTO

Tendo o réu apresentado a sua resposta, poderá o magistrado tomar algumas providências, indicadas como preliminares. E assim são identificadas, porque objetivam preparar o processo para a fase processual seguinte.

Nesse sentido, verificando o magistrado que o réu não ofereceu resposta, mas que não haverá a incidência do efeito material da revelia, abrirá oportunidade para que o autor possa especificar as provas que pretende produzir, se ainda não as tiver indicado (art. 348).

Poderá o réu, que não ofereceu resposta, também requerer a produção de provas, desde que se faça representar nos autos a tempo de praticar os atos processuais indispensáveis a essa produção.

Também deverá o magistrado dar oportunidade para que o autor se manifeste, no prazo de 15 dias, se o réu oferecer defesa de mérito indireta, ou seja, se alegar fato impeditivo, modificativo ou extintivo do direito do autor (art. 350).

Ou, então, se o réu alegar qualquer uma das preliminares (defesa processual), deverá o juiz também oportunizar a manifestação pelo autor, no prazo de 15 dias.

Como preparação, verificando o magistrado que existem vícios sanáveis, determinará a sua correção em no máximo 30 dias.

Se o magistrado entender que não é o caso de extinção do processo ou de promover ao julgamento antecipado do mérito, então, deverá proferir decisão de saneamento e de organização do processo, por meio da qual: i) resolverá as questões processuais pendentes, se houver; ii) delimitará as questões de fato sobre as quais recairá a atividade probatória, especificando os meios de prova admitidos; iii) definirá a distribuição do ônus probatório; iv) delimitará as questões de direito relevantes para a decisão do mérito; v) designará, se necessário, audiência de instrução e julgamento.

Uma vez saneado o feito, poderão as partes pedir esclarecimentos ou mesmo pedir ajustes, no prazo comum de cinco dias, a partir do que a decisão se torna estável.

As questões de fato e de direito poderão ser delimitadas pelas partes, por meio de convenção consensual, o que, se homologado, as vinculará, assim como também ao juiz.

Por vezes, a causa poderá apresentar complexidade em matéria de fato ou de direito, quando então o magistrado designará audiência para que o saneamento seja feito em cooperação com as partes, oportunidade em que o juiz, se for o caso, convidará as partes a integrar ou esclarecer suas alegações. Trata-se do saneamento compartilhado.

Se for realizada a produção de prova testemunhal, o magistrado fixará prazo para que as partes arrolem as suas testemunhas, não superior a quinze dias.

Se o magistrado entender que não é o caso de extinção do processo ou de promover ao julgamento antecipado do mérito, então, deverá proferir decisão de saneamento e de organização do processo, por meio da qual: i) resolverá as questões processuais pendentes, se houver; ii) delimitará as questões de fato sobre as quais recairá a atividade probatória, especificando os meios de prova admitidos; iii) definirá a distribuição do ônus probatório; iv) delimitará as questões de direito relevantes para a decisão do mérito; v) designará, se necessário, audiência de instrução e julgamento.

Uma vez saneado o feito, poderão as partes pedir esclarecimentos ou mesmo pedir ajustes, no prazo comum de cinco dias, a partir do que a decisão se torna estável.

As questões de fato e de direito poderão ser delimitadas pelas partes, por meio de convenção consensual, o que, se homologado, as vinculará, assim como também ao juiz.

Por vezes, a causa poderá apresentar complexidade em matéria de fato ou de direito, quando então o magistrado designará audiência para que o saneamento seja feito em cooperação com as partes, oportunidade em que o juiz, se for o caso, convidará as partes a integrar ou esclarecer suas alegações. Trata-se do saneamento compartilhado.

Se for realizada a produção de prova testemunhal, o magistrado fixará prazo para que as partes arrolem as suas testemunhas, não superior a quinze dias.

13. JULGAMENTO CONFORME O ESTADO DO PROCESSO

Verificando o magistrado que poderá proferir pronunciamento sem a análise de mérito por incidir uma das hipóteses do art. 485, ou então, ser possível a análise de mérito com fundamento nos incisos II e III do art. 487 do CPC, proferirá sentença e extinguirá o processo (se decidir sobre a decadência ou a prescrição, ou, ainda, se homologar o reconhecimento da procedência do pedido formulado na ação ou na reconvenção, a transação ou a renúncia à pretensão formulada ou na reconvenção).

Admite-se também pronunciamento sobre parcela do processo, quando então proferirá decisão interlocutória, impugnável pelo recurso de agravo de instrumento.

Admite-se, também, o julgamento antecipado parcial do mérito, quando então apenas um ou parcela dos pedidos será decidido, prosseguindo-se o processo em relação aos demais. Trata-se de decisão interlocutória de mérito, que poderá ser impugnada por meio do recurso de agravo de instrumento.

14. PROVAS

14.1. Ônus da prova

Ônus probatório: a propósito do tema, deve haver prévia análise da carga estática e da carga dinâmica do ônus probatório. Pela carga estática do ônus probatório, que ainda é a regra, há a prévia distribuição daquilo que cada parte no processo deverá comprovar. Desse modo, incumbe ao autor o ônus da prova quanto ao fato constitutivo de seu direito e ao réu, por sua vez, quanto ao fato impeditivo, modificativo ou extintivo do direito do autor.

Admite-se que as partes, por convenção, modifiquem o ônus da prova. Contudo, tal convenção não será admitida quando recair sobre direito indisponível da parte ou se tornar excessivamente difícil a uma parte o exercício do direito (art. 373, § 3º).

O CPC inovou ao prever, também, a carga dinâmica do ônus probatório. Diferentemente do que foi anteriormente analisado, será possível que o juiz atribua o ônus da prova de modo diverso, desde que o faça por decisão fundamentada, justificada nos casos previstos em lei ou diante de peculiaridades da causa decorrentes da excessiva dificuldade de cumprir o encargo. Enfim, terá o ônus de provar aquele que tiver melhores condições de fazê-lo.

14.2. Produção antecipada de prova

O Código fez previsão da denominada ação probatória, que tem por finalidade exclusiva a produção antecipada de prova que poderá ser utilizada posteriormente em procedimento arbitral, judicial ou administrativo. Será admitida se: houver fundado receio de que venha a tornar-se impossível ou muito difícil a verificação de certos fatos na pendência da ação; a prova a ser produzida seja suscetível de viabilizar a autocomposição ou outro meio adequado de solução de conflito; o prévio conhecimento dos fatos possa justificar ou evitar o ajuizamento de ação.

Note-se que nem sempre haverá necessidade do elemento urgência.

A ação probatória não admitirá defesa ou recurso, salvo contra decisão que indeferir totalmente a produção da prova pleiteada pelo requerente originário.

Uma vez deferida e produzida a prova, os autos permanecerão durante um mês para extração de cópias e certidões.

14.3. Depoimento pessoal

O depoimento pessoal é um meio de prova consistente na colheita do depoimento do autor e do réu. Será produzido na audiência de instrução e julgamento, com possibilidade de que haja a formulação de reperguntas pelo advogado da parte contrária.

Não obstante, admite-se que, se a parte residir em comarca, seção ou subseção judiciária diversa daquela onde tramita o processo poderá ser colhida por meio de videoconferência ou outro recurso tecnológico de transmissão de sons e imagens em tempo real, o que poderá ocorrer, inclusive, durante a realização da audiência de instrução e julgamento.

Se a parte não comparecer, apesar de pessoalmente intimada, ser-lhe-á aplicada a pena de confesso. Da mesma forma, se recusar a depor.

A parte não é obrigada a depor sobre fatos criminosos ou torpes que lhe forem imputados, a cujo respeito, por estado ou profissão, deva guardar sigilo, acerca dos quais não possa responder sem desonra própria, de seu cônjuge, de seu companheiro ou de parente em grau sucessível, que coloquem em perigo a vida do depoente ou das pessoas antes indicadas. Esta regra, contudo, não se aplica às ações de estado e de família.

Difere o depoimento pessoal do interrogatório, que poderá ser colhido a qualquer momento. Porém, no interrogatório a parte não está obrigada a depor e, se deixar de fazê-lo, não lhe será aplicada a pena de confesso.

14.4. Confissão

Haverá a confissão quando a parte admite a verdade de fato contrário ao seu interesse e favorável ao do adversário.

Ela poderá ocorrer no âmbito judicial ou extrajudicial. Pode ainda ser espontânea ou provocada.

A confissão é irrevogável, mas poderá ser anulada se decorreu de erro de fato ou de coação. A legitimidade para a propositura desta ação é exclusiva do confitente e pode ser transferida a seus herdeiros se ele falecer após a propositura.

14.5. Exibição de documento ou coisa

A exibição poderá ser determinada pelo juiz, estando o documento ou coisa sob poder da parte ou de terceiros.

O pedido formulado pela parte conterá: I – a descrição, tão completa quanto possível, do documento ou da coisa, ou das categorias de documentos ou de coisas buscados; II – a finalidade da prova, com indicação dos fatos que se relacionam com o documento ou com a coisa, ou com suas categorias; III – as circunstâncias em que se funda o requerente para afirmar que o documento ou a coisa existe, ainda que a referência seja a categoria de documentos ou de coisas, e se acha em poder da parte contrária.

Se estiver em poder da parte contrária, esta será intimada para responder no prazo de cinco dias contados de sua intimação. Instaura-se um incidente processual. Poderá o requerido afirmar que não possui o documento. Se o juiz não admitir a sua recusa, admitirá como verdadeiros os fatos que, por meio do documento ou da coisa, a parte pretendia provar se: i) o requerido não efetuar a exibição e nem fizer nenhuma declaração no prazo de cinco dias; ii) a recusa for havida por ilegítima.

Estando o documento ou coisa em poder de terceiro, será instaurado processo incidente. Nesse sentido, o terceiro será citado para responder no prazo de 15 dias. Não havendo motivo justo, o juiz ordenará o depósito em cartório, podendo haver a expedição de mandado de busca e apreensão.

14.6. Prova documental

De todos os aspectos da prova documental, merecem ser destacados pela própria incidência em provas e concursos, alguns aspectos importantes.

O réu manifestar-se-á na contestação sobre os documentos anexos à inicial, e o autor na réplica sobre os documentos anexados na contestação.A parte poderá requerer a juntada de documento aos processos e a outra poderá arguir a sua falsidade na contestação, na réplica ou no prazo de 15 dias contados da intimação da juntada dos documentos aos autos.

Arguida a falsidade como questão incidental, assim será decidida e não fará coisa julgada. Porém, poderá ser resolvida como questão principal, desde que haja requerimento da parte e seja o juiz competente, hipótese em que fará coisa julgada.

A propósito, indica o art. 433: "A declaração sobre a falsidade do documento, quando suscitada como questão principal, constará da parte dispositiva da sentença e sobre ela incidirá também a autoridade da coisa julgada".

Em regra, a prova documental deve ser apresentada juntamente com a petição inicial e contestação, sendo lícito às partes, porém, em qualquer momento, juntar aos autos documentos novos, se destinados a fazer prova de fatos ocorridos depois dos alegados, ou para contrapô-los aos que foram produzidos nos autos. Sendo assim, se o réu apresenta fatos modificativos do direito do autor, poderá o autor apresentar novos documentos, afastando as alegações trazidas.

Os documentos podem ser públicos ou privados.

Competirá à parte impugnar a autenticidade da assinatura e a veracidade do contexto, o que presumir-se-á tendo em vista o seu silêncio. Tal eficácia cessa, contudo, se o documento foi obtido por erro, dolo ou coação, que podem ser alegados em momento posterior.

14.7. Documentos eletrônicos

A utilização de documentos eletrônicos no processo convencional dependerá de sua conversão à forma impressa e da verificação de sua autenticidade, na forma da lei.

O juiz apreciará o valor probante do documento eletrônico não convertido, assegurado às partes o acesso a seu teor.

Serão admitidos documentos eletrônicos produzidos e conservados com a observância da legislação específica.

14.8. Prova testemunhal

A testemunha é a fonte da prova testemunhal. É a pessoa que, não sendo parte, será chamada a depor sobre fatos tratados no processo, sendo indeferida a sua oitiva sobre fatos já provados por documento ou confissão da parte, ou que só por documento ou por exame pericial puderem ser provados.

Todas as pessoas podem ser acionadas como testemunhas, havendo ressalva, contudo, em relação às incapazes, impedidas e suspeitas.

Sendo necessário, o magistrado poderá ouvir as testemunhas menores, impedidas ou suspeitas, sem tomar-lhes o compromisso de dizer a verdade.

A testemunha é obrigada a depor e a dizer a verdade, sob pena de praticar o crime de falso testemunho. Porém, não é obrigada a depor sobre fatos: (i) que lhe acarretem grave dano, bem como ao seu cônjuge e aos seus parentes consanguíneos ou afins, em linha reta, ou na colateral em segundo grau; (ii) a cujo respeito, por estado ou profissão, deva guardar sigilo.

Nos casos em que a lei exigir prova escrita da obrigação, é admissível a prova testemunhal quando houver começo de prova por escrito, emanado da parte contra a qual se pretende produzir a prova.

Também se admite a prova testemunhal quando o credor não pode ou não podia, moral ou materialmente, obter a prova escrita da obrigação, em casos como o de parentesco, de depósito necessário ou de hospedagem em hotel ou em razão das práticas comerciais do local onde contraída a obrigação.

O juiz fixará, na decisão saneadora, o prazo comum não superior a 15 dias para que as partes apresentem rol de testemunhas. No caso de saneamento compartilhado, as partes devem levar consigo o rol de testemunhas.

O número de testemunhas não pode ser superior a dez, sendo 03 no máximo para a prova de cada fato.

Admite-se que o juiz limite o número de testemunhas levando em conta a complexidade da causa e dos fatos individualmente considerados.

14.9. Prova pericial

A prova pericial consiste em exame, vistoria ou avaliação. Trata-se de meio de prova em que se necessita dos conhecimentos de expert nomeado pelo Juízo.

A prova pericial poderá ser substituída pela prova técnica simplificada, se o ponto controvertido for de menor complexidade, consistindo apenas na inquirição de especialista pelo juiz.

Ao nomear o perito, o juiz fixará prazo para a entrega do laudo.

Uma vez intimada, a parte terá o prazo de quinze dias para arguir o impedimento ou a suspeição do perito, indicar assistente técnico ou apresentar quesitos.

Ciente da notificação, o perito apresentará proposta de honorários, currículo com comprovação de especialização e contatos profissionais, sendo as partes intimadas, podendo manifestar-se a respeito em cinco dias.

Ultrapassado o prazo, com ou sem manifestação, o juiz arbitrará o valor, intimando-se as partes.

É admissível a apresentação de quesitos suplementares durante a diligência, que poderão ser respondidos pelo perito previamente ou na audiência de instrução e julgamento.

É admissível também que as partes escolham o perito, indicando-o mediante requerimento, desde que sejam plenamente capazes e a causa possa ser resolvida por autocomposição.

14.10. Inspeção judicial

A inspeção judicial consiste na possibilidade de o juiz, sem intermediários, constatar determinado fato indicado na inicial ou na contestação.

Assim, o juiz, de ofício ou a requerimento da parte, poderá, em qualquer fase do processo, inspecionar pessoas ou coisas, com a finalidade de esclarecer sobre fato.

Realizada a inspeção, será lavrado auto circunstanciado.

15. AUDIÊNCIAS: PRELIMINAR E DE INSTRUÇÃO E JULGAMENTO

15.1. Da audiência de conciliação e mediação

O Código de Processo Civil encampou o que foi denominado de Tribunal Multiportas (art. 3º), de modo que será verificada a possibilidade de solução da questão por meio da composição via conciliação ou mediação. Resultando infrutífera a tentativa, o processo será decidido por meio de sentença judicial.

Por esse motivo, foi enfatizada esta audiência de conciliação ou de mediação, bem como incluídos os conciliadores e mediadores no rol dos auxiliares do juízo, conforme adiante será visto.

É preciso bem entender a dinâmica do processo (ou o procedimento comum) para visualizar o momento em que se insere a audiência.

Portanto, estando a petição inicial em ordem e não entendendo o magistrado ser o caso de ser proferida sentença de improcedência liminar, será designada audiência de conciliação ou de mediação com **antecedência mínima de 30 dias**, devendo o réu ser citado com pelo menos **vinte dias de antecedência**.

No entanto, esta audiência não será realizada se ambas as partes manifestarem, expressamente, **desinteresse na composição consensual ou se o litígio não admitir a autocomposição**.

O autor poderá manifestar o seu desinteresse na realização da audiência já na petição inicial. O réu, por sua vez, terá oportunidade para fazê-lo por meio de petição, que deverá ser apresentada com dez dias de antecedência, contados da data da audiência.

Se houver mais de um autor ou réu (litisconsórcio), o desinteresse deverá ser manifestado por todos os litisconsortes.

Se não houver a dispensa da realização da audiência, o comparecimento da parte será obrigatório, importando a ausência injustificada em ato atentatório à dignidade da justiça.

15.2. Audiência de instrução e julgamento

Tem a audiência de instrução e julgamento a finalidade de ser colhida a prova oral a ser produzida.

Esta prova será produzida com observância da seguinte ordem: i) oitiva do perito e de assistentes técnicos, que responderão a quesitos de esclarecimentos previamente apresentados; ii) o autor e o réu em depoimentos pessoais; iii) as testemunhas arroladas pelo autor e pelo réu, que serão inquiridas.

Admite-se a flexibilização dessa ordem, de modo que o juiz poderá alterá-la (art. 139, VI).

A audiência será adiada por convenção das partes, se não puder comparecer qualquer pessoa que dela necessariamente deveria participar, por motivo justiçado, e por atraso injustificado de seu início em tempo superior a 30 minutos do horário marcado.

Se acaso o advogado da parte que requereu a prova não comparecer, o juiz poderá dispensar a sua produção.

Terminada a instrução, será aberta oportunidade para as alegações finais, abrindo-se a palavra aos autos advogados e Ministério Público, se for necessária a sua intervenção. Tais alegações podem ser substituídas por razões finais escritas, a ser apresentadas no prazo sucessivo de 15 dias.

A audiência de instrução é una e contínua, podendo ser cindida se houver concordância das partes.

Terminados os debates, o juiz proferirá sentença, ou o fará em 30 dias.

16. SENTENÇA

16.1. Conceito.

Conforme dispõe o parágrafo primeiro do art. 203, "ressalvadas as disposições expressas dos procedimentos especiais, sentença é o pronunciamento por meio do qual o juiz, com fundamento nos arts. 485 e 487, põe fim à fase cognitiva do procedimento comum, bem como extingue a execução".

16.2. Classificações de sentença

O Código de Processo Civil de 2015 também dividiu as sentenças em terminativas e definitivas.

As sentenças terminativas são aquelas em que, além de não haver a resolução do mérito, também ocorreu a extinção da fase procedimental.

A sentença de mérito acarretará o encerramento de uma fase procedimental ou da execução e será proferida nas hipóteses indicadas no art. 487 do CPC. Com o trânsito em julgado, formará a coisa julgada material.

Em atenção ao princípio da correlação, deverá a sentença observar os limites que foram impostos pelos pedidos apresentados no processo.

Quanto à espécie de tutela jurisdicional concedida à parte, tem-se que as sentenças podem ser declaratórias, constitutivas e condenatórias. Para os adeptos da teoria quinária da ação, também podem ser mandamentais e executivas lato sensu.

- *Sentença declaratória*: tem a finalidade de declarar a existência, a inexistência ou o modo de ser de uma relação jurídica. De se lembrar que toda sentença possui uma carga declaratória, mas há algumas em que isso prevalece. A improcedência de qualquer pedido gera uma sentença declaratória.

- *Sentença condenatória*: neste pronunciado, será certificado o direito da parte vencedora. Por meio dela, verifica-se a existência do direito e impõe o seu cumprimento.

- *Sentença constitutiva*: por meio dela, o pronunciamento criará, modificará ou extinguirá um estado ou uma relação jurídica. Exemplo: sentença de divórcio.

É possível que uma sentença encampe uma multiplicidade de efeitos. Poderá ter predominância em relação a um dos efeitos, mas imponha também outro.

- *Sentenças mandamental e executiva lato sensu*: para aqueles que defendem a sua existência, tem-se que na primeira haverá a imposição de uma ordem, de um mandamento, a ser cumprido pelo próprio obrigado. Diferentemente, na executiva lato sensu, impõe-se uma ordem que será cumprida independentemente da vontade daquele que tem o dever de fazê-lo. Exemplo: mandado de reintegração de posse. A ordem será cumprida ainda que o ocupante não concorde ou não o permita.

Quanto aos vícios das sentenças, o juiz estará atrelado ao pedido apresentado pela parte, por força do princípio da inércia. Estará adstrito ao que foi requerido pelo demandante. A essa adstrição correspondente o princípio da congruência, da correlação ou da adstrição.

16.3. Elementos e efeitos das sentenças

A sentença possui uma estrutura orgânica, devendo ser composta pelo relatório, pelos fundamentos e pelo dispositivo.

- Relatório: conterá os nomes das partes, a identificação do caso, com a suma do pedido e da contestação, e o registro das principais ocorrências havidas no andamento do processo;

- Fundamentação: por meio dos fundamentos o juiz analisará as questões de fato e de direito.

- Dispositivo: o juiz resolverá as questões principais que as partes lhe submeterem.

Em observância ao princípio da fundamentação analítica, não será considerada fundamentada qualquer decisão judicial, seja ela interlocutória, sentença ou acórdão, que: I – se limitar à indicação, à reprodução ou à paráfrase de ato normativo, sem explicar sua relação com a causa ou a questão decidida; II – empregar conceitos jurídicos indeterminados, sem explicar o motivo concreto de sua incidência no caso; III – invocar motivos que se prestariam a justificar qualquer outra decisão; IV – não enfrentar todos os argumentos deduzidos no processo capazes de, em tese, infirmar a conclusão adotada pelo julgador; V – se limitar a invocar precedente ou enunciado de súmula, sem identificar seus fundamentos determinantes nem demonstrar que o caso sob julgamento se ajusta àqueles fundamentos; VI – deixar de seguir enunciado de súmula, jurisprudência ou precedente invocado pela parte, sem demonstrar a existência de distinção no caso em julgamento ou a superação do entendimento.

Podem ser apontados os seguintes efeitos da sentença em que ocorra a análise de mérito:

> i) colocar fim à fase cognitiva e na execução;
>
> ii) a sentença que impuser obrigação se constituirá em título executivo judicial;
>
> iii) a hipoteca judiciária, como previsto no art. 495: "a decisão que condenar o réu ao pagamento de prestação consistente em dinheiro e a que determinar a conversão de prestação de fazer, de não fazer ou de dar coisa em prestação pecuniária valerão como título constitutivo de hipoteca judiciária". Por isso, a decisão (pode ser sentença ou mesmo decisão interlocutória de mérito) produzirá hipoteca judiciária: a) ainda que a condenação seja genérica, exigindo futura liquidação; b) ainda que submetida a cumprimento provisório apenas; c) ainda que impugnada com recurso com efeito suspensivo.

A possibilidade de interposição de recurso com efeito suspensivo não retira a possibilidade da hipoteca judiciária.

A hipoteca judiciária, uma vez constituída, implicará, para o credor hipotecário, o direito de preferência, quanto ao pagamento, em relação a outros credores, observada a prioridade no registro. Responderá a parte de forma objetiva (sem necessidade de demonstração de dolo ou culpa) pelos prejuízos causados se acaso houver reforma ou invalidação da decisão que impôs o pagamento de quantia. Os danos serão apurados no próprio processo, onde também serão executados.

A hipoteca judiciária constitui efeito secundário da sentença.

16.4. Publicação, intimação, correção e integração da sentença

Constitui a publicação o ato de tornar pública a sentença. Trata-se da entrega do pronunciamento ao escrivão. A partir de então, o magistrado somente poderá alterar a sentença para corrigir-lhe, de ofício ou a requerimento da parte, inexatidões materiais ou erros de cálculo ou por meio dos embargos de declaração.

Para a correção de inexatidões materiais ou erros de cálculo, como foi dito, a correção poderá se dar de ofício, a qualquer tempo.

Tem os embargos declaratórios natureza mista, na medida em que se constituem em recursos, mas também em meio de correção e integração da sentença.

17. COISA JULGADA

17.1. Conceito

Quer seja por ter decorrido o prazo para interposição de recursos, quer seja porque houve o esgotamento das vias recursais possíveis, a sentença passa a conter uma qualidade especial, da res judicata, garantia constitucional (art. 5º, XXXVI, CF), que impede a discussão eterna da questão, propiciando segurança jurídica. É gerada, assim, a imutabilidade da sentença.

A coisa julgada, no entanto, não é uma garantia absoluta, devendo conviver com outras garantias e bens jurídicos de igual importância. Sendo assim, muito embora presente a coisa julgada, a lei permite, em casos excepcionais, a rescisão de tal qualidade, por meio da ação rescisória, apta a ser ajuizada nos casos mencionados no art. 966, do Código de Processo Civil.

Formada a coisa julgada, não se permitirá a rediscussão da sentença.

17.2. Espécies

Conforme já dito, estando formada a coisa julgada, não se permitirá a rediscussão da sentença.

Porém, é preciso verificar se essa impossibilidade de rediscussão ocorrerá no mesmo ou em outro processo.

E a resposta a essa indagação variará consoante tenha ocorrido ou não a resolução do mérito.

Com efeito, se proferida sentença extintiva processual, será permitido ao autor repropor a demanda em outra oportunidade, motivo pelo qual se diz que foi formada a coisa julgada exclusivamente formal. Trata-se da chamada preclusão máxima.

De outro lado, porém, se proferida sentença com resolução do mérito, será formada não só a coisa julgada formal, mas também a material, impedindo-se a sua rediscussão não só no mesmo, mas também em outro processo, tendo a sentença força de lei nos limites da lei e das questões decididas.

Nestas sentenças com resolução do mérito, a coisa julgada formal e a material formam-se no mesmo momento, que é o do trânsito em julgado. Ou seja, somente depois de decidido o último recurso interposto é que será formada, ainda que ele seja intempestivo.

17.3. Limites

O estudo do regime jurídico da coisa julgada compreende a análise de seus limites objetivos, limites subjetivos e também de seu modo de produção.

a) Limites objetivos.

Verifica-se o que é atingido pela coisa julgada material, se toda a sentença, ou se parte dela.

Como sabido, a sentença é constituída por três elementos essenciais: o relatório, a fundamentação e a parte dispositiva (dispositivo), mas somente a última é atingida pela coisa julgada, excluindo-se os motivos, ainda que importantes para determinar o alcance da parte dispositiva da sentença, assim como também a verdade dos fatos, estabelecida como fundamento da sentença.

A questão prejudicial, decidida incidentalmente no processo, também não fará coisa julgada material. Trata-se de antecedente lógico da sentença e, por isso, não abrangida pela coisa julgada, salvo em relação à hipótese analisada mais adiante.

b) Limites subjetivos.

Nesse ponto, verifica-se quem será atingido pela coisa julgada formada.

Em um primeiro momento, a coisa julgada estará adstrita às partes do processo e, por isso, é denominada de *inter-partes*.

Contudo, admitem-se exceções.

Na primeira, verifica-se a coisa julgada ultra partes, que vai além das partes do processo, para atingir também determinados terceiros. É o que ocorre nos casos de substituição processual, em que o substituído, apesar de não ter participado do processo, terá sua esfera jurídica atingida.

Outra exceção é a coisa julgada erga omnes, que atingirá a todos os jurisdicionados, sendo eles partes ou não. A ação de usucapião é um exemplo, assim como a procedência da ação civil pública para a tutela de interesses difusos.

c) Quanto ao modo de produção.

De acordo com esse critério, a coisa julgada será *pro et contra*, *secundum eventum litis* e *secundum eventum probationis*.

Em regra, a coisa julgada forma-se independentemente do resultado do processo. Sendo o pedido procedente ou improcedente, havendo ou não o esgotamento das provas, haverá a coisa julgada.

Portanto, se o autor propuser a sua demanda e o magistrado julgá-la improcedente em decorrência da ausência de comprovação dos fatos apresentados na inicial, ainda assim, será formada a coisa julgada.

Nesse contexto, surgem as técnicas que se passa a expor.

Haverá a coisa julgada *secundum eventum litis* (segundo o resultado do processo), em casos específicos e previstos em lei. Assim, na procedência da ação civil pública em que se busca a tutela de interesses difusos, poderão as vítimas buscar, individualmente, a liquidação do julgado.

Já a coisa julgada *secundum eventum probationis* (segundo a prova produzida) existirá quando houver o esgotamento das provas. Assim, se a ação popular, por exemplo, for julgada improcedente, porém, sem o esgotamento das provas, admite-se a nova ação sobre a mesma matéria. Note-se que se trata de exceção à regra.

17.4. Eficácia preclusiva da coisa julgada

A coisa julgada produz três efeitos distintos: negativo, positivo e preclusivo.

Em razão do efeito negativo, impede-se que a questão seja decidida novamente em outro processo.

Por conta do efeito positivo, porém, havendo necessidade de retorno da questão principal ao Poder Judiciário, esta não poderá ser decidida de maneira diversa. Por esse motivo, por exemplo, havendo necessidade de liquidação da sentença, não poderá o magistrado decidir pela desnecessidade da indenização porque o autor não praticou o ato ilícito que lhe foi imputado. Estará impedido de fazê-lo, pois, deverá respeitar a coisa julgada formada.

Note-se, porém, que não há impedimento para a revisão da sentença pelo magistrado, desde que provocado por processo próprio, nas causas em que a modificação do estado das coisas poderá importar na alteração da própria obrigação, como ocorre na ação revisional de alimentos. Ou seja, um julgamento rebus sic stantibus, encampado em sentença determinativa, permite que a questão seja reanalisada, porque projeta a sua eficácia à frente.

Por conta do efeito preclusivo, reputam-se deduzidas e repelidas todas as alegações e defesas que a parte poderia opor assim ao acolhimento como à rejeição do pedido. A coisa julgada, dessa maneira, abrangerá aquilo que foi deduzido e aquilo que era deduzível, o que não afasta a possibilidade de ajuizamento de nova ação, fundada em elementos diversos.

17.5. Coisa julgada e resolução de questão prejudicial

A coisa julgada abrangerá apenas a questão principal. Porém, de acordo com o CPC/2015, poderá abranger também a questão prejudicial, desde que seja decidida expressa e incidentalmente no processo, observando-se os incisos do § 1º do art. 503 (independentemente de ação declaratória incidental, abolida no CPC de 2015).

Esta regra, contudo, somente será aplicada aos processos iniciados após a vigência do Código de Processo Civil de 2015. Aos anteriores, será necessário que a parte tenha se valido da ação declaratória incidental para que a questão prejudicial decidida faça coisa julgada.

17.6 Liquidação

17.6.1 Liquidação Provisória e Definitiva

A liquidação poderá ser iniciada apesar de estar pendente de julgamento o recurso interposto para impugnar o pronunciamento judicial, ainda que tenha efeito suspensivo. Trata-se da liquidação provisória, que será processada em autos apartados, em que o credor busca adiantar-se. Poderia aguardar o julgamento do recurso, mas prefere já buscar delimitar o valor devido.

Não havendo modificação da decisão em execução, será iniciada a fase de cumprimento de sentença, bastando ao credor atualizar os cálculos. De outro lado, se houver modificação do pronunciamento, o valor da obrigação deverá ser ajustado ao novo desenho traçado com o julgamento do recurso.

17.6.2 Concomitantes liquidação e cumprimento de sentença em relação ao mesmo título

É possível que o mesmo título executivo judicial contenha uma parte líquida, permitindo-se o cumprimento de sentença imediato, e outra parte ilíquida, a exigir a devida apuração do valor. Nesse caso, poderá o credor, de imediato, iniciar a fase de cumprimento, em relação à primeira, e promover a liquidação no que tange à segunda.

17.6.3 Apuração do Valor Dependente de Cálculos Aritméticos

Não carecerá de liquidação o cumprimento de pronunciamento que reconheça obrigação, cujo montante poderá ser delimitado com a apresentação de cálculos aritméticos.

Tais cálculos deverão ser apresentados pelo credor ao requerer o início da fase de cumprimento de sentença, observando-se estritamente o que foi fixado no título judicial, sendo vedado discutir de novo a lide ou modificar a sentença que a julgou.

A propósito, o Superior Tribunal de Justiça admite a utilização da ação rescisória para rescindir a sentença que homologa a liquidação, se esta não respeitar a coisa julgada.[1]

17.6.4 Liquidação Incidental e Autônoma

Inicialmente, deve ser lembrado que o Código de Processo Civil adota a ideia do processo sincrético.

Nesse contexto, insere-se a liquidação como integrante de tal processo, uma fase específica para a delimitação do valor da obrigação.

Existem outras situações em que a liquidação não ocorre como fase no processo sincrético. Em verdade, o processo se inicia com a própria liquidação (incisos VI a IX, do art. 515 do CPC/2015), quando o devedor será citado no juízo cível para o cumprimento da sentença ou para a liquidação no prazo de 15 dias.

E assim ocorre nas seguintes hipóteses: a) sentença penal condenatória transitada em julgado; b) sentença arbitral; c) sentença estrangeira homologada pelo Superior Tribunal de Justiça; e, d) decisão interlocutória estrangeira, após a concessão do exequatur à carta rogatória pelo STJ.

17.6.5 Iniciativa da Liquidação

A liquidação poderá ser iniciada pelo próprio credor ou pelo devedor (liquidação invertida).

O credor, tendo-se em vista o pronunciamento judicial que lhe é favorável, requer a apuração do valor, fixando-se a extensão da obrigação.

---

1 REsp 1513261/RS, Rel. Ministro PAULO DE TARSO SANSEVERINO, TERCEIRA TURMA, julgado em 22/09/2015, DJe 28/09/2015.

Ocorre que o devedor, por sua vez, também terá interesse em requerer a liquidação, principalmente para ver-se livre o mais rápido possível daquela obrigação, propiciando o seu cumprimento imediato, sem precisar aguardar pelas diligências do credor.

17.6.6 Procedimentos para Apuração do Valor

O valor poderá ser apurado de duas formas: ou por arbitramento, ou por meio do procedimento comum.

17.6.7 Liquidação por Arbitramento

Quando determinado pelo pronunciamento, convencionado pelas partes ou exigido pela natureza do objeto, esta poderá ser realizada por arbitramento.

É certo que, embora fixado na sentença que a liquidação deva ocorrer de uma determinada maneira, não há óbice à utilização de técnica diversa se isso for adequado ao procedimento.

Na liquidação por arbitramento, o juiz intimará as partes para a apresentação de seus pareceres ou documentos elucidativos, no prazo que fixar e, no caso de não poder decidir de plano, nomeará perito, observando-se, no que couber, o procedimento da prova pericial.

17.6.8 Liquidação pelo Procedimento Comum

Admite-se, também, que a liquidação pelo procedimento comum, quando houver necessidade de alegar e provar fato novo. Trata-se da já conhecida liquidação por artigos.

Nesta modalidade de liquidação, o juiz determinará a intimação do requerido, na pessoa de seu advogado ou de sociedade de advogados, para, querendo, oferecer contestação no prazo de 15 dias.

17.6.9 Natureza do Pronunciamento que Julga da Liquidação

A liquidação será decidida por meio de decisão interlocutória, que poderá ser impugnada pelo recurso de agravo de instrumento (art. 1.015, parágrafo único do CPC de 2015).

18. CUMPRIMENTO DA SENTENÇA

18.1 Procedimento.

Consoante prevê o § 1º do art. 513 do CPC, o cumprimento da sentença que reconhece o dever de pagar quantia, provisório ou definitivo, far-se-á a requerimento do exequente.

18.2. Intimação do devedor

A intimação do devedor se dará:

I – pelo Diário da Justiça, na pessoa de seu advogado constituído nos autos, salvo se o requerimento de início da fase de execução ocorrer após um ano do trânsito em julgado, quando a intimação será realizada na pessoa do devedor;

Como regra, **o devedor será intimado na pessoa de seu advogado, que o representou na fase de conhecimento ou que ingressou nos autos posteriormente. Porém, se já transcorrido prazo de um ano do trânsito em julgado, a intimação será realizada diretamente na pessoa do devedor e não mais do advogado.**

II – por carta com aviso de recebimento, quando representado pela Defensoria Pública ou quando não tiver procurador constituído nos autos, ressalvada a hipótese do inciso IV;

Se o devedor será intimado por meio de carta com aviso de recebimento e não na pessoa do Defensor Público.

III – por meio eletrônico, quando, no caso do § 1º do art. 246, não tiver procurador constituído nos autos;

IV – por edital, quando, citado na forma do art. 256, tiver sido revel na fase de conhecimento.

Tendo sido o réu revel na fase de conhecimento, o devedor será intimado por edital na fase de execução.

Importante!

Em razão do constante no art. 513, § 2º, CPC, resta prejudicada a Súmula 410 do Superior Tribunal de Justiça, apesar de ainda não ter sido cancelada.

Com efeito, tendo advogado constituído nos autos, não haverá necessidade de intimação pessoal do executado.

Importante:

Sendo o réu citado por edital e não tendo constituído advogado na fase de conhecimento, deverá haver intimação por edital do executado.

Se o devedor mudar de endereço sem prévia comunicação ao juízo, considera-se realizada a intimação.

De toda forma, se já transcorrido o prazo de um ano do trânsito em julgado da sentença, a intimação será feita na pessoa do devedor, por meio de carta com aviso de recebimento.

Como ficou, então?

a) o executado precisa ser intimado, na pessoa de seu advogado, havendo procurador constituído nos autos;

b) se antes citado por edital, não tendo procurador constituído nos autos (ainda que tenha curador especial), deverá ser intimado por edital;

c) ultrapassado o prazo de um ano do trânsito em julgado, a intimação deverá feita na pessoa do devedor, por meio de carga com aviso de recebimento.

18.3. Competência para a fase de cumprimento de sentença

O cumprimento da sentença efetuar-se-á perante:

> I – os tribunais, nas causas de sua competência originária;
>
> II – o juízo que decidiu a causa no primeiro grau de jurisdição;
>
> III – o juízo cível competente, quando se tratar de sentença penal condenatória, de sentença arbitral, de sentença estrangeira ou de acórdão proferido pelo Tribunal Marítimo.

Nas hipóteses dos incisos II e III, o exequente poderá optar pelo juízo do atual domicílio do executado, pelo juízo do local onde se encontrem os bens sujeitos à execução ou pelo juízo do local onde deva ser executada a obrigação de fazer ou de não fazer, casos em que a remessa dos autos do processo será solicitada ao juízo de origem.

> **Atenção!**
>
> Tratando-se de execução individual de ação coletiva que tenha tramitado originariamente no Supremo Tribunal Federal, como um mandado de segurança coletivo, por exemplo, a competência para o cumprimento da obrigação será dos órgãos judiciários de primeira instância (PET nº 6076 QO/DF, rel. Min. Dias Toffoli, julgamento em 25.04.2017).

18.4. Admissibilidade do protesto

Em razão da nova natureza do protesto de títulos, não só possível para a comprovação da mora, mas também como meio extrajudicial apto a compelir o devedor a cumprir a obrigação, veio o art. 517 do CPC permitir que a decisão transitada em julgado poderá ser levada a protesto, nos termos da lei, depois de transcorrido o prazo para pagamento voluntário da obrigação.

Somente se admite o protesto de decisão judicial transitada em julgado (portanto, estará excluída a possibilidade no cumprimento provisório.

O executado que tiver proposto ação rescisória para impugnar a decisão exequenda poderá solicitar a anotação da propositura da ação à margem do título protestado.

18.5. Alegação de questões pertinentes à validade do procedimento de cumprimento de sentença e dos atos executivos subsequentes

Todas as questões relativas à validade do procedimento de cumprimento da sentença e dos atos executivos subsequentes poderão ser arguidas pelo executado nos próprios autos e nestes serão decididas pelo juiz.

As questões relativas a fato superveniente ao término do prazo para apresentação da impugnação, assim como aquelas relativas à validade e à adequação da penhora, da avaliação e dos atos executivos subsequentes, podem ser arguidas por simples petição, tendo o executado, em qualquer dos casos, o prazo de 15 (quinze) dias para formular esta arguição, contado da comprovada ciência do fato ou da intimação do ato.

18.6. Cumprimento provisório da sentença que reconhece a exigibilidade de obrigação de pagar quantia certa

O cumprimento da sentença que reconhece a exigibilidade de obrigação de pagar quantia certa poderá ser provisório ou definitivo, atentando-se ao seguinte esquema:

Cumprimento provisório: se não ocorreu o trânsito em julgado da sentença e pende de julgamento recurso que possui apenas efeito devolutivo.

Cumprimento definitivo: se a sentença já transitou em julgado.

O cumprimento de sentença provisório será realizado da mesma forma que o cumprimento definitivo, sujeitando-se ao seguinte regime:

> I – corre por iniciativa e responsabilidade do exequente (responsabilidade objetiva);
>
> II – fica sem efeito, sobrevindo decisão que modifique ou anule a sentença objeto da execução, restituindo-se as partes ao estado anterior e liquidando-se eventuais prejuízos nos mesmos autos;
>
> III – se a sentença objeto de cumprimento provisório for modificada ou anulada apenas em parte, somente nesta ficará sem efeito a execução; IV – o levantamento de depósito em dinheiro e a prática de atos que importem transferência de posse ou alienação de propriedade ou de outro direito real, ou dos quais possa resultar grave dano ao executado, dependem de caução suficiente e idônea, arbitrada de plano pelo juiz e prestada nos próprios autos. Esta caução, contudo, poderá ser dispensada nos casos em que: i) o crédito for de natureza alimentar, independentemente de sua origem; ii) o credor demonstrar situação de necessidade; iii) pender o agravo de despacho denegatório de recurso extraordinário ou de recurso especial; iv) a sentença a ser provisoriamente cumprida estiver em consonância com súmula da jurisprudência do STF ou do STJ ou em conformidade com acórdão proferido no julgamento de casos repetitivos.

Ainda que ocorra uma das situações em que a caução está dispensada, a garantia será mantida se por conta da dispensa possa resultar manifesto risco de grave dano de difícil ou incerta reparação.

Deverá o credor requerer o cumprimento de sentença por meio de petição dirigida ao juízo competente, instruindo-se a petição com as seguintes peças do processo, cuja autenticidade poderá ser certificada pelo próprio advogado, sob pena de sua responsabilidade pessoal: I – decisão exequenda; II – certidão de interposição do recurso não dotado de efeito suspensivo; III – procurações outorgadas pelas partes; IV – decisão de habilitação, se for o caso; V – facultativamente, outras peças processuais consideradas necessárias para demonstrar a existência do crédito.

18.7. Impugnação

A impugnação ao cumprimento de sentença possui a natureza jurídica de defesa endoprocessual do executado, pois será apresentada nos próprios autos, mediante simples petição, com a observância de algumas particularidades.

Intimado o devedor para cumprimento da obrigação, terá:

15 dias para o pagamento

+

15 dias para o oferecimento de impugnação

A prévia garantia do juízo não é requisito de admissibilidade da impugnação ao cumprimento de sentença, restando prejudicado o anterior posicionamento do Superior Tribunal de Justiça.

Nesse sentido, a título de reforço, afigura-se importante deixar registrada a redação do art. 525, caput do CPC: "Transcorrido o prazo previsto no art. 523 sem o pagamento voluntário, inicia-se o prazo de 15 dias para que o executado, independentemente de penhora ou nova intimação, apresente, nos próprios autos, sua impugnação".

Não obstante, a garantia do juízo se apresenta como requisito para a concessão de efeito suspensivo à impugnação, como adiante se verá.

O devedor poderá alegar as seguintes matérias na impugnação:

I – falta ou nulidade da citação se, na fase de conhecimento, o processo correu à revelia; II – ilegitimidade de parte; III – inexequibilidade do título ou inexigibilidade da obrigação; IV – penhora incorreta ou avaliação errônea; V – excesso de execução ou cumulação indevida de execuções; VI – incompetência absoluta ou relativa do juízo da execução; VII – qualquer causa modificativa ou extintiva da obrigação, como pagamento, novação, compensação, transação ou prescrição, desde que supervenientes à sentença.

Alegando-se o excesso de execução, deverá o devedor impugnante declarar de imediato o valor que entende correto, apresentando demonstrativo discriminado e atualizado de seu cálculo, sob pena de ser rejeitada liminarmente, salvo se houver outra matéria alegada, quando então prosseguirá apenas em relação a esta.

Regras sobre o efeito suspensivo:

a) Depende de requerimento do devedor e será objeto de análise pelo juiz, que proferirá decisão interlocutória a respeito;

b) Não deferido o efeito suspensivo, a execução prosseguirá, admitindo-se a prática de outros atos executivos e de atos expropriatórios;

c) Deferido o efeito suspensivo, ainda se admite a prática de atos de substituição, reforço ou redução de penhora, bem como a avaliação de bens. Não se admitem outros atos, salvo se o credor apresentar caução.

19. PROCESSO DE EXECUÇÃO CONTRA A FAZENDA PÚBLICA

19.1. Cumprimento Provisório de Sentença contra a Fazenda Pública

Admite-se a execução provisória contra a Fazenda Pública, estando impossibilitada, no entanto, a formação do precatório ou a expedição da requisição de pagamento no caso de obrigação de pequeno valor.

19.2. O Oferecimento de Impugnação ao Cumprimento de Sentença

A Fazenda Pública será intimada na pessoa de seu representante judicial, por carga, remessa ou meio eletrônico, para, querendo, no prazo de 30 (trinta) dias e nos próprios autos, impugnar a execução.

19.3. Cumprimento de Sentença que Reconheça a Exigibilidade de Obrigação de Pagar Quantia Certa pela Fazenda Pública

Esgotada a fase cognitiva, contando o credor com obrigação líquida – se ilíquida, carece de promover a respectiva liquidação -, certa e exigível, deverá requerer o início da fase de execução, instruindo o pedido com demonstrativo discriminado e atualizado do crédito, devendo a petição conter os requisitos indicados no art. 534. Havendo mais de um credor, cada um deverá apresentar o seu próprio demonstrativo (demonstrativos individuais, ainda que se trate de execução plúrima).

O Advogado Público deverá ser pessoalmente intimado (por carga, remessa ou meio eletrônico) para, querendo, no prazo de trinta dias e nos próprios autos, impugnar a execução.

19.4. Do Não Oferecimento da Impugnação e os Honorários Advocatícios Devidos na Execução

Não serão devidos honorários no cumprimento de sentença contra a Fazenda Pública que enseje expedição de precatório, desde que não tenha sido impugnada.

Em suma, no Novo CPC:

1.Serão devidos honorários na fase de execução de cumprimento de obrigação de pagar quantia certa, se esta for impugnada.

2.Não oferecida impugnação, serão devidos honorários se a obrigação for de pequeno valor.

3.Não oferecida impugnação, não serão devidos honorários se a obrigação for satisfeita mediante precatório, salvo se relativa a execução individual de sentença condenatória genérica.

19.5. Matérias Alegáveis na Impugnação

De toda forma, o art. 535 do Novo CPC autoriza que a Fazenda Pública, por meio da impugnação, alegue várias matérias. São elas:

I – falta ou nulidade da citação se, na fase de conhecimento, o processo correu à revelia;

II – ilegitimidade de parte;

III – inexequibilidade do título ou inexigibilidade da obrigação;

IV – excesso de execução ou cumulação indevida de execuções;

V – incompetência absoluta ou relativa do juízo da execução;

VI – qualquer causa modificativa ou extintiva da obrigação, como pagamento, novação, compensação, transação ou prescrição, desde que supervenientes ao trânsito em julgado da sentença.

20. PROCESSO DE EXECUÇÃO

20.1. Título Executivo Judicial e Extrajudicial

Títulos executivos judiciais

São títulos executivos judiciais:

I – as decisões proferidas no processo civil que reconheçam a exigibilidade de obrigação de pagar quantia, de fazer, de não fazer ou de entregar coisa;

II – a decisão homologatória de autocomposição judicial;

III – a decisão homologatória de autocomposição extrajudicial de qualquer natureza;

IV – o formal e a certidão de partilha, exclusivamente em relação ao inventariante, aos herdeiros e aos sucessores a título singular ou universal;

V – o crédito de auxiliar da justiça, quando as custas, emolumentos ou honorários tiverem sido aprovados por decisão judicial;

VI – a sentença penal condenatória transitada em julgado;

VII – a sentença arbitral;

VIII – a sentença estrangeira homologada pelo Superior Tribunal de Justiça;

IX – a decisão interlocutória estrangeira, após a concessão do exequatur à carta rogatória pelo Superior Tribunal de Justiça;

Títulos executivos extrajudiciais

São títulos executivos extrajudiciais:

I – a letra de câmbio, a nota promissória, a duplicata, a debênture e o cheque;

II – a escritura pública ou outro documento público assinado pelo devedor;

III – o documento particular assinado pelo devedor e por 2 (duas) testemunhas;

IV – o instrumento de transação referendado pelo Ministério Público, pela Defensoria Pública, pela Advocacia Pública, pelos advogados dos transatores ou por conciliador ou mediador credenciado por tribunal;

V – o contrato garantido por hipoteca, penhor, anticrese ou outro direito real de garantia e aquele garantido por caução;

VI – o contrato de seguro de vida em caso de morte;

VII – o crédito decorrente de foro e laudêmio;

VIII – o crédito, documentalmente comprovado, decorrente de aluguel de imóvel, bem como de encargos acessórios, tais como taxas e despesas de condomínio;

IX – a certidão de dívida ativa da Fazenda Pública da União, dos Estados, do Distrito Federal e dos Municípios, correspondente aos créditos inscritos na forma da lei;

X – o crédito referente às contribuições ordinárias ou extraordinárias de condomínio edilício, previstas na respectiva convenção ou aprovadas em assembleia geral, desde que documentalmente comprovadas;

XI – a certidão expedida por serventia notarial ou de registro relativa a valores de emolumentos e demais despesas devidas pelos atos por ela praticados, fixados nas tabelas estabelecidas em lei;

XII – todos os demais títulos aos quais, por disposição expressa, a lei atribuir força executiva.

20.2 Execução de obrigação de fazer e de não fazer

Ao receber a petição inicial na execução de obrigação de fazer ou de não fazer consubstanciada em título executivo extrajudicial, o juiz fixará multa por período de atraso no cumprimento da obrigação e a data a partir da qual será devida.

Permite o CPC que o juiz reduza o valor da multa, se acaso julgar que é excessiva a prevista no título.

Promovendo-se a execução, por título extrajudicial, de obrigação de fazer, o executado será citado para a sua satisfação no prazo designado pelo juiz ou o que estiver constando no título.

Não satisfeita a obrigação no prazo, poderá o credor, nos próprios autos, requerer a sua satisfação à custa do executado, ou poderá pugnar por ser ressarcidos pelas perdas e danos, convertendo-se em indenização.

A requerimento do credor, poderá o magistrado autorizar que a obrigação seja satisfeita por terceiro, que o fará à custa do executado. Compete ao exequente adiantar as quantias necessárias e previstas na proposta a ser aprovada pelo juiz, após a oitiva das partes.

Na obrigação de fazer *intuitu personae*, ou seja, que deve ser cumprida pelo próprio executado, como a obrigação de pintar um quadro, por exemplo, o exequente poderá solicitar que o juiz fixe prazo para a sua realização.

Se houver recusa ou mora do executado, a obrigação *intuitu personae*, será convertida em perdas e danos, observando-se o procedimento de execução por quantia certa.

Tendo o executado praticado ato, contrariamente ao dever de abstenção assumido, o exequente poderá solicitar que o juiz fixe prazo para que o ato seja desfeito pelo executado. Havendo recursa, permite-se que o juiz, a requerimento do credor, mande desfazer o ato à custa daquele, que responderá por perdas e danos.

De toda forma, não sendo possível desfazer-se o ato, a obrigação será resolvida em perdas e danos, caso em que, após a liquidação, será observado o procedimento de execução por quantia certa.

20.3 Execução por quantia certa: disposições gerais

Disposições gerais

Busca-se, por meio da execução por quantia certa, a realização da expropriação de bens do executado, com exceção de alguns casos de execução especial, como ocorre, por exemplo, na execução de alimentos, em que se é admitida a prisão civil.

A expropriação de bens, que será aprofundada mais adiante, consistirá em: i) adjudicação de bens; ii) alienação; iii) apropriação de frutos e rendimentos de empresa ou de estabelecimentos ou de outros bens.

Como se nota, o CPC concentra a expropriação (transformação do bem em dinheiro ou transferência) em três modalidades, cabendo, desde já, ressaltar que o CPC não diferencia o *leilão* da *praça*, fazendo-se a designação ampla da alienação.

Despacho Inicial

Na execução de obrigação de pagar quantia certa, o juiz despachará a inicial, fixando os honorários advocatícios em 10%, a serem pagos pelo executado. Tal percentual poderá ser majorado para até 20%, quando rejeitados os embargos à execução, ou no final do procedimento executivo, ainda que não tenham sido apresentados embargos, levando-se em conta o trabalho realizado pelo advogado do exequente.

Despacho inicial: o juiz determina a citação do executado e fixa os honorários advocatícios em 10%, a serem suportados pelo executado.

Admite-se a majoração dos honorários para até 20%.

Será também com o despacho que ocorrerá a interrupção da prescrição.

O executado será citado para que, no prazo de três dias, dê integral cumprimento ao pagamento. Se o fizer, a verba honorária será reduzida de metade.

Redução da verba honorária por ato do devedor:

Cumprida a obrigação, de forma voluntária, no prazo de três dias, haverá a redução do montante devido a título de verba honorária pela metade.

Portanto, em relação à verba honorária:

a) será fixada no despacho inicial (10%);

b) se houver o pagamento espontâneo no prazo de 3 dias, será reduzida de metade;

c) poderá ser majorada para o índice de 20%, se improcedentes os embargos, ou, ainda que não apresentados, no final do procedimento executivo.

Averbação acautelatória

O CPC autorizou que o executado obtenha certidão de que a execução foi ADMITIDA pelo juiz, levando-a para averbação no registro de imóveis, de imóveis ou de outros bens sujeitos a penhora, arresto ou indisponibilidade.

A averbação acautelatória (ou premonitória) se trata de ato executivo, por meio da qual se garante a presunção de fraude à execução se ocorrer a alienação ou a oneração de bens após a averbação.

Deve ser lembrado que, entre as hipóteses de fraude à execução, encontra-se a alienação ou a oneração de bem, quando tiver sido averbada, no registro respectivo, a pendência do processo de execução, na forma do art. 828 (art. 792, II do CPC).

Promovida a averbação acautelatória, deverá o exequente comunicar o juízo da execução em dez dias.

Com o processo em estágio mais avançado, sendo realizada a penhora sobre bens suficientes para cobrir a dívida, o exequente deverá promover o cancelamento das averbações relativas àqueles não penhorados, o que poderá ser determinado pela autoridade judiciária.

Responderá o exequente pelo dano causado em razão da averbação indevida, ou se não providenciar a devida baixa no prazo legal.

Citação Inicial

Após o despacho pelo juiz e expedição de mandado, o executado será citado para que, no prazo de três dias, pague a dívida.

Do próprio mandado de citação constarão, ainda, a ordem de penhora e a avaliação a serem cumpridas pelo oficial de justiça após verificar o não pagamento no prazo assinado, lavrando-se o respectivo auto.

Preferencialmente, a penhora recairá sobre os bens indicados pelo exequente, a não ser que o juiz aceite os bens oferecidos pelo executado, com fundamento na menor onerosidade da execução.

Pré-penhora ou arresto no processo executivo

A pré-penhora ou arresto no processo de execução é uma medida de cunho cautelar que poderá ser realizada, independentemente de ordem judicial, competindo ao oficial de justiça, em um primeiro momento, a análise de sua viabilidade.

Será providenciada pelo meirinho quando, não encontrando o executado para citação, encontrar bens que possam ser objeto de constrição. Sendo assim, serão arrestados tantos bens quantos forem necessários para garantir a execução.

Realização a constrição, o oficial de justiça procurará o executado nos dez dias seguintes, por duas vezes e em dias distintos e, havendo a suspeita de ocultação, realizará a citação com hora certa, certificando o ocorrido.

Uma vez frustrada a citação pessoal, ou mesmo a com hora certa, será o executado citado por edital, quando então será necessária a intervenção de curador especial para o oferecimento de embargos.

Transcorrido o prazo legal sem o efetivo pagamento, o arresto será convertido em penhora, independentemente de termo.

Penhora, depósito e avaliação

A penhora consiste em um ato executivo, por meio do qual se concentra a execução em um bem específico do executado. Em razão do princípio da dignidade da pessoa humana (e do princípio do patrimônio mínimo, antes já analisado), há determinados bens que não podem ser objeto de constrição.

Nesse sentido, são absolutamente impenhoráveis:

> I – os bens inalienáveis e os declarados, por ato voluntário, não sujeitos à execução;
>
> II – os móveis, os pertences e as utilidades domésticas que guarnecem a residência do executado, salvo os de elevado valor ou os que ultrapassem as necessidades comuns correspondentes a um médio padrão de vida;
>
> III – os vestuários, bem como os pertences de uso pessoal do executado, salvo se de elevado valor;
>
> IV – os vencimentos, os subsídios, os soldos, os salários, as remunerações, os proventos de aposentadoria, as pensões, os pecúlios e os montepios, bem como as quantias recebidas por liberalidade de terceiro e destinadas ao sustento do devedor e de sua família, os ganhos de trabalhador autônomo e os honorários de profissional liberal, ressalvado o § 2º;
>
> V – os livros, as máquinas, as ferramentas, os utensílios, os instrumentos ou outros bens móveis necessários ou úteis ao exercício da profissão do executado;
>
> VI – o seguro de vida;
>
> VII – os materiais necessários para obras em andamento, salvo se essas forem penhoradas;
>
> VIII – a pequena propriedade rural, assim definida em lei, desde que trabalhada pela família;
>
> IX – os recursos públicos recebidos por instituições privadas para aplicação compulsória em educação, saúde ou assistência social;
>
> X – a quantia depositada em caderneta de poupança, até o limite de 40 (quarenta) salários-mínimos;
>
> XI – os recursos públicos do fundo partidário recebidos por partido político, nos termos da lei;
>
> XII – os créditos oriundos de alienação de unidades imobiliárias, sob regime de incorporação imobiliária, vinculados à execução da obra.

A impenhorabilidade também poderá ser relativa, pois se admite a constrição dos frutos e dos rendimentos dos bens inalienáveis, à falta de outros.

IMPENHORABILIDADE
- Absoluta
- Relativa

O Código de Processo Civil indicou a ordem de preferência de bens à penhora, a começar com o dinheiro, em espécie ou em depósito ou aplicação em instituição financeira, passando-se por outros até chegar *a outros direitos* (art. 835 do CPC).

Uma vez levada a efeito a penhora, bem como documentada, podem surgir a necessidade de substituição do bem, levando-se em consideração, sobretudo, os princípios da menor onerosidade e da máxima efetividade da execução.

Nesse sentido, é possível o deferimento da substituição da penhora, a ser determinada pelo magistrado, em decisão interlocutória que desafia o recurso de agravo de instrumento.

Antes da substituição, porém, deverá ser dada oportunidade para manifestação prévia pela parte adversa, sobretudo para que se possa sopesar adequadamente os princípios regedores da execução.

Embora haja preferência pelo dinheiro, como foi visto, a lei equipara, para fins de substituição da penhora, a fiança bancária e o seguro garantia judicial, desde que em valor não inferior ao constante da inicial, acrescido de trinta por cento.

Resume-se, nessa hipótese, que a fiança bancária e o seguro garantia judicial representam obrigação de pagar de liquidez certa, de modo que, havendo determinação do juízo, a instituição financeira promoverá o depósito do valor do débito.

Na hipótese de execução de crédito com garantia real, obviamente, a penhora recairá sobre a coisa dada em garantia e, se pertencer a terceiro garantidos, este também deverá ser intimado.

A penhora deve ser documentada nos autos. Tal registro poderá ser feito, principalmente, pelo *auto de penhora*, que é lavrado pelo Oficial de Justiça, ou pelo *termo de penhora*, lavrado na própria unidade judiciária, pelo escrivão e que poderá ser utilizado para os casos em que houver a nomeação de bens à penhora, ou se for realizada penhora de bem à vista de certidão de sua propriedade.

Importante que, ao ser formalizada a penhora, quer seja por auto ou por termo, dela será imediatamente intimado o executado, o que será feito na pessoa do advogado ou à sociedade de advogados a que pertença, ou ainda, se não houver advogado constituídos nos autos, será feita pessoalmente ao executado, de preferência por via postal. Se o executado estiver presente quando da lavratura do auto ou termo, reputa-se automaticamente intimado.

Se a penhora incidir sobre bem imóvel ou direito real imobiliário, deverá o cônjuge do executado ser intimado, pois pode ter interesse em defender a sua meação ou até mesmo a propriedade absoluta. De toda forma, em razão da incomunicabilidade que lhe é inerente, tal intimação não será necessário se aqueles forem casados em regime de separação absoluta de bens.

A cópia do auto ou do termo poderá ser levada para averbação perante o serviço de registro competente. Esta providência não assegura a preferência no levantamento do produto de eventual alienação, mas gera a presunção absoluta de conhecimento por terceiros do ato executivo.

Por esse motivo, realizada a averbação no registro competente, aquele que eventualmente vier a adquiri-lo não poderá alegar desconhecimento da existência de tal ônus, sendo viável a declaração da ineficácia em razão da fraude à execução.

A propósito, o Superior Tribunal de Justiça editou a Súmula 375, segundo a qual "o reconhecimento da fraude à execução depende do registro da penhora do bem alienado ou da prova de má-fé do terceiro adquirente".

Uma vez levada a cabo a penhora, permite o Código que o executado, no prazo de 10 dias, contados da intimação do ato constritivo, requeira a substituição do bem penhorado, devendo demonstrar, para tanto, que lhe será menos onerosa e não trará prejuízo ao exequente.

Admite-se, ainda, o pedido de substituição da penhora, a ser formulado por qualquer uma das partes, se não for observada a ordem legal de nomeação, se ela não incidir sobre os bens designados em lei, contrato ou ato judicial para o pagamento; havendo bens no foro da execução, outros tiverem sido penhorados; havendo bens livres, ela tiver recaído sobre bens já penhorados ou objeto de gravame; se ela incidir sobre bens de baixa liquidez; se fracassar a tentativa de alienação judicial do bem; ou, então, se o executado não indicar o valor dos bens ou omitir qualquer das indicações previstas em lei.

Admite-se, também, a substituição da penhora por fiança bancária ou por seguro garantia judicial, em valor não inferior ao do débito constante da inicial, acrescido de 30%.

Ocorrida a substituição dos bens penhorados, deverá ser lavrado novo termo.

Cada penhora realizada nos autos será objeto de um auto ou de um termo respectivo, de modo que será documentada de forma individualizada. Se não houver a penhora de bens suficientes para garantir a execução, deverá o exequente pugnar pelo respectivo reforço.

A segunda penhora será efetivada excepcionalmente e somente se a primeira for anulada, se executados os bens, o produto da alienação não bastar para o pagamento do exequente ou se o exequente desistir da primeira penhora, por serem litigiosos os bens ou por estarem submetidos a constrição judicial.

Como regra, a efetivação da expropriação com a alienação dos bens penhorados somente ocorrerá em estágio já avançado do processo de execução.

Ocorre que o fator tempo poderá ensejar a perda de utilidade dos atos executivos, diminuindo-se consideravelmente o sucesso de eventual tentativa de expropriação.

Nesse sentido, admite-se a alienação antecipada dos bens penhorados quando: I – se tratar de veículos automotores, de pedras e metais preciosos e de outros bens móveis sujeitos à depreciação ou à deterioração; II – houver manifesta vantagem.

Apresentado o requerimento de alienação antecipada, o magistrado ouvirá a outra parte, que terá o prazo de três dias para se manifestar, decidindo-se de plano qualquer questão suscitada.

Admite expressamente o Código de Processo Civil a realização da penhora *online*, consistente na penhora de dinheiro em depósito ou em aplicação financeira.

Realizado o requerimento pelo credor, o juiz, sem dar prévia ciência ao executado, determinará às instituições financeiras que torne indisponíveis ativos financeiros existentes em nome do executado, limitando-se a indisponibilidade ao valor indicado na execução.

Uma vez ocorrendo o retorno do sistema no sentido de que foram tornados indisponíveis os ativos financeiros do executado, este será intimado na pessoa de seu advogado ou, não o tendo, pessoalmente.

Poderá o executado, no prazo de cinco dias, comprovar que as quantias indisponíveis são impenhoráveis, ou, então, que há indisponibilidade excessiva de ativos financeiros.

Após a oitiva da parte, o juiz decidirá, podendo determinar a conversão da indisponibilidade em penhora, sem que haja necessidade de lavratura de termo, quando então haverá a transferência do montante indisponível para conta vinculada ao juízo da execução.

No CPC de 2015, a penhora *online* deverá observar os seguintes passos:

1) Requerimento do credor;

2) Decisão do juiz de que se proceda à indisponibilidade do valor à instituição financeira;

3) Efetiva a indisponibilidade dos ativos financeiros, será ouvido o executado;

4) Se rejeitada eventual alegação do executado, será convertida a indisponibilidade em penhora, independentemente de termo, com a transferência do montante para conta administrada pelo juízo.

A penhora consiste em um ato de concentração da execução em um(alguns) bem(ns), que deverá ser devidamente avaliado, para que se tenha um padrão adequado de continuidade do processo.

A avaliação, como regra, constará do auto de penhora lavrado pelo oficial de justiça, salvo se este não tiver conhecimento técnico suficiente, quando então deverá ser nomeado avaliador.

Atenção!

A avaliação realizada pelo meirinho constará de vistoria e de laudo anexados ao auto de penhora.

Se realizada pelo avaliador, constará de laudo apresentado no prazo fixado pelo juiz, com especificação, nas duas hipóteses: i) dos bens, com as suas características, e o estado em que se encontram; e, ii) o valor dos bens.

Atenção!

Tratando-se de bem imóvel em que se admitir a cômoda divisão, levando-se em consideração o crédito reclamado, deverá a avaliação ser realizada em partes, com a apresentação de memorial descritivo, bem como dos possíveis desmembramentos para alienação.

Nesta hipótese, as partes serão ouvidas em cinco dias.

Existem casos em que não haverá a necessidade de efetivar-se o ato de avaliação, o que não retira a imprescindibilidade de ser atribuído um valor certo ao bem constrito.

Nesse sentido, se o executado oferecer um bem à penhora, com a respectiva estimativa de preço, se a outra parte a aceitar, não haverá necessidade de se realizar a avaliação. O mesmo ocorrerá se tratar de títulos ou de mercadorias que tenham cotação em bolsa, comprovada por certidão ou publicação no órgão oficial, se tratar de títulos da dívida pública, de ações de sociedades e de títulos de crédito negociáveis em bolsa ou de veículos automotores ou de outros bens cujos preço médio de mercado possa ser conhecido por meio de pesquisas realizadas por órgãos oficiais ou de anúncios de venda divulgados em meios de comunicação, caso em que caberá a quem fizer a nomeação o encargo de comprovar a cotação de mercado.

> Note-se a interessante hipótese inserida no art. 871, em que é dispensada a avaliação de bens em que o preço médio de mercado possa ser conhecido por meio de pesquisas.

Realizada a avaliação do bem penhorado, admite-se a realização de novo ato se (i) qualquer das partes arguir, fundamentadamente, a ocorrência de erro na avaliação ou dolo do avaliador, (ii) se verificar, posteriormente à avaliação, que houve majoração ou diminuição no valor do bem e, (iii) se o juiz tiver dúvida sobre o valor atribuído ao bem na primeira avaliação.

E, neste último caso, a segunda avaliação não substituirá a primeira, competindo ao juiz apreciar o valor de um e de outra (art. 480, § 3º do CPC).

Feita a avaliação, será possível verificar se a execução está devidamente garantida, se a penhora é insuficiente ou, então, se há excesso, o que deverá ser devidamente ajustado na sequência.

Promovida a constrição do bem penhorado e feita a avaliação, se não houver a atribuição de eventual efeito suspensivo em razão do oferecimento de embargos (ou por conta de eventual decisão proferida em outro processo, como a que suspende a exigibilidade da obrigação em ação anulatória), o juiz passará aos atos de expropriação do bem.

Expropriação de bens

A execução por quantia certa será realizada por meio da expropriação de bens do executado, salvo as execuções especiais (como, por exemplo, a execução de alimentos, em que será possível a prisão do executado).

A expropriação consistirá em: i) adjudicação; ii) alienação; iii) apropriação de frutos e rendimentos de empresa ou de estabelecimentos e de outros bens, conforme o quadro a seguir:

- Meios Expropriatórios
  - Adjudicação
  - Alienação
    - Iniciativa Particular
    - Leilão judicial eletrônico ou presencial
  - Apropriação de frutos e rendimentos

Por meio da adjudicação (enquanto modalidade de expropriação na execução por quantia certa) atribui-se determinado bem ao credor ou a terceiros legitimados. Não se trata de transferir de imediato a propriedade, mas de atribui-la, levando o título (auto de adjudicação) a registro no Serviço de Registro de Imóveis ou sendo expedido mandado de entrega. Efetuado o registro ou entregue o bem (respectivamente), ocorrerá a transferência da propriedade.

São legitimados a requerê-la: o credor e determinados terceiros.

O credor poderá manifestar-se no sentido de que pretende a adjudicação do bem, para que o mesmo lhe seja atribuído, observando-se, para todos os fins, o valor da avaliação. Se o valor do bem for superior ao da dívida, deverá depositar em juízo a diferença. De outro lado, se for inferior, a execução prosseguirá em relação a outros bens.

Também poderão requerer a adjudicação aqueles indicados nos incisos II a VII do art. 889 e, ainda, credores concorrentes que tenham penhorado o mesmo bem, cônjuge, companheiro, descendentes e ascendentes do executado. Havendo mais de um interessado, abre-se licitação entre eles, sendo vencedor o que estiver disposto a pagar o maior valor, havendo preferência assegurada ao cônjuge, ao companheiro, ao descendente e ao ascendente, nesta ordem.

Na adjudicação deferida em favor de terceiro, este efetuará o depósito do valor que o bem foi avaliado, cuja quantia será revertida, como regra, ao credor. Propicia-se a liquidez de valor para a satisfação do direito do credor. Por isso, é denominada de adjudicação liquidativa.

> Adjudicação liquidativa: deferida em favor de terceiro que, ao efetuar o depósito do valor do bem, promove a satisfação do direito do credor.

Se não for efetivada a adjudicação de bens, admite-se que seja requerida a sua alienação por iniciativa particular ou em leilão judicial eletrônico ou presencial.

> O CPC não fez diferenciação entre leilão ou praça. Pelo contrário, refere-se apenas ao leilão, que pode ser (i) judicial eletrônico ou (ii) judicial presencial.

A alienação do bem penhorado poderá ocorrer por meio de iniciativa do próprio credor, ou por meio de corretor ou leiloeiro público credenciado perante o órgão judiciário.

Dá-se preferência para que o credor possa providenciar a alienação do bem penhorado, o que se fará por sua própria iniciativa, podendo valer-se de corretor ou leiloeiro público, que devem estar credenciados, exigindo-se, no mínimo, três anos de exercício profissional.

> Percebe-se que a utilização de leiloeiro pode ocorrer quer seja na alienação por iniciativa particular ou em leilão judicial eletrônico ou presencial.

Nesta situação, a autoridade judiciária fixará as condições mínimas para a alienação (prazo em que a alienação deverá ser efetivada, a forma de publicidade, o preço mínimo, as condições de pagamento, as garantias e, se for o caso, a comissão de corretagem).

Se acaso a localidade não contar com leiloeiro público credenciado, admite-se corretor de livre escolha do exequente, motivo pelo qual se defende que a inobservância da regra do prévio cadastramento apenas ensejará a nulidade se houver prejuízo demonstrado.

A alienação judicial poderá ser realizada por dois meios: de forma eletrônica ou de forma presencial, no local designado pelo juiz. Compete ao magistrado designar o leiloeiro público, que poderá ser indicado pelo exequente.

Competirá ao juiz da execução fixar o preço mínimo, as condições de pagamento e as garantias que deverão ser prestadas pelo arrematante. Se o juiz não fixar aquele valor, a arrematação não poderá se realizar por quantia inferior a 50% do valor da avaliação. A propósito, o Novo CPC assim definiu o preço vil:

Preço Vil = valor inferior ao estipulado pelo juiz e constante do edital ou, no silêncio, preço inferior a 50% do valor da avaliação.

➔ Gerará a invalidade de eventual arrematação, a ser alegada no prazo de 10 dias, contados do aperfeiçoamento da alienação.

Não obstante seja considerada perfeita, acabada e irretratável com a assinatura do auto de arrematação, poderão ser alegadas, no prazo de dez dias, as situações indicadas no art. 903, § 1º do CPC. Nesse passo, a arrematação poderá ser invalidada, considerada ineficaz ou resolvida, conforme explicado no seguinte quadro:

Invalidação	Se realizada por preço vil ou com outro vício.
Ineficácia em relação a determinadas pessoas.	Alienação sem a intimação prévia: i) dos respectivos credores pignoratício, hipotecário e anticrético; ii) do promitente comprador ou do cessionário de bem objeto de promessa de compra e venda ou de cessão registrada; iii) concedente ou concessionário de direito de superfície; iv) enfiteuta ou concessionário na alienação de imóvel sobre o qual tenha sido instituída a enfiteuse, concessão de uso especial para fins de moradia ou concessão de direito real de uso; do proprietário do imóvel no caso de alienação de direitos do enfiteuta, do concessionário de direito real de uso ou do concessionário de uso especial para fins de moradia; titular do direito de usufruto, uso ou habitação.
Resolvida	Se não for pago o preço ou não for prestada a caução.

Não será expedida a carta de arrematação nesse período e a alegação dessas matérias será óbice para tanto até que a questão seja solucionada pela autoridade judiciária.

É importante notar que o Novo CPC não mais admite os chamados embargos de segunda fase, ou embargos à arrematação, que eram previstos no CPC de 1973. Na atualidade, eventuais nulidades ou matérias posteriores aos embargos poderão ser alegadas na própria execução.

Porém, os vícios inerentes à arrematação poderão ser alegados pelo executado no prazo de dez dias contados do aperfeiçoamento do ato.

Se antes de expedida a carta ou a ordem de entrega, o executado alegar que a arrematação é inválida, ineficaz ou que deve ser resolvida, poderá o arrematante desistir da arrematação, sendo-lhe devolvido o depósito que tiver feito.

Expedida a carta de arrematação, ocorre a preclusão, de modo que a invalidação não poderá ser requerida nos próprios autos.

Com a expedição da carta de arrematação ou da ordem de entrega, tem-se a inviabilidade de que o executado possa alegar a invalidação da arrematação nos próprios autos. Opera-se a preclusão.

Esta preclusão, contudo, inviabiliza o exercício desse direito nos próprios autos, podendo o executado fazê-lo em ação autônoma.

Por esse motivo, admite-se o ajuizamento da ação com pedido de invalidação da arrematação, figurando o arrematante como litisconsórcio necessário.

Como foi dito anteriormente, os lançadores necessitam de que lhes seja garantida a segurança jurídica necessária para a participação em tais atos, de modo a ser preservados de eventuais questões surgidas no processo.

Assim, muito embora se diga que o executado poderá ajuizar a ação autônoma para a invalidação da arrematação, tem-se que o ato expropriatório será considerado perfeito, acabado e irretratável pelo magistrado, ainda que venha a ser julgada aquela ação, aduzindo o Código que deve ser "assegurada a possibilidade de reparação pelos prejuízos sofridos" (art. 903, caput do CPC).

Deverá haver análise do caso concreto pelo juiz, mas é possível vislumbrar o reconhecimento da invalidade e ser determinado o desfazimento da arrematação nos casos em que o vício for muito grave, como, por exemplo, se o arrematante é uma das pessoas indicadas nos incisos do caput do art. 890, que são aqueles proibidos de fazê-lo por questões éticas.

De outro lado, em decorrência dos princípios da segurança jurídica, boa-fé processual e máximo aproveitamento dos atos processuais, é possível que o juiz reconheça existir a situação que poderia gerar a invalidade, mas, ainda assim, admita que deve permanecer preservada a arrematação, assegurando ao executado a possibilidade de reparação dos prejuízos sofridos.

De toda forma, poderá o arrematante desistir da arrematação quando citado para responder à ação autônoma referida, desde que o faça no prazo de resposta da ação.

Uma vez citado na ação autônoma proposta pelo executado, poderá o arrematante, no prazo de resposta, desistir da arrematação.

Tem o executado, então, o direito de desistir da arrematação, desde que o faça no prazo de resposta da ação autônoma ajuizada pelo executado.

Também poderá desistir da arrematação se provar, nos dez dias seguintes, a existência de ônus real ou gravame não mencionado no edital.

Portanto, poderá o arrematante desistir da arrematação em três situações:

i) se provar, no prazo de 10 dias, a existência de ônus real ou gravame não mencionado no edital;

ii) se, antes de expedida a carta de arrematação ou a ordem de entrega, o executado alegar que a arrematação deve ser invalidada, é ineficaz ou que foi resolvida;

iii) se citado para a ação autônoma, faça o requerimento de desistência no prazo de que dispõe para responder à ação.

Satisfação do crédito.

Todo o processo executivo caminhará à busca da satisfação do crédito exequendo, a partir da prática de atos executivos e de expropriação.

E a satisfação do crédito ocorrerá com a entrega do dinheiro ou por meio da adjudicação dos bens penhorados.

A entrega do dinheiro ocorrerá nas hipóteses em que for efetivada a penhora *online*, de penhora de crédito em dinheiro que foi depositado em conta vinculada ao juízo ou que ingressou em razão da alienação dos bens.

O Código se cercou de cuidados ao regulamentar a transferência do valor ao exequente, tanto que vedou a realização, durante o plantão judiciário, de concessão de pedidos de levantamento de importância em dinheiro ou valores ou de liberação de bens apreendidos (art. 906, parágrafo único do CPC).

> Atenção!
>
> O Código vedou a possibilidade de que haja a concessão, durante o plantão judiciário, de pedidos de levantamento de importância em dinheiro ou valores ou de liberação de bens apreendidos.

Se o bem for objeto de várias penhoras, cada qual determinada em processo executivo promovido por credores distintos, será necessário que se instaure o respectivo concurso de preferência de credores.

Tal concurso de preferências levará em consideração o direito de preferência e a anterioridade da penhorada, fatores que, devidamente alegados, serão levados em consideração para decisão pelo juiz.

Avaliando tais fatores, o magistrado determinará a entrega do dinheiro em valor do credor que se beneficiar do concurso de preferências, sendo que a sobra poderá atender às demais penhoras, devolvendo-se ao devedor o montante que não for aproveitado pelos credores.

Embargos à Execução.

Natureza Jurídica

Os embargos à execução possuem natureza jurídica de ação. Também são mencionados com defesa incidental (por meio de ação incidental), que pode ser apresentada pelo executado.

Requisitos para a Admissibilidade dos Embargos

A admissibilidade dos embargos à execução depende da observância de alguns requisitos.

Os embargos à execução serão oferecidos de forma escrita, por meio de petição (que deverá observar os requisitos da petição inicial), instruída com as cópias das peças processuais relevantes, que poderão ser declaradas autênticas pelo próprio advogado, sob sua responsabilidade pessoal. Sendo alegado excesso de execução, deverá o embargante declarar o valor que entende correto.

A petição deverá ser distribuída por dependência. Será competente o juízo da execução, ainda que se trate de execução por carta, quando a competência será do juízo deprecante, salvo se a matéria alegada versar sobre vícios ou defeitos da penhora, da avaliação ou da alienação dos bens efetuadas no juízo deprecado, quando então por este serão julgados. Tais procedimentos, porém, não impedem que os embargos sejam oferecidos no juízo deprecante ou no juízo deprecado, mas a competência para julgá-lo observará as regras acima.

No art. 917 do CPC há indicação das matérias que podem ser alegadas pelo executado, como, por exemplo, a incompetência absoluta ou relativa.

Portanto, a incompetência relativa, na execução, deve ser alegada nos embargos à execução e, decorrido o prazo sem que isso tenha acontecido, prorroga-se a competência do juízo relativamente incompetente.

Indica o CPC que a incorreção da penhora ou da avaliação poderá ser impugnada por simples petição, no prazo de 15 dias, contado da ciência do ato.

Os embargos poderão ser oferecidos no prazo de quinze dias, contados da juntada do mandado (ou observando-se a regra do art. 231 em relação a todos os meios de citação possíveis). O prazo será contado individualmente para cada executado, salvo no caso de cônjuges ou companheiros, quando então será contado a partir da juntada do último.

Tratando-se de execução por carta precatória, o prazo será contado da juntada, na carta, da cientificação da citação, se versarem apenas sobre vícios ou defeitos da penhora, da avaliação ou da alienação dos bens, ou, versando sobre outras matérias, da data da juntada da comunicação da citação expedida pelo juízo deprecado.

O juiz poderá rejeitar liminarmente os embargos se intempestivos, nos casos de indeferimento da petição inicial e de improcedência liminar do pedido e se forem manifestamente protelatórios.

Se admitidos, porém, decidirá sobre a concessão de efeito suspensivo, se requerido, e determinará a oitiva do exequente, para se manifestar no prazo de 15 dias, podendo, na sequência, julgar o pedido ou designar audiência e, encerrada a instrução, proferir sentença.

Efeito Suspensivo

Os embargos não importarão automaticamente na concessão de efeito suspensivo. Para que isso ocorra, há necessidade de que haja requerimento da parte, bem com o que estejam presentes os requisitos para a concessão da tutela provisória e ainda que a execução esteja garantida.

Portanto, a garantia da execução não é condição de sua admissibilidade, mas é para a concessão de efeito suspensivo.

Dessa maneira, o efeito suspensivo poderá ter por fundamento a urgência (relevantes fundamentos e risco de dano grave) ou a evidência (alta probabilidade de acolhimento da pretensão em razão de comportamento da parte contrária ou se aquela estiver fundada em tese em conformidade com precedente), o que ensejará, como regra, que seja proferida decisão interlocutória.

Como o efeito suspensivo é uma medida fundada em tutela provisória, poderá ser modificada ou revogada, por decisão fundamentada, desde que se reconheça que cessaram as circunstâncias que a motivaram.

A concessão do efeito suspensivo importará na impossibilidade de prosseguimento da execução, salvo em relação a atos de substituição, reforço ou redução de penhora, ou, ainda, de avaliação de bens, que poderão ser praticados.

Da mesma forma, também poderão ser praticados atos em relação à parte da execução que não for abrangida pelo efeito suspensivo, bem como em relação àqueles que não a embargaram, se a matéria alegada disser respeito exclusivamente ao embargante.

Pronunciamento que decide os embargos

Os embargos à execução, como regra, serão decididos por meio de sentença, impugnável por apelação.

As decisões interlocutórias não serão objeto de recurso de agravo de instrumento, salvo se a questão decidida estiver referida no art. 1.015 do CPC, como, por exemplo, a concessão, modificação ou revogação do efeito suspensivo aos embargos à execução (art. 1.015, X).

Exceção de pré executividade.

Construção jurisprudencial que autoriza o executado, por meio de simples petição, alegar matéria de ordem pública, que possa ser conhecida de ofício pelo juiz e que não demande dilação probatória.

Remição.

Admite-se a remição da execução (art. 826 CPC), que se trata de ato espontâneo do executado de dar cumprimento integral à obrigação antes de serem levados a cabo a adjudicação ou a alienação (modalidades expropriatórias).

Trata-se de direito do credor, a ser exercido anteriormente à adjudicação ou à alienação de bens, que não se confunde com a remissão, que consiste no perdão da dívida.

Remição da execução = pagamento integral da obrigação, o que é admitido a qualquer tempo, desde que antes de adjudicado ou alienado o bem, independentemente de concordância do credor. Remissão da execução = perdão da dívida.

Não há mais previsão da remição de bens, ato pelo qual determinados parentes e o cônjuge poderiam excluir um bem específico da execução, depositando-se o seu valor em juízo. Para estes, atualmente, há a possibilidade da adjudicação.

20.4 Da Suspensão e extinção do processo de execução

A execução será suspensa:

i) nas hipóteses gerais de suspensão do processo;

ii) no todo ou em parte, quando recebidos com efeito suspensivo os embargos à execução;

III – se não for localizado o executado ou bens penhoráveis, quando a suspensão terá o prazo de um ano, durante o qual se suspenderá a prescrição.

IV – se a alienação dos bens penhorados não se realizar por falta de licitantes e o exequente, em 15 (quinze) dias, não requerer a adjudicação nem indicar outros bens penhoráveis;

V – quando concedido o parcelamento judicial.

Uma vez suspensa a execução, não serão praticados atos processuais, podendo o juiz, entretanto, salvo no caso de arguição de impedimento ou de suspeição, ordenar providências urgentes.

PRESCRIÇÃO INTERCORRENTE – ALTERAÇÕES LEI 14.195/2021.

Sobre a **prescrição intercorrente**, podem ser feitos os seguintes apontamentos:

I – suspende-se a execução, pelo prazo de um ano, quando não for localizado o executado ou bens penhoráveis. Neste período, o prazo prescricional estará suspenso;

II – decorrido o prazo máximo de um ano sem que seja localizado o executado ou que sejam encontrados bens penhoráveis, o juiz ordenará o arquivamento dos autos;

III – os autos serão desarquivados para prosseguimento da execução se a qualquer tempo forem encontrados bens penhoráveis;

IV – o termo inicial da prescrição no curso do processo será a ciência da primeira tentativa infrutífera de localização do devedor ou de bens penhoráveis, e será suspensa, por uma única vez, pelo prazo máximo de um ano;

V – A efetiva citação, intimação do devedor ou constrição de bens penhoráveis interrompe o prazo de prescrição, que não corre pelo tempo necessário à citação e à intimação do devedor, bem como para as formalidades da constrição patrimonial, se necessária, desde que o credor cumpra os prazos previstos na lei processual ou fixados pelo juiz;

VI – O juiz, depois de ouvidas as partes, no prazo de 15 (quinze) dias, poderá, de ofício, reconhecer a prescrição no curso do processo e extingui-lo, sem ônus para as partes;

V – A alegação de nulidade quanto ao procedimento somente será conhecida caso demonstrada a ocorrência de efetivo prejuízo, que será presumido apenas em caso de inexistência da intimação mencionada no item V, acima.

A execução será extinta:

I – a petição inicial for indeferida;

II – a obrigação for satisfeita;

III – o executado obtiver, por qualquer outro meio, a extinção total da dívida;

IV – o exequente renunciar ao crédito;

V – **ocorrer a prescrição intercorrente.**

21. PROCEDIMENTOS ESPECIAIS

21.1. Ação de Consignação em Pagamento

Finalidade

Tem a ação de consignação em pagamento a finalidade de proporcionar ao devedor ou a terceiro liberar-se de determinada obrigação de pagar ou de entregar coisa. Para tanto, deverá depositar o respectivo valor ou coisa e pleitear que seja proferida sentença de natureza declaratória, pela qual o juiz declara extinta a obrigação.

Efeito interruptivo da prescrição

O ajuizamento da ação consignatória importará na interrupção da prescrição da respectiva ação de cobrança, pois acarreta o reconhecimento inequívoco, por parte do devedor, do direito do credor em relação às prestações consignadas.

Consignação extrajudicial

Permite o CPC de 2015 que, tratando-se de obrigação em dinheiro, possa o valor ser depositado em estabelecimento bancário, oficial onde houver, situado no lugar do pagamento, cientificando-se o credor por carta com aviso de recebimento, assinado o prazo de dez dias para a manifestação de recusa.

Atenção!
A consignação extrajudicial somente tem cabimento para depósito de dinheiro e não é obrigatória.

Notificado o credor, aguarda-se pelo prazo de dez dias, contado do retorno do aviso de recebimento. Decorrido o prazo, sem manifestação de recusa, estará o devedor liberado da obrigação, permanecendo o valor à disposição do credor. De outro lado, havendo manifestação de recusa, que deverá ser por escrito, poderá ser proposta ação de consignação, no prazo de um mês, instruindo-se a inicial com a prova do depósito e da recusa.

Ajuizada a ação, deverá o autor comprovar o ajuizamento à instituição financeira, para que a correção monetária tenha índice diverso. Com efeito, os depósitos extrajudiciais são atualizados pela TR, ao passo que os judiciais seguem as regras da caderneta de poupança (art. 6º, parágrafo único, da Resolução n. 2.814 do Bacen). Se não ajuizada a ação no prazo de um mês, ficará sem efeito o depósito, podendo levantar o valor o depositante.

A ação consignatória deverá ser ajuizada no lugar do pagamento, consoante preveem os artigos 540 CPC/2015 e art. 337 do Código Civil. Tratando-se, de outro lado, de consignação de alugueres, será competente o foro da situação da coisa.

Informativo n. 543 do STJ: competirá ao foro do local em que situado o imóvel o julgamento de ação consignatória e de ação de rescisão de contrato cumulada com retificação de escritura pública, reunidas para julgamento conjunto por conexão.

Efetuada a consignação, cessará para o devedor, à data do depósito, os juros e os riscos, se acolhido o pedido ao final, com a prolação de sentença declaratória. Se o pedido for julgado improcedente, naturalmente, não haverá a liberação.

Tratando-se de prestações sucessivas, consignada uma delas, permite-se ao autor continuar a depositar as que forem vencendo, no mesmo processo, observando-se o prazo de cinco dias contados do vencimento. O inadimplemento de uma das parcelas, contudo, não levará à improcedência da ação.

Sentença na ação consignatória

A sentença: i) ou reconhecerá que o depósito inicial é suficiente, liberando-se o devedor (sentença declaratória), condenando-se o réu ao pagamento de custas e honorários advocatícios; ii) ou reconhecerá que o depósito não é integral e condenará o autor ao pagamento do valor restante, formando-se título executivo judicial, com possibilidade de exigir-se o cumprimento da obrigação nos próprios autos (cumprimento de sentença).

Ação de natureza dúplice

Consoante o § 2º do art. 545 do CPC, a consignatória é ação de natureza dúplice. Portanto, tendo sido apurada a diferença entre o valor efetivamente devido e o consignado, o juízo proferirá sentença condenatória, cujo cumprimento poderá ser exigido nos próprios autos. Assim, tal condenação independerá de reconvenção. No entanto, será possível a reconvenção para que se determine o despejo. Por isso, poderá o réu, na sua própria contestação, como determina o CPC, além de alegar as matérias de defesa, pugnar também pelo decreto de despejo do autor.

Dúvida quanto ao titular do crédito

Como regra, o autor formula o seu pedido e espera que o mesmo seja acolhido para acertamento da situação subjetiva ligada a um réu específico. Porém, existem situações em que o autor pode apresentar o pedido e deixar que o juiz escolha em face de qual dos litisconsortes passivos ele será acolhido.

A consignatória, nesse passo, poderá ser ajuizada em face de possíveis titulares do crédito, pois há dúvida de quem tem legitimidade para receber o pagamento.

Em tal caso, se, uma vez citados, não comparecer pretendente algum, converter-se-á o depósito em arrecadação de coisas vagas. De outro lado, comparecendo apenas um, o juiz decidirá de plano. E, por fim, comparecendo mais de um, o magistrado poderá declarar efetuado o depósito e extinta a obrigação, continuando o processo a correr unicamente entre os presuntivos credores, segundo o procedimento comum.

21.2. Ações possessórias

21.2.1. A Fungibilidade das Ações Possessórias

A fungibilidade não é matéria restrita aos recursos, mas, em verdade, aplica-se à teoria geral do processo. Consiste na admissão de um meio em vez de outro, que seria o mais adequado.

Em relação às ações possessórias, o CPC prevê a aplicabilidade do princípio da fungibilidade, de modo que a propositura de uma ação possessória em vez de outra não obsta a que o juiz defira a proteção necessária.

Dessa maneira, se ajuizada ação com pedido de interdito proibitório, porém já verificado que houve o esbulho, deverá ser deferida a medida que conferir a tutela necessária – reintegração de posse.

21.2.2. Espécies de Ações Possessórias

A depender da proteção necessária, admitem-se três tipos diferentes de ações possessórias: i) o interdito proibitório – que tem finalidade preventiva, em razão ser iminente a invasão; ii) a reintegração de posse – que pressupõe a perda total da posse (esbulho); e iii) a manutenção de posse – que pressupõe a inexistência de privação integral.

Há de ser relembrado, porém, que o erro na indicação da ação ou a alteração dos fatos no transcorrer do processo não acarretam a inviabilidade do deferimento da tutela possessória adequada, em razão do princípio da fungibilidade.

Interdito proibitório	Reintegração de posse	Manutenção de posse
Natureza preventiva	Esbulho	Turbação

21.2.3. Pedidos na Ação Possessória

Além da tutela possessória (inibitória, reintegratória ou de manutenção), poderá o autor cumular outros pedidos. São eles: i) condenação em perdas e danos; ii) indenização dos frutos. Trata-se de cumulação própria de pedidos, pois se requer o acolhimento de todos eles, lembrando que o rol do art. 555 do CPC 2015 é exemplificativo.

Além disso, poderá solicitar a imposição de medida necessária para evitar nova turbação ou novo esbulho, bem como para cumprir-se a tutela provisória ou final.

21.2.4. Contestação

Poderá o réu, em sua contestação, **pugnar a proteção possessória** e a indenização pelos prejuízos resultantes da turbação ou do esbulho cometido pelo autor, **independentemente de reconvenção**.

Dessa forma, a mesma sentença que nega o pedido do autor reconhece a legitimidade da pretensão apresentada pelo réu.

21.3 Embargos de terceiro

21.3.1 Finalidade

Os embargos de terceiro constituem-se em procedimento de jurisdição contenciosa por meio do qual se busca desfazer a constrição judicial que se entende indevida, já realizada ou na iminência de ser. Sem que exista indevida constrição, não há que se falar em embargos de terceiro.

21.3.2 Legitimidade

O *terceiro* será parte legítima para a propositura de tal processo de jurisdição contenciosa. E assim serão considerados aqueles que, embora não sejam parte no processo, sofram constrição ou ameaça de constrição sobre bens que possua ou sobre os quais tenha direito incompatível com o ato constritivo. Poderá ser o proprietário do bem, admitindo a lei que seja fiduciário, ou possuidor.

A lei também equipara a terceiro, para fins de ajuizamento dos embargos: I – o cônjuge ou companheiro, quando defende a posse de bens próprios ou de sua meação, ressalvado o disposto no art. 843; II – o adquirente de bens cuja constrição decorreu de decisão que declara a ineficácia da alienação realizada em fraude à execução; III – quem sofre constrição judicial de seus bens por força de desconsideração da personalidade jurídica, de cujo incidente não fez parte; IV – o credor com garantia real para obstar expropriação judicial do objeto de direito real de garantia, caso não tenha sido intimado, nos termos legais dos atos expropriatórios respectivos.

21.3.3 Termo final

O *termo final* para o ajuizamento dos embargos de terceiro variará em conformidade com o processo no qual a constrição foi realizada ou está na iminência de sê-lo.

Se a constrição foi determinada em processo de conhecimento, os embargos poderão ser ajuizados enquanto não transitada em julgado a sentença.

> Por isso, se a constrição for determinada, por exemplo, em ação de reintegração de posse, os embargos deverão ser apresentados enquanto não transitada em julgado a sentença proferida nesta ação.

De outro lado, se a constrição foi determinada na fase de cumprimento de sentença ou no processo de execução, em até cinco dias depois da assinatura do auto de adjudicação, da alienação por iniciativa particular ou do auto de arrematação, mas sempre antes da assinatura da respectiva carta, competindo ao juiz, verificando a existência de terceiro titular de interesse em embargar o ato, determinar a sua intimação pessoal, como consequência do modelo de processo cooperativo.

Se a constrição ocorrer em razão da declaração da fraude à execução, há de se observar a existência de regra especial, concedendo-se o prazo de 15 dias para que o terceiro adquirente, a partir de sua intimação, possa apresentar os embargos de terceiro.

> Atenção: em relação ao prazo para o ajuizamento dos embargos, há de se observar duas regras:
>
> a) Regra geral: antes do trânsito em julgado se a constrição ocorrer na fase de conhecimento, ou em cinco dias contados da adjudicação, da arrematação ou da alienação.
>
> b) Regra especial: se os embargos se justificarem na declaração de ineficácia proferida em razão de reconhecida fraude à execução, o prazo será de quinze dias, a partir de sua intimação.

O intuito da ação será o de desfazer a constrição levada a cabo ou que esteja na iminência de sê-lo. Em razão disso, a sentença a ser proferida terá natureza desconstitutiva e a constrição judicial será cancelada, com o reconhecimento do domínio, da manutenção da posse ou da reintegração definitiva do bem ou do direito ao embargante.

21.4 Ação Monitória

21.4.1 Finalidade

Por meio de tal ação, aquele que se afirmar, com base em prova escrita sem eficácia de título executivo, ter direito de exigir do devedor capaz: i) o pagamento de quantia em dinheiro; ii) a entrega de coisa fungível ou infungível ou de bem móvel ou imóvel; iii) o adimplemento de obrigação de fazer ou de não fazer.

21.4.2. Polo passivo

Somente o devedor capaz pode figurar no polo passivo da ação.

21.4.3. Extensão do objeto da ação.

Em conformidade com o novo regime da ação monitória, também poderão ser exigíveis, além do pagamento de dinheiro, de entrega de coisa fungível e de bem móvel, também a coisa infungível, bem imóvel e o cumprimento de obrigação de fazer e de não fazer.

21.4.4. Prova oral documentada

Equiparada a prova escrita sem eficácia de título executivo a prova escrita documentada em ação de produção antecipada de prova.

21.4.5. Outras particularidades

Sendo ajuizada a ação monitória para a cobrança de valor em dinheiro, deverá o autor indicar a importância devida, apresentando o memorial demonstrativo do cálculo.

De outro lado, se o objeto da ação for a entrega de coisa ou o cumprimento de obrigação de fazer, deverá a petição inicial constar o valor atual da coisa reclamada e o conteúdo econômico patrimonial em discussão ou o proveito econômico perseguido.

O CPC encampou o entendimento jurisprudencial dominante da admissibilidade da ação monitória em face da Fazenda Pública.

Verificando-se estarem presentes os requisitos da petição inicial, o juiz deferirá a expedição de mandado de pagamento, de entrega de coisa ou para execução de obrigação de fazer ou de não fazer, concedendo-se ao réu o prazo de quinze dias para o cumprimento e o pagamento de honorários advocatícios de 5% do valor da causa.

Se houver o cumprimento da obrigação, estará o réu isento do pagamento de honorários.

Admite-se que o réu, no prazo de 15 dias, apresentar embargos à ação monitória. Transcorrido o prazo sem o pagamento ou o oferecimento dos embargos, haverá a constituição de pleno direito em título executivo judicial, passando-se a observar a fase de cumprimento de obrigação fundado em título desta natureza.

Admite-se o oferecimento de embargos à ação monitória, nos próprios autos, quando então estará afastada a possibilidade de que, de imediato, ocorresse a conversão da decisão inicial em título executivo judicial. Nesse sentido, dispõe o art. 702, § 4º do CPC, que a "oposição dos embargos suspende a eficácia da decisão referida no caput do art. 701 até o julgamento em primeiro grau".

Nos embargos poderá o réu apresentar matéria passível de alegação como defesa no procedimento comum. Se indicar que o autor pleiteou valor acima do que é devido, apresentará o memorial com discriminação da quantia que entende justa, sob pena de rejeição liminar dos embargos.

O autor da ação monitória será intimado para responder aos embargos no prazo de 15 dias.

Sendo os embargos parciais, poderá o juiz determinar a sua autuação em apartado, a fim de que haja a constituição de pleno direito do título executivo judicial no que tange à parte incontroversa.

Uma vez rejeitados os embargos, constitui-se de pleno direito o título executivo judicial, podendo a sentença que os decidir ser impugnada pelo recurso de apelação.

22. AÇÃO RESCISÓRIA

22.1. Conceito e cabimento

A ação rescisória tem por finalidade a **rescisão** da coisa julgada formada, bem como, se o caso, o rejulgamento da questão pelo mesmo órgão jurisdicional rescindente.

Desse modo, **a decisão de mérito**, transitada em julgado, poderá ser rescindida, desde que presentes uma das situações abaixo. Também será rescindível, nas mesmas hipóteses, a decisão transitada em julgado que, **embora não seja de mérito**, impeça: I – nova propositura da demanda; ou, II – admissibilidade do recurso correspondente.

Regra: a rescisória será cabível para rescindir a decisão de mérito transitada em julgado.

Exceção: contudo, será admitida também a ação rescisória se a decisão não for de mérito, desde que impeça nova propositura da demanda ou a admissibilidade do recurso correspondente.

Em suma: tem-se que a ação rescisória poderá rescindir

i) a coisa julgada material (formada por meio de decisão interlocutória, sentença ou acórdão);

ii) a coisa julgada formal, desde que haja impedimento à propositura de nova ação;

iii) decisão que não admita recurso, desde que já transcorrido o prazo para que tal *decisum seja* impugnado pelo meio adequado.

Será **cabível** a ação rescisória quando:

> I – se verificar que a decisão foi proferida por força de prevaricação, concussão ou corrupção do juiz;

II – for proferida a decisão por juiz impedido ou por juízo absolutamente incompetente;

III – a decisão resultar de dolo ou coação da parte vencedora em detrimento da parte vencida ou, ainda, de simulação ou colusão entre as partes, a fim de fraudar a lei;

IV – a decisão ofender a coisa julgada;

V – a decisão violar manifestamente norma jurídica;

VI – a decisão for fundada em prova cuja falsidade tenha sido apurada em processo criminal ou venha a ser demonstrada na própria ação rescisória;

VII – obtiver o autor, posteriormente ao trânsito em julgado, prova nova cuja existência ignorava ou de que não pôde fazer uso, capaz, por si só, de lhe assegurar pronunciamento favorável;

VIII – a decisão for fundada em erro de fato verificável do exame dos autos.

22.2. Legitimidade e Pedidos na ação rescisória

A ação rescisória poderá ser proposta por(pelo):

I – quem foi parte no processo ou o seu sucessor a título universal ou singular;

II – o terceiro juridicamente interessado;

III – o Ministério Público (se não foi ouvido no processo em que lhe era obrigatória a intervenção, quando a decisão rescindenda é o efeito de simulação ou de colusão das partes, a fim de fraudar a lei, ou em outros casos em que se imponha a sua atuação);

IV – aquele que não foi ouvido no processo em que lhe era obrigatória a intervenção.

Na petição inicial o autor poderá requerer a rescisão do julgado (***pedido rescindente***), bem como o rejulgamento da causa (***pedido rescisório***).

Compete ao autor providenciar o depósito de 5% sobre o valor da causa, que se converterá em multa caso a ação seja, por unanimidade de votos, declarada inadmissível ou improcedente. A exigência, contudo, não será observada pela União, Estados, Distrito Federal, Municípios, autarquias e fundações de Direito Público, Ministério Público, Defensoria Pública e aos que tenham obtido o benefício da gratuidade de justiça.

22.3. A rescisão de Apenas Um Capítulo da Decisão

O CPC encampou a ideia dos capítulos de decisão, admitindo-se a coisa julgada parcial. Assim, se a sentença contar com dois capítulos e apenas um deles for impugnado, tem-se a formação da coisa julgada em relação ao capítulo recorrido e, nesse passo, a possibilidade de rescisão por meio da ação rescisória.

22.4. Competência para Julgamento

Para a fixação da competência do Tribunal competente para o julgamento da ação rescisória, devem ser observadas três regras cumulativas:

i) trata-se de ação originária dos tribunais;

ii) cada tribunal é competente para o julgamento das rescisórias de seus próprios julgados;

iii) Aplicação das Súmulas 249 e 515 do STF.

22.5. Prazo decadencial

Sobre o prazo para o ajuizamento da ação rescisória, devem ser observadas as seguintes regras:

a) Regra geral: extinção do direito no prazo de dois anos contados do trânsito em julgado da última decisão proferida no processo. Se o termo final cair durante as férias forenses, recesso, feriados ou em dia em que não houver expediente forense, o prazo será prorrogado até o primeiro dia útil imediatamente subsequente.

b) Termo inicial na data de descoberta da prova nova: o termo inicial será a da data da descoberta da prova nova, observado o prazo de cinco anos, contado do trânsito em julgado da última decisão proferida no processo.

c) Termo Inicial no Caso de Simulação ou Colusão das Partes: o prazo começa a contar, para o terceiro prejudicado e para o Ministério Público, que não interveio no processo, a partir do momento em que têm ciência da simulação ou da colusão (art. 975, § 3º CPC).

d) Termo Inicial com a Declaração de Inconstitucionalidade pelo Supremo Tribunal Federal: o termo inicial para essa hipótese, não será o trânsito em julgado da decisão que se pretende rescindir, mas do trânsito da decisão em que realizado o controle de constitucionalidade pelo Supremo Tribunal Federal.

22.6. Polo Passivo

O polo passivo da ação rescisória será ocupado por todos aqueles que participaram da relação processual oriunda da ação cuja coisa julgada se pretende rescindir. Forma-se, então, litisconsórcio passivo necessário.

Fixou-se o entendimento de que o advogado em favor de quem foram fixados honorários sucumbenciais não tem legitimidade para figurar no polo passivo de ação rescisória, pois não possui interesse jurídico no objeto da ação que deu origem à sentença rescindenda.[2]

22.7. Resposta do réu

O relator fixará prazo que variará entre 15 e 30 dias para o oferecimento de resposta, não havendo que se falar em revelia. A partir daí, será observado o procedimento comum.

2 AgInt no AREsp 1857848/RS, Rel. Ministro MARCO AURÉLIO BELLIZZE, TERCEIRA TURMA, julgado em 11/10/2021, DJe 14/10/2021.

23. UNIFORMIZAÇÃO DE JURISPRUDÊNCIA DOS TRIBUNAIS

Os tribunais devem uniformizar sua jurisprudência e mantê-la estável, íntegra e coerente.

Para os fins do CPC, considera-se julgamento de casos repetitivos a decisão proferida em: I - incidente de resolução de demandas repetitivas; II - recursos especial e extraordinário repetitivos. O julgamento de casos repetitivos tem por objeto questão de direito material ou processual.

24. RECURSOS

24.1. Meios de impugnação

As decisões judiciais (sentido lato) poderão ser impugnadas por recursos, ações impugnativas e sucedâneos recursais.

24.2. Teoria Geral dos Recursos

Os requisitos, pressupostos ou condições de admissibilidade são aqueles necessários para que seja analisado o mérito do recurso. Constituem-se em matéria de ordem pública, que pode ser conhecida de ofício. Trata-se do objeto do juízo de admissibilidade ou de prelibação.

Os requisitos intrínsecos "são aqueles que dizem respeito à decisão recorrida em si mesma considerada".[3] Consideram "o conteúdo e a forma da decisão impugnada. De tal modo que, para proferir o juízo de admissibilidade, toma-se o ato judicial impugnado no momento e da maneira como foi prolatado".[4] Constituem-se requisitos intrínsecos de admissibilidade: o cabimento, a legitimação para recorrer e o interesse recursal.

Os requisitos extrínsecos referem-se a fatores externos ao pronunciamento judicial impugnado. São eles: tempestividade, a regularidade formal, a inexistência de fato impeditivo ou extintivo do poder de recorrer e o preparo recursal.

Se o CPC de 1973 já importou em unificação da maioria dos prazos, o CPC de 2015 avançou ainda mais neste ponto, ao prever expressamente que, excetuados os embargos de declaração, o prazo para interpor os recursos e para responder-lhes é de quinze dias (art. 1.003, § 5º do Novo CPC).

Outro requisito extrínseco é a regularidade formal, exigindo-se que o recorrente observe a forma prevista pela lei, como imprescindível para que o recurso seja conhecido.

Constitui requisito intrínseco dos recursos a inexistência de fato impeditivo ou extintivo do poder de recorrer.

---

3 NERY JÚNIOR, Nelson. *Teoria Geral dos Recursos*. 7. ed. São Paulo: RT, 2013, p. 266.

4 NERY JÚNIOR, Nelson. *Teoria Geral dos Recursos*. 7. ed. São Paulo: RT, 2013, p. 266.

São fatos impeditivos a desistência do recurso (art. 998), o reconhecimento jurídico do pedido e a renúncia ao direito sobre o que se funda a ação. De outro lado, são fatos extintivos a renúncia e a aquiescência da parte.

A desistência do recurso interposto é negócio jurídico unilateral não receptício, pois, poderá ser manifestado unilateralmente pela parte, sem necessidade de concordância da parte contrária, produzindo efeitos desde que é efetuada.

O parágrafo único do art. 998 do CPC prevê que a desistência do recurso não impede a análise da questão cuja repercussão geral já tenha sido reconhecida e daquela objeto de julgamento de recursos extraordinário ou especiais repetitivos.

Por fim, o último requisito extrínseco é da exigência de comprovação do recolhimento de preparo recursal, que compreendem custas e também as despesas processuais com o porte e o retorno dos autos processuais.

De acordo com o CPC, o pagamento do preparo recursal, incluindo-se o porte e o retorno (dispensado em autos eletrônicos), deverá ser comprovado quando da interposição do recurso.

Sendo insuficiente o valor recolhido, será o recorrente intimado para regularizar o vício, compreendendo-se tanto as custas, quanto a própria despesa de porte e retorno. Se não o fizer, tem-se a deserção.

Como novidade, tem-se a previsão de que, independentemente de justo motivo, é possível ao recorrer livrar-se da deserção advinda da não comprovação do recolhimento do preparo recursal, impondo-lhe, como sanção e condição de admissibilidade, o recolhimento em dobro (art. 1.007, § 4º).

Assegura-se a dispensa de preparo, inclusive porte de remessa e de retorno, aos recursos interpostos pelo Ministério Público, pela União, pelo Distrito Federal, pelos Estados, pelos Municípios, e pelas respectivas autarquias, e pelos que gozam de isenção legal.

24.3. Efeitos dos recursos

(i) Efeito devolutivo: o efeito devolutivo é aquele em virtude do qual a matéria **é devolvida ao órgão judicante, seja ele superior àquele que proferiu a decisão, seja ao próprio órgão prolator da decisão. Compreende o princípio do** *tantum devolutum quantum appellatum*. Todo recurso conta com esse efeito.

Tal efeito deve ser analisado quanto à sua extensão e quanto à sua profundidade.

Sob o primeiro aspecto (quanto à extensão), tem-se a delimitação da matéria objeto do recurso. Trata-se da *dimensão horizontal* do efeito devolutivo.

Assim, se o réu é condenado ao pagamento de indenização por danos materiais e morais e somente recorre em relação a estes últimos, ele delimita o seu recurso, a sua irresignação, e o Tribunal estará vinculado a essa vontade.

Sob o segundo aspecto (quanto à profundidade), tem-se que ficam devolvidas todas as questões suscitadas e discutidas no processo, ainda que a sentença não as tenha julgado por inteiro, desde que relativas ao capítulo impugnado. Trata-se da *dimensão vertical* do efeito devolutivo.

Em decorrência da preferência pelo julgamento do mérito, se o processo estiver em condições de imediato julgamento, o tribunal deve decidir desde logo o mérito quando: I - reformar sentença fundada no art. 485; II - decretar a nulidade da sentença por não ser ela congruente com os limites do pedido ou da causa de pedir; III - constatar a omissão no exame de um dos pedidos, hipótese em que poderá julgá-lo; IV - decretar a nulidade de sentença por falta de fundamentação.

(ii) Efeito translativo: apesar do efeito devolutivo, algumas matérias, poderão ser conhecidas de ofício, independentemente de requerimento ou arguição da parte. São as matérias de ordem pública.

(iii) Efeito suspensivo: pelo efeito suspensivo, impede-se a produção imediata de efeitos da decisão, situação essa que durará até o julgamento do recurso.

Essa suspensividade não advém da interposição do recurso, mas da simples previsão de que terá tal efeito por força de lei.

O efeito suspensivo poderá existir por força de lei (*ope legis*) ou em razão de decisão judicial a respeito (*ope judicis*).

A apelação, como regra, tem duplo efeito - devolutivo e suspensivo. Terão somente efeito devolutivo a sentença que: I - homologa divisão ou demarcação de terras; II - condena a pagar alimentos; III - extingue sem resolução do mérito ou julga improcedentes os embargos do executado; IV - julga procedente o pedido de instituição de arbitragem; V - confirma, concede ou revoga tutela provisória; VI - decreta a interdição.

Em tais situações, o apelado poderá promover o pedido de cumprimento provisório de sentença.

Não obstante, o apelante poderá pleitear a concessão de efeito suspensivo em tais casos, se for demonstrada a probabilidade de provimento do recurso ou se, sendo relevante a fundamentação, houver risco de dano grave ou de difícil reparação. Este requerimento será dirigido ao: I - tribunal, no período compreendido entre a interposição da apelação e sua distribuição, ficando o relator designado para seu exame prevento para julgá-la; II - relator, se já distribuída a apelação.

Da mesma forma, os recursos extraordinário e especial também não são dotados de efeito suspensivo. Tal efeito, contudo, poderá ser requerido ao tribunal superior, no período compreendido entre a publicação da decisão de admissão do recurso e sua distribuição, ficando o relator designado para seu exame prevento para julgá-lo; ao relator, se já distribuído o recurso; ou, então, ao presidente ou ao vice-presidente do tribunal recorrido, no período compreendido entre a interposição do recurso e a publicação da decisão de admissão do recurso, assim como no caso de recurso ter sido sobrestado.

(iv) Efeito expansivo ou extensivo: em decorrência desse efeito, consideram-se sem efeito os atos ou decisões dependentes da decisão recorrida, naquilo em que forem incompatíveis com o julgamento do recurso. Se o julgamento do recurso afetar outras decisões que não a recorrida, estar-se-á diante do efeito expansivo externo; se, porém, o recurso fizer referência apenas a um dos capítulos da decisão, que examina questão preliminar ou prejudicial, e o acolhimento do recurso repercutir no capítulo relacionado à questão subordinada, estar-se-á diante de efeito expansivo interno.

(v) Efeito substitutivo: o julgamento proferido pelo tribunal substituirá a sentença ou a decisão recorrida no que tiver sido objeto de recurso.

Portanto, não existirão dois atos ou decisões sobre a mesma matéria, mas apenas um, fato esse que é relevante para se saber a competência para conhecimento da ação rescisória, como adiante será visto.

24.4. Recursos em espécie

24.4.1. Agravo de instrumento

O CPC fixou a regra de que as questões decididas por meio de decisões interlocutória não são recorríveis de imediato, salvo quando admitido o agravo de instrumento para a hipótese.

Constitui-se o agravo de instrumento no recurso apropriado para impugnar decisão interlocutória que versar sobre matérias específicas elencadas no art. 1.015 e em outros dispositivos.

Nesse sentido, caberá a interposição de agravo de instrumento quando a decisão interlocutória versar sobre: i) tutela provisória; ii) mérito do processo; iii) rejeição da alegação de convenção de arbitragem; iv) incidente de desconsideração da personalidade jurídica; v) rejeição do pedido de gratuidade da justiça ou acolhimento do pedido de sua revogação; vi) exibição ou posse de documento ou coisa; vii) exclusão de litisconsorte; viii) rejeição do pedido de limitação do litisconsórcio; ix) admissão ou inadmissão de intervenção de terceiros; x) concessão, modificação ou revogação do efeito suspensivo aos embargos à execução; xi) redistribuição do ônus probatório (carga dinâmica) e em outros casos admitidos na lei.

O rol do art. 1.015 do CPC é de taxatividade mitigada, por isso admite a interposição de agravo de instrumento quando verificada a urgência decorrente da inutilidade do julgamento da questão no recurso de apelação (Tema 988, Repetitivos – STJ).

Também será cabível o agravo contra decisões interlocutórias proferidas na fase de liquidação de sentença ou de cumprimento de sentença, no processo de execução e no processo de inventário. A lógica, nesses casos, é a de que não haverá sentença em um espaço curto de tempo, de modo que não se poderia aguardar por tanto tempo.

O recurso de agravo de instrumento deverá ser interposto no prazo de 15 dias, diretamente no Tribunal, acompanhado das peças obrigatórias e facultativas. Admite-se também que o seu protocolo seja feito na própria comarca, seção ou subseção judiciária, por postagem, sob registro, com aviso de recebimento ou por meio de transmissão de dados tipo fac-símile, ou ainda de acordo com outra forma prevista na lei.

Uma vez recebido o agravo de instrumento, poderá o relator decidi-lo monocraticamente nas hipóteses do art. 932, III e IV. Se não for o caso, mandará intimar o agravado e, oportunamente, solicitará prazo para julgamento.

24.4.2. Agravo Interno

Contra as decisões proferidas pelo relator será cabível a interposição do agravo interno, nos termos do regimento interno do tribunal.

É vedado ao relator limitar-se à reprodução dos fundamentos da decisão agravada para julgar improcedente o agravo interno.

Se o agravo interno for declarado manifestamente inadmissível ou improcedente em votação unânime, o órgão colegiado, em decisão fundamentada, condenará o agravante a pagar ao agravado multa fixada entre um e cinco por cento do valor atualizado da causa, estando a interposição de outro recurso condicionada ao seu recolhimento, salvo em relação à Fazenda Pública e dos beneficiários da gratuidade da justiça.

24.4.3. Embargos de declaração

Os embargos de declaração possuem natureza mista ou híbrida. Reconhece-se a natureza de recurso, porque é previsto do Código de Processo Civil. Ao mesmo tempo, também é um meio de integração e de correção de omissão e de contradição da decisão proferida.

Cabem embargos de declaração quando: I – esclarecer obscuridade ou eliminar contradição; ii – suprir omissão de ponto ou questão sobre o qual devia se pronunciar o juiz de ofício ou a requerimento; iii- corrigir erro material.

A interposição dos embargos de declaração interrompe o curso do prazo para a interposição de outros recursos. Essa interrupção alcança todas as partes do processo, e não só o recorrente, muito embora não albergue o prazo para interposição dos embargos declaratórios.

Caso o acolhimento dos embargos de declaração implique modificação da decisão embargada, o embargado que já tiver interposto outro recurso contra a decisão originária tem o direito de complementar ou alterar suas razões, nos exatos limites da modificação, no prazo de 15 (quinze) dias, contado da intimação da decisão dos embargos de declaração.

Quando manifestamente protelatórios os embargos de declaração, o juiz ou o tribunal, em decisão fundamentada, condenará o embargante a pagar ao embargado multa não excedente a dois por cento sobre o valor atualizado da causa. Na reiteração de embargos de declaração manifestamente protelatórios, a multa será elevada a até dez por cento sobre o valor atualizado da causa, e a interposição de qualquer recurso ficará condicionada ao depósito prévio do valor da multa, à exceção da Fazenda Pública e do beneficiário de gratuidade da justiça, que a recolherão ao final.

Não serão admitidos novos embargos de declaração se os 2 (dois) anteriores houverem sido considerados protelatórios.

24.4.4. *Recursos extraordinário e especial*

O recurso extraordinário e o recurso especial, nos casos previstos na Constituição Federal, serão interpostos perante o presidente ou o vice-presidente do tribunal recorrido, em petições distintas que conterão:

I – a exposição do fato e do direito;

II – a demonstração do cabimento do recurso interposto;

III – as razões do pedido de reforma ou de invalidação da decisão recorrida.

O pedido de concessão de efeito suspensivo a recurso extraordinário ou a recurso especial poderá ser formulado por requerimento dirigido: I – ao tribunal superior respectivo, no período compreendido entre a publicação da decisão de admissão do recurso e sua distribuição, ficando o relator designado para seu exame prevento para julgá-lo; II – ao relator, se já distribuído o recurso; III – ao presidente ou ao vice-presidente do tribunal recorrido, no período compreendido entre a interposição do recurso e a publicação da decisão de admissão do recurso, assim como no caso de o recurso ter sido sobrestado, nos termos do art. 1.037.

O juízo de admissibilidade será desdobrado. Diferentemente do que ocorre em relação à apelação.

Na hipótese de interposição conjunta de recurso extraordinário e recurso especial, os autos serão remetidos ao Superior Tribunal de Justiça. Concluído o julgamento do recurso especial, os autos serão remetidos ao Supremo Tribunal Federal para apreciação do recurso extraordinário, se este não estiver prejudicado. Se o relator do recurso especial considerar prejudicial o recurso extraordinário, em decisão irrecorrível, sobrestará o julgamento e remeterá os autos ao Supremo Tribunal Federal. Se o relator do recurso extraordinário, em decisão irrecorrível, rejeitar a prejudicialidade, devolverá os autos ao Superior Tribunal de Justiça para o julgamento do recurso especial.

Questão constitucional constatada pelo Superior Tribunal de Justiça: se o relator, no Superior Tribunal de Justiça, entender que o recurso especial versa sobre questão constitucional, deverá conceder prazo de 15 (quinze) dias para que o recorrente demonstre a existência de repercussão geral e se manifeste sobre a questão constitucional.

Ofensa reflexa à Constituição: se o Supremo Tribunal Federal considerar como reflexa a ofensa à Constituição afirmada no recurso extraordinário, por pressupor a revisão da interpretação de lei federal ou de tratado, remetê-lo-á ao Superior Tribunal de Justiça para julgamento como recurso especial.

Efeito devolutivo no recurso extraordinário ou no especial: admitido o recurso extraordinário ou o recurso especial, o Supremo Tribunal Federal ou o Superior Tribunal de Justiça julgará o processo, aplicando o direito.

24.4.5. *Repercussão Geral*

A Emenda Constitucional n. 45/2004, entre outras importantes alterações, inseriu o requisito da repercussão geral para a admissibilidade do recurso extraordinário, de modo a preservar a função da Corte Suprema como garantidora da unidade do direito. No mesmo sentido, o CPC 2015 indicou que o STF não conhecerá, em decisão irrecorrível, de recurso extraordinário quando a questão constitucional nele versada não tiver repercussão geral (art. 1.035, *caput*).

Como corolário da repercussão geral, exige-se que a questão reflita conteúdo relevante do ponto de vista econômico, político, social ou jurídico que ultrapasse os interesses subjetivos das partes do processo (art. 1.035, § 1º do CPC).

24.4.6. Relevância da Questão de Direito Federal Infraconstitucional

A EC 125/2022 incluiu os §§ 2º e 3º, ao art. 105, da Constituição Federal, inserindo requisito específico de admissibilidade do recurso especial, consistente na demonstração da relevância da questão de direito federal infraconstitucional.

Nesse passo – tal como ocorre com a repercussão geral, no recurso extraordinário – deverá o recorrente inserir um item específico para tratar da **relevância da questão de direito federal infraconstitucional discutida no caso**, a fim de que a admissão do recurso seja examinada pelo Tribunal.

A existência da relevância terá presunção absoluta nos seguintes casos: I – ações penais; II – ações de improbidade administrativa; III – ações cujo valor da causa ultrapasse quinhentos salários mínimos; IV – ações que possam gerar inelegibilidade; V – hipóteses em que o acórdão recorrido contrariar jurisprudência dominante do Superior Tribunal de Justiça; VI – outras hipóteses previstas em lei.

Note-se que haverá relevância também em outros casos, a qual deverá ser devidamente demonstrada. O que se indicou no parágrafo anterior, **futuro analista**, foram as hipóteses de presunção absoluta de sua existência.

Nas demais situações, vale destacar, existe presunção relativa da existência da relevância, a qual poderá ser afastada pela manifestação de 2/3 dos membros do órgão competente para o julgamento.

> Portanto, pode-se falar em: presunção relativa de existência da relevância, que poderá ser afastada por manifestação de 2/3 dos membros do órgão competente para o julgamento; e, presunção absoluta de existência da relevância, nos casos indicados no § 3º, do art. 105, da Constituição Federal.

Importante mencionar que o requisito da demonstração da relevância será exigido nos recursos especiais interpostos após a entrada em vigência da Emenda Constitucional nº 125/2022, o que já ocorreu.

25. MANDADO DE SEGURANÇA

25.1. Cabimento

Conceder-se-á mandado de segurança para proteger direito líquido e certo, não amparado por habeas corpus ou habeas data, sempre que, ilegalmente ou com abuso de poder, qualquer pessoa física ou jurídica sofrer violação ou houver justo receio de sofrê-la por parte de autoridade, seja de que categoria for e sejam quais forem as funções que exerça.

O mandado de segurança não é substitutivo da ação de cobrança (Súmula 269, STF).

25.2. ADIN 4296

Houve o julgamento da **ADIN 4926**, que analisou a constitucionalidade de vários dispositivos da Lei nº 12.016/2009.

Reconhecida a inconstitucionalidade	Reconhecida a constitucionalidade.
Art. 7º, § 2º. Desse modo, entendeu-se inconstitucional a vedação da concessão de medida liminar que tenha por objeto a compensação de créditos tributários, a entrega de mercadorias e bens provenientes do exterior, a reclassificação ou equiparação de servidores públicos e a concessão de aumento ou a extensão de vantagens ou pagamento de qualquer natureza. Art. 22, §2º – reconheceu-se a inconstituicionalidade da exigência de contraditório prévio par a concessão de liminar.	Não cabimento de mandado de segurança contra os atos de gestão comercial praticados pelos administradores de empresas públicas, de sociedade de economia mista e de concessionárias de serviço público; Admissibilidade do juiz exigir do impetrante caução, fiança ou depósito, com o objetivo de assegurar o ressarcimento à pessoa jurídica, no caso de deferimento de tutela provisória; Reconheceu-se a constitucionalidade do prazo decadencial de 120 dias para o ajuizamento do mandado de segurança; Reconheceu-se a constitucionalidade da inviabilidade de condenação ao pagamento dos honorários advocatícios, sem prejuízo da aplicação de sanções no caso de litigância de má-fé.

25.3. Prazo Decadencial

O direito de requerer mandado de segurança extinguir-se-á decorridos 120 (cento e vinte) dias, contados da ciência, pelo interessado, do ato impugnado. A contagem será de forma contínua e não em dias úteis.

Por se tratar de uma ação de rito célere, previsto para correção de ato ilegal ou praticado com abuso de poder por autoridade, o impetrante somente poderá se utilizar dessa via se não transcorrido período superior a cento e vinte dias contados da ciência do fato impugnado. Vide o art. 23 da Lei n. 12.016/2009 e a Súmula n. 632 do STF.

Se impugnada lei de efeito concreto, o prazo de cento e vinte dias se inicia com a publicação da norma, ante a configuração de ato comissivo, único e de efeitos permanentes, afastando-se a tese de que se trata de relação jurídica de trato sucessivo.

Se impugnado ato omissivo, não é necessária a observância do prazo de cento e vinte dias.

25.4. Legitimidade Ativa e Passiva

A legitimidade é ampla, podendo ser ajuizada por pessoas físicas e jurídicas, nacionais ou estrangeiras. Essa legitimação estende-se, também, a entes desprovidos de personalidade jurídica.

O polo passivo no mandado de segurança é ocupado pela pessoa jurídica de direito público, que tem interesse imediato na composição da lide e no resultado do julgamento, pois será quem arcará com as consequências patrimoniais advindas da decisão judicial.

Havendo outros que possam ser atingidos diretamente pela ação, estes devem ser incluídos em litisconsórcio passivo necessário. A propósito, vide **Súmula 631, STF:** "Extingue-se o processo de mandado de segurança se o impetrante não promove, no prazo assinado, a citação do litisconsorte passivo necessário".

25.5. A autoridade apontada como coatora

A autoridade é a aquela que tenha praticado o ato impugnado ou da qual emane a ordem para a sua prática (art. 6º, § 3º, da Lei n. 12.016/2009) e que ocupa determinado cargo ou função, quer em pessoa jurídica de direito público, quer em pessoa jurídica de direito privado. Não se confunde com o mero executor do ato.

O § 1º, do art. 1º, da Lei n.º 12.016/2009, equipara às autoridades, para os efeitos da lei, os representantes ou órgãos de partidos políticos e os administradores de entidades autárquicas, bem como os dirigentes de pessoas jurídicas ou as pessoas naturais, no exercício de atribuições do poder público, somente no que disser respeito a essas atribuições.

Se indicada de forma equivocada a autoridade apontada como coatora, o mandado de segurança será extinto, salvo se puder ser aplicada a ***teoria da encampação.*** **Súmula 628, STJ:** "A teoria da encampação é aplicada no mandado de segurança quando presentes, cumulativamente, os seguintes requisitos: a) existência de vínculo hierárquico entre a autoridade que prestou informações e a que ordenou a prática do ato impugnado; b) manifestação a respeito do mérito nas informações prestadas; e c) ausência de modificação de competência estabelecida na Constituição Federal".

25.6. O direito líquido e certo como requisito específico de admissibilidade

O mandado de segurança tem um requisito específico de admissibilidade que é o direito líquido e certo.

Trata-se de condição da ação do *writ* que, se ausente, inviabiliza o exame do mérito. O direito líquido e certo não se refere ao direito subjetivo da parte, mas se refere à comprovação dos fatos.

Estando ausente o direito líquido e certo, o juiz não concederá a ordem pleiteada. Porém, poderá o impetrante ajuizar outro mandado de segurança, desde que o faça com observância do prazo decadencial (art. 6º, § 6º, da Lei n. 12.016/2009) e valer-se de outros meios de prova para a demonstração dos fatos.

Ausente direito líquido e certo, a ordem será denegada, podendo a matéria ser discutida em outro processo, com fundamento em novas provas.

Controvérsia sobre matéria de direito não impede concessão de mandado de segurança (Súmula 625, STF).

25.7. Vedação da utilização do mandado de segurança

Não se concederá mandado de segurança quando se tratar: I – de ato do qual caiba recurso administrativo com efeito suspensivo, independentemente de caução; II – de decisão judicial da qual caiba recurso com efeito suspensivo; III – de decisão judicial transitada em julgado.

25.8. Inconstitucionalidade do óbice à concessão da liminar

O STF entendeu inconstitucional a restrição da concessão de liminar aos casos que tenham por objeto a compensação de créditos tributários, a entrega de mercadorias e bens provenientes do exterior, a reclassificação ou equiparação de servidores públicos e a concessão de aumento ou a extensão de vantagens ou pagamento de qualquer natureza (vide art. 7º, § 2º, Lei nº 12.016/2009 e ADIN 4.296).

Atenção: de acordo com o STF...
é viável a concessão de liminar que tenham por objeto a compensação de créditos tributários, a entrega de mercadorias e bens provenientes do exterior, a reclassificação ou equiparação de servidores públicos e a concessão de aumento ou a extensão de vantagens ou pagamento de qualquer natureza.

25.9. Mandado de Segurança Coletivo

O mandado de segurança também poderá ser espécie de ação coletiva para a tutela de determinados interesses.

Nesse sentido, assegura-se a possibilidade de ajuizamento do mandado de segurança coletivo por partido político com representação no Congresso Nacional ou por organização sindical, entidade de classe ou associação legalmente constituída e em funcionamento há pelo menos um ano, em defesa dos interesses de seus membros ou associados (art. 5º, LXX, da Constituição Federal).

O Superior Tribunal de Justiça também admite a legitimação ativa do Ministério Público para ao ajuizamento de mandado de segurança coletivo, defendendo-se que o Parquet pode valer-se da ação necessária para a defesa de interesses metaindividuais.

A Lei n. 12.016/2009, em seu artigo 21, regulamenta tal possibilidade, contudo, restringe o seu alcance à defesa de direitos líquidos e certos da totalidade, ou de parte, dos membros ou associados, na forma dos seus estatutos e desde que pertinentes às suas finalidades, dispensada, para tanto, autorização especial.

A entidade de classe tem legitimação para o mandado de segurança ainda quando a pretensão veiculada interesse apenas a uma parte da respectiva categoria (Súmula 630, STF).

A impetração de mandado de segurança coletivo por entidade de classe em favor dos associados independe da autorização destes (Súmula 629, STF).

ANOTAÇÕES

ANOTAÇÕES

ANOTAÇÕES

ANOTAÇÕES

ANOTAÇÕES

ANOTAÇÕES

ANOTAÇÕES

ANOTAÇÕES

EDITORA
JusPODIVM
www.editorajuspodivm.com.br

Impresso por:

Docuprint

CNPJ 01.036.332/0001-99